D1673039

Pierre Tschannen

Staatsrecht der Schweizerischen Eidgenossenschaft

Stämpflis juristische Lehrbücher

Pierre Tschannen

Professor für Staats- und Verwaltungsrecht
an der Universität Bern

Staatsrecht der Schweizerischen Eidgenossenschaft

Stämpfli Verlag AG Bern · 2004

Bibliografische Information Der Deutschen Bibliothek
Die Deutsche Bibliothek verzeichnet diese Publikation in der Deutschen
Nationalbibliografie; detaillierte bibliografische Daten sind im Internet über
<http://dnb.ddb.de> abrufbar.

Alle Rechte vorbehalten, insbesondere das Recht der Vervielfältigung, der
Verbreitung und der Übersetzung. Das Werk oder Teile davon dürfen ohne
schriftliche Genehmigung des Verlags weder in irgendeiner Form reproduziert
(z. B. fotokopiert) noch elektronisch gespeichert, verarbeitet, vervielfältigt oder
verbreitet werden.

© Stämpfli Verlag AG Bern · 2004

Gesamtherstellung:
Stämpfli AG, Publikationen, Bern
Printed in Switzerland

ISBN 3-7272-0835-X

VORWORT

Dieses Buch ersetzt mein „Eidgenössisches Organisationsrecht" aus dem Jahre 1997. Die Systematik ist sich im Grossen Ganzen gleich geblieben; der Text indessen wurde völlig umgearbeitet und nach verschiedenen Richtungen hin erweitert.

Das Werk enthält mehr als den üblichen Prüfungsstoff, die Studierenden werden es unfreudig bemerken. Dass der Text sich nicht auf das Prüfungsrelevante beschränkt, hat mit meiner Hoffnung zu tun, auch der juristischen Praxis nützliche Dienste zu erweisen. Den Studierenden sei immerhin gesagt: Wichtiges erscheint in der Grundschrift. Das Kleingedruckte ist für Beispiele und Exkurse reserviert, manchmal auch, wo ich es nicht lassen konnte, für persönliche Kommentare. Im Übrigen werden die Dozierenden keine Hemmungen haben, bestimmte Passagen und Paragrafen für verzichtbar zu erklären.

Das eidgenössische Staatsrecht verdankt der neuen Bundesverfassung vom 18. April 1999 manche Klärung. Ruhe ist darum aber nicht eingekehrt. Bei Abschluss dieses Buchs im August 2003 waren die von Volk und Ständen verabschiedeten Verfassungsbestimmungen über die Justizreform und die Reform der Volksrechte erst teilweise in Kraft. Hier wird durchwegs nach neuer Fassung zitiert. Die Normtexte sind am Schluss dieses Buchs abgedruckt. Im Text erscheinen die betroffenen Artikel mit einem Stern (*) für die Justizreform und einem Kringel (°) für die Volksrechtereform. Noch unsteter präsentierte sich die Lage bei den Geschäftsreglementen von National- und Ständerat: Die neuen Reglemente waren noch nicht beschlossen, die alten kaum noch gültig. So habe ich auf Hinweise völlig verzichtet. Das schien mir auch darum vertretbar, weil das neue Parlamentsgesetz die Dinge ausführlich genug regelt.

Das Buch referiert ausgiebig Urteile des Bundesgerichts. Die meisten davon ergingen noch unter der alten Bundesverfassung. Um Verwechslungen auszuschliessen, habe ich überall dort, wo das Gericht Normen der Bundesverfassung 1874 zitiert, die Abkürzung „BV" in „aBV" umgeändert. Gleiches gilt bei Hinweisen auf Kommentare zur alten Verfassung.

Beatrice Herrmann, Martin Buchli, Andreas Hänzi und Philipp Häsler haben mich bei diesem Buchprojekt in vielfältiger Weise unterstützt. Mit kritischem Blick haben sie Texte durchgesehen und Ergänzungen angebracht, mit grosser Geduld Nachforschungen betrieben und Belege kontrolliert. Manche Unebenheit, mancher Fehler wäre mir ohne sie entgangen. Ich schulde ihnen meinen aufrichtigen Dank.

Ein Letztes: Ich freue mich über jedes Echo, auch und gerade über Kritik. Sie erreichen mich unter pierre.tschannen@oefre.unibe.ch.

Bern, September 2003   Pierre Tschannen

ÜBERSICHT

IX

INHALT

XXXVI

LITERATUR

Die nachfolgend aufgeführte Literatur wird im Text abgekürzt zitiert, nämlich:

- grundsätzlich mit Nachnamen und dem hier kursiv hervorgehobenen Kurztitel;
- bei Kommentaren und Sammelwerken, an denen mehrere Autoren beteiligt sind, mit dem vollen Namen des Autors des jeweiligen Beitrags, kursiver Kurzbezeichnung sowie einschlägigem Artikel oder Paragrafen.

I. Gesamtdarstellungen zum Staatsrecht

Die Liste vereinigt Lehrbücher zum Staats- und Verfassungsrecht, die den Stoff in seiner gesamten Breite abdecken, dazu Werke zur schweizerischen Verfassungsgeschichte, zum Allgemeinen Staatsrecht und zum Allgemeinen Völkerrecht. Für Schriften zu Teilbereichen des Staatsrecht vgl. Ziff. III.

AUBERT JEAN-FRANÇOIS, *Bundesstaatsrecht* der Schweiz, Fassung von 1967 und neubearbeiteter Nachtrag, 2 Bde., Basel/Frankfurt a.M. 1991/1995.

AUBERT JEAN-FRANÇOIS, *Traité* de droit constitutionnel suisse (franz. Originalausgabe), 2 Bde. und Nachtragsband, Neuenburg 1967/1982.

AUER ANDREAS / MALINVERNI GIORGIO / HOTTELIER MICHEL, *Droit constitutionnel* suisse, 2 Bde., Bern 2000.

FAVRE ANTOINE, *Droit constitutionnel* suisse, 2. A., Freiburg 1970.

FLEINER FRITZ / GIACOMETTI ZACCARIA, Schweizerisches *Bundesstaatsrecht*, Zürich 1949, Nachdruck 1978.

GIACOMETTI ZACCARIA, Das *Staatsrecht* der Schweizerischen Kantone, Zürich 1941, Nachdruck 1979.

HÄFELIN ULRICH / HALLER WALTER, Schweizerisches *Bundesstaatsrecht,* 5. A., Zürich 2001.
HALLER WALTER / KÖLZ ALFRED, *Allgemeines Staatsrecht,* 2. A., Basel/Frankfurt a.m. 1999.
HANGARTNER YVO, *Grundzüge* des schweizerischen Staatsrechts, 2 Bde., Zürich 1980/1982.
HELLER HERMANN, Staatslehre, Leiden 1934.
HESSE KONRAD, *Grundzüge* des Verfassungsrechts der Bundesrepublik Deutschland, 20. A, Heidelberg 1995.
KÄLIN WALTER / EPINEY ASTRID, *Völkerrecht* – Eine Einführung, Bern 2003.
KÖLZ ALFRED, Neuere schweizerische *Verfassungsgeschichte* – Ihre Grundlinie vom Ende der Alten Eidgenossenschaft bis 1848, Bern 1992.
MAURER HARTMUT, Staatsrecht I – Grundlagen, Verfassungsorgane, Staatsfunktionen, 3. A., München 2003.
MÜLLER JÖRG PAUL / WILDHABER LUZIUS, Praxis des *Völkerrechts,* 3. A., Bern 2001.
RHINOW RENÉ, Die *Bundesverfassung* 2000 – Eine Einführung, Basel/Genf/München 2000.
RHINOW RENÉ, Grundzüge des schweizerischen Verfassungsrechts, Basel 2003 (nach Redaktionsschluss dieses Buchs erschienen).
SALADIN PETER, Wozu noch *Staaten?* – Zu den Funktionen eines modernen demokratischen Rechtsstaats in einer zunehmend überstaatlichen Welt, Bern/München/Wien 1995.

II.   Sammelwerke und Kommentare zum Verfassungsrecht

Akzente: Neue Akzente in der „nachgeführten" Bundesverfassung – Analysen und Perspektiven von Assistierenden des Rechtswissenschaftlichen Instituts der Universität Zürich, hrsg. von THOMAS GÄCHTER und MARTIN BERTSCHI, Zürich 2000.
AUBERT JEAN-FRANÇOIS / MAHON PASCAL, Petit *commentaire* de la Constitution fédérale suisse du 18 avril 1999, Zürich/Basel/Genf 2003.
BTJP 1999: Die neue Bundesverfassung – Konsequenzen für Praxis und Wissenschaft, hrsg. von ULRICH ZIMMERLI, Bern 2000 (Berner Tage für die juristische Praxis 1999).
Bundesverfassung 1: Die neue schweizerische Bundesverfassung – Föderalismus, Grundrechte, Wirtschaftsrecht und Staatsstruktur, hrsg. von THOMAS FLEINER, PETER FORSTER, ALEXANDER MISIC und URS THALMANN, Basel/Genf/München 2000.
Bundesverfasung 2: Die neue Bundesverfassung – Analysen, Erfahrungen, Ausblick, hrsg. von PETER GAUCH und DANIEL THÜRER, Zürich/Basel/Genf 2002.
BURCKHARDT WALTHER, *Kommentar* der schweizerischen Bundesverfassung vom 29. Mai 1874, 3. A., Bern 1931.
Handbuch Bernisches Verfassungsrecht: Handbuch des bernischen Verfassungsrechts, hrsg. von WALTER KÄLIN und URS BOLZ, Bern 1995.

Kommentar aBV: Kommentar zur Bundesverfassung der Schweizerischen Eidgenossenschaft vom 29. Mai 1874, hrsg. von JEAN-FRANÇOIS AUBERT, KURT EICHENBERGER, JÖRG PAUL MÜLLER, RENÉ A. RHINOW und DIETRICH SCHINDLER, Basel/Zürich/Bern 1987 ff.

MAHON PASCAL, *Commentaire,* siehe: AUBERT JEAN-FRANÇOIS / MAHON PASCAL.

Reform: Reform der Bundesverfassung – Beiträge zum Verfassungsentwurf vom 19. Juni 1995, hrsg. von YVO HANGARTNER und BERNHARD EHRENZELLER, St. Gallen 1995.

St. Galler Kommentar: Die schweizerische Bundesverfassung – Kommentar, hrsg. von BERNHARD EHRENZELLER, PHILIPPE MASTRONARDI, RAINER J. SCHWEIZER und KLAUS A. VALLENDER, Zürich/Lachen 2002.

Verfassungsrecht: Verfassungsrecht der Schweiz, hrsg. von DANIEL THÜRER, JEAN-FRANÇOIS AUBERT und JÖRG PAUL MÜLLER, Zürich 2001.

III. Schriften zu Teilbereichen des Staatsrechts

Es folgt eine Aufzählung umfassender Darstellungen zu Teilbereichen des Staatsrechts. Dissertationen sind hier nicht aufgeführt.

Bundeszweck und Verfassungsfunktionen

AUBERT JEAN-FRANÇOIS, La *Constitution,* son contenu, son usage, ZSR 1991 II, S. 9.

EICHENBERGER, KURT, Sinn und Bedeutung einer *Verfassung,* ZSR 1991 II, S. 143.

MALINVERNI GIORGIO, L'*indépendance* de la Suisse dans un monde interdépendant, ZSR 1998 II, S. 1.

MASTRONARDI PHILIPPE, *Strukturprinzipien* in der Bundesverfassung?, Beiheft Nr. 7 zur ZSR, Basel 1988.

RICHLI PAUL, Zweck und Aufgaben der Eidgenossenschaft im Lichte des *Subsidiaritätsprinzips,* ZSR 1998 II, S. 139.

RIKLIN ALOIS, Vom Sinn der *Verfassung,* ZSR 1998 I, S. 149.

Rechtsetzung

HÄFELIN ULRICH, *Verfassungsgebung,* in: Probleme der Rechtsetzung (Hundert Jahre Bundesverfassung 1987–1974), Basel 1974, S. 75.

MÜLLER GEORG, Elemente einer *Rechtssetzungslehre,* Zürich 1999.

MÜLLER GEORG, *Inhalt und Formen* der Rechtsetzung als Problem der demokratischen Kompetenzverteilung, Basel/Stuttgart 1979.

RHINOW RENÉ, *Rechtsetzung* und Methodik, Basel/Stuttgart 1979.

Demokratie, politisches System der Schweiz

AUER ANDREAS, Les *droits politiques* dans les cantons suisses, Genf 1978.

AUER ANDREAS, Problèmes fondamentaux de la *démocratie* suisse, ZSR 1984 II, S. 1.

GRISEL ETIENNE, *Initiative et référendum* populaires – Traité de la démocratie semi-directe en droit suisse, 2. A., Bern 1997.

Handbuch Aussenpolitik: Neues Handbuch der schweizerischen Aussenpolitik, hrsg. von ALOIS RIKLIN, HANS HAUG und RAYMOND PROBST, Bern/Stuttgart/Wien 1992.

Handbuch Politik: Handbuch der Schweizer Politik – Manuel de la politique suisse, hrsg. von ULRICH KLÖTI, PETER KNOEPFEL, HANSPETER KRIESI, WOLF LINDER und YANNIS PAPADOPOULOS, 3. A., Zürich 2002.

HANGARTNER YVO / KLEY ANDREAS, Die *demokratischen Rechte* in Bund und Kantonen der Schweizerischen Eidgenossenschaft, Zürich 2000.

LINDER WOLF, Schweizerische *Demokratie* – Institutionen, Prozesse, Perspektiven, Bern/Stuttgart/Wien 1999.

MASTRONARDI PHILIPPE, Der Zweck der Eidgenossenschaft als *Demokratie* – Essay zu einer schweizerischen Demokratietheorie, ZSR 1998 II, 317.

MÜLLER JÖRG PAUL, Demokratische *Gerechtigkeit* – Eine Studie zur Legitimität rechtlicher und politischer Ordnung, München 1993.

NEIDHART LEONHARD, Die *politische Schweiz* – Fundamente und Institutionen, Zürich 2002.

PAPADOPOULOS YANNIS, *Démocratie directe,* Paris 1998.

RHINOW RENÉ, Grundprobleme der schweizerischen *Demokratie,* ZSR 1984 II, S. 111.

TSCHANNEN PIERRE, *Stimmrecht* und politische Verständigung – Beiträge zu einem erneuerten Verständnis von direkter Demokratie, Basel/Frankfurt a.M. 1995.

Rechtsstaat, Grundrechte

Gesetz: Das Gesetz im Staatsrecht der Kantone, hrsg. von ANDREAS AUER und WALTER KÄLIN, Chur/Zürich 1991.

KÄLIN WALTER, *Grundrechte im Kulturkonflikt* – Freiheit und Gleichheit in der Einwanderungsgesellschaft, Zürich 2000.

MÜLLER JÖRG PAUL, *Elemente* einer schweizerischen Grundrechtstheorie, Bern 1982.

MÜLLER JÖRG PAUL, *Grundrechte* in der Schweiz, 3. A., Bern 1999.

MÜLLER JÖRG PAUL, *Soziale Grundrechte* in der Verfassung?, 2. A., Basel/Frankfurt a.M. 1981.

SALADIN PETER, *Grundrechte* im Wandel, 3. A., Bern 1982.

SCHEFER MARKUS, Die *Kerngehalte* von Grundrechten – Geltung, Dogmatik, inhaltliche Ausgestaltung, Bern 2001.

SEILER HANSJÖRG, *Gewaltenteilung* – Allgemeine Grundlagen und schweizerische Ausgestaltung, Bern 1995.

WEBER-DÜRLER BEATRICE, Der *Grundrechtseingriff,* VVDStRL 57 (1997), S. 57.

WYSS MARTIN PHILIPP, *Öffentliche Interessen* – Interessen der Öffentlichkeit? Das öffentliche Interesse im schweizerischen Staats- und Verwaltungsrecht, Bern 2001.

Bundesstaat, Bundesbehörden

BIAGGINI GIOVANNI, Theorie und Praxis des *Verwaltungsrechts im Bundesstaat,* Basel 1996.

Bundesbehörden: Die Bundesbehörden, Bundesversammlung – Bundesrat – Bundesgericht, hrsg. von THOMAS SÄGESSER, Bern 2000.

HANGARTNER YVO, Die *Kompetenzverteilung* zwischen Bund und Kantonen, Bern 1974.

KÄGI-DIENER REGULA, Zweck und Aufgaben der Eidgenossenschaft aus *bundesstaatlicher Sicht,* ZSR 1998 II, S. 491.

KNAPP BLAISE, Le *fédéralisme,* ZSR 1984 II, S. 275.

Parlament: Das Parlament – „Oberste Gewalt des Bundes"?, hrsg. von den Parlamentsdiensten, Bern/Stuttgart 1991.

SALADIN PETER, *Bund und Kantone* – Autonomie und Zusammenwirken im schweizerischen Bundesstaat, ZSR 1984 II, S. 431.

Öffentliches Verfahrensrecht, Justizverfassungsrecht

AUER ANDREAS, Die schweizerische *Verfassungsgerichtsbarkeit,* Basel/Frankfurt a.M., 1984.

GYGI FRITZ, *Bundesverwaltungsrechtspflege,* 2. A., Bern 1983.

KÄLIN WALTER, Das Verfahren der *staatsrechtlichen Beschwerde,* 2. A., Bern 1994.

KÄLIN WALTER, *Verfassungsgerichtsbarkeit* in der Demokratie – Funktionen der staatsrechtlichen Beschwerde, Bern 1987.

KIENER REGINA, *Richterliche Unabhängigkeit* – Verfassungsrechtliche Anforderungen an Richter und Gerichte, Bern 2001.

KÖLZ ALFRED / HÄNER ISABELLE, Verwaltungsverfahren und *Verwaltungsrechtspflege* des Bundes, 2. A., Zürich 1998.

RHINOW RENÉ / KOLLER HEINRICH / KISS CHRISTINA, *Öffentliches Prozessrecht* und Justizverfassungsrecht des Bundes, Basel/Frankfurt a.M. 1995.

ZIMMERLI ULRICH / KÄLIN WALTER / KIENER REGINA, Grundlagen des *öffentlichen Verfahrensrechts,* Bern 1997.

IV. Gesamtdarstellungen zum Allgemeinen Verwaltungsrecht

Dieses Verzeichnis führt gängige Lehrbücher zum Allgemeinen Verwaltungsrecht auf, nicht aber sektoriell ausgerichtete Darstellungen.

FLEINER-GERSTER THOMAS, *Grundzüge* des allgemeinen und schweizerischen Verwaltungsrecht, 2. A., Zürich 1980.

GRISEL ANDRE, Traité de *droit administratif,* 2 Bde., Neuenburg 1984.

GYGI FRITZ, Verwaltungsrecht – Eine Einführung, Bern 1986.

HÄFELIN ULRICH / MÜLLER GEORG, *Allgemeines Verwaltungsrecht,* 4. A., Zürich/Basel/Genf 2002.

IMBODEN MAX / RHINOW RENÉ, Schweizerische *Verwaltungsrechtssprechung,* 2 Bde., 6. A., Basel/Frankfurt a.M. 1988.

KNAPP BLAISE, Précis de *droit administratif,* 4. A., Basel/Frankfurt a.M. 1991.

MOOR PIERRE, *Droit administratif,* 3 Bde., Bern 1994 (Bd. I, 2. A.), 2002 (Bd. II, 2. A.), 1992 (Bd. III).

RHINOW RENÉ / KRÄHENMANN BEAT. Schweizerische Verwaltungsrechtssprechung, *Ergänzungsband,* Basel/Frankfurt a.M. 1990.

TSCHANNEN PIERRE / ZIMMERLI ULRICH / KIENER REGINA, *Allgemeines Verwaltungsrecht,* Bern 2000.

V. Literaturhinweise im Text

Weitere Hinweise auf das Schrifttum finden sich im Text. Im Ganzen sind es nur wenige. Belegt sind natürlich die eingestreuten Orginalpassagen. Daneben habe ich Literatur vor allem an Stellen zitiert, wo auf weiterführende Lektüre oder auf Meinungsverschiedenheiten in der Lehre hingewiesen werden sollte, weiter bei Aussagen, die zur Zeit noch wenig konsolidiert wirken. Gelegentlich ging es auch nur darum, eine herrschende Lehre zu dokumentieren. Für alle Hinweise gilt: Es handelt sich um eine Auswahl ohne Anspruch auf Vollständigkeit.

Von Literaturlisten zu den einzelnen Kapiteln und Paragrafen des Buches wurde abgesehen. Den Ausschlag für den Verzicht gab die Erfahrung, dass niemand darum herumkommt, beim Verfassen einer Arbeit oder einer Rechtsschrift die benötigten Belege selber zu recherchieren. Dafür bieten die elektronischen Suchprogramme heute jede erdenkliche Hilfe.

MATERIALIEN ZUR VERFASSUNGSREFORM

I. Konkordanztabellen

Die Verfassungsrechtsprechung des Bundesgerichts bezieht sich zu einem grossen Teil noch auf die BV 1874. Gleiches gilt vom staatsrechtlichen Schrifttum. Manches davon ist in der Sache unverändert gültig. Dokumente aus der Zeit vor dem Jahre 2000 versteht freilich nur, wer weiss, welche Bestimmungen der Bundesverfassungen 1874 und 1999 einander entsprechen. Zwei mit Fussnoten erläuterte Konkordanztabellen (die eine ‚rückwärts‘ von der neuen zur alten Bundesverfassung, die andere ‚vorwärts‘ von der alten zur neuen Bundesverfassung) sind abrufbar unter der Internetadresse des Instituts für öffentliches Recht der Universität Bern (www.oefre.unibe.ch, Rubrik „Forschung" – freilich sind die Tabellen mittlerweile nicht mehr ganz aktuell, die Verfassungsentwicklung ist seit Inkrafttreten der neuen Verfassung am 1. Januar 2000 nicht stehen geblieben). Weitere Tabellen finden sich bei:

BIEDERMANN DIETER, Was bringt die neue Bundesverfassung?, AJP 1999, S. 743 ff., 748 ff.
BIEDERMANN DIETER in: St. Galler Kommentar, S. 2037 ff.
BTJP 1999, S. 293 ff. (wie die eingangs erwähnten Tabellen, aber ohne Fussnoten).

II. Vorläufer zur Verfassungsreform 1999

Arbeitsgruppe für die Vorbereitung einer Totalrevision der Bundesverfassung, Bd. I–V: Antworten auf die Fragen der Arbeitsgruppe, 4 Bde. und Registerband, Bern 1969 f.; Bd. VI: Schlussbericht der Arbeitsgruppe, Bern 1973.
Expertenkommission für die Vorbereitung einer Totalrevision der Bundesverfassung, Bericht und Verfassungsentwurf, Bern 1977.

Bericht [des Bundesrats] über die Totalrevision der Bundesverfassung vom 6. November 1985 (BBl 1985 III 1), mit Modellstudie vom 30. Oktober 1985 des Eidgenössischen Justiz- und Polizeidepartements „So könnte eine neue Bundesverfassung aussehen" (BBl 1985 III 189).

III. Verfassungsreform 1999

Bundesbeschluss über die Totalrevision der Bundesverfassung vom 3. Juni 1987 (BBl 1987 II 963).

Parlamentarische Initiative. Bundesversammlung. Revision BV. Bericht der Staatspolitischen Kommission des Nationalrates vom 21. Oktober 1994 (BBl 1995 I 1133).

Kompetenzverteilung zwischen Bundesversammlung und Bundesrat. Bericht der von den Staatspolitischen Kommissionen der eidgenössischen Räte eingesetzten Expertenkommission vom 15. Dezember 1995 (BBl 1996 II 428).

Botschaft über eine neue Bundesverfassung vom 20. November 1996 (BBl 1997 I 1).

Bundesversammlung. Organisation, Verfahren, Verhältnis zum Bundesrat. Zusatzbericht der Staatspolitischen Kommissionen der eidgenössischen Räte zur Verfassungsreform vom 6. März 1997 (BBl 1997 III 245).

– Stellungnahme des Bundesrates vom 9. Juni 1997 (BBl 1997 III 1484).

Parlamentarische Initiative. Variantenabstimmung bei der Totalrevision der Bundesverfassung. Bericht der Verfassungskommission des Nationalrates vom 27. Mai 1997 (BBl 1997 III 1321).

– Stellungnahme des Bundesrates vom 17. September 1997 (BBl 1997 IV 1601).

Reform der Bundesverfassung. Entwürfe der Verfassungskommissionen der eidgenössischen Räte vom 21./27. November 1997 (BBl 1998 364).

Reform der Bundesverfassung. Separatdrucke der Amtlichen Bulletins 1998 von Nationalrat und Ständerat (Protokoll der parlamentarischen Beratungen).

Bundesbeschluss über eine neue Bundesverfassung vom 18. Dezember 1998 (BBl 1999 162).

Botschaft über die Inkraftsetzung der neuen Bundesverfassung und die notwendige Anpassung der Gesetzgebung vom 11. August 1999 (BBl 1999 7922).

Bundesbeschluss über das Inkrafttreten der neuen Bundesverfassung vom 18. April 1999 vom 28. September 1999 (AS 1999 2555).

IV. Justizreform

Botschaft über eine neue Bundesverfassung vom 20. November 1996 (BBl 1997 I 1, 487).

Bundesbeschluss über die Reform der Justiz vom 8. Oktober 1999 (BBl 1999 8633).

Botschaft zur Totalrevision der Bundesrechtspflege vom 28. Februar 2001 (BBl 2001 4202).

Botschaft zum Sitz des Bundesstrafgerichts und des Bundesverwaltungsgerichts (Zusatzbotschaft zur Botschaft zur Totalrevision der Bundesrechtspflege) vom 28. September 2001 (BBl 2001 6049).

V. Reform der Volksrechte

Botschaft über eine neue Bundesverfassung vom 20. November 1996 (BBl 1997 I 1, 436).

Parlamentarische Initiative. Beseitigung von Mängeln der Volksrechte. Bericht der Staatspolitischen Kommission des Ständerates vom 2. April 2001 (BBl 2001 4803).

– Stellungnahme des Bundesrates vom 15. Juni 2001 (BBl 2001 6080).

Bundesbeschluss über die Änderung der Volksrechte vom 4. Oktober 2002 (BBl 2002 6485).

VI. Staatsleitungsreform

Arbeitsgruppe Führungsstrukturen des Bundes (AGFB). Notwendigkeit und Kriterien einer Regierungsreform, Modelle des Regierungssystems. Zwischenbericht über Abklärungen betreffend die Führungsstrukturen des Bundes vom 23. November 1991 (BBl 1992 II 1018).

Botschaft zum Regierungs- und Verwaltungsorganisationsgesetz (RVOG) vom 20. Oktober 1993 (BBl 1993 III 997).

Arbeitsgruppe Führungsstrukturen des Bundes (AGFB). Zur Frage der Wünschbarkeit des Übergangs zu einem parlamentarischen Regierungssystem, „Studie Modell D", Bern 1993 (BBl 1993 III 1112).

Botschaft betreffend ein neues Regierungs- und Verwaltungsorganisationsgesetz (RVOG) vom 16. Oktober 1996 (BBl 1996 V 1).

Botschaft zur Staatsleitungsreform vom 19. Dezember 2001 (BBl 2002 2095).

VII. Parlamentsreform

Parlamentarische Initiative. Verbesserung der Vollzugstauglichkeit von Massnahmen des Bundes. Bericht der Staatspolitischen Kommission des Ständerates vom 15. Februar 1999 (BBl 1999 2761).

– Stellungnahme des Bundesrates vom 31. März 1999, BBl 1999 3411.

Parlamentarische Initiative. Geschäftsverkehrsgesetz. Anpassungen an die neue BV. Bericht der Staatspolitischen Kommission des Nationalrates vom 7. Mai 1999 (BBl 1999 4809).
– Stellungnahme des Bundesrates vom 7. Juni 1999 (BBl 1999 5979).
Bundesgesetz über den Geschäftsverkehr der Bundesversammlung sowie über die Form, die Bekanntmachung und das Inkrafttreten ihrer Erlasse (Geschäftsverkehrsgesetz). Anpassungen an die neue Bundesverfassung. Änderung vom 8. Oktober 1999 (BBl 1999 8668).
Bundesgesetz über den Geschäftsverkehr der Bundesversammlung sowie über die Form, die Bekanntmachung und das Inkrafttreten ihrer Erlasse (Geschäftsverkehrsgesetz). Verbesserung der Vollzugstauglichkeit von Massnahmen des Bundes. Änderung vom 22. Dezember 1999 (BBl 2000 I 56).
Parlamentarische Initiative. Parlamentsgesetz. Bericht der Staatspolitischen Kommission des Nationalrates vom 1. März 2001 (BBl 2001 3467).
– Stellungnahme des Bundesrates vom 22. August 2001 (BBl 2001 5428).
Bundesgesetz über die Bundesversammlung (Parlamentsgesetz, ParlG) vom 13. Dezember 2002 (BBl 2002 8160).

VIII. Neuer Finanzausgleich

Botschaft zur Neugestaltung des Finanzausgleichs und der Aufgaben zwischen Bund und Kantonen (NFA) vom 14. November 2001 (BBl 2002 2291).

L

AMTLICHE VERÖFFENTLICHUNGEN
UND INTERNETADRESSEN

I. Amtliche Veröffentlichungen

Amtliche Sammlung des Bundesrechts (AS).
Amtliches Bulletin der Bundesversammlung (AB N [Nationalrat] / AB S [Ständerat]).
Bundesblatt (BBl).
Entscheidungen des Schweizerischen Bundesgerichts (BGE).
Systematische Sammlung des Bundesrechts (SR).
Verwaltungspraxis der Bundesbehörden (VPB).

II. Internetadressen

www.admin.ch
  Einstiegsseite der Schweizerischen Bundesbehörden. Enthält die Internetausgaben von BBl, AS, SR und VPB sowie Links zu allen Bundesstellen.
www.parlament.ch
  Seite der Schweizerischen Bundesversammlung. Enthält u.a. das amtliche Bulletin der Bundesversammlung mit den Ratsprotokollen ab Wintersession 1999.
www.bger.ch
  Seite des Schweizerischen Bundesgerichts. Enthält eine Datenbank mit allen publizierten BGE ab 1954 sowie allen übrigen Urteilen ab 2000.
www.bj.admin.ch
  Seite des Bundesamts für Justiz. Enthält viel Material zu aktuellen Rechtsetzungsprojekten von grösserer Bedeutung.
www.rechtsinformation.admin.ch
  Verzeichnis der elektronischen Publikationen von Rechtsdaten in der Schweiz. Betrieben von der Koordinationsstelle für die elektronische Publikation von Rechtsdaten (copiur) des Bundesamts für Justiz. Enthält Links zu allen verfüg-

baren Gesetzes- und Rechtssprechungssammlungen von Bund, Kantonen und Gemeinden.

www.snl.ch
  Seite der Schweizerischen Landesbibliothek. Mit Suchfunktion zu allen Publikationen aus der Schweiz.

www.admin.ch/ch/d/bk/epzb/
  Seite der Eidgenössischen Parlaments- und Zentralbibliothek. Enthält den Katalog des Bibliothekverbunds „Alexandria", wo auch Aufsätze in schweizerischen Zeitschriften katalogisiert sind.

http://aleph.unibas.ch
  Gemeinsamer Katalog von über 160 Hochschulbibliotheken im Bereich der Universitäten Basel und Bern.

www.weblaw.ch
  Privates juristisches Internetportal. Unterhält eine umfassende juristische Linksammlung.

ABKÜRZUNGEN

Das Verzeichnis führt nur technische Begriffe auf, nicht aber allgemein
gebräuchliche Abkürzungen wie z.B., u.a. oder usw.

A.	Auflage
a.A.	am Anfang
a.a.O.	am angegebenen Ort
AB	Amtliches Bulletin der Bundesversammlung
Abs.	Absatz
aBV	Bundesverfassung der Schweizerischen Eidgenossenschaft vom 29. Mai 1874
aCst.	siehe aBV
a.E.	am Ende
AG	Aargau
AGFB	Arbeitsgruppe Führungsstrukturen des Bundes
AI	Appenzell Innerrhoden
AJP	Aktuelle Juristische Praxis
ANAG	Bundesgesetz über Aufenthalt und Niederlassung der Ausländer vom 26. März 1931 (SR 142.20)
Anm.	Anmerkung
AöR	Archiv des öffentlichen Rechts
AR	Appenzell Ausserrhoden
ArG	Bundesgesetz über die Arbeit in Industrie, Gewerbe und Handel vom 13. März 1964 (Arbeitsgesetz, SR 822.11)
Art.	Artikel
AS	Amtliche Sammlung der Bundesgesetze und Verordnungen der Schweizerischen Eidgenossenschaft
AsylG	Asylgesetz vom 26. Juni 1998 (SR 142.31)
AtG	Bundesgesetz über die friedliche Verwendung der Atomenergie vom 23. Dezember 1959 (Atomgesetz, SR 732.0)
Aufl.	Auflage
BB	Bundesbeschluss
BBl	Bundesblatt der Schweizerischen Eidgenossenschaft
Bd.	Band
BE	Bern

BFGA	Bundesgesetz über die Freizügigkeit der Anwältinnen und Anwälte vom 23. Juni 2000 (Anwaltsgesetz, SR 935.61)
BG	Bundesgesetz
BGBM	Bundesgesetz über den Binnenmarkt vom 6. Oktober 1995 (Binnenmarktgesetz, SR 943.02)
BGE	Entscheidungen des Schweizerischen Bundesgerichts (amtliche Sammlung)
BGer	Schweizerisches Bundesgericht
BGF	Bundesgesetz über die Fischerei vom 21. Juni 1991 (SR 923.0)
BGMK	Bundesgesetz über die Mitwirkung der Kantone an der Aussenpolitik des Bundes vom 22. Dezember 1999 (SR 138.1)
BJ	Bundesamt für Justiz
BJM	Basler Juristische Mitteilungen
BL	Basel-Landschaft
BoeB	Bundesgesetz über das öffentliche Beschaffungswesen vom 16. Dezember 1994 (SR 172.056.1)
BPG	Bundespersonalgesetz vom 24. März 2000 (SR 172.220.1)
BPR	Bundesgesetz über die politischen Rechte vom 17. Dezember 1976 (SR 161.1)
BR	Bundesrat
BRB	Bundesratsbeschluss
BS	Bereinigte Sammlung der Bundesgesetze und Verordnungen 1848-1947
BS	Basel-Stadt
Bst.	Buchstabe
BStP	Bundesgesetz über die Bundesstrafrechtspflege vom 15. Juni 1934 (SR 312.0)
BtG	Beamtengesetz vom 30. Juni 1927 (SR 172.221.10)
BTJP	Berner Tage für die juristische Praxis
BüG	Bundesgesetz über Erwerb und Verlust des Schweizer Bürgerrechts vom 29. September 1952 (Bürgerrechtsgesetz, SR 141.0)
BÜPF	Bundesgesetz betreffend die Überwachung des Post- und Fernmeldeverkehrs vom 6. Oktober 2000 (SR 780.1)
BV	Bundesverfassung der Schweizerischen Eidgenossenschaft vom 18. April 1999 (SR 101)
BVerfG	Bundesverfassungsgericht (Bundesrepublik Deutschland)
BVers	Bundesversammlung
BWIS	Bundesgesetz über Massnahmen zur Wahrung der inneren Sicherheit vom 21. März 1997 (SR 120)
CVP	Christlichdemokratische Volkspartei
DBG	Bundesgesetz über die direkte Bundessteuer vom 14. Dezember 1990 (SR 642.11)
Diss.	Dissertation
DöV	Die öffentliche Verwaltung
DSG	Bundesgesetz über den Datenschutz vom 19. Juni 1992 (SR 235.1)
E.	Erwägung
EBG	Eisenbahngesetz vom 20. Dezember 1957 (SR 742.101)
EDA	Eidgenössisches Departement für auswärtige Angelegenheiten

EDI	Eidgenössisches Departement des Innern
EFD	Eidgenössisches Finanzdepartement
EG	Europäische Gemeinschaft
EGMR	Europäischer Gerichtshof für Menschenrechte
Eidg.	Eidgenössisch
EJPD	Eidgenössisches Justiz- und Polizeidepartement
EleG	Bundesgesetz betreffend die elektrischen Schwach- und Starkstromanlagen vom 24. Juni 1902 (Elektrizitätsgesetz, SR 734.0)
EMRK	Konvention zum Schutze der Menschenrechte und Grundfreiheiten vom 4. November 1950 (SR 0.101)
EntG	Bundesgesetz über die Enteignung vom 20. Juni 1930 (SR 711)
ETH	Eidgenössische Technische Hochschulen
EU	Europäische Union
EuGRZ	Europäische Grundrechte-Zeitschrift
EVD	Eidgenössisches Volkswirtschaftsdepartement
EVG	Eidgenössisches Versicherungsgericht
EWR	Europäischer Wirtschaftsraum
FDP	Freisinnig-demokratische Partei
FHG	Bundesgesetz über den eidgenössischen Finanzhaushalt vom 6. Oktober 1989 (Finanzhaushaltsgesetz, SR 611.0)
FMG	Fernmeldegesetz vom 30. April 1997 (SR 784.10)
FR	Freiburg
GATT	Allgemeines Zoll- und Handelsabkommen vom 30. Oktober 1947 (General Agreement on Tariffs and Trade, SR 0.632.21)
GE	Genf
GG	Grundgesetz für die Bundesrepublik Deutschland
GL	Glarus
GR	Graubünden
GVG	Bundesgesetz über den Geschäftsverkehr der Bundesversammlung sowie über die Form, die Bekanntmachung und das Inkrafttreten ihrer Erlasse vom 23. März 1962 (Geschäftsverkehrsgesetz, AS 1962 773)
Hrsg.	Herausgeber
i.d.F.	in der Fassung
i.V.m.	in Verbindung mit
IVG	Bundesgesetz über die Invalidenversicherung vom 19. Juni 1959 (SR 831.20)
IWF	Internationaler Währungsfonds
JU	Jura
KG	Bundesgesetz über Kartelle und andere Wettbewerbsbeschränkungen vom 6. Oktober 1995 (Kartellgesetz, SR 251)
Kt.	Kanton
KV-AG	Verfassung des Kantons Aargau vom 25. Juni 1980 (SR 131.227)
KV-AI	Verfassung für den Eidgenössischen Stand Appenzell I. Rh. vom 24. Wintermonat 1872 (SR 131.224.2)
KV-AR	Verfassung des Kantons Appenzell Ausserrhoden vom 30. April 1995 (SR 131.224.1)
KV-BE	Verfassung des Kantons Bern vom 6. Juni 1993 (SR 131.212)

KV-BL	Verfassung des Kantons Basel-Landschaft vom 17. Mai 1984 (SR 131.222.2)
KV-BS	Verfassung des Kantons Basel-Stadt vom 2. Dezember 1889 (SR 131.222.1)
KV-FR	Staatsverfassung des Kantons Freiburg vom 7. Mai 1857 (SR 131.219)
KV-GE	Constitution de la République et Canton de Genève du 24 mai 1847 (SR 131.234)
KV-GL	Verfassung des Kantons Glarus vom 1. Mai 1988 (SR 131.217)
KV-GR	Verfassung des Kantons Graubünden vom 18. Mai/14. September 2003 (SR 131.226)
KV-JU	Constitution de la République et Canton du Jura du 20 mars 1977 (SR 131.235)
KV-LU	Staatsverfassung des Kantons Luzern vom 29. Januar 1875 (SR 131.213)
KV-NE	Constitution de la République et Canton de Neuchâtel du 24 septembre 2000 (SR 131.233)
KV-NW	Verfassung des Kantons Unterwalden nid dem Wald vom 10. Oktober 1965 (SR 131.216.2)
KV-OW	Verfassung des Kantons Unterwalden ob dem Wald vom 19. Mai 1968 (SR 131.216.1)
KV-SG	Verfassung des Kantons St. Gallen vom 10. Juni 2001 (SR 131.225)
KV-SH	Verfassung des Kantons Schaffhausen vom 17. Juni 2002 (SR 131.223)
KV-SO	Verfassung des Kantons Solothurn vom 8. Juni 1986 (SR 131.221)
KV-SZ	Verfassung des eidgenössischen Standes Schwyz vom 23. Oktober 1898 (SR 131.215)
KV-TG	Verfassung des Kantons Thurgau vom 16. März 1987 (SR 131.228)
KV-TI	Costituzione della Repubblica e Cantone Ticino del 14 dicembre 1997 (SR 131.229)
KV-UR	Verfassung des Kantons Uri vom 28. Oktober 1984 (SR 131.214)
KV-VD	Constitution du canton de Vaud du 14 avril 2003 (SR 131.231)
KV-VS	Verfassung des Kantons Wallis vom 8. März 1907 (SR 131.232)
KV-ZG	Verfassung des Kantons Zug vom 31. Januar 1894 (SR 131.218)
KV-ZH	Verfassung des eidgenössischen Standes Zürich vom 18. April 1869 (SR 131.211)
LdU	Landesring der Unabhängigen
LFG	Bundesgesetz über die Luftfahrt vom 21. Dezember 1948 (Luftfahrtgesetz, SR 748.0)
LU	Luzern
MG	Bundesgesetz über die Armee und die Militärverwaltung vom 3. Februar 1995 (Militärgesetz, SR 510.10)
MStG	Militärstrafgesetz vom 13. Juni 1927 (SR 321)
m.w.H.	mit weiteren Hinweisen
N	Nationalrat
NATO	North Atlantic Treaty Organization (Nordatlantik-Pakt)
NBG	Nationalbankgesetz vom 23. Dezember 1953 (SR 951.11)
NE	Neuenburg

NF	Neue Folge
NHG	Bundesgesetz über den Natur- und Heimatschutz vom 1. Juli 1966 (SR 451)
Nr.	Nummer
NSG	Bundesgesetz über die Nationalstrassen vom 8. März 1960 (SR 725.11)
NW	Nidwalden
OG	Bundesgesetz über die Organisation der Bundesrechtspflege vom 16. Dezember 1943 (Bundesrechtspflegegesetz, SR 173.110)
OR	Bundesgesetz betreffend die Ergänzung des Schweizerischen Zivilgesetzbuches (Fünfter Teil: Obligationenrecht) vom 30. März 1911 (SR 220)
OSZE	Organisation für Sicherheit und Zusammenarbeit in Europa
OW	Obwalden
ParlG	Bundesgesetz über die Bundesversammlung vom 13. Dezember 2002 (Parlamentsgesetz, SR 171.11)
PG	Postgesetz vom 30. April 1997 (SR 783.0)
POCH	Progressive Organisationen der Schweiz
Pra	Die Praxis des Bundesgerichts
PublG	Bundesgesetz über die Gesetzessammlungen und das Bundesblatt vom 21. März 1986 (Publikationsgesetz, SR 170.512)
recht	Zeitschrift für juristische Ausbildung und Praxis
Regl.	Reglement
RLG	Bundesgesetz über Rohrleitungsanlagen zur Beförderung flüssiger oder gasförmiger Brenn- oder Treibstoffe vom 4. Oktober 1963 (Rohrleitungsgesetz, SR 746.1)
RPG	Bundesgesetz über die Raumplanung vom 22. Juni 1979 (SR 700)
RPV	Raumplanungsverordnung vom 28. Juni 2000 (SR 700.1)
RTVG	Bundesgesetz über Radio und Fernsehen vom 21. Juni 1991 (SR 784.40)
RVG	Richtlinien über das Vorverfahren der Gesetzgebung vom 6. Mai 1970 (BBl 1970 II 993; 1976 II 949)
RVOG	Regierungs- und Verwaltungsorganisationsgesetz vom 21. März 1997 (SR 172.010)
RVOV	Regierungs- und Verwaltungsorganisationsverordnung vom 25. November 1998
Rz.	Randziffer
S	Ständerat
S.	Seite
SBB	Schweizerische Bundesbahnen
SBBG	Bundesgesetz über die Schweizerischen Bundesbahnen vom 23. Juni 1944 (SR 742.31)
SchKG	Bundesgesetz über Schuldbetreibung und Konkurs vom 11. April 1889 (SR 281.1)
SchlT	Schlusstitel
Semjud	Semaine Judiciaire
SG	St. Gallen

SGG	Bundesgesetz über das Bundesstrafgericht vom 4. Oktober 2002 (Strafgerichtsgesetz, SR 173.71)
SH	Schaffhausen
SJK	Schweizerische Juristische Kartothek
SJZ	Schweizerische Juristen-Zeitung
SO	Solothurn
SP	Sozialdemokratische Partei
SR	Systematische Sammlung des Bundesrechts
StGB	Schweizerisches Strafgesetzbuch vom 21. Dezember 1937 (SR 311.0)
StR	Ständerat
SuG	Bundesgesetz über Finanzhilfen und Abgeltungen vom 5. Oktober 1990 (Subventionsgesetz, SR 616.1)
SVP	Schweizerische Volkspartei
SZ	Schwyz
TH	Thurgau
TI	Tessin
ÜB	Übergangsbestimmung
UNO	United Nations Organization (Organisation der Vereinten Nationen)
UNO Pakt I	Internationaler Pakt über wirtschaftliche, soziale und kulturelle Rechte vom 16. Dezember 1966 (SR 0.103.1)
UNO Pakt II	Internationaler Pakt über bürgerliche und politische Rechte vom 16. Dezember 1966 (SR 0.103.2)
UR	Uri
USG	Bundesgesetz über den Umweltschutz vom 7. Oktober 1983 (Umweltschutzgesetz, SR 814.01)
UVEK	Eidgenössisches Departement für Umwelt, Verkehr, Energie und Kommunikation
V	Verordnung
VBS	Eidgenössisches Departement für Verteidigung, Bevölkerungsschutz und Sport
VD	Waadt
VE	Vorentwurf
VEB	Verwaltungsentscheide der Bundesbehörden; ab Heft 32 (1964/65) VPB
VG	Bundesgesetz über die Verantwortlichkeit des Bundes sowie seiner Behördemitglieder und Beamten vom 14. März 1958 (Verantwortlichkeitsgesetz, SR 170.32)
VLV	Verordnung über das Vernehmlassungsverfahren vom 17. Juni 1991 (SR 172.062)
VPB	Verwaltungspraxis der Bundesbehörden
VPR	Verordnung über die politischen Rechte vom 28. Mai 1978 (SR 161.11)
VRK	Wiener Übereinkommen über das Recht der Verträge vom 23. Mai 1969 (SR 0.111)
VS	Wallis
VStG	Bundesgesetz über die Verrechnungssteuer vom 13. Oktober 1965 (SR 642.21)

VStrR	Bundesgesetz über das Verwaltungsstrafrecht vom 22. März 1974 (SR 313.0)
VwVG	Bundesgesetz über das Verwaltungsverfahren vom 20. Dezember 1968 (SR 172.021)
WTO	World Trade Organisation (Welthandelsorganisation)
WuR	Wirtschaft und Recht
ZBJV	Zeitschrift des Bernischen Juristenvereins
ZBl	Schweizerisches Zentralblatt für Staats- und Verwaltungsrecht
ZG	Zug
ZGB	Schweizerisches Zivilgesetzbuch vom 10. Dezember 1907 (SR 210)
ZH	Zürich
Ziff.	Ziffer
ZöR	Zeitschrift für öffentliches Recht
ZSR	Zeitschrift für Schweizerisches Recht

EINLEITUNG

§ 1 Staat, Staatsrecht, Staatsrecht der Schweizerischen Eidgenossenschaft

Dieses Buch befasst sich mit dem Staatsrecht der Schweizerischen Eid- 1
genossenschaft. Wir fragen nach der *Gestalt der Schweiz als Staat,* wie sie
aufgrund des geltenden Rechts sein soll – und weder danach, wie sich
diese Gestalt tatsächlich darstellt noch danach, wie sie idealerweise sein
müsste. Das Hauptinteresse gilt also der rechtlichen Normativität des
Staats – nicht der empirischen Normalität und auch nicht der ausserrechtlichen (z.B. sittlich, moralisch oder philosophisch fundierten)
Normativität.

Der Gegenstand soll im Folgenden näher umrissen werden. Die leiten- 2
den Stichworte sind dem Buchtitel entnommen: Staat (Abschnitt I),
Staatsrecht (Abschnitt II), Staatsrecht der Schweizerischen Eidgenossenschaft (Abschnitt III). Diese vorbereitenden Erörterungen werden es
erlauben, die Grundfragen zum Staatsrecht der Schweizerischen Eidgenossenschaft zu formulieren (Rz. 59).

I.   Staat

1.   Begriff und Funktion

a.   *Ausgangspunkt: Die Drei-Elementen-Lehre*

In der klassischen Formel von GEORG JELLINEK gilt als „Staat ... die 3
mit ursprünglicher Herrschermacht ausgerüstete Verbandseinheit sesshafter Menschen" (Allgemeine Staatslehre, Berlin 1914, S. 180 f.). Der

Staatsbegriff setzt sich danach aus drei Elementen zusammen: dem Staatsvolk („Verbandseinheit sesshafter *Menschen*"), dem Staatsgebiet („Verbandseinheit *sesshafter* Menschen") und der Staatsgewalt (*„mit ursprünglicher Herrschermacht ausgerüstete* Verbandseinheit"). Diese Begriffselemente wiederum lassen sich vorläufig wie folgt umreissen:

- Das *Staatsvolk* umfasst die Gesamtheit der Menschen, die aufgrund ihrer Staatsbürgerschaft der Staatsgewalt auf dem betreffenden Staatsgebiet dauernd unterworfen sind.

- Das *Staatsgebiet* ist ein umgrenzter Teil der Erdoberfläche mit Einschluss des zugehörigen Erdkörpers und Luftraums, innerhalb dessen die Staatsgewalt wirksam werden darf.

- Unter *Staatsgewalt* versteht man eine dauerhafte, wirksame und von keinem anderen Staat abgeleitete Regierungsstruktur, die nach innen – d.h. auf dem betreffenden Staatsgebiet – über die selbstgesetzte höchste Befehls- und Vollstreckungshoheit verfügt und nach aussen nur an das Völkerrecht gebunden ist.

4 Die Drei-Elementen-Lehre ist in der Literatur *nicht unangefochten.*
Grundsätzlich wird ihr vorgehalten, sie sei *inhaltsleer und statisch:* Weder äussere sie sich zum Zweck des Staats noch sage sie Substanzielles über sein Funktionieren aus; auch spare sie zu Unrecht die Frage nach der Legitimation der Regierenden und dem Gerechtigkeitsgehalt der Rechtsordnung aus dem Staatsbegriff aus. Weitere Einwände beziehen sich auf die *Abgrenzungskraft der einzelnen Begriffselemente:* Das Staatsvolk verliere vor dem Hintergrund der modernen Migrationsbewegungen an Bedeutung; die Internationalisierung von Recht und Wirtschaft sowie die Fortschritte in der Kommunikationstechnologie liessen das Staatsgebiet als Bezugspunkt der Staatsgewalt von Jahr zu Jahr fragwürdiger erscheinen; und von Staatsgewalt im Sinn einer ursprünglichen Herrschermacht könne wegen der stets dichter werdenden rechtlichen und faktischen Abhängigkeiten unter den Staaten im Ernst nicht mehr die Rede sein.
Darstellungen zur Drei-Elementen-Lehre etwa bei HALLER/KÖLZ, Allgemeines Staatsrecht, S. 6 ff. Kritik dieser Lehre namentlich bei SALADIN, Staaten, S. 16 ff., m.w.H.

5 Die Kritik rührt an unbestreitbare Probleme der modernen Staatlichkeit. Der wachsende Kooperations- und Integrationsdruck führt aber – jedenfalls zur Zeit – noch *keineswegs zur Auflösung des hergebrachten Staatsbegriffs,* sofern man darauf verzichtet, die einzelnen Begriffselemente zu überspannen. Ausserdem wird übersehen, dass die Drei-Elementen-Lehre vor allem als Massstab zur Anerkennung neuer Staaten dienen will und darum nur solche Kriterien aufstellen darf, die sich in der Staatenpraxis auf einfache Weise handhaben lassen und das

Selbstbestimmungsrecht der Völker nicht beeinträchtigen. So gesehen erweist sich die *Formalität des Staatsbegriffs* als richtig.

Auch die Schweiz stützt sich bei der Anerkennung neuer Staaten auf die Drei-Elementen-Lehre und verzichtet auf zusätzliche Bedingungen, die im Völkerrecht keine Grundlage finden; vgl. z.B. KÄLIN/EPINEY, Völkerrecht, S. 118 ff., und MÜLLER/WILDHABER, Völkerrecht, S. 210 ff., 235 ff.

b. Der Staat als rechtlich organisierte Entscheidungs- und Wirkungseinheit

Die Drei-Elementen-Lehre umschreibt den Staat *phänomenologisch* 6 („Aufgrund welcher äusserlicher Merkmale kann man einen Verband als Staat bezeichnen?"). Damit befriedigt sie die *Aussenperspektive* des Völkerrechts. Für das Staatsrecht indessen, das nach der rechtlichen Gestalt und dem rechtlichen Handeln des Staats fragt, steht die *Innenperspektive* im Vordergrund. Entsprechend benötigt es einen *funktional* geprägten Staatsbegriff („Was macht den Staat aus?"). In dieser Sicht ist der Staat – angelehnt an die Begriffsumschreibung HERMANN HELLERs – eine *rechtlich organisierte Entscheidungs- und Wirkungseinheit vergesellschafteter Menschen* (Staatslehre, S. 228 ff.). So gesehen unterscheidet sich der Staat zunächst nicht von manch anderen Personenverbänden in der Gesellschaft, die dazu bestimmt sind, Entscheidungen und Wirkungen hervorzubringen. Was ihn von den gesellschaftlichen Personenverbänden bestimmend abhebt, sind die *Gebietsbezogenheit* seiner Entscheidungs- und Wirkungsbefugnisse sowie die *Höchstmächtigkeit* und die *Zwangsbewehrung* dieser Befugnisse.

Auch die soeben umrissene Staatsdefinition operiert mit den klassi- 7 schen Begriffselementen Staatsvolk, Staatsgebiet und Staatsgewalt. Hier aber sind sie der Funktion des Staats (nämlich Entscheidungen und Wirkungen hervorzubringen) nachgeordnet. Staatsvolk, Staatsgebiet und Staatsgewalt erscheinen nun als die *Folge der fortdauernden Bereitschaft einer Gesellschaft, ihrem Zusammenleben eine verfasste Form zu geben.* „Niemals ... ergibt die relative natürliche oder kultürliche Einheitlichkeit der Gebietsbewohner an sich schon die Einheit des Staates. Diese ist letztlich immer nur als das Ergebnis bewusster menschlicher Tat, bewusster Einheitsbildung, als Organisation zu begreifen." (HELLER, Staatslehre, S. 230)

3

c. *Rechtliche Merkmale des Staats*

8 Rechtlich gesehen ist die Entscheidungs- und Wirkungseinheit „Staat" eine *öffentlichrechtliche Gebietskörperschaft*, d.h. eine kraft öffentlichen Rechts bestehende Personenverbindung, wobei sich der Kreis der zur Körperschaft zusammengeschlossenen Personen – das Staatsvolk – wesentlich (wenn auch nicht durchwegs) aufgrund ihres Herkommens von diesem Staatsgebiet bestimmt. Einzelheiten regelt die Bürgerrechtsgesetzgebung (vgl. für die Schweiz hinten § 13/II).

9 Als Körperschaft ist der Staat zugleich *juristische Person*. Dank seiner Rechtspersönlichkeit vermag der Staat als Träger von Rechten und Pflichten aufzutreten. Dadurch wird es z.b. auch möglich, Rechtsverhältnisse zwischen Staat und Bürger zu konstruieren. Juristische Personen handeln durch ihre *Organe*. Im Falle des Staates sind dies vor allem das Parlament, die Regierung, die Verwaltung und die Gerichte. Die Organe ihrerseits vermögen nur dank der natürlichen Personen zu wirken, welche in ihrer Eigenschaft als *Amtsinhaber* (d.h. als Parlamentsabgeordnete, als Regierungsräte, als Verwaltungsangestellte, als Richter) die gebotenen Verrichtungen vornehmen.

10 Wie jede Körperschaft ist der Staat ein Mittel zur Selbstverwaltung der gemeinsamen Angelegenheiten der Körperschaftsmitglieder. Der *Zweck* dieser Selbstverwaltung (oder kurz: der Staatszweck) lässt sich allerdings kaum in allgemein und überzeitlich gültiger Weise umschreiben. Ein minimaler, gewissermassen begriffsimmanenter Staatszweck besteht immerhin darin, *Rechtsfrieden und Rechtssicherheit* zu gewährleisten, die *Integrität des Staatsgebiets* zu wahren und das *Wohlergehen des Staatsvolks* zu sichern. Mit Blick auf diesen Zweck übernimmt der Staat einen bestimmten (von Staat zu Staat und von Epoche zu Epoche wechselnden) Kanon von *Aufgaben*.

11 Sein zentrales *Handlungsinstrument* zur Herbeiführung von Entscheidungen und Wirkungen findet der Staat im *Recht*. Dabei nimmt die Staatsverfassung einen herausragenden Stellenwert ein.

d. *Die Staatsgewalt als Kompetenzhoheit und als Vollstreckungsmonopol*

12 Die Staatsgewalt umfasst zwei Aspekte. Zum einen bedeutet sie *Kompetenzhoheit*. Darunter versteht man die Befugnis des Staats, unter Vor-

behalt völkerrechtlicher Bindungen über den Bestand, den Umfang und die Ausgestaltung seiner Kompetenzen selbständig zu befinden. Der Staat besitzt mit anderen Worten die *Höchstmächtigkeit in der Definition und Regulierung der gemeinrelevanten Fragen.* Will er diese Höchstmächtigkeit ernst nehmen, so darf er im Innern keine Ordnungsinstanzen neben sich dulden, die er nicht letztlich in die Schranken zu weisen vermöchte: weder Reservate ökonomisch-privater noch solche administrativ-beamteter Macht. Der Staat muss sich die Möglichkeit wahren, rechtlich geordnete Lebensbereiche aus dem Zugriffsbereich der staatlichen Regulierung zu entlassen und den gesellschaftlichen Ordnungssystemen zurückzugeben ebenso wie die Möglichkeit, bestimmte Lebensbereiche wieder (oder erstmals) an sich zu ziehen und der Gestaltung durch staatliches Recht zuzuführen. Staatsgewalt ist in diesem Sinne niemals geteilte, sondern immer nur *einheitliche* Gewalt. Zwar wird die Kompetenzhoheit des Staats und damit die Einheit der Staatsgewalt durch gesellschaftliche Kräfte und wirtschaftliche Entwicklungen immer wieder in Frage gestellt. Gleichwohl darf der Staat den *Anspruch* auf die Kompetenzhoheit nicht aufgeben.

Der andere Aspekt der Staatsgewalt besteht im *Vollstreckungsmonopol* 13 (oder geläufiger: im *Gewaltmonopol*). Nur der Staat darf Rechte und Pflichten zwangsweise durchsetzen und Rechtsbrüche einseitig mit Strafen belegen; nur dem Staat stehen Armee, Polizei und Justizvollzug zu. Dem Gewaltmonopol zugunsten des Staats entspricht als Kehrseite das Gewaltverbot und die Friedenspflicht zulasten der Bürger. Fühlt sich ein Privater in seinen Rechten verletzt und gelingt es ihm nicht, sein Gegenüber zur freiwilligen Pflichterfüllung zu bewegen, so muss er zur Durchsetzung seiner Rechte die Hilfe des Staats suchen, z.B. indem er polizeilichen oder gerichtlichen Schutz anfordert. Selbsthilfe unter Einsatz körperlichen Zwangs gegen fremde Personen oder Sachen ist dem Bürger nur auf der Grundlage und in den Schranken staatlichen Rechts erlaubt, so z.B. in Fällen von Notwehr und Notstand. Gewaltverbot und Friedenspflicht lassen sich allerdings nur aufrechterhalten, wenn sich der Bürger auf einen wirksamen Rechtsschutz durch den Staat verlassen kann.

2. Staat, Recht, Gerechtigkeit

a. Kein Staat ohne Recht, kein Recht ohne Staat

14   Als Entscheidungs- und Wirkungseinheit *bedarf der Staat notwendig des Rechts*, d.h. eines Gefüges von Regeln für das gesellschaftliche Leben, die er kraft seiner Organe setzt, verwirklicht und vollstreckt. Staat und Recht sind unlösbar miteinander verknüpft. *Ohne Recht* wäre die Gewährleistung von Sicherheit und Frieden in einer Gesellschaft (und damit die Verwirklichung eines zentralen Staatszwecks) nicht möglich; *ohne Staat* wäre die Gewährleistung der Wirksamkeit des Rechts (und damit die Verwirklichung eines zentralen Rechtszwecks) nicht möglich. Erst staatlich garantiertes Recht bietet den Bürgern ausreichende Gewissheit über den Inhalt jener Normen, die im gesellschaftlichen Verkehr fraglos zu beachten sind; erst staatlich garantiertes Recht vermag die Bürger davon abzuhalten, ihre Ansprüche auf dem Wege der Selbstjustiz durchzusetzen.

Das Gesagte ist in doppelter Weise *einzuschränken*. Erstens, Rechtssicherheit und Rechtsfrieden sind nicht allein dem staatlichen Recht zu verdanken. Auch ausserrechtliche Normensysteme wie z.B. gesellschaftliche Konventionen oder ethische Grundüberzeugungen tragen zur Stabilisierung und Befriedung einer Gesellschaft bei. Zweitens, die Wirksamkeit des staatlichen Rechts hängt nur zum Teil von der staatlichen Vollstreckungsapparatur ab. Viel entscheidender ist die freiwillige Befolgung des Rechts durch die Bürger. Insofern beruhen Staat und Recht auf Voraussetzungen, die sie nicht selber schaffen können. Diese Einschränkungen ändern aber nichts an der Unverzichtbarkeit sowohl des Rechts für den Staat als auch des Staats für das Recht.

15   Über das Ganze gesehen ist staatlich garantiertes Recht das wirksamste Mittel, die Ordnung im Gemeinwesen zu bestimmen. Dieser Umstand erklärt die *Anziehungskraft des Rechts auf die Politik.*

Politik wird hier verstanden als das Tun und Lassen staatlicher Organe und gesellschaftlicher Gruppen, soweit dieses Tun und Lassen planmässig und stetig danach strebt, auf die Ordnung des Gemeinwesens ändernd oder erhaltend einzuwirken.

Wer das Recht auf seiner Seite hat, ist im Vorteil. Wer sich diesen Vorteil möglichst umfassend sichern will, wird daher versuchen, die Rechtsordnung nach seinen Interessen zu gestalten. Der Weg zu diesem Ziel führt notwendig über die Politik, denn wer auf die Gestaltung der Rechtsordnung Einfluss nehmen will, muss sich zuerst bei jenen Staatsorganen durchsetzen, die den Schlüssel zur Rechtsetzung besitzen: bei Regierung, Parlament und Volk. *Recht* ist mit anderen Worten *sowohl Mittel wie auch Ziel der Politik.*

b.   *Kein Staat, kein Recht ohne Legitimation*

Nur das Recht vermag gesellschaftliche Macht in stabile Herrschaft   16
umzubilden. Und auch das Umgekehrte gilt: Nur gesellschaftliche
Macht vermag Recht so einzusetzen, dass daraus stabile Herrschaft
wird. Während aber gesellschaftliche Macht in den faktischen Verhältnissen vorgefunden wird und auch wieder vergehen kann, ist Herrschaft in der staatlichen Wirklichkeit normativ und auf Dauer angelegt:
durch Recht bewirkt und Recht bewirkend, vom Staat getragen und
den Staat tragend. *Staatliche Herrschaft als rechtlich verfasstes Machtver-
hältnis erlaubt Zwang von Menschen über Menschen,* erlaubt die Durchsetzung eines staatlichen Willens gegen die Interessen, ja selbst gegen
den physischen Widerstand der Rechtsunterworfenen. Sie fragt darum
nach *Rechtfertigung.* Und weil ein Staat ohne Recht nicht denkbar ist,
liegt in der Rechtfertigung des Rechts immer auch die Rechtfertigung
des Staats. Ein Staat, dessen Recht nicht als legitim anerkannt wird,
verliert selber an Legitimation.

c.   *Keine Legitimation ohne politische Gerechtigkeit*

Die Legitimation des Rechts, damit auch die Legitimation des Staats,   17
lässt sich nur erreichen, wenn Staat und Recht in den Dienst *politischer
Gerechtigkeit* gestellt werden.

Politische Gerechtigkeit meint jene Gerechtigkeit, die der Staat mit seinem Recht
vernünftigerweise anstreben kann: nämlich Gerechtigkeit der gesollten gesellschaftlichen Ordnung im Gegensatz zur tatsächlichen personalen Gerechtigkeit des
individuellen Verhaltens.

Legitimation ist darum nur um den Preis politischer Gerechtigkeit zu   18
erreichen, weil weder der Staat noch das Recht Selbstzweck sind. Staat
und Recht finden ihre Rechtfertigung nicht ausschliesslich darin, *dass*
sie eine stabile Herrschaftsordnung aufrichten, sondern wesentlich
auch darin, mit *welchem Inhalt* dies geschieht. Es genügt nicht, auf die
Unfehlbarkeit von Parlament und Volk zu vertrauen – auch die demokratische Mehrheit kann irren. Es genügt nicht, das freie Spiel der gesellschaftlichen Kräfte wirken zu lassen – auch die unsichtbare Hand
des Marktes kann sich vergreifen. Legitimation ist nicht nur eine Sache
fairer *Verfahren,* sondern mehr noch eine Sache der durch diese Verfahren hervorgebrachten *Ergebnisse.*

Die Frage, worin politische Gerechtigkeit bestehe, ist folglich auch   19
material und nicht bloss prozedural zu erörtern. Diese Forderung sieht

7

sich allerdings mit dem Problem konfrontiert, dass *ausserrechtliche Wertmassstäbe* nur mehr über beschränkte Leitkraft verfügen. In einer pluralistischen Gesellschaft kann niemand für sich in Anspruch nehmen, im Besitz der Wahrheit zu sein. So bleibt wenig anderes übrig, als politische Gerechtigkeit mit *allgemeiner Annehmbarkeit* zu übersetzen. Die Mitglieder einer Rechtsgemeinschaft müssen sich *selber* stets aufs Neue darüber auseinandersetzen und einig werden, was sie als *zumutbar für alle Rechtsunterworfenen* ansehen wollen. Politische Gerechtigkeit erscheint so als das *Produkt eines Verständigungsprozesses*, in dessen Verlauf die unterschiedlichen Interessen und Sichtweisen möglichst aller Beteiligten vorgebracht werden konnten und von den Akteuren des politischen Systems in möglichst nachvollziehbarer Weise zu einer Entscheidung verarbeitet wurden, welche diesen Interessen und Sichtweisen möglichst umfassend Rechnung trägt.

3. Staat, Gesellschaft, Individuum

a. Staat und Gesellschaft

20 Der Begriff *Gesellschaft* steht für die *Gesamtheit der Kollektive und Verbindungen von Individuen,* in denen sich das menschliche Zusammenleben abspielt. Anders als der Staat bildet die Gesellschaft kein einheitlich wirkendes Handlungsgefüge. Vielmehr erscheint sie als offenes, unablässig sich wandelndes System, das sich aus einer unübersehbaren Vielzahl und Vielfalt einzelner Subsysteme zusammensetzt. Bei diesen Subsystemen handelt es sich bald um bewusst gebildete (Verbände, Parteien, Komitees), bald um natürlicherweise gegebene (Frauen, Männer, Kinder) oder zufällig entstandene (eine Betriebsbelegschaft, ein Kinopublikum). Und anders als der Staat ist die Gesellschaft nicht dem Leitwert der politischen Gerechtigkeit verpflichtet. Vielmehr handeln die gesellschaftlichen Gruppierungen auf dem Boden der Privatautonomie und sind im Rahmen der Rechtsordnung frei, ihre eigenen Interessen zu verfolgen – gleichviel, ob es sich um höchstpersönliche oder gemeinschaftliche Anliegen handle, um materielle oder ideelle, um lebenswichtige oder nebensächliche. Eine bestimmte substanzielle Wertbasis, die allen gesellschaftlichen Subsystemen gemeinsam wäre, lässt sich in den westlichen Staaten kaum ausmachen. Realität heute ist das *pluralistische Neben-, Über- und Durcheinander unterschiedlichster Handlungseinheiten zur Befriedigung unterschiedlichster Bedürfnisse.* Diese gesellschaftlichen Handlungseinheiten vermitteln zugleich eine Fülle

von Orientierungshilfen, derer sich die Bürger situativ und selektiv bedienen können (wohl auch bedienen müssen), um damit einigermassen durchs Leben zu kommen.

Das *Verhältnis von Staat und Gesellschaft* wird häufig mit dem Bild   21
zweier Sphären umschrieben. Daran ist soviel richtig, dass (wie soeben bemerkt) die leitenden Prinzipien differieren: Für staatliches Handeln gilt das Prinzip der politischen Gerechtigkeit, für gesellschaftliches Handeln das Prinzip der Privatautonomie. Dennoch ist das Bild irreführend. Staat und Gesellschaft verkörpern keine in sich geschlossenen, physisch abgrenzbaren Systeme. Vielmehr steckt hinter der Zweiheit von Staat und Gesellschaft eine *funktionale Differenzierung*. Das Begriffspaar kennzeichnet das Bestehen zweier typischer Arten von Handlungsgefügen innerhalb ein und desselben Gemeinwesens. Der Staat erscheint zwar als eine besondere, aus der planlos organisierten Gesellschaft herausgehobene Wirkungseinheit. Das Besondere daran sind aber nur die *qualifizierten Regelungsbefugnisse* des Staats und die daraus folgenden *spezifischen Rollen* der Funktionsträger im Staat. Im Übrigen basiert die Wirkungseinheit Staat wesentlich auf den gleichen Menschen, aus denen sich auch die gewöhnliche Gesellschaft rekrutiert.

Zwischen Staat und Gesellschaft besteht ein enges *Geflecht wechselseitiger Abhängig-*   22
keiten. Die Gesellschaft einerseits benötigt den Staat als Instanz zur Interessenintegration und Konfliktregulierung: Ohne die ordnende, lenkende und vorsorgende Hand des Staats würden die Rahmenbedingungen und Vorleistungen fehlen, derer die arbeitsteilige Verkehrsgesellschaft der Gegenwart bedarf, um ihren Geschäften nachgehen zu können. Der Staat andererseits findet in der Gesellschaft seine ideellen und materiellen Ressourcen: Ohne die fortwährende Leistungsbereitschaft und Leistungsfähigkeit sowohl der Bürger wie auch der Wirtschaft wäre der Staat ausserstande, seine umfassende Wohlfahrtsverantwortung wirksam wahrzunehmen.

b.   Staat und Individuum

Die funktionale Differenzierung von Staat und Gesellschaft setzt sich   23
bis in die Person des Individuums fort. Der einzelne Bürger ist nicht nur *Privatperson* (Bourgeois), sondern immer auch auch *Staatsbürger* (Citoyen) – wenn auch nicht unbedingt Staatsbürger jenes Staats, in welchem er wohnt. Als Privatperson verfolgt er die Verwirklichung seiner Lebensentwürfe und geht den Besorgungen des täglichen Lebens nach; als Staatsbürger nimmt er besondere, mit der Staatsangehörigkeit verbundene Rechte und Pflichten wahr, unter anderem das Recht auf Teilhabe an demokratischen Wahlen und Abstimmungen. Die Ver-

knüpfung der staatsbürgerlichen Rechte und Pflichten mit der Staatsangehörigkeit verliert zwar wegen der zunehmenden Internationalisierung der Lebensverhältnisse an Bedeutung. Es mag auch zutreffen, dass die staatsbürgerlichen Rechte und Pflichten desto weniger als etwas Besonderes erscheinen, je mehr sich der Staat in seinem Kompetenzbereich nach privatwirtschaftlichen Verhaltensmustern ausrichtet. Diese Entwicklungen lassen den Gegensatz zwischen Citoyen und Bourgeois verflachen. Sie bedeuten aber nicht das Ende der Doppelrolle, solange die Gesellschaft weiterhin an der Vision eines Gemeinwesens festhält, das zwischen staatlich und privat, zwischen Kollektiv und Individuum einen Unterschied macht.

24 Die Doppelrolle als Citoyen und Bourgeois lässt sich kaum ohne *innere Spannung* aushalten, denn die Handlungszusammenhänge, in denen diese Rollen jeweils zu spielen sind, werden von konträren Leitprinzipien regiert. Während der Bürger als Privatperson die Freiräume der Privatautonomie nutzen darf und hinnehmen muss, dass seine Partner diese Freiräume allenfalls zu seinem Nachteil nutzen, steht er als Staatsbürger (besonders als Stimmbürger) vor der Herausforderung, zur politischen Gerechtigkeit beizutragen. Dieselben Menschen, die an der Wahl der Behörden und an der Gestaltung der Rechtsordnung teilhaben, sind zugleich – die einen mehr, die anderen weniger – in gesellschaftliche Systeme eingebunden und von diesen Systemen möglicherweise auch existenziell abhängig. Solche Bindungen und Abhängigkeiten können die Fähigkeit der Bürger beschädigen, ihre Rolle als Citoyens selbstbewusst und selbstbestimmt wahrzunehmen.

25 Nur *politisch autonome Bürger* sind in der Lage, den *Staat auf Dauer zu legitimieren.* Darum muss der Staat ein Interesse daran haben, die Widersprüche zwischen Staatsbürgerrolle und Privatbürgerrolle in erträglichen Grenzen zu halten. Dies bedingt *einerseits* eine Privatrechtsordnung, welche annehmbare Antworten auf die Machtfrage unter Privaten zu geben vermag. Allein solange auch im gesellschaftlichen Leben eine gewisse Ausgewogenheit der Kräfte besteht, erfordert der Rollenwechsel vom Bourgeois zum Citoyen und zurück keine unzumutbaren Persönlichkeitsspaltungen. Der Gesetzgeber muss daher wenn nötig ausgleichende Schutzklauseln vorsehen, um ein eventuelles Machtgefälle unter Privaten zu kompensieren oder wenigstens zu begrenzen. Nicht weniger wichtig ist *andererseits,* dass die Zutrittsschwellen zum Staat tief gehalten werden. Eine solide Verklammerung von Staat und Gesellschaft gelingt nur, wenn die Bürger den Kontakt zum Staat und die Mitwirkung im Staat als normalen und häufigen Bestandteil ihres Lebens erfahren. Die Einräumung politischer Rechte ist bloss ein – wenn auch zentrales – Mittel zu diesem Zweck. Als genauso unentbehrlich erweist sich die Einrichtung einer politischen Öffentlichkeit, die es den Bürgern der modernen Massengesellschaft überhaupt erst ermöglicht, politische Diskurse zu führen. Auch das „Milizsystem" (d.h.

die Besetzung von Staatsfunktionen im Nebenamt) trägt zur Integration von Privat- und Staatsbürgerrolle bei.

c.   Staat und "intermediäre Gewalten"

Die Einwirkung gesellschaftlicher Kräfte auf Staat und Recht gestaltet   26
sich als unablässiger Fluss verschiedenster Handlungsbeiträge verschiedenster Akteure. Gleiches gilt in umgekehrter Richtung für die Aufnahme gesellschaftlicher Bedürfnisse durch die Staatsorgane und die Regulierung dieser Bedürfnisse mit Mitteln des Rechts. Zwischen Staat und Gesellschaft findet mit anderen Worten ein stetiger Austausch über die Ordnung des Gemeinwesens statt. Vergegenwärtigt man sich die politischen Rechte wie Wahlen und Abstimmungen, Initiative und Referendum, so könnte zunächst der Eindruck entstehen, als spiele sich dieser Austausch im unmittelbaren Verkehr zwischen Staat und Bürger ab. Das trifft zum Teil zwar zu. Die arbeitsteilige Massengesellschaft setzt dem Wirkungskreis des Individuums allerdings Grenzen. Weder kann der Bürger hoffen, als Einzelner beim Staat viel zu bewegen, noch verfügt der Staat über die Mittel, auf jeden Impuls eines einzelnen Bürgers einzugehen. Daher sind Staat *und* Bürger auf die *Vermittlung durch wirkkräftige soziale Mächte* angewiesen, die so genannten „intermediären Gewalten". Als intermediäre Gewalten bezeichnet man jene Akteure, die nach ihrem Selbstverständnis (und teils auch nach der Rechtsordnung) dazu bestimmt sind, gesellschaftliche Anliegen zu organisieren, zu artikulieren sowie gegenüber anderen sozialen Mächten und gegenüber dem Staat zu vertreten. Sie erfüllen nicht nur gesellschaftliche Funktionen, sondern wirken darüber hinaus beträchtlich auf die staatliche Entscheidfindung ein.

Zu den intermediären Gewalten zählen in erster Linie die politischen   27
Parteien, die Verbände sowie die Massenmedien. *Politische Parteien* sind privatrechtlich organisierte Personenvereinigungen (meist Vereine), deren Ziel darin besteht, eine bestimmte Ordnung des Gemeinwesens zu verwirklichen und die zu diesem Zweck danach streben, auf die politische Willensbildung im Staat Einfluss zu gewinnen. Politische Parteien arbeiten in der Regel aufgrund eines Parteiprogramms mit *verhältnismässig umfassenden Vorstellungen über die erwünschte Gestalt von Staat und Recht.* Freilich gibt es neben den traditionellen ‚Weltanschauungsparteien' auch so genannte ‚Einthemenparteien', die ein sektorielles Anliegen in den Vordergrund stellen. *Im politischen Prozess* wirken die Parteien als Mittel zur Organisation politisch interessierter

Bürger, als Rekrutierungsbasis für die Beschickung politisch zu besetzender Ämter sowie als Faktor der Meinungsbildung im Vorfeld von Wahlen und Abstimmungen.

28 Auch *Verbände* sind privatrechtliche Organisationen. Im Unterschied zu den Parteien beschränkt sich ihre Funktion aber auf die *Vertretung partikulärer Interessen*. Dabei kann es sich um wirtschaftlich-materielle so gut wie um ethisch-ideelle Interessen handeln. Verbände versammeln ein Zweckpublikum; sie wirken als Sachwalter bestimmter Gruppenanliegen. Mit dem *Einbezug der Verbände in den politischen Prozess* gewinnt der Staat Zugang zu Kenntnissen, Erfahrungen und Einstellungen der betroffenen Kreise; dadurch kann er die politischen Erfolgsaussichten und die praktische Durchführbarkeit seiner Vorlagen besser abschätzen. Ausserdem tragen die Verbände (ähnlich wie die Parteien) im Vorfeld von Wahlen und Abstimmungen zur Meinungsbildung der Stimmbürger bei. Mitunter wirken sie auch im *Gesetzesvollzug* mit.

29 Als *Massenmedien* bezeichnet man Informationsträger, die ein unbegrenztes Publikum (die ‚Massen‘) u.a. mit Nachrichten über Tatsachen und Meinungen bedienen. Zu den Massenmedien zählt man gewöhnlich die Presse, Radio und Fernsehen sowie das Internet. Massenmedien wirken als *zentrale Träger der politischen Öffentlichkeit;* sie bilden die schlechterdings unentbehrliche Voraussetzung des politischen Diskurses in der modernen Flächendemokratie. Im Unterschied zu den politischen Parteien und den Verbänden werden die Massenmedien aber nicht unmittelbar in den politischen Prozess einbezogen. Ihr Wirkungsfeld ist weniger die staatliche Entscheidfindung als vielmehr die Meinungsbildung der Akteure, die am politischen Prozess der staatlichen Entscheidfindung unmittelbar teilnehmen. Auch wenn die Massenmedien *rechtlich* vom politischen Prozess etwas zurückgesetzt sind, so üben sie doch *faktisch* – nämlich durch die Auswahl der Informationen und die Art ihrer Aufbereitung – einen grossen Einfluss auf die Politik aus.

II. Staatsrecht

1. Begriff und Einordnung

a. Im Allgemeinen

Staatsrecht ist die Gesamtheit jener Rechtsnormen, welche zum *Ge-*   30
gestand haben:
1. die Organisation und die Aufgaben des Staats;
2. die Organisation, die Aufgaben und das Verfahren der obersten
    Staatsorgane;
3. die grundlegenden Rechte und Pflichten des Individuums im Staat.

Der so umschriebene Gegenstand ist freilich nach mehreren Richtun-   31
gen hin *einzuschränken.*
– So befasst sich das Staatsrecht nicht mit den *Staatsaufgaben* im Ein-
    zelnen (z.B. mit den Besonderheiten der Staatsaufgaben „Raumpla-
    nung" oder „Konjunkturpolitik"), wohl aber mit der Frage, auf wel-
    che Weise die Erfüllung eines Anliegens zur Staatsaufgabe wird und
    welche Typen von Staatsaufgaben vorkommen.
– In der Darstellung der obersten *Staatsorgane* stehen die politischen
    Behörden – Regierung und Parlament – im Vordergrund. Das Jus-
    tizorganisationsrecht ist zwar ebenfalls Staatsrecht; die Einzelheiten
    der Gerichtsverfassung gehören aber eher in das Prozessrecht.
– Das *Verhältnis von Staat und Individuum* endlich wird wesentlich
    durch die Grundrechte geprägt. Aus der Grundrechtslehre ist längst
    schon ein eigenes Fach geworden. Eine Staatsrechtsdarstellung muss
    aber doch noch einige Punkte von allgemeiner Bedeutung behan-
    deln (besonders die Fragen nach Begriff und Funktion der Grund-
    rechte sowie nach deren Verwirklichung und Einschränkung) und
    von den einzelnen Grundrechten jene Gewährleistungen erörtern,
    die (wie z.B. das Stimmrecht) untrennbar mit dem politischen Wir-
    ken des Staats verbunden sind.

Das Staatsrecht – so kann man nach diesen Einschränkungen zusam-   32
menfassen – handelt von der strukturellen, instrumentellen und materiellen Grundlegung des Staats. Es lässt sich darum auch als das *Recht
des politischen Systems* umschreiben.
Der Begriff „politisches System" steht zusammenfassend für die *organisatorische und
prozedurale Gestalt der staatlichen Willensbildung und Willensbetätigung* in ihrer teils
normativ erwarteten, teils empirisch gegebenen Gesamtheit. Das politische System

13

bildet sich nicht allein aufgrund rechtlicher Regeln, sondern stützt sich darüber hinaus auch auf ausserrechtliche Normen und faktische Verhaltensmuster. In diesem Buch geht es in erster Linie um die *rechtlichen* Regeln des politischen Systems.

b. Staatsrecht als öffentliches Recht

33 Das Staatsrecht bildet *Teil des öffentlichen Rechts* und steht im Gegensatz zum Privatrecht.

Vereinfacht gesagt gehören zum öffentlichen Recht alle Rechtsnormen, die die Organisation und das Verfahren der Staatsorgane, das Verhältnis der Staatsorgane oder Gemeinwesen untereinander sowie die (vertikalen) Beziehungen zwischen Staat und Bürger betreffen. Das Privatrecht dagegen regelt die (horizontalen) Beziehungen unter den einzelnen Bürgern mit Einschluss der Beziehungen zu den juristischen Personen des Privatrechts (wie Vereinen, Genossenschaften, Handelsgesellschaften). „Das öffentliche Rechts ist ... das Sonderrecht des Staates, das Privatrecht dagegen das Jedermannsrecht ...“ (MAURER, Staatsrecht I, § 1 Rz. 23). Auf Einzelheiten der Abgrenzung und auf die grundsätzliche Kritik an der Unterscheidung ist hier nicht näher einzugehen (vgl. dazu etwa HÄFELIN/MÜLLER, Allgemeines Verwaltungsrecht, § 5). Für die schweizerische Rechtsordnung können die Kategorien „Privatrecht“ und „öffentliches Recht“ schon darum nicht aufgegeben werden, weil Verfassung und Gesetz sie an verschiedener Stelle ausdrücklich verwenden (vgl. etwa Art. 122 BV; Art. 5, 6, 59 ZGB; Art. 33, 762 OR; Art. 11 VG; Art. 5 VwVG; Art. 41 OG u.v.a.).

c. Verhältnis zum Verwaltungsrecht

34 Als Teil des öffentlichen Rechts muss sich das Staatsrecht vorab *vom Verwaltungsrecht absetzen;* die Grenzziehung zu den übrigen Bereichen des öffentlichen Rechts, wie etwa zum Völkerrecht, zum Prozessrecht oder zum Strafrecht ist in unserem Zusammenhang ohne Bedeutung. *Verwaltung* im funktionellen Sinn (d.h. Verwaltung als staatliche Tätigkeit, nicht als staatliche Organisation) ist die Besorgung gesetzlich übertragener Staatsaufgaben durch das Gemeinwesen. Solche Aufgaben werden als Verwaltungsaufgaben bezeichnet. *Verwaltungsrecht* lässt sich entsprechend umschreiben als die Gesamtheit jener Rechtsnormen, welche zum Gegenstand haben:

1. die Besorgung von Verwaltungsaufgaben;

2. die damit zusammenhängenden Rechte und Pflichten von natürlichen und juristischen Personen;

3. die Zuständigkeiten der Verwaltungsbehörden und das Verfahren auf Erlass einer Verwaltungsentscheidung.

14

Auch das Verwaltungsrecht befasst sich also mit dem Staat. Während 35
aber das Staatsrecht hauptsächlich die rechtlichen Voraussetzungen für
die Aufrichtung einer staatlichen Rechtsordnung thematisiert, wendet
sich das Verwaltungsrecht hauptsächlich der Umsetzung dieser Ordnung zu.

Es ist eine Frage des *Staatsrechts*, ob z.B. das Problem der modernen Gentechnologie einer Regulierung durch staatliches Recht überhaupt zugeführt werden solle,
welche Akteure das Verfahren auf Erlass der entsprechenden Verfassungsgrundlage
in Gang bringen können und wie weit die staatliche Regelungsbefugnis auszugrei-
fen habe. Immer noch in den Bereich des Staatsrechts fällt der Erlass des ausführenden Gentechnologiegesetzes. Die Handhabung dieses Gesetzes durch die zuständige
Verwaltungsstelle dagegen bildet Gegenstand des *Verwaltungsrechts:* also die Entwicklung von Vollzugskonzepten, die Erarbeitung entsprechendener Fachgrund-
lagen sowie der Erlass von Vollziehungsverordnungen, Richtlinien oder Verwaltungsverfügungen.

d.   *Verhältnis zum Verfassungsrecht*

Das Verhältnis des Staatsrecht zum *Verfassungsrecht* lässt sich darum 36
nicht eindeutig beschreiben, weil der Begriff des Verfassungsrechts
selber mit Unsicherheiten behaftet ist. An dieser Stelle soll das Verfassungsrecht einstweilen mit der Verfassung gleichgesetzt werden, d.h.
mit der Gesamtheit der Rechtsnormen, die in dem als Verfassung bezeichneten Rechtserlass erscheinen (für Differenzierungen vgl. hinten
§ 3). So betrachtet handelt es sich beim Verfassungsrecht um einen
formal bestimmten Begriff. Der Begriff des Staatsrechts dagegen (übrigens auch jener des Verwaltungsrechts) stellt auf *inhaltliche* Kriterien
ab. Das Verfassungsrecht in der soeben gegebenen vorläufigen Umschreibung tritt daher nicht als weiterer Fachbereich des öffentlichen
Rechts *neben* das Staatsrecht, sondern *überschneidet* sich mit ihm. Zwar
erscheinen die wichtigsten Bestimmungen des Staatsrechts in der Verfassung; ein grosser Teil des Staatsrechts findet sich aber in Gesetzen
und Verordnungen (Rz. 51). Die Verfassung ihrerseits enthält ganz
überwiegend Normen staatsrechtlichen Inhalts; einige ihrer Bestimmungen tragen jedoch verwaltungsrechtliche Züge (vgl. die Beispiele in
§ 3 Rz. 14).

2. Eigenarten des Staatsrechts

a. *Staatsrecht als funktional vorgelagertes Recht*

37 Das Staatsrecht spielt in der Rechtsordnung eine *hervorgehobene Rolle.* Anders als die übrigen Rechtsgebiete wie beispielsweise das Privatrecht, das Strafrecht oder das Verwaltungsrecht begnügt sich das Staatsrecht nicht damit, eine bestimmte Materie (hier: die rechtliche Gestalt des Staats) zu ordnen. Es regelt darüber hinaus, durch wen und nach welchem Verfahren staatliches Recht zustande kommt. Anders gewendet: Sind Privatrecht, Strafrecht und Verwaltungsrecht die Werkzeuge zur Bewältigung des bürgerlichen Verkehrs, zur Ahndung der strafbaren Handlungen und zur Erfüllung der Verwaltungsaufgaben, so sorgt das Staatsrecht für die Werkzeugmaschine und das Personal zur Bedienung sowohl der Maschine wie auch der aus ihr hervorgehenden Werkzeuge. Das will nicht heissen, Staatsrecht sei wichtiger als die übrigen Teile der Rechtsordnung. Im Gegenteil: Praktisch prägen *sie* den Rechtsalltag, nicht das Staatsrecht. Funktional indessen ist ihnen das Staatsrecht vorgelagert, denn Privatrecht, Strafrecht und Verwaltungsrecht entstehen und bestehen als staatliche Rechtserlasse nur kraft staatsrechtlich eingerichteter Organe und Verfahren.

b. *Staatsrecht als politisches Recht*

38 Das Staatsrecht ist in besonderem Masse ‚politisches‘ Recht – oder genauer: *politisch prägendes und politisch geprägtes Recht.* Dies liegt daran, dass das Staatsrecht den Zugang zur Staatsgewalt sowie deren Ausübung und Kontrolle regeln will. Zwar wäre es falsch zu sagen, das Staatsrecht entscheide endgültig über die Verteilung der staatlichen Herrschaftsbefugnisse. Richtig ist aber, dass es die rechtlichen Chancen bestimmt, staatliche Herrschaftsbefugnisse zu erlangen und zu nutzen. Damit bleibt das Staatsrecht nicht ohne Einfluss auf die Gestalt der Rechtsordnung, die dem Wirken der Staatsorgane entspringt; und aus diesem Grund bildet es selber in besonderem Mass *Gegenstand politischer Auseinandersetzungen.*

39 Wenn das Staatsrecht die Chancen staatlicher Herrschaftsausübung prägt, so ist es zugleich auch – und dies mehr als andere Rechtsgebiete – *Spiegel der gesellschaftlichen Mächte.* Wer Staatsrecht angemessen erfassen will, darf sich darum nicht nur mit rechtsdogmatischen Figuren und rechtstechnischen Details beschäftigen. Er muss sich auch für die

Machtverhältnisse interessieren, die dem Staatsrecht vorausgehen, und für die Herrschaftswirkungen, die es hervorbringt.

c. *Staatsrecht als nationales Recht*

Das Staatsrecht befasst sich mit der rechtlichen Gestalt *konkreter* Staa-   40
ten; es ist daher wesentlich *einzelstaatliches Recht.* Auch wenn das Völkerrecht mehr und mehr strukturelle Mindestanforderungen an die rechtliche Grundordnung der Staaten aufstellt, auch wenn die Handlungsfreiheit der Staaten durch ein stetig dichter werdendes Geflecht internationaler Verbindlichkeiten mehr und mehr verblasst: Das Zusammenrücken der Nationen hat den umfassenden Weltstaat bisher doch nicht hervorgebracht. Nach wie vor sind es die Einzelstaaten, welche als „Prototyp und Gravitationszentrum politischer Gestaltung" (J. P. MÜLLER, Gerechtigkeit, S. 17) in Erscheinung treten. Sie sind es daher auch, die ihrem Staatsrecht das entscheidende Gepräge geben.

3. **Staatsrecht und Nachbarwissenschaften**

Neben der Rechtswissenschaft beschäftigt sich eine Reihe weiterer   41
Wissenschaften mit dem Staat. Das ist nicht verwunderlich. Der Staat als rechtlich organisierte Entscheidungs- und Wirkungseinheit vergesellschafteter Menschen rührt zwangsläufig an vielfältige Fragen des menschlichen Zusammenlebens. Manche dieser Fragen sind rechtlich überhaupt nicht von Belang; und von den rechtlich bedeutsamen Fragen lassen sich die meisten auch unter anderen, nichtrechtlichen Gesichtspunkten diskutieren. Die unterschiedlichen Staatswissenschaften brauchen hier nicht im Einzelnen vorgestellt zu werden. Es genügt, wenn vom Boden des Staatsrechts aus die unmittelbar benachbarten Disziplinen benannt und mit Stichworten die hauptsächlichen Unterschiede zum Staatsrecht hervorgehoben werden.

Das Staatsrecht befasst sich, wie bemerkt, mit der *rechtlichen* Gestalt   42
eines *konkreten* Staats *in der Gegenwart* (Rz. 30 ff.). Durch die Variation dieser Formel gelangt man zu den folgenden Abgrenzungen (Rz. 43 ff.).
Für einlässlichere Abgrenzungen vgl. HALLER/KÖLZ, Allgemeines Staatsrecht, S. 25 ff. Zum Verhältnis von Staatsrecht und Politikwissenschaft im Besonderen DIETER GRIMM, Staatsrechtslehre und Politikwissenschaft, in: DIETER GRIMM, (Hrsg.), Rechtswissenschaft und Nachbarwissenschaften 1, 2.A., München 1976, S. 53.

a. Staatsrecht und Politikwissenschaft

43 Die *tatsächliche* Gestalt des Staats ist Gegenstand der *Politikwissenschaft*. Anders als die Rechtswissenschaft geht die Politikwissenschaft wesentlich von *empirischen Fragestellungen* aus. Als Institutionen- und Verhaltenslehre beschreibt sie die politischen Einrichtungen und Abläufe in einem Staat und ergründet das Funktionieren dieser Einrichtungen und Abläufe.

44 Die Politikwissenschaft versteht sich allerdings nicht als reine Wirklichkeitswissenschaft; sie hat *auch normative Bezüge*. Erstens bildet die rechtliche Ordnung des politischen Systems selber schon einen jener Politikfaktoren, die die Politikwissenschaft zu analysieren hat; schon darum kann sie den normativen Fragestellungen gar nicht ausweichen. Zweitens vermag die Politikwissenschaft sinnvolle empirische Fragestellungen und zielgerichtete Verbesserungsvorschläge nur dann zu entwickeln, wenn sie weiss, wonach sie sucht und wohin sie strebt; dafür aber ist eine politische Theorie über das Gegebene (also eine normative Vorstellung über Sinn und Zweck der untersuchten politischen Systeme) wie auch über das Anzustrebende (also eine normative Vorstellung über das ‚gute Regieren‘) unerlässlich.

b. Staatsrecht und Staatsphilosophie

45 Mit der *idealen* Gestalt des Staats befasst sich vor allem die *Staatsphilosophie*. Hier steht die Frage nach der bestmöglichen Ordnung politischer Herrschaft im Vordergrund. Diese Frage ist von Epoche zu Epoche und von Autor zu Autor unterschiedlich beantwortet worden. Daraus hat sich im Lauf der Zeit eine Reihe typischer Modelle staatlicher Herrschaft entwickelt. Die historische Aufarbeitung der unterschiedlichen Staatsphilosophien und Herrschaftsmodelle ergibt die *Geschichte der Staatsideen*.

c. Staatsrecht und Allgemeine Staatslehre

46 Nicht von der rechtlichen Gestalt eines konkreten Staats, sondern von den *möglichen rechtlichen Erscheinungsformen* des Staats *im Allgemeinen* handelt die *Allgemeine Staatslehre* (andere Bezeichnungen sind: Allgemeines Staatsrecht, Staatstheorie). Die Allgemeine Staatslehre erörtert die grundlegenden Fragen des Staats, wie: Begriff und Funktion des

Staats und der Verfassung, hauptsächliche Staats- und Regierungsfor-
men, Staatsfunktionen und Staatsorgane, Stellung des Volks und der
intermediären Gewalten. Sie tut dies in typisierender und vergleichen-
der Weise. Indem sie dabei auch mit Beispielen aus verschiedenen aktuellen Verfassungsordnungen arbeitet, steht sie in Nachbarschaft zum
vergleichenden Verfassungsrecht.

d. Staatsrecht und Verfassungsgeschichte

Die rechtliche Gestalt eines konkreten Staats *in der Vergangenheit* fällt   47
in den Bereich der *Verfassungsgeschichte.* Die Verfassungsgeschichte
beschreibt, in welcher Weise und unter welchen Bedingungen sich die
rechtliche Grundordnung des Staats (die nicht immer in Form einer
geschriebenen Verfassung vorliegt) in der Zeit entwickelt und gewan-
delt hat, welchen Einflüssen sie dabei unterlag und welche Wirkungen
von ihr ausgegangen sind. Je nachdem, wie die Fragestellungen akzen-
tuiert werden, können sich die skizzierten Disziplinen untereinander
und mit dem Staatsrecht *überschneiden.*

III.   Staatsrecht der Schweizerischen Eidgenossenschaft

1.   Begriff

Die Schweizerische Eidgenossenschaft ist ein *Bundesstaat* (hinten § 6/V   48
und §§ 15–18). Wie jeder Bundesstaat umschliesst sie zwei Ebenen: die
obere Ebene des Zentral- und Gesamtstaats (den *Bund*) sowie die untere
Ebene der weitgehend autonomen Gliedstaaten (im Falle der Schweiz
die *Kantone*). Diese Staatskonstruktion bedeutet, dass neben dem Bund
– aber noch in den Grenzen des Bundesrechts – auch jeder einzelne
Kanton sein eigenes Staatsrecht kennt. Dieses Buch befasst sich grundsätzlich nur mit dem Staatsrecht der oberen, d.h. der zentral- und gesamtstaatlichen Ebene. Es verwendet für den so umrissenen Rechtsbe-
reich den Ausdruck „Staatsrecht der Schweizerischen Eidgenossenschaft" (oder kürzer: „eidgenössisches Staatsrecht") – dies in Anlehnung
an die amtliche Bezeichnung der Bundesverfassung als „Bundesverfassung der Schweizerischen Eidgenossenschaft". Das *eidgenössische Staatsrecht* hat somit zum Gegenstand (vgl. Rz. 30):

1. die Organisation und die Aufgaben der Schweizerischen Eidgenossenschaft;

2. die Organisation, die Aufgaben und das Verfahren der obersten Bundesorgane;

3. die grundlegenden Rechte und Pflichten des Individuums im Bund.

Zur Organisation der Schweizerischen Eidgenossenschaft (Punkt 1 der vorstehenden Begriffsumschreibung) und damit zum eidgenössischen Staatsrecht gehören auch die mannigfaltigen *Vorgaben des Bundes an das kantonale Staatsrecht* (hinten § 18/II).

49 Das *kantonale Staatsrecht* als solches wird dagegen nur soweit mit einbezogen, als das Verständnis des Bundesrechts es erfordert oder zumindest erleichtert.

Literatur zum kantonalen Staatsrecht: Eine allgemeine, wenn auch streckenweise überholte *Übersicht* über das Staatsrecht der Kantone bietet GIACOMETTI, Staatsrecht. Die neueren Darstellungen befassen sich häufig nur mit bestimmten, als besonders wichtig geltenden *Ausschnitten* aus dem kantonalen Staatsrecht; vgl. AUER, Droits politiques; AUER/KÄLIN, Gesetz; GRISEL, Initiative et référendum; HANGARTNER/KLEY, Demokratische Rechte. Zum *Staatsrecht einzelner Kantone* bestehen (wenige) Handbücher; vgl. KURT EICHENBERGER (Hrsg.), Handbuch des Staats- und Verwaltungsrechts des Kantons Basel-Stadt, Basel/Frankfurt a.M. 1984; KÄLIN/BOLZ, Handbuch Bernisches Verfassungsrecht.

2. Rechtsquellen des eidgenössischen Staatsrechts

a. Verfassungsrecht

50 Die *Bundesverfassung* (BV, SR 101) ist Hauptquelle des eidgenössischen Staatsrechts (zur Verfassung im Einzelnen hinten §§ 2–11). Zum Verfassungsrecht zählen auch die *verfassungsändernden dringlichen Bundesgesetze* (Art. 165 Abs. 3 BV; hinten § 3 Rz. 9).

b. Gesetzesrecht und Verordnungsrecht

51 Das Staatsrecht findet sich zu einem grossen Teil in *Gesetzen* und *Verordnungen*. Von Bedeutung sind im Besonderen:

– Bundesgesetz über Erwerb und Verlust des Schweizer Bürgerrechts vom 29. September 1952 (Bürgerrechtsgesetz, BüG, SR 141.0);
– Bundesgesetz über die politischen Rechte vom 17. Dezember 1976 (BPR, SR 161.1);
– Bundesgesetz über die politischen Rechte der Auslandschweizer vom 19. Dezember 1975 (SR 161.5);

- Bundesgesetz über die Verantwortlichkeit des Bundes sowie seiner Behördemitglieder und Beamten vom 14. März 1958 (Verantwortlichkeitsgesetz, VG, SR 170.32);
- Bundesgesetz über die Gesetzessammlungen und das Bundesblatt vom 21. März 1986 (Publikationsgesetz, PublG, SR 170.512);
- Bundesgesetz über die Bundesversammlung vom 13. Dezember 2002 (Parlamentsgesetz, ParlG, BBl 2002 8160, SR 171.11);
- Regierungs- und Verwaltungsorganisationsgesetz vom 21. März 1997 (RVOG, SR 172.010);
- Bundesgesetz über das Verwaltungsverfahren vom 20. Dezember 1968 (VwVG, SR 172.021);
- Verordnung über das Vernehmlassungsverfahren vom 17. Juni 1991 (VLV, SR 172.062);
- Bundespersonalgesetz vom 24. März 2000 (BPG, SR 172.220.1);
- Bundesgesetz über die Organisation der Bundesrechtspflege vom 16. Dezember 1943 (Bundesrechtspflegegesetz, OG, SR 173.110).

c.   *Völkerrecht*

Als Folge der fortschreitenden Internationalisierung nimmt auch die   52
Bedeutung des Völkerrechts als Quelle des eidgenössischen Staatsrechts
zu. An erster Stelle sind die *Bilateralen Abkommen mit der Europäischen
Union* zu nennen. Daneben bestehen zahlreiche *weitere Staatsverträge*
zu einzelnen Fragen des Staatsrechts. Von Belang sind hauptsächlich:
- im Bereich des *Ausländerrechts:* zahlreiche Staatsverträge betreffend Staatsangehörigkeit, Aufenthalt und Niederlassung sowie Flüchtlinge (unter SR 0.14);
- im Bereich des *Stimmrechts:* Internationaler Pakt über bürgerliche und politische Rechte vom 16. Dezember 1966 (UNO-Pakt II, SR 0.103.2) mit Art. 25 Bst. b betreffend Garantie des Wahlgeheimnisses (vgl. aber hinten § 52 Rz. 68);
- im Bereich der *Behördenorganisation:* Wiener Übereinkommen vom 23. Mai 1969 über das Recht der Verträge (Wiener Vertragsrechtskonvention, VRK, SR 0.111) mit Regeln über den Abschluss, das Inkrafttreten, die Anwendung und die Änderung sowie Beendigung von Staatsverträgen (vgl. hinten § 44);
- im Bereich der *Justizorganisation:* Konvention zum Schutze der Menschenrechte und Grundfreiheiten (Europäische Menschenrechtskonvention, EMRK, SR 0.101) mit Art. 6 Ziff. 1 betreffend Anspruch auf gerichtliche Beurteilung von Zivil- und Strafsachen;
- schliesslich allgemein im Bereich der *Grundrechte:* die EMRK und der UNO-Pakt II (beide bereits genannt) sowie der Internationale Pakt über wirtschaftliche, soziale und kulturelle Rechte vom 16. Dezember 1966 (UNO-Pakt I, SR 0.103.1).

d. Gewohnheitsrecht

53 Gewohnheitsrecht kann auch im Staatsrecht entstehen. Für die Anerkennung staatsrechtlichen Gewohnheitsrechts müssen (wie im öffentlichen Recht allgemein) die folgenden drei *Voraussetzungen* kumulativ erfüllt sein:

1. Es liegt eine langjährige, ununterbrochene und einheitliche *Behördenpraxis* vor (consuetudo iuris). Einige wenige Anwendungsfälle genügen nicht.

2. Diese Praxis widerspiegelt die *Rechtsüberzeugung* sowohl der Behörden als auch der betroffenen Bürger (opinio iuris).

3. Der Erlass, in dessen Sachbereich die Praxis fällt, lässt für eine ergänzende Regelung durch Gewohnheitsrecht *Raum.* Gewohnheitsrecht mit verfassungs- oder gesetzesderogierender Wirkung gilt im öffentlichen Recht wegen dessen zwingender Natur als unzulässig.

Das Gewohnheitsrecht steht dem Richterrecht (Rz. 56) insofern nahe, als die ständige Behördenpraxis meist – wenn auch nicht immer – *Gerichts*praxis sein dürfte.

54 Auf *Verfassungsebene* hat Gewohnheitsrecht keine nennenswerte Bedeutung.

Unter der Herrschaft der BV 1874 galten u.a. die Zulässigkeit der *Gesetzesdelegation* sowie (nicht unumstritten) die *Kulturförderungskompetenz* des Bundes als Verfassungsgewohnheitsrecht. Beide Normgehalte sind mittlerweile in den Verfassungstext eingeflossen (vgl. Art. 69 Abs. 2 und 164 Abs. 2 BV). Einzelne Autoren vertreten die Auffassung, das *akzessorische Prüfungsrecht* der Rechtsanwendungsbehörden beruhe auf Verfassungsgewohnheitsrecht (AUER/MALINVERNI/HOTTELIER, Droit constitutionnel I, Rz. 1861). Diese Kompetenz lässt sich aber genauso gut aus dem Legalitätsprinzip nach Art. 5 Abs. 1 BV gewinnen (hinten § 11 Rz. 36). Schliesslich soll die Befugnis des Bundes zum Erlass *extrakonstitutionellen Notrechts* Ausdruck von Verfassungsgewohnheitsrecht sein (vgl. den Hinweis bei HÄFELIN/HALLER, Bundesstaatsrecht, Rz. 13). Wiederum ist der Rückgriff auf Verfassungsgewohnheitsrecht unnötig; das extrakonstitutionelle Notrecht findet eine ausreichende Rechtfertigung bereits im Staatsnotstand (hinten § 10 Rz. 12 f.).

55 Auch *einfachgesetzliches Gewohnheitsrecht* staatsrechtlichen Inhalts ist selten.

Beispiele lassen sich zur Zeit kaum finden.

e. Richterrecht

Unter Richterrecht verstehen wir an dieser Stelle jene *Grundsatzent-* 56
scheidungen des Bundesgerichts,
- welche die *Verfassung ergänzen,* indem sie (über blosse Verfassungsauslegung hinaus) Lücken der Verfassung schliessen oder unbestimmte Rechtsbegriffe der Verfassung konkretisieren; ferner auch
  solche Entscheidungen,
- welche *an die Stelle fehlender Gesetzgebung* treten.

Mit dem Inkrafttreten der neuen Bundesverfassung hat das Richter- 57
recht als Quelle von Staatsrecht vorübergehend *an Bedeutung verloren.*
Zum Richterrecht zählten bis Ende 1999 vorab die vom Bundesgericht förmlich
anerkannten ungeschriebenen Grundrechte und ungeschriebenen Verfassungsgrundsätze (vgl. für Beispiele hinten § 5 Rz. 17); insofern war das Richterrecht
durch die Lückenhaftigkeit der BV 1874 bedingt. Der grösste Teil des früheren
Richterrechts hat sich jetzt im neuen Verfassungswortlaut mehr oder weniger
deutlich niedergeschlagen. Gelegentlich ist das Bundesgericht auch zur Überbrü-
ckung legislatorischer Untätigkeit aktiv geworden, so, als es Regeln zum Doppelbe-
steuerungsverbot erliess (Art. 46 Abs. 2 aBV, heute Art. 127 Abs. 3 BV; vgl. hinten
§ 11 Rz. 26). Das entsprechende Bundesgesetz steht immer noch aus.

f. Ungeschriebenes Verfassungsrecht und Verfassungskonventionen

Ungeschriebenes Verfassungsrecht und Verfassungskonventionen sind 58
aus unterschiedlichen Gründen *keine Rechtsquellen.*
- Als *ungeschriebenes Verfassungsrecht* gelten Rechtssätze von Verfassungsrang, die sich weder in der Verfassungsurkunde noch sonstwo
  im Gesetzes- oder Verordnungsrecht finden. Der Begriff spricht die
  Erscheinungsform eines Verfassungssatzes an, sagt aber nichts über die
  Quelle, der er entspringt. Ungeschriebenes Verfassungsrecht kann
  aus Gewohnheitsrecht oder aus Richterrecht hervorgehen. Darüber
  hinaus werden zum ungeschriebenen Verfassungsrecht oftmals auch
  Normgehalte gezählt, deren Verfassungsrechtsqualität zwar von
  Lehre und Verwaltungspraxis anerkannt, aber gewohnheits- oder
  richterrechtlich noch nicht ausreichend konsolidiert ist.
- *Verfassungskonventionen* sind *politische Maximen für das Verhalten
  bestimmter Staatsorgane.* Sie stehen dem Verfassungsgewohnheitsrecht nahe, weisen aber keine Rechtsqualität auf und können schon
  darum nicht als Rechtsquelle wirken.
Näheres zum ungeschriebenen Verfassungsrecht und zu den Verfassungskonventionen hinten § 3 Rz. 19 ff., 23 f.

3. Grundfragen zum eidgenössischen Staatsrecht

59 Ausgehend vom Gegenstand des eidgenössischen Staatsrechts (Rz. 48) lassen sich folgende sechs *Grundfragen* gewinnen:

1. Worin besteht die rechtliche Grundordnung der Schweizerischen Eidgenossenschaft?
2. Woran erkennt man den Staatscharakter der Schweizerischen Eidgenossenschaft?
3. Wie gestaltet sich die bundesstaatliche Organisation und Aufgabenteilung in der Schweizerischen Eidgenossenschaft?
4. Wie gestaltet sich die Organisation des Bundes?
5. Wie entsteht Bundesrecht?
6. Wie beteiligt sich das Volk an der staatlichen Entscheidfindung?

60 Diese Fragen führen zu den sechs *Teilen* des Buchs, nämlich:

1. Bundesverfassung (§§ 2–11);
2. Gebiet, Volk, Sprachen (§§ 12–14);
3. Bund, Kantone und Gemeinden (§§ 15–26);
4. Bundesbehörden (§§ 27–43);
5. Rechtsetzung (§§ 44–47);
6. Stimmbürgerschaft (§§ 48–52).

61 Die Grundfragen bzw. Buchteile setzen zwar andere Akzente als die Begriffsumschreibung des eidgenössischen Staatsrechts in Rz. 48. In der Sache besteht aber kein Widerspruch. Die äusserlichen Abweichungen sind didaktisch begründet. Dass die Bundesverfassung vorweg und gesondert behandelt wird (Grundfrage bzw. Teil 1), rechtfertigt sich wegen ihrer herausragenden Bedeutung als rechtliches Fundament des Staats. Gleiches gilt für die Staatsmerkmale der Schweiz (Teil 2 über „Gebiet, Volk, Sprachen"). Die Grundfragen bzw. Teile 3–5 nehmen die zwei ersten Punkte der Begriffsdefinition auf (Organisation und Aufgaben der Eidgenossenschaft bzw. der Bundesorgane), wobei das Verfahren der Rechtsetzung im Bund – wiederum aus Gründen der besonderen rechtlichen Bedeutung – Gegenstand eines eigenen Teils bildet. Der dritte Punkt der Begriffsdefinition (die grundlegenden Rechte und Pflichten des Individuums im Bund) wird teils im Zusammenhang der Bundesverfassung, teils im Zusammenhang der politischen Rechte behandelt (Grundfragen bzw. Teile 1 und 6).

1. TEIL: BUNDESVERFASSUNG

Der erste Teil handelt von der *Bundesverfassung* in ihrer Bedeutung *als rechtliche Grundordnung* der Schweizerischen Eidgenossenschaft. Dieser Bedeutung wollen wir in vier Schritten näher kommen.

1. In juristischer Perspektive verkörpert die Bundesverfassung primär einen *Rechtserlass*. Wir fragen nach der Geschichte dieses Erlasses, nach Begriff und Funktion der Verfassung sowie nach den Grundsätzen ihrer Auslegung (§§ 2–4).
2. Die Bundesverfassung gibt einer bestimmten Staatsordnung Ausdruck. Im zweiten Kapitel (§§ 5–7) sind die *Hauptelemente dieser Ordnung* näher darzustellen. Ein besonderes Augenmerk gilt dabei den tragenden Grundwerten oder – was dasselbe meint – den Strukturprinzipien der Bundesverfassung.
3. Das dritte Kapitel wendet sich dem *rechtlichen Umfeld* der Bundesverfassung zu (§§ 8–9). Zu diesem Umfeld gehören einerseits das der Bundesverfassung nachgeordnete Recht und andererseits die an die Verfassung herantretenden Bestimmungen des Völkerrechts.
4. Schliesslich befassen wir uns mit dem *Schutz der Verfassung* (§§ 10– 11). Wieweit und mit welchen Mitteln lassen sich politische und rechtliche Angriffe auf die Bundesverfassung abwehren? Sind derartige Versuche überhaupt sinnvoll?

1. Kapitel: Die Bundesverfassung als Rechtserlass

§ 2 Von der ersten zur dritten Bundesverfassung

I. Vorbemerkung

1   Die heutige Bundesverfassung ist *die dritte in der Geschichte der Schweizerischen Eidgenossenschaft seit 1848.* Zwischen 1798 und 1848, dem Zusammenbruch der Alten Eidgenossenschaft und der Aufrichtung des heutigen Bundesstaats, durchlebte die Schweiz mehrere Staatsordnungen in teils kurzer Folge. Nicht alle Ordnungswechsel verliefen friedlich, nicht alle brachten politischen Fortschritt. Wer um das Herkommen dieser Ordnungen weiss, wer auch und gerade die gescheiterten Reformen und die Gründe der Rückschläge bedenkt, wird manche Einrichtung des geltenden Staatsrechts besser verstehen. Wie in der Geschichte allgemein, so gilt auch für die Geschichte der Staatsordnungen: Die Tabula rasa einer verfassungsrechtlichen Stunde Null hat es nie gegeben. Selbst Revolutionen und die auf sie folgenden Neuordnungen – sie hat es in der jüngeren Schweizer Geschichte durchaus gegeben – stellen sich bei näherem Hinsehen nicht als Geschichtsbrüche dar. Vielmehr sind auch sie Abläufe kontextabhängiger Einzelereignisse. Das Besondere besteht nur darin, dass die Abläufe beschleunigt, die Dichte der Ereignisse gesteigert, der Grad einer Richtungsänderung verschärft erscheinen. Es handelt sich um Zeitabschnitte, in denen die Geschichte ‚schneller dreht'. Der Sinn für die historische Bedingtheit einer Verfassung ist umso wichtiger, weil Verfassungen wie keine anderen Rechtserlasse die jeweils herrschenden politischen Systeme widerspiegeln und festigen.

2   Allerdings – und dies relativiert das Gewicht der historischen Aspekte – interessiert uns die Bundesverfassung *in erster Linie* als *positives Recht.* Dieses Buch ist für angehende und praktizierende Juristen geschrieben, für Personen also, die mit dem Staatsrecht im beruflichen Alltag umzugehen haben. Die Handhabung der Verfassung folgt (mit Einschränkungen) den üblichen Regeln des juristischen Handwerks. Die Geschichte ist dabei gewiss von Bedeutung – aber nicht in determinieren-

der Weise, sondern als *ein* Gesichtspunkt neben anderen. Die Bundesverfassung will dem *gegenwärtigen* Staatswesen „Schweiz" Form geben
und ihm ermöglichen, die *jetzt* drängenden Probleme und Konflikte
stetig und geordnet zu bewältigen. Dazu muss man den Sinn einer Verfassungsnorm (bei unverändert fortgeltendem Normwortlaut) kontinuierlich aktualisieren dürfen. Wer nur auf die Vergangenheit der Verfassung achtet, bringt sie um ihr Entwicklungspotenzial und damit um
einen guten Teil ihrer Steuerungskraft. Für unseren Bedarf reicht es
daher aus, die wesentlichsten Etappen der schweizerischen Verfassungsentwicklung nachzuzeichnen. Vertiefungen folgen soweit nötig
bei der Behandlung von Einzelproblemen.

Weitere, teils ausführlichere Abrisse zur *Geschichte der Bundesverfassung* finden sich
bei AUBERT, Bundesstaatsrecht, Rz. 1–244; AUER/MALINVERNI/HOTTELIER, Droit
constitutionnel I, Rz. 1293–1309; HÄFELIN/HALLER, Bundesstaatsrecht, Rz. 33–74;
ALFRED KÖLZ, Geschichtliche Grundlagen, in: Verfassungsrecht, § 7. Für eine
rechtshistorische Aufarbeitung vgl. im Übrigen vor allem KÖLZ, Verfassungsgeschichte; ferner FELIX HAFNER, Die neue Bundesverfassung im Kontext der Verfassungen, Entwürfe und Reformversuche seit 1798, ZSR 2001 I, S. 11–42.

II. Die Zeit vor 1848

Die Verfassungsentwicklung der Schweiz vom Zusammenbruch der   3
Alten Eidgenossenschaft bis zur Gründung des Bundesstaats 1848 wird
an dieser Stelle nur mit Stichworten rekapituliert.

Vor 1798: Alte Eidgenossenschaft. Nach heutiger Terminologie ist die Alte Eidgenos-   4
senschaft ein *Staatenbund,* bestehend aus den *13 alten Orten* Uri, Schwyz und Unterwalden (die ‚Gründungsmitglieder' von 1291), Luzern (Beitritt 1332), Zürich
(1351), Glarus und Zug (1352), Bern (1353), Freiburg und Solothurn (1481), Basel
und Schaffhausen (1501), Appenzell (1513). Zum Staatenbund gehören auch mehrere zugewandte Orte und Verbündete sowie gemeinsam verwaltete Untertanengebiete (Gemeine Herrschaften, namentlich Aargau, Thurgau, Waadt, Tessin). Alle
Kantone kennen – mit Abwandlungen – ein aristokratisches Regime. Einziges
gemeinsames Organ ist die *Tagsatzung,* eine periodisch stattfindende Zusammen-
kunft der kantonalen Gesandten. Beschlüsse müssen in der Regel einstimmig gefasst
werden; die Gesandten sind den Instruktionen ihrer Regierungen verpflichtet.

1798–1803: Helvetik. Mit dem Einmarsch der französischen Revolutionstruppen   5
bricht die Alte Eidgenossenschaft im März 1798 zusammen. Eine von den Siegern
nach Aarau einberufene Nationalversammlung nimmt am 12. April 1798 die in
Paris redigierte Helvetische Verfassung an. Sie verwandelt den alten Staatenbund in
einen zentralistischen *Einheitsstaat.* „La République helvétique est une et indivi-
sible" (Art. 1); sie besteht aus 22 gleichberechtigten Kantonen, die nur noch die

Rolle von Wahlkreisen und Verwaltungsbezirken spielen. Während der Helvetik kommt es zu immer neuen Konfrontationen zwischen Anhängern des Einheitsstaats (Unitariern) und solchen der alten Ordnung (Föderalisten).

6   *1803–1813: Mediation.* Die ungeliebte Helvetische Verfassung wird am 19. Februar 1803 durch die *Mediationsakte* abgelöst. Diese von Napoleon auferlegte, zwischen Unitariern und Föderalisten vermittelnde Verfassung kehrt zum *Staatenbund* zurück, ohne aber die Untertanengebiete wieder herzustellen. Zu den 13 Kantonen der Alten Eidgenossenschaft kommen St. Gallen, Graubünden, Aargau, Thurgau, Tessin und Waadt als neue gleichberechtigte Kantone hinzu. Als gemeinsames Bundesorgan wirkt wiederum die Tagsatzung. Der Bund ist lediglich für die Aussenpolitik und die innere Sicherheit zuständig; alles Übrige ist Sache der einzelnen Kantone.

7   *1815–1830: Restauration.* Nach den Niederlagen Napoleons im Herbst 1813 wechselt die Schweiz ins gegnerische Lager. Eine ausserordentliche Tagsatzung setzt die Mediationsakte am 27. Dezember 1813 ausser Kraft und gründet zwei Tage später den *Bundesverein,* der der Eidgenossenschaft eine neue Verfassung geben soll. Nach Auseinandersetzungen zwischen einer Gruppe reaktionärer Kantone, die die vorrevolutionäre Ordnung wieder einführen wollen (mit Bern als Hauptrepräsentanten), und den fotschrittlicheren Kantonen (unter Führung Zürichs) wird am 7. August 1815 der *Bundesvertrag* erlassen. Die neuen Kantone (SG, GR, AG, TG, TI, VD) werden – von den Anhängern der alten Ordnung nur widerwillig – als gleichberechtigt anerkannt; mit Tagsatzungsbeschluss vom 12. September 1814 werden zudem Wallis, Neuenburg und Genf in den Bund aufgenommen. Damit umfasst die Eidgenossenschaft 22 Kantone. Staatsrechtlich gesehen bleibt es beim *Staatenbund* mit der Tagsatzung als dem gemeinsamen Bundesorgan. Zürich, Bern und Luzern wechseln sich in der Rolle des Vororts ab.

8   *1830–1848: Regeneration.* Unter dem Einfluss des erstarkenden Bürgertums wechseln 1831 *mehrere Kantone* zu *liberalen Verfassungen.* Zu diesen sogenannten Regenerationskantonen gehören nacheinander Solothurn, Luzern, Zürich, St. Gallen, Thurgau, Aargau, Schaffhausen, Waadt und Bern. Hier fassen die Idee der Volkssouveränität, das System der repräsentativen Demokratie und die Garantie von Freiheitsrechten verfassungsrechtlich Fuss. Im Übrigen gilt der Bundesvertrag von 1815 fort. Die überwiegend reformierten Regenerationskantone treiben Versuche voran, den Bundesvertrag nach liberalem Muster zu reformieren; sie scheitern 1832 und 1833 an der Tagsatzung. 1841 wechselt Luzern zum konservativen Lager. Darauf kommt es mit Unterstützung liberaler Kantone zu bewaffneten Überfällen radikaler Kräfte auf die Luzerner Truppen. Als Reaktion auf diese „*Freischarenzüge"* gründen die katholisch-konservativen Kantone (LU, UR, SZ, OW, NW, ZG, FR, VS) am 10. Dezember 1845 einen geheimen *Sonderbund* zur notfalls militärischen Verteidigung gegen radikale Übergriffe. Nachdem der Sonderbund im Juni 1846 bekannt wird, erklärt ihn die Tagsatzung am 20. Juli 1847 für bundesvertragswidrig und beschliesst dessen Auflösung. Weil die Sonderbundskantone keine Folge leisten, ordnet die Tagsatzung am 4. November 1847 die militärische Bundesexekution an. Dieser *Sonderbundskrieg* endet am 29. November 1847 mit der Niederlage der Katholisch-Konservativen.

III. Bundesverfassung 1848

Bereits im August 1847 beschliesst die Tagsatzung, den Bundesvertrag 9
von 1815 zu revidieren. Im Februar 1848, gut zwei Monate nach Beendigung des Sonderbundkriegs, nimmt eine Revisionskommission die
Arbeiten auf. Sie legt am 8. April einen *Verfassungsentwurf* vor, der von
der Tagsatzung (gegen die Stimmen der Kantone UR, SZ, OW, NW,
AI) mit wenigen Änderungen am 27. Juni 1848 verabschiedet wird.

Im Sommer 1848 finden in den Kantonen *Abstimmungen* über diesen 10
Entwurf statt. Die Tagsatzung überlässt es den einzelnen Kantonen, auf
welche Weise sie ihre Standesstimme ermitteln; sie behält sich aber das
Recht vor, aufgrund der eingegangenen Resultate über Annahme oder
Verwerfung der Bundesverfassung zu befinden. Dies kommt in den
Übergangsbestimmungen zur BV 1848 wie folgt zum Ausdruck:

> **Art. 1** – Über die Annahme gegenwärtiger Bundesverfassung haben
> sich die Kantone auf die durch die Kantonalverfassungen vorge-
> schriebene, oder – wo die Verfassung hierüber keine Bestimmung
> enthält – auf die durch die oberste Behörde des betreffenden Kan-
> tons festzusetzende Weise auszusprechen.
>
> **Art. 2** – Die Ergebnisse der Abstimmung sind dem Vororte zu
> Handen der Tagsatzung mitzuteilen, welche entscheidet, ob die
> neue Verfassung angenommen sei.

In den meisten Kantonen werden *Volksabstimmungen* durchgeführt. 11
Die Kantone UR, OW, NW, GL, AI und AR greifen auf die *Landsgemeinde* zurück. In Freiburg bestimmt der *Grosse Rat* die Stellungnahme
des Kantons; Luzern wertet jede Stimmenthaltung als Ja-Stimme.
14 3/2 Kantone heissen die Verfassung gut (ZH, BE, LU, GL, FR, SO,
BS, BL, SH, AR, SG, GR, AG, TG, VD, NE, GE), 5 3/2 lehnen ab
(UR, SZ, OW, NW, ZG, AI, TI, VS). Am 12. September 1848 erklärt
die Tagsatzung *Annahme* der Verfassung; sie tritt am 16. November
1848 in Kraft. Die BV 1848 ist nicht aus dem Bundesvertrag von 1815
hervorgegangen; vielmehr erscheint sie als ein Akt selbständiger Verfassungsgebung.

Mit der BV 1848 wechselt die Eidgenossenschaft vom teilweise noch 12
aristokratisch geprägten Staatenbund zum *demokratischen Bundesstaat*.
Die Verfassung zeichnet sich durch folgende *Hauptelemente* aus:

– *Bundesstaatlicher Aufbau.* Den Kantonen werden die Selbsthilfe und der Abschluss politischer (d.h. gegen den Bund oder gegen andere Kantone gerichteter)
  Verträge verboten.

- *Repräsentative Demokratie.* Die BV 1848 führt die Volkswahl des Nationalrats und die Volksinitiative auf Totalrevision der Bundesverfassung ein.
- *Erste Bundeskompetenzen.* Dem Bund werden namentlich zugestanden: Aussenpolitik, Armee (teilweise), Zollwesen, Post, Mass und Gewicht, Münzwesen, Erstellung öffentlicher Werke. Mit der Abschaffung der Binnenzölle, der Einführung einer gemeinsamen Landeswährung und der Garantie der Niederlassungsfreiheit gelingen dem jungen Bundesstaat entscheidende Schritte in Richtung eines einheitlichen „Wirtschaftsraums Schweiz".
- *Bundesbehörden.* Als oberste Bundesbehörden werden die Bundesversammlung (Zweikammersystem nach nordamerikanischem Vorbild), der Bundesrat und das Bundesgericht (noch schwach) eingerichtet.
- *Grundrechte.* Rechtsgleichheit, Niederlassungsfreiheit und Kultusfreiheit (beide beschränkt auf Christen), Pressefreiheit, Vereinsfreiheit, Petitionsrecht, Garantie des verfassungsmässigen Richters und des Wohnsitzgerichtsstands.

13   Die Verfassung wird ein einziges Mal (1866) einer *Revision* unterzogen, wobei die Niederlassungsfreiheit auf alle Schweizer ausgedehnt wird.

IV.   Bundesverfassung 1874

14   Unter dem Eindruck der demokratischen Bewegung in den Kantonen sowie der Kriegsereignisse im Ausland entwickelt sich das Bedürfnis nach grundlegender Überarbeitung der 1848er-Verfassung. Ein *erster Revisionsentwurf* (vom 5. März 1872) *scheitert* am 12. Mai 1872 in der eidgenössischen Abstimmung (knappe verwerfende Volksmehrheit und Ablehnung vor allem durch die katholisch-konservativen Kantone und die Westschweiz).

15   Der *zweite Entwurf* (vom 31. Januar 1874) sieht Abstriche bei den zentralistischen Postulaten vor; dadurch gelingt es, die föderalistische Opposition aus der Westschweiz zu gewinnen. Am 19. April 1874 wird die neue Verfassung durch Volk und Stände angenommen; verworfen wird sie von den Kantonen LU, UR, SZ, OW, NW, ZG, FR, AI und VS. Die neue Verfassung tritt am 29. Mai 1874 in Kraft. Die BV 1874 ist ein Akt abgeleiteter Verfassungsgebung, da sie aufgrund der Revisionsbestimmungen der BV 1848 erlassen wurde.

16   Die BV 1874 weist im Vergleich zur BV 1848 folgende *Neuerungen* auf:
- *Einführung direktdemokratischer Elemente* durch Aufnahme des fakultativen Gesetzesreferendums.

- *Ausbau der Bundeskompetenzen,* namentlich im Bereich des Heerwesens und des Zivilrechts („Ein Recht, eine Armee"), der Eisenbahnen, des Telegrafenwesens und der Fabrikarbeit.
- *Aufnahme neuer Grundrechte.* Unentgeltlicher Primarschulunterricht, Handels- und Gewerbefreiheit, Glaubens- und Gewissensfreiheit, Ehefreiheit.
- *Verschärfung des Antiklerikalismus.* Vereinheitlichung des Eherechts, Verbot der geistlichen Gerichtsbarkeit, Kloster- und Jesuitenverbot, Genehmigungspflicht für die Errichtung neuer Bistümer.
- *Stärkung des Bundesgerichts.*

In der Zeit von 1874 bis zu ihrem Ausserkrafttreten Ende 1999 wird   17
die Verfassung rund 150-mal *teilrevidiert* (die Angaben schwanken je
nach Zählweise). Die Revisionen betreffen namentlich folgende Bereiche (die Daten beziehen sich auf die erstmalige Aufnahme eines entsprechenden Verfassungsartikels und enthalten keine Aussage über die
Ausführungsgesetzgebung):

- *Politische Institutionen.* Stetiger Ausbau der direkten Demokratie (vgl. die Über-
sicht hinten in § 49/I); Gründung des Kantons Jura 1978; Abschaffung der
Kantonsklausel für Bundesratswahlen 1999.
- *Rechtswesen.* Volle Zivilrechts- und Strafrechtseinheit 1898; eidgenössische
Verwaltungsgerichtsbarkeit 1914; Eigentumsgarantie 1969; gleiche Rechte für
Mann und Frau 1981; Zivildienst 1992; Sprachenartikel 1996.
- *Wirtschaft und Finanzen.* Gewerbegesetzgebung 1908; Neuordnung des Wirt-
schaftsrechts 1947; Neuordnung des Finanzhaushalts 1958 und 1993; Steuer-
harmonisierung 1977; Konjunkturartikel 1978; Konsumentenschutz 1981;
Preisüberwachung 1982; Ausgabenbremse 1995; Neuordnung der Landwirtschaft 1996; Aufhebung des Pulverregals 1997; Massnahmen zum Haushaltsaus-
gleich 1998.
- *Gesundheit, Soziales, Bildung.* Kranken- und Unfallversicherung 1890; Alters-,
Hinterlassenen- und Invalidenversicherung 1925; Mutterschaftsversicherung
1945; Filmwesen 1958; Stipendienwesen 1963; wissenschaftliche Forschung
1973; Arbeitslosenversicherung 1976; Transplantationsmedizin 1999.
- *Verkehr und Energie.* Strassenverkehrsrecht 1921; Atomenergie 1957; Nationalstrassen 1958; Neuordnung der Wasserwirtschaft 1975; Radio und Fernsehen
1984; Energieartikel 1990; Schwerverkehrsabgabe 1994; Alpentransitverkehr
1994; Finanzierung des öffentlichen Verkehrs 1998.
- *Natur und Umwelt.* Forstpolizei 1897; Gewässerschutz 1953; Natur- und
Heimatschutz 1962; Raumplanung 1969; Umweltschutz 1971; Tierschutz 1973;
Moorschutz 1987; Gentechnologie 1992.

Für Einzelhinweise vgl. den Anhang zur Separatausgabe der Bundesverfassung
1874, mit einer Liste der angenommenen Verfassungsänderungen, sowie die Nachweise der Bundeskanzlei unter www.admin.ch.

Mit dem Ziel, in der Schweiz eine korporatistisch-autoritäre Staatsord-   18
nung einzuführen, kommt es *in den Dreissigerjahren* zu Bestrebungen,
die Bundesverfassung einer *Totalrevision* zu unterziehen. Der Versuch
scheitert.

31

- Am 5. September 1934 reicht die „*Nationale Tatgemeinschaft*" (ein Zusammenschluss verschiedener Bewegungen der extremen Rechten) eine mit rund 78 000 Unterschriften versehene Volksinitiative auf Totalrevision der Bundesverfassung ein. In der Volksabstimmung vom 8. September 1935 wird die Initiative bei einer Stimmbeteiligung von 60,9% mit 511 578 gegen 196 135 Stimmen verworfen. Hauptgrund der Ablehnung dürfte die unübersehbare Nähe der Initianten zum Faschismus gewesen sein.
- Auch die *Jungliberale Bewegung* drängt auf Totalrevision der Bundesverfassung, wenn auch mit entgegengesetzter Zielrichtung. Sie reicht ihre 28 000 Unterschriften nicht ein, um nicht in die Nähe der „Nationalen Tatgemeinschaft" gerückt zu werden.

Näheres in BBl 1985 III 7–9 sowie bei JEAN-FRANÇOIS AUBERT in: Kommentar aBV, Geschichtliche Einführung, Rz. 216–221.

V. Bundesverfassung 1999

19 Die geltende Bundesverfassung datiert vom 18. April 1999; sie ist am 1. Januar 2000 in Kraft getreten (BBl 1999 7922; AS 1999 2555). Damit endete (wenn auch nur teilweise und vorläufig) ein Reformprozess, der 1965 mit gleichlautenden *Motionen* von Ständerat *Obrecht* und Nationalrat *Dürrenmatt* seinen Anfang nahm. Mit den Motionen sollte der Bundesrat verpflichtet werden, Vorarbeiten für eine Totalrevision der BV 1874 an die Hand zu nehmen. Die Vorstösse widerspiegelten das „helvetische Malaise" (MAX IMBODEN) jener Zeit: Mit dem gesellschaftlichen Wertewandel und dem wirtschaftlichen Aufbruch zu Beginn der Sechzigerjahre kamen Zweifel an der Zukunftstauglichkeit des politischen Systems auf; die Epoche schien nach grundlegenden Reformen der überkommenen Strukturen und Prozesse zu rufen. Die eidgenössischen Räte überwiesen die Motionen diskussionslos.

Rückblicke auf den Gang der Verfassungsreform ab 1965 in BBl 1997 I 26–28 und BBl 1985 III 50–89; ferner bei AUER/MALINVERNI/HOTTELIER, Droit constitutionnel I, Rz. 1339–1345, und RHINOW, Bundesverfassung, S. 1–4. Hinweise auf *Materialien* zur Verfassungsreform vorn S. XLVII.

20 Zur Vorbereitung der Verfassungsreform setzte der Bundesrat nacheinander zwei Gremien ein: 1967 die *Arbeitsgruppe Wahlen*, später – 1974 – die *Expertenkommission Furgler*. Die Kommission Furgler legte 1977 einen *kommentierten Verfassungsentwurf* vor (VE 77). Der Entwurf ging ein Jahr später in die Vernehmlassung. Dort fand er ein durchaus nicht eindeutiges Echo. Man war sich einig, dass die Verfassung zumindest formal bereinigt werden musste. Die Notwendigkeit inhaltlicher Neue-

rungen wurde zwar nicht einhellig, immerhin aber noch mehrheitlich anerkannt. Gerade die von der Kommission vorgeschlagenen Neuerungen indessen wurden dem VE 77 zum Verhängnis. Besonders die Wirtschafts- und Eigentumsordnung sowie die Kompetenzteilung zwischen Bund und Kantonen stiessen auf offenen Widerstand: die Wirtschafts- und Eigentumsordnung als ‚zu sozialstaatlich' (Eigentums- und Wirtschaftsfreiheit wären nur „im Rahmen der Gesetzgebung" gewährleistet gewesen; Art. 17 Abs. 1 und Art. 19 Abs. 1 VE 77, BBl 1985 III 73 f.), die Kompetenzteilung als ‚zu zentralistisch' (der Bund hätte neue Aufgaben durch einfaches Gesetz an sich ziehen können; Art. 52 Abs. 1 VE 77, BBl 1985 III 75 f.).

Immerhin hatte das Prinzip einer Totalrevision Zustimmung gefunden, und so entschied sich der Bundesrat, die Reform fortzuführen. Den politischen Auftrag allerdings wollte er sich zuvor bestätigen lassen. Zu diesem Zweck unterbreitete er dem Parlament am 6. November 1985 einen ausführlichen *Bericht über die Totalrevision der Bundesverfassung* (Bericht 85, BBl 1985 III 1). Dem Bericht war ein *vom EJPD erarbeiteter Verfassungsentwurf* beigefügt (Modell-Studie 85, BBl 1985 III 189). Der Entwurf sollte dem Parlament als Illustration und Diskussionsgrundlage dienen. 21

Der Bericht rechtfertigte die Notwendigkeit einer Verfassungsreform im Wesentlichen mit den Unzulänglichkeiten der BV 1874. Veraltete und inkonsequente Sprache, verschüttete Systematik, uneinheitliche Regelungsdichte, Lückenhaftigkeit und Rückständigkeit in der Sache, hohe Revisionskadenz: Die Mängelliste gehörte zu den Schlagern der damaligen Verfassungslehre; der Bundesrat konnte an ihr nicht vorbeisehen. Zum Wohin einer Verfassungsreform hielt sich der Bundesrat bedeckt. Man werde mit verschiedenen Modellen und Lösungsvarianten arbeiten müssen; im Übrigen müsse die Bereitschaft zur politischen Reform in aufklärender Diskussion erst noch erarbeitet werden. Die Frage nach den positiven Zielen einer Verfassungsreform blieb vorerst unbeantwortet.

Die Bundesversammlung behandelte den Bericht in den Jahren 1986 und 1987. Die Kammern blieben über Grundsatz und Ausmass einer Totalrevision zerstritten. Am Ende setzte sich die *Idee einer nachführenden Verfassungsreform* durch; auf weit reichende materielle Neuerungen wollte man verzichten. Wegen der unübersichtlichen Frontverläufe im Parlament musste dieser Nachführungsauftrag explizit festgehalten werden. Am 3. Juni 1987 fasste die Bundesversammlung folgenden Beschluss (BBl 1987 II 963): 22

Art. 1 – Die Bundesverfassung vom 29. Mai 1874 wird total revidiert (Art. 120 aBV).

Art. 2 – Der Bundesrat unterbreitet der Bundesversammlung den Entwurf zu einer neuen Bundesverfassung.

Art. 3 – Der Entwurf wird das geltende geschriebene und ungeschriebene Verfassungsrecht nachführen, es verständlich darstellen, systematisch ordnen sowie Dichte und Sprache vereinheitlichen.

Art. 4 – Dieser Beschluss ist nicht allgemeinverbindlich; er untersteht nicht dem Referendum.

Zusammenfassung der Parlamentsdebatte in BBl 1997 I 38–42. Auf die *Bedeutung* des Nachführungsauftrags und seine *Umsetzung* ist später einzugehen (hinten § 5/III). Das Konzept der Nachführung bleibt nicht ohne Auswirkungen auf die *Auslegung* der neuen Bundesverfassung (dazu hinten § 4/IV).

23 Kurz danach verdrängte die *aufkommende Europadebatte* die Verfassungsreform von der politischen Agenda; das Geschäft blieb mehrere Jahre liegen. Nachdem Volk und Stände den Beitritt der Schweiz zum Europäischen Wirtschaftsraum am 6. Dezember 1992 verworfen hatten, wandte sich die amtliche Aufmerksamkeit wieder verstärkt den Arbeiten zur Totalrevision der Bundesverfassung zu. Die *Vernehmlassungsvorlage* zur Verfassungsreform war 1995 fertig gestellt; sie umfasste den Entwurf zu einer nachgeführten Bundesverfassung (VE 95) mit wenigen punktuellen Neuerungen sowie substanzielle Reformvorschläge in den Bereichen Volksrechte und Justiz.

24 Aufgrund der überwiegend positiven Ergebnisse des Vernehmlassungsverfahrens musste die Vorlage nicht grundlegend überarbeitet werden. Mit *Botschaft vom 20. November 1996* (BBl 1997 I 1) unterbreitete der Bundesrat dem Parlament drei Vorlagen:

– einen Bundesbeschluss über eine *nachgeführte Bundesverfassung* (Vorlage A, BBl 1997 I 589; hinten § 5/III);

– einen Bundesbeschluss über die *Reform der Volksrechte* (Vorlage B, BBl 1997 I 635; Rz. 27 ff.);

– einen Bundesbeschluss über die *Reform der Justiz* (Vorlage C, BBl 1997 I 640; Rz. 30 ff.).

Die Vorlagen zu den Reformbereichen Volksrechte und Justiz waren so konzipiert, dass sie nach Bedarf als komplette Module in die nachgeführte Bundesverfassung eingefügt werden konnten. Die Vorlage A sollte eine geordnete Grundlage stiften, einen „Verfassungsbaukasten" gewissermassen, der sich durch Auswechseln von „Bausteinen" kontinuierlich erneuern lässt (Verfassungsreform als „offener Prozess"; vgl. BBl 1997 I 32).

Die *parlamentarische Beratung* der Vorlage A nahm nur zwei Jahre in 25
Anspruch. Die kurze Dauer rührt daher, dass die Kammern den Verfassungsentwurf – abweichend vom üblichen Prozedere – gleichzeitig behandelten. Die nachgeführte Bundesverfassung wurde *am 18. Dezember 1998 verabschiedet*. Im Ständerat passierte sie einstimmig, im Nationalrat mit 134 zu 14 Stimmen bei 32 Enthaltungen.

Volk und Stände haben die neue Bundesverfassung in der eidgenössi- 26
schen *Abstimmung vom 18. April 1999* gutgeheissen (BBl 1999 5986).
Die Art und Weise der Zustimmung konnte von der offiziellen Politik nur als bittere Enttäuschung erfahren werden. Das Volksmehr wurde zwar mit einem Ja-Stimmenanteil von 59,2% komfortabel erreicht. Den 12 2/2 zustimmenden Kantonen (56,5%) standen aber 8 4/2 (43,5%) ablehnende gegenüber, und die Stimmbeteiligung betrug nur gerade 35,9% (gegenüber rund 40% im langjährigen Durchschnitt). Das erhoffte kraftvolle „Ja" zur erneuerten Bundesverfassung blieb aus; verbreitet erzeugte die Vorlage Ratlosigkeit („Wozu eine Verfassungsreform, wenn es bei einer blossen Nachführung bleiben soll?") und Misstrauen ("So stand das früher nicht in der Verfassung – also doch mehr als blosse Nachführung?"). Ablehnend verhielten sich vor allem ländliche Regionen der Deutschschweiz, Anhänger des rechten Parteienspektrums und ältere Personen. Die Nein-Mehrheiten ergaben sich in Kantonen der Zentralschweiz (UR, SZ, OW, NW) und der Nordostschweiz (GL, SH, AR, AI, SG, TG); verworfen wurde die Verfassung ferner von den Kantonen AG und VS.

Am Rande sei vermerkt: Sechs Kantone haben alle drei Bundesverfassungen (1848, 1874, 1999) in Folge verworfen, nämlich UR, SZ, OW, NW, AI, VS.

VI. Weitere Reformen

1. Reform der Volksrechte

Die Reform der Volksrechte (Vorlage B) hat vom Schwung der Verfas- 27
sungsnachführung nicht profitieren können. Der *Entwurf des Bundesrats* sah im Wesentlichen folgende Neuerungen vor (BBl 1997 I 635):

- *Erhöhung der Unterschriftenzahl von 100 000 auf 150 000* für die Volksinitiativen auf Totalrevision der Bundesverfassung und auf Teilrevision der Bundesverfassung in der Form des ausgearbeiteten Entwurfs (Art. 128 und 129 VE 97).
- *Erhöhung der Unterschriftenzahl von 50 000 auf 100 000* für das fakultative Gesetzes- und Staatsvertragsreferendum (Art. 131 und 131b VE 97).
- *Einführung einer „allgemeinen Volksinitiative"*, mit welcher 100 000 Stimmberechtigte in der Form einer allgemeinen Anregung die Annahme, Änderung oder Aufhebung von Verfassungs- oder Gesetzesbestimmungen verlangen können (Art. 129a VE 97). Nach dem Willen des Bundesrats sollte die allgemeine Volksinitiative die bisherige Volksinitiative auf Teilrevision der Bundesverfas-

sung in der Form der allgemeinen Anregung ersetzen und zugleich die bisher fehlende Gesetzesinitiative einführen, wenn auch nur in der Form der allgemeinen Anregung.

– *Einführung eines parlamentarischen fakultativen Verwaltungs- und Finanzreferendums* (Art. 131a VE 97).

– *Einführung von Alternativabstimmungen* (Art. 131d und 131e VE 97). Die Bundesversammlung hätte zu ihren Verfassungs- und Gesetzesvorlagen Alternativtexte (Varianten) beschliessen und diese dem Volk zur Abstimmung unterbreiten dürfen. Über Haupttext und Alternative wäre – wie bei Volksinitiativen mit Gegenentwurf – nach dem „System Haab" abgestimmt worden (Doppeltes Ja mit Stichfrage).

– *Erweiterung des Staatsvertragsreferendums* (bei allerdings erhöhter Unterschriftenzahl) auf Verträge, deren Umsetzung den Erlass von Bundesgesetzen erfordert, die Rechte oder Pflichten Privater berühren (Art. 131b Abs. 1 Bst. d VE 97).

– *Einbezug referendumspflichtiger Ausführungserlasse zu Staatsverträgen in den referendumspflichtigen Genehmigungsbeschluss über diesen Staatsvertrag*, womit es möglich geworden wäre, Staatsvertrag und Ausführungserlasse dem Stimmvolk als Gesamtpaket zur Abstimmung vorzulegen und ‚doppelte' Abstimmungen in gleicher Angelegenheit mit möglicherweise widersprüchlichem Ausgang zu vermeiden (Art. 131c VE 97).

– *Einführung der Verfassungsgerichtsbarkeit im Bereich der Volksinitiative* (Art. 161 Abs. 1 Bst. f, Art. 117a VE 97). Zustande gekommene Volksinitiativen wären weiterhin von der Bundesversammlung für gültig erklärt worden. Im Zweifel jedoch hätte das Parlament neu das Bundesgericht anrufen und den Entscheid über eine allfällige Ungültigerklärung der Justiz überlassen müssen.

28   Die Vorschläge sollten einerseits *gewisse Lücken im Katalog der Volksrechte schliessen* (fehlende Gesetzesinitiative, fehlendes Finanz- und Verwaltungsreferendum). Anderseits verfolgte der Bundesrat das Ziel, das *Instrumentarium der Volksrechte aussenpolitiktauglich umzugestalten* (das Referendum gegen Ausführungserlasse zu Staatsverträgen sollte nicht länger als Kampfbühne gegen den genehmigten Staatsvertrag herhalten müssen).

29   Der *Nationalrat* und später auch der *Ständerat* sind auf die Vorlage B *nicht eingetreten* (AB 1999 N 1021 ff., S 609 ff.). Den neuen Instrumenten war man allgemein wohl gesonnen; die Reform scheiterte an der Frage der Unterschriftenzahlen. Der Ständerat verband sein Nichteintreten mit einer parlamentarischen Initiative „zur Beseitigung von Mängeln der Volksrechte". Damit sollten wenigstens die konsensfähigen Elemente der Vorlage B näher geprüft werden. Diese ‚kleine Volksrechtereform' umfasste im Wesentlichen noch die allgemeine Volksinitiative, die Erweiterung des Staatsvertragsreferendums sowie die Einführung der ‚Paketabstimmung' über Staatsvertrag und Ausfüh-

rungsgesetzgebung (Art. °139a, °141 Abs. 1 Bst. d und °141a BV). Die Reform ist in der *eidgenössischen Abstimmung vom 9. Februar 2003* von Volk und Ständen angenommen worden (BBl 2003 3111).

Ein Teil der Vorlage ist am 1. August 2003 in Kraft getreten (AS 2003 1949, 1953). Im Buch wird durchwegs auf die neue Verfassungslage abgestellt. Die entsprechenden Verfassungsbestimmungen werden mit einem der Artikelziffer vorangestellten ° gekennzeichnet.

2. Reform der Justiz

Die Justizreform wurde von den Räten am 8. Oktober 1999 verab- 30 schiedet, ein knappes Jahr nur nach dem Beschluss vom 18. Dezember 1998 über die nachgeführte Verfassung und noch vor dem Inkrafttreten der neuen Verfassung auf Anfang 2000. Volk und Stände haben der Justizreform am 12. März 2000 deutlich zugestimmt (BBl 2000 2990).

Auch die Justizreform wartet auf ihre Inkraftsetzung (vgl. immerhin AS 2002 3147: partielle Inkraftsetzung der Reform auf April 2003 mit Blick auf das Bundesstrafgericht). Diesem Buch wird, was die Verfassung angeht, die neue Rechtslage zugrundegelegt. Die Verfassungsbestimmungen gemäss Justizreform werden mit einem der Artikelziffer vorangestellten * sichtbar gemacht.

Von der Justizreform (Vorlage C) sind zunächst die *Grundrechte* und 31 die *Bundeskompetenzen* betroffen.

– Die Grundrechte werden um eine *Rechtsweggarantie* erweitert (Art. *29a BV). Danach hat jede Person bei Rechtsstreitigkeiten Anspruch auf Beurteilung ihrer Sache durch eine richterliche Behörde. Der Anspruch kann nur in Ausnahmefällen und nur durch Gesetz ausgeschlossen werden.

– Zu den Bundeskompetenzen zählt neu die Gesetzgebung auf den Gebieten des *Zivilprozessrechts* und des *Strafprozessrechts* (Art. *122 und *123 BV). Damit gewinnt der Bund die Möglichkeit, die 26 kantonalen Zivil- und Strafprozesserlasse durch eine landesweit einheitlich Prozessordnung zu ersetzen. Das Verwaltungsprozessrecht dagegen verbleibt – soweit es um Verwaltungsverfahren vor kantonalen Behörden geht – in der Zuständigkeit der Kantone.

Die wichtigsten Neuerungen finden sich bei den *Art. *188-*191c über* 32 *das Bundesgericht.* Hier sind die Vorschläge des Bundesrats zum Teil empfindlich zurückgestutzt worden.

– *Umschreibung der bundesgerichtlichen Zuständigkeit durch Nennung der zulässigen Rügegründe* statt wie bisher durch Umschreibung der Rechtsgebiete (Art. *189 BV). Damit erhält der Gesetzgeber die Möglichkeit, die „Einheitsbeschwerde" vorzusehen. Namentlich im Bereich des öffentlichen Rechts würden damit schwierige Abgrenzungsfragen im Verhältnis von Verwaltungsgerichtsbeschwerde und staatsrechtlicher Beschwerde entfallen.

- *Ausdehnung der Stimmrechtsbeschwerde* auf eidgenössische Wahlen und Abstimmungen (Art. *189 Abs. 1 Bst. f BV).
- *Beschränkung des Zugangs zum Bundesgericht* (Art. *191 BV). Für Streitigkeiten, die keine Rechtsfrage von grundsätzlicher Bedeutung betreffen, kann das Gesetz eine Streitwertgrenze vorsehen. Nach dem Willen des Bundesrats wäre der Zugang nur mehr bei Rechtsfragen von grundlegender Bedeutung zu gewährleisten gewesen sowie noch dann, wenn der Ausgang des Streits für eine Partei schwerwiegende Folgen hat. Dem Parlament ging diese Klausel zu weit; der jetzt vorliegende Text ist ein Kompromiss. Dass das Gesetz den Zugang zum Bundesgericht auch für bestimmte (nicht justiziable) Materien ausschliessen kann, ist in der Sache nicht neu. Eine wirksame Entlastung des Bundesgerichts verspricht man sich im Übrigen durch Erweiterung der richterlichen Vorinstanzen (vgl. die zwei folgenden Abschnitte).
- *Einführung weiterer richterlicher Behörden des Bundes* (Art. *191a BV). Der Bund bestellt neu ein erstinstanzliches *Bundesstrafgericht* zur Beurteilung jener Straftaten, die unter die Gerichtsbarkeit des Bundes fallen. Damit wird das Bundesgericht von der Durchführung erstinstanzlicher Strafprozesse befreit. Im Weiteren schafft der Bund ein *Bundesverwaltungsgericht* zur Beurteilung von Verwaltungsbeschwerden gegen Verfügungen von Bundesverwaltungsbehörden. Dieses Bundesverwaltungsgericht tritt an die Stelle der früheren Rekurskommissionen und departementalen Beschwerdedienste.
- *Verpflichtung der Kantone zur Bestellung richterlicher Behörden* für die Beurteilung zivil- und öffentlichrechtlicher Streitigkeiten sowie zur Beurteilung von Straffällen (Art. *191b BV). Diese Bestimmung schliesst die letzten Lücken im Gerichtsschutz der Kantone. Die Kantone können neu gemeinsame richterliche Behörden einsetzen.
- *Gewährleistung der richterlichen Unabhängigkeit* (Art. *191c BV). Der Grundsatz galt bisher als ungeschriebenes Verfassungsrecht. Art. *191c BV gilt für richterliche Behörden des Bundes wie der Kantone. Er richtet sich primär an den Gesetzgeber, der mit geeigneten Vorkehrungen funktioneller, organisatorischer und personeller Art dafür sorgen muss, dass der Richter die erwartete Unabhängigkeit tatsächlich lebt. Die grundrechtliche Seite der richterlichen Unabhängigkeit ist in Gestalt eines justiziablen verfassungsmässigen Rechts durch Art. 30 Abs. 1 BV gewährleistet.
- Die Bestimmung über das *massgebende Recht* (Art. 191 BV) figuriert neu – aber im Wortlaut unverändert – als Art. *190 BV.

33 Die vom Bundesrat vorgeschlagene *Normenkontrolle* ist von den Räten verworfen worden.

Nach Art. 178 VE 97 (Vorlage C, BBl 1997 I 641) wäre das Bundesgericht zuständig erklärt worden, Bundesgesetze im Anwendungsfall auf ihre Verfassungs- oder Völkerrechtskonformität hin zu prüfen und nötigenfalls zu entscheiden, inwieweit das Bundesgesetz anzuwenden sei. Im gleichen Sinn hätte das Bundesgericht auf Begehren eines Kantons prüfen dürfen, ob ein Bundesgesetz „die verfassungsmässig gewährleisteten Zuständigkeiten der Kantone verletzt" (das heisst: ob ein Bundesgesetz den Rahmen der Bundeszuständigkeit sprengt). Die Einführung der Normenkontrolle scheiterte am Widerstand des Nationalrats (AB 1998 N 1465 ff., 1472).

3. Staatsleitungsreform

Die Regierungsinstitutionen des Bundes wurden mit der ersten Bundesverfassung 1848 ins Leben gerufen; sie haben sich seither kaum verändert. Zu Beginn der 1990er Jahre begann sich der Eindruck zu verdichten, die Fülle und Komplexität der Regierungsaufgaben erfordere eine Anpassung der Regierungsstrukturen. Der Bundesrat sollte von gewissen Tagesgeschäften entlastet werden, so dass es möglich würde, die *wichtigen Staatsleitungsgeschäfte wieder in gebührender Tiefe* zu behandeln.

34

Der Bundesrat beschloss 1992, diese so genannte Staatsleitungsreform in zwei Schritten anzugehen. Vorerst sollte verbessert werden, was sich ohne Verfassungsänderung verwirklichen liess. Diese *erste Phase der Staatsleitungsreform* kam 1997 mit dem neuen *Regierungs- und Verwaltungsorganisationsgesetz* vom 21. März 1997 (RVOG, SR 172.010) zum Abschluss. Zuvor war eine weiter gehende Gesetzesvorlage gescheitert. Danach wäre der Bundesrat durch Staatssekretäre entlastet worden, die wesentliche Führungs- und Vertretungsfunktionen wahrgenommen hätten (Art. 40–45 der Gesetzesvorlage, BBl 1993 III 997, 1086 ff.; verworfen in der Volksabstimmung vom 9. Juni 1996, BBl 1996 III 917).

35

Die *zweite Phase der Staatsleitungsreform* betrifft die Verfassungsebene; sie ist zur Zeit noch hängig. 1998 schickte der Bundesrat zwei Reformvarianten in die Vernehmlassung. Variante 1 sah vor, die Stellung des Bundespräsidenten zu stärken; Variante 2 dagegen bestand darin, eine zweite Regierungsebene mit dem Bundesrat unterstellten Ministern einzuführen. Aufgrund der Vernehmlassungsergebnisse wurde entschieden, Variante 2 weiter zu verfolgen.

36

Daraufhin beantragte der Bundesrat mit Botschaft vom 19. Dezember 2001 (BBl 2002 2095) die Einführung einer so genannten *„Zwei-Kreise-Regierung"*. Der Vorschlag zeichnet sich durch folgende Elemente aus:
– Es bleibt bei einem *Bundesratskollegium von sieben Mitgliedern.*
– Neu soll der Bundesrat ermächtigt werden, *jedem seiner Mitglieder einen Delegierten Minister* zuzuordnen. Die Delegierten Minister würden vom Bundesrat gewählt und müssten durch die Bundesversammlung bestätigt werden; sie wären an die Person des jeweiligen Departementsvorstehers gebunden. Zusammen mit dem Bundesrat würden sie die „Bundesregierung" bilden.
– Die Minister würden für *bestimmte Aufgabenbereiche* aus dem Zuständigkeitsbereich des jeweiligen Departementsvorstehers zuständig erklärt. Sie sollen die zugewiesenen Geschäfte im Bundesrat selber vertreten und dazu auch Anträge stellen dürfen; das Stimmrecht bliebe aber den Bundesratsmitgliedern vorbehalten.

37

Die Erweiterung des Bundesratskollegiums durch einen „zweiten Kreis" von höchstens sieben Delegierten Ministern soll die politische Führung stärken, den Handlungsspielraum der Regierung nach aussen erweitern, ihre Fachkompetenz steigern und sie befähigen, ausserordentlichen Lagen schneller zu begegnen (BBl 2002 2105–2109; für einen *Rückblick* auf den Werdegang der Staatsleitungsreform vgl. BBl 2002 2114–2125).

4. Neuer Finanzausgleich

38   Der Föderalismus, ein tragendes Prinzip der Bundesverfassung, habe „in den letzten Jahrzehnten zusehends an Substanz eingebüsst", schreibt der Bundesrat in seiner Botschaft vom 14. November 2001 zur Neugestaltung des Finanzausgleichs und der Aufgaben zwischen Bund und Kantonen (NFA, BBl 2002 2291, 2293). Manche ursprünglich kantonale Kompetenz habe sich unmerklich zum Bund verschoben, die Gestaltungsspielräume der Kantone seien entsprechend zurückgegangen, die Finanzströme zwischen Bund und Kantonen mit der Zeit undurchschaubar geworden. Der neue Finanzausgleich (bei näherem Hinsehen eine veritable Föderalismusreform) will diesen Entwicklungen entgegentreten. Das „Kernanliegen" der Reform besteht darin, „Bund und Kantone in ihren jeweiligen Rollen zu stärken" (a.a.O.); das Mittel dazu heisst *Aufgaben- und Finanzierungsentflechtung*. Weiter sollen die *bundesstaatliche Zusammenarbeit* und der eigentliche *Finanzausgleich unter den Kantonen* verbessert werden.

39   Die Vorlage umfasst mehr als 20 Änderungen der Bundesverfassung. Rund zwei Drittel davon entfallen auf das Zuständigkeitskapitel (Art. 54 ff. BV). Staatsrechtlich gewichtige Eingriffe sind bei den allgemeinen Bestimmungen über das Verhältnis von Bund und Kantonen vorgesehen (Art. 42–53 BV).
  – *Grundsatz der „fiskalischen Äquivalenz".* Das Gemeinwesen, in dem der Nutzen einer staatlichen Leistung anfällt, soll auch die Kosten tragen müssen, und umgekehrt: Das Gemeinwesen, welches die Kosten einer staatlichen Leistung trägt, soll auch über die Leistung selbst bestimmen können (Art. 43a).
  – *Vollziehungsvereinbarungen zwischen Bund und Kantonen.* Wo Bundesrecht weiterhin durch die Kantone umgesetzt wird, können sich Bund und Kantone darauf verständigen, dass die Kantone bestimmte Ziele erreichen und zu diesem Zweck bestimmte Programme ausführen müssen; die Programme würden vom Bund finanziell unterstützt (Art. 46 Abs. 2).
  – *Interkantonale Zusammenarbeit.* Auf Antrag interessierter Kantone kann der Bund in bestimmten Bereichen interkantonale Verträge allgemein verbindlich erklären oder abseits stehende Kantone zum Beitritt verpflichten. Ausserdem können interkantonale Organe durch Konkordat zum Erlass rechtsetzender Bestimmungen ermächtigt werden, sofern das Konkordat die Grundzüge der delegierten Regelung festlegt und im gleichen Verfahren genehmigt wurde, welches für die ordentliche Gesetzgebung gilt (Art. 48 Abs. 4 und 5).

–   *Subsidiaritätsprinzip.* Schliesslich soll Art. 3 BV über die Kantone durch einen Art. 3a ergänzt werden, wonach „bei der Zuweisung und Erfüllung staatlicher Aufgaben ... der Grundsatz der Subsidiarität zu beachten" ist.

Zum Ganzen ULRICH ZIMMERLI, Neue Bundesverfassung und föderalistische Strukturen, in: Bundesverfassung 2, S. 79 ff.

§ 3   Verfassungsbegriffe und Verfassungsfunktionen

I.   Politische Verfassung und Rechtsverfassung

1   Wirkungsmöglichkeiten und Wirkungsgrenzen der Bundesverfassung als Rechtserlass werden nur dann recht verständlich, wenn man sie in den *grösseren Zusammenhang der wirklichen Staatsverfassung* stellt. HERRMANN HELLER fasst diesen Zusammenhang in folgende Worte (Staatslehre, S. 250, 258–260):

> „... in jeder Staatsverfassung [lassen sich] die nicht normierte, innerhalb der normierten die ausserrechtlich und die rechtlich normierte Verfassung als Teilinhalte der politischen Gesamtverfassung unterscheiden.
>
> Jede Normsetzung ist ... zunächst nur ein Versuch, durch bewusst gesetzte Normativität eine entsprechende Normalität des Verhaltens zu erzeugen. Dass das Normsetzungsexperiment dem modernen Staat kraft seiner straffen bürokratischen Organisation in der Mehrzahl der Fälle gelingt, darf nicht darüber hinwegsehen lassen, dass auch der heutige Staat durchaus nicht allen seinen Normen Geltung zu verschaffen vermag und dass selbst dann, wenn das Experiment gelingt, dieses Gelingen und damit die Geltung sehr verschiedener Grade fähig ist. Kann doch die Normsetzung eine entsprechende Normalität entweder bei den meisten, bei vielen oder wenigen Normadressaten oder auch nur bei den Gerichten und sonstigen Behörden oder endlich nicht einmal bei diesen hervorrufen. Oft genug erweist sich die gesellschaftliche Übung, die nichtnormierte und die ausserrechtlich normierte gesellschaftliche Wirklichkeit stärker als die staatliche Normierung.
>
> Immer bewahrheitet sich letztlich der Satz, dass die wirkliche Verfassung in den tatsächlichen Machtverhältnissen liegt. ... Überall ..., wo die Eigenmacht der obersten Gewalthaber sich im Widerspruch mit den Verfassungsnormen erfolgreich durchsetzt, ist, trotz noch so fester rechtsstaatlicher Schranken, die Möglichkeit der Rechtsschöpfung durch Rechtsbruch gegeben. Alle Kontrollen können letztlich nicht das Problem lösen: *quis custodet custodem?* Alle Unverbrüchlichkeit der Verfassungsnormen kann Revolutionen und Restaurationen nicht hintanhalten, alle verfassungsrechtliche Gewaltenteilung nicht verhindern, dass bei einem unlöslichen Konflikt z.B. zwischen Regierung und Parlament die tatsächlich stärkere Macht sich mangels einer übergeordneten Wirkungseinheit durchsetzt und die notwendige Einheit der Staatsgewalt verwirklicht."

> Der Laie, aber auch der Jurist verstehen unter einer Staatsverfassung in der Regel nicht die eben beschriebene Struktur eines politischen Gesamtzustandes, sondern nur den aus dieser Wirklichkeit isolierten normativen Rechtsgehalt; kein normgeformtes Sozialgebilde, sondern ein normatives Sinngebilde, kein Sein, sondern ein Sollen ...
>
> Auch die rechtlich normierte Staatsverfassung ist und bleibt der Ausdruck der sowohl physischen wie auch psychischen Machtverhältnisse."

Vereinfachend gesagt: Der Ausdruck „*politische Verfassung*" steht als 2 *Oberbegriff für die Organisationsgestalt des Staates* in ihrer teils faktisch herbeigeführten, teils normativ herbeizuführenden Gesamtheit. Die politische Verfassung umschliesst also faktische und normative Verfassungselemente.

Unter *faktischen Verfassungselementen* verstehen wir jene *Gegebenheiten* 3 *der gesellschaftlichen Wirklichkeit*, die die Gestalt eines Staates *tatsächlich bestimmen*. Diesen Gegebenheiten muss jeder Verfassungsgeber bis zu einem gewissen Grad Rechnung tragen, wenn er bei den Normadressaten Anerkennung und Gefolgschaft finden will. Zu den faktischen Verfassungselementen zählen vorab die geopolitischen Tatsachen, aber auch die tradierten politischen Machtverhältnisse eines Landes, die vorgefundene Verteilung der wirtschaftlichen Ressourcen oder die Druckpotenziale von Verbänden und Medien.

Als *normative Verfassungselemente* gelten *Regelungen,* die die Gestalt 4 eines Staates *bestimmen sollen.* Sie zerfallen in ausserrechtlich normierte und rechtlich normierte Verfassungselemente.

– *Ausserrechtlich normierte Verfassungselemente* sind verfassungsbedeutsame Regelungen, die nicht auf dem Wege der staatlichen Rechtsetzung erzeugt wurden, sondern in Gestalt *politischer, gesellschaftlicher oder ethischer Standards* erscheinen. Hierzu gehören namentlich die Verfassungskonventionen (Rz. 23).

– Die *rechtlich normierten Verfassungselemente* bilden die *Rechtsverfassung,* somit den Inbegriff allen staatlichen Rechts von Verfassungsbedeutung.

Im Folgenden befassen wir uns nur noch mit der Rechtsverfassung. In 5 der Schweiz erscheint die *Rechtsverfassung* weitgehend in der *Bundesverfassung* selbst; sie ist mit ihr aber *nicht deckungsgleich* (vgl. die Differenzierungen in den Abschnitten II und III).

II.   Verfassung im formellen Sinn und im materiellen Sinn

6   Für die Begriffe „Verfassung im formellen Sinn" und „Verfassung im
materiellen Sinn" sind zwei Kriterien leitend:
-   Das *formelle* Verfassungsrecht bestimmt sich aufgrund des *Verfahrens.* Die Frage lautet: Erging die Norm im qualifizierten Verfahren
der Verfassungsgebung oder nicht?
-   Das *materielle* Verfassungsrecht bestimmt sich aufgrund des *Inhalts.*
Die Frage hier lautet: Ist die Norm verfassungsbedeutsam oder
nicht?

1.   Verfassung im formellen Sinn

7   Zur Verfassung im formellen Sinn gehören alle Rechtssätze, die *im
Verfahren der Verfassungsgebung erlassen* worden sind. Auf die Wesent-
lichkeit des Inhalts kommt es dabei nicht an (Beispiele in Rz. 14).

8   Das Verfahren der Verfassungsgebung auf Bundesebene hebt sich vom
Verfahren der einfachen Gesetzgebung in doppelter Hinsicht ab:
-   Es findet ein *obligatorisches Referendum* statt (Art. 140 Abs. 1 Bst. a
und c BV). Bundesgesetze dagegen unterliegen grundsätzlich nur
dem fakultativen Referendum (Art. 141 Abs. 1 Bst. a und b BV; vgl.
immerhin Art. °140 Abs. 2 Bst. a[bis] BV).
-   Zur Annahme von Verfassungsbestimmungen sind *Volksmehr und
Ständemehr* erforderlich (Art. 142 Abs. 2–4 BV). Im Unterschied da-
zu ist bei Referendumsabstimmungen über Bundesgesetze nur das
Volksmehr verlangt (Art. 142 Abs. 1 BV).

9   Als formelles Verfassungsrecht gelten daher alle Rechtssätze der *Bundesverfassung* mit Einschluss der Übergangsbestimmungen sowie –
nicht unumstritten – die *dringlichen Bundesgesetze ohne Verfassungsgrundlage,* da auch für sie die für Verfassungsrevisionen typische Zustimmung von Volk und Ständen verlangt ist. Die *ungeschriebenen Freiheitsrechte,* soweit sie vom Bundesgericht anerkannt worden sind, können ebenfalls zum formellen Verfassungsrecht gezählt werden (Rz. 20).

Dass der *Beitritt zu Organisationen für kollektive Sicherheit oder zu supranationalen
Organisationen* in gleicher Weise wie eine Verfassungsrevision die Zustimmung von
Volk und Ständen verlangt (Art. 140 Abs. 1 Bst. b BV), heisst hingegen nicht, dass
die entsprechenden Staatsverträge formelles Verfassungsrecht verkörpern. Zur
Einfügung des Völkerrechts in die innerstaatliche Normenhierarchie vgl. hinten § 9
Rz. 16 ff.

Weil die Verfassung nur unter erschwerten Bedingungen abgeändert 10
werden kann (nämlich im vergleichsweise anspruchsvolleren Verfahren
der Verfassungsrevision; Rz. 8 und hinten § 44), geniesst sie im Verhältnis zu allen anderen Erlassen des Bundes *erhöhte formelle Geltungskraft*. Die erhöhte Geltungskraft zeigt sich ferner daran, dass die Verfassung als ranghöherer Erlass den Bundesgesetzen und Bundesverordnungen vorgeht (hinten § 8).

2. Verfassung im materiellen Sinn

Zur Verfassung im materiellen Sinn zählt man alle Rechtssätze, die 11
wegen ihres Gehalts als die *Grundlage eines freiheitlichen, demokratischen
und sozialen Bundesstaats* angesprochen werden können und daher richtigerweise in der Verfassung erscheinen sollten. Ob diese Rechtssätze in
der Verfassungsurkunde oder lediglich auf Gesetzes- oder Verordnungsstufe verankert sind, spielt aus der Sicht des materiellen Verfas-
sungsbegriffs keine Rolle (vgl. die Beispiele in Rz. 15).

Die Auffassungen über den ‚richtigen‘ Inhalt einer Verfassung gehen 12
freilich auseinander. Welche Normen in die Verfassung gehören und
welche nicht, hängt vom *Verfassungsverständnis* ab – genauer: von den
Funktionen, die man einer Verfassung übertragen will (dazu unten
Abschnitt IV). Die Verfassung im materiellen Sinn lässt sich daher
nicht mit der gleichen Zuverlässigkeit eingrenzen wie die Verfassung
im formellen Sinn.

3. Verhältnis der Verfassung im materiellen Sinn zur Verfassung im formellen Sinn

Bei flüchtiger Betrachtung erscheinen die Verfassung im formellen und 13
jene im materiellen Sinn als Begriffspaar. Gleichwohl verhalten sich die
Paarteile *nicht alternativ* zueinander, denn was formelles, was materielles Verfassungsrecht ist, bestimmt sich aufgrund unterschiedlicher Kriterien. Im Ergebnis liegen die bezeichneten Verfassungskategorien nahe
beieinander. Soweit formelles Verfassungsrecht auch inhaltlich verfas-
sungswesentlich ist (das trifft in der Regel sehr wohl zu), bildet es
zugleich Teil der Verfassung im materiellen Sinn. Ausserhalb des Über-
schneidungsbereichs liegen einerseits die ‚unwichtigen‘ Normen der
formellen Verfassung, andererseits die in der formellen Verfassung
nicht enthaltenen ‚verfassungswürdigen‘ Regelungen.

14 Die Bundesverfassung kennt einige Vorschriften, die zwar *formelles Verfassungsrecht* darstellen, in der Sache aber (rechtstechnisch gesehen) *nicht unbedingt ‚verfassungswürdig'* sind. Als Beispiele lassen sich nennen:
  - das Verbot, die *Transitstrassen-Kapazität im Alpengebiet* zu erhöhen (Art. 84 BV; der Artikel übernimmt die erst 1994 – gegen den Willen der politischen Bundesbehörden – angenommene „Alpenschutz-Initiative", vgl. Art. 36^{sexies} aBV);
  - die *ins Einzelne gehenden Rechtsetzungsdirektiven* betreffend die Verwendung der Benzinsteuer (Art. 85 Abs. 3 BV), die Förderung der Landwirtschaft (Art. 104 Abs. 3 BV) oder die Fortpflanzungsmedizin (Art. 119 Abs. 2 BV; die Bestimmung führt den seinerzeit höchst umstrittenen Art. 24^{novies} aBV aus dem Jahre 1992 fort);
  - die *Höchstsätze der direkten Bundessteuer* (Art. 128 Abs. 1 BV);
  - ein Teil der *Übergangsbestimmungen* (Art. 196 BV), namentlich die Vorschriften über die Abgabesätze der Schwerverkehrsabgabe (Art. 196 Ziff. 2 BV), die Finanzierung von Bahnprojekten (Art. 196 Ziff. 3 BV) oder die Einzelheiten der Mehrwertsteuer (Art. 196 Ziff. 14 BV).

15 Als *materielles Verfassungsrecht*, das *nicht in der Bundesverfassung* als Verfassungsurkunde enthalten ist, werden etwa genannt (teilweise strittig):
  - die *Strukturprinzipien* der Bundesverfassung (hinten § 6);
  - die *ungeschriebenen Grundrechte* (vgl. aber Rz. 20 a.E.);
  - der *Rechtssatzbegriff* (Art. 22 Abs. 4 ParlG);
  - früher auch die Garantie der *richterlichen Unabhängigkeit* gegenüber den politischen Behörden (Art. 21 Abs. 3 OG; mit der Justizreform hat der Grundsatz als Art. *191c in die formelle Verfassung Eingang gefunden).

16 *Idealerweise* sollte die Verfassung im formellen Sinn *alles materielle Verfassungsrecht* umfassen – und gleichzeitig *nichts anderes*. Dank der nachgeführten BV 1999 sind die unter der früheren Verfassung herrschenden Diskrepanzen zwischen den beiden Verfassungskreisen deutlich zurückgegangen (hinten § 5/III). Völlige Deckungsgleichheit wurde aber nicht erreicht, und es ist damit zu rechnen, dass sich das formelle und das materielle Verfassungsrecht bald wieder auseinander entwickeln werden.

III. Geschriebenes und ungeschriebenes Verfassungsrecht

17 Das Begriffspaar „geschriebenes Verfassungsrecht vs. ungeschriebenes Verfassungsrecht" stellt auf die *Erscheinungsweise* eines Verfassungsrechtssatzes ab: Entscheidend ist, ob der Verfassungssatz Teil der Amtlichen Sammlung des Bundesrechts bildet. Bejahendenfalls liegt geschriebenes Verfassungsrecht vor, sonst ungeschriebenes. Die Unterscheidung zwischen geschriebenem und ungeschriebenem Verfassungs-

recht steht zur Unterscheidung zwischen formellem und materiellem Verfassungsrecht quer.

1. Geschriebenes Verfassungsrecht

Das geschriebene Verfassungsrecht umfasst primär alle Rechtssätze, die 18 in der *Verfassungsurkunde* verankert sind.

Darüber hinaus zählen zum geschriebenen Verfassungsrecht:
- die *dringlichen Bundesgesetze ohne Verfassungsgrundlage* (Rz. 9) sowie
- jene Rechtssätze des *Gesetzes- und Verordnungsrechts,* denen aufgrund ihres Inhalts Verfassungsbedeutung beigelegt werden kann und die insoweit materielles Verfassungsrecht darstellen (Rz. 11 f.).

2. Ungeschriebenes Verfassungsrecht

Als ungeschriebenes Verfassungsrecht gelten Rechtssätze von Verfas- 19 sungsrang, die sich *weder in der Verfassungsurkunde noch sonst wo im Gesetzes- oder Verordnungsrecht* finden. Unter der BV 1848 hatte sich im Lauf der Zeit ein bedeutender Bestand an ungeschriebenem Verfassungsrecht herangebildet. Dem Nachführungsauftrag entsprechend wurde das Meiste davon in die BV 1999 aufgenommen und erscheint nun als geschriebenes Verfassungsrecht (hinten § 5/III).

Zum ungeschriebenen Verfassungsrecht der BV 1874 zählten als wich- 20 tigste Normgruppe die *vom Bundesgericht anerkannten ungeschriebenen Grundrechte.* Auch wenn der Grundrechtskatalog der BV 1999 derzeit vollständig erscheint, so bleibt die Option neuer ungeschriebener Grundrechte doch bestehen. Die entsprechende Kompetenz kommt dem Bundesgericht darum zu, weil es vom Verfassungsgeber als höchstes Gericht konstituiert und – unter anderem – mit dem Auftrag zur Verfassungsrechtpflege ausgestattet wurde (Art. *188 Abs. 1, *189 Abs. 1 BV). Demzufolge ist das Bundesgericht nicht nur zuständig, die gegebenen verfassungsmässigen Rechte näher zu konkretisieren, sondern grundsätzlich auch befugt, in der Bundesverfassung nicht niedergelegte Ansprüche autoritativ zu verfassungsmässigen Rechten des Bundes zu erkennen. Zu den Voraussetzungen im Einzelnen vgl. hinten § 7 Rz. 17.

Durch die höchstrichterliche Anerkennung erhalten die ungeschriebenen Grundrechte zugleich den Rang von *formellem Verfassungsrecht.* Dies zeigt sich daran, dass die ungeschriebenen Grundrechte dem Bundesgesetzesrecht vorgehen und nur auf

dem Weg der Verfassungsrevision geändert oder aufgehoben werden können (AU-
BERT, Bundesstaatsrecht, Rz. 312).

21 Wieweit *darüber hinaus* ungeschriebenes Verfassungsrecht besteht, ist
schwer zu sagen. Die Unsicherheit hat mehrere Gründe. Es fehlt schon
an den *Subjekten*, die zur Schöpfung ungeschriebener Verfassungsgehalte autorisiert wären: Neben dem Verfassungsgeber ist – wie soeben
bemerkt – nur das Bundesgericht befugt, über die Verfassungsqualität
ungeschriebener Grundsätze, Praktiken und Konventionen rechtsverbindlich zu befinden. Ungewiss sind zweitens die *Massstäbe*, nach denen
zu verfahren wäre: Der Entscheid für oder gegen die Verfassungsqualität ungeschriebener Normgehalte hängt davon ab, ob man sie für verfassungswürdig hält und daher zur Verfassung im materiellen Sinne
zählen will; die Meinungen darüber stehen aber keineswegs fest
(Rz. 12). Und drittens lassen sich allfällige *Lücken* der geschriebenen
Verfassung, die durch die Schaffung ungeschriebenen Verfassungsrechts
zu überbrücken wären, wegen des weithin offenen und punktuellen
Charakters der Bundesverfassung ohnehin nicht zuverlässig feststellen
(hinten § 4/VI). Was Behördenpraxis und Staatsrechtslehre jenseits
bundesgerichtlicher Erkenntnisse an ungeschriebenem Verfassungsrecht postulieren, wird daher stets von einer gewissen Beliebigkeit sein
und entsprechend strittig bleiben.

3. Verhältnis des ungeschriebenen Verfassungsrechts zum geschriebenen Verfassungsrecht

22 Die Schöpfung ungeschriebenen Verfassungsrechts durch das Bundesgericht dient dem *Versuch, die materiellen Defizite der Verfassungsurkunde auszugleichen.* Auch wenn man eine entsprechende Zuständigkeit
des Gerichts anerkennt, so bleibt der Vorgang doch nicht völlig unbedenklich. Denn das geschriebene Verfassungsrecht im formellen Sinn
verfügt dank des Verfahrens der Verfassungsgebung über eine qualifizierte demokratische Legitimation: Es unterliegt dem obligatorischen
Referendum und verlangt die Zustimmung von Volk und Ständen
(Art. 140 Abs. 1 Bst. a und c, Art. 142 Abs. 2–4 BV). Den gerichtlich
erzeugten ungeschriebenen Verfassungssätzen dagegen fehlt die Möglichkeit eines solchen Ausweises. Demokratisch legitimiert sind zwar
auch sie, jedoch nur mittelbar, nämlich über die Wahl der Richter
durch die Bundesversammlung und den Verfassungsauftrag an das Bundesgericht zur Fortbildung der verfassungsmässigen Rechte (Art. 168
Abs. 1, Art. *189 BV). Um die Gefahr einer unkontrollierten Ver-

fassungsschöpfung auszuschliessen, muss das ungeschriebene Verfassungsrecht daher stets eine enge und dienende Beziehung zur geschriebenen Verfassung wahren. In diesem Sinn schreibt HESSE, Grundzüge, Rz. 34:

> „Die Bindung an die geschriebene Verfassung schliesst *ungeschriebenes Verfassungsrecht* nicht aus. Auch in ihrer Fixierung durch die Verfassungsurkunde wird die Verfassung nicht zum ‚lückenlosen' System. Sie bedarf vielmehr der Ergänzung durch ungeschriebenes Verfassungsrecht, das aber eben wegen dieser nur ergänzenden Funktion niemals gänzlich losgelöst von der geschriebenen Verfassung entstehen und bestehen kann, sondern immer nur als Entfaltung, Vervollständigung oder Fortbildung der Prinzipien der geschriebenen Verfassung und immer im Einklang mit diesen Prinzipien."

4. Abgrenzung des ungeschriebenen Verfassungsrechts zu den Verfassungskonventionen

Verfassungskonventionen sind *ungeschriebene Regeln für die politischen Verhaltensweisen bestimmter Staatsorgane.* Sie gehören zu den ausserrechtlich normierten Verfassungselementen. Die Regeln sind nicht in rechtliche Form gekleidet und werden auch nicht sonstwie in förmlichen Verfahren aufgestellt. Eine Konventionsregel gilt nur solange, als sie politisch nützlich erscheint.   23

Als Verfassungskonventionen in der Schweiz lassen sich ansprechen:
- seit 1959 die „Zauberformel" für die parteipolitische Zusammensetzung des Bundesrats;
- die Regel, wonach die Kantone Zürich, Bern und Waadt regelmässig (wenn auch nicht ohne Unterbruch) im Bundesrat vertreten sein sollen;
- die Übung, das Amt des Bundespräsidenten oder der Bundespräsidentin (Art. 176 BV) nach Anciennität zu besetzen.

Es kommt vor, dass *Konventionsregeln mit der Zeit in Rechtsregeln überführt* werden.   24

Ein typisches Beispiel ist das *Vernehmlassungsverfahren* (d.h. die Konsultation der Kantone, Parteien und Verbände bei der Vorbereitung wichtiger Bundeserlasse). Ein erster rechtlicher Niederschlag findet sich 1947 (Art. 32 Abs. 3 aBV: Anhörung der Kantone und der Wirtschaftsverbände vor dem Erlass von Bundesgesetzen im Bereich der Wirtschaftspolitik). Zu diesem Zeitpunkt ist die Anhörung der Wirtschaftsorganisationen aber schon längst üblich; erste Verbandseinflüsse auf die Bundespolitik lassen sich bereits für das ausgehende 19. Jahrhundert nachweisen. Nach 1947 fasst das Vernehmlassungsverfahren in weiteren Aufgabenbereichen Fuss (z.B. bei der Wohnbauförderung; Art. 34^{sexies} Abs. 5 aBV); neben den Wirtschaftsverbänden werden mehr und mehr auch ideelle Organisationen einbezogen (z.B. bei der Filmförderung; Art. 27ter Abs. 2 aBV). 1970 erlässt der Bundesrat Richtlinien über das Vorverfahren der Gesetzgebung, die sich u.a. mit dem Vernehmlassungsverfahren befassen (BBl 1970 I 993, Ziff. 11 ff.). 1991 folgt die Verordnung über das Vernehmlassungsverfahren (SR 172.062). Mit der neuen Bundesverfassung hat die Konsultationspflicht nunmehr Verfassungsrang erhalten (Art. 147 BV).

IV. Verfassungsfunktionen

25   Die Funktionen einer Verfassung lassen sich nicht abstrakt beschreiben, sondern nur mit Blick auf bestimmte geschichtliche Lagen und bestimmte politische Systeme. Immerhin kann man für den demokratischen Staat der Gegenwart einen *Kern weithin unbestrittener Verfassungsfunktionen* benennen (Rz. 26 ff.). Dagegen hängt es von den *geschichtlichen und politischen Faktoren* eines einzelnen Landes ab, *auf welche Weise und in welcher Intensität* sich diese Funktionen im Wortlaut einer konkreten Verfassung – hier: der Bundesverfassung – niederschlagen (Rz. 31).

Ausführlich zu den Funktionen der Verfassung aus schweizerischer Sicht AUBERT, Constitution, S. 68 ff.; EICHENBERGER, Verfassung, S. 172 ff.; HÄFELIN, Verfassungsgebung, S. 77 ff.; J. P. MÜLLER, Soziale Grundrechte, S. 55 ff. Vgl. auch die Darstellung bei HESSE, Grundzüge, Rz. 19 ff. Lesenswert ausserdem die Aufsatzsammlung von DIETER GRIMM, Die Zukunft der Verfassung, Frankfurt a.M. 1991.

1.   Instrumentale Funktion: Rationalisierung politischer Macht

26   In ihrer instrumentalen Funktion will die Verfassung sicherstellen, dass das Gemeinwesen *die erforderlichen Entscheidungen durch geregeltes Zusammenwirken legitimierter Organe verbindlich treffen und durchführen* kann. Zu diesem Zweck muss sie einen politischen Prozess einrichten, d.h. die organisatorischen und prozeduralen Regeln festlegen, nach denen ein gesellschaftlicher Lebensbereich als regelungsbedürftig erkannt und einer staatlichen Normierung zugeführt wird.

27   Die instrumentale Funktion einer demokratischen Verfassung umschliesst *mehrere Aspekte.*

– *Machtbindung und Machtbegrenzung.* Indem die Verfassung einen politischen Prozess einrichtet, legt sie die Bedingungen fest, unter denen eine Norm Rechtsgeltung erlangen kann. Dadurch verhindert sie die unmittelbare Umwandlung sozialer Macht in politische

Herrschaft. Dem gleichen Zweck dienen auch die Freiheitsrechte in ihrer abwehrenden Funktion.

– *Herstellung politischer Einheit.* Der politische Prozess erlaubt die Artikulierung widerstreitender Interessen und ihre Integration zur politischen Entscheidung. Auf diese Weise können gesellschaftliche Konflikte bewältigt und soweit befriedet werden, dass der Staat als Wirkungseinheit aufzutreten vermag und als solche erfahrbar wird.

– *Verstetigung gesellschaftlichen Wandels.* Das Gemeinwesen kann einen Zustand relativen Friedens über längere Zeit nur aufrechterhalten, wenn es gesellschaftlichen Wandel zwar zulässt, gleichzeitig aber dafür Sorge trägt, dass nicht ein unbegrenztes Mass solchen Wandels auf einmal verarbeitet werden muss. Zur Verstetigung des gesellschaftlichen Wandels trägt die Verfassung einerseits durch ihre erschwerte Abänderbarkeit bei, andererseits auch durch ihren – übers Ganze gesehen – verhältnismässig hohen Abstraktionsgrad, der Änderungen der Gesetzgebung bei gleichbleibendem Verfassungswortlaut erlaubt.

2. Materiale Funktion: Programmierung der Sozialordnung

Staatliche Willensbildung ist niemals Selbstzweck. Die Verfassung findet ihre Rechtfertigung nicht ausschliesslich darin, *dass überhaupt* entschieden wird, sondern wesentlich auch darin, *mit welchem Inhalt* dies geschieht. Der Staat muss in der Regelung gesellschaftlicher Konflikte zu *allgemein annehmbaren und gerecht erscheinenden Lösungen* finden können. 28

Allgemein annehmbare Lösungen treten unter den Bedingungen einer modernen Industrie- und Dienstleistungsgesellschaft nicht von alleine ein; sie müssen im politischen Prozess der Gesetzgebung erarbeitet werden. Gesetzgebungsprozesse lassen sich aber nur dann mit vernünftigem Aufwand zu Ende bringen, wenn die Politik auf einen Bestand von materialen Grundentscheidungen zurückgreifen kann. Schon die *Verfassung* also (und nicht erst die Gesetzgebung) muss sich mit der *Formulierung, Planung und Sicherung des Gemeinwohls* befassen und zu diesem Zweck die grundlegenden Elemente der anzustrebenden Sozialordnung festlegen. Insofern versieht sie materiale Funktion. Die materialen Elemente der Verfassung *halten einen ersten grundsätzlichen Konsens in der Sache fest* und *tragen ein Stück politischer Streitlast ab;* einmal 29 in der Verfassung, bilden diese Festlegungen nicht mehr Gegenstand, sondern Grundlage aller weiteren Politik.

30 Die materialen Elemente der Verfassung können *unterschiedliche Gestalt* annehmen.

- Primär erscheinen sie als *Aufgabennormen,* mit denen der Verfassungsgeber politische Aufträge an die Adresse des Gesetzgebers erteilt (hinten § 5 Rz. 11 und § 20).

- Von Bedeutung sind ausserdem *Staatszielbestimmungen,* die entweder die Rechtsetzungsaufträge der Aufgabennormen näher umschreiben oder angeben, auf welche Weise die Behörden von ihren schon gegebenen Zuständigkeiten Gebrauch machen sollen (hinten § 5 Rz. 7 f.).

- *Grundrechte* wirken in doppelter Weise als materiale Verfassungselemente: einmal aufgrund ihres – auch – programmatischen Gehalts, sodann insoweit, als ihnen justiziable Leistungsansprüche entnommen werden können (hinten § 7/III).

3. Ausprägung dieser Funktionen in der Bundesverfassung

31 Die Bundesverfassung weist jedenfalls im Bereich der Staatsaufgaben ein streckenweise hohes Mass an materialen und teils auch instrumentalen Verfassungselementen auf. Der Grund dafür liegt wesentlich in den Eigenheiten des politischen Systems: Die Schweiz ist Bundesstaat (nicht Zentralstaat) und zugleich direkte Demokratie (nicht repräsentative Demokratie). Das *Zusammentreffen von Bundesstaat und direkter Demokratie* bewirkt ein Regierungssystem, welches *eine hohe Zahl staatlicher und gesellschaftlicher Ebenen und Akteure in die Entscheidfindung einbezieht* und das sich deshalb durch komplizierte politische Aushandlungsprozesse auszeichnet. Jede einzelne Verfassungsvorlage muss nicht nur die Empfindlichkeiten der Kantone berücksichtigen, sondern wegen des obligatorischen Referendums auch die Stimmberechtigten und die organisierten Interessen für sich gewinnen. Die Folge davon ist ein Verfassungsstil, der in seinem Hang zum Detail (jedenfalls was die Aufgabennormen betrifft) deutlich über das in ausländischen Verfassungen Übliche hinausgeht.

Über die Eigenarten des schweizerischen Verfassungsrechts z.B. AUGUSTIN MACHERET, Buts et spécifités du droit constitutionnel suisse, in: Verfassungsrecht, § 8 Rz. 25 ff. Noch mit Bezug auf die BV 1874 AUBERT, Constitution, S. 93 ff.

§ 4 Auslegung und Lückenfüllung

I. Ziel und Technik der Auslegung

Die Auslegung (oder Interpretation) einer Rechtsnorm dient dem Vor- 1
haben, den *wahren Sinn* der Vorschrift zu ermitteln. Sie erscheint als
ein *Argumentationsprozess*, der neben objektiver, nachvollziehender
Erkenntnis auch Anteile subjektiver, schöpferischer Entscheidung aufweist. Insgesamt soll der Auslegungsvorgang zu einem vernünftigen,
praktikablen und befriedigenden Ergebnis führen, das dem Problemlö-
sungsbedarf der Gegenwart Rechnung trägt, ohne die Wertungsent-
scheidungen des geschichtlichen Normsetzers zu missachten. Die rechtliche Aussage einer Norm darf also auf dem Wege der Auslegung sach-
und zeitgerecht weiter entwickelt werden: *Rechtsfortbildung* durch
Norminterpretation ist ein wichtiges Mittel, die Steuerungskraft des
Rechts intakt zu halten. *Normkorrekturen* dagegen stehen dem Norm-
interpreten nicht zu: Rechtspolitische Umwertungen sind allein Sache
des demokratischen Gesetzgebers.

Die Auslegung knüpft am *Wortlaut der Norm* an. Häufig ist der Wort- 2
laut ‚klar‘. Damit ist gemeint, dass der Rechtssinn einer Norm mit dem
gewöhnlichen Sprachsinn des Normwortlauts übereinstimmt. Schon
dieser Befund freilich muss argumentativ untermauert werden, setzt
also Auslegung voraus. Interpretation ist erst recht dort geboten, wo
der Wortlaut unklar scheint oder Zweifel bestehen, ob der – vordergründig klare – Wortlaut den Rechtssinn der Norm zutreffend wieder-
gebe. Auf der Suche nach dem Rechtssinn einer Norm sind alle klassischen Elemente (oder „Methoden“) der Auslegung in gleicher Weise zu
berücksichtigen, nämlich das grammatikalische Element, das systematische, das historische, das geltungszeitliche, das teleologische (vgl. zu
diesen Elementen Abschnitt IV). Eine Hierarchie der Auslegungselemente besteht nicht; es gilt der Satz vom „*Methodenpluralismus*“. Immerhin bildet die grammatikalische Auslegung regelmässig den Ausgangspunkt der Argumentation. Vom klaren Wortlaut eines Rechtssatzes wird man nur dann abweichen dürfen, wenn triftige Gründe dafür
bestehen, dass er nicht den wahren Sinn der Vorschrift ausdrückt.

3 Das *Bundesgericht* fasst das eben Gesagte in folgende Worte (BGE 124 III 266 E. 4 S. 268, Neue Schauspiel AG):

> „Nach der Praxis des Bundesgerichts ist die rechtsanwendende Behörde in der Regel an den klaren und unzweideutigen Wortlaut einer Bestimmung gebunden, doch sind Abweichungen vom klaren Wortlaut zulässig oder sogar geboten, wenn triftige Gründe zur Annahme bestehen, dass dieser nicht den wahren Sinn der Bestimmung wiedergibt. Solche Gründe können sich aus der Entstehungsgeschichte der Bestimmung, aus ihrem Sinn und Zweck oder aus dem Zusammenhang mit anderen Vorschriften ergeben. Vom Wortlaut kann ferner abgewichen werden, wenn die wörtliche Auslegung zu einem Ergebnis führt, das der Gesetzgeber nicht gewollt haben kann. Im Übrigen sind bei der Auslegung alle herkömmlichen Auslegungselemente zu berücksichtigen (systematische, teleologische und historische; auch rechtsvergleichende), wobei das Bundesgericht einen pragmatischen Methodenpluralismus befolgt und es ablehnt, die einzelnen Auslegungselemente einer Prioritätsordnung zu unterstellen."

Weitere Formeln (nur im Wortlaut, nicht aber in der Sache abweichend) etwa in BGE 128 I 34 E. 3b S. 40 f., Rudolf Hausherr; 123 III 24 E. 2a S. 26, Bank X.

4 Die gelegentlich vorgebrachte *Kritik,* der Methodenpluralismus der Gerichte grenze an Methodenbeliebigkeit, gründet in der verfehlten Hoffnung auf die Letztbegründbarkeit juristischer Erkenntnisse. Es kann der Auslegung nicht um die Herleitung unumstösslicher Erkenntnisse gehen, sondern nur darum, eine – zur Zeit – *allgemein annehmbare Lesart einer Norm* vorzulegen. Noch so bleibt das Vorhaben anspruchsvoll, denn es verlangt die Begründung des Auslegungsergebnisses durch Offenlegung aller erheblichen Argumente bei gleichzeitiger Respektierung der funktionellen Grenzen, die dem auslegenden Organ gesetzt sind. Die *Auslegungselemente* verkörpern lediglich den *Katalog der Argumentationsmuster,* derer sich der Interpret zur Begründung seines Auslegungsergebnisses zulässigerweise bedienen darf. Keineswegs stehen sie für einen gedanklichen Ablauf, der in jedem Fall in gleicher Weise abzuarbeiten wäre. Überhaupt sollte man in diesem Zusammenhang das irreführende Wort „Methode" vermeiden. Die Auslegungslehre will nicht anleiten, sie will nur – aber immerhin – disziplinieren. Sie ist dabei übrigens nicht auf sich allein gestellt. Der Norminterpret wirkt ja nicht im luftleeren Raum. Gegenteils kann er regelmässig auf ein Bezugsnetz bereits gelöster Fälle zurückgreifen, und immer steht er unter dem Druck, auf neue Fragen befriedigende Antworten zu finden. *Präjudizienbindung* und *Bewährungszwang* erklären,

warum die Auslegungsergebnisse am Ende weniger streuen als die Auslegungskriterien es wegen ihrer Unschärfe zunächst vermuten lassen.

II. Ausgangspunkt: Verfassungsauslegung als gewöhnliche Auslegung

Die Auslegung der Verfassung folgt *grundsätzlich denselben methodi-* 5 *schen Regeln,* wie sie für die *Auslegung von Gesetzes- und Verordnungsrecht* gelten. Allerdings ist damit nur ein Ausgangspunkt gewonnen. Je nach Art der auszulegenden Verfassungsnorm kann die Bedeutung der klassischen Auslegungselemente deutlich zurückgehen. Dieser Gedanke kommt in BGE 112 Ia 208 E. 2a S. 212 f., Kritisches Forum Schwyz, wie folgt zum Ausdruck:

> „Die Auslegung einer Verfassungsbestimmung hat grundsätzlich nach denselben methodischen Regeln zu erfolgen, wie sie für die Auslegung der einfachen Gesetze entwickelt wurden. Die Gewichtung der einzelnen Auslegungselemente kann allerdings unterschiedlich ausfallen, je nachdem ob die zu interpretierende Norm den organisatorischen Bestimmungen der Verfassung angehört oder verfassungsmässige Grundrechte schützt, deren Inhalt es zu erarbeiten gilt. Im ersten Fall ist der Auslegungsspielraum relativ eng begrenzt, sind die organisatorischen Normen der Verfassung doch nicht durch jene Weite und Dehnbarkeit geprägt wie die Bestimmungen, welche das materiell-rechtliche Verhältnis des Staates zu seinen Bürgern ordnen. Letztere bedürfen eher der Konkretisierung denn der Auslegung, einer Konkretisierung, welche auch sich wandelnden geschichtlichen Bedingungen und gesellschaftlichen Vorstellungen Rechnung zu tragen vermag. Demgegenüber geben die organisatorischen Verfassungsnormen den Willen des Verfassungsgebers über die Strukturen und Mechanismen des Staates wieder. Diese Ordnung ist kaum konkretisierungsbedürftig. Allenfalls sich wandelnden Auffassungen vermag nicht die Auslegung, sondern lediglich eine Verfassungsänderung Rechnung zu tragen. Für die Auslegung solcher Verfassungsbestimmungen gilt daher, dass beim Fehlen eines klaren und unmissverständlichen Wortlautes vorab die historischen Elemente heranzuziehen sind: Massgebend sind die Vorstellungen des Verfassungsgebers im Zeitpunkt des Erlasses der Bestimmungen sowie die nachfolgende Praxis der rechtsanwendenden Organe."

Die *Gleichsetzung von Verfassungsauslegung und Gesetzesauslegung* ist 6 mit anderen Worten solange vertretbar, als die Verfassung sich in Struktur und Stil nicht wesentlich von einem Gesetz unterscheidet. *In sich geschlossene Verfassungsteile technisch-organisatorischen Inhalts* lassen

sich daher ohne weiteres dem üblichen Interpretationsprozedere unterwerfen. Hierzu gehören:
- die Passagen über die *politischen Rechte* (Art. 136, Art. 138–142 BV);
- der Titel über die *Bundesbehörden* (Art. 143–*191c BV);
- die Bestimmungen über die *Revision der Bundesverfassung* (Art. 192–195 BV).

7   Gleiches gilt für *Einzelvorschriften von hoher Normdichte,* wie namentlich:
- die – allerdings nicht allzu häufigen – *Aufgabennormen mit detaillierten Vorgaben* an den Gesetzgeber (z.B. Art. 86, 104, 119 BV) oder
- die *Übergangsbestimmungen,* soweit sie Teile der Ausführungsgesetzgebung mit der *nötigen Normdichte* vorwegnehmen (Art. 196 f. BV).

8   Mehrheitlich besteht die Verfassung aber doch aus *offenen, punktuellen und untereinander gleichwertigen Vorschriften.* Dies gilt namentlich im Bereich der *Grundrechte,* weithin auch im Bereich der *Aufgabennormen.* Die strukturellen Besonderheiten der Verfassung als Auslegungsgegenstand sind vorweg zu erläutern (Abschnitt III), denn sie bleiben nicht ohne Auswirkungen auf die Technik der Verfassungsauslegung (Abschnitte IV, V) und auf die Möglichkeiten der Lückenfüllung im Verfassungsrecht (Abschnitt VI).

Vgl. zur Verfassungsauslegung weiter AUBERT, Bundesstaatsrecht, Rz. 288 ff.; HÄFELIN/HALLER, Bundesstaatsrecht, § 3; JULIA SZEMERÉDY, Verfassungsauslegung als methodologisches Grundproblem im Lichte der revidierten Bundesverfassung, in: Akzente, S. 33 ff. Aus deutscher Sicht HESSE, Grundzüge, § 2; MAURER, Staatsrecht I, § 1/III; vgl. auch HORST EHMKE, Prinzipien der Verfassungsinterpretation, VVDStRL 20 (1963), S. 53 ff. Die Darstellung in diesem Buch lehnt sich an meine früheren Beiträge zur Verfassungsauslegung an (Die Auslegung der neuen Bundesverfassung, in: BTJP 1999, S. 223 ff.; Verfassungsauslegung, in: Verfassungsrecht, § 9).

III.   Besonderheiten der Verfassung als Auslegungsgegenstand

1.   Offenheit der Verfassungsnormen

9   Verfassungen verkörpern den Beginn des Rechts in der Politik. Ihre *Normdichte* muss daher übers Ganze gesehen *beschränkt* bleiben. Offene (d.h. im Aussagegehalt relativ unbestimmte) Verfassungsnormen lassen dem Gemeinwesen die Möglichkeit, politischen Konsens über die Ge-

stalt der Rechtsordnung etappenweise aufzubauen; sie geben ihm aber auch die Chance, den Rechtssinn einer Verfassung stetsfort zu aktualisieren. Keine demokratische Verfassung umschliesst die komprimierte Totalität der zu entwickelnden Rechtsordnung; diese Ordnung lässt sich deshalb auch nicht auf reproduzierende Weise aus der Verfassung heraus vergrössern. Bei der Handhabung offener Verfassungsnormen geht es folglich *weniger um Auslegung als um Konkretisierung:* weniger um den Nachvollzug eines vorbestehenden, allgemein gültigen Normwillens als um den Aufbau eines aktuellen, problembezogenen Normsinns. Oder mit HESSE, Grundzüge, Rz. 56:

> „Das *Ziel der Interpretation* kann nur bedingt in der Ermittlung eines in der Verfassung vorgegebenen objektiven oder subjektiven ‚Willens' bestehen. ... Denn in Fällen, für deren Lösung die Verfassung keine eindeutigen Massstäbe enthält, ... haben die Verfassung oder der Verfassungsgeber in Wahrheit noch nicht entschieden, sondern nur mehr oder weniger zahlreiche unvollständige Anhaltspunkte für die Entscheidung gegeben. ... Die Ermittlung des vorgegebenen objektiven Willens der Verfassung oder des subjektiven Willens des Verfassungsgebers als ‚Ziel' der Auslegung betrachten, heisst also, etwas nachvollziehen wollen, was nicht real präexistent ist, und damit die Problematik der Verfassungsinterpretation schon im Ansatz verfehlen. Der Sache nach kann Interpretation immer nur bedingt ein Nachvollziehen und vollends keine Subsumtion sein. Sie muss vielmehr davon ausgehen, dass ihr ‚Ziel' nicht bereits real existent ist."

Offene Verfassungsnormen sind vorab für den Grundrechts- und den Aufgabenteil kennzeichnend.   10

– *Grundrechte* wirken als Schutznormen über Lebensbereiche, die aufgrund geschichtlicher Erfahrung besonderer Bedrohung durch staatliche und gesellschaftliche Macht ausgesetzt sind. Sie formulieren *elementare Anforderungen an eine gerechte Ordnung des Gemeinwesens;* insofern gehören sie zu den konstituierenden Elementen einer demokratischen Rechtsordnung. Dieser Funktion können die Grundrechte aber nur genügen, wenn man den Gerichten erlaubt, die Schutzbereiche der einzelnen Grundrechte in dem Masse weiterzuentwickeln, wie dem Individuum neue Freiheitsbedrohungen erwachsen. An der Notwendigkeit, den Normgehalt der Grundrechte immer wieder neu zu bestimmen, ändert auch der Umstand nichts, dass der Normtext mancher Grundrechte in der neuen Bundesverfassung differenzierter erscheint als bisher. Nach wie vor markiert die Verfassung nur die Hauptelemente des Schutzbereichs, nicht aber die Gesamtheit der grundrechtsvermittelten Ansprüche.

– *Aufgabennormen* halten einen ersten *Konsens über Notwendigkeit, Bereich und Zweck einer Staatsaufgabe* fest. Damit steht die Ordnung dieser Aufgabe noch nicht in der für den Vollzug benötigten Bestimmtheit fest. Vielmehr bedarf es hierzu der ausführenden Gesetzgebung. Auch die Gesetzgebung freilich ist – nicht weniger als die vorausgegangene Verfassungsgebung – *politischer* Prozess: ein Prozess, in welchem es für Regierung, Parlament und Stimmbürgerschaft um Macht- und Verteilungsfragen geht und juristische Argumente nur wenig zählen. Der Ermächtigungscharakter des Aufgabenteils dürfte mit der Verfassungsreform eher noch zugenommen haben, denn durch die redaktionelle Entschlackung mancher Kompetenznormen sind dem Gesetzgeber Handlungsspielräume zugewachsen, über die er unter der alten Verfassung nicht verfügte.

2. Punktualität der Verfassungsnormen

11   Als normative Grundordnung eines sich durch die Geschichte bewegenden Gemeinwesens kann die Verfassung den Anspruch einer kohärenten Kodifikation nicht erheben. Zwar mag es namentlich im organisatorischen Teil der Verfassung grössere Gruppen von Verfassungsbestimmungen geben, die ein abgerundetes Ganzes bilden. Im Übrigen aber erscheint die Bundesverfassung als *Versammlung punktueller, untereinander zunächst nicht bewusst verbundener Prinzipien, Garantien und Aufträge*. Rationalisierende und programmierende Wirkungen gehen insofern weniger von der Gesamtverfassung als von den einzelnen Verfassungsbestimmungen aus. Die zurückliegende Verfassungsreform hat daran nichts geändert. Die neue Verfassung erscheint wohl inhaltlich aktualisiert, sprachlich geglättet und thematisch geordnet. Aber es bleibt dabei, dass auch sie nichts anderes enthält als die im geschichtlichen Verlauf erworbenen Bausteine der Rechtsbildung.

12   Wiederum sind es die Grundrechte und die Aufgabennormen, bei denen die skizzierte Eigenschaft am deutlichsten zu Tage tritt.
– Für die *Grundrechte* liegt die Punktualität in der Natur der Sache: Sie vermitteln keine Rundumgarantien gegen jede staatliche Belästigung, sondern beschirmen allein die als elementar erachteten Manifestationen des menschlichen Lebens.
– Analoges gilt im Bereich der *Aufgabennormen*. Mit den Verfassungen von 1848 und 1874 hat der Bund, rückblickend betrachtet, nur eine Grundausstattung an Zuständigkeiten erhalten. Ein Grossteil

seiner Aufgaben ist erst später hinzugetreten: Stück für Stück, nicht nach bewusstem Plan, sondern so, wie es der je ausgewiesene Regelungsbedarf verlangte und der je erreichbare politische Konsens zuliess. Revisionen ganzer Sachbereiche (z.b. die Änderung der Wirtschaftsartikel 1947, die Neuordnung der Bundesfinanzen 1958 und 1993, die Justizreform 1999 oder die Volksrechtereform 2003) kommen nur selten vor. Regel ist die *Einzelpunktrevision,* der es vorrangig um die Herstellung eines sachspezifischen Konsenses geht und die daher auch kaum mit dem vorbestehenden Verfassungsrecht verknüpft wird.

3. Gleichwertigkeit der Verfassungsnormen

Der Punktualität der Verfassungssätze entspricht ihre *grundsätzliche* 13 *Gleichwertigkeit.* Solange der Verfassungsgeber die einzelnen Verfassungsnormen nicht selber bewusst rangiert, muss die Verfassungsinterpretation vom Grundsatz des „einerlei Verfassungsrecht" ausgehen. „Es gibt innerhalb des Geltungsgebietes der nämlichen Verfassung nicht ein höher- und ein minderwertiges Verfassungsrecht in dem Sinne, dass dieses vor jenem weichen müsste, sondern es bestehen sämtliche Grundsätze des Verfassungsrechts mit gleicher Rechtskraft nebeneinander" (BGE 22, 1012 E. 5 S. 1020, Lussy).

Versuche aus den Fünfziger- und Sechzigerjahren des 20. Jahrhunderts, der Bundesverfassung Werthierarchien zu unterlegen, sind letztlich gescheitert. Derartige Rangordnungen kann es schon darum nicht geben, weil die Verfassung der Sache nach Normen aus unterschiedlichen Epochen – und damit auch das Gedankengut dieser Epochen – unvermittelt nebeneinander stellt. Ablehnend für viele: AUBERT, Bundesstaatsrecht, Rz. 272; HÄFELIN, Verfassungsgebung, S. 88 f. Zur Frage der „unabänderlichen Verfassungsgehalte" hinten § 44 Rz. 27 ff.

Das Prinzip des *„einerlei Verfassungsrecht"* gilt *namentlich im Verhältnis* 14 *von Grundrecht und Aufgabennorm.* In einer leitenden Entscheidung aus dem Jahre 1979 hält das Bundesgericht fest (BGE 105 Ia 330 E. 3c S. 336, Zizers):

„Die Eigentumsgarantie gewährleistet das Eigentum ... nicht unbeschränkt, sondern nur innert den Schranken, die ihm im öffentlichen Interesse durch die Rechtsordnung gezogen sind. Zu beachten sind namentlich die Anforderungen des Walderhaltungsgebotes (Art. 24 aBV ... [heute: Art. 77 BV]), des Gewässerschutzes (Art. 24^{quater} aBV [später: Art. 24bis aBV; heute: Art. 76 BV]), des Umweltschutzes (Art. 24^{septies} aBV [heute: Art. 74 BV]) und der Raumplanung (Art. 22^{quater} aBV [heute: Art. 75 BV]). Die gewichtigen öffentlichen Interessen, deren Wahrung diese Verfassungsnormen fordern, sind der Gewährleistung des Eigentums [Art. 22ᵗᵉʳ aBV; heute: Art. 26 BV] grundsätzlich gleichgestellt. Die Eigentumsgarantie hindert den Gesetzgeber nicht, die objektive Eigentumsordnung im Rahmen der Bedürfnisse der Gemeinschaft festzulegen. Doch hat er dabei den freiheitsvermittelnden Kerngehalt des Eigentums zu wahren, wobei dieser nicht völlig statisch zu verstehen ist, sondern der weiteren Entwicklung durch den Verfassungsrichter und der Abänderung durch den Verfassungsgeber zugänglich bleibt. Die Zulässigkeit eigentumsbeschränkender raumplanerischer und umweltschützender Massnahmen basiert somit auf einer Interessenabwägung mit der Eigentumsgarantie."

Auch der *Bundesrat* geht vom Grundsatz der Gleichwertigkeit aus; vgl. VPB 1996 Nr. 88 E. 3.3. *Bestätigungen* – allerdings mit Blick auf *kantonale* Verfassungen – in BGE 99 Ia 604 E. 4d S. 618, Righi; 15, 195 E. 2 S. 204 f., Ortsbürgergemeinde Luzern.

15 Die *Kerngehaltsgarantie* (Art. 36 Abs. 4 BV; hinten § 7 Rz. 113 ff.) beweist nicht das Gegenteil. Sie erinnert lediglich an die Selbstverständlichkeit, dass der Gesetzgeber die verfassungsmässig zugesagten Grundrechte nicht durch Erlass einfachen Rechts aushöhlen, d.h. im Ergebnis wieder aufheben darf – und zwar auch nicht unter Berufung auf verfassungsmässige Aufgabennormen. Letztlich liegt in der Kerngehaltsgarantie eine weitere Bekräftigung des Satzes von der prinzipiellen Gleichrangigkeit zwischen Grundrecht und Aufgabenorm.

16 Immerhin sind zwei wichtige Einschränkungen nachzutragen.
– *Zwingendes Völkerrecht* geht der Bundesverfassung vor (Art. 193 Abs. 4, Art. 194 Abs. 2 BV). Soweit die Bundesverfassung entsprechende Normen wiedergibt, müssen die ‚gewöhnlichen' Verfassungssätze zurücktreten. Zwingendes Völkerrecht findet sich beispielsweise in Art. 10 Abs. 3 (Folterverbot) und in Art. 25 Abs. 2 und 3 BV (Verbot der Rückschiebung in den Verfolgerstaat bzw. der Ausschaffung in einen Folterstaat).
– Mit dem Grundsatz von der Gleichrangigkeit allen Verfassungsrechts wird nur die Zurückweisung fixer Werthierarchien in der Verfassung ausgesprochen. Der Grundsatz schliesst den *Vorrang der einen Bestimmung vor der anderen im Einzelfall* nicht aus. Ein solches Ergebnis kann sich allerdings nur nach wertender und problembezogener Abwägung aller berührten Verfassungsbelange einstellen und niemals durch Deduktion aus einem Wertsystem ‚der' Verfassung.

IV. Bedeutung der allgemeinen Auslegungselemente für die Verfassungsauslegung

1. Grammatikalische Auslegung

Die grammatikalische Auslegung ermittelt den Normsinn aufgrund des 17
Normwortlauts. Sie fragt nach der Bedeutung der sprachlichen Aussage
in der Norm, wobei sowohl der allgemeine als auch der juristisch-
technische Sprachgebrauch in Betracht fallen.

Soweit die Verfassung *offene Normen* enthält, stösst die grammatikali- 18
sche Auslegung naturgemäss an Grenzen. Dies gilt besonders für die
Grundrechte und weithin auch für die Aufgabennormen: Eine grammatikalische Auslegung dieser Bestimmungen ist nur bedingt möglich
und mit Blick auf deren Funktion (Rz. 10) auch nicht sinnvoll.

Im Übrigen dürfte der Verfassungswortlaut eher wieder *an Bedeutung* 19
gewonnen haben, denn anders als die BV 1874 am Ende ihres Lebens ist
die BV 1999 sprachlich aus einem Guss. Sie lässt sich daher auf der
Grundlage des *heutigen Sprachgebrauchs* lesen, und man wird vorerst
auch von einem weitgehend *konsequenten Sprachgebrauch* ausgehen
können.

Dennoch ist *Vorsicht* geboten. 20
- So bezieht sich Art. 36 BV über die *„Einschränkung von Grundrechten"* trotz
  seines klaren Wortlauts nicht auf die Grundrechte allgemein, sondern nur auf
  die Freiheitsrechte (hinten § 7 Rz. 92 ff.).
- Die *Kompetenztypen* (hinten § 20/III und IV) werden zwar besser als bisher
  sichtbar gemacht; namentlich die Grundsatzgesetzgebungskompetenz geht jetzt
  zweifelsfrei aus den Wendungen „Der Bund legt Grundsätze fest ..." oder „Der
  Bund erlässt Mindestvorschriften ..." hervor. Die ausschliesslichen Bundeskompetenzen hingegen lassen sich am Verfassungswortlaut nach wie vor nicht
  mit Sicherheit ablesen. Der Passus „... ist Sache des Bundes" kann zwar eine solche Kompetenz anzeigen, muss es aber nicht (BBl 1997 I 228). In Einzelfällen
  will der Ausdruck sogar in ein und derselben Vorschrift Unterschiedliches bedeuten: Von den in Art. 87 BV als „Sache des Bundes" zusammengezogenen
  Zuständigkeiten aus dem Bereich der Verkehrsträger ist nur die Bahnkompe-
  tenz ausschliesslicher Natur; alle übrigen verkörpern gewöhnliche konkurrierende Zuständigkeiten.

2. Systematische Auslegung

Die systematische Auslegung stellt auf die *Zusammenhänge* ab, in denen 21
die Vorschrift erscheint. Erheblich sind das Verhältnis der auszulegen-

61

den Norm zu anderen Normen und deren Stellung im Gefüge des betreffenden Erlasses und der weiteren Rechtsordnung. Die systematische Auslegung hat einige *verfassungsspezifische Ausprägungen* erfahren: Auslegung mit Blick auf die Strukturprinzipien der Verfassung, die Völkerrechtskonformität der Verfassung und die Einheit der Verfassung. Diese besonderen Auslegungselemente werden in Abschnitt V erläutert.

22   In *geschlossenen Verfassungsteilen,* namentlich im Titel über die Bundesbehörden, lässt sich die systematische Auslegung ohne Bedenken einsetzen.

23   *Anwendungsbeispiel zu Rz. 22:* Die *Wahl in den Ständerat* wird von den Kantonen geregelt (Art. 150 Abs. 3 BV). Aus dieser Bestimmung geht nicht ohne weiteres hervor, ob der Vorbehalt zugunsten des kantonalen Rechts umfassend gilt oder ob die Kantone nur das Wahlverfahren zu regeln haben und bestimmte Einzelfragen wie z.B. die Wählbarkeit mit Blick auf die Kohärenz des Zweikammersystems in die Zuständigkeit des Bundes fallen. Erst eine systematische Betrachtungsweise beseitigt die Zweifel: Die für alle Bundesbehörden gültigen „allgemeinen Bestimmungen" äussern sich wohl zur Unvereinbarkeit eines Ständeratsmandats mit anderen Beamtungen (Art. 144 Abs. 1 BV), nicht aber zur Wählbarkeit in den Ständerat (Art. 143 BV). Damit bestimmen sich auch die Wählbarkeitsvoraussetzungen nach kantonalem Recht.

24   Bei der Auslegung *punktueller Verfassungsbestimmungen* dagegen bestehen gegen den Beizug von Systemargumenten weiterhin Vorbehalte. Die Gliederungstitel der Verfassung und die Artikelreihenfolge innerhalb der Einheiten erleichtern zwar die Orientierung. Die äussere Ordnung der Verfassung enthebt aber nicht von der sachbezogenen Argumentation. So wäre es z.B. unzulässig, aus den jeweils ‚ersten Plätzen' innerhalb einer systematischen Einheit auf einen allgemein höheren Stellenwert der betreffenden Bestimmung zu schliessen.

25   *Anwendungsbeispiele zu Rz. 24:*
- Wenn der *Grundrechtsteil* mit der Menschenwürde (Art. 7 BV) anhebt, dann darum, weil sie das allgemeinste Bekenntnis zur Subjektqualität des Menschen darstellt – nicht aber um zu bedeuten, dass die Ansprüche auf Hilfe in Notlagen (Art. 12 BV), auf Wahrung der Privatsphäre (Art. 13 BV), auf ausreichenden und unentgeltlichen Grundschulunterricht (Art. 19 BV) als nachrangige Rechte zu gelten hätten. Vielmehr konstituieren Grundrechte dieser Art wegen ihrer personalen Relevanz die Würde des Menschen mit.
- Die *Bundeszuständigkeiten* finden sich zwar zur Hauptsache im so bezeichneten Kapitel (Art. 54–125 BV), teilweise aber auch schon im Kapitel über Bürgerrechte und politische Rechte (Art. 37–40 BV) und weiter hinten im Kapitel über die Finanzordnung (Art. 126–135 BV) sowie für das Organisations- und Verfahrensrecht des Bundes im fünften Titel über die Bundesbehörden (Art. 143–*191c BV). Ein Umkehrschluss, ausserhalb des Zuständigkeitskapitels bestünden keine Kompetenznormen, wäre unhaltbar.

– Im juristischen Schrifttum wird häufig und ohne Umschweife von einer über die jeweiligen Abschnittsgrenzen hinausreichenden „*Aussenverfassung*", „*Umweltverfassung*", „*Wirtschafts- und Arbeitsverfassung*" oder „*Sozialverfassung*" gesprochen. Als Arbeitsbegriffe sind solche Bezeichnungen sicher sinnvoll. Sie legen aber auch mit aller Deutlichkeit die Relativität der systematischen Gliederungstitel bloss.

– Im Verlauf der parlamentarischen Beratungen wurde lange darüber gestritten, ob der *Umweltschutz* oder die *Raumplanung* im entsprechenden Verfassungsabschnitt (Art. 73–80 BV) als erste Aufgabe genannt werden sollte. Die Auseinandersetzung war ein Streit um Nichts. Aus sachlichen Gründen wird sich der umweltrechtliche Schutzstandard auch weiterhin in vielen Dingen nach planerischen Vorgaben richten müssen, und die Handlungsspielräume der Planung werden nicht mehr als bisher an umweltrechtliche Grenzen stossen. Entscheidend für die jetzt gewählte Reihenfolge – Umweltschutz vor Raumplanung – war, dass es besser aussieht, wenn auf das einleitende Nachhaltigkeitsprinzip (Art. 73 BV) unmittelbar der Umweltschutzartikel folgt (BBl 1997 I 244; AB 1998 S 76).

3. Historische Auslegung

Die historische Auslegung fragt nach dem *Sinn der Norm zur Zeit ihrer* 26
Entstehung. Zu ermitteln ist dieser Sinn teils aus dem Willen des historischen Verfassungsgebers, wie er sich aufgrund der Materialien ergibt (subjektiv-historische Auslegung), teils aus den allgemeinen Anschauungen und Zeitumständen im Umfeld der Verfassungsgebung (objektiv-historische Auslegung).

Sind *neue Normen* zu interpretieren, pflegt das Bundesgericht den *ent-* 27
stehungsgeschichtlichen Argumenten erhöhtes Gewicht beizulegen (BGE 112 Ia 97 E. 6c S. 104, X.). Nun ist die BV 1999 rechtsetzungstechnisch gesehen unstreitig neu. Doch die Verfassungsreform – bekannt geworden unter dem Stichwort „Nachführung" (hinten § 5/III) – stand von Anfang an in der Pflicht, inhaltliche Kontinuität zu wahren. Materielle Änderungen waren zwar nicht ausgeschlossen, sie sollten aber als solche deklariert und begründet werden. Das spricht zunächst gegen die Notwendigkeit, die Materialien zur Verfassungsreform durchgängig beizuziehen. Denn wo in der Sache nichts Neues geregelt sein wollte, spielen jedenfalls die neuen Materialien keine prägende Rolle; allenfalls zählen noch, wenn überhaupt, die *alten* Materialien zur ursprünglichen Version der reformulierten Verfassungsnorm. Allerdings bedingte allein schon die technische Aufbereitung des geltenden Verfassungsrechts eine Vielzahl von Eingriffen in den ursprünglichen Normtext. Es kommt hinzu, dass das Konzept einer grundsätzlich inhaltsneutralen

Nachführung im Verlauf des Reformprozesses im Namen der „gelebten Verfassungswirklichkeit" mehr und mehr verlassen wurde. Die Gemengelage von rechtsetzungstechnischen Eingriffen, kleinen Retuschen und materiellen Neuerungen verbietet vorschnelle Schlüsse und Vermutungen zum materiellen Verhältnis von alter und neuer Verfassung. Inwieweit der neue Normtext Neues einführt oder Bisheriges tradiert, muss daher für jede Vorschrift einzeln geklärt werden. Diese Klärung bedingt zwingend den Beizug der Materialien zur neuen Verfassung, auch wenn es bloss um die Bestätigung geht, dass alles beim Alten bleiben sollte.

4. Geltungszeitliche Auslegung

28 Nach der geltungszeitlichen (oder zeitgemässen) Auslegung ist das *Normverständnis zur Zeit der Normanwendung* massgebend. In den Grenzen der Gewaltenteilung ermöglicht die geltungszeitliche Auslegung die Wandlung des Normsinns bei gleichbleibendem Normtext. So erspart sie das unverhältnismässige In-Gang-Setzen des politischen Prozesses und wirkt zugleich einer Erstarrung der Rechtsordnung entgegen.

29 Die Geburtsstunde der BV 1999 liegt nur wenige Jahre zurück. Eine geltungszeitliche Auslegung dürfte daher erst in der weiteren Zukunft wieder bedeutsam werden. Mit diesem Vorbehalt ist gegen die zeitgemässe Interpretation jedenfalls der *offenen Verfassungssätze* nichts einzuwenden: Die Handhabung solcher Vorschriften schliesst notwendig einen hohen Anteil an erkenntnisarmer Entscheidung ein; damit hat der Verfassungsgeber selber schon den Einbezug der je aktuellen Zeitumstände in den Kreis der sinnbestimmenden Faktoren des Verfassungsrechts zugestanden.

30 *Anwendungsbeispiele zu Rz. 29:*
– *Grundrechte* lassen sich durch Aktualisierung des Schutzzwecks und Erweiterung des Schutzbereichs an veränderte Verhältnisse anpassen. Die geltungszeitliche Weiterentwicklung von Grundrechtsnormen findet ihre Grenzen teils bei der Justiziabilität eines anzuerkennenden Anspruchs, teils beim Schutzzweck des zu erweiternden Grundrechts: Würde der Schutzzweck des Grundrechts gesprengt, müssen die Voraussetzungen zur Anerkennung eines neuen ungeschriebenen Grundrechts durchgeprüft werden, und sollte es an der Justiziabilität des Anspruchs fehlen, gehört die Sache dem Gesetzgeber übergeben.
– Bei *Aufgabennormen* äussert sich eine geltungszeitliche Auslegung im politischen Prozess der Ausführungsgesetzgebung. Dieser Prozess lässt dem Gesetzgeber die Freiheit, der Aufgabennorm durch Anpassung des Aufgabengesetzes

einen zeitgemäss erneuerten Sinn beizulegen. Immerhin darf die geltungszeitliche Konkretisierung einer Aufgabennorm durch den Bundesgesetzgeber wegen Art. 3 BV nicht auf eine Annektierung neuer Bundeskompetenzen hinauslaufen.

Verfassungsteile von *verhältnismässig hoher Normdichte* dagegen müssen   31
mehr als andere darauf hin befragt werden, wieweit sie einer klaren politischen Entscheidung des historischen Verfassungsgebers Ausdruck geben. Liegt eine solche Entscheidung vor, scheidet die geltungszeitliche Umdeutung des Normwortlauts aus.

Anwendungsbeispiel zu Rz. 31: Die organisationsrechtlichen Bestimmungen des   32
5. Titels über die Bundesbehörden widerspiegeln „den Willen des Verfassungsgebers über die Strukturen und Mechanismen des Staates" (BGE 112 Ia 208 E. 2a S. 213, Kritisches Forum Schwyz, mit Bezug auf die BV 1874). Darum sind sie vorab aufgrund historischer Elemente auszulegen. Allenfalls sich wandelnden Auffassungen darf nicht durch geltungszeitliche Auslegung der Vorschrift, sondern grundsätzlich nur durch formelle Verfassungsänderung Rechnung getragen werden. Vgl. das Zitat in Rz. 5.

5. Teleologische Auslegung

Die teleologische (oder sinngemässe) Auslegung fragt nach *Ziel und*   33
Zweck einer Vorschrift. Die Ratio Legis lässt sich regelmässig erst unter Zuhilfenahme der grammatikalischen und systematischen Auslegungselemente ermitteln, die ja ihrerseits nicht weniger dem Vorhaben dienen, den wahren Rechtssinn einer Norm und damit auch deren Ratio aufzufinden. Die teleologische Auslegung kann sowohl in entstehungszeitlicher als auch in geltungszeitlicher Perspektive erfolgen.

In *geschlossenen Verfassungsteilen* erhellen Ziel und Zweck einer Vor-   34
schrift oft schon aus dem systematischen Zusammenhang.

Anwendungsbeispiel zu Rz. 34: Als „oberste Gewalt im Bund" (Art. 148 Abs. 1 BV)   35
wählt die Bundesversammlung den Bundesrat, übt die Oberaufsicht über ihn aus und kann ihm Aufträge erteilen (Art. 168, 169, 171 BV). Doch auch der Bundesrat erscheint im Verfassungstext als oberste Behörde (nämlich als „oberste leitende und vollziehende Behörde des Bundes"; Art. 174 BV). Dies verbietet den Schluss, Art. 148 Abs. 1 BV stelle die Bundesversammlung generell über den Bundesrat. Mit der Auszeichnung der Bundesversammlung als „oberste Gewalt im Bund" kann die Verfassung daher nur bezwecken, für Fälle unklarer Aufgabenteilung eine Auffangkompetenz der Bundesversammlung zu begründen (hinten § 35 Rz. 3).

Die Ratio eines *punktuellen Verfassungssatzes* muss dagegen grundsätz-   36
lich aus ihm selbst gewonnen werden.

65

37 *Anwendungsbeispiele zu Rz. 36:*
   – Erste Hinweise auf den Schutzzweck der einzelnen *Grundrechte* ergeben sich
     durch Rückschluss von den im Verfassungswortlaut aufscheinenden Schutzbe-
     reichselementen auf die dahinter stehenden Leitvorstellungen.
   – Bei den *Aufgabennormen* wird eine teleologische Auslegung vorab auf ressort-
     spezifische Zielbestimmungen und sonstige Rechtsetzungsdirektiven achten.
     Soweit ein Sachbezug gegeben ist, können die selbständigen, aufgabenübergrei-
     fenden Staatszielbestimmungen nach den Art. 2 (Zweck), 41 (Sozialziele), 73
     (Nachhaltigkeit) und 94 BV (Grundsätze der Wirtschaftsordnung) zur weiteren
     Konturierung einer Aufgabennorm herangezogen werden.

V. Verfassungsspezifische Auslegungselemente

1. Auslegung mit Blick auf die Strukturprinzipien der Verfassung

38 Als tragende Prinzipien der Bundesverfassung gelten gewöhnlich das
   Demokratieprinzip, das Rechtsstaatsprinzip, das Bundesstaatsprinzip
   und das Sozialstaatsprinzip (einlässlich hierzu hinten § 6). Durch die
   Zuordnung einer bestimmten Verfassungsnorm zu ‚ihrem' Strukturprinzip lässt sich die Zielrichtung dieser Norm unter Umständen schär-
   fer fassen. Insofern können die Strukturprinzipien zur Konkretisierung
   und Weiterentwicklung des Verfassungsrechts beitragen.

2. Auslegung mit Blick auf die Völkerrechtskonformität der Verfassung

39 Das Völkerrecht nimmt in der innerstaatlichen Normenhierarchie
   keine einheitliche Stellung ein. Das zwingende Völkerrecht steht über
   der Verfassung; von den Normen des übrigen Völkerrechts haben einige Verfassungsrang, die meisten jedoch nicht (hinten § 9 Rz. 16 ff.).
   Völkerrecht bleibt aber unabhängig von seiner normhierarchischen
   Einordnung durch Bund und Kantone zu „beachten" (Art. 5 Abs. 4
   BV); für das Bundesgericht und die anderen rechtsanwendenden Behörden gilt das Völkerrecht gar als „massgebend" (Art. *190 BV). Daraus resultiert zumindest die Verpflichtung aller Staatsorgane, das Landesrecht – mit Einschluss des Verfassungsrechts – im Rahmen ihrer
   funktionellen Zuständigkeit soweit möglich und nötig völkerrechtskonform auszulegen (BBl 1997 I 135; hinten § 9/V).

3. Auslegung mit Blick auf die Einheit der Verfassung

Auch wenn die Verfassungsnormen (namentlich im Grundrechts- und 40
im Aufgabenbereich) punktueller Natur sind und gleichrangig nebeneinander stehen, so darf darüber nicht in Vergessenheit geraten, dass sie
in ihrer Gesamtheit beanspruchen, die Rechtsordnung *eines* Gemeinwesens anzuleiten. Diese Rechtsordnung muss aus Gründen der Vernunft ein *Mindestmass an Widerspruchsfreiheit* aufweisen. Verfassungssätze dürfen daher nicht isoliert betrachtet werden. Gegenteils ist die
Auslegung einem *ganzheitlichen Verfassungsverständnis* verpflichtet:
einem Verständnis, das die *Verfassung als Sinneinheit* begreift und mit
allen ihren Gehalten zur Geltung bringen will. Nun transportiert die
Bundesverfassung aber (wie in Rz. 11 und 13 bemerkt) kein geschlossenes Wertesystem. Darum kann die gesuchte Sinneinheit auch nicht aus
der Verfassung selbst abgeleitet werden. Die zur Handhabung der Verfassung vorrangig aufgerufenen Organe – Bundesversammlung, Bundesrat und Bundesgericht – müssen diese Einheit vielmehr mit Blick auf
konkrete Fragen und aktuelle Lagen immer neu herstellen: also aus
Anlass eines bestimmten Rechtsetzungsvorhabens oder eines bestimmten Beschwerdefalls. Dazu sind die genannten Organe gehalten, ihrem
Handeln nicht nur die jeweils einschlägige Verfassungsnorm zu Grunde
zu legen, sondern darüber hinaus alle von der Sache berührten Verfas-
sungsanliegen mit zu bedenken und diesen Anliegen auf dem Weg der
Interessenabwägung zu breitest möglicher Wirksamkeit zu verhelfen.

Die „Einheit der Verfassung" (bzw. das „ganzheitliche Verfassungsver- 41
ständnis") wird vom *Bundesgericht* wohl praktiziert, aber nur selten
ausdrücklich dargelegt.

Fallbeispiel zu Rz. 41: BGE 116 Ia 359, Theresa Rohner. Art. 74 aBV legte seit 1971 42
fest, dass bei eidgenössischen Abstimmungen und Wahlen „Schweizer und Schweizerinnen die gleichen politischen Rechte und Pflichten" haben und fügte in Abs. 4
bei: „Für Abstimmungen und Wahlen der Kantone und Gemeinden bleibt das
kantonale Recht vorbehalten." Der 1981 neu aufgenommene Art. 4 Abs. 2 aBV
dagegen bestimmte in allgemeiner Weise: „Mann und Frau sind gleichberechtigt."
(Dieser Vorschrift entspricht heute Art. 8 Abs. 3 BV; Art. 74 Abs. 4 aBV hat sich
mit etwas weniger scharfen Worten in Art. 39 Abs. 1 BV niedergeschlagen.)
  Das Bundesgericht hatte zu entscheiden, ob sich eine kantonale Verfassungsordnung, welche nur Männer als stimmberechtigt anerkennt, auch noch *nach* der
Aufnahme der Geschlechtergleichheit in die Verfassung auf den Vorbehalt von
Art. 74 Abs. 4 aBV berufen könne. Es verneinte die Frage (E. 9c S. 378 f.):
  „Allein das Ergebnis, wonach Art. 74 Abs. 4 aBV unter den heutigen Verhältnissen keinen Vorbehalt gegenüber Art. 4 Abs. 2 aBV
  enthält, entspricht im Übrigen auch einem ganzheitlichen Verfas-

sungsverständnis. Gewiss soll der Bund nicht ohne zwingenden Grund in die kantonale Organisationsautonomie eingreifen. Es geht jedoch nicht nur um die Organisation des Stimmrechts, sondern um dessen Inhalt, der das grundrechtliche Gleichheitsgebot zu respektieren hat. Dies drängt sich nach der Annahme von Art. 4 Abs. 2 aBV durch Volk und Stände auch aufgrund von Art. 6 Abs. 2 aBV [heute: Art. 51 BV] auf, der die Gewährleistung kantonaler Verfassungen durch den Bund betrifft. Hieraus ergibt sich eine bundesrechtlich vorgeschriebene Grundstruktur kantonaler Organisation. Der Wortlaut von Art. 6 Abs. 2 aBV ist zwar unverändert geblieben, doch führte die Aufnahme von Art. 4 Abs. 2 aBV in die Bundesverfassung ganz allgemein dazu, dass die Frauen als mit allen Rechten ausgestattete Bürgerinnen zu betrachten sind, auch im Bereich der politischen Rechte. Der Ermessensspielraum, der den Kantonen früher im Rahmen von Art. 4 aBV [≈ Rechtsgleichheit ohne ausdrückliche Geschlechtergleichheit] aufgrund ihrer föderativen Eigenständigkeit hinsichtlich der rechtlich unterschiedlichen Behandlung von Mann und Frau in der Gesetzgebung zustand, ist mit dem Inkrafttreten von Art. 4 Abs. 2 aBV entfallen. Dies gilt für sämtliche gesetzlichen Regelungsmaterien. Es steht demnach nicht mehr im Belieben der zuständigen Behörden, die Bürgerinnen wegen ihrer Eigenschaft als Frau vom Stimm- und Wahlrecht auszuschliessen. Art. 6 Abs. 2 aBV hat daher durch die Änderung von Art. 4 aBV eine neue Tragweite bekommen und lässt sich heute nur noch so auslegen, dass auch die Frauen zu den Stimmbürgern zu zählen sind."

VI. Lücken in der Bundesverfassung

43 Eine Lücke liegt vor, wenn ein *Erlass unvollständig* ist, weil er auf eine bestimmte Frage selbst nach Ausschöpfung aller anerkannten Auslegungselemente gar keine oder keine befriedigende Antwort gibt. Ausserdem muss feststehen, dass die – dann allerdings nur scheinbare – Unvollständigkeit *nicht* von einem *qualifizierten Schweigen* herrührt. Lücken können unter bestimmten Voraussetzungen von den rechtsanwendenden Organen gefüllt werden. Sie haben dabei nach jener Regel zu entscheiden, die sie als Gesetzgeber aufstellen würden (Art. 1 Abs. 2 ZGB; vgl. BGE 128 I 34 E. 3b S. 42, Rudolf Hausherr; 125 V 8 E. 3 S. 11, E. 4c S. 14, Bundesamt für Sozialversicherung).

44 Wegen des weithin offenen und punktuellen Charakters des Verfassungsrechts lassen sich Lücken in der Verfassung kaum zuverlässig feststellen. Allfällige Verfassungslücken wurden in der Vergangenheit –

soweit statthaft – durch die Schaffung ungeschriebenen Verfassungsrechts überbrückt. Mit der Verfassungsreform sind die bislang ungeschriebenen Verfassungsgehalte weit gehend aufgegriffen und kodifi-
ziert worden (hinten § 5 Rz. 17 ff.). Dies schliesst die Annahme neuer
Lücken schon in naher Zukunft aber nicht aus.

Zur Anerkennung neuer *ungeschriebener Grundrechte* hinten § 7 Rz. 17; zur Anerkennung neuer *ungeschriebener Bundesaufgaben* hinten § 20 Rz. 12 ff. Dass die Bundesverfassung den *Staatsnotstand* nicht regelt, stellt keine Verfassungslücke dar
(hinten § 10 Rz. 12 f.).

2. Kapitel: Hauptelemente der Bundesverfassung

§ 5   Der Inhalt der Bundesverfassung im Überblick

I.   Aufbau und Erscheinungsbild

1.   Aufbau

1   Die BV ist *wie folgt gegliedert* (Ziff. I des Bundesbeschlusses vom 18.
Dezember 1998 über eine neue Bundesverfassung, AS 1999 2556):

> **1. Titel: Allgemeine Bestimmungen (Art. 1-6)**
> **2. Titel: Grundrechte, Bürgerrechte und Sozialziele (Art. 7-41)**
>> 1. Kapitel: Grundrechte
>> 2. Kapitel: Bürgerrecht und politische Rechte
>> 3. Kapitel: Sozialziele
> **3. Titel: Bund, Kantone und Gemeinden (Art. 42-135)**
>> 1. Kapitel: Verhältnis von Bund und Kantonen
>>> *1. Abschnitt: Aufgaben von Bund und Kanton*
>>> *2. Abschnitt: Zusammenwirken von Bund und Kantonen*
>>> *3. Abschnitt: Gemeinden*
>>> *4. Abschnitt: Bundesgarantien*
>> 2. Kapitel: Zuständigkeiten
>>> *1. Abschnitt: Beziehungen zum Ausland*
>>> *2. Abschnitt: Sicherheit, Landesverteidigung, Zivilschutz*
>>> *3. Abschnitt: Bildung, Forschung und Kultur*
>>> *4. Abschnitt: Umwelt und Raumplanung*
>>> *5. Abschnitt: Öffentliche Werke und Verkehr*
>>> *6. Abschnitt: Energie und Kommunikation*
>>> *7. Abschnitt: Wirtschaft*
>>> *8. Abschnitt: Wohnen, Arbeit, soziale Sicherheit und Ge-*
>>> *sundheit*
>>> *9. Abschnitt: Aufenthalt und Niederlassung von Ausländer-*
>>> *innen und Ausländern*
>>> *10. Abschnitt: Zivilrecht, Strafrecht, Messwesen*
>> 3. Kapitel: Finanzordnung
> **4. Titel: Volk und Stände (Art. 136-142)**
>> 1. Kapitel: Allgemeine Bestimmungen
>> 2. Kapitel: Initiative und Referendum

5. Titel: **Bundesbehörden (Art. 143-*191c)**
   1. Kapitel: Allgemeine Bestimmungen
   2. Kapitel: Bundesversammlung
      1. Abschnitt: Organisation
      2. Abschnitt: Verfahren
      3. Abschnitt: Zuständigkeiten
   3. Kapitel: Bundesrat und Bundesverwaltung
      1. Abschnitt: Organisation und Verfahren
      2. Abschnitt: Zuständigkeiten
   4. Kapitel: Bundesgericht
6. Titel: **Revision der Bundesverfassung und Übergangsbestimmungen (Art. 192-197)**
   1. Kapitel: Revision
   2. Kapitel: Übergangsbestimmungen

Einschaltartikel werden durch beigefügte Buchstaben ausgezeichnet 2 (vgl. z.B. Art. 119a BV über die Transplantationsmedizin).

Die *Schlussbestimmungen zur BV* regeln die Aufhebung der BV 1874 3 und die Anpassung zwischenzeitlicher Änderungen an die BV 1999; ausserdem enthalten sie die Referendumsklausel und äussern sich zum Inkrafttreten. Sie sind in den Ziff. II–IV des eingangs erwähnten Bundesbeschlusses enthalten (AS 1999 2556, 2609).

Ziff. II – [1] Die Bundesverfassung der Schweizerischen Eidgenossenschaft vom 29. Mai 1874 wird aufgehoben.
[2] Die folgenden Bestimmungen der Bundesverfassung, die in Gesetzesrecht zu überführen sind, gelten weiter bis zum Inkrafttreten der entsprechenden gesetzlichen Bestimmungen: ... [Es folgt der Wortlaut dieser Bestimmungen; vgl. AS 1999 2555, 2609.]
Ziff. III – Änderungen der Bundesverfassung vom 29. Mai 1874 werden von der Bundesversammlung formal an die neue Bundesverfassung angepasst. Der entsprechende Beschluss untersteht nicht dem Referendum.
Ziff. IV – [1] Dieser Beschluss [der in Ziff. I den Wortlaut der neuen Bundesverfassung enthält] wird Volk und Ständen zur Abstimmung unterbreitet.
[2] Die Bundesversammlung bestimmt das Inkrafttreten.

2. Erscheinungsbild

Am Ende ihres Bestehens bot die BV 1874 rechtstechnisch gesehen ein 4 unbefriedigendes Bild. Sie litt unter mangelhafter Systematik, uneinheitlicher Normdichte und inkonsequentem, veraltetem Wortgebrauch. Diese Mängel gaben – neben der Lückenhaftigkeit der alten

71

Verfassung – den hauptsächlichen Anstoss zum „Nachführungsauftrag" (vorn § 2 Rz. 22 und nachfolgender Abschnitt III). Die neue BV präsentiert sich nunmehr *in geordneter, zeitgemässer und allgemein zugänglicher Form.* Diese Vorzüge werden allerdings mit jeder künftigen Teilrevision wieder ein Stück weit verblassen. Auch sonst sollte der Nutzen einer äusserlichen Schönung für das Verständnis der Verfassung nicht überschätzt werden (vgl. vorn § 4 Rz. 20, 25). Die Worte von Nationalrat BÄUMLIN zur vielbeklagten ‚Hässlichkeit' der BV 1874 bleiben weiterhin bedenkenswert (AB 1987 N 668):

> „Unsere Verfassung ist ein Produkt der Geschichte. Man erkennt in ihr verschiedene Schichten unserer Entwicklung. Das macht sie schwerer lesbar, ja gewiss, aber auf der andern Seite ist sie ein hochinteressantes Dokument: Sie widerspiegelt, wie wir geworden sind, wie wir uns langsam entwickelt haben, sie widerspiegelt auch unsere Eigenart im guten und im schlechten Sinn ...
>
> Die vielen Details sind eben ein Resultat unserer Zustände. Man ist immer wieder auf Kompromisse angewiesen gewesen, hat Vorbehalte anbringen müssen. Eben daraus erklären sich die sonderbaren Einzelheiten, etwa im Artikel über die gebrannten Wasser (Art. 32bis aBV) oder in der Getreide- und in der Finanzordnung. Wir waren nicht fähig, etwas aus einem Guss zu machen, jetzt haben wir das, was unseren Umständen entspricht. ... Wenn Sie zu viele Details herausnehmen ..., kann das auch gefährlich werden. Die einschlägige Forderung von Napoleon I wurde heute schon zitiert: ‚Il faut qu'une constitution soit courte et obscure.' Je weniger Sie im Einzelnen etwas regeln, desto grösser ist dann die Unsicherheit."

II. Typen von Verfassungsbestimmungen

5   Die folgende Typisierung dient der Orientierung; sie ist nicht abschliessend. Einzelne Verfassungsbestimmungen können mehreren Typen zugleich zugeordnet werden.

1. Präambel

6   Präambeln enthalten üblicherweise die *Beweggründe des Verfassungsgebers* („in der Absicht ..."), oftmals auch eine *Anrufung Gottes* („im Namen ..."). Sie haben erinnernde und allenfalls bewusstseinsbildende Bedeutung, nicht aber normativen Wert im Rechtssinn. Dies gilt auch für die Präambel zur gegenwärtigen Bundesverfassung.

2. Staatszielbestimmungen

Die Bundesverfassung kennt einige *generelle, aufgabenübergreifende* 7
Zielbestimmungen, z.b. Art. 2 (Zweck), Art. 41 (Sozialziele), Art. 73
(Nachhaltigkeit) und Art. 94 BV (Grundsätze der Wirtschaftsordnung).
Solche Bestimmungen begründen zwar keine neuen Bundeskompeten-
zen, wirken sich aber immerhin auf die Wahrnehmung der gegebenen
Kompetenzen aus.

Die meisten Zielbestimmungen sind *aufgabenbezogen* und dienen dazu, 8
die einzelnen Bundeszuständigkeiten näher zu umschreiben, z.b.
Art. 75 Abs. 1 (Ziele der Raumplanung) oder Art. 104 Abs. 1 BV (Ziele
der Landwirtschaftspolitik).

3. Grundsätze des staatlichen Handelns

Grundsätze des staatlichen Handelns sind *allgemeine Prinzipien von* 9
Verfassungsrang, die von allen Akteuren beachtet werden müssen, welche mit der Erfüllung staatlicher Aufgaben betraut sind. An vorderster
Stelle ist Art. 5 BV über die „Grundsätze rechtsstaatlichen Handelns"
zu nennen. Weitere Grundsätze des staatlichen Handelns sind das Subsidiaritätsprinzip (Art. 6, Art. 41 Abs. 1 Ingress, Art. 42 Abs. 2 BV) und
das Prinzip der föderativen Kooperation (Art. 44 BV). Auch die aufga-
benübergreifenden Staatszielbestimmungen (Rz. 7) lassen sich als
Grundsätze des staatlichen Handelns ansprechen.

4. Grundrechte

Grundrechte sind Rechtspositionen, die einen *qualifizierten rechtlichen* 10
Schutz gegenüber staatlichen Eingriffen geniessen. Die Grundrechte der
Bundesverfassung erscheinen grösstenteils – wenn auch nicht abschlies-
send – in den Art. 7–34 BV.

5. Aufgabennormen

Aufgaben- oder Kompetenznormen (im Wesentlichen die Art. 54–135 11
BV) legen die *Zuständigkeiten des Bundes* fest. Gelegentlich sprechen sie
auch *Zuständigkeiten der Kantone* an.

73

6. Organisationsbestimmungen

12 Zu den Organisationsbestimmungen zählen die Vorschriften über den Bestand der Eidgenossenschaft, die Staatsbürgerschaft, das Verhältnis von Bund und Kantonen, die Rechte von Volk und Ständen, die Zusammensetzung und Wahl der Bundesbehörden, ihre Zuständigkeiten, ihr Verhältnis zueinander und das Verfahren (Art. 1, 3, 4, 37–40, 42–53, 136–*191c BV).

7. Revisionsbestimmungen

13 Die Revisionsbestimmungen legen fest, wie die *Verfassung geändert* werden kann (Art. 192–195 BV).

8. Übergangsbestimmungen

14 Übergangsbestimmungen sind Verfassungsnormen, welche das *Inkrafttreten neuer Verfassungsnormen* abweichend von Art. 195 BV (sofortiges Inkrafttreten mit der Annahme durch Volk und Stände) regeln oder *vorläufige Bestimmungen* treffen oder für den Erlass von Ausführungsvorschriften *Fristen* setzen.

III. Die Bundesverfassung 1999 als „nachgeführte Verfassung"

1. Der Nachführungsauftrag

15 Die neue Verfassung werde, so der Bundesbeschluss vom 3. Juni 1987 (vorn § 2 Rz. 22) „das geltende geschriebene und ungeschriebene Verfassungsrecht nachführen, es verständlich darstellen, systematisch ordnen sowie Dichte und Sprache vereinheitlichen". In seiner Botschaft zur neuen Bundesverfassung erläuterte der Bundesrat den *Nachführungsauftrag* wie folgt (BBl 1997 I 45):

> „Das geltende Verfassungsrecht nachführen heisst, den genannten Normenkomplex gegenwarts- und wirklichkeitsnah aufbereiten, das Verfassungsrecht als solches identifizieren, festhalten und neu verfasst ‚vermitteln'. Konkret können damit im Wesentlichen folgende Mängel der gegenwärtigen Verfassung behoben werden: Gegenstandslose Normen können aufgehoben und veraltete Bestimmun-

gen zeitgemässer formuliert, auf Gesetzesebene herabgestuft oder gestrichen werden; Verfassungsrecht und Verfassungswirklichkeit können einander angenähert, Bundesstaatlichkeit, Rechtsstaatlichkeit und Sozialstaatlichkeit in einer dem heutigen Verständnis entsprechenden Weise dargestellt werden."

Vereinfachend gesagt umfasste der Nachführungsauftrag drei (freilich untereinander verbundene) *Teilmandate:* einen Kodifizierungsauftrag, einen Redigierungsauftrag und einen Aktualisierungsauftrag. 16

– Als *Kodifizierungsauftrag* erschien der Bundesbeschluss deshalb, weil er die Integration des ungeschriebenen Verfassungsrechts verlangte, das sich unter dem Regime der alten Verfassung angesammelt hatte („das geltende geschriebene und ungeschriebene Verfassungsrecht nachführen").

– Weiter war der Verfassungstext äusserlich zu verbessern („das ... Verfassungsrecht ... verständlich darstellen, systematisch ordnen sowie Dichte und Sprache vereinheitlichen"). Mit diesem *Redigierungsauftrag* sollte die Verfassung in eine geordnete und besser verständliche Form gebracht werden.

– Von *Aktualisierungsauftrag* lässt sich insofern sprechen, als der Verfassungsgeber sowohl in der Kodifizierung des ungeschriebenen Verfassungsrechts als auch in der Redigierung des Verfassungstextes materielle Änderungen und Neuerungen grundsätzlich unterlassen sollte („das geltende ... Verfassungsrecht nachführen").

Das Thema Nachführung hat reichlich Tinte fliessen lassen. Vgl. neben vielen anderen GIOVANNI BIAGGINI, Verfassungsreform in der Schweiz – Die neue schweizerische Bundesverfassung vom 18. April 1999 im Zeichen von „Verfassungsnachführung" und Verfassungspolitik, ZöR 1999, S. 433 ff.; BERNHARD EHRENZELLER, Konzept und Gründe der Verfassungsreform, AJP 1999, S. 647 ff.; HEINRICH KOLLER, Reform der Bundesverfassung als Weg in die Zukunft, ZBl 1996, S. 2 ff.; GEORG MÜLLER, Zur Bedeutung der Nachführung im Rahmen der Reform der Bundesverfassung, ZSR 1977 I, S. 21 ff.; RAINER J. SCHWEIZER, Zum Entwurf der nachgeführten Bundesverfassung, ZBl 1997, S. 481 ff.

2. Kodifizierung des ungeschriebenen Verfassungsrechts

In erster Linie war das *vom Bundesgericht* in seiner staatsrechtlichen Spruchpraxis *anerkannte ungeschriebene Verfassungsrecht* in die Verfassungsurkunde zu überführen. Dies ist weitgehend vollständig geschehen. 17

Zum bundesgerichtlich erzeugten ungeschriebenen Verfassungsrecht zählten zur Hauptsache folgende Positionen (in Klammern erscheinen jeweils zuerst die bundesgerichtliche Fundstelle und danach der entsprechende Artikel der Bundesverfassung):

– gewisse *einzelne Grundrechte,* nämlich – in der Reihenfolge ihrer Anerkennung – die Eigentumsgarantie (ZBl 1961 69 E. 2 S. 72 [1960]; 1969 Verankerung der Eigentumsgarantie durch Art. 22ter aBV; jetzt Art. 26 BV); die Meinungsfreiheit (BGE 87 I 114 E. 2 S. 117 [1961] und 91 I 480 E. II/1 S. 485 f. [1965]; jetzt Art. 16 BV); die persönliche Freiheit (BGE 89 I 92 E. 3 S. 98 [1963]; jetzt Art. 7, 10 und 13 BV); die Sprachenfreiheit (BGE 91 I 480 E. II/1 S. 485 f. [1965]; jetzt Art. 18 BV); die Versammlungsfreiheit (BGE 96 I 219 E. 4 S. 224 [1970]; jetzt Art. 22 BV); das Recht auf Existenzsicherung (BGE 121 I 367 E. 2 S. 370 ff. [1995]; jetzt Art. 12 BV); nach überwiegender Ansicht auch die Wahl- und Abstimmungsfreiheit (vgl. BGE 121 I 138 E. 3 S. 141 f.; jetzt Art. 34 BV);
– die *allgemeinen Voraussetzungen zur Einschränkung von Grundrechten,* d.h. die Verpflichtung zur Einhaltung der Schrankentrias – gesetzliche Grundlage, öffentliches Interesse, Verhältnismässigkeit – und zur Wahrung des Kerngehalts (statt vieler BGE 125 I 267 E. 2b S. 269; jetzt Art. 36 BV);
– die *Drittwirkung der Grundrechte* jedenfalls in Gestalt der Pflicht, Gesetzesrecht nicht nur im Bürger-Staat-Verhältnis, sondern auch in Rechtsbeziehungen unter Privaten grundrechtskonform auszulegen (BGE 111 II 245 E. 4b S. 253 ff.; jetzt Art. 35 Abs. 3 BV);
– eine Reihe von *Verfahrensgarantien* und *rechtsstaatlichen Grundsätzen,* die das Bundesgericht teils als selbständige verfassungsmässige Rechte anerkannt, teils aus Art. 4 aBV abgeleitet hatte, wie: Vertrauensschutz (BGE 122 I 57 E. 3c/bb S. 59; 115 Ia 12 E. 4a S. 18; jetzt Art. 9 BV); Verbot von Rechtsverweigerung, Rechtsverzögerung und überspitztem Formalismus (BGE 121 II 305 E. 4c/aa S. 306; 114 V 203 E. 3a S. 207; jetzt Art. 29 Abs. 1 BV); Anspruch auf rechtliches Gehör (BGE 124 I 241 E. 2 S. 242; jetzt Art. 29 Abs. 2 BV); Anspruch auf unentgeltliche Rechtspflege (BGE 122 I 322 E. 2c S. 324; jetzt Art. 29 Abs. 3 BV); Unschuldsvermutung (BGE 123 I 221 E. II/3f/aa S. 238; jetzt Art. 32 Abs. 1 BV);
– die *Verfassungsgrundsätze des Verwaltungshandelns* ohne Grundrechtscharakter: Gesetzmässigkeit, öffentliches Interesse und Verhältnismässigkeit (BGE 123 I 1 E. 2b S. 3 f.; 124 I 40 E. 3e S. 44 f.; jetzt Art. 5 Abs. 1 und 2 BV); Treu und Glauben (BGE 118 Ib 367 E. 9a S. 379; jetzt Art. 5 Abs. 3 BV); die transformationslose Beachtlichkeit des Völkerrechts für die Behörden von Bund, Kantonen und Gemeinden (BGE 117 Ib 367 E. 2e S. 372 f.; jetzt Art. 5 Abs. 4 BV).

18 Darüber hinaus wurden solche ungeschriebenen Verfassungsgehalte positiviert, über die *in der Lehre Konsens* bestand und die *in der Praxis der politischen Behörden seit je anerkannt* waren,

wie z.b. die Grundsätze zum föderativen Verkehr (Art. 44 BV), die Regeln über Veränderungen im Bestand der Kantone (Art. 53 Abs. 2 BV) oder die bislang gewohnheitsrechtlich beanspruchte Kulturförderungskompetenz des Bundes (Art. 69 BV – recht besehen eine Neuerung, denn Bundeskompetenzen lassen sich wegen Art. 3 BV nicht gewohnheitsrechtlich begründen); die Rolle der politischen Parteien bei der Meinungs- und Willensbildung (Art. 137 BV); der Vorrang des zwingenden Völkerrechts vor der Bundesverfassung (Art. 194 Abs. 2 BV).

Ein kleiner Teil des früher ungeschriebenen Verfassungsrechts bundes-   19
gerichtlicher Herkunft ist zwar weiterhin *nicht ausdrücklich verankert,*
verfügt jetzt aber immerhin über plausiblere Aufhänger als in der BV
1874. Dies gilt beispielsweise für die Grundsätze der Gesetzesdelegation (BGE 121 I 22
E. 3a S. 25; 118 Ia 245 E. 3b S. 247 f.; jetzt ableitbar aus Art. 51 Abs. 1 und Art. 164
BV); für das Rückwirkungsverbot und das Gebot der Rechtssicherheit (BGE 122 II
113 E. 3 b/dd S. 124; 121 V 80 E. 6a S. 85 f.; 120 Ia 126 E. 4e/ee S. 141; jetzt ableitbar aus Art. 9 BV); sowie für das Legalitätsprinzip im Abgaberecht (BGE 121 I 230
E. 3e S. 235 f.; 110 Ia 7 E. 2b S. 14; Pra 1995 Nr. 120 E. 2a; jetzt – zumindest für
den Bund – ableitbar aus Art. 127 und 164 Abs. 1 Bst. d BV).

3.   Redigierung des Verfassungstextes

Der Verfassungstext wurde in mehrfacher Hinsicht einer *formalen*   20
Glättung unterzogen. Hervorzuheben sind namentlich:
- die übersichtliche und einigermassen ausgewogene *Gliederung des Verfassungstextes* in Titel, Kapitel und Abschnitte;
- die Zuordnung von *Sachüberschriften* zu jedem Artikel;
- die beinahe durchgehende Umstellung auf eine *moderne Rechtssprache;*
- das Bemühen um eine *einheitliche Ausdrucksweise* jedenfalls bei juristischen
Schlüsselbegriffen (vgl. aber vorn § 4 Rz. 20, 25).

Das Nebeneinander von lapidaren Kurzformeln und seitenlangen De-   21
tailbestimmungen in der alten Verfassung verlangte sodann nach einer
Ausgleichung der Normdichte auf verfassungsadäquatem Niveau.
Zu diesem Zweck wurden so genannte Auf- und Herabstufungen in grosser Zahl
vorgenommen. An dieser Stelle können nur wenige Beispiele zur Illustration angeführt werden. Ausführliche Hinweise finden sich bei RHINOW, Bundesverfassung,
S. 14 mit Anm. 40–42, sowie (für die Herabstufungen) in BBl 1997 I 112 f.
- *Aufstufung* (Konstitutionalisierung) meint die Überführung verfassungswürdi-
ger Gesetzes- und Verordnungsbestimmungen in die Verfassungsurkunde oder
mindestens deren prinzipielle Verankerung in der Verfassung. Beispiele: Ar-
meeauftrag (Art. 58 Abs. 2 BV; früher nur im MG); Waldfunktionen (Art. 77
Abs. 1 BV; früher nur im WaG); Grundsätze der Haushaltführung (Art. 127
BV; früher nur im FHG); Voraussetzungen der Stimmfähigkeit (Art. 136
Abs. 1 BV; früher nur im BPR); Vernehmlassungsverfahren (Art. 147 BV; früher nur in der VLV bzw. punktuell in der BV); parlamentarische Kommissionen und Fraktionen (Art. 153 und 154 BV; früher nur in der Parlamentsgesetzgebung); parlamentarische Vorstösse (Art. 171 BV; früher nur in der Parlamentsgesetzgebung).
- *Herabstufung* (Dekonstitutionalisierung) bezeichnet die Überführung verfas-
sungsunwürdiger Details in Gesetzes- oder Verordnungsrecht. Beispiele: Homogenität der Truppenkörper (Art. 21 aBV; umgesetzt im MG); prioritäre Bekämpfung von Luftverunreinigungen und Lärm (Art. 24[septies] Abs. 1 Satz 1 aBV;

77

umgesetzt im USG). Vgl. im Weiteren die in Ziff. II des BB über eine neue Bundesverfassung genannten Bestimmungen der BV 1874; Rz. 3). Wo geeignetes Gesetzes- oder Verordnungsrecht bereits bestand, erschöpfte sich die Herabstufung auf eine blosse Streichung. Soweit verfassungsrechtliche Detailbestimmungen auf umstrittene Volksinitiativen oder politische Kompromisse aus jüngerer Zeit zurückgingen, wurde auf die Dekonstitutionalisierung von Details verzichtet so z.B. bei Art. 84 BV $\approx$ Art. 36^{sexies} aBV (Alpenschutzinitiative); Art. 104 BV $\approx$ Art. 31^{octies} aBV (neue Landwirtschaftspolitik); Art. 119 BV $\approx$ Art. 24^{novies} aBV (Fortpflanzungsmedizin und Gentechnologie).

22   Schliesslich ist eine Reihe *historisch überlebter Normen* ersatzlos aus dem Verfassungstext *gestrichen* worden,

so z.B. das Verbot von Militärkapitulationen (Art. 11 aBV; gemeint waren Söldnerverträge); die Aufsicht des Bundes über Auswanderungsagenturen (Art. 34 Abs. 2 aBV); das Verbot an die Adresse der Kantone, stehende Truppen zu halten (Art. 13 Abs. 2 aBV; vgl. jetzt allgemeiner Art. 58 Abs. 1 BV); das Verbot von Brauteinzugsgebühren (Art. 54 Abs. 6 aBV); die Golddeckung der Banknoten (Art. 39 Abs. 7 aBV); die Bundesassisen (Art. 112 aBV).

4.   Aktualisierung des Verfassungsbestands

23   In der Sache war das Reformmandat zunächst auf ein blosses *Aufarbeiten und Neuvermitteln der tradierten Verfassungsgehalte* begrenzt, auf ein In-Übereinstimmung-Bringen des Verfassungswortlauts mit der verfassungskonformen Verfassungswirklichkeit.

Für diese Selbstbeschränkung gab es plausible Gründe. Erstens war ein *bald dreissigjähriges Dossier* mit Anstand abzuschliessen, und sei es auf bescheidenem Niveau, nachdem die Notwendigkeit tiefgreifender Änderungen in den Jahrzehnten davor politisch nicht hatte vermittelt werden können (BBl 1997 I 38, 43 f.). Zweitens handelte es sich darum, die *Gefahr von Rückschritten* einzudämmen. Totalrevisionen sind immer riskant, weil rechtlich gesehen der gesamte Erlass zur Disposition gestellt wird und damit auch der gesamte Bestand der politisch erreichten Kompromisse. Mit der Formel von der „Nachführung" sollte signalisiert werden, dass jeder Versuch, solche Kompromisse im Zuge der Verfassungsreform wieder aufzubrechen, gegen das erklärte Ziel eben dieser Reform verstossen würde (BBl 1997 I 117). Drittens zwang das so begrenzte Mandat, *materielle Neuerungen* als solche zu bezeichnen und besonders zu rechtfertigen. Insofern stand das Konzept im Dienste argumentativer Redlichkeit (BBl 1997 I 118).

24   Im Verlauf des Reformprozesses ist das Konzept einer grundsätzlich inhaltsneutralen „Nachführung" allerdings mehr und mehr verlassen worden. Auf Betreiben zuerst der Kantone und später der staatspolitischen Kommissionen in der Bundesversammlung liess man auch *Anpassungen an die „gelebte Verfassungswirklichkeit"* als blosse Nachführung gelten. Das Kriterium der „gelebten Verfassungswirklichkeit" ermög-

lichte zahlreiche Retuschen im Verhältnis zwischen Bund und Kantonen, im Bereich der Aussenpolitik und beim Zusammenwirken von Bundesrat und Bundesversammlung, ohne dass diese Retuschen als materielle Neuerungen deklariert werden mussten. In der Summe haben diese ,kleinen Anpassungen' zu spürbaren Gewichtsverschiebungen geführt. Die Grenze zwischen nachführender Aktualisierung und rechtspolitischer Neuerung (Rz. 25) lässt sich daher nicht scharf ziehen. Auch die Kodifizierung des ungeschriebenen Verfassungsrechts (Rz. 17 ff.) erscheint je nach Standpunkt bald als Aktualisierung, bald als Neuerung.

Mit diesem Vorbehalt kann man als Beispiele verfassungsrechtlicher Aktualisierungen anführen:
- bei den *allgemeinen Bestimmungen:* Neufassung des Zweckartikels (Art. 2 BV);
- bei den *Grundrechten:* Grundrecht der Menschenwürde (Art. 7 BV); zeitgemässe Ausformulierung des Diskriminierungsverbots (Art. 8 Abs. 2 BV); Positivierung eines Sozialzielkatalogs (Art. 41 BV);
- im Verhältnis zwischen *Bund und Kantonen:* Vorschaltung eines ,allgemeinen Teils' über das Verhältnis von Bund und Kantonen (Art. 42–49 BV), dabei Betonung eines föderativen ,Subsidiaritätsprinzips' (Art. 42 Abs. 2, Art. 47 BV); Pflicht des Bundes, auf die Gemeinden und namentlich auf die Situation der Städte, der Agglomerationen und der Berggebiete Rücksicht zu nehmen (Art. 50 Abs. 2 und 3 BV); Aufhebung der generellen und vorbehaltlosen Pflicht der Kantone, Verträge mit anderen Kantonen und mit dem Ausland dem Bund zur Genehmigung zu unterbreiten (Art. 48 Abs. 3, Art. 56 Abs. 2, Art. 172 Abs. 3, Art. 186 Abs. 3 BV);
- bei den *Bundeskompetenzen:* Pflicht zur föderativen Koordinierung von Massnahmen zur inneren Sicherheit (Art. 57 Abs. 2 BV); Verankerung des Nachhaltigkeitsprinzips für die gesamte Umweltverfassung (Art. 73 BV); Visualisierung der Grundsätze der Wirtschaftsordnung (Art. 94 Abs. 1 und Art. 95 Abs. 2 BV).

5. Ausserhalb des Nachführungsauftrags: Rechtspolitische Neuerungen

Um den prekären Reformprozess nicht unnötig zu belasten, hatte der 25 Bundesrat auf die Präsentation rechtspolitischer Neuerungen im „nachgeführten" Verfassungstext konsequent verzichtet (BBl 1997 I 91). Trotzdem haben die Räte in Bereichen, wo sich ein breiter Konsens finden liess, *punktuelle Rechtsänderungen* beschlossen. Zu diesen Änderungen gehören namentlich:
- bei den *allgemeinen Bestimmungen:* Verankerung eines ,Subsidiaritätsprinzips' im Verhältnis zwischen Staat und Gesellschaft (Art. 6, Art. 41 Abs. 1 Ingress BV);

– bei den *Grundrechten:* Auftrag zur Beseitigung von Benachteiligungen behinderter Menschen (Art. 8 Abs. 4 BV); Willkürverbot als selbständiges Grundrecht (Art. 9 BV; vgl. aber BGE 126 I 81 E. 3 S. 85 ff.); Schutz der Kinder und Jugendlichen (Art. 11 BV); Redaktionsgeheimnis (Art. 17 Abs. 3 BV);

– im Verhältnis zwischen *Bund und Kantonen:* Vereinfachung der Bundeszustimmung für Gebietsveränderungen zwischen den Kantonen (Art. 53 Abs. 3 BV); Tilgung der kantonalen Befugnis, für Gastwirtschaftsbetriebe die Bedürfnisklausel vorzusehen (ab dem Jahre 2010; Art. 196 Ziff. 7 BV);

– im Bereich der *Aussenpolitik:* erweiterte Mitwirkung der Kantone (Art. 55 BV) und der Bundesversammlung (Art. 166 Abs. 1, Art. 184 Abs. 1 BV) in auswärtigen Angelegenheiten;

– bei den *übrigen Bundeskompetenzen:* erleichterte Einbürgerung staatenloser Kinder (Art. 38 Abs. 3 BV); Statistik als selbständige Bundeskompetenz (Art. 65 BV); Erweiterung der Bundeskompetenz im Bereich der Berufsbildung auf alle Berufe (Art. 63 BV); Auftrag zur Unterstützung der mehrsprachigen Kantone und besonders der Kantone Graubünden und Tessin in Sprachenfragen (Art. 70 Abs. 4 und 5 BV);

– bei den *Volksrechten:* Möglichkeit, Volksinitiativen bloss *teilweise ungültig* zu erklären (Art. 139 Abs. 3 BV);

– bei den *Bundesbehörden:* Streichung der Vorschrift, wonach nur Stimmberechtigte weltlichen Standes in den Nationalrat, in den Bundesrat oder in das Bundesgericht gewählt werden dürfen (Art. 143 BV; vgl. Art. 75, Art. 96 Abs. 1 und Art. 108 Abs. 1 aBV); Ausgliederung der Parlamentsdienste aus der Bundeskanzlei und Zuordnung der Dienste zur Bundesversammlung (Art. 155 BV); neues und einfacheres System der Erlasse der Bundesversammlung (Art. 163 BV); materieller Gesetzesbegriff (Art. 164 Abs. 1 und 2 BV); erweiterte Geschäftsprüfungsbefugnisse des Parlaments (Art. 169 Abs. 2 BV); Pflicht zur Wirksamkeitsprüfung von Massnahmen des Bundes (Art. 170 BV); Abschaffung der Kantonsklausel bei Bundesratswahlen (Art. 175 Abs. 4 BV, [noch als Partialrevision der BV 1874 beschlossen, Art. 96 Abs. 1bis aBV; BBl 1998 4800, 1999 2475, AS 1999 2597]); engere Umschreibung der bundesrätlichen Polizeinotverordnungen (Art. 184 Abs. 3, Art. 185 Abs. 3 BV).

Über die Qualifizierung neuer Verfassungsbestimmungen als blosse Aktualisierung oder echte Neuerung gehen die Meinungen naturgemäss auseinander. Für weitere und einlässlichere Übersichten vgl. DIETER BIEDERMANN, Was bringt die neue Bundesverfassung?, AJP 1999, S. 743 ff.; RHINOW, Bundesverfassung, S. 43 ff.

§ 6   Die Strukturprinzipien der Bundesverfassung

I.   Begriff und Funktion

1.   Strukturprinzipien als prägende Kennzeichen des konstituierten Gemeinwesens

Als Strukturprinzipien einer Verfassung bezeichnen wir die *prägenden*   1
Kennzeichen des Gemeinwesens, das durch die Verfassung konstituiert
wird, in unserem Falle also die Kennzeichen der Schweizerischen Eidgenossenschaft. Man kann auch von „tragenden Grundwerten" (HÄFE-
LIN/HALLER, Bundesstaatsrecht, Rz. 168), „verfassungsrechtlichen
Grundentscheidungen" (MAURER, Staatsrecht I, § 6) oder – wie der
Bundesrat – von „strukturbestimmenden Grundentscheidungen" (BBl
1997 I 14) sprechen. Gewöhnlich ist die Rede von vier Strukturprinzipien: dem Demokratieprinzip, dem Rechtsstaatsprinzip, dem Sozialstaatsprinzip und dem Bundesstaatsprinzip (Abschnitte II–V).
Zu diesem Thema ausführlich MASTRONARDI, Strukturprinzipien. Allgemeine
Übersichten über die Strukturprinzipien der BV weiter bei AUER/MALINVER-
NI/HOTTELIER, Droit constitutionnel I, Rz. 1355 ff.; HÄFELIN/HALLER, Bundesstaatsrecht, § 4; RHINOW, Bundesverfassung, S. 34 ff. Vgl. auch ALOIS RIKLIN, Die
schweizerische Staatsidee, ZSR 1982 I, S. 217 ff.

Die *Bundesverfassung* zählt die Strukturprinzipien *nicht ausdrücklich* auf   2
(BBl 1997 I 17). Andere Verfassungen geben sich in dieser Hinsicht
weniger zurückhaltend, so z.B. das Bonner Grundgesetz oder die Berner Kantonsverfassung:

> **Art. 20 GG**   *Verfassungsgrundsätze, Widerstandsrecht*
>
> [1] Die Bundesrepublik Deutschland ist ein demokratischer und sozia-
> ler Bundesstaat.
> [2-4] ...
>
> **Art. 1 KV-BE**   *Der Kanton Bern*
>
> [1] Der Kanton Bern ist ein freiheitlicher, demokratischer und sozia-
> ler Rechtsstaat.
> [2] ...

Die Strukturprinzipien sind *keine Rechtsnormen.* Sie bezeichnen ledig-   3
lich *Normideen, die in der Gestalt positiver Normen der Verfassung ein
Stück weit sichtbar werden.* Solche Normideen können also nur dann

und nur soweit aus der Verfassung abgeleitet und benannt werden, als die Verfassung konkrete Bestimmungen mit einem entsprechenden Sinngehalt tatsächlich enthält. Sie kennzeichnen je ein besonderes Element der von der Verfassung eingerichteten Staatlichkeit und widerspiegeln in ihrer Gesamtheit das *Selbstverständnis des betreffenden Gemeinwesens.* In der Abhängigkeit der Strukturprinzipien vom positiven Verfassungsrecht liegt auch der Grund dafür, dass der Katalog der Strukturprinzipien grundsätzlich offen ist. Denn die Staatlichkeit, die mit Hilfe der Strukturprinzipien auf eine knappe Formel gebracht werden soll, kann ja ihrerseits im Laufe der Zeit ändern.

4   Es ist darum kein Zufall, dass der Kreis der vier klassischen Strukturprinzipien in jüngerer Zeit *um weitere Prinzipien erweitert* wird, so z.B. um ein Nationalstaatsprinzip, ein Wirtschaftsstaatsprinzip oder ein Prinzip des weltoffenen und kooperativen Verfassungsstaats. Auch das Subsidiaritätsprinzip und das Nachhaltigkeitsprinzip werden mitunter als Strukturprinzipien gehandelt. Der Nutzen solcher Erweiterungen ist gering. Wenn es darum gehen soll, die *identitätsstiftenden* (oder *tragenden*) Werte eines Gemeinwesens hervorzuheben, so müssen die einzelnen Strukturprinzipien einen *grösseren Bestand positiver Verfassungsnormen* (und nicht nur einzelne Verfassungssätze) hinter sich versammeln können. Das gelingt allenfalls noch dem Wirtschaftsstaatsprinzip (sofern man das Sozialstaatsprinzip entsprechend zurücknimmt), kaum aber den anderen der postulierten Prinzipien.

2.   Strukturprinzipien als Ordnungselement und Auslegungshilfe

5   Indem die Strukturprinzipien grössere Gruppen von Verfassungsnormen mit gemeinsamer Orientierung zusammenfassen und auf eine Kurzformel bringen, erleichtern sie die verfassungsrechtliche Argumentation. Insofern versehen sie eine *ordnende Funktion.*

6   Darüber hinaus beanspruchen die Strukturprinzipien auch normative Kraft, indem sie – jetzt als *Auslegungshilfe* – die Konkretisierung und Weiterentwicklung des positiven Verfassungsrechts mit anleiten. Den normativen Anspruch eines Strukturprinzips kann man sich vorstellen als den gemeinsamen programmatischen Nenner der ‚hinter' dem Strukturprinzip stehenden Verfassungssätze. Mit den Strukturprinzipien geht die Verfassung gewissermassen ‚aus sich heraus' und gibt sich ihre eigenen Entwicklungsperspektiven. Gleichwohl sollte die abgeleitete Natur dieser Prinzipien nicht übersehen werden. Sie bleiben in Bestand und Inhalt vom positiven Verfassungsrecht abhängig. Neues Verfassungsrecht bringen sie nicht hervor. Weder das ‚Wesen' des

Rechtsstaates noch jenes der Demokratie, des Sozialstaates, des Bundesstaates usf. gestatten rechtliche Schlüsse jenseits der sie tragenden Verfassungssätze. Darum verkörpern die Strukturprinzipien auch keine der Bundesverfassung vorausliegenden obersten Werte. Ebensowenig lassen sich positive Verfassungssätze unter Hinweis auf die Strukturprinzipien als unabänderlich erklären.

II. Demokratie

1. Kernanliegen: „Alle Staatsgewalt geht vom Volke aus"

Wörtlich bedeutet Demokratie *Volksherrschaft*. Oberster Träger der   7
Staatsgewalt ist demnach das Volk. Als Staatsform unterscheidet sich
die Demokratie sowohl von der Monarchie (als oberster Träger der
Staatsgewalt wirkt eine Person) wie auch von der Aristokratie (als
oberster Träger der Staatsgewalt wirkt eine Elite).

Demokratie ist mittlerweile zur weltumspannenden *Chiffre für den guten Staat* geworden. Damit hat der Begriff seine Konturen verloren. Er gestattet keine verlässlichen Abgrenzungen mehr; alle Differenzierungen haben sich in den Begriff hineinverlegt. Wer von Demokratie spricht, muss darum klarstellen, welche Demokratie er meint.

Die rechtswissenschaftliche *Literatur* zur Demokratie ist schlechterdings nicht mehr zu überblicken. Nach wie vor lesenswert die Referate zum schweizerischen Juristentag 1984 (AUER, Démocratie; RHINOW, Demokratie). Zu den demokratischen Grundlagen der Bundesverfassung statt vieler THIERRY TANQUEREL, Les fondements démocratiques de la Constitution, in: Verfassungsrecht, § 18. Demokratietheoretische Auseinandersetzungen aus schweizerischer Sicht sodann bei RICHARD BÄUMLIN, Lebendige oder gebändigte Demokratie?, Basel 1978; MASTRONARDI, Demokratie; J. P. MÜLLER, Gerechtigkeit, besonders S. 15 ff.; TSCHANNEN, Stimmrecht, besonders §§ 8 und 13.

Ein populäres Verständnis sieht in der Demokratie die „Selbstregierung   8
des Volkes". Eine solche Sicht verfehlt die Möglichkeiten moderner
Gesellschaften in einem Masse, dass Enttäuschungen nicht ausbleiben
können. Recht besehen verlangt Demokratie nur (soviel aber wohl),
dass die staatlichen Entscheidungen in die *Letztverantwortung des Volkes* gelegt sind. Verfassungsrechtlich kommt dieses Prinzip der „Volkssouveränität" in Bestimmungen wie dieser zum Ausdruck:

§ 2 KV-BL   *Demokratische Staatsform*
[1] Die Staatsgewalt beruht auf der Gesamtheit des Volkes.
[2] Sie wird durch die Stimmberechtigten und die Behörden ausgeübt.

Man kann auch kürzer sagen: „Alle Staatsgewalt geht vom Volke aus" (Art. 20 Abs. 2 Satz 1 GG; ähnlich § 1 Satz 1 KV-AG und viele andere). Die einzelnen Begriffselemente der genannten Formel lassen sich vorläufig wie folgt umreissen (Rz. 9 ff.).

9 *Alle Staatsgewalt:* Das Demokratieprinzip zielt auf *das dem Staat zurechenbare Handeln,* soweit dieses Handeln dazu bestimmt ist, die Ordnung des Gemeinwesens zu gestalten. Private Entscheidungssituationen stehen zunächst ausserhalb des Prinzips. Die Anwendung demokratischer Mechanismen in nicht-staatlichen Zusammenhängen ist damit zwar nicht ausgeschlossen. Tatsächlich geschieht dies sehr häufig: teils aufgrund gesetzlicher Anordnung, teils als Folge gesellschaftlicher Konvention. Gleichwohl kann das Demokratieprinzip die Volkssouveränität nur als Staatsform, nicht aber als Lebensform verbindlich einfordern. Demokratien sind ohne autonome Bürgerschaft nicht funktionsfähig; sie müssen darum darauf verzichten, Mensch und Gesellschaft für den Staat zu instrumentalisieren.

10 *Geht* [vom Volk] *aus / beruht auf* [dem Volk]: Das dem Staat zurechenbare Handeln muss sich *auf den Willen des Volkes zurückführen* lassen. Dies setzt voraus, dass das Volk zumindest die obersten staatlichen Entscheidungen trifft und sich alle weiteren staatlichen Entscheidungen über *ununterbrochene Legitimationsketten* damit in Beziehung setzen lassen. In *organisatorischer* Hinsicht müssen die obersten Staatsorgane durch eine vom Volk angenommene Verfassung konstituiert werden und alle weiteren staatlichen Organisationseinheiten von diesen obersten Organen abhängen. Die *personelle* Legitimationskette führt vom Volk mindestens über das Parlament als gewählte Volksvertretung zu allen weiteren Amtsträgern. Die Bindung des staatlichen Handelns an das Recht, namentlich an das parlamentarische Gesetz, vermittelt schliesslich die *materielle* Legitimation.

11 *Volk / Gesamtheit des Volkes:* Ausgangspunkt der demokratischen Legitimation bildet das *Staatsvolk,* d.h. die Gesamtheit der Menschen, die aufgrund ihrer Staatsbürgerschaft der Staatsgewalt auf dem betreffenden Staatsgebiet dauernd unterworfen sind. Die Ausübung der erforderlichen Legitimationshandlungen steht indessen nur der stimm- und wahlberechtigten Bevölkerung zu. Noch nicht volljährige Staatsangehörige sind davon ausgeschlossen (übrigens weit gehend auch die nicht zum Staatsvolk zählende ausländische Wohnbevölkerung). Mit diesem Vorbehalt folgt aus dem Terminus „Volk", dass alle Volksangehörigen die gleichen politischen Rechte und Pflichten haben.

2. Arten der Demokratie

Nach Dichte und Qualität der verfassungsrechtlich eingerichteten Le-   12
gitmationsketten unterscheidet man zwischen *indirekter* (mittelbarer,
repräsentativer) und *direkter* (unmittelbarer, plebiszitärer) Demokratie.

Im System der *indirekten Demokratie* beschränkt sich die politische   13
Teilhabe des Volkes auf die periodische *Wahl des Parlaments*, der
Volksvertretung. Vereinzelt können weitere Mitwirkungsrechte (etwa
das Verfassungsreferendum oder die Präsidentschaftswahl) dazutreten.
Im Wesentlichen aber liegt die Staatsgewalt in den Händen der Behör-
den.

Direkte Demokratien kennen zusätzlich zur Wahl der Volksvertretung   14
eine Reihe von *Sachentscheidungsbefugnissen*, die von den Stimmberechtigten *in eigener Kompetenz wahrgenommen* werden können. Oft verfügt das Stimmvolk darüber hinaus über erweiterte Wahlbefugnisse
und mitunter auch über das Recht, bestimmte Behörden abzuberufen.
Auch in direkten Demokratien liegt aber die Hauptlast der staatlichen
Entscheidungen bei den politischen Behörden. Um diesem Umstand
Rechnung zu tragen, bezeichnen manche Autoren die direkte Demokratie modernen Zuschnitts als „halbdirekte Demokratie".

Mit dem vorgenannten Begriffspaar wird nur eine *erste, grobe Typisierung* erreicht   15
(vgl. für weitere Unterteilungen z.B. HALLER/KÖLZ, Allgemeines Staatsrecht, S. 75
ff.). Die Begriffsverwendung in der Lehre ist nicht besonders gefestigt. Die im
Ausland teils übliche Bezeichnung der direkten Demokratie als *„plebiszitär"* sollte
vermieden werden. Das Wort lässt an das berechnende Beschaffen von Akklamati-
on und Massenloyalität nach den momentanen Bedürfnissen der Regierenden denken und somit an das Gegenteil dessen, was nach schweizerischem Verständnis mit
den Volksrechten erreicht sein will: nämlich eine reguläre, nicht vom Gutdünken
der Behörden abhängige Mitwirkung des Volks bei politischen Entscheidungen.
Auch die Rede von der *„halbdirekten"* Demokratie ist wenig glücklich. Der Begriff
ist zwar rechtlich korrekt: Tatsächlich erscheint die schweizerische Demokratie
nur noch in kleinen Gemeinwesen als einigermassen direkt (nämlich dort, wo das
System der Gemeindeversammlung überlebt hat); im Übrigen herrschen die Reprä-
sentativmechanismen längst vor. So gesehen scheint „direkte" Demokratie Dinge
zu versprechen, die sie nicht halten kann. Aber der Terminus „halbdirekt" ist dem
Sprachgebrauch fremd geblieben. Ausserdem prägt er der schweizerischen Demokratie zu Unrecht den Stempel des flauen Weder-Noch auf. In diesem Sinne auch
BERNHARD EHRENZELLER in: St. Galler Kommentar, Vorbemerkungen zu
Art. 136-142, Rz. 6; THIERRY TANQUEREL, Les fondements démocratiques de la
Constitution, in: Verfassungsrecht, § 18 Rz. 31.

3. Verfassungselemente der Demokratie

16 Demokratie ist nicht schon dort gegeben, wo die Bürger über *reguläre Teilhaberechte* verfügen. Damit sich ein Staat demokratisch nennen kann, müssen darüber hinaus *weitere Voraussetzungen* erfüllt sein. Zu diesen Voraussetzungen gehören mindestens (vgl. HALLER/KÖLZ, Allgemeines Staatsrecht, S. 64 ff.; MAURER, Staatsrecht I, § 7 Rz. 13):

- die Ausgestaltung der *Parlamentswahl* als *allgemeine, gleiche, freie und geheime Volkswahl;*
- die *periodische Wiederwahl des Parlaments* und damit verbunden die Möglichkeit zur Veränderung der Machtverhältnisse;
- das *Rechtsetzungsprimat des Parlaments* (d.h. das Legalitätsprinzip in seiner demokratischen Funktion);
- die *Beschränkung der Amtszeit auch der übrigen Verfassungsorgane* (namentlich der Regierungs- und Gerichtsmitglieder);
- die *Verantwortlichkeit der Staatsorgane* in politischer und rechtlicher Hinsicht;
- die grundsätzliche *Öffentlichkeit* nicht nur des politischen Prozesses, sondern auch des weiteren Staatshandelns;
- die freie Bildung und Betätigung *politischer Parteien;*
- der *grundrechtliche Schutz der politischen Kommunikation* sowie der Bildung und Äusserung des politischen Willens, was die verfassungsrechtliche Gewährleistung der Meinungs-, Informations-, Medien-, Versammlungs-, Vereinigungs- und Abstimmungsfreiheit erfordert;
- der *Schutz von Minderheiten* vor ungerechtfertigter Majorisierung.

17 Die genannten Elemente lassen sich weitgehend durch *rechtliche Vorkehrungen* sichern. Die Demokratie lebt aber auch von der Autonomie der Bürger, ihrem Sinn für das Gemeinwohl und ihrer Bereitschaft zu Mässigung, Toleranz und Gewaltverzicht: Eigenschaften, die der demokratische Staat wohl fördern, nicht aber aus eigener Kraft gewährleisten kann.

18 *Zusammenfassend:* Demokratie verspricht eine *möglichst wenig entfremdete Form staatlicher Herrschaft,* und sie versucht dieses Versprechen dadurch einzulösen, dass sie die *Bürger an den politischen Prozessen in bestimmender Weise teilhaben* lässt. Mit welchen Mitteln und in welcher Intensität dies geschieht, lässt sich dem Demokratieprinzip jedoch nicht unmittelbar entnehmen. Entscheidend ist vielmehr die rechtlich massgebliche Ausprägung des Prinzips in der jeweiligen Staatsverfassung.

4. Ausprägung des Demokratieprinzips im Bund

19 Der *Bund* ist als *direkte Demokratie* eingerichtet. Dies zeigt sich daran, dass die Bürger nicht nur in Gestalt des Nationalrats die *Volksvertre-*

tung wählen (Art. 136 Abs. 2, Art. 149 BV), sondern im Weiteren die Möglichkeit haben, über *Sachfragen* zu entscheiden. Die Sachentscheidungsbefugnisse werden hauptsächlich durch das Verfassungsreferendum, die Verfassungsinitiative, das Gesetzesreferendum und das Staatsvertragsreferendum vermittelt (Art. 136 Abs. 2, Art. 138–142 BV). Die Bundesverfassung gewährleistet *auch die übrigen Elemente des Demokratieprinzips* nahezu ausnahmslos. Einzelheiten dazu hauptsächlich in den Teilen 4–6 dieses Buchs.

Die *Kantone* müssen sich schon von Bundesverfassung wegen eine *demokratische Verfassung* geben (Art. 51 Abs. 1 Satz 1 BV; hinten § 18 Rz. 12 f.). 20

III. Rechtsstaat

1. Kernanliegen: Befriedung des Gemeinwesens durch Herrschaft des Rechts

Der Rechtsstaat postuliert gerechten gesellschaftlichen Frieden durch *Herrschaft des Rechts.* Er gestattet die Ausübung politischer Macht allein in rechtlich vermittelter, rechtlich begrenzter und rechtlich überprüfbarer Gestalt. Im Rechtsstaat fliessen Rechte und Pflichten im Verhältnis zwischen Staat und Bürger aus Verfassung und Gesetz; rechtlich geordnet sind auch die Organisation und das Verfahren der staatlichen Behörden. Durch die *Rechtsbindung aller Staatsgewalt* unterscheidet sich der Rechtsstaat vom *Machtstaat,* der seine Bürger als Untertanen sieht und in dem die Herrschenden bald ohne Rechtsgrundlage, bald in bewusster Missachtung des Rechts nach Gutdünken wirken. 21

Die Rechtsbindung aller Staatsgewalt sichert zugleich die *Freiheit der Bürger.* Der Rechtsstaat versteht sich als *begrenzter Staat:* Er akzeptiert neben sich die Autonomie der Gesellschaft. Anders als der *totalitäre Staat* verzichtet der Rechtsstaat auf den Anspruch, jede Sinndeutung autoritativ vorwegzunehmen und jeden Lebensbereich staatlich zu regulieren. 22

Auch der Rechtsstaatsbegriff ist – nicht anders als der Demokratiebegriff – *von hoher Unbestimmtheit.* Dies liegt nicht zuletzt daran, dass die Rechtsregeln, die das Wirken der Staatsorgane binden und begrenzen sollen, im politischen Prozess durch eben diese Staatsorgane erst noch gefunden werden müssen. Darum ist rechtsstaatliche Bindung vorerst nicht mehr als *Selbstbindung des Staates.* Solche 23

Selbstbindung kann verschiedene Formen annehmen; sie ist nicht schon begrifflich auf bestimmte Zwecke festgelegt. Das Rechtsstaaatsprinzip ist daher für ideologische Aufladungen und Diskreditierungen besonders anfällig.

Wegen der unerhörten Breite des Themas (Rz. 24) wendet sich die *Literatur* begreiflicherweise eher den einzelnen Aspekten der Rechtsstaatlichkeit als dem Prinzip in seiner Gesamtheit zu. Vgl. aber RICHARD BÄUMLIN, Der schweizerische Rechtsstaatsgedanke, ZBJV 1965, S. 81 ff.; PIERRE MOOR, Principes de l'activité étatique et responsabilité de l'Etat, in: Verfassungsrecht, § 16; GERHARD SCHMID/ FELIX UHLMANN, Idee und Ausgestaltung des Rechtsstaates, in: Verfassungsrecht, § 13.

2. Verfassungselemente des Rechtsstaats

24   Herkömmlich unterscheidet man zwischen formellen und materiellen Elementen des Rechtsstaats. Die *formellen Elemente* sollen in ihrer Gesamtheit sicherstellen, dass die Staatsgewalt allein im *rechtlich freigegebenen Masse* wirksam wird. Diesem Zweck dienen vorab die folgenden Grundsätze und Einrichtungen:

– das *Legalitätsprinzip* in seiner rechtsstaatlichen Funktion, wonach der Gesetzgeber an die Verfassung, der Verordnungsgeber an das Gesetz und alle vollziehenden Organe an das gesamte geltende Recht gebunden sind;

– die Verpflichtung der Staatsorgane, das *Völkerrecht* zu beachten;

– die *Gewaltenteilung* als Mittel zur Verhinderung von Machtmissbrauch;

– die Gewährleistung eines *wirksamen Rechtsschutzes* gegenüber staatlichen Handlungen mittels *Verwaltungs- und Verfassungsgerichtsbarkeit* einschliesslich der zugehörigen *Verfahrensgarantien.*

25   Die *materielle Seite* der Rechtsstaatlichkeit verlangt, dass das (formell korrekte) Staatshandeln gewissen *elementaren Gerechtigkeitsanforderungen* genügt. Die wichtigen Elemente sind hier:

– Achtung der *Menschenwürde;*

– *Rechtsgleichheit, Schutz vor Willkür* und Wahrung von *Treu und Glauben;*

– die *Freiheitsrechte;*

– der Grundsatz, wonach staatliches Handeln im *öffentlichen Interesse* liegen und *verhältnismässig* bleiben muss.

26   Schliesslich kommt kein Rechtsstaat ohne ein Mindestmass an *Ordnungsaufgaben* aus.

Ordnungsaufgaben bestehen darin, bestimmte (tatsächlich gegebene oder rechtlich eingerichtete) Zustände aufrechtzuerhalten und gegen Störungen abzuschirmen. Ordnungsaufgaben haben *bewahrenden* Charakter. Oftmals handelt es sich um polizeiliche Obliegenheiten; nicht zuletzt geht es um die Glaubwürdigkeit des staatlichen Gewaltmonopols. Beispiele: Sicherheits- und Verkehrspolizei, Gewerbeaufsicht, Feuerpolizei, ebenso Vorkehrungen zum Schutz der äusseren Sicherheit. Auch den Aufbau einer Privatrechtsordnung und einer Strafgesetzgebung kann man zu den Kernaufgaben des Rechtsstaats zählen.

Zusammenfassend: Das Rechtsstaatsprinzip will den Staat von Grund   27
auf als Rechtsgemeinschaft konstituieren, d.h. als Gemeinwesen, das seinen Regelungsbedarf in Strukturen und Verfahren befriedigt, mit denen politische Macht gebrochen und reflektiert, zur Rechenschaft gezwungen und in eine gemeinsam verantwortete gerechte Ordnung eingebunden werden kann. Was für das Demokratieprinzip festgehalten wurde, gilt aber auch hier: Erst die konkrete Verfassung gibt dem Prinzip das massgebliche Gepräge.

3. Ausprägung des Rechtsstaatsprinzips im Bund

Die schweizererische Verfassungsordnung stand *schon immer auf dem*   28
Boden der Rechtsstaatlichkeit. So hält das Bundesgericht bereits 1880 fest (BGE 6, 171 E. 1 S. 173 f., Jäggi):

> „Bedeutung und Tragweite des Prinzips der Gleichheit vor dem Gesetze ... bestimmt ... sich dadurch, dass dasselbe ein Postulat staatlicher Gerechtigkeit ist. Als solches ist dieser Grundsatz ... als allgemeines, die gesamte Rechtsordnung beherrschendes Prinzip aufzufassen ..."

Und deutlicher noch in einem Entscheid aus dem Jahre 1968 (BGE 94 I 513 E. 4a S. 521, X.):

> „Das Bundesgericht hat dem in Art. 4 aBV [Rechtsgleichheit] enthaltenen Gleichheitssatz von jeher eine weit über den Wortsinn hinausgehende Bedeutung beigemessen und darin die Grundlage des Rechtsstaates erblickt."

Anders als die BV 1874 legt nun die *neue Bundesverfassung* ein *ausdrück-*   29
liches Bekenntnis zum Rechtsstaat ab:

> **Art. 5 BV**   *Grundsätze rechtsstaatlichen Handelns*
> [1] Grundlage und Schranke staatlichen Handelns ist das Recht.
> [2] Staatliches Handeln muss im öffentlichen Interesse liegen und verhältnismässig sein.
> [3] Staatliche Organe und Private handeln nach Treu und Glauben.
> [4] Bund und Kantone beachten das Völkerrecht.

Spuren hinterlässt das Rechtsstaatsprinzip übrigens bereits im Zweckartikel: Danach schützt die Eidgenossenschaft „die Freiheit ... des Volkes" und wahrt „die Sicherheit des Landes" (Art. 2 Abs. 1 BV).

30 *Zahlreiche Einzelregelungen* decken die weiteren Elemente sowohl der formellen als auch der materiellen Rechtsstaatlichkeit nahezu lückenlos ab.

- *Menschenwürde, Rechtsgleichheit, Schutz vor Willkür, Wahrung von Treu und Glauben und Freiheitsrechte* sind im Grundrechtskatalog verankert (Art. 7 ff. BV).
- Gleiches gilt auch für den *Rechtsschutz* und die *Verfahrensgarantien* (Art. 29–32, Art. *189 BV).
- Den Grundsatz der *Gewaltenteilung* spricht die Verfassung zwar nicht aus; die Bestimmungen des 5. Titels über die Bundesbehörden lassen aber über die Geltung des Grundsatzes keinen Zweifel aufkommen.

Allerdings fehlt es weitgehend an einer *Verfassungsgerichtsbarkeit gegenüber Bundesgesetzen* (Art. *190 BV; hinten § 8 Rz. 6 ff. und § 11 Rz. 34); dies bedeutet eine empfindliche Schwächung des Rechtsstaatsprinzips.

31 Die *Kantone* sind zur Rechtsstaatlichkeit schon darum verpflichtet, weil die Grundsätze des rechtsstaatlichen Handelns (Art. 5 BV) sowie sämtliche Grundrechtsgewährleistungen (Art. 7 ff. BV) als Bundesrecht auch für die Kantone massgeblich sind (hinten § 8/IV und § 22).

IV. Sozialstaat

1. Kernanliegen: Sicherung allgemeiner Wohlfahrt

32 Die Hauptanliegen des Sozialstaats sind die Stützung der Schwachen im Gemeinwesen, die Herstellung tatsächlicher Chancengleichheit für alle und die Gewährleistung gesellschaftlicher, wirtschaftlicher und ökologischer Sicherheit. Mit dieser auf *allgemeine Wohlfahrt gerichteten Sozialprogrammatik* hebt sich der Sozialstaat vom bürgerlichen „*Nachtwächterstaat*" ab.

33 Auch der „Nachtwächterstaat" (d.h. die *liberal-rechtsstaatliche Verfassung* des 19. Jahrhunderts) war sehr wohl sozialprogrammatisch. Nur hatte dieser Staat den Vorteil, das angestrebte Sozialmodell in der Verfassung nicht ausdrücklich postulieren zu müssen, denn seine Gestalt sollte sich wesentlich durch die *Selbststeuerungskräfte der Gesellschaft* ergeben. Zur Sicherung eines solchen Modells musste die Verfassung daher lediglich – aber in dieser Ausrichtung auf die Bedürfnisse der privatautonom handelnden Wirtschaftssubjekte sehr wirkkräftig – die Bereitstellung eines polizeilich motivierten Wirtschaftsverkehrsrechts mit der zugehörigen Justiz- und Zwangsvollstreckungsapparatur gewährleisten. Im Übrigen handelte es sich vor allem darum, das Gemeinwesen auf Distanz zu halten und *Schranken des staatlichen Wirkungsbereichs* aufzurichten. Gerade die Schrankenfrage (der zentrale

Punkt des liberalen Modells) liess sich mit Hilfe der als Abwehrrechte verstandenen Freiheitsrechte schon kraft Verfassung abschliessend und selbstwirksam lösen. Das Sozialmodell der liberalen Verfassung ist von der Geschichte bald überholt worden. Das Elend der Industriearbeiterschaft im 19. Jahrhundert (die so genannte „soziale Frage"), später die zunehmende Komplexität und Krisenanfälligkeit einer sich weltweit vernetzenden Handels- und Dienstleistungsgesellschaft, endlich das Bedrohungspotenzial der Wachstumstechnologie für Mensch und Umwelt: All dies musste die *Formulierung, die Planung und die Sicherung des Gemeinwohls* Stück für Stück wieder dem staatlichen Verantwortungsbereich zuführen. Verteilungsgerechtigkeit, Chancengleichheit und Daseinsvorsorge stellen sich heute nicht länger (sofern sie es je konnten) durch gesellschaftliche Selbststeuerung ein. Sie müssen *durch staatliche Sozialgestaltung aktiv bewirkt* werden.

Aus der *Literatur* vgl. vorab J. P. MÜLLER, Soziale Grundrechte, besonders S. 89–148; ferner LUZIUS MADER, Die Sozial- und Umweltverfassung, AJP 1999, S. 698 ff.; PASCAL MAHON, Droits sociaux et réforme de la Constitution, in: De la Constitution (Festschrift für Jean-François Aubert), Basel/Frankfurt a.M. 1996, S. 385 ff.; ULRICH MEYER-BLASER/THOMAS GÄCHTER, Der Sozialstaatsgedanke, in: Verfassungsrecht, § 34; RENÉ RHINOW, Wirtschafts-, Sozial- und Arbeitsverfassung, in: BTJP 1999, S. 157 ff., besonders S. 169 ff.; PETER UEBERSAX, Stand und Entwicklung der Sozialverfassung in der Schweiz, AJP 1998, S. 3 ff. In einem weiteren Sinne auch RICHLI, Subsidiaritätsprinzip, S. 150 ff.; SALADIN, Staaten, S. 121 ff.; DERSELBE, Verantwortung als Staatsprinzip, Bern/Stuttgart 1984, S. 112 ff.

2. Verfassungselemente des Sozialstaats

Während man die typischen Verfassungselemente des Demokratie- und 34 des Rechtsstaatsprinzips noch einigermassen umschreiben kann, gelingt dies beim Sozialstaat nur schlecht. Dafür gibt es mehrere Gründe. Erstens sind die gesellschaftlichen, wirtschaftlichen und ökologischen Problemstellungen, derer sich der Sozialstaat anzunehmen hat, von Ort zu Ort und von Zeit zu Zeit verschieden. Das Gleiche gilt zweitens von den Zielen und Leitbildern, die den Problemlösungen vorangestellt werden sollen. Drittens und vor allem kann die Verfassung selbst nur wenig zur Problembewältigung beitragen. Um sozialstaatliche Anliegen zu verwirklichen, muss der Staat Abgaben erheben, Leistungen erbringen und das Wirtschaftsgeschehen beeinflussen können. Dafür sind einlässliche Regelungen auf der Stufe des Gesetzes unabdingbar. Ein verfassungsmässiges „Recht auf Bildung" oder „Recht auf Wohnung" hilft niemandem, wenn der Gesetzgeber untätig bleibt.

Mit diesen Einschränkungen lassen sich folgende Elemente als *verfas-* 35 *sungsrechtliche Ausprägungen des Sozialstaatsprinzips* bezeichnen:

– *Sozialziele*, die zu verwirklichen sich der Staat kraft Verfassung vornimmt;

- *soziale Grundrechte,* d.h. Ansprüche auf Ausrichtung bestimmter Leistungen, die der einzelne Bürger unmittelbar gestützt auf die Verfassung vor Gericht einklagen kann.

36   Vor allem aber kennzeichnet den Sozialstaat ein *ausreichender Bestand an sozialpolitischen Aufgaben, an Lenkungsaufgaben und an Infrastrukturaufgaben.*

- *Sozialpolitische Aufgaben* bezwecken den *Schutz* und die *Unterstützung benachteiligter Gruppen.* Sie greifen korrigierend in die Selbstregulierungskräfte des Marktes ein und versuchen, gesellschaftliche und wirtschaftliche Ungleichgewichte wenn nicht zu beseitigen, so doch in annehmbaren Grenzen zu halten. Insofern haben sozialpolitische Aufgaben *ausgleichenden* Charakter. Beispiele: Arbeitnehmerschutz, Mieterschutz, Sozialversicherung, Fürsorge.
- *Lenkungsaufgaben* definieren sich wesentlich über *bestimmte anzustrebende Zustände und Befindlichkeiten* (wie Vollbeschäftigung, Währungsstabilität, Zweckmässigkeit der Bodennutzung usf.). Die Aufgabe des Gemeinwesens besteht darin, diese anzustrebenden Zustände und Befindlichkeiten zu konkretisieren, herbeizuführen, zu wahren und sinnvoll weiter zu entwickeln. Lenkungsaufgaben zeichnen sich durch ihren *prospektiven* Charakter aus. Beispiele: Raumplanung, Verkehrspolitik, Wirtschaftspolitik, Regionalpolitik.
- *Infrastrukturaufgaben* haben die *Bereitstellung öffentlicher Dienste* zum Gegenstand: Es werden Einrichtungen aufgebaut und betrieben, welche der Öffentlichkeit im Sinne eines Service public gewisse als unentbehrlich angesehene Leistungen bereithalten. Infrastrukturaufgaben haben *dienstleistenden* Charakter. Beispiele: Bau und Betrieb von Verkehrsnetzen, von Versorgungs- und Entsorgungsanlagen, von Bildungs-, Forschungs- und Gesundheitseinrichtungen.

3.   Ausprägung des Sozialstaatsprinzips im Bund

37   Die Sozialstaatlichkeit des *Bundes* wird bereits im *Zweckartikel* sichtbar. Danach „fördert [die Eidgenossenschaft] die gemeinsame Wohlfahrt" und „sorgt für eine möglichst grosse Chancengleichheit unter den Bürgerinnen und Bürgern" (Art. 2 Abs. 2 und 3 BV). Eine Absicherung gegen alle möglichen Lebensrisiken wird damit aber nicht versprochen. Art. 6 BV macht im Gegenteil klar, dass jedermann „Verantwortung für sich selber" wahrzunehmen und nach Kräften zur Bewältigung der Aufgaben in Staat und Gesellschaft beizutragen habe. Aus dieser Bestimmung erwachsen dem Einzelnen zwar keine Rechtspflichten, weder gegenüber dem Staat noch gegenüber der Gesellschaft. Aber sie verhindert immerhin, dass der Zweckartikel die Hoffnung auf den umfassenden „Versorgungsstaat" aufkommen lässt.

38   Im weiteren Verlauf enthält die Bundesverfassung zahlreiche *sozialstaatliche Einzelregelungen,* nämlich:

- einen *Sozialzielkatalog* (Art. 41 BV), wobei im Ingress wiederum die Subsidiarität der Staatsverpflichtung betont wird („...in Ergänzung zu persönlicher Verantwortung und Initiative");
- *weitere sozialstaatliche Ziele* wie die Verpflichtung auf *Nachhaltigkeit* im Bereich der Umweltverfassung (Art. 73 BV) oder die *Wohlfahrtsklausel* in der Wirtschaftsverfassung (Art. 94 Abs. 2 BV);
- eine Reihe *sozialer Grundrechte,* namentlich den Anspruch der Kinder und der Jugendlichen auf Schutz ihrer Unversehrtheit und Förderung ihrer Entwicklung (Art. 11 BV; die Justiziabilität des Anspruchs ist zweifelhaft), ein Recht auf Hilfe in Notlagen (Art. 12 BV), den Anspruch auf Grundschulunterricht (Art. 19 BV) und auf unentgeltliche Rechtspflege (Art. 29 Abs. 3 BV);
- zahlreiche *sozialstaatliche Aufgabennormen* namentlich in den Bereichen Bildung, Umwelt, Verkehr, Wirtschaft und soziale Sicherheit (ab Art. 62 BV; tatsächlich sind die allermeisten Bundeskompetenzen sozial-, lenkungs- oder infrastrukturpolitischer Natur).

Die sozialstaatlichen Verpflichtungen der *Kantone* fliessen *teils schon* **39** *aus der Bundesverfassung.* Der Zweckartikel, die Sozialziele, das Nachhaltigkeitsprinzip der Umweltverfassung und die Wohlfahrtsklausel der Wirtschaftsverfassung binden ausdrücklich „die Schweizerische Eidgenossenschaft" (Art. 2 BV, womit in Verbindung mit Art. 1 BV auch die Kantone angesprochen sind) bzw. „Bund *und* Kantone" (Art. 41, 73, 94 BV). Die sozialen Grundrechte werden rechtlich zwar durch die Bundesverfassung zugesagt; tatsächlich einzulösen sind sie aber zum grossen Teil von den Kantonen, denn die entsprechenden Leistungsträger, nämlich Kinder- und Jugendschutz (zu Art. 11 BV), Fürsorge (zu Art. 12 BV), Schulwesen (zu Art. 19 BV) und Justiz (zu Art. 29 Abs. 3 BV) liegen hauptsächlich im kantonalen Kompetenzbereich. Gleiches gilt weithin auch für das Gesundheitswesen und den sozialen Wohnungsbau.

V. Bundesstaat

1. Kernanliegen: Einrichtung politischer und kultureller Multizentralität

Unter einem Bundesstaat versteht man die *„Verbindung mehrerer Staa-* **40** *ten zu einem Gesamtstaat"* auf der Grundlage einer *gesamtstaatlichen Verfassung* (HALLER/KÖLZ, Allgemeines Staatsrecht, S. 145). Demnach sind im Bundesstaat zwei Staatsebenen zu unterscheiden. Der *Gesamtstaat* (der „Bund") verkörpert die *obere Ebene;* die zum Gesamtstaat verbundenen einzelnen Staaten bilden die *untere Ebene* der relativ autonomen *Gliedstaaten.* Sowohl der Gesamtstaat als auch die Gliedstaaten besitzen Staatscharakter, die Gliedstaaten allerdings in eingeschränktem Mass. Die Aufgaben des Gemeinwesens (und damit auch die Staatsgewalt) verteilen sich auf die beiden Staatsebenen, wobei Bund und Glieder zur Zusammenarbeit verpflichtet sind.

41   Die *doppelte Staatlichkeit* unterscheidet den Bundesstaat vom *Staatenbund,* vom *Einheitsstaat* und von der *supranationalen Gemeinschaft.*

–   Der *Staatenbund* ist eine *Verbindung mehrerer Staaten zur Wahrnehmung bestimmter gemeinsamer Zwecke.* Er beruht auf *völkerrechtlichem Vertrag.* Der Staatenbund erfüllt nur jene Aufgaben, die ihm die Einzelstaaten ausdrücklich übertragen haben. Die originäre Staatsgewalt liegt weiterhin bei den Einzelstaaten; der Staatenbund kann nicht aus eigenem Recht neue Aufgaben an sich ziehen. Darum weist er auch keinen Staatscharakter auf. Zwar bringt die Mitgliedschaft im Staatenbund vertragliche Verpflichtungen mit sich; davon abgesehen bleiben die Einzelstaaten aber rechtlich unabhängig.

–   Der *Einheitsstaat* zeichnet sich durch *einheitliche Staatsorganisation* und *ungeteilte Staatsgewalt* aus. Wie der Bundesstaat beruht auch der Einheitsstaat auf einer *Verfassung;* allerdings weist diese Verfassung keine bündischen Züge auf. Entsprechend kennt der Einheitsstaat keine autonomen Territorialeinheiten. Die Besorgung der Staatsaufgaben kann auf örtlich ausgegliederte Verwaltungsstellen (Kreisdirektionen, Regionalagenturen) oder auf untere Gebietskörperschaften (Departemente, Provinzen, Gemeinden) übertragen werden. Allfällige Gebietskörperschaften im Einheitsstaat besitzen nur abgeleitete, d.h. durch den Einheitsstaat rechtlich zugestandene Staatsgewalt; es handelt sich um blosse Selbstverwaltungseinheiten, nicht um Staaten. Ein Einheitsstaat mit fortgeschrittener administrativer Dezentralisation nähert sich faktisch dem Bundesstaat, auch wenn natürlich die rechtlichen Unterschiede bestehen bleiben.

–   Die *supranationale Gemeinschaft* ist eine *von Staaten gegründete und getragene Organisation.* Sie beruht auf *völkerrechtlichem Vertrag* und besitzt (nur) die Hoheitsrechte, die ihr von den Mitgliedstaaten übertragen wurden. In dieser Eigenschaft ähnelt sie einem Staatenbund. Für die supranationale Gemeinschaft ist aber kennzeichnend, dass sie die übertragenen Hoheitsrechte wenigstens zum Teil unmittelbar *in* den Mitgliedstaaten wahrnimmt. Dieser Durchgriff auf Amtsstellen und Staatsangehörige der Mitgliedstaaten unterscheidet sie vom Staatenbund und verleiht ihr Züge eines Bundesstaats.

Rechtsdogmatisch kann man den Bundesstaat auf verschiedene Arten konstruieren. Vgl. für einen Überblick über die einzelnen *Bundesstaatstheorien* HALLER/KÖLZ, Allgemeines Staatsrecht, S. 140 ff. Zum *Bundesstaatsprinzip* allgemein z.B. THOMAS FLEINER/ALEXANDER MISIC, Föderalismus als Ordnungsprinzip der Verfassung, in: Verfassungsrecht, § 27; KÄGI-DIENER, Bundesstaatliche Sicht; KNAPP, Fédéralisme; SALADIN, Bund und Kantone; ULRICH ZIMMERLI, Bund – Kantone – Gemeinden, in: BTJP 1999, S. 35 ff.

2. Verfassungselemente des Bundesstaats

Bundesstaatliche Verfassungen zeichnen sich durch folgende *typische*   42
Elemente aus:

- *Garantien des Bundes zugunsten der Gliedstaaten.* Die Verfassung des Gesamtstaats verpflichtet den Bund, Bestand und Gebiet der Gliedstaaten sowie deren verfassungsmässige Ordnung zu schützen und legt fest, unter welchen Bedingungen Bestand und Gebiet der Gliedstaaten geändert werden dürfen.
- *Aufgabenteilung zwischen Bund und Gliedstaaten.* Es ist weiter Sache der gesamtstaatlichen Verfassung, die Kompetenzen zwischen Bund und Gliedstaaten zu verteilen.
- *Mitwirkung der Gliedstaaten im Bund.* Die Gliedstaaten müssen sich an der Willensbildung auf Bundesebene beteiligen können (sei es durch besondere, nur ihnen zustehende Mitwirkungsrechte, sei es durch ein besonderes, die Gliedstaaten repräsentierendes Bundesorgan).
- *Aufsicht des Bundes über die Gliedstaaten.* Umgekehrt obliegt dem Gesamtstaat die Aufsicht über die Gliedstaaten. Die Aufsichtsbefugnis umschliesst vorab Massnahmen zur Durchsetzung des Bundesrechts in den Gliedstaaten.
- *Zusammenarbeit zwischen Bund und Gliedstaaten sowie unter Gliedstaaten.* Die komplizierte Konstruktion des Bundesstaats (doppelte Staatlichkeit, Aufgabenteilung) kann nur dann ohne grössere Störungen funktionieren, wenn sich Bund und Gliedstaaten um Kooperation bemühen und nötigenfalls die eigenen Interessen zugunsten der Landesinteressen zurückstellen.
- *Homogenität der gliedstaatlichen Verfassungen.* Die Gliedstaaten sind zwar in der Bestimmung ihrer Staatsorganisation autonom. Das erforderliche Zusammenwirken von Bund und Gliedstaaten verlangt aber doch eine gewisse Einheitlichkeit der Verfassungsordnungen. Der Bund muss darum dafür sorgen, dass die Verfassungen der Gliedstaaten die Grundentscheidungen der gesamtstaatlichen Verfassung übernehmen.

3. Ausprägung des Bundesstaatsprinzips im Bund

Mit der Formel „Das Schweizervolk und die Kantone ... bilden die   43
Schweizerische Eidgenossenschaft" wird das *Bundesstaatsprinzip* bereits
in Art. 1 BV deutlich angesprochen.

Art. 1 BV übernimmt *Art. 1 aBV* in der Sache *unverändert.* Nur die Sprache wurde   44
retuschiert; tatsächlich wirkte der alte Verfassungswortlaut eher verstaubt („Die
durch gegenwärtigen Bund vereinigten Völkerschaften der dreiundzwanzig souveränen Kantone, als: ... [es folgt die Aufzählung der Kantone] ... bilden in ihrer
Gesamtheit die Schweizerische Eidgenossenschaft"). Art. 1 aBV seinerseits stimmte
mit Art. 1 der Bundesverfassung 1848 wörtlich überein, ausser dass der Bestand der
Kantone 1978 wegen der Gründung des Kantons Jura um einen Kanton – von 22
auf 23 – erweitert wurde. *Bundesstaat* ist die Schweiz somit seit 1848. Zuvor hatte
sie die Gestalt eines *Staatenbunds,* wenn man von den kurzen Jahren des napoleo-

nisch diktierten *Einheitsstaats* zwischen 1798 und 1803 absieht. Vgl. für einen historischen Abriss vorn § 2/II.

45 Die Entscheidung des schweizerischen Verfassungsgebers für eine bundesstaatliche Struktur hat zunächst *geschichtliche* Gründe: Sie erlaubte ein näheres Zusammenrücken der Kantone, ohne sie um ihre tradierte Staatlichkeit zu bringen. Die Kantone sanken zwar von unabhängigen Mitgliedern eines Staatenbunds zu Teilen eines neuen Staats herab; sie blieben aber im Besitz aller Hoheitsrechte, die für die autonome Bestimmung und Erfüllung staatlicher Aufgaben benötigt werden.

Hinzu traten *kulturelle* Motive. Vier Sprachen, mehrere Konfessionen und grosse Unterschiede in Landschaft und Siedlung machen aus der Schweiz ein zutiefst inhomogenes Land. Die multizentrale Struktur des Bundesstaats bietet günstigere Voraussetzungen, die kulturelle Vielfalt zu erhalten, regional adäquate Lösungen zu treffen und ein friedliches Nebeneinander der Volksgruppen zu gewährleisten – günstigere jedenfalls als der Einheitsstaat, der (in seiner typischen, zentralistischen Form) nicht nur das politische, sondern auch das kulturelle Leben auf eine dominierende Hauptstadt konzentriert.

46 Die *bundesstaatlichen Einzelregelungen* der Bundesverfassung werden im 3. Teil dieses Buchs erörtert.

VI. Das Verhältnis der Strukturprinzipien zueinander

1. Gleichrangigkeit der Strukturprinzipien und Optimierungspflicht des Verfassungsgebers

47 Wie früher bemerkt: Die Strukturprinzipien gehen aus den Normen des positiven Verfassungsrechts hervor (oben Abschnitt I), und diese Normen stehen einander grundsätzlich gleich (vorn § 4 Rz. 13 ff.). Diese zwei Prämissen haben zur Folge, dass *auch die Strukturprinzipien* – also die Normideen Demokratie, Rechtsstaat, Sozialstaat und Bundesstaat – *zunächst als gleichwertig* zu betrachten sind. Soweit daraus Ideenkonflikte entstehen, liegt es am Verfassungsgeber, Abgrenzungen zu treffen und Prioritäten zu setzen. Zu Recht hält der Bundesrat fest (BBl 1997 I 16):

> „Die genannten strukturbestimmenden Elemente der Bundesverfassung [also Demokratie, Rechtsstaat, Bundesstaat und Sozialstaat] ergänzen einander und verfassen die Schweizerische Eidgenossenschaft als freiheitlich-rechtsstaatlichen, demokratischen und sozialen Bundesstaat. Mitunter stehen diese Strukturprinzipien der Bundesverfassung freilich auch in einem Spannungsverhältnis zueinander. Im Verfassungsalltag kommt es denn auch immer wieder zu Zielkonflikten. Das schweizerische Verfassungsrecht kennt jedoch keinen

allgemeinen Vorrang des einen Prinzips vor dem anderen. Die
Strukturprinzipien der Verfassung stehen an sich gleichwertig nebeneinander. Die Lösung von Zielkonflikten obliegt vorab dem
Verfassungs- und Gesetzgeber, ferner auch den übrigen Staatsorganen, die in der konkreten Entscheidungssituation abwägend zwischen den widerstrebenden Gesichtspunkten zu vermitteln haben."

In allgemeiner Weise lassen sich aber doch einige *typische Spannungsla-*   48
gen und Abhängigkeiten beschreiben; davon sogleich.

2.   Demokratie und Rechtsstaat

Das Demokratieprinzip will die Gesamtheit der Bürger an den politi-   49
schen Entscheidungen teilhaben lassen; seine Optik richtet sich auf das
Kollektiv. Die Anliegen des Rechtsstaatsprinzips dagegen – Rechtsbindung der Staatsgewalt und Sicherung individueller Freiheit – dienen
vorab dem *Einzelnen*. Spannungen zwischen den beiden Prinzipien sind
darum unvermeidlich.

Mittlerweile ist unbestritten, dass sich diese Spannungen *nicht durch*   50
Vorordnung des einen Prinzips vor das andere lösen lassen.
– Einerseits kann sich der Rechtsstaat selbst durch die Verkündigung
   „ewiger Werte" nicht wirklich gegen Entgleisungen der Demokratie
   schützen. Die rechtsstaatlichen Gewährleistungen – Legalitätsprinzip, Rechtsgleichheit, Grundrechte usf. – vermögen nur zu bestehen, solange es einen demokratischen Konsens darüber gibt, dass
   derartige Garantien zugesagt werden sollen.
– Andererseits wird es der Demokratie nicht gelingen, politische Gerechtigkeit an den Forderungen des Rechtsstaates vorbei zu erzeu-
   gen. Im Gegenteil: Sie benötigt die rechtsstaatlichen Verfahrens- und
   Freiheitsgarantien sowohl als Antrieb des politischen Prozesses wie
   auch als kritischen Massstab der politischen Entscheidungen.
Letztlich richten sich Demokratie *und* Rechtsstaat mit je eigenen Beiträgen darauf, *Menschenwürde zu verwirklichen* und *unkontrollierte,*
ungerechte Machtausübung Einzelner zu unterbinden: die Demokratie,
indem sie die Erteilung von Herrschaftsmandaten von der Zustimmung
der Volksmehrheit abhängig macht; der Rechtsstaat, indem er die Ausübung dieser Mandate den auswägenden Gegenkräften des Individual-
rechtsschutzes aussetzt.

Die *wechselseitige Bedingtheit von Demokratie und Rechtsstaat* verpflich-   51
tet den Verfassungsgeber, an den Konfliktlinien zwischen Demokratie

und Rechtsstaat nach Lösungen zu suchen, die beide Prinzipien optimal zur Geltung kommen lassen. Diese Lösungen – und damit auch die relative Bedeutung von Rechtsstaat und Demokratie – können von Staat zu Staat unterschiedlich ausfallen. Das schweizerische Staatsrecht neigt dazu, die Demokratie höher zu gewichten als die Rechtsstaatlichkeit.

Dies zeigt sich an der eingeschränkten Verfassungsgerichtsbarkeit gegenüber Bundesgesetzen (hinten § 8 Rz. 6 ff., § 11 Rz. 34) und an der oft behaupteten ‚Suprematie‘ der Bundesversammlung über den Bundesrat (hinten § 35/I).

3. Demokratie und Sozialstaat

52   Der Sozialstaat kann seine Wohlfahrtsversprechungen nicht ohne beträchtliche Staatsleistungen einlösen. Nur wenige dieser Leistungen – nämlich die grundrechtlich fundierten (Rz. 35 und hinten § 7 Rz. 12) – lassen sich unmittelbar gestützt auf die Verfassung vor Gericht durchsetzen. Verfassungsrechtlich erscheint die Substanz des Sozialstaats mehrheitlich in Gestalt von Staatsaufgaben (Rz. 36). Wegen des Legalitätsprinzips genügen sozialstaatliche Verfassungsaufträge allein aber nicht. Zur realen Entfaltung braucht der Sozialstaat vielmehr das ausführende Gesetz. Die Gerichte würden ihre funktionellen und demokratischen Grenzen missachten, wenn sie bestimmte Leistungssysteme und das zugehörige Regelwerk umweglos aus der verfassungsrechtlichen Aufgabennorm ableiten wollten. Der Sozialstaat vermag sich also letztlich nur *mit* der demokratischen Mehrheit (und nicht gegen sie) zu verwirklichen.

53   Auch wenn es Sache der demokratischen Politik ist, den Inhalt, den Umfang und die Finanzierung sozialstaatlicher Leistungen festzulegen, so ist sie dabei doch *nicht völlig frei*. Die Demokratie kann den Sozialstaat weder beliebig zusammenstreichen noch beliebig ausbauen, ohne selber bedrohliche Erschütterungen zu riskieren.

– Der demokratische Staat der Gegenwart verdankt seine Existenzberechtigung in den Augen vieler Bürger vor allem den Leistungen, die er zu ihren Gunsten erbringt. Deshalb dürfte ein Grundbestand an sozialstaatlichem Komfort mittlerweile irreversibel geworden sein. Jedenfalls wäre ein *spürbarer Sozialabbau* z.B. beim Arbeiterschutz, bei der Sozialversicherung oder bei den Bildungseinrichtungen nur mehr unter Aufkündigung des gesellschaftlichen Friedens möglich. Damit würde jedoch die zentrale Legitimationsgrundlage des Staats getroffen.

- Die *ungebremste Ausweitung zum Versorgungsstaat* kann genauso wenig im Interesse der Demokratie liegen. Der Sozialstaat lebt von der Leistungsbereitschaft sowohl der Unternehmen als auch der einzelnen Bürger. Diese Bereitschaft erhält sich der Staat nur solange, als er bei den Sozialabgaben Mass hält. Jeder sozialstaatliche Ausbau erhöht den Finanzbedarf des Gemeinwesens und verschärft die wirtschaftliche Belastung der Abgabepflichtigen. Am Ende riskiert der Staat die Leistungsverweigerung des Wirtschaftssystems und läuft Gefahr, demokratisch beschlossene Leistungsversprechen nicht halten zu können. Es bedarf keiner weiteren Worte, dass dadurch die Demokratie als solche in Mitleidenschaft gezogen würde.

4. Demokratie und Bundesstaat

Ambivalenzen herrschen auch im Verhältnis zwischen Demokratie 54 und Bundesstaat. Dank bundesstaatlicher Strukturierung rücken Bürger und Staat, Entscheidungsträger und Entscheidungsebene näher zusammen. Dies erlaubt die *politische Partizipation im überschaubaren lokalen Rahmen.* Gewöhnlich kommen dort auch besonders konkrete, den Menschen nahe stehende Probleme des täglichen Lebens zur Entscheidung. Dies ist sicherlich ein Gewinn für die Demokratie. Dennoch ist Vorsicht angebracht. Treffend bemerkt PETER SALADIN, in: Kommentar aBV, Art. 3 Rz. 10:

> „Gemeinden und Kantone sind zwar Schulen und Heimat der Demokratie, aber in der Enge kann sich demokratiefeindliche Macht ebenso ausbilden und vielleicht nachhaltiger auswirken als im grossen Verband ... Kantone und Gemeinden sind vielfach besser geeignet, Staatsaufgaben zu erfüllen, dank ihrer Beweglichkeit und dank der Bürgernähe ihrer Verwaltung; aber gerade bedrängende und zentrale Aufgaben des modernen Industriestaates übersteigen die engen Grenzen von Gemeinden und Kantonen, ja der einzelnen Staaten durchaus."

In gesamtstaatlichen Entscheidungsprozessen kann das Bundesstaats- 55 prinzip als *Mittel des Minderheitenschutzes* wirken, sofern die Verfassungsordnung geeignete Sperrmechanismen zugunsten der Gliedstaaten vorsieht. Im Sinne einer ‚vertikalen Gewaltenteilung' erschwert das Bundesstaatsprinzip dann die Majorisierung der Gliedstaaten durch eine gesamtstaatliche Volks- oder Parlamentsmehrheit. Doch auch dieser Vorzug hat seine *Kehrseite.*

– Ein „Minderheitenschutz dank Bundesstaat" setzt voraus, dass die politischen Bruchlinien mit den gliedstaatlichen Territorialgrenzen übereinstimmen, oder anders gesagt: dass die Gliedstaaten in sich eine gewisse politische Homogenität aufweisen. Diese Voraussetzung trifft je länger je weniger zu. Regionale Charakteristika versinken mehr und mehr im Einerlei der Kommunikations- und Verkehrsgesellschaft; die zentralen Macht- und Verteilungsfragen stellen sich in den einzelnen Gliedstaaten nicht anders und nicht weniger scharf als landesweit. So schützt das Prinzip in Wahrheit *zuerst die lokale Mehrheit;* es lindert in nichts die Lage der politischen Minderheiten im Innern der Gliedstaaten.

– Sperrmechanismen zugunsten der Gliedstaaten können ausserdem zu *fragwürdigen Verzerrungen der Stimmkraft* führen; damit schädigen sie das demokratische Grundprinzip „one man, one vote".
Dieser Punkt ist bei der Erörterung des Ständemehrs und der Zusammensetzung des Ständerats aufzugreifen (hinten § 24/II und § 32/I).

5.   Rechtsstaat und Bundesstaat

56 Der Staatscharakter der Gliedstaaten im Bundesstaat hat zur Folge, dass neben der Rechtsordnung des Gesamtstaats ebenso viele weitere Rechtsordnungen hinzutreten wie Gliedstaaten bestehen. Im Falle der Schweiz kommen so 27 Rechtsordnungen zusammen (nämlich das Bundesrecht und das Recht der 26 Kantone). Das Nebeneinander verschiedener Rechtsordnungen kann *rechtsstaatlich gesehen von Vorteil* sein: Die Rechtsetzungsautonomie der Gliedstaaten erlaubt es, auf unterer Ebene *rechtliche Pionierleistungen* zu erbringen und Regelungen zu erproben, die später, wenn sie sich bewährt haben, von den anderen Gliedstaaten und sogar vom Bund übernommen werden können. Und dank kleinräumiger Staatsstruktur ist es dem Gesetzgeber eher möglich, auf die *örtlichen Besonderheiten* einzugehen, womit auch die Chance gerechter und angemessener Lösungen steigt.

57 Allerdings sind die *gewichtigen rechtsstaatlichen Risiken* nicht zu übersehen.

– Die Rechtsetzungsautonomie der Gliedstaaten ermöglicht nicht nur Fortschritt. Genauso lässt sie sich als *Instrument rechtsstaatlicher Rückschritte* nutzen.

– Die Konkurrenz mehrerer Rechtsordnungen auf unterschiedlichen Staatsebenen macht *teils komplizierte Kollisionsregeln* erforderlich.

Jede Normkonkurrenz erschwert die Anwendung des Rechts und belastet die Rechtssicherheit.

- Weiter kann die Vielzahl der gliedstaatlichen Rechtsordnungen dazu führen, dass *vergleichbare Sachverhalte von Gliedstaat zu Gliedstaat rechtlich unterschiedlich* geregelt werden. Darunter leidet die territoriale Rechtsgleichheit.

- Und schliesslich ist die Versuchung der Gliedstaaten nicht zu leugnen, die eigenen Bürger rechtlich bevorzugt zu behandeln und *die Auswärtigen* entsprechend zu *diskriminieren.*

6. Rechtsstaat und Sozialstaat

Zwischen Rechtsstaat und Sozialstaat besteht ein *Verhältnis der wechsel-* 58 *seitigen Ergänzung.* Die Sozialstaatlichkeit muss rechtsstaatlich geformt, die Rechtsstaatlichkeit sozialstaatlich gestützt werden.

- *Sozialstaatliche Leistungen* einerseits dürfen nur unter Beachtung rechtsstaatlicher Anforderungen ausgerichtet werden. Gesetzmässigkeit der Verwaltung, Handeln nach Treu und Glauben, Willkürverbot und Gleichheitssatz gelten auch für die Wohlfahrtstätigkeit des Gemeinwesens.

- *Rechtsstaatliche Freiheitsgewährleistungen* andererseits lassen sich nur nutzen, wenn auch die tatsächlichen Voraussetzungen des Freiheitsgebrauchs gegeben sind. Die Eigentumsgarantie setzt Gelder zum Eigentumserwerb voraus, die Berufswahlfreiheit ein entsprechendes Bildungsangebot, die Niederlassungsfreiheit gewisse Fortbewegungsmittel usw. Erst das ausgleichende, lenkende und leistende Wirken des Sozialstaats macht aus den Vorrechten weniger die Freiheit möglichst vieler und erhält die Bereitschaft der Bevölkerung zum rechtsstaatlich existenziellen Gewaltverzicht.

7. Sozialstaat und Bundesstaat

Soweit es sich um die *rechtliche Festlegung* sozialstaatlicher Gewährleis- 59 tungen und Aufgaben durch Verfassung und Gesetz handelt, stehen Bundesstaat und Sozialstaat in einem ähnlichen Verhältnis zueinander wie Bundesstaat und Rechtsstaat: Die Rechtsetzungsautonomie der Gliedstaaten ermöglicht auf der einen Seite innovative und massgeschneiderte Lösungen, birgt auf der anderen Seite aber auch das Risiko sozialstaatlicher Rückschritte und Diskrepanzen. Es gilt sinngemäss das oben in Rz. 58 Ausgeführte.

60   Wieweit die Gliedstaaten Sozialstaaten sein können, hängt aber zuvorderst von der *Finanzierbarkeit* der Leistungen ab, und die Finanzierbarkeit wiederum von der Finanzkraft der einzelnen Gliedstaaten. Die Finanzkraft differiert je nach Volkseinkommen, Steuerertrag, Steuerbelastung und Wirtschaftsstruktur. Finanzkraftunterschiede können zu einem erheblichen Gefälle der Lebensverhältnisse zwischen ‚reichen‘ und ‚armen‘ Gliedstaaten führen. Dies belastet nicht nur den gesellschaftlichen Frieden, sondern auch den bundesstaatlichen Zusammenhalt. Der Gesamtstaat muss darum einen angemessenen Finanzausgleich sicherstellen (hinten § 16 Rz. 20 ff.).

§ 7 Die Bedeutung der Grundrechte

Die Lehre von den Grundrechten hat sich seit längerem von der Staats- 1
rechtslehre gelöst und bildet heute ein eigenes Fach. Es kann in diesem
Buch nur darum gehen, die *Bedeutung der Grundrechte im Verfassungs-
gefüge* deutlich zu machen.

Empfehlenswerte Texte zum *Allgemeinen Teil der Grundrechte* finden sich in den
gängigen Lehr- und Handbüchern (z.b. AUER/MALINVERNI/HOTTELIER, Droit
constitutionnel II, Rz. 1–266; HÄFELIN/HALLER, Bundesstaatsrecht, §§ 6–10; JÖRG
PAUL MÜLLER, Allgemeine Bemerkungen zu den Grundrechten, in: Verfassungsrecht, § 39), sodann in den Kommentierungen zu den Art. 35 und 36 BV (von
RAINER J. SCHWEIZER in: St. Galler Kommentar, und MAHON, Commentaire).

Zur *Grundrechtstheorie* ANDREAS AUER, Freiheitsrechte im Dreiecksverhältnis
zwischen Staat, Gesellschaft und Individuum, ZBl 1993, S. 2 ff.; J. P. MÜLLER,
Elemente; DERSELBE, Soziale Grundrechte, S. 126 ff. Zu den Auswirkungen des
„Multikulturalismus" auf das Grundrechtsverständnis KÄLIN, Grundrechte im
Kulturkonflikt. Vgl. auch PETER SALADIN, Grundrechte im Wandel, 3.A., Bern
1982, S. 282 ff.

Besonders zur *Geltungsweise* der Grundrechte (Abschnitt V) etwa PATRICIA
EGLI, Drittwirkung von Grundrechten, Zürich 2002; ISABELLE HÄNER, Grundrechtsgeltung bei der Wahrnehmung staatlicher Aufgaben durch Private, AJP 2002,
S. 1144 ff.; JÖRG PAUL MÜLLER, Zur sog. subjektiv- und objektiv-rechtlichen Bedeutung der Grundrechte, in: Der Staat 1990, S. 33 ff.; GEORG MÜLLER, Die Drittwirkung der Grundrechte, ZBl 1978, S. 233 ff.; MARKUS SCHEFER, Grundrechtliche
Schutzpflichten und die Auslagerung staatlicher Aufgaben, AJP 2002, S. 1131 ff.

Zum *Schutzbereich* der Grundrechte (Abschnitt VI) vgl. die Einzeldarstellungen
in den Verfassungskommentaren sowie AUER/MALINVERNI/HOTTELIER, Droit
constitutionnel II, Rz. 267 ff.; HÄFELIN/HALLER, Bundesstaatsrecht, §§ 11–31; J. P.
MÜLLER, Grundrechte.

Die Figur des *Grundrechtseingriffs* (Abschnitt VII) wird behandelt durch BEA-
TRICE WEBER-DÜRLER, Der Grundrechtseingriff, VVDStRL 57 (1997), S. 57 ff.;
DIESELBE, Grundrechtseingriffe, in: BTJP 1999, S. 131 ff.

Zu Möglichkeiten und Grenzen der *Eingriffsrechtfertigung* (Abschnitt VIII) wei-
terführend z.b. MARCEL BOLZ, Das Verhältnis von Schutzobjekt und Schranken
der Grundrechte, Zürich 1991; SCHEFER, Kerngehalte, besonders S. 45 ff.; WYSS,
Öffentliche Interessen, besonders S. 197 ff. Zu den Folgen unzulässiger Eingriffe
vgl. BERNHARD RÜTSCHE, Rechtsfolgen von Grundrechtsverletzungen, Basel 2002.

I.   Begriff, Funktion und Rechtsgrundlage

1.   Grundrechte als Inbegriff besonders geschützter elementarer Ansprüche des Individuums gegen den Staat

2   Unter Grundrechten verstehen wir die durch Verfassung oder Staatsvertrag gewährleisteten *Rechte des Einzelnen gegenüber dem Staat im Bereich elementarer Erscheinungen des menschlichen Lebens.* Die Erfahrung lehrt, dass zentrale Lebensäusserungen und Lebensbedürfnisse des Menschen – Bewegungsfreiheit, Privatsphäre, Weltanschauung, Meinungsaustausch usf. – in besonderem Mass der Gefahr staatlicher und gesellschaftlicher Übergriffe ausgesetzt sind. Durch die Zusicherung von Grundrechten verpflichtet sich das Gemeinwesen, solchen Lebensäusserungen und Lebensbedürfnissen einen *erhöhten Schutz* zukommen zu lassen. So widerspiegeln die Grundrechte zugleich einen gewichtigen Teil – wenn auch nicht die Gesamtheit – der unverzichtbaren Anforderungen an eine gerechte Ordnung im demokratischen Rechtsstaat (vgl. statt vieler JÖRG PAUL MÜLLER, Allgemeine Bemerkungen zu den Grundrechten, in: Verfassungsrecht, § 39 Rz. 6).

2.   Grundrechte als Blickpunkt eines freien Lebens im Staat

3   Allgemein ausgedrückt sollen Grundrechte die *Chance sichern,* dass der Einzelne seinen *Lebensentwurf in Frieden und Freiheit entwickeln und verwirklichen* kann. Ob man deswegen die Grundrechte als Mittel zur Erfüllung der Menschenwürde (vgl. Art. 7 BV und BBl 1997 I 140) begreifen will, ist Ansichtssache. Letztlich zählt die Einsicht, dass alle Grundrechte um die Persönlichkeit des Menschen kreisen, um seine Eigenschaft als denkendes und fühlendes, nach Entfaltung und Austausch strebendes Wesen, das eben wegen dieser Subjektqualität vor Bedrängungen und Verletzungen bewahrt werden muss.

4   Jeder Mensch ist anders, jede Epoche hat ihr eigenes Gesicht. Nicht alle Regungen des menschlichen Lebens sind Ausdruck elementarer Bedürfnisse; ebenso wenig lässt sich heute voraussagen, welche Gefahren dem Individuum künftig drohen werden. Es wäre darum verfehlt, die Grundrechte in ein System zu zwängen oder sie auf einen obersten Leitwert zurückführen zu wollen. Grundrechte sind immer nur *Antworten auf geschichtlich erhärtete besondere Bedrohungslagen.* Daher rührt ihre *punktuelle Natur* sowie die Notwendigkeit, sie für eine *stetige Wei-*

terentwicklung durch Verfassungsgeber und Verfassungsjustiz offen zu halten.

3. Grundrechte als verfassungsmässige und staatsvertragliche Rechte

Der Einzelne kann von den Grundrechten nur dann verstärkten Schutz 5 erwarten, wenn sie in der Normenhierarchie eine möglichst hohe Stelle einnehmen. Es ist darum kein Zufall, dass Grundrechte zunächst in den *Verfassungen* erscheinen. Dies erklärt auch die in der Schweiz geläufige Bezeichnung der Grundrechte als *verfassungsmässige Rechte*.

Die *Bundesverfassung* verankert die Grundrechte in einem eigenen Kapitel (Art. 7–36 BV). Einige weitere Grundrechte erscheinen ausserhalb des Grundrechtskatalogs, nämlich der Vorrang des Bundesrechts in Art. 49 Abs. 1 BV, die Strassenfreiheit in Art. 82 Abs. 3 BV, das Gesetzmässigkeitsprinzip im Steuerrecht und das Verbot der Doppelbesteuerung in Art. 127 Abs. 1 und 3 BV.

Auch manche *Kantonsverfassungen* kennen ihre Grundrechtskataloge (vgl. z.B. Art. 9–28 KV-BE oder Art. 6–21 KV-SO). Zur Tragweite der kantonalen Grundrechte im Verhältnis zu den Grundrechten der Bundesverfassung vgl. hinten § 22 Rz. 23 f.

Gewisse Grundrechte haben mittlerweile in das *Staatsvertragsrecht* Ein- 6 gang gefunden. Von Bedeutung sind namentlich die EMRK und die UNO-Pakte I und II (vgl. vorn § 1 Rz. 52 mit weiteren Hinweisen). Einige wenige Grundrechte zählen gar zum *zwingenden Völkerrecht*, so das Verbot des Völkermords, das Verbot der Folter und das Verbot der Sklaverei. Die völkerrechtliche Verankerung verleiht den Grundrechtsgewährleistungen der Bundesverfassung zusätzliche Bestandeskraft (vgl. hinten § 9 Rz. 20, 27 ff.). Freilich tun sie dies weitgehend nur im Sinne eines Minimalstandards, denn die internationalen Grundrechtsgarantien beschränken sich auf solche Positionen, die von der Staatengemeinschaft als gemeinsamer Nenner anerkannt werden konnten.

II.   Arten von Grundrechten

1.   Nach der hauptsächlichen Anspruchsrichtung: Abwehrrechte, Leistungsrechte, Teilhaberechte

7   Jedes Grundrecht vermittelt dem Bürger ein *Bündel gerichtlich durchsetzbarer Ansprüche* gegen den Staat. Fragt man nach der bei den einzelnen Grundrechten *vorherrschenden Richtung dieser Ansprüche*, so kann man Abwehr-, Leistungs- und Teilhaberechte unterscheiden.

8   Erwähnung finden diese Begriffe hier nur pro memoria, denn aus noch zu nennenden Gründen (Rz. 9) sind sie weitgehend überholt.

   - *Abwehrrechte* schützen den Einzelnen gegen staatliche Eingriffe in seinen Freiheitsbereich; die Verpflichtung des Gemeinwesens erschöpft sich darin, die Grundrechtshandlungen des Bürgers zu *dulden* und darauf zielende Behinderungen zu *unterlassen* („status negativus"). Hierher zählen vor allem die klassischen Freiheitsrechte (Rz. 11).

   - Den *Leistungsrechten* ist eigen, dass sie Ansprüche auf staatliches *Handeln* vermitteln („status positivus"). Das typische Beispiel dafür sind die Sozialrechte (Rz. 12).

   - *Teilhaberechte* wie das Stimm- und Wahlrecht oder das Petitionsrecht ermöglichen die Partizipation des Bürgers an der staatlichen Entscheidfindung („status activus"; Rz. 13).

9   Die ungeteilte Zuweisung einzelner Grundrechte zu den erwähnten Kategorien ist wenig hilfreich. Zwar trifft es zu, dass die Freiheitsrechte vor allem Abwehransprüche vermitteln, die Sozialrechte vor allem Leistungsansprüche und die politischen Rechte vor allem Teilhabeansprüche. Grundsätzlich kann aber *jedes* Grundrecht Ansprüche *aller* Richtungen generieren. So verschafft das Stimmrecht neben den Partizipationsbefugnissen auch Ansprüche auf staatliche Leistungen (z.B. auf Information zu Wahlen und Abstimmungen) oder Ansprüche auf staatliches Abseitsstehen (z.B. auf Wahrung des Stimmgeheimnisses). Entscheidend ist allemal, dass die aus den Grundrechten gewonnenen Abwehr-, Leistungs- und Teilhabeansprüche justiziabel, d.h. gerichtlich durchsetzbar sind. Die Frage nach der Justiziabilität aber stellt sich für jeden aus einem Grundrecht abgeleiteten Anspruch gesondert. Man kann sie nicht für die persönliche Freiheit, für die Meinungsfreiheit, für die Koalitionsfreiheit usw. pauschal beantworten.

2. **Nach dem hauptsächlichen Schutzzweck: Freiheitsrechte, Sozialrechte, politische Rechte, Rechtsstaatsgarantien und Verfahrensgarantien**

Diese Unterscheidung fragt nach dem *primären Schutzzweck der jeweili-* 10
gen Grundrechte. Die Etiketten „Freiheitsrecht", „Sozialrecht" usw.
erleichtern den Überblick und versehen insofern eine gewisse *Ord-*
nungsfunktion. Darüber hinaus sind sie – teilweise jedenfalls – auch
rechtlich bedeutsam. Die so gruppierten Grundrechte weisen nämlich
eine je eigene rechtliche Struktur auf; die Strukturunterschiede wiederum wirken sich auf die Art und Weise aus, wie ein staatlicher Hoheitsakt auf eine allfällige Grundrechtsverletzung zu überprüfen ist (vgl. Rz.
91 ff.).

Ähnlich AUER/MALINVERNI/HOTTELIER, Droit constitutionnel II, Rz. 5. Eine
etwas andere Einteilung der Grundrechte nach „Hauptzielsetzungen" findet sich
bei JÖRG PAUL MÜLLER, Allgemeine Bemerkungen zu den Grundrechten, in: Verfassungsrecht, § 39 Rz. 11 ff.

Freiheitsrechte schützen bestimmte *Manifestationen des menschlichen* 11
Lebens. Überwiegend handelt es sich um individuell oder kollektiv
initiierte *private Handlungen* (das Bilden, Äussern und Austauschen
von Meinungen, das Abhalten von Versammlungen, das Gründen von
Vereinigungen). Einige Freiheitsrechte wie die Ehefreiheit und die Ei-
gentumsfreiheit schützen hergebrachte *soziale Einrichtungen* (das ‚Institut' der Ehe bzw. des Eigentums). Unter den Voraussetzungen von
Art. 36 BV kann der Gesetzgeber die Freiheitsrechte einschränken,
nicht aber beseitigen. Freiheitsrechte vermitteln zur Hauptsache Abwehransprüche, mitunter auch Leistungsansprüche.

Durch *Sozialrechte* gewährleistet der Staat dem Einzelnen einen *Bestand* 12
an verfassungsunmittelbar einklagbarer Wohlfahrt. Die Bundesverfassung
kennt nur wenige Sozialrechte; im Wesentlichen handelt es sich um das
Recht auf Hilfe in Notlagen, den Anspruch auf Grundschulunterricht
und den Anspruch auf unentgeltliche Rechtspflege (Art. 12, 19 und 29
Abs. 3 BV). Sozialrechte verpflichten das Gemeinwesen, Leistungen zu
erbringen. Für sie gilt darum ganz besonders der Vorbehalt der Justiziabilität (dazu hinten § 11 Rz. 30 ff.).

Politische Rechte sichern dem Bürger das Recht auf Teilhabe am politi- 13
schen Prozess zu, z.B. die Partizipation an Wahlen und Abstimmungen
oder das Unterzeichnen von Initiativen und Referenden. Inhalt und
Umfang der politischen Rechte richten sich nach Verfassung und Ge-

setz, im Bund nach den Art. 136–142 BV und dem Bundesgesetz über die politischen Rechte. Der grundrechtliche Schutz beschränkt sich auf den Anspruch, von den durch Verfassung und Gesetz eingerichteten Partizipationsmöglichkeiten ungehinderten Gebrauch zu machen.

14 Zu den *rechtsstaatlichen Garantien* zählen die Rechtsgleichheit, das Willkürverbot und das Gebot von Treu und Glauben (Art. 8 und 9 BV), ferner auch die – im Bund ungeschriebene – Gewaltenteilung sowie der Vorrang des Bundesrechts (Art. 49 Abs. 1 BV). Diese Grundrechte haben *modalen Charakter;* sie zielen auf die Art und Weise, wie der Staat seine Rechtsordnung ausgestalten und handhaben soll. So gebietet die Rechtsgleichheit die sachgerechte Ausdifferenzierung des Normengefüges, untersagt das Diskriminierungsverbot die Herabsetzung bestimmter sozialer Gruppen, verlangt das Treuegebot widerspruchsfreies Staatshandeln.

15 *Verfahrensgrundrechte* endlich sichern den Anspruch auf einen fairen Prozess vor staatlichen Verwaltungs- und Gerichtsbehörden und schützen vor ungerechtfertigtem Freiheitsentzug (Art. 29–32 BV).

3. Nach der Erscheinungsform: Geschriebene und ungeschriebene Grundrechte

16 Hier kommt es auf die *Erscheinungsform des Grundrechts* an (vgl. vorn § 3/III). Die Grundrechte des Bundes figurieren fast ausnahmslos in der Bundesverfassung, sind also *geschriebene Grundrechte* (zu den wenigen Ausnahmen vorn § 5 Rz. 19).

17 Unter der BV 1874 kannte die Schweiz in bedeutendem Umfang *ungeschriebene Grundrechte* (für eine Übersicht vgl. vorn § 2 Rz. 17). Die autoritative Schöpfung solcher Grundrechte war ausschliesslich Sache des Bundesgerichts. Dies wird übrigens auch in Zukunft so bleiben (vgl. vorn § 3 Rz. 20). Zur Anerkennung ungeschriebener Grundrechte müssen folgende Voraussetzungen kumulativ erfüllt sein (vgl. BGE 121 I 367 E. 2a S. 370, V.):

1. Das anzuerkennende Grundrecht ist *Voraussetzung für die Ausübung anderer* (in der Verfassung genannter) *Grundrechte* oder ist *sonstwie unentbehrlicher Bestandteil der demokratischen und rechtsstaatlichen Ordnung des Bundes.*

2. Es entspricht einer *weit verbreiteten Verfassungswirklichkeit in den Kantonen.*

3. Ausserdem ist es *von einem allgemeinen Konsens getragen.*

III. Dualistische Rechtsnatur der Grundrechte

1. Grundrechte als subjektive Rechte
(Art. 7–34 BV)

In erster Linie vermitteln die Grundrechte *subjektive Ansprüche gegen* 18
den Staat. Hier liegt ihre ursprüngliche und auch heute noch unverändert aktuelle Hauptfunktion. Zur subjektivrechtlichen Dimension eines Grundrechts zählen (nur!) die justiziablen Ansprüche, d.h. solche Positionen, die sich vom Einzelnen unmittelbar gestützt auf die Verfassung gerichtlich durchsetzen lassen. In ihrer Gesamtheit bilden diese Ansprüche den Schutzbereich des jeweiligen Grundrechts (Rz. 82).

Die Umschreibung der Grundrechte als subjektive Rechte stellt zu- 19
gleich klar, dass es sich bei den Grundrechten um *Individualrechte* handelt. Daran ändert auch die Tatsache nichts, dass von manchen Grundrechten sinnvoll nur im Kontakt mit anderen Menschen Gebrauch gemacht werden kann (die Meinungsfreiheit braucht Zuhörer, die Wirtschaftsfreiheit Kunden), ja dass einige Grundrechte ihre Erfüllung von vornherein erst im Kollektiv finden (das gilt z.B. für die Versammlungs- und die Koalitionsfreiheit). Immer sind es die einzelnen gesellschaftlichen Subjekte – natürliche Personen, juristische Personen des Privatrechts –, die sich aus eigenem Recht – nämlich kraft ihrer Eigenschaft als Grundrechtsträger – gegen staatliche Freiheitsverkürzungen zur Wehr setzen können.

2. Grundrechte als objektives Recht
(Art. 35 Abs. 1 BV)

Im Rechtsalltag der Menschen stehen Gesetz und Verordnung im Vor- 20
dergrund, nicht die Grundrechte. Wer eine Gastwirtschaft eröffnen möchte, muss sich um Bewilligungen und Bankkredite bemühen; wer sich gegen eine Steuerveranlagung zur Wehr setzen will, wird den Rat eines Anwalts suchen und vernünftigerweise die Beschwerdefristen einhalten. An die Wirtschaftsfreiheit oder die Rechtsweggarantie wird man in Fällen wie diesen nicht unbedingt denken. Umso wichtiger ist es daher, dem *freiheitsvermittelnden Gehalt der Grundrechte* auch *im*

einfachen Recht Nachachtung zu verschaffen. In diesem Sinne bestimmt Art. 35 Abs. 1 BV, dass die Grundrechte in der *gesamten* Rechtsordnung zur Geltung kommen müssen.

21   Die genannte Bestimmung zielt auf die *objektivrechtliche Bedeutung* der Grundrechte. In ihrer Eigenschaft als objektives Recht strahlen die Grundrechte über den subjektivrechtlichen Schutzbereich hinaus in die weitere Rechtsordnung aus: nicht mehr als Grundrechts*anspruch*, sondern als Grundrechts*interesse;* nicht mehr in *konditionaler,* sondern in *finaler* Weise. Man kann auch vom *Programmgehalt* der Grundrechte sprechen. Dieser Programmgehalt wirkt als Gesichtspunkt der Rechtsfindung an die Adresse von Rechtsetzung, Rechtsanwendung und Rechtsprechung, dem das Parlament, die Verwaltung und die Justiz Rechnung zu tragen haben, wo immer grundrechtsrelevante Gesetzgebungsaufträge zu erfüllen oder grundrechtsrelevante Gesetzesvorschriften auszulegen sind.

IV.   Grundrechtsberechtigte und Grundrechtsverpflichtete

22   Wenn wir im Folgenden von Grundrechtsberechtigten und Grundrechtsverpflichteten sprechen, so verbinden sich damit lediglich Aussagen über *Grundrechtsträger und Grundrechtsadressaten.* Ob die Grundrechte diese Träger und Adressaten unmittelbar berechtigen und verpflichten oder ob sie dies nur mittelbar tun, hängt von der Geltungsweise der Grundrechte ab (Art. 35 BV). Diese Frage wird in Abschnitt V behandelt.

1.   Grundrechtsberechtigte

a.   Regel: Private

23   Aus Begriff und Funktion der Grundrechte (Rz. 2 ff.) folgt, dass *regelmässig nur Private* als Grundrechtsträger in Betracht kommen.

24   Welche Private welche Grundrechte anrufen können, richtet sich nach dem Schutzzweck des in Frage stehenden Rechts. Die Einzelheiten gehören in die Grundrechtslehre (vgl. etwa HÄFELIN/HALLER, Bundesstaatsrecht, Rz. 290 ff.). Vereinfacht gesagt gilt Folgendes:

– *Natürlichen Personen* stehen prinzipiell alle Grundrechte zu. Einige wenige Grundrechte gelten nur für Schweizer Bürger (vgl. hinten § 13 Rz. 5 f., 20).

– Auch *juristische Personen des Privatrechts* können Grundrechtsträger sein. Allerdings sind gewisse Rechte wie die persönliche Freiheit oder die Ehefreiheit von der Sache her auf natürliche Personen zugeschnitten und können folglich von juristischen Personen nicht in Anspruch genommen werden.

   Vgl. BGE 125 I 369 E. 1b S. 372 ff., Verein Scientology Kirche Basel, zur Frage, wie weit juristische Personen die Glaubens- und Gewissensfreiheit anrufen dürfen.

Privatrechtssubjekte, welche Verwaltungsaufgaben erfüllen, sind funktional gesehen staatliche Akteure und *scheiden* insoweit *als Grundrechtsträger aus* (Rz. 37 ff.). **25**

b.   Selten: Das Gemeinwesen als Grundrechtsträger

Grundrechte sind Waffen Privater gegen den Staat, nicht umgekehrt. Das Gemeinwesen wird demnach nur in seltenen Fällen als Träger von Grundrechten auftreten dürfen. **26**

– So können *Gemeinden* und andere öffentlichrechtliche Körperschaften die *Gemeindeautonomie* ins Feld führen (Art. *189 Abs. 1 Bst. e BV; vgl. hinten § 17/II, III).

– Als öffentlichrechtliche Körperschaften verfasste *Kirchen* sind befugt, die *Glaubens- und Gewissensfreiheit* anzurufen.

– Gelegentlich kommt es vor, dass das *Gemeinwesen* von einem Hoheitsakt *wie eine Privatperson betroffen* wird. In einer solchen Situation darf das Gemeinwesen – weil keine staatlichen Aufgaben wahrnehmend und daher funktional nicht mehr als Staat handelnd – den Schutz der Grundrechte in Anspruch nehmen (vgl. BGE 120 Ia 95 E. 1a S. 97, Kt. BS). Dies gilt auch für das Vertragshandeln öffentlicher Unternehmen im freien Wettbewerb (vgl. Rz. 57 a.E.).

2.   Grundrechtsverpflichtete

a.   Regel: Das Gemeinwesen

Einzulösen sind die Grundrechtsverpflichtungen durch den Staat: *durch alle staatlichen Organe* (Legislative, Exekutive, Judikative) *aller staatli-* **27** *chen Ebenen* (Bund, Kantone, Gemeinden) *im Rahmen ihrer funktionellen Zuständigkeiten* (Rechtsetzung, Staatsleitung und Vollziehung, Rechtsprechung). Damit ist freilich nur eine allgemeine Aussage zum Ausdruck gebracht. Die Verpflichtungen im Einzelnen hängen von der Geltungsweise der Grundrechte ab (vgl. Abschnitt V).

b. Selten: Private als Grundrechtsverpflichtete

28 Privatrechtssubjekte stehen mit ihren privaten Handlungen unter dem Schutz der Grundrechte, nicht in deren Pflicht. Davon gibt es zwei wichtige Ausnahmen.

– *Besorgen Private Verwaltungsaufgaben,* gelten sie funktional als Staat und sind *an die Grundrechte gebunden* (Rz. 37 ff.).

– Unter gewissen Voraussetzungen wirken sich die Grundrechtsverpflichtungen sogar auf die *Rechtsbeziehungen unter echten Privaten* aus. Man spricht in solchen Fällen von der *Dritt- oder Horizontalwirkung* der Grundrechte (dazu einlässlich Rz. 61 ff.).

V. Geltungsweise der Grundrechtsberechtigungen und Grundrechtsverpflichtungen
(Art. 35 BV)

1. Geltung der Grundrechte „in der ganzen Rechtsordnung"
(Art. 35 Abs. 1 BV)

29 Art. 35 Abs. 1 BV zufolge müssen die Grundrechte in der ganzen Rechtsordnung zur Geltung kommen. Damit hält die Verfassung ausdrücklich fest, was in Lehre und Rechtsprechung bereits anerkannt war: nämlich die *Doppelnatur der Grundrechte* als subjektive Rechte und objektive Gestaltungsprinzipien (Rz. 18 ff.; BBl 1997 I 192). Im Einzelnen sind das vertikale Staat-Bürger-Verhältnis einerseits (Rz. 30 ff., 37 ff.) und das horizontale Verhältnis unter Privaten andererseits (Rz. 61 ff.) auseinander zu halten. Innerhalb dieser beiden Hauptgruppen muss weiter zwischen der subjektivrechtlichen und der objektivrechtlichen Bedeutung der Grundrechte unterschieden werden.

2. Geltung der Grundrechte im vertikalen Verhältnis zwischen Staat und Bürger
(Art. 35 Abs. 2 BV)

a. *Ausgangspunkt: Grundrechtsgeltung bei der Wahrnehmung "staatlicher Aufgaben"*

Wer staatliche Aufgaben wahrnimmt, ist an die Grundrechte gebunden 30
und verpflichtet, zu ihrer Verwirklichung beizutragen (Art. 35 Abs. 2
BV). Was zunächst lapidar klingt, führt bei näherem Hinsehen auf ein
Feld unterschiedlichster Konstellationen. Ahnungsvoll schrieb schon der
Bundesrat, es sei „durchaus vorstellbar, dass im einen oder anderen
Punkt die Pflichten, die sich aus einem bestimmten Grundrecht ergeben, angepasst werden müssen, wenn gewisse staatliche Aufgaben delegiert werden" (BBl 1997 I 193). Differenzierungen drängen sich vor
allem dort auf, wo staatliche Aufgaben auf dem Boden des Privatrechts
erfüllt werden (Rz. 38 ff.).

Unter *Staatsaufgaben* verstehen wir *alle Tätigkeitsfelder,* die *kraft Verfas-* 31
sung und Gesetz dem Staat zugewiesen sind. Funktional zerfallen die
Staatsaufgaben in Rechtsetzung, Staatsleitung (Regierung), Vollziehung
(Verwaltung) und Rechtsprechung. Die Grundrechtsbindung gilt für
alle Akteure, die mit solchen Funktionen befasst sind: für die Legislative (Parlament und Stimmvolk), die Exekutive (Regierungsbehörden
und Verwaltungsträger) ebenso wie für die Judikative (Gerichte und
andere Justizorgane).

b. *Bindung im subjektivrechtlichen Bereich der Grundrechte: Verbot unzulässiger Grundrechtseingriffe*

Die grundrechtsgebundenen staatlichen Akteure dürfen die aus den 32
Grundrechten abgeleiteten *justiziablen Ansprüche der Grundrechtsträger*
nicht verletzen. Diese unmittelbare Grundrechtsbindung gilt jedenfalls
solange vorbehaltlos, als bei der Aufgabenerfüllung die *hoheitlichen*
Handlungsformen des öffentlichen Rechts zum Einsatz kommen, im
Wesentlichen also Rechtssatz, Verfügung, Urteil. Zur Grundrechtsbindung des *privatrechtlich handelnden* Staats vgl. Rz. 52 ff.

Das Verbot unzulässiger Grundrechtseingriffe erklärt auch die prinzipielle Pflicht
der rechtsanwendenden und rechtsprechenden Behörden, einem grundrechtswidri-
gen Rechtssatz die Anwendung im Einzelfall zu versagen (zur konkreten Normenkontrolle allgemein hinten § 11/VI). Dass Bundesgesetze und Staatsverträge für die
Justizorgane „massgeblich" sind, auch wenn sie Grundrechte verletzen sollten,

ändert daran nichts. Art. *190 BV bedeutet nur, dass allfällige Grundrechtsverletzungen des Bundesgesetzgebers von diesem selbst und nicht von den Gerichten zu beheben sind (hinten § 8 Rz. 6 ff. und § 11 Rz. 34).

c. Bindung im objektivrechtlichen Bereich der Grundrechte: Pflicht zur Beachtung der Grundrechtsinteressen

aa. Grundrechtskonforme Erfüllung von Rechtsetzungsaufträgen

33 Als subjektive Rechte gewährleisten die Grundrechte nur eine begrenzte Anzahl justiziabler Ansprüche. Freiheit und Wohlfahrt der Bürger hängen aber in hohem Masse von *staatlichen Infrastrukturen und Leistungssystemen* ab. Ohne öffentlichen Verkehr kann mancher seine Bewegungsfreiheit nicht wie gewünscht nutzen, ohne ausreichend ausgestattete Universitäten läuft die Berufswahlfreiheit bei akademischen Metiers leer. Gleichwohl würde es nicht weit führen, den Staat unter Berufung auf die persönliche Freiheit oder die Wirtschaftsfreiheit vor Gericht zu ziehen. Der Richter wird die Fahrpläne nicht ändern, die Fakultäten nicht ausbauen können. Solche Fragen sind wegen ihrer rechts- und finanzpolitischen Tragweite einer justiziellen Entscheidung nicht zugänglich; sie zu beantworten ist gegenteils *Sache von Verfassung und Gesetz*. Dabei kommt zuerst dem Verfassungsgeber und im Rahmen des Verfassungsauftrags dann auch dem Gesetzgeber ein *weites Entscheidungs- und Auswahlermessen* zu. Im politischen Prozess kann von den rechtsetzenden Organen nur verlangt werden, dass sie die von der Sache berührten Grundrechtsinteressen ins Kalkül einbeziehen und ihnen bei der Ausgestaltung von Verfassung und Gesetz gebührend Rechnung tragen.

34 Die *Wahrnehmung von Gesetzgebungsaufträgen* im Besonderen richtet sich in erster Linie nach der sachlich einschlägigen Aufgabennorm der Verfassung. Es ginge zu weit, hinter jedem Rechtsetzungsprozess die Erfüllung grundrechtlicher Schutzpflichten zu sehen. Gesetze fungieren primär als Mittel zur Steuerung staatlicher Aufgaben. Folglich sind sie vorab den zu erreichenden Ressortzielen verpflichtet. Sollten gewisse Grundrechtsanliegen im Gesetzgebungsverfahren zu kurz kommen, mag das Rechtsetzungsmandat schlecht erfüllt worden sein. Eine Grundrechtsverletzung begeht der Gesetzgeber damit aber nicht ohne weiteres. Eine solche läge erst vor, wenn durch die getroffene gesetzliche Ordnung justiziable Grundrechtsansprüche in verfassungsrechtlich unstatthafter Weise verkürzt würden.

bb. *Grundrechtskonforme Auslegung von Gesetz und Verordnung*

Bei der Regelung von Verwaltungsrechtsverhältnissen zwischen Staat 35
und Bürger und (gegebenenfalls) der gerichtlichen Beurteilung daraus
entstehender Verwaltungsrechtsstreitigkeiten äussert sich der objektivrechtliche Gehalt der Grundrechte in der Pflicht der Behörden, die
Vorschriften von Gesetz und Verordnung grundrechtskonform auszulegen
(dazu vorn § 8/V). Dies gilt besonders dort, wo das anwendbare Recht
unbestimmte Gesetzesbegriffe enthält oder Ermessensspielräume vermittelt. Die dadurch zugebilligten Handlungsfreiheiten sind auf dem
Wege der Interessenabwägung auszufüllen, wobei neben den öffentlichen Interessen des Gemeinwesens auch die Grundrechtsinteressen der
beteiligten Privaten zu ermitteln, zu gewichten und gegeneinander
abzuwägen sind.

Fallbeispiel zu Rz. 35: BGE 113 V 22, H. H., als Folge eines Motorradunfalls ge- 36
lähmt, wohnte ursprünglich in Biel. Für den Arbeitsweg von 1,7 km benützte er
einen von der staatlichen Invalidenversicherung mitfinanzierten Elektrofahrstuhl.
Im Jahre 1982 verlegte H. seinen Wohnsitz nach Gerolfingen. Dadurch verlängerte
sich sein Arbeitsweg nach Biel auf rund 12 km. H. ersuchte die Invalidenversicherung um Abgabe eines Autos, was diese mit der Begründung ablehnte, der Umzug
nach Gerolfingen sei nicht invaliditätsbedingt, sondern entspringe H.s freiem Entschluss. Ein Anspruch auf Subventionierung eines Motorfahrzeugs bestehe darum
nicht. Das Verwaltungsgericht bestätigte diesen Entscheid.

H. rekurrierte an das Bundesgericht, welches die Beschwerde guthiess. Zwar sei
der Versicherte verpflichtet, alles ihm Zumutbare vorzukehren, um die Sozialversi-
cherungsleistungen tief zu halten. Diese Schadensminderungspflicht könne aber
den Grundrechten auf freie Wahl des Wohnsitzes und des Arbeitsorts widerstreiten. Und weiter:

> „Die Ablehnung von Versicherungsleistungen auf der Grundlage
> der prioritären Schadenminderungspflicht des Versicherten stellt ...
> zwar keinen Grundrechtseingriff im herkömmlichen Sinne dar, weil
> dem Leistungsansprecher dadurch nicht untersagt wird, den Wohn-
> sitz oder Arbeitsort ... zu verlegen ... Doch kann die Ablehnung der
> Versicherungsleistungen die Wohnsitzverlegung erschweren oder
> verunmöglichen, wodurch der Versicherte in der Wahrnehmung
> seiner Grundrechte mittelbar beeinträchtigt wird, es kann daraus
> eine faktische Grundrechtsverletzung resultieren." (E. 4d S. 31 f.)

Bei der Abgrenzung zwischen Schadensminderungspflicht des Versicherten einerseits und Leistungspflicht der Invalidenversicherung andererseits seien daher nicht
nur die öffentlichen Interessen an sparsamer Verwendung der Versicherungsgelder,
sondern ebenso die privaten Interessen an einem möglichst ungehinderten Grundrechtsgebrauch gebührend zu würdigen. Im konkreten Fall beschied das Gericht,
bei grundrechtskonformer Auslegung der anwendbaren Sozialversicherungsvor-
schriften verstosse die Wohnsitzverlegung nach dem 12 km entfernten Gerolfingen

nicht gegen die Schadensminderungspflicht, weil H. angesichts seiner Behinderung auch bei kürzerem Arbeitsweg auf ein Fahrzeug angewiesen sei.

Vergleichbares *weiteres Beispiel* in BGE 118 V 206, T.: Der grundrechtliche Schutz des Familienlebens gebietet eine familienfreundliche Handhabung der sozialversicherungsrechtlichen Vorschriften über die Reisekostenvergütung in der Weise, dass die Eltern ihr im Spital liegendes Kind oft genug besuchen können (E. 5b S. 211).

3. Insbesondere: Grundrechtsbindung bei der Erfüllung von Verwaltungsaufgaben auf dem Boden des Privatrechts

a.   Regelfall: Erfüllung von Verwaltungsaufgaben durch hoheitlich handelnde Verwaltungsbehörden

37   Unter *Verwaltungsaufgaben* verstehen wir einen Ausschnitt aus den Staatsaufgaben, nämlich die *Besorgung gesetzlich übertragener Staatsaufgaben durch das Gemeinwesen.* Die mit solchen Aufgaben betrauten Akteure heissen *Verwaltungsträger.* Im Regelfall wirken *Verwaltungsbehörden* als Verwaltungsträger (das Bundesamt für Gesundheit, das Bauinspektorat, die Gewerbepolizei); und gewöhnlich benutzen diese Behörden die *hoheitlichen Handlungsformen* des öffentlichen Rechts (Verfügung, Plan, Verordnung), wenn sie zur Erfüllung ihrer Aufgaben Rechte und Pflichten von Privaten regeln müssen. Dass die Behörden dabei an die Grundrechte gebunden sind, bedarf keiner weiteren Worte.

b.   In jüngerer Zeit zunehmend: Erfüllung von Verwaltungsaufgaben auf dem Boden des Privatrechts

38   Unter bestimmten Voraussetzungen kann der Staat seine Verwaltungsaufgaben auch auf dem Boden des Privatrechts erfüllen oder erfüllen lassen, sei es durch eine privatrechtlich organisierte Unternehmung mit staatlicher Beteiligung, sei es durch beauftragte echte (d.h. zur gesellschaftlichen Sphäre zählende) Private. Dabei mögen bald Verfügungen, bald Verträge zum Einsatz kommen. Übrigens greifen auch Verwaltungsbehörden mitunter zum privatrechtlichen Kontrakt. Zusätzlich kompliziert wird die Lage durch die Privatisierungen und Deregulierungen der letzten Jahre. Es hält unter diesen Umständen schwer, die *Grenze zwischen grundrechtsgebundener Verwaltungshandlung und grundrechtsgeschützter Privathandlung* zu ziehen. Gleichwohl ist es wegen Art. 35 Abs. 2 BV unerlässlich, sich dieser Aufgabe zu stellen.

c. *Zentrales Kriterium der Grundrechtsbindung nach Art. 35 Abs. 2 BV: Das Vorliegen einer Verwaltungsaufgabe*

Art. 35 Abs. 2 BV macht die Grundrechtsbindung vom Vorliegen einer 39 „Staatsaufgabe" abhängig, in unserem Zusammenhang also vom *Vorliegen einer Verwaltungsaufgabe*. Entscheidend ist der *Zweck der Handlung* (dient sie zur Erfüllung einer Verwaltungsaufgabe?), nicht die Natur des handelnden Subjekts (ist es das Gemeinwesen oder ein Privater?). Staatliche wie private Rechtssubjekte sind den Grundrechten nur soweit unmittelbar verpflichtet, als sie gesetzlich dem Staat übertragene Aufgaben besorgen. Handeln sie befugterweise als gewöhnliche Private, so kommt lediglich eine eingeschränkte Grundrechtsbindung im Horizontalverhältnis in Betracht (Art. 35 Abs. 3 BV).

Die entscheidende Frage, ob man es mit Verwaltungsaufgaben zu tun 40 hat, lässt sich *nicht für ganze Sachbereiche* beantworten (z.B. für Post- und Fernmeldewesen), sondern immer *nur für den ins Auge gefassten einzelnen Handlungsbeitrag* (z.B. für die Konzessionsvergabe, das Leistungsangebot, den Umgang mit Leistungsbezügern). An der sorgfältigen Auslegung der betreffenden Sachgesetzgebung (z.B. des Post- und des Fernmeldegesetzes mit den zugehörigen Verordnungen) führt kein Weg vorbei, auch wenn dabei Schwierigkeiten auftauchen mögen. Man würde es sich zu einfach machen, eine grundrechtsgebundene Verwaltungsaufgabe schon dann anzunehmen, wenn ein staatlich beherrschter Akteur an Rechtsverhältnissen zu Privaten beteiligt ist. Dieser oft anzutreffende Schluss von der Natur des Subjekts auf den Zweck der Handlung (und damit auf die Natur der Aufgabe) ist mit dem Wortlaut von Art. 35 Abs. 2 BV nicht zu vereinbaren.

Das Problem lässt sich immerhin von verschiedenen Seiten her *eingren-* 41 *zen*.

– Praktisch stellt sich die Frage nur, wo in Erfüllung von Verwaltungsaufgaben *Rechte und Pflichten von Privaten* geregelt werden. Die Begründung von Rechtsverhältnissen zwischen Verwaltungsträger und Bürger ist im Verwaltungsalltag gewiss nicht nebensächlich, macht aber doch nur einen Teil der Aufgabenerfüllung aus.

– Wo zur Regelung von Rechten und Pflichten Privater *zulässigerweise verfügt* wird, darf ohne weiteres auf das Vorliegen einer Verwaltungsaufgabe geschlossen werden (*Fallgruppe 1;* Rz. 42 ff.).

– Probleme bereitet im Grunde nur das *staatlich initiierte privatrechtliche Vertragshandeln*. In solchen Fällen wird man bei der Auslegung der anwendbaren Gesetze und Verordnungen klären müssen, ob Vertragsschluss und Vertragsgestaltung noch einer staatlichen Aufgabenverantwortung zugerechnet werden dürfen. Auf die Natur des staatsseitig handelnden Subjekts kommt es auch hier nicht an. Wegen der je unterschiedlichen Ausgangslage rechtfertigt es sich dennoch, beim privatrechtlichen Vertragshandeln zwischen *echten Privatrechtssubjekten* einerseits (*Fallgruppe 2; Rz. 46 ff.*) und *öffentlichrechtlichen Akteuren sowie staatlich beherrschten Privatrechtssubjekten* andererseits (*Fallgruppe 3; Rz. 52 ff.*) zu unterscheiden.

d. Fallgruppe 1: Öffentlichrechtlich (hoheitlich, einseitig) handelnde Privatrechtssubjekte

42 Am einfachsten liegen die Dinge, wenn ein *Subjekt des Privatrechts* im Einzelfall *hoheitlich handelt,* d.h. befugtermassen Verfügungen erlässt. Die Handlungsform der Verfügung ist untrennbar mit der Wahrnehmung von Verwaltungsaufgaben verknüpft; ohne Verwaltungsbefugnis besteht auch keine Verfügungsbefugnis. Die Verfügungsbefugnis Privater wird sich gewöhnlich auf eine ausdrückliche Beleihung durch Gesetz oder Verfügung zurückführen lassen. Die Grundrechtsbindung verfügender Privatrechtssubjekte steht damit ausser Zweifel.

Für *Beispiele verfügungsbefugter Privatrechtssubjekte* vgl. HÄFELIN/MÜLLER, Allgemeines Verwaltungsrecht, Rz. 1515 ff.; TSCHANNEN/ZIMMERLI/KIENER, Allgemeines Verwaltungsrecht, S. 50.

43 *Fallbeispiel 1 zu Rz. 42: BGE 103 Ia 544, Caminada.* Die schweizerischen Gebirgskantone verlangen für die Ausübung des Bergführerberufs ein kantonales Patent. Das Patent erhält, wer einen vom Kanton durchgeführten Bergführerkurs sowie eine Prüfung besteht. Über die Zulassung zum Kurs entscheidet die zur Patenterteilung zuständige kantonale Behörde oder bei Kandidaten aus Kantonen, die keine Bergführerpatente ausstellen, der als privatrechtlicher Verein verfasste Schweizerische Alpenclub SAC.

Der in Genf wohnhafte Aldo Caminada wurde durch den SAC zum Bergführerkurs 1974 in Graubünden angemeldet. Er bestand den Winterteil des Kurses, konnte aber am Sommerteil wegen eines Unfalls nicht teilnehmen. Zwischenzeitlich wurde Caminada wegen Dienstverweigerung militärgerichtlich verurteilt und vom Militärdienst freigestellt. In der Folge weigerte sich der SAC, Caminada zum Sommerteil des Bergführerkurses anzumelden, weil nach den Reglementsbestimmungen des SAC nur militärdienstpflichtige Kandidaten weitergeleitet würden.

Das Bundesgericht qualifizierte den Entscheid über die Zulassung zum Kurs als Hoheitsakt. Würden solche Entscheide einer privaten Organisation übertragen, so sei diese an die Grundrechte gebunden und namentlich verpflichtet, rechtsgleich und willkürfrei zu handeln; entsprechend habe der Kanton dafür zu sorgen, dass die übertragenen Verwaltungsbefugnisse verfassungskonform wahrgenommen werden (E. 5a, c S. 550 f.). Es sei verfassungsrechtlich zulässig, von künftigen Bergführern den Nachweis der Militärdienst*tauglichkeit* zu verlangen. Ob der Kandidat aber effektiv Militärdienst *leiste*, sage über die Befähigung zum Bergführer nichts aus. Die Nichtanmeldung Caminadas zum Bergführerkurs verstiess deshalb gegen das Willkürverbot (E. 6d S. 552 ff., 556).

*Fallbeispiel 2 zu Rz. 42: BGE 101 Ib 306, Pri * Molk AG (Schweizerische Käseunion).*   44
Die mittlerweile aufgelöste Schweizerische Käseunion, ein Zusammenschluss von Firmen und Verbänden in der Form einer AG, war nach früherem Landwirtschaftsrecht mit der Käsevermarktung betraut. Zur Erfüllung dieser Aufgabe schloss die Käseunion jeweils privatrechtliche Verträge mit Zwischenhändlern der Käsebranche. Das Bundesgericht wertete die Weigerung der Käseunion, mit der Pri * Molk AG einen Vertrag einzugehen, als Verfügung im Sinne von Art. 5 VwVG (E. 2 S. 310).

Vgl. auch BGE 97 I 293, Chemische Fabrik Schweizerhall, betreffend Zuteilung von Importkontingenten (hier handelte allerdings ein staatliches Subjekt, nämlich die öffentlichrechtlich verfasste Genossenschaft für Getreide und Futtermittel; E. 1a S. 296, E. 2b S. 299).

Fallbeispiel 3 zu Rz. 42: VPB 1994 Nr. 15, Carbura. Der Bund ist gehalten, für den   45
Fall kriegerischer Bedrohungen oder schwerer Mangellagen die Versorgung des Landes mit lebenswichtigen Gütern sicherzustellen. Zu diesem Zweck schliesst der Bund mit privaten Betrieben Pflichtlagerverträge ab. Für die Unterhaltung der Pflichtlager werden Entschädigungen ausgerichtet. Im Bereich der flüssigen Treib- und Brennstoffe sorgt die Carbura, ein Verein im Sinne von Art. 60 ZGB, für die Durchführung der Pflichtlagerhaltung. Sie vollzieht die im Landesversorgungsgesetz, den zugehörigen Verordnungen und den Pflichtlagerverträgen enthaltenen Vorschriften und ist befugt, Verfügungen und Weisungen zu erlassen.

Wegen zu hoher Pflichtlagerbestände reduzierte die Carbura im Sommer 1990 die entschädigungsberechtigten Pflichtlagermengen; die Massnahme wurde den betroffenen Betrieben schriftlich mitgeteilt. Die Pflichtlagerkommission als Rechtsmittelinstanz behandelte die einseitige Herabsetzung der Pflichtlagermengen als Verfügung; die Carbura unterliege darum „ungeachtet ihrer privatrechtlichen Organisationsform den rechtsstaatlichen Bindungen, die für die öffentliche Verwaltung gelten" (E. 1 S. 120). In casu verletzte die Massnahme der Carbura aber weder den Gleichheitssatz noch das Gebot von Treu und Glauben oder das Willkürverbot (E. 10 ff. S. 127 ff.).

e. Fallgruppe 2: Privatrechtlich handelnde Privatrechtssubjekte

aa. Regel: Vertragshandeln im freien Wettbewerb

Privatrechtliche Verträge echter Privatrechtssubjekte sind vermu-   46
tungsweise Ausdruck zivilrechtlicher Privatautonomie. Privatautonomes Handeln ist grundrechtsgeschütztes, nicht grundrechtsgebundenes Handeln. Vorbehalten bleibt nur die – alles in allem beschränkte – Horizontalwirkung der Grundrechte (Art. 35 Abs. 3 BV).

bb.   *Ausnahme: Vertragshandeln im staatlichen Monopolbereich*

47   Dass ein staatlich nicht beherrschtes Privatrechtssubjekt unter Zuhilfenahme privatrechtlicher Formen Verwaltungsaufgaben erfüllt, ist doppelt atypisch; gewöhnlich handeln ja zu diesem Zweck Verwaltungsbehörden in hoheitlicher Weise. Privatrechtliche Verträge Privater lassen sich darum nur selten mit der Erfüllung von Verwaltungsaufgaben in Zusammenhang bringen. Es muss schon eine entsprechende *Indienstnahme des einen Vertragspartners durch den Staat* vorliegen, damit der *Vertrag noch dem staatlichen Monopolbereich zugerechnet* und als Beitrag zur Besorgung von Verwaltungsaufgaben qualifiziert werden kann. Solche besonderen Situationen liegen etwa vor,

– wenn der private Akteur im Auftrag des Gemeinwesens eine *Vollziehungs- oder Aufsichtsfunktion* gegenüber anderen Privaten wahrnimmt, z.B. im Bereich bestimmter Gewerbezweige oder bei der Durchführung von Anlässen auf öffentlichem Grund; oder

– wenn der private Akteur auf Bestellung des Gemeinwesens als *alleiniger Anbieter bestimmter Dienstleistungen* auftritt, z.B. im öffentlichen Linienverkehr oder beim Plakatwesen.

48   Sind diese Voraussetzung aber erfüllt, so greift die *Grundrechtsbindung nach Art. 35 Abs. 2 BV auch bei Abschluss und Ausgestaltung des zivilrechtlichen Vertrags.* Der Satz ist freilich dann nicht unproblematisch, wenn der Gesetzgeber diese Art der Aufgabenerfüllung in der Absicht gewählt hat, dem zivilrechtlichen Verwaltungsträger eine grössere Bewegungsfreiheit zu verschaffen. Man wird immerhin erwarten dürfen, dass der Verwaltungsträger von den zivilistischen Handlungsfreiheiten sowohl beim *Ob eines Vertragsschlusses* als auch beim *Wie der Vertragsgestaltung* sachgerechten Gebrauch macht und namentlich weder die *Rechtsgleichheit* verletzt noch in *Willkür* verfällt. So wäre z.B. die ungerechtfertigte Verweigerung eines Vertrags oder die ungerechtfertigte Schlechterstellung einzelner Vertragspartner verfassungsrechtlich unzulässig. Gelegentlich kehrt schon das anwendbare *Spezialgesetz* das Nötige vor, indem es dem privaten Verwaltungsträger z.B. Kontrahierungspflichten und Diskriminierungsverbote auferlegt.

49   *Fallbeispiel 1 zu Rz. 47 f.: BGE 127 I 84, P.* Die Allgemeine Plakatgesellschaft APG verfügt kraft Konzession über das alleinige Recht zum Anbringen von Reklamen an und in Fahrzeugen der städtischen Verkehrsbetriebe Luzern. Im Frühjahr 1998 wendete sich P. an die APG mit dem Ansinnen, die Aussenfläche eines Busses zu mieten, wobei folgender Text angebracht werden sollte: „Im Kanton Luzern leben

mehr Schweine als Menschen – warum sehen wir sie nie?" Auf Intervention der Verkehrsbetriebe verweigerte die APG den Vertragsschluss.

Das Bundesgericht qualifizierte die Vergabe von Werbeflächen an Fahrzeugen, die zum städtischen Verwaltungsvermögen gehören, noch als Teil einer grundrechtsgebundenen Verwaltungsaufgabe. Die Delegation dieser Aufgabe an die privatrechtlich handelnde APG hebe die Grundrechtsbindung nicht auf:

> „Das Gemeinwesen muss durch entsprechende Gestaltung der Konzession und durch vorbehaltene Interventionsmöglichkeiten dafür sorgen, dass auch der private Konzessionär, soweit es um die Benützung öffentlicher Sachen geht, den Grundsatz der Gleichbehandlung sowie das Willkürverbot im gebotenen Masse beachtet." (E. 4c S. 90)

In casu war die Vertragsverweigerung wegen des beleidigenden Werbetextes zulässig, zumal die Verkehrsbetriebe zur Hängung eines Plakates im Fahrzeuginnern bereit gewesen wären.

Fallbeispiel 2 zu Rz. 47 f.: ZBl 2001 656, Braderie. Der privatrechtliche Verein „Braderie" organisiert regelmässig Volksfeste in La Chaux-de-Fonds; er verfügt über die erforderliche Bewilligung zur Benutzung des öffentlichen Grunds (E. 4c/aa S. 658). Bei der Zuteilung von Standplätzen an die einzelnen Marktfahrer und Schausteller, so das Bundesgericht, sei der Verein genauso an die Grundrechte gebunden wie wenn das Gemeinwesen die Plätze zum gesteigerten Gemeingebrauch selber vergeben würde. Dass der Verein privatrechtlich handle, sei ohne Belang (E. 5c S. 660 f.; vgl. aber den in Rz. 60 zusammengefassten BGE 126 I 250). 50

Fallbeispiel 3 zu Rz. 47 f.: ZBl 1987 205, Molki AG (Milchsammelstelle Niedererlinsbach). Die Molki AG, eine Milchsammelstelle, deren Aktienmehrheit durch einen Grossverteiler übernommen wurde, hatte vor dieser Übernahme sieben Milchlieferanten. Der Grossverteiler kündigte an, sämtliche Lieferanten, die der Vereinigung kleiner und mittlerer Bauern beitreten würden, erhielten eine Zulage von 5 Rp. pro Kilogramm gelieferter Milch. Fünf der bisherigen Lieferanten weigerten sich, ihre Milch weiterhin der Molki AG zu liefern. Stattdessen brachten sie ihre Milch zu einer anderen Milchsammelstelle. Gemäss Art. 5 des Bundesbeschlusses über Milch, Milchprodukte und Speisefette vom 29. September 1953 (Milchbeschluss, MB, AS 1953 1109, mittlerweile aufgehoben) benötigte ein Landwirt für den Wechsel der Milchsammelstelle eine Bewilligung. Ausserdem konnte der Milchabnahmepreis nur in geringem Masse frei festgelegt werden (vgl. Art. 4 und Art. 6 MB). Im Verfahren vor Bundesgericht war umstritten, ob die Molki AG bei der vertraglichen Festlegung des Milchabnahmepreises an das Gebot der rechtsgleichen Behandlung der Lieferanten gebunden sei. 51

Das Bundesgericht anerkannte, dass die Milchsammelstellen ihren Lieferanten „auf privatrechtlicher Basis" mehr bezahlen dürfen als im Milchbeschluss festgesetzt (E. 3b S. 207). Weil aber die Milchlieferanten aufgrund des genannten Bundeserlasses die Sammelstelle nicht frei wechseln durften, kam das Gericht zum Schluss, die Sammelstellen verfügten über ein faktisches Monopol.

> „Diese ungleiche Stellung der beiden Vertragspartner verbietet es, dem Milchkäufer bei der Festlegung des Preises völlig freie Hand zu lassen." (E. 3c/aa S. 208)

Überhaupt sei die Bewirtschaftung von Milch und Milchprodukten stark öffentlichrechtlich geprägt:

> „Wo aber privatrechtliche Organisationen öffentlichrechtliche Auf-
> gaben wahrzunehmen haben, sind sie an die Verfassung und na-
> mentlich an die darin gewährleisteten Rechte der Bürger gebunden;
> ‚private' Autonomie kann ihnen in dieser Funktion nicht zukom-
> men; vielmehr muss ihr Handeln am öffentlichen Interesse orien-
> tiert und verfassungsbezogen sein. Ihre Tätigkeiten unterliegen
> demnach dem Rechtsgleichheitsgebot gemäss Art. 4 aBV [heute:
> Art. 8 Abs. 1 BV] sowie dem in der gleichen Verfassungsbestim-
> mung verankerten Willkürverbot." (E. 3c/bb S. 208)

f.   *Fallgruppe 3: Privatrechtlich handelnde Subjekte des öffentlichen*
Rechts sowie pivatrechtlich handelnde, dem Staat zurechenbare
Privatrechtssubjekte

aa.   *Regel: Vertragshandeln im staatlichen Monopolbereich*

52   Gerade umgekehrt verhält es sich, wenn ein öffentlichrechtlicher Akteur (z.b. eine öffentlichrechtliche Anstalt) oder ein dem Staat zurechenbares Privatrechtssubjekt (z.b. eine staatlich beherrschte Aktiengesellschaft) privatrechtliche Bindungen mit Privatpersonen eingeht. Weil
der Staat keine Privatautonomie geniesst, sondern in all seinem Tun
und Lassen dem Auftrag und dem Wohl seiner Bürger verpflichtet
bleibt, wird man als *Regel* von einer *grundrechtsgebundenen Verwaltungsaufgabe* ausgehen dürfen. Der Befund muss aber *anhand des Spezi-
algesetzes verifiziert* werden, auf welches sich der staatliche Akteur bei
seinen Vertragsschlüssen stützt. Das Vorliegen einer Verwaltungsaufgabe darf – wie schon beim Vertragshandeln echter Privater (Rz. 47) –
nur bejaht werden, wenn der Vertrag *im staatlichen Monopolbereich*
anzusiedeln ist, sodass das Rechtsverhältnis trotz seiner privatrechtlichen Natur einem hoheitlichen (vertikalen) Staat-Bürger-Verhältnis
gleichgestellt werden kann. Was die Tragweite der dann einsetzenden
Grundrechtsbindung nach Art. 35 Abs. 2 BV betrifft, gilt das oben in
Rz. 48 Ausgeführte sinngemäss.

53   *Fallbeispiel zu Rz. 52: BGE 109 Ib 146, Schweizerischer Treuhänderverband.* Die
Schweizerische Nationalbank SNB, eine spezialgesetzliche Aktiengesellschaft im
Mehrheitseigentum der öffentlichen Hand, besorgt als unabhängige Zentralbank
die Geld- und Währungspolitik des Landes (Art. 2 NBG). In Erfüllung dieser gesetzlich übertragenen Verwaltungsaufgabe schloss die SNB mit der Bankiervereini-
gung und verschiedenen Banken eine Vereinbarung über die Sorgfaltspflicht der
Banken bei der Entgegennahme von Geldern. Das Bundesgericht sah in der Ver-

einbarung einen privatrechtlichen Vertrag, bejahte aber gleichzeitig die Grundrechtsbindung der SNB:

> „Schliesslich ist festzuhalten, dass die Nationalbank selbstverständlich auch dort, wo sie als AG privatrechtlich handelnd auftritt, an ihren öffentlichen Auftrag im weitesten Sinne gebunden bleibt, was zur Folge hat, dass sie in ihren privatrechtlichen Aktivitäten sinngemäss die verfassungsmässigen Grundrechte zu beachten hat. Sie darf auch als Subjekt des Privatrechts insbesondere nicht rechtsungleich oder willkürlich Rechte erteilen oder Pflichten auferlegen." (E. 4 S. 155)

Weitere Rechtsprechungshinweise zu Rz. 52: 54
- *BGE 114 Ia 413, SP des Kantons Zürich.* Eine öffentlichrechtliche Stiftung, welche die Erhaltung von preisgünstigem Wohnraum bezweckt, hat sich beim Abschluss von Mietverträgen an das Gebot der Rechtsgleichheit zu halten (E. 4a S. 423).
- *BGE 117 Ia 107, Monika Coste-Brandenberg.* Die Korporation Zug, eine öffentlichrechtliche Körperschaft, ist kraft Kantonsverfassung mit der Verwaltung des Korporationsgutes betraut und erfüllt insofern eine Verwaltungsaufgabe. Bei der Aufnahme von Mitgliedern muss die Korporation daher rechtsgleich verfahren (E. 5c und d S. 113 f., E. 6 S. 114 ff.).

bb. Ausnahme: Vertragshandeln im freien Wettbewerb

Besonders heikel präsentiert sich die Rechtslage dort, wo ein *dem Staat* 55
zurechenbares Subjekt in Konkurrenz zu Privaten am Markt auftritt, sei es als Anbieter oder als Nachfrager von Gütern und Dienstleistungen. Hierzu können an dieser Stelle nur grobe Anhaltspunkte vermittelt werden.

Die Frage nach der Grundrechtsbindung des Staats *als privatrechtlich* 56
agierender Nachfrager stellt sich in der *Bedarfsverwaltung,* vor allem also im öffentlichen Personal- und Beschaffungswesen.
Die Bedarfsverwaltung dient der Erfüllung von Verwaltungsaufgaben nur mittelbar (TSCHANNEN/ZIMMERLI/KIENER, Allgemeines Verwaltungsrecht, S. 19). Schon aus diesem Grund wird man bei der Aufnahme von Personen in den öffentlichen Dienst und bei der Beschaffung von Sachmitteln durch den Staat nicht ohne weiteres von einer grundrechtsgebundenen Verwaltungsaufgabe sprechen dürfen. Im Übrigen ist die Frage durch die einschlägige Sachgesetzgebung weitgehend beantwortet. Bei grösseren Beschaffungen gilt der Zuschlag von Gesetzes wegen als anfechtbare *Verfügung* (Art. 29 Bst. a i.V.m. Art. 6 BoeB). Vergleichbares gilt zum Teil noch im öffentlichen Personalrecht mancher Kantone. In solchen Fällen wird auch Art. 35 Abs. 2 BV wirksam. Allerdings dürfte der praktische Effekt bescheiden bleiben, denn aus den Grundrechten lässt sich kein justiziabler Anspruch auf Arbeit für den Staat oder beim Staat ableiten; die Grundrechtsbindung wird sich auf Art. 8 und 9 BV sowie auf die Verfahrensgarantien beschränken. Verweist das

Gesetz dagegen auf den *privatrechtlichen Vertrag,* ist wohl auch die Frage der Grundrechtsbindung abschlägig beschieden.

57 Dass der Staat oder ein staatlich beherrschtes Unternehmen *in Konkurrenz zu Privaten Dienstleistungen anbietet,* ist unter der Herrschaft einer Wirtschaftsverfassung, die sich dem freien Wettbewerb verschreibt (Art. 94 Abs. 1 BV), nicht selbstverständlich. Wenn dies heute doch geschieht, dann hauptsächlich darum, weil der Gesetzgeber in jüngerer Zeit wiederholt *staatliche Monopole aufgebrochen* und dem Markt geöffnet hat, ohne den bisherigen Staatsmonopolisten aus dem Verkehr zu ziehen. So verhält es sich beispielsweise bei der Post und in der Telekommunikation: Neben den neu zugelassenen privaten Anbietern sind nach wie vor die Post als öffentlichrechtliche Anstalt des Bundes bzw. die Swisscom als vom Bund beherrschte Aktiengesellschaft tätig. In solchen Fällen kommt man nicht umhin, die *Dienstleistungen der Staatsunternehmung einzeln zu qualifizieren.*

– Von *grundrechtsgebundener Verwaltungsaufgabe* ist zu sprechen, wenn der staatlich beherrschte Betrieb im Auftrag des Gesetzes Leistungen erbringt, welche von der privaten Konkurrenz nicht angeboten werden müssen und möglicherweise gar nicht angeboten werden dürfen. Derartige Dienste sind noch dem *staatlichen Monopolbereich* zuzurechnen.

– Soweit dagegen Tätigkeiten in Frage stehen, die der Gesetzgeber auf *wettbewerbliche Mechanismen* umstellen wollte, ist eine Zurechnung des staatlichen Marktauftritts zur staatlichen Aufgabenverantwortung nicht mehr statthaft. Folglich *entfällt* auch die *Grundrechtsbindung* des in Konkurrenz zu Privaten agierenden Staatsbetriebs. Die Monopolrolle des Gemeinwesens ist in solchen Fällen ja nicht mehr die des Leistungserbringers, sondern die des Marktregulators; entsprechend erschöpft sich die grundrechtsgebundene Verwaltungsaufgabe in einer mehr oder weniger weit reichenden Aufsicht über das Marktgeschehen.

58 Man mag die Privatisierung ehemals staatlich beherrschter Dienste rechtspolitisch bedauern. Art. 35 Abs. 2 BV verbietet Aufgabenprivatisierungen und Aufgabenverzichte jedoch nicht; Grenzen ergeben sich (abgesehen von Art. 178 Abs. 3 BV) allenfalls aus den einzelnen Kompetenznormen der Verfassung. Es ist nicht Sache der Grundrechtslehre, verfassungsrechtlich zulässige Rückzüge des Gemeinwesens durch dogmatische Tricks rückgängig zu machen – ganz abgesehen davon, dass die Grundrechtsbindung nur den staatlichen Anbieter treffen würde, seine privaten Konkurrenten aber nicht (so auch RAINER J. SCHWEIZER, in: St. Galler Kommentar, Art. 35 Rz. 17). Den legitimen Grundrechtsinteressen der Leistungsbezüger lässt sich besser dadurch Rechnung tragen, dass der Gesetzgeber die gebotenen

Schutzklauseln selber definiert und in Gestalt zwingender Rechtsverkehrsregeln in das Spezialgesetz aufnimmt (z.b. entsprechende Kontrahierungszwänge oder Diskriminierungsverbote vorsieht; vgl. Art. 14 Abs. 1 FMG). Dieser Weg hat den Vorteil, dass er die Grenzen der Vertragsautonomie aller Anbieter von Beginn weg klar macht, wettbewerbsneutral bleibt und ohne gewagte Konstruktionen auskommt. Man sollte auch nicht vergessen, dass das Privatrecht sehr wohl Mittel und Wege kennt, Anbieter in die Schranken zu weisen, welche ihre Marktmacht missbrauchen (Art. 27 ff. ZGB; Art. 7 KG).

Fallbeispiel 1 zu Rz. 57: BGE 129 III 35, Schweizerische Post. Die Post, eine öffentlich-   59
rechtliche Anstalt des Bundes, weigerte sich im Dezember 1999, zwei Publikationen des „Vereins gegen Tierfabriken VgT" als unadressierte Massensendungen zur Zustellung an alle Haushalte entgegenzunehmen. Vor Bundesgericht ging es um die Frage der Beförderungspflicht.

Das Bundesgericht verwies zunächst auf die differenzierte Ordnung, die der Gesetzgeber getroffen habe. Die Post sei auch nach der partiellen Marktöffnung zur Erbringung einer flächendeckenden Grundversorgung verpflichtet (Art. 2 PG, Universaldienst), wobei sie teilweise weiterhin als Monopolanbieterin wirke (Art. 3 Abs. 1 PG, reservierte Dienste). Anders verhalte es sich dagegen bei den Wettbewerbsdiensten, welche die Post in freier Konkurrenz zu Privaten erbringe (Art. 9 PG). Hier „tritt die Post wie ein Privater auf. Insbesondere ist die Post zur Erbringung der Dienste nur berechtigt, nicht aber verpflichtet." (E. 4.1 S. 37 f.)

Die Beförderung der VgT-Publikationen, so das Gericht weiter, gehöre nicht zu den von der Post obligatorisch zu erbringenden Universaldiensten. Es stelle sich die Frage, ob die Post „im Hinblick auf die Wahrung der Grundrechte" gleichwohl verpflichtet sei, die Publikationen zu befördern. Das Bundesgericht verneinte die Frage:

> „Da die Post im hier relevanten Bereich der Wettbewerbsdienste keine ‚staatlichen Aufgaben' wahrnimmt, sondern Dienstleistungen erbringt, die von jedem anderen Privaten auch erbracht werden könnten, fällt eine Grundrechtsbindung der Post gestützt auf Art. 35 Abs. 2 BV ausser Betracht." (E. 5.2 S. 40)

Die Materialien zum Postgesetz stützten diesen Befund; der Gesetzgeber habe der Post im Bereich der Wettbewerbsdienste nämlich „gleich lange Spiesse" geben wollen wie den privaten Konkurrenten (E. 5.3 S. 41).

In der Folge bejahte das Bundesgericht die Beförderungspflicht dennoch, wenn auch aufgrund privatrechtlicher Erwägungen: eine entsprechende Kontrahierungspflicht ergebe sich vorliegend aus dem Verbot sittenwidrigen Verhaltens (E. 6 S. 42 ff.).

Fallbeispiel 2 zu Rz. 57: BGE 126 I 250, A.X. (Schweizer Mustermesse AG). Die   60
Schweizer Mustermesse AG ist eine Aktiengesellschaft des Obligationenrechts, an welcher die öffentliche Hand 33,5% des Kapitals hält; 3–4 Mitglieder des aus 7–11 Personen bestehenden Verwaltungsrats werden vom Regierungsrat des Kantons Basel-Stadt ernannt. Trotz dieses erheblichen Staatseinflusses taxierte das Bundesgericht die Verweigerung eines Standplatzes an der Basler Kunstmesse ART durch die Schweizer Mustermesse AG als rein privatrechtlichen, von jeder Grundrechtsbindung freigestellten Akt. Das Messegelände sei kein öffentlicher Grund und es be-

stünden auch keine öffentlichrechtlichen Vorschriften, welche die Mustermesse AG verpflichteten, interessierte Private als Aussteller zuzulassen (E. 2c, d S. 254 f.; vgl. aber den in Rz. 50 zusammengefassten Entscheid ZBl 2001 656).

4. Geltung der Grundrechte im horizontalen Verhältnis unter Privaten („Horizontalwirkung" oder „Drittwirkung" der Grundrechte)
(Art. 35 Abs. 3 BV)

a. *Ausgangspunkt: Freiheitsverletzungen durch Private*

61   Der bürgerliche Rechtsverkehr ist alles in allem von *Privatautonomie* geprägt. Die besonderen Rechtfertigungszwänge, denen der Staat in seinem Handeln unterliegt, sind dem Zivilrecht fremd. Damit besteht die Gefahr, dass sich hinter dem Schutzschild der Vertragsfreiheit der Stärkere auf unbillige Weise gegen den Schwächeren durchsetzt. Die *rechtliche Gleichordnung der Privatrechtssubjekte* schliesst ja ein *reales Machtgefälle unter ihnen* nicht aus. Kurzum: Die Grundrechte der Bürger können nicht nur durch den Staat, sondern ebenso durch Handlungen Privater in Bedrängnis kommen. Den Grundrechten, denen es um die Sicherung menschlicher Entfaltungschancen geht, kann der Missbrauch privater Machtpositionen nicht gleichgültig sein. Darum bestimmt Art. 35 Abs. 3 BV, dass „Grundrechte, soweit sie sich dazu eignen, auch unter Privaten wirksam werden" müssen. Lehre und Rechtsprechung verwenden dafür den Begriff „Drittwirkung" oder besser (weil anschaulicher) „Horizontalwirkung".

62   Im *Grundsatz* dürfte die Horizontalwirkung der Grundrechte heute akzeptiert sein. Die Art und Weise ihrer *Umsetzung* ist eine andere Frage. Hier ist zwischen direkter und indirekter Horizontalwirkung zu unterscheiden.

b. *Direkte (subjektivrechtliche) Horizontalwirkung*

63   Unter direkter Horizontalwirkung verstehen wir die *verfassungsunmittelbare Geltung der subjektivrechtlichen Grundrechtsansprüche im Rechtsverkehr unter Privaten*. Dies bedeutet im Klartext, dass ein Privater A gestützt auf das Grundrecht G Unterlassungs- und Leistungsforderungen gegen einen Privaten B erheben und gerichtlich durchsetzen kann. Schon aus Gründen der Rechtssicherheit (die Grundrechtstatbestände sind meist sehr offen formuliert!) muss die direkte Horizontalwirkung

die Ausnahme bleiben. Justiziable Rechte und Pflichten unter Privaten wird man aus Grundrechten nur dann ableiten dürfen, wenn die Verfassung es ausdrücklich anordnet (Art. 8 Abs. 3 Satz 3 BV: gleicher Lohn von Mann und Frau für gleiche Arbeit) oder wenn der Schutzzweck des Grundrechts dies zwingend gebietet (Art. 25 Abs. 2 und 3 bzw. Art. 28 Abs. 1 BV: positive und negative Vereinigungs- bzw. Koalitionsfreiheit; allenfalls auch Art. 28 Abs. 3 BV: Streikrecht).

Rechtsprechungshinweise zu Rz. 63:   64
- *BGE 111 II 245, X. AG.* Einlässliche Auseinandersetzung des Bundesgerichts mit der Horizontalwirkungslehre (E. 4b S. 253 ff.). Vgl. auch BGE 120 V 312 E. 3b S. 316, Francisco R.; 118 Ia 46 E. 4c S. 56, Verein Scientology Kirche Zürich.
- *BGE 125 III 368, S.* Direkte Anwendbarkeit von Art. 4 Abs. 2 Satz 3 aBV (heute: Art. 8 Abs. 3 Satz 3 BV) auf privatrechtliche Arbeitsverhältnisse (E. 2 S. 370).
- *BGE 125 III 277, K.* „... als Konsequenz einer ganzheitlichen Betrachtungsweise [erscheint] offensichtlich, dass die Teilnahme an einem rechtmässigen Streik und die damit notwendig verbundene vorübergehende Arbeitsniederlegung nicht gleichzeitig eine Verletzung der vertraglichen Arbeitspflicht darstellen kann." (E. 3c S. 284)

Mit Recht zurückhaltend auch die Mehrheit der Lehre: AUER/MALINVERNI/HOTTELIER, Droit constitutionnel II, Rz. 124; MAHON, Commentaire, Art. 35 Rz. 10 f.; JÖRG PAUL MÜLLER, Allgemeine Bemerkungen zu den Grundrechten, in: Verfassungsrecht, § 39 Rz. 37; RAINER J. SCHWEIZER, in: St. Galler Kommentar, Art. 35 Rz. 20. In Gestalt der „Schutzpflichten aus Grundrechten" scheint die totgeglaubte direkte Horizontalwirkung neuerdings wieder aufzuleben (Rz. 70 ff.).

c.   Indirekte (objektivrechtliche) Horizontalwirkung

Indirekte Horizontalwirkung meint die *Pflicht von Gesetzgeber und*   65
Justiz, den Grundrechtsinteressen der Privaten bei der Ausgestaltung und Handhabung von Rechtsnormen, welche die Rechtsbeziehungen unter Privaten regeln, Rechnung zu tragen. In der Sache geht es um den *objektivrechtlichen* Gehalt der Grundrechte.

Angesprochen ist zunächst der *Gesetzgeber.* Vorab an ihm liegt es, Frei-   66
heitsverletzungen im Verhältnis zwischen rechtlich gleichgeordneten Bürgern zu verhindern oder wenigstens in annehmbaren Grenzen zu halten. So sorgt Art. 2 ZGB dafür, dass das Gebot von Treu und Glauben auch im privaten Rechtsverkehr zum Tragen kommt; der zivilrechtliche Persönlichkeitsschutz hilft gegen Verletzungen der Privatsphäre; das Sachenrecht verbietet Übergriffe auf fremdes Eigentum; das Kartellrecht untersagt im Interesse der Wirtschaftsfreiheit bestimmte

Boykotte usw. Eine herausragende Rolle beim Grundrechtsschutz unter Privaten spielt übrigens, was man oft vergisst, das Strafgesetzbuch.

67 Die *Justiz* ihrerseits ist gehalten, bei Streitigkeiten unter Privaten Gesetz und Verordnung grundrechtskonform zu interpretieren. Gelegenheit dazu bieten vornehmlich die zahlreichen Generalklauseln des Privatrechts, so z.B. Art. 28 ZGB (Rechtfertigung einer Persönlichkeitsverletzung „durch ein überwiegendes privates oder öffentliches Interesse") oder Art. 337 OR (fristlose Auflösung des Arbeitsverhältnisses „aus wichtigen Gründen"). Die grundrechtskonforme Konkretisierung offener Normen des Privatrechts ist darum nichts Irreguläres, weil die Grundrechte elementare Gerechtigkeitsanforderungen ausdrücken, denen sich die *gesamte* Rechtsordnung (also auch das Privatrecht) zu beugen hat.

68 Das Gesagte muss freilich nach zwei Richtungen hin relativiert werden.
   – Erstens sind *nicht alle Beziehungen unter Privaten* einer Prägung durch die Grundrechte zugänglich. Die indirekte Horizontalwirkung wird sich nur in solchen Rechtsverhältnissen entfalten können, wo ein *strukturelles Machtgefälle* und daraus folgend ein entsprechendes *Schutzbedürfnis des schwächeren Partners* auszumachen sind. Soviel trifft etwa auf das Mietrecht und das Arbeitsrecht zu, kaum aber auf nachbarrechtliche Beziehungen unter Eigentümern oder auf werkvertragliche und auftragsrechtliche Verhältnisse unter Selbständigerwerbenden.
   – Zweitens eignen sich *nicht alle Grundrechte* gleichermassen zur Übertragung auf horizontale Rechtsverhältnisse. Rechtsgleichheit, Willkürverbot, Treuegebot und Freiheitsrechte lassen sich unter Privaten wohl zur Geltung bringen. Andere Grundrechte wie namentlich die Verfahrensgarantien, das Petitionsrecht und die politischen Rechte dagegen sind schon von ihrem Schutzzweck her auf das vertikale Staat-Bürger-Verhältnis ausgerichtet.

69 *Rechtsprechungshinweise zu Rz. 65 ff.:*
   – *BGE 116 IV 31, Udo Proksch.* Die Presse muss bei Berichten über hängige Strafverfahren der verfassungsrechtlichen Unschuldsvermutung Rechnung tragen (E. 5a S. 39 ff.).
   – *BGE 111 II 209, Frischknecht.* Die Veröffentlichung einer politischen Streitschrift steht unter dem Schutz der Pressefreiheit, auch wenn darin die frühere politische Haltung von Personen der Zeitgeschichte zur Sprache kommt; der zivilrechtliche Persönlichkeitsschutz vermittelt kein Recht auf Vergessen (E. 3c S. 213 f.).

- *BGE 101 IV 167, Fink.* Das organisierte Niederbrüllen eines Referenten an einer öffentlichen Veranstaltung beeinträchtigt die Meinungsfreiheit des Sprechers, der Zuhörer sowie der Veranstalter und stellt eine strafbare Nötigung dar (E. 5 S. 172 f.).
- *BGE 129 IV 6, X.* Übersicht über die Rechtsprechung zur Frage, inwieweit politische Demonstrationen den Tatbestand der Nötigung erfüllen können (E. 2 und 3, S. 8 ff.). „Bei der Beurteilung der Rechtswidrigkeit ist gerade bei politischen Aktionen den verfassungsmässigen Rechten der Beteiligten Rechnung zu tragen." (E. 3.4 S. 16)

Vgl. ferner die Hinweise in Rz. 64 erstes Lemma.

5. Exkurs: Schutzpflichten aus Grundrechten

a. Zum Begriff

Unter grundrechtlichen Schutzpflichten versteht die neuere Grund-   70
rechtslehre die Obliegenheit des Gemeinwesens, die Grundrechte des Individuums vor Angriffen Dritter aktiv zu bewahren (vgl. etwa JÖRG PAUL MÜLLER, Allgemeine Bemerkungen zu den Grundrechten, in: Verfassungsrecht, § 39 Rz. 37; RAINER J. SCHWEIZER, in: St. Galler Kommentar, Art. 35 Rz. 12). Der normative Aufhänger dieser Pflichten wird in Art. 35 BV gesehen. Anders als der Begriff vermuten lässt, handelt es sich bei den Schutzpflichten aber nicht um eine fest gefügte Rechtsfigur. Darin liegt auch eine gewisse Gefahr dieser Wortschöpfung. Der Begriff verspricht mehr als er halten kann. Aus ihm allein lassen sich nämlich keine *bestimmten* Handlungspflichten des Staats ableiten. Recht besehen wirken die „Schutzpflichten" bloss als *Sammelbezeichnung* für die *Gesamtheit der zum Schutz des individuellen Grundrechtsgebrauchs angebrachten Amtshandlungen.* Die gebotenen Vorkehrungen ergeben sich teils aus dem subjektivrechtlichen, teils aus dem objektivrechtlichen Gehalt der einzelnen Grundrechte. Entsprechend realisieren sich die grundrechtlichen Schutzpflichten teils durch Zuerkennung justiziabler Leistungsansprüche, teils auf dem Wege der grundrechtskonformen Ausgestaltung und Handhabung des einfachen Rechts.

b. Subjektivrechtliche Schutzpflichten

aa. Leistungsansprüche als Ausdruck von Schutzpflichten?

Einige Grundrechte (allen voran die Sozialrechte, Rz. 12) vermitteln   71
Leistungsansprüche gegen den Staat. In ähnlicher Weise geben manche

Grundrechte Anspruch auf Herstellung und Erhaltung der für den Grundrechtsgebrauch erforderlichen tatsächlichen Voraussetzungen (vgl. Rz. 88). Man kann in solchen Ansprüchen den Ausdruck grundrechtlicher Schutzpflichten sehen. Ausser einem neuen Begriffskleid für bereits Bekanntes ist damit aber nichts gewonnen.

bb.   *Schutzpflichten bei unmittelbar drohenden*
        Grundrechtsverletzungen durch Dritte

72   Es gibt Situationen, in denen die *Grundrechte des einen durch* – allenfalls grundrechtsgeschützte – *Handlungen des andern in unmittelbare Gefahr* geraten. Solchen Konstellationen begegnet man beispielsweise bei gewalttätigen Demonstrationen, bei Störungen religiöser Prozessionen durch Dritte, bei Angriffen Privater auf Leib und Leben. Es steht ausser Frage, dass in Fällen dieser Art die Ordnungskräfte gefordert sind: Der Staat muss dafür sorgen, dass keine Schaufensterscheiben zu Bruch gehen, dass eine Prozession ungehindert passieren kann, dass die bedrohte Person die nötige Hilfe erhält.

73   Ein Teil der Lehre begründet die *Notwendigkeit staatlicher Intervention* unter Hinweis auf die eben skizzierte Figur der grundrechtlichen *Schutzpflichten*. Danach wäre der Staat gestützt auf die Grundrechte der unmittelbar bedrohten Person gehalten, gegen Übergriffe des Störers vorzugehen. Die Konstruktion – nicht das Ergebnis – erweist sich bei näherem Hinsehen als äusserst anfechtbar.

– Der *Schutzanspruch des Bedrohten* ist zwar nichts anderes als ein *Leistungsanspruch gegen den Staat;* Justiziabilität vorausgesetzt, ist dagegen nichts einzuwenden.

– Anders liegen die Dinge für den *Störer.* Aus seiner Sicht äussert sich die *Intervention des Staats* möglicherweise als *Grundrechtseingriff,* der dann die üblichen Eingriffsvoraussetzungen zu erfüllen hat. Nun bildet der Schutz von Grundrechten Dritter wohl ein verfassungsrechtlich anerkanntes *Eingriffsinteresse* (Art. 36 Abs. 2 BV). Eine *Eingriffsgrundlage* nach Art. 36 Abs. 1 BV ist damit aber noch nicht gefunden. Die Lehre von den „Schutzpflichten aus Grundrechten" läuft Gefahr, diesen Punkt zu unterschlagen und die Grundrechte des einen als gesetzliche Grundlage für Eingriffe in die Grundrechte anderer genügen zu lassen. Damit aber wäre das grundrechtliche Legalitätsprinzip völlig ausgehebelt, und dies erst noch unter Berufung auf die Grundrechte. Das Problem lässt sich dogmatisch einwandfrei lösen, wenn man sich darauf besinnt, worum es in der Sache geht: nämlich um die Pflicht des Staats zum *Schutz bedrohter Polizeigüter.* Dann muss auch nicht lange nach der Eingriffsgrundlage gesucht werden. Sie liegt in den einschlägigen *Polizeigesetzen* oder, soweit solche fehlen, in der *polizeilichen Generalklausel* (Art. 36 Abs. 1 Satz 3 BV). Bei Grundrechtskonflikten innerhalb *besonderer Rechtsverhältnisse* (z.B. in psychiatrischen Anstalten) bietet sich als weitere Eingriffsgrundlage die *Fürsorgepflicht des Staats* gegenüber den eingegliederten Personen an.

Fallbeispiel 1 zu Rz. 72 f.: BGE 126 I 112, S. (Zwangsmedikation Bern). S. wurde we- 74
gen wahnhaft-deliranter Zustände verbunden mit Polytoximanie in der psychiatrischen Universitätsklinik Bern behandelt. Im Januar 1998 verlegte man ihn ins Isolierzimmer und zwang ihn zur Einnahme von Medikamenten. Die Massnahme erging nicht zuletzt zum Schutz des Klinikpersonals vor agressiven Ausbrüchen des S. (vgl. E. 4c S. 119, E. 5c S. 120 f.).
Das Bundesgericht stufte die Zwangsbehandlung als schweren Eingriff in die persönliche Freiheit ein. Indessen fehlte die dafür notwendige formellgesetzliche Grundlage im kantonalen Recht (E. 3c S. 117). Ein Rückgriff auf die polizeiliche Generalklausel komme, so das Gericht, nicht in Betracht, weil kein echter Notfall vorliege; Gefährdungslagen der eingetretenen Art seien in psychiatrischen Anstalten typisch und einer gesetzlichen Regelung ohne weiteres zugänglich (E. 4c S. 118). Gleichwohl bejahte das Bundesgericht die Rechtmässigkeit des Eingriffs: Der Beschwerdeführer habe „dringend fremde Hilfe" benötigt; das ärztliche Vorgehen erweise sich „trotz fehlender Rechtsgrundlage nicht als verfassungswidrig, soweit es in sachlicher und zeitlicher Hinsicht zum Schutz von Leib und Leben erforderlich war" (E. 4c S. 119).

Fallbeispiel 2 zu Rz. 72 f.: BGE 119 Ia 28, M. Im Mai 1991 besetzten rund zehn Per- 75
sonen ein leer stehendes Wohnhaus in Genf. Der Eigentümer M. ersuchte um polizeiliche Räumung. Die Behörden lehnten ab: Ein Polizeieinsatz werde wegen der angespannten Lage auf dem Wohnungsmarkt nur angeordnet, um den Einzug berechtigter Mieter oder die Vornahme von Bauarbeiten zu ermöglichen, nicht aber, wenn M. das geräumte Haus leer stehen lasse.
Vor Bundesgericht berief sich M. auf die Eigentumsgarantie. Das Bundesgericht liess die Frage offen, ob das genannte Grundrecht den Anspruch auf polizeilichen Schutz privater Rechte vermittle. Selbst wenn dem so wäre, würde der Anspruch unter dem Vorbehalt des polizeirechtlichen Opportunitätsprinzips stehen. In casu war es zur Wahrung des sozialen Friedens vertretbar, von einer polizeilichen Räumung vorerst abzusehen (E. 2 S. 30 ff.).

Weitere Rechtsprechungshinweise: 76
– *BGE 127 I 164, Partei der Arbeit und Mitbeteiligte.* Bei Demonstrationen haben die Behörden „durch geeignete Massnahmen, namentlich durch Gewährung eines ausreichenden Polizeischutzes, dafür zu sorgen, dass öffentliche Kundgebungen tatsächlich stattfinden können und nicht durch gegnerische Kreise gestört oder verhindert werden" (E. 3b S. 169).

- *BGE 97 I 221, Neuapostolische Kirche.* Der Staat ist „verpflichtet einzugreifen, wenn die religiöse Betätigung durch Dritte verunmöglicht wird, insbesondere wenn etwa eine Kultushandlung gestört wird"; im Unterlassungsfall macht sich das Gemeinwesen einer Rechtsverweigerung schuldig (E. 4 d S. 230).
- *ZBl 1987 545, Rote Zora.* Die Polizei muss ausrücken, wenn eine Person an Leib und Leben bedroht wird.

cc. *Schutzpflichten bei unmittelbar drohenden Grundrechtsverletzungen durch den Grundrechtsträger selbst*

77   Die *Gefahr unmittelbarer Grundrechtsverletzungen* kann weiter *vom Grundrechtsträger selbst* ausgehen. Dies trifft etwa auf Fälle von Selbstverstümmelung, Hungerstreik oder Selbstmord zu. Auch hier wird man vom Gemeinwesen erwarten, dass es (sofern über das Vorhaben im Bild) alles unternimmt, damit der Suizidgefährdete sich nicht umbringt.

78   Dieser Fall unterscheidet sich nicht wesentlich vom oben beschriebenen (Rz. 72 ff.). Ob bei Selbstgefährdungen ein Schutzanspruch gegen den Staat geltend gemacht werden kann, mag offen bleiben (man kann sich nämlich fragen, ob dem Entschluss zum Hungerstreik oder zum Selbstmord nicht ein entsprechender Grundrechtsverzicht vorausgeht). Der *Rettungseinsatz des Staats* dagegen stellt sich als *Eingriff in die –* wohl freie *– Entscheidung des vor sich selbst zu Schützenden* dar. Als Eingriffsgrundlage kommen wiederum die Polizeigesetze, die polizeiliche Generalklausel und bei Selbstgefährdungen innerhalb besonderer Rechtsverhältnisse die entsprechende Fürsorgepflicht des Gemeinwesens in Betracht.

79   *Fallbeispiel zu Rz. 77 f.: BGE 127 I 6, P. (Zwangsmedikation Basel).* Wie schon im Entscheid 126 I 112 (vgl. Rz. 74) ging es auch in diesem Fall um eine medikamentöse Zwangsbehandlung in einer staatlichen psychiatrischen Anstalt. Anders als im vorgenannten Entscheid stand im Basler Fall der Schutz des Patienten vor akuter Eigengefährdung im Vordergrund (E. 5c S. 15, E. 7b/dd S. 21 f.). Das Gericht prüfte den Eingriff in die persönliche Freiheit des zwangsbehandelten Patienten nach Art. 36 BV. Das Basler Psychiatriegesetz sieht Zwangsmassnahmen der angeordneten Art ausdrücklich vor, sodass dem Erfordernis der *gesetzlichen Grundlage* Genüge getan war (E. 7 S. 18 ff.). Auf die Figur der grundrechtlichen Schutzpflicht nimmt das Gericht – wenn auch etwas verklausuliert – erst in E. 8 Bezug, wo es um das Erfordernis des *Eingriffsinteresses* nach Art. 36 Abs. 2 BV geht (S. 25 f.): Dem Gemeinwesen könne das „Schicksal von kranken Personen nicht gleichgültig" sein; die persönliche Freiheit lasse sich „für eine minimale Sorgepflicht" ebenso heranziehen wie der Anspruch auf Hilfe in Notlagen.

c. *Objektivrechtliche Schutzpflichten*

Von den rechtsetzenden Behörden verlangen die grundrechtlichen 80
Schutzpflichten die *grundrechtskonforme Ausgestaltung von Gesetz und
Verordnung*, von den rechtsanwendenden und rechtsprechenden Instanzen deren *grundrechtskonforme Handhabung* (so auch BGE 126 II
300 E. 5c S. 315, Ruth Gonseth). Dazu ist weiter oben alles Nötige
gesagt worden; vgl. Rz. 33 ff. zur objektivrechtlichen Grundrechtsgeltung im vertikalen Staat-Bürger-Verhältnis und Rz. 65 ff. zur objektivrechtlichen Grundrechtsgeltung im horizontalen Verhältnis unter Privaten.

Hier zeigt sich ein weiteres Mal die Problematik der Begriffsschöpfung. Es ist nicht
dasselbe, ob man die grundrechtskonforme Erfüllung von Rechtsetzungsaufträgen
fordert oder die Einlösung grundrechtlicher Schutzpflichten bei der Erfüllung
solcher Aufträge. Redet man von Schutzpflichten, sind wegen der Härte des Worts
Fehlassoziationen kaum noch zu vermeiden. So liesse sich aus dem Recht auf Leben
die Pflicht des Staats ableiten, Abtreibungen stets unter Strafe zu stellen, oder aus
der Ehefreiheit die Pflicht, sich gegen den rechtlichen Schutz gleichgeschlechtlicher
Lebenspartnerschaften zu stellen, oder endlich aus der Glaubens- und Gewissensfreiheit die Pflicht, in der Aids-Aufklärung vorab die sexuelle Treue zu propagie-
ren. Auch wenn solches nicht im Sinne der Schutzpflichten ist, wie sie heute gewöhnlich verstanden werden: Man sollte beim Konstruieren dogmatischer Figuren
immer auch daran denken, welchen Missbräuchen sie Vorschub leisten könnten.

VI. Schutzbereich

1. Vorbemerkung: Das Grundrechtsverhältnis

Der subjektivrechtliche Gehalt der Grundrechte äussert sich wie ein- 81
gangs bemerkt (Rz. 18 f.) in justiziablen Ansprüchen des Bürgers, die
vom Staat durch Dulden, Leisten oder Teilhabenlassen einzulösen sind.
Dieses Wechselspiel von Rechten und Pflichten zwischen Staat und
Bürger lässt sich als *Grundrechtsverhältnis* bezeichnen. Die Rechtsgrundlage des Rechtsverhältnisses findet sich im Grundrecht selbst; am
Rechtsverhältnis beteiligt sind einerseits der Grundrechtsträger, andererseits das Gemeinwesen. Grundrechtsverhältnisse im Sinne einer auf
konkrete Sachverhalte bezogenen rechtlichen Sonderverbindung zwischen Bürger und Staat entstehen, sobald ein Grundrechtsträger im
Einzelfall von seinen grundrechtlichen Befugnissen Gebrauch macht
und auf diese Weise die gegen den Staat gerichteten Abwehr-,
Leistungs- oder Teilhabeansprüche aktiviert.

2. Der Schutzbereich als Summe aller denkbaren Grundrechtsverhältnisse

82 Die *Summe jener Rechtspositionen, die ein bestimmtes Grundrecht gewährleistet,* wird als Schutzbereich bezeichnet. Weil jede Inanspruchnahme dieser Rechtspositionen durch den Grundrechtsträger ein konkretes Grundrechtsverhältnis zum Staat hin entstehen lässt, kann man den Schutzbereich auch umschreiben als die Summe aller gestützt auf ein bestimmtes Grundrecht denkbaren Grundrechtsverhältnisse.

3. Ermittlung des Schutzbereichs

83 Ob eine bestimmte Handlung des Bürgers vom Schutzbereich eines Grundrechts erfasst ist und demnach verfassungsmässige Rechte und Pflichten entstehen lässt, ergibt sich ein Stück weit aus dem *Wortlaut der Grundrechtsnorm,* weitgehend aber doch erst aus der *höchstrichterlichen Rechtsprechung.* Ihr fällt auch die Aufgabe zu, den Schutzbereich der Grundrechte aus Anlass konkreter Streitfälle soweit nötig weiter zu entwickeln und neu zu bestimmen. Die *Ausweitung eines Schutzbereichs* bedeutet nichts anderes als die Ableitung neuer Rechte und Pflichten aus einem Grundrecht. Grundsatz und Mass solcher Erweiterungen stehen freilich nicht im Belieben der Justiz. Vielmehr ist im Einzelfall zu fragen, welche der grundrechtlich noch nicht erfassten Lebensäusserungen und Lebensbedürfnisse unter den Schutz des auf die Sache passenden Grundrechts zu stellen sind, damit dieses seinen Schutzzweck auch angesichts neuartiger Freiheitsbedrohungen weiterhin erfüllen kann. Mit anderen Worten: Der *Schutzzweck eines Grundrechts* fungiert als *Direktive zur teleologischen Konkretisierung des Schutzbereichs.* Eine sichere und plausible Anerkennung neuer Grundrechtsansprüche gelingt nur, wenn immer wieder auf den (allenfalls aktualisierten) Schutzzweck des zutreffenden Grundrechts Bezug genommen wird.

Die Bestimmung des Schutzbereichs darf nicht auf die leichte Schulter genommen werden. Grundrechte sind keine vagen Freiheitssphären, die man mit sich spazieren führt. Sie vermitteln gegenteils *Rechtsansprüche,* und diese Ansprüche müssen sich präzis benennen lassen, wenn der Bürger von den Grundrechten zuverlässigen Schutz erhalten soll. Auch methodisch ist eine saubere Bestimmung des Schutzbereichs unerlässlich; davon sogleich in Rz. 86.

VII. Eingriff

1. Im Allgemeinen

Unter Grundrechtseingriff oder Grundrechtsbeschränkung verstehen 84
wir die *staatliche Verkürzung von grundrechtlich vermittelten Ansprüchen*. Eine solche Verkürzung kann sich auf den konkreten Einzelfall
beziehen (d.h. der Staat beschneidet gegenwärtig beanspruchte Grund-
rechtsbefugnisse) oder in generell-abstrakter Weise erfolgen (in diesem
Fall schränkt der Staat die Möglichkeiten der Grundrechtsträger ein,
künftig von diesen grundrechtlichen Befugnissen Gebrauch zu machen). Allemal bedeutet der Grundrechtseingriff eine *einseitige Änderung von aktuellen oder virtuellen Grundrechtsverhältnissen durch das
Gemeinwesen.*
Die Figur des Grundrechtseingriffs ist in Literatur und Rechtsprechung keineswegs
gefestigt, ganz im Gegenteil. Die Schwierigkeiten können hier nur angedeutet
werden; vgl. dazu die Literaturhinweise in Rz. 1.

Grundrechtseingriffe ergehen in der Regel als *Rechtsakt*, sei es in Ge- 85
stalt einer Verfügung oder eines Rechtssatzes. Denkbar sind aber auch
Eingriffe durch *Realakt* wie z.B. polizeiliche Zwangsmassnahmen oder
staatliche Informationshandlungen (vgl. BGE 121 I 87 E. 1b S. 91, Verein zur Förderung der Psychologischen Menschenkenntnis). Sie lassen
sich unter bestimmten Voraussetzungen *rechtfertigen* (Rz. 91 ff.).

Die Figur des Eingriffs bezieht sich stets auf den Schutzbereich als dessen Objekt. 86
Die Schutzbereichsfrage geht also der Eingriffsfrage gedanklich voraus. Gewiss: Oft
ist es erst die konkrete staatliche Freiheitsverkürzung, welche die Gerichte dazu
bringt, den Schutzbereich eines Grundrechts zu überdenken und allenfalls zu erweitern. Gleichwohl bleibt es dabei, dass der Schutzbereich die Grundrechtsansprüche hervorbringt und niemals der Eingriff. Einen Eingriff diagnostizieren kann
man erst, *nachdem* man sich vergewissert hat, dass die vom staatlichen Akt berührte Privathandlung grundrechtlich geschützt ist, eben: Ansprüche verkürzt, die vom
Schutzbereich des angerufenen Grundrechts erfasst sind.

2. Einzelne Begriffsmerkmale

Die Eingriffsdefinition – staatliche Verkürzung grundrechtlich vermit- 87
telter Ansprüche – umfasst drei kumulativ nachzuweisende Begriffs-
merkmale.

1. *Staatliche Handlung.* Der Eingriff setzt staatliches Handeln voraus –
ein Tun oder, bei gegebenen Teilhabe- oder Leistungsansprüchen,
ein Unterlassen. Weil es bei den Grundrechten (vom Sonderfall der

135

Horizontalwirkung abgesehen) stets um Rechtsbeziehungen im vertikalen Staat-Bürger-Verhältnis geht, muss die Handlung nicht nur vom Staat herrühren, sondern zudem auch im Kontext staatlicher Aufgabenerfüllung stehen.

2. *Verkürzung grundrechtlich vermittelter Ansprüche.* Zweite Voraussetzung ist die Minderung eines Anspruchs, der nachweislich vom Schutzbereich des Grundrechts vermittelt wird. Entscheidend ist der beim Grundrechtsträger eintretende Effekt. Es ist einzig die Diagnose zu stellen, ob der behördliche Akt den grundrechtlichen Anspruch rechtlich abschneidet (dann liegt die Verkürzung auf der Hand) oder die Bedingungen der Anspruchswahrnehmung so verändert, dass die Grundrechtsausübung verunmöglicht wird oder nur noch unter Inkaufnahme objektiv unzumutbarer Nachteile zu realisieren ist.

3. *Zurechenbarkeit der Verkürzung zur staatlichen Handlung.* Schliesslich muss feststehen, dass der verkürzende Effekt dem Staat zugerechnet werden kann. Der Nachweis ist einfach zu erbringen, solange der Staat – wie meist – die gesamte Ursache-Wirkungs-Kette beherrscht. Anders liegen die Dinge bei den so genannt „faktischen" oder „mittelbaren" Eingriffen (davon sogleich).

3.   „Faktische" und „mittelbare" Grundrechtseingriffe

88 In Lehre und Rechtsprechung trifft man gelegentlich auf Wendungen wie „faktischer Grundrechtseingriff" oder „mittelbarer Grundrechtseingriff". Gewöhnlich geht es dabei um Fälle, in denen ein *grundrechtsverkürzender Effekt* eintritt, obwohl die *staatliche Handlung* (anders als bei Grundrechtseingriffen sonst üblich) *nicht gezielt, direkt und verpflichtend auf die betroffenen Grundrechtsansprüche einwirkt.*

Beispiele:
– Eine Gemeinde sperrt eine Strasse für den Durchgangsverkehr. Als Folge davon verliert die an dieser Strasse gelegene Tankstelle Kunden. Eingriff in die Wirtschaftsfreiheit? (ZBl 1995 508 E. 3c S. 510 f., E. 5 S. 513 ff., Celerina; ähnlich BGE 126 I 213 E. 1b S. 214 ff., E. 3 S. 218 f., Eduard Waldburger, betreffend Eigentumsgarantie.)
– Ein staatlich unterstützter Verein vertreibt eine Broschüre, in welcher vor den Gefahren bestimmter Sekten gewarnt wird. Hierauf treten mehrere Mitglieder aus den angesprochenen Sekten aus. Eingriff in die Glaubens- und Gewissensfreiheit? (BGE 118 Ia 46 E. 4 S. 54 ff., Verein Scientology Kirche Zürich.)

Solche Konstellationen sind nicht einfach zu analysieren. Im Wesentlichen sind zwei Situationen zu unterscheiden.

Der „faktische" oder „mittelbare" Verkürzungseffekt kann sich darum einstellen, weil der Staat die *tatsächlichen Voraussetzungen der Grundrechtsausübung* beeinträchtigt (Beispiel der Tankstelle: die Aufrechterhaltung des Gemeingebrauchs an der Strasse ist faktische Voraussetzung für das Betreiben eines solchen Gewerbes). Dann geht es aber im Grunde um die Vorfrage, wieweit diese Voraussetzungen vom *Schutzbereich des Grundrechts* erfasst sind, oder deutlicher: wieweit das Grundrecht den Anspruch darauf vermittelt, dass der Staat die tatsächlichen Voraussetzungen der Grundrechtsausübung schafft oder, soweit sie schon bestehen, nicht schmälert. 89

Vgl. dazu auch den in Rz. 36 resümierten BGE 113 V 22, H.

Der „faktische" oder „mittelbare" Verkürzungseffekt kann aber auch daher rühren, dass die staatliche Handlung gewisse *Folgehandlungen Privater* auslöst, die von diesen selbst oder von Dritten als Beeinträchtigung ihrer Grundrechte wahrgenommen werden (Beispiel der Sektenwarnung: weniger die Warnung als solche als vielmehr die Handlungen der Gewarnten beeinträchtigen die von Austritten betroffene Sekte). Hier wird man klären müssen, ob die staatliche Handlung nach dem gewöhnlichen Lauf der Dinge und der allgemeinen Lebenserfahrung zu den grundrechtsbeeinträchtigenden privaten Folgehandlungen führen musste, so dass diese Folgehandlungen *dem Staat selbst zugerechnet* werden können. 90

Die Frage wird vor allem aus Anlass amtlicher Warnungen und Empfehlungen diskutiert. Vgl. MARKUS MÜLLER/THOMAS MÜLLER-GRAF, Staatliche Empfehlungen – Gedanken zu Rechtscharakter und Grundrechtsrelevanz, ZSR 1995 I, S. 357 ff., 379 ff.; PIERRE TSCHANNEN, Amtliche Warnungen und Empfehlungen, ZSR 1999 II, S. 353, 412 ff., je mit weiteren Hinweisen auf Lehre und Rechtsprechung.

VIII. Bei Freiheitsrechten: Allenfalls Rechtfertigung des Eingriffs
(Art. 36 BV)

1. Zum Geltungsbereich von Art. 36 BV

Ein Grundrechts*eingriff* bedeutet nicht ohne weiteres eine Grundrechts*verletzung*. Unter Umständen kann der Eingriff gerechtfertigt werden. Das Prüfprogramm zur Rechtfertigung von Grundrechtseingriffen richtet sich nach Art. 36 BV. Es umfasst die Prüfpunkte „gesetz- 91 liche Grundlage", „öffentliches Interesse", „Verhältnismässigkeit" und „Kerngehalt". Erfüllt ein Grundrechtseingriff alle diese Voraussetzungen, so ist er rechtmässig und verletzt das betroffene Grundrecht nicht.

a. Art. 36 BV und Freiheitsrechte

92 Art. 36 BV trägt die Sachüberschrift „Einschränkung von Grundrechten". Daraus könnte man schliessen, unter den Voraussetzungen von Art. 36 BV liessen sich die Schutzbereiche aller Grundrechte zulässigerweise einschränken. Dies trifft aber nicht zu. Art. 36 BV ist primär auf *Freiheitsrechte* zugeschnitten, also auf Grundrechte, deren Schutzbereich sich auf natürlicherweise vorkommende Lebensäusserungen und vorfindliche soziale Einrichtungen bezieht (so auch BBl 1997 I 194 f. und die herrschende Lehre; vgl. die Hinweise bei MAHON, Commentaire, Art. 36 Rz. 4, und HÄFELIN/HALLER, Bundesstaatsrecht, Rz. 303).

Beispiele: Zur Wahrung des öffentlichen Friedens kann eine religiöse Prozession untersagt werden (BGE 108 Ia 41 E. 2a S. 44, Rivara); im Interesse einer geordneten Besiedlung darf die bauliche Nutzung von Grundstücken eingeschränkt werden (BGE 119 Ia 362 E. 3 S. 366, X. AG).

93 Die unter Rz. 99 ff. erscheinenden Ausführungen zu Art. 36 BV beschränken sich darauf, die *Funktionen der einzelnen Prüfschritte* sowie die *wichtigsten Merkpunkte* zu skizzieren. Für Einzelheiten ist die Grundrechtslehre heranzuziehen.

b. Art. 36 BV und übrige Grundrechte

94 Anders liegen die Dinge bei den *Sozialrechten* (Art. 12, 19 und 29 Abs. 3 BV). Die Leistungsansprüche aus diesen Rechten entstehen, wenn und soweit die Voraussetzungen des Grundrechtstatbestands erfüllt sind. Daher ist es wenig sinnvoll, nach Einschränkungen der Sozialrechte zu fragen; das verfassungsrechtlich zugesagte Minimum an Existenzsicherung, Grundschulunterricht oder unentgeltlicher Rechtspflege wird im Einzelfall entweder erreicht oder verfehlt (vgl. BBl 1997 I 194 f.).

Beispiele:
– Als „Netz unter dem Netz" garantiert das Recht auf Hilfe in Notlagen (Art. 12 BV) an staatlicher Unterstützung nur, „was für ein menschenwürdiges Dasein unabdingbar ist und vor einer unwürdigen Bettelexistenz zu bewahren vermag" – soviel aber immer und bedingungslos (BGE 121 I 367 E. 2c S. 373, E. 3b S. 375, V.). Ein Entzug der unmittelbar verfassungsrechtlich zugesagten Min-

destleistungen ist nur bei Rechtsmissbrauch zulässig, d.h. wenn die Notlage herbeigeführt oder hingenommen wird mit dem einzigen Ziel, staatliche Unterstützung zu erlangen (a.a.O., E. 3d S. 377; vgl. auch BGE 122 II 193, E. 2c S. 198 f., B.).

– Art. 19 BV verschafft den Anspruch auf eine den individuellen Fähigkeiten des Kindes und seiner Persönlichkeitsentwicklung entsprechende unentgeltliche Grundausbildung. Der Gesetzgeber darf (und muss wohl) diesen Anspruch weiter konkretisieren. Dabei darf er auch gewisse Grenzen setzen, solange der bundesverfassungsrechtliche Mindestgehalt gewahrt bleibt. Immerhin räumt das Bundesgericht ein, die Verfassungsmässigkeit eines disziplinarischen Schulausschlusses beurteile sich „in sinngemässer (Teil-)Anwendung von Art. 36 BV" danach, ob die Massnahme gesetzlich ausreichend fundiert sei, im öffentlichen Interesse liege und die Verhältnismässigkeit wahre (BGE 129 I 12 E. 6.4 S. 20, V.; 129 I 35 E. 8.2 S. 42, M.X.). Vgl. dazu die Bemerkung in Rz. 98.

Gleiches gilt von den *rechtsstaatlichen Garantien*, d.h. von solchen 95 Grundrechten, die auf die *Art und Weise des Umgangs mit dem Recht* zielen (Art. 8, 9 und 49 Abs. 1 BV). Auch hier lässt sich eine Anspruchsverkürzung nicht über Art. 36 BV rechtfertigen. Die Rechtsgleichheit, das Willkürverbot, das Gebot von Treu und Glauben sowie der Vorrang des Bundesrechts sind entweder gewahrt oder verletzt; entsprechend gelten besondere Prüfprogramme.

Beispiel: Eine rechtliche Ungleichbehandlung vergleichbarer Sachverhalte beruht mit Blick auf die zu regelnden Verhältnisse entweder auf sachlichen Gründen oder nicht; im ersten Fall ist Art. 8 Abs. 1 BV eingehalten, im anderen verletzt.

Ebenso wenig ist es dem Gesetzgeber gestattet, die *Verfahrensgarantien* 96 (Art. 29–32 BV) und die *politischen Rechte* (Art. 33 und 34 BV) einzuschränken. Eine Verkürzung der aus diesen Grundrechten fliessenden Ansprüche führt ohne weiteres zur Grundrechtsverletzung.

Beispiele:

– Die Verweigerung des rechtlichen Gehörs in einem Verwaltungsverfahren verletzt Art. 29 BV, sofern keine Gefahr im Verzuge war; ein Gericht, das mit der zu beurteilenden Sache bereits vorbefasst war, ist nicht mehr unparteiisch im Sinne von Art. 30 Abs. 1 BV.

– Eine Abstimmungsvorlage, die mehrere sachlich nicht zusammenhängende Materien in sich vereinigt, sprengt die Einheit der Materie und verletzt darum den Anspruch auf freie und unverfälschte Äusserung des politischen Willens (Art. 34 Abs. 2 BV).

Vgl. aber BGE 126 I 26, B: In diesem Entscheid prüft das Bundesgericht die Frage, ob eine Sperrfrist für die Einreichung erneuter Haftentlassungsgesuche vor der Verfahrensgarantie nach Art. 31 Abs. 4 BV standhalte, anhand von Art. 36 BV (E. 2 S. 28 f.). Dabei hätte der Hinweis genügt, eine massvolle Sperrfrist gegen immer neue Haftentlassungsgesuche diene dazu, die Verfahrensgarantie vor rechtsmissbräuchlicher Inanspruchnahme zu schützen (vgl. E. 4 b S. 30 f.).

97   Der „*Eingriff*" in Sozialrechte, Rechtsstaatsgarantien, Verfahrensgarantien und
     politische Rechte *verschmilzt* gewissermassen mit der Grundrechts*verletzung;* und
     so ist es bei den genannten Grundrechten auch nicht üblich, von „Eingriff" zu
     sprechen. Dies ändert aber nichts daran, dass z.B. ein rechtsungleiches Gesetz, eine
     sinnentleerte Verwaltungsverfügung oder das widersprüchliche Verhalten einer
     Amtsstelle eine staatliche Verkürzung der durch den Gleichheitssatz, das Willkür-
     verbot oder das Treuegebot vermittelten Grundrechtsansprüche darstellt. Dogma-
     tisch gesehen geht also der Grundrechtsverletzung ein Grundrechtseingriff voraus,
     auch wenn der Eingriff als solcher kaum sichtbar wird.

98   Die *Nichtanwendbarkeit von Art. 36 BV auf Sozialrechte, Rechtsstaatsga-
     rantien, Verfahrensgarantien und politische Rechte* schliesst nicht aus,
     dass in den spezifischen Prüfprogrammen mitunter doch wieder *einzel-
     ne Prüfpunkte aus Art. 36 BV* durchscheinen. So verletzt die Interventi-
     on eines Gemeinwesens in Abstimmungskämpfe die politischen Rechte
     dann nicht, wenn für die Intervention „triftige Gründe" (d.h. öffentli-
     che Interessen) bestehen und „keine verwerflichen Mittel" zum Einsatz
     kommen (d.h. die Intervention verhältnismässig bleibt). Oder der An-
     spruch auf Akteneinsicht kann verweigert werden, wenn überwiegende
     Geheimhaltungsinteressen entgegenstehen. Solche Parallelen verwun-
     dern nicht, denn Art. 36 BV präzisiert im Grunde nur, was kraft Art. 5
     BV ganz allgemein für jedes staatliche Handeln gilt.

2.   Gesetzliche Grundlage
(Art. 36 Abs. 1 BV)

99   Eingriffe in Freiheitsrechte bedürfen zu ihrer Zulässigkeit zunächst
     einer gesetzlichen Grundlage (Art. 36 Abs. 1 BV). Mit diesem ersten
     Prüfschritt wird kontrolliert, ob der *Grundrechtseingriff rechtsstaatlich
     und demokratisch ausreichend fundiert* ist.

a.   Anforderungen im Allgemeinen

100 Das grundrechtliche Erfordernis der gesetzlichen Grundlage deckt sich
     in der Sache mit dem allgemeinen Legalitätsprinzip (Art. 5 Abs. 1 BV).
     Art. 36 Abs. 1 BV verlangt:
     1. dass die Eingriffsgrundlage als *Rechtssatz*, d.h. als generell-abstrakte
         Norm erscheint;
     2. dass dieser Rechtssatz *formell rechtmässig* ist, d.h. im richtigen Ver-
         fahren erlassen wurde;
     3. dass er eine *genügende Normstufe* (Gesetz oder Verordnung) und

4. eine *genügende Normdichte* (präzise oder offene Norm) aufweist.
Dabei gilt die Faustregel: Je tiefer der Grundrechtseingriff, desto höher
die Anforderungen an Normstufe und Normdichte. Schwere Eingriffe
benötigen eine klare und genaue Grundlage im formellen Gesetz selbst
(Art. 36 Abs. 1 Satz 2 BV).

Verordnungen insbesondere genügen als Eingriffsgrundlage, wenn: 101
- bei *gesetzesvertretenden Verordnungen* die Delegationsgrundsätze
  gewahrt bleiben (hinten § 27 Rz. 27 ff.);
- bei *verfassungsunmittelbaren Verordnungen* die von der Verfassung
  für solche Verordnungen aufgestellten besonderen Voraussetzungen
  erfüllt sind (hinten § 46 Rz. 11 ff., 25 ff.).

Vollziehungsverordnungen kommen als selbständige Eingriffsgrundlage kaum in
Betracht, weil solche Verordnungen definitionsgemäss keine über das Gesetz hinausreichenden Rechte und Pflichten zu begründen vermögen (hinten § 46 Rz. 18
ff.).

b. Sonderfälle

Polizeiliche Generalklausel. In Fällen ernster, unmittelbarer und nicht 102
anders abwendbarer Gefahr für Polizeigüter *ersetzt* die polizeiliche
Generalklausel eine *allenfalls fehlende gesetzliche Grundlage* (vgl. statt
vieler BGE 126 I 112 E. 4 S. 117 ff., S.).

Sachherrschaft des Gemeinwesens über öffentliche Strassen und Plätze. Als 103
Folge seiner Sachherrschaft über die öffentlichen Sachen darf das Gemeinwesen die Bewilligungspflicht für gesteigerten Gemeingebrauch
nach derzeit noch gültiger Rechtsprechung auch ohne besondere gesetzliche Grundlage einführen. In diesem Fall tritt die *Sachherrschaft an
die Stelle der gesetzlichen Grundlage* (BGE 121 I 279 E. 2b S. 283, Circus
Gasser Olympia AG; diese Rechtsprechung stösst in der Lehre auf
Kritik, vgl. z.B. J. P. MÜLLER, Grundrechte, S. 217).

Sonderstatusverhältnis. 104
- Die Anforderungen an *Normstufe und Normdichte der Eingriffsgrundlage sind weniger streng,* wenn solche Grundrechtsbeschrän-
  kungen in Frage stehen, die sich in voraussehbarer Weise aus dem
  Zweck des Sonderstatusverhältnisses ergeben *und* diese Beschränkungen nicht schwer wiegen (BGE 98 Ib 301 E. 2a S. 305, X.).
- Aus der *Fürsorgepflicht des Staats für die in das Sonderstatusverhältnis
  eingegliederten Personen* kann sich die Pflicht ergeben, die Grund-

rechte der Eingegliederten gegen Dritt- und Selbstgefährdungen zu schützen. Als Eingriffsgrundlage für derartige Schutzpflichten wirkt aber nicht das Grundrecht des Gefährdeten, sondern die bei Begründung des Sonderstatusverhältnisses entstehende, verwaltungsrechtlich fundierte Garantenstellung des Staats für das Wohlergehen der eingegliederten Personen (vgl. auch Rz. 73 a.E.).

Begriff und Bedeutung des Sonderstatusverhältnisses gehören in das Allgemeine Verwaltungsrecht. Vgl. HÄFELIN/MÜLLER, Allgemeines Verwaltungsrecht, Rz. 478 ff.; TSCHANNEN/ZIMMERLI/KIENER, Allgemeines Verwaltungsrecht, S. 326 ff.

3.　Öffentliches Interesse
(Art. 36 Abs. 2 BV)

105　Eingriffe in Freiheitsrechte müssen weiter durch ein öffentliches Interesse oder durch den Schutz von Grundrechten Dritter gerechtfertigt sein (Art. 36 Abs. 2 BV). Die Funktion dieses Prüfschrittes ist es mithin, *das Eingriffsmotiv einer verfassungsrechtlichen Kontrolle zu unterziehen.* Gedanklich zerfällt die Kontrolle in zwei Teile:

- Erstens ist zu fragen, ob der Eingriff überhaupt zur *Wahrung öffentlicher Interessen* oder zum *Schutz von Grundrechten Dritter* ergeht (Interessen*qualifikation;* Rz. 106 f.);

- zweitens ist zu klären, ob das öffentliche Interesse oder der Schutz von Grundrechten Dritter geeignet sind, den Eingriff *im konkreten Fall zu rechtfertigen* (Interessen*selektion;* Rz. 108 f.).

a.　Interessenqualifikation

106　Hauptsächliches Eingriffsmotiv sind schon nach dem Verfassungswortlaut die *öffentlichen Interessen.* Als von öffentlichem Interesse gelten ausschliesslich solche Angelegenheiten, die *im Prozess der demokratischen Rechtsetzung als Belange des Gemeinwesens ausgewiesen* wurden. Dazu gehören:

- der *Schutz der Polizeigüter,*

- ferner die *mit den einzelnen Staatsaufgaben zu verfolgenden Anliegen,* wie sie in den Aufgabennormen der Verfassung und in den Ziel- und Zweckartikeln der Aufgabengesetze zum Ausdruck kommen.

107　Im *Schutz von Grundrechten Dritter* liegt ein weiteres Eingriffsmotiv. Auch hier geht es im Grunde um öffentliche Interessen, nämlich um

die Sorge, die Grundrechtsausübung des einen vor den Bedrängungen des anderen zu schützen.
Praktisch ist dieses Eingriffsmotiv nicht sonderlich bedeutsam (zurückhaltend auch RAINER J. SCHWEIZER, in: St. Galler Kommentar, Art. 36 Rz. 20, m.w.H.).

– Soweit Angriffe Privater auf Grundrechte Dritter ein *unmittelbares staatliches Eingreifen* erfordern, genügt – je nach Konstellation – der Rekurs auf den *Polizeigüterschutz* oder auf die *Fürsorgepflicht des Staats aus besonderem Rechtsverhältnis*. Einmal mehr sei daran erinnert, dass die Pflicht des Gemeinwesens zum Schutz von Grundrechten Dritter wohl ein zulässiges Eingriffsmotiv stiftet, nicht aber auch die benötigte gesetzliche Eingriffsgrundlage (vgl. Rz. 73).

– Geht es um *zivilrechtlich regierte Konflikte unter Privaten*, versagt die Figur des Grundrechtseingriffs von vornherein. Vielmehr liegt dann ein *Horizontalwirkungsproblem* vor, welches eigenen Regeln folgt und nicht nach Art. 36 BV zu lösen ist (vgl. Rz. 61 ff.).

b. Interessenselektion

„Gerechtfertigt sein" heisst: *im Dienst eines im Einzelfall zulässigen Eingriffsmotivs stehen*. Ob dies zutrifft richtet sich nach dem Schutzzweck des jeweils in Frage stehenden Grundrechts. Vorsicht: Art. 36 Abs. 2 BV verlangt bloss eine Interessen*selektion*, nicht aber schon eine Interessen*abwägung*. Zu beantworten ist vorerst nur die Frage, ob das in casu einschlägige Grundrecht aus den vom Gemeinwesen angeführten Gründen überhaupt eingeschränkt werden darf. Ob das Eingriffsmotiv (sofern als zulässig eingestuft) die entgegenstehenden privaten Interessen überwiegt, ist eine Frage der Verhältnismässigkeit, genauer der Zumutbarkeit des Grundrechtseingriffs. 108

Die Kontrolle des Eingriffsmotivs auf seine grundsätzliche Zulässigkeit hin ist keineswegs überflüssig. *Beispiele:* 109
– So liegt es zwar im öffentlichen Interesse, *Wirtschaftslenkung* zur Sicherstellung der Landesversorgung oder zur Erhaltung wirtschaftlich bedrohter Landesteile zu betreiben (Art. 102 und 103 BV). Solche Interessen darf aber nur der Bund wahrnehmen; den Kantonen wären so begründete Eingriffe in die Wirtschaftsfreiheit verwehrt (Art. 94 Abs. 4 BV; vgl. z.B. BGE 109 Ia 264 E. 4 S. 267 ff., Gitag SA).
– Aus Sicht der öffentlichen Finanzen mag es erwünscht sein, wenn städtische Angestellte ihren steuerlichen Wohnsitz in der Stadt selbst haben. *Residenzpflichten* beeinträchtigen indessen die Niederlassungsfreiheit (Art. 24 BV). Solche Eingriffe lassen sich allenfalls dort rechtfertigen, wo die *Funktion eines Amts* die Wohnsitznahme am Ort erfordert. Rein *fiskalische Motive* wären in diesem Kontext also kein zulässiges öffentliches Interesse (BGE 118 Ia 410 E. 4a S. 414, P.; in diesem Punkt zu nachsichtig BGE 106 Ia 28 E. 2b S. 31, Nievergelt).
Vorgaben (allerdings nicht besonders aussagekräftige) zu den zulässigen Eingriffsinteressen enthält auch die EMRK; vgl. z.B. Art. 8–11 EMRK, je Abs. 2.

4. Verhältnismässigkeit
(Art. 36 Abs. 3 BV)

110   Grundrechtseingriffe müssen schliesslich die Verhältnismässigkeit wahren (Art. 36 Abs. 3 BV). Dieser regelmässig letzte Prüfpunkt fragt danach, ob der Eingriff mit Blick auf das zu verfolgende, als zulässig anerkannte Eingriffsinteresse ein *ausreichendes Mass an praktischer Vernunft* aufweist.

a.   Anforderungen im Allgemeinen

111   Die Verhältnismässigkeit ist nur gewahrt, wenn die folgenden drei Voraussetzungen erfüllt sind:

1. *Eignung* (Zwecktauglichkeit, Zielkonformität). Der Eingriff muss geeignet sein, das angestrebte, im öffentlichen Interesse stehende Ziel zu erreichen oder zur Zielerreichung einen nicht zu vernachlässigenden Beitrag zu leisten.

2. *Erforderlichkeit* (Übermassverbot). Der Eingriff muss unterbleiben, wenn er für die Erreichung des angestrebten, im öffentlichen Interesse liegenden Ziels nicht erforderlich ist. Die Erforderlichkeit fehlt insbesondere, wenn eine gleichermassen geeignete, aber mildere Anordnung das angestrebte Ziel ebenso erreicht.

3. *Zumutbarkeit* (Verhältnismässigkeit von Eingriffszweck und Eingriffswirkung). Der Eingriff muss eine vernünftige Zweck-Mittel-Relation wahren. Deshalb ist eine geeignete und erforderliche Massnahme gleichwohl unverhältnismässig, wenn der damit verbundene Eingriff in die Rechtsstellung des Grundrechtsträgers im Vergleich zur Bedeutung des verfolgten Eingriffsinteresses unangemessen schwer wiegt.

b.   Abwägung der widerstreitenden Interessen

112   Unter dem Titel der Zumutbarkeit muss besonders geprüft werden, ob das *Eingriffsinteresse des Gemeinwesens* die entgegenstehenden *Grundrechtsinteressen des Privaten* überwiegt. Dazu sind die konfligierenden öffentlichen und privaten Interessen möglichst genau zu ermitteln und mit Blick auf den Eingriffszweck der Staatsaufgabe einerseits und den Schutzzweck des Grundrechts andererseits zu gewichten und gegeneinander abzuwägen. Je schwerer die Eingriffswirkung ausfällt, desto ein-

lässlicher ist ein allfälliges Überwiegen des öffentlichen Interesses zu begründen.

5. Wahrung des Kerngehalts
(Art. 36 Abs. 4 BV)

Der Kerngehalt der Grundrechte ist unantastbar (Art. 36 Abs. 4 BV). 113
Er bezeichnet mit anderen Worten jene Grundrechtsansprüche, die den absoluten Schutz der Verfassung geniessen. Die Kerngehaltsgarantie soll *die Grundrechte vor völliger Aushöhlung durch den Gesetzgeber bewahren.* Das Verbot, Grundrechte ihrer Substanz zu entleeren, gilt unter allen Umständen, auch und gerade bei Störungen der verfassungsmässigen Ordnung oder wenn der Sicherheit des Landes Gefahr droht. Erst recht bindet die Kerngehaltsgarantie den Rechtsstaat beim Kampf gegen den Terrorismus, gegen das organisierte Verbrechen oder gegen diktatorische Regimes. Kurz: Kerngehalte sind von Verfassungs wegen notstandsfest.

Nach dem unantastbaren Kern zu fragen ist allerdings nur bei solchen 114
Grundrechten sinnvoll, in deren Schutzbereich der Staat *zulässigerweise* eingreifen darf. Auch Art. 36 Abs. 4 BV gilt mithin *allein für Freiheitsrechte.* Bei den übrigen Grundrechten stellt sich das Kerngehaltsproblem darum nicht, weil jeder Grundrechtseingriff unweigerlich eine Grundrechtsverletzung bewirkt.

Eingriffe in den Kerngehalt eines Freiheitsrechts *verletzen das Grund-* 115
recht ohne weiteres. Das Gemeinwesen hat keine Möglichkeit, sie anhand von Art. 36 Abs. 1–3 BV zu rechtfertigen. Bei schwersten Grundrechtseingriffen kann es sich darum rechtfertigen, einer möglichen Beeinträchtigung des Kerngehalts vorweg nachzugehen, denn ist der Kerngehalt betroffen, so entfallen alle weiteren Fragen nach gesetzlicher Grundlage, öffentlichem Interesse und Verhältnismässigkeit.
Verfassungsrechtlich ist die Figur des Kerngehalts im Grunde überflüssig, denn es versteht sich von selbst, dass das Gesetz eine Verfassungsgarantie nicht wieder ausradieren darf. *Politisch-didaktisch* dagegen hat der Kerngehaltsgedanke grosse Bedeutung. Er schärft das Bewusstsein dafür, dass es an Prinzip und Substanz der einzelnen Freiheitsrechte nichts zu deuten gibt (so auch JÖRG PAUL MÜLLER, Allgemeine Bemerkungen zu den Grundrechten, in: Verfassungsrecht der Schweiz, § 39 Rz. 57, 62; AUER/MALINVERNI/HOTTELIER, Droit constitutionnel II, Rz. 239).

116 Der Kerngehalt ist *für jedes Freiheitsrecht gesondert zu ermitteln.* Die Bundesverfassung gibt dazu nur wenige Hinweise. Die Rechtsprechung ihrerseits ist eher unergiebig, was immerhin darauf hindeutet, dass sich der Gesetzgeber kaum je an den Kerngehalten vergreift. Zu den Kerngehalten zählen etwa:

- die Freiheitsgarantien des *zwingenden Völkerrechts* (Verbot der Sklaverei, des Völkermords, der Folter);
- die *in Staatsverträgen als notstandsfest bezeichneten Freiheitsgarantien* (z.B. das Recht auf Leben, Art. 2 EMRK);
- einige *landesrechtliche Garantien,*
  wie das Verbot der Todesstrafe (Art. 10 Abs. 1 Satz 2 BV), das Verbot der Körperstrafe oder der Gehirnwäsche (aus Art. 10 Abs. 3 BV), das Verbot der Vorzensur (Art. 17 Abs. 2 BV), das Verbot, religiöse Bekenntnisse oder Handlungen zu erzwingen (Art. 15 Abs. 4 BV), das Verbot der konfiskatorischen Besteuerung (aus Art. 26 BV).

3. Kapitel: Rechtliches Umfeld der Bundesverfassung

§ 8 Bundesverfassung und übriges Landesrecht

I. Ausgangspunkt: Vorrang der Bundesverfassung

Die Bundesverfassung steht an der Spitze der landesrechtlichen 1
Normenhierarchie. Damit geht sie allen übrigen Erlassen des Bundes
vor, nämlich:
– den *Bundesgesetzen* (Abschnitt II);
– den *Verordnungen des Bundes* (Abschnitt III).

Daraus folgt umgekehrt, dass Verordnungen mit dem übergeordneten 2
Gesetz und Gesetze mit der übergeordneten Verfassung vereinbar sein
müssen. Dieser *Geltungsvorrang der Bundesverfassung* gegenüber Gesetz
und Verordnung lässt sich allerdings wegen Art. *190 BV nur begrenzt
vor Gericht einklagen (Rz. 6 ff.).
Neben dem Gesetz und der Verordnung kennt die BV noch die Erlassform des
Bundesbeschlusses (Art. 163 Abs. 2 BV; hinten § 45 Rz. 41 ff.). Der Bundesbeschluss
ist für Rechts*anwendungs*akte bestimmt. Die Normenhierarchie fragt indessen nach
dem wechselseitigen Verhältnis von Rechts*setzungs*akten unterschiedlicher Stufe.
Rechtsetzende Bestimmungen ergehen im Bund ausschliesslich als Gesetz oder
Verordnung (vgl. hinten § 45 Rz. 18, 21, 38 und § 46/I). Die Erlassform des Bundesbeschlusses
spielt darum im Folgenden keine Rolle.

Als Teil des Bundesrechts geht die Bundesverfassung auch dem *kanto-* 3
nalen Recht vor (Abschnitt IV).

Die Figur der *verfassungskonformen Auslegung* kann dazu beitragen, 4
offene Widersprüche zwischen Verfassung einerseits und Gesetz oder
Verordnung andererseits zu vermeiden (Abschnitt V). Die Ortung
solcher Widersprüche ist grundsätzlich Pflicht aller rechtsanwendenden
Behörden (*akzessorisches Prüfungsrecht;* hinten § 11/VI).

II.   Bundesverfassung und Bundesgesetz

1.   Grundsatz: Geltungsvorrang der Bundesverfassung

5   Bundesgesetze müssen verfassungsmässig sein. Dies bedeutet zweierlei:
- Sie müssen sich auf eine Verfassungsgrundlage stützen (Art. 3 BV) und
- sie dürfen keine Normen enthalten, die der Bundesverfassung widersprechen.

Fehlt es auch nur an einer dieser Voraussetzungen, so ist das Gesetz verfassungswidrig.

2.   Einschränkung: Keine gerichtliche Durchsetzung des Geltungsvorrangs wegen der „Massgeblichkeit" der Bundesgesetze nach Art. *190 BV

6   Nach derzeitiger Rechtslage hat die Justiz keine Möglichkeit, ein verfassungswidriges Bundesgesetz aufzuheben oder ihm (ohne es aufzuheben) die Anwendung im Einzelfall zu versagen. Der Grund liegt bei:

> **Art. *190 BV** *Massgebendes Recht*
> Bundesgesetze und Völkerrecht sind für das Bundesgericht und die anderen rechtsanwendenden Behörden massgebend.

7   Bundesgesetze (und auch Völkerrecht, dazu hinten § 9/IV) müssen demnach von den Verwaltungs- und Gerichtsbehörden des Bundes und der Kantone angewendet werden, selbst wenn sie im Einzelfall der Bundesverfassung widersprechen sollten. Zwar ändert sich dadurch nichts am *Geltungsvorrang der Bundesverfassung* vor dem Bundesgesetz. Doch die Bundesverfassung selbst ordnet mit Art. *190 den *Anwendungsvorrang des Bundesgesetzes* vor der Bundesverfassung an. Dies hat zur Folge, dass der Geltungsvorrang der Bundesverfassung gerichtlich nicht durchgesetzt werden kann, oder anders gesagt: dass Bundesgesetze keiner Verfassungsgerichtsbarkeit unterstehen. (Der Satz gilt allerdings nicht absolut; vgl. zu den Relativierungen Rz. 10 f.)

8   Unbestreitbar blockiert Art. *190 BV die gerichtliche Nachkontrolle einer gesetzgeberischen Mehrheitsentscheidung. Daraus wird manchmal der Schluss gezogen, die Bundesverfassung lege dem Demokratieprinzip mehr Gewicht bei als dem Rechtsstaatsprinzip. Bei näherem Hinsehen entpuppt sich diese Sicht aber als unzutreffend. Art. *190 BV enthält *keine Ermächtigung des Verfassungsgebers an den Gesetzgeber zum*

(demokratisch dekretierten und rechtsstaatlich straflosen) *Verfassungsbruch.* Eine solche Ermächtigung kann schon darum nicht in die Verfassung hineingelesen werden, weil sonst dem Verfassungsgeber unterstellt werden müsste, er nehme sein eigenes Regelwerk nicht ernst. Mit anderen Worten: Auch in ihrer Rolle als Gesetzgeber bleibt die Bundesversammlung selbstredend an die Verfassung gebunden. Das Anwendungsgebot nach Art. *190 BV bedeutet nur, dass die *Frage nach der Verfassungsmässigkeit* von Bundesgesetzen in die *Letztentscheidungsbefugnis der Bundesversammlung* gelegt ist: Nicht hinterher die Justiz, sondern von Anfang an die Politik soll nach dem Willen der Verfassung die primäre Verantwortung für die Verfassungskonformität der Bundesgesetzgebung übernehmen. Art. *190 BV regelt also ein Stück weit die *Kompetenzverteilung zwischen Legislative und Judikative* (vgl. BGE 117 Ib 367 E. 2e S. 372, Eidgenössische Steuerverwaltung). So gesehen bewirkt die Bestimmung *keine prinzipielle Zurücksetzung des Rechtsstaatsprinzips* hinter das Demokratieprinzip.

In diesem Sinn auch AUER/MALINVERNI/HOTTELIER, Droit constitutionnel I, Rz. 1830; MAHON, Commentaire, Art. 190 Rz. 4.

Die Verantwortung des Gesetzgebers für die Verfassungsmässigkeit seiner Erlasse wird durch die *Parlamentsgesetzgebung* bestätigt. Danach muss der Bundesrat in seinen *Botschaften an die Bundesversammlung* die *Verfassungsmässigkeit* seiner Gesetzesentwürfe darlegen (Art. 141 Abs. 2 Bst. a ParlG). Die gleiche Pflicht obliegt bei parlamentarischen Initiativen der zuständigen Parlamentskommission (Art. 111 Abs. 3 ParlG).

Im Übrigen sollte man bei allem Bedauern über die fehlende Verfassungsgerichtsbarkeit im Bund die tatsächlichen Verhältnisse nicht aus den Augen verlieren. *Verfassungswidrige Bundesgesetze* sind alles in allem *selten.* Beispiele für *ursprünglich verfassungswidrige* Gesetze – das sind Gesetze, die bereits bei ihrem Erlass gegen die Verfassung verstiessen – lassen sich kaum finden (vgl. BGE 115 II 193 E. 3b S. 197, Burghartz Schnyder: die Namensregelung des Eherechts in der Fassung von 1984 verstiess teilweise gegen den seit 1981 geltenden Grundsatz der Gleichbehandlung von Mann und Frau). Etwas häufiger werden Bundesgesetze von *nachträglicher Verfassungswidrigkeit* befallen, nämlich wenn das einschlägige Verfassungsrecht nach Inkrafttreten des Gesetzes ändert und als Folge dieser Änderung Widersprüche zwischen Verfassung und Gesetz eintreten (vgl. BGE 116 Ib 270 E. 7 S. 282 ff., Gewerkschaft Textil Chemie Papier: die besonderen Schutzvorschriften des Arbeitsgesetzes aus dem Jahre 1964 sind mit Inkrafttreten von Art. 4 Abs. 2 aBV über die Gleichberechtigung von Mann und Frau 1981 verfassungswidrig geworden). Gegen *Verfassungsverletzungen infolge Nicht- oder Schlechterfüllung eines Gesetzgebungsauftrags* durch den Bundesgesetzgeber vermag ein Gericht schon aus funktionellen Gründen nicht allzu viel auszurichten; Art. *190 BV ist in solchen Fällen noch das geringste Problem.

Der Versuch, im Zuge der *Justizreform 1999* eine zumindest partielle Verfassungsgerichtsbarkeit einzuführen, ist am Widerstand der Bundesversammlung gescheitert (vorn § 2 Rz. 33).

3. Gegeneinschränkung: Relativierung der Tragweite von Art. *190 BV

10 Auch wenn das Bundesgericht (gleich wie alle anderen rechtsanwendenden Behörden) wegen Art. *190 BV ausserstande ist, verfassungswidrige Bundesgesetze als nichtig oder wenigstens als unanwendbar zu erklären, so bleiben doch gewisse *Ansätze einer Verfassungsgerichtsbarkeit gegenüber Bundesgesetzen* erhalten.

– Das Anwendungsgebot nach Art. *190 BV bedeutet *kein Prüfungsverbot.* Dem Bundesgericht ist es also nicht verwehrt, die Verfassungsmässigkeit eines Bundesgesetzes zu untersuchen und allfällige Verfassungswidrigkeiten in den Urteilserwägungen blosszulegen (vgl. BGE 103 Ia 53 E. 1 S. 55, X.). Solche Rügen werden vom Gesetzgeber durchaus gehört (vgl. WALTER HALLER, in: Kommentar aBV, Art. 113 Rz. 205 f.).

– Art. *190 BV hat keinen Einfluss auf die Auslegung von Bundesgesetzen. So bleibt auch die Kompetenz der Gerichte zur *verfassungskonformen Auslegung* in vollem Umfang bestehen.

– *Völkerrecht* ist gemäss Art. *190 BV *genauso „massgebend" wie die Bundesgesetzgebung.* Dies kann unter gewissen Voraussetzungen zu Konstellationen führen, die einer Verfassungsgerichtsbarkeit gegenüber Bundesgesetzen nahekommen (dazu hinten § 9/IV).

– Besonderes gilt für das *zwingende Völkerrecht.* Dieses steht normhierarchisch über der Bundesverfassung. Bundesgesetze, die gegen solches Völkerrecht verstossen, können darum von vornherein nicht die in der Bundesverfassung angelegte „Massgeblichkeit" beanspruchen (vgl. hinten § 9 Rz. 20, 23).

Näher dazu u.a. AUER/MALINVERNI/HOTTELIER, Droit constitutionnel I, Rz. 1831 ff.; YVO HANGARTNER, in: St. Galler Kommentar, Art. 190 Rz. 30 f.; MAHON, Commentaire, Art. 190 Rz. 15.

11 *Weitere Relativierungen* sind entweder *strittig* oder erweisen sich bei näherem Hinsehen als *nicht einschlägig.*

– Art. *190 BV entspringt, wie in Rz. 8 bemerkt, einem bestimmten Bild der Gewaltenteilung zwischen Legislative und Judikative. Die Bestimmung hat nicht den Sinn, die Gerichte zu blinden Unrechtsvollziehern zu degradieren. Aus diesem Grunde dürfen m.E. Bundesgesetze dann nicht angewendet werden, wenn sie *grundrechtliche Kerngehalte* verletzen (Art. 36 Abs. 4 BV; in diesem

Sinne WALTER KÄLIN, Verfassungsgerichtsbarkeit, in: Verfassungsrecht, § 74 Rz. 30; zurückhaltend WALTER HALLER, in: Kommentar aBV, Art. 113 Rz. 221).

- Art. *190 BV lässt es zu, von der Anwendung eines Bundesgesetzes im Einzelfall abzusehen, wenn die Anwendung auf *Rechtsmissbrauch* hinausliefe oder *gegen rechtsstaatliche Grundsätze* wie den Schutz von Treu und Glauben, das Verbot der übertriebenen Formstrenge oder das Rückwirkungsverbot verstiesse (HALLER, a.a.O., Rz. 222 ff.; KÄLIN, a.a.O., Rz. 31). Genau genommen haben solche Fälle aber mit Art. *190 BV nichts zu tun. Vielmehr handelt es sich dabei um gesetzesimmanente Anwendungsverbote; es geht gewissermassen um den sachlichen Geltungsbereich der als „massgebend" erklärten Bundesgesetze im Einzelfall.

III. Bundesverfassung und Bundesverordnung

1. Grundsatz: Geltungsvorrang von Bundesgesetz und Bundesverfassung

Verordnungen kommen in der bundesrechtlichen Normenhierarchie nach Verfassung und Gesetz an dritter Stelle. Dies bedeutet: 12
- *Unselbständige Verordnungen* des Bundes (d.h. Verordnungen, die sich auf ein Bundesgesetz stützen) müssen *primär gesetzmässig* sein. Weil Gesetze aber ihrerseits verfassungsmässig sein müssen, wirkt das *Gebot der Verfassungsmässigkeit indirekt* auch gegenüber unselbständigen Verordnungen.
- Bei *selbständigen Verordnungen* des Bundes (d.h. bei Verordnungen, die sich unmittelbar auf die Bundesverfassung stützen) entfällt die Zwischenstufe des Gesetzes, sodass sich der *Geltungsvorrang der Bundesverfassung direkt* entfalten kann.

2. Einschränkung: Die Auswirkungen von Art. *190 BV auf die unselbständige Bundesverordnung

Verordnungen des Bundes fallen *nicht unter das Anwendungsgebot* gemäss Art. *190 BV. Somit kann die Justiz gegen verfassungswidrige Verordnungen einschreiten. Dabei sind aber zwei Dinge zu beachten: 13
- Die Verfassungswidrigkeit einer Bundesverordnung lässt sich nur *akzessorisch* rügen (vgl. hinten § 11 Rz. 17).
- Die Möglichkeit, Verordnungen akzessorisch auf ihre Verfassungsmässigkeit hin zu überprüfen, ändert nichts an der *Massgeblichkeit*

der Bundesgesetze nach Art. **190 BV. Die Verfassungswidrigkeit einer *unselbständigen* Verordnung bleibt somit folgenlos, wenn diese
Verfassungswidrigkeit durch das Bundesgesetz, auf das sich die Verordnung stützt, gedeckt ist.

Selbständige Verordnungen dagegen lassen sich *ohne Einschränkung* akzessorisch
überprüfen (vgl. z.B. BGE 122 IV 258 E. 2b S. 262 f., T.).

14   Das Bundesgericht umschreibt seine Interventionsmöglichkeiten üblicherweise wie folgt (BGE 123 II 472 E. 4a S. 475 f., H.):

> „Das Bundesgericht muss Bundesgesetze, von der Bundesversamm-
> lung erlassene allgemeinverbindliche Beschlüsse [die neue BV kennt
> diese Erlassform nicht mehr; vgl. hinten § 45 Rz. 48] und die von
> ihr genehmigten Staatsverträge anwenden (Art. 113 Abs. 3 und Art.
> 114bis Abs. 3 aBV [heute: Art. *190 BV]). Dagegen kann es auf Ver-
> waltungsgerichtsbeschwerde hin Verordnungen des Bundesrats vor-
> frageweise auf ihre Gesetz- und Verfassungsmässigkeit prüfen … Bei
> unselbständigen Verordnungen, die sich auf eine gesetzliche Delega-
> tion stützen, prüft es, ob sich der Bundesrat an die Grenzen der ihm
> im Gesetz eingeräumten Befugnisse gehalten hat. Soweit das Gesetz
> den Bundesrat nicht ermächtigt, von der Verfassung abzuweichen,
> befindet das Gericht auch über die Verfassungsmässigkeit der un-
> selbständigen Verordnung …
>
> Wird dem Bundesrat durch die gesetzliche Delegation ein sehr
> weiter Spielraum des Ermessens für die Regelung auf Verordnungs-
> ebene eingeräumt, so ist dieser Spielraum nach Art. 113 Abs. 3 und
> Art. 114bis Abs. 3 aBV [heute: Art. *190 BV] für das Bundesgericht
> verbindlich; es darf in diesem Falle bei der Überprüfung der Ver-
> ordnung nicht sein eigenes Ermessen an die Stelle desjenigen des
> Bundesrats setzen, sondern beschränkt sich auf die Prüfung, ob die
> Verordnung den Rahmen der dem Bundesrat im Gesetz delegierten
> Kompetenzen offensichtlich sprengt oder aus anderen Gründen ge-
> setz- oder verfassungswidrig ist.“

15   Zur *Massgeblichkeit eines bundesgesetzlich eingeräumten Rechtsetzungs-
spielraums* an die Adresse des Bundesrats bemerkt das Gericht präzisierend (BGE 107 Ib 243 E. 4 S. 247, Merz):

> „Das dem Bundesrat eingeräumte Ermessen verbietet dem Bundes-
> gericht insbesondere, über die Zweckmässigkeit der bundesrätlichen
> Verordnung zu befinden. … [Vielmehr untersucht das Bundesge-
> richt,] ob mit der bundesrätlichen Verordnung der im Gesetz ge-
> nannte Zweck erfüllt werden kann und ob der Bundesrat sein Er-
> messen nach dem Grundsatz der Verhältnismässigkeit ausgeübt hat.
> Dies kann bejaht werden, wenn die in der Verordnung vorgesehe-
> nen Mittel in einem vernünftigen Verhältnis zu dem im Gesetz vor-
> gesehenen Zweck stehen. Eine strengere Kontrolle über die Einhal-
> tung des Verhältnismässigkeitsgrundsatzes übt das Gericht indessen

bei Eingriffen in die Rechtsstellung der Bürger aus, bei denen den
Behörden kein oder nur ein geringer Ermessensspielraum zusteht."

Die meisten Verordnungen im Bund stammen vom Bundesrat (Art. 182 Abs. 1   16
BV). Dies erklärt, weshalb sich die Rechtsprechung des Bundesgerichts zur Verfassungsmässigkeit des eidgenössischen Verordnungsrechts soweit ersichtlich nur auf
die *Bundesratsverordnungen* bezieht. Verordnungen erlässt aber auch die Bundesversammlung (Art. 163 Abs. 1 BV). Diese *Parlamentsverordnungen* können wie die
Bundesratsverordnungen selbständiger oder unselbständiger Natur sein. Die
Grundsätze des Bundesgerichts zur Überprüfung unselbständiger Bundesratsverordnungen müssen analog auch für die unselbständigen Verordnungen der Bundesversammlung gelten.

3. Prüfprogramm zur Beurteilung der Verfassungsmässigkeit unselbständiger Bundesverordnungen

Die Rechtsprechung zur akzessorischen Überprüfung von unselbstän-   17
digen Bundesverordnungen lässt sich in folgendes *Prüfprogramm* fassen:

1. *Gewaltenteilung.* Hält sich die Verordnung an das Gesetz, namentlich (wenn eine solche besteht) an die gesetzliche Delegationsnorm?
Wenn ja, so ist weiter zu fragen:

2. *Verfassungsmässigkeit.* Hält sich die Verordnung an die Verfassung?
Wenn nein, so ist zum Schluss noch zu klären:

3. *Ermächtigung.* Ist die Verfassungswidrigkeit der Verordnung im
Gesetz selber angelegt? Wenn ja, so muss die Verordnung trotz Verfassungswidrigkeit angewendet werden. Denn andernfalls würde
dem Gesetz entgegen Art. *190 BV indirekt die Massgeblichkeit ab-
gesprochen.

IV. Bundesverfassung und kantonales Recht

Kantonales Recht, das der Bundesverfassung widerspricht, verletzt den   18
Vorrang des Bundesrechts und ist nichtig; es darf nicht angewendet werden (Art. 49 Abs. 1 BV; zum Vorrang des Bundesrechts im Einzelnen
hinten § 22).

V. Verfassungskonforme Auslegung

1. Begriff und Funktion

19 Nach der verfassungskonformen Auslegung ist einer Norm *jener Sinn* beizulegen, *welcher der Verfassung am besten entspricht.* Die Verfassung beansprucht mit anderen Worten, auf die Auslegung des nachgeordneten Rechts einzuwirken. Damit erscheint die verfassungskonforme Auslegung als eine Unterart der systematischen Auslegung (vorn § 4 Rz. 21).

20 Die verfassungskonforme Auslegung erfüllt *unterschiedliche Funktionen.*
- *Allgemein gesprochen* soll sie die Gefahr von Ungereimtheiten zwischen Gesetz und Verfassung herabsetzen. Insofern dient sie der *Einheit der Rechtsordnung.*
- *Gegenüber kantonalen Erlassen* tritt eine weitere Funktion hinzu. Die verfassungskonforme Auslegung eines wegen Verfassungswidrigkeit angefochtenen Erlasses gibt dem Bundesgericht die Möglichkeit, von einer Aufhebung des Erlasses abzusehen und den kantonalen Gesetzgeber auf diese Weise zu schonen. Insofern dient die verfassungskonforme Auslegung der *Normerhaltung.* Mit den Worten des Bundesgerichts (statt vieler BGE 129 I 12 E. 3.2 S. 15, V.):

> „Das Bundesgericht überprüft die Verfassungsmässigkeit eines allgemeinverbindlichen Erlasses im Rahmen der abstrakten Normenkontrolle zwar mit freier Kognition, auferlegt sich aber mit Rücksicht auf die verfassungsmässige Kompetenzordnung im föderalistischen Bundesstaat allgemein eine gewisse Zurückhaltung ... Nach der Praxis ist dabei massgebend, ob der betreffenden Norm nach anerkannten Auslegungsregeln ein Sinn zugemessen werden kann, der sie mit den angerufenen Verfassungsgarantien vereinbar erscheinen lässt. Gleich verhält es sich, wenn mit der Beschwerde Garantien der Europäischen Menschenrechtskonvention angerufen werden. Das Bundesgericht hebt demnach eine kantonale Norm nur auf, sofern sie sich jeder verfassungs- und konventionskonformen Auslegung entzieht, nicht jedoch, wenn sie einer solchen in vertretbarer Weise zugänglich ist."

21 In ähnlicher Weise verfährt die Bundesversammlung bei der Gewährleistung von Kantonsverfassungen (Art. 51 Abs. 2 BV; hinten § 18 Rz. 24).

2. Voraussetzungen der verfassungskonformen Auslegung

a. Bestehen eines Auslegungsspielraums

Eine verfassungskonforme Auslegung setzt voraus, dass die auszulegen- 22
de Norm *mehrere Deutungen* zulässt. Auslegungsspielräume finden sich
vorzugsweise bei *offenen Normen,* d.h. bei Rechtssätzen von verhältnismässig geringer Aussagedichte. Dazu zählen namentlich Normen
mit *unbestimmten Gesetzesbegriffen* und *Ermessensklauseln.*

b. Wahrscheinlichkeit verfassungsgetreuer Rechtsanwendung

Dass sich eine Norm *theoretisch* verfassungskonform handhaben lässt, 23
reicht nicht, um sie vor der Verfassung bestehen zu lassen. Zusätzlich
muss eine gewisse *praktische* Sicherheit gegeben sein, dass die Behörden
der verfassungskonformen Auslegung tatsächlich folgen werden. Das
Risiko einer Verfassungsverletzung ist anhand mehrerer Kriterien ab-
zuschätzen. Es fallen in Betracht:

- die *Bedeutung der betroffenen Rechte* (stehen existenzielle Rechtsgüter
  wie Leib und Leben, Gesundheit oder Persönlichkeit auf dem
  Spiel?);
- die *Umstände der Normanwendung* (werden die Vorschriften auch
  unter Zeitdruck oder in angespannten Verhältnissen gehandhabt?);
- das *Gewicht einer möglichen Rechtsverletzung* (besteht die Möglichkeit schwerer behördlicher Übergriffe?);
- die *Wirksamkeit des Rechtsschutzes* (ist rechtzeitiger gerichtlicher
  Beistand nur mit Mühe zu erreichen?).

Je eher diese Fragen zu bejahen sind, desto eher wird man eine Norm
als verfassungswidrig einstufen müssen.

BGE 106 Ia 136 E. 3a S. 136 f., G., hält dazu fest: 24

> „Ermöglicht ein generell-abstrakter Erlass für die Verhältnisse, die
> der Gesetzgeber als üblich voraussetzen konnte, eine verfassungs-
> mässige Regelung der einzelnen Fälle, spricht die Vermutung für die
> Verfassungstreue des Gesetzgebers. Die ungewisse Möglichkeit, dass
> der Erlass sich in besonders gelagerten Einzelfällen als verfassungs-
> widrig auswirken könnte, vermag ein Eingreifen des Verfassungs-
> richters im Stadium der abstrakten Normenkontrolle im Allgemei-
> nen noch nicht zu rechtfertigen, vor allem dann nicht, wenn im
> fraglichen Sachbereich die Möglichkeit der späteren konkreten
> Normenkontrolle den Betroffenen einen hinreichenden Schutz bie-
> tet.

Der Gesetzgeber ist aber seinerseits von Verfassung wegen verpflichtet, bei der Suche nach einer sachgerechten Lösung der zu regelnden Verhältnisse in grundrechtsrelevanten Bereichen mit zu berücksichtigen, unter welchen Umständen die betreffende Norm zur Anwendung gelangen wird und wie der Rechtsschutz gegen mögliche Grundrechtsverletzungen ausgestaltet ist; in diesem Zusammenhang ist auch die Natur und Bedeutung der allenfalls betroffenen Rechte des Gesetzesadressaten und die Schwere der möglichen Verletzung zu beachten. Im Rahmen der Verfassungsprüfung eines Erlasses im abstrakten Normenkontrollverfahren hat der Richter daher die Möglichkeit einer verfassungskonformen Auslegung nicht nur abstrakt zu untersuchen, sondern auch die Wahrscheinlichkeit verfassungstreuer Anwendung mit einzubeziehen. Es lässt sich nicht rechtfertigen, eine Norm bestehen zu lassen, wenn anzunehmen ist, dass sie in der vorliegenden Fassung zu Verfassungsverletzungen führen wird."

Neue Bestätigungen z.B. in BGE 125 II 440 E. 1d S. 443 f., Josef Gunsch; 129 I 12 E. 3.2 S. 15, V.

25 Gelegentlich begnügt sich das Gericht mit einer *Zusicherung der zuständigen Behörde,* sie werde die Norm verfassungskonform anwenden (vgl. BGE 107 Ia 304 E. 5b S. 313, Fuchs; 104 Ia 88 E. 9 S. 100, Schweizerische Journalisten-Union).

26 *Rechtsprechungshinweise zu Rz. 25:*
 – *BGE 99 Ia 262, Minelli I.* In diesem Urteil liess das Bundesgericht die Zürcher Verordnung über Bezirksgefängnisse unangetastet, obwohl es verschiedene Vorschriften als verfassungsrechtlich noch gerade haltbar oder am Rande des Zulässigen bezeichnete und in einzelnen Punkten zu einer Umdeutung der Vorschriften greifen musste, um die Verordnung zu retten.
 – *BGE 102 Ia 279, Minelli II.* Nachdem die Zürcher Regierung in einer neuen Gefängnisverordnung dem Urteil Minelli I nicht nachgekommen war, verzichtete das Bundesgericht auf den neuerlichen Versuch einer verfassungskonformen Auslegung und hob die angefochtenen Vorschriften als verfassungswidrig auf.

3. Grenzen der verfassungskonformen Auslegung

a. Nicht das Anwendungsgebot nach Art. *190 BV

27 Art. *190 BV steht einer verfassungskonformen Auslegung von Bundesgesetzen nicht entgegen, es sei denn, aus dem Sinn der Norm ergebe sich klar, dass der Bundesgesetzgeber über die Verfassung hinweggehen wollte (vgl. BGE 104 IV 11 E. 1b S. 13, B.).

b. *Nur bedingt der „klare Wortlaut" des Gesetzes*

Der Wortlaut allein bildet keine Grenze der verfassungskonformen   28
Auslegung, sofern Anhaltspunkte bestehen, dass er nicht den wahren
Sinn der Norm wiedergibt. Hingegen berechtigt die Figur der verfas-
sungskonformen Auslegung nicht dazu, von Wortlaut *und* Sinn einer
Norm abzuweichen. So führt das Bundesgericht in BGE 111 Ia 292
E. 3b S. 297, Schwank, aus:

> „Es stellt sich ... die Frage, ob eine ... Interpretation gegen den kla-
> ren Wortlaut des Gesetzes ... zulässig ist. Auszugehen ist dabei von
> der konstanten Praxis, wonach die Auslegung vom klaren Wortlaut
> eines Rechtssatzes nur dann abweichen darf, wenn triftige Gründe
> dafür bestehen, dass er nicht den wahren Sinn der Bestimmung wie-
> dergibt. Solche triftigen Gründe können sich aus der Entstehungsge-
> schichte, aus dem Sinn und Zweck der Vorschrift und aus dem Zu-
> sammenhang mit anderen Gesetzesbestimmungen ergeben. Ent-
> scheidend ist danach nicht der vordergründig klare Wortlaut einer
> Norm, sondern der wahre Rechtssinn, welcher durch die anerkann-
> ten Regeln der Auslegung zu ermitteln ist. Auch Bundesgesetze sind
> dabei einer Auslegung wider den Wortlaut zugänglich. Art. 113
> Abs. 3 aBV [heute: Art. *190 BV] setzt einer solchen Interpretation
> nur insoweit Schranken, als er verbietet, vom klaren Wortlaut und
> vom Sinn und Zweck einer Vorschrift abzugehen, um diese in den
> Rahmen der Verfassung zu stellen. Der Wortlaut allein aber stellt
> kein Hindernis dar, selbst wenn er klar ist. Bestehen triftige Gründe
> dafür, dass er den wahren Rechtssinn einer Vorschrift – die ratio le-
> gis – nicht wiedergibt, ist nach dem Gesagten zulässig, von ihm ab-
> zuweichen und die Vorschrift entsprechend zu deuten, insbesondere
> dann, wenn der wahre Rechtssinn entgegen dem Wortlaut verfas-
> sungskonform erscheint."

§ 9   Landesrecht und Völkerrecht

I.   Ausgangspunkt: Pflicht zur Beachtung des Völkerrechts

1   Die Staatengemeinschaft der Gegenwart versteht sich als *internationale Rechtsgemeinschaft*. Der Grund dafür liegt beim hohen Mass an Dichte und Komplexität, welches die zwischenstaatlichen Beziehungen seit längerem erreicht haben. Bereichsweise – vor allem auf dem Gebiet der Menschenrechte, des Handels sowie des Umwelt- und Kulturgüterschutzes – sind aus diesen Beziehungen verfestigte Teilordnungen hervorgegangen, die sich als Ansätze zu einer *Verfassung der Staatengemeinschaft* lesen lassen. Die Interpretation der zwischenstaatlichen Beziehungen als Rechts- und nicht als blosse Machtverhältnisse hat weit reichende Konsequenzen. So muss jeder Staat die *Verpflichtungen einlösen*, die er durch *völkerrechtlichen Vertrag* gegenüber anderen Staaten eingeht oder die sich aus dem *Völkergewohnheitsrecht* (d.h. aus einer von der Staatengemeinschaft als rechtlich verbindlich angesehenen Praxis) ergeben. Folgerichtig bedeutet jeder Bruch dieser Verpflichtungen eine Völkerrechtsverletzung, für welche der fehlbare Staat von den davon betroffenen anderen Staaten zur Verantwortung gezogen werden kann.

2   Mit diesen Sätzen ist allerdings nur die *zwischenstaatliche Ebene* angesprochen. Die Wirksamkeit des Völkerrechts auf der *innerstaatlichen Ebene* ist eine andere Frage. Dazu sagt das Völkerrecht nichts. Mit anderen Worten: Das Völkerrecht verlangt wohl, *dass* es von den Staaten durchgesetzt wird; es schreibt ihnen aber nicht vor, *wie* dies geschehen soll. Die Art und Weise der innerstaatlichen Verwirklichung ist vielmehr eine Frage des Landesrechts.

3   Verhält es sich so, dann muss das Landesrecht – hier also: das Bundesrecht – zwei Fragen beantworten, nämlich:
   – die Frage, auf welche Weise das Völkerrecht innerstaatliche Geltung erlangt (Abschnitt II); sowie
   – die Frage, auf welche Weise mit Kollisionen zwischen Völkerrecht und Landesrecht zu verfahren ist (Abschnitte III–V).

II. Völkerrecht als Teil der schweizerischen Rechtsordnung

1. Zwei Grundmodelle: Dualismus und Monismus

Auf welche Weise Normen des Völkerrechts im Innern eines Staats   4
Geltung erlangen, hängt davon ab, ob Völkerrecht und Landesrecht als
zwei getrennte Rechtsordnungen gesehen werden (*dualistisches* Modell)
oder im Gegenteil als zwei Teilsysteme einer als Einheit zu denkenden
Gesamtrechtsordnung (*monistisches* Modell). Das dualistische Modell
lässt völkerrechtliche Normen erst nach einer förmlichen Überführung
in das Landesrecht innerstaatlich wirksam werden (Tranformations-
system). Im monistischen Modell dagegen gilt das Völkerrecht ab seinem Inkrafttreten für den betreffenden Staat als Teil seines Landesrechts (Inkorporationssystem). Das Bundesamt für Justiz und die Direktion für Völkerrecht schreiben dazu in einer gemeinsamen Stellungnahme vom 26. April 1989 Folgendes (VPB 1989 Nr. 54 S. 400):

> „Bekanntlich bilden Monismus und Dualismus die beiden Haupt-
> lehren zum Verhältnis zwischen Völkerrecht und Landesrecht.
>
> Im *Dualismus* stellen Völkerrecht und Landesrecht zwei unter-
> schiedliche, getrennte Rechtsordnungen dar, die sich jede an unter-
> schiedliche Adressaten richten, keine Verbindungen untereinander
> haben und zwischen denen es infolgedessen auch keine direkten
> Konflikte geben kann. Gemäss dieser Auffassung braucht es einen
> besonderen Akt, damit eine Norm des Völkerrechts in das Landes-
> recht übergehen kann (Transformations- oder Adoptionstheorie).
> Die Transformation der völkerrechtlichen Regel in das Landesrecht
> verleiht dem Vertrag Gesetzesrang. Die Anwendung der herkömm-
> lichen Interpretationsgrundsätze (namentlich der *lex-posterior*-Regel)
> führt zur Derogation des früheren, einem Gesetz gleichgestellten
> Vertrags durch das spätere Gesetz.
>
> Im *Monismus* dagegen besteht zwischen Landesrecht und Völ-
> kerrecht Einheit und Wechselwirkung, da diese beiden Ordnungen
> als offene Systeme betrachtet werden. Der Abschluss eines völker-
> rechtlichen Vertrages durch einen Staat lässt den Vertrag vom Zeit-
> punkt seines Inkrafttretens an Bestandteil der Rechtsordnung des
> Staates werden. Der Monismus anerkennt allgemein den Vorrang
> des Völkerrechts vor dem Landesrecht als eine hierarchische Über-
> ordnung, die auf der Natur der völkerrechtlichen Norm basiert.
> Diese Hierarchie schliesst die Anwendung der *lex-posterior*-Regel zur
> Lösung von Konflikten zwischen den zwei Arten von Normen
> aus."

2.   Rechtslage in der Schweiz

a.   *Monistisches Verständnis*

5   Die *Bundesverfassung* steht auf dem Boden eines *monistischen* Verständnisses:

> „Nach schweizerischer Auffassung bilden Völkerrecht und Landesrecht eine einheitliche Rechtsordnung, zu der Staatsverträge als ‚integrierende Bestandteile' gehören. Internationale Verpflichtungen müssen nach der bei uns herrschenden monistischen Rechtsauffassung nicht wie in Ländern mit einem dualistischen Rechtsverständnis durch einen speziellen Transformationsakt in das Landesrecht überführt werden. Die Normen des Völkerrechts gelten in der Schweiz grundsätzlich direkt. Das gilt auch für die völkerrechtlichen Grundprinzipien, namentlich die Verpflichtung des Staates, die ihn bindenden völkerrechtlichen Normen zu erfüllen (*pacta sunt servanda*), den Grundsatz von Treu und Glauben sowie das Verbot für alle Vertragsparteien, sich zur Rechtfertigung einer Nichterfüllung auf innerstaatliches Recht zu berufen." (BBl 1997 I 134)

Demnach lässt sich der Monismus schweizerischer Prägung auf die folgenden zwei Grundsätze reduzieren (Rz. 6 ff.).

b.   *Transformationslose Geltung des Völkerrechts*

6   Völkerrechtliche Normen werden von dem Zeitpunkt an, da sie für die Schweiz in Kraft treten, ohne weiteres Bestandteil des Bundesrechts (BGE 120 Ib 360 E. 2c S. 366, V.; VPB 2000 Nr. 20). Der Bundesgesetzgeber muss die völkerrechtlichen Normen nicht in Landesrecht umgiessen, damit sie innerstaatlich Geltung erlangen können. Die transformationslose Geltung wird durch verschiedene Verfassungsnormen ausdrücklich oder zumindest stillschweigend bestätigt.

- *Art. 5 Abs. 4 BV* verpflichtet Bund und Kantone zur „Beachtung" des Völkerrechts. Die Norm richtet sich nicht nur an Regierung und Parlament als die aussenpolitisch verantwortlichen Organe, sondern an alle Behörden im Rahmen ihrer funktionellen Zuständigkeit (BBl 1997 I 135).
- Die Bundesverfassung sieht kein Transformationsverfahren vor. Gemäss *Art. 166 Abs. 2 BV* genehmigt die Bundesversammlung Staatsverträge mit dem Ausland durch Bundesbeschluss, also durch blossen Einzelakt und gerade nicht (wie in dualistischen Rechtsordnungen) durch Erlass eines Überführungsgesetzes.

- Auch die Tatsache des eigenständigen, d.h. vom Verfassungs- und Gesetzesreferendum unabhängigen Staatsvertragsreferendums in den *Art. 140 Abs. 1 Bst. b und °141 Abs. 1 Bst. d BV* erklärt sich nur vor dem Hintergrund eines monistischen Systems.

c. *Direkte Anwendbarkeit des Völkerrechts*

Völkerrechtliche Normen mit *Self-executing*-Charakter sind im Einzel-   7
fall *unmittelbar anwendbar,* somit ohne vorgängige Konkretisierung durch den Gesetzgeber. Als self-executing gelten jene Normen des Völkerrechts, welche (kumulativ) erstens Rechte und Pflichten des Einzelnen regeln, zweitens aufgrund ihrer Bestimmtheit geeignet sind, als Grundlage eines behördlichen Entscheids im Einzelfall zu wirken und sich drittens mindestens auch – freilich nicht notwendigerweise nur – an die rechtsanwendenden Behörden richten. Die direkte Anwendbarkeit solchen Völkerrechts ergibt sich:

- aus Art. *189 Abs. 1 Bst. b BV, wonach das Bundesgericht Streitigkeiten u.a. wegen Verletzung von Völkerrecht beurteilt; sowie
- aus Art. *190 BV, wonach Völkerrecht für das Bundesgericht und die anderen rechtsanwendenden Behörden massgebend ist.

Demgegenüber sind völkerrechtliche Rahmen- oder Programmbe-   8
stimmungen, die sich an die staatlichen Rechtsetzungsorgane richten, bloss *mittelbar anwendbar,* d.h. *non self-executing.*

Zur *Abgrenzung dieser Kategorien* hält BGE 120 Ia 1 E. 5b S. 11, Ver-   9
band Studierender an der Universität Zürich, fest:

> „Gemäss Art. 84 Abs. 1 lit. c OG kann mit der staatsrechtlichen Beschwerde die Verletzung von Staatsverträgen mit dem Ausland gerügt werden ... Der Beschwerdeführer kann sich dabei aber nur auf Bestimmungen berufen, welche unmittelbar anwendbar (self-executing) sind; die Staatsvertragsbeschwerde dient lediglich der Durchsetzung solcher Völkerrechtsnormen ..., welche die Rechtsstellung des Einzelnen direkt regeln. Dies setzt voraus, dass die angerufene staatsvertragliche Regelung inhaltlich hinreichend bestimmt und klar ist, um im Einzelfall Grundlage eines Entscheides bilden zu können. Die erforderliche Bestimmtheit geht vor allem blossen Programmartikeln ab. Sie fehlt auch Bestimmungen, die eine Materie nur in Umrissen regeln, dem Vertragsstaat einen beträchtlichen Ermessens- oder Entscheidungsspielraum lassen oder blosse Leitgedanken enthalten, sich also nicht an die Verwaltungs- oder Justizbehörden, sondern an den Gesetzgeber richten."

Ebenso BGE 124 III 90 E. 3a S. 91, L.X.; VPB 2000 Nr. 20.

III.   Vorrang des Völkerrechts vor dem Landesrecht

1.   Völkerrechtlich: Grundsatz der Vertragstreue

10   Landesrecht ergeht durch einseitigen Akt der zuständigen Rechtsetzungsorgane, vorab des Parlaments. Das Völkerrecht dagegen beruht überwiegend auf *Vereinbarung:* Es kennt keine hoheitlich agierenden Normsetzer ausser jenen, die von den Staaten selbst gemeinsam eingesetzt worden sind. Dementsprechend leitet sich der *Geltungsanspruch des Völkerrechts* im *zwischenstaatlichen* Verhältnis vom Grundsatz der *Vertragstreue* her („Pacta sunt servanda"). Und folgerichtig können sich die Staaten nicht mit Hinweis auf widersprechendes Landesrecht ihrer völkerrechtlichen Verpflichtungen entschlagen. Die eingangs erwähnte gemeinsame Stellungnahme (Rz. 4) führt dazu auf S. 400 aus:

> „Obschon die Staaten im Prinzip frei sind, die Beziehungen zwischen Völkerrecht und Landesrecht zu regeln, wie es ihnen beliebt, setzt ihnen das Völkerrecht doch exakte Grenzen, die im Ergebnis auf folgende unbedingte Verpflichtung hinauslaufen: *Die völkerrechtliche Norm ist nach Treu und Glauben zu erfüllen, wie es Art. 26 und 27 VRK vorschreiben.* ... Der Grundsatz von Treu und Glauben bildet in dieser Hinsicht das entscheidende Element. ... Die nationalen Rechtsordnungen, *ob in dualistischer oder monistischer Tradition stehend,* können sich nicht auf die beschränkten Sanktionsmöglichkeiten des Völkerrechts im innerstaatlichen Bereich berufen, um absichtlich Völkerrechtsverletzungen zu begehen oder zu tolerieren – zum Beispiel durch den Erlass einseitiger gesetzgebender, administrativer oder richterlicher Akte, die gegen den entsprechenden Staat bindendes Völkerrecht verstossen."

11   Die völkerrechtliche Vertragstreue impliziert aber noch keine *innerstaatlich* wirksame Kollisionsregel. Wie oben (Rz. 2) bemerkt, sind die Staaten frei, *wie* sie dem Völkerrecht im Landesinnern Nachachtung verschaffen. Zu dieser Freiheit gehört auch die Frage, ob und wie weit zur Bewältigung von Normkollisionen zwischen Völkerrecht und Landesrecht bestimmte Vorrangregeln zum Zuge kommen sollen.

2.   Landesrechtlich: Prinzipieller Vorrang des Völkerrechts als Ausdruck des Rechtsstaatsprinzips

a.   Grundsatz

12   In monistischen Systemen wie der Schweiz trifft das Völkerrecht unmittelbar auf das Landesrecht auf. Daraus können *Normkonflikte zwi*

schen Völkerrecht und Landesrecht resultieren. Auch dem Monismus als solchem lassen sich aber keine bestimmten Kollisionsregeln entnehmen, sowenig wie dem völkerrechtlichen Grundsatz der Vertragstreue. Derartige Regeln müssen vielmehr aus dem Landesrecht heraus entwickelt werden.

Die *Bundesverfassung* zählt den *Geltungsanspruch des Völkerrechts* zu den   13
Elementen der *Rechtsstaatlichkeit:* Die Pflicht von Bund und Kantonen,
das Völkerrecht zu „beachten" (Art. 5 Abs. 4 BV), erscheint unter der
Artikelüberschrift „Grundsätze rechtsstaatlichen Handelns". Zugleich
sind Bund und Kantone – wiederum kraft des verfassungsrechtlichen
Rechtsstaatsprinzips – gehalten, nach Treu und Glauben zu handeln
(Art. 5 Abs. 3 BV). In ihrer Verbindung führen diese Grundsätze
zwangsläufig zum *prinzipiellen Vorrang des Völkerrechts vor dem Landesrecht.*

Die *Rechtswirkungen des Vorrangs* nach Art. 5 Abs. 4 BV lassen sich   14
vereinfachend wie folgt umschreiben.

– Für *Verfassungsgeber und Gesetzgeber* bedeutet der Vorrang, dass sie
  kein völkerrechtswidriges Landesrecht erlassen dürfen. Wollen sie sich
  trotzdem darüber hinwegsetzen, so muss die entgegenstehende völkerrechtliche Verpflichtung vorgängig einvernehmlich geändert, allenfalls gar gekündigt werden. Dies setzt aber voraus, dass das Völkerrecht die Änderung oder Kündigung überhaupt zulässt.

– Für *rechtsanwendende Behörden* bedeutet der Vorrang, dass sie *völkerrechtswidriges Landesrecht nicht anwenden* dürfen, sofern die völkerrechtliche Norm im Einzelfall unmittelbar anwendbar ist. Dieser
  Grundsatz erleidet im Verhältnis von Völkerrecht und Bundesgesetz bestimmte Ausnahmen (vgl. Abschnitt IV).

Vorsicht: Art. 5 Abs. 4 verankert nicht mehr als einen *Grundsatz*. Die   15
Bestimmung darf *nicht als Kollisionsregel* – etwa nach dem Muster
„Völkerrecht bricht Landesrecht" – gelesen werden; dazu ist das Verhältnis zwischen Völkerrecht und Landesrecht zu komplex. Der Satz
„Bundesrecht bricht kantonales Recht" (d.h. macht dieses im Konfliktfall nichtig; Art. 49 Abs. 1 BV) findet im Verhältnis zwischen Völkerrecht und Landesrecht keine unbedingte Entsprechung. Vielmehr fallen
die Rechtsfolgen, die sich mit dem prinzipiellen Vorrang des Völkerrechts verbinden, *je nach Konstellation verschieden* aus (Rz. 16 ff.). Auch
die Botschaft des Bundesrats zur neuen Bundesverfassung warnt ausdrücklich vor Vereinfachungen (BBl 1997 I 134 f.):

„Absatz 4 verankert die Pflicht von Bund und Kantonen, das Völkerrecht zu beachten. Dieses Gebot richtet sich an alle staatlichen Organe und ist Ausfluss des Grundsatzes, dass völkerrechtliche Normen entgegenstehenden landesrechtlichen Normen prinzipiell vorgehen. Wie ein Konflikt zwischen einer völkerrechtlichen und einer landesrechtlichen Norm im konkreten Fall aufzulösen ist, lässt sich Absatz 4 allerdings nicht entnehmen. Auch Artikel 180 VE 96 [heute: Art. *190 BV], der die Bundesgesetze ... für das Bundesgericht und die anderen rechtsanwendenden Behörden als massgebend bezeichnet, äussert sich nicht zu dieser Frage und überlässt die Antwort – wie bis anhin Artikel 113 Absatz 3 aBV [heute: Art. *190 BV] – der Praxis. Es bedarf also des Rückgriffs auf die von Lehre und Praxis anerkannten Regeln. ...

Im Lichte dieser von Lehre und Praxis anerkannten Grundsätze wird Artikel 4 Absatz 4 [des Botschaftsentwurfs; heute: Art. 5 Abs. 4 BV], der alle staatlichen Organe zur Beachtung des Völkerrechts verpflichtet, ohne selbst eine eigentliche Kollisionsnorm aufzustellen, auszulegen sein."

Auf diesem Standpunkt steht auch die herrschende Staatsrechtslehre, z.B. AUER/MALINVERNI/HOTTELIER, Droit constitutionnel I, Rz. 1269; HÄFELIN/HALLER, Bundesstaatsrecht, Rz. 1919; YVO HANGARTNER, in: St. Galler Kommentar, Art. 5 Rz. 44; MAHON, Commentaire, Art. 5 Rz. 19; NICOLAS MICHEL, L'imprégnation du droit étatique par l'ordre juridique international, in: Verfassungsrecht, § 4 Rz. 29; RHINOW, Bundesverfassung, S. 365. Vgl. auch THOMAS COTTIER/MAYA HERTIG, Das Völkerrecht in der neuen Bundesverfassung: Stellung und Auswirkungen, in: BTJP 1999, S. 1, 9 ff.

b.   *Einordnung des Völkerrechts in die landesrechtliche Normenhierarchie*

16   Vom Wesentlichkeitsgehalt her sind die völkerrechtlichen Normen höchst unterschiedlich. Manche von ihnen (z.B. Administrativabkommen technischen Inhalts) verkörpern im Grunde genommen reines Verordnungsrecht; andere wie die EMRK weisen Verfassungsqualität auf. Kurz: Gleich wie das Landesrecht bildet auch das Völkerrecht eine *gestufte Rechtsordnung.* Vor diesem Hintergrund wird das Bemühen verständlich, das Völkerrecht in die landesrechtliche Normenhierarchie einzupassen. Die Zuweisung einer bestimmten Hierarchiestufe kann nämlich dazu beitragen, im Konflikt zwischen Landesrecht und Völkerrecht zu konstellationsadäquaten Lösungen zu kommen.

17   Das Vorhaben stösst allerdings auf die Schwierigkeit, dass das Landesrecht keine *aussagekräftigen Anhaltspunkte zur Einordnung des Völkerrechts* stiftet.

– Erstens *genehmigt die Bundesversammlung* alle Staatsverträge, die ihr vorgelegt werden müssen, *unterschiedslos durch Bundesbeschluss* (Art. 166 Abs. 2 BV i.V.m. Art. 163 Abs. 2 BV). Dies gilt unabhängig davon, ob die Verträge grundlegende (also ‚verfassungswürdige‘), bloss ‚wichtige‘ (also gesetzeswürdige) oder gar nur ‚unwesentliche‘ (landesrechtlich gesehen: verordnungswürdige) Normen enthalten.

– Zweitens nimmt die *Ausgestaltung des Staatsvertragsreferendums* auf eine behauptete ‚Verfassungs-‘ bzw. ‚Gesetzesnatur‘ der Vertragsinhalte keine Rücksicht, sondern folgt primär Gesichtspunkten der politischen Opportunität (Art. 140 Abs. 1 Bst. b im Vergleich zu Art. °141 Abs. 1 Bst. d BV).

Eine hierarchische Einordnung des Völkerrechts ist überdies nur sinnvoll, wenn aus einer unterschiedlichen Rangierung entsprechend *unterschiedliche Rechtsfolgen für den Konfliktfall* resultieren. Die Rechtsfolgenunterschiede müssten sich wiederum (wie schon die Anhaltspunkte zur normhierarchischen Einordnung) dem Landesrecht entnehmen lassen. Doch auch in dieser Hinsicht ist auf die BV nur bedingt Verlass (Näheres dazu in Rz. 20 ff.).   18

Schliesslich sollte man niemals übersehen, dass das *Völkerrecht im Aussenverhältnis stets verpflichtet* – ganz gleich, ob Fundamentalnormen oder bloss technisch-administrative Bestimmungen im Spiel sind. Auch durch eine allenfalls ‚tiefe‘ Einreihung völkerrechtlicher Normen in die landesrechtliche Normenhierarchie lässt sich die völkerrechtliche Verantwortlichkeit nicht abschütteln. Letztlich fusst der Vorrang des Völkerrechts *auch landesrechtlich* im Grundsatz von *Treu und Glauben*. Die Zuweisung bestimmter Positionen in der Normenhierarchie ist daher nur von begrenztem Erkenntniswert. In der Botschaft des Bundesrats zur neuen Bundesverfassung heisst es dazu (BBl 1997 I 134 f.):   19

> „Die völkerrechtliche Verpflichtung, Verträge nach Treu und Glauben zu erfüllen, bildet in der internationalen Rechtsordnung die Grundlage des Vorrangs von Völkerrecht vor dem Landesrecht. Dieses Gebot ist insbesondere für den Schutz von Kleinstaaten in ihren internationalen Beziehungen von zentraler Bedeutung. Absichtlich begangene Völkerrechtsverletzungen – zum Beispiel der Erlass gesetzgeberischer, administrativer oder richterlicher Akte, die gegen völkerrechtlich übernommene Verpflichtungen verstossen – können nicht durch eine Berufung auf innerstaatliche Rechtsnormen gerechtfertigt werden. Im Völkerrecht bindet ein Vertrag den Staat als solchen: Alle Organe eines Staates haben daher im Rahmen ihrer jeweiligen Zuständigkeiten darauf zu achten, dass sich das nationale Recht nach den internationalen Verpflichtungen richtet; alle Staatsorgane tragen eine gemeinsame Verantwortung für die Erfüllung völkerrechtlicher Verpflichtungen."

c.   *Zu den einzelnen Konstellationen*

aa.   *Völkerrecht vs. Bundesverfassung*

20   Das *zwingende Völkerrecht* im Sinne von Art. 194 Abs. 2 BV (hinten
§ 44 Rz. 23 ff.) steht *über* der Bundesverfassung. Entgegenstehendes
Bundesverfassungsrecht ist kraft Art. 194 Abs. 2 BV nichtig.

21   *Staatsverträge grundrechtlichen Inhalts* wie beispielsweise die EMRK
oder die UNO-Pakte werden gewöhnlich auf die *gleiche* Stufe wie die
Bundesverfassung gestellt, weil ja auch die oft ähnlich lautenden landesrechtlichen Grundrechtsgewährleistungen zum klassischen Verfas-
sungsstoff zählen.

22   Die Normen des *übrigen Völkerrechts* haben nach allgemeiner An-
schauung *grundsätzlich nicht Verfassungsrang*. Dies gilt auch für Staatsverträge über den Beitritt zu Organisationen für kollektive Sicherheit
oder zu supranationalen Gemeinschaften, obwohl solche Staatsverträge
gleich wie Verfassungsrevisionen die Zustimmung von Volk und Ständen bedingen (Art. 140 Abs. 1 Bst. b BV). Doch selbst wenn das ‚gewöhnliche‘ Völkerrecht unterhalb der Verfassungsebene siedelt, so
muss entgegenstehendes Bundesverfassungsrecht – ohne nichtig zu sein
– im Konfliktfall doch weichen. Landesrechtlich ergibt sich diese
Rechtsfolge schon aus Art. *190 BV, wonach Völkerrecht für die
rechtsanwendenden Behörden „massgeblich" ist (VPB 1973 Nr. 32,
S. 11 f.). Immerhin sollten die Bundesbehörden beim Abschluss von
Staatsverträgen darauf achten, die fundamentalen Verfassungsnormen –
und namentlich die grundrechtlichen Kerngehalte – nicht zu verletzen
(vgl. VEB 1959/1960 Nr. 3, S. 22).

bb.   *Völkerrecht vs. Bundesgesetz*

23   Ähnliches gilt im Verhältnis zwischen Völkerrecht und Bundesgesetz.
Ein Verstoss gegen *zwingendes Völkerrecht* hat die Nichtigkeit der ent-
sprechenden Bestimmungen zur Folge. Die Verfassung ordnet diese
Rechtsfolge zwar nicht ausdrücklich an, doch muss das, was wegen
Art. 194 Abs. 2 BV für entsprechende Verfehlungen der Bundesverfas-
sung gilt, erst recht auf die rangtieferen Bundesgesetze zutreffen.

24   Die Normen des *übrigen Völkerrechts* stehen (auch wenn sie mangels
grundrechtlicher Gehalte nicht Verfassungsrang haben sollten) *über* den
Bundesgesetzen. Widersprechende Bundesgesetze sind zwar nicht nich-

tig; sie dürfen aber – von singulären Ausnahmen abgesehen – im Einzelfall nicht angewendet werden. Zum Verhältnis von Völkerrecht und Bundesgesetz unten Abschnitt IV.

cc. *Völkerrecht vs. Verordnungen des Bundes*

Völkerrechtswidriges Verordnungsrecht des Bundes ist stets unanwendbar: Völkerecht steht, wie soeben erwähnt, über den Bundesgesetzen, also erst recht über den Bundesverordnungen; ausserdem kommt dem Vorrang des Völkerrechts in diesem Fall auch nicht Art. *190 BV in die Quere, denn Verordnungen zählen nicht zu den „massgeblichen" Erlassen im Sinne dieser Bestimmung.   25

dd. *Völkerrecht vs. kantonales Recht*

Völkerrecht wird mit seinem Inkrafttreten Teil der schweizerischen Rechtsordnung auf *Bundes*ebene (von den Staatsverträgen der *Kantone* nach Art. 56 Abs. 1 BV einmal abgesehen). Landesrechtlich profitiert das Völkerrecht also vom Vorrang des Bundesrechts gegenüber dem kantonalen Recht (Art. 49 Abs. 1 BV; hinten § 22).   26

IV. Verhältnis von Völkerrecht und Bundesgesetz im Besonderen

1. Ausgangspunkt: „Massgeblichkeit" der Bundesgesetze und des Völkerrechts nach Art. *190 BV

Art. *190 BV erklärt Bundesgesetze *und* Völkerrecht für das Bundesgericht und die anderen rechtsanwendenden Behörden als „massgeblich". Die Norm äussert sich allerdings nur zur Frage, wie bei allfälligen *Normkollisionen zwischen Bundesgesetz oder Völkerrecht einerseits und Bundesverfassung andererseits* zu verfahren ist: Die bundesgesetzliche bzw. die völkerrechtliche Norm muss im Einzelfall angewendet werden, und zwar auch dann, wenn sie der Bundesverfassung widersprechen sollte. Zu allfälligen *Normkollisionen zwischen Völkerrecht und Bundesgesetz* lässt sich Art. *190 BV aber nichts entnehmen, übrigens auch nichts zum *Rangverhältnis zwischen Völkerrecht und Bundesgesetz*.   27

Im Leiturteil BGE 117 Ib 367, Eidg. Steuerverwaltung, erklärt das Bundesgericht (E. 2e S. 372):

> „Art. 113 Abs. 3 aBV und Art. 114bis Abs. 3 aBV [heute: Art. *190 BV] binden das Bundesgericht und die übrigen rechtsanwendenden Organe nicht nur an die Bundesgesetze und allgemeinverbindlichen Bundesbeschlüsse, sondern auch an die genehmigten Staatsverträge. Aus den Materialien zu Art. 113 Abs. 3 aBV ergibt sich klar, dass der Verfassungsgeber seinerzeit ausschliesslich die Gewaltenteilung zwischen der Bundesversammlung ... und dem Bundesgericht regeln wollte. Völkerrechtliche Überlegungen spielten offenbar bei der Aufnahme der Staatsverträge in Art. 113 Abs. 3 aBV keine Rolle. Aus dieser Bestimmung kann daher für die Rangordnung der beiden Rechtsquellen gerade nichts abgeleitet werden."
>
> *Bestätigungen:* BGE 124 II 480 E. 3 a S. 487, Erben P.; 125 II 417 E. 4d S. 424, A.

28   Damit ist der Weg frei, *Art. *190 BV völkerrechtskonform zu konkretisieren.* Der oben abgedruckte Entscheid fährt fort (E. 2e S. 372 f.):

> „Art. 114bis Abs. 3 aBV verbietet demnach nicht, allgemein anerkannte Prinzipien anzuwenden, die das Verfassungsrecht und Völkerrecht in Einklang bringen. Zu beachten ist in diesem Zusammenhang namentlich das Wiener Übereinkommen über das Recht der Verträge, das ... in Art. 26 und 27 nun ausdrücklich den Grundsatz des Vorrangs des vertraglichen Völkerrechts enthält. Dieser Grundsatz verlangt von allen rechtsanwendenden Behörden eine völkerrechtskonforme Auslegung des Landesrecht und mithin auch von Art. 114bis Abs. 3 aBV."

29   Die völkerrechtskonforme Auslegung von Art. *190 BV kann nur darauf hinauslaufen, von den beiden als „massgeblich" erklärten Rechtsquellen – Bundesgesetz und Völkerrecht – *im Konfliktfall regelmässig das Völkerrecht vorgehen zu lassen.* Das war schon unter der alten Bundesverfassung so; Art. 5 Abs. 4 BV fügt nichts Neues hinzu. Nach gefestigter Rechtsprechung gelten bei Normkonflikten zwischen Völkerrecht und Bundesgesetz folgende *Leitsätze:*

1. Normkonflikte zwischen Völkerrecht und Bundesgesetz sind soweit möglich durch völkerrechtskonforme Auslegung des Bundesgesetzes zu vermeiden (Rz. 30).

2. Bei unvermeidbaren Normkonflikten geht Völkerrecht dem Bundesgesetz vor (Rz. 31 f.).

3. Der Vorrang gilt ausnahmsweise nicht, wenn der Bundesgesetzgeber die Völkerrechtsverletzung bewusst in Kauf nahm (Rz. 33 f.).

4. Im Sinne einer Gegenausnahme bleiben die zwingenden Bestimmungen des Völkerrechts vorbehalten (Rz. 35).

2. Konfliktvermeidung durch völkerrechtskonforme Auslegung des Bundesgesetzes

Vorweg ist der *Sinn der völkerrechtlichen Norm* zu ermitteln, anschlies- 30
send die völkerrechtliche Norm *dem Bundesgesetz gegenüberzustellen.*
Zeichnet sich dabei ein Normkonflikt zwischen Völkerrecht und Bundesgesetz ab, so muss die Behörde prüfen, ob sich dieser Konflikt durch
völkerrechtskonforme Auslegung des Bundesgesetzes abwenden lässt (dazu
unten Abschnitt V).

3. Regel im Konfliktfall: Vorrang des Völkerrechts vor dem Bundesgesetz

Lässt sich eine Normkollision selbst nach völkerrechtskonformer Aus- 31
legung des Bundesgesetzes nicht vermeiden, so geht das Völkerrecht
regelmässig vor und das Bundesgesetz darf nicht angewendet werden
(BGE 125 II 417 E. 4d S. 425, A.). Der Vorrang gilt *auch gegenüber späteren* (also *nach* Inkrafttreten der völkerrechtlichen Norm erlassenen)
Bundesgesetzen. Die Lex-posterior-Regel – d.h. die Regel, wonach im
Konflikt zwischen zwei gleichrangigen Normen die jüngere der älteren
vorgeht – spielt im Verhältnis zwischen Völkerrecht und Bundesgesetz
nicht (BGE 122 II 485 E. 3a S. 487, S.; in diesem Punkt zögerlicher die
Zivilabteilungen des Bundesgerichts, BGE 122 III 414 E. 3a S. 416,
B. M.).

Der Vorrang des Völkerrechts vor dem widersprechenden Bundesge- 32
setz kann *auch dann* in Anspruch genommen werden, wenn das Völkerrecht *Rechte* einräumt, die *in gleicher Weise durch die Bundesverfassung gewährleistet* werden (BGE 111 Ib 68 E. 3 S. 71, X.). Dadurch werden Bundesgesetze in einem gewissen Sinn – nämlich auf dem Umweg
über staatsvertragliche Grundrechtsgarantien – der Verfassungsgerichtsbarkeit zugeführt.

4. Ausnahme: Vorbehalt bewusster Völkerrechtsverletzung durch den Bundesgesetzgeber

Sofern der *Bundesgesetzgeber* die *Völkerrechtsverletzung bewusst in Kauf* 33
nahm, sieht sich das Bundesgericht an das völkerrechtswidrige Landesrecht gebunden (BGE 99 Ib 39 E. 4 S. 44, Schubert; bestätigt durch
BGE 112 II 1 E. 8 S. 13, Wohnbau AG Giswil; 118 Ib 277 E. 3b S. 281,

S.). Die Anwendung eines völkerrechtswidrigen Bundesgesetzes bedeutet aber eine Völkerrechtsverletzung, wofür sich die Schweiz gegenüber den betroffenen Staaten völkerrechtlich zu verantworten hat.

34 Die so genannte „Schubert-Praxis" des Bundesgerichts hat *politische Gründe.* Mit Recht sagt WALTER KÄLIN (Der Geltungsgrund des Grundsatzes „Völkerrecht bricht Landesrecht", ZBJV 124bis [1988], S. 45, 63):

> „Es ist widersprüchlich, eine generelle Bindung aus Art. 113 Abs. 3 aBV [heute: Art. *190 BV] an das spätere Gesetz (richtigerweise) abzulehnen, sie aber für den Fall bewusster Abweichung vom Völkerrecht zu bejahen. ... Hinter der unzutreffenden Begründung [des Bundesgerichts] versteckt sich aber eine Einsicht, die zu respektieren ist: Es sind durchaus Situationen denkbar, in welchen Bundesrat und Bundesversammlung aus politischen Gründen derart klar und bewusst gegen bestehendes Völkerrecht verstossen wollen, dass dem Bundesgericht angesichts der Verhältnisse faktisch nichts anderes übrig bleibt, als klein beizugeben und den Entscheid des Gesetzgebers zu tolerieren. Amerikanische Gerichte würden in solchen Fällen vom Vorliegen einer ‚political question' sprechen und auf einen Entscheid verzichten."

5. Gegenausnahme: Vorbehalt des zwingenden Völkerrechts

35 Bundesgesetze, die den zwingenden Bestimmungen des Völkerrechts im Sinne von Art. 194 Abs. 2 BV widersprechen, sind nichtig (Rz. 23). Die „Schubert-Praxis" lässt sich auf solche Gesetze darum nicht anwenden.

V. Völkerrechtskonforme Auslegung

36 Die völkerrechtskonforme Auslegung legt dem Landesrecht unter mehreren vertretbaren Lesarten jene Bedeutung bei, die *dem Sinn der völkerrechtlichen Norm am nächsten* kommt. Gleich wie die verfassungskonforme Auslegung des einfachen Rechts trägt die völkerrechtskonforme Auslegung des Landesrechts zur *Einheit der Rechtsordnung* bei.

37 Die völkerrechtliche Norm, die bei der Auslegung des Landesrechts als Richtpunkt dienen soll, bedarf unter Umständen ihrerseits der Auslegung. Soweit mit der *Handhabung der richtunggebenden Völkerrechtsnorm* auch internationale Organe befasst sind, müssen die schweizeri-

schen Behörden deren Auslegung übernehmen. Dies gilt besonders mit Blick auf die EMRK (BGE 122 II 464 E. 3b S. 466 f., G.).

Die *Pflicht zur völkerrechtskonformen Auslegung des Landesrechts* fusst in Art. 5 Abs. 3 und 4 BV. Sie ist die landesrechtliche Entsprechung zum völkerrechtlichen Grundsatz, wonach Staatsverträge unbesehen des innerstaatlichen Rechts nach Treu und Glauben zu erfüllen sind (Art. 26 und 27 VRK). In den Grenzen ihrer funktionellen Zuständigkeit sind darum alle staatlichen Behörden gehalten, zur Erfüllung der völkerrechtlichen Verpflichtungen beizutragen und die Eidgenossenschaft vor dem Eintritt eines völkerrechtlichen Verantwortlichkeitsfalls nach Kräften zu bewahren. Der mehrfach erwähnte Leitentscheid hält fest (BGE 117 Ib 367 E. 2e und 2f S. 373, Eidg. Steuerverwaltung): 38

> „Auch wenn die Wahrnehmung der völkerrechtlichen Beziehungen ausschliesslich den politischen Behörden ... obliegt, rechtfertigt es sich nicht, die Harmonisierung von Landesrecht und durch die Schweiz abgeschlossenen Völkerrechtsverträgen nur den politischen Instanzen zu überlassen. Das bedeutet keinen Einbruch in den Grundsatz der Gewaltenteilung, da aus rechtlicher Sicht alle Behörden verpflichtet sind, im Rahmen *ihrer Kompetenzen* das die Schweiz bindende Völkerrecht zu respektieren und anzuwenden ...
>
> Dabei ist der – unbestrittene – Grundsatz von Bedeutung, dass Bundesgesetze nicht nur verfassungskonform, sondern auch der Konvention entsprechend auszulegen sind, d.h. so, dass im Zweifelsfalle ein Konflikt zwischen beiden Rechtsordnungen möglichst vermieden wird."

Bestätigungen: BGE 122 II 234 E. 4e S. 239, Schweizerischer Bund für Naturschutz; 125 II 417 E. 4c S. 424, A. So bereits BGE 94 I 669 E. 6a S. 678, Frigerio.

Analog zur verfassungskonformen Auslegung *setzt* die völkerrechtskonforme Auslegung *voraus,* dass das Landesrecht mehrere Deutungen zulässt und dass mit ausreichender Sicherheit von einer völkerrechtsgetreuen Behördenpraxis ausgegangen werden darf (vorn § 8 Rz. 22 ff.). Auch zu den *Grenzen* der völkerrechtskonformen Auslegung gilt das früher Gesagte sinngemäss (vorn § 8 Rz. 27 f.; vgl. für ein Beispiel, wo eine völkerrechtskonforme Auslegung des Bundesrechts nicht mehr möglich war, BGE 125 II 417 E. 4c S. 424, A.). 39

4. Kapitel: Schutz der Bundesverfassung

§ 10 Der Schutz der Verfassung im Allgemeinen

I. Begriff und Problematik

1   „Schutz der Verfassung" verkörpert keinen Rechtsbegriff mit festgefügtem Sinngehalt. Der Ausdruck steht an dieser Stelle lediglich als *Sammelbezeichnung für die verschiedenen Vorkehrungen zur Abwehr von Verfassungsgefährdungen und Verfassungsverletzungen.* So vielfältig die Verfassungsfunktionen, so vielfältig auch die zu schützenden Verfassungsgehalte: Es kann sich um den Schutz der Verfassung als Rechtserlass handeln, um den Schutz der besonders wichtigen Normen und Werte, den Schutz eines verfassungsmässigen Zustands, vielleicht auch um den Schutz der staatlichen Existenz. Gleiches gilt von den abzuwehrenden Gefahren: Verfassungswidrige Rechtsakte, Aktivitäten verfassungsfeindlicher Organisationen und Personen, Störfälle wie Unruhen, Katastrophen oder Versorgungsnot, Bürgerkrieg und bewaffnete Konflikte mit dem Ausland – dies alles bedrängt die Verfassung in mehr oder weniger ernsthafter Weise. Gemeinsam ist den skizzierten Fällen bloss, dass das Schutzobjekt um die Staatsverfassung kreist. Alles Übrige variiert: die abzuwehrenden Gefahren, die gebotenen Schutzvorkehrungen, die zuständigen Organe, die einschlägigen Rechtsgrundlagen. Eine Übersicht über die wichtigsten Verfassungsschutzfälle folgt in Abschnitt II.

2   *Verlässlichkeit und Zielgenauigkeit der einzelnen Schutzdispositive* sollten freilich *nicht überschätzt* werden. Erstens kann die Verfassung zu ihrem Schutz kaum auf externe Hilfe zählen. *Adressat und Garant der Verfassung* sind *weit gehend identisch:* Allemal sind es staatliche Behörden, die in der verfassungsrechtlichen Pflicht stehen. Anders verhält es sich nur, soweit bestimmte Verfassungsgehalte zusätzlich durch das Völkerrecht abgesichert sind und vor internationalen Organen eingefordert werden können. Dies trifft aber – jedenfalls solange die Schweiz der EU fernbleibt – nur auf wenige Verfassungsbereiche zu (z.B. auf die von der EMRK abgedeckten Grundrechte der BV). Für den Grossteil ihrer

Normen muss die Verfassung auf die fortwährende Bereitschaft der Staatsorgane zählen, das Verfassungsrecht aus eigenem Antrieb zu respektieren und die Verfassungsaufträge auch gegen Widerstände zu erfüllen. Dieser „*Wille zur Verfassung*" (HESSE, Grundzüge, Rz. 44) ist durch nichts zu ersetzen. Gegen einen allgemeinen Rückfall der Staatsorgane in verfassungsschädigendes Verhalten gibt es keine verfassungsrechtlichen Sicherungen. Selbst ein Verfassungsgericht vermöchte fortgesetzte Verfassungsbrüche von Regierung und Parlament auf die Dauer nicht abzuwehren.

Vorbehalte gibt es zweitens gegen die Eignung mancher Vorkehrungen. Mitunter kann der *Schutz dem Schutzgut mehr schaden als nützen.* Die Gefahr solcher Eigentore besteht vor allem bei der Abwehr von Verfassungsgefährdungen, die von gesellschaftlichen Akteuren ausgehen. Die entsprechenden Massnahmen laufen regelmässig darauf hinaus, verfassungsmässige Rechte im Namen der Verfassung zu beschneiden. Verdachtslisten, Personenkontrollen, Observierung von Versammlungen und Demonstrationen, Verbot verfassungsfeindlicher Organisationen: Massnahmen dieser Art führen – auch wenn sie im Einzelfall berechtigt sein mögen – stets zur *Ausgrenzung gesellschaftlicher Kräfte* und zur *Verkürzung des politischen Prozesses.* Damit bringt sich die Verfassung ein Stück weit um ihre Integrationskraft. Geht sie in diesem Punkt zu weit, so riskiert sie, die gewonnenen Sicherheiten über kurz oder lang gegen schwere Legitimitätsverluste einzutauschen. Schutzvorkehrungen bei Katastrophen und äusseren Bedrohungen dagegen erscheinen unter Legitimitätsgesichtspunkten vergleichsweise unproblematisch. 3

II. Übersicht über die typischen Verfassungsschutzfälle

1. Verfassungswidriges Verfassungsrecht?

Mit dem widersinnig scheinenden Wort vom „verfassungswidrigen Verfassungsrecht" ist die Frage angesprochen, ob die Verfassung dem Verfassungsgeber verbietet, Verfassungssätze bestimmten Inhalts anzutasten bzw. Verfassungssätze bestimmten Inhalts neu zu erlassen. Die Festlegung unabänderlicher (bzw. ‚verbotener‘) Verfassungsgehalte soll die *Grundwerte der Verfassung* vor unbedachten Angriffen durch den Verfassungsgeber bewahren. Man spricht in diesem Zusammenhang 4 von *autonomen* (d.h. von der Verfassung selbst aufgerichteten) *materiellen* (d.h. inhaltlichen) *Schranken der Verfassungsrevision.* Die Bundesverfassung kennt keine solchen Schranken. Zur Vermeidung von Missverständnissen sei aber jetzt schon darauf hingewiesen, dass der Verfassungsgeber gewisse Verfahrensvorschriften sowie die zwingenden Bestimmungen des Völkerrechts einhalten muss, somit keineswegs über grenzenlose Freiheiten verfügt. Zu den Schranken der Verfassungsrevision vgl. hinten § 44/III.

2. Verfassungswidrigkeit des nachgeordneten Rechts

5   Verfassungswidrige Akte des Gesetz- und Verordnungsgebers stellen den *Vorrang der Verfassung* in Frage. Gleiches gilt von bundesverfassungswidrigen Erlassen der Kantone. Der Schutz des Verfassungsvorrangs ist wesentlich Sache der *Verfassungsgerichtsbarkeit* (hinten § 11).

3. Verfassungsfeindliche Aktivitäten

6   Jede demokratisch-rechtsstaatliche Ordnung steht vor dem Problem, dass die verfassungsmässigen Freiheiten zum Kampf gegen die Verfassung missbraucht werden können. Auch die Eidgenossenschaft kommt nicht umhin, die verfassungsrechtlichen Grundentscheidungen für Demokratie und Rechtsstaat gegen Gruppen zu schützen, die diese Grundentscheidungen prinzipiell ablehnen. Sie darf dies aber um ihrer eigenen Glaubwürdigkeit willen nicht im Geheimen tun. Der *Verfassungsschutz* muss sich vielmehr *strikt im Rahmen der demokratisch-rechtsstaatlichen Standards* bewegen.

7   *Schutzobjekt* ist die *demokratisch-rechtsstaatliche Grundordnung* der Schweiz. So hält das Bundesgesetz über Massnahmen zur Wahrung der inneren Sicherheit (BWIS) fest:

> **Art. 1**   *Zweck*
>
> Dieses Gesetz dient der Sicherung der demokratischen und rechtsstaatlichen Grundlagen der Schweiz sowie dem Schutz der Freiheitsrechte ihrer Bevölkerung.

8   Worin diese Grundordnung im Einzelnen besteht, lässt sich kaum mit letzter Sicherheit sagen. Die Unbestimmtheit des Schutzobjekts ist aber dann zu verschmerzen, wenn die Schwelle der *abzuwehrenden Gefahr* hoch genug gelegt wird, sodass das gesetzliche Schutzdispositiv nicht zum Schaden der Freiheit vorschnell greift. Das Gesetz nimmt „Ge-

fährdungen durch Terrorismus, verbotenen Nachrichtendienst und gewalttätigen Extremismus" ins Visier, ferner „Vorbereitungen zu verbotenem Handel mit Waffen und radioaktiven Materialien sowie zu verbotenem Technologietransfer" (Art. 2 Abs. 1 Satz 1 und Abs. 2 BWIS). Die Verfassungsfeindlichkeit solcher Aktivitäten liegt auf der Hand.

Die *Schutzvorkehrungen* sind vorbeugender Natur. Sie umfassen die 9 periodische Lagebeurteilung, die Bearbeitung von sicherheitsrelevanten Informationen, die Sicherheitsüberprüfung von Personen mit Zugang zu sicherheitsrelevanten Informationen sowie den Schutz von Bundesbehörden und von Personen, Vertretungen und Organisationen mit völkerrechtlichem Status (Art. 2 Abs. 4 BWIS). Informationen über die Ausübung der politischen und ideellen Grundrechte dürfen nicht bearbeitet werden, ausser es bestehe der begründete Verdacht, dass unter dem Mantel dieser Rechte terroristische, nachrichtendienstliche oder gewalttätig extremistische Tätigkeiten vorbereitet oder durchgeführt werden (Art. 3 Abs. 1 BWIS). Die gewonnenen Erkenntnisse dienen den zuständigen Behörden des Bundes und der Kantone dazu, rechtzeitig die erforderlichen administrativen, polizeilichen oder strafrechtlichen Massnahmen zu ergreifen (Art. 2 Abs. 1 Satz 2 BWIS). *Ausländische Personen,* die an Tätigkeiten nach Art. 2 Abs. 1 und 2 BWIS beteiligt sind und dadurch die Sicherheit des Landes gefährden, können aus der Schweiz ausgewiesen werden (Art. 121 Abs. 2 BV).
Nach einem Bundesratsbeschluss vom 24. Februar 1948 (AS 1948 119, sog. *Rednerbeschluss*) durften Ausländer ohne Niederlassungsbewilligung „an öffentlichen oder geschlossenen Versammlungen nur mit besonderer Bewilligung über ein politisches Thema reden" (Art. 2). Die Bewilligung war zu verweigern, „wenn eine Gefährdung der äusseren oder inneren Sicherheit des Landes oder Störungen von Ruhe und Ordnung zu befürchten" standen; ausländische Redner hatten sich ausserdem „jeder Einmischung in innerschweizerische politische Angelegenheiten zu enthalten" (Art. 3). Dieser Beschluss aus Zeiten des Kalten Kriegs ist beschämenderweise erst zum 30. April 1998 aufgehoben worden (AS 1998 1174).

Der *Vollzug* ist in erster Linie Sache der Kantone (Art. 57 Abs. 1 BV; 10 Art. 4 Abs. 1 BWIS). Dem Bund obliegen gewisse Leitungs-, Koordinations- und Überwachungsfunktionen, der Verkehr mit ausländischen Behörden sowie die Sicherungsmassnahmen im Bereich der Bundesbehörden.

4.   Polizeinotstand

11   Bei *schweren Störungen der öffentlichen Ordnung und Sicherheit auf Bundesebene* kann der Bundesrat unmittelbar gestützt auf die Verfassung die erforderlichen *Polizeinotverordnungen und Polizeinotverfügungen* treffen sowie bei Dringlichkeit Truppen aufbieten (Art. 185 Abs. 3 und 4 BV). Auch die Bundesversammlung verfügt über entsprechende Kompetenzen (Art. 173 Abs. 1 Bst. c BV).

Für die *Störungsabwehr im lokalen Rahmen* sind die Kantone zuständig (Art. 57 Abs. 1 BV). Der Bund interveniert nur, wenn der betroffene Kanton die verfassungsmässige Ordnung nicht selber oder mit Hilfe anderer Kantone schützen kann (Art. 52 Abs. 2 BV). Zur Bundesintervention hinten § 18 Rz. 41 ff.

5.   Staatsnotstand

12   Zur Bewältigung ausserordentlicher Lagen, in denen die *Existenz der Schweiz als Staat* in Frage steht, genügen die Polizeinotbefugnisse des Bundesrats nicht. Soweit noch handlungsfähig, sind Bundesversammlung und Bundesrat darum befugt und verpflichtet, *unverzüglich und unbesehen entgegenstehenden Verfassungsrechts alle erforderlichen Massnahmen* zu treffen, um den Fortbestand des Staats sicherzustellen. Handeln muss in erster Linie der Bundesrat als ständig tagendes Regierungsorgan. Die nötigen Vollmachten zu erteilen oder wenigstens nachträglich zu legitimieren ist – immer im Rahmen der tatsächlichen Möglichkeiten – Sache des Parlaments.

Beispiele: Die Vollmachtenbeschlüsse zu Beginn des 1. und des 2. Weltkriegs, nämlich der Bundesbeschluss betreffend Massnahmen zum Schutze des Landes und zur Aufrechterhaltung der Neutralität vom 3. August 1914, AS 1914 347 f.; sowie der Bundesbeschluss über Massnahmen zum Schutze des Landes und zur Aufrechterhaltung der Neutralität vom 30. August 1939, AS 1939 769 f.

13   Solche Massnahmen sind Ausdruck echten Notrechts und stehen *ausserhalb* der von der Bundesverfassung vorgesehenen Ordnung. Anders als ausländische Verfassungen wie z.B. das deutsche Grundgesetz sieht die Bundesverfassung bewusst keine Bestimmungen zum Staatsnotstand vor. Man kann das ,Fehlen' solcher Bestimmungen darum auch nicht als Verfassungslücke qualifizieren.

So zu Recht BBl 1997 I 419 und KURT EICHENBERGER, in: Kommentar aBV, Art. 102 Rz. 15. In diesem Sinne auch AUBERT, Commentaire, Art. 173 Rz. 39; AUER/MALINVERNI/HOTTELIER, Droit constitutionnel I, Rz. 1544 f.; FRANÇOIS BELLANGER, Droit de nécessité et état d'exception, in: Verfassungsrecht, § 80 Rz. 35 ff.; HÄFELIN/HALLER, Bundesstaatsrecht, Rz. 1803 f.

6. Tabellarischer Überblick

Die *wichtigsten Konstellationen* lassen sich wie folgt charakterisieren: 14

	(oben 2) BV-widriges einfaches Recht	(oben 3) BV-bedrohende Aktivitäten	(oben 4) Polizeinotstand	(oben 5) Staatsnotstand
Schutzobjekt	Vorrang der BV	Demokratisch-rechtsstaatliche Grundordnung	Polizeigüter wie: • öffentl. Ordnung • innere/äussere Sicherheit • Landesinteressen	Staatswesentliche Güter wie: • Bestand, Gebiet • Unabhängigkeit • Überleben des Volks
Abzuwehrende Gefahr	Verletzung der BV durch nachgeordnetes Recht	Aktivitäten wie: • Terrorismus • Spionage • gewalttätiger Extremismus	Störungen wie: • Unruhen • Katastrophen • aussenpolitische Verwicklungen	Existenzbedrohende Ereignisse wie: • Verteidigungsfall • Bürgerkrieg • Versorgungsnot
Schutz-vorkehrung	Verfassungs-gerichtsbarkeit: • Aufhebung bzw. • Nichtanwendung des verfassungs-widrigen Rechts (vorbehältlich BV *190)	Verfassungsschutz-vorkehrungen wie: • Nachrichtenbe-schaffung • Personenprüfung • Personen- und Gebäudeschutz • Strafverfolgung	Polizeinotvorkehrun-gen wie: • Notverfügung • Notverordnung • Armee (bis 4000 Mann) • Zivilschutz	• Erteilung von Regierungsvoll-machten • Armee • Zivilschutz
Zuständiges Organ	• Bundesgericht • andere rechtsan-wendende Behör-den (beschränkt)	• Besondere Sicherheitsorgane • Polizei • Strafjustiz	Bundesrat	• Bundesversamm-lung, danach • Bundesrat
Rechtsgrund-lage	BV 5, 49, *188 ff.	BV 57; BWIS	BV 58 ff., 185.3+4	Ungeschriebenes Verfassungsrecht, BV 2, 58 ff.

7. Abgrenzung zum Dringlichkeitsrecht

Bei Dringlichkeit können Bundesgesetze unter bestimmten Vorausset- 15
zungen sofort in Kraft gesetzt werden (Art. 165 BV). Entgegen einer oft
geäusserten Meinung sind dringliche Bundesgesetze aber *kein Notrecht*.
Verglichen mit der ordentlichen Gesetzgebung besteht die einzige Besonderheit darin, dass eine Volksabstimmung *nachträglich* stattfindet.
Davon abgesehen erscheinen dringliche Bundesgesetze als *vollwertige
gesetzliche Grundlage*. Dies unterscheidet sie sowohl von den Polizeinotverordnungen (hier tritt die polizeiliche Generalklausel nach Art.
185 Abs. 3 BV an die Stelle der gesetzlichen Grundlage) als auch vom
echten Notstandsrecht (im Falle eines Staatsnotstands sind gesetzliche
Grundlagen im herkömmlichen Sinn überhaupt entbehrlich).

§ 11 Verfassungsgerichtsbarkeit

I.   Begriff der Verfassungsgerichtsbarkeit

1   *Verfassungsrechtspflege* meint die Überprüfung staatlicher Hoheitsakte auf ihre Verfassungsmässigkeit in einem justizförmigen Verfahren. Liegt dieses Verfahren in der Hand einer richterlichen Behörde, so spricht man von *Verfassungsgerichtsbarkeit*. Nur die gerichtliche Verfassungsrechtspflege wird im Folgenden näher dargelegt.

2   Zur *aussergerichtlichen Verfassungsrechtspflege* müssen wenige Hinweise genügen. Auf Bundesebene befassen sich neben dem Bundesgericht folgende Behörden mit Verfassungsrechtspflege:
- *Bundesverwaltungsbehörden und Bundesrat*. Mit *Verwaltungsbeschwerde* gegen Verfügungen nach Art. 5 VwVG kann u.a. die Verletzung von Bundesrecht einschliesslich Bundesverfassungsrecht gerügt werden (Art. 44, 49 Bst. a VwVG; BGE 119 Ib 380 E. 1b S. 382, A.). Nach früherem Recht oblag dem Bundesrat ausserdem der Entscheid über Beschwerden gegen kantonale Hoheitsakte wegen Verletzung einiger weniger Grundrechte, namentlich des Anspruchs auf Grundschulunterricht und des Anspruchs auf ein schickliches Begräbnis (Art. 73 Abs. 1 Bst. a VwVG i.d.F. vom 20. Dezember 1968, AS 1969 737; Art. 27 und 53 aBV). Diese so genannte ,*kleine staatsrechtliche Beschwerde'* *an den Bundesrat* ist mittlerweile aufgehoben und die entsprechende Spruchkompetenz dem Bundesgericht übertragen worden (vgl. die ersatzlose Streichung von Art. 73 VwVG durch das Bundesgesetz über prozessuale Anpassungen an die neue Bundesverfassung vom 8. Oktober 1999, AS 2000 416, in Kraft seit dem 1. März 2000).
- *Bundesversammlung*. Zu den verfassungsjustiziellen Funktionen der Bundesversammlung gehören namentlich die *Überprüfung der Kantonsverfassungen* auf ihre Bundesrechtmässigkeit im Zuge des Gewährleistungsverfahrens (Art. 51, Art. 172 Abs. 2 BV), die *Beurteilung von Volksinitiativen* auf ihre Gültigkeit (Art. 139 Abs. 3, Art. 173 Abs. 1 Bst. f BV) sowie die *Schlichtung von Zuständigkeitskonflikten* zwischen den obersten Bundesbehörden (Art. 173 Abs. 1 Bst. i BV). Bis ins Jahr 2000 hatte die Bundesversammlung ausserdem über *Beschwerden gegen Beschwerdeentscheide des Bundesrats in staatsrechtlichen Angelegenheiten* zu urteilen. Mit dem Wegfall der ,kleinen staatsrechtlichen Beschwerde' an den Bundesrat ist nun auch der daran anschliessende Beschwerdeweg an die Bundesversammlung gegenstandslos geworden (vgl. vorstehendes Lemma a.E.).

II.   Formen der Verfassungsgerichtsbarkeit

Die *angefochtenen Hoheitsakte* können (generell-abstrakte) *Erlasse* oder 3
(individuell-konkrete) *Verfügungen* sein. Im ersten Fall liegt eine abstrakte Normenkontrolle vor, im zweiten Fall eine Einzelaktkontrolle.

1.   Abstrakte Normenkontrolle

Die *abstrakte Normenkontrolle* zeichnet sich dadurch aus, dass der Er- 4
lass als solcher – d.h. *hauptfrageweise* – auf seine Verfassungsmässigkeit
hin überprüft wird. Die Verfassungsprüfung findet mit anderen Worten ausserhalb eines konkreten Anwendungsfalls statt. Anfechtungsobjekt im Verfahren der abstrakten Normenkontrolle ist dementsprechend der Erlass selbst.

2.   Einzelaktkontrolle: Reine Anwendungskontrolle und konkrete Normenkontrolle

Stellt sich die Frage der Verfassungsmässigkeit dagegen aus Anlass und 5
im Rahmen eines konkreten Streitfalls, so liegt eine *Einzelaktkontrolle*
vor. Anfechtungsobjekt ist hier nicht der Erlass, sondern der darauf
gestützte Rechtsanwendungsakt. Innerhalb der Einzelaktkontrolle ist
zwischen reiner Anwendungskontrolle und konkreter Normenkontrolle zu unterscheiden.

– Bei der *reinen Anwendungskontrolle* wird untersucht, ob ein verfassungsrechtlich untadeliger Erlass in verfassungswidriger Weise gehandhabt wurde. Der Grund einer allfälligen Verfassungswidrigkeit
 liegt diesfalls allein im Einzelakt und nicht in der den Einzelakt tragenden Norm.

– Von *konkreter Normenkontrolle* ist die Rede, wenn bei Gelegenheit
 einer Einzelaktkontrolle – d.h. *vorfrageweise* (akzessorisch) – geprüft
 wird, wie weit der hinter dem Einzelakt stehende Erlass mit der
 Verfassung übereinstimmt. Die Verfassungswidrigkeit des Einzelakts wäre dann bereits in der Verfassungswidrigkeit der Norm angelegt. Vgl. zur konkreten Normenkontrolle unten Abschnitt VI.

III. Funktionen der Verfassungsgerichtsbarkeit

1. Ausgangspunkt: Besonderer Legitimationsbedarf der Verfassungsgerichtsbarkeit

6 Das Wirken der Verfassungsjustiz läuft oft auf eine *Korrektur*, ja *Kassation politischer Prozesse* hinaus. Damit droht ein Konflikt zwischen Demokratie und Rechtsstaat.

Dies zeigt sich am deutlichsten bei der *abstrakten Normenkontrolle*, wenn Gesetz und Verordnung als solche einer Verfassungsprüfung unterzogen und bei Verfassungsverstössen gerichtlich aufgehoben werden. Im Verfahren der *konkreten Normenkontrolle* bleibt einem verfassungswidrigen Erlass lediglich die Anwendung im Einzelfall versagt; die Aufhebung des Erlasses scheidet aus prozessrechtlichen Gründen aus (Anfechtungsobjekt ist hier ja allein der Rechtsanwendungsakt, nicht der Erlass). Letztlich wird aber auch in diesem Fall ein Erlass um seine politisch intendierte Wirkung gebracht. Die *blosse Anwendungskontrolle* endlich stellt die Verfassungsmässigkeit des Erlasses nicht in Frage, und insofern erscheint sie zunächst als politisch irrelevant. Dies ändert sich aber spätestens dort, wo der angefochtene Einzelakt politische Materien wie z.B. Volkswahlen und Volksabstimmungen beschlägt.

7 Als Strukturprinzipien der Bundesverfassung sind Demokratie und Rechtsstaat grundsätzlich gleichwertig (vorn § 6 Rz. 47, 49 f.). Die Einwirkungen der Verfassungsjustiz auf den politischen Prozess und die von ihm hervorgebrachten gesetzlichen Entscheidungen bedürfen darum einer *besonderen Rechtfertigung*. Sie ist umso nötiger, als die Verfassung im Vergleich zum Gesetz wohl über etwas, nicht aber über *wesentlich* höhere demokratische Legitimation verfügt. Die gesuchte Rechtfertigung besteht in jenen *Kontrollfunktionen*, die zum *Schutz demokratischer, rechtsstaatlicher und bundesstaatlicher Essentialia* zwingend versehen werden müssen *und* die nach der Erfahrung wirksam *nur von einem Verfassungsgericht* versehen werden können. Mit Blick auf die Schweiz lassen sich drei Funktionen hervorheben (Rz. 8 ff.).

Vgl. zum Folgenden auch WALTER HALLER, Die Verfassungsgerichtsbarkeit im Gefüge der Staatsfunktionen, DöV 1980, S. 465 ff.; KÄLIN, Verfassungsgerichtsbarkeit, besonders S. 100 ff., 127 ff., 179 ff.; DERSELBE, Verfassungsgerichtsbarkeit, in: Verfassungsrecht, § 74 Rz. 11 ff.; JÖRG PAUL MÜLLER, Die Verfassungsgerichtsbarkeit im Gefüge der Staatsfunktionen, VVDStRL 39 (1980), S. 53, 70 ff. Distanziert zu diesem Thema AUER, Verfassungsgerichtsbarkeit, S. 51 ff.

2. Gewährleistung eines offenen und fairen politischen Prozesses

Eine erste Rechtfertigung findet die Verfassungsgerichtsbarkeit in der   8
Gewährleistung eines offenen und fairen politischen Prozesses. Das
Bundesgericht versieht diese Funktion vor allem in seiner Rechtspre-
chung zu *kantonalen Wahlen und Abstimmungen* (Art. *189 Abs. 1
Bst. f BV; Art. 85 Bst. a OG). Auch dem Schutz der *Kommunikations-
grundrechte* – besonders der Meinungs- und der Versammlungsfreiheit –
kommt in diesem Zusammenhang grosse Bedeutung zu (Art. *189
Abs. 1 Bst. a, b und d BV; Art. 84 Abs. 1 Bst. a OG).

Die skizzierte Funktion ist seit langem etabliert und stösst auf keinen   9
erkennbaren Widerspruch. Das erstaunt wenig, wendet sich doch das
Gericht lediglich dem *Ablauf* des politischen Prozesses zu und überprüft ihn vorab unter *formalen* Gesichtspunkten. Aus Bürgersicht tritt
die Justiz in diesen Angelegenheiten als neutraler Schiedsrichter auf,
der zum Schutz politischer Offenheit und Fairness die *Einhaltung der
demokratischen Spielregeln* gewährleisten soll. So erscheint selbst die
Kassation einer Wahl oder Abstimmung nicht als unbotmässige Einmischung der Justiz in die Politik, sondern im Gegenteil als erwünschte
Beschirmung der politischen Institutionen.

3. Verwirklichung grundrechtlicher Freiheit und Gerechtigkeit

Eine zweite Funktion liegt im Beitrag der Verfassungsjustiz zur Ver-   10
wirklichung grundrechtlicher Freiheit und Gerechtigkeit. Grundrechte
wirken wegen ihrer geschichtlich erhärteten Geltungsevidenz als Kriterium elementarer Gerechtigkeit (vorn § 7 Rz. 2). Damit stiften sie auch
den Massstab, dem sich die Ergebnisse des politischen Prozesses stellen
müssen. Menschenwürde, Rechtsgleichheit, Verfahrensgarantien, Freiheitsrechte und soziale Grundrechte: Hier, im *Grundrechtskatalog*,
finden sich jene Rechtspositionen, die der Gesetzgeber allenfalls einschränken, aber nicht aufgeben darf. Das Bundesgericht konkretisiert
diese Positionen hauptsächlich in seiner Praxis zu staatsrechtlichen
Beschwerden wegen Verletzung verfassungsmässiger Rechte (Art. *189
Abs. 1 BV; Art. 84 Abs. 1 Bst. a OG).

„Verwirklichung grundrechtlicher Freiheit und Gerechtigkeit" bedeu-   11
tet, dass die Verfassungsprüfung sich auf die *Ergebnisse* des politischen
Prozesses beziehen und dabei zu einem guten Teil mit *materialen* Mass-

stäben operieren muss. In der Sache geht es um eine *nachträgliche Gerechtigkeitskontrolle der demokratischen Politik* durch die Justiz. Die Gerichtsbehörden machen sich dabei unweigerlich angreifbar. Gleichwohl gibt es zur gerichtlichen Nachkontrolle keine vernünftige Alternative.

12   Notwendig ist zunächst die *Nachkontrolle als solche.* Gewiss obliegt es primär dem Gesetzgeber, unter Einbezug der gesellschaftlichen Kräfte den gerechten Interessenausgleich zu finden. Doch die Erfahrung lehrt, dass der politische Prozess als Kampf um Recht und Macht oftmals Opfer hinterlässt. Auch eine demokratische Mehrheit (und nicht nur der absolute Herrscher) kann Regelungen hervorbringen, die die existenziellen Interessen von Individuen und Minderheiten in grober Weise missachten. *Demokratische Legitimation* ist darum erst erreicht, wenn der Mehrheitsbeschluss einer *rechtsstaatlichen Reflexion* standhält. Politische Entscheidungen müssen an Hand der grundrechtlichen Verfassungsgarantien überprüft und darauf hin befragt werden können, ob sie den Anforderungen einer minimalen Gerechtigkeit genügen.

13   Auch an einer *gerichtlichen Zuständigkeit* führt nichts vorbei. Die erwartete Verfassungskontrolle verlangt nach einem unabhängigen und unparteiischen Organ. Unabhängigkeit ist erforderlich, weil die Kontrolle nur in einer abgeschirmten, vor politischem Druck geschützten Ambiance gelingen kann; Unparteilichkeit ist erforderlich, weil die Kontrolle nicht nur aus dem Blickwinkel der Mehrheitsinteressen erfolgen darf, sondern ebenso die Perspektive der unterlegenen Opfer zur Geltung bringen muss. Unabhängigkeit und Unparteilichkeit aber sind verfassungsrechtlich Eigenschaft und Verpflichtung der Gerichte, nicht der politischen Behörden (vgl. Art. 30 Abs. 1 und Art. *191c BV).

4.   Sicherstellung bundesstaatlicher Einheit

14   Eine dritte, heute etwas in den Hintergrund getretene Funktion der Verfassungsgerichtsbarkeit besteht in der Sicherstellung einer gewissen bundesstaatlichen Einheit. Zwar gehört es zu den konstituierenden Merkmalen des Bundesstaats, dass die Bundesglieder in der Besorgung ihrer Angelegenheiten über substanzielle Autonomie verfügen. Wenn bestimmte Materien von Kanton zu Kanton unterschiedlich geregelt sind, so liegt darin noch keine Verletzung der Bundesverfassung. Ein Bundesstaat muss aber doch von den Bürgern aller Landesteile gleichermassen als *einheitlich wirkender Verband* erlebt werden können.

Darum sind bestimmte *Homogenitätsklauseln* von allen Kantonen zu respektieren. Dazu gehören vornehmlich die *Niederlassungsfreiheit,* der *Vorrang des Bundesrechts,* das *Verbot der Diskriminierung auswärtiger Kantonsbürger* und die *Freizügigkeit der Berufe* (Art. 24, 49 Abs. 1, 37 Abs. 2, 95 Abs. 2 BV). Auch das *Willkürverbot* (Art. 9 BV) trägt zur Glättung der rechtlichen Disparitäten im Bundesstaat bei. Zur Entfaltung kommen diese Garantien wiederum in der Rechtsprechung des Bundesgerichts zu staatsrechtlichen Beschwerden wegen Verletzung verfassungsmässiger Rechte (Art. *189 Abs. 1 BV; Art. 84 Abs. 1 Bst. a OG). Zum bundesstaatlichen Pflichtenheft der Verfassungsgerichtsbarkeit gehört schliesslich die Schlichtung von *Kompetenzkonflikten* zwischen Bund und Kantonen oder zwischen Kantonen sowie von weiteren *staatsrechtlichen Streitigkeiten* – namentlich von Gebiets- und Grenzkonflikten – zwischen Kantonen im Verfahren der staatsrechtlichen Klage (Art. *189 Abs. 2 BV; Art. 83 Bst. a und b OG).

Wesentliche Harmonisierungseffekte gehen zudem von der *Gewährleistung der Kantonsverfassungen* durch die Bundesversammlung aus (Art. 51 BV; vgl. hinten § 18/II).

Die genannten Homogenitätsklauseln weisen mehrheitlich die Gestalt   15
von *verfassungsmässigen Rechten* auf. Zur Rechtfertigung der *gerichtlichen* Zuständigkeit gelten insoweit dieselben Argumente, wie sie oben (Rz. 13) im Zusammenhang mit der grundrechtlichen Funktion der Verfassungsgerichtsbarkeit angeführt wurden. Dass auch die *staatsrechtlichen Streitigkeiten* zwischen Bund und Kantonen sowie zwischen Kantonen durch das Bundesgericht (und nicht etwa durch Bundesrat oder Bundesversammlung) zu beurteilen sind, ergibt sich im Grunde schon aus der bundesstaatlichen Treuepflicht (Art. 44 Abs. 3 BV): Wenn die Streitparteien gehalten sind, jeder Selbsthilfe abzuschwören und sich der bundesmässigen Entscheidung zu unterziehen, dann muss diese Entscheidung von einer am Konflikt unbeteiligten Bundesbehörde ausgehen. Dieser Anforderung genügt nur das Bundesgericht. Bundesrat und Bundesversammlung dagegen sind an den föderativen Konflikten häufig selber rechtlich beteiligt oder an einem bestimmten Ausgang des Konflikts politisch interessiert.

IV. System der Verfassungsgerichtsbarkeit in der Schweiz

1. Diffuses System

16 Verfassungsgerichtliche Funktionen werden in der Schweiz von *unterschiedlichen Justizbehörden* im Zuge *unterschiedlicher Verfahren* wahrgenommen. Man bezeichnet diesen Umstand als *„diffuse"*, d.h. auf mehrere Orte verstreute *Verfassungsgerichtsbarkeit*.

Eine *konzentrierte Verfassungsgerichtsbarkeit* liegt dagegen dort vor, wo die Frage der Verfassungskonformität staatlicher Hoheitsakte lediglich einer einzigen Justizbehörde (oft einem eigens hierfür geschaffenen Verfassungsgericht) zur Prüfung vorgelegt werden kann. Dem System der konzentrierten Verfassungskontrolle folgen namentlich Deutschland, Österreich, Italien und Frankreich.

2. Verfassungsgerichtsbarkeit durch das Bundesgericht

17 Im Verfahren der *Verwaltungsgerichtsbeschwerde* können *Verfügungen, die sich auf öffentliches Recht des Bundes stützen,* auf ihre Vereinbarkeit mit *Bundesverfassungsrecht* überprüft werden (Art. 97 ff., Art. 104 Bst. a OG). Bundesgesetze und Bundesverordnungen als solche bilden keine zulässigen Anfechtungsobjekte. Gegenüber eidgenössischen Hoheitsakten ist mit anderen Worten nur die *Einzelaktkontrolle* möglich. Im Zuge der Einzelaktkontrolle können Verordnungen des Bundes einer *konkreten Normenkontrolle* unterzogen werden, soweit Art. *190 BV nicht entgegensteht. Bundesgesetze entgehen dieser Kontrolle wegen Art. *190 BV von vornherein. Die *reine Anwendungskontrolle* spielt uneingeschränkt.

Das Gesagte gilt sinngemäss für das Verfahren der *Verwaltungsbeschwerde* vor den eidgenössischen *Rekurskommissionen* (Art. 44 ff., Art. 49 Bst. a, Art. 71a ff. VwVG) bzw. in Zukunft dem Bundesverwaltungsgericht.

18 Mit *staatsrechtlicher Beschwerde* kann vorgebracht werden, *kantonale Erlasse und Verfügungen* verletzten *verfassungsmässige Rechte* (Art. 84 Abs. 1 Bst. a, Art. 85 Bst. a OG). Die Kontrolle erstreckt sich auf verfassungsmässige Rechte des Bundes und der Kantone sowie auf staatsvertraglich verankerte Grundrechte (vgl. § 7 Rz. 5 f.). Zulässig sind grundsätzlich sowohl die *abstrakte Normenkontrolle* als auch die *Einzelaktkontrolle* in der Gestalt der *reinen Anwendungskontrolle* und der *konkreten Normenkontrolle*.

Mit Rücksicht auf die Zuständigkeit der Bundesversammlung zur Gewährleistung der Kantonsverfassung (Art. 51 BV) überprüft das Bundesgericht die *Bundesverfassungsmässigkeit der Kantonsverfassung* allerdings nur sehr eingeschränkt: Die Möglichkeit einer abstrakten Normenkontrolle durch das Bundesgericht entfällt ganz, jene einer konkreten Normenkontrolle zumindest teilweise (hinten § 18 Rz. 31 ff.).

Die *staatsrechtliche Klage* kann je nach Konfliktkonstellation Rechtset- 19 zungsakte (Erlasse) oder Rechtsanwendungsakte (Verfügungen) des Bundes oder der Kantone zum Gegenstand haben (Art. 83 Bst. a und b OG). Als Prüfmassstab kommen verbreitet die *Kompetenzvorschriften der Bundesverfassung* (im Wesentlichen Art. 54 ff. BV) sowie die *Bundesgarantien* (Art. 51–53 BV) zum Zug. Ist der *Bund beklagte Partei*, so erleidet der zulässige Klagegegenstand *wegen Art. *190 BV* gewisse Einschränkungen:* Anfechtbar sind *Einzelakte* sowie *Verordnungen* des Bundes, nicht aber Bundesgesetze. Gegenüber einem *beklagten Kanton* spielen dagegen grundsätzlich *alle Formen der Verfassungsgerichtsbarkeit* (abstrakte Normenkontrolle, Einzelaktkontrolle in Gestalt der reinen Anwendungskontrolle und der konkreten Normenkontrolle).

Bezüglich der Kantonsverfassung gelten wiederum die oben (Rz. 18 a.E.) vermerkten Einschränkungen.

3.   Tabellarischer Überblick

20 Die *verfassungsgerichtlichen Zuständigkeiten des Bundesgerichts* lassen
sich vereinfacht wie folgt zusammenfassen:

	Verwaltungs- gerichts- beschwerde	*Staats- rechtliche Beschwerde*	*Staats- rechtliche Klage gegen einen Kanton*	*Staats- rechtliche Klage gegen den Bund*
Anfechtungs- objekt	• Verfügungen gestützt auf öf- fentliches Recht des Bundes *Nicht Bundesgesetze (BV *190) bzw. Bundesverordnungen (OG 97)!*	• Verfügungen gestützt auf kan- tonales Recht • Kantonale Erlasse *Nicht die Kantons- verfassung (BV 51)!*	• Verfügungen gestützt auf kan- tonales Recht • Kantonale Erlasse *Nicht die Kantons- verfassung (BV 51)!*	• Verfügungen gestützt auf öf- fentliches Recht des Bundes • Verordnungen des Bundes *Nicht Bundesgesetze (BV *190)!*
Prüfungs- massstab	Bundesverfassung, namentlich: • Grundrechte • Grundsätze des rechtsstaatlichen Handelns	Verfassungsmässige Rechte gemäss: • Bundes- verfassung • Kantons- verfassung	Regelmässig die Bundesverfassung, namentlich: • Kompetenz- normen • Bundesgarantien	Regelmässig die Bundesverfassung, namentlich: • Kompetenz- normen • Bundesgarantien
Prüfungsform	• Anwendungs- kontrolle • konkrete Normenkontrolle *Vorsicht: BV *190!*	• Anwendungs- kontrolle • konkrete Normenkontrolle • abstrakte Normenkontrolle *Vorsicht: BV 51!*	• Anwendungs- kontrolle • konkrete Normenkontrolle • abstrakte Normenkontrolle *Vorsicht: BV 51!*	• Anwendungs- kontrolle • konkrete Normenkontrolle • abstrakte Normenkontrolle *Vorsicht: BV *190!*
Rechts- grundlage	OG 97 ff.	OG 84 ff.	OG 83 Bst. a und b	OG 83 Bst. a und b

4.   Verfassungsgerichtsbarkeit durch kantonale Justizbehörden

21 Wie weit *kantonale Hoheitsakte* durch *kantonale Justizbehörden* auf ihre
Vereinbarkeit mit kantonalem Verfassungsrecht zu prüfen sind, richtet
sich ausschliesslich nach kantonalem Staatsrecht. Kraft Bundesverfas-
sungsrechts sind aber immerhin die obersten kantonalen Justizbehörden verpflichtet, vorfrageweise die *Bundesverfassungsmässigkeit* kantonaler Hoheitsakte zu prüfen (Rz. 43).

V. Funktionelle Grenzen der Verfassungsgerichtsbarkeit

1. Gestaltungsprimat des Gesetzgebers

Auch wenn die Überwachung politischer Prozesse und politischer   22
Entscheidungen zu den Aufgaben der Verfassungsjustiz gehört, so darf
die Wahrnehmung dieser Aufgabe gleichwohl nicht in eine ‚zweite
Gesetzgebung' münden. Im Regelfall muss sich die Verfassungsgerichtsbarkeit damit bescheiden, staatliches Handeln auf seine Vereinbarkeit mit den *essentiellen* Verfassungsstandards hin *nach*zuprüfen und
Hoheitsakte, die diese Standards verletzen, aufzuheben. Lässt sich ein
verfassungswidriger Zustand nur durch Erlass neuen Rechts beseitigen
und sind dabei mehrere verfassungskonforme Lösungen denkbar, so
muss der Verfassungsrichter dem zuständigen Rechtsetzungsorgan den
Vortritt lassen. Er ist weder demokratisch noch rechtsstaatlich dazu
ermächtigt, seine eigene Gerechtigkeitsvision vor jene des Gesetzgebers
zu stellen. Vielmehr liegt es allein an der *demokratischen Politik, unter
den verschiedenen, verfassungsrechtlich gleichermassen zulässigen Optionen
zu wählen.*

Der Gestaltungsprimat des Gesetzgebers kann dazu führen, dass das   23
Bundesgericht von der Aufhebung bzw. Nichtanwendung eines verfassungswidrigen Erlasses absehen und sich mit dem *Appell an die politischen Behörden* begnügen muss, innert angemessener Frist die erforderlichen Vorkehrungen selber zu treffen.

Fallbeispiel zu Rz. 23: BGE 110 Ia 7, Hegetschweiler. Nach den früheren Bestimmun-   24
gen der Zürcher Steuergesetzgebung wurden Ehepaare höher besteuert als Konku-
binatspaare in vergleichbaren wirtschaftlichen Verhältnissen. Das Bundesgericht
sah darin einen Verstoss gegen die Rechtsgleichheit. Gleichwohl war es ihm nicht
möglich, die verfassungswidrige Regelung aufzuheben (E. 6 S. 26):

> „[Das Bundesgericht] kann die angefochtenen, zu einer verfas-
> sungswidrigen [d.h. rechtsungleichen] Besteuerung führenden Be-
> stimmungen entweder ganz oder teilweise streichen. Dies hätte in-
> dessen zur Folge, dass die noch unbefriedigendere Regelung zumin-
> dest teilweise wieder Geltung erlangte. ... Das von den Beschwerde-
> führern anvisierte Ziel einer gerechteren [gemeint ist: einer verfas-
> sungskonformen] Besteuerung lässt sich hier nicht durch die Aufhe-
> bung von Bestimmungen im Rahmen einer abstrakten Normenkon-
> trolle erreichen, sondern nur durch eine Gesetzesänderung."

Vergleichbar BGE 112 Ia 311 E. 2c S. 313 f., X., wo es um eine *konkrete* Normenkontrolle ging: Trotz festgestellter Verfassungswidrigkeit mussten die entsprechenden Bestimmungen angewendet werden, weil ein Anwendungsverzicht bedeutet
hätte, „eine Verfassungswidrigkeit durch eine andere zu ersetzen".

25 Bei *längerer Untätigkeit des Gesetzgebers* behält sich das Gericht aber vor, auf erneute Beschwerde hin selber rechtsschöpferisch einzugreifen (vgl. BGE 112 Ia 311 E. 2c S. 314, X.).

26 *Rechtsprechungshinweise zu Rz. 25:*
 - *BGE 125 I 54, R.,* und viele andere, betreffend *Doppelbesteuerung:* Nachdem der Bundesgesetzgeber die von Art. 46 Abs. 2 aBV (heute: Art. 127 Abs. 3 Satz 2 BV) erwarteten „erforderlichen Bestimmungen" zur Vermeidung der interkantonalen Doppelbesteuerung nicht getroffen hatte – übrigens wäre der Bund schon aufgrund der BV 1848 zu entsprechender Gesetzgebung befugt und verpflichtet gewesen –, begann das Bundesgericht ab 1875 mit der Entwicklung eigener Grundsätze. Vgl. ERNST HÖHN, in: Kommentar aBV, Art. 46 Abs. 2 Rz. 15 ff.; BURCKHARDT, Kommentar, S. 409 ff.
 - *BGE 116 V 198, K.,* betreffend *Gleichbehandlung von Mann und Frau:* Es ist zunächst Sache des Gesetzgebers, den Auftrag zur Gleichstellung von Mann und Frau wahrzunehmen (Art. 4 Abs. 2 Satz 2 aBV, heute: Art. 8 Abs. 3 Satz 2 BV). „Dies bedeutet indessen nicht, dass der Gesetzgeber die Erfüllung des Verfassungsauftrags hinausschieben darf. Man kann sich fragen, ob der Richter nicht dann, wenn der Gesetzgeber die Verwirklichung der Gleichbehandlung der Geschlechter durch übermässiges Zögern verhindert, zum Eingreifen berufen wäre, um gegebenenfalls den Angehörigen eines Geschlechts die Vorteile zuzuerkennen, die den Angehörigen des andern Geschlechts bereits zustehen." (E. 3a S. 213)

2. Konsens in der Gesellschaft

27 Als Treuhänder der Verfassung ist der Verfassungsrichter befugt, die *Verfassungsgehalte schöpferisch weiterzuentwickeln* und neues – ungeschriebenes – Verfassungsrecht zu schaffen (vorn § 3 Rz. 20). Vom aktuell erreichten gesellschaftlichen Konsens darüber, was die Rechtsgemeinschaft als richtig empfindet, darf er sich dabei aber doch nicht zu weit entfernen. Das Kriterium vom *„allgemeinen Konsens"* war in der Vergangenheit vor allem bei der Anerkennung *ungeschriebener Grundrechte* bedeutsam. BGE 121 I 367 E. 2a S. 370 f., V., hält dazu fest:

> „Eine Gewährleistung von in der Verfassung nicht genannten Freiheitsrechten durch ungeschriebenes Verfassungsrecht wurde vom Bundesgericht in Bezug auf solche Befugnisse angenommen, welche Voraussetzung für die Ausübung anderer (in der Verfassung genannter) Freiheitsrechte bilden oder sonst als unentbehrliche Bestandteile der demokratischen und rechtsstaatlichen Ordnung des Bundes erscheinen. Um die dem Verfassungsrichter gesetzten Schranken nicht zu überschreiten, hat das Bundesgericht stets auch geprüft, ob die in Frage stehende Gewährleistung bereits einer weit verbreiteten Ver-

fassungswirklichkeit in den Kantonen entspreche und von einem allgemeinen Konsens getragen sei."

Zum Nachweis, ob und wie weit ein entsprechender Konsens in der Gesellschaft gediehen ist, stellt das Bundesgericht auf mehrere Indikatoren ab. In erster Linie fällt die *Entwicklung des einschlägigen Verfassungs- und Gesetzesrechts* in Betracht. Zu berücksichtigen sind aber auch die tatsächlich geübte *Behördenpraxis* sowie die in der wissenschaftlichen Literatur geäusserten *Lehrmeinungen*. 28

Rechtsprechungshinweise zu Rz. 28: 29
- *BGE 103 Ia 394, Beeli.* Das Bundesgericht lehnte 1977 die Anerkennung eines ungeschriebenen Rechts auf Bildung nicht zuletzt darum ab, weil eine entsprechende Verfassungsvorlage wenige Jahre zuvor in der Volksabstimmung verworfen worden war (E. 2a S. 398; vgl. auch BGE 103 Ia 369 E. 4a S. 377 f., Wäffler).
- *BGE 116 Ia 359, Theresa Rohner.* Art. 16 KV-AI bestimmte in der 1990 geltenden Fassung, dass in kantonalen Angelegenheiten „alle im Kanton wohnhaften Landleute sowie die übrigen Schweizer stimmberechtigt" seien. Nach kantonalem Verfassungsverständnis standen die politischen Rechte demnach nur den Männern zu. Diese Lesart entsprach der Rechtsentwicklung freilich längst nicht mehr: Der Bund kannte das Frauenstimmrecht seit 1971 (Art. 74 aBV) und die allgemeine Gleichberechtigung von Frauen und Männern seit 1981 (Art. 4 Abs. 2 aBV); auf kantonaler Ebene war die politische Gleichberechtigung bis auf zwei Ausnahmen durchwegs verwirklicht. Das Bundesgericht stellte daher nach bundesverfassungskonformer Auslegung des kantonalen Verfassungsrechts fest, dass die politischen Rechte im Kanton Appenzell Innerrhoden auch den Frauen zustünden (vgl. besonders E. 5 S. 367 f., E. 9 S. 376 ff.).
- *BGE 121 I 367, V.* Der Anspruch auf Existenzsicherung war zur Zeit der Urteilsfindung (1995) im kantonalen Recht solide verankert, teils in Gestalt kantonaler Grundrechte, teils als Sozialziel, durchwegs aber als gesetzlicher Anspruch auf Sozialhilfe. Vor dem Hintergrund dieses rechtlich verfestigten politischen Konsenses fiel es dem Bundesgericht nicht schwer, ein entsprechendes Grundrecht der Bundesverfassung anzuerkennen (E. 2b S. 371 f.).

3. Auswirkungen auf die staatliche Infrastruktur

Schliesslich muss die Verfassungsjustiz auch die allfälligen Auswirkungen ihrer Urteile auf die staatliche Infrastruktur bedenken. Die Schranke ist besonders bei der Zuerkennung von unmittelbar aus Grundrechten abgeleiteten *Leistungsansprüchen* bedeutsam: Solche Ansprüche müssen *justiziabel*, d.h. „im Verfahren und mit den Mitteln des Gerichts konkretisier- und durchsetzbar" sein (J. P. MÜLLER, Elemente, S. 65). Dieser Gedanke ist auch vom Bundesgericht aufgenommen worden (BGE 121 I 367 E. 2c S. 373, V.): 30

„Während grundrechtliche Abwehransprüche diesbezüglich keine Probleme aufwerfen, setzen Leistungsansprüche voraus, dass diese hinreichend normativ bestimmt sind und vom Richter mit den ihm zur Verfügung stehenden Verfahren und Mitteln konkretisiert und durchgesetzt werden können ... Der Richter hat dabei die funktionellen Grenzen seiner Zuständigkeit zu beachten. Er hat, angesichts der Knappheit staatlicher Ressourcen, nicht die Kompetenz, die Prioritäten bei der Mittelaufteilung zu setzen. Unmittelbar grundrechtsgeboten und vom Richter durchsetzbar kann daher immer nur ein Minimum staatlicher Leistung sein ...“

31   Die Justiziabilität eines Leistungsanspruchs ist namentlich dann zu bejahen, wenn die *infrastrukturellen Folgen verhältnismässig bescheiden* bleiben. So sind beispielsweise justiziabel der Anspruch auf Benutzung öffentlicher Strassen und Plätze zur Grundrechtsausübung, der Anspruch auf rechtsgleiche Zulassung zu staatlichen Einrichtungen oder auch manche Leistungsansprüche im Haftrecht.

32   *Rechtsprechungshinweise zu Rz. 31:*
   –   *BGE 121 I 367, V.* Das Bundesgericht konnte 1995 ein ungeschriebenes Grundrecht auf Existenzsicherung nicht zuletzt darum statuieren, weil „die damit verbundenen Staatsausgaben ... aufgrund der Sozialhilfegesetzgebung in den Kantonen anerkannt“ waren und „keiner finanzpolitischen Grundentscheidung“ mehr bedurften (E. 2c S. 373). Der Entscheid bewirkte im Grunde bloss die grundrechtliche Fundierung eines gesetzlich längst etablierten Anspruchs. Mit dem Inkrafttreten der neuen BV hat sich das Recht auf Existenzsicherung nunmehr zum Bestand der *geschriebenen* Grundrechte gesellt (Art. 12 BV).
   –   *BGE 103 Ia 394, Beeli.* Die BV kennt ein Recht auf Grundschulunterricht (Art. 27 aBV; heute: Art. 19 BV). Die Einführung von Zulassungsbeschränkungen an einem kantonalen Lehrerseminar gab Anlass zur Frage, ob darüber hinaus ein allgemeines Recht auf Bildung anzuerkennen sei. Zu Ende gedacht müsste ein solches Recht den Anspruch auf nachfragegerechte Erweiterung der staatlichen Berufs- und Hochschulkapazitäten einschliessen. Das Bundesgericht verneinte die Justiziabilität eines solchen Rechts. Immerhin verschaffe Art. 4 aBV (heute: Art. 8 und 9 BV) Anspruch auf rechtsgleiche und willkürfreie Zulassung zu den gegebenen Leistungseinrichtungen (E. 2a, b S. 398 ff.; vgl. auch BGE 103 Ia 369 E. 4a S. 378, Wäffler).

33   Trotz allenfalls weit reichender Folgen auf den Staatshaushalt lässt sich Justiziabilität ferner dort annehmen, wo der *Leistungsanspruch vom Verfassungsgeber ausdrücklich anerkannt* wurde. Zu nennen sind hier z.B. die Ansprüche auf Lohngleichheit, auf Grundschulunterricht oder auf unentgeltliche Rechtspflege.

4.   Hinweis auf Art. 51 und *190 BV

Zu den eben dargelegten funktionellen Grenzen treten zwei weitere   34
Schranken hinzu, nämlich:

- erstens die Zuständigkeit der Bundesversammlung zur Gewährleistung der Kantonsverfassungen (Art. 51 BV; hinten § 18 Rz. 31 ff.), und

- zweitens das Anwendungsgebot zugunsten der Bundesgesetze (Art. *190 BV; vorn § 8 Rz. 6 ff.).

Dadurch entgehen die Kantonsverfassungen teilweise und die Bundesgesetze nahezu vollständig einer verfassungsgerichtlichen Kontrolle. Bei diesen Schranken handelt es sich aber um *rein kompetenzrechtliche Grenzen*, d.h. um Grenzen, die sich aus den Grundentscheidungen des Verfassungsgebers über die *Ausgestaltung der Gewaltenteilung zwischen Bundesversammlung und Bundesgericht* ergeben (vgl. BGE 111 Ia 239 E. 3b S. 242, X., zu Art. 51 BV, und BGE 117 Ib 367 E. 2e S. 372, Eidg. Steuerverwaltung, zu Art. *190 BV).

VI.   Die konkrete Normenkontrolle insbesondere

1.   Begriff, Rechtsgrundlage und Funktion

Unter der konkreten Normenkontrolle versteht man die Zuständigkeit   35
der Justiz- und Verwaltungsbehörden, *die Rechtmässigkeit und besonders die Verfassungsmässigkeit einer Norm in einem hängigen Einzelfall zu überprüfen* und der überprüften Norm die Anwendung zu versagen, sofern sie als rechtswidrig erkannt wird. Die Rechtmässigkeit der Norm wird nur als *Vorfrage* oder *Akzessorium* (Nebenpunkt) eines Rechtsanwendungsakts geprüft, mit dem sich die Behörde gerade befasst. Man spricht darum auch von vorfrageweiser Normenkontrolle oder akzessorischem Prüfungsrecht. Vgl. die Begriffsübersicht in Rz. 4 f.

Die *Rechtsgrundlage* der konkreten Normenkontrolle findet sich im   36
Legalitätsprinzip (Art. 5 Abs. 1 BV). Danach ist jede Behörde verpflichtet, (nur) auf der Grundlage und in den Schranken des Rechts tätig zu werden. Diese Rechtsbindung setzt aber voraus, dass die Norm formell und materiell rechtmässig ist: Sie muss im richtigen Verfahren und in

den richtigen Formen zustandegekommen sein, ausserdem darf sie dem übergeordneten Recht nicht widersprechen.

37   Damit ist auch die *Funktion* der akzessorischen Prüfung ausgesprochen: Sie soll verhindern, dass das Legalitätsprinzip zugunsten formell oder materiell rechtswidriger Normen wirksam wird.

2.   Konkrete Normenkontrolle gegenüber eidgenössischen Erlassen

38   Grundsätzlich greift die akzessorische Prüfung gegenüber allen eidgenössischen Erlassen unterhalb der Verfassungsstufe: also gegenüber *Bundesgesetzen* und *Verordnungen des Bundes,* soweit sie Gegenstand eines Rechtsanwendungsverfahrens sind. Den *Prüfmassstab* bilden die jeweils übergeordneten Erlasse des Bundes mit Einschluss des Völkerrechts. Art. *190 BV steht einer Überprüfung von eidgenössischen Gesetzen und Verordnungen auf Rechtmässigkeit – und besonders auf ihre Vereinbarkeit mit der Bundesverfassung – nicht entgegen (vorn § 8 Rz. 10). Als verfassungswidrig erkannte Bundesgesetze müssen allerdings wegen Art. *190 BV trotzdem angewendet werden. Das Gleiche gilt für verfassungswidrige unselbständige Verordnungen des Bundes, soweit die Verfassungswidrigkeit der Verordnung in der Verfassungswidrigkeit des übergeordneten Bundesgesetzes gründet.

39   Die akzessorische Prüfung der *Bundesverfassung* bleibt eine rein theoretische Möglichkeit, denn zu Rechtsanwendungsakten unmittelbar gestützt auf die Bundesverfassung kommt es nur ganz ausnahmsweise.

Der praktisch bedeutsamste Fall ist die Polizeinotverfügung des Bundesrats zur Wahrung der öffentlichen Ordnung oder inneren oder äusseren Sicherheit (Art. 185 Abs. 3 BV). Es ist aber nicht ersichtlich, inwiefern die verfassungsrechtliche Ermächtigung zum Erlass von Polizeinotverfügungen *als solche* schon gegen übergeordnetes Recht (hier: gegen zwingendes Völkerrecht im Sinne von Art. 139 Abs. 3 BV) verstossen soll. Gewiss müssen die *einzelnen Verfügungen* rechtmässig sein; namentlich dürfen sie die Grundrechte nur unter Wahrung von Art. 36 Abs. 2–4 BV (öffentliches Interesse, Verhältnismässigkeit, Kerngehalt) einschränken und müssen sie das zwingende Völkerrecht respektieren. Doch damit wird nur die *richtige Anwendung* von Art. 185 Abs. 3 BV angemahnt. Mit der Rechtmässigkeit der Verfassungsnorm selbst hat dies nichts zu tun.

40   Zur akzessorischen Prüfung sind *grundsätzlich alle rechtsanwendenden Behörden des Bundes und der Kantone* berechtigt. Eine *Einschränkung* gilt für *eidgenössische Verwaltungsbehörden:* Weil Bundesämter und Departemente dem Bundesrat unterstellt sind, müssen sie allfällige Beden-

ken gegen die *Rechtmässigkeit einer Bundesratsverordnung* zunächst auf dem Dienstweg vorbringen. Hält der Bundesrat trotzdem an der Verordnung fest, so sind die Bundesverwaltungsstellen zu ihrer Anwendung verpflichtet, es sei denn, es liege ein Fall offensichtlicher Rechtswidrigkeit vor (BGE 100 Ib 13 E. 4b S. 17, Ligue marxiste révolutionnaire; VPB 1977 Nr. 97 E. 3 S. 49).

3. Konkrete Normenkontrolle gegenüber kantonalen Erlassen

Auch die kantonalen Erlasse können vorfrageweise auf ihre Rechtmässigkeit kontrolliert werden. Gegenstand der Prüfung bilden die *Kantonsverfassung* sowie die *kantonalen Gesetze* und *Verordnungen*. Für die Tragweite des Prüfungsrechts ist nach dem jeweils angelegten *Prüfungsmassstab* zu differenzieren.   41

a. *Akzessorische Prüfung kantonaler Erlasse auf Widersprüche zum Bundesrecht*

Die Überprüfung erstreckt sich *grundsätzlich auf alle kantonalen und kommunalen Erlasse.* Immerhin gelten zwei Vorbehalte.   42

– Ein erster Vorbehalt betrifft das *unselbständige kantonale Recht,* d.h. kantonale Normen, die sich darin erschöpfen, Bestimmungen des Bundesrechts in der Sache unverändert wiederzugeben. Solche Normen profitieren vom Anwendungsgebot nach Art. *190 BV (vgl. BGE 126 I 1 E. 2f S. 5, B.).

– Der zweite Vorbehalt betrifft die *Kantonsverfassung.* Weil die Bundesversammlung die Kantonsverfassungen im Rahmen des Gewährleistungsbeschlusses bereits auf ihre Bundesrechtmässigkeit hin überprüft, ist eine spätere akzessorische Normenkontrolle nach der derzeitigen Rechtsprechung des Bundesgerichts nur in beschränktem Masse möglich (Art. 51 Abs. 2 BV; hinten § 18 Rz. 33 ff.).

Was die *prüfungsberechtigten Behörden* angeht, so sind   43

– auf *kantonaler Ebene* die *Gerichte* unmittelbar gestützt auf die Bundesverfassung berechtigt und verpflichtet, das von ihnen anzuwendende kantonale Recht auf seine Übereinstimmung mit der Bundesverfassung zu prüfen. Damit verbunden ist grundsätzlich auch die Pflicht, als bundesverfassungswidrig erkanntes Recht im Einzelfall nicht anzuwenden (BGE 127 I 185 E. 2 S. 187 f., R.; 117 Ia 262 E. 3a

S. 265 f., Y.). Die Prüfungszuständigkeit der übrigen kantonalen Instanzen richtet sich nach kantonalem Staatsrecht.

– Soweit gegen kantonale Entscheide, die sich auf kantonales Recht stützen, ein Rechtsmittel an eine eidgenössische Behörde eingelegt werden kann, sind auch die angerufenen *eidgenössischen Rechtsmittelinstanzen* zur akzessorischen Prüfung kantonaler Normen berechtigt und verpflichtet. Diese Überprüfung geschieht hauptsächlich im Rahmen der staatsrechtlichen Beschwerde an das Bundesgericht (Rz. 19).

b. *Akzessorische Prüfung kantonaler Erlasse auf Widersprüche zum übergeordneten kantonalen Recht*

44   Wieweit und durch wen kantonale und kommunale Erlasse akzessorisch auf ihre *Übereinstimmung mit dem übergeordneten kantonalen Recht* zu überprüfen sind, richtet sich nach kantonalem Staatsrecht (vgl. BGE 92 I 480 E. 2a S. 481 f., Ackermann). So bestimmt z.B. Art. 88 Abs. 3 KV-SO (ähnlich Art. 66 Abs. 3 KV-BE und § 95 Abs. 2 KV-AG):

> [3] Soweit Erlasse von Kanton und Gemeinden Bundesrecht oder übergeordnetem kantonalem Recht widersprechen, sind sie für den Richter nicht verbindlich.

2. TEIL: GEBIET, VOLK, SPRACHEN

Der klassische Staatsbegriff setzt sich aus den Elementen „Staatsvolk", „Staatsgebiet" und „Staatsgewalt" zusammen (§ 1 Rz. 3–5). Im Folgenden wenden wir uns den zwei erstgenannten Elemeten zu – dem *Staatsgebiet* (§ 12) sowie dem *Staatsvolk* (§ 13) – und erläutern die Bedeutung dieser Begriffe für die Schweiz. Ausserdem behandeln wir eine damit eng verwandte Thematik: die schweizerischen *Landes- und Amtssprachen* (§ 14).

Die *Staatsgewalt*, das dritte Begriffselement, haben wir in § 1 kurz umrissen. Im Übrigen erfährt die Staatsgewalt keine gesonderte Erläuterung – aus dem einfachen Grund, weil das ganze Buch von nichts anderem handelt als von der Staatsgewalt in ihren unterschiedlichen Aspekten. Das lässt sich leicht verstehen, wenn man sich die einschlägigen Begriffe in Erinnerung ruft: „Staatsgewalt" als höchste Kompetenz- und Vollstreckungshoheit, „Staatsrecht" als Recht des politischen Systems, d.h. als Recht der staatlichen Willensbildung und Willensbetätigung (vorn § 1 Rz. 12 f., 30). Amtliche Kompetenzwahrnehmung und amtliche Rechtsvollstreckung aber sind nichts anderes als Aktualisierungen der staatlichen Willensbildung und Willensbetätigung. Das Staatsrecht erscheint mit anderen Worten als das Regelgefüge, welches der Staatsgewalt Gestalt gibt und in welchem die Staatsgewalt wirksam wird. Sie äussert sich in den Rechtsetzungs-, Regierungs-, Verwaltungs- und Rechtsprechungsakten der staatlichen Behörden (vgl. dazu vor allem die Teile 4 und 5 dieses Buchs).

§ 12 Staatsgebiet

I.   Gebiet des Bundes

1   Art. 1 BV zufolge „bilden" das Schweizervolk und die Kantone die Schweizerische Eidgenossenschaft. Somit deckt sich das *Gebiet des Bundes* mit der *Gesamtheit der Kantonsgebiete.* Weder gibt es kantonales Territorium ausserhalb des Bundesgebiets noch kennt die Schweiz Bezirke, die unter Ausschluss kantonaler Hoheit direkt dem Bund unterstellt wären (wie dies etwa auf den District of Columbia in den USA zutrifft). Mangels bundesunmittelbarer Gebiete müssen die eidgenössischen Behörden ihre Amtssitze auf kantonales Territorium legen. Zum Ausgleich schränkt das Bundesrecht die Hoheitsrechte der Standortkantone gegenüber Organen und Einrichtungen des Bundes nach bestimmten Richtungen hin ein und überbindet ihnen auch gewisse Verantwortlichkeiten für das Eigentum der Eidgenossenschaft auf ihrem Gebiet.

Art. 62d RVOG *befreit* die Eidgenossenschaft sowie ihre Anstalten, Betriebe und unselbständigen Stiftungen *von jeder Besteuerung durch die Kantone und Gemeinden;* ausgenommen sind die Bundesliegenschaften, die nicht unmittelbar öffentlichen Zwecken dienen. Zudem *haften die Kantone dem Bund für Schäden an dessen Eigentum* infolge Störung der öffentlichen Ordnung (Art. 62e RVOG). Diese Bestimmungen fanden sich früher in den Art. 10 und 11 des Bundesgesetzes vom 26. März 1934 über die polizeilichen Garantien zugunsten der Eidgenossenschaft (GarG, AS 1934 509, 1977 2249). Das Garantiegesetz ist durch das Parlamentsgesetz aufgehoben worden (BBl 2002 8160, 8210).

2   Die *Festlegung* des schweizerischen Staatsgebiets ist heute unbestritten.
Die *völkerrechtliche Anerkennung* der Landesgrenzen geht im Wesentlichen auf den Wiener Kongress zurück (KÖLZ, Verfassungsgeschichte, S. 181 f.; vgl. die Anerkennungs- und Gewährleistungs-Urkunde der immerwährenden Neutralität der Schweiz vom 20. November 1815, in: ALFRED KÖLZ, Quellenbuch zur neueren schweizerischen Verfassungsgeschichte, Bd. I, Bern 1992, S. 203 f.). Für einzelne Gebietsabschnitte gelten *besondere Staatsverträge über die Festlegung der Landesgrenze* (vgl. beispielsweise den Vertrag zwischen der Schweizerischen Eidgenossenschaft und der Republik Österreich über den Verlauf der gemeinsamen Staatsgrenze vom 20. Juli 1970, SR 0.132.163.1). Im Übrigen bestimmt sich die Grenzlinie nach *Völkergewohnheitsrecht.*
Das schweizerische Territorium wird von zwei *ausländische Enklaven* durchbrochen: dem deutschen Büsingen im Kanton Schaffhausen und dem italienischen Campione im Kanton Tessin; beide Enklaven gehören zum schweizerischen Zoll-

gebiet (vgl. die entsprechenden Abkommen unter SR 0.631.112.136 für Büsingen und BS 11 87, 99 ff. für Campione; in Campione gilt ausserdem der Schweizer Franken als gesetzliches Zahlungsmittel). Das *Fürstentum Liechtenstein* bildet ausländisches Staatsgebiet, ist aber durch eine Zoll- und Währungsunion mit der Eidgenossenschaft verbunden (Zollvertrag: SR 0.631.112.514; Währungsvertrag: SR 0.951.951.4).

Näheres bei AUBERT, Bundesstaatsrecht, Rz. 903–909, und MÜLLER/WILDHABER, Völkerrecht, S. 340 ff.

Für *Grenzbereinigungen* mit dem Ausland ist kraft seiner Kompetenz 3 zur Aussenpolitik der Bund zuständig (Art. 54 BV). Sie erfolgen durch referendumspflichtigen Staatsvertrag (Art. 141 Abs. 1 Bst. d Ziff. 1BV). Der betroffene Kanton ist beizuziehen (Art. 55 BV).

Als Grenzbereinigung gilt die *Verlegung einer bereits festgelegten, unbestrittenen Grenze* auf eine neue Linie nach Austausch von Gebietsteilen gleichen Umfangs oder gleichen Werts.

Vgl. als *Beispiel* das Abkommen vom 18. September 1996 zwischen der Schweizerischen Eidgenossenschaft und der Französischen Republik über die Bereinigung der schweizerisch-französischen Grenze infolge des Autobahnzusammenschlusses zwischen Bardonnex (Kanton Genf) und Saint-Julien-en-Genevois (Departement Hochsyvoyen), SR 0.132.349.18, sowie den entsprechenden referendumspflichtigen Bundesbeschluss vom 19. Dezember 1997, AS 2000 2384. Weitere Beispiele von Grenzbereinigungsabkommen unter SR 0.132 sowie bei AUBERT, Bundesstaatsrecht, Rz. 917.

Auch allfällige *Gebietsabtretungen* vom Ausland an die Schweiz oder 4 von der Schweiz an das Ausland wären durch Staatsvertrag zu regelnde Bundessache (Art. 54, Art. 141 Abs. 1 Bst. d BV). Weil damit aber das Gebiet der Kantone und möglicherweise auch deren Bestand verändert würde, müssten neben dem Staatsvertragsverfahren auch die gemäss Art. 53 BV erforderlichen Abstimmungen durchgeführt werden (hinten § 18 Rz. 60).

Unter Gebietsabtretung verstehen wir den *Übergang von Teilen eines Staatsgebiets an einen anderen Staat*. Gleich wie die Grenzbereinigung führt auch die Gebietsabtretung zu einem neuen Grenzverlauf. Im Unterschied zur Grenzbereinigung wirkt sich die Gebietsabtretung aber gewolltermassen auf den Gebietsumfang der beteiligten Staaten aus. Nicht die Grenzziehung als solche steht dabei im Vordergrund, sondern vielmehr die *politische Zugehörigkeit* eines bestimmten Gebiets.

Der schweizerische Bundesstaat ist von Gebietsabtretungen bislang nicht betroffen worden.

II.   Gebiet der Kantone

5   Jeder der 26 Kantone verfügt über sein *eigenes Territorium.*

6   Die *Festlegung der Grenze* erfolgt soweit nötig durch *Verträge zwischen den Kantonen* (Art. 48 BV; hinten § 25 Rz. 7). Lassen sich Grenzstreitigkeiten nicht auf diese Weise schlichten, so entscheidet auf staatsrechtliche Klage hin das *Bundesgericht* (Art. *189 Abs. 2 BV; Art. 83 Bst. b OG). Dabei greift das Gericht auf Kriterien zurück, wie sie für die Lösung internationaler Gebietskonflikte Anwendung finden (BGE 106 Ib 154 E. 4c–d S. 161 f., Kanton Wallis):

> „Praxis und Lehre des Völkerrechts kennen eine Rangfolge der Geltungsgründe einer Grenze: Danach sind Grenzlinien primär durch Vertragsrecht oder einseitige Anerkennung bestimmt. Ist die Grenzziehung weder vertraglich festgelegt noch von den Parteien als verbindlich anerkannt, werden die Grenzen durch den unbestrittenen Besitzstand (Ersitzung, prescription), d.h. nach dem sog. Effektivitätsprinzip bestimmt: Gemäss diesem Grundsatz gehört ein bestimmtes Gebiet einem Staat soweit, als er darauf während längerer Zeit tatsächlich und unbestritten Herrschaftsgewalt ausübt ... Kann im streitigen Gebiet kein unbestrittener Besitzstand eines Staates – und damit keine Ersitzung – nachgewiesen werden, ist subsidiär auf eine Reihe von Regeln über den Verlauf natürlicher Grenzen abzustellen ...
>
> Die Praxis, die das Bundesgericht bei Grenzstreitigkeiten zwischen Kantonen verfolgt, deckt sich demnach im Wesentlichen mit den Regeln des allgemeinen Völkerrechts ...“

Im zitierten Fall stritten sich die Kantone Wallis und Tessin über den Grenzverlauf im Bereich des *Nufenenpasses* (mit Hinweisen auf frühere Fälle, a.a.O., E. 4b S. 161). Vgl. ferner BGE 120 Ib 512, Canton du Valais, betreffend die Grenze zwischen den Kantonen Wallis und Bern auf der *Plaine-Morte*.

Soweit die Kantonsgrenzen unbestritten sind (die ganz überwiegende Regel), besteht auch kein Grund, sie rechtlich festzulegen. Die Grenzen erscheinen in den *Landeskarten* des Bundesamts für Landestopografie; ermittelt werden sie im Zuge der *amtlichen Vermessung* (Art. 6 Abs. 2 Bst. h der Verordnung über die amtliche Vermessung vom 18. November 1998, SR 211.432.2; Art. 7 Abs. 1 Bst. h Ziff. 4 der Technischen Verordnung des VBS über die amtliche Vermessung vom 10. Juni 1994, SR 211.432.21).

7   *Grenzbereinigungen* können die Kantone unter sich durch Vertrag vornehmen (Art. 53 Abs. 4 BV).

8   Über Grenzbereinigungen hinausgehende *Gebietsabtretungen* greifen in die Gebietsgarantie nach Art. 53 Abs. 1 BV ein. Neben der Zustimmung der betroffenen Bevölkerung und der betroffenen Kantone muss

darum die Genehmigung der Bundesversammlung eingeholt werden (Art. 53 Abs. 3 BV).

III. Rechtliche Bedeutung des Staatsgebiets

Die Bedeutung des Staatsgebiets liegt vor allem in der *Begründung und Begrenzung staatlicher Herrschaft.* Mit den Worten von AUBERT, Bundesstaatsrecht, Rz. 898: 9

> „Das Staatsgebiet ist derjenige Teil der Erdoberfläche, auf welchem der Staat regelmässig seine öffentliche Gewalt ausübt ... Das Gebiet eines Staates ist also dasjenige Gebiet, in welchem ein fremder Staat keine Macht ausüben kann, ohne durch eine besondere Norm des Völkerrechts dazu befähigt worden zu sein."

Der gebietsbezogene Charakter staatlicher Herrschaft findet seinen rechtlichen Ausdruck im *Territorialitätsprinzip.* Danach darf ein Staat die Rechtsverhältnisse von Personen und an Sachen nur soweit regeln, als sich diese Personen und Sachen auf seinem Gebiet aufhalten oder vorfinden. Das Territorialitätsprinzip begrenzt also den räumlichen Geltungsbereich staatlicher Hoheitsakte. Neben dem erwähnten Prinzip können hilfsweise auch *andere Kriterien* zur Zuordnung staatlicher Rechtsetzungs- und Rechtsanwendungskompetenzen in Betracht kommen. 10

Das Territorialitätsprinzip gilt 11

– vorab für die *Kompetenzabgrenzung* im Verhältnis der *Schweiz zum Ausland.* Bedeutsam ist es aber

– auch für die *Kompetenzabgrenzung zwischen den Kantonen.* So wirken kantonale Erlasse und Verfügungen grundsätzlich nur für Sachverhalte, die sich auf dem Gebiet des jeweiligen Kantons zutragen. Allerdings kann die Rechtswirksamkeit kantonaler Hoheitsakte durch Bundesvorschrift oder interkantonalen Vertrag auf das Territorium anderer Kantone ausgedehnt werden (vgl. hinten § 23 Rz. 21 ff. und § 25 Rz. 6).

§ 13 Staatsvolk und ausländische Bevölkerung

I.   Rechtsstellung der einzelnen Bevölkerungsgruppen

1.   Überblick

1   Nach den Kriterien der *Staatsangehörigkeit* einerseits und des *Aufenthaltslandes* andererseits lassen sich folgende Hauptkategorien bilden:

1. Schweizer im Inland, d.h. schweizerische Staatsangehörige mit Wohnsitz in der Schweiz (Rz. 3 ff.);

2. Auslandschweizer, d.h. schweizerische Staatsangehörige mit Wohnsitz im Ausland (Rz. 15 f.);

3. Ausländer im Inland, d.h. Angehörige eines ausländischen Staats mit – möglicherweise nur einstweiligem – Wohnsitz in der Schweiz (Rz. 17 ff.).

Besonderes gilt für die Rechtsstellung von Doppelbürgern und Staatenlosen (Rz. 22 f.).

2   In der Schweiz wohnende Schweizer und Ausländer – die Kategorien (1) und (3) – bilden die *schweizerische Wohnbevölkerung.* Das schweizerische *Staatsvolk* umfasst alle Personen schweizerischer Nationalität, somit die Kategorien (1) und (2).

2.   Schweizer im Inland

a.   Begriff und Funktion der schweizerischen Staatsangehörigkeit

3   *Schweizerischer Staatsangehöriger* ist, *wer das Schweizer Bürgerrecht besitzt.* Das Schweizer Bürgerrecht seinerseits setzt den Besitz eines Gemeinde- und eines Kantonsbürgerrechts voraus (Rz. 26 f.).

4   Die Staatsangehörigkeit stellt eine *Sonderverbindung zwischen Staat und Bürger* her. Diese Sonderverbindung findet in bestimmten Rechten und Pflichten Ausdruck, welche nur den Staatsbürgern zukommen und nicht auch der übrigen Wohnbevölkerung. Die hervorgehobene Rechtsstellung der eigenen Bürger ergibt sich aus dem Verbandscharakter des Staats. Entsprechend lässt sich die Staatsangehörigkeit als *Mit-*

gliedschaftsverhältnis verstehen, nämlich als Zugehörigkeit einer Person zur Schweiz als Gebietskörperschaft. Die den Staatsbürgern vorbehaltenen besonderen Rechte und Pflichten müssen aber in funktioneller Verbindung zum Staat als „Verbandseinheit sesshafter Menschen" (JEL-LINEK, vgl. vorn § 1 Rz. 3) stehen. Eine darüber hinaus gehende allgemeine Schlechter- oder Besserstellung der ausländischen Wohnbevölkerung würde der Rechtsgleichheit zuwiderlaufen.

b.   Besondere Rechte aufgrund des Schweizer Bürgerrechts

Zu den besonderen Befugnissen, die den Schweizern vorbehalten sind,   5
zählen zunächst die *politischen Rechte in eidgenössischen Angelegenheiten* (Art. 136 BV; dies gilt weithin auch in den Kantonen, vgl. hinten § 48 Rz. 21 f.).

Schweizer haben ferner das Recht auf *Niederlassungsfreiheit* (Art. 24   6
BV). Nicht nur dürfen sie sich an jedem Ort des Landes aufhalten oder Wohnsitz nehmen; sie sind auch berechtigt, jederzeit die Schweiz zu verlassen oder jederzeit in die Schweiz zurückzukehren. Vgl dazu BGE 108 Ia 248 E. 1 S. 249, Schwemmer:

> „Nach Art. 45 aBV [heute: Art. 24 BV] kann sich jeder Schweizer an jedem Ort des Landes niederlassen. Die Niederlassungsfreiheit gewährleistet damit die Möglichkeit persönlichen Verweilens an jedem beliebigen Ort der Schweiz; sie gebietet den Kantonen und Gemeinden, jedem Schweizer Bürger die Niederlassung auf ihrem Gebiet zu erlauben und verbietet ihnen gleichzeitig, die Verlegung des einmal gewählten Wohnsitzes in einen anderen Kanton, eine andere Gemeinde oder ins Ausland zu verhindern oder zu erschweren ..."

Schweizer Bürger dürfen *nicht aus der Schweiz ausgewiesen* oder gegen   7
ihren Willen an das Ausland ausgeliefert werden (Art. 25 Abs. 1 BV).

Im Ausland können sie *diplomatischen und konsularischen Schutz* durch   8
die Schweiz in Anspruch nehmen.
Vgl. das Reglement des schweizerischen diplomatischen und konsularischen Dienstes vom 24. November 1967 (SR 191.1), besonders Art. 16 ff.

Schliesslich haben sie das Recht auf *Ausstellung aller Ausweisschriften,*   9
die ihre schweizerische Staatsangehörigkeit bestätigen (Art. 1 Abs. 1 des Bundesgesetzes über die Ausweise für Schweizer Staatsangehörige vom 22. Juni 2002, SR 143.1).

Zu diesen Schriften zählen:
- der *Pass* und die *Identitätskarte* als Staatsangehörigkeits- und Identitätsausweise der Schweizer im In- und Ausland (vgl. die Verordnung über die Ausweise für Schweizer Staatsangehörige vom 20. September 2002, SR 143.11);
- der *Heimatschein* als Bürgerrechtsausweis der Schweizer im Inland (vgl. die Verordnung über den Heimatschein vom 22. Dezember 1980, SR 143.12).

c. Besondere Pflichten aufgrund des Schweizer Bürgerrechts

10 Schweizer Männer sind verpflichtet, *Militärdienst* oder, sofern die gesetzlichen Bedingungen erfüllt sind, *zivilen Ersatzdienst* zu leisten. (Art. 59 Abs. 1 BV). Wer als Wehrpflichtiger keinen Dienst leistet, schuldet eine *Ersatzabgabe* (Art. 59 Abs. 3 BV).

11 Schweizern ist es *verboten*, in einer *ausländischen Armee* Militärdienst zu leisten (Art. 94 des Militärstrafgesetzes vom 13. Juni 1927, SR 321.0).

12 Daneben gibt es *weitere bürgerliche Pflichten des kantonalen Rechts* wie z.B. die Pflicht, an Wahlen und Abstimmungen teilzunehmen oder bestimmte Ämter zu übernehmen (hinten § 48 Rz. 14).

d. Die Bedeutung des Kantons- und Gemeindebürgerrechts

13 *Rechtlich* haben die Kantons- und Gemeindebürgerrechte nurmehr *beschränkte Bedeutung.*
- Die politischen Rechte in Bürgergemeinden und Korporationen sowie die Beteiligung am Vermögen dieser Körperschaften dürfen den eigenen Bürgern vorbehalten bleiben (Art. 37 Abs. 2 Satz 2 BV).
- Neuzuzügern mit auswärtigem Bürgerrecht kann für die Ausübung der politischen Rechte in kantonalen und kommunalen Angelegenheiten eine Wartefrist von bis zu drei Monaten ab Wohnsitznahme auferlegt werden (Art. 39 Abs. 4 BV).
- Die Kantone dürfen ihren Auslandschweizern die Ausübung der politischen Rechte auf kantonaler und kommunaler Ebene gestatten (Art. 40 Abs. 2 BV e contrario: der Bund regelt lediglich die Ausübung der politischen Rechte durch Auslandschweizer auf *eidgenössischer* Ebene; Rz. 16 und hinten § 48 Rz. 27).

Faktisch allerdings wirkt das Gemeinde- und Kantonsbürgerrecht als unter Umständen unüberwindliche – und daher höchst fragwürdige – *Einbürgerungshürde* (dazu Rz. 32 und 47 ff.).

Davon abgesehen müssen die Kantone *alle Schweizer Staatsangehörigen* 14
ohne Rücksicht auf ihr Kantonsbürgerrecht gleich behandeln. Es ist ihnen
untersagt, die eigenen Kantonsbürger zu bevorzugen oder Bürger auswärtiger Kantone zu benachteiligen (Art. 37 Abs. 2 Satz 1 BV, eine
Konkretisierung des allgemeinen Gleichheitssatzes gemäss Art. 8 Abs. 1
BV). Immerhin bleibt eine unterschiedliche Behandlung Einheimischer
und Auswärtiger aufgrund des *Wohnsitzes* zulässig, sofern sich dafür
sachliche Gründe finden lassen (vgl. BGE 100 Ia 287 E. 3a, b S. 291 f.,
Dr. R. Allemann; 103 Ia 369 E. 7c/bb S. 386 f., Wäffler).

3. Auslandschweizer

Art. 40 BV zufolge *fördert* der Bund die Beziehungen der Ausland- 15
schweizer untereinander und zur Schweiz; er kann Organisationen
unterstützen, die dieses Ziel verfolgen (Abs. 1). Ausserdem erlässt er
Vorschriften über die Rechte und Pflichten der Auslandschweizer. Diese Rechtsetzungskompetenz betrifft namentlich die Ausübung der politischen Rechte im Bund, die Erfüllung der Dienstpflicht sowie Fragen
der Unterstützung und der Sozialversicherung.

Wegen des Territorialitätsprinzips unterstehen die Auslandschweizer 16
zuerst dem *Recht des Aufenthaltsstaats*. In bestimmter Hinsicht gilt für
sie aber weiterhin *schweizerisches Recht*, wobei die entsprechenden Vorschriften auf die besonderen Verhältnisse der Auslandschweizer abgestimmt sind:

– Auslandschweizer behalten ihr *Schweizer Bürgerrecht* auch dann,
  wenn sie eine ausländische Staatsangehörigkeit annehmen (vgl. Art.
  42 BüG). Dies gilt allerdings nicht für das im Ausland geborene
  Kind eines Schweizer Elternteils, sofern das Kind noch eine andere
  Staatsangehörigkeit besitzt (Art. 10 BüG).

– Sie können ihre *politischen Rechte* persönlich in der Stimmgemeinde
  oder brieflich vom Ausland her ausüben (Bundesgesetz über die politischen Rechte der Auslandschweizer vom 19. Dezember 1975, SR
  161.5).

– Sofern sie sich in einer Notlage befinden, erhalten sie vom Bund
  Fürsorgeleistungen (Bundesgesetz über Fürsorgeleistungen an Auslandschweizer vom 21. März 1973, SR 852.1).

– Sie brauchen unter bestimmten Voraussetzungen *weder Militär- oder
  Zivildienst* zu leisten *noch entsprechende Ersatzabgaben* zu entrichten

(Art. 4a des Bundesgesetzes über den Wehrpflichtersatz vom 12. Juni 1959, SR 661).

Im Übrigen gelten die staatsbürgerspezifischen Rechte und Pflichten der Schweizer im Inland (Rz. 5 ff.) sinngemäss auch für die Auslandschweizer.

4. Ausländer im Inland

a. Rechtsstellung im Allgemeinen

17   *Grundsätzlich* haben Ausländer in der Schweiz *die gleichen gesetzlichen Rechte und Pflichten* wie Schweizer Staatsangehörige. Dies ergibt sich aus Art. 8 Abs. 1 BV, wonach *alle Menschen* unbesehen ihrer Nationalität *vor dem Gesetz gleich* sind. Abs. 2 derselben Bestimmung *verbietet* ausserdem die *Diskriminierung* eines Menschen *allein aufgrund der Herkunft.*

Folgerichtig gelten das *Zivilgesetzbuch,* das *Obligationenrecht* und das *Strafgesetzbuch* für Schweizer und Ausländer gleichermassen. Auch die *Verwaltungsrechtserlasse* unterscheiden weit gehend nicht nach der Nationalität der Rechtssubjekte.

Art. 8 BV verbietet dem Gesetzgeber aber nicht, *Ausländer rechtlich zu benachteiligen,* sofern sich dafür in den zu regelnden Verhältnissen *vernünftige Gründe* finden lassen und die Ausländer durch die rechtliche Schlechterstellung nicht diskriminiert (d.h. in ihrer Wertschätzung als Person herabgesetzt) werden. So ist der *Grundstückerwerb* nur niedergelassenen Ausländern einschränkungslos gestattet (vgl. das Bundesgesetz über den Erwerb von Grundstücken durch Personen im Ausland vom 16. Dezember 1983, SR 211.412.41). Auch im *Sozialversicherungsrecht* sind Ausländer mitunter benachteiligt.

Es versteht sich von selbst, dass den ausländischen Staatsangehörigen *jene Pflichten nicht obliegen,* die untrennbar *mit dem Schweizer Bürgerrecht verknüpft* sind (wie namentlich die Dienstpflicht in der Schweizer Armee).

18   Weiter können sich alle Personen mit Aufenthalt in der Schweiz auf die *Garantien der EMRK* berufen, unabhängig davon, ob sie Angehörige eines Konventionsstaates sind oder nicht. Auch die *Grundrechte der Bundesverfassung* stehen ausländischen Staatsangehörigen zu. Von besonderer Bedeutung ist dabei der *Schutz vor Ausschaffung* in einen Verfolger- oder Folterstaat (Art. 25 Abs. 2 und 3 BV).

Lange herrschte die Auffassung vor, Ausländer könnten die *Vereinigungsfreiheit* (Art. 23 BV) nur für unpolitische Vereine beanspruchen. Diese Ansicht gilt heute als überholt (J. P. MÜLLER, Grundrechte, S. 345). Gleiches lässt sich von der *Meinungsfreiheit* (Art. 16 BV) sagen. Nach dem Bundesratsbeschluss betreffend politische Reden von Ausländern vom 24. Februar 1948 (AS 1948 119) waren politische Auftritte ausländischer Staatsangehöriger in der Schweiz bewilligungspflichtig. Der Beschluss gilt seit dem 30. April 1998 nicht mehr (AS 1998 1174). Zum *Anspruch auf Familiennachzug* (Art. 13 Abs. 1 BV; Art. 8 EMRK) vgl. BGE 120 Ib 129 E. 4a S. 130 f., Abdil I.; 122 II 1 E. 2 S. 5 f., C.

Die allgemeine Grundrechtsträgerschaft der Ausländer wird durch einige spezifische *Ausnahmen* durchbrochen.   19

- Die *Niederlassungsfreiheit* bleibt Schweizern vorbehalten (Art. 24 BV). Wer sich als Ausländer über längere Zeit in der Schweiz aufhalten will, bedarf einer fremdenpolizeilichen Bewilligung (Rz. 20).
- Vom *Schutz vor Ausweisung* profitieren ebenfalls nur Schweizer (Art. 25 Abs. 1 BV). Ausländer können u.a. dann aus der Schweiz ausgewiesen werden, wenn sie die Sicherheit des Landes gefährden (Art. 121 Abs. 2 BV; vgl. auch Art. 55 StGB: Landesverweisung ausländischer Straftäter als Nebenstrafe).
- Die *Wirtschaftsfreiheit* (Art. 27 BV) kann von Ausländern grundsätzlich nur angerufen werden, wenn sie über eine Niederlassungsbewilligung verfügen (BGE 119 Ia 35 E. 2 S. 37 f., Dr. S.; vgl. auch 123 I 19 E. 2 S. 20 ff., A., und präzisierend 123 I 212 E. 2c S. 215 f., V.).

Zu den *politischen Rechten der Ausländer* vgl. Rz. 5 und hinten § 48 Rz. 21 f.

Für einlässliche Darstellungen des Ausländerrechts vgl. ALBERTO ACHERMANN/ CHRISTINA HAUSAMMAN, Handbuch des Asylrechts, 2. A., Bern/Stuttgart 1991; AUER/MALINVERNI/HOTTELIER, Droit constitutionnel I, Rz. 413–559; PETER MAX GUTZWILLER/URS L. BAUMGARTNER, Die Rechtsstellung der Ausländer in der Schweiz, München/Basel 1997; GIORGIO MALINVERNI, Le droit des étrangers, in: Verfassungsrecht, § 63; MARC SPESCHA/PETER STRÄULI, Kommentar zum Ausländerrecht, Zürich 2001.

b. Übersicht über die fremdenpolizeilichen Bewilligungen

Ausländer benötigen eine Bewilligung, wenn sie sich längere Zeit in der Schweiz aufhalten wollen. Das geltende Ausländerrecht unterscheidet mehrere Arten von Bewilligungen. Die wichtigsten sind: 20

- Die *Aufenthaltsbewilligung* (Art. 5 ANAG, Ausweis B). Sie berechtigt zum *befristeten* Aufenthalt in der Schweiz mit oder ohne Erwerbstätigkeit. Die Bewilligungen sind kontingentiert. Ein Anspruch auf Familiennachzug besteht grundsätzlich nicht.
- Die *Niederlassungsbewilligung* (Art. 6 ANAG, Ausweis C). Sie berechtigt zum *unbefristeten* Verbleib in der Schweiz mit oder ohne Erwerbstätigkeit. Die Bewilligung wird in der Regel nach 10 Jahren Aufenthalt erteilt, für Bürger von EU- und EFTA-Staaten und der

USA bereits nach 5 Jahren. Niedergelassene dürfen ihre Familien nachziehen.

Daneben gibt es Bewilligungen für nicht erwerbstätige Ausländer (Art. 31-37 BVO), für Kurzaufenthalter und Stagiaires (Art. 20-22 BVO, Ausweis L), Grenzgänger (Art. 23 BVO, Ausweis G) und vorläufig Aufgenommene (Art. 14a ANAG, Ausweis F). Den Aufenthalt von Asylsuchenden und anerkannten Flüchtlingen regelt das AsylG.

Das Ausländerrecht wird zur Zeit revidiert. Der bundesrätliche Entwurf zu einem Ausländergesetz (BBl 2002 3851, Botschaft BBl 2002 3709) will die einschlägigen Vorschriften vereinheitlichen und in einem Gesetz vereinigen. In der Sache dürfte sich nichts Grundlegendes ändern. Jedoch soll die Rechtsstellung der Aufenthalter verbessert werden; sie werden künftig einen Anspruch auf Familiennachzug haben. Das neue Gesetz sieht auch bessere Integrations- und Vollzugsmassnahmen vor.

c. *Rechtsstellung von EU-Angehörigen*

21 Das Abkommen zwischen der Schweizerischen Eidgenossenschaft einerseits und der Europäischen Gemeinschaft und ihren Mitgliedstaaten andererseits über die Freizügigkeit vom 21. Juni 1999 (Freizügigkeitsabkommen, SR 0.142.112.681) verschafft den Bürgern aus EU-Staaten wesentliche *ausländerrechtliche Erleichterungen*. Sie erhalten das Recht auf Einreise in die Schweiz, auf Aufenthalt, Zugang zu einer unselbständigen Erwerbstätigkeit und Niederlassung als Selbständiger, das Recht auf Verbleib in der Schweiz nach Beendigung der Erwerbstätigkeit sowie das Recht auf Familiennachzug; entsprechend besteht ein Rechtsanspruch auf Erteilung der nötigen fremdenpolizeilichen Bewilligungen. Umgekehrt erhalten Schweizer dieselben Rechte in allen Mitgliedstaaten der EU.

5. Doppelbürger und Staatenlose

22 *Schweizerisch-ausländische Doppelbürger* können ihre *politischen Rechte* wie Schweizer ausüben. Die *zivilrechtlichen Verhältnisse* richten sich grundsätzlich nach dem Recht jenes Staats, mit dem sie am engsten verbunden ist (Art. 23 Abs. 2 IPRG).

Die *Militärdienstpflicht von* Doppelbürgern ist mitunter Gegenstand von Staatsverträgen; vgl. z.B. das Abkommen zwischen dem Schweizerischen Bundesrat und der Regierung der Französischen Republik betreffend den Militärdienst der Doppelbürger vom 16. November 1995 (SR 0.141.134.92).

Staatenlose gelten als Ausländer. Solange sie sich in der Schweiz aufhal- 23
ten, richten sich ihre *zivilrechtlichen Verhältnisse* nach schweizerischem
Recht (Art. 24 IPRG). Im Übrigen sind das Abkommen über die
Rechtsstellung der Flüchtlinge vom 28. Juli 1951 sowie das Übereinkommen über die Rechtsstellung der Staatenlosen vom 28. September
1954 massgebend (SR 0.142.30 und .40).

II. Erwerb und Verlust des Schweizer Bürgerrechts

1. Grundsätze

a. *Aufgabenteilung zwischen Bund und Kantonen*

Der *Bund* regelt *umfassend* (Art. 38 Abs. 1 BV): 24
- den *Erwerb* des Bürgerrechts durch die *familienrechtlichen Vorgänge*
  der Abstammung, der Heirat und der Adoption (in diesen Fällen
  darf der Bund auch die *erleichterte Einbürgerung* vorsehen);
- den *Verlust* des Schweizer Bürgerrechts;
- die *Wiedereinbürgerung*.
Ausserdem erleichtert er die Einbürgerung *staatenloser Kinder* (Abs. 3).

Die *Kantone* regeln die Voraussetzungen der *ordentlichen Einbürgerung*. 25
Der *Bund* erlässt dazu nur *Mindestvorschriften* und erteilt die *Einbürgerungsbewilligung* (Art. 38 Abs. 2 BV).

Verfassungsvorlagen, die die erleichterte Einbürgerung junger Ausländer in die
Regelungszuständigkeit des Bundes gestellt hätten, sind wiederholt verworfen
worden. 1983 scheiterte ein entsprechender Revisionsentwurf am Widerstand von
Volk und Ständen (BBl 1984 I 614; 1982 II 125). Eine zweite Vorlage wurde 1994
vom Volk angenommen, verfehlte aber das Ständemehr (BBl 1994 III 1251; 1992 VI
545). Für einen erneuten Versuch jetzt BBl 2002 1911, 2010 (vgl. dazu Rz. 56).

b. *Dreifaches Bürgerrecht und Einheit des Bürgerrechts*

Jeder Schweizer besitzt ein (möglicherweise mehrfaches) *Gemeinde-* 26
und *Kantons*bürgerrecht sowie das *Schweizer* Bürgerrecht.

Diese drei Bürgerrechte bedingen sich gegenseitig; sie können nicht 27
einzeln erworben oder abgelegt werden. Das Schweizer Bürgerrecht
setzt den Besitz eines Gemeinde- und Kantonsbürgerrechts voraus
(*Einheit des Bürgerrechts;* Art. 37 Abs. 1 BV).

c.   *Formen des Bürgerrechtserwerbs und Bürgerrechtsverlusts*

28   Das Gesetz sieht zwei Formen für Erwerb und Verlust des Schweizer
     Bürgerrechts vor:
     – Erwerb und Verlust *von Gesetzes wegen,* d.h. ohne behördliches
       Zutun (Art. 1–11 BüG; nur bei familienrechtlichen Vorgängen);
     – Erwerb und Verlust *durch Verwaltungsakt,* d.h. durch behördlichen
       Beschluss (Art. 12–48 BüG; bei allen übrigen Vorgängen).

2.   Erwerb des Schweizer Bürgerrechts

a.   *Erwerb von Gesetzes wegen*

29   *Von Gesetzes wegen* erwirbt das Schweizer Bürgerrecht:
     – das *Kind verheirateter Eltern,* sofern mindestens ein Elternteil das
       Schweizer Bürgerrecht besitzt; das *Kind einer unverheirateten
       Schweizer Mutter;* das *Kind einer unverheirateten ausländischen Mut-
       ter,* wenn der Schweizer Vater sie nachträglich heiratet (Art. 1 BüG;
       Erwerb durch *Abstammung*). Mit dem Schweizer Bürgerrecht er-
       wirbt das Kind immer auch ein Kantons- und Gemeindebürgerrecht
       (für Einzelheiten: Art. 4 BüG).
     – das *Findelkind,* wobei es zugleich Bürger des Kantons wird, in wel-
       chem es ausgesetzt wurde. Die so erworbenen Bürgerrechte erlö-
       schen, wenn die Abstammung des Kindes festgestellt wird, solange
       es noch unmündig ist, es sei denn, das das Kind würde staatenlos
       (Art. 6 BüG).
     – das von einem Schweizer Bürger adoptierte unmündige Kind mit
       ausländischer Staatsangehörigkeit (Art. 7 BüG; Erwerb durch *Adop-
       tion*). Es erhält das Kantons- und Gemeindebürgerrecht des Adop-
       tierenden.

b.   *Erwerb durch Verwaltungsakt*

aa.   *Ordentliche Einbürgerung*

30   Die Einbürgerung im ordentlichen Verfahren besteht aus der Einbür-
     gerungsbewilligung des Bundes und dem Einbürgerungsakt von Kanton
     und Gemeinde (Art. 12 BüG).

Die *Einbürgerungsbewilligung des Bundes* wird vom zuständigen Bundesamt erteilt. Die Bewilligung setzt voraus, dass der Bewerber während einer gesetzlich bestimmten Zeit – i.d.R. zwölf Jahre – Wohnsitz in der Schweiz hatte und dass er sich aufgrund seiner Lebensführung zur Einbürgerung eignet (Art. 13–15 BüG), nicht aber, dass er auf seine ausländische Staatsbürgerschaft verzichtet (Art. 17 BüG, der solches verlangte, wurde aufgehoben; vgl. BBl 1987 III 293, AS 1991 1034). Die eidgenössische Bewilligung soll in Bürgerrechtssachen eine minimale Rechtsgleichheit gewährleisten. Sie ist *Gültigkeitsvoraussetzung des Einbürgerungsakts in Kanton und Gemeinde* (Art. 12 Abs. 2 BüG), vermittelt aber *keinen Rechtsanspruch* auf Einbürgung.   31

Die *Einbürgerung durch Kanton und Gemeinde* kann von weiteren Voraussetzungen abhängig gemacht werden (z.B. von der Entrichtung einer Einkaufssumme, vom Nachweis genügender Sprachkenntnisse oder von einem bestimmten Mindestaufenthalt in Gemeinde und Kanton). Zur Problematik des Einbürgerungsverfahrens vgl. Rz. 47 ff.   32

bb. Erleichterte Einbürgerung

Die erleichterte Einbürgerung kommt u.a. in Betracht: 33
- für *ausländische Ehegatten eines Schweizer Bürgers* oder eines Auslandschweizers (Art. 27 f. BüG) sowie
- für Personen, die sich *guten Glaubens im Besitz des Schweizer Bürgerrechts* wähnten (Art. 29 BüG; vgl. für weitere Fälle Art. 30 f. BüG).

Das BüG vermittelt *keinen Rechtsanspruch* auf erleichterte Einbürgerung. Über entsprechende Gesuche entscheidet das Bundesamt (Art. 32 BüG). Ein kantonales Einbürgerungsverfahren findet – anders als bei der ordentlichen Einbürgerung – nicht statt; der von der erleichterten Einbürgerung betroffene Kanton wird lediglich angehört. Einkaufssummen sind nicht geschuldet; der Bund erhebt nur eine Kanzleigebühr (Art. 38 BüG).   34

c. Wiedereinbürgerung

Ein Gesuch auf Wiedereinbürgerung können stellen: 35
- *Auslandschweizer der zweiten Generation*, welche das Schweizer Bürgerrecht verwirkt haben (Art. 21 i.V.m. Art. 10 BüG) sowie

– Personen, die *aus dem Schweizer Bürgerrecht entlassen* worden sind (Art. 23 BüG).

36 Die Wiedereinbürgerung setzt u.a. voraus, dass der Bewerber *mit der Schweiz verbunden* ist und die innere oder äussere Sicherheit des Landes nicht gefährdet (Art. 18 BüG). Ein *Rechtsanspruch* auf Wiedereinbürgerung besteht *nicht* (BGE 114 Ib 257 E. 2 S. 259, S.). Über das Gesuch entscheidet wie bei der erleichterten Einbürgerung allein das Bundesamt; der Kanton, dessen Bürgerrecht der Gesuchsteller zuletzt besessen hat, wird angehört (Art. 25 BüG).

3. Verlust des Schweizer Bürgerrechts

a. Verlust von Gesetzes wegen

37 Der Verlust des Schweizer Bürgerrechts tritt *von Gesetzes wegen* ein:
– *beim Kind mit der Aufhebung des Kindesverhältnisses* zu jenem Elternteil, der dem Kind das Schweizer Bürgerrecht vermittelt hat, es sei denn, das Kind werde dadurch staatenlos (Art. 8 BüG);
– *beim Schweizer Bürger mit der Adoption durch einen Ausländer,* sofern der Adoptierte mit der Adoption die Staatszugehörigkeit des Adoptierenden erwirbt oder diese bereits besitzt (Art. 8a BüG);
– *beim Auslandschweizer der zweiten Generation,* sofern er noch eine andere Staatsbürgerschaft besitzt, es sei denn, er erkläre vor Vollendung des 22. Lebensjahres bei einer schweizerischen Behörde, das Schweizer Bürgerrecht beibehalten zu wollen (Art. 10 BüG).

Wer das Schweizer Bürgerrecht von Gesetzes wegen verliert, verliert damit auch das Kantons- und Gemeindebürgerrecht (Art. 11 BüG).

b. Verlust durch Verwaltungsakt

38 Fälle, in denen das Schweizer Bürgerrecht *durch Verwaltungsakt* verloren geht, sind:
– die *Entlassung aus dem Schweizer Bürgerrecht* (Art. 42–47 BüG). Schweizer Bürger müssen auf Gesuch hin aus dem Schweizer Bürgerrecht entlassen werden, wenn sie in der Schweiz keinen Wohnsitz haben und eine andere Staatsangehörigkeit besitzen oder ihnen eine solche zugesichert ist (Art. 42 Abs. 1 BüG). Die Entlassung wird durch den Heimatkanton ausgesprochen und durch das Bun-

desamt eröffnet (Art. 42 Abs. 2, Art. 45 BüG). Der Kanton darf nur eine Kanzleigebühr erheben; die Bemühungen der Bundesbehörden im Entlassungsverfahren sind kostenlos (Art. 46 BüG).

– der *Entzug des Schweizer Bürgerrechts* (Art. 48 BüG). Das Bundesamt kann mit Zustimmung des Heimatkantons einem Doppelbürger das Schweizer Bürgerrecht mit Einschluss des Kantons- und Gemeindebürgerrechts entziehen, wenn sein Verhalten den Interessen oder dem Ansehen der Schweiz erheblich schadet.

4. Tabellarischer Überblick

a. Erwerb des Schweizer Bürgerrechts

	Bund	**Kanton**
von Gesetzes wegen	Familienrechtliche Vorgänge: • **Abstammung** [BüG 1] • **Adoption** [BüG 7]	–––
durch Verwaltungsakt	• **Ordentliche Einbürgerung** [BüG 12–16] *Erste Stufe:* Einbürgerungsbewilligung des Bundes. – Gültigkeitserfordernis für Einbürgerung durch Gde. und Kt.; vermittelt keinen Rechtsanspruch auf Einbürgerung. – Voraussetzung: Wohnsitz, Eignung. – Zuständigkeit: Bundesamt.	Sofern Einbürgerungsbewilligung des Bundes vorliegt: *Zweite Stufe:* Einbürgerungsakt des Kantons. – Evtl. weitere Voraussetzungen des kantonalen Rechts (insbesondere Einkaufssumme). – Zuständigkeit: nach kantonalem Recht.
	• **Erleichterte Einbürgerung** [BüG 26–32] In bestimmten Sonderfällen (kein Rechtsanspruch) – Zuständigkeit: Bundesamt.	Kanton wird angehört [BüG 32].
	• **Wiedereinbürgerung** [BüG 18–25] Betrifft ehemalige Schweizer (kein Rechtsanspruch). – Zuständigkeit: Bundesamt.	Kanton wird angehört [BüG 25].

39

b.   Verlust des Schweizer Bürgerrechts

40

Bund	Kanton
von Gesetzes wegen	Familienrechtliche Vorgänge: • **Aufhebung des Kindesverhältnisses** [BüG 8] • **Adoption durch Ausländer** [BüG 8a] • **Geburt im Ausland** [BüG 10] Die vom Verlust betroffene Person muss noch über eine andere Staatsangehörigkeit verfügen oder eine solche erhalten (Vermeidung von Staatenlosigkeit).	——
durch Verwaltungs- akt	• **Entlassung** [BüG 42–47] Betrifft Doppelbürger. – Eröffnung der Entlassung durch Bundesamt.	– Auf Gesuch hin. – Entlassung wird durch Kanton ausgesprochen.
	• **Entzug** [BüG 48] Betrifft Doppelbürger. – Zuständigkeit: Bundesamt.	Kanton muss zugestimmt haben.

5.   Rechtsschutz

a.   Gegen Verfügungen von Bundesbehörden

41   Das *Verwaltungsverfahren* vor den Bundesbehörden richtet sich nach dem VwVG (Art. 50 Abs. 2 BüG).

42   Gegen Verfügungen von Bundesbehörden kann wie folgt *Beschwerde* geführt werden:
- *Verfügungen des Bundesamts* über unterliegen der *Verwaltungsbeschwerde* an das EJPD (Art. 50 Abs. 2 BüG; Art. 44 ff. VwVG).
- *Beschwerdeentscheide des EJPD* können mit *Verwaltungsgerichtsbeschwerde* beim Bundesgericht angefochten werden (Art. 51 Abs. 1 BüG; Art. 97 ff. OG). Dazu gehören namentlich Entscheide betreffend die erleichterte Einbürgerung, die Wiedereinbürgerung und den Entzug des Bürgerrechts. Ausgenommen sind dagegen Beschwerdeentscheide über die Erteilung oder Verweigerung der eidgenössischen Einbürgerungsbewilligung im Rahmen der ordentlichen Einbürgerung: Das EJPD entscheidet endgültig darüber; die Verwaltungsgerichtsbeschwerde an das Bundesgericht ist ausgeschlossen (Art. 51 Abs. 3 Satz 1 BüG; Art. 100 Abs. 1 Bst. c OG). Vorbehalten bleibt einzig das Recht des Heimatkantons, die allfälli-

ge Verweigerung der Einbürgerungsbewilligung beim Bundesrat
anzufechten (Art. 51 Abs. 3 Satz 2 BüG).

Beschwerdeberechtigt sind die berührten Privaten (Art. 48 Bst. a VwVG;   43
Art. 103 Bst. a OG) sowie die interessierten Kantone und Gemeinden
(Art. 51 Abs. 2 BüG; Art. 48 Bst. b VwVG und Art. 103 Bst. c OG).

b.   Gegen Verfügungen von kantonalen Behörden

Das *Verfahren vor den kantonalen Behörden* richtet sich nach kantona-   44
lem Recht (Art. 50 Abs. 1 BüG).

Verfügungen der Kantone über die *Entlassung aus dem Bürgerrecht* und   45
über die *Feststellung, ob eine Person das Schweizer Bürgerrecht besitzt,*
ergehen gestützt auf öffentliches Recht des Bundes (Art. 42 Abs. 2,
Art. 49 BüG). Diesbezügliche Entscheide letzter kantonaler Instanzen
unterliegen der *Verwaltungsgerichtsbeschwerde an das Bundesgericht* (Art.
51 Abs. 1 BüG; Art. 97 ff. OG). Zur Beschwerde sind neben den
berührten Privaten (Art. 103 Bst. a OG) auch die interessierten
Kantone und Gemeinden sowie das EJPD berechtigt (Art. 51 Abs. 2
BüG; Art. 103 Bst. b und c OG).

Kantonale Hoheitsakte über die *ordentliche Einbürgerung* stützen sich   46
allein auf kantonales Recht. Als eidgenössisches Rechtsmittel gegen
Entscheide letzter kantonaler Instanzen kommt daher nur die *staatsrechtliche Beschwerde wegen Verletzung verfassungsmässiger Rechte* in
Betracht (Art. 84 Abs. 1 Bst. a OG). Auch wenn in der Sache selbst
kein Anspruch auf Einbürgerung besteht, so haben Bewerber doch das
Recht auf Begründung des Entscheids und auf einen Verfahrensablauf,
der gewährleistet, dass die berührten Grundrechte beachtet werden,
namentlich das Diskriminierungsverbot und der Schutz der Privatsphäre (vgl. dazu den folgenden Exkurs).

6.   Exkurs: Zur Problematik der ordentlichen Einbürgerung

An der geltenden Einbürgerungsordnung stechen zwei prägende Ele-   47
mente hervor: Erstens, die Einbürgerung erfolgt *von unten nach oben,*
d.h. von der Gemeinde über den Kanton zum Bund; zweitens, der Ein-
bürgerungsakt der Gemeinde, der das Kantons- und das Schweizer Bürgerrecht nach sich zieht, gilt als eine Frage des *freien politischen Ermessens.* Diese Ordnung muss überdacht werden.

Das *Bundesgericht* hat in zwei Urteilen vom 9. Juli 2003 erklärt, Einbürgerungsentscheide an der Urne verstiessen gegen die verfassungsrechtliche Begründungspflicht (1P.1/2003, E. 3; 1P.228/2002, E. 3). Die Entscheide haben für Aufregung gesorgt. Ein Blick auf die Problematik rechtfertigt sich darum nach wie vor.

Aus der *Literatur* ANDREAS AUER/NICOLAS VON ARX, Direkte Demokratie ohne Grenzen? Ein Diskussionsbeitrag zur Frage der Verfassungsmässigkeit von Einbürgerungsbeschlüssen durch das Volk, AJP 2000, S. 923–935; YVO HANGARTNER, Grundsätzliche Fragen des Einbürgerungsrechts, AJP 2001, S. 949–967; REGINA KIENER, Rechtsstaatliche Anforderungen an Einbürgerungsverfahren, recht 2000, S. 213–225.

Zum gegenwärtigen *Stand des Einbürgerungswesens* bestehen mehrere amtliche Schriften, z.B. *Bundesamt für Ausländerfragen*, Schlussbericht der Arbeitsgruppe Bürgerrecht, Bern 2000; *Bundesamt für Statistik*, Die Einbürgerungen in der Schweiz. Unterschiede zwischen Nationalitäten, Kantonen und Gemeinden 1981–1998, Neuenburg 2000; *Eidgenössische Kommission gegen Rassismus*, Die kantonalen Verfahren zur ordentlichen Einbürgerung von Ausländerinnen und Ausländern, Bern 1999; *Schweizerischer Gemeindeverband*, Die Einbürgerung der Ausländer in der Schweiz, Schönbühl/Bern 1998.

Instruktive *Übersichten* finden sich weiter in der Botschaft des Bundesrats zum Bürgerrecht für junge Ausländerinnen und Ausländer und zur Revision des Bürgerrechtsgesetzes vom 21. November 2001, BBl 2002 1911, besonders 1977 ff. (vgl. auch Rz. 56).

a.   Bundesstaatliche Einwände

48 Das erste Element, der Zugang zum Schweizer Bürgerrecht über das Gemeinde- und Kantonsbürgerrecht, erweist sich als *bundesstaatlicher Anachronismus*. Die Rechtsfolgen der Einbürgerung knüpfen am *Schweizer* Bürgerrecht an und zeigen sich überwiegend auf *bundesrechtlicher* Ebene; die materiellrechtliche Bedeutung des Gemeinde- und Kantonsbürgerrechts tritt demgegenüber völlig in den Hintergrund. Schon darum ist die Schlüsselposition der Gemeinde in Einbürgerungssachen verfehlt. Dazu kommt, dass Kanton und Gemeinde oftmals weitere Einbürgerungsanforderungen aufstellen, die eine Einbürgerung faktisch in unerreichbare Ferne rücken lassen: z.B. einen langjährigen Wohnsitz in der Gemeinde, die Beherrschung der Mundart, die Beteiligung am örtlichen Vereinsleben oder den Nachweis ‚geordneter' Familienverhältnisse. Anforderungen dieser Art sind zur Wahrnehmung der besonderen Rechte und Pflichten eines Schweizer Staatsbürgers objektiv nicht nötig. Mancher Schweizer würde ihnen selber nicht genügen.

b.   Rechtsstaatliche Einwände

49 Schwere *rechtsstaatliche Bedenken* weckt das zweite Element, die Konzipierung der Einbürgerung als politischer Ermessensentscheid. Dies gilt in besonderem Masse dort, wo das *Stimmvolk* über Einbürgerungen entscheidet, sei es an der Urne oder in der Gemeindeversammlung: Bei einer solchen Verfahrensanordnung sind Grundrechtsverletzungen geradezu vorgezeichnet.

Nebenbei: Auch *demokratietheoretisch* ist es verfehlt, Einbürgerungsentscheide in die Kompetenz des Stimmvolks zu legen. Weder geht es um die Aufnahme eines Bürgers in einen Kegelklub durch Beschluss der Vereinsmitglieder noch um die Besetzung eines politischen Amts durch Wahlakt der Stimmberechtigten. Mit der Einbürgerung wird vielmehr über den *rechtlichen Status einer Person im Gemeinwesen* befunden. Solche Entscheidungen gehören in ein ordentliches Verwaltungsverfahren gewiesen.

Schon das bundesrechtliche Einbürgerungserfordernis der „Eignung" (Art. 14 BüG)   50
und erst recht die weiteren Voraussetzungen des kantonalen Rechts zwingen die Behörden zur einlässlichen Befragung der Einbürgerungswilligen. Dabei können Dinge aus dem Privat- und möglicherweise gar aus dem Geheimbereich zur Sprache kommen. Liegt die Einbürgerungskompetenz beim Stimmvolk, müssen die Befragungsergebnisse zumindest in den wesentlichen Zügen veröffentlicht werden. Damit werden die Bewerber genötigt, sich von jedermann nach Belieben in die persönlichen Verhältnisse blicken zu lassen. Ein Zwang zu derartiger Selbstentblössung verletzt Art. 13 BV über den *Schutz der Privatsphäre*. Er lässt sich durch kein öffentliches Interesse rechtfertigen, und er wäre in dieser Weise auch nicht nötig, wenn der Einbürgerungsentscheid bei einer Behörde läge.

Das *Willkürverbot* (Art. 9 BV) schützt den Bürger vor unhaltbaren oder krass un-   51
gerechten Übergriffen der Staatsmacht. Der Schutz greift auch dort, wo das einschlägige Recht in der Sache selbst keine Ansprüche verleiht, vielmehr den Entscheid in das Ermessen der Behörde stellt, denn gerade im Bereich des Ermessens ist die Gefahr willkürlicher Entscheidungen besonders gross. Willkürfreie Handhabung des Ermessens verlangt eine Ausrichtung des Staatshandelns nach rationalen, verfassungsrechtlich zugelassenen Kriterien. Ein in dieser Weise kontrollierter Umgang mit Handlungsspielräumen entspricht nicht dem Rollenverständnis der Stimmberechtigten. Solange sie über Einbürgerungen zu befinden haben, werden sie die Freiheit beanspruchen, von Fall zu Fall nach Belieben zu entscheiden, so wie sie es von jeder anderen Abstimmung gewohnt sind.

Die Erfahrung der letzten Jahre zeigt, dass die Einbürgerungschancen umso tiefer   52
liegen, je fremder und bedrohlicher der ethnisch-kulturelle Hintergrund der Einbürgerungswilligen auf die Einheimischen wirkt. So wurden Gesuche von Bewerbern aus dem ehemaligen Jugoslawien zum Teil pauschal abgewiesen. Die Verweigerung des Bürgerrechts allein wegen ‚falscher' Nationalität – bei im Übrigen erfüllten Voraussetzungen – kann vom Bewerber nur als herabwürdigendes Unwerturteil aufgefasst werden. Verstösse gegen das *Diskriminierungsverbot* (Art. 8 Abs. 2 BV) sind in solchen Konstellationen zumindest nicht auszuschliessen.

Dass die *allgemeinen Verfahrensgarantien* (Art. 29 BV), namentlich der Anspruch   53
auf Begründung des Entscheids bei Einbürgerungen durch die Stimmberechtigten, nach landläufigem Verständnis leer laufen sollen, kann mit Blick auf die hohe Persönlichkeitsrelevanz der Staatsangehörigkeit nicht richtig sein. Die wahren Gründe einer Bürgerrechtsverweigerung dürften sich freilich kaum je zuverlässig ermitteln lassen. Entfallen müsste dann aber nicht der Begründungsanspruch des Bewerbers, sondern die Entscheidzuständigkeit des Stimmvolks.

54   Soweit schliesslich eine *justizförmige Kontrolle der Einbürgerungsentscheide* fehlt
      (was heute fast durchwegs der Fall ist), wird die *Rechtsweggarantie* nach Art. *29a
      BV verletzt.

55   Damit bleibt die Schweiz in zentralen Punkten hinter der Konvention des Europa-
      rats über die Staatsangehörigkeit zurück (European Convention on Nationality,
      vom 6. November 1997, ETS Nr. 166). Diese Konvention legt u.a. den Rahmen für
      die Einbürgerungsgesetze der Konventionsstaaten fest. Dazu gehören z.b.: Verzicht
      auf jede Diskriminierung bei Einbürgerungen, Begrenzung der erforderlichen
      Wohnsitzdauer auf höchstens 10 Jahre, Verzicht auf die Erhebung von Einkaufsge-
      bühren, Behandlung von Einbürgerungsgesuchen innert vernünftiger Frist, ausrei-
      chende Begründung entsprechender Entscheidungen und Einräumung einer Be-
      schwerdemöglichkeit (vgl. Art. 5, Art. 6 Abs. 3 und Art. 10–13). Dass die Schweiz
      diese Anforderungen heute nicht erfüllt, berührt umso peinlicher, als die Bundes-
      behörden an der Ausarbeitung der Konvention massgeblich beteiligt waren.

c.   *Neuordnung des Einbürgerungsverfahrens*

56   Eine *Neuordnung* des Einbürgerungsverfahrens müsste an der *bundesstaatlichen
      Aufgabenteilung* ansetzen und die Einbürgerung in die Zuständigkeit einer Bundes-
      behörde legen. Will man an der geltenden Verfassungslage festhalten, so hätte der
      Bund seine Zuständigkeit zum Erlass *eidgenössischer Mindestvorschriften über die
      Einbürgerung* entschiedener zu nutzen. Die Bundesgesetzgebung müsste jedenfalls
      den Rahmen der zulässigen Einbürgerungskriterien abschliessend umreissen und
      die Zuständigkeit des Stimmvolks in Einbürgerungssachen beseitigen.
          Das Bürgerrechtsgesetz wird derzeit revidiert (vgl. die Botschaft des Bundesrats
      zum Bürgerrecht für junge Ausländerinnen und Ausländer und zur Revision des
      Bürgerrechtsgesetzes vom 21. November 2001, BBl 2002 1911). Der Entwurf sieht
      u.a. Erleichterungen für Ausländer der zweiten und dritten Generation und die
      Einführung einer Beschwerdemöglichkeit gegen die Abweisung von Einbürge-
      rungsgesuchen durch die Gemeinden vor. Das Schicksal der Vorlage ist ungewiss.

§ 14 Landessprachen und Amtssprachen

I. Die Sprachenverfassung im Überblick

Als *Mittel intersubjektiver Verständigung* prägt die Sprache nicht nur die 1
Identität des einzelnen Menschen, sie bestimmt darüber hinaus das Bild
einer ganzen Volksgruppe, mehr noch – jedenfalls in klassischen Kul-
turnationen wie Deutschland, Frankreich oder Italien – das Bild eines
ganzen Landes. Staatliche Unterdrückung der eigenen Sprache und
staatlicher Zwang zum Gebrauch einer fremden Sprache bedeuten für
die Betroffenen eine Herabwürdigung und Ausgrenzung sowohl ihrer
Person wie auch ihrer Sprachgemeinschaft. Der individuelle Aspekt der
Sprache lässt sich vom kollektiven vernünftigerweise nicht trennen.
Darum ist Sprachenpolitik stets Grundrechtspolitik und Staatspolitik
in einem. Dies erklärt auch die latente *Brisanz der Sprachenfrage* und
den hohen *Stellenwert des Sprachfriedens* besonders in mehrsprachigen
Staaten wie der Schweiz. Bekenntnis zur Gleichwertigkeit der Sprachen, Respektierung der tradierten Sprachgebiete, Rücksichtnahme auf
die angestammten Sprachminderheiten: Was theoretisch selbstverständlich sein müsste, bleibt praktisch oft genug unerfüllt. Nicht von unge-
fähr kennt die Bundesverfassung eine *Vielzahl sprachrelevanter Bestimmungen.*

Die *tragenden Säulen* der Sprachenverfassung finden sich in Art. 4 BV 2
über die *Landessprachen* (Abschnitt II), in Art. 70 Abs. 1 und 2 BV über
die *Amtssprachen* (Abschnitte III, IV) sowie in Art. 18 BV über die
Sprachenfreiheit (Abschnitt V).

Ergänzend treten *weitere Vorschriften* hinzu. Elemente der Sprachenver- 3
fassung sind nachweisbar:
– in der *Präambel* und im *Zweckartikel;*
   Die Präambel betont den Willen des Schweizervolks und der Kantone, „in gegenseitiger Rücksichtnahme und Achtung ihre Vielfalt in der Einheit zu leben".
   Der Zweckartikel nimmt diesen Gedanken in den Kreis der Staatsziele auf:
   Art. 2 Abs. 2 BV zufolge fördert die Eidgenossenschaft „den inneren Zusammenhalt und die kulturelle Vielfalt des Landes".

- bei den *Grundrechten;*

  Neben der Sprachenfreiheit (Art. 18 BV) verankert die Verfassung zwei weitere sprachrelevante Grundrechtsgewährleistungen: den Schutz vor Diskriminierung aus Gründen der Sprache (Art. 8 Abs. 2 BV) sowie den Anspruch jeder Person, im Falle eines Freiheitsentzugs „unverzüglich und in einer ihr verständlichen Sprache" über die Gründe des Freiheitsentzugs unterrichtet zu werden (Art. 31 Abs. 2 BV). Bedeutsam sind ferner Art. 19 BV (für die Unterrichtssprache), Art. 27 BV (für die Werbesprache) und Art. 29 Abs. 2 BV (für die Justizsprache).

- bei den *Aufgabennormen;*

  In der Erfüllung seiner Aufgaben ist der Bund gehalten, wo immer möglich „Rücksicht auf die kulturelle und die sprachliche Vielfalt des Landes" zu nehmen (Art. 69 Abs. 3 BV). Er unterstützt die mehrsprachigen Kantone bei der Erfüllung ihrer „besonderen Aufgaben", d.h. in der Wahrnehmung ihrer Funktion als Brücke zwischen den Sprachgebieten (Art. 70 Abs. 4 BV). Gemeint sind vorab die Kantone BE (d/f), FR (f/d), GR (d/i/r) und VS (f/d), in geringerem Mass auch TI (i) mit Bosco Gurin (d) und JU (f) mit Ederswiler (d). Besondere Bundeshilfe wird den Kantonen GR und TI zur Erhaltung und Förderung der rätoromanischen und der italienischen Sprache in Aussicht gestellt (Art. 70 Abs. 5 BV; vgl. das Bundesgesetz über Finanzhilfen für die Erhaltung und Förderung der rätoromanischen und der italienischen Sprache und Kultur vom 6. Oktober 1995, SR 441.3). Schliesslich verpflichtet Art. 70 Abs. 3 BV Bund *und* Kantone, die „Verständigung und den Austausch zwischen den Sprachgemeinschaften" zu fördern. Eine Übersicht über entsprechende staatliche Massnahmen bietet REGULA KÄGI-DIENER, in: St. Galler Kommentar, Art. 70 Rz. 22.

- im Bereich der *Organisationsbestimmungen.*

  In diese Kategorie gehören zunächst die bereits erwähnten Vorschriften über die Landessprachen (Art. 4 BV) und die Amtssprachen (Art. 70 Abs. 1 und 2 BV), dann aber auch Art. 175 Abs. 4 BV über die angemessene Vertretung der Landesgegenden und Sprachregionen im Bundesrat (vgl. Rz. 16).

II. Landessprachen

1. Rechtsgrundlage

4   Art. 4 BV erklärt *Deutsch, Französisch, Italienisch und Rätoromanisch* zu den *Landessprachen* der Schweiz. Die Vorschrift bindet Bund und Kantone je im Rahmen ihrer Zuständigkeiten.

2. Bedeutung der Landessprachen

a. *Anerkennung der Sprachgemeinschaften*

Art. 4 BV knüpft an die tradierte kollektive Sprachenlage der Schweiz 5
an und anerkennt die *kulturelle Gleichberechtigung der deutschen, französischen, italienischen und rätoromanischen Sprachgemeinschaft.* Die unterschiedlich starke Verbreitung der Landessprachen – von der schweizerischen Wohnbevölkerung nennen 75% Deutsch, 20% Französisch, 4% Italienisch und 1% Rätoromanisch als Muttersprache – ist von Art. 4 BV aus gesehen bedeutungslos. Diese *egalitäre Sprachenregelung* gehört zu den wichtigsten Konstituenzien der Schweiz als einer von verschiedenen Volksgruppen getragenen *Willensnation* (Marco Borgi, Langues nationales et langues officielles, in: Verfassungsrecht, § 37 Rz. 8 ff.).

b. *Anerkennung der Sprachgebiete und Schutz von Sprachminderheiten*

Aus dem Landessprachenartikel leitet das Bundesgericht ausserdem das 6
Territorialitätsprinzip ab (ausdrücklich ausgesprochen wird es freilich nur in Art. 70 Abs. 2 BV über die Amtssprachen der Kantone). Das Prinzip soll den *Sprachfrieden* gewährleisten, und dies in doppelter Weise (vgl. BGE 106 Ia 299 E. 2a S. 302 f., Brunner):
- Einerseits *verbietet* das Territorialitätsprinzip dem Staat, die Grenzen traditionell einsprachiger Gebiete durch sprachpolitische Vorkehrungen zu verschieben oder in traditionell gemischtsprachigen Gebieten die örtliche landessprachliche Minderheit zu unterdrücken (Territorialitätsprinzip als *Kompetenzschranke;* Rz. 23).
- Andererseits *berechtigt* das Prinzip den Staat, die überlieferte Verbreitung der Landessprachen im Rahmen seiner Zuständigkeiten durch sprachpolitische Massnahmen zu stabilisieren, auch wenn damit die Sprachenfreiheit im öffentlichen Bereich eingeschränkt wird (Territorialitätsprinzip als *Grundrechtschranke* oder genauer: als Sammelbegriff für jene *öffentlichen Interessen,* um derentwegen in die Sprachenfreiheit eingegriffen werden darf; Rz. 23, 26 ff.).

Im Übrigen ist die Sprachenpolitik Sache der Kantone (BGE 121 I 196 E. 2b und 2c S. 199, René Noth). Zum Verhältnis von Sprachenfreiheit und Territorialitätsprinzip Rz. 26 ff.

7   Das Territorialitätsprinzip und seine Handhabung durch das Bundesgericht stossen in der jüngeren Lehre auf *Kritik:* Das Prinzip sei *konturlos;* es gehe einseitig *zulasten des menschenrechtlichen Gehalts der Sprachenfreiheit;* ausserdem sei das Prinzip primär zum Schutz der *nationalen Minderheitssprachen* bestimmt und nicht zum Schutz *lokaler Minderheiten,* deren Sprache landesweit nicht gefährdet ist (vgl. etwa GIOVANNI BIAGGINI, Sprachenfreiheit und Territorialitätsprinzip – Entwicklungstendenzen in der höchstrichterlichen Rechtsprechung zum Sprachenverfassungsrecht, recht 1997, S. 112, 118 ff.; J. P. MÜLLER, Grundrechte, S. 144 f.; BBl 1997 I 162 f.; je mit weiteren Hinweisen). Die Einwände gehen fehl. Dem Vorwurf der *Konturlosigkeit* ist dadurch zu begegnen, dass die Behörde bei sprachpolitischen Eingriffen in die Sprachenfreiheit ausdrücklich darlegt, welche der dem Territorialitätsprinzip zugeschriebenen öffentlichen Interessen sie im konkreten Fall beanspruchen will. Wer die unstrittige *Menschenrechtsqualität* der Sprachenfreiheit a priori über den Sprachfrieden stellt, verkennt die territorialpolitische Dimension der Sprachenfrage. Ein Blick ins Ausland müsste vor allzu eiliger Leichtgläubigkeit in dieser Frage bewahren. Wenn die Volksgruppen in der Schweiz heute friedlich miteinander auskommen, so liegt dies nicht zuletzt daran, dass sich die Zuwanderer in sprachlich homogenen Gebieten bisher grossmehrheitlich assimilierungswillig gezeigt haben. Der letzte Einwand krankt daran, dass er die *nationalen und lokalen Aspekte* des Problems miteinander vermischt. Sicherlich lassen sich zum Schutz der national bedrohten Sprachen (Rätoromanisch und – wenn auch in geringerem Mass – Italienisch) Vorkehrungen rechtfertigen, die zugunsten des national dominierenden Deutschen nicht ergriffen werden dürften. Die konkrete Bedrohungslage ist mit anderen Worten in die Abwägung der gegenläufigen Interessen mit einzubeziehen. Daraus folgt aber nicht, dass angestammte *örtliche* Sprachminderheiten jeden Anspruch auf Rücksichtnahme schon darum verlieren, weil ihre Sprache im *landesweiten* Kontext zur Mehrheit zählt.

III.   Amtssprachen des Bundes

1.   Rechtsgrundlage

8   Amtssprachen sind jene Landessprachen, die im Verkehr zwischen dem Staat und den einzelnen Bürgern verwendet werden. *Amtssprachen des Bundes* sind *Deutsch, Französisch und Italienisch* sowie – allerdings nur im Verkehr mit Personen rätoromanischer Sprache –*Rätoromanisch* (Art. 70 Abs. 1 BV). Damit gilt Rätoromanisch im Unterschied zu den anderen Sprachen bloss als *Teil*amtssprache.

9   Die Zuständigkeit des Bundes zur Festlegung seiner Amtssprachen qualifiziert sich als *parallele Kompetenz,* denn gemäss Art. 70 Abs. 2 BV bestimmen die Kantone weiterhin ihre eigenen Amtssprachen.

2. Bedeutung der eidgenössischen Amtssprachen

a. *Sprachverkehr mit Bundesbehörden*

Im *Verkehr zwischen Bürger und Bundesbehörden* sind beide Seiten ver- 10
pflichtet, sich einer Amtssprache (und *nur* einer Amtssprache) zu bedienen.

– *Private* sind in der Wahl der Amtssprache frei. Sie dürfen mit den
  Bundesbehörden in ihrer Muttersprache verkehren, falls diese zugleich eine Amtssprache ist. Jedenfalls im Schriftverkehr haben sie
  ausserdem das Recht, eine allfällige Antwort der Behörde in der von
  ihnen verwendeten Amtssprache zu erhalten.

– Geht der Briefkontakt von der *Behörde* aus und ist die Sprache des
  Empfängers nicht bekannt, so ist die (kantonale) Amtssprache am
  Empfangsort massgeblich.

Anderes gilt für den Verkehr mit den *Amtsstellen eines örtlich dekonzentrierten
Verwaltungsträgers* (Zollämter, Poststellen, Bahnhofverwaltungen usw.): Dafür ist
grundsätzlich die kantonale Amtssprache am Ort der jeweiligen Amtsstelle massgeblich. Von den Behörden wird man – jedenfalls im mündlichen Verkehr – dennoch einen kulanten Umgang mit den fremdsprachigen Bürgern erwarten dürfen.

Die skizzierten Grundsätze gelten *sinngemäss* für den *Verkehr zwischen* 11
eidgenössischen und kantonalen Behörden.

b. *Verfahrensprache im Besonderen*

Verfügungen von Bundesbehörden in Verwaltungs- und Verwaltungs- 12
beschwerdeverfahren werden in der Amtssprache eröffnet, in der die
Parteien ihre Begehren gestellt haben oder stellen würden (Art. 37
VwVG).

Vgl. VPB 1979 Nr. 25 E. 7 S. 109 f. (Verzicht auf Auferlegung von Verfahrenskos-
ten an einen unterliegenden Beschwerdeführer italienischer Muttersprache mangels
Eröffnung der Verfügung in seiner Muttersprache); BGE 108 V 208, Degallier
(beim Vollzug von Bundesrecht durch kantonale Behörden richtet sich die Verfah-
rensprache nach *kantonalem* Recht). Ferner GYGI, Bundesverwaltungsrechtspflege,
S. 64 f. (zur Verfahrenssprache in Fällen, wo mehrere Parteien mit unterschiedlicher Sprache beteiligt sind).
    Zur Amtssprache im Verfahren vor den eidgenössischen Enteignungsschät-
zungskommissionen vgl. Art. 1 der Verordnung für die eidgenössischen Schätzungskommissionen vom 24. April 1972 (SR 711.1): Verfahrensleitung in der am
Ort der enteigneten Sache massgeblichen Sprache; die Parteien können sich frei
einer der drei Amtssprachen bedienen.

13   Eine ähnliche Regelung gilt für das *Verfahren vor Bundesgericht* (Art. 37 Abs. 3 OG).

Vgl. BGE 122 I 93 E. 1 S. 94 ff., Corporaziun da vaschins da Scuol (Eröffnung eines Urteils in rätoromanischer Sprache unter Anfügung einer deutschen Übersetzung).

c.   *Arbeitssprachen des Bundes*

14   Arbeitssprachen des Bundes (d.h. Sprachen im bundesinternen Verkehr) sind *Deutsch, Französisch und Italienisch,* nicht aber Rätoromanisch.

Vgl. die Weisungen des Bundesrates zur Förderung der Mehrsprachigkeit in der allgemeinen Bundesverwaltung vom 19. Februar 1997 (BBl 1997 II 529). Von Belang sind besonders Ziff. 31 (Bundesbedienstete arbeiten je in ihrer eigenen Sprache, sofern diese eine der Arbeitssprachen ist) und Ziff. 5 (die erforderlichen Kenntnisse in einer anderen Amtssprache richten sich nach der auszuübenden Tätigkeit). Es versteht sich von selbst, dass je nach Pflichtenheft die Kenntnis weiterer Sprachen verlangt werden kann (vgl. Ziff. 61).

d.   *Veröffentlichung von Bundeserlassen*

15   *Erlasse des Bundes* werden in den drei Amtssprachen Deutsch, Französisch und Italienisch veröffentlicht (Art. 8 Abs. 1 PublG; Veröffentlichung in der AS). Eine romanische Fassung gibt es nur für Bundeserlasse von besonderer Bedeutung (Art. 14 Abs. 3 PublG; Veröffentlichung ohne Gesetzeskraft allein im BBl). Die deutsche, die französische und die italienische Fassung sind *in gleicher Weise massgebend* (Art. 9 Abs. 1 PublG). Namentlich gilt der deutsche Text nicht als Originaltext, obwohl die meisten Bundeserlasse zunächst deutsch ausgearbeitet werden. Stimmen die drei Sprachversionen nach grammatikalischer Auslegung nicht vollständig überein oder widersprechen sie sich gar, so ist anhand der weiteren Auslegungselemente jene Fassung zu bestimmen, die den wahren Rechtssinn der Norm wiedergibt (BGE 124 V 377 E. 2c/cc S. 379, Arbeitslosenkasse des Kantons Luzern).

16   *Fallbeispiel zu Rz. 15:* In *BGE 124 II 85, X. AG,* hatte das Bundesgericht zu entscheiden, ob es sich bei einer bestimmten Gruppe von Bäumen und Sträuchern auf einer Industrieparzelle in der Gemeinde Balgach um Wald im Sinne des Gesetzes handle. Die Eigentümerin berief sich auf Art. 2 Abs. 3 WaG, wonach u.a. „Garten-, Grün- und Parkanlagen" *nicht* als Wald gelten. Dabei gingen die Meinungen über die Bedeutung des Begriffsteils „Anlage" auseinander, weil dieser im französischen und italienischen Gesetzestext keine unmittelbare Entsprechung findet (E. 4d/aa, bb S. 92 f.):

„In Art. 2 Abs. 2 und 3 WaG zählt der Bundesgesetzgeber bestimmte Erscheinungsformen von Bestockungen auf, die unter den rechtlichen Waldbegriff fallen (Abs. 2) bzw. von diesem ausgenommen werden (Abs. 3) ... Die Aufzählung von bestimmten Baumbeständen mit speziellen Funktionen in Abs. 3 dient der Abgrenzung des Waldbegriffs, wovon auch die Botschaft zum WaG ausgeht ... Zu diesen besonderen Bestockungsformen gehören u.a. Garten-, Grün- und Parkanlagen. Der Begriffsteil ‚Anlage‘ macht deutlich, dass es sich um einen eigens angelegten Bestand handeln muss. Das Anlegen einer Bestockung schliesst stets willentliches, gestalterisches Handeln oder zumindest das willentliche Dulden einer aufkommenden Bestockung zu bestimmten Zwecken und mit einem gewissen Bezug zur Umgebung mit ein ... Solche Baumbestände bezwecken demnach die Verschönerung des gestalteten Raums oder dienen zur Erholung ...

Die Beschwerdeführerin und die Vorinstanzen meinen zwar, auf den Begriffsteil ‚Anlage‘ dürfe bei der Gesetzesauslegung kein Gewicht gelegt werden, weil er nur in der deutschen Fassung vorkomme. Es trifft zu, dass die französische und die italienische Fassung von ‚espaces verts‘, bzw. ‚spazi verdi‘, d.h. von Grünräumen, sprechen. Das hat jedoch keine weitere Bedeutung, denn die romanischen Fassungen verwenden auch für die Garten- und Parkanlagen den Begriffsteil Anlage nicht, sondern umschreiben diese Bestockungen als ‚jardins et parcs‘ bzw. ‚giardini e parchi‘. Deren Anlagencharakter ist jedoch unbestritten. In allen drei Fassungen werden die drei Anlagentypen zudem zu einer Einheit zusammengefasst (‚Garten-, Grün- und Parkanlagen‘, ‚les jardins, les parcs et les espaces verts‘, ‚i giardini, i parchi e gli spazi verdi‘). Entscheidend kann deshalb nicht sein, ob auch die romanischen Fassungen Begrünungen ausdrücklich als Anlagen bezeichnen. Massgebend ist vielmehr, dass drei Erscheinungsformen von Bestockungen zusammengenommen werden und damit zum Ausdruck gebracht wird, dass sie gemeinsame Merkmale aufweisen. Sie haben insbesondere, was in der deutschen Fassung klar ausgedrückt wird, allesamt Anlagencharakter.“

e.   *Vertretung der Sprachgemeinschaften in den Bundesbehörden*

Art. 175 Abs. 4 BV verpflichtet die Bundesversammlung, bei der *Wahl*   17
des Bundesrats auf eine angemessene Vertretung der Landesgegenden und Sprachregionen zu achten. So sitzen regelmässig zwei bis drei Mitglieder französischer oder italienischer Muttersprache in der Exekutive.

Eine ähnliche Bestimmung galt ursprünglich für die *Bestellung des Bun-*   18
desgerichts: Gemäss Art. 188 Abs. 4 BV i.d.F. vom 18. April 1999 (AS 1999 2600) war auf eine „Vertretung der Amtssprachen“ im Richter-

gremium zu achten. Diese Sprachklausel ist im Zuge der Justizreform – wohl aus Versehen – weggefallen (vgl. jetzt Art. *188 BV sowie RHINOW, Bundesverfassung, S. 14). Bei der Verfassungsnachführung hatte sich die Bundesversammlung jedenfalls noch gegen die vom Bundesrat vorgeschlagene Rückstufung der Klausel auf Gesetzesebene ausgesprochen (BBl 1997 I 424; AB 1998 N 154, S 519 f.).

19   Auch die *Bundesverwaltung* ist in ihrer Personalpolitik zur Berücksichtigung der verschiedenen Sprachgemeinschaften gehalten.

Die oben (Rz. 14) erwähnten Weisungen des Bundesrats schreiben verschiedene Massnahmen zur Förderung der Mehrsprachigkeit vor, z.B.: Festsetzung von Sprachquoten (Ziff. 21); Besetzung von Kaderstellen und Arbeitsgremien nach Sprachproporz (Ziff. 22, 8); bei gleicher Qualifikation Bevorzugung von Bewerbern aus untervertretenen Sprachgemeinschaften (Ziff. 72); Berücksichtigung der Landessprachen im Erscheinungsbild der Bundesverwaltung (Ziff. 10). Statistische Angaben bei LINDER, Demokratie, S. 43.

20   Gleiches gilt schliesslich für die Zusammensetzung der *parlamentarischen Kommissionen* (Art. 43 Abs. 3 ParlG).

IV.   Amtssprachen der Kantone

1.   Rechtsgrundlage

21   Die *Kantone* legen für ihren Bereich *eigene Amtssprachen* fest (Art. 70 Abs. 2 Satz 1 BV; vgl. schon ZBl 1983 227 E. 2 S. 228). Darin eingeschlossen ist die Kompetenz zur Festlegung der Amtssprache auf *Gemeindeebene*. Die Kantone können diese Frage aber auch den Gemeinden überlassen.

2.   Bedeutung der kantonalen Amtssprachen

a.   Originäre Zuständigkeit der Kantone

22   Die Zuständigkeit der Kantone zur Festlegung ihrer Amtssprachen und der damit verbundenen Rechtsfolgen ist Ausdruck ihrer *Organisationsautonomie;* sie ergibt sich bereits aus Art. 3 BV. Insofern hat Art. 70 Abs. 2 Satz 1 BV nur deklaratorische Bedeutung.

–   *Amtssprache* bezieht sich auch im Kanton – nicht anders als im Bund – auf den Verkehr zwischen Bürger und Behörde sowie auf die behördeninterne Kommunikation. Soviel ergibt sich bereits aus dem Begriff.

– Die *Verfahrenssprache* erscheint als Sonderfall der Amtssprache.
– Auch das Recht zur Festlegung der *Unterrichtssprache* soll sich – für die öffentlichen Schulen – der Amtssprachenkompetenz entnehmen lassen (BGE 91 I 480 E. II/2 S. 487, Association de l'Ecole française). Die Verknüpfung von Unterrichtssprache und Amtssprache wirkt einigermassen künstlich. Das ändert aber nichts an der Zuständigkeit der Kantone zur Festlegung der Unterrichtssprache. Wenn nicht aus Art. 70 Abs. 2 BV, so fliesst die entsprechende Befugnis jedenfalls aus Art. 62 BV über das Schulwesen. Sie gilt auch für den Bereich der Privatschulen.
– Vorschriften über die *Sprache von Geschäftsanschriften im öffentlichen Raum* stützen sich auf die Baurechtskompetenz der Kantone (Art. 75 Abs. 1 BV). Die im Territorialitätsprinzip enthaltenen Rechtsetzungsdirektiven lassen sich für die zwei zuletzt genannten Fälle (Schule, Geschäftsanschriften) unmittelbar aus Art. 4 BV ableiten (Rz. 5 ff. sowie unten Rz. 23).

b.   Bundesverfassungsrechtliche Anforderungen

Die kantonale Sprachengesetzgebung muss verschiedenen bundesver-   23
fassungsrechtlichen Anforderungen genügen.

– Zur *Wahrung des Sprachfriedens* sind die sprachterritorialen Gegebenheiten zu beachten, nämlich die herkömmliche sprachliche Zusammensetzung der Gebiete und die angestammten sprachlichen Minderheiten (Territorialitätsprinzip als Kompetenzschranke; Art. 70 Abs. 2 Satz 2 für die Amtssprachen bzw. Art. 4 BV für die weitere Sprachengesetzgebung; REGULA KÄGI-DIENER, in: St. Galler Kommentar, Art. 70 Rz. 14; MAHON, Commentaire, Art. 70 Rz. 6, 10).
– Soweit das kantonale Recht in die Sprachenfreiheit oder andere sprachbedeutsame Freiheitsrechte eingreift, müssen die *Voraussetzungen zur Einschränkung von Grundrechten* erfüllt sein (Territorialitätsprinzip als Grundrechtsschranke; Art. 36 BV).
– Im Weiteren gelten – auch und gerade ausserhalb grundrechtsgeschützter Bereiche! – die *Grundsätze rechtsstaatlichen Handelns* (Art. 5 BV).

V.   Verhältnis zur Sprachenfreiheit

1.   Schutzbereich der Sprachenfreiheit

24   Die Sprachenfreiheit (Art. 18 BV) gewährleistet das Recht auf individuellen *Gebrauch der Muttersprache,* ferner auch das Recht auf Erlernen
und Gebrauch einer „nahestehenden anderen Sprache oder allenfalls
jeder Sprache, derer sich jemand bedienen will" (BGE 122 I 236 E. 2b
S. 238, Jorane Althaus). Das Grundrecht umschliesst den Sprachgebrauch sowohl *unter Privaten* als auch *in der Öffentlichkeit* und *im
Verkehr mit Behörden.*

Unter der BV 1874 war die Sprachenfreiheit bereits seit 1965 als ungeschriebenes
Grundrecht anerkannt (BGE 91 I 480 E. II/1 S. 485 f., Association de l'Ecole
française). Ein früherer Versuch zur Überführung der Sprachenfreiheit in das geschriebene Verfassungsrecht scheiterte am Widerstand der Bundesversammlung
(BBl 1991 II 309, 346; dagegen AB 1992 S 1057 ff., 1993 N 1559 ff.).

25   *Träger* der Sprachenfreiheit sind jedenfalls die *natürlichen Personen*
gleich welcher Nationalität. Nach der Lehre sollen auch *juristische Personen* das Grundrecht anrufen dürfen (AUER/MALINVERNI/HOTTE-
LIER, Droit constitutionnel II, Rz. 944; J. P. MÜLLER, Grundrechte,
S. 142).

2.   Einschränkung der Sprachenfreiheit durch die Sprachengesetzgebung

a.   Im Allgemeinen

26   *Ausserhalb des Privatbereichs* (nur dort!) kann die Sprachenfreiheit unter
Berufung auf die im Territorialitätsprinzip (Rz. 6) beschlossenen *öffentlichen Interessen* eingeschränkt werden. Die beanspruchten Eingriffsinteressen müssen im Einzelfall ausdrücklich benannt und gerechtfertigt
werden (Sicherung der landessprachlichen Homogenität eines traditionell einsprachigen Gebiets? Schutz einer angestammten landessprachlichen Minderheit in einem traditionell gemischtsprachigen Gebiet? Erhaltung einer im Bestand bedrohten Landessprache? Verwaltungseffi-
zienz? Schonung der öffentlichen Finanzen?). Der blosse Rückgriff auf
‚das' Territorialitätsprinzip genügt wegen seines mehrschichtigen Gehalts nicht als Ausweis anerkannter öffentlicher Interessen. Weiter
müssen die Einschränkungen auf *genügender gesetzlicher Grundlage*
beruhen und *verhältnismässig* sein (Art. 36 BV; vgl. BGE 106 Ia 299
E. 2a S. 303, Brunner).

Zum heiklen *Verhältnis von Sprachenfreiheit und Territorialitätsprinzip* 27
äussert sich das Bundesgericht wie folgt (BGE 122 I 236 E. 2c und g
S. 238 f., 242, Jorane Althaus):

> „Art. 116 aBV [heute: Art. 4 und 70 BV] gewährleistet nach der
> Rechtsprechung allerdings auch die überkommene sprachliche Zu-
> sammensetzung des Landes ... Zwar ist das Territorialitätsprinzip
> kein verfassungsmässiges Individualrecht ... Es stellt aber eine Ein-
> schränkung der Sprachenfreiheit dar und erlaubt den Kantonen,
> Massnahmen zu ergreifen, um die überlieferten Grenzen der
> Sprachgebiete und deren Homogenität zu erhalten, selbst wenn da-
> durch die Freiheit des Einzelnen, seine Muttersprache zu gebrau-
> chen, eingeschränkt wird ...
>
> Die ausführlichen Verhandlungen der Bundesversammlung
> [zum 1996 revidierten Sprachenartikel 116 aBV] zeigen auf, dass das
> Spannungsverhältnis zwischen Sprachenfreiheit und Territoriali-
> tätsprinzip nicht leicht aufgelöst werden kann und auch heute ge-
> eignet ist, Emotionen zu wecken ... Je bedrohter eine Sprache ist,
> desto eher sind Massnahmen zu ihrer Erhaltung und Eingriffe in die
> individuelle Sprachenfreiheit gerechtfertigt. Im Übrigen ist es weit-
> gehend eine Frage politischen Gestaltungsermessens, ob dem Ziel
> der Bewahrung bedrohter Sprachen und des Sprachfriedens eher mit
> der Erhaltung homogener Sprachgebiete oder eher mit einer be-
> wussten Förderung der Mehrsprachigkeit gedient ist. Es gibt in der
> Schweiz traditionell zweisprachige Städte oder Gebiete, welche be-
> legen, dass ein friedliches Zusammenleben von Angehörigen ver-
> schiedener Sprachen möglich ist. Umgekehrt gibt es zahlreiche Bei-
> spiele im In- und Ausland, wonach Verschiebungen von Sprach-
> grenzen oder Zuwanderungen von nicht assimilationswilligen An-
> derssprachigen durchaus zu Spannungen führen können."

Vgl. zu diesem Thema z.B. GIOVANNI BIAGGINI, Sprachenfreiheit und Territorialitätsprinzip – Entwicklungstendenzen in der höchstrichterlichen Rechtsprechung
zum Sprachenverfassungsrecht, recht 1997, S. 112 ff.; MARCO BORGHI, La liberté
de la langue et ses limites, in: Verfassungsrecht, § 38 Rz. 24 ff.; CHARLES-ALBERT
MORAND, Liberté de la langue et principe de la territorialité: variations sur un
thème encore méconnu, ZSR 1993 I, S. 11 ff.

b. *Sprachenfreiheit, Amtssprache und Verfahrenssprache*

Das Bundesgericht hat wiederholt die Regelung geschützt, wonach im 28
freiburgischen Saanebezirk trotz eines deutschsprachigen Bevölke-
rungsanteils von 23% (in der Stadt Freiburg gar von 33%) mit den kantonalen Justizbehörden grundsätzlich nur in französischer Sprache zu
verkehren sei (BGE 106 Ia 299 E. 2b S. 303 ff., Brunner; 121 I 196 E. 5
S. 203 ff., René Noth). Diese Ordnung lässt sich schon mit den Rechtsetzungsdirektiven nach Art. 70 Abs. 2 Satz 2 BV klarerweise nicht

vereinbaren. Ausserdem verletzt sie die Sprachenfreiheit (Art. 18 BV) und die verfassungsrechtlichen Verfahrensgarantien (Art. 29 BV).

Im Kanton Tessin gilt Italienisch bzw. im Kanton Jura Französisch als alleinige Amtssprache (Art. 1 Abs. 1 KV-TI bzw. Art. 3 KV-JU), obwohl beide Kantone je eine deutschsprachige Gemeinde einschliessen (Bosco Gurin in TI bzw. Ederswiler in JU). Auch diese Vorschriften sind mit Blick auf Art. 18 und 70 Abs. 2 Satz 2 BV nicht unbedenklich (kritisch auch REGULA KÄGI-DIENER, in: St. Galler Kommentar, Art. 70 Rz. 15). Immerhin schliessen sie eine verfassungskonforme Rücksichtnahme auf diese – wenn auch nur kleinen – Sprachminderheiten nicht aus.

29 Weitere *Rechtsprechungshinweise zu Rz. 28:*
   – *ZBl 2000 610.* Verfassungswidrigkeit einer Bündner Bestimmung, wonach Urteile und Beschlüsse des Verwaltungsgerichts in deutscher Sprache auszufertigen sind und allfälligen Parteien im ialienischsprachigen Kantonsteil lediglich eine (für die Rechtskraft nicht massgebliche) italienische Übersetzung beigelegt werden muss (E. 4b S. 612).
   – *BGE 109 V 224, Boggi.* Staatsvertragliche Bestimmungen über die Entgegennahme fremdsprachiger Eingaben gehen den kantonalen Vorschriften über die zulässigen Verfahrenssprachen vor (E. 3 f. S. 226 ff.).

c. *Sprachenfreiheit und Unterrichtssprache*

30 Die Unterrichtssprache prägt die *kulturelle Identität eines Kindes,* seine Art zu denken und zu fühlen. Die Schulsprache wird in der Regel auch zur späteren *Erstsprache des Erwachsenen.* Sprachen und Sprachgemeinschaften ohne eigene Schulen geraten über kurz oder lang unter existenzbedrohenden Assimilationsdruck (vgl. BGE 100 Ia 462 E. 4 S. 469 f., Derungs; 91 I 480 E. II/2 S. 487 f., Association de l'Ecole française). Es wundert daher nicht, dass die Festlegung der Unterrichtssprache seit alters als probates Mittel staatlicher Sprachenpolitik Verwendung findet.

31 Nach dem heutigen Stand der Rechtsprechung ist das Gemeinwesen *in traditionell einsprachigen Gebieten* weder aufgrund der Sprachenfreiheit (Art. 18 BV) noch aufgrund des Rechts auf Grundschulunterricht (Art. 19 BV) verpflichtet, anderssprachige Klassen zu führen oder die Kosten für den Unterricht in einer anderssprachigen auswärtigen Gemeinde zu übernehmen. Selbst den Privatschulen kann grundsätzlich der Gebrauch der am Ort herrschenden Landessprache vorgeschrieben werden. Immerhin bleibt den Eltern die Möglichkeit gewahrt, ihr Kind auf eigene Kosten in eine anderssprachige Gemeinde zur Schule zu schicken, sofern sich diese Gemeinde bereit erklärt, das Kind aufzunehmen (BGE 122 I 236 E. 2d S. 239 f., E. 4 S. 244 ff., Jorane Althaus; 100 Ia 462

E. 2b S. 466, Derungs; 91 I 480 E. II/2 S. 487, Association de l'Ecole française).

Hingegen kann sich *in traditionell gemischtsprachigen Gebieten* aus der Sprachenfreiheit ein Anspruch darauf ergeben, in einer dieser Landessprachen (also auch in der örtlichen Minderheitssprache) unterrichtet zu werden, sofern das Gemeinwesen dadurch nicht unverhältnismässig belastet wird (BGE 125 I 347 E. 5c S. 359, X.; in diese Richtung bereits 106 Ia 299 E. 2b/cc S. 306, Brunner; noch offen gelassen in 100 Ia 462 E. 2b S. 466, Derungs).   32

Rechtsprechungshinweise zu Rz. 30 ff.:   33
– *BGE 125 I 347, X.* Verfassungswidrigkeit einer Regelung, wonach nur den Angehörigen einer bestimmten Konfession der Unterricht in einer Minderheitssprache offen steht.
– *BGE 122 I 236, Jorane Althaus.* Zusammenfassung der bundesgerichtlichen Praxis zur Unterrichtssprache (besonders E. 2d und e, S. 239 ff.).
– *BGE 100 Ia 462, Derungs.* Keine Verpflichtung einer kleinen, zu 80% deutschsprachigen Gemeinde, romanischsprachige Klassen zu führen oder für den Unterricht in der romanischsprachigen Nachbargemeinde aufzukommen.
– *BGE 91 I 480, Association de l'Ecole française.* Zulässigkeit der Vorschrift, wonach Schüler nach Ablauf einer bestimmten Frist fähig sein müssen, dem Unterricht in der am Ort herrschenden Landessprache zu folgen, und hernach in eine Schule überzutreten haben, die den Unterricht in dieser Landessprache erteilt.

d.   Sprachenfreiheit und Geschäftsanschriften im öffentlichen Raum

Zum Schutz der bedrohten rätoromanischen Sprache dürfen im romanischen Sprachgebiet anderssprachige Geschäftsanschriften verboten werden (BGE 116 Ia 345 E. 4–6 S. 347 ff., Aktiengesellschaft Bar Amici; ZBl 1993 133 E. 4 S. 135 ff.). Beide Fälle wurden unter dem Gesichtspunkt der Wirtschaftsfreiheit geprüft. Die Rechtsprechung wird sich auf die anderen Sprachgebiete kaum übertragen lassen.   34

3. TEIL: BUND, KANTONE UND GEMEINDEN

Der dritte Teil befasst sich mit der *Bundesstaatlichkeit der Schweizerischen Eidgenossenschaft*. Einen allgemeinen Begriff des „Prinzips Bundesstaat" und erste Hinweise auf die Ausprägung des Prinzips in der Schweiz haben wir in § 6/V gegeben. Nun geht es um die Einzelheiten. Die zentralen Bestimmungen sind Art. 1 BV (Schweizerische Eidgenossenschaft), Art. 3 BV (Kantone) sowie Art. 42–53 BV (Verhältnis von Bund und Kantonen). Die Darstellung orientiert sich an folgenden Fragen:

1. Wie ist der schweizerische Bundesstaat aufgebaut? Mit dieser ersten Frage ist die *Bundesstruktur* angesprochen. Wie aus der Überschrift zum 3. Titel der Bundesverfassung erhellt, setzt sich die Eidgenossenschaft aus drei staatsrechtlichen Ebenen zusammen: dem Bund (§ 15), den Kantonen (§ 16) und den Gemeinden (§ 17). Die so genannten *Bundesgarantien* (§ 18) sichern dieser Struktur ein Mindestmass an Homogenität und Stabilität.

2. Wer besorgt welche Aufgaben im Bundesstaat? Die Regeln zur *Aufgabenteilung* zwischen Bund und Kantonen sind vorab in den Art. 3, 42 und 43 BV niedergelegt (§§ 19–21). Für den Fall bundesstaatlicher Aufgabenkonflikte sieht Art. 49 Abs. 1 BV den *Vorrang des Bundesrechts* vor (§ 22).

3. Wie verkehren Bund und Kantone bei der Erfüllung ihrer Aufgaben miteinander? Über das *Zusammenwirken von Bund und Kantonen* hält die Verfassung zunächst einige Grundsätze fest (Art. 44 und 47 BV; § 23). Besondere Bestimmungen ordnen sodann die Mitwirkungsrechte der Kantone im Bund (Art. 45 und 46 BV; § 24) sowie die Verträge zwischen den Kantonen (Art. 48 BV; § 25). Es versteht sich, dass dabei kein Bundesrecht verletzt werden darf. Dies zu sichern ist Aufgabe der *Bundesaufsicht* (Art. 49 Abs. 2 BV; § 26).

1. Kapitel: Bundesstruktur und Bundesgarantien

§ 15 Rechtsstellung des Bundes

I.   Der Bund als Staat

1   Der Bund erfüllt alle Merkmale des herkömmlichen Staatsbegriffs (vorn § 1 Rz. 3):
  – Er verfügt über ein *Staatsvolk,* nämlich das in Art. 1 BV genannte „Schweizervolk" (vorn § 13).
  – Sein *Staatsgebiet* setzt besteht aus der Gesamtheit der Kantonsgebiete gemäss Art. 1 BV (vorn § 12).
  – Schliesslich kommt dem Bund auch die höchste *Staatsgewalt* zu. Im Verhältnis zu den Kantonen zeigt sie sich als Kompetenzhoheit des Bundes (Art. 3 BV; hinten § 19/III). Im Verhältnis zu anderen Staaten wird der Anspruch dokumentiert durch Art. 2 Abs. 1 BV (der Bund „wahrt die Unabhängigkeit und Sicherheit des Landes") und Art. 54 BV (die auswärtigen Angelegenheiten ausschliesslich „Sache des Bundes").

II.   Doppelrolle des Bundes als Wahrer sowohl zentralstaatlicher als auch gesamtstaatlicher Interessen

2   Staatsrechtlich spielt der Bund eine eigentümliche Doppelrolle. *Einerseits* muss er jene Aufgaben erfüllen, die die Verfassung ihm zugewiesen hat (Art. 42 Abs. 1 BV). Dabei wird er verständlicherweise zuerst seine eigenen Interessen wahren wollen. ‚Bundesbern' (mit den Worten der Verfassung: der „Bund") erscheint insofern als Vertreter des *zentralstaatlichen Elements* im Bundesstaat. *Andererseits* obliegt dem Bund auch die Sorge um die gemeinsame Wohlfahrt der Bevölkerung und den inneren Zusammenhalt des Landes (Art. 2 Abs. 2 BV). Dafür muss er bereit sein, soweit nötig die eigenen Bundesverwaltungsinteressen zurückzustellen. Mit diesem ‚Blick fürs Ganze' wird der Bund zum Wah-

rer des *gesamtstaatlichen Elements* im Bundesstaat (dafür verwendet die Verfassung – wenn auch nicht oft – die Ausdrücke „Schweizerische Eidgenossenschaft", „Schweiz" oder „Land").

Die skizzierte Doppelrolle lässt sich am Modell des *dreigliedrigen Bun-* 3 *desstaats* veranschaulichen – einer Theorie allerdings, die von der Lehre überwiegend verworfen wird. ALFRED KÖLZ schreibt dazu Folgendes (Bundestreue als Verfassungsprinzip, ZBl 1980, S. 145, 164 f.):

> „... nach der Lehre von KELSEN und NAWIASKY [ist] das, was heute unter ‚Bund' verstanden wird, in zwei Elemente aufzuteilen, nämlich in Gesamtstaat und Zentralstaat. Der Gesamtstaat wäre ... sozusagen das rechtliche Band, das die Kantone ‚umschlingt'. Er soll eine vom Zentralstaat verschiedene Verfassung und auch gewisse konkrete gesamtstaatliche Institutionen haben und diesem (sowie den Gliedstaaten) übergeordnet sein. Der Gesamtstaat wäre somit *das* entscheidende Integrationselement im Bundesstaat, währenddem der Zentralstaat, eben die konkrete Organisation ‚Bund', lediglich eine neben (und nicht über) den Gliedstaaten stehende zentrale Wirkungseinheit wäre ... Zentralstaat und Gliedstaaten wären danach gleichberechtigt. Das Verhältnis des Zentralstaates zu den Gliedstaaten wäre – immer nach der Dreigliedrigkeitslehre – ein solches der Koordination, einer Art Nebeneinander, und nicht ein solches der Überordnung.
>
> Die Dreigliedrigkeitslehre ist von der Mehrheit der Doktrin und – nach einigem Zögern – auch vom deutschen Bundesverfassungsgericht verworfen worden. Es ist gegen sie als Haupteinwand im Wesentlichen vorgebracht worden, das Verfassungsrecht der bestehenden Bundesstaaten enthalte keine konkreten Hinweise für eine Dreigliedrigkeit des Bundesstaates.
>
> Wenn in den Verfassungen beider Bundesstaaten ‚Schweizerische Eidgenossenschaft' und ‚Bundesrepublik Deutschland' auch tatsächlich keine Konkretisierungen der Dreigliedrigkeitslehre ersichtlich sind, so bildet das für sich allein genommen noch kein durchschlagendes Argument gegen die Richtigkeit dieser *Theorie*. Ein Gedanke, der sich nicht in konkreter Organisationsform finden lässt, ist deswegen noch lange nicht unrichtig. Der aufmerksame Beobachter kann denn auch manchmal praktische Auswirkungen der Dreigliedrigkeitslehre erkennen, so etwa, wenn der ‚Bund' als Folge einer gewissen bürokratischen und administrativen Eigengesetzlichkeit nicht als Wahrer des eidgenössischen Gesamtinteresses, sondern lediglich des ‚Bundes*verwaltungs*interesses' tätig wird! Die faktische Eigengesetzlichkeit der ‚Organisation' Bund verleitet die Exponenten derselben manchmal dazu, die ihnen übertragene Doppelfunktion zu übersehen, nämlich einerseits die konkreten, dem Bund übertragenen Kompetenzen auszuüben, andererseits als Wahrer der ‚Gesamtverfassung' den Ausgleich zwischen Einheit *und* Vielfalt des Gesamtstaates vorzunehmen."

4   Die Verpflichtung, zentralstaatliche *und* gesamtstaatliche Standpunkte
     einzunehmen, kann den Bund in *Interessenkonflikte* führen. Die Bun-
     desverfassung trägt diesem Umstand verschiedentlich Rechnung.

   – *Kompetenzkonflikte zwischen Bund und Kantonen* können mit staats-
     rechtlicher Klage vor das Bundesgericht getragen werden (Art. *189
     Abs. 2 BV). Dabei treten Bund und Kanton als gleichberechtigte
     Prozessparteien auf – der Bund als Vertreter zentralstaatlicher, der
     Kanton als Vertreter gliedstaatlicher Interessen. Das Bundesgericht
     erscheint in dieser Konstellation deutlich als ausgleichendes Organ
     des Gesamtstaates.

   – Mit einem *föderativen Subsidiaritätsprinzip* weist Art. 42 Abs. 2 BV
     den Bund an, nur jene Aufgaben zu übernehmen, die einer einheitli-
     chen Regelung bedürfen. Überhaupt soll der Bund im Umgang mit
     den Kantonen deren „Eigenständigkeit" wahren (Art. 47 BV). Die
     Verfassung erwartet mit anderen Worten vom Bund, dass er seine
     zentralstaatliche Kompetenzhoheit nicht übernutzt.

   – Vergleichbares verlangt Art. 55 BV für die *auswärtigen Angelegenhei-
     ten:* Danach soll der Bund in seiner Aussenpolitik auf die Kantone
     Rücksicht nehmen, wenn ihre Zuständigkeiten oder ihre wesentli-
     chen Interessen betroffen sind.

234

§ 16 Rechtsstellung der Kantone

I. Kantone als Staaten?

Die Meinungen zur Frage, ob die Kantone als Staaten angesprochen   1
werden können, gingen im früheren Schrifttum *weit auseinander*. FLEI-
NER/GIACOMETTI beispielsweise sprechen den Kantonen jede Staatlichkeit ab; die Kantone seien nur „innerstaatliche Herrschaftsverbän-
de", gewissermassen „die Gemeinden der Eidgenossenschaft" (Bundesstaatsrecht, S. 44 f.). Die genaue Gegenmeinung findet sich bei PETER
SALADIN, in: Kommentar aBV, Art. 3, Rz. 43 ff.: „Die (historisch) ursprünglichen Staatswesen sind die Kantone. Sie bleiben Staatswesen
auch nach ihrem Zusammenschluss zum Bundesstaat, d.h. sie behalten
wesentliche Attribute des Staats, sie sind nach wie vor ‚des puissances
publiques originaires' ..."

Die heute herrschende Lehre nimmt eine *vermittelnde Haltung* ein und   2
sieht die Kantone als *politisch autonome Gebietskörperschaften von beschränkter Staatlichkeit* (vgl. die Nachweise am Ende dieser Ziffer). Die
Kantone haben ein *Staatsgebiet* (ihr Kantonsgebiet gemäss Art. 1 BV)
und ein *Staatsvolk* (die Kantonsbürger nach Art. 37 Abs. 1 BV); damit
treffen bereits zwei von drei Elementen des Staatsbegriffs auf sie zu.
Auch über *Staatsgewalt* verfügen sie. Die Frage ist nur, ob es sich dabei
um „höchste", nur noch dem Völkerrecht verpflichtete Gewalt handelt.
Die Antwort ist auf der Grundlage des geltenden Bundesverfassungs-
rechts zu geben. Dass sich die Kantone *politisch* gerne als Staaten begreifen (vgl. z.B. Art. 1 Abs. 1 KV-JU; BBl 1997 I 125), kann sowenig
massgeblich sein wie die Tatsache, dass sie *historisch* dem Bund voraus-
gegangen sind. Ein Blick auf das positive Recht macht bald klar, dass
die Staatsgewalt der Kantone allein aufgrund und im Rahmen der Bundesverfassung besteht. Zwar erklärt Art. 3 BV die Kantone als „souverän"; diese „Souveränität" reicht aber nur soweit, als sie „nicht durch
die Bundesverfassung beschränkt ist". Mit anderen Worten: Die *kantonale Kompetenzhoheit* ist *bedingt originär* (man spricht von „subsidiärer
Generalkompetenz" der Kantone; vgl. hinten § 19/IV); die Grenzen
der kantonalen Befugnisse können vom eidgenössischen Verfassungsgeber jederzeit enger oder weiter gefasst werden (Art. 42 Abs. 1 BV).

Ausserdem besitzen die Kantone nur *äusserst beschränkte Völkerrechts-subjektivität* (Art. 56 BV). Daher – mangels „höchster" Staatsgewalt – kann man die Kantone nicht als Staaten im staatsrechtlichen Sinne gelten lassen. Gleichwohl wäre es unzutreffend, in ihnen blosse Selbstverwaltungskörper, die „Gemeinden der Eidgenossenschaft" (FLEINER/GIACOMETTI) zu sehen. Die tatsächliche Bedeutung der kantonalen Kompetenzhoheit verbietet eine solche Qualifikation. Art. 3 BV ändert nämlich nichts daran, dass die Kantone in zentralen Bereichen des Gemeinwesens weiterhin über *grosse politische Autonomie* verfügen (vgl. dazu Abschnitt II).

Zur Autonomie der Kantone treten gewichtige *Mitwirkungsrechte der Kantone bei der Willensbildung des Bundes* (Art. 45 BV; hinten § 24). Diese Einflussmöglichkeiten tragen wesentlich zur Stärkung ihrer Staatlichkeit bei.

Das Konzept von der beschränkten Staatlichkeit der Kantone vertreten – mit z.T. unterschiedlicher Begründung – etwa AUBERT, Commentaire, Art. 3 Rz. 5–10; AUER/MALINVERNI/HOTTELIER, Droit constitutionnel I, Rz. 930–933; TOBIAS JAAG, Die Rechtsstellung der Kantone in der Bundesverfassung, in: Verfassungsrecht, § 30 Rz. 13; HÄFELIN/HALLER, Bundesstaatsrecht, Rz. 944; RHINOW, Bundesverfassung, S. 67; RAINER J. SCHWEIZER, in: St. Galler Kommentar, Art. 3 Rz. 7. Schwankend ALEXANDER RUCH, in: St. Galler Kommentar, Art. 51 Rz. 6.

II.   Autonomie der Kantone

3   Das Selbstbestimmungsrecht der Kantone tritt zur Hauptsache als *Organisationsautonomie,* als *Aufgabenautonomie* und als *Finanzautonomie* in Erscheinung (Rz. 4 ff.). Autonomie geniessen sie ferner bei der *Umsetzung des Bundesrechts* (Rz. 10 f.).

1.   Organisationsautonomie

4   Die Organisationsautonomie spricht den Freiraum der Kantone in der *Bestimmung ihrer rechtlichen Gestalt* an. Sie umfasst die Kompetenz der Kantone,
   – sich eine *politische Struktur* zu geben, also ihr Territorium zu gliedern (z.B. in Bezirke und Gemeinden);
   – das *politische System* zu bestimmen, indem sie die Staatsorgane – Parlament, Regierung und Gerichtsbehörden – konstituieren und deren Organisation und Zuständigkeit regeln;

– das *Verfahren der Staatsorgane* zu umschreiben, vorab das Verfahren der Verfassungs- und Gesetzgebung sowie die Verwaltungs- und Justizverfahren;
– die *politischen Rechte der Bürger* in kantonalen Angelegenheiten festzulegen.

Die Kantone sind im Weiteren frei, wie sie die *rechtlichen Beziehungen zwischen Kirche und Staat* gestalten wollen.

Die kantonale Organisationsautonomie besteht nur *in den Schranken des Bundesrechts*. Zu diesen Schranken gehört namentlich die Verpflichtung der Kantone, sich eine „demokratische Verfassung" zu geben (Art. 51 Abs. 1 BV; dazu hinten § 18 Rz. 12 ff.).   5

Für Gesamtübersichten über die Grundzüge des kantonalen Staatsorganisationsrechts: AUER/MALINVERNI/HOTTELIER, Droit constitutionnel I, Rz. 190; KURT NUSPLIGER, Grundzüge der Behördenstruktur im Verfassungsrecht der Kantone, in: Verfassungsrecht, § 69. Weitere Hinweise in § 1 Rz. 49.

2.   Aufgabenautonomie

Die Aufgabenautonomie äussert sich als substanzieller Spielraum der Kantone bei der *Bestimmung, Gestaltung und Ausführung ihrer Aufgaben* (Art. 43 BV). Sachbereiche, welche die Bundesverfassung nicht dem Bund zuweist, stehen im Regelungsbelieben der Kantone. So fallen z.B. die Kultur, das Schulwesen, das Gesundheitswesen sowie wichtige Teile des Polizeirechts und des Planungsrechts auch heute noch in den Zuständigkeitsbereich der Kantone. Allerdings werden selbst diese herkömmlich kantonal beherrschten Materien mehr und mehr von eidgenössischen Vorschriften durchdrungen. Vgl. zur bundesstaatlichen Aufgabenteilung hinten §§ 19–22.   6

Zur Erfüllung ihrer Aufgaben können die Kantone *Verträge mit anderen Kantonen* und *mit dem benachbarten Ausland* schliessen (Art. 48 und 56 BV; hinten § 25 und § 20 Rz. 46).   7

3.   Finanzautonomie

Unter Finanzautonomie verstehen wir die Freiheit der Kantone, ihre *Einnahmequellen* zu bestimmen und die *Verwendung der Einnahmen* zu regeln. Die Kantone erheben regelmässig vom Einkommen und Vermögen der natürlichen Personen sowie von Gewinn, Kapital und Re-   8

serven der juristischen Personen direkte Steuern. Überdies trifft man –
mit beträchtlichen Unterschieden von Kanton zu Kanton und von
Gemeinde zu Gemeinde – auf Kopf-, Liegenschafts-, Erbschafts-, Kapi-
talgewinn-, Auto-, Hunde-, Billettsteuern usf. Zur bundesstaatlichen
Finanzordnung hinten § 20 Rz. 53 ff.

9   Die finanzpolitische Autonomie der Kantone sollte freilich nicht über-
     schätzt werden. Wegen *vielfältiger Restriktionen* können die rechtlich
     gegebenen Handlungsspielräume faktisch oft gar nicht genutzt werden.
     Zu diesen Restriktionen gehören z.B.:

     – die Lasten, die den Kantonen durch die *Umsetzung des Bundesrechts*
       erwachsen;

     – die nur schwer veränderbaren *strukturellen Gegebenheiten* der ein-
       zelnen Kantone;

     – schliesslich auch der teils ruinöse *Steuerwettbewerb unter den Kanto-
       nen.*

     Der *Finanzausgleich* zwischen den Kantonen vermag an diesen Restrik-
     tionen der Finanzautonomie nur wenig zu ändern (Rz. 20 ff.).

4.   Autonomie bei der Umsetzung des Bundesrechts

10   Die Kantone setzen das Bundesrecht nach Massgabe von Verfassung
     und Gesetz um (Art. 46 Abs. 1 BV). Die Beteiligung am Vollzug des
     Bundesrechts gehört zu den Mitwirkungsrechten der Kantone im Bund
     (hinten § 24/VIII). Soweit der Bund den Kantonen die Vollzugszustän-
     digkeit belässt oder durch Gesetz Vollzugspflichten auferlegt, muss er
     gemäss Art. 46 Abs. 2 und 3 BV bestimmte *Direktiven* beachten (Rz. 11
     f.). Diese Direktiven sollen verhindern, dass die Einbindung der Kan-
     tone in die Umsetzung des Bundesrechts deren Autonomie über Ge-
     bühr in Mitleidenschaft zieht (BBl 1997 I 212 f.).

11   *In der Sache* ist der Bund gehalten, den Kantonen „möglichst grosse
     Gestaltungsfreiheit" zu belassen und den „kantonalen Besonderheiten"
     Rechnung zu tragen (Art. 46 Abs. 2 BV). In Wahrnehmung ihrer *Or-
     ganisations- und Aufgabenautonomie* sollen die Kantone grundsätzlich
     selber bestimmen, durch welche Behörden und in welchen Verfahren
     Bundesrecht verwirklicht wird. Ihr Entscheid ist es auch, wieweit sie
     zur Umsetzung der Bundesvorschriften eigene Ausführungsbestim-
     mungen erlassen wollen. Das Bundesrecht soll den Kantonen nicht die
     Möglichkeit nehmen, den Vollzug den örtlichen Verhältnissen anzu-

passen. Diese Postulate haben aber, wie eingangs bemerkt, lediglich Prinzipcharakter. Im Rahmen seiner Sachzuständigkeiten ist der Bund weiterhin befugt, den kantonalen Vollzug soweit nötig bis in die Einzelheiten zu regeln (hinten § 20 Rz. 50).

Zu berücksichtigen sind auch die *finanziellen Lasten,* die mit der Umsetzung des Bundesrechts verbunden sind. So soll der Bund den Kantonen „ausreichende Finanzierungsquellen" belassen und für einen „angemessenen Finanzausgleich" sorgen (Art. 46 Abs. 3 BV). Beide Grundsätze bezwecken gleichermassen die Schonung der kantonalen *Finanzautonomie.* Art. 46 Abs. 3 BV verpflichtet den Bund aber nicht, die Kantone für den Vollzug des Bundesrechts zu entschädigen (BBl 1997 I 213).   12

III. Gleichheit der Kantone

1. Grundsatz: Absolute rechtliche Gleichheit

Die Kantone *stehen einander in Rechten und Pflichten gleich,* unbesehen aller tatsächlichen Unterschiede von Kanton zu Kanton. Dieses *staatsrechtliche Kopfprinzip* wird in der Verfassung zwar nicht ausdrücklich ausgesprochen. Es lässt sich aber aus Art. 1 BV ableiten, wonach die Eidgenossenschaft aus 26 „Kantonen" besteht, die im Verfassungstext nicht näher qualifiziert werden. Auch die Bundesgarantien (Art. 51–53 BV) kommen unterschiedslos allen Kantonen zugute. Die Gleichheit der Kantone hat sich aus der völkerrechtlichen Gleichheit der Staaten entwickelt; sie war schon vor der Gründung des Bundesstaats Leitprinzip der Eidgenossenschaft.   13

Aus der *Aufzählung der Kantone in Art. 1 BV* ergibt sich nichts anderes. Die Reihenfolge hat historische Gründe. Den Anfang machen die drei Vororte gemäss dem Bundesvertrag von 1815 (ZH, BE, LU; zugleich die drei ersten Stadtorte der Alten Eidgenossenschaft). Die weiteren 23 Kantone folgen in der Chronologie ihrer Aufnahme in den Bund.

Der Grundsatz zeigt sich zunächst bei den *Mitwirkungsrechten der Kantone im Bund* (hinten § 24). Absolute Gleichheit gilt ferner für die Bemessung der *Organisations-, Aufgaben- und Finanzautonomie:* Rechtlich verfügen alle Kantone über die gleichen politischen Handlungsfreiheiten; kein Kanton hat sich bei der Gründung des Bundesstaates besondere Rechte vorbehalten.   14

2. Einschränkung: Kantone mit halber Standesstimme

15 Nach *Art. 1 aBV* zählte die Eidgenossenschaft *23 Kantone.* Davon waren *drei Kantone in je zwei Halbkantone unterteilt,* nämlich „Unterwalden (ob und nid dem Wald)", „Basel (Stadt und Landschaft)" sowie „Appenzell (beider Rhoden)". Der Status eines Halbkantons wirkte sich in zweierlei Hinsicht aus: einmal bei den Ständeratswahlen (Art. 80 Satz 2 aBV: „Jeder Kanton wählt zwei Abgeordnete, in den geteilten Kantonen jeder Landesteil einen Abgeordneten"), sodann bei der Ermittlung des Ständemehrs (Art. 123 Abs. 2 aBV: „Bei Ausmittlung der Mehrheit der Kantone wird die Stimme eines Halbkantons als halbe Stimme gezählt"). Im Übrigen waren die Halbkantone schon unter der früheren Verfassung vollwertige Bundesglieder.

16 Die *neue Bundesverfassung* spricht nunmehr *durchwegs von „Kantonen";* die Begriffe „Halbkanton", „geteilter Kanton" und „Landesteil" kommen im Verfassungstext nicht mehr vor. An der *partiell verminderten Rechtsstellung der früheren Halbkantone* hat sich dadurch aber nichts geändert.

– Weiterhin entsenden die Kantone Obwalden, Nidwalden, Basel-Stadt, Basel-Landschaft, Appenzell Ausserrhoden und Appenzell Innerrhoden *nur einen statt zwei Abgeordnete in den Ständerat* (Art. 150 Abs. 2 BV);

– weiterhin steuern sie zum *Ständemehr* nur eine *halbe Standesstimme* bei (Art. 142 Abs. 4 BV).

Anklänge an diese Sonderstellung finden sich auch in der *Kantonsliste nach Art. 1 BV.* Zwar erscheinen die früheren Halbkantone nicht mehr zwischen Klammern, sondern auf der gleichen Ebene wie die übrigen Bundesglieder. Doch anders als die ‚gewöhnlichen' Kantone sind sie nicht durch Komma abgetrennt; sie bleiben durch das Bindewort „und" miteinander verkoppelt.

Einer Standesinitiative des Kantons Basel-Landschaft vom 26. Juni 2001, es seien die beiden Basler Halbkantone zu Vollkantonen aufzuwerten, hat die Bundesversammlung keine Folge gegeben. Man befürchtete eine Störung des föderalistischen Gleichgewichts zulasten der Westschweiz, besonders wenn ‚konsequenterweise' auch die übrigen vier Halbkantone umgewandelt worden wären (vgl. AB 2001 N 1623 ff., 2002 S 357 ff.).

17 Mit der Tilgung der „Halbkantone" aus dem Verfassungswortlaut wird *klargestellt,* dass die *rechtliche Zurücksetzung* der erwähnten sechs Kantone die *Ausnahme* bleibt. Soweit die Verfassung nicht ausdrücklich etwas anderes bestimmt, zählen sie als ‚ganze' Bundesglieder und profi-

tieren entsprechend vom Grundsatz der absoluten rechtlichen Gleichheit. Dies gilt nicht zuletzt für das Kantonsreferendum (Art. 141 Abs. 1 BV) und die Standesinitiative (Art. 160 Abs. 1 BV).

3. Berücksichtigung der Kantonsgrösse

Der Grundsatz von der absoluten rechtlichen Gleichheit ist nur solange   18
angebracht, als die Kantone in ihrer Funktion als Bundesglieder auftreten. Er darf nicht auf Problemlagen übertragen werden, bei denen es um die *Vertretung der Kantonsbevölkerung im Bund* oder die *Ausschüttung von Bundeseinnahmen an die Kantone* geht. Lösungen nach dem staatsrechtlichen Kopfprinzip wären hier sachfremd. Vielmehr ist nach der *Grösse des Kantons* zu differenzieren; dabei wird in der Regel auf die Bevölkerungszahl zurückgegriffen.

Die Grösse des Kantons ist z.B. massgeblich: 19
- für die *Verteilung der Nationalratssitze* auf die einzelnen Kantone (Art. 149 Abs. 4 BV; Bemessungsgrundlage: Wohnbevölkerung);
- *teilweise* für die Bemessung der *Kantonsanteile am Reingewinn der Nationalbank* (Art. 99 Abs. 4 BV sowie Art. 27 Abs. 3 und 4 des Nationalbankgesetzes vom 23. Dezember 1953, SR 951.11; Bemessungsgrundlage: Wohnbevölkerung; ein Teil des Überschusses fliesst in den Finanzausgleich);
- *teilweise* für die Bemessung der *Kantonsanteile am Rohertrag der direkten Bundessteuer* (Art. 128 Abs. 4 BV sowie Art. 196 Abs. 1 des Bundesgesetzes über die direkte Bundessteuer vom 14. Dezember 1990, SR 642.11, und Art. 8 f. des Bundesgesetzes über den Finanzausgleich unter den Kantonen vom 19. Juni 1959, SR 613.1; Bemessungsgrundlage: Steuereingang; ein Teil des Ertrags fliesst in den Finanzausgleich);
- für die Bemessung der *Kantonsanteile am Reinertrag aus der Besteuerung der gebrannten Wasser* (Art. 131 Abs. 3 BV sowie Art. 44 Abs. 3 des Bundesgesetzes über die gebrannten Wasser vom 21. Juni 1932, SR 680; Bemessungsgrundlage: Wohnbevölkerung);
- *teilweise* für die Bemessung der *Kantonsanteile am Ertrag der Verrechnungssteuer* (Art. 132 Abs. 2, Art. 196 Ziff. 16 BV sowie Art. 2 des Bundesgesetzes über die Verrechnungssteuer vom 13. Oktober 1965, SR 642.21; Bemessungsgrundlage: Wohnbevölkerung; ein Teil des Ertrags fliesst in den Finanzausgleich).

4. Finanzausgleich unter den Kantonen

Von Kanton zu Kanton bestehen *teils erhebliche Strukturunterschiede* in   20
wirtschaftlicher, geografischer und sozialer Hinsicht. Diese Unterschiede können sich merklich auf die Aufgabenlast und das Steueraufkommen auswirken. Daraus resultiert unweigerlich ein finanzielles

Gefälle zwischen den Bundesgliedern. Die Folgen sind nicht zu unterschätzen. So sind finanzstarke Kantone eher in der Lage als finanzschwache, die Steuerbelastung vergleichsweise tief zu halten und dennoch ein gutes Angebot an öffentlichen Dienstleistungen zur Verfügung zu stellen. Auch dürfte die Umsetzung des Bundesrechts sie nur wenig belasten. Bessere Standortbedingungen bewirken Zuwanderungsgewinne bei natürlichen und juristischen Personen; dadurch werden die ‚reichen' Kantone noch stärker, die ‚armen' noch schwächer.

Näher zu diesen Disparitäten RAIMUND E. GERMANN, Die Kantone: Gleichheit und Disparität, in: Handbuch Politik, S. 385 ff., 394 ff.

21 *Finanzkraftunterschiede* lassen sich nicht völlig vermeiden; sie sind der Preis des bundesstaatlichen Aufbaus. Werden sie aber zu gross, gerät das föderative Gleichgewicht aus den Fugen. Zur Glättung des finanziellen Ungleichgewichts verpflichtet die Verfassung den Bund, für einen angemessenen *Finanzausgleich* zwischen den Kantonen zu sorgen (Art. 46 Abs. 3, Art. 135 Abs. 1 BV). Der Ausgleich wird im Wesentlichen dadurch herbeigeführt, dass der Bund bei der Gewährung von Bundesbeiträgen an die Kantone und teilweise auch bei der Bemessung der Kantonsanteile an den Bundeseinnahmen deren *Finanzkraft* sowie die Lage der *Berggebiete* mit berücksichtigt (Art. 135 Abs. 2 BV).

22 Massgeblich sind vorab das Bundesgesetz über den Finanzausgleich unter den Kantonen vom 19. Juni 1959 (SR 613.1), die periodisch den Verhältnissen anzupassende Verordnung über die Festsetzung der Finanzkraft der Kantone (SR 613.11), sowie die Verordnung über die Abstufung der Bundesbeiträge nach der Finanzkraft der Kantone vom 21. Dezember 1973 (SR 613.12). Für die *Ermittlung der Finanzkraft* fallen je Kanton das Volkseinkommen, die Steuerkraft, die Steuerbelastung und der Berggebietsanteil in Betracht. Aufgrund dieser Indikatoren werden die Kantone in *finanzstarke, mittelstarke und finanzschwache Kantone* eingeteilt. Finanzstarke Kantone erhalten bei der Ausrichtung von Bundesbeiträgen den tiefsten, finanzschwache Kantone den höchsten Beitragssatz.

Zum *Neuen Finanzausgleich* vgl. vorn § 2 Rz. 38 f.

§ 17 Rechtsstellung der Gemeinden

I. Gemeinden als Selbstverwaltungskörperschaften der Kantone

Gemeinden sind *öffentlichrechtliche Gebietskörperschaften des kantonalen Rechts.* Sie sind dazu bestimmt, *staatliche Aufgaben von örtlicher Bedeutung* eigenständig zu erfüllen. Die Gemeinden werden darum auch als Selbstverwaltungskörperschaften bezeichnet.

1

Zur Rolle der Gemeinden vgl. HANS GESER, Die Gemeinden in der Schweiz, in: Handbuch Politik, S. 421 ff.; RICCARDO JAGMETTI, Die Stellung der Gemeinden, ZSR 1972 II, S. 246 ff.; HANSJÖRG SEILER, Gemeinden im schweizerischen Staatsrecht, in: Verfassungsrecht, § 31. Zu den Arten von Gemeinden AUER/MALINVERNI/HOTTELIER, Droit constitutionnel I, Rz. 226–231, dort auch zu den Grundzügen der Gemeindeorganisation, Rz. 241–256.

Die Gemeinden bilden nach dem Bund und den Kantonen die *dritte staatsrechtliche Ebene* im Bundesstaat. Durch die ausdrückliche Aufnahme eines Gemeindeartikels in den Verfassungstext – Art. 50 BV – anerkennt der Bund die *wichtige Rolle der kommunalen Selbstverwaltung* bei der Erfüllung staatlicher Aufgaben. Auch sonst rechnet der Bund wie selbstverständlich mit dem Bestand von Gemeinden. So erwähnt die Verfassung die Gemeinden etwa im Zusammenhang mit dem Bürgerrecht (Art. 37 BV) und der Finanzordnung (Art. 128 Abs. 2, Art. 129 Abs. 1 und Art. 134 BV) sowie bei den Zuständigkeiten des Bundesgerichts (Art. *189 Abs. 1 Bst. e BV). Sogar Bundesgesetze wenden sich vereinzelt an die Gemeinden (vgl. z.B. Art. 1 RPG oder Art. 7 ZSG).

Art. 50 BV regelt das Verhältnis des Bundes zu den Gemeinden wie folgt:

2

- Soweit die Kantone ihren Gemeinden das Recht zur Selbstverwaltung einräumen, steht die entsprechende *Autonomie unter dem Schutz des Bundes* (Abs. 1; Rz. 5).
- Bei der Wahrnehmung seiner Zuständigkeiten ist der *Bund* gehalten, die *möglichen Auswirkungen seines Handelns auf die Gemeinden* zu beachten (Abs. 2).

243

– Abs. 3 verstärkt diesen Grundsatz, indem er den Bund verpflichtet, die *besondere Situation der Städte und Agglomerationen sowie der Berggebiete* zu berücksichtigen.

Ursprünglich sollte mit Abs. 3 an die besonderen Lasten der „Städte und Agglomerationen" erinnert werden. Durch die Zufügung der „Berggebiete" auf Druck des Ständerats ist diese Absicht ins Gegenteil verkehrt worden. Statt eines „Städteartikels" enthält Abs. 3 nunmehr eine nahezu flächendeckende Allerweltsnorm. Für Hinweise auf die Entstehungsgeschichte ULRICH ZIMMERLI, Bund – Kantone – Gemeinden, in: BTJP 1999, S. 35, 58 ff.

3   Die skizzierten Bestimmungen ändern nichts daran, dass die *Gemein-den Schöpfungen des kantonalen Staatsrechts* bleiben. Von den drei Ebenen des schweizerischen Bundesstaats sind nur die oberen zwei – nämlich Bund und Kantone – bundesverfassungsrechtlich konstituiert (vgl. vor allem Art. 1, 3 sowie 51–53 BV). Bestand und Rechtsstellung der Gemeinden dagegen fallen unter die kantonale Organisationsautonomie. Es bleibt den Kantonen überlassen, ob sie ihr Gebiet überhaupt in Gemeinden aufteilen und wenn ja, welche Aufgaben sie ihnen übertragen wollen (ZBl 1998 421 E. 4 S. 423). Konsequenterweise sollte der Bundesgesetzgeber davon absehen, den Gemeinden unmittelbar Rechte zuzusprechen oder Pflichten aufzuerlegen. Ein Kanton könnte seine Gemeinden sogar aufheben, ohne Bundesverfassungsrecht zu verletzen.

Die Frage mag theoretisch erscheinen; sie ist es aber gleichwohl nicht völlig. So umfasst der Kanton Basel-Stadt zur Zeit lediglich drei Gemeinden: die Stadt Basel sowie die zwei Landgemeinden Riehen und Bettingen. Würden die Landgemeinden der Stadt eingefügt, so ginge die kommunale Ebene in der kantonalen auf. Ein solches Vorhaben wäre durch Art. 50 BV nicht zu verhindern.

II.   Gemeindeautonomie

1.   Begriff und Rechtsgrundlage

4   Gemeindeautonomie meint die *Befugnis* der Gemeinden *zur selbständi-gen Besorgung der eigenen Angelegenheiten.* Auch die Gemeindeautonomie ist eine *Figur des kantonalen Rechts* (BGE 128 I 3 E. 2a S. 7 f., Gemeinde Arosa). Die meisten Kantonsverfassungen verbriefen sie *aus-drücklich* (z.B. Art. 109 KV-BE). Wo sie es nicht tun, wird man die Gemeindeautonomie wohl als *ungeschriebenes* kantonales Verfassungsrecht ansehen dürfen, sofern und soweit den Gemeinden aufgrund des sachlich einschlägigen kantonalen Rechts Autonomie zusteht. Die kantonalrechtliche Natur der kommunalen Selbstbestimmungsbefugnisse

ergibt sich jetzt auch aus Art. 50 Abs. 1 BV: Danach ist die Gemeindeautonomie „nach Massgabe des kantonalen Rechts" gewährleistet (BBl
1997 I 218). Der rechtliche Beitrag des Bundes erschöpft sich also darin,
die Gemeindeautonomie in der vom kantonalen Recht bestimmten
Form unter eidgenössischen Gerichtsschutz zu stellen (so auch Art.
*189 Abs. 1 Bst. e BV).

Ein Teil der Literatur scheint in Art. 51 BV eine ausdrückliche Gewährleistung der
Gemeindeautonomie nach Art einer Institutsgarantie zu erblicken: Die Kantone
dürften den Autonomiebereich wohl umgrenzen und beschränken, aber nicht auf
Null reduzieren. In diesem Sinn etwa AUBERT, Commentaire, Art. 50 Rz. 6; RHI-
NOW, Bundesverfassung, S. 91. Vorsichtiger REGULA KÄGI-DIENER, in: St. Galler
Kommentar, Art. 50 Rz. 5.

2. Die relativ erhebliche Entscheidungsfreiheit als Leitkriterium

Das *Bundesgericht* umschreibt die Gemeindeautonomie mit folgender 5
Formel (BGE 119 Ia 214 E. 3a S. 218, Politische Gemeinde Küsnacht):

> „Eine Gemeinde ist in einem Sachbereich autonom, wenn das kan-
> tonale Recht diesen Bereich nicht abschliessend ordnet, sondern ihn
> ganz oder teilweise der Gemeinde zur Regelung überlässt und ihr
> dabei eine relativ erhebliche Entscheidungsfreiheit einräumt. Ist dies
> der Fall, kann sich die Gemeinde mit staatsrechtlicher Beschwerde
> insbesondere dagegen zur Wehr setzen, dass eine kantonale Behörde
> in einem Rechtsmittel- oder Genehmigungsverfahren ihre Prü-
> fungsbefugnis überschreitet oder die den betreffenden Sachbereich
> ordnenden kommunalen, kantonalen oder bundesrechtlichen Nor-
> men falsch anwendet. Eine Autonomieverletzung kann aber auch
> vorliegen, wenn der Kanton durch anderweitige Anordnungen –
> z.B. durch den Erlass einer generell-abstrakten Regelung oder einer
> kantonalrechtlichen Planungszone – zu Unrecht in geschützte Au-
> tonomiebereiche der Gemeinden eingreift. Soweit nicht die Hand-
> habung von eidgenössischem oder kantonalem Verfassungsrecht in
> Frage steht, prüft das Bundesgericht das Vorgehen der kantonalen
> Behörde nur unter dem Gesichtswinkel der Willkür."

Präzisierend fügt BGE 122 I 279 E. 8b S. 290, Geschäftsvereinigung 6
Limmatquai, bei:

> „Der geschützte Autonomiebereich kann sich auf die Befugnis zum
> Erlass oder Vollzug eigener kommunaler Vorschriften beziehen
> oder einen entsprechenden Spielraum bei der Anwendung des kan-
> tonalen oder eidgenössischen Rechts betreffen. Der Schutz der Ge-
> meindeautonomie setzt eine solche nicht in einem ganzen Aufga-
> bengebiet, sondern lediglich im streitigen Bereich voraus ... Im Ein-
> zelnen ergibt sich der Umfang der kommunalen Autonomie aus

dem für den entsprechenden Bereich anwendbaren kantonalen Verfassungs- und Gesetzesrecht ...“

7   Nach der Rechtsprechung wirkt die *relativ erhebliche Entscheidungsfreiheit* in Rechtsetzung oder Rechtsanwendung als *Leitkriterium der Gemeindeautonomie*. Rechtsetzung und Rechtsanwendung umschliessen allerdings schon begriffsnotwendig einen gewissen Handlungsspielraum. Damit die Entscheidungsfreiheit der Gemeinde im Sinne der Gemeindeautonomie als „erheblich“ gelten kann, muss sie „gemeindefreiheitsbezogen“ sein, d.h. in einem *funktionellen Bezug zur lokalen Selbstverwaltung* stehen (BGE 118 Ia 218 E. 3d S. 221 f., Gemeinde X.):

> „Nicht jede Entscheidungsfreiheit begründet zugunsten der Gemeinde schutzwürdige Autonomie. Ob die der Gemeinde gewährte Freiheit in einem bestimmten Bereich ‚relativ erheblich‘ ist, ergibt sich aus ihrer Bedeutung für den Sinn der kommunalen Selbständigkeit, d.h. daraus, ob nach der kantonalen Gesetzgebung durch die kommunale Gestaltung unter anderem mehr Demokratie und Rechtsstaatlichkeit sowie eine bessere und sinnvollere Aufgabenerfüllung auf lokaler Ebene ermöglicht werden sollen. Enthält ein kantonales Gesetz, das in erster Instanz von der Gemeindebehörde anzuwenden ist, einen unbestimmten Rechtsbegriff, so genügt dies allein noch nicht für die Annahme, dass die Gemeinde bei der Anwendung dieses Begriffes auch autonom sei.“

3.   Frage nach dem Autonomiebereich

8   Behauptet eine Gemeinde, in ihrer Autonomie verletzt zu sein, so ist *vorweg* zu klären, ob der Gemeinde *im fraglichen Bereich* überhaupt eine *„relativ erhebliche Entscheidungsfreiheit“* zusteht. Dabei ist zwischen Rechtsetzung und Rechtsanwendung zu unterscheiden.

a.   Autonomie in der Rechtsetzung

9   Die Gemeinde verfügt über Autonomie in der *Rechtsetzung*, wenn das kantonale oder eidgenössische Recht eine Materie überhaupt nicht oder jedenfalls nicht abschliessend regelt, sondern ganz oder teilweise der Gemeinde zur Regelung überlässt.

10   *Rechtsprechungshinweise zu Rz. 9:*
 – *BGE 120 Ia 203, Einwohnergemeinde der Stadt Bern.* Nichtgenehmigung eines Personalreglements, wonach kommunale Angestellte verpflichtet worden wären, den Arbeitsplatz ohne Verwendung eines privaten Motorfahrzeugs zu erreichen. Autonomie der Berner Gemeinden auf dem Gebiete des Dienstrechts.

– *BGE 111 Ia 129, Politische Gemeinde Wiesendangen.* Nichtgenehmigung eines kommunalen Nutzungsplans wegen Widerspruchs zum kantonalen Richtplan. Autonomie der Zürcher Gemeinden auf dem Gebiete der Raumplanung.

b. Autonomie in der Rechtsanwendung

Die Gemeinde verfügt über Autonomie in der *Rechtsanwendung,* wenn: 11
– die Gemeinde zur Rechtsanwendung zuständig ist *und*
– sie ihr eigenes, autonom gesetztes kommunales Recht anwendet *oder*
– kantonales oder eidgenössisches Recht in Frage steht, das der Gemeinde gemeindefreiheitsbezogenes Ermessen oder (bei unbestimmten Gesetzesbegriffen) einen gemeindefreiheitsbezogenen Beurteilungsspielraum vermittelt.

Rechtsprechungshinweise zu Rz. 11:   12
– *ZBl 1993 133.* Vorschrift eines kommunalen Baureglements, wonach Reklametafeln und Geschäftsanschriften in romanischer Sprache zu verfassen sind. Autonomie der Gemeinde in der Anwendung des eigenen Rechts.
– *BGE 118 Ia 218, Gemeinde X.* Voraussetzungen des kantonalen Schulgesetzes, unter denen Kinder vorzeitig zum Schulbesuch zugelassen kann. Kein geschützter Autonomiebereich bei der Anwendung des Schulgesetzes: Das von diesem Gesetz vermittelte Ermessen wurde nicht in erster Linie eingeräumt, um einer allfälligen Verschiedenheit der örtlichen Verhältnisse Rechnung zu tragen, sondern um kantonsweit in jedem Einzelfall eine pädagogisch sachgerechte Entscheidung zu ermöglichen; es ist darum ist unter dem Gesichtspunkt der Gemeindeautonomie nicht „erheblich".

4. Frage nach der Autonomieverletzung

Ist ein Autonomiebereich in der Rechtsetzung oder in der Rechtsanwendung gegeben, so stellt sich die Frage nach einem allfälligen Übergriff des Kantons auf diesen Bereich. Die Gemeindeautonomie kann auf unterschiedliche Weise verletzt werden.   13

So liegt eine Autonomieverletzung vor, wenn die kantonale Behörde im Zuge eines Genehmigungs- oder Beschwerdeverfahrens ihre *Prüfungsbefugnis überschreitet,* d.h.:   14
– eine Ermessenskontrolle vornimmt, wo ihr nur eine Rechtskontrolle zusteht, oder

- bei der Rechtskontrolle den der Gemeinde zustehenden Beurteilungsspielraum in der Anwendung unbestimmter Gesetzesbegriffe missachtet.

15 Die Gemeindeautonomie kann weiter dadurch verletzt werden, dass die kantonale Behörde:

- kommunales, kantonales oder eidgenössisches *Gesetzesrecht,* das den betreffenden Sachbereich ordnet, *willkürlich anwendet,* oder

- kantonales oder eidgenössisches *Verfassungsrecht falsch anwendet,* namentlich indem sie die Tragweite eines Grundrechts zum Nachteil der Gemeinde überdehnt.

Diese Differenzierung rührt daher, dass das Bundesgericht im Rahmen einer staatsrechtlichen Beschwerde die Auslegung von einfachem Gesetzes- oder Verordnungsrecht nur auf Willkür hin überprüft, bei der Verfassungsauslegung dagegen mit freier Kognition vorgeht.

16 Schliesslich ist ein unzulässiger Eingriff in die Gemeindeautonomie auch *durch „anderweitige Anordnungen"* des Kantons denkbar. Diese Auffangkategorie erlaubt es z.B., Autonomieverletzungen durch unzulässige Planungsvorkehrungen des Kantons zu erfassen.

17 *Rechtsprechungshinweise zu Rz. 14 ff.:*
- *BGE 128 I 3, Gemeinde Arosa.* Autonomie der Bündner Gemeinden zur Regelung des Plakatwesens. Die Einführung eines kommunalen Monopols für den Plakataushang auf öffentlichem Grund ist zwar zulässig. Eine Ausdehnung des Monopols auch auf den Plakataushang auf privaten Grundstücken verletzt dagegen die Wirtschaftsfreiheit. Der Entscheid des kantonalen Verwaltungsgerichts, die kommunalen Vorschriften seien insofern unanwendbar, beruht nicht auf einer Überdehnung der Wirtschaftsfreiheit zulasten der Gemeinde und verletzt daher deren Autonomie nicht.
- *BGE 122 I 279, Geschäftsvereinigung Limmatquai.* Autonomie der Zürcher Gemeinden bei der Regelung des gesteigerten Gemeingebrauchs an öffentlichen Strassen und Plätzen. Zur Steuerung des Parkplatzangebots steht es den Gemeinden frei, selbst innerhalb eines eng umgrenzten Gebiets nur einen gewissen Teil der Parkplätze unentgeltlich zur Verfügung zu stellen und für die übrigen eine Gebühr zu verlangen. Die gegenteilige Auffassung der kantonalen Behörde beruht auf einer Überspannung des Rechtsgleichheitsgebots und bedeutet eine Verletzung der Gemeindeautonomie.
- *ZBl 1993 133.* Autonomie der Bündner Gemeinden bei der Anwendung des eigenen Rechts. Die Vorschrift, wonach Geschäftsanschriften in romanischer Sprache anzubringen sind, hält in casu vor der Wirtschaftsfreiheit stand. Der anderslautende Entscheid des Verwaltungsgerichts verkennt die Tragweite des Grundrechts zulasten der Gemeinde und verletzt daher die Gemeindeautonomie.

III. Gerichtliche Durchsetzung der Gemeindeautonomie

1. Staatsrechtliche Beschwerde

Soweit sie im kantonalen Recht vorgesehen ist, anerkennt das Bundes- 18
gericht die Gemeindeautonomie seit je als *verfassungsmässiges Recht,*
dessen Verletzung mit staatsrechtlicher Beschwerde geltend gemacht
werden kann (Art. *189 Abs. 1 Bst. e BV; Art. 84 Abs. 1 Bst. a OG;
erstmals BGE 2 455, Gemeinderat Iberg).

Dazu einlässlich MARKUS DILL, Die staatsrechtliche Beschwerde wegen Verletzung
der Gemeindeautonomie, Bern 1996.

Die Gemeindeautonomie steht in erster Linie den *Gemeinden* zu. Zwar 19
sind sie als Träger hoheitlicher Gewalt im Allgemeinen nicht befugt,
staatsrechtliche Beschwerde zu führen (Art. 88 OG). Davon macht die
bundesgerichtliche Praxis aber gewisse Ausnahmen, unter anderem
wenn die Gemeinde eine Verletzung ihrer Autonomie behauptet (BGE
114 Ia 466 E. 1a S. 467, Einwohnergemeinde Luterbach):

> „Die Legitimation von Gemeinden zur staatsrechtlichen Beschwer-
> de wegen Verletzung ihrer Autonomie ist nach der bundesgerichtli-
> chen Rechtsprechung immer dann zu bejahen, wenn eine Gemeinde
> durch den angefochtenen Entscheid in ihren hoheitlichen Befugnis-
> sen berührt wird. Ob sie im betreffenden Bereich auch tatsächlich
> Autonomie geniesst, ist nicht mehr eine Frage des Eintretens, son-
> dern eine solche der materiellen Beurteilung ...“

Zum Prüfprogramm für die Beurteilung von Autonomiebeschwerden
von Gemeinden vgl. Rz. 22.

Private sind nicht Rechtsträger der Gemeindeautonomie. Sie können 20
eine Verletzung der Gemeindeautonomie daher höchstens vorfrageweise rügen (BGE 114 Ia 291 E. 3 S. 292, Erbengemeinschaft Fritz Bütiko-
fer):

> „Die Beschwerdeführer machen geltend, die Baudirektion des Kan-
> tons Bern habe durch den Erlass der angefochtenen Planungszone in
> den der Gemeinde Zollikofen durch das kantonale Recht vorbehal-
> tenen Sachbereich der Ortsplanung eingegriffen und damit die Ge-
> meindeautonomie verletzt.
> Die Beschwerdeführer erheben diese Rüge hilfsweise neben ver-
> schiedenen anderen Rügen. Zu einer solchen hilfsweisen Anrufung
> der Gemeindeautonomie sind die Beschwerdeführer nach ständiger
> Rechtsprechung ... legitimiert.“

2.   Weitere Rechtsmittel

21   Da die Gemeindeautonomie ihren Geltungsgrund im *kantonalen Verfassungsrecht* findet, kommt von den eidgenössischen Rechtsmitteln grundsätzlich nur – wie eben bemerkt – die staatsrechtliche Beschwerde in Betracht. Mit Verwaltungsgerichtsbeschwerde kann einzig die Verletzung von *Bundes*recht vorgebracht werden; eine Autonomieverletzung lässt sich mit diesem Rechtsmittel daher bloss in seltenen Konstellationen vorbringen (vgl. BGE 118 Ib 199 E. 1c S. 199, Gemeinde Arosa).

3.   Prüfprogramm für die Beurteilung von Autonomiebeschwerden von Gemeinden

22   Staatsrechtliche Beschwerden von Gemeinden wegen Verletzung ihrer Autonomie sind nach folgendem *Prüfprogramm* zu beurteilen:

1. *Legitimation.* Ist die Gemeinde zur Autonomiebeschwerde legitimiert? Die Legitimation ist gegeben, wenn (kumulativ):
   - die Gemeinde als Inhaberin hoheitlicher Gewalt betroffen ist und
   - behauptet, in ihrer Autonomie verletzt zu sein.

Bei gegebener Legitimation tritt das Bundesgericht auf die Beschwerde ein und es ist weiter zu fragen:

2. *Autonomiebereich.* Besteht ein relativ erheblicher Entscheidungsspielraum? Ein solcher Spielraum ist gegeben (alternativ):
   - *in der Rechtsetzung,* wenn das kantonale oder eidgenössische Recht die Materie nicht abschliessend regelt;
   - *in der Rechtsanwendung,* wenn die Gemeinde ihr eigenes, autonom gesetztes kommunales Recht anwendet oder wenn sie kantonales bzw. eidgenössisches Recht anwendet, welches ihr einen gemeindefreiheitsbezogenen Handlungsspielraum belässt.

Bei gegebenem Autonomiebereich ist weiter zu fragen:

3. *Autonomieverletzung.* Verletzt die kantonale Behörde den relativ erheblichen Entscheidungsspielraum? Eine solche Verletzung liegt vor, wenn die kantonale Behörde zum Nachteil der Gemeinde (alternativ):
   - ihre Prüfungsbefugnis überschreitet;
   - kantonales oder eidgenössisches Gesetzesrecht willkürlich auslegt;
   - kantonales oder eidgenössisches Verfassungsrecht falsch auslegt;
   - „anderweitige Anordnungen" trifft, mit denen der Entscheidungsspielraum der Gemeinde in unzulässiger Weise beschränkt wird.

§ 18 Bundesgarantien

I. Begriff und Funktion

1. Hauptelemente der Bundesgarantien

Bundesgarantien sind Sicherheiten, die der Bund dafür leistet, dass die   1
bundesstaatliche Struktur und die Rechtsstellung der Bundesglieder im
Kern unangetastet bleiben.

In der Alten Eidgenossenschaft bis 1798 und unter dem Staatenbund ab 1803 oblag
diese Gewährleistungspflicht allein den Kantonen, die sich zu diesem Zweck bei
Not und Bedrängnis gegenseitigen Beistand zusicherten. Mit der Gründung des
Bundesstaats 1848 und dem damit verbundenen Übergang der höchsten Staatsgewalt auf die neu geschaffene zentralstaatliche Ebene traten an die Stelle der kantonalen Beistandspflichten entsprechende Garantiezusagen des Bundes.

Die Garantien erscheinen in den Art. 51–53 BV. Sie betreffen *unter-*   2
schiedliche Gegenstände und versehen dementsprechend *unterschiedliche*
Funktionen.

- Nach *Art. 51 BV* „gewährleistet" der Bund die Kantonsverfassungen
  (Abschnitt II). Anders als es der Wortlaut vermuten liesse, bezieht
  sich die Garantie nicht unmittelbar auf die Kantonsverfassung, sondern auf die Voraussetzungen, unter denen der Bund die Gewährleistung übernimmt. Garantiegegenstand sind mit anderen Worten
  die *bundesverfassungsrechtlichen Mindestanforderungen an das politi-*
  sche System in den einzelnen Kantonen. Diese Anforderungen sollen
  eine *gewisse staatsrechtliche Homogenität im Bund* sicherstellen. Die
  „Gewährleistung" (besser: Genehmigung) der Kantonsverfassungen
  durch den Bund ist insofern nur Mittel zum Zweck.
- *Art. 52 BV* verpflichtet den Bund zum Schutz der *verfassungsmässi-*
  gen Ordnung der Kantone (Abschnitt III). Die Garantie setzt voraus,
  dass die Kantonsverfassung die Gewährleistung des Bundes nach
  Art. 51 BV erhalten hat. Sie ist dazu bestimmt, die Grundelemente
  der kantonalen Rechtsstaatlichkeit, nämlich den *Landfrieden im*
  Kanton und das *Funktionieren der kantonalen Verfassungsorgane,* vor
  schweren Bedrohungen zu bewahren und entsprechende Störungen
  zu beheben.

– *Art. 53 BV* zufolge garantiert der Bund *Bestand und Gebiet der Kantone* (Abschnitt IV). Bestandes- und Gebietsgarantie sind unerlässliche Bedingung des *Bundesfriedens.* Änderungen in Bestand und Gebiet der Kantone bleiben wohl möglich, sind aber strikten Verfahrensregeln unterworfen.

3   Als *Garant* wirkt allemal der *Bund.* Zwar erwachsen den Kantonen im Umfeld der Bundesgarantien unter Umständen bestimmte Pflichten. Gleichwohl werden sie dadurch nicht zu Mitträgern der Bundesgarantien. Die Garantien einzulösen obliegt ausschliesslich den Organen der *zentralstaatlichen Ebene* im Bundesstaat.

2.   Tabellarischer Überblick

4   Der Normgehalt der Art. 51–53 BV lässt sich stichwortartig wie folgt darstellen:

	Gegenstand der Garantie	Funktion der Garantie	Abzuwehrende Störung	Massnahmen des Bundes
BV 51	Anforderungen an die Kantonsverfassungen	• Staatsrechtliche Homogenität im Bund	• Verletzung der Anforderungen gemäss BV 51	• Genehmigung der Kantonsverfassung durch den Bund
BV 52	Verfassungsmässige Ordnung der Kantone	• Landfrieden • Funktionsfähigkeit der kantonalen Verfassungsorgane	• Unruhen • Verfassungskrisen	• BGE (staatsrechtl. Beschwerde des betroffenen Bürgers) • Ordnungsdienst der Armee • Bundesintervention
BV 53	Bestand und Gebiet der Kantone	• Bundesfrieden	• Übergriffe seitens anderer Kantone • Sezession eines Kantons oder Kantonsteils • Eigenmächtige Bestandes- oder Gebietsveränderungen unter Kantonen	• BGE (staatsr. Klage des betroffenen Kantons) • Verweigerung der Gewährleistung nach BV 51 • Bundesintervention

II. Gewährleistung der Kantonsverfassungen
(Art. 51 BV)

1. Rechtsgrundlage

Art. 51 BV schreibt unter der Sachüberschrift „Kantonsverfassungen" 5
Folgendes vor:

> [1] Jeder Kanton gibt sich eine demokratische Verfassung. Diese be-
> darf der Zustimmung des Volkes und muss revidiert werden kön-
> nen, wenn die Mehrheit der Stimmberechtigten es verlangt.
> [2] Die Kantonsverfassungen bedürfen der Gewährleistung des Bun-
> des. Der Bund gewährleistet sie, wenn sie dem Bundesrecht nicht
> widersprechen.

Diese Bestimmung lässt sich in *drei Hauptforderungen* zerlegen, näm- 6
lich:

1. Die Kantone müssen über geschriebene Verfassungen im formellen
   Sinn verfügen.
2. Die Kantonsverfassungen müssen bestimmten Anforderungen der
   Bundesverfassung genügen.
3. Die Kantone müssen ihre Verfassungen dem Bund zur Genehmigung vorlegen.

2. Gegenstand der Bundesgarantie und Garantiepflicht

Die Garantie bezieht sich auf die *Anforderungen der Bundesverfassung* 7
an die Kantonsverfassungen (Rz. 10 ff.): Sie sind der Gegenstand, für den
sich der Bund nach Art. 51 BV verbürgt, und nicht etwa die Kantonsverfassungen. Diese bilden vielmehr den Gegenstand der Garantie*prüfung*, d.h. die Kantonsverfassungen werden darauf hin untersucht, ob
sie das Garantiegut – nämlich die bundesverfassungsrechtlichen Anforderungen – respektieren. Für die von den Kantonen aufgerichtete verfassungsmässige Ordnung garantiert der Bund lediglich nach Art. 52
BV.

Die Garantie verlangt vom Bund, *Verletzungen der Anforderungen* nach 8
Art. 51 BV zu verhindern und auf diese Weise eine *minimale Homogenität der kantonalen Verfassungsordnungen* sicherzustellen.

3. Massnahmen des Bundes zur Einlösung der Garantiepflicht

9   Der Bund kommt seiner Garantiepflicht dadurch nach, dass er sich die *Genehmigung der Kantonsverfassungen* vorbehält und die Genehmigung davon abhängig macht, dass die bundesverfassungsrechtlichen Anforderungen eingehalten sind (Rz. 10 ff.).

Dass die Bundesverfassung von Gewährleistung und nicht von Genehmigung spricht, erklärt sich teilweise aus dem Bedürfnis des Verfassungsgebers, symbolbeladene Formulierungen der BV 1874 in die neue Verfassung hinüberzuretten. Für einen solchen „Traditionsanschluss" steht auch Art. 51 BV (BBl 1997 I 45): Tatsächlich verwendete schon Art. 6 aBV den Begriff „Gewährleistung". Dennoch geht es in der Sache zunächst um eine Genehmigung. Erst mit erteilter Genehmigung *übernimmt* (so treffend Art. 6 Abs. 2 aBV) der Bund die Gewährleistung der Kantonsverfassung, will heissen: steht mit seinen Instrumenten für die Aufrechterhaltung der verfassungsmässigen Ordnung der Kantone ein (Art. 52 BV).

4. Anforderungen an die Kantonsverfassung

10   Wegen der Organisationsautonomie der Kantone (vorn § 16 Rz. 4 f.) können sich die politischen Strukturen und Systeme von Kanton zu Kanton erheblich unterscheiden. Gegen solche Diskrepanzen ist zunächst nichts einzuwenden, da sie dem Bundesstaatsprinzip unvermeidlich innewohnen. Gleichwohl dürfen sie nicht zu gross werden. Der Zusammenhalt des Landes ist nur gewährleistet, die Eidgenossenschaft als Wirkeinheit nur erlebbar, wenn die *staatsrechtlichen Verhältnisse übers Ganze gesehen vergleichbar* bleiben. Dies gilt nicht nur im Verhältnis der Kantone untereinander, sondern auch im Verhältnis der Kantone zum Bund. Die Organisationsautonomie der Kantone muss darum auf eine bestimmte Bandbreite eingeschränkt und zugleich auf jene organisationsrechtlichen Grundentscheidungen ausgerichtet werden, die schon für die Bundesebene gelten.

11   Zu diesem Zweck verankert Art. 51 Abs. 1 BV zwei *Homogenitätsklauseln:*

1. Die Kantone müssen sich als *Demokratien* konstituieren (Rz. 12 f.).

2. Die Kantone müssen das *obligatorische Verfassungsreferendum* und die *Verfassungsinitiative* vorsehen (Rz. 14 ff.).

Dass die Kantonsverfassungen *dem Bundesrecht nicht widersprechen dürfen* (Art. 51 Abs. 2 Satz 2 BV; Rz. 19), versteht sich als Konsequenz aus Art. 49 Abs. 1 BV von selbst.

a. Demokratische Verfassung
(Art. 51 Abs. 1 Satz 1 BV)

Art. 51 Abs. 1 Satz 1 BV verpflichtet die Kantone, sich eine „demokra- 12
tische Verfassung" zu geben. Hinter dieser Formel verbergen sich zwei
Forderungen (BBl 1997 I 218; vgl. aber § 27 Rz. 4):
- Die kantonalen Behörden sind nach dem *Grundsatz der Gewaltenteilung* zu konstituieren. Jeder Kanton muss mit anderen Worten über
  Parlaments-, Regierungs- und Gerichtsorgane verfügen, die organisatorisch und personell voneinander unabhängig sind (zur Gewaltenteilung im Einzelnen hinten § 27).
- Das *Parlament* ist durch *direkte Volkswahl* zu bestellen. *Direkt* ist die
  Volkswahl, wenn die Wahlberechtigten ihre Stimme unmittelbar
  den einzelnen Kandidaten geben können und nicht bloss einem zwi-
  schengeschalteten Wahlgremium, das die effektive Parlamentswahl
  im Namen des Volkes vorzunehmen hätte. Die Volkswahl muss
  wegen Art. 8 und 34 BV als allgemeine, gleiche und freie Wahl
  ausgestaltet sein (hinten § 48 Rz. 19 f.).

Hingegen verlangt die Bundesverfassung nicht, dass sich die Kantone 13
nach dem System der direkten Demokratie organisieren. Zwar müssen
sie die Mitsprache des Volks in der Verfassungsgebung gewährleisten
(Art. 51 Abs. 1 Satz 2 BV; Rz. 14 ff.). Ob und wie weit darüber hinaus
weitere Volksrechte wie z.B. das Gesetzesreferendum oder die Verwaltungsinitiative eingeführt werden sollen, ist ihnen aber freigestellt;
Art. 51 BV lässt eine bloss *repräsentativ-demokratische* Verfassung genügen. So hält das Bundesgericht in BGE 100 Ia 263 E. 4b/aa S. 271, Bür-
gin, fest:

> „Ein ungeschriebenes Verfassungsrecht des Bundes ... [auf Einrich-
> tung einer direktdemokratischen Ordnung] anzunehmen, verbietet
> sich schon im Hinblick auf Art. 6 aBV [heute: Art. 51 BV], der von
> Bundesrechts wegen den Kantonen die Wahl einer rein repräsentati-
> ven Verfassung zubilligt, nach der das Volk seinen Willen nur bei
> der Wahl seiner Repräsentanten rechtlich zum Ausdruck bringen
> kann. ... Es ist vielmehr Sache des kantonalen Rechtes – abgesehen
> von der obligatorischen Mitwirkung des Volkes bei der Verfas-
> sungsgesetzgebung – zu bestimmen, in welchem Umfang dem
> Volkswillen Rechnung zu tragen sei."

Indessen haben sich alle Kantone – wenn auch in unterschiedlichem
Mass – für das System der direkten Demokratie entschieden (hinten
§ 50).

b.   *Verfassungsreferendum und Verfassungsinitiative*
   (Art. 51 Abs. 1 Satz 2 BV)

14   Art. 51 Abs. 1 Satz 2 BV schreibt den Kantonen ein *Mindestmass an direkter Demokratie* in Verfassungsangelegenheiten vor.

15   Zunächst bedarf die Kantonsverfassung der „Zustimmung des Volkes". Die Behörden müssen die Verfassung mit anderen Worten von Amts wegen den Stimmberechtigten zur Annahme oder Verwerfung unterbreiten. Dieses *obligatorische Verfassungsreferendum* greift gleichermassen bei Total- und Partialrevisionen. Zur Annahme der Verfassungsvorlage genügt es, wenn das „Volk" zustimmt, d.h. die *absolute Mehrheit der Stimmenden*. Die Kantone dürfen bei Verfassungsabstimmungen weder ein qualifiziertes Mehr (z.B. die Zustimmung von zwei Dritteln der Stimmenden oder die Zustimmung der Mehrheit der registrierten Stimmberechtigten) noch ein doppeltes Mehr verlangen (z.B. die Zustimmung des Kantonsvolks und zusätzlich der Bezirke; z.T. strittig).

16   Sodann muss die Verfassung „revidiert werden können, wenn die Mehrheit der Stimmberechtigten es verlangt". Aus dieser vorbehaltlosen Formulierung ergibt sich zweierlei: Erstens, die *Volksinitiative auf Verfassungsrevision* darf *jederzeit* ergriffen werden; zweitens, sie kann sich – immer im Rahmen des Bundesrechts – auf *beliebige Verfassungsinhalte* beziehen. Die Bundesverfassung verbietet Karenzfristen und schliesst die Möglichkeit aus, bestimmte Verfassungsnormen für unabänderlich oder bestimmte Begehren für verfassungsunwürdig zu erklären.

17   Art. 51 BV will dem kantonalen Stimmvolk als Pouvoir constituant die *Verfügungsmacht über die eigene Verfassung* sichern. Dazu gehört nicht zuletzt der Anspruch, aus eigenem Recht (und nicht erst mit Billigung des Parlaments) die Normstufe der Verfassung anzuzielen. Die Kantone dürfen die so genannte „Einheitsinitiative" (d.h. die Volksinitiative, bei der das Parlament entscheidet, ob das Begehren auf Verfassungs- oder auf Gesetzesebene umzusetzen sei) darum nur einführen, wenn ihr *daneben* noch eine *direkte* Verfassungsinitiative zur Seite gestellt bleibt. Art. 76 KV-JU, der nur die Einheitsinitiative vorsieht, hätte darum die eidgenössische Gewährleistung nicht erhalten dürfen (vgl. aber BBl 1977 II 270; kritisch auch AUER, Droits politiques, S. 49, und ALFRED KÖLZ/TOMAS POLEDNA, Die „Einheitsinitiative" – Ei des Kolumbus oder Trojanisches Pferd?, ZSR 1988 I, S. 1, 9 ff.).

18   Im Übrigen ist die *rechtliche Bedeutung* der Passage über die Verfassungsinitiative *nicht restlos klar*.
   –   Ein erster Streitpunkt betrifft die Frage, ob die vorgeschriebene Verfassungsinitiative neben der *Totalrevision* auch die *Partialrevision* umschliesst. Art. 51 BV

verlangt nur, die „Verfassung" müsse revidiert werden können. Gewisse Autoren vertreten darum die Meinung, die Volksinitiative auf Totalrevision der Kantonsverfassung sei ausreichend. Die Mehrheit der Lehre ist aber zu Recht der Ansicht, seit Einführung der Initiative auf Partialrevision im Bund seien auch die Kantone verpflichtet, zusätzlich zum Begehren auf Totalrevision auch das Begehren auf Teilrevision der Verfassung vorzusehen.

– Unklarheit besteht ferner bezüglich des *Quorums für das Zustandekommen* einer Verfassungsinitiative. Wörtlich genommen lässt Art. 51 BV zu, dass ein Kanton allein schon für das Zustandekommen des Volksbegehrens die Unterschrift von mindestens 50% der im Stimmregister eingetragenen Bürger verlangt („wenn die Mehrheit der Stimmberechtigten es verlangt"). Eine solche Hürde würde aber das eben eingeräumte Initiativrecht wieder zunichte machen und liesse die Volksabstimmung über ein eingereichtes Begehren zur Farce verkommen. Sie kann daher nicht im Sinn der Vorschrift liegen (anders HANGARTNER/KLEY, Demokratische Rechte, Rz. 1369).

Praktisch ist der Lehrstreit *bedeutungslos*. Alle Kantone kennen neben der Totalrevisionsinitiative auch die Volksinitiative auf Teilrevision der Verfassung. Für das Zustandekommen eines Revisionsbegehrens verlangt derzeit kein Kanton die Unterschrift von mehr als 10% der Stimmberechtigten.

c. *Kein Widerspruch zum Bundesrecht*
   (Art. 51 Abs. 2 BV)

Der Handlungsspielraum des kantonalen Verfassungsgebers findet seine Schranke *im gesamten Bundesrecht*. Die Kantonsverfassungen dürfen zunächst nichts enthalten, was der *Bundesverfassung* zuwiderläuft. Zu respektieren sind namentlich die Grundsätze rechtsstaatlichen Handelns (Art. 5 BV), die Grundrechte, Bürgerrechte und Sozialziele (Art. 7–41 BV), die Vorschriften über das Zusammenwirken von Bund und Kantonen, im Besonderen auch der Grundsatz der bundesstaatlichen Treuepflicht (Art. 44–49 BV), sowie schliesslich die Bundeszuständigkeiten (Art. 54–135 BV). Darüber hinaus müssen die Kantonsverfassungen auch mit den *Bundesgesetzen*, den *Verordnungen des Bundes* sowie dem für die Schweiz massgeblichen *Völkerrecht* übereinstimmen. 19

5. **Gewährleistungsverfahren**

a. *Verfahrensgegenstand*

Gegenstand des Gewährleistungsverfahrens sind die *kantonalen Verfassungen im formellen Sinn:* somit jene Rechtsnormen, die im Verfahren der kantonalen Verfassungsgebung ergangen sind, unbesehen ihres Inhalts (vgl. vorn § 3 Rz. 7). Auf einen materiellen Verfassungsbegriff 20

kann der Bund mangels gefestigter und von allen Kantonen anerkannter Vorstellungen über den ,wahren' Gehalt einer Verfassung nicht
abstellen.

b.   *Gesuch des Kantons und Antrag des Bundesrats*

21   Die Kantone müssen für *jede Total- oder Partialrevision* ihrer Verfassungen um die Gewährleistung des Bundes nachsuchen. Das Gesuch ist *an
den Bundesrat zuhanden der Bundesversammlung* zu richten.

22   Der Bundesrat erarbeitet eine *Botschaft an die Bundesversammlung* und
stellt *Antrag* auf Erteilung oder Verweigerung der Gewährleistung.
Üblicherweise werden die Gewährleistungsgesuche mehrerer Kantone
über eine gewisse Zeitspanne zusammengefasst und mit einer Sammel-
botschaft an das Parlament weitergeleitet.

Beispiel statt vieler: Botschaft über die Gewährleistung der geänderten Verfassungen
der Kantone Bern, Luzern, Wallis und Genf vom 9. April 2003 (BBl 2003 3388).

c.   *Prüfung durch die Bundesversammlung*

23   Die Bundesversammlung prüft den *Inhalt* der Kantonsverfassung, nicht
aber die Art und Weise des Zustandekommens.

Bis vor wenigen Jahren befasste sich die Bundesversammlung im Rahmen der Ge-
währleistung auch mit Verfahrensfragen. Im Besonderen prüfte sie, ob bei der
Verfassungsabstimmung im Kanton der Grundsatz der freien und unverfälschten
Stimmabgabe gewahrt war (vgl. BBl 1997 I 1400, 1981 II 875). Diese Praxis ist 1997
aufgegeben worden (AB 1997 N 1010, S 228). Unregelmässigkeiten bei kantonalen
Verfassungsabstimmungen können ohnehin mit Stimmrechtsbeschwerde vor das
Bundesgericht gebracht werden, sodass sich die Prüfung solcher Aspekte durch die
Bundesversammlung im Grunde erübrigt. Die Beibehaltung der früheren Praxis
hätte ausserdem das Risiko geborgen, dass das Bundesgericht unter Hinweis auf die
Gewährleistungszuständigkeit der Bundesversammlung auf entsprechende Stimm-
rechtsbeschwerden eines Tages nicht mehr eingetreten wäre.

24   Die Kantonsverfassungen werden darauf hin überprüft, ob sie den Anforderungen nach Art. 51 Abs. 1 BV genügen. Diese Anforderungen
sind rechtlicher Natur. Entsprechend beschränkt sich die Bundesversammlung auf eine *Rechtskontrolle*. Sind die Anforderungen – nötigenfalls nach bundesrechtskonformer Auslegung der vorgelegten Kantonsverfassung – erfüllt, so muss die Gewährleistung erteilt werden (BBl
1977 II 273). Über die politische Opportunität des kantonalen Verfassungsrechts ist nicht zu befinden.

Zum Prüfmassstab zählt allerdings auch der Grundsatz der *bundesstaatlichen Treuepflicht* (Art. 44 Abs. 2 BV). Dieser Grundsatz erlaubt es der Bundesversammlung, in einem begrenzten Mass *staatspolitische Erwägungen* einfliessen zu lassen, wenn die Erhaltung des Bundesfriedens dies gebietet (vgl. für ein Beispiel Rz. 55 und hinten § 23 Rz. 32).

d. *Gewährleistungsentscheid der Bundesversammlung*

Zuständig zur Gewährleistung kantonaler Verfassungen ist die Bundes- 25
versammlung (Art. 172 Abs. 2 BV). Der Entscheid über die Gewährleistung ist ein *Einzelakt;* darum ergeht er in der Form eines *einfachen
Bundesbeschlusses* (Art. 163 Abs. 2 BV a.E.). Die Bundesversammlung
kann die Gewährleistung erteilen oder – ganz oder teilweise, z.B. für
bestimmte Verfassungsartikel – verweigern. Zulässig ist auch eine Gewährleistung mit Vorbehalten.

Praxishinweise zu Rz. 25: 26
– *BBl 1977 III 256.* Verweigerung der Gewährleistung für den „Wiedervereinigungsartikel" in der Verfassung des Kantons Jura (Art. 138 KV-JU).
– *BBl 1986 II 681.* Gewährleistung von § 115 KV-BL unter dem Vorbehalt der
  Bundeszuständigkeit im Bereich der Atomenergie. Nach der genannten Bestimmung sollte der Kanton darauf hinwirken, dass auf seinem Gebiet und in
  dessen Nachbarschaft keine Atomanlagen errichtet werden.

e. *Referendum und Rechtsmittel*

Gegen einfache Bundesbeschlüsse kann *kein Referendum* ergriffen wer- 27
den (Art. 163 Abs. 2 BV), somit auch nicht gegen die Gewährleistung
oder Nichtgewährleistung einer Kantonsverfassung. Der Entscheid der
Bundesversammlung unterliegt auch *keiner Beschwerde.*

6. Rechtliche Bedeutung des Genehmigungsentscheids

a. *Deklaratorische Wirkung*

Ein *positiver Gewährleistungsbeschluss* wirkt *rein deklaratorisch:* Er stellt 28
lediglich fest, dass die Kantonsverfassung den bundesverfassungsrechtlichen Anforderungen genügt. Im Übrigen ist der Kanton frei, die Verfassung schon vor der eidgenössische Gewährleistung in Kraft treten zu
lassen.

29   Ein *negativer Entscheid* der Bundesversammlung wirkt dagegen *ex tunc:* Kantonales Verfassungsrecht, das die Gewährleistungsvoraussetzungen nicht erfüllt, ist von Anfang an ungültig; es bringt grundsätzlich zu keiner Zeit rechtliche Wirkungen hervor.

     b.   Verbindlichkeit des Gewährleistungsbeschlusses für die Bundesversammlung?

30   Wie jede rechtskräftige Verfügung kann auch ein Gewährleistungsentscheid von Amts wegen oder auf Antrag des Kantons in Wiedererwägung gezogen und – sofern er sich als rechtsfehlerhaft erweist – *widerrufen oder geändert* werden.

–   Eine *ursprünglich verweigerte Gewährleistung* kann nachträglich erteilt werden, wenn die Bundesversammlung zur Auffassung kommt, sie habe das Vorliegen der Gewährleistungsvoraussetzungen zu Unrecht verneint (vgl. BBl 1959 II 1355, 1960 II 221).

–   Entsprechend ist eine *erteilte Gewährleistung* zu widerrufen, wenn sich herausstellt, dass die kantonale Verfassungsnorm die Gewährleistungsvoraussetzungen *von Anfang an* nicht erfüllte. Ein Widerruf wäre grundsätzlich auch dann zulässig, wenn die Gewährleistungsvoraussetzungen erst später wegfallen. *Nachträgliche* Ungültigkeit gewährleisteter Verfassungsnormen kann eintreten, wenn sich das Bundesrecht ändert und dadurch eine ursprünglich bundesrechtskonforme kantonale Verfassungsnorm neu bundesrechtswidrig wird. Die Praxis verzichtet in solchen Fällen aber zu Recht auf den Widerruf. Der Vorrang des Bundesrechts (Art. 49 Abs. 1 BV) lässt die kantonale Verfassungsnorm ohne weiteres dahinfallen; zudem kann eine nachträglich eingetretene Bundesrechtswidrigkeit kantonaler Verfassungsnormen beim Bundesgericht mit Erfolg vorgebracht werden (Rz. 33 ff.).

     c.   Verbindlichkeit des Gewährleistungsbeschlusses für das Bundesgericht?

     aa.   Unzulässigkeit der abstrakten Normenkontrolle

31   Nach Art. 84 OG kann gegen kantonale Erlasse und Verfügungen staatsrechtliche Beschwerde an das Bundesgericht geführt werden. „Kantonaler Erlass" ist auch die Kantonsverfassung. Ausserdem sind

für das Bundesgericht – nur – Bundesgesetze und Völkerrecht massgebend (Art. *190 BV); die Gewährleistung der Kantonsverfassungen dagegen ergeht als einfacher Bundesbeschluss. So gesehen wäre das Bundesgericht nicht gehindert, kantonale Verfassungen einer abstrakten Normenkontrolle zu unterziehen. Gleichwohl fühlt sich das Bundesgericht durch den Gewährleistungsbeschluss gebunden und *tritt auf staatsrechtliche Beschwerden gegen die Kantonsverfassung nicht ein:* Im Zuge des Gewährleistungsverfahrens würden die Kantonsverfassungen bereits einer abstrakten Normenkontrolle unterzogen; Art. 172 Abs. 2 BV, der die entsprechende Zuständigkeit der Bundesversammlung zuweise, sei im Verhältnis zur Art. *189 BV über die Zuständigkeiten des Bundesgerichts die speziellere Norm; eine zweite abstrakte Normenkontrolle durch das Bundesgericht scheide darum aus (vgl. BGE 118 Ia 124 E. 3b S. 127 f., Nationale Genossenschaft für die Lagerung radioaktiver Abfälle NAGRA; 104 Ia 215 E. 1b S. 219, Unité Jurassienne; so bereits BGE 17 622, Gemeinde Wollishofen).

Mit dem *Ergebnis* kann man sich abfinden; immerhin bleibt die konkrete Normenkontrolle unter gewissen Voraussetzungen möglich (Rz. 33 ff.). Die *Begründung* aber – es sei ausgeschlossen, dass sich zwei oberste Bundesbehörden, die Bundesversammlung und das Bundesgericht, nacheinander ein und derselben Rechtsfrage annähmen – geht an der Sache vorbei. Zwar verfahren Bundesgericht und Bundesversammlung bei der abstrakten Normenkontrolle in der Tat nach vergleichbaren Prüfmassstäben. Trotzdem sollten zwei gewichtige Unterschiede nicht übersehen werden. Erstens, die Bundesversammlung denkt und handelt als *politisches Gremium*, nicht als Verfassungsgericht. Sie wird in der Gewährleistung der Kantonsverfassungen darum eher eine Aufsichtsfunktion statt einer Justizfunktion erblicken und sich entsprechend auch nur für die Aufdeckung offensichtlicher Bundesrechtsverletzungen verantwortlich fühlen. Zweitens, das Gewährleistungsverfahren ist ein *reines Behördenprozedere*, während das Verfahren der staatsrechtlichen Beschwerde durch berührte Private in Gang gesetzt wird. Die verfassungsgerichtliche Normenkontrolle basiert auf kontradiktorischer Argumentation und berücksichtigt die individualrechtliche Perspektive: Qualitäten, die das Gewährleistungsverfahren von vornherein nicht zu bieten vermag. Kritik in diesem Sinne bereits bei BURCKHARDT, Kommentar, S. 70, und FLEINER/GIACOMETTI, Bundesstaatsrecht, S. 134. Vgl. auch AUER, Verfassungsgerichtsbarkeit, Nr. 269 f. 32

bb. Eingeschränkte Zulässigkeit der konkreten Normenkontrolle

Bis 1985 lehnte das Bundesgericht auch die vorfrageweise Kontrolle kantonaler Verfassungsbestimmungen ab. Mit BGE 111 Ia 239, X., änderte es seine Rechtsprechung. 33

Sachverhalt: X., der wegen Diebstahls und Widerhandlung gegen das Betäubungsmittelgesetz vor Gericht stand, verlangte die Durchführung einer öffentlichen

Verhandlung. Art. 43 KV-AI in der damals geltenden Fassung erklärte Gerichtsverhandlungen als grundsätzlich nicht öffentlich. Damit stand diese Verfassungsbestimmung in Widerspruch zu Art. 6 Abs. 1 EMRK, wonach in Zivil- und Strafsachen ein Anspruch auf öffentliche Gerichtsverhandlung besteht. Das Bundesgericht führt in E. 3b S. 242 aus:

> „Die umstrittene Vorschrift von Art. 43 Abs. 1 KV wurde an der Landsgemeinde vom 24. April 1949 angenommen. Die Bundesversammlung gewährleistete sie mit Beschluss vom 29. September 1949 ... Die Europäische Menschenrechtskonvention, auf deren Art. 6 Ziff. 1 der Beschwerdeführer sich in erster Linie beruft, wurde am 4. November 1950 abgeschlossen; sie trat für die Schweiz erst mit der Ratifikation am 28. November 1974 in Kraft ... Die Frage, ob Art. 43 Abs. 1 KV mit der Europäischen Menschenrechtskonvention vereinbar sei, konnte daher bei der Gewährleistung der Verfassungsvorschrift noch nicht geprüft werden. Demzufolge kommt der Grund für die bundesgerichtliche Rechtsprechung, keine Prüfungskompetenz zu beanspruchen, die der Bundesversammlung zusteht, im vorliegenden Fall nicht zum Zug. Soweit übergeordnetes Recht erst nach der Gewährleistung kantonaler Verfassungsnormen in Kraft tritt, entfällt die sonst von der Bundesversammlung vorzunehmende Prüfung. Damit aber fällt der gemäss Praxis massgebende Unzuständigkeitsgrund für das Bundesgericht dahin. Würde sich das Gericht gleichwohl auch in einem solchen Fall zur Prüfung einer kantonalen Verfassungsvorschrift als unzuständig erklären, so könnte älteres kantonales Verfassungsrecht die Durchsetzung neueren übergeordneten Rechts, dem es nicht mehr entspricht, verhindern. Hierfür spricht kein triftiger Grund. Die Rechtsprechung ist deshalb dahin zu präzisieren, dass die Überprüfung kantonaler Verfassungsbestimmungen auf ihre Vereinbarkeit mit den von der Europäischen Menschenrechtskonvention gewährleisteten Rechten verfassungsrechtlichen Inhalts und mit dem übrigen Bundesrecht jedenfalls dann mit staatsrechtlicher Beschwerde verlangt werden kann, wenn das übergeordnete Recht im Zeitpunkt der Gewährleistung durch die Bundesversammlung noch nicht in Kraft getreten und deshalb bei der vorgängigen Überprüfung nicht zu berücksichtigen war. Diese Präzisierung der Rechtsprechung führt im vorliegenden Fall dazu, dass die Zuständigkeit des Bundesgerichts zur Überprüfung von Art. 43 Abs. 1 KV zu bejahen ist."

34 Wenig später fügte das Gericht bei, der Grundsatz gelte nicht nur für die EMRK, sondern *ganz allgemein für alles übergeordnete Recht*, soweit dieses *nach* der Gewährleistung erlassen wurde (BGE 116 Ia 359 E. 4b S. 366 f., Theresa Rohner). Als ‚späteres Recht' gelten mittlerweile auch Normgehalte von übergeordneten Bestimmungen aus der Zeit *vor* der Gewährleistung, soweit die Rechtsprechung diese Normgehalte erst *nach* der Gewährleistung erkannte (in diesem Sinne, wenn auch nicht mit der wünschenswerten Deutlichkeit, BGE 121 I 138 E. 5c/bb S. 147

f., Willi Rohner). Damit trägt das Bundesgericht dem Umstand Rechnung, dass sich die rechtliche Bedeutung von Verfassungsgrundsätzen und der Schutzbereich von verfassungsmässigen Rechten im Lauf der Jahre weiterentwickeln können.

Zusammenfassend: 35

- Das Bundesgericht *lässt* eine vorfrageweise Überprüfung kantonaler Verfassungsbestimmungen *zu,* soweit das massgebliche – geschriebene oder ungeschriebene – übergeordnete Recht *erst nach der Gewährleistung* der Kantonsverfassung in Kraft trat oder erkannt wurde.
- Die konkrete Normenkontrolle bleibt dagegen *ausgeschlossen,* soweit das übergeordnete Recht *im Zeitpunkt der Gewährleistung bereits Geltung* hatte.

  Das Bundesgericht sollte diesen Vorbehalt fallen lassen. Die Bundesversammlung kann sich im Gewährleistungsverfahren gar nicht mit allen möglichen späteren Anwendungsfällen befassen. Aus dem positiven Gewährleistungsbeschluss lässt sich darum auch nicht ableiten, die Bundesversammlung habe die konkrete Normenkontrolle mit Blick auf das damals geltende übergeordnete Recht bereits vorweggenommen (vgl. KÄLIN, Staatsrechtliche Beschwerde, S. 148).

III. Schutz der verfassungsmässigen Ordnung der Kantone
(Art. 52 BV)

1. Rechtsgrundlage

Art. 52 BV verpflichtet den Bund, die „verfassungsmässige Ordnung" 36
der Kantone zu schützen:

> [1] Der Bund schützt die verfassungsmässige Ordnung der Kantone.
>
> [2] Er greift ein, wenn die Ordnung in einem Kanton gestört oder bedroht ist und der betroffene Kanton sie nicht selber oder mit Hilfe anderer Kantone schützen kann.

Abs. 1 definiert den Gegenstand der Bundesgarantie und statuiert die Garantiepflicht des Bundes (Rz. 37 f.). Abs. 2 regelt die Bundesintervention als die bedeutsamste, wenn auch nicht einzige Massnahme des Bundes zur Einlösung der Garantiepflicht (Rz. 39 ff.).

2.   Gegenstand der Bundesgarantie und Garantiepflicht

37   Die Garantie bezieht sich auf die Rechtsstaatlichkeit in den Kantonen (vgl. BBl 1997 I 219). Sie erfasst davon aber nur den innersten Kern, nämlich den *Landfrieden* und die *Funktionsfähigkeit der kantonalen Verfassungsorgane.*

Art. 5 aBV, der Vorläufer zu Art. 51 BV, schützte darüber hinaus auch „die Freiheit, die Rechte des Volkes und die verfassungsmässigen Rechte der Bürger". Darin lag nicht zuletzt eine *Rechtsweggarantie des Bundes* zum Schutz der in den Kantonsverfassungen verankerten Grundrechte. Diese Garantie erscheint neu in Art. *189 Abs. 1 Bst. d und f BV: Danach beurteilt das Bundesgericht unter anderem Streitigkeiten wegen Verletzung „von kantonalen verfassungsmässigen Rechten" und von „kantonalen Bestimmungen über die politischen Rechte". Individuelle Grundrechtsverletzungen bilden also nur dann einen Garantiefall im Sinne von Art. 52 BV, wenn sie sich im Zusammenhang mit Ordnungsstörungen ereignen. Dann aber spielt es keine Rolle, ob Grundrechte des Kantons oder solche des Bundes in Frage stehen.

38   Die Garantie verlangt vom Bund, den skizzierten Kern der kantonalen Rechtsstaatlichkeit vor unmittelbar drohenden schweren Störungen wie *Unruhen* oder *Verfassungskrisen* zu bewahren und allenfalls schon eingetretene Störungen zu beheben.

3.   Massnahmen des Bundes zur Einlösung der Garantiepflicht

a.   Entscheid des Bundesgerichts aufgrund staatsrechtlicher Beschwerde wegen Verletzung verfassungsmässiger Rechte

39   Gegen kantonale Hoheitsakte kann wegen Verletzung verfassungsmässiger Rechte staatsrechtliche Beschwerde an das Bundesgericht geführt werden (Art. *189 Abs. 1 BV; Art. 84 Abs. 1 OG). Sind solche Rechte verletzt, hebt das Bundesgericht – besondere Konstellationen beiseite gelassen – den angefochtenen Hoheitsakt auf und stellt auf diese Weise den verfassungsmässigen Zustand wieder her. Das Mittel der staatsrechtlichen Beschwerde lässt sich auch bei Unruhen und Verfassungskrisen einsetzen. Der garantiepflichtige Bund kann das Beschwerdeverfahren allerdings nicht selber auslösen; zudem bleibt das Urteil des Bundesgerichts auf die enge Optik des Einzelfalls beschränkt. Als Massnahme zur Einlösung der Bundesgarantie nach Art. 52 BV taugt das Verfahren der staatsrechtliche Beschwerde darum nur bedingt.

b. *Ordnungsdienst der Armee auf Antrag des Kantons*
   (Art. 58 Abs. 2 Satz 2 und Abs. 3 Satz 2 BV)

Es ist zunächst Sache des Kantons, die verfassungsmässige Ordnung zu 40
schützen. Wenn nötig setzt er dazu Polizeikräfte ein. Reichen die eigenen Mittel nicht aus, so ist im Rahmen der Polizeikonkordate die Hilfe
anderer Kantone anzufordern (BBl 1997 I 220; hinten § 25 Rz. 5). Versagen die Mittel der zivilen Behörden oder erscheinen sie von vornherein als zu schwach, so kann der *Kanton dem Bund beantragen,* Truppen
zum Ordnungsdienst aufzubieten (Art. 83 Abs. 5 MG). Aufgebot und
Führung der Armeeeinheiten liegen weitestgehend beim Bund.

Art. 58 Abs. 3 BV ermächtigt die Kantone, die eigenen Armeeformationen zum
Ordnungsdienst auf ihrem Hoheitsgebiet einzusetzen. Dieser Passus ist mittlerwei-
le gegenstandslos geworden; kantonale Truppenkörper gibt es seit der jüngsten
Armeereform nicht mehr (BBl 2002 876).

   Ohnehin hat der Ordnungsdienst nur mehr geringe Bedeutung. Bei grösseren
Gefahren für die innere Sicherheit erfolgt der Armeeeinsatz heute im Rahmen des
Assistenzdienstes (Art. 58 Abs. 2 Satz 2 BV, Art. 67 ff. MG). Der Bund erlässt das
Truppenaufgebot auf Verlangen der zivilen Behörde; die Truppen werden den
Kantonen für den Einsatz zugewiesen (Art. 67 und 70 MG).

   Vgl. zum *Ordnungsdienst im Zuge einer Bundesintervention* Rz. 46 f.

c.   *Bundesintervention*

aa.   *Begriff und Voraussetzungen*

Bundesintervention meint das *Eingreifen des Bundes* bei gestörter oder 41
bedrohter Ordnung in einem Kanton. Die Intervention ergeht *zum
Schutz* der – zwar bundestreuen, aber überforderten – kantonalen Behörden. Darin unterscheidet sie sich von der Bundesexekution: Diese
dient der Durchsetzung des Bundesrechts und richtet sich demgemäss
gegen die – pflichtvergessenen – kantonalen Behörden (hinten § 26/VI).

Die Intervention setzt voraus: 42

– *erstens* eine *unmittelbar drohende oder bereits eingetretene Störung* der
   verfassungsmässigen Ordnung (Art. 52 Abs. 2 BV a.A.). Die Störung
   muss geeignet sein, den *öffentlichen Frieden im Kanton* oder die
   Funktionsfähigkeit der kantonalen Verfassungsorgane in Frage zu stellen. Störungen dieser Art können beispielsweise aufgrund von sozialen Unruhen, politischen Ausschreitungen, gewaltsamen Zusam-
   menstössen in der Bevölkerung oder Sabotageakten entstehen. Be-

hördlich bewirkte Ordnungsstörungen dagegen sind kein Interventionsfall, sondern lösen allenfalls eine Bundesexekution aus.

– *Zweitens* muss feststehen, dass der betroffene *Kanton ausserstande* ist, die Störung der verfassungsmässigen Ordnung aus eigener Kraft oder mit Hilfe anderer Kantone abzuwenden (Art. 52 Abs. 2 BV a.E.). Die Bundesintervention hat mit anderen Worten *subsidiären Charakter.*

43   Das Instrument der Bundesintervention ist seit längerem *praktisch bedeutungslos.* Von den bisher zehn Interventionen fallen alle bis auf eine Ausnahme ins 19. Jahrhundert; fünf betrafen den Kanton Tessin. Die letzte Intervention datiert von 1932; ausgelöst wurde sie durch Zusammenstösse zwischen Faschisten und Kommunisten in Genf. Vgl. die Darstellung der Interventionsfälle bei AUBERT, Bundesstaatsrecht, Rz. 820, und AUGUSTIN MACHERET, in: Kommentar aBV, Art. 16 Rz. 25.

bb.   *Zuständige Behörden und zulässige Massnahmen*

44   Zur Anordnung der Bundesintervention sind *sowohl die Bundesversammlung als auch der Bundesrat* zuständig (Art. 173 Abs. 1 Bst. b, Art. 185 Abs. 2 BV). Bei Dringlichkeit, besonders ausserhalb der Sessionen der eidgenössischen Räte, dürfte regelmässig der Bundesrat die Entscheidung treffen. Umgekehrt hat der Bundesrat zurückzustehen, soweit die Bundesversammlung von ihrer Kompetenz bereits Gebrauch gemacht hat (Art. 148 Abs. 1 BV; BBl 1997 I 399). Der Interventionsbeschluss ergeht von Amts wegen oder auf Ersuchen des Kantons.

45   Unter den denkbaren *Interventionsmassnahmen* stehen im Vordergrund:

– Die *Entsendung eines Kommissärs.* Im Interventionsfall hat der Bundesrat die Möglichkeit, einen eidgenössischen Kommissär zu entsenden (Art. 187 Abs. 1 Bst. c BV). Der Kommissär vertritt den Bundesrat vor Ort und kann in seinem Namen alle Anordnungen treffen, die sich nach den Umständen als notwendig erweisen, um Ruhe und Ordnung im Kanton wiederherzustellen.

– Der *Einsatz der Armee.* Zur bewaffneten Intervention vgl. Rz. 46 f.

Der Bund kann auch andere Massnahmen treffen; die Bundesverfassung lässt ihm in dieser Hinsicht freie Hand. Die Interventionsmassnahmen müssen aber allemal *verhältnismässig* bleiben.

cc. *Ordnungsdienst der Armee auf Anordnung des Bundes*
(Art. 58 Abs. 2 Satz 2 und Abs. 3 Satz 1 BV)

Zum Auftrag der Armee gehört es, die zivilen Behörden bei der Ab- 46
wehr schwerwiegender Bedrohungen der inneren Sicherheit und bei
der Bewältigung anderer ausserordentlicher Lagen zu unterstützen
(Art. 58 Abs. 2 Satz 2 BV; Art. 1 Abs. 3 Bst. a und b MG). So wie
Art. 52 Abs. 2 BV den *Interventionsfall* definiert (Rz. 42), liegt mit ihm
zugleich eine *„schwerwiegende Bedrohung der inneren Sicherheit"* vor. Im
Rahmen einer Bundesintervention lässt sich darum auch die Armee als
Machtmittel heranziehen. Die Befehlsgewalt über die eingesetzten
Truppen liegt beim Bund.

Zuständig zum Truppenaufgebot ist grundsätzlich die *Bundesversamm-* 47
lung (173 Abs. 1 Bst. d BV). In dringlichen Fällen verfügt auch der
Bundesrat über die entsprechende Kompetenz. Allerdings muss er unverzüglich die Bundesversammlung einberufen, wenn mehr als 4 000
Armeeangehörige mobilisiert werden oder wenn der Einsatz voraus-
sichtlich länger als drei Wochen dauert (Art. 185 Abs. 4 BV). Es ist
dann Sache der Bundesversammlung, über die Aufrechterhaltung der
Massnahme zu entscheiden.

dd. *Interventionskosten*

Ob und wie weit die Kosten der Bundesintervention dem betroffenen 48
Kanton überbunden werden, steht im Ermessen der Bundesversammlung (BBl 1997 I 220).

IV. Schutz von Bestand und Gebiet der Kantone
(Art. 53 BV)

1. Rechtsgrundlage

Art. 53 BV befasst sich mit „Bestand und Gebiet der Kantone": 49

[1] Der Bund schützt Bestand und Gebiet der Kantone.

[2] Änderungen im Bestand der Kantone bedürfen der Zustimmung
der betroffenen Bevölkerung, der betroffenen Kantone sowie von
Volk und Ständen.

³ Gebietsveränderungen zwischen den Kantonen bedürfen der Zustimmung der betroffenen Bevölkerung und der betroffenen Kantone sowie der Genehmigung durch die Bundesversammlung in der Form des Bundesbeschlusses.

⁴ Grenzbereinigungen können Kantone unter sich durch Vertrag vornehmen.

Nach dem Vorbild von Art. 52 BV regelt Art. 53 BV in seinem Abs. 1 Garantiegegenstand und Garantiepflicht (Rz. 50 f.), ohne allerdings die Schutzmassnahmen im Einzelnen zu nennen (Rz. 52 ff.). Die folgenden Abs. 2–4 legen fest, unter welchen Voraussetzungen am Garantiegegenstand Änderungen vorgenommen werden dürfen (Rz. 57 ff.).

2.   Gegenstand der Bundesgarantie und Garantiepflicht

50   Art. 53 BV statuiert eine doppelte Garantie.

– Die *Bestandesgarantie* schützt die rechtliche Existenz der einzelnen Kantone als Gliedstaaten der Schweizerischen Eidgenossenschaft („l'existence et le statut des cantons" im französischen Wortlaut). Anzahl und Bezeichnung der Kantone ergeben sich aus Art. 1 BV.

– Die *Gebietsgarantie* schützt die Ausdehnung der kantonalen Territorien. Die Gebietsgrenzen sind in den amtlichen Landeskarten festgehalten (vgl. vorn § 12 Rz. 6 a.E.).

Gegenstand der Bundesgarantie bildet in einem Wort die *territoriale Struktur des schweizerischen Bundesstaats*.

51   Die Garantie verlangt vom Bund, zur *Wahrung des Bundesfriedens* allfällige *Übergriffe* einzelner Kantone auf Bestand oder Gebiet anderer Kantone ebenso abzuwehren wie die *Sezession* eines Kantons oder *eigenmächtige Bestandes- oder Gebietsänderungen* unter den Kantonen.

Angriffe des Auslands auf Bestand oder Gebiet der Kantone sind kein *Garantie*fall nach Art. 53 BV. Sie betreffen vielmehr die „Unabhängigkeit des Landes" (Art. 2 Abs. 1 BV) und damit die auswärtigen Angelegenheiten (Art. 54 Abs. 2 BV); sie bewirken unter Umständen den *Verteidigungs*fall nach Art. 58 Abs. 2 BV.

3.   Massnahmen des Bundes zur Einlösung der Garantiepflicht

a.   Entscheid des Bundesgerichts aufgrund staatsrechtlicher Klage

52   Gegen Gebietsansprüche oder Fusionsabsichten anderer Kantone kann der betroffene Kanton staatsrechtliche Klage an das Bundesgericht führen (Art. *189 Abs. 2 BV; Art. 83 Bst. b OG).

Fallbeispiel zu Rz. 52: BGE 118 Ia 195, Canton de Berne. Eine vom Rassemblement 53
Jurassien eingereichte Volksinitiative verlangte den Erlass eines Gesetzes zur Vereinigung des Kantons Jura mit den Bezirken des Berner Jura. Nachdem das jurassische Kantonsparlament die Initiative für gültig erklärt hatte, gelangte der Kanton Bern mit staatsrechtlicher Klage wegen Verletzung seiner territorialen Integrität an das Bundesgericht. In E. 5a S. 205 erklärt das Gericht:

> „L'art. 5 aCst. [heute: Art. 53 BV] protège notamment les cantons contre les atteintes provenant d'autres cantons: aucun d'eux ne peut, ni par la force ni par une législation cantonale unilatérale, porter atteinte aux droits ainsi garantis sans violer ses devoirs de fidélité ... Les cantons sont tout particulièrement protégés contre les revendications territoriales que d'autres cantons pourraient émettre à leur encontre. La structure de l'Etat fédératif exclut même qu'ils procèdent librement entre eux à des cessions de territoire, à la division de leur territoire ..., voire à une fusion avec d'autres cantons ... Une modification du territoire cantonal allant au-delà d'une simple rectification des frontières pourrait être en effet, selon les circonstances, de nature à remettre en cause l'équilibre interne de la Confédération. Aussi l'art. 7 aCst. [heute: Art. 48 BV] proscrit-il les traités de nature politique entre cantons qui auraient notamment pour objet une cession de territoire ... Certes, le droit fédéral n'interdit pas absolument la modification des limites du territoire des cantons, mais ces changements requièrent le consentement des populations concernées, l'accord des cantons intéressés et l'approbation de la Confédération ...“

Das Bundesgericht hiess die Klage gut und erklärte die Initiative für ungültig, weil „incompatible avec la structure de l'Etat fédératif“ (E. 5d S. 208).

b. *Verweigerung der Gewährleistung nach Art. 51 BV*

Soweit die Bestandes- oder Gebietsgarantie bereits durch kantonale 54
Verfassungsbestimmungen beeinträchtigt erscheint, kann die Bundesversammlung im Zuge des Gewährleistungsverfahrens (Art. 51 BV) einschreiten und den entsprechenden Normen die Gewährleistung versagen.

Praxishinweise zu Rz. 54: 55
– *BBl 1977 II 264, 273.* Nach Art. 138 KV-JU sollte der Kanton Jura „jeden Teil des von der Volksabstimmung vom 23. Juni 1974 unmittelbar betroffenen jurassischen Gebiets aufnehmen [können], sofern sich dieser Teil nach Bundesrecht und nach dem Recht des betroffenen Kantons ordnungsgemäss getrennt hat“. Rein staatsrechtlich betrachtet war gegen diese Bestimmung nichts einzuwenden. In der damaligen Zeit aber, am Ende eines ausgedehnten Territorialkonflikts um die Kantonszugehörigkeit des Jura, konnte diese Bestimmung nur als schlecht verborgener Gebietsanspruch des neu gegründeten Kantons auf die bei Bern verbliebenen Bezirke verstanden werden. Unter Hinweis teils auf die

Gebietsgarantie (Art. 5 aBV, heute: Art. 53 BV), teils auf den Grundsatz der Bundestreue verweigerte die Bundesversammlung dem genannten Artikel die Gewährleistung. Vgl. dazu auch hinten § 23 Rz. 32.

– *AS 1948 219.* Keine Gewährleistung der Verfassungsbestimmungen der Kantone Basel-Stadt und Basel-Landschaft zur Einleitung ihrer Wiedervereinigung (Bundesbeschluss vom 10. März 1948). Nachträgliche Erteilung der Gewährleistung im Jahre 1960 (BBl 1959 II 1355, 1960 II 221).

c. Bundesintervention

56 Gewalttätige Übergriffe eines Kantons auf das Gebiet eines anderen Kantons – heute eine wohl nur theoretische Eventualität – könnten durch Bundesintervention unterbunden werden.

4. Änderungen in Bestand und Gebiet der Kantone

a. Änderungen im Bestand
(Art. 53 Abs. 2 BV)

57 Bestandesänderungen können sich ergeben durch:
– *Gründung* eines neuen Kantons aus Gebietsteilen eines bisherigen, weiter bestehenden Kantons;
– *Aufspaltung* eines Kantons in zwei Kantone;
– *Zusammenschluss* bestehender Kantone zu einem neuen Kanton;
– *Aufwertung* eines Kantons mit halber Standesstimme zu einem Kanton mit ganzer Standesstimme oder umgekehrt;
– *Aufnahme ausländischen Gebiets* als neues Bundesglied;
– *Austritt* eines Kantons aus dem Bund (Sezesssion).

58 Bestandesänderungen dürfen nicht ohne *Zustimmung der betroffenen Bevölkerung* und der *betroffenen Kantone* verfügt werden und bedingen in allen Fällen eine *Revision der Kantonsliste* in Art. 1 BV. Folgerichtig verlangt Art. 53 Abs. 2 BV Abstimmungen auf drei Ebenen:
1. Obligatorisches Referendum auf Gebietsebene, d.h. die Abstimmung unter der Bevölkerung des Gebiets, das von der Bestandesänderung betroffen ist. Bei Zustimmung folgt:
2. Obligatorisches Referendum auf Kantonsebene, d.h. die Abstimmung unter der Gesamtbevölkerung der Kantone, die von der Bestandesänderung betroffen sind. Bei Zustimmung folgt:

3. *Obligatorisches Verfassungsreferendum auf Bundesebene*, d.h. die Abstimmung von Volk und Ständen über die neue Fassung von Art. 1 BV (Art. 140 Abs. 1 Bst. a BV).

Im Falle eines Zusammenschlusses zweier Kantone fallen die Abstimmungen 1 und 2 zusammen.

b. *Änderungen im Gebiet*
(Art. 53 Abs. 3 BV)

Gebietsveränderungen können sich ergeben durch: 59
– *Übertritt* von Gebietsteilen eines Kantons in einen anderen Kanton;
– *Abtretung* von Gebietsteilen eines Kantons an das Ausland.

Art. 53 Abs. 3 BV regelt nur den ersten Fall, nämlich Gebietsveränderungen „zwischen den Kantonen". Für allfällige Gebietsabtretungen an das Ausland dürfte diese Bestimmung aber analog gelten. Jedenfalls ist der Bund wegen der Gebietsgarantie nicht befugt, unter Berufung auf seine Zuständigkeit in auswärtigen Angelegenheiten über das Gebiet der Kantone zu verfügen (HÄFELIN/HALLER, Bundesstaatsrecht, Rz. 992).

Auch Gebietsveränderungen verlangen nach *Zustimmung auf Gebiets-,*   60
Kantons- und Bundesebene. Im Vergleich zu den Bestandesänderungen liegt die Hürde auf Bundesebene aber tiefer: Art. 53 Abs. 3 BV fordert lediglich die *Genehmigung* der Gebietsveränderung durch die Bundesversammlung *in Form eines Bundesbeschlusses.* Die Verfassung spricht an dieser Stelle bewusst von „Bundesbeschluss" und nicht von „einfachem" Bundesbeschluss (AB 1998 N 916, S 65). Die Genehmigung einer Gebietsveränderung durch den Bund untersteht mit anderen Worten dem *fakultativen Referendum* (Art. 141 Abs. 1 Bst. c i.V.m. Art. 163 Abs. 2 BV).

Unter der BV 1874 verlangte die Praxis auch für Gebietsveränderungen die Zustimmung von Volk und Ständen (vgl. BBl 1993 II 874 betreffend den Übertritt des bernischen Laufentals zum Kanton Basel-Landschaft; BBl 1995 III 1432, 1436 f. betreffend den Übertritt der bernischen Gemeinde Vellerat zum Kanton Jura).

c. *Grenzbereinigungen*
(Art. 53 Abs. 4 BV)

Grenzbereinigungen können die Kantone unter sich durch Vertrag   61
vornehmen (Art. 53 Abs. 4 BV i.V.m. Art. 48 BV).

2. Kapitel: Aufgabenteilung und Vorrang des Bundesrechts

§ 19 System der Aufgabenteilung

I.   Art. 3 BV als Grundnorm

1   Die Bundesverfassung regelt das *System der Aufgabenteilung* zwischen Bund und Kantonen in *Art. 3.*

> **Art. 3**   *Kantone*
>
> Die Kantone sind souverän, soweit ihre Souveränität nicht durch die Bundesverfassung beschränkt ist; sie üben alle Rechte aus, die nicht dem Bund übertragen sind.

Die Norm stimmt – von nahezu unmerklichen redaktionellen Retuschen im zweiten Halbsatz abgesehen – wörtlich mit Art. 3 BV aus dem Jahre 1874 überein. Diese Bestimmung wiederum war eine unveränderte Fortführung des entsprechenden Art. 3 aus der BV 1848. In der Übernahme des alten Verfassungswortlauts liegt ein bewusster „Traditionsanschluss". Darum mochte der Verfassungsgeber auch den Begriff der kantonalen „Souveränität" nicht antasten, obwohl es von der Sache her zutreffender „Zuständigkeit", „Hoheit" oder „Autonomie" heissen müsste (vorn § 16 Rz. 2; vgl. BBl 1997 I 129 f.; RHINOW, Bundesverfassung. S. 66 f.).

2   *Art. 42 und 43 BV* wiederholen den Normgehalt von Art. 3 BV mit etwas anderen Worten. In der Sache fügen sie ihm aber kaum Neues hinzu.

3   Das System der Aufgabenteilung umfasst *drei Grundelemente:*

   1.   Zulasten des Bundes besteht ein *Verfassungsvorbehalt* (Abschnitt II).

   2.   Die *Kompetenzhoheit* liegt beim Bund (Abschnitt III).

   3.   Die Kantone verfügen über die *subsidiäre Generalkompetenz* (Abschnitt IV).

Als Folge davon weist die Kompetenzteilung zwischen Bund und Kantonen *keine Lücken* auf (Abschnitt V).

II. Verfassungsvorbehalt zulasten des Bundes

Der Begriff „Verfassungsvorbehalt" bedeutet, dass das Gemeinwesen 4
für eine bestimmte Aufgabe nur zuständig ist, soweit ihm diese durch
die Verfassung zugewiesen wird. Einen solchen Vorbehalt stellt auch
Art. 3 BV auf: Der Bund darf Aufgaben einzig gestützt auf *konkrete
Einzelermächtigungen in der Bundesverfassung* übernehmen. Gleiches
statuiert, im Wortlaut noch deutlicher, Art. 42 Abs. 1 BV. Die Bundesverfassung zählt die Bundeskompetenzen mit anderen Worten *abschliessend* auf. Entsprechend bedingt die *Übertragung neuer Zuständigkeiten
auf den Bund* die Ergänzung der Bundesverfassung durch eine spezifische Aufgabennorm *auf dem Wege der Verfassungsrevision.* Art. 42 Abs.
2 BV („Der Bund übernimmt die Aufgaben, die einer einheitlichen
Regelung bedürfen") ändert daran nichts. Diese Bestimmung wendet
sich ausschliesslich an den Verfassungsgeber (Rz. 8). Sie lässt sich nicht
unmittelbar als generelle oder auch nur subsidiäre Ermächtigung zur
Erschliessung neuer Aufgabenfelder durch einfaches Gesetz heranziehen.

Das System der abschliessenden Aufgabenzuweisung an den Bund 5
durch konkrete Einzelermächtigung in der Bundesverfassung *untersagt*
folglich:
- eine Aufgabenzuweisung an den Bund *durch verfassungsrechtliche
  Generalklauseln* oder allein *durch Bundesgesetz oder Bundesbeschluss*
  (zum Sonderfall von Art. 165 Abs. 3 BV vgl. hinten § 20 Rz. 5);
- die Herleitung einer Bundeskompetenz *durch Lückenfüllung* (Rz. 13)
  oder *aus Gewohnheitsrecht* (hinten § 20 Rz. 15 f.);
- die Änderung der Kompetenzordnung *durch Vereinbarung zwischen
  Bund und Kantonen* (vgl. BGE 67 I 277 E. 4 S. 295, Schweizerische
  Eidgenossenschaft).

Hingegen kommen vereinzelt *stillschweigende* Bundeszuständigkeiten
vor (hinten § 20 Rz. 12 ff.).

Art. 3 BV erfüllt in erster Linie *föderative Funktion:* Indem er für die 6
Schaffung neuer Bundeszuständigkeiten die Zustimmung von Volk *und*
Ständen voraussetzt (Art. 140 Abs. 1 Bst. a BV), schützt er die Kantone
vor Kompetenzverlusten, die lediglich dem Willen einer Volksmehr-
heit, nicht aber auch dem Willen einer Kantonsmehrheit entsprechen.
Die *Kantone* sind frei, für sich einen Verfassungsvorbehalt vorzusehen. Kantonale
Verfassungsvorbehalte erfüllen aber im Vergleich zu Art. 3 BV *andere Funktionen*
(hinten § 21 Rz. 4 ff.).

III. Kompetenzhoheit des Bundes

7   Die Begründung neuer Bundeskompetenzen setzt wie bemerkt (Rz. 4) eine Revision der Bundesverfassung voraus. Dafür sind Volks- und Ständemehr erforderlich und ausreichend. Der Zustimmung sämtlicher Kantone bedarf es nicht; eine opponierende Kantonsminderheit vermag die Übertragung neuer Zuständigkeiten an den Bund nicht zu verhindern. Somit bestimmt der Bund letztlich *in eigener Kompetenz, welche Aufgaben* er an sich ziehen und welche er den Kantonen überlassen will. Dieses Recht wird als Kompetenzhoheit bezeichnet. Im älteren Schrifttum ist mitunter von „Kompetenzkompetenz" die Rede (so bei FLEINER/GIACOMETTI, Bundesstaatsrecht, S. 38, 65).

8   Der Bund übernimmt – gemeint ist: *nur* – jene Aufgaben, die landesweit „einer einheitlichen Regelung bedürfen" (Art. 42 Abs. 2 BV). Diese Formel steht für den Versuch, der Verfassung ein *bundesstaatliches Subsidiaritätsprinzip* einzufügen: Die zentralstaatliche Ebene soll nichts an sich ziehen, was ebenso durch die Gliedstaaten besorgt werden kann. Der Satz wirkt bestenfalls als *politische Maxime* an die Adresse des Verfassungsgebers. *Rechtlich* dagegen ist er *bedeutungslos.*

– Art. 42 Abs. 2 BV errichtet keine *Schranke der Verfassungsrevision.* Es ist dem Bund nicht verboten, Zuständigkeiten für sich zu beanspruchen, die – nach welchen Massstäben übrigens? – ganz gut den Kantonen überlassen bleiben könnten. Das Bedürfnis nach „einheitlicher Regelung" ist auch längst nicht der einzige sachliche Grund für Kompetenzverschiebungen zum Bund. Zentralisierungen können sich nämlich auch dann aufdrängen, wenn die Kantone eine bestimmte Aufgabe aus Mangel an finanziellen oder personellen Ressourcen nur noch unzureichend zu erfüllen vermögen.

– Noch weniger lässt sich Art. 42 Abs. 2 BV als *Pflicht zur Verfassungsrevision* lesen. Der Bund kann die Übernahme neuer Aufgaben rechtlich ungestraft verweigern, selbst wenn eine eidgenössische Lösung vernünftigerweise geboten wäre. Entsprechend sind die Kantone nicht gehindert, eine erwünsche Rechtsvereinheitlichung aus eigenem Antrieb herbeizuführen, namentlich durch den Abschluss omnilateraler Konkordate (hinten § 25 Rz. 3 und 7).

So auch AUBERT, Commentaire, Art. 42 Rz. 14 ff.; HAFELIN/HALLER, Bundesstaatsrecht, Rz. 1051; RHINOW, Bundesverfassung, S. 76 f.; RAINER J. SCHWEIZER, in: St. Galler Kommentar, Art. 42 Rz. 5 ff.

IV. Subsidiäre Generalkompetenz der Kantone

Art. 3 BV begründet schliesslich die *subsidiäre Generalkompetenz* der Kantone: Ausserhalb jener Bereiche, die kraft Bundesverfassung dem Bund zugewiesen sind, bleiben die Kantone zuständig. Neue Staatsaufgaben wachsen also zuerst ihnen zu. In diesem Sinn kann man von einer *originären* Hoheitsgewalt der Kantone sprechen, auch wenn nicht zu übersehen ist, dass diese Gewalt nur dank Art. 3 BV besteht.

9

Im Rahmen ihrer subsidiären Generalzuständigkeit ist es grundsätzlich *Sache der Kantone* zu bestimmen, *welche Staatsaufgaben* sie übernehmen wollen (Art. 43 BV). Die Bundesverfassung äussert sich dazu nur vereinzelt; sie enthält keinen abschliessenden Katalog der kantonalen Aufgaben (hinten § 21/II). Die Kantone entscheiden ferner darüber, ob und wie weit ihre Aufgaben in der Kantonsverfassung verankert werden sollen oder – im Falle eines Verfassungsvorbehalts – verankert werden müssen.

10

V. Lückenlosigkeit der Aufgabenteilung

Weil sämtliche Staatsaufgaben, die nicht dem Bund übertragen sind, den Kantonen zufallen, sorgt Art. 3 BV für eine *lückenlose Kompetenzordnung*. Es ist dem Bund nicht gestattet, vermisste Zuständigkeiten auf dem Wege der Lückenfüllung an sich zu ziehen.

11

Aus der Lückenlosigkeit der Kompetenzordnung lässt sich aber *keine Vermutung zugunsten kantonaler Zuständigkeiten* ableiten. Auch Zuständigkeitsnormen sind – soweit einer Auslegung überhaupt zugänglich (vorn § 4 Rz. 9 f.) – nach den allgemeinen Regeln zu interpretieren und nicht „im Zweifel für die Kantone". Ausserdem hängt die tatsächliche Tragweite einer Bundeskompetenz in hohem Masse davon ab, wie weit und in welcher Weise der Bundesgesetzgeber von ihr Gebrauch gemacht hat.

12

§ 20 Aufgaben des Bundes

1 Der Bund erfüllt die Aufgaben, die ihm die Bundesverfassung zuweist (Art. 42 Abs. 1 BV; dazu vorn § 19/II). Dieser Satz wirft folgende Fragen auf:

1. *Ermittlung der Bundesaufgaben.* Woran erkennt man eine Aufgabenzuweisung in der Bundesverfassung? (Abschnitt I)

2. *Umschreibung der Bundesaufgaben.* Auf welche rechtsetzungstechnische Art werden die Bundesaufgaben zugewiesen? (Abschnitt II)

3. *Rechtswirkung der Aufgabenzuweisung.* Wie wirkt sich die verfassungsrechtliche Zuweisung einer Aufgabe an den Bund auf die Zuständigkeiten der Kantone aus? (Abschnitt III)

4. *Intensität der Aufgabenerfüllung.* In welchem Umfang darf der Bund eine ihm zugewiesene Aufgabe regeln? (Abschnitt IV)

5. *Überblick über die Bundesaufgaben.* Welche Aufgaben fallen dem Bund hauptsächlich zu? (Abschnitt V)

I.   Ermittlung der Bundesaufgaben

1.   Orte der Kompetenznormen

2 Die *grosse Mehrheit* der Bundeszuständigkeiten findet sich im *3. Titel* über Bund, Kantone und Gemeinden (Art. 42 ff. BV). Dabei enthält das 2. Kapitel („Zuständigkeiten", Art. 54–125 BV) die *Sachzuständigkeiten,* das 3. Kapitel („Finanzordnung", Art. 126–135 BV) die *Finanzzuständigkeiten* des Bundes.

3 *Vereinzelt* erscheinen Kompetenznormen allerdings auch *an anderer Stelle.*

– Die Bundeszuständigkeiten im Bereich des *Bürgerrechts,* der *politischen Rechte* und der Stellung der *Auslandschweizer* sind in den Art. 38–40 BV verankert.

– Das *Staatshaftungsrecht* des Bundes fusst auf Art. 146 BV.

– Die Zuständigkeit zur Regelung von *Organisation und Verfahren der Bundesbehörden* ergibt sich aus den Verfassungsbestimmungen, durch welche diese Behörden statuiert werden.

So stützt sich das *ParlG* auf Art. 148 ff. BV über die *Bundesversammlung*, das *RVOG* und das *VwVG* auf Art. 174 ff. BV über den *Bundesrat*, das *OG* auf Art. *188 ff. BV über das *Bundesgericht*.

– Schliesslich enthalten auch die *Übergangsbestimmungen* gewisse Aufgabennormen (vgl. z.B. Art. 196 Ziff. 10 und 14 BV).

Zu Art. 165 Abs. 3 BV als Kompetenznorm vgl. Rz. 5.

2. Ausdrückliche Bundeskompetenzen

a. Die Aufgabennorm als reguläre Erscheinungsform einer Bundeskompetenz

Kompetenznormen lassen sich regelmässig daran erkennen, dass sie *ausdrücklich den Bund ansprechen* und ihm eine *bestimmte Aufgabe zuweisen*. Verbreitete Formulierungen sind z.B.: „Der Bund erlässt Vorschriften über ...", „Der Bund trifft Massnahmen für ..." oder „Die Gesetzgebung über ... ist Sache des Bundes". Zu den Umschreibungstechniken im Einzelnen vgl. Abschnitt II.   4

b. Sonderfall: Dringliche Bundesgesetze ohne Verfassungsgrundlage

Mit der Erlassform des dringlichen Bundesgesetzes ohne Verfassungsgrundlage (Art. 165 Abs. 3 BV) hat der Bund die Möglichkeit, eine *fehlende Zuständigkeitsgrundlage für die Dauer eines Jahres zu überbrücken*, ohne die Zustimmung von Volk und Ständen einholen zu müssen (hinten § 45 Rz. 34 f.). Insofern lässt sich Art. 165 Abs. 3 BV als Sonderfall einer Kompetenznorm verstehen. Das Besondere an dieser Norm ist die *völlige inhaltliche Offenheit:* Sie stellt in gewissem Sinne eine – zeitlich zwar eng begrenzte – *Blankettermächtigung zur Wahrnehmung neuer Aufgaben durch den Bund* dar. Damit relativiert Art. 165 Abs. 3 BV den Grundentscheid von Art. 3 und Art. 42 Abs. 1 BV, wonach die Aufgaben des Bundes durch konkreten Einzelermächtigungen zugewiesen werden.   5

c.   Kompetenz als Ermächtigung oder als Auftrag?

6   Die Zuständigkeitsnormen erscheinen aufgrund ihrer Formulierung in der Verfassung:

  – regelmässig als verpflichtender *Auftrag* („Der Bund erlässt Vorschriften ...", „sorgt für ...", „stellt sicher ..."; vgl. z.B. Art. 74, 92 oder 102 BV);

  – mitunter auch als blosse *Ermächtigung* an die Adresse des Bundes („Der Bund kann ..."; vgl. z.B. Art. 71, 81 oder 95 BV).

7   *Praktische Bedeutung* hat die Unterscheidung zwischen Ermächtigung und Auftrag allerdings *kaum*. Zwar lässt die Kann-Formulierung eher Raum für politische Opportunitätsüberlegungen als der imperative Auftrag. Aber auch Ermächtigungen befreien den Bund nicht von der Pflicht, stets aufs Neue zu prüfen, ob und wieweit sich aus Gründen des Gemeinwohls ein Tätigwerden aufdrängt (so auch BBl 1997 I 228; AUBERT, Commentaire, Vorbemerkungen zu Art. 42 ff. Rz. 3; RHINOW, Bundesverfassung, S. 81).

d.   Blanke Staatszielbestimmungen als Kompetenznormen?

8   Reine Staatszielbestimmungen ohne Bezug zu bestimmten Sachaufgaben – dazu zählen Art. 2 (Zweck), Art. 41 (Sozialziele), Art. 73 (Nachhaltigkeit) und Art. 94 BV (Grundsätze der Wirtschaftsordnung) – begründen *keine neuen Bundeskompetenzen*. Schon wegen des weit offenen Geltungsbereichs dieser Bestimmungen kann von einer konkreten Aufgaben„zuweisung" (Art. 42 Abs. 1 BV) an den Bund nicht die Rede sein. Der Sozialzielartikel beugt allfälligen Missverständnissen schon durch den Zusatz vor, Bund und Kantone hätten die Sozialziele „im Rahmen ihrer verfassungsmüssigen Zuständigkeiten" anzustreben (Art. 41 Abs. 3 BV).

9   Bedeutungslos sind die blanken Staatszielbestimmungen gleichwohl nicht. Als Kompetenzausübungsregel sind sie geeignet, den *Gebrauch bereits gegebener Einzelzuständigkeiten* mit anzuleiten.

e.   Grundrechte als Kompetenznormen?

10 Grundrechte vermitteln nicht nur subjektive Ansprüche, sondern wirken darüber hinaus als objektive Gestaltungsprinzipien der gesamten

Rechtsordnung (vorn § 7 Rz. 20 f.). Damit stellt sich die Frage, ob der Bund den *objektivrechtlichen Gehalt* der Grundrechte als *Verfassungsgrundlage* heranziehen darf, um gestützt darauf ein grundrechtsverwirklichendes Gesetz zu erlassen, selbst wenn weder eine Kompetenznorm im herkömmlichen Sinn namhaft gemacht werden kann noch das Grundrecht selber (wie etwa Art. 8 Abs. 3 BV) einen entsprechenden Auftrag erteilt. Die Frage ist zu verneinen. Vor allem föderative Bedenken sprechen gegen die Ableitung von Gesetzgebungskompetenzen aus Freiheitsrechten, denn damit würde das System von Art. 3 BV vollkommen unterlaufen.

Auch wer dem Gesetzgeber *Schutzpflichten aus Grundrechten* auferlegen will (dazu vorn § 7 Rz. 70 ff.), kommt um Art. 3 BV nicht herum.

Gleich wie die blanken Staatszielbestimmungen kann auch der objektivrechtliche Gehalt der Grundrechte *kompetenzleitend* wirken. 11

3. Stillschweigende Bundeskompetenzen

Der Bund darf zwar nur solche Aufgaben erfüllen, die ihm durch die 12 Bundesverfassung „übertragen" bzw. „zugewiesen" sind (Art. 3 bzw. Art. 42 Abs. 1 BV). Die Verfassung verlangt aber keine ausdrückliche Zuweisung: Diese Einschränkung, die noch im Bundesvertrag von 1815 und im Verfassungsentwurf aus dem Jahre 1833 enthalten war, wurde mit der BV 1848 bewusst fallen gelassen (vgl. HANGARTNER, Kompetenzverteilung, S. 73). Damit lässt die Bundesverfassung neben ausdrücklichen (expliziten) *auch stillschweigende (implizite) Aufgabenzuweisungen an den Bund* genügen.

Vorsicht: Stillschweigende Bundeszuständigkeiten werden durch Interpretation der *geschriebenen* Verfassung gewonnen. Sie dürfen nicht mit der Kategorie der ungeschriebenen, namentlich aus Gewohnheitsrecht abgeleiteten Bundeszuständigkeiten gleichgesetzt werden (Rz. 15 f.).

Stillschweigende Bundeszuständigkeiten waren *nie besonders zahlreich.* Durch die Nachführung sind sie um ein Weiteres zurückgegangen; die neue Verfassung hat die meisten der früher stillschweigenden Kompetenzen nunmehr ausdrücklich verankert. Die Anerkennung neuer stillschweigender Bundeszuständigkeiten bleibt aber weiterhin möglich.

Herkömmlich werden *zwei Arten* stillschweigender Bundeszuständig- 13 keiten unterschieden.

- *Zuständigkeiten kraft Sachzusammenhangs* (implied powers) sind Handlungsbefugnisse, welche die Voraussetzung dafür bilden, dass der Bund andere, ausdrücklich niedergelegte Zuständigkeiten über-

haupt wahrnehmen kann. Zwischen der vorausgesetzten stillschweigenden Befugnis und der ausdrücklichen Zuständigkeit muss
ein enger Sachzusammenhang bestehen. Dieser Zusammenhang lässt
sich oft durch einen Schluss vom Grösseren auf das Kleinere oder
durch einen Schluss vom Zweck auf das Mittel nachweisen.

– *Zuständigkeiten kraft föderativen Staatsaufbaus* (inherent powers)
leiten sich aus der Grundentscheidung der Verfassung für das Bundesstaatsprinzip ab.

14 *Beispiele* sind alles in allem selten.
– Unter der BV 1874 wurde die Bundeskompetenz zur Besorgung der auswärtigen Angelegenheiten als *Zuständigkeit kraft Sachzusammenhangs* aus Art. 8 abgeleitet, wonach dem Bund das Recht zustand, „Krieg zu erklären und Frieden zu
schliessen" sowie „Bündnisse und Staatsverträge ... mit dem Auslande einzugehen". Vgl. jetzt ausdrücklich Art. 54 Abs. 1 BV.
– Aus dem *föderativen Staatsaufbau* folgt die Zuständigkeit des Bundes zum Erlass
interkantonalen Kollisionsrechts (hinten § 23 Rz. 21 ff.) sowie sein Recht, die
schweizerischen Hoheitszeichen festzulegen (vgl. den Bundesbeschluss betreffend das eidgenössische Wappen vom 12. Dezember 1889, SR 111). Auch die
Befugnis zur Finanzierung von Bundesfeierlichkeiten und Landesausstellungen
findet hier ihre Grundlage (BBl 1996 III 374, 1995 II 958). – Unter der BV 1874
galt noch die Sorge für die innere und äussere Sicherheit des Landes als stillschweigende Bundeszuständigkeit kraft föderativen Staatsaufbaus (BGE 117 Ia
202 E. 4 S. 211, Schweizerische Eidgenossenschaft). Vgl. jetzt ausdrücklich
Art. 57 Abs. 1 BV.

4.   Bundeskompetenzen aus Gewohnheitsrecht?

15 Wegen Art. 3 und Art. 42 Abs. 1 BV dürfen Bundeszuständigkeiten nur
der geschriebenen Verfassung entnommen werden. Gewohnheitsrechtlich hergeleitete Zuständigkeiten sind darum *unzulässig*.

16 Bedeutung erlangte diese Art von Bundeskompetenz bisher nur im Bereich der
Kulturförderung: Hier nahm der Bund seit je eine Förderungskompetenz in Anspruch und liess sich davon selbst durch den Umstand nicht abbringen, dass ein
Kulturförderungsartikel in zwei Verfassungsabstimmungen – 1986 und 1994 –
verworfen worden war. Noch in der Botschaft zur neuen Bundesverfassung beharr-
te der Bundesrat darauf, die Kulturförderung gehöre „nach unbestrittener Praxis ...
in einem umfassenden Sinne zu den Staatsaufgaben"; dem Bund komme „im Rahmen seiner bisherigen Aktivitäten auch nach Ablehnung der erwähnten Vorlagen
[über einen Kulturförderungsartikel in der BV] eine stillschweigende oder gewohn-
heitsrechtliche Kompetenz zu" (BBl 1997 I 285; vgl. auch BBl 1995 II 892, 900 und
VPB 1986 Nr. 47 S. 311 ff.). Nachdem die neue Bundesverfassung mit Art. 69
Abs. 2 nunmehr eine ausdrückliche Kulturförderungskompetenz des Bundes kennt,

können die verfassungsrechtlichen Verrenkungen des Bundesrats aus früherer Zeit zu den Akten gelegt werden.

II.   Umschreibung der Bundesaufgaben

In Anlehnung an HANGARTNER, Kompetenzverteilung, S. 92 ff., kann man die Bundeskompetenzen *rechtstechnisch* auf fünf verschiedene Weisen umschreiben, nämlich: **17**
- nach Sachgebieten (Rz. 18),
- nach Ordnungskriterien (Rz. 19 f.),
- nach Querschnittproblemen (Rz. 21),
- nach Staatsfunktionen (Rz. 22 ff.) und
- nach Staatsprogrammen (Rz. 25).

Diese Typologie hat vor allem *Anschauungswert*. Rechtlich ist sie ohne grosse Bedeutung.

Weitere Typologien bei AUER/MALINVERNI/HOTTELIER, Droit constitutionnel I, Rz. 964 ff.; HÄFELIN/HALLER, Bundesstaatsrecht, Rz. 1078 ff.; BLAISE KNAPP, La répartition des compétences et la coopération de la Confédération et des cantons, in: Verfassungsrecht, § 29 Rz. 14 ff.

1.   Umschreibung nach Sachgebieten

Die meisten Bundeszuständigkeiten werden nach Sachgebieten um-   **18** schrieben. Dies ist kein Zufall, denn hinter allen Staatsaufgaben stehen konkrete Regelungsbedürfnisse, die sich nur darum einstellen konnten, weil die Bürger konkrete Fragen des gesellschaftlichen Zusammenlebens als konkliktbeladen erfahren haben. Sachbestimmte Bundeszuständigkeiten erscheinen namentlich dort, wo *vorgefundene, dem Recht real entgegentretende Lebensbereiche* zur Regelung aufgegeben werden. Auch die *Nachsilbe „-wesen"* weist regelmässig auf solche Zuständigkeiten hin.

Beispiele:
- Art. 68 Abs. 1 BV: Der Bund fördert den Sport, insbesondere die Ausbildung.
- Art. 82 Abs. 1 BV: Der Bund erlässt Vorschriften über den Strassenverkehr.
- Art. 92 Abs. 1 BV: Das Post- und Fernmeldewesen ist Sache des Bundes.

2.   Umschreibung nach Ordnungskriterien

19   Von einer Umschreibung nach Ordnungs- oder modalen Kriterien ist
die Rede, wenn sich die Bundeszuständigkeit aufgrund einer *zugewiese-*
nen Regelungstechnik bestimmt. Als Beispiele werden gewöhnlich die
Zivilrechtskompetenz und die Strafrechtskompetenz des Bundes genannt (Art. 122 und 123 BV). So führt das Bundesamt für Justiz in einem Gutachten zur Bedeutung von Art. 64 aBV, dem heutigen Art. 122
BV, aus (VPB 1997 Nr. 3 S. 32 ff.):

> „Art. 64 aBV [verteilt] Rechtsetzungskompetenzen nicht nach Mass-
> gabe von Gegenständen oder von Lebens- und Sachbereichen
> zwischen Bund und Kantonen ..., sondern [greift] auf die Rege-
> lungsmethode, d.h. die Art und Weise der Regelung von Gegen-
> ständen zurück ... Weil aber Art. 64 aBV an Ordnungskriterien und
> rechtsstrukturelle Merkmale anknüpft, lässt sich der normative Ge-
> halt bisweilen nur ungenau ermitteln ...
>
> Dadurch, dass Art. 64 aBV für die Kompetenzzuweisung auf
> Ordnungskriterien – Privatrecht als ‚rechtstechnische Methode zur
> Regelung der zwischenmenschlichen Beziehungen‘ – zurückgreift,
> wird auch eine Orientierung an zeitlich wandelbaren Wertmassstä-
> ben unausweichlich: Eine Zuordnung bestimmter gesetzlicher Rege-
> lungen zum Bereich des Privatrechts, die früher abgelehnt oder
> höchstens widerwillig in Kauf genommen wurde, kann heute unter
> Umständen mit weit weniger Widerstand rechnen."

20   Hinter diesen vordergründig inhaltsleeren Kompetenzzuweisungen stehen letztlich
aber doch *konkrete Sachbereiche,* die sich durchaus gegenständlich umgrenzen lassen. Die Entstehungsgeschichte der Zivilrechtskompetenz macht dies besonders
deutlich. Die BV 1874 wies dem Bund nämlich zunächst nur ausgewählte Bereiche
des Privatrechts zu, u.a. die Gesetzgebung „über die persönliche Handlungsfähigkeit", „über alle auf den Handel und Mobiliarverkehr bezüglichen Rechtsverhältnisse" und „über das Betreibungsverfahren und das Konkursrecht" (vgl. Art. 64
Abs. 1 aBV). Erst 1898 folgte die „Gesetzgebung auch in den übrigen Gebieten des
Zivilrechts" (Art. 64 Abs. 2 aBV). Vgl. dazu zwei Aufsätze von Fritz Gygi: Zur
Rechtsetzungszuständigkeit des Bundes auf dem Gebiete des Zivilrechtes (BV 64),
ZSR 1976 I, S. 343; Zur bundesstaatlichen Rechtssetzungszuständigkeit im Gebiet
des Obligationen- und Handelsrechts (Rechtsartikel), ZSR 1984 I, S. 1. In einigen
Stellungnahmen vertritt der Bund eine vermittelnde, so genannt „typologische"
Konzeption der Zivilrechtskompetenz (VPB 1999 Nr. 83 S. 800, 1982 Nr. 20
S. 146).

3.   Umschreibung nach Querschnittproblemen

21   Nach Querschnittproblemen ausgemessene Bundeszuständigkeiten berühren mehrere Sachbereiche *unter einem besonderen Aspekt;* mitunter

fügen sie Teile gegebener Kompetenzen mit Blick auf ein bestimmtes Problem, das sich in den betreffenden Bereichen gleichermassen stellt, zur neuen Aufgabe zusammen. Als typisches Beispiel einer Querschnittkompetenz gilt Art. 74 BV über den Umweltschutz: Die Bekämpfung von Umweltbeeinträchtigungen wie Lärm oder Luftschadstoffe betrifft nämlich verschiedenste Sachbereiche, z.B. den Verkehr, die Raumplanung, die Industrie und die Landwirtschaft.

4. Umschreibung nach Staatsfunktionen

Die Umschreibung nach Staatsfunktionen greift auf die Unterteilung   22
der Staatstätigkeit in Rechtsetzung, Vollziehung und Rechtsprechung zurück. Im Regelfall schliesst eine Gesetzgebungskompetenz auch das Recht und die Pflicht des Bundes zur Gesetzesvollziehung und zur Rechtspflege ein. Die Verfassung kann aber den *Vollzug* oder die *Rechtsprechung* bereichsweise den *Kantonen* vorbehalten. In solchen Fällen tritt die Umschreibung nach Staatsfunktionen zur primären (regelmässig sachgebietsbezogenen) Aufgabenumschreibung ergänzend hinzu.
Beispiele:
– Art. 74 BV: Vollzug des eidgenössischen Umweltrechts durch die Kantone, „soweit das Gesetz ihn nicht dem Bund vorbehält";
– Art. 83 Abs. 2 BV: Bau und Unterhalt der Nationalstrassen durch die Kantone;
– Art. *122 Abs. 2 und Art. *123 Abs. 2 BV: Rechtsprechung in Zivil- und Strafsachen als Aufgabe der Kantone, „soweit das Gesetz nichts anderes vorsieht".

Einige wenige Verfassungsnormen übertragen dem *Bund* unmittelbar   23
Verwaltungskompetenzen, ohne dass zu deren Ausübung zuvor ein Bundesgesetz ergehen müsste. Zu diesen Bestimmungen gehören Art. 81 BV über die öffentlichen Werke und Art. 52 Abs. 2 BV über die Bundesintervention.

Die *Rechtsprechungskompetenzen des Bundes* finden sich in den Art.   24
*188–191c BV (Rz. 52).

5. Umschreibung nach Staatsprogrammen

Dieser letzte Typus meint Kompetenznormen, die den Gegenstand der   25
Bundesregelung mit Hilfe von *Zielbestimmungen* eingrenzen. Mitunter machen Zielbestimmungen die Substanz der Aufgabenumschreibung aus. Gewöhnlich dienen sie aber nur dazu, eine sachgebietsbezogene Aufgabenumschreibung zu ergänzen.

Beispiele:
- Art. 75 Abs. 1 BV: zweckmässige und haushälterische Nutzung des Bodens und geordnete Besiedlung des Landes als Ziele der Raumplanung;
- Art. 77 Abs. 1 BV: Erhaltung der Waldfunktionen als Ziel der eidgenössischen Waldgesetzgebung;
- Art. 100 Abs. 1 BV: Verhütung und Bekämpfung von Arbeitslosigkeit und Teuerung als Ziele der Konjunkturpolitik.

III. Rechtswirkung der Aufgabenzuweisung

1. Vorbemerkung zu den Abschnitten III und IV

26 Die Bundeskompetenzen lassen sich aufgrund *zweier Kriterien* einteilen, nämlich:

1. indem man fragt, wie sich die verfassungsrechtliche Zuweisung einer Aufgabe an den Bund auf die Zuständigkeiten der Kantone im entsprechenden Bereich auswirkt, und

2. indem man fragt, in welchem Mass der Bund bei der Erfüllung der zugewiesenen Aufgabe gesetzgeberisch tätig werden darf.

27 Ausgehend von diesen zwei Kriterien lassen sich *folgende Typen* von Bundeskompetenzen bezeichnen:

nach der Rechtswirkung der Aufgabenzuweisung		nach der Intensität der Aufgabenerfüllung	
• konkurrierende Kompetenz (=nachträglich derogierende Komp.)	*III/2*	• umfassende Kompetenz	*IV/1*
• ausschliessliche Kompetenz (=ursprünglich derogierende Komp.)	*III/3*	• Grundsatzgesetzgebungskompetenz (= Rahmengesetzgebungskomp.)	*IV/2*
• parallele Kompetenz	*III/4*	• fragmentarische Kompetenz	*IV/3*

In der Regel sind die Bundeskompetenzen *konkurrierend und umfassend.*

2. Regelfall: Konkurrierende Kompetenz

28 Konkurrierende Kompetenzen entfalten gegenüber dem kantonalen Recht *nachträglich derogierende* Wirkung. Dies bedeutet zweierlei:
- Das kantonale Recht tritt *erst* mit dem Erlass der eidgenössischen Ausführungsgesetzgebung des Bundes ausser Kraft.

– Das kantonale Recht tritt *nur soweit* ausser Kraft, als die Bundeskompetenz durch die Bundesgesetzgebung ausgeschöpft wird.
Die kantonale Kompetenz bleibt somit erhalten, solange und soweit
der Bundesgesetzgeber von seiner Zuständigkeit keinen Gebrauch
macht. Die Kantone dürfen dann im betreffenden Sachbereich auch
neue Vorschriften erlassen.

Bundeszuständigkeiten mit nachträglich derogierender Wirkung bilden   29
schon aus praktischen Gründen die *Regel*. Zwischen der verfassungsrechtlichen Aufgabenzuweisung an den Bund und der zugehörigen
Bundesgesetzgebung vergeht zwangsläufig eine gewisse Zeit; in einigen
Fällen (so im Bereich des Strafrechts, der Mutterschaftsversicherung
oder des Umweltschutzes) verstrichen gar Jahrzehnte, bis die eidgenössischen Ausführungserlasse in Kraft treten konnten. Müsste das
kantonale Recht schon mit der Begründung der Bundeskompetenz
weichen, wären Regelungsdefizite und erhebliche Rechtsunsicherheiten
die Folge.

Zu *erkennen* sind konkurrierende Zuständigkeiten an Wendungen wie: 30
„Der Bund regelt ...“, „Der Bund erlässt Vorschriften ...“ oder „Der
Bund kann Vorschriften erlassen ...“ (BBl 1997 I 228).

3. Ausschliessliche Kompetenz

Ausschliessliche Kompetenzen entfalten gegenüber dem kantonalen   31
Recht *ursprünglich derogierende* Wirkung: Das kantonale Recht tritt
schon mit der Begründung der Bundeskompetenz ausser Kraft, und
zwar unabhängig davon, ob ein ausführendes Bundesgesetz bereits besteht und – falls ja – ob das Bundesgesetz die Materie abschliessend
regelt oder nicht.

Ausschliessliche Bundeszuständigkeiten bergen die Gefahr eines Rege-   32
lungsvakuums; sie sind darum *selten*. Rechtfertigen lassen sie sich nur,
wenn der Zweck der Aufgabenzuweisung an den Bund sich nicht darin
erschöpft, eine eidgenössische Regelung zu ermöglichen, sondern wenn
es zusätzlich noch darum geht, die bestehenden kantonalen Regelungen
unverzüglich zu beseitigen.
Beispiele: Als ausschliessliche Bundeskompetenzen gelten gemeinhin die auswärtigen Angelegenheiten (Art. 54 BV), das Heerwesen (Art. 58 ff. BV), das Post- und
Fernmeldewesen (Art. 92 BV), das Geld- und Währungswesen (Art. 99 BV), das
Alkoholwesen (Art. 105 BV), die Zölle (Art. 133 BV). Auch die nur für den Bund
gültigen Ermächtigungen, nötigenfalls vom Grundsatz der Wirtschaftsfreiheit abzu-

weichen, lassen sich zu den ausschliesslichen Zuständigkeiten zählen (vgl. beispielsweise Art. 100 Abs. 3, Art. 101 Abs. 2, Art. 102 Abs. 2 BV).

33   Für ausschliessliche Bundeskompetenzen verwendet die Verfassung
stets nur die Wendung „... *ist Sache des Bundes"*. Diese Formulierung
kann aber auch konkurrierende Zuständigkeiten anzeigen (BBl 1997 I
228). Der Umkehrschluss gilt also nicht!

Beispiele: Trotz „... ist Sache des Bundes" zählen zu den konkurrierenden Kompe-
tenzen die Bereiche Kernenergie (Art. 90 BV), Transport von Energie (Art. 91 BV),
Radio und Fernsehen (Art. 93 BV), Ausländerrecht (Art. 121 BV) sowie Zivilrecht,
Strafrecht und Messwesen (Art. 122, 123 und 125 BV). Der Bund hat seine Kompe-
tenzen in allen diesen Fällen aber weitestgehend ausgeschöpft, sodass für kantonales
Recht kaum noch Raum bleibt.

4.   Parallele Kompetenz

34   Parallele Bundeszuständigkeiten zeichnen sich dadurch aus, dass sie die
kantonale Kompetenz im selben Sachbereich nicht beeinträchtigen.
Bundeskompetenz und kantonale Kompetenz bestehen mit anderen Worten *unabhängig nebeneinander*. Auch wenn der Bund von seiner Kompetenz Gebrauch macht, wird das kantonale Recht in keiner Art und
Weise verdrängt. Die Bundesverfassung kennt nur verhältnismässig
wenige parallele Kompetenzen.

Beispiele: Enteignung (Art. 26 Abs. 2 BV), Sicherheit (Art. 57 BV), Hochschulen
(Art. 63 Abs. 2 BV), öffentliche Werke (Art. 81 BV), direkte Steuern (Art. 128 BV)
sowie die Förderungskompetenzen des Bundes (Art. 64, 66–71, 108 BV und andere).

IV.   Intensität der Aufgabenerfüllung

1.   Regelfall: Umfassende Kompetenz

35   Umfassende Gesetzgebungskompetenzen ermächtigen den Bund, *alle
im betreffenden Sachbereich aufscheinenden Rechtsfragen bis in die Einzelheiten erschöpfend* zu beantworten.

36   Umfassende Gesetzgebungskompetenzen bilden die *Regel*. Ausschliessliche Bundeszuständigkeiten sind immer, konkurrierende meistens
umfassender Natur (für typische Formulierungen vgl. Rz. 30, 33).

2. Grundsatzgesetzgebungskompetenz

Grundsatzgesetzgebungskompetenzen (gelegentlich auch „Rahmengesetzgebungskompetenzen" genannt) ermächtigen den Bund, einen Sachbereich *lediglich in eingeschränkter Weise* zu regeln: Einerseits soll die *Bundesregelung* eine *gesamtstaatliche Harmonisierung* des betreffenden Aufgabenbereichs herbeiführen, andererseits muss aber *den Kantonen* gleichwohl noch ein *substanzieller eigener Regelungsspielraum* verbleiben.   **37**
Beispiele: Ordentliche Einbürgerung (Art. 38 BV), Raumplanung (Art. 75 BV), Wald (Art. 77 BV), Fischerei und Jagd (Art. 79 BV).

Grundsatzgesetze des Bundes müssen sich nicht in *Anweisungen an die Kantone* erschöpfen. Sie können auch *unmittelbar Rechte und Pflichten der Bürger* regeln.   **38**
Beispiel: Mit der Verpflichtung zum Erlass von Richtplänen wendet sich das eidgenössische Raumplanungsgesetz an die Kantone (Art. 6–12 RPG). Art. 22 RPG dagegen, wonach Bauten und Anlagen nur mit behördlicher Bewilligung errichtet oder geändert werden dürfen, berechtigt und verpflichtet unmittelbar die Privaten.

Die Kompetenz zur Grundsatzgesetzgebung verbietet dem Bund auch nicht, bestimmte, aus eidgenössischer Sicht als *zentral gewertete Rechtsfragen* bis in die *Einzelheiten* zu regeln.   **39**
Beispiele: Im Bereich der Raumplanung die Ausnahmebewilligungen ausserhalb der Bauzonen (Art. 24–24d RPG); im Bereich der Waldgesetzgebung der Waldbegriff und die Rodungsvoraussetzungen (Art. 2 und 4–7 WaG).

Grundsatzgesetzgebungskompetenzen werden durch Verwendung des Ausdrucks „*Der Bund legt Grundsätze fest ...*" oder „*Der Bund erlässt Mindestvorschriften ...*" kenntlich gemacht.   **40**

3. Fragmentarische Kompetenz

Unter fragmentarischen Kompetenzen versteht man Bundeszuständigkeiten, die sich bloss auf *einzelne Ausschnitte eines Lebens- oder Sachbereichs* erstrecken.   **41**
Beispiele: Für das Schulwesen, die Kultur, die Waffengesetzgebung oder das Gesundheitswesen sind primär die Kantone zuständig. Innerhalb dieser Bereiche fallen dem Bund nur wenige, eng begrenzte Aufgaben zu, nämlich die Festlegung bestimmter Anforderungen an den Grundschulunterricht, die Unterstützung kultureller Bestrebungen von gesamtschweizerischem Interesse, die Bekämpfung des Waffenmissbrauchs oder die Gewährleistung der Lebensmittelsicherheit und die Seuchenbekämpfung (Art. 62, 69, 107 Abs. 1 und Art. 118 BV; vgl. BBl 1997 I 277, 286, 316, 332).

42 Auf die Kategorie der fragmentarischen Kompetenz kann ohne Verlust verzichtet werden. Die fragmentarische Kompetenz unterscheidet sich, was die dem Bund zugestandene Regelungsdichte angeht, nicht von der umfassenden Kompetenz. Die einzige Besonderheit besteht darin, dass die fragmentarischen Kompetenzen *sachlich eng begrenzt* sind, während umfassende Kompetenzen sich auf *ganze Sachbereiche* beziehen. Das ist aber kein rechtlich relevanter Unterschied. Ob eine Bundeskompetenz umfassend oder fragmentarisch erscheint, hängt einzig von der Bezugsgrösse ab, die man zum Vergleich heranzieht.

V. Überblick über die Bundesaufgaben

1. Aussenpolitik

43 Die auswärtigen Angelegenheiten sind *ausschliesslich Sache des Bundes* (Art. 54 BV). Immerhin stellt die Bundesverfassung gewisse *Vorbehalte zugunsten der Kantone* auf (Art. 55 und 56 BV; Rz. 46).

44 In die *Zuständigkeit des Bundes* fallen namentlich:
   - Abschluss von Staatsverträgen (zum Verfahren vgl. hinten § 47/II);
   - Erklärung von Krieg und Frieden;
   - Anerkennung von ausländischen Staaten und Regierungen;
   - Vertretung der Schweiz in internationalen Organisationen;
   - Besorgung des diplomatischen Verkehrs, namentlich: Schaffung diplomatischer Missionen, Entsendung schweizerischer Vertreter ins Ausland und Empfang von Vertretungen fremder Staaten, Gewährung diplomatischen Schutzes an Schweizer im Ausland;
   - Vermittlung des amtlichen Verkehrs zwischen Kantonen und Behörden einer ausländischen Zentralregierung (Art. 56 Abs. 3 BV).

45 Die *Vertragsschlusskompetenz des Bundes* wird durch die innerstaatliche Aufgabenteilung zwischen Bund und Kantonen nicht beschränkt. Der Bund kann also Staatsverträge auch über solche Materien abschliessen, die kraft Art. 3 BV in die subsidiäre Generalkompetenz der Kantone fallen. Davon gehen auch die Art. 54 Abs. 3 und Art. 55 Abs. 3 BV stillschweigend aus. Für den Erlass des notwendigen *Ausführungsrechts* und für den *Vollzug* bleiben jedoch die Kantone zuständig, soweit der Staatsvertrag eine Materie aus dem kantonalen Zuständigkeitsbereich betrifft. Weil aber auch in diesem Fall allein der Bund die völkerrechtliche Verantwortung für die richtige Erfüllung der staatsvertraglichen Verpflichtungen zu tragen hat, ist er befugt, die für den Vollzug erfor-

derlichen Vorkehrungen ersatzweise selbst zu treffen, sollten die Kantone untätig bleiben.

Die *Zuständigkeit der Kantone* umfasst: 46

- zunächst das Recht, *bei aussenpolitischen Entscheiden des Bundes mitzuwirken* (Art. 55 BV; dazu hinten § 24/VI);
- sodann das Recht, *in ihren Zuständigkeitsbereichen mit dem Ausland Verträge zu schliessen* (Art. 56 Abs. 1 BV). Die Vertragsschlusskompetenz erstreckt sich über alle Gegenstände aus dem Wirkungskreis der Kantone. Sie entfällt jedoch, soweit der Bund in Anwendung von Art. 54 BV seinerseits schon Staatsverträge über Gegenstände des kantonalen Kompetenzbereichs geschlossen hat. Die Abkommen der Kantone mit dem Ausland dürfen dem Recht und den Interessen des Bundes sowie den Rechten anderer Kantone nicht zuwiderlaufen (Art. 56 Abs. 2 Satz 1 BV; vgl. sinngemäss § 25 Rz. 18–22 zur gleichlautenden Bestimmung von Art. 48 Abs. 3 Satz 1 BV). Die Kantone müssen den Bund vor dem Vertragsschluss informieren (Art. 56 Abs. 2 Satz 2 BV). Die Verträge unterliegen der Genehmigung durch die Bundesversammlung, wenn der Bundesrat oder ein Drittkanton Einsprache erhebt (Art. 172 Abs. 3, Art. 186 Abs. 3 BV; vgl. sinngemäss § 25 Rz. 24–26).
- Schliesslich dürfen die Kantone *mit untergeordneten ausländischen Behörden direkt verkehren* (Art. 56 Abs. 3 BV). Als solche gelten Behörden auf lokaler und regionaler Stufe, in Bundesstaaten auch solche der gliedstaatlichen Ebene. Nur „in den übrigen Fällen" – d.h. im Verkehr mit Behörden ausländischer Zentralregierungen – muss die Vermittlung des Bundes beansprucht werden.

Einzelheiten zu den aussenpolitischen Kompetenzen von Bund und Kantonen: Bericht des Bundesrats vom 7. März 1994 über die grenzüberschreitende Zusammenarbeit und die Mitwirkung der Kantone an der Aussenpolitik (BBl 1994 II 620); Botschaft des Bundesrats zu den Art. 49–51 VE 96 (BBl 1997 I 229–233); THOMAS PFISTERER, Auslandbeziehungen der Kantone, in: Verfassungsrecht, § 33; ASTRID EPINEY, Beziehungen zum Ausland, in: Verfassungsrecht, § 55.

2. Rechtsetzung

Der Bund verfügt über vielfältige Rechtsetzungskompetenzen. Einen 47 ersten Eindruck vermitteln die *Sachüberschriften* zu den Art. 37–40 und 54–135 BV. Nach der *Systematischen Sammlung des Bundesrechts* geordnet betreffen die Bundeszuständigkeiten in unterschiedlichem Umfang folgende Gebiete (Auswahl):

- *SR 1:* Bürgerrecht und Ausländerrecht, Organisation der Bundesbehörden;
- *SR 2:* materielles Zivilrecht, Zivilprozess, Schuldbetreibung und Konkurs;
- *SR 3:* materielles (bürgerliches und militärisches) Strafrecht, Strafprozess, Strafvollzug;
- *SR 4:* Hochschul-, Wissenschafts- und Kulturförderung;
- *SR 5:* militärische und wirtschaftliche Verteidigung sowie Zivilschutz;
- *SR 6:* Finanzhaushalt, Steuern, Abgaben, Bundesmonopole;
- *SR 7:* Raumplanung, Enteignung, Energie (Wasserkräfte, elektrische Energie, Kernenergie), Verkehr (Strassenverkehr, Eisenbahnen, Schifffahrt, Luftfahrt), Post und Fernmeldeverkehr;
- *SR 8:* Umweltschutz, Gesundheit (Gentechnologie, Lebensmittelpolizei, Epidemien), Soziales (Arbeitnehmerschutz, Sozialversicherungen wie Alters-, Hinterlassenen- und Invalidenversicherung, Kranken- und Unfallversicherung, Arbeitslosenversicherung);
- *SR 9:* Landwirtschaft, Forstwesen, Industrie und Gewerbe, Geld, Mass und Gewicht, Konsumentenschutz, Aufsicht über Banken und Versicherungen.

3.   Verwaltung

48   Eidgenössische *Rechtsetzungskompetenzen* schliessen grundsätzlich die *Kompetenz des Bundes zur Vollziehung seiner eigenen Erlasse* mit ein. Der Vollzug des Bundesrechts kann freilich *auch den Kantonen* obliegen (Art. 46 Abs. 1 BV). Die Zuweisung des Vollzugs erfolgt teils durch die Bundesverfassung (Rz. 49), teils durch das einschlägige Bundesgesetz (Rz. 50).

49   Die Fälle, in denen schon die *Bundesverfassung abschliessend* über den Vollzug des Bundesrechts entscheidet, sind eher selten.

- Kraft Verfassung *beim Bund* liegen die Verwaltungskompetenzen namentlich im Bereich der auswärtigen Angelegenheiten (Art. 54 BV) und der Bundesmonopole (Post und Fernmeldewesen, Geld- und Währungswesen, Alkoholwesen, Zölle; Art. 92, 99, 105, 133 BV).
- Von vornherein Sache der *Kantone* sind z.B. Bau und Unterhalt der Nationalstrassen (Art. 83 Abs. 2 BV) sowie Veranlagung und Einziehung gewisser Bundesabgaben (Art. 59 Abs. 3 und Art. 128 Abs. 4 BV).
- Einzelne Verfassungsbestimmungen weisen den Vollzug auf differenzierte Weise *teils dem Bund, teils den Kantonen* zu, so etwa die Art. 58–60 BV über das Heerwesen.

Gewöhnlich äussert sich die Bundesverfassung nicht oder nicht ab- 50
schliessend zur Vollzugsordnung im betreffenden Aufgabenbereich.
Dann ist es am *Bundesgesetzgeber*, das Nähere zu bestimmen.

– Der Gesetzgeber kann den Vollzug vollständig *dem Bund* vorbehalten (wie bei den Eisenbahnen, in der Luftfahrt oder im Bereich der
  Kernkraft; vgl. Art. 6, 10 und 18 EBG, Art. 3 LFG, Art. 6 und 8
  AtG). In diesem Fall muss ein ausreichend ausgestatteter *eidgenössischer Verwaltungsapparat* aufgebaut werden.
– Die Regel ist aber doch, dass der Bundesgesetzgeber den Vollzug
  ganz oder teilweise *den Kantonen* überträgt (hinten § 21 Rz. 26).

Schliesslich verfügt der Bund über einige *verfassungsunmittelbare*, d.h. 51
nicht aus Rechtsetzungskompetenzen fliessende *Verwaltungskompetenzen*. Hierzu zählen Art. 52 Abs. 2 BV über die Bundesintervention zum
Schutz der verfassungsmässigen Ordnung der Kantone und Art. 81 BV
über die Errichtung öffentlicher Werke durch den Bund.

4. Rechtsprechung

Die Rechtsprechungskompetenzen des Bundes obliegen vorab dem 52
Bundesgericht (Art. *189 BV) und den weiteren richterlichen Behörden
des Bundes (Art. *191a BV). Als Rechtsprechungsorgane des Bundes
wirken aber auch der *Bundesrat* (Art. 187 Abs. 1 Bst. d BV) und in einzelnen Fällen sogar die *Bundesversammlung* (Art. 173 Abs. 1 Bst. i und
Abs. 3 BV).

Vgl. zu den Rechtsprechungszuständigkeiten des Bundesgerichts hinten § 42/I; zu
den Rechtsprechungszuständigkeiten des Bundesrats und der Bundesversammlung
hinten § 33/V und § 38/V.

5. Finanzen

a. Steuern

Der Bund erhebt direkte Steuern, indirekte Steuern und Zölle. 53

– *Direkte Steuern.* Der Bund erhebt eine direkte Bundessteuer auf dem
  Einkommen der natürlichen Personen sowie auf dem Reinertrag,
  dem Kapital und den Reserven der juristischen Personen (Art. 128
  Abs. 1 BV). Direkte Steuern der Kantone sind weiterhin zulässig
  (vgl. Art. 128 Abs. 2 BV; parallele Kompetenz).

- *Indirekte Steuern.* Der Bund erhebt eine Mehrwertsteuer (Art. 130 BV), besondere Verbrauchssteuern u.a. auf Tabak, gebrannten Wassern, Bier, Automobilen und Mineralölen (Art. 131 BV), eine Stempelsteuer auf Wertpapieren und eine Verrechnungssteuer auf gewissen Vermögenserträgen (Art. 132 BV) sowie eine Verbrauchssteuer auf Treibstoffen (Art. 86 Abs. 1 BV).
- *Zölle.* Schliesslich erhebt der Bund Zölle und andere Abgaben auf dem grenzüberschreitenden Warenverkehr (Art. 133 BV).

54   Die *Kantone* dürfen Tatbestände, die der Bundesgesetzgeber mit einer indirekten Steuer nach Art. 130–132 BV belastet oder im Gegenteil für steuerfrei erklärt, *keiner gleichgearteten Steuer* unterstellen (Art. 134 BV). Wegen dieses Verbots werden die indirekten Steuern gelegentlich als Ausfluss einer ausschliesslichen Bundeskompetenz angesehen. Die Steuererhebungskompetenz der Kantone wird aber nach dem klaren Verfassungswortlaut erst durch das ausführende Bundesrecht beseitigt. Deshalb ist es treffender, von einer konkurrierenden Zuständigkeit zu sprechen.

b.   Kausalabgaben und Lenkungssteuern

55   Kraft *besonderer Verfassungsbestimmung* erhebt der Bund eine Schwerverkehrsabgabe (Art. 85 BV) sowie eine Abgabe für die Benutzung der Nationalstrassen (Art. 86 Abs. 2 BV).

56   Die Zuständigkeit, Kausalabgaben und Lenkungssteuern zu erheben, ergibt sich im Übrigen aus den *jeweiligen Sachkompetenzen.* Lenkungssteuern dienen primär als Mittel der Aufgabenerfüllung, Kausalabgaben sollen zur Selbstfinanzierung der Aufgabenerfüllung beitragen. Beide weisen sie eine *enge und dienende Beziehung zu einer bestimmten Staatsaufgabe* auf; die Erzielung von Einnahmen steht – anders als bei den Steuern – als Motiv nicht im Vordergrund (vgl. BBl 1993 II 1445, 1538 f. zur Verfassungsmässigkeit von Lenkungsabgaben im Umweltrecht).

c.   Steuerharmonisierung und Finanzausgleich

57   Neben dem Bund erheben auch Kantone und Gemeinden direkte Steuern (Art. 128 Abs. 1 und 2 BV). Zur Bekämpfung der Steuerflucht und zur Begrenzung des interkantonalen Steuerwettbewerbs auf ein erträg-

liches Mass ist eine gewisse Vereinheitlichung der (im übrigen autonomen) kantonalen Steuergesetze erforderlich. Zu diesem Zweck kann der Bund zunächst *Grundsätze über die Steuerharmonisierung* erlassen (Art. 129 Abs. 1 BV). Die Grundsatzgesetzgebungskompetenz erstreckt sich insbesondere auf Fragen der Steuerpflicht und des Steuerstrafrechts, nicht aber auf die Steuertarife; der Bund darf das kantonale Steuerrecht also nur formell, nicht aber materiell harmonisieren. Art. 129 Abs. 3 BV ermächtigt den Bund sodann, *Vorschriften gegen ungerechtfertigte Steuervergünstigungen* zu erlassen. Im Unterschied zu Abs. 1 handelt es sich hierbei sich um eine *umfassende* Bundeszuständigkeit.

Für Einzelheiten vgl. das Bundesgesetz über die Harmonisierung der direkten Steuern der Kantone und Gemeinden vom 14. Dezember 1990 (SR 642.14).

Zum *Finanzausgleich* vorn § 16 Rz. 20 ff.   58

§ 21 Aufgaben der Kantone

1   Im Rahmen ihrer *subsidiären Generalkompetenz* bestimmen die Kantone weitgehend *autonom,* welche Aufgaben sie an die Hand nehmen wollen (Art. 3 und 43 BV). Ob diese Aufgaben in der Kantonsverfassung erscheinen müssen oder eine Festlegung durch einfaches Gesetz genügt, richtet sich nach kantonalem Staatsrecht (Abschnitt I). Die Aufgabenautonomie der Kantone hindert den eidgenössischen Verfassungsgeber allerdings nicht, sich seinerseits zu den Aufgaben der Kantone zu äussern und deren Aufgabenautonomie entsprechend zu relativieren (Abschnitt II). Zu den kantonalen Aufgaben zählen in einem weiteren Sinne schliesslich auch jene Bundesaufgaben, die der Bund durch Gesetz oder Verordnung an die Kantone delegiert (Abschnitt III).

I.   Regelung kantonaler Aufgaben in der Kantonsverfassung

1.   Formellgesetzliche Regelung als bundesverfassungsrechtliches Minimum

2   Grundlage und Schranke staatlichen Handelns ist das Recht (Art. 5 Abs. 1 BV). Dieses *Legalitätsprinzip* bindet Bund und Kantone gleichermassen. Mit Rücksicht auf seine demokratischen und rechtsstaatlichen Funktionen verlangt das Prinzip, dass die einzelnen Staatsaufgaben zumindest *in den Grundzügen durch formelles Gesetz* geregelt werden.

2.   Funktionen eines Aufgabenkatalogs in der Kantonsverfassung

3   Neuere Kantonsverfassungen pflegen die kantonalen Aufgaben mehr oder weniger vollständig aufzuzählen. Derartige Aufgabenkataloge erfüllen *mehrere Funktionen.*

– Sie können zunächst *informierend* klarstellen, wo die hauptsächlichen Verantwortungen des Kantons liegen.

– Verfassungsrechtliche Aufgabenkataloge haben sodann *normierende* Funktion. Zumindest fixieren sie einen grundsätzlichen politischen Konsens über Notwendigkeit, Bereich und Zweck der einzelnen Staatsverantwortungen. Soweit sie überdies Rechtsetzungsdirektiven enthalten, vermögen sie auch die nachfolgende Gesetzgebung bis zu einem gewissen Grad anzuleiten.

– Weil Verfassungsänderungen zwingend der Volksabstimmung unterstehen (Art. 51 Abs. 1 BV), entfalten Aufgabenkataloge in der Verfassung endlich auch *legitimierende* Wirkung.

3. Kantonale Verfassungsvorbehalte insbesondere

Verfassungsvorbehalte sind in den Kantonen nur wenig verbreitet (vgl. neben dem folgenden Beispiel auch § 90 KV-BL und § 63 KV-TG).   4

§ 26 KV-AG   *Rechtliche Grundlagen*

[1] Für die Erfüllung der Aufgaben, die dem Kanton nicht durch Bundesrecht übertragen sind, muss eine verfassungsrechtliche Grundlage gegeben sein.

[2] Dieser Vorbehalt gilt nicht für Gemeinden.

[3] ...

Kantonale Verfassungsvorbehalte verstärken die oben (Rz. 3) erwähnten Funktionen einer verfassungsrechtlichen Aufgabennormierung, weil jede neue Staatsverantwortung *zwingend und vollständig* in der Verfassung niedergelegt sein muss. Darüber hinaus schonen sie die *Autonomie der Gemeinden,* ähnlich wie Art. 3 BV dies zugunsten der kantonalen Autonomie tut.   5

Verfassungsvorbehalte haben freilich ihren Preis. Zu Recht bemerkt WALTER KÄLIN, Öffentliche Aufgaben, in: Handbuch bernisches Verfassungsrecht, S. 68 f.:   6

„Der Staat verliert an Flexibilität, wo er auf neue Probleme und Bedürfnisse reagieren müsste; es besteht die Gefahr, dass wegen des erhöhten Zeitbedarfs für eine Verfassungsänderung dringende Aufgaben nicht oder nicht rechtzeitig in Angriff genommen werden können.

Im Interesse eines handlungsfähigen Staates muss der Aufgabenkatalog die staatlichen Tätigkeitsbereiche breit abdecken. Dies lässt sich entweder durch einen sehr detaillierten und damit überladenen und schnell veralteten Aufgabenkatalog erreichen, oder aber durch eine bloss summarische und damit weitgehend ihrer Funktion beraubten Auflistung allgemeiner und selbstverständlicher Aufgabengebiete.

Wählt man in einer Kantonsverfassung mit Verfassungsvorbehalt einen Aufgabenkatalog mittlerer Dichte, dürfte eine Vielzahl
juristischer Konflikte über das Genügen der Verfassungsgrundlage
für ein bestimmtes gesetzgeberisches Vorhaben vorprogrammiert
sein: Gegner einer Vorlage werden den Nachweis versuchen, dass
eine Grundlage in der Verfassung fehlt, die Befürworter umgekehrt
dazu tendieren, bestehende Aufgabennormen sehr extensiv auszulegen. Solche Diskussionen, die vom Bund her bekannt und dort un-
vermeidbar sind, verleiten dazu, statt politisch zu argumentieren
mit juristischen (Schein)Argumenten zu fechten."

II.   Regelung kantonaler Aufgaben in der Bundesverfassung

7   Trotz Art. 43 BV äussert sich auch die *Bundesverfassung* recht häufig zu
     den *Aufgaben der Kantone*. Sie kann damit Verschiedenes bezwecken.
     Die im Folgenden genannten Beispiele dienen mitunter mehreren Zwe-
     cken zugleich.

     Die Liste macht zugleich klar, dass die Kantone keineswegs völlig frei sind zu
     bestimmen, „welche Aufgaben sie im Rahmen ihrer Zuständigkeiten erfüllen"
     wollen oder nicht (Art. 43 BV). Gegenteils geht die Bundesverfassung an manchen
     Stellen wie selbstverständlich davon aus, *dass* die Kantone eine bestimmte Aufgabe
     aus ihrem Zuständigkeitsbereich an die Hand nehmen; und mitunter lässt sie auch
     durchblicken, *wie* die Aufgabe erfüllt werden muss. Insofern verspricht Art. 43 BV
     zuviel.

1.   Sachbereichsbezogene Verdeutlichung der föderativen
         Zuständigkeitsordnung

8   Zur Klarstellung der Aufgabenteilung kann die Verfassung wo nötig
     die *Generalkompetenz der Kantone in Erinnerung rufen*. Dies geschieht
     vor allem dort, wo der Bund den Kantonen lediglich gewisse Vorgaben
     machen will oder wo er auf eine Förderungstätigkeit beschränkt ist.
     Beispiele:
     – Art. 62 Abs. 1 BV: Zuständigkeit der Kantone für das Schulwesen;
     – Art. 69 Abs. 1 BV: Zuständigkeit der Kantone für den Bereich der Kultur;
     – Art. 70 Abs. 2 BV: Zuständigkeit der Kantone für die Bestimmung ihrer Amts-
       sprachen.

9   Zum selben Zweck – Verdeutlichung der föderativen Zuständigkeits-
     ordnung – kann die Verfassung die *Tragweite einer Bundesaufgabe nach
     bestimmten Richtungen hin einschränken*, etwa indem sie gewisse Aspek-

te einer Bundesaufgabe oder den Vollzug des Bundesrechts von Anfang an den Kantonen zuweist.

Beispiele:
- Art. 56 Abs. 1 BV: Staatsvertragskompetenz der Kantone als Vorbehalt zur allgemeinen Staatsvertragskompetenz des Bundes nach Art. 54 Abs. 1 BV;
- Art. 59 Abs. 3 und Art. 128 Abs. 4 BV: Veranlagung und Einziehung der eidgenössischen Militärpflichtersatzabgabe und der direkten Bundessteuer durch die Kantone;
- Art. 83 Abs. 2 BV: Bau und Unterhalt der Nationalstrassen durch die Kantone.

2. Einschränkung kantonaler Kompetenzen

Gelegentlich wird den Kantonen eine bestimmte Tätigkeit ausdrücklich untersagt. 10

Beispiele:
- Art. 94 Abs. 4 BV: Verbot wirtschaftspolitischer Massnahmen;
- Art. 127 Abs. 3 BV: Verbot der interkantonalen Doppelbesteuerung;
- Art. 134 BV: Ausschluss kantonaler und kommunaler Steuern in bestimmten Bereichen.

Auch die Vorgabe von *Staatszielbestimmungen an die Adresse der Kantone* führt zu einer gewissen Einschränkung der kantonalen Aufgabenautonomie. 11

Beispiele:
- Art. 41 BV: Beachtung von Sozialzielen;
- Art. 67 Abs. 1 BV: Beachtung der Förderungs- und Schutzbedürfnisse Jugendlicher;
- Art. 73 BV: Beachtung der Nachhaltigkeit.

Weitere Beispiele in Art. 89 Abs. 1 und Art. 100 Abs. 4 BV.

3. Erteilung von Aufträgen an die Kantone

Aufträgen an die Kantone begegnet man namentlich dort, wo eine Bundesaufgabe nicht ohne die *Mitwirkung der Kantone* erfüllt werden kann. 12

Beispiele:
- Art. 57 Abs. 1 BV: innere Sicherheit als Aufgabe von Bund und Kantonen;
- Art. 70 Abs. 3 BV: Förderung der Verständigung zwischen den Sprachregionen als Aufgabe von Bund und Kantonen;
- Art. 75 Abs. 1 BV: Raumplanung als Aufgabe des Kantons im Rahmen der eidgenössischen Grundsatzgesetzgebung.

III.   Delegation von Bundesaufgaben an die Kantone

1.   Begriff und Funktion

13   Eine Delegation von Bundesaufgaben an die Kantone liegt vor, wenn der *Bund durch Gesetz oder Verordnung Teile seiner verfassungsmässigen Zuständigkeiten an die Kantone weitergibt.* Man spricht in diesem Zusammenhang auch von *föderativer Delegation.* Sie kann sich auf Rechtsetzungs-, Verwaltungs- oder Rechtsprechungsbefugnisse beziehen.

14   Die föderative Delegation dient der *vertikalen Dezentralisierung.* Sie ermöglicht den Kantonen, im Rahmen des Bundesrechts Lösungen zu treffen, die ihren *örtlichen Besonderheiten angepasst* sind. Die letzte Verantwortung für die richtige Erfüllung der delegierten Aufgaben liegt aber weiterhin beim Bund. Er nimmt diese Verantwortung mit den Mitteln der *Bundesaufsicht* wahr (hinten § 26).

2.   Zulässigkeit und Schranken der Delegation

15   Die Kompetenzordnung der Bundesverfassung ist zwingender Natur. Darum gilt die Übertragung *kantonaler Aufgaben auf den Bund* ohne entsprechende Verfassungsänderung als unzulässig. Hingegen verbietet die Bundesverfassung die Delegation von *Bundesaufgaben an die Kantone* an keiner Stelle ausdrücklich. Lehre und Praxis betrachten sie als statthaft, weil „mit dem Geist des Föderalismus vereinbar" (AUBERT, Bundesstaatsrecht, Rz. 709).

16   Die föderative Delegation – namentlich die Delegation von Rechtsetzungsbefugnissen – unterliegt aber gewissen *Schranken.*
- *Ganz allgemein* darf der Bund eine ihm zugewiesene Aufgabe wohl stückweise, *nicht* aber *umfassend* an die Kantone weiterreichen. Durch Blankettdelegation würde sich der Bundesgesetzgeber nicht nur seiner politischen Verantwortung entschlagen, sondern darüber hinaus in unzulässiger Weise die verfassungsrechtliche Zuständigkeitsordnung abändern.
- *Ausschliessliche Bundeskompetenzen* haben nicht zuletzt den Sinn, kantonales Recht zu einem bestimmten Sachbereich von Beginn weg restlos zu verdrängen. Vorbehalte zugunsten des kantonalen Rechts müssen daher in der Bundesverfassung selber ausgesprochen sein (vgl. z.B. Art. 56 BV); Delegationen solcher Aufgaben durch den Bundesgesetzgeber sind nicht statthaft (so auch HÄFELIN/HAL-

LER, Bundesstaatsrecht, Rz. 1154; anders PETER SALADIN, in: Kommentar aBV, Art. 3 Rz. 161).

- *Grundsatzgesetzgebungskompetenzen* sollen eine Staatsaufgabe in den wesentlichen Punkten landesweit harmonisieren. Eine Rechtsetzungsdelegation an die Kantone ist darum schon begrifflich kaum vorstellbar.

3. Form der Delegation

Die föderative Delegation erfolgt durch *Bundesgesetz* oder *Verordnung*. 17

4. Delegation von Rechtsetzungsbefugnissen

a. *Begriff und Abgrenzung*

Durch Delegation von Rechtsetzungsbefugnissen überträgt der Bund 18 bestimmte *Teile einer ihm zustehenden Gesetzgebungskompetenz* auf die Kantone.

Die föderative Delegation von Rechtsetzungsbefugnissen des Bundes an die Kantone ist von der so genannten Gesetzesdelegation zu unterscheiden. Die *föderative* Delegation spielt sich im vertikalen Verhältnis zweier unterschiedlicher Staatsebenen ab; sie betrifft vornehmlich das *Bundesstaatsprinzip*. Im Unterschied dazu geht es bei der *Gesetzesdelegation* um die Weitergabe von Rechtsetzungsbefugnissen des ordentlichen Gesetzgebers an die Regierung (mitunter auch an das Parlament als Verordnungsgeber oder an die Gerichte). Diese ‚horizontale' Delegation verbleibt innerhalb ein und derselben Staatsebene. Sie widerstreitet der Gewaltenteilung und berührt darum in erster Linie das *Rechtsstaatsprinzip* und das *Demokratieprinzip*. Die Gesetzesdelegation ist nur unter besonderen Voraussetzungen zulässig (hinten § 27/III).

Die föderative Rechtsetzungsdelegation erscheint oftmals *in Gestalt von* 19 *so genannten Vorbehalten* zugunsten des kantonalen Rechts. Nicht alle Vorbehalte sind aber Ausdruck einer Kompetenzdelegation. Vielmehr ist zwischen echten und unechten Vorbehalten zu unterscheiden.

b. *Echte Vorbehalte*

Ein *echter Vorbehalt* liegt vor, wenn der Bund zwar eine abschliessende 20 Ordnung trifft, dabei aber dem kantonalen Recht bewusst Raum gibt. Echte Vorbehalte ziehen eine Verschiebung der Kompetenzordnung nach sich; sie wirken *konstitutiv*.

21 Es gibt verschiedene Arten von echten Vorbehalten:

- Der Vorbehalt lässt *ergänzendes* kantonales Recht zu. Die Ergänzung durch kantonales Recht kann fakultativ oder obligatorisch sein.

   Beispiele: Art. 686 und 688 ZGB (Bestimmungen der Kantone über nachbarrechtliche Bau- und Pflanzabstände); Art. 335 Ziff. 1 Abs. 1 StGB (Übertretungsstrafrecht der Kantone).

- Der Vorbehalt lässt *abweichendes* kantonales Recht zu.

   Beispiel: Art. 61 OR (Haftung kantonaler Angestellter nach OR unter Vorbehalt besonderer kantonaler Bestimmungen über die Beamtenhaftung).

- Der Vorbehalt überlässt es dem kantonalen Recht, eine eidgenössische Regelung für *anwendbar zu erklären*.

   Beispiele: Art. 828 ZGB (Befugnis der Kantone, die einseitige Ablösung von Grundpfandrechten zu gestatten); Art. 270 Abs. 2 OR (Befugnis der Kantone, bei Wohnungsmangel die Verwendung des sonst nur für Mietzinserhöhungen vorgeschriebenen Formulars nach Art. 269d OR bereits für den Abschluss eine neuen Mietvertrages für obligatorisch zu erklären).

c.   Unechte Vorbehalte

22 *Unechte Vorbehalte* sprechen kantonale Regelungen an, die kraft subsidiärer Generalkompetenz (Art. 3 BV) bereits in der Zuständigkeit der Kantone liegen. Solche Vorbehalte verschieben die Kompetenzordnung nicht und wirken darum auch nicht als Delegation. Sie verdeutlichen nur – *deklaratorisch* – die ohnehin gegebene Kompetenzordnung.

   Beispiel: Einen unechten Vorbehalt enthält Art. 6 Abs. 1 ZGB, wonach „die Kantone ... in ihren öffentlich-rechtlichen Befugnissen durch das Bundeszivilrecht nicht beschränkt" werden.

d.   Zuständiges kantonales Organ

23 Welche Behörde im Kanton die delegierten Rechtsetzungsbefugnisse wahrzunehmen hat, bestimmt sich regelmässig nach *kantonalem Staatsrecht*. Fehlen bereichsspezifische Regelungen, so sind die ordentlichen Rechtsetzungsorgane zuständig.

24 Hin und wieder kommt es aber vor, dass der *Bund* unmittelbar die *Kantonsregierung* zum Erlass der erforderlichen Vorschriften ermächtigt (vgl. z.B. Art. 36 Abs. 2 RPG, Art. 61 Abs. 2 NSG oder Art. 52 Abs. 2 SchlT ZGB). Solche Regelungen sollen sicherstellen, dass die

delegierte Kompetenz ohne Verzug wahrgenommen wird. Sie gehen allerdings auf Kosten der kantonalen Organisationsautonomie.

5. Delegation von Verwaltungsbefugnissen

Mit der Delegation von Verwaltungsbefugnissen an die Kantone ist die 25 *Zuständigkeit zum Vollzug eines Bundesgesetzes* gemeint. Sie ist blosse Rechtsanwendungsdelegation und ermächtigt die Kantone nicht per se zum Erlass eigener Vollziehungsverordnungen in der Sache. Eine solche Befugnis müsste vielmehr ausdrücklich im Bundeserlass erwähnt sein (z.B. Art. 91 Abs. 2 BPR oder Art. 22 Abs. 2 BGF). Hingegen sind die Kantone aufgrund ihrer Organisationsautonomie ohne weiteres berechtigt, die zum Vollzug erforderlichen Verfahrensbestimmungen zu erlassen.

Der Bundesgesetzgeber kann den Vollzug: 26
– vollständig den Kantonen übertragen;

Ein *Beispiel* bildet die Raumplanung: Die Erstellung von Richt- und Nutzungs-plänen sowie die Erteilung von Baubewilligungen ist allein Sache der Kantone.

– zwischen Bund und Kantonen *teilen.*

Beispiele sind der Umweltschutz, der Gewässerschutz und das Forstwesen: Der Vollzug des Bundesrechts obliegt in diesen Bereichen grundsätzlich den Kanto-nen, wobei sich der Bund jedoch bestimmte Vollzugsaufgaben vorbehält. Vgl. Art. 36–41 USG, Art. 45–48 GSchG, Art. 49–53 WaG.

6. Delegation von Rechtsprechungsbefugnissen

Ein Grossteil der Rechtsprechungsbefugnisse in bundesrechtlich gere- 27 gelten Angelegenheiten obliegt bereits kraft Bundesverfassung den Kan-tonen. Dies gilt namentlich für die *Zivilrechtspflege* und die *Strafrechts-pflege* (Art. *122 Abs. 2 und Art. *123 Abs. 2 BV).

Sind die Kantone mit der Vollziehung von Bundesverwaltungsrecht 28 betraut, so steht ihnen in diesen Bereichen auch die *Verwaltungsrechts-pflege* zu: Die Rechtsprechungsdelegation ist in der Vollzugsdelegation inbegriffen. Die Kantone müssen richterliche Behörden als letzte kan-tonale Instanzen bestellen, soweit gegen deren Entscheide unmittelbar die Verwaltungsgerichtsbeschwerde an das Bundesgericht zulässig ist (Art. 98a OG).

§ 22 Vorrang des Bundesrechts

1   Die schweizerische Rechtsordnung besteht aus einer *Vielzahl von Teilordnungen:* dem Recht des Bundes, dem Recht der Kantone und dem
Recht der rund 3 000 Gemeinden. Nun ist die bundesstaatliche Kompetenzaufteilung theoretisch zwar lückenlos (vorn § 19/V). Praktisch
aber sind die Aufgaben der verschiedenen Ebenen vielfach miteinander
verflochten. Die genaue Tragweite der sich berührenden eidgenössischen und kantonalen Kompetenzen ist dabei nicht immer klar ersichtlich. Erschwerend kommt hinzu, dass Bund und Kantone im Rahmen
ihrer Zuständigkeiten mitunter divergierende Ziele verfolgen. *Konflikte
zwischen Bundesrecht und kantonalem Recht* lassen sich darum kaum
vermeiden.

2   Sind Konflikte zwischen Bundesrecht und kantonalem Recht aber in
der Struktur der Schweiz als Bundesstaat angelegt, so muss die Bundesverfassung eine entsprechende *Konfliktbereinigungsregel* bereithalten.
Eine solche Regel findet sich in Art. 49 Abs. 1 BV, wo der *Vorrang des
Bundesrechts* statuiert wird. Wir fragen im Folgenden nach der Bedeutung der Vorrangregel (Abschnitt II), erörtern einige typische Konflikt-
fälle (Abschnitte III, IV) und legen die Möglichkeiten dar, den Vorrang
des Bundesrechts gerichtlich durchzusetzen (Abschnitt V). Zuvor muss
man sich aber darüber klar werden, was unter „Konflikt" zwischen
Bundesrecht und kantonalem Recht zu verstehen ist (Abschnitt I).

I.   Normkonflikt und Kompetenzkonflikt

1.   Normkonflikt

3   Von einem Konflikt zwischen eidgenössischem und kantonalem Recht
kann man in allgemeiner Weise sprechen, wenn ein bestimmter
Sachverhalt sowohl nach eidgenössischem als auch nach kantonalem
Recht zu beurteilen ist und die Anwendung dieser Normen zu wider-
sprüchlichen Ergebnissen führt. Ein solcher Konflikt stellt zunächst
einen *Normkonflikt* dar. Normkonflikt bedeutet, dass zwischen den
widerstreitenden Normen eine *Unvereinbarkeit der Inhalte* vorliegt.

Fallbeispiel zu Rz. 3: BGE 103 Ia 329, Conseil d'Etat du canton de Genève (Verbois). 4
Kernkraftwerke bedürfen einer bundesrechtlichen Bewilligung. Im Zuge des Bewilligungsverfahrens wird vor allem die Sicherheit des Werks geprüft. Hingegen ist es
Sache der Kantone, für ihr Gebiet Nutzungspläne zu erstellen. Diese Pläne sollen
eine geordnete Besiedlung gewährleisten. Kernkraftwerke und sonstige Atomanlagen müssen darum noch ein kantonales Planungs- und Baubewilligungsverfahren
durchlaufen. Dies kann dazu führen, dass einer bundesrechtlich bewilligten Anlage
die bau- und planungsrechtliche Genehmigung versagt bleibt.

2. Kompetenzkonflikt

a. Kompetenzüberschreitung durch den Bund

Hinter einem Normkonflikte steckt häufig (wenn auch nicht immer) 5
ein *Kompetenzkonflikt*, d.h. eine *Unvereinbarkeit der Zuständigkeiten.*
Eine solche Unvereinbarkeit kann z.b. eintreten, wenn der *Bund seine
Zuständigkeit überschreitet,* indem er eine Kompetenz in Anspruch
nimmt, die nach der verfassungsmässigen Aufgabenteilung dem Kanton
zusteht.

Fallbeispiel zu Rz. 5: Im bereits zitierten Fall Verbois (Rz. 4) hatte das zuständige 6
Departement des Bundes dem Gesuch der Energie de l'Ouest-Suisse AG stattgege-
ben und die atomrechtliche Bewilligung zur Errichtung eines Kernkraftwerks
erteilt. In einem an die Genfer Regierung gerichteten Schreiben stellte sich das
Departement auf den Standpunkt, nachdem das Vorhaben die bundesrechtliche
Genehmigung erhalten habe, sei der Kanton nicht mehr befugt, die allenfalls noch
erforderlichen eigenen Bewilligungen zu verweigern. Auf staatsrechtliche Klage der
Genfer Regierung hin stellte das Bundesgericht klar, der Kanton sei unbesehen des
atomrechtlichen Verfahrens weiterhin zuständig „pour entreprendre la procédure
de classement en zone industrielle du site de Verbois destiné à l'implantation d'une
centrale nucléaire" (BGE 103 Ia 329, S. 350.)

In einigen *weiteren Fällen* wurde die vom Kanton erhobene Behauptung, der Bund 7
habe seine Zuständigkeiten überschritten, verneint:
- *BGE 117 Ia 202, Schweizerische Eidgenossenschaft,* und *117 Ia 221, République et
canton de Genève,* beide betreffend Behandlung von Staatsschutzakten;
- *BGE 125 II 152, Kanton St. Gallen,* betreffend Zulassung von Geldspielautoma-
ten.

b. Kompetenzüberschreitung durch den Kanton

Ein Kompetenzkonflikt liegt auch vor, wenn der *Kanton seine Zustän-* 8
digkeit überschreitet, indem er eine Kompetenz in Anspruch nimmt, die
nach der verfassungsmässigen Aufgabenteilung dem Bund zusteht.

9   *Fallbeispiel zu Rz. 8: BGE 108 Ib 392, Schweizerische Eidgenossenschaft.* Aufgrund seiner Gesetzgebungskompetenz auf dem Gebiet des Zivilrechts ist der Bund zum Erlass von Vorschriften über das Bürgerrecht der Frau im Falle von Heirat allein zuständig. Art. 161 ZGB in der bis Ende 1987 gültigen Fassung sah vor, dass die Frau das Bürgerrecht des Ehemannes annimmt und zugleich ihr bisheriges Bürgerrecht verliert. Der Kanton Basel-Stadt war darum nicht befugt, Vorschriften zu erlassen, wonach eine Basler Bürgerin auch bei Heirat mit Schweizern aus anderen Kantonen ihr angestammtes Bürgerrecht beibehalten kann.

       c.   *Positive und negative Kompetenzkonflikte*

10   In beiden vorgenannten Fällen (Rz. 5 und 8) handelt es sich um *positive Kompetenzkonflikte,* weil Bund *und* Kanton ein und dieselbe Kompetenz beanspruchen.

11   Von einem *negativen Kompetenzkonflikt* spricht man, wenn Bund und Kanton sich beide für unzuständig halten. Zur Lösung negativer Kompetenzkonflikte trägt Art. 49 Abs. 1 BV nichts bei.

12   *Fallbeispiel zu Rz. 11: BGE 106 Ia 38, Regierungsrat des Kantons St. Gallen.* 1980 stritten sich der Kanton St. Gallen und das Eidgenössische Departement des Innern um die Frage, wer für die Behandlung einer Beschwerde gegen die zollrechtliche Beschlagnahme einer Warensendung zuständig sei; beide Seiten weigerten sich, die Beschwerde an die Hand zu nehmen.

II.   Regel im Konfliktfall: „Bundesrecht bricht kantonales Recht"

1.   Rechtsgrundlage und Funktion

13   Unter dem Titel *„Vorrang und Einhaltung des Bundesrechts"* bestimmt *Art. 49 BV:*

    [1] Bundesrecht geht entgegenstehendem kantonalem Recht vor.

    [2] Der Bund wacht über die Einhaltung des Bundesrechts durch die Kantone.

Abs. 1 legt den Vorrang des Bundesrechts fest. Kürzer, wenn auch ungenauer, kann man sagen: „Bundesrecht bricht kantonales Recht." Statt vom „Vorrang" sprechen Lehre und Rechtsprechung häufig auch von der „derogatorischen Kraft" des Bundesrechts. *Abs. 2* zieht aus Abs. 1 die naheliegende Konsequenz: Es ist am Träger des vorrangbewehrten Rechts, nämlich am Bund, dafür zu sorgen, dass die Kantone das Bundesrecht einhalten und dass sie – sollte es zu Konflikten mit kantonalen Bestimmungen kommen – den Vorrang des Bundesrechts respektieren.

Art. 49 Abs. 1 BV beseitigt einen guten Teil der Konflikte zwischen Bundesrecht und kantonalem Recht und trägt damit zur Einheit der Rechtsordnung bei. Insofern versieht die Bestimmung eine *rechtsstaatliche Funktion*. Darüber hinaus ermöglicht sie dem Bund, seine Rechtsordnung gegen widerstrebende Regelungsansprüche der Kantone wirksam durchzusetzen. Hier liegt die *bundesstaatliche Funktion* der Vorrangregel. 14

Die *BV 1874* sprach den Vorrang des Bundesrechts nicht ausdrücklich aus. Er ergab sich aber – wie heute auch – stillschweigend bereits aus der Kompetenzhoheit des Bundes (Art. 3 aBV; vgl. auch BBl 1997 I 216). Das Bundesgericht zog als Rechtsgrundlage des Vorrangs seit langem Art. 2 ÜB aBV heran (statt vieler BGE 122 I 139 E. 4a S. 145, X.). Diese Bestimmung lautete: 15

> Diejenigen Bestimmungen der eidgenössischen Gesetzgebung, der Konkordate, der kantonalen Verfassungen und Gesetze, welche mit der neuen Bundesverfassung im Widerspruch stehen, treten mit Annahme derselben, beziehungsweise der Erlassung der darin in Aussicht genommenen Bundesgesetze, ausser Kraft.

2. „Bundesrecht"

a. *Vorrangbewehrtes Bundesrecht im Allgemeinen*

Am Vorrang des Bundesrechts haben *Bundeserlasse aller Stufen in gleicher Weise* teil, oder anders: Bundesverfassung, Bundesgesetze und Bundesverordnungen gehen widersprechendem kantonalem Recht aller Stufen vor. Im äussersten Fall müsste also eine kantonale Verfassungsbestimmung selbst vor einer Bundesratsverordnung zurücktreten (BGE 118 Ia 299 E. 3a S. 301, Chambre genevoise immobilière): 16

> „La force dérogatoire du droit fédéral implique que la législation fédérale l'emporte sur une réglementation cantonale, quel que soit leur niveau respectif."

Zum vorrangbewehrten Bundesrecht zählt ebenso das für die Schweiz massgebliche *Völkerrecht* (vorn § 9 Rz. 6 und 26). 17

b. *Sonderfall: Kompetenzwidriges Bundesrecht*

Der Vorrang des Bundesrechts würde streng genommen nur gelten, soweit der Bund im Rahmen seiner verfassungsmässigen Zuständigkei- 18 ten verbleibt (Art. 3 und 42 BV). Nun sind aber Bundesgesetze für das Bundesgericht und die anderen rechtsanwendenden Behörden massgebend (Art. *190 BV), und zwar unabhängig davon, ob die Zuständigkeitsgrenzen beachtet wurden. Daher profitieren im Ergebnis auch *kompetenzwidrige Bundesgesetze* vom Vorrang des Bundesrechts (BGE 91 I 17 E. 2 S. 19, Fondation Nordmann; AUBERT, Commentaire, Art. 49 Rz. 7). Freilich sind kompetenzwidrige Bundesgesetze selten.

19   Dagegen haben *kompetenzwidrige Bundesverordnungen* dem kompetenzgerechten kantonalen Recht zu weichen, es sei denn, die Kompetenzwidrigkeit der Bundesverordnung sei durch ein Bundesgesetz gedeckt (vgl. vorn § 8/III sinngemäss).

20   *Kompetenzwidriges Völkerrecht* lässt sich kaum denken, denn der Bund hat kraft Art. 54 BV das Recht, Staatsverträge auch über Gegenstände des kantonalen Zuständigkeitsbereichs zu schliessen (vorn § 20 Rz. 45).

3.   „Entgegenstehendes kantonales Recht"

a.   Vorrangbelastetes kantonales Recht im Allgemeinen

21   Der Vorrang des Bundesrechts richtet sich gegen *kantonales Recht aller Stufen.*

22   Kantonales Recht kann dem Bundesrecht nur dann *„entgegenstehen"*, wenn es ihm in der Sache genügend nahe kommt. Ein Konflikt zwischen Bundesrecht und kantonalem Recht setzt mit anderen Worten voraus, dass Bund und Kantone sich mit dem gleichen Lebenssachverhalt befassen, d.h. den *gleichen Regelungsgegenstand* im Auge haben. Für das Weitere sind zwei Fallgruppen zu unterscheiden.

– *Fallgruppe 1:* Der Konflikt zwischen Bundesrecht und kantonalem Recht kann sich darum einstellen, weil Bund und Kantone innerhalb des gleichen Regelungsgegenstandes *die gleiche Rechtsfrage unterschiedlich beantworten* (Abschnitt III).

– *Fallgruppe 2:* Ein Konflikt kann auch schon dann eintreten, wenn Bund und Kantone innerhalb des gleichen Regelungsgegenstands *unterschiedliche Rechtsfragen so beantworten, dass widersprechende Rechtsfolgen eintreten* (Abschnitt IV).

b. Sonderfall: Gleichlaufendes kantonales Recht

Das kantonale Recht kennt mitunter Vorschriften, deren Inhalt sich   23
mit bundesrechtlichen Vorschriften *ganz oder teilweise deckt.* Die wichtigsten Fälle sind:

- *Grundrechtsgarantien der Kantonsverfassung, die sich mit verfas-
  sungsmässigen Rechten des Bundes überschneiden.* So gewährleistet z.B.
  Art. 6 KV-GL die Glaubens- und Gewissensfreiheit. Eine vergleich-
  bare Garantie enthält aber auch Art. 15 BV.
- *Aufgabennormen in der Kantonsverfassung, die sich mit Bundeskompe-
  tenzen überschneiden.* Mehrere Kantonsverfassungen zählen den
  Umweltschutz zu den kantonalen Aufgaben (z.B. Art. 114 KV-SO).
  Mit Art. 74 BV kennt die Bundesverfassung eine entsprechende
  Aufgabenzuweisung an den Bund.
- *Kantonale Gesetzesbestimmungen, die bestimmte Normgehalte aus
  Grundsatzgesetzen des Bundes aufnehmen.* Kantonale Baugesetze wie-
  derholen aus Gründen der Lesbarkeit gerne gewisse Bestimmungen
  aus dem Raumplanungsgesetz des Bundes (vgl. z.B. Art. 81 Abs. 1
  des bernischen Baugesetzes vom 9. Juni 1985 und Art. 24 RPG).

Art. 49 Abs. 1 BV stellt klar, dass der Vorrang des Bundesrechts nur bei   24
entgegenstehendem kantonalem Recht greift. Inhaltlich mit Bundesrecht
übereinstimmende Vorschriften der Kantone sind nicht vorrangbelastet
und die für kompetenzwidriges kantonales Recht vorgesehene Nich-
tigkeitsfolge (Rz. 28) tritt für sie nicht ein. Zu Ende gedacht bedeutet
dies, dass die *Kantone zum Erlass gleichlaufender Vorschriften* zuständig
bleiben (skeptisch dazu AUBERT, Commentaire, Art. 49 Rz. 6).

Solchen Vorschriften kommt allerdings im Verhältnis zu den entspre-   25
chenden Bundesnormen *grundsätzlich keine selbständige Bedeutung* zu.
Ein allfälliger Rechtsanwendungsakt würde seine primäre Grundlage
weiterhin im Bundesrecht finden. *In besonderen Fällen* können gleichlaufende kantonale Regelungen aber gleichwohl eine *eigene Tragweite*
gewinnen, z.B.:

- wenn die kantonalen Gerichte den kantonalen Vorschriften weiter
  gehende Normgehalte zuschreiben, ohne damit gegen den Sinn der
  parallelen Bundesnorm zu verstossen; oder
- wenn die parallele Vorschrift des Bundes an Bedeutungsgehalt einbüsst oder dahinfällt und die kantonale Norm bestehen bleiben
  darf, ohne gegen ein qualifiziertes Schweigen des Bundes zu verstossen.

26   Bedeutsam sind diese Präzisierungen vor allem mit Blick auf *kantonale*
      Grundrechte, die eine Parallele im Grundrechtskatalog der Bundesver-
      fassung finden (vgl. BGE 121 I 267 E. 3a S. 269, I. M.; 119 Ia 53 E. 2
      S. 55, St.). Schon kleine Abweichungen im Wortlaut der entsprechen-
      den Grundrechtsbestimmungen können den kantonalen Behörden
      Interpretationsspielräume eröffnen, die von der Bundesverfassung her
      gesehen möglicherweise nicht bestehen. Selbst bei übereinstimmendem
      Wortlaut ist es der kantonalen Rechtsprechung unbenommen, aus der
      Kantonsverfassung Grundrechtsansprüche abzuleiten, die das Bundes-
      gericht für das gleichlautende Grundrecht der Bundesverfassung noch
      nicht anerkannt hat. Selbständige Bedeutung gewännen die kantonalen
      Grundrechte schliesslich auch für den unwahrscheinlichen Fall, dass
      das korrespondierende verfassungsmässige Recht des Bundes durch den
      Bundesverfassungsgeber oder durch das Bundesgericht zurückgenom-
      men würde.

27   Art. 49 Abs. 1 BV *beendet* einen *absurd anmutenden Rechtszustand.* Tatsächlich
      wurde unter der BV 1874 das gleichlaufende kantonale Recht teilweise als nichtig
      betrachtet. Zwar liege kein Normkonflikt vor; habe der Bund aber eine Regelung
      getroffen, so bestehe die Regelungskompetenz der Kantone insoweit nicht mehr.
      Folglich sei schon die blosse Wiederholung bundesrechtlicher Normgehalte im
      kantonalen Recht eine kompetenzwidrige Handlung, die die Nichtigkeit der ent-
      sprechenden Vorschriften nach sich ziehe (in diesem Sinne noch AUBERT, Bundes-
      staatsrecht, Rz. 640 f.; HÄFELIN/HALLER, Bundesstaatsrecht, Rz. 1183). Für die mit
      der Bundesverfassung übereinstimmenden Grundrechte der Kantone machte das
      Bundesgericht freilich seit je eine Ausnahme: Sie galten nicht als nichtig, sondern
      lediglich als suspendiert (vgl. die in Rz. 26 zitierten BGE). Aber auch ausserhalb der
      Grundrechte dachte die Behördenpraxis nicht ernsthaft daran, paralleles kantonales
      Recht mit Nichtigkeit zu belegen. So hielt der Bundesrat zum Aufgabenkatalog der
      Berner Kantonsverfassung fest (BBl 1994 I 401, 408):

> „Zahlreiche der aufgeführten Aufgabenbereiche überschneiden sich
> zwar mit Bundeskompetenzen ..., doch keiner in einer Art, die dem
> Bundesrecht widersprechen müsste. Wo der Bund Rahmen- oder
> andere Gesetze erlassen hat, verbleiben dem Kanton gewichtige
> Vollzugsaufgaben und Restkompetenzen, welche eine Erwähnung
> im Aufgabenkatalog auch im Sinne einer Informationsfunktion der
> Verfassung zu rechtfertigen vermögen.“

4. „Geht ... vor"

a. *Rechtsetzungsakte der Kantone*

Bundesrechtswidrige Erlasse der Kantone sind *ohne weiteres nichtig*, d.h. 28
rechtlich ungültig.
- *Vorbestehendes kantonales Recht* wird nichtig, sobald der Bund eine
  neue widersprechende Regelung trifft. Bei ausschliesslichen Bundeskompetenzen tritt die Nichtigkeit bereits mit der Begründung der
  Bundeskompetenz in der Bundesverfassung ein, bei konkurrierenden Bundeskompetenzen dagegen erst mit der Inkraftsetzung der
  ausführenden Bundesgesetzgebung.
- *Neue kantonale Vorschriften,* die im Zeitpunkt ihres Erlasses dem
  bereits bestehendem Bundesrecht widersprechen, sind von Beginn
  weg nichtig, oder anders: Die widersprechende kantonale Regelung
  konnte gar nie gültig zustande kommen.

Bundesrechtswidrige kantonale Erlasse leben nach einem Wegfall des
entgegenstehenden eidgenössischen Rechts nicht wieder auf.

Kritik am Nichtigkeitsdogma üben AUER/MALINVERNI/HOTTELIER, Droit consti- 29
tutionnel I, Rz. 1043 ff. Die Argumente wirken wenig überzeugend. Aus den Stan-
dardformulierungen der juristischen Praxis (Rz. 1044) lässt sich von vornherein
nichts ableiten; der Sprachgebrauch kann auch ungenau sein. Inwiefern die vorgeschlagenen Sanktionen – Legiferierungsverbot an die Adresse des unzuständigen
Gesetzgebers, Anwendungsverbot an die Adresse der rechtsanwendenden Behörden
(Rz. 1045 f.) – im Vergleich zur Nichtigkeitssanktion angemessener sein sollen
(oder sich von ihr überhaupt unterscheiden), wird nicht ersichtlich. Dass endlich
oftmals erst ein Gerichtsverfahren Klarheit über die Bundesrechtswidrigkeit eines
kantonalen Erlasses verschafft (Rz. 1047), spricht nicht gegen dessen Nichtigkeit.
Man sollte nicht vergessen, dass den Kantonen schon nur die *Zuständigkeit* zum
Erlass bundesrechtswidriger Vorschriften fehlt – und wem die Zuständigkeit fehlt,
der vermag auch keine gültigen Rechtswirkungen hervorzubringen.

b. *Rechtsanwendungsakte der Kantone*

Rechtsanwendungsakte, die sich auf kompetenzwidriges und damit nich- 30
tiges kantonales Recht stützen, gelten in der Regel nur als *anfechtbar.*
Unterbleibt die Anfechtung, so werden auch solche Anwendungsakte
formell rechtskräftig. Das scheint auf den ersten Blick widersprüchlich.
Aus Gründen der Rechtssicherheit bleibt aber keine andere Lösung.
Denn im Unterschied zur generell-abstrakten Norm legt der Rechtsanwendungsakt ein konkretes Rechtsverhältnis fest und weckt damit

individuelle Vertrauenserwartungen einzelner Bürger in die Rechtsbeständigkeit der verfügten Rechte und Pflichten.

Nur *ausnahmsweise* darf bei fehlerhaften Verfügungen auf *Nichtigkeit* geschlossen werden: nämlich wenn der Anwendungsakt wegen der Bundesrechtswidrigkeit des zugrunde liegenden Erlasses einen besonders schweren Mangel aufweist, dieser Mangel offensichtlich oder zumindest leicht erkennbar war und durch Annahme der Nichtigkeit die Rechtssicherheit nicht ernsthaft gefährdet wird (so genannte Evidenztheorie; vgl. BGE 116 Ia 215 E. 2c S. 219 f., R. und Kons.).

III. Fallgruppe 1: Gleicher Regelungsgegenstand, gleiche Rechtsfrage, widersprechende Regelungen

31 Die Konfliktkonstellation „gleicher Regelungsgegenstand, gleiche Rechtsfrage, widersprechende Regelungen" tritt ein, wenn Bundesrecht und kantonales Recht dieselbe Rechtsfrage aus dem Bereich desselben Regelungsgegenstandes auf unterschiedliche Weise regeln. Es liegt ein Normkonflikt vor, der zugleich einem Kompetenzkonflikt entspricht.

1. Grundsatz: Verbot kantonalrechtlicher Übergriffe auf bundesrechtlich geregelte Fragen

32 Rechtsfragen, die der Bund geregelt hat, dürfen von den Kantonen nicht abweichend beantwortet werden (BGE 120 Ia 89 E. 2b S. 90 f., Fédération suisse des entreprises de travail temporaire). Das Prinzip ist in der praktischen Handhabung nicht immer einfach. Der Bund kann eine Rechtsfrage nämlich nicht nur durch ausdrückliche Regelung, sondern auch durch bewusstes Stillschweigen belegt haben.

2. Widerspruch des kantonalen Rechts zu einer ausdrücklichen Regelung des Bundes in der Sache

33 Ein Kompetenzkonflikt kann zunächst dadurch entstehen, dass die kantonale Regelung einer *ausdrücklichen Bundesregelung direkt widerspricht*.

34 *Fallbeispiel 1 zu Rz 33: BGE 122 I 18, G.* Die Stimmberechtigten des Kantons Zürich hiessen am 12. März 1995 eine Revision der kantonalen Bestimmungen über die fürsorgerische Freiheitsentziehung gut. Die Gesetzesvorlage betraf unter anderem die Frage, welche Personen im Falle eines fürsorgerischen Freiheitsentzugs berech-

tigt seien, den Richter anzurufen. Zur selben Frage äussert sich aber auch das einschlägige Bundesrecht. Das Bundesgericht führte aus (E. 2c/bb S. 30 f.):

> „Nach Art. 397d Abs. 1 ZGB steht das Recht, im Falle einer fürsorgerischen Freiheitsentziehung den Richter anzurufen, der betroffenen oder einer ihr nahestehenden Person zu ... Das Bundesgericht versteht darunter jene Personen, die den Betroffenen zufolge Verwandtschaft oder Freundschaft oder wegen ihrer Funktion oder beruflichen Tätigkeit (Arzt, Sozialhelfer, Priester oder Pfarrer etc.) gut kennen ... Nach der hier angefochtenen kantonalen Bestimmung gelten als Verfahrensbeteiligte ‚nahe Angehörige, die mit der gesuchstellenden Person im gemeinsamen Haushalt leben oder sich am Einweisungsverfahren wesentlich beteiligt haben‘. ... In der Sprache des eidgenössischen Rechts sind ‚Angehörige‘ einer Person nur der Ehegatte, die Verwandten gerader Linie, die vollbürtigen und halbbürtigen Geschwister, die Adoptiveltern und Adoptivkinder, nicht aber Schwager und Schwägerin, Stiefeltern und Stiefkinder, Verlobte und Konkubinatspartner ... Wenn der Regierungsrat ausführt, unter den Begriff ‚Angehörige‘ falle auch der Konkubinatspartner und allgemein eine Drittperson, die zum Betroffenen eine gewisse Beziehung habe, so legt er die kantonale Bestimmung gegen ihren unmissverständlichen Wortlaut aus ... Die kantonale Vorschrift steht mit dem Bundesrecht in klarem Widerspruch ... und verstösst gegen den in Art. 2 ÜB aBV [heute: Art. 49 Abs. 1 BV] statuierten Grundsatz des Vorranges des Bundesrechts.“

Fallbeispiel 2 zu Rz 33: BGE 120 Ia 89, Fédération suisse des entreprises de travail temporaire. Die Vorschrift des Genfer Gesetzes über die Arbeitsvermittlung, wonach die Regierung über die Einhaltung des branchenüblichen Lohnniveaus durch die Arbeitsvermittler zu achten hat, widerspricht Art. 20 des eidgenössischen Arbeitsvermittlungsgesetzes, der lediglich die Einhaltung allfälliger Gesamtarbeitsverträge verlangt. 35

3. Widerspruch des kantonalen Rechts zu einer abschliessenden Regelung des Bundes in der Sache

Verfügt der Bund über eine *umfassende Gesetzgebungskompetenz*, so darf er die *betreffende Materie abschliessend regeln* (vorn § 20 Rz. 35). Besteht eine abschliessende Bundesregelung, so sind die Kantone nicht mehr befugt, eigene Vorschriften zum gleichen Regelungsgegenstand zu erlassen. Das Regelungsverbot an die Adresse der Kantone gilt auch mit Bezug auf Rechtsfragen, die der Bundesgesetzgeber nicht aufgegriffen hat. 36

Mitunter finden sich *ausdrückliche Erklärungen* über den abschliessenden Charakter einer Bundesregelung. 37

- Eine derartige Erklärung enthält z.b. das *Zivilrecht:* Nur soweit das Bundesrecht die Geltung kantonalen Rechts vorbehält, sind die Kantone befugt, zivilrechtliche Bestimmungen aufzustellen oder aufzuheben, sonst nicht (Art. 5 Abs. 1 ZGB).

- Ähnliches gilt im *Strafrecht:* Den Kantonen verbleiben zwar das Übertretungs-, das Verwaltungs- und das Steuerstrafrecht; das bürgerliche Kriminalrecht dagegen, d.h. die Gesamtheit der Verbrechens- und Vergehenstatbestände, ist mit dem eidgenössischen Strafgesetzbuch abgeschlossen (Art. 400 i.V.m. Art. 335 StGB).

- Schliesslich ist es den Kantonen kraft Art. 134 BV ausdrücklich verwehrt, Tatbestände mit *indirekten Steuern* zu belegen, die der Bundesgesetzgeber seinerseits als Gegenstand einer solchen Steuer bezeichnet oder im Gegenteil für steuerfrei erklärt hat.

38   Ob der Bundesgesetzgeber abschliessend legiferieren wollte, wird aus dem Gesetzeswortlaut *zumeist aber nicht unmittelbar ersichtlich.* Dann muss die Antwort durch Auslegung gewonnen werden.

Abschliessender Natur ist etwa das *Schuldbetreibungs- und Konkursrecht des Bundes.* So wurden folgende Regelungen des kantonalen Rechts für unzulässig erklärt: die Einführung eines Wohnsitzerfordernisses für Geschäftsagenten gemäss Art. 27 SchKG (BGE 71 I 249 E. 4 f. S. 253 ff., Müller-Schuler) und die Pflicht zur Veröffentlichung provisorischer Verlustscheine (BGE 26 I 215 E. 3 S. 219 ff., Sidler).

Gleiches gilt vom eidgenössischen *Arbeitsvermittlungsgesetz* (BGE 120 Ia 89 E. 3b S. 93, Fédération suisse des entreprises de travail temporaire).

39   Im Bereich einer abschliessenden Bundesregelung ist es den Kantonen insbesondere untersagt, in ein *qualifiziertes Schweigen des Bundes* einzugreifen. Dies wäre der Fall, wenn der Kanton einen Lebenssachverhalt regelt, den der Bundesgesetzgeber ungeregelt lassen wollte, oder wenn der Kanton einen Lebenssachverhalt über das Bundesrecht hinaus weiteren Vorschriften unterwirft, obwohl sich das Bundesrecht als abschliessend versteht.

40   *Fallbeispiel 1 zu Rz. 39: BGE 117 Ia 472, Sozialdemokratische Partei Basel-Stadt.* In der Volksabstimmung vom 20. Mai 1990 hiessen die Stimmberechtigten das Kantons Basel-Stadt eine Ergänzung des kantonalen Übertretungsstrafgesetzes gut. Danach wird bestraft, wer sich bei bewilligungspflichtigen Versammlungen, Demonstrationen und sonstigen Menschenansammlungen unkenntlich macht. In staatsrechtlichen Beschwerden an das Bundesgericht wurde vorgebracht, das Vermummungsverbot verstosse gegen den Vorrang des Bundesrechts: Das eidgenössische Strafgesetzbuch kenne keinen entsprechenden Straftatbestand, vielmehr sei davon auszugehen, dass der Bundesgesetzgeber die Maskierung habe straflos lassen wollen. Das Bundesgericht kam zum Ergebnis, das StGB regle die Angriffe auf den öffentlichen Frieden nicht durch ein geschlossenes System von Normen; ein qualifiziertes

Schweigen liege darum nicht vor und es sei dem kantonalen Gesetzgeber unbenommen, die Vermummung zum Übertretungsstraftatbestand zu erklären (E. 2 S. 473 ff.). Die weitere Überprüfung des Vermummungsverbots betraf grundrechtliche Aspekte (E. 3 f. S. 477 ff.).

Fallbeispiel 2 zu Rz. 39: BGE 116 IV 19, Ministère public du canton de Neuchâtel. 41
Nachdem A., B. und Z. Unmengen Bier getrunken hatten, kletterte Z. auf einen Baum, fiel herunter und blieb mit Nasenbluten bewusstlos liegen. A. und B. begaben sich nach Hause. Z. starb an den Folgen des Sturzes. Der Vorfall ereignete sich im Juni 1989. Die Staatsanwaltschaft des Kantons Neuenburg drang auf Bestrafung von A. und B. wegen unterlassener Nothilfe gemäss Art. 9 des kantonalen Einführungsgesetzes zum StGB. Diese Norm stellt unterlassene Nothilfe in allgemeiner Weise unter Strafe. Nach Art. 128 StGB macht sich hingegen nur strafbar, wer einem Menschen nicht hilft, den er selbst verletzt hat oder der in unmittelbarer Lebensgefahr schwebt. Der zweite der genannten Straftatbestände – Unterlassung der Nothilfe bei Lebensgefahr – gilt seit dem 1. Januar 1990. Mit dem Inkrafttreten der erweiterten eidgenössischen Strafnorm waren die entsprechenden kantonalen Übertretungstatbestände aus der Zeit vor 1990 mittlerweile ungültig geworden. A. und B., deren Strafverfahren 1990 noch hängig war, gingen daher straffrei aus (E. 3 S. 21 ff.).

4. Widerspruch des kantonalen Rechts zu einer abschliessenden Planungs- und Bewilligungskompetenz des Bundes

Für bestimmte Bauvorhaben bestehen *besondere, bundesgesetzlich gere-* 42
gelte Planungs- und Bewilligungsverfahren. Der Bundesgesetzgeber kann vorsehen, dass die eidgenössische Plangenehmigung oder Baubewilligung von der Einholung entsprechender kantonaler Genehmigungen entbindet. Solche Regelungen machen das kantonale Bau- und Planungsrecht zwar nicht generell ungültig. Sie begründen aber im Einzelfall die Alleinzuständigkeit der Bundesbehörden und bewirken, dass die *bundesrechtlich regierten Vorhaben am vorgesehenen Standort vom Geltungsbereich der kantonalen Vorschriften ausgenommen* werden. Solche Vorhaben dürfen daher weder einem kantonalen Baubewilligungsverfahren unterworfen werden noch Gegenstand eigentümerverbindlicher Raumpläne des Kantons bilden. Ein Beispiel dafür findet sich im Eisenbahngesetz:

> **Art. 18 EBG** *Plangenehmigungsverfahren; Grundsatz*
>
> [1] Bauten und Anlagen, die ganz oder überwiegend dem Bau und Betrieb einer Eisenbahn dienen (Eisenbahnanlagen), dürfen nur mit einer Plangenehmigung erstellt oder geändert werden.
>
> [2] Genehmigungsbehörde ist:
> a. das Bundesamt;
> b. bei Grossprojekten gemäss Anhang das Departement.

[3] Mit der Plangenehmigung werden sämtliche nach Bundesrecht erforderlichen Bewilligungen erteilt.

[4] Kantonale Bewilligungen und Pläne sind nicht erforderlich. Das kantonale Recht ist zu berücksichtigen, soweit es die Bahnunternehmung in der Erfüllung ihrer Aufgaben nicht unverhältnismässig einschränkt.

[5-6] ...

Weitere Regelungen dieser Art gelten für Militärbauten (Art. 126 MG), Nationalstrassen (Art. 26 NSG), Stromanlagen (Art. 16 EleG), Rohrleitungsanlagen (Art. 2 RLG) und Flugplätze (Art. 37 LFG). Die genannten Bundesvorschriften schliessen aber kantonales Recht nicht aus, welches die kantonalen Behörden verpflichten will, bei den Bundesbehörden auf eine zurückhaltende Bewilligungspraxis hinzuwirken (vgl. ZBl 1995 457, betreffend eine kantonale Volksinitiative „für einen rücksichtsvollen Luftverkehr").

43   *Rechtsprechungshinweise zu Rz. 42:*
      –   *BGE 123 II 317, Stadt Zürich*, betreffend Öffnungszeiten von Verkaufsgeschäften im Hauptbahnhof Zürich.
      –   *BGE 122 II 265, Stadt Zürich*, betreffend Bewilligungsverfahren für ein Geschäftszentrum im Hauptbahnhof Zürich.

IV. Fallgruppe 2: Gleicher Regelungsgegenstand, unterschiedliche Rechtsfragen, widersprechende Regelungen

44   Die zweite Fallgruppe zeichnet sich dadurch aus, dass die eidgenössische und die kantonale Regelung zwar den gleichen Gegenstand betreffen, dabei aber nicht die gleiche Rechtsfrage beantworten. Bund und Kanton nähern sich also vom Boden ihrer je eigenen Zuständigkeiten aus dem gleichen Lebensbereich, wenden sich aber je unterschiedlichen Aspekten dieses Lebensbereichs zu und verfolgen dabei je eigene – möglicherweise konträre – Regelungsziele. Zu einem Normkonflikt kommt es erst dann, wenn die anzuwendenden eidgenössischen und kantonalen Vorschriften widersprechende Rechtsfolgen zeitigen. Der Normkonflikt als solcher bleibt folgenlos. In seltenen Fällen kann der Normkonflikt aber in einen Kompetenzkonflikt umschlagen.

1. Grundsatz: Kumulative Anwendung von Bundesrecht und kantonalem Recht unter Vorbehalt des Kompetenz- missbrauchs

Grundsätzlich sind die kantonalen und die eidgenössischen Normen 45
kumulativ anzuwenden. Dies gilt auch dann, wenn ein Vorhaben allein
an den Voraussetzungen des kantonalen Rechts scheitern sollte: Ein
genereller Zielkonflikt zwischen kantonalem und eidgenössischem
Recht genügt noch nicht, um eine kantonale Norm bundesrechtswidrig
erscheinen zu lassen (BGE 111 Ia 303 E. 6c S. 311, Sozialdemokratische
Partei Graubünden).

Eine *Ausnahme vom Grundsatz der kumulativen Anwendung* gilt für 46
den Fall, dass der Kanton unter Berufung auf seine Zuständigkeiten
danach trachten sollte, die korrekte Umsetzung des Bundesrechts zu
vereiteln. Derartiges Verhalten wäre *Kompetenzmissbrauch.* Als Verstoss gegen das Gebot von Treu und Glauben (Art. 5 Abs. 3 BV) muss
ein Kompetenzmissbrauch gleich wie die offene Kompetenzüberschrei-
tung zur Nichtigkeit des entsprechenden kantonalen Rechts führen.

Fallbeispiel zu Rz. 45 f.: BGE 122 I 70, Schweizerischer Hängegleiter-Verband. Die 47
Landsgemeinde des Kantons Appenzell Innerrhoden erliess am 30. April 1995 ein
neues Alpgesetz. Art. 8 Abs. 2 des Gesetzes bestimmt: „Das Starten und Landen
mit Deltaseglern oder anderen Fluggeräten ist im Alpgebiet mit Ausnahme der
bewilligten Start- und Landegebiete verboten." Es fragte sich, ob diese Bestimmung
mit der eidgenössischen Luftfahrtgesetzgebung vereinbar sei. Das Bundesgericht
kam zum Schluss, das Luftfahrtrecht des Bundes regle das Starten und Landen mit
Hängegleitern nicht abschliessend und die Kantone seien weiterhin frei, im Interesse des Natur- und Heimatschutzes Einschränkungen anzuordnen (E. 3b S. 75 f.):

> „Vom bundesrechtlich umfassend geregelten Sachbereich der Luft-
> fahrt sind die der kantonalen Kompetenz unterstehenden Befugnisse
> zu unterscheiden, zum Beispiel auf den Gebieten der Raumplanung,
> des Baurechts und des Natur- und Heimatschutzes. In solchen Be-
> reichen ist kompetenzgemäss erlassenes kantonales Recht auch an-
> wendbar auf Sachverhalte, die hinsichtlich ihrer luftfahrtspezifi-
> schen Aspekte durch die Luftfahrtgesetzgebung des Bundes erfasst
> sind ... Das kantonale Recht regelt in diesem Falle nicht dieselbe
> Rechtsfrage wie das Bundesrecht; es liegt kein Kompetenzkonflikt
> vor, sondern eine Kompetenzkumulation, was sich darin äussert,
> dass auf einen Sachverhaltskomplex mehrere einschlägige Gesetz-
> gebungen kumulativ anwendbar sein können ... Insoweit werden die
> kantonalen Kompetenzen nur beschnitten, wenn die Spezialgesetz-
> gebung des Bundes ausdrücklich von der Einhaltung der kantonalen
> Vorschriften dispensiert ... oder sonst wie nach ihrem klaren Sinn
> auch hinsichtlich dieser Aspekte als abschliessend zu betrachten
> ist ..."

48 *Weitere Rechtsprechungshinweise zu Rz. 45 f.:*
- *BGE 98 Ia 395 E. 3 S. 400 f.*, *Karl Vögele AG*, betreffend das Verhältnis kantonaler Ladenschlussvorschriften zum eidgenössischen Arbeitsgesetz;
- *BGE 118 Ia 299 E. 3b/cc S. 303, Chambre genevoise immobilière*, betreffend das Verhältnis des kantonalen Bau- und Planungsrechts zum Umweltrecht des Bundes;
- *BGE 119 II 411, Liechtenfelser Hof*, zum gleichen Problem.

2. Technische Plangenehmigungen des Bundes und kantonales Bau- und Planungsrecht

49 Nicht für alle spezialgesetzlich geregelten Vorhaben beansprucht der Bund die alleinige Entscheidungskompetenz (vgl. Rz. 42). Mitunter begnügt er sich mit einer *technischen Plangenehmigung,* bei der ein Vorhaben nur unter einem eingeschränkten Aspekt geprüft wird. In diesen Fällen ist zusätzlich ein eigenständiges kantonales Verfahren durchzuführen. So verhält es sich beispielsweise bei Zivilschutzbauten (Art. 55 der Verordnung über den Zivilschutz vom 19. Oktober 1994, SR 520.11) und Atomanlagen (Art. 4 AtG).

50 Allerdings gelten für das kantonale Verfahren gewisse *kompetenzrechtliche Einschränkungen.*
- Fragen, die im bundesrechtlichen Verfahren bereits abschliessend beurteilt worden sind, dürfen im kantonalen Verfahren nicht wieder aufgeworfen werden (BGE 111 Ib 102 E. 5a S. 105 f., NAGRA):

  „Gemäss Art. 4 Abs. 1 lit. a AtG bedürfen die Erstellung und der Betrieb sowie jede Änderung des Zwecks, der Art und des Umfanges einer Atomanlage einer Bewilligung des Bundes. Mit dem Bau von Atomanlagen verbundene Fragen, die im bundesrechtlichen Bewilligungsverfahren zu prüfen oder zu entscheiden sind – oder von welchen nach der bundesrechtlichen Ordnung die Erteilung einer Bewilligung nicht abhängig gemacht werden darf – können nicht Gegenstand eines zusätzlichen kantonalen Bewilligungsverfahrens bilden. Der Kanton kann daher den Bau oder Betrieb einer Atomanlage nicht verbieten unter Geltendmachung öffentlicher Interessen, deren Wahrung ins bundesrechtliche Bewilligungsverfahren verwiesen ist oder die nach der gesetzlichen Ordnung nicht massgebend sein sollen."

- Der Kanton darf raumplanerische Interessen nicht vorschieben, bloss um bundesrechtlich bewilligte Vorkehrungen zu verhindern (BGE 111 Ia 303 E. 5a S. 308, Sozialdemokratische Partei Graubünden):

„Nach wie vor gilt aber, dass ... [das kantonale Verfahren] nicht als Instrument zur Verhinderung der Errichtung von Atomanlagen missbraucht werden darf. Die kantonalen Kompetenzen dürfen nicht als Vorwand für Übergriffe in den Bereich anderer Anliegen verwendet werden ..."

3. Bundeszivilrecht und kantonales öffentliches Recht

Die Kantone werden in ihren öffentlichrechtlichen Befugnissen durch 51 das Bundeszivilrecht nicht beschränkt (Art. 6 Abs. 1 ZGB). Sie können darum auch solche öffentlichrechtliche Vorschriften erlassen, welche die zivilrechtliche Ordnung ergänzen. Dabei müssen aber nach ständiger Rechtsprechung folgende Voraussetzungen kumulativ erfüllt sein (vgl. z.B. BGE 122 I 18 E. 2b/aa S. 21, G.):

1. Der Bundesgesetzgeber darf *keine abschliessende Ordnung* getroffen haben;
2. die kantonalen Bestimmungen müssen einem *schutzwürdigen öffentlichen Interesse* entsprechen;
3. die kantonalen Bestimmungen dürfen nicht gegen *Sinn und Geist des Bundeszivilrechts* verstossen oder dessen Durchsetzung vereiteln.

Die *erste Voraussetzung* nimmt auf den Umstand Bezug, dass das Bun- 52 deszivilrecht mitunter selber schon öffentlichrechtliche Vorschriften aufstellt oder die relevanten öffentlichen Interessen zumindest mitberücksichtigt, z.B. bei der Vormundschaft oder beim Kündigungsschutz im Arbeits- und Mietrecht (Art. 360 ff. ZGB, Art. 336 ff. und 271 ff. OR). Trifft dies zu, so bleibt für kantonales öffentliches Recht von vornherein kein Raum. Andernfalls würden nämlich Rechtsfragen aufgegriffen, die der Bund bereits geregelt hat (vgl. Rz. 36 ff.). Die *zweite Voraussetzung* – Nachweis schutzwürdiger öffentlicher Interessen – hat wegen Art. 5 Abs. 2 BV keine selbständige Bedeutung mehr. Die *dritte Voraussetzung* soll einem allfälligen Kompetenzmissbrauch der Kantone entgegenwirken (Rz. 46, 50). Es ist ihnen im Besonderen untersagt, durch Verfahrensvorschriften die Wahrnehmung bundesrechtlicher Ansprüche in der Sache übermässig zu erschweren.

Fallbeispiel 1 zu Rz. 51 f.: BGE 119 Ia 390, NAGRA. Die Landsgemeinde des Kan- 53 tons Nidwalden hiess am 29. April 1990 drei Volksinitiativen gut. Die Initiativen bezweckten, die rechtliche Verfügungsgewalt des Kantons über den Untergrund sicherzustellen. In der Sache ging es darum, ein geplantes unterirdisches Zwischenlager für radioaktive Abfälle zu verhindern. So wurde u.a. festgelegt, die Erteilung von Konzessionen für die Benutzung des Untergrunds sei Sache der Landsgemeinde. Die Nationale Genossenschaft für die Lagerung radioaktiver Abfälle NAGRA machte vor Bundesgericht geltend, eine Verfügungsgewalt des Kantons über den Untergrund lasse sich mit der eidgenössischen Sachenrechtsordnung nicht vereinbaren: Das zivilrechtliche Eigentum erstrecke sich in vertikaler Richtung soweit in die Tiefe, wie ein entsprechendes Interesse des Eigentümers bestehe; Art. 667 ZGB begrenze das Eigentum mit anderen Worten nicht in gegenständlicher Weise; vielmehr habe der Eigentümer – je nach Interesse – eine Art Anwartschaft auf den Untergrund. Das Bundesgericht verwarf diese Sicht und hielt fest, die Verfügungsmacht über das Erdinnere komme dem Kanton zu, in dessen Gebiet sich der fragliche Untergrund befindet. Die kantonalen Bestimmungen griffen daher nicht in das Bundeszivilrecht ein (E. 5 S. 395 ff.).

54   *Fallbeispiel 2 zu Rz. 51 f.: BGE 110 Ia 111, X.* Der Kanton Zürich erliess am 30. November 1980 ein Gesetz über die Vermittlung von Wohn- und Geschäftsraum. § 4 des Gesetzes beauftragt die zuständige Direktion, einen Tarif über die Höchstsätze für den Mäklerlohn zu erlassen. Das Bundesgericht schützte das kantonale Gesetz. Die Auslegung der bundeszivilrechtlichen Vorschriften über den Mäklervertrag (Art. 412–418 OR) ergebe, dass der eidgenössische Gesetzgeber keine abschliessende, öffentlichrechtliche Ergänzungen verbietende Ordnung habe aufstellen wollen. Im weiteren verstosse die kantonale Tarifordnung auch nicht gegen Sinn und Geist der einschlägigen zivilrechtlichen Bestimmungen, sondern diene im Gegenteil dem Schutz des schwächeren Vertragspartners und nehme damit Anliegen auf, wie sie auch im Obligationenrecht zu erkennen sind. Die dritte Voraussetzung – Wahrung haltbarer öffentlicher Interessen – wurde unter dem Aspekt der Wirtschaftsfreiheit geprüft; auch sie war in den Augen des Gerichts erfüllt (E. 3 ff. S. 113 ff.).

55   *Weitere Rechtsprechungshinweise zu Rz. 51 f.:*
   –   *BGE 122 I 139, X.,* betreffend Solidarhaftung der Ehegatten für Steuerschulden;
   –   *BGE 121 III 266, S.,* betreffend kantonale Verfahrensvorschriften zur Mietzinsherabsetzung nach Art. 270a OR;
   –   *BGE 120 Ia 286 und 119 Ia 59, Verband Schweizerischer Kreditbanken,* betreffend das Verhältnis kantonaler Vorschriften über den Konsumkredit zum eidgenössischen Konsumkreditgesetz sowie zu Art. 73 OR über Schuldzinsen.

4.   Bundesstrafrecht und kantonales öffentliches Recht

56   Für das Verhältnis von Bundesstrafrecht und kantonalem öffentlichen Recht gilt eine ähnliche Formel wie für das Verhältnis von Bundeszivilrecht und kantonalem öffentlichen Recht (BGE 101 Ia 575 E. 4a S. 580, S.):

   „Les relations entre le droit public cantonal et le droit pénal fédéral doivent être réglées comme le sont, en vertu de l'art. 6 CC, celles du droit public cantonal et du droit civil fédéral. Dans la mesure où le droit pénal fédéral pose des règles de droit administratif, celles-ci l'emportent sur toute disposition de droit public cantonal contraire. Pour le surplus, le code pénal suisse ne porte pas atteinte au droit public cantonal ; il laisse aux cantons la compétence de protéger l'intérêt public en édictant des dispositions de droit administratif, même s'il s'agit de rapports juridiques pour lesquels la Confédération a légiféré sur le plan pénal. Cette compétence n'est cependant pas illimitée. Le droit public cantonal ne doit pas paralyser le droit pénal ni en contredire l'esprit; il doit être en harmonie avec lui ..."

Fallbeispiel zu Rz. 56: BGE 114 Ia 452, Schweiz. Vereinigung für Straflosigkeit des 57
Schwangerschaftsabbruchs. Gemäss Art. 120 Ziff. 1 StGB in der seinerzeit geltenden Fassung durften straflose Schwangerschaftsabbrüche nur durch einen „patentierten Arzt nach Einholung eines Gutachtens eines zweiten patentierten Arztes" vorgenommen werden. Die Sanitätsdirektion des Kantons Zug erliess am 12. Januar 1988 Weisungen über die straflose Unterbrechung der Schwangerschaft, wonach die nach Bundesrecht erforderlichen Gutachten bei einem fixen Expertengremium einzuholen und der Abbruch nur durch „Fachärzte FMH für Gynäkologie/Geburtshilfe" durchzuführen waren. Das Bundesgericht befand, der Bundesgesetzgeber habe in Art. 120 Ziff. 1 StGB sowohl die materiellen Voraussetzungen der straflosen Schwangerschaftsunterbrechung als auch die verwaltungsrechtlichen Massnahmen zur Abwehr von Missbräuchen abschliessend geregelt. „Diese Voraussetzungen dürfen von den Kantonen somit weder erschwert noch erleichtert werden, auch die Einführung zusätzlicher Vorkehren zur Missbrauchsbekämpfung ist unzulässig" (E. 2a S. 458).

Weitere Rechtsprechungshinweise: 58
– *BGE 119 IV 277, Ministère public du canton de Vaud,* betreffend kantonale Vorschriften über das Strafzumessungsermessen des Richters;
– *BGE 106 Ia 131, P. E.,* betreffend Befristung von Gnadengesuchen gemäss Art. 395 StGB;
– *BGE 101 Ia 575, S.,* betreffend Wohnsitzerfordernis für Schwangerschaftsabbrüche gemäss Art. 120 StGB.

V. Gerichtliche Durchsetzung des Vorrangs

1. Vorfrageweise Beachtung des Vorrangs durch die kantonalen Behörden von Amts wegen

Zumindest die obersten kantonalen Justizbehörden sind verpflichtet, 59
die Bundesverfassungskonformität des anzuwendenden kantonalen Rechts vorfrageweise zu überprüfen (vorn § 11 Rz. 43). Zu den Anforderungen der Bundesverfassung an das kantonale Recht zählt auch das Gebot, den Vorrang des Bundesrechts zu respektieren (Art. 49 BV). Im Zweifel müssen die Kantone demnach die Bundesrechtmässigkeit kantonaler Erlasse *von Amtes wegen* klären: „Dies ergibt sich ... aus der Natur des Bundesstaates und dem Vorrang des Bundesrecht vor dem

kantonalen" (BGE 92 I 480 E. 2 b S. 482, Ackermann). Die Rüge, es sei bundesrechtswidriges kantonales Recht angewendet worden, kann im Zuge eines innerkantonalen Beschwerdeverfahrens selbstredend auch von den betroffenen *Privaten* vorgebracht werden.

2. Staatsrechtliche Klage

60 Zur Behebung von Kompetenzkonflikten steht den eidgenössischen und den kantonalen *Behörden* die staatsrechtliche Klage offen (Art. *189 Abs. 2 BV, Art. 83 Bst. a OG). Die Klage kann sich auf Rechtsetzungsakte wie auch auf Rechtsanwendungsakte beziehen. Staatsrechtliche Klagen des Bundes gegen einen Kanton wegen Verletzung der derogatorischen Kraft des Bundesrechts sind selten.

61 *Rechtsprechungshinweise zu Rz. 60:*
    – *BGE 108 Ib 392, Schweizerische Eidgenossenschaft,* betreffend kantonale Vorschriften zum Bürgerrecht der Ehefrau;
    – *BGE 65 I 106, Schweizerische Eidgenossenschaft,* betreffend kantonales Verbot nationalsozialistischer und faschistischer Vereinigungen.

3. Staatsrechtliche Beschwerde

62 Der Vorrang des Bundesrechts hat zunächst organisationsrechtlichen Charakter. Das Bundesgericht anerkennt Art. 49 Abs. 1 BV aber darüber hinaus auch als *verfassungsmässiges Recht* und damit als zulässigen Beschwerdegrund im Rahmen der staatsrechtlichen Beschwerde (Art. 189 Abs. 1 Bst. a BV; Art. 84 Abs. 1 Bst. a OG). *Private* können also kantonale Erlasse mit der Begründung anfechten, sie verstiessen gegen Bundesrecht (vgl. statt vieler BGE 114 Ia 164 E. 3a S. 165 f., X.). Zulässig ist neben der abstrakten auch die vorfrageweise Normenkontrolle.
    Erkennt das Bundesgericht im Verfahren der abstrakten Normenkontrolle auf Bundesrechtswidrigkeit des kantonalen Rechts, so spricht es regelmässig die *Aufhebung der angefochtenen kantonalen Norm* aus (vgl. z.B. BGE 122 I 18 E. 2c/bb S. 31, G.; 119 Ia 197 S. 199, Schweizerischer Kanuverband). Genau genommen gibt es in solchen Fällen aber nichts aufzuheben, denn bundesrechtswidriges kantonales Recht ist von Anfang an nichtig (Rz. 28). Es würde also genügen, die *Nichtigkeit* des kantonalen Erlasses bloss *festzustellen.*
    Für *Beispiele* staatsrechtlicher Beschwerden vgl. bei den oben III und IV aufgeführten Fällen.

63 Zur Überprüfung kantonaler Erlasse auf ihre Bundesrechtsmässigkeit eignet sich unter Umständen auch die *Stimmrechtsbeschwerde,* ein Son-

derfall der staatsrechtlichen Beschwerde (Art. 85 Bst. a OG). So kann ein Bürger sein Stimmrecht dadurch verletzt sehen, dass die kantonale Behörde eine bundesrechtswidrige Volksinitiative zur Abstimmung bringt. Diese Rüge ist aber nur zulässig, wenn die kantonale Behörde aufgrund des kantonalen Rechts verpflichtet ist, bundesrechtswidrige Volksinitiativen ungültig zu erklären (hinten § 51/VI).

4. Weitere Rechtsmittel

Mit *Verwaltungsgerichtsbeschwerde* (Art. 97 ff. OG) kann u.a. gerügt werden, der Entscheid einer letzten kantonalen Instanz stütze sich zu Unrecht auf kantonales Recht statt auf öffentliches Recht des Bundes (statt vieler BGE 126 I 50 E. 1 S. 52, Swiss Online AG). Die Anwendung kantonalen Rechts anstelle des richtigerweise einschlägigen Bundesrechts bedeutet eine „Verletzung von Bundesrecht" im Sinne von Art. 104 Bst. a OG. Im Ergebnis wird damit der Vorrang des Bundesrechts angerufen. 64

Auch mit *Berufung* (Art. 43 OG), *Nichtigkeitsbeschwerde in Zivilsachen* (Art. 68 Abs. 1 Bst. a OG) und *Nichtigkeitsbeschwerde in Strafsachen* (Art. 269 Abs. 1 BStP) kann unter Umständen eine Verletzung der derogatorischen Kraft des Bundesrechts geltend gemacht werden. Vgl. z.B. BGE 116 IV 19 E. 1 S. 20 f., Ministère public du canton de Neuchâtel. 65

3. Kapitel: Zusammenwirken von Bund und Kantonen und Bundesaufsicht

§ 23 Grundsätze des Zusammenwirkens

1   Art. 44 und 47 BV legt die *zentralen Grundsätze* fest, nach denen sich der *Umgang von Bund und Kantonen sowie der Kantone untereinander* gestalten soll. Sie betreffen teils die Zusammenarbeit und die gegenseitige Hilfe, teils die Art und Weise der Konfliktbereinigung.

I.   Zusammenarbeit und Hilfeleistung

1.   Pflicht von Bund und Kantonen zur Zusammenarbeit
(Art. 44 Abs. 1 BV)

a.   Bund und Kantone

2   Die Zusammenarbeit zwischen Bund und Kantonen ist im Verwaltungsalltag *selbstverständliche Routine.* Üblich sind z.B.:
- informelle Arbeitskontakte zwischen Bundesämtern und kantonalen Fachstellen;
- die Erarbeitung von Vollzugshilfen durch den Bund zuhanden der Kantone;
- die Teilnahme von Bundesvertretern an Verhandlungen interkantonaler Konferenzen.

Im Rahmen seiner Zuständigkeiten kann sich der Bund ausserdem an interkantonalen Verträgen beteiligen (Art. 48 Abs. 2 BV; hinten § 25 Rz. 12).

b.   Kantone untereinander

3   Die Zusammenarbeit unter den Kantonen hat in den letzten Jahren *erheblich an Bedeutung gewonnen.* Dies liegt teils an der wachsenden

Komplexität der kantonalen Aufgaben, teils aber auch daran, dass der einzelne Kanton viele seiner Aufgaben kaum noch unabhängig vom Verhalten anderer Kantone gestalten und vollziehen kann.

Hauptform der Zusammenarbeit unter Kantonen ist das *Konkordat* 4 (einlässlich dazu hinten § 25).

Daneben bestehen zahlreiche *interkantonale Konferenzen.* Diese Konfe- 5 renzen erscheinen je nach betroffener Ebene als Regierungs-, Amtsdirektoren- oder Beamtenkonferenzen. Sie dienen dem Informations- und Meinungsaustausch, der Ausarbeitung koordinierender Empfehlungen oder auch nur der Pflege persönlicher Kontakte. Die Konferenzen sind weder mit hoheitlichen Funktionen ausgestattet noch können sie rechtsverbindliche Beschlüsse fassen.
Trotz fehlender Rechtsverbindlichkeit erlangen Empfehlungen solcher Konferenzen in der Praxis häufig grosse Bedeutung; vgl. z.B. die Richtlinien für die Berechnung des betreibungsrechtlichen Existenzminimums (Notbedarf) nach Art. 93 SchKG vom 24. November 2000, erarbeitet von der Konferenz der Betreibungs- und Konkursbeamten der Schweiz, in: Blätter für Schuldbetreibung und Konkurs 2001/2002, S. 14 ff.

Den Kantonen steht es frei, auch in *privatrechtlicher Form* zusammen- 6 zuarbeiten, z.B. mittels privatrechtlicher Verträge oder durch Errichtung privatrechtlicher Stiftungen.

2. Pflicht von Bund und Kantonen zur Hilfeleistung
(Art. 44 Abs. 2 BV)

a. Bund und Kantone

Aus den Bundesgarantien nach den Art. 51–53 BV ergeben sich für den 7 Bund unter Umständen gewisse *Beistandspflichten* (vorn § 18 Rz. 42).

Ferner sind Bund und Kantone von Verfassungs wegen zur *gegenseiti-* 8 *gen Amts- und Rechtshilfe* verpflichtet (Art. 44 Abs. 2 Satz 2 BV).

b. Kantone untereinander

Beistandpflichten bestehen ebenso im horizontalen Verhältnis unter 9 Kantonen.
- Ist die *verfassungsmässigen Ordnung* in einem Kanton *gestört oder bedroht* und kann der Kanton sie nicht selber schützen, so sind die

anderen Kantone zum Beistand verpflichtet (Art. 52 Abs. 2 BV; vgl. die Verwaltungs-Vereinbarung über die Kosten interkantonaler Polizeieinsätze gemäss Artikel 16 der Bundesverfassung [1874] vom 5. April 1979, SR 133.9).

- Auch zu *weiteren Beistandpflichten* gibt es entsprechende Vereinbarungen (hinten § 25 Rz. 6).

Art. 15 aBV hielt die Kantone ausserdem zur Hilfe an, *„wenn einem Kanton vom Ausland plötzlich Gefahr droht"*. Diese Pflicht war mit der Schaffung eines einheitlichen Bundesheers längst bedeutungslos geworden; die neue Verfassung hat sie darum nicht aufgenommen (BBl 1997 I 239; vgl. auch vorn § 18 Rz. 51 a.E.).

10   Schliesslich schulden sich die Kantone *gegenseitige Amts- und Rechtshilfe.* Rechtshilfepflichten finden sich z.B. in Art. 352 und 380 StGB sowie in verschiedenen Konkordaten (hinten § 25 Rz. 6).

3.   Pflicht des Bundes zur Wahrung der kantonalen Eigenständigkeit
(Art. 47 BV)

11   Art. 47 BV verpflichtet den Bund, die Eigenständigkeit der Kantone zu wahren. Darin soll ein „klares verfassungsrechtliches Bekenntnis zur kantonalen Aufgaben-, Finanz- und Organisationsautonomie" liegen; die Bestimmung garantiere einen „substantiellen Föderalismus, insbesondere eine wesentliche Gestaltungsfreiheit der Kantone auf dem Gebiet der Organisation und der Finanzen" (BBl 1997 I 213; zur Autonomie der Kantone im Einzelnen vorn § 16/II).

12   Die Bestimmung hat weitgehend nur *politischen Symbolwert.* Wenn lediglich bekräftigt werden soll, was wegen Art. 3, 42 und 43 BV ohnehin gilt, ist die Bestimmung rechtlich überflüssig. Das Verbot, die Kantone zu reinen Verwaltungsbezirken ohne Organisations- und Finanzautonomie zu degradieren, folgt ohne weiteres aus der in der BV vielerorts aufscheinenden Grundentscheidung für den Bundesstaat. Im Übrigen ist angesichts der Kompetenzhoheit des Bundes (Art. 3, Art. 42 Abs. 1 BV) nicht ersichtlich, inwiefern Art. 47 BV eine ordnungsgemäss beschlossene Zuständigkeitsverschiebung zum Bund zu unterbinden vermöchte.

4.   Amtsverkehr

a.   *Bund und Kantone*

13   Der *Amtsverkehr des Bundes mit den kantonalen Regierungen* ist Sache des Bundesrats und der einzelnen Departementsvorsteher (Art. 50

Abs. 2 RVOG). *Mit anderen kantonalen Behörden sowie mit den Gemeinden* können im Rahmen ihrer Zuständigkeit die Direktoren von Bundesämtern und Gruppen unmittelbar verkehren (Art. 50 Abs. 3 RVOG).

b. Kantone untereinander

Der *Amtsverkehr zwischen den Kantonen* richtet sich nach kantonalem   14
Recht. Üblich ist der Verkehr auf gleicher Hierarchiestufe, also von Regierung zu Regierung, von Departementsvorsteher zu Departementsvorsteher, von Amtsvorsteher zu Amtsvorsteher usf.

II.   Konfliktbereinigung
(Art. 44 Abs. 3 BV)

1.   Verbot der Selbsthilfe

Art. 44 Abs. 3 BV *verbietet* Bund und Kantonen *jede Selbsthilfe* im   15
Streitfall.

Das Verbot erscheint *im Wortlaut nur implizit.* Abs. 3 statuiert zunächst bloss den   16
Vorrang der gütlichen Einigung im Streitfall. Die möglichst zu vermeidende, subsidiär aber doch zulässige Art der Streiterledigung wird nicht genannt. Gemeint ist natürlich der Gang vor Gericht. Erst wenn man den Verfassungssatz auf diese Weise zu Ende denkt, wird das Verbot der Selbsthilfe klar.
   In dieser Hinsicht liess *Art. 14 aBV* an Deutlichkeit nichts zu wünschen übrig: „Die Kantone sind verpflichtet, wenn Streitigkeiten unter ihnen vorfallen, sich jeder Selbsthilfe sowie jeder Bewaffnung zu enthalten und sich der bundesmässigen Entscheidung zu unterziehen." Vor dem Hintergrund eines seit Jahrzehnten nicht mehr erschütterten Bundesfriedens versteht man, dass der Verfassungsgeber diese Bestimmung nicht mehr nachführen mochte. Trotzdem hätte es nicht geschadet, das Verbot der Selbsthilfe, eine der zentralsten Regeln im Bundesstaat, im Verfassungstext präsent zu halten. Der Jura-Konflikt sollte gelehrt haben, dass ernsthafte Streitigkeiten unter Kantonen schneller aufbrechen können als gedacht.

2.   Pflicht zur Einigungsverhandlung

Bund und Kantone sind gehalten, Streitigkeiten *soweit möglich durch*   17
aussergerichtliche Einigung beizulegen. Die Konfliktparteien können direkt miteinander verhandeln, einen neutralen Vermittler beiziehen

oder auch bestehende Konferenzstrukturen nutzen. Zulässig wäre ferner die Bestellung eines Schiedsgerichts (FLEINER/GIACOMETTI, Bundesstaatsrecht, S. 877 Fn. 3).

18   Durch *Gesetz* können zur Erledigung bestimmter Streitfragen *besondere Bereinigungsverfahren* eingerichtet werden. Vgl. z.B.:
- Art. 12 RPG: Einigungsverhandlung unter Vermittlung des Bundes bei *Konflikten in der Richtplanung* zwischen Kantonen oder zwischen Bund und Kantonen, nötigenfalls Entscheid des Bundesrats;
- Art. 31a USG: Einigungsverhandlung unter Vermittlung des Bundes bei interkantonalen *Konflikten in der Abfallplanung*, nötigenfalls Entscheid des Bundesrats.

3.   Gerichtliche Entscheidung

19   Lässt sich die Streitigkeit nicht auf gütlichem Wege bereinigen, so ist der Rechtsweg zu beschreiten. Bestimmt das einschlägige Spezialgesetz nichts anderes, können Bund und Kantone *staatsrechtliche Klage an das Bundesgericht* führen (Art. *189 Abs. 2 BV; Art. 83 Bst. b OG).

Das Bundesgericht tritt auf staatsrechtliche Klagen allerdings auch dann ein, wenn der Versuch zur gütlichen Einigung gar nicht erst unternommen wurde; vgl. BGE 125 I 458, Canton de Vaud.

4.   Kollisionsrecht

a.   *Konflikte zwischen Bundesrecht und kantonalem Recht*

20   Bei Konflikten zwischen Bundesrecht und kantonalem Recht *geht Bundesrecht vor* (Art. 49 Abs. 1 BV; vorn § 22).

b.   *Konflikte zwischen dem Recht zweier Kantone*

21   Mit Konflikten zwischen dem Recht zweier Kantone befasst sich das *interkantonale Kollisionsrecht*. Es regelt die Abgrenzung unter den verschiedenen kantonalen Rechtsordnungen und verdeutlicht auf diese Weise die Kompetenzausscheidung im horizontalen Verhältnis.

22   Vielfach enthält schon die *Bundesverfassung* interkantonales Kollisionsrecht.

So bestimmen z.B.:
- Art. 24 Abs. 1 BV: Schweizerinnen und Schweizer haben das Recht, sich *an jedem Ort des Landes niederzulassen.*

- Art. 30 Abs. 2 BV: Jede Person, gegen die eine *Zivilklage* erhoben wird, hat Anspruch darauf, dass die Sache vom *Gericht des Wohnsitzes* beurteilt wird.
- Art. 39 Abs. 3 BV: Niemand darf die *politischen Rechte in mehr als einem Kanton* ausüben.
- Art. 95 Abs. 2 BV: Der Bund gewährleistet, dass *Personen mit einer wissenschaftlichen Ausbildung* oder mit einem eidgenössischen, kantonalen oder kantonal anerkannten Ausbildungsabschluss ihren *Beruf in der ganzen Schweiz* ausüben können.
- Art. 115 Satz 1 BV: *Bedürftige* werden von ihrem *Wohnkanton* unterstützt.
- Art. 127 Abs. 3 BV: Die *interkantonale Doppelbesteuerung* ist untersagt.

Doch auch wo die Bundesverfassung hierüber keine ausdrücklichen Normen enthält, ist der *Bund kraft föderativen Staatsaufbaus* befugt, die entsprechenden Fragen durch *Gesetz* zu regeln (vorn § 20 Rz. 13; PE-TER SALADIN, in: Kommentar aBV, Art. 3 Rz. 141). 23

Das interkantonale Kollisionsrecht knüpft wie im internationalen Verhältnis vorweg an das *Territorialitätsprinzip* an (vorn § 12 Rz. 11). Mitunter kann aber über die räumliche Zuordnung eines Sachverhalts Unklarheit bestehen. In diesen Fällen kommen weitere Anknüpfungspunkte in Frage, wie namentlich 24

- der Wohnsitz, die Niederlassung oder der Aufenthalt der berührten Personen;
- der Ort der gelegenen Sache oder der ausgeübten Tätigkeit.

III. „Bundestreue"?

1. Begriff und Funktion

Bundestreue meint die Pflicht von Bund und Gliedstaaten zu gegenseitiger *Rücksichtnahme in der Erfüllung ihrer Aufgaben.* Der Grundsatz soll sicherstellen, dass der Bundesstaat trotz staatsrechtlich komplizierter Struktur funktionsfähig bleibt und nicht durch die Egoismen einzelner seiner Teile Schaden nimmt. 25

Der Begriff stammt ursprünglich aus dem *deutschen Verfassungsrecht* (vgl. erstmals BVerfG 4, 115 [140 f.]). In der *Schweiz* ist die Figur vor allem von PETER SALADIN ins Spiel gebracht worden (Bund und Kantone, besonders S. 513 ff.). Mittlerweile scheint auch der *Bundesrat* den Grundsatz der Bundestreue ernsthaft ins Begriffsrepertoire aufgenommen zu haben (vgl. BBl 1997 I 207). 26

27   Die *Bedeutung des Prinzips im Einzelnen* ist wenig geklärt. Die wenigs-
ten Schwierigkeiten entstehen, wenn die Bundestreue als *politische Maxime* aufgefasst wird. Als solche verlangt sie von Bund und Kantonen
freundeidgenössisches Verhalten und die Wahrung bundesstaatlicher
Courtoisie. Soll die Bundestreue dagegen *Rechtsgrundsatz* sein, muss
man ihr einen bestimmten Normgehalt beilegen können. Dieser
Normgehalt dürfte sich aber weitestgehend in dem erschöpfen, was
bereits Art. 44 BV ausdrücklich statuiert: Pflicht von Bund und Kantonen zur Zusammenarbeit, zur Hilfeleistung und zur möglichst gütlichen Streiterledigung (so im Ergebnis auch BBl 1997 I 207 f.). Das Verbot des Kompetenzmissbrauchs, eine weitere Ableitung aus der Bundestreue, ergibt sich aus dem Gebot von Treu und Glauben, das auch
die staatlichen Organen untereinander bindet (Art. 5 Abs. 3 BV). Mit
gesunder Skepsis notiert das Bundesgericht in BGE 125 II 152 E. 4c/bb
S. 163 f., Kanton St. Gallen:

> „Bundestreue ... will heissen, das Bund und Kantone zu gegenseiti-
> ger Achtung und Rücksichtnahme verpflichtet sind. In rechtlicher
> Hinsicht hält sich jedoch das Gebot der Rücksichtnahme innerhalb
> der Grenzen von Verfassung und Gesetz; insbesondere ergibt sich
> aus ihm keine Rechtspflicht zum positiven Handeln eines Partners
> zugunsten des anderen, sofern eine solche Pflicht nicht durch eine
> Rechtsnorm vorgesehen ist ... Der Grundsatz stellt nicht mehr als
> eine besondere Ausgestaltung des an die Gemeinwesen gerichteten
> Gebotes dar, sich nicht nur ihren Bürgern gegenüber, sondern auch
> im gegenseitigen Verkehr jeden missbräuchlichen und widersprüch-
> lichen Handelns zu enthalten ...“

28   Die „Bundestreue" ist aus dem staatsrechtlichen Vokabular kaum noch
auszurotten. Gleichwohl sollte man den Begriff wenn irgend möglich
meiden.

– Zunächst ist er *unnötig* und *verwirrend*. Verwirrend, weil unter ein und demselben Begriffsdach zweierlei Pflichten zusammengefasst werden: einenteils
  Rechtspflichten, anderteils politische Maximen und Konventionen, mithin
  Pflichten nichtrechtlicher Natur. Und unnötig, weil sich die wenigen Rechtspflichten, die aus der Bundestreue abgeleitet werden, auf ausdrückliche Verfassungsnormen zurückführen lassen, insbesondere auf Art. 5 Abs. 3 BV (Verhalten nach Treu und Glauben) und Art. 44 BV (Grundsätze des Zusammenwirkens von Bund und Kantonen).
– Sodann provoziert der Begriff *Missverständnisse*, denn wörtlich genommen insinuiert er eine einseitige Verpflichtung der Kantone gegenüber dem Bund.
  Damit entsteht die Gefahr, dass die entsprechenden Obliegenheiten des Bundes
  in den Hintergrund gedrängt und Interessenkonflikte zwischen Bund und Kantonen vorschnell im Sinne des Bundes bereinigt werden.
– Zu allem Überfluss verbindet sich mit der Bundestreue (dies im Unterschied
  zum stehenden Ausdruck „Treu und Glauben", Art. 5 Abs. 3 BV) ein *morali-*

scher Beigeschmack. Moral aber appelliert an das Gewissen und ist als Verhaltenskodex auf natürliche Personen zugeschnitten. Bund und Kantone sind keine lebenden Wesenheiten und haben darum auch kein Gewissen. Kurzum: Im staatlichen Kontext wirkt der Begriff der Treue unpassend.

Für ausführliche Darstellung der Bundestreue und Kritik vgl. ALFRED KÖLZ, Bundestreue als Verfassungsprinzip?, ZBl 1980, S. 145, 176 f.

2. Bedeutung in der Rechtspraxis

a. Rechtsprechung des Bundesgerichts

Bis heute hat der Grundsatz der Bundestreue in der Rechtsprechung des Bundesgerichts *kaum je streitentscheidende Wirkung* entfaltet; man findet allenfalls Andeutungen.   29

Fallbeispiel 1 zu Rz. 29: BGE 111 Ia 303, Sozialdemokratische Partei Graubünden. In   30
diesem Fall war über die Gültigkeit einer Volksinitiative zu befinden, durch welche die Bündner Behörden verpflichtet werden sollten, „mit allen rechtlichen und politischen Mitteln darauf hinzuwirken, dass auf Kantonsgebiet keine Atomkraftwerke, keine Aufbereitungsanlagen für Kernbrennstoffe und keine Lagerstätten für radioaktive Abfälle errichtet werden ...". Das Kantonsparlament hatte sich auf den Standpunkt gestellt, die Verweigerung der bundesrechtlich geforderten kantonalen Mitwirkung in atomrechtlichen Bewilligungsverfahren des Bundes und die von der Initiative verlangte generell negative Haltung gegenüber der Kernenergie widersprächen nicht nur der eidgenössischen Atomgesetzgebung, sondern verletzten auch die bundesrechtliche Treuepflicht des Kantons. Das Bundesgericht ging auf die ins Spiel gebrachte Figur der Bundestreue nicht näher ein (E. 6c S. 311):

> „Die Tragweite des Grundsatzes der Bundestreue oder der bundesstaatlichen Treuepflicht ist in der Doktrin wenig geklärt und durch die Praxis nicht näher umschrieben worden ... Das Bundesgericht hat hierzu ausgeführt, ein genereller Zielkonflikt des kantonalen Rechts mit dem Bundesrecht genüge noch nicht, um eine Initiative ungültig zu machen; die Kantone seien nicht schlechthin gehindert, andere Ziele zu verfolgen als der Bund ... Wie es sich damit verhält, kann im vorliegenden Fall offen gelassen werden. Soweit in der streitigen Initiative lediglich ein Zielkonflikt mit dem Bundesrecht erblickt werden kann, reicht dieser Umstand nicht aus, um diese als bundesrechtswidrig und damit ungültig zu erklären. Hierfür ist vielmehr notwendig, dass in den Kompetenzbereich des Bundes eingegriffen wird bzw. die kantonalen Kompetenzen überschritten oder missbraucht werden ..."

Für die Ungültigerklärung der Initiative war am Ende entscheidend, dass die kantonalen Behörden auf eine durchwegs kernkraftfeindliche Haltung hätten verpflichtet werden sollen, sodass eine sachgerechte Interessenabwägung im Einzelfall nicht mehr möglich gewesen wäre (E. 6d S. 311–313).

31 *Fallbeispiel 2 zu Rz. 29: BGE 118 Ia 195, Canton de Berne.* Hier drehte sich der Streit
um die vom Rassemblement Jurassien eingereichte Initiative, welche den Erlass
eines Gesetzes über die institutionelle Einheit des Jura von Boncourt bis Neuen-
stadt zum Ziel hatte. Der Kanton Bern hielt die Initiative für bundesrechtswidrig:
Art. 5 aBV [heute: Art. 51 und 52 BV] und der Grundsatz der Bundestreue verbö-
ten dem Kanton Jura, die territoriale Integrität eines anderen Kantons in Frage zu
stellen. Das Bundesgericht führte hierzu aus (E. 5a S. 204 f. und E. 5d S. 208):

> „En vertu de l'art. 5 aCst., la Confédération garantit aux cantons
> leur territoire, leur souveraineté dans les limites fixées par l'art. 3,
> leurs constitutions, la liberté et les droits du peuple, les droits cons-
> titutionnels des citoyens, ainsi que les droits et les attributions que
> le peuple a conférés aux autorités. Cette garantie a pour corollaire
> une obligation réciproque de fidélité de la Confédération envers les
> cantons, et des cantons entre eux. Le principe de la fidélité confédé-
> rale, en vertu duquel l'Etat central et les Etats fédérés se doivent mu-
> tuellement égards, respect et assistance, est ainsi le fondement de
> l'Etat fédératif ...
>
> La volonté des autorités jurassiennes d'œuvrer en faveur de
> l'unité de l'ancien Jura bernois francophone ne constitue certes pas
> en soi une violation de l'obligation cantonale de fidélité. Elle peut
> s'affirmer dans le cadre de procédures de concertation avec le canton
> de Berne et la Confédération. Les moyens d'action principaux choi-
> sis par les initiants sont cependant d'une autre nature et, comme
> tels, incompatible avec l'art. 5 aCst."

Auch in diesem Fall war die Bundestreue aber nicht streitentscheidend: Der in der
Initiative enthaltene Gebietsanspruch werde – so das Bundesgericht – die Zusammenarbeit zwischen Bern und Jura beeinträchtigen; dies aber schade dem Allge-
meinwohl der beiden Kantone und gefährde den Bundesfrieden. Die Initiative
wurde schliesslich für ungültig erklärt, „étant incompatible avec la structure de
l'Etat fédératif et violant le droit fédéral" (E. 5d S. 208).
    Für ein weiteres Beispiel BGE 124 I 101 E. 4 S. 106, Otto Windler.

b. Praxis der politischen Bundesbehörden

32 Jahre zuvor hatte die *Bundesversammlung* einem Artikel der jurassischen Verfassung, der die Möglichkeit der Wiedervereinigung mit dem
Berner Jura vorsah, u.a. wegen Verletzung der Bundestreue die Gewährleistung versagt (BBl 1977 II 264, 274):

> „Artikel 5 der Bundesverfassung [1874] verpflichtet ... den Bund, je-
> dem Kanton sein Gebiet zu garantieren. Soll dies gegenüber dem
> Kanton Bern geschehen, so darf Artikel 138 der jurassischen Verfas-
> sung, der auf die Abtretung eines Gebiets anspielt, das sich auf de-
> mokratischem Weg für ein Verbleiben beim Kanton Bern ausge-
> sprochen hat, nicht gewährleistet werden. Es verträgt sich überdies
> nicht mit jener Grundnorm unseres föderalistischen Gemeinwesens,
> die man als ‚Bundestreue' oder ‚freundeidgenössisches Einverneh-

men' zu bezeichnen pflegt. Diese Grundnorm muss aber bejahen, wer Existenz und Funktion eines Bundesstaates bejaht."

In Wahrheit wäre der „Wiedervereinigungsartikel" – wenn überhaupt – eher der Gebietsgarantie in die Quere gekommen (Art. 53 BV; vgl. auch vorn § 18 Rz. 55). Einlässliche Darstellung dieser Affäre bei ANDREA MARCEL TÖNDURY, Der jurassische Wiedervereinigungsartikel und die Bundesversammlung als „Hüterin der bundesstaatlichen Einheit", in: ISABELLE HÄNER (Hrsg.), Nachdenken über den demokratischen Staat und seine Geschichte – Beiträge für Alfred Kölz, Zürich 2003, S. 105 ff.

§ 24 Mitwirkungsrechte der Kantone im Bund

1   Die Kantone wirken „nach Massgabe der Bundesverfassung" an der Willensbildung mit, insbesondere an der Rechtsetzung (Art. 45 Abs. 1 BV). Die einzelnen Mitwirkungsrechte ergeben sich indessen nicht schon aus diesem Grundsatz. Vielmehr müssen sie sich nach dem klaren Normwortlaut auf *besondere Verfassungsbestimmungen* zurückführen lassen. Die wichtigsten Mitwirkungsrechte sind (Einzelheiten in den folgenden Abschnitten):
   – die Wahlen in den Ständerat;
   – der Vorbehalt des Ständemehrs;
   – das Kantonsreferendum;
   – die Einberufung der Bundesversammlung;
   – die Standesinitiative;
   – der Beizug der Kantone zur Aussenpolitik des Bundes;
   – der Beizug der Kantone zur Willensbildung des Bundes und zur Umsetzung des Bundesrechts.

I.   Wahlen in den Ständerat

(Art. 150 BV)

2   Nach Art. 150 BV wählt *jeder Kanton zwei Abgeordnete* in den Ständerat. Davon ausgenommen sind die *Kantone mit halber Standesstimme*, nämlich Obwalden, Nidwalden, Basel-Stadt, Basel-Landschaft, Appenzell Ausserrhoden und Appenzell Innerrhoden: Sie haben Anspruch auf *nur einen Sitz* im Ständerat.

3   Die *Wahl in den Ständerat* richtet sich nach kantonalem Recht (Art. 150 Abs. 3 BV; hinten § 32/III und IV).

4   Die Ständeräte gelten zwar als *„Abgeordnete der Kantone"* (Art. 150 Abs. 1 BV). Sie stimmen aber wie die Mitglieder des Nationalrats *„ohne Weisungen"* (Art. 161 Abs. 1 BV). Wegen des freien Mandats haben die Kantone keine Möglichkeit, die Haltung ‚ihrer' Abgeordneten verbind-

lich festzulegen. Der Ständerat lässt sich darum – entgegen der landläufigen Meinung – kaum als politische Repräsentation der Kantone qualifizieren (hinten § 32/I), und entsprechend ist die Wahl des Ständerats auch „kein eigentliches Mitspracherecht der Kantone" (HÄFELIN/HALLER, Bundesstaatsrecht, Rz. 959).

II. Vorbehalt des Ständemehrs
(Art. 140 Abs. 1, Art. 142 Abs. 2–4 BV)

1. Begriff

Bei gewissen Abstimmungen im Bund sind zur Annahme der Vorlage die Zustimmung des Volks (das Volksmehr) *und* die Zustimmung der Kantone (das Ständemehr) erforderlich. Solche Abstimmungen werden auch als „Doppelmehrabstimmungen" bezeichnet. Sie sind vorgesehen für: 5

- *Verfassungsänderungen* (Art. 140 Abs. 1 Bst. a BV);
- den Beitritt zu *Organisationen für kollektive Sicherheit* (z.B. UNO, NATO) oder zu *supranationalen Gemeinschaften* (z.B. EU; Art. 140 Abs. 1 Bst. b BV);
- *dringlich erklärte Bundesgesetze ohne Verfassungsgrundlage*, sofern diese Gesetze länger als ein Jahr gelten sollen (Art. 140 Abs. 1 Bst. c BV).

Jeder Kanton hat eine Standesstimme; auf die Kantone Obwalden, Nidwalden, Basel-Stadt, Basel-Landschaft, Appenzell Ausserrhoden und Appenzell Innerrhoden entfällt je eine halbe Standesstimme. Bei 20 ganzen und 6 halben Standesstimmen ergibt sich ein Total von 23 Standesstimmen. Das *Ständemehr* (Art. 142 Abs. 2 BV) verlangt folglich *mindestens 12 Standesstimmen.* 6

Die einzelne *Standesstimme* richtet sich nach dem *Ergebnis der Volksabstimmung im Kanton* (Art. 142 Abs. 3 BV). Stehen in einem Kanton den Ja-Stimmen gleich viele Nein-Stimmen gegenüber, so wird seine Standesstimme zu den ablehnenden Kantonen gezählt (Art. 13 Abs. 2 BPR). 7

2.   Kollisionen zwischen Volks- und Ständemehr

8   Bei Doppelmehrabstimmungen können Volksmehr und Ständemehr auseinander fallen. Man unterscheidet – vom Volksmehr her gedacht – Positiv- und Negativkollisionen.

– Von einer *Positivkollision* wird gesprochen, wenn die Vorlage die Zustimmung des Volks fand, nicht aber jene der Kantone. Allein am Ständemehr sind in der Geschichte der schweizerischen Volksabstimmungen bisher acht Vorlagen gescheitert (darunter 1994 der Kulturartikel und die erleichterte Einbürgerung junger Ausländer).

– Eine *Negativkollision* liegt vor, wenn die Vorlage vom Volk verworfen, von den Kantonen jedoch angenommen wurde. Negativkollisionen sind bisher nur dreimal eingetreten (1910: Proporzwahl des Nationalrates; 1957: Zivilschutzvorlage; 2003: Asylinitiative).

Insgesamt bleiben solche Kollisionen *selten:* Seit 1874 ist es nur in rund 5% aller Doppelmehrabstimmungen dazu gekommen.

Zur Eventualität, wo sich Volks- und Ständemehr bei Abstimmungen über Initiative und Gegenentwurf in der Stichfrage „überkreuzen", vgl. jetzt Art. °139b Abs. 3 BV (hinten § 44 Rz. 65).

3.   Problematik des Ständemehrs

9   Das Kopfprinzip „one man, one vote" gilt als Fundamentalregel der Demokratie. Es verlangt unter anderem *Stimmkraftgleichheit:* Jede Stimme soll bei der Berechnung des Ergebnisses dasselbe Gewicht haben. Das System der Doppelmehrabstimmung bewirkt aber von Kanton zu Kanton erhebliche *Verzerrungen* der Stimmkraftgleichheit. RAIMUND E. GERMANN schreibt (Die Europatauglichkeit der direktdemokratischen Institutionen der Schweiz, in: Schweizerisches Jahrbuch für Politische Wissenschaft 31/1991, S. 257, 261 f.):

„Im Zeitpunkt der Gründung der modernen Eidgenossenschaft im Jahre 1848 zählte Basel-Stadt nur zwei Drittel der Einwohner von Appenzell-Ausserrhoden. Genf hatte 5 500 (oder 8%) weniger Einwohner als Solothurn. Zu diesem Zeitpunkt wog eine Nein-Stimme aus Appenzell-Innerrhoden bei einem Doppelmehr-Referendum nur das Elffache einer Zürcher Nein-Stimme.

In der Zwischenzeit hat sich die Verteilung der Bevölkerung auf die Kantone verändert mit dem Ergebnis, dass bei einem Doppelmehr-Referendum eine Nein-Stimme aus Innerrhoden nun das 38fache Gewicht einer Zürcher Nein-Stimme aufweist.

Wir haben einen Indikator entwickelt, welcher die Abweichung vom Prinzip ‚one man, one vote' beim Doppelmehr-Rerendum misst, und ihn ‚kleinste theoretische Sperrminorität' genannt. Die Masszahl gibt in Prozent an, wie viele Nein-Stimmen notwendig sind, um bei einem Doppelmehr-Referendum eine Vorlage zu Fall zu bringen, sofern die Nein-Stimmen optimal auf die Kantone verteilt sind (pro Kanton keine Nein-Stimme zuviel und keine zuwenig, um die knappste verwerfende Mehrheit zu erreichen) ... Sie beträgt zur Zeit 9,0%. Seit 1880, als sie 11,2% betrug, ist sie auf 8,9% im Jahre 1980 abgesunken und hat seither wieder geringfügig zugenommen."

Die theoretisch teils extremen Stimmkraftunterschiede fallen praktisch kaum ins Gewicht, weil Volk und Stände meist im gleichen Sinn entscheiden. Es bleibt aber dabei, dass das *Ständemehr* erfahrungsgemäss erst *ab einem Volksmehr von rund 55%* als sicher gilt. Im Ergebnis stärkt das System der Doppelmehrabstimmungen die kleinen Kantone der Zentral- und Ostschweiz (GERMANN, a.a.O., S. 263).   10

Aus demokratischer Sicht sind nur die Positivkollisionen (erreichtes Volksmehr, verfehltes Ständemehr) anfechtbar. Dabei ist aber zu bedenken, dass die *Hemmwirkung des Ständemehrs* zugunsten der Kleinkantone *verfassungsrechtlich gewollt* ist. Man kann einer Bremse nicht vorwerfen, dass sie planmässig greift. Immerhin liesse sich der Wirkungsgrad des Ständemehrs durch verschiedene Vorkehrungen sehr wohl *herabsetzen*: zum Beispiel durch eine Vereinigung kleiner Kantone, durch die Einführung eines qualifizierten Ständemehrs, durch eine begrenzte Gewichtung der Standesstimmen nach der Kantonsgrösse oder durch die Beschränkung der Doppelmehrabstimmungen auf Verfassungsvorlagen, welche die bundesstaatliche Kompetenzverteilung betreffen. Über die politischen Realisierungschancen solcher und ähnlicher Vorschläge sollte man sich aber nicht täuschen. Abgesehen davon hätten sie weit reichende Konsequenzen auf die Stellung des Ständerats im schweizerischen Zweikammersystem.   11

III. Kantonsreferendum

(Art. 141 BV)

So wie 50 000 Stimmberechtigte können auch *acht Kantone* die Volksabstimmung verlangen über: 12

– *Bundesgesetze* (Art. 141 Abs. 1 Bst. a BV);
– *dringlich erklärte Bundesgesetze,* sofern diese Gesetze länger als ein Jahr gelten sollen (Art. 141 Abs. 1 Bst. b BV);
– *Bundesbeschlüsse, soweit Verfassung oder Gesetz dies vorsehen* (Art. 141 Abs. 1 Bst. c BV);
– *bestimmte völkerrechtliche Verträge* (Art. 141 Abs. 1 Bst. d).

Die Modalitäten des Kantonsreferendums werden durch Art. 67–67b
BPR näher geregelt. Bestimmt das kantonale Recht nichts anderes, so
entscheidet das Kantonsparlament über die Ergreifung des Kantonsreferendums (Art. 67 BPR).

IV.   Einberufung der Bundesversammlung
(Art. 151 Abs. 2 BV)

13   Nach früherem Recht konnten fünf Kantone die Einberufung der Bun-
desversammlung verlangen (Art. 86 Abs. 2 BV 1874). Wegen seiner
Bedeutungslosigkeit wurde dieses Recht entgegen der ursprünglichen
Absicht des Bundesrats nicht in die neue Verfassung übernommen (vgl.
BBl 1997 I 379 f., 1997 III 245, 265). Wie bisher schon im Nationalrat
ist neu nun auch im Ständerat *ein Viertel der Abgeordneten* berechtigt,
das Parlament zu einer ausserordentlichen Sitzung aufbieten zu lassen
(Art. 151 Abs. 2 BV; Art. 2 Abs. 3 ParlG).

V.   Standesinitiative
(Art. 160 Abs. 1 BV)

1.   Begriff

14   Jedem Ratsmitglied, jeder Fraktion, jeder parlamentarischen Kommission und auch *jedem Kanton* steht das Recht zu, *der Bundesversammlung
Initiativen zu unterbreiten* (Art. 160 Abs. 1 BV). Macht ein Kanton von
diesem Recht Gebrauch, spricht man von „Standesinitiative". Mit „Initiative" meint die Verfassung an dieser Stelle *kein Volksrecht*, sondern
das *allgemeine Vorschlagsrecht*, wie es jedem Parlamentsmitglied zusteht.
Die Standesinitiative ist mit anderen Worten nichts anderes als ein
Antrag eines Kantons an die Bundesversammlung. Sie führt nicht zwingend zu einer Volksabstimmung auf eidgenössischer Ebene!

15   Die Standesinitiative kann *jeden Erlass aus dem Zuständigkeitsbereich der
Bundesversammlung* zum Gegenstand haben. In der Regel zielen Standesinitiativen auf Verfassungs- oder Gesetzesvorlagen; zulässig wären
aber auch Initiativen auf Erlass einer Parlamentsverordnung oder eines
Bundesbeschlusses (Art. 163 BV). Der Antrag kann die Gestalt eines

ausgearbeiteten Entwurfes oder einer allgemeinen Anregung aufweisen. Auch Mischformen sind zulässig, denn Standesinitiativen werden – anders als Volksinitiativen – unabhängig von ihrer Form stets nach dem gleichen Verfahren behandelt.

2. Zustandekommen im Kanton

Das Zustandekommen einer Standesinitiative im Kanton richtet sich 16
nach kantonalem Recht.

Der Kanton bestimmt zunächst das zur Ausübung des Initiativrechts 17
zuständige Organ. In der Regel ist dies das Kantonsparlament (vgl. etwa Art. 79 Abs. 1 Bst. b KV–BE).

Mehrere Kantone sehen eine *Mitwirkung des Volks* vor. Es sind unter- 18
schiedliche Formen der Mitwirkung denkbar. Das kantonale Recht kann eine *Volksinitiative auf Einreichung einer Standesinitiative* einfüh-ren (z.B. Art. 29 Abs. 1 Bst. d KV-SO). Es kann aber auch vorsehen, dass der *Parlamentsbeschluss auf Einreichung einer Standesinitiative* dem *Referendum* unterstellt wird (z.B. Art. 78 Bst. f KV-JU). Soweit das Volk an der Standesinitiative beteiligt wird, muss der stimmrechtliche Anspruch auf freie und unverfälschte Äusserung des politischen Wil-lens beachtet werden. Dazu gehört namentlich der Grundsatz von der Einheit der Materie (vgl. BBl 1993 III 334, 347).

3. Behandlung durch die Bundesversammlung

Standesinitiativen werden *ähnlich wie parlamentarische Initiativen* be- 19
handelt. Vgl. im Einzelnen hinten § 45 Rz. 72 und 65 ff.

VI. Mitwirkung an aussenpolitischen Entscheiden
(Art. 55 BV)

Die auswärtigen Angelegenheiten sind ausschliessliche Bundessache. 20
Dies bedeutet unter anderem, dass der Bund völkerrechtliche Verträge auch über solche Gegenstände abschliessen kann, die innerstaatlich in den Aufgabenbereich der Kantone fallen (vorn § 20 Rz. 45). Wegen der Internationalisierung immer weiterer Rechtsbereiche *schmälert* die

ausschliessliche Aussenkompetenz des Bundes zusehends *den Handlungsspielraum der Kantone in der Wahrnehmung ihrer originären Zuständigkeiten.* Das Bildungswesen und die Polizei sind davon besonders betroffen.

21   Zum *Ausgleich dieser faktischen Kompetenzverluste* bestimmt Art. 55 BV, dass die Kantone an aussenpolitischen Entscheiden mitwirken, soweit ihre Zuständigkeiten oder ihre wesentlichen Interessen im Spiele stehen. Das *Mitwirkungsrecht* umfasst im Wesentlichen:

- den Anspruch der Kantone auf *rechtzeitige und umfassende Information* über die aussenpolitischen Vorhaben des Bundes (Art. 55 Abs. 2 BV; Art. 3 BGMK);
- den Anspruch der Kantone auf *Anhörung* bei der Vorbereitung von aussenpolitischen Verhandlungen und Entscheiden durch den Bund (Art. 55 Abs. 2 BV; Art. 4 BGMK);
- den Anspruch der Kantone, über eigene Vertreter bei der *Vorbereitung von Verhandlungsmandaten* und in der Regel auch bei den *Verhandlungen* des Bundes mit dem Ausland mitzuwirken, wenn die Zuständigkeiten der Kantone (und nicht nur deren Interessen) berührt sind (Art. 55 Abs. 3 BV; Art. 5 BGMK).

22   Die Mitwirkung der Kantone an der Aussenpolitik des Bundes soll nicht nur die kantonalen Zuständigkeiten schonen, sondern auch „die Aussenpolitik des Bundes innenpolitisch abstützen" (Art. 2 Bst. c BGMK). Dieser Anspruch wird sich wegen der „Exekutivlastigkeit" der Mitwirkungsrechte kaum einlösen lassen (vgl. GIOVANNI BIAGGINI, Das Verhältnis der Schweiz zur internationalen Gemeinschaft, AJP 1999, S. 722, 725). Dies gilt umso mehr, als die Partizipation der Kantone „die aussenpolitischen Handlungsfähigkeit des Bundes nicht beeinträchtigen" darf (Art. 1 Abs. 3 BGMK).

VII. Mitwirkung an der Willensbildung des Bundes
(Art. 45 und 147 BV)

23   Art. 45 Abs. 1 BV zufolge „wirken [die Kantone] nach Massgabe der Bundesverfassung an der Willensbildung des Bundes mit". Dieser Passus erinnert an die Bedeutung der *Kantone als ursprüngliche Träger der Eidgenossenschaft* und dient als normativer Aufhänger für die *allgemeine Informations- und Konsultationspflicht des Bundes* nach Abs. 2. Im Übrigen ist Art. 45 Abs. 1 BV wie eingangs bemerkt reine *Verweisungsnorm.*

Besonderes Gewicht hat die Mitwirkung der Kantone an der *Rechtset-* 24
zung des Bundes (Art. 45 Abs. 1 BV a.E.). Gelegenheit zur Interessen-
wahrung bietet schon das *Vorverfahren der Gesetzgebung* (hinten
§ 45/IV).

- Zur Ausarbeitung von Verfassungs- und Gesetzesvorlagen kann der
  Bund *Expertenkommissionen* einsetzen. In solche Kommissionen
  werden regelmässig auch Kantonsvertreter gewählt. Allerdings handeln diese Vertreter nicht im gebundenen Auftrag. Ihre Voten dürften sich eher nach partei- oder verbandspolitischen Präferenzen
  richten als nach der örtlichen Herkunft.
- Unter dem Titel *Vernehmlassungsverfahren* räumt Art. 147 BV u.a.
  den Kantonen das Recht ein, zu wichtigen Bundeserlassen und anderen Bundesvorhaben von grosser Tragweite sowie zu wichtigen
  völkerrechtlichen Verträgen Stellung zu nehmen. Die Anhörung
  rechtfertigt sich vor allem dort, wo der Vollzug des Bundesrechts in
  die Hände der Kantone gelegt ist.

Dazu treten die bereits früher erwähnten Mitwirkungsrechte der Kantone in der *parlamentarischen Phase der Rechtsetzung* (vgl. oben I–V).

VIII. Mitwirkung an der Umsetzung des Bundesrechts
(Art. 46 BV)

Die *Umsetzung des Bundesrechts* ist nur „nach Massgabe von Verfassung 25
und Gesetz" Sache der Kantone (Art. 46 Abs. 1 BV). Wo der Bund über
Rechtsetzungskompetenzen verfügt, kann er sich selbst durch blosse
Verordnungsbestimmung auch den Vollzug vorbehalten, solange die
einschlägige Verfassungsgrundlage nichts anderes bestimmt (BBl 1997 I
212). Von einem echten – d.h. in allgemeiner Weise schon kraft Verfassung bestehenden – Mitwirkungs*recht* der Kantone kann darum kaum
gesprochen werden.

Will der Bund die Kantone zum Vollzug nicht nur berechtigen, son- 26
dern auch *verpflichten,* so muss er dies in den Grundzügen durch Gesetz tun (Art. 164 Abs. 1 Bst. f BV).

Nimmt der Bund die Kantone zur Umsetzung des Bundesrechts in 27
Anspruch, muss er soweit möglich deren *Autonomie* wahren und die
finanziellen Lasten bedenken, die der Vollzug mit sich bringt (Art. 46
Abs. 2 und 3 BV; vorn § 16 Rz. 10 ff.).

§ 25 Verträge der Kantone untereinander

I.   Begriff und Rechtsgrundlage

1   Interkantonale Verträge (auch „Konkordate" genannt) sind *öffentlich-rechtliche Vereinbarungen zwischen Kantonen über die Erfüllung ihrer staatlichen Aufgaben.* Sie weisen in aller Regel *Schriftform* auf. Schriftform drängt sich im Übrigen schon darum auf, weil Konkordate dem Bund zur Kenntnis gebracht werden müssen (Art. 48 Abs. 3 Satz 2 BV). BLAISE KNAPP (in: St. Galler Kommentar, Art. 48 Rz. 33) sieht im interkantonalen Vertrag ein „ungeliebtes Kind des schweizerischen öffentlichen Rechts". Er täuscht sich nicht.

2   *Konkordatsrecht geht kantonalem Recht vor,* bleibt aber *dem Bundesrecht nachgeordnet* (vgl. BGE 122 I 85 E. 3 S. 86, D.; 100 Ia 418 E. 4 S. 423, Kuster).

3   Die Vertragsschlusskompetenz der Kantone ergibt sich aus ihrer *Aufgabenautonomie* (vgl. § 16 Rz. 6 f.). Insofern hat Art. 48 Abs. 1 BV bloss deklaratorischen Charakter.

II.   Funktionen der interkantonalen Verträge

1.   Interkantonale Rechtsvereinheitlichung

4   Die Zuständigkeit der Kantone in einem bestimmten Aufgabenbereich ist gleichbedeutend mit bis zu 26 autonomen Regelungen zur selben Sache auf verhältnismässig engem Raum. Dies kann wegen der zunehmenden Mobilität von Wirtschaft und Gesellschaft zu schädlicher Rechtsunsicherheit führen. Als Gegenmassnahme können die Kantone *regional* oder (wegen der Schwerfälligkeit des Verfahrens freilich kaum zu empfehlen) auch *landesweit einheitliche Regelungen* vereinbaren oder zumindest die Bandbreite der kantonalen Lösungen beschränken. Damit lassen sich die Nachteile der föderativen Rechtszersplitterung mildern, ohne dass die Zuständigkeit der Kantone im betroffenen Aufgabenbereich an den Bund abgetreten werden müsste.

Beispiele:
- Interkantonale Vereinbarung über das öffentliche Beschaffungswesen vom 25. November 1994 (SR 172.056.4);
- Konkordat über die Schulkoordination vom 29. Oktober 1970 (SR 411.9);
- Interkantonale Vereinbarung über die Anerkennung von Ausbildungsabschlüssen vom 18. Februar 1993 (SR 413.21).

2. Gemeinsame Wahrnehmung staatlicher Aufgaben

Die Kantone können durch Vertrag gemeinsame Werke errichten oder 5 gemeinsame Organisationen und Einrichtungen gründen. Eine solche Zusammenarbeit drängt sich etwa bei grenzüberschreitenden Problemen auf. Sie auch dort sinnvoll, wo kantonale Alleingänge mit unverhältnismässigem Aufwand verbunden wären.

Beispiele:
- Interkantonale Vereinbarung über die polizeiliche Zusammenarbeit vom 21. Januar 1976 (SR 133.6);
- mehrere Konkordate über den regionalen Vollzug von Freiheitsstrafen in dafür bestimmten Konkordatsanstalten (Ostschweiz, Nordwest- und Innerschweiz, Westschweiz und Tessin, SR 343.1–3);
- Interkantonale Vereinbarung 1985 über die II. Juragewässerkorrektion vom 4. Februar 1986 (SR 721.61).

3. Zusicherung gegenseitiger Rechtshilfe

Die Rechtsprechung in Zivil- und Strafsachen sowie in öffentlichrecht- 6 lichen Angelegenheiten obliegt zu einem grossen Teil den kantonalen Gerichtsbehörden. Damit die Durchführung von Gerichtsverfahren und die Vollstreckung von Gerichtsurteilen trotz dezentralisierter Justiz gewährleistet bleibt, haben die Kantone entsprechende Rechtshilfeabkommen geschlossen.

Beispiele:
- Konkordat über die Gewährung gegenseitiger Rechtshilfe in Zivilsachen vom 26. April und 8./9. November 1974 (SR 274);
- Konkordat über die Gewährung gegenseitiger Rechtshilfe zur Vollstreckung öffentlich-rechtlicher Ansprüche vom 15./16. April 1970, 13. Oktober 1970 und 28. Oktober 1971 (SR 281.22);
- Konkordat über die Rechtshilfe und die interkantonale Zusammenarbeit in Strafsachen vom 5. November 1992 (SR 351.71).

Die Abkommen dürften mit der Zeit durch eine neue schweizerische Zivil- bzw. Strafprozessordnung wenigstens zum Teil abgelöst werden (Art. *122 und *123 BV, je Abs. 1).

4.   Beilegung interkantonaler Streitigkeiten

7   Streitigkeiten zwischen Kantonen sind nach Möglichkeit einvernehmlich zu bereinigen (Art. 44 Abs. 3 BV). Die entsprechenden Verhandlungsergebnisse können vertraglich festgehalten werden.

Beispiele:
– Vergleich zwischen den eidgenössischen Ständen Bern und Wallis betreffend Grenzregulierung auf Gemmi und Sanetsch vom 11. August 1871 (SR 132.212);
– Vertrag zwischen den Ständen St. Gallen und Zürich betreffend die Festsetzung der Staatsgrenze auf dem Zürichsee bei Rapperswil vom 28. September und 8. Oktober 1870 (SR 132.225.1).

III.   Arten von interkantonalen Verträgen

8   Nach dem vereinbarten Gegenstand kann man rechtsgeschäftliche und rechtsetzende Konkordate unterscheiden (ULRICH HÄFELIN, in: Kommentar aBV, Art. 7 Rz. 34 ff.; PETER HÄNNI, Verträge zwischen den Kantonen und zwischen dem Bund und den Kantonen, in: Verfassungsrecht, § 28 Rz. 10 ff.). Es sind auch Mischformen denkbar.

1.   Rechtsgeschäftliche Verträge

9   Rechtsgeschäftliche Verträge regeln ein konkretes Rechtsverhältnis zwischen den Vertragspartnern im Einzelfall.

Beispiel: Interkantonale Vereinbarung 1985 über die II. Juragewässerkorrektion vom 4. Februar 1986 (SR 721.61; Vertrag über die Durchführung von Unterhaltsarbeiten an bestimmten Wasserbauten und die Aufteilung der Kosten).

2.   Rechtsetzende Verträge

10   Rechtsetzende Verträge treffen eine generell-abstrakte Regelung.
– Sofern die Konkordatsregelung als solche (ohne Umsetzung durch kantonales Recht) anwendbar ist, liegt eine *unmittelbar* rechtsetzende Vereinbarung vor.

Beispiel: Konkordat über den Handel mit Waffen und Munition vom 27. März 1969 (SR 514.542; Einführung eines Waffenhändlerpatents, eines Waffenerwerbsscheins, bestimmter Verkaufsverbote usf.).

– Von einer *mittelbar* rechtsetzenden Vereinbarung spricht man, wenn das Konkordat Rechtsetzungsaufträge an die Adresse des Kantons erteilt, sodass der kantonale Gesetz- oder Verordnungsgeber eigene Bestimmungen erlassen muss, damit die Normgehalte des Konkordats anwendbar werden.

Beispiel: Konkordat über die Schulkoordination vom 29. Oktober 1970 (SR 411.9; Auftrag an die Kantone, ihre Schulgesetzgebung in bestimmten Punkten anzugleichen und Empfehlungen für Rahmenlehrpläne, gemeinsame Lehrmittel usf. auszuarbeiten).

IV. Vertragsparteien

1. Kantone

Vertragsparteien sind in erster Linie *Kantone.* Die Vereinbarungen   11
können *bilateraler* oder *multilateraler* Art sein, je nach Anzahl der beteiligten Parteien. Multilaterale Konkordate können sich an eine bestimmte Gruppe von Kantonen richten; sehr häufig sind allerdings sämtliche Kantone beteiligt (in einem solchen Fall spricht man auch von *omnilateralen* Konkordaten).

2. Bund

Der *Bund* kann sich „im Rahmen seiner Zuständigkeiten" beteiligen   12
(Art. 48 Abs. 2 BV). Der Beitritt des Bundes zu einem Konkordat oder der Abschluss von Verträgen zwischen Bund und Kantonen ist mit anderen Worten *nur im Bereich paralleler Kompetenzen* zulässig, d.h. dort, wo Kanton *und* Bund über gleichlaufende Sachzuständigkeiten verfügen. Dies trifft etwa im Bereich der Polizei, der Universitäten oder der öffentlichen Werke zu.

Beispiele:
- Übereinkunft betreffend die Polizeitransporte vom 23. Juni 1909 (SR 354.1);
- Vereinbarung zwischen dem Bund und den Universitätskantonen über die Zusammenarbeit im universitären Hochschulbereich vom 14. Dezember 2000 (SR 414.205);
- Vertrag betreffend Verbesserung des Seeabflusses in Luzern vom 9. Oktober 1858 (SR 721.313).

3.   Fürstentum Liechtenstein

13 Vereinbarungen der Kantone mit dem *Fürstentum Liechtenstein* sind staatsrechtlich gesehen keine Konkordate, sondern *Staatsverträge mit dem Ausland* (Art. 56 Abs. 1 BV).

Beispiel: Interkantonale Universitätsvereinbarung vom 20. Februar 1997 (SR 414.23; Beitritt des Fürstentums Liechtenstein mit allen Rechten und Pflichten eines Vereinbarungskantons, vgl. Art. 5 und Anhang zur Vereinbarung).

V.   Inhalt und Schranken

1.   Vertragsfreiheit im gesamten Zuständigkeitsbereich der Kantone

14 Die Kantone dürfen Konkordate über *sämtliche Gegenstände aus ihrem Zuständigkeitsbereich* abschliessen. Dabei kann es sich sowohl um Angelegenheiten aus dem autonomen als auch um solche aus dem delegierten Wirkungskreis der Kantone handeln, sowohl um Angelegenheiten der Gesetzgebung als auch um solche der Regierung, der Verwaltung oder des Gerichtswesens (BGE 122 I 85 E. 3a S. 86 f., D.; BBl 1997 I 214; so bereits Art. 7 Abs. 2 aBV). Mittels interkantonaler Verträge lassen sich insbesondere gemeinsame Organisationen und Einrichtungen schaffen (Art. 48 Abs. 1 BV), ja sogar gemeinsame richterliche Behörden (Art. *191b Abs. 2 BV).

15 Durch Konkordat geschaffenen Organen können nicht nur Verwaltungs-, sondern auch *Rechtsetzungsbefugnisse* übertragen werden. So ist z.B. die Schweizerische Bau-, Planungs- und Umweltschutzdirektoren-Konferenz zuständig für die periodische Anpassung der Schwellenwerte gemäss Art. 7 der Interkantonalen Vereinbarung über das öffentlichen Beschaffungswesen (Art. 4 Abs. 2 Bst. c der Vereinbarung, SR 172.056.4). Rechtsetzungsbefugnisse interkantonaler Organe sind unbedenklich, solange sie sich bloss auf den Erlass von Vollziehungsvorschriften beziehen. Reichen sie darüber hinaus, muss die Ermächtigungsgrundlage im Konkordat den aus der Gewaltenteilung abgeleiteten *Delegationsgrundsätzen* genügen (Art. 51 Abs. 1 Satz 1 BV; hinten § 27/III).

2.   Bundesrechtliche Schranken der kantonalen Vertragsfreiheit

16 Die Bundesverfassung zieht der kantonalen Vertragsschliessungskompetenz *einige Schranken.* Der Bund wacht vorab im Rahmen des Meldeverfahrens (Rz. 24 ff.) über die Einhaltung dieser Schranken.

a. Keine Verträge politischen Inhalts

Nach Art. 7 Abs. 1 der Bundesverfassungen von 1848 und 1874 waren 17 „besondere Bündnisse und Verträge politischen Inhalts zwischen den Kantonen ... untersagt". Unter das Verbot fielen vorab Separatabkommen, die sich gegen andere Kantone richteten und darum geeignet waren, das föderalistische Gleichgewicht und letztlich den Bundesfrieden zu bedrohen. Art. 48 BV führt diese Bestimmung aus der Frühzeit des Bundesstaats nicht ausdrücklich fort. Das Verbot gilt aber weiterhin; es folgt jetzt aus den allgemeinen Grundsätzen des bundesstaatlichen Zusammenwirkens gemäss Art. 44 BV (BBl 1997 I 214; vorn § 23).

b. Keine Verletzung von Bundesrecht

Auch wenn Konkordatsrecht dem kantonalen Recht vorgeht, so erreicht es gleichwohl nicht den Rang von Bundesrecht; es bleibt – weil 18 von kantonalen Organen hervorgebracht – „kantonales Recht" im Sinne von Art. 49 Abs. 1 BV. Folgerichtig dürfen interkantonale Verträge dem *Bundesrecht gleich welcher Stufe* nicht zuwiderlaufen (Art. 48 Abs. 3 BV).

Es versteht sich darum auch von selbst, dass ein Konkordat die *bundesstaatliche Aufgabenteilung* (Art. 3 BV) nicht abzuändern vermag. Die 19 Kantone dürfen weder kantonale Kompetenzen auf den Bund übertragen noch den Bund an kantonalen Kompetenzen beteiligen (ULRICH HÄFELIN, in: Kommentar aBV, Art. 7 Rz. 52).

Ebenso unzulässig wären einvernehmliche *Gebietsveränderungen, Kantonstrennungen oder Kantonsvereinigungen:* Nur „Grenzbereinigungen" 20 dürfen durch Konkordat vorgenommen werden (Art. 53 Abs. 4 BV); was darüber hinaus geht, unterliegt besonderen Verfahrens- und Zustimmungsregeln (Art. 53 Abs. 2 und 3 BV; vorn § 18/IV).

c. Keine Verletzung von Bundesinteressen

Weiter verbietet Art. 48 Abs. 3 BV Konkordate, die – ohne Bundesrecht zu verletzen – schon den „Interessen" des Bundes widersprechen. 21 Damit kann der Bund auch gegen Verträge einschreiten, die seinen *politischen Positionen und Intentionen* hinderlich werden könnten. Um die kantonale Vertragsfreiheit nicht vorschnell zu begrenzen, wird man aber nur *gewichtige Bundesanliegen* gelten lassen dürfen, die einen *engen*

Sachzusammenhang zu (bereits bestehenden oder ernsthaft ins Auge gefassten) *Bundeskompetenzen* aufweisen.

d.   *Keine Verletzung von Rechten anderer Kantone*

22   Schliesslich dürfen Konkordate nicht im Widerspruch zu den „Rechten anderer Kantone" stehen (Art. 48 Abs. 3 BV). Die Verfassung will so verhindern, dass Konkordate die *rechtlich geschützten Interessen von Drittkantonen* beeinträchtigen. Insbesondere darf ein Kanton durch den Abschluss eines Vertrags nicht Verpflichtungen verletzen, die er früher gegenüber anderen Kantonen eingegangen ist.

VI.   Verfahren zum Abschluss interkantonaler Verträge und Kündigung

1.   Innerkantonales Verfahren

23   Die innerkantonalen Zuständigkeiten und Verfahren zum Abschluss von Konkordaten richten sich nach *kantonalem Staatsrecht*. Dies gilt auch für die Frage, wieweit der Beitritt zu einem Konkordat dem Referendum untersteht.

In mehreren Kantonen sind die Parlamente für die Vertragsschliessung allein zuständig. Im Kanton Bern kommen Konkordate, die mit der Kantonsverfassung nicht vereinbar sind, obligatorisch zur Volksabstimmung; übrige Konkordate unterliegen dem fakultativen Referendum, wenn sie einen Gegenstand zum Inhalt haben, der im Kanton der fakultativen Volksabstimmung untersteht (Art. 61 Abs. 1 Bst. c, Art. 62 Abs. 1 Bst. b KV-BE). Ausserdem kann mit einer Volksinitiative das Begehren gestellt werden auf Kündigung eines Konkordats oder auf Aufnahme von Verhandlungen über den Abschluss oder die Änderung eines Konkordats (Art. 58 Abs. 1 Bst. c KV-BE).

Übersichten über die kantonalen Regelungen bei HÄFELIN/HALLER, Bundesstaatsrecht, Rz. 1296; PETER HÄNNI, Verträge zwischen den Kantonen und zwischen dem Bund und den Kantonen, in: Verfassungsrecht, § 28 Rz. 29.

2. Mitteilung an den Bund und allfällige Genehmigung durch die Bundesversammlung

Die Kantone müssen die Konkordate *dem Bund zur Kenntnis* bringen 24
(Art. 48 Abs. 3 Satz 2 BV). Der Bund informiert die interessierten
Drittkantone.

Gegen interkantonale Verträge kann vom Bundesrat oder einem Dritt- 25
kanton *Einsprache* erhoben werden mit der Begründung, sie widersprächen dem Bundesrecht, den Bundesinteressen oder den Rechten anderer Kantone. In einem solchen Fall entscheidet die *Bundesversammlung*
über die Genehmigung des Vertrags (Art. 186 Abs. 3, Art. 172 Abs. 3
BV; Art. 61a RVOG).

Ein allfälliger *Genehmigungsentscheid* der Bundesversammlung wirkt 26
deklaratorisch.

- Die *Genehmigung* ist die Erklärung, dass der Bund sich nicht von vornherein
  der Vollziehung des Vertrags widersetzt. Ein Konkordat ist daher schon vor
  der Genehmigung gültig und vollziehbar, sofern das Konkordat selbst oder das
  kantonale Recht nichts anderes bestimmt.
- Konkordate, die den Gültigkeitsvoraussetzungen von Art. 48 Abs. 3 BV widersprechen, sind von Anfang an nichtig. Die *Verweigerung der Genehmigung* bestätigt diesen Umstand bloss.

3. Kündigung

Die Voraussetzungen einer Vertragskündigung bestimmen sich zu- 27
nächst nach dem jeweiligen Konkordat. Ist der Rücktritt vom Konkordat nicht geregelt, so gelten die völkerrechtlichen Grundsätze über die
Kündigung von Staatsverträgen analog (vgl. BGE 96 I 636 E. 4c S. 648,
Voggensperger).

VII. Gerichtliche Durchsetzung von interkantonalen Verträgen

1. Staatsrechtliche Klage

Die *Kantone* können wegen Verletzung von Konkordaten durch andere 28
Kantone staatsrechtliche Klage beim Bundesgericht führen (Art. *189
Abs. 2 BV; Art. 83 Bst. b OG). Vor Beschreitung des Klagewegs soll

versucht werden, Konkordatsstreitigkeiten durch Vergleich oder Schiedsgericht beizulegen (Art. 44 Abs. 3 BV).

2. Staatsrechtliche Beschwerde

29 *Privaten* steht gegen kantonale Erlasse oder Verfügungen die staatsrechtliche Beschwerde „wegen Verletzung von interkantonalem Recht" zur Verfügung (Konkordatsbeschwerde; Art. *189 Abs. 1 Bst. c BV; Art. 84 Abs. 1 Bst. b OG). Die Konkordatsbestimmungen müssen aber *Rechte und Pflichten der Bürger unmittelbar betreffen* (BGE 115 Ia 212 E. 2a S. 214 f., X.).

VIII. Rechtsschutz gegen interkantonale Verträge

30 Von der Konkordatsbeschwerde scharf zu unterscheiden ist die staatsrechtliche Beschwerde wegen Verletzung verfassungsmässiger Rechte *durch* den interkantonalen Vertrag oder durch darauf gestützte Verfügungen. Diese Beschwerde vermag allerdings nur gegenüber *unmittelbar rechtsetzenden* und gegenüber *rechtsgeschäftlichen* Konkordaten zu greifen (KÄLIN, Staatsrechtliche Beschwerde, S. 111 f.):

> „Zu den Anfechtungsobjekten der staatsrechtlichen Beschwerde gehören auch Konkordate, welche damit auf ihre Verfassungsmässigkeit überprüft werden können. Soweit es sich dabei um unmittelbar rechtsetzende Konkordate handelt, sind sie wie Erlasse zu behandeln; 'Verfügungs'charakter kommt demgegenüber rechtsgeschäftlichen Konkordaten zu, welche in die Rechtsstellung von Privaten verbindlich eingreifen."

31 Bei *mittelbar rechtsetzenden* Konkordaten fehlt hingegen ein taugliches Anfechtungsobjekt. Anfechtbar sind dafür die auf das Konkordat gestützten kantonalen Erlasse. Dabei muss es zulässig sein, vorfrageweise den Rechtsetzungsauftrag aus dem Konkordat auf seine Verfassungsmässigkeit überprüfen zu lassen (KÄLIN, a.a.O., S. 111 f., Anm. 44).

§ 26 Bundesaufsicht

I. Begriff, Funktion und Rechtsgrundlage

Unter *Bundesaufsicht* verstehen wir die *Gesamtheit der Vorkehrungen,* 1
*mit denen der Bund sicherstellt, dass die Kantone bei der Erfüllung ihrer
Aufgaben das Bundesrecht mit Einschluss des Völkerrechts einhalten.* Die
Bundesaufsicht ist Verbandsaufsicht und nicht Dienstaufsicht: Ge-
wöhnlich richten sich die Aufsichtsmassnahmen des Bundes gegen die
Kantone als solche (mitunter allerdings auch gegen bestimmte kantona-
le Behörden), in keinem Falle aber gegen die einzelnen kantonalen
Angestellten.

Von der Bundesaufsicht zu unterscheiden sind die bundesrechtlichen *Rechtsmittel,*
welche *Private* gegen kantonale Erlasse und Verfügungen ergreifen können. Im
Gegensatz zu diesen Rechtsmitteln wird die Bundesaufsicht weitgehend *von Amtes
wegen* wahrgenommen. Sie folgt (von Ausnahmen abgesehen; Rz. 20 f.) auch nicht
den strengen Regeln eines Verwaltungs- oder Gerichtsverfahrens.

Die Funktion der Bundesaufsicht – Einhaltung des Bundesrechts durch 2
die Kantone – ist danach zu nuancieren, ob eine Aufgabe aus dem autonomen oder aus dem delegierten Wirkungskreis der Kantone im
Spiele steht.

– *Bundesaufsicht im autonomen Wirkungskreis der Kantone.* Soweit die
  Kantone sich im Bereich ihrer subsidiären Generalkompetenz bewegen und autonom bestimmte Aufgaben wahrnehmen, soll die
  Bundesaufsicht sicherstellen, dass die Kantone die *Schranken ihres
  Zuständigkeitsbereichs wahren.* Diese Schranken werden nicht nur
  durch die Bundeskompetenzen und die auf ihnen beruhende Bundesgesetzgebung aufgerichtet. Zu beachten sind ebenso die in der
  BV niedergelegten Grundrechte und Grundsätze des rechtsstaatlichen Handelns.

– *Bundesaufsicht im delegierten Wirkungskreis der Kantone.* Soweit die
  Kantone Aufgaben wahrnehmen, die ihnen vom Bund übertragen
  wurden, soll die Bundesaufsicht die *richtige Erfüllung dieser Aufgaben durch die Kantone* gewährleisten. Mit jeder Sachkompetenz
  wächst dem Bund eine Verantwortung für richtige Wahrnehmung
  der betreffenden Staatsaufgabe zu, derer er sich nicht durch Delegation an die Kantone entledigen kann.

3   Die Aufsichtsbefugnis des Bundes fliesst aus *Art. 49 Abs. 2 BV:* „Der Bund wacht über die Einhaltung des Bundesrechts durch die Kantone." Im Übrigen ergäbe sich diese Kompetenz – wie bereits unter der BV 1874 – als logische Konsequenz aus dem *Vorrang des Bundesrechts* (Art. 49 Abs. 1 BV). Art. 49 Abs. 2 BV hält zunächst nur die Verbandskompetenz des Bundes fest. Die aufsichtsrechtlichen Kompetenzen der einzelnen Bundesorgane sind im 5. Titel über die Bundesbehörden geregelt (Abschnitt III).

Zur Bundesaufsicht vgl. VPB 2000 Nr. 24 und 1986 Nr. 61; BIAGGINI, Verwaltungsrecht im Bundesstaat, S. 133–234; KURT EICHENBERGER, in: Kommentar aBV, Art. 102 Rz. 22–54; ANDRÉ Grisel, Pouvoir de surveillance et recours de droit adminsitratif, ZBl 1973, S. 49; YVO HANGARTNER, Bundesaufsicht und richterliche Unabhängigkeit, ZBl 1975, S. 1; ALFRED KÖLZ, Vollzug des Bundesverwaltungsrechts und Behördenbeschwerde, ZBl 1975, S. 361; PIERRE MOOR, Pouvoir de surveillance fédéral et autorités cantonales, ZBl 1975, S. 191; BERNHARD SCHAUB, Die Aufsicht des Bundes über die Kantone, Zürich 1957.

II.   Gegenstand und Überprüfungsbefugnis

4   Die Bundesaufsicht erstreckt sich über das *gesamte Staatshandeln der Kantone:* Sie erfasst *Rechtsetzungsakte* (Gesetzesaufsicht) wie *Verwaltungsakte* (Verwaltungsaufsicht), Handlungen *rechtlicher* wie solche *tatsächlicher* Natur, *Verrichtungen* genauso wie *Unterlassungen*. Es kommt bei alledem auch nicht darauf an, ob der Kanton im *autonomen* oder im *delegierten* Wirkungskreis tätig wird. Die weite Optik der Bundesaufsicht ist mit Blick auf deren Funktion (Rz. 1 f.) nur folgerichtig.

5   Immerhin differiert die *Überprüfungsbefugnis* je nach Wirkungskreis.

–   Im *autonomen* Wirkungskreis der Kantone beschränkt sich die Bundesaufsicht auf eine *Rechtmässigkeitskontrolle*. Eine weiter gehende Aufsicht wäre mit Art. 3 BV unvereinbar.

–   Im *delegierten* Wirkungskreis kann der Bund auch die Handhabung des bundesrechtlich eingeräumten Ermessens durch die Kantone überwachen. Die Befugnis zur Vornahme einer *Angemessenheitskontrolle* muss sich aber mit hinreichender Deutlichkeit aus den Bundeserlassen ergeben, welche die Aufgabendelegation an die Kantone regeln. Im Übrigen ist davon auszugehen, dass es auch im delegierten Wirkungskreis bei einer Rechtmässigkeitskontrolle bleibt: Mit der Delegation von Bundesaufgaben an die Kantone ist ja eine vertikale Dezentralisierung der Staatstätigkeit beabsichtigt (vorn § 21 Rz. 14). Diesem Sinn der Aufgabendelegation würde es widersprechen, wenn sich der Bund in den delegierten Bereichen eine Angemessenheitskontrolle vorbehalten wollte (vgl. VPB 2000 Nr. 24, S. 312 Fn. 2; HÄFELIN/HALLER, Bundesstaatsrecht, Rz. 1208).

III. Zuständige Bundesbehörde

Die Bundesaufsicht ist vorwiegend Sache des *Bundesrats*. 6

- Er sorgt für den *Vollzug der Bundesgesetzgebung*, der Beschlüsse der Bundesversammlung und der Urteile richterlicher Behörden des Bundes (Art. 182 Abs. 2 BV).
- Er genehmigt bestimmte *Erlasse der Kantone* und kann gegen *Verträge der Kantone unter sich oder mit dem Ausland* Einsprache an die Bundesversammlung erheben (Art. 186 Abs. 2 und 3 BV).
- Er sorgt für die *Einhaltung des Bundesrechts* und trifft die erforderlichen Massnahmen (Art. 186 Abs. 4 BV).
- Bei Dringlichkeit ist der Bundesrat befugt, zur Durchsetzung des Bundesrechts *Truppen* aufzubieten (Art. 185 Abs. 4 BV).

Der Bundesgesetzgeber kann an Stelle des Bundesrats auch *Departemente* oder *Bundesämter* als Aufsichtsorgane wirken lassen. Solche Regelungen tragen massgeblich dazu bei, die oft störende Dramatik der Bundesaufsicht zu dämpfen. 7

Einzelne wichtige Bereiche der Bundesaufsicht obliegen der *Bundesversammlung*. 8

- Sie gewährleistet die *kantonalen Verfassungen* (Art. 51 Abs. 2, Art. 172 Abs. 2 BV).
- Sie genehmigt die *Verträge der Kantone unter sich und mit dem Ausland*, wenn der Bundesrat oder ein Kanton Einsprache erhebt (Art. 172 Abs. 3 BV).
- Sie beschliesst die *Bundesexekution*, d.h. Massnahmen zur *zwangsweisen Durchsetzung des Bundesrechts* (Art. 173 Abs. 2 Bst. d und e BV), soweit diese Kompetenz nicht durch Gesetz dem Bundesrat zugewiesen ist.

Auch das *Bundesgericht* kann Organ der Bundesaufsicht sein, jedoch nur in seltenen Fällen. 9

- Im Bereich des *Schuldbetreibungs- und Konkursrechts* übt es die Oberaufsicht aus, erlässt Vollziehungsverordnungen und erteilt Weisungen an die kantonalen Aufsichtsbehörden (Art. 15 SchKG).

IV.   Angesprochene Kantonsbehörde

10   Wie bemerkt ist die Bundesaufsicht blosse Verbandsaufsicht (Rz. 1). Grundsätzlich wendet sich der Bund daher an die *Kantonsregierung* als jene Behörde, die den Kanton im bundesstaatlichen Verhältnis nach aussen vertritt. Dies gilt jedenfalls solange, als die Aufsichtsmassnahme von einer *obersten Bundesbehörde* (Bundesrat, Bundesversammlung, Bundesgericht) ausgeht. Liegt die Bundesaufsicht dagegen nach dem einschlägigen Sacherlass in der Zuständigkeit eines Departements oder eines Bundesamts, so darf – unter Benachrichtigung der Kantonsregierung – unmittelbar die für den entsprechenden Bereich zuständige kantonale Aufsichtsbehörde angesprochen werden (vgl. KURT EICHENBERGER, in: Kommentar aBV, Art. 102 Rz. 37; VPB 2000 Nr. 24 S. 326 f.).

V.   Aufsichtsmassnahmen im Allgemeinen

1.   Begriff und Grundsätze

11   Das Instrumentarium der Bundesaufsicht beschränkt sich im Allgemeinen auf *vorbeugende Vorkehrungen ohne Zwangscharakter*. Die wenigen zwangsbewehrten Aufsichtsmassnahmen fallen unter den Begriff der Bundesexekution (Abschnitt VI).

12   *Rechtsgrundlage* der Aufsichtsmassnahmen bildet (soweit den *Bundesrat* betreffend) Art. 186 Abs. 4 BV. Eine besondere bundesgesetzliche Grundlage ist indessen erforderlich:
   – für die Genehmigung kantonaler Gesetze und Verordnungen (wegen Art. 186 Abs. 2 BV; Rz. 17 a.E.);
   – für die Behördenbeschwerde (wegen der Formstrenge des Prozessrechts; Rz. 20 f.).
Die Aufsichtsmassnahmen der *Bundesversammlung* sind in der Verfassung selber niedergelegt (Art. 172 Abs. 2 und 3 BV).

13   Wie im öffentlichen Recht allgemein gilt auch für die Bundesaufsicht der Grundsatz der *Verhältnismässigkeit* (Art. 5 Abs. 2 BV). Dabei dürfen aber – anders als im Verwaltungsrecht oder bei Grundrechtseingriffen – auch *spezifisch bundesstaatsrechtliche Überlegungen* einfliessen (vgl. KURT EICHENBERGER, in: Kommentar aBV, Art. 102 Rz. 49; VPB

2000 Nr 24 S. 332). So ist es eine Frage der staatspolitischen Vernunft, das symbolträchtige Instrumentarium der Bundesaufsicht nicht schon bei geringfügigen Verfehlungen der Kantone einzusetzen. Sind Aufsichtsmassnahmen unabwendbar, so soll dem Kanton zunächst Gelegenheit zur Selbstberichtigung gegeben werden. Erst wenn diese versagt oder von vornherein ungeeignet erscheint, ist an eine Fremdberichtigung (d.h. den korrigierenden Eingriff durch ein Bundesorgan) zu denken. Dabei soll vor einer allfälligen aufsichtsrechtlichen Kassation kantonaler Akte soweit möglich der ordentliche Rechtsweg eingeschlagen werden (Rz. 23).

2. Ermittlung und Untersuchung

Um abzuklären, ob überhaupt ein Aufsichtsfall vorliegt, kann die zuständige Bundesbehörde *Berichte* einholen, *Akten* herausverlangen oder *Inspektionen* vornehmen. Die Kantone sind zur Amtshilfe verpflichtet (Art. 44 Abs. 2 BV).

Beispiele:
– Inspektion der kantonalen Zivilstands-, Grundbuch- und Handelsregisterämter durch das EJPD (Art. 18 Abs. 3 der Zivilstandsverordnung vom 1. Juni 1953, SR 211.112.1; Art. 104a der Verordnung betreffend das Grundbuch vom 22. Februar 1910, SR 211.432.1; Art. 4 Abs. 1 der Handelsregisterverordnung vom 7. Juni 1937, SR 221.411);
– Mitteilungen der Kantone über die Änderung von Nutzungsplänen (Art. 46 der Raumplanungsverordnung vom 28. Juni 2000, SR 700.1);
– Bericht der Kantone über den Vollzug des Arbeitsgesetzes (Art. 41 Abs. 2 ArG).

3. Weisungen

Der Bund kann den Kantonen *allgemeine Weisungen* über den Vollzug des Bundesrechts erteilen. Diese Weisungen ergehen als *Kreisschreiben*. Kreisschreiben sind für die Kantone verbindlich, nicht aber für Private.

Beispiele:
– Kreisschreiben des Bundesrates an die Kantonsregierungen zur Resultatermittlung mit technischen Geräten bei eidgenössischen Volksabstimmungen (BBl 2003 419);
– Kreisschreiben des Bundesrates an die Kantonsregierungen zur Volksabstimmung vom 9. Februar 2003 (BBl 2002 7728);
– Kreisschreiben [des EDA] an die Staatskanzleien der Kantone und an die schweizerischen Vertretungen im Ausland betreffend die politischen Rechte der Auslandschweizer (BBl 2002 4636).

14

15

16   Weisungen können auch *im Einzelfall* erteilt werden. Solchenfalls richtet sich der Bund mit einer *Einladung* oder einem *Ersuchen* an den betreffenden Kanton, den beanstandeten Mangel zu beheben.

4.   Genehmigung kantonaler Erlasse

17   Die Genehmigung kantonaler Erlasse durch Bundesbehörden ist das *praktisch wichtigste Aufsichtsmittel*. Es lassen sich folgende Genehmigungsfälle benennen:

   –   Gewährleistung kantonaler *Verfassungen* durch die Bundesversammlung (Art. 51 Abs. 2, Art. 172 Abs. 2 BV; vorn § 18/II).

   –   Genehmigung von *Staatsverträgen* der Kantone mit dem Ausland durch die Bundesversammlung, sofern der Bundesrat oder ein Kanton Einsprache erhebt (Art. 56 Abs. 1 und 2, Art. 172 Abs. 3, Art. 186 Abs. 3 BV sowie Art. 62 RVOG; vorn § 20 Rz. 46).

   –   Genehmigung *interkantonaler Vereinbarungen* durch die Bundesversammlung, sofern der Bundesrat oder ein Kanton Einsprache erhebt (Art. 48, Art. 172 Abs. 3, Art. 186 Abs. 3 BV sowie Art. 61a RVOG; vorn § 25 Rz. 24 ff.).

   –   Genehmigung *kantonaler Gesetze und Verordnungen* durch Departement oder Bundesrat (Art. 186 Abs. 2 BV).

       Gesetze und Verordnungen sind dem Bund zur Genehmigung zu unterbreiten, soweit ein Bundesgesetz dies *ausdrücklich bestimmt* (z.B. Art. 40, 425 ZGB; Art. 401 StGB; Art. 37 USG). Der Bundesgesetzgeber darf eine Genehmigungspflicht freilich nur vorsehen, „wo es die Durchführung des Bundesrechts verlangt" (Art. 186 Abs. 3 BV), d.h. bei kantonalen Erlassen aus dem *delegierten Wirkungskreis* der Kantone, nicht aber bei solchen aus dem autonomen Wirkungskreis (BBl 1997 I 420). Die *Erteilung der Genehmigung* obliegt den mit der Sache befassten *Departementen*. In strittigen Fällen entscheidet der Bundesrat; er kann die Genehmigung auch mit Vorbehalt erteilen (Art. 61a Abs. 2 RVOG). Für die *Verweigerung der Genehmigung* ist von vornherein nur der Bundesrat zuständig (Art. 61a Abs. 3 RVOG; für Einzelheiten vgl. die Verordnung über die Genehmigung kantonaler Erlasse durch den Bund vom 30. Januar 1991, SR 172.068).

18   Die Gewährleistung der Kantonsverfassungen sowie die Genehmigung von Staatsverträgen der Kantone mit dem Ausland und weitgehend auch von interkantonalen Vereinbarungen hat *deklaratorische* (feststellende) Bedeutung. Bei kantonalen Gesetzen und Verordnungen ist die Genehmigung dagegen „Voraussetzung der Gültigkeit", d.h. *konstitutiver* Natur (Art. 61a Abs. 1 Satz 2 RVOG). Allemal bleibt der genehmigte Erlass kantonales Recht.

Die (positiven oder negativen) Genehmigungsentscheide der Bundesbe- 19
hörden können *nicht an das Bundesgericht weitergezogen* werden. Eine
verweigerte Genehmigung wird vom Bundesgericht respektiert und der
entsprechende kantonale Erlass als nichtig betrachtet. Dagegen schliesst
die *erteilte* Genehmigung die Möglichkeit nicht aus, den genehmigten
Erlass als solchen oder einen darauf gestützten Anwendungsakt in einem Justizverfahren auf seine Bundesrechtskonformität hin zu überprüfen (BGE 104 Ia 480 E. 3b S. 484, Meylan; 103 Ia 130 E. 3a S. 133,
Invertax). Für die Überprüfung gewährleisteter Kantonsverfassungen
gelten immerhin gewisse Besonderheiten (vorn § 18 Rz. 31 ff.).

5. Behördenbeschwerde und staatsrechtliche Klage

Zu den Instrumenten der Bundesaufsicht zählt weiter die *Behördenbe-* 20
schwerde, d.h. das Recht des in der Sache zuständigen Departements,
Entscheide letzter kantonaler Instanzen, die sich auf öffentliches Recht
des Bundes stützen, mit Verwaltungsgerichtsbeschwerde an das Bundesgericht weiterzuziehen (Art. 103 Bst. b OG). Durch Gesetz oder
Verordnung kann das Beschwerderecht auch dem jeweiligen Bundesamt eingeräumt werden (vgl. z.B. Art. 48 Abs. 4 RPV). Mitunter sind
die Bundesbehörden sogar befugt, gegen Verfügungen unterer kantonaler Instanzen die Rechtsmittel des kantonalen Rechts zu ergreifen (sog.
integrale Behördenbeschwerde; vgl. z.B. Art. 141 DBG; Art. 56 USG;
Art. 46 WaG). Die Kantone sind verpflichtet, dem Bund die entsprechenden Entscheide mitzuteilen.

Der Bundesrat kann das Bundesgericht auch mittels *staatsrechtlicher* 21
Klage anrufen (Art. *189 Abs. 2 BV). Die Klage ist unter anderem zur
Austragung von Kompetenzkonflikten zwischen Bund und Kantonen
bestimmt (Art. 83 Bst. a OG). Als Mittel der Bundesaufsicht lässt sie
sich dann einsetzen, wenn der Kanton mit dem beanstandeten Akt
nicht nur Bundesrecht verletzt, sondern zugleich noch eine Kompe-
tenzüberschreitung begeht.

6. Kassation kantonaler Rechtsanwendungsakte ausserhalb eines Rechtsmittelverfahrens

Die Behördenbeschwerde des Bundes (Rz. 20) erfasst nicht alle Verfü- 22
gungen, die die Kantone in Anwendung von Bundesrecht erlassen. So
versagt sie, wenn die Verwaltungsgerichtsbeschwerde wegen einer

Ausnahme nach Art. 99–101 OG unzulässig ist oder wenn gar kein letztinstanzlicher kantonaler Entscheid vorliegt und die Bundesbehörde auch nicht berechtigt ist, schon im kantonalen Instanzenzug Beschwerde zu führen. Es fragt sich dann, ob der Bundesrat einen kantonalen Akt, der Bundesrecht verletzt, gestützt auf Art. 186 Abs. 4 BV *auch ausserhalb eines Rechtsmittelverfahrens* aufheben kann.

23   Das *Verhältnis zwischen aufsichtsrechtlicher Kassation und Verwaltungs-justiz* ist von manchen Unsicherheiten geprägt. Dies ist angesichts spärlicher Praxis und schwieriger Problemlage nicht verwunderlich. Tatsächlich stellt sich die Frage nur in seltensten Fällen, und sie erlaubt auch keine einfachen Antworten. Einerseits bietet der Verwaltungsrechtsschutz, anders als die aufsichtsrechtliche Kassation, den *Vorteil* eines justizförmig geregelten Verfahrens vor einer unabhängigen Behörde. Andererseits ermöglicht er die Überprüfung des kantonalen Handelns immer nur in den Grenzen des individualrechtlich geprägten Streitgegenstands: für die Aufsichtsbehörde, die sich um die Wahrung des Bundesrechts in seiner gesamten Breite zu kümmern hat, ein *Nachteil*. Der ordentliche Rechtsweg geht der aufsichtsrechtlichen Kassation daher nur vor, sofern

1.   die Behördenbeschwerde überhaupt offen steht *und*

2.   die prozessrechtliche Lage es erlaubt, die aufsichtsrechtliche Fragestellung in sachgerechter Weise zu thematisieren.

Gebricht es an einer dieser Voraussetzungen, so bleibt die *aufsichtsrechtliche Kassation auch neben dem Verwaltungsrechtsschutz grundsätzlich zulässig* (so BIAGGINI, Verwaltungsrecht im Bundesstaat, S. 230–234; vgl. auch KURT EICHENBERGER, in: Kommentar aBV, Art. 102 Rz. 43).

24   Im Weiteren ist nach der *Art der betroffenen kantonalen Behörde* zu differenzieren. Allgemein wird angenommen, bei Fehlen wirksamer Beschwerdemöglichkeiten dürfe der Bund jedenfalls Entscheide kantonaler *Verwaltungs*behörden aufsichtsrechtlich aufheben, sofern gewichtige öffentliche Interessen dies verlangen. Teils wird hierfür eine besondere gesetzliche Grundlage vorausgesetzt (vgl. VPB 1986 Nr. 61 S. 401).

25   Hingegen gehen die Meinungen auseinander, was die Aufhebung kantonaler *Gerichts*entscheide betrifft.

Dies hat sich 1974 im *Fall Fextal* gezeigt. Nach dem Bundesbeschluss über dringliche Massnahmen auf dem Gebiete der Raumplanung vom 17. März 1972 (BMR, AS

1972 644; mit dem Inkrafttreten des Raumplanungsgesetzes auf Ende 1979 aufgehoben) waren die Kantone gehalten, provisorische Schutzgebiete mit weitgehendem Bauverbot zu bestimmen. In der Folge wies der Kanton Graubünden das Fextal im Engadin aus Gründen des Landschaftsschutzes einem solchen Schutzgebiet zu; die Massnahme wurde vom EJPD genehmigt. Auf Beschwerde eines Grundeigentümers entliess indessen das Verwaltungsgericht des Kantons Graubünden gewisse Parzellen aus dem Schutzgebiet. Der Entscheid stand in krassem Widerspruch zu Art. 2 BMR, wonach Landschaften von besonderer Schönheit und Eigenart zwingend als provisorisches Schutzgebiet zu bezeichnen waren. Weil gegen den Entscheid des Verwaltungsgerichts lediglich die Beschwerde an den Bundesrat offen stand (Art. 99 Bst. c OG) und das Departement zu diesem Rechtsmittel nicht legitimiert war (Art. 48 VwVG), hob der Bundesrat das Urteil aufsichtsrechtlich auf (vgl. ZBl 1974 529 E. 5 S. 532 f.; dort auch die Entgegnung des Bündner Verwaltungsgerichts, S. 533).

Ein Teil der Lehre hat am Entscheid des Bundesrats scharfe *Kritik* geübt: Die Kassation eines Gerichtsentscheids durch die Regierung lasse sich mit der richterlichen Unabhängigkeit nicht vereinbaren; dieser rechtsstaatliche Grundsatz aber gelte nicht nur innerhalb ein und derselben Staatsebene, sondern ebenso im Verhältnis zwischen Bundesrat und kantonaler Verwaltungsjustiz (vgl. YVO HANGARTNER, Bundesaufsicht und richterliche Unabhängigkeit, ZBl 1975 1, 6, 8).

Die Kritik verkennt, dass die richterliche Unabhängigkeit und überhaupt die Gewaltenteilung nicht im Spiel sind. Nach Sinn und Zweck betrifft die Bundesaufsicht das bundesstaatliche Verhältnis zwischen Zentralstaat und Gliedstaat und nicht das rechtsstaatliche Verhältnis zwischen Legislative, Exekutive und Judikative. Der Verfassungswortlaut („Der Bund wacht über die Einhaltung des Bundesrechts durch die Kantone", Art. 49 Abs. 2 BV) lässt daran keine Zweifel aufkommen. Es ist auch kein Zufall, dass die Massnahmen der Bundesaufsicht nicht den in der Sache zuständigen Bundesverwaltungsbehörden obliegen, sondern zunächst den politischen Bundesbehörden (vgl. Rz. 6 und 8). Ausserdem ist zu berücksichtigen, dass es den Kantonen in den Schranken von Art. 6 Abs. 1 EMRK und Art. 98a OG frei steht, den innerkantonalen Rechtsschutz beim Regierungsrat oder beim Verwaltungsgericht enden zu lassen. Aufsichtsmassnahmen des Bundes können aber nicht im einen Fall erlaubt, im andern verboten sein; eine solche Auffassung würde die Bundesaufsicht den Zufälligkeiten des kantonalen Organisationsrechts ausliefern. Inhalt und Schranken der Bundesaufsicht müssen sich vielmehr allein nach dem Recht der aufsichtskompetenten Bundesebene richten. In diesem Sinne PIERRE MOOR, Pouvoir de surveillance fédéral et autorités cantonales, ZBl 1975, S. 191, 194 f. Vgl. zum Ganzen auch ALFRED KÖLZ, Vollzug des Bundesverwaltungsrechts und Behördenbeschwerde, ZBl 1975, S. 361, 367 f., sowie die Literaturübersicht in VPB 1986 Nr. 61 S. 401).

Man muss aber doch einräumen: Die aufsichtsrechtliche Kassation eines kantonalen Gerichtsurteils wirkt unschön. Sie darf darum nur als *Notmassnahme bei schweren Bundesrechtsverletzungen* erwogen werden. Das Risiko eines weiteren Falls „Fextal" liesse sich im Übrigen durch einen Ausbau des behördlichen Beschwerderechts (Rz. 20) weitgehend ausschalten.

VI. Zwangsbewehrte Aufsichtsmassnahmen (Bundesexekution)

1. Begriff und Grundsätze

26 Aufsichtsmassnahmen, durch welche der Bund Zwang auf die Kantone ausübt, werden unter dem Titel „Bundesexekution" zusammengefasst. Der Bundeszwang äussert sich als *Sanktion,* die den Kanton unter Druck setzen soll, seine Aufgaben bundesrechtskonform zu erfüllen, oder als *Selbsteintritt* des Bundes zur unmittelbaren Behebung kantonaler Versäumnisse. Die Bundesexekution erscheint somit als *Fortsetzung der Bundesaufsicht mit schärferen Mitteln.* Fälle von Bundesexekutionen sind äusserst selten. Die Bundesverfassung selbst enthält keinen Katalog der möglichen Zwangsmassnahmen. Praktisch stehen finanzielle Druckmittel (als Beispiel einer Sanktion) und die Ersatzvornahme (als Beispiel eines Selbsteintritts) im Vordergrund.

27 Die *Rechtsgrundlage* der Bundesexekution findet sich in Art. 173 Abs. 1 Bst. e BV. Zwangsmassnahmen zur Durchsetzung des Bundesrechts sind demnach grundsätzlich Sache der *Bundesversammlung.* Das Gesetz kann auch den *Bundesrat* für zuständig erklären (vgl. für Beispiele Rz. 29 f.). Ausserdem ist der Bundesrat schon kraft Verfassung befugt, bei Dringlichkeit Truppen in beschränkter Zahl aufzubieten (Art. 185 Abs. 4 BV).

28 Allfällige Zwangsmassnahmen müssen *verhältnismässig* bleiben.

2. Finanzielle Druckmittel

29 Finanzielle Druckmittel dürfen vom Bund nur eingesetzt werden, sofern zwischen der zu sistierenden Zuwendung des Bundes und der verweigerten Pflichterfüllung des Kantons ein *enger Zusammenhang im Sinne von Leistung und Gegenleistung* besteht. So kann der Bund Subventionen an die Kantone dann verweigern, aussetzen oder zurückfordern, wenn Bedingungen oder Auflagen, die mit der Subvention verknüpft sind, nicht erfüllt werden.

Beispiel: Art. 30 RPG. Der Bund macht die Leistung von Beiträgen an raumwirksame Massnahmen davon abhängig, dass sie den vom Bundesrat genehmigten Richtplänen entsprechen. Die Bestimmung ist bis heute „weitgehend toter Buchstabe geblieben" (LUKAS BÜHLMANN, in: Kommentar RPG, Art. 30 Rz. 5; vgl. auch BBl 1988 I 928).

3. Ersatzvornahme

Eine Ersatzvornahme liegt vor, wenn die Behörde eine Handlung, die 30
vom dazu Verpflichteten zu Unrecht verweigert wird, an dessen Stelle
und auf dessen Kosten selber ausführt oder durch Dritte ausführen lässt
(vgl. Art. 41 Abs. 1 Bst. a und Abs. 2 VwVG). Im Kontext der Bundesaufsicht versteht man unter Ersatzvornahme entsprechend die *Erfül-*
lung einer dem Kanton obliegenden Bundespflicht durch den Bund an
Stelle und auf Kosten des säumigen Kantons. Der Ersatzvornahme muss
eine Zwangsandrohung unter Ansetzung einer letzten Erfüllungsfrist
vorausgehen. Androhung und Erfüllungsfrist können entfallen, wenn
Gefahr im Verzug ist.

Die Ersatzvornahme ist an verschiedenen Stellen des Bundesrechts 31
ausdrücklich vorgesehen, so etwa in:
– Art. 37 RPG: Erlass vorübergehender Nutzungszonen durch den Bundesrat,
  wenn besonders geeignete Landwirtschaftsgebiete oder besonders bedeutsame
  Landschaften unmittelbar gefährdet sind und der Kanton die erforderlichen
  Massnahmen nicht fristgerecht trifft. Die Massnahme ist soweit ersichtlich ein
  einziges Mal angedroht worden (BBl 1987 I 792 Ziff. 14).
– Art. 55 NSG: Übernahme des Nationalstrassenbaus durch den Bund, falls ein
  Kanton sich weigert, seinen Aufgaben nachzukommen.
– Art. 401 Abs. 2 StGB: Erlass vorläufiger Verordnungen durch den Bundesrat,
  wenn der Kanton die nötigen Einführungsbestimmungen zum StGB nicht
  fristgerecht vorlegt.

Die Ersatzvornahme ist aber *auch ohne ausdrückliche gesetzliche Grund-* 32
lage zulässig, weil sie keine neuen Pflichten begründet, sondern nur
dazu dient, die Erfüllung einer *sachgesetzlich bereits bestehenden Pflicht*
sicherzustellen (so auch FRANÇOIS BELLANGER, Droit de nécessité et
état d'exception, in: Verfassungsrecht, § 80 Rz. 17, HÄFELIN/HALLER,
Bundesstaatsrecht, Rz. 1236, sowie der Bundesrat in BBl 1997 I 421;
anders BIAGGINI, Verwaltungsrecht im Bundesstaat, S. 163).

4. Militärische Exekution

Unter militärischer Exekution versteht man den *Beizug von Truppen* 33
zur Durchsetzung des Bundesrechts (Art. 173 Abs. 1 Bst. d, Art. 185
Abs. 4 BV). Ein Armeeeinsatz darf von vornherein nur bei schwerster
Verletzung elementarster Bundespflichten durch den Kanton in Betracht gezogen werden. Der Einsatz würde sich *gegen* die kantonalen
Behörden richten. Dadurch unterscheidet sich die militärische Exekution von der eidgenössischen Intervention, wo die Armee *zum Schutz*

der kantonalen Behörden auftritt (vorn § 18 Rz. 41 ff.). Zu einer militärischen Exekution ist es in der Geschichte des schweizerischen Bundesstaats noch nie gekommen, wohl aber zu Armeeeinsätzen im Rahmen der eidgenössischen Intervention.

VII. Rechtsschutz gegen Aufsichtsmassnahmen

34 Geht die Aufsichtsmassnahme vom *Bundesrat* oder von der *Bundesverwaltung* aus und hält der *Kanton* die Massnahme mangels Bundeszuständigkeit für unzulässig, so kann er staatsrechtliche Klage beim Bundesgericht führen (Art. *189 Abs. 2 BV; Art. 83 Bst. a OG). Davon ausgenommen ist die Aufsichtsmassnahme der Behördenbeschwerde (Rz. 20): Hier hat der Kanton schon im Zuge des Beschwerdeverfahrens ausreichend Gelegenheit, seinen Standpunkt darzulegen (Art. 93 OG). Gegen Aufsichtmassnahmen der *Bundesversammlung* stehen dem Kanton keine Rechtsmittel zur Verfügung.

Beispiele von staatsrechtlichen Klagen des Kantons gegen Aufsichtsmassnahmen des Bundes: BGE 103 Ia 329, Conseil d'Etat du canton de Genève (Verbois); 78 I 14, Canton de Fribourg.

35 Die Rechtsstellung *Privater* dürfte durch Aufsichtsmassnahmen des Bundes kaum je berührt sein. Geschieht dies ausnahmsweise doch, so müssen die Rechtsschutzgarantien nach Art. 6 Abs. 1 und Art. 13 EMRK eingelöst werden – notfalls in Durchbrechung des Prozessrechts.

4. TEIL: BUNDESBEHÖRDEN

Unter „Behörde" verstehen wir jede Instanz, die mit der Erfüllung staatlicher Aufgaben betraut ist. Im vierten Teil dieses Buchs geht es allerdings nur um die *obersten* Behörden des *Bundes* im Sinne von Art. 143–*191c BV: das sind die *Bundesversammlung* (§§ 30–34), der *Bundesrat* (§§ 36–39) und das *Bundesgericht* (§§ 40–43). Dabei interessieren die Stellung der jeweils betrachteten Behörde im Gefüge der Staatsgewalten, ihre Zusammensetzung, Zuständigkeit und Funktionsweise. In einem gesonderten Paragrafen behandeln wir das *Verhältnis der Bundesversammlung zu den beiden anderen obersten Bundesbehörden* (§ 35).

Auch wenn jede der obersten Bundesbehörden ein unverwechselbares Profil hat, so kann man doch gewisse *Prinzipien der Behördenorganisation* ausmachen, die für Bundesversammlung, Bundesrat und Bundesgericht gleichermassen gelten. Zu diesen Prinzipien zählen die Gewaltenteilung, die Öffentlichkeit des Staatshandelns sowie die Verantwortlichkeit der Staatsorgane (§§ 27–29). Zum Amtssprachenprinzip im Bund vgl. vorn § 14/III.

1. Kapitel: Prinzipien der Behördenorganisation

§ 27 Gewaltenteilung

I. Begriff, Funktion und Rechtsgrundlage

1 Macht, sagt MAX WEBER, „bedeutet jede Chance, innerhalb einer sozialen Beziehung den eigenen Willen auch gegen Widerstreben durchzusetzen, gleichviel worauf diese Chance beruht" (Wirtschaft und Gesellschaft [1921], 5. A., Tübingen 1976, S. 28). Je stärker sich Machtbefugnisse in einer Hand sammeln, desto weniger können die Machtunterworfenen mit Mässigung und Rücksichtnahme von Seiten der Machthaber rechnen. Alleinherrscher brauchen nicht zu lernen. Im staatlichen Kontext birgt *Machtfülle* unweigerlich den *Keim zur Tyrannei*.

2 Vor diesem Hintergrund will die Gewaltenteilung die Staatsmacht auf eine *Mehrzahl von Herrschaftsträgern* auffächern, die *voneinander unabhängig* sind und sich *wechselseitig überwachen*. Gewaltenteilung ist mit anderen Worten ein *Prinzip zur Strukturierung staatlicher Herrschaftsausübung*. Aus dem Prinzip allein lässt sich freilich noch keine bestimmte Behördenorganisation ableiten; vielmehr ist es Sache von Verfassung und Gesetz, den Staatsapparat im Geiste der Gewaltenteilung aufzubauen und die nötigen Kontrollmechanismen einzurichten.

3 Die Gewaltenteilung bezweckt die *Verhinderung von Machtmissbrauch durch Machtbegrenzung und Machtkontrolle*. Damit versieht sie hauptsächlich eine rechtsstaatliche Funktion (vorn § 6 Rz. 24). Mit den Worten von JEAN-FRANÇOIS AUBERT, in: Kommentar aBV, Art. 71 Rz. 16:

> „Die Verfasser, welche sie erfunden haben, wollten nicht lediglich eine Technik, ein Rezept, eine vernünftige Art vorschreiben, wie die Staatsaufgaben erfüllt werden können. Sie beabsichtigten etwas Grundsätzlicheres, eine eigentliche politische liberale Doktrin, nach welcher die Macht des Staates aufgeteilt und damit abgeschwächt werden kann. Vollzieht der Gesetzgeber die von ihm erlassenen Gesetze selber, ‚so ist zu fürchten, dass der gleiche Senat tyrannische Gesetze erlässt und sie tyrannisch vollzieht'. Ist der Richter gleichzeitig Gesetzgeber, ‚wird die Entscheidungsmacht über Leben und Freiheit der Bürger willkürlich'. ‚Durch eine Vereinigung der drei

362

Funktionen wäre alles verloren' usw. Diese denkwürdigen Sätze sind wohlbekannt."

Die Bundesverfassung verankert den Grundsatz *an keiner Stelle aus-* 4 *drücklich.* Gleichwohl besteht an seiner Geltung als *ungeschriebener Verfassungsgrundsatz* nicht der geringste Zweifel. Die Art. 143 ff. BV über die Bundesbehörden lassen deutlich erkennen, dass sich der Verfassungsgeber von den Anliegen der Gewaltenteilung hat leiten lassen (vgl. BBl 1997 I 368 ff.). Mit der Wendung „ ... gibt sich eine demokratische Verfassung" verlangt Art. 51 Abs. 1 BV Entsprechendes von den *Kantonen* (so BBl 1997 I 218; die Zuordnung zum Demokratieprinzip wirkt etwas überraschend). Manche Kantone haben den Grundsatz zudem in ihre Verfassung aufgenommen (vgl. Art. 66 KV-BE, Art. 61 KV-AR, § 68 KV-AG).

II.   Der Inhalt der Gewaltenteilung im Allgemeinen

Mit dem Grundsatz der Gewaltenteilung verbinden sich üblicherweise 5 *vier Elemente:*

1. die funktionelle Gewaltenteilung;
2. die organisatorische Gewaltenteilung;
3. die personelle Gewaltenteilung;
4. die wechselseitige Gewaltenhemmung.

Logisch gesehen bildet das erste Element die Prämisse oder Annahme, von welcher die Elemente 2–4 als normative Postulate ausgehen. Die Prämisse muss also vorweg verifiziert werden.

1.   Prämisse: Funktionelle Gewaltenteilung

a.   Grundsatz

Der Grundsatz der Gewaltenteilung geht von der Annahme aus, dass 6 sich *jede Staatstätigkeit* einer der drei Staatsfunktionen *Rechtsetzung, Regierung/Verwaltung* oder *Rechtspflege* zuordnen lässt. Zugleich wird unterstellt, dass die *Rechtsetzungsfunktion eine hervorgehobene Rolle* spielt, indem das Gesetz das Walten der zwei anderen Funktionen inhaltlich bis zu einem gewissen Grade determiniert.

7   Auch die *Bundesverfassung* folgt der skizzierten Prämisse. Dies zeigt
     sich einerseits daran, dass die Verfassung die drei Staatsfunktionen aus-
     drücklich nennt, nämlich in Art. 163–165 BV die Gesetzgebung, in
     Art. 174 BV die Staatsleitung und Rechtsvollziehung sowie in Art. 188
     BV die Rechtsprechung. Andererseits ist es kein Zufall, dass die Recht-
     setzungsfunktion in der Verfassungsabfolge zuerst erscheint, die Staats-
     leitung/Vollziehung dagegen an zweiter und die Rechtsprechung an
     letzter Stelle genannt werden.

     Um den Prämissencharakter der „funktionellen Gewaltenteilung" nicht zu verde-
     cken, würde man besser von der „Dreiteilung der Staatsfunktionen" sprechen (so
     zu Recht z.B. HÄFELIN/HALLER, Bundesstaatsrecht, Rz. 1405). Die einzelnen
     Staatsfunktionen werden bei den Bundesbehörden besprochen; vgl. hinten § 30
     Rz. 2 (Rechtsetzung), § 36 Rz. 2 f. (Regierung/Verwaltung) und § 40 Rz. 3 (Recht-
     sprechung).

b.   Relativierungen

8   Die drei Staatsfunktionen lassen sich freilich nicht immer klar ausei-
     nanderhalten. So erscheint die *strikte Gegenüberstellung von Rechtset-
     zung und Rechtsanwendung* (als Teil der Verwaltungsfunktion) schon
     rechtstheoretisch *fragwürdig*, denn Rechtsanwendung ist bis zu einem
     gewissen Grade stets auch Rechtsschöpfung. Vgl. z.B. RHINOW, Recht-
     setzung, S. 176:

     „Rechtsgewinnung geschieht in einem wechselseitigen und unauf-
     lösbaren Prozess von Erkenntnis und Entscheidung, der am einen
     Pol durch entscheidungsarme Erkenntnis, am andern Pol durch er-
     kenntnisarme Dezision gekennzeichnet ist. Auf Erkenntnis kann
     die Rechtsgewinnung nicht verzichten, wenn sie nicht alle Vorgege-
     benheiten und Normativität überhaupt negieren und in einen rei-
     nen Subjektivismus abgleiten will. Entscheidung anderseits ist be-
     gleitendes und abschliessendes Konstitutionselement; es gibt keine
     Konkretisierung, ohne dass auch dezidierend das Resultat des
     Rechtsgewinnungsvorgangs herbeigeführt wird – und ohne dass
     damit (neues) Recht geschaffen wird. Normkonkretisierung ist folg-
     lich nicht nur Rechts‚anwendung', sondern auch Recht‚setzung',
     indem durch ‚schöpferische', d.h. erkennende und entscheidende
     Festlegung verbindlich geltendes Recht produziert wird."

9   Es kommt hinzu, dass sich gewisse staatliche Handlungsweisen *mit dem
     Dreifunktionenmodell nicht mehr adäquat erfassen* lassen. Dies gilt z.B.
     für die politische Planung oder für die Realakte der Verwaltung.

10   Schliesslich könnte das Modell dazu verleiten, die Bedeutung der *Zu-
     sammenarbeit unter den Staatsgewalten* zu übersehen. Tatsächlich hat

der Verfassungsgeber die Zuständigkeiten in wichtigen Aufgabenfeldern (wir nennen hier nur die Aussenpolitik und die Finanzen) bewusst so aufgeteilt, dass Parlament und Regierung zur Kooperation genötigt werden.

Man sollte die *Kritik* aber *nicht übertreiben*. Die Gewaltenteilung aus dem staats- 11 rechtlichen Vokabular tilgen zu wollen, geht zu weit (so aber SEILER, Gewaltenteilung, S. 196 ff., 201). Zur gedanklichen und dann auch rechtlichen Bewältigung des Machtproblems im Staat liefert die klassische Gewaltenteilungslehre weiterhin brauchbare Ansätze. Wie für alle Dogmen gilt auch hier: Man darf es damit nicht bis zum Letzten treiben. Zudem haben wir bis heute nichts wirklich Besseres. Zusammenfassung der Kritik z.B. bei PASCAL MAHON, Le principe de la séparation des pouvoirs, in: Verfassungsrecht der Schweiz, § 65 Rz. 10–12.

2. Erstes Postulat: Organisatorische Gewaltenteilung

a. Grundsatz

Der Grundsatz der Gewaltenteilung verlangt als Erstes, die drei ‚gros- 12 sen' Staatsfunktionen (Rz. 6) *verschiedenen Staatsorganen* zuzuordnen, die *voneinander unabhängig* sind. Im Idealfall übernimmt je ein Organ eine und nur eine der drei Staatsfunktionen.

Die *Bundesverfassung* folgt dem Modell der organisatorischen Gewal- 13 tenteilung dadurch, dass sie im Titel über die Bundesbehörden drei oberste Staatsorgane einrichtet und jedem dieser Organe je eine der drei Staatsfunktionen im Sinne einer *Stammfunktion* zuordnet. So obliegt:

- der Bundesversammlung als Legislative primär die Rechtsetzung (Art. 163–165 BV; hinten § 30/I);
- dem Bundesrat mit der Bundesverwaltung als Exekutive primär die Funktionen der Staatsleitung und der Rechtsvollziehung (Art. 174 BV; hinten § 36/I); und
- dem Bundesgericht als Judikative primär die Rechtsprechung (Art. 188 BV; hinten § 40/I).

Auch wenn die Grenzen verschwimmen mögen: Rechtsetzung, Staatsleitung und Rechtsvollziehung sowie Rechtsprechung bleiben trotzdem wesensverschiedene Staatsfunktionen. Indem die Verfassung jedes der obersten Staatsorgane für eine und nur eine Staatsfunktion hauptverantwortlich zeichnen lässt, ermöglicht sie es den einzelnen Organen, ein funktionsadäquates Profil zu entwickeln – was wiederum Voraussetzung dafür ist, dass die Bundesversammlung, der Bundesrat und das Bundesgericht mit geeigneten Personen beschickt werden können.

b.   Relativierungen

14   Die organisatorische Gewaltenteilung wird von der Bundesverfassung
verschiedentlich *durchbrochen,* namentlich im Verhältnis zwischen
Bundesversammlung und Bundesrat. Diese Durchbrechungen dürfen
nicht als Regelwidrigkeiten wahrgenommen werden. Die Gewaltenteilung selbst verlangt gewisse Funktionsverschiebungen und Funktions-
verschränkungen, denn anders lässt sich eine wirksame wechselseitige
Gewaltenhemmung (das dritte Postulat des Gewaltenteilungsprinzips,
Rz. 18) gar nicht bewerkstelligen.

Vgl. zu diesen Durchbrechungen im Einzelnen hinten § 33/IV und V (Regierungs-,
Verwaltungs- und Rechtsprechungsbefugnisse der Bundesversammlung), § 38/IV
und V (Rechtsetzungs- und Rechtsprechungsbefugnisse des Bundesrats), § 42/III
und IV (Rechtsetzungs- und Verwaltungsbefugnisse des Bundesgerichts).

3.   Zweites Postulat: Personelle Gewaltenteilung

a.   Grundsatz

15   Die Gewaltenteilung verlangt weiter, dass die Staatsorgane, denen die
verschiedenen Staatsfunktionen zugeordnet sind, durch *Personen* besetzt werden, die *voneinander unabhängig* sind.

16   Die personelle Gewaltenteilung ist in der *Bundesverfassung* durch ein
striktes System von *Unvereinbarkeiten* weitestgehend verwirklicht:
Mitglieder der Bundesversammlung, des Bundesrats und des Bundesgerichts dürfen nicht gleichzeitig einer anderen dieser Behörden angehören (Art. 144 Abs. 1 BV; vgl. auch Art. 18 BPR und Art. 3 Abs. 1 OG).

Vgl. für Einzelheiten der personellen Gewaltenteilung hinten § 31 Rz. 12 ff. und
§ 32 Rz. 8 f. (National- und Ständerat), § 37 Rz. 5 (Bundesrat), § 41 Rz. 5 (Bundesgericht).

b.   Relativierungen

17   Der Grundsatz der personellen Gewaltenteilung betrifft nur die *Behördenmitglieder der gleichen bundesstaatlichen Ebene.* Das Nationalrats-
oder Ständeratsmandat eines kommunalen oder kantonalen Exekutiv-
mitglieds, um ein verbreitetes Beispiel zu nennen, verletzt den Grundsatz der Gewaltenteilung nicht. Kantone und Gemeinden können den
Mitgliedern ihrer Behörden immerhin verbieten, solche ‚Doppelman-

date' zu bekleiden, oder die Anzahl der zulässigen Doppelvertretungen beschränken.

Vgl. als *Beispiel* Art. 68 Abs. 3 KV-BE. Solche Regelungen beschneiden aber das passive Wahlrecht der Betroffenen; dazu hinten § 51 Rz. 8.

4. Drittes Postulat: Wechselseitige Gewaltenhemmung

Die organisatorische und die personelle Gewaltenteilung allein stellen nicht sicher, dass der Zweck der Gewaltenteilung – Verhinderung von Machtmissbrauch – erreicht wird. Vielmehr bedarf es darüber hinaus einer *wechselseitigen Hemmung* der organisatorisch und personell unabhängigen Behörden. Die Gewaltenhemmung ist im schweizerischen Verfassungsrecht nur unvollkommen verwirklicht.   18

Vgl. für Einzelheiten hinten § 29/III über die politische Verantwortlichkeit der Bundesbehörden und § 35 über das Verhältnis der Bundesbehörden zueinander.

III. Zur Gesetzesdelegation im Besonderen

1. Begriff und Erscheinungsformen

Von Gesetzesdelegation spricht man, wenn die *Legislative* als ordentlicher Gesetzgeber Teile der ihr zustehenden *Rechtsetzungsbefugnisse an andere Staatsorgane der gleichen Staatsebene* weitergibt.   19

Die Gesetzesdelegation darf nicht mit der ‚vertikalen‘ oder ‚föderativen‘ Delegation verwechselt werden, d.h. mit der Übertragung von Bundesaufgaben auf die Kantone oder von kantonalen Kompetenzen auf die Gemeinden. Diese Art Delegation berührt den Grundsatz der Gewaltenteilung nicht. Folglich finden die aus der Gewaltenteilung abgeleiteten Grundsätze der Gesetzesdelegation (Rz. 27 ff.) auf sie auch keine Anwendung (BGE 127 I 60 E. 2d S. 65, Einwohnergemeinde Muri bei Bern).

Als *Legislative* wirkt auf Bundesebene die *Bundesversammlung zusammen mit dem Stimmvolk* (Art. 141, 148, 163 BV). Gleiches gilt auf der Ebene der Kantone, soweit Gesetze der Volksabstimmung unterliegen (was bundesverfassungsrechtlich zwar nicht vorgeschrieben, gleichwohl aber überall der Fall ist): Wiederum sind es Parlament und Volk, welche die Legislative im Sinne der Gewaltenteilung ausmachen.   20

Vor diesem Hintergrund sind Gesetzesdelegationen nach drei Richtungen hin denkbar: 21

- von der Legislative an das *Parlament* allein (d.h. unter Ausschluss der Stimmberechtigten);
- von der Legislative an die *Regierung* (die Exekutive);
- von der Legislative an die *Gerichte* (die Judikative).

22   Dem Delegationsempfänger steht zur Wahrnehmung der delegierten Rechtsetzungsbefugnisse die Erlassform der *Verordnung* zur Verfügung. Entsprechend gibt es Parlaments-, Regierungs- und Gerichtsverordnungen. Die meisten Delegationen gehen an die Exekutive; die folgenden Abschnitte beziehen sich darum auf diese Normalkonstellation. Parlamentsverordnungen kommen deutlich seltener und Gerichtsverordnungen nur vereinzelt vor.

2.   Grundproblem: Die Frage nach der angemessenen Verteilung der Rechtsetzungslast

23   Die *Rechtsetzung*, d.h. der Erlass generell-abstrakter Rechtsnormen, fällt aus demokratischen und rechtsstaatlichen Gründen zunächst in die Zuständigkeit der *Legislative*.

- Aus *demokratischen Gründen* darum, weil politische Entscheidungen über Rechte und Pflichten der Bürger sowie über Organisation, Zuständigkeit und Verfahren der Behörden nur dann als durch das Volk legitimiert gelten können, wenn sie vom Parlament als der gewählten Volksvertretung beschlossen werden. So gesehen sollten Rechtssätze möglichst auf der *Normstufe* des *formellen Gesetzes* ergehen.
- Die *rechtsstaatlichen Gründe* werden sichtbar, wenn man sich in die Lage der Rechtsunterworfenen versetzt. Weil es bei den rechtspolitischen Entscheidungen der Legislative stets auch darum geht, die Gleichheit aller vor dem Gesetz zu gewährleisten und den Bürgern Gewissheit über ihre Rechte und Pflichten sowie das Funktionieren der Behörden zu vermitteln, müssen die Rechtsnormen der Legislative sachhaltig und präzise sein, d.h. eine *hohe Normdichte* aufweisen.

24   Die rechtsstaatlich-demokratischen Anliegen scheinen zunächst dafür zu sprechen, dass der Gesetzgeber alle rechtlichen Festlegungen bis in die Einzelheiten selber trifft. Ein solcher Ansatz wäre aber wenig sachgerecht. Manche Rechtsgebiete betreffen Materien, die sich *rasch wandeln* (z.B. die Kommunikationstechnologie) oder die sich *rechtssatzmäs-*

sig nur schlecht fassen lassen (z.B. die Raumplanung). Es kommt hinzu, dass der Gesetzgeber an Grenzen des Sachverstands stossen mag, wenn *komplexe technische Probleme* zu regeln sind (wie z.b. der Umgang mit gefährlichen Stoffen oder die Verwendung von DNA-Profilen). Kurz: Das Gesetzgebungsverfahren ist mitunter zu schwerfällig, der Gesetzgeber selber nicht immer das geeignete Regelungsorgan. Daher kann es gute Gründe geben, sich mit einem weitmaschigen Gesetz zu begnügen und die Regelung bestimmter Fragen der Exekutive zu überlassen, die dank ihrer Fachstellen der Sache näher steht und die mit der Verordnung auch über ein anpassungsfähiges Regelungsinstrument verfügt. Weil die Exekutive in solchen Fällen anstelle des Gesetzgebers (wenn auch in seinem Auftrag) tätig wird, spricht man von *gesetzesvertretender Verordnung* (hinten § 46 Rz. 22 ff.).

Davon deutlich zu unterscheiden sind die *Vollziehungsverordnungen*, welche sich darauf beschränken, das Gesetz mit Blick auf den Vollzug näher auszuführen (hinten § 46 Rz. 18 ff.). Zum Erlass solcher Verordnungen ist die Exekutive schon kraft ihrer verfassungsrechtlichen Stellung als oberste leitende und vollziehende Behörde ermächtigt; einer besonderen „Delegation" durch den Gesetzgeber bedarf es hierfür nicht.

Auch wenn Rechtsetzungsmandate des Gesetzgebers an die Exekutive 25 von der Sache her sinnvoll sein mögen, so widerstreiten sie doch dem Verfassungsgrundsatz der Gewaltenteilung. Gesetzesdelegationen sind darum nur innerhalb bestimmter Schranken zulässig. Diese Schranken haben in den so genannten *Delegationsgrundsätzen* Ausdruck gefunden (vgl. dazu im Einzelnen Rz. 27 ff.). Sie sollen verhindern, dass der Rechtsetzungsprimat des Gesetzgebers durch Delegationen ausgehöhlt wird. Im Leitentscheid *Wäffler* äussert sich das Bundesgericht zur Frage, welche Gegenstände grundsätzlich in das formelle Gesetz gehören, wie folgt (BGE 103 Ia 369 E. 6 S. 381 f.):

„Eine allgemein gültige Beantwortung dieser Frage ist nicht möglich. Sie hängt nicht nur von der Natur der Materie ab, die Gegenstand der Delegation bildet, und ihrer Eignung, sie im voraus in generell-abstrakte Rechtsnormen zu fassen, sondern auch davon, welches Gewicht den Erfordernissen, die sich aus den verfassungsmässigen Grundsätzen der Gewaltenteilung, der demokratischen Staatsform und der Rechtsstaatlichkeit ergeben, im betreffenden Gebiet beizumessen ist. Aber auch praktische Bedürfnisse, wie das einwandfreie Funktionieren der staatlichen Institutionen, die Förderung des Fortschritts und die Möglichkeit, bei Bedarf geeignete Verwaltungsmassnahmen sofort zu treffen und sie bei veränderter Situation anzupassen, sind zu berücksichtigen.

Es geht somit um eine Wertung, die darnach ausgerichtet sein muss, das Wesentliche vom weniger Wesentlichen zu unterscheiden, und die, unter Berücksichtigung aller Elemente und unter Ausgleich sich widerstreitender Interessen, zu einer gewissen Auswahl führen muss. Diese Wertung obliegt zunächst den gesetzgebenden Organen – dem Parlament und dem Volk. Bei dieser Aufgabe hat ihnen der Verfassungsrichter ... gerade im Hinblick auf das Gewaltentrennungsprinzip und die demokratische Staatsauffassung einen breiten Gestaltungsspielraum zu belassen."

26   *Zusammenfassend:* Die wesentlichen rechtspolitischen Wertungen müssen mit ausreichender Bestimmtheit im formellen Gesetz Ausdruck gefunden haben. Primäre Rechtsetzung ist ausschliesslich Sache des ordentlichen Gesetzgebers; rechtspolitische Entscheidungen von grundlegender Bedeutung dürfen sich nicht in Verordnungen verstecken.

3.   Delegation von Rechtsetzungsbefugnissen der Legislative an die Regierung

a.   *Grundsätze des Bundesgerichts zur Gesetzesdelegation*

27   Das Bundesgericht hat die *klassischen Delegationsgrundsätze* am Beispiel der Gesetzesdelegation in den Kantonen entwickelt. In zahlreichen Fällen hatte sich das Gericht mit dem Vorwurf zu befassen, die Regierung habe die ihr übertragenen Rechtsetzungsbefugnisse überschritten oder der Gesetzgeber habe Rechtsetzungsbefugnisse in unzulässiger Weise weitergegeben – je nach dem, ob die Beschwerde gegen die Regierungsverordnung oder schon gegen die Delegationsnorm im Gesetz gerichtet war. Im Entscheid BGE 118 Ia 305, X., lesen wir zu diesem Thema (E. 2b S. 310 f.):

„Ob und wieweit der kantonale Gesetzgeber ... seine Zuständigkeit zur Rechtssetzung an ein anderes Organ delegieren darf, ist vorab eine Frage des kantonalen Verfassungsrechts, welches hierzu aber häufig keine ausdrückliche Regelung enthält. Bundesrechtlich ist die Delegation von Rechtssetzungskompetenzen vom kantonalen Gesetzgeber an eine Verwaltungsbehörde zulässig, wenn sie nicht durch das kantonale Recht ausgeschlossen wird, sich auf ein bestimmtes Gebiet beschränkt und das Gesetz die Grundzüge der Regelung selbst enthält, soweit sie die Rechtsstellung der Bürger schwerwiegend berührt. Bei Einschränkungen von Freiheitsrechten ist die bundesgerichtliche Rechtsprechung in den Anforderungen, denen die Delegation ... zu genügen hat, streng, doch ist die Natur des geregelten Gegenstandes und die Schwere des Eingriffes immer auch mitzuberücksichtigen. In Abweichung von der Formulierung in jüngeren Entscheiden ist dagegen die Voraussetzung, dass die Delegation in einem Gesetz enthalten sein muss, welches der Volksab-

stimmung unterliegt, zu präzisieren: Die Übertragung der Rechts-
setzungsbefugnis muss lediglich in einem formellen Gesetz vorgesehen sein; ob hierfür ein Gesetzesreferendum nötig ist, bestimmt sich
indessen einzig und allein nach der kantonalen Verfassungsordnung."

Die Zulässigkeit der Gesetzesdelegation hängt also von *vier Vorausset-* 28
zungen ab, die *kumulativ* erfüllt sein müssen:

1. Die Delegation ist durch das kantonale Recht nicht ausgeschlossen.
2. Die Delegation bezieht sich auf eine bestimmte Materie.
3. Die Delegationsnorm ist in einem formellen Gesetz enthalten.
4. Das formelle Gesetz selbst umschreibt die Grundzüge (Inhalt,
   Zweck und Ausmass) der Regelung, soweit sie die Rechtsstellung
   der Bürgerinnen und Bürger schwerwiegend berührt.

Diese Punkte sind im Folgenden kurz zu erläutern.

b. Die Voraussetzungen der Gesetzesdelegation im Einzelnen

Zu 1: Die Delegationsgrundsätze umschreiben die Voraussetzungen, 29
unter denen Gesetzesdelegationen vor dem Grundsatz der Gewaltenteilung standhalten. Es handelt sich also um *Minimalstandards,* die nicht
unterschritten werden dürfen. Im Rahmen ihrer Organisationsautonomie sind die Kantone aber frei, strengere Massstäbe anzulegen. Sie
können darum die Gesetzesdelegation bereichsweise oder sogar ganz
untersagen.

Zu 2: Der Gesetzgeber muss das Problem bezeichnen, dessen Regelung 30
an die Exekutive übertragen werden soll. Mit dieser Voraussetzung
sollen *Blankodelegationen,* d.h. das Weiterreichen ganzer Rechtsgebiete,
unterbunden werden. „La délégation législative n'est pas un blanc-
seign." (BGE 98 Ia 584 E. 3d S. 592, Schneiter.)

Zu 3: Gemäss Art. 51 Abs. 1 BV sind die Kantone nicht verpflichtet, 31
das Gesetzesreferendum vorzusehen (vorn § 18 Rz. 13). Ein *Referen-*
dumserfordernis darf auch nicht durch die Hintertür der Delegationsgrundsätze eingeführt werden. Andernfalls würden Dinge verlangt, die
der Bundesverfassungsgeber den Kantonen freigestellt lassen wollte.
Staatsrechtlich korrekt ist darum nur die Rede vom „formellen Gesetz", welches die Delegation enthalten muss.

32   *Zu 4:* Rechtspolitische *Entscheidungen von grundlegender Tragweite* dürfen nicht der Exekutive überlassen bleiben (Rz. 26). Um eine solche Entscheidung geht es aber, wenn der Staat schwerwiegend in die Rechte der Bürger eingreift. Derartige Eingriffe müssen darum vom Gesetzgeber selber angeordnet werden. Daraus folgt zwar nicht, dass im Bereich schwerer Eingriffe jede Gesetzesdelegation ausgeschlossen wäre. Das Gesetz muss aber die Hauptelemente des schweren Eingriffs selber festlegen, so dass sich die Verordnung darauf beschränken kann, das gesetzliche Gerüst auszufüttern. Wiegen die Beeinträchtigungen dagegen nicht schwer, so genügt es, wenn das Gesetz die delegierte „Materie" (Voraussetzung 2) bezeichnet.

In diesem Punkt treffen sich die Delegationsgrundsätze mit *Art. 36 Abs. 1 Satz 2 BV,* wonach schwerwiegende Einschränkungen von Grundrechten im Gesetz selbst vorgesehen sein müssen. In der Sache besteht also keine Differenz. Zu beachten bleiben aber die unterschiedlich weit reichenden Geltungsbereiche: Während Art. 36 BV nur innerhalb freiheitsrechtlicher Schutzbereiche wirkt, gelten die aus der Gewaltenteilung abgeleiteten Delegationsgrundsätze für alles staatliche Rechtsetzungshandeln, gleichgültig ob Freiheitsrechte berührt sind oder nicht (vgl. BGE 118 Ia 305 E. 2a S. 309 f., X.).

c.   *Massgeblichkeit der Delegationsgrundsätze auch für den Bund*

33   Die Delegationsgrundsätze *binden auch den Bund,* denn er ist der Gewaltenteilung nicht weniger verpflichtet als die Kantone (Rz. 4). Dass das Bundesgericht dies bis heute nicht aussprechen konnte, liegt daran, dass bundesgesetzliche Delegationsnormen sowie darauf gestützte Bundesratsverordnungen wegen Art. *190 BV nur bedingt überprüft werden können (vorn § 8 Rz. 6 ff., 13 ff.).

34   Einschlägig ist *Art. 164 BV.* Rechtsetzungstechnisch ist die Norm verunglückt. Die verschlungene Entstehungsgeschichte lässt immerhin erkennen, dass der Verfassungsgeber die bundesgerichtliche Praxis sinngemäss übernehmen wollte. Sieht man nur lange genug hin, so treten die vier Delegationsgrundsätze des Bundesgerichts (Rz. 28) auch aus Art. 164 BV hervor.

– *Zu 1:* Die Delegation von Rechtsetzungsbefugnissen ist zulässig, „soweit dies *nicht durch die Bundesverfassung ausgeschlossen* wird" (Art. 164 Abs. 2 BV). Ein Ausschluss liegt vor und die Delegation ist unzulässig, wenn es sich um „wichtige" Bestimmungen im Sinne von Art. 164 Abs. 1 BV handelt oder wenn besondere Verfassungsbestimmungen die Form des Bundesgesetzes verlangen. Näheres dazu hinten in § 45 Rz. 21–26.

– *Zu 2:* Dass sich die Delegation auf eine *bestimmte Materie* beschränken soll, sagt Art. 164 BV zwar nicht ausdrücklich. Krasser als durch Blankodelegationen kann der Gesetzgeber den Grundsatz der Gewaltenteilung aber kaum missachten. Die genannte Delegationsschranke versteht sich darum von selbst.

- *Zu 3:* Auch auf Bundesebene muss die Delegationsnorm in einem *formellen Gesetz* enthalten sein, denn Art. 164 Abs. 2 BV hält fest, dass Rechtsetzungsbefugnisse – nur – „durch Bundesgesetz" übertragen werden können.
- *Zu 4:* Nach Art. 164 Abs. 1 BV sind „alle wichtigen Bestimmungen ... in der Form des Bundesgesetzes" zu erlassen, darunter jedenfalls die „grundlegenden Bestimmungen" über die in den Bst. a–g genannten Gegenstände. Das *„Wichtige"* bildet mit anderen Worten den *notwendigen Gesetzesinhalt* und darf nicht delegiert werden (vgl. den korrespondierenden Vorbehalt in Art. 164 Abs. 2 BV). Damit, dass Art. 164 BV das „Wichtige" für gesetzespflichtig erklärt, fällt der Bund jedenfalls nicht hinter die auf die Kantone gemünzte Formel des Bundesgerichts zurück, wonach bei „schwerwiegenden" Eingriffen in die Rechtsstellung der Bürger die „Grundzüge" der Regelung ins Gesetz gehören.

Zum Ganzen BBl 1997 III 278; AUBERT, Commentaire, Art. 164 Rz. 30 ff., 42; THOMAS SÄGESSER, Kommentar, in: Bundesbehörden, S. 287 f.; KARIN SUTTER-SOMM, in: St. Galler Kommentar, Art. 164 Rz. 1, 21.

4. Delegation von Rechtsetzungsbefugnissen der Legislative an das Parlament

Der ordentliche Gesetzgeber (das Parlament im Verein mit dem Stimmvolk) kann Rechtsetzungsbefugnisse auch an das *Parlament allein* übertragen. Das Parlament, welches die Delegation empfängt, handelt dann als Verordnungsgeber und nicht mehr als Gesetzgeber. Die Delegationsgrundsätze gelten auch für diesen Delegationsfall. Die Gesetzesdelegation an das Parlament schadet dem Grundsatz der Gewaltenteilung allerdings weniger als die Gesetzesdelegation an die Exekutive. Die Delegationsregeln müssen darum nicht mit aller Strenge eingehalten werden (vgl. BGE 128 I 327 E. 4.1 S. 337 f., Botta). 35

IV. Gerichtliche Durchsetzung der Gewaltenteilung

1. Staatsrechtliche Beschwerde

Seit je hat das Bundesgericht die Gewaltenteilung als verfassungsmässiges Recht der Bürger anerkannt („Gewaltenteilungsbeschwerde"; statt vieler BGE 126 I 180 E. 2a S. 182, X.). Als *Prinzip* handelt es sich dabei um ein verfassungsmässiges Recht *des Bundes,* abgeleitet aus Art. 51 Abs. 1 Satz 1 BV; der *Inhalt* im Einzelnen dagegen ergibt sich aus dem 36 *kantonalen Recht* (BGE 127 I 60 E. 2a S. 63 f., Einwohnergemeinde Muri bei Bern).

37 Der Grundsatz der Gewaltenteilung vermittelt vorab Anspruch auf *Beachtung der verfassungsrechtlichen Grundsätze über die Gesetzesdelegation* (Rz. 28).

2.   Weitere Rechtsmittel

38 Der Grundsatz der Gewaltenteilung kann partiell auch in der *Bundesverwaltungsrechtspflege* angerufen werden, nämlich soweit Verfügungen in Frage stehen, die sich auf *Verordnungen des Bundes* stützen und vorfrageweise geltend gemacht wird, die Verordnung sprenge den Rahmen der gesetzlichen Delegationsnorm. Art. *190 BV bleibt aber vorbehalten (vorn § 8 Rz. 13 ff.).

§ 28 Öffentlichkeit

I. Begriff, Funktion und Rechtsgrundlage

1. Doppeldeutiger Begriff

Das Wort „Öffentlichkeit" wird in einem *doppelten Sinn* verwendet. 1
- Bald bezeichnet es ein *Subjekt* (die Öffentlichkeit als Publikum, als mehr oder weniger bestimmter Personenkreis, als gesellschaftliches Netzwerk von kommunizierenden Individuen, Gruppen, Verbänden, Medien),
- bald die *Eigenschaft eines Objekts* (Öffentlichkeit als allgemeine und unmittelbare Zugänglichkeit einer Information, einer Sache, eines Vorgangs).

Nimmt man beide Aspekte zusammen, so lässt sich „Öffentlichkeit" verstehen als *Organisationsprinzip der Kommunikation in der modernen Massengesellschaft.*

Während die Öffentlichkeit als Subjekt ein soziales Faktum darstellt, 2 muss Öffentlichkeit als Eigenschaft eines Objekts erst bewirkt werden, sei es durch tätiges Zugänglichmachen, sei es durch Dulden einer tatsächlich gegebenen Zugänglichkeit.

Öffentlichkeit einer Information oder eines Vorgangs ist schon dann gegeben, wenn die blosse *Möglichkeit* des unmittelbaren Zugangs besteht. Ob und wie weit davon Gebrauch gemacht wird, ist unerheblich. Wohl erfahren wir von den meisten öffentlichen Informationen und Vorgängen erst über die Medien und nehmen dann nicht das öffentliche Objekt selber wahr, sondern nur eine Abbildung davon. Man kann in solchen Situationen von „mittelbarer Öffentlichkeit" sprechen, doch ist der praktische Gewinn einer solchen Begriffsschöpfung nicht ersichtlich. Begriffswesentlich ist aber umgekehrt die Möglichkeit des *unmittelbaren* Zugangs. Bleibt das Objekt vertraulich und wird darüber in der Öffentlichkeit nur berichtet, so sollte man den Terminus Öffentlichkeit überhaupt vermeiden. Öffentlich ist in solchen Fällen nicht das Objekt, sondern die Information darüber.

Je nach der Art des Personenkreises, der über unmittelbaren Zugang 3 zum Objekt verfügt, unterscheidet man zwischen:
- *Publikumsöffentlichkeit* (Bsp.: jedermann darf die Verhandlungen der eidgenössischen Räte von der Tribüne aus verfolgen und die entsprechenden Ratsprotokolle einsehen) und

– *Medienöffentlichkeit* (Bsp.: Gerichtsverhandlungen sind im Allgemeinen publikumsöffentlich, doch kann die Öffentlichkeit unter
Umständen auf Medienvertreter eingeschränkt werden).

Der Begriff der *Parteiöffentlichkeit* gehört ins Prozessrecht und bezeichnet den
Umstand, dass die Akten eines Verwaltungs- oder Gerichtsverfahrens grundsätzlich
nur den am Verfahren unmittelbar Beteiligten offen stehen (vgl. Art. 29 Abs. 2
BV). Der Begriff ist unglücklich gewählt, denn „Öffentlichkeit" im Sinne einer
grundsätzlich *allgemeinen* Zugänglichkeit besteht in solchen Fällen gerade nicht.

4   Im staatsrechtlichen Kontext interessiert vorab die *Öffentlichkeit des
Staatshandelns*, hier genauer: die Öffentlichkeit der Handlungen der
obersten Bundesbehörden. Die Frage wird weiter unten nach Staatsfunktionen aufgeschlüsselt behandelt (Abschnitt III). Alles Offenlegen
und Zugänglichmachen staatlichen Wirkens bleibt freilich leeres Ritual,
wenn auf der anderen Seite die interessierte, für Demokratie und
Rechtsstaat sensibilisierte und zur kritischen Distanz fähige Zivilgesell-
schaft – also die Öffentlichkeit als Subjekt – fehlt. Diesem unerlässli-
chen Element des Prinzips „Öffentlichkeit" werden wir unter dem
Titel der *politischen Öffentlichkeit* nachgehen (Abschnitt II).

2.   Öffentlichkeit des Staatshandelns als unerlässliches Element von Demokratie und Rechtsstaat

5   Die Öffentlichkeit des Staatshandelns führt zu gleichmässigerer Infor-
mationsverteilung zwischen Bürger und Staat und vermindert behördliche Wissens- und Machtvorsprünge. Um diese Wirkung wissen natürlich auch die Amtsträger. Dies erklärt, warum Publizität in Gestalt von
Rechtfertigungs- und Veränderungszwängen rationalisierend und korrigierend auf das Handeln des Staats zurückwirkt. Macht man sich die
Interaktionsdynamik bewusst, die dem Prinzip Öffentlichkeit inne-
wohnt, so lassen sich auch dessen demokratische und rechtsstaatliche
Funktionen besser beschreiben.

– Die *demokratische* Funktion besteht darin, den *politischen Prozess* für
Impulse von Bürgern und Verbänden zugänglich zu halten. Zugleich bildet die Öffentlichkeit des Staatshandelns eine wesentliche
Voraussetzung dafür, dass die politische Autonomie der Bürger ein
reales Betätigungsfeld findet.

– Die *rechtsstaatliche* Funktion entfaltet sich vor allem im *Prozess der
Rechtsvollziehung und Rechtsprechung*. Die Öffentlichkeit des Rechts
und seiner Umsetzung vermindert das Risiko willkürlicher Ent-

scheide und trägt dazu bei, den Rechtsgedanken in Staat und Gesellschaft zu festigen.

3. Komplexe Rechtsstruktur des Prinzips Öffentlichkeit

Schon diese kurze Einführung lässt deutlich werden, dass sich das Öffentlichkeitsprinzip nicht auf eine simple Formel bringen lässt. Vielmehr wird die Öffentlichkeit des Staatshandelns durch eine *Mehrzahl teils ineinandergreifender Rechte und Pflichten* gewährleistet. Betrachtet man nur die Verfassungsebene, so fallen als Elemente eines Öffentlichkeitsprinzips folgende Normgruppen in Betracht:

6

– *Rechte des Einzelnen* auf *Öffentlichkeit* des Staatshandelns.

Hierher gehören zunächst die grundrechtlichen Verfahrensgarantien nach Art. 29 Abs. 2 und Art. 30 Abs. 3 BV (Anspruch der Verfahrensparteien auf rechtliches Gehör; Anspruch auf Öffentlichkeit von Gerichtsverhandlung und Urteilsverkündung). Art. 8 BV gewährleistet zudem die Publizität der Rechtsnormen. Einen Anspruch beliebiger Dritter auf Einsicht in amtliche Akten kennt die Bundesverfassung nicht, schliesst dessen Einführung durch Gesetz aber auch nicht aus (vgl. Rz. 22).

– *Pflichten der Behörden,* die *Öffentlichkeit* des Staatshandelns zu gewährleisten.

So sind die Sitzungen der eidgenössischen Räte öffentlich (Art. 158 BV). Es versteht sich im Übrigen von selbst, dass die vorstehend genannten grundrechtlichen Öffentlichkeitsansprüche korrespondierende Pflichten der Behörden nach sich ziehen.

– *Rechte des Einzelnen* auf *Information* über das Staatshandeln.

Unter Berufung auf das Stimmrecht können gegenüber den Behörden bestimmte Informationsansprüche geltend gemacht werden (Art. 34 BV; hinten § 48 Rz. 36). Die Informationsfreiheit dagegen beschränkt das Recht auf Informationsbeschaffung auf die „allgemein zugänglichen Quellen", mithin auf das bereits öffentlich Gemachte; es vermittelt nach derzeitigem Stand keinen Anspruch auf Erschliessung der Amtsarchive (Art. 16 Abs. 3 BV; vgl. Rz. 20).

– *Pflichten der Behörden,* über das Staatshandeln *zu informieren.*

Art. 180 Abs. 2 BV verpflichtet den Bundesrat, die Öffentlichkeit rechtzeitig und umfassend über seine Tätigkeit zu unterrichten.

– *Rechte des Einzelnen* auf *Kommunikation in und mit der Öffentlichkeit.*

Die ideellen Grundrechte – darunter vor allem die Meinungs-, die Medien- und die Versammlungsfreiheit (Art. 16, 17 und 22 BV) – entfalten ihren Sinn weithin erst ausserhalb des privaten Rahmens. Folgerichtig schützen diese Grundrechte den Anspruch, sich mit Meinungen, Informationen und Versammlungen an die Öffentlichkeit zu wenden genauso wie den Anspruch, die genannten Grundrechtshandlungen auf öffentlichem Grund vorzunehmen.

II. Insbesondere: Die politische Öffentlichkeit

1. Begriff und Funktion

7   In seiner Rechtsprechung zu Wahlen und Abstimmungen betont das Bundesgericht immer wieder die *zentrale Bedeutung der öffentlichen Politikdebatte* für die Demokratie. So hält es in BGE 113 Ia 291 E. 3a S. 294 f., Dora Geissberger, fest:

> „Im Blick auf [das] Ziel demokratischer Willensbildung und Willensbetätigung erweisen sich die grundrechtlichen Garantien der Kommunikation und der Vereinigung nicht nur als verfassungsrechtliche Bedingungen möglicher Verwirklichung aller elementarer Erscheinungen menschlicher Persönlichkeitsentfaltung, sondern auch als solche einer lebendigen Demokratie ... Das Recht freier Meinungsäusserung, die Pressefreiheit sowie die Versammlungs- und Vereinsfreiheit ... lassen auch Minderheitsmeinungen zum Tragen kommen, fördern den Pluralismus und eröffnen erst so eine Chance zur demokratischen Entscheidung ... Im Idealfall soll der Bürger alle Informationen über alle möglichen Kandidaten bei voller Chancengleichheit unter ihnen äussern, verbreiten, diskutieren, die Vor- und Nachteile erwägen können und erst gestützt darauf entscheiden."

8   Bei anderer Gelegenheit hat das Gericht erkennen lassen, dass es mit dem *kritischen Urteilsvermögen der Bürger* rechnet (BGE 98 Ia 73 E. 3b S. 80, Kellermüller; ähnlich BGE 117 Ia 41 E. 5a S. 47, Heinz Aebi):

> „Meinungsäusserungsfreiheit und Pressefreiheit bilden tragende Grundlagen der schweizerischen Demokratie, die dem Bürger zutraut, zwischen den verschiedenen gegensätzlichen Auffassungen zu unterscheiden, unter den Meinungen auszuwählen, Übertreibungen als solche zu erkennen und vernunftgemäss zu entscheiden."

9   In solchen Entscheiden klingt an, was JÜRGEN HABERMAS als *„politische Öffentlichkeit"* beschreibt (vgl. Strukturwandel der Öffentlichkeit [1961], Frankfurt a.M. 1990, S. 38; Faktizität und Geltung, Frankfurt a.M. 1992, S. 435 ff.). Politische Öffentlichkeit meint ein *„Netzwerk für die Kommunikation von Inhalten und Stellungnahmen"*, einen *„sozialen Raum"*, gebildet aus verschiedensten Foren wie Publikationen, Verlautbarungen, Demonstrationen, Podiumsveranstaltungen, Medienereignissen usf. Ungehinderte Informationsströme vorausgesetzt, lassen

sich in diesem Netzwerk Aussagen über Tatsachen und Meinungen beliebig verbreiten, erörtern und umformen. Dies mag im Kreis eines fassbaren, tatsächlich vorhandenen Publikums geschehen, z.B. an einer öffentlichen Diskussionsveranstaltung. Viel häufiger dürfte sich der Informationsaustausch jedoch im virtuellen Kreis von Subjekten abspielen, die ungleichzeitig und anonym miteinander kommunizieren, wie etwa der Journalist mit dem Zeitungsleser.

Die *Funktion* der politischen Öffentlichkeit wird bereits aus der Begriffsumschreibung ersichtlich: Die Bürger einer modernen Industrie- und Dienstleistungsgesellschaft, in der nie alle mit allen zusammenkommen können, benötigen das Kommunikationsnetzwerk der politischen Öffentlichkeit, um den politischen Diskurs aufnehmen und sich eine politische Meinung bilden zu können.   10

2. Medien als zentrale Träger der politischen Öffentlichkeit

Der politische Prozess liefert an Informationen ganz einfach zu viel, als dass jeder Einzelne alles wahrnehmen und verarbeiten könnte. Die Funktion der politischen Öffentlichkeit (nämlich den breiten politischen Diskurs zu ermöglichen) erfüllt sich freilich nur, wenn es den Menschen gelingt, sich als autonome Teilnehmer am Diskurs und nicht nur als passive Zuschauer zu erleben. Folglich muss die Informationsfülle stellvertretend für die Bürger erfasst, publikumstauglich aufbereitet und in die Kanäle der politischen Öffentlichkeit zurückgeleitet werden. Diese *Vermittlerfunktion* gehört zu den klassischen Aufgaben der Massenmedien. Hauptsächlich von ihnen hängt es ab, wie weit im Publikum reale Diskurse über Politik geführt und die Voraussetzungen autonomer Interessenbewertung gelegt werden können.   11

Die Rolle als zentrale Träger der politischen Öffentlichkeit wird etwas verdeckt, wenn (wie bei J. P. MÜLLER, Grundrechte, S. 296 ff., und manchen anderen) von einer *„Wächterfunktion der Massenmedien"* gesprochen wird. Tatsächlich stehen die Medien nicht neben oder über dem politischen Prozess. Indem sie politische Öffentlichkeit erst ermöglichen, gehören sie vielmehr zu den *Voraussetzungen* des politischen Prozesses in der Demokratie.

Die skizzierte Rolle von Presse, Radio und Fernsehen bedarf *rechtlicher Sicherung*. Im *Verhältnis der Medien zum Staat* fliesst der benötigte Schutz aus der Medienfreiheit (Art. 17 und 93 Abs. 3 BV). Für das *Verhältnis der Medien zur Gesellschaft* liegen die Dinge weniger einfach. Entscheidend ist die Frage, wie weit die Medien rechtlich verpflichtet sind, Meinungsvielfalt zu widerspiegeln. Was diesen Punkt angeht,   12 unterscheidet die Verfassung grundlegend zwischen Presse einerseits, Radio und Fernsehen andererseits. Von den elektronischen Medien wird die Rolle als Diskursforum durch einen besonderen Leistungsauftrag ausdrücklich eingefordert (vgl. Art. 93 Abs. 2 BV sowie Art. 3, 4, 21 und 26 RTVG). Für die Druckmedien dagegen fehlt eine entsprechende Regelung; hier scheint die Annahme vorzuherrschen, die Vielzahl der Pressetitel sei Gewähr genug für ausreichende Vielfalt der veröffentlichten Meinungen (vgl. BGE 98 Ia 73 E. 3b S. 80, Kellermüller) – angesichts fortschreitender Uniformierung und Konzentration der Presse eine anfechtbare Auffassung. Immerhin hat es das Bundesgericht als „erwünscht" bezeichnet, dass „Medien mit nationaler, regionaler oder lokaler Monopolstellung ... den jeweiligen politischen Gegnern ebenfalls Gelegenheit zur Äusserung einräumen" (BGE 118 Ia 259 E. 3 S. 263, Sch. [Kirchenbote]; vgl. auch 117 Ia 41 E. 5a S. 47, Heinz Aebi).

Weitere Probleme können hier nur benannt, aber nicht vertieft werden. So fragt es sich, wie weit die Rechtsordnung die *Autonomie der Medienschaffenden gegenüber dem Medienunternehmen* schützt („innere Medienfreiheit") oder einen *Anspruch der Privaten auf Zugang zu den Medien* anerkennt („Recht auf Antenne"). Vgl. zu diesen Fragen J. P. MÜLLER, Grundrechte, S. 262 ff., 275 ff.; LEO SCHÜRMANN/PETER NOBEL, Medienrecht, 2. A., Bern 1993, S. 21 ff.; DENIS BARRELET, Droit de la communication, Bern 1998, S. 45, 174 f., 543.

3. Fähigkeit und Bereitschaft zur politischen Autonomie als Funktionsbedingung der politischen Öffentlichkeit

13 Die Fähigkeit, „vernunftgemäss zu entscheiden", die das Bundesgericht den Bürgern zuspricht (Rz. 8), zerfällt bei näherem Hinsehen in eine Reihe nicht selbstverständlicher Teilqualifikationen. So muss der Einzelne in der Lage sein, politische Vorgänge, Vorhaben und Standpunkte zu verstehen, seine davon berührten eigenen Interessen zu erkennen, eine entsprechende Haltung zu entwickeln und ihr in geeigneter Weise Ausdruck zu geben. Solche Reflexions- und Artikulationsleistungen wiederum gelingen nur, wenn die Menschen bereit sind (und es sich auch leisten können), aus den Zwängen und Ängsten des Privat- und Berufslebens herauszutreten, die Rolle des sozialstaatlich umsorgten Klienten wenigstens zeitweise abzulegen und sich als Staatsbürger in die Angelegenheiten des Gemeinwesens einzumischen. Zusammenfassend kann man von *Fähigkeit und Bereitschaft zur politischen Autonomie* sprechen.

Es ist leicht einzusehen, dass eine politische Öffentlichkeit nur funkti- 14
onieren kann, wenn das Publikum in breitem Mass über eben solche
Autonomie verfügt. Ohne Bevölkerung, die unbeschadet aller Abhängigkeiten und Fremdeinflüsse die eigenen Bedürfnisse aufzufinden und
auszudrücken vermag (oder wenigstens den Willen hat, es zu versuchen), verkümmert die politische Debatte zur Publikumsdarbietung
von Behörden, Verbänden und Medien. So aber, mit Bürgern als blossen Zuschauern, kann in den Netzwerken der politischen Öffentlichkeit kein authentischer Diskurs über die Ordnung des Gemeinwesens
zustande kommen. Kurz: *Autonomie der Willensbildung und Willensäusserung ‚von unten'* ist *Voraussetzung und Ziel der politischen Öffentlichkeit* in der rechtsstaatlichen Demokratie.

Die politische Autonomie der Bürger lässt sich durch *rechtliche Vor-* 15
kehrungen nur zum Teil aufbauen. Der Staat kann die erforderlichen
individuellen Fähigkeiten und Einstellungen wohl fördern und fordern
– z.B. durch entsprechende Gestaltung der Unterrichtspläne, durch
Sicherung eines vielfältigen Mediensystems, durch Gewährleistung von
Kommunikationsgrundrechten, durch Einrichtung politischer Partizipation. Wie weit politische Autonomie aber tatsächlich gelebt wird,
hängt letztlich davon ab, wie weit Gesellschaft und Wirtschaft bereit
sind, dem Einzelnen die erforderlichen Freiräume und Sicherheiten
zuzugestehen. Auf das Gedeihen dieser *ausserrechtlichen Faktoren* hat
der Staat nur wenig Einfluss. Am Beispiel der politischen Autonomie
wird besonders deutlich, dass die rechtsstaatliche Demokratie zu einem
guten Teil von Bedingungen abhängt, deren Erfüllung sie selber nicht
garantieren kann.

III.   Öffentlichkeit der Staatsfunktionen

1.   Öffentlichkeit der Rechtsetzung

Die ordentliche Rechtsetzung durch das Parlament (nur um sie geht es 16
hier) erschöpft sich keineswegs in der Behandlung eines Gesetzesentwurfs im Rat. Sie umfasst vielmehr eine ganze Abfolge unterschiedlicher Gestaltungs- und Entscheidungsphasen, an denen darüber hinaus
eine Reihe weiterer Akteure mitwirkt: Regierung, Verwaltung, Experten, interessierte Organisationen, um nur die wichtigsten zu nennen.
Die *komplexe Struktur des Rechtsetzungsprozesses* erklärt sich aus dem

Bestreben, den Parlamentsentscheidungen ein Höchstmass an sachlicher Festigkeit und politischer Gerechtigkeit zu sichern. Im Rechtsetzungsprozess müssen folglich nicht nur die breiten, parteipolitisch geprägten Debatten ihren Platz haben, sondern genauso die Phasen der Vorbereitung, Reflexion und Überarbeitung, wo die fachlichen Aspekte eines Projekts im Vordergrund stehen. Die Gestaltung eines Gesetzes braucht von Zeit zu Zeit die geschützte Atmosphäre im kleinen Kreis. Der Ruf nach durchgängiger Publikumsöffentlichkeit des gesamten Rechtsetzungsprozesses wäre darum verfehlt. Gegenteils sind den Phasen des politischen Prozesses in differenzierter Weise definierte Öffentlichkeiten zuzuordnen, die der Funktion der jeweiligen Phase angemessen sind.

Vgl. für die *Öffentlichkeit der Rechtsetzung im Bund* hinten § 34 Rz. 39, 50 f.

17 Auch wenn gegen das *Prinzip einer differenzierten Zulassung von Öffentlichkeit* im politischen Prozess wenig einzuwenden ist, so sollte man gleichwohl nicht übersehen, dass nur die Öffentlichkeit – genauer: das Parlamentsplenum zusammen mit dem Stimmvolk – befugt ist, dem Gesetz die erforderliche demokratische Legitimation zu verschaffen. Die gewöhnlich vertraulich tagenden vorbereitenden Gremien (verwaltungsinterne Arbeitsgruppen, Experten, parlamentarischen Kommissionen usf.) leisten ihre Arbeit zuhanden *dieser* Legitimationsträger. Zugleich ist es aber gerade die Arbeit der vorbereitenden Gremien, welche einem Rechtsetzungsvorhaben den Stempel aufdrückt. Die Debatte im Ratsplenum ist gewiss nicht bedeutungslos; doch bis ein Gesetzesentwurf in den Rat kommt, sind die Weichen in der Regel gestellt. Es ist darum kein Zufall, dass das Sitzungsgeheimnis der parlamentarischen Kommissionen auf Kritik stösst (vgl. hinten § 34 Rz. 40).

2. Öffentlichkeit der Regierung

18 Die Verhandlungen der Regierungsorgane sind in der Regel *weder publikums- noch medienöffentlich*. Das Sitzungsgeheimnis ist eine wesentliche Funktionsbedingung des in der Schweiz herrschenden Kollegialprinzips.

Vgl. für den *Bundesrat* § 36 Rz. 5 f. Im Kanton Solothurn sind die Regierungsratssitzungen öffentlich (Art. 63 Abs. 1 KV-SO) – soweit ersichtlich eine seltene Ausnahme.

3. Öffentlichkeit der Verwaltung

a. *Stand der Rechtsprechung*

Das Bundesgericht unterstellt die Verwaltungsgeschäfte dem so genann- 19
ten *Geheimhaltungsprinzip mit Öffentlichkeitsvorbehalt.* In einem bis
heute nicht widerrufenen Entscheid aus dem Jahre 1981 hält es fest
(BGE 107 Ia 304 E. 4b S. 308, Fuchs):

> „Die Beschwerdeführer möchten den Grundsatz der Offenlegung
> der gesamten Verwaltungstätigkeit statuieren, unter dem Vorbehalt
> ‚echter Staatsgeheimnisse' sowie der dem Staat geoffenbarten ‚we-
> sentlichen Privatgeheimnisse'. Demgegenüber geht die herrschende
> Praxis dahin, die Staatsverwaltung zunächst als eine Summe interner
> Vorgänge zu verstehen, über welche die Öffentlichkeit dann – und
> zwar umfassend – zu informieren ist, wenn der betreffende Gegen-
> stand von allgemeinem Interesse ist und keine überwiegenden Inte-
> ressen des Staates oder Privater entgegenstehen. Diese Praxis findet
> ihre Grundlage in Art. 320 StGB über den strafrechtlichen Schutz
> des Amtsgeheimnisses in Verbindung mit den meisten Beamtenge-
> setzen, welche den öffentlichen Funktionären mit unterschiedlichen
> Formulierungen die Pflicht zur Amtsverschwiegenheit auferlegen ...
> Diese gesetzlichen Bestimmungen sprechen für das Gebiet der Ver-
> waltung deutlich zugunsten des Geheimhaltungsprinzips mit Öf-
> fentlichkeitsvorbehalt und gegen das Öffentlichkeitsprinzip mit
> Geheimhaltungsvorbehalt ...“

Die *Informationsfreiheit* kommt gegen diesen Befund darum nicht an, 20
weil sie auf „allgemein zugängliche Quellen" (Art. 16 Abs. 3 BV) beschränkt ist; die Verwaltung aber zählt nach der eben zitierten Rechtsprechung gerade nicht zu diesen Quellen. Aus der Informationsfreiheit
lässt sich darum keine allgemeine Pflicht der Behörden zur Unterrich-
tung der Öffentlichkeit über Verwaltungsangelegenheiten ableiten;
ebenso wenig verschafft sie dem Bürger einen positiven Anspruch auf
Information (BGE 113 Ia 309 E. 4b S. 317, Verband der Schweizer
Journalisten). Immerhin darf die behördliche Information nicht nach
Belieben unterbleiben oder für ganze Bereiche der Staatstätigkeit allgemein gesperrt bleiben; und wo der Staat informiert, muss er die Emp-
fänger rechtsgleich und willkürfrei bedienen (vgl. BGE 104 Ia 88 E. 9 S.
99 f., Schweizerische Journalisten-Union; 104 Ia 377 E. 2 S. 378, Verein
Leserkampf).

Verfassungsmässige Ansprüche auf behördliche Information sind immerhin *in
Sonderfällen* anerkannt, etwa im Zusammenhang mit der Ausübung anderer verfassungsmässiger Rechte (vgl. für stimmrechtlich vermittelte Informationsansprüche
hinten § 48 Rz. 36).

b. Kritik

21 Die Praxis des Bundesgerichts ist schon oft – und zu Recht – *kritisiert* worden (vgl. statt vieler J. P. MÜLLER, Grundrechte, S. 282 ff., 294 ff., mit Hinweisen auf weitere Literatur).

– Das Gericht übersieht die *Multifunktionalität der Verwaltung.* Tatsächlich scheint es Verwaltung und Rechtsetzung als zwei gesonderte Sphären zu begreifen, die sich funktional und zugleich organisatorisch auseinander halten lassen. Erst diese Annahme lässt die Unterscheidung zwischen öffentlicher Parlamentsarbeit einerseits und nichtöffentlicher Verwaltungstätigkeit andererseits zu. Dass die Verwaltung sich nicht nur und nicht einmal zentral mit „konkreter Anwendung der Gesetze auf den Einzelfall" (BGE 107 Ia 304 E. 4a S. 307 f., Fuchs) beschäftigt, sondern auch an politischen Prozessen beteiligt ist, die in den Einflussbereich der Volksrechte fallen, gerät dabei aus dem Blick. Anders gesagt: Was für die rechtsvollziehende Verwaltung allenfalls richtig scheinen mag, muss nicht auch für die am Vorverfahren der Gesetzgebung mitwirkende Verwaltung gelten.

– Unterschätzt wird ferner der *machtbildende Charakter von Informationsvorsprüngen.* Warum sollten sich Verwaltungen mit umständlichen Regelwerken zur Informationspolitik umgeben, wenn nicht deshalb, weil ein ungehinderter Informationsfluss letztlich als Belästigung, ja Bedrohung empfunden wird? Es hilft wenig, auf grosszügige Handhabung amtlicher Informationsrichtlinien zu vertrauen. Schon ihre Basis eben – das Geheimhaltungsprinzip mit Öffentlichkeitsvorbehalt – versetzt die Behörden in die strukturell stärkere Position, weil am Ende sie allein über das Mass der zugestandenen Information bestimmt.

– Schliesslich erleichtert das Geheimhaltungsprinzip die *verdeckte Einflussnahme professioneller Lobbyisten* auf Regierung und Verwaltung. Gegen das Antichambrieren von Organisationen und Verbänden ist letztlich kein Kraut gewachsen. In einer vom Öffentlichkeitsprinzip regierten Verwaltung könnten solche Vorgänge aber wenigstens ungestraft publik gemacht werden, wodurch die Vertreter von Gegeninteressen von den Pressionen Kenntnis erhielten und darauf öffentlich reagieren könnten.

22 Bleibt es bei der skizzierten Rechtsprechung, so muss ein allfälliger Wechsel zum *Öffentlichkeitsprinzip mit Geheimhaltungsvorbehalt* durch den Gesetzgeber angeordnet werden. Nach dem Öffentlichkeitsprinzip hat jedermann auf Anfrage ein Recht auf Einsicht in amtliche Akten, soweit keine überwiegenden öffentlichen oder privaten Interessen entgegenstehen (wobei sich die Einsicht in Akten von nicht rechtskräftig abgeschlossenen Verwaltungs- und Justizverfahren weiterhin nach dem einschlägigen Prozessrecht richtet). Auch wenn das Öffentlichkeitsprinzip wegen des Gesuchsverfahrens und des Abwägungsvorbehalts keinen unmittelbaren Zugang zu Verwaltungsinformationen verschafft, so verbindet sich mit dem Prinzip doch ein *grundlegender Paradigmenwechsel:* Der Bürger einerseits tritt der Verwaltung nicht länger als Bitt-

steller entgegen, sondern als Träger eines Anspruchs, der sein Informationsinteresse nicht zu rechtfertigen braucht; die Verwaltung andererseits darf über die bei ihr liegenden Akten nicht länger frei verfügen, sondern muss eine allfällige Informationsverweigerung im Einzelnen begründen.

Auf *kantonaler Ebene* ist das Öffentlichkeitsprinzip mit Geheimhaltungsvorbehalt erstmals durch die Berner Verfassung von 1993 eingeführt worden (Art. 17 Abs. 3 KV-BE; vgl. für Einzelheiten das bernische Gesetz über die Information der Bevölkerung vom 2. November 1993, besonders Art. 27–31, sowie die zugehörige Informationsverordnung vom 26. Oktober 1994, besonders Art. 1–16). Die Erfahrungen sind durchwegs positiv; die anfangs befürchtete Gesuchsschwemme hat sich nicht eingestellt. Mittlerweile sind weitere Kantone dem Beispiel gefolgt, z.B. Solothurn (Art. 63 KV-SO) und Genf (Loi sur l'information du public et l'accès aux documents vom 5. Oktober 2001, besonders Art. 24–29). Auch im *Bund* sind entsprechende Bestrebungen auszumachen (vgl. die Botschaft zum Bundesgesetz über die Öffentlichkeit der Verwaltung vom 12. Februar 2003, BBl 2003 1963, mit einem Überblick über die Rechtsentwicklung in den Kantonen und im Ausland, 1967 ff.). Zum Ganzen ISABELLE HÄNER, Das Öffentlichkeitsprinzip in der Verwaltung im Bund und in den Kantonen – Neue Entwicklungen, ZBl 2003, S. 281 ff.

4. Öffentlichkeit der Rechtsprechung

Die so genannte *Parteiöffentlichkeit* der Rechtsprechung wird durch den Anspruch auf rechtliches Gehör sichergestellt (Art. 29 Abs. 2 BV). 23

Die Verfassung gewährleistet ausserdem die *Publikumsöff*entlichkeit der Gerichtsverhandlungen und Urteilsverkündungen (Art. 30 Abs. 3 Satz 1 BV; BGE 113 Ia 309 E. 3c S. 318 f., Verband der Schweizer Journalisten). Weil bei Rechtsstreitigkeiten ein allgemeiner Anspruch auf Beurteilung durch eine richterliche Behörde besteht (Art. *29a Satz 1 BV), führt Art. 30 Abs. 3 Satz 1 BV zu einer weit gehenden Öffentlichkeit der gesamten Rechtsprechung. 24

Vgl. für die Öffentlichkeit am *Bundesgericht* hinten § 43 Rz. 10 f.

Der Grundsatz erleidet einige *Einschränkungen*. 25

– Das Gesetz kann den Anspruch auf richterliche Beurteilung – und damit auch auf Öffentlichkeit des Verfahrens – ausnahmsweise ausschliessen (Art. *29a Satz 2 BV), besonders für *nicht justizfähige Materien* wie gewisse Entscheide auf dem Gebiet der Staatssicherheit, der auswärtigen Angelegenheiten oder des Ausländerrechts.

– Die verfassungsrechtlich zugesagte Öffentlichkeit erstreckt sich nur auf Gerichtsverhandlung und Urteilsverkündung, nicht aber auf das

Instruktionsverfahren im Vorfeld der Hauptverhandlung und die *Urteilsberatung* unter den Mitgliedern des Gerichts. Das Gesetz kann immerhin die Urteilsberatung für öffentlich erklären.

– Zum *Schutz überwiegender öffentlicher oder privater Interessen* darf die Öffentlichkeit von der Gerichtsverhandlung und der Urteilsverkündung ganz oder teilweise ausgeschlossen werden (Art. 30 Abs. 3 Satz 2 BV; BGE 119 Ia 99 E. 2b S. 102, H.). Ein Ausschluss kann sich z.B. aus Gründen der Staatssicherheit, zum Schutz von Geschäftsgeheimnissen oder zum Schutz der Privatsphäre der Prozessbeteiligten rechtfertigen.

26 Zur *Funktion* der Öffentlichkeit gerichtlicher Verfahren schreibt das Bundesgericht (BGE 117 Ia 387 E. 3 S. 389, W.):

> „Der ... Grundsatz der Öffentlichkeit der Gerichtsverhandlung bedeutet eine Absage an jede Form geheimer Kabinettsjustiz. Er soll durch die Kontrolle der Öffentlichkeit dem Angeschuldigten und allen übrigen am Prozess Beteiligten eine korrekte und gesetzmässige Behandlung gewährleisten. Der Öffentlichkeit soll darüber hinaus ermöglicht werden, Kenntnis davon zu erhalten, wie das Recht verwaltet und wie die Rechtspflege ausgeübt wird ... Die rechtsstaatliche und demokratische Bedeutung des Grundsatzes der Öffentlichkeit im Strafprozess lässt den Ausschluss der Öffentlichkeit nur zu, wenn es Gründe der staatlichen Sicherheit, öffentlichen Ordnung und Sittlichkeit oder schützenswerte Interessen Privater vordringlich gebieten.“

IV. Publikationsorgane des Bundes

1. Übersicht

27 Die Pflicht zur *Veröffentlichung rechtlicher Erlasse des Bundes* und damit zusammenhängender Dokumente wird im Bundesgesetz über die Gesetzessammlungen und das Bundesblatt vom 21. März 1986 (Publikationsgesetz, PublG, SR 170.512) und der darauf gestützten Publikationsverordnung näher ausgeführt. Der Bund kennt im Wesentlichen drei amtliche Publikationsorgane:

– *AS:* Amtliche Sammlung des Bundesrechts (Rz. 31 ff.);
– *SR:* Systematische Sammlung des Bundesrechts (Rz. 37 ff.);
– *BBl:* Bundesblatt (Rz. 40 ff.).

AS, SR und BBl erscheinen in gedruckter Form. Die Publikationen sind ausserdem über www.admin.ch abrufbar.

Die *Verhandlungen der eidgenössischen Räte* erscheinen als Wortproto-   28
koll im Amtlichen Bulletin der Bundesversammlung (*AB N* für den
Nationalrat, *AB S* für den Ständerat).
Die Voten werden in der von den Abgeordneten verwendeten Landessprache wiedergegeben. Das Bulletin wird gedruckt und elektronisch publiziert (unter
www.parlament.ch).

Auch die *Rechtsprechung des Bundes* wird veröffentlicht, nämlich: 29
– die Urteile des Bundesgerichts in der amtlichen Sammlung „Entscheidungen des Schweizerischen Bundesgerichts" (*BGE;* hinten § 43
  Rz. 11);
– die Entscheidungen der übrigen rechtsprechenden Bundesbehörden,
  namentlich der Rekurskommissionen und Departemente, in der
  „Verwaltungspraxis des Bundesbehörden" (*VPB*).
Die Urteile erscheinen nur in der Originalsprache. Die Entscheidsammlungen
werden sowohl in Papierform als auch im Internet veröffentlicht, die VPB unter
www.admin.ch, die BGE unter www.bger.ch.

Die Publikation des *kantonalen Rechts* richtet sich nach dem Staatsrecht   30
der Kantone. Allerdings folgt der Grundsatz bereits aus Art. 8 BV: Die
Publikation eines Erlasses ist „im demokratischen Rechtsstaat – von
einzelnen Ausnahmen abgesehen – eine unabdingbare Voraussetzung
für das Inkrafttreten von gesetzlichen Vorschriften, d.h. für ihre Anwendbarkeit gegenüber den einzelnen Bürgern" (BGE 104 Ia 167 E. 2
S. 170, Fuluma AG).

2.   Amtliche Sammlung des Bundesrechts (AS)

a.   Inhalt und Publikationskadenz

In der AS werden veröffentlicht (Art. 1–3 PublG):   31
1. Landesrecht:
   – Bundesverfassung;
   – Bundesgesetze;
   – übrige rechtsetzende Erlasse der Bundesbehörden und der anderen Stellen,
     denen Bundesaufgaben übertragen sind;
   – andere Erlasse auf Beschluss der Bundesversammlung.
2. Internationales Recht:
   – völkerrechtliche Verträge, die dem Referendum nach Art. 140 Abs. 1 Bst. b
     sowie °141 Abs. 1 Bst. d BV unterstanden;

- für die Schweiz verbindliche völkerrechtliche Verträge und Beschlüsse internationaler Organisationen (internationale Beschlüsse), die rechtsetzende Bestimmungen enthalten oder zur Rechtsetzung verpflichten;
- weitere völkerrechtliche Verträge und internationale Beschlüsse, soweit hierfür ein besonderes Interesse besteht.

3. Interkantonales Recht:
- die dem Bundesrat vorgelegten Verträge des interkantonalen Rechts, die Recht setzen oder zur Rechtsetzung verpflichten, soweit sie allen Kantonen zum Beitritt offen stehen;
- andere Verträge und Erlasse des interkantonalen Rechts, soweit hierfür ein besonderes Interesse besteht.

Ferner können die *rechtsetzenden Erlasse interkantonaler Institutionen,* die sich auf interkantonale Verträge stützen, veröffentlicht werden.

32 *Aus besonderen Gründen* können Erlasse auch nur mit *Titel und Fundstelle* aufgenommen werden. Der vollständige Text wird in einem solchen Fall in einem anderen Publikationsorgan oder als Sonderdruck veröffentlicht (Art. 4 PublG). Rechtsetzende Erlasse, die im Interesse der *Gesamtverteidigung* geheim gehalten werden müssen, werden nicht veröffentlicht (Art. 5 PublG). Zur elektronischen Veröffentlichung vgl. die Verordnung über die elektronische Publikation von Rechtsdaten vom 8. April 1998 (SR 170.512.2).

33 Erlasse des Landesrechts sind in den *drei Amtssprachen* zu veröffentlichen (Art. 8 PublG). Alle drei Fassungen sind *in gleicher Weise massgebend* (Art. 9 Abs. 1 PublG; vorn § 14 Rz. 15 f.).

34 Die AS erscheint *wöchentlich* zusammen mit dem Bundesblatt.

b. Negative Rechtskraft der AS

35 Erlasse des Bundes und – soweit möglich – auch internationale und interkantonale Erlasse müssen in der Regel mindestens *fünf Tage vor ihrem Inkrafttreten in der AS veröffentlicht* werden (Art. 6 PublG). Bei ausserordentlichen Verhältnissen, z.B. in Fällen von Dringlichkeit, kann Landesrecht vorerst auch auf andere Weise bekannt gemacht werden, etwa durch öffentlichen Anschlag oder über Radio und Fernsehen (Art. 7 PublG).

36 Erlasse, völkerrechtliche Verträge und internationale Beschlüsse verpflichten *Private* nur, sofern sie nach den Regeln des Publikationsgesetzes bekannt gemacht wurden (negative Rechtskraft; Art. 10 PublG).

Die *Behörden* dagegen sind in jedem Fall gehalten, Erlasse unverzüglich nach ihrem Inkrafttreten anzuwenden.

3. Systematische Sammlung des Bundesrechts (SR)

Die SR ist eine nachgeführte und nach Sachgebieten geordnete Samm-   37
lung der in der AS veröffentlichten und noch in Kraft stehenden Erlasse, völkerrechtlichen und interkantonalen Verträge, internationalen
Beschlüsse sowie der Kantonsverfassungen (Art. 11 PublG).

Auch die SR wird in *Deutsch, Französisch und Italienisch* herausgegeben.   38
Im Gegensatz zur AS entfaltet sie aber *keine negative* Rechtskraft.

Lieferungen zur SR erscheinen *mehrmals jährlich*, in der Regel viermal.   39

4. Bundesblatt (BBl)

Im BBl werden veröffentlicht (Art. 14 Abs. 1 PublG):   40
– Botschaften und Entwürfe des Bundesrats zu Verfassungsänderungen, Bundesgesetzen und Bundesbeschlüssen;
– die von der Bundesversammlung verabschiedeten Verfassungsänderungen, Bundesgesetze und Bundesbeschlüsse, die Bundesbeschlüsse über die Genehmigung
  von völkerrechtlichen Verträgen sowie die einfachen Bundesbeschlüsse;
– Berichte des Bundesrates an die Bundesversammlung;
– Berichte von Kommissionen der Bundesversammlung;
– weitere Texte, die aufgrund der Bundesgesetzgebung aufzunehmen sind.
Daneben können auch Weisungen, Richtlinien und dergleichen veröffentlicht
werden (Art. 14 Abs. 2 PublG).

Das Bundesblatt ist in *Deutsch, Französisch und Italienisch* erhältlich. In   41
einer *Beilage* zum Bundesblatt werden ferner *Bundeserlasse von besonderer Tragweite in romanischer Sprache* veröffentlicht (Art. 14 Abs. 3
PublG).

Das Bundesblatt erscheint *wöchentlich* zusammen mit der AS.   42

V.   Gerichtliche Durchsetzung der Öffentlichkeit

43   Der Grundsatz der Öffentlichkeit bildet kein eigenständiges verfassungsmässiges Recht. Er lässt sich deshalb nur im Zusammenhang mit besonderen Rechtstiteln durchsetzen, namentlich:

- unter Berufung auf *verfassungsmässige Rechte,* soweit sie für ihren Geltungsbereich einzelne Öffentlichkeitsansprüche vermitteln (vgl. die Aufzählung in Rz. 6);

- unter Berufung auf *gesetzliche Regelungen,* welche Informationsrechte gewähren.

Eine allgemein gültige Aussage über das zu wählende Rechtsmittel ist daher nicht möglich.

§ 29 Verantwortlichkeit

I. Begriff, Funktion und Arten

Verantwortlichkeit meint das *persönliche Einstehenmüssen für die Folgen* 1
des eigenen Fehlverhaltens. Auf die Behörden gemünzt erscheint Verantwortlichkeit als *Prinzip zur Rückkoppelung der Auswirkungen einer*
Amtshandlung auf die Person des Amtsträgers.

Die Behördenverantwortlichkeit soll eine *getreue Amtsführung* sicher- 2
stellen. Letztlich bezweckt sie (wie für ihren Geltungsbereich die
Grundsätze der Gewaltenteilung und der Öffentlichkeit) Kontrolle
staatlicher Herrschaft. Verantwortlichkeit ist damit vorab demokratisches, teils aber auch rechtsstaatliches Prinzip (vorn § 6 Rz. 16, 24).

Die Verantwortlichkeit kann *rechtlicher* oder *politischer* Natur sein (da- 3
zu die Abschnitte II und III).

II. Rechtliche Verantwortlichkeit

Die rechtliche Verantwortlichkeit zeichnet sich dadurch aus, dass ord- 4
nungswidrige Handlungen mit *juristischen Sanktionen* belegt werden
können. Entsprechend setzt rechtliche Verantwortlichkeit *rechtliches*
Fehlverhalten voraus. Nach Art der angedrohten Sanktion können unterschieden werden:
- die *vermögensrechtliche* Verantwortlichkeit (Fehlverhalten: Verursa-
  chung eines Schadens; Sanktion: Verpflichtung zur Leistung von
  Schadenersatz oder Genugtuung; Rz. 6 ff.);
- die *disziplinarische* Verantwortlichkeit (Fehlverhalten: Verletzung
  von Amtspflichten; Sanktion: Anordnung von Disziplinarmassnahmen; Rz. 10 f.);
- die *strafrechtliche* Verantwortlichkeit (Fehlverhalten: Erfüllung von
  Straftatbeständen; Sanktion: Auferlegung von Strafen; Rz. 12).

Die rechtliche Verantwortlichkeit von Mitgliedern der Bundesver- 5
sammlung und von Magistratspersonen wird durch die parlamentari-

sche *Immunität* sowie durch gewisse *Verfolgungsprivilegien* eingeschränkt (Rz. 13 ff.).

1. Vermögensrechtliche Verantwortlichkeit

6   Der *Bund* haftet für Schäden, die seine Organe in Ausübung amtlicher Tätigkeiten *Dritten* widerrechtlich zufügen (Art. 146 BV). Das Bundesgesetz über die Verantwortlichkeit des Bundes sowie seiner Behördemitglieder und Beamten vom 14. März 1958 (Verantwortlichkeitsgesetz, VG, SR 170.32) regelt die Haftungsvoraussetzungen.

7   Die *Haftung des Bundes* lässt sich in folgende Merksätze fassen:

–   Im Bund gilt das System der *ausschliesslichen Staatshaftung*. Gegenüber dem Geschädigten haftet also immer nur der Bund, niemals jedoch der schädigende Beamte persönlich (Art. 3 Abs. 3 VG; *keine externe Beamtenhaftung*). Der Bund kann aber auf den fehlbaren Funktionär Rückgriff nehmen, wenn dieser vorsätzlich oder grobfahrlässig gehandelt hat (Art. 7 VG; *interne Beamtenhaftung*, Rz. 9).

–   Die Haftung des Bundes setzt den Eintritt eines *Schadens* voraus (Art. 3 Abs. 1 VG). Zwischen Schadensursache und Schadenseintritt muss ein *adäquater Kausalzusammenhang* bestehen.

–   Die Schadensursache muss einem „*Beamten*" zuzurechnen sein, d.h. einer Person, die unmittelbar mit öffentlichrechtlichen Aufgaben des Bundes betraut ist (Art. 3 Abs. 1 i.V.m. Art. 1 Abs. 1 VG). Entscheidendes Kriterium ist die Ausübung einer Amtsfunktion; auf die Art der personalrechtlichen Stellung, die der Schädiger bekleidet, kommt es nicht an.

Auch *Bundesräte* und *Bundesrichter* sind „Beamte" im Sinne des Verantwortlichkeitsgesetzes und können den Bund vermögensrechtlich haftbar werden lassen (Art. 1 Abs. 1 Bst. b und c VG). Gleiches gilt von Verfassungs wegen für die *Mitglieder der Bundesversammlung* (vgl. Art. 146 BV: auch Parlamentarier sind eidgenössische Funktionsträger, mithin „Organe des Bundes"). Zwar ist mit dem Inkrafttreten des Parlamentsgesetzes Art. 1 Abs. 1 Bst. a VG dahingefallen, wonach Mitglieder des National- und Ständerats dem Verantwortlichkeitsgesetz unterstehen. Gestrichen wurde die Bestimmung aber nur darum, weil die bisher im VG untergebrachten Vorschriften zur parlamentarischen Immunität neu im ParlG erscheinen (BBl 2001 3614 f.). Dabei dürfte die Bundesversammlung übersehen haben, dass das VG auch – und in erster Linie – die Staatshaftung des Bundes regelt. Die vermögensrechtliche Verantwortlichkeit für Schäden, die ein National- oder Ständerat in Ausübung seines Amtes Dritten widerrechtlich zufügt, wird sich also auch weiterhin nach dem VG richten müssen. Retten

kann man das vermutliche Versehen des Gesetzgebers über die Auffangbe-
stimmung von Art. 1 Abs. 1 Bst. f VG.

– Die Schädigung muss ausserdem *in Ausübung amtlicher Tätigkeit*
  verursacht worden sein (Art. 3 Abs. 3 VG). Vorausgesetzt ist mit
  anderen Worten ein funktioneller Bezug des schädigenden Verhaltens zum Aufgabenbereich des Bediensteten. Ein Schaden, der nur
  bei Gelegenheit amtlicher Verrichtungen entsteht (also gewissermassen ‚nebenher‘) löst keine Staatshaftung aus. Einschlägig sind in
  einem solchen Fall die zivilrechtlichen Haftpflichtbestimmungen.
– Art. 146 BV und Art. 3 Abs. 1 VG verlangen schliesslich, dass der
  Schaden *widerrechtlich* zugefügt wurde. Anders als manche Kantone
  (vgl. z.B. Art. 71 Abs. 3 KV-BE) kennt der Bund zur Zeit keine allgemeine Staatshaftung für rechtmässig zugefügten Schaden.

Spezialgesetzliche Haftungsbestimmungen gehen den eben skizzierten   8
Haftungsregeln des Verantwortlichkeitsgesetzes vor (Art. 3 Abs. 2
VG).

Einzelheiten zur Staatshaftung gehören in das Allgemeine Verwaltungsrecht. Zusammenfassung der Rechtsprechung in BGE 123 II 577 E. 4d–k S. 581 ff., S. Vgl. im
Weiteren JOST GROSS, Schweizerisches Staatshaftungsrecht, 2. A., Bern 2001; HÄ-
FELIN/MÜLLER, Allgemeines Verwaltungsrecht, Rz. 2237 ff.; TOBIAS JAAG, Staats-
und Beamtenhaftung, in: Schweizerisches Bundesverwaltungsrecht, Basel/Frank-
furt a.M. 1996; TSCHANNEN/ZIMMERLI/KIENER, Allgemeines Verwaltungsrecht,
S. 395 ff.

Eine *Haftung des Beamten* besteht lediglich gegenüber dem *Bund*, und   9
dies auch nur unter bestimmten Voraussetzungen. Diese so genannte
interne Beamtenhaftung kann in zwei Fällen eintreten:
– wenn der Bedienstete *den Bund* durch vorsätzliche oder grobfahrläs-
  sige Verletzung seiner Amtspflicht *unmittelbar schädigt* (Art. 8 VG);
– wenn *der Bund* in Wahrnehmung seiner Staatshaftung einem Dritten Ersatz leisten musste, somit durch den Bediensteten *mittelbar ge-
  schädigt* wurde. Handelte der Bedienstete vorsätzlich oder grobfahrlässig, so steht dem Bund der *Rückgriff* auf den Beamten zu (Art. 7
  VG).

2. Disziplinarische Verantwortlichkeit

Pflichtverletzungen von Angestellten im öffentlichen Dienst können   10
mit Disziplinarmassnahmen geahndet werden. Die Disziplinargewalt
soll den *guten Gang der Verwaltungstätigkeit* absichern und nötigenfalls

wiederherstellen. Disziplinarmassnahmen sind reine Ordnungsvorkehrungen im Betriebsverhältnis zwischen Behörde und Funktionär; sie gelten nicht als Strafe.

11   Die disziplinarische Verantwortlichkeit ist für den *Bund* im Bundespersonalgesetz vom 24. März 2000 (BPG, SR 172.220.1) geregelt. Weitere Bestimmungen finden sich im VG (Art. 17 f., Art. 22 VG).

– Der Disziplinargewalt unterstehen *Angehörige des Bundespersonals* (Art. 2 BPG), *solange sie im Amt sind*. Fehlbare Angestellte können sich einem drohenden Disziplinarverfahren durch Beendigung des Arbeitsverhältnisses entziehen (Art. 12 BPG). Gegen Mitglieder der Bundesversammlung, des Bundesrats und des Bundesgerichts, gegen den Bundeskanzler und gegen den General können keine personalrechtlichen Disziplinarmassnahmen ergriffen werden (Art. 2 Abs. 1 und Abs. 2 Bst. a BPG i.V.m. Art. 168 BV). Zur Sitzungsdisziplin in der Bundesversammlung vgl. hinten § 34 Rz. 52.

– *Disziplinarmassnahmen* sind bei Fahrlässigkeit die Verwarnung, der Verweis oder die Änderung des Aufgabenkreises; handelte der Bedienstete grobfahrlässig oder vorsätzlich, kann der Arbeitgeber zudem den Lohn kürzen, eine Busse verhängen sowie Arbeitszeit oder Arbeitsort ändern (Art. 25 Abs. 2 und 3 BPG). Möglich sind ferner die ordentliche Kündigung z.B. wegen ungenügender Leistung oder mangelhaften Arbeitswillens sowie die fristlose Entlassung aus wichtigen Gründen (vgl. Art. 12 Abs. 6 und 7 BPG).

– Als *Disziplinarbehörde* wirkt der Arbeitgeber gemäss Art. 3 BPG. Für Angestellte der allgemeinen Bundesverwaltung ist dies der Bundesrat.

Für Einzelheiten zur disziplinarischen Verantwortlichkeit vgl. das Besondere Verwaltungsrecht; z.B. JAAG/MÜLLER/TSCHANNEN/ZIMMERLI, Ausgewählte Gebiete des Bundesverwaltungsrechts, 5. A., Basel/Genf/München 2003, S. 11 f.

3.   Strafrechtliche Verantwortlichkeit

12   Behördenmitglieder und Verwaltungsfunktionäre können sich in ihrer amtlichen Tätigkeit auch strafrechtlich verantwortlich machen. Verschiedene Tatbestände des Strafgesetzbuchs beziehen sich ausschliesslich auf Handlungen solcher Personen, so vor allem die Art. 312 ff. StGB über die *Amtsdelikte* (darunter fallen Amtsmissbrauch, Urkundenfälschung im Amt und dgl.) sowie Art. 322[quater] StGB über die *passive Bestechung*.

Der strafrechtliche Beamtenbegriff geht weniger weit als der haftungsrechtliche (Art. 110 Ziff. 4 StGB im Gegensatz zu Art. 1 VG).

4. Parlamentarische Immunität (absolute Immunität)

Die Mitglieder der Bundesversammlung und des Bundesrats sowie der   13
Bundeskanzler können für ihre Äusserungen in den Räten, in den Ratskommissionen und in den Fraktionen rechtlich überhaupt nicht zur Rechenschaft gezogen werden, weder straf- noch personal- oder haftpflichtrechtlich (Art. 162 Abs. 1 BV; Art. 16 ParlG; Art. 2 Abs. 2 VG). Die parlamentarische Immunität wird auch als *absolute Immunität* oder „irresponsabilité absolue" bezeichnet (AUBERT, Bundesstaatsrecht, Rz. 1275). Sie soll einerseits die *Person der Mandatsträger* vor Pressionen bewahren und andererseits das gute *Funktionieren des Parlaments* sichern (BBl 1997 I 387 f.).

5. Prozessuale Verfolgungsprivilegien

Mehrere Regelungen verhindern, dass Amtsträger des Bundes uneinge-   14
schränkt (ja möglicherweise gar aus purer Missgunst von Seiten politischer Feinde) in Strafverfahren verwickelt werden können. Man bezeichnet solche Regelungen als *prozessuale Verfolgungsprivilegien*. Sie verschonen die privilegierten Amtsträger nicht vor Strafe, sondern schützen sie nur vor einem *Zugriff der Strafverfolgungsbehörden zur Unzeit*. Im Einzelnen ist zu unterscheiden, ob die strafbare Handlung sich auf die Amtsfunktion des Täters bezieht oder nicht (Rz. 15 ff.).

a. Relative Immunität

Wegen *strafbarer Handlungen*, die sich auf ihre *amtliche Tätigkeit oder*   15
Stellung beziehen,

– können Mitglieder der *Bundesversammlung* nur mit einer Ermächtigung der eidgenössischen Räte verfolgt werden (Art. 17 Abs. 1 ParlG).

– Gleiches gilt für Behördenmitglieder und Magistratspersonen, die durch die Bundesversammlung gewählt werden, vor allem also für die Mitglieder des *Bundesrats* und des *Bundesgerichts* (Art. 14 Abs. 1 VG).

- Die Strafverfolgung von *Bundesangestellten* wegen solcher Delikte bedarf einer Ermächtigung des EJPD; ausgenommen sind Widerhandlungen im Strassenverkehr (Art. 15 Abs. 1 VG).

16 Zu Straftaten, die sich auf die „amtliche Tätigkeit oder Stellung" beziehen, zählen neben den Amtsdelikten (Rz. 12) auch alle übrigen Straftaten, sofern der Täter sie in amtlicher Eigenschaft beging oder sonst wie ein enger Zusammenhang zur Amtsfunktion bestand. AUBERT spricht von *relativer Immunität* oder „irresponsabilité relative" (Bundesstaatsrecht, Rz. 1276).

b. Unantastbarkeit

17 Darüber hinaus geniessen *bestimmte Behördenmitglieder* ein strafprozessuales Verfolgungsprivileg auch für *Straftaten, die sich nicht auf ihre amtliche Stellung beziehen* („inviolabilité" oder *Unantastbarkeit* in der Terminologie von AUBERT, Bundesstaatsrecht, Rz. 1277).

- Gegen Mitglieder der *Bundesversammlung* darf eine Strafverfolgung wegen solcher Delikte während der Dauer einer Parlamentssession nicht eingeleitet werden, es sei denn mit schriftlicher Zustimmung des betroffenen Abgeordneten oder mit Zustimmung des Rats, dem er angehört (Art. 20 Abs. 1 ParlG; so genannte *Sessionsteilnahmegarantie*). Vorbehalten bleibt die vorsorgliche Verhaftung u.a. wegen Fluchtgefahr (Art. 20 Abs. 2 ParlG). Läuft die Strafverfolgung bei Sessionsbeginn bereits, so hat der Abgeordnete das Recht, die Aussetzung des Verfahrens für die Dauer der Session zu beantragen. Über den Antrag entscheidet der Rat, dem er angehört (Art. 20 Abs. 3 ParlG). Das Privileg greift nur bei Verbrechen oder Vergehen, nicht bei Übertretungen.

- Die strafrechtliche Verfolgung nichtamtlicher Verbrechen oder Vergehen setzt bei den Mitgliedern des *Bundesrats* die Zustimmung des betroffenen Mitglieds oder des Gesamtbundesrats voraus (Art. 61a RVOG). Eine entsprechende Regelung gilt für die Mitglieder des *Bundesgerichts* (Art. 5a OG). Im Weigerungsfall kann die Strafverfolgungsbehörde die Vereinigte Bundesversammlung anrufen (Art. 61a Abs. 5 RVOG, Art. 5a Abs. 5 OG).

III. Politische Verantwortlichkeit

1. Rechenschaftspflicht im politischen Prozess

Die politische Verantwortlichkeit äussert sich als *Pflicht der Behörden,* [18] *über ihre Amtsführung sowohl wechselseitig als auch vor der Öffentlichkeit Rechenschaft abzulegen* und *bei Fehlverhalten die nötigen „politischen Konsequenzen" zu ziehen.* In der Sache geht es um politische Kontrolle. Wie es schon der Begriff nahe legt, nimmt die politische Verantwortlichkeit allein *politisches Fehlverhalten* ins Visier: Enttäuschung von Wahlversprechen, Versagen bei der Wahrnehmung der verfassungsmässig zugewiesenen Legislativ- und Exekutivfunktionen, Verletzung politischer Konventionen und Ähnliches mehr. Entsprechend kennt die politische Verantwortlichkeit keine juristischen, sondern nur *politische Sanktionen.* Ob und wie weit sie ergriffen werden, ist – anders als bei der rechtlichen Verantwortlichkeit – keine Frage der Rechtsanwendung, sondern eine Frage des politischen Gutdünkens. Der Regelkreis ist ein rein politischer, kein juristischer. Daran ändert auch der Umstand nichts, dass eine Reihe dieser Sanktionen in Verfassung und Gesetz rechtlich umschrieben ist (vgl. Rz. 20).

Die politische Verantwortlichkeit trifft nur jene Bundesbehörden, die [19] im politischen Prozess stehen, also *Bundesversammlung und Bundesrat* (daher auch die zusammenfassende Bezeichnung „politische Bundesbehörden"). Im Verhältnis der politischen *Bundesbehörden untereinander* ist es der Bundesrat, der der Bundesversammlung Rechenschaft schuldet (vgl. Art. 4 RVOG). *Vor dem Volk* haben sich beide Behörden gleichermassen für ihr politisches Verhalten zu rechtfertigen.

Das *Instrumentarium* der politischen Kontrolle – das, was die „politi- [20] schen Konsequenzen" eines politischen Fehlverhaltens ausmacht – ist im Bund nur schwach ausgeprägt. Es umfasst im Wesentlichen drei Elemente.

- Erstes Element ist die *Oberaufsicht der Bundesversammlung über den Bundesrat* (Art. 169 Abs. 1 BV). So muss der Bundesrat der Bundesversammlung regelmässig Bericht über seine Geschäftsführung sowie über den Zustand der Schweiz erstatten (Art. 187 Abs. 1 Bst. b BV; zu dieser Oberaufsicht hinten § 35/II).
- Die *Bundesversammlung* hat weiter die Möglichkeit, einzelne *Bundesratsmitglieder bei Wiederwahlen nicht zu bestätigen* (Art. 175 Abs. 2 BV). Hingegen ist sie nicht befugt, den Bundesrat als Ganzes

oder auch nur einzelne seiner Mitglieder während ihrer Amtsdauer abzuberufen. Immerhin folgt aus der Wahlzuständigkeit der Bundesversammlung das Recht zur *Amtsenthebung*, wenn Voraussetzungen der Wählbarkeit oder der Amtsfähigkeit während der Amtsdauer ganz oder teilweise wegfallen (BBl 1997 I 405).

– Analoges gilt endlich für die *Stimmberechtigten:* Sie können zur Wiederwahl antretende National- und Ständeräte ,bestrafen', indem sie andere Kandidaten vorziehen. Anders als in manchen Kantonen (hinten § 50 Rz. 7) hat das Volk auf Bundesebene kein Abberufungsrecht.

Die Verfassung verbietet nicht, dass politisch fehlbare Mandatsträger unter dem Druck der Öffentlichkeit freiwillig zurücktreten.

Die für parlamentarische Regierungssysteme typischen Mechanismen der politischen Verantwortlichkeit – namentlich das Misstrauensvotum des Parlaments gegenüber der Regierung und die Vertrauensfrage der Regierung an das Parlament – sind im Bund unbekannt.

2.   Ordensverbot

21   Verantwortlich sein bedeutet nicht nur, für die Folgen des eigenen Fehlverhaltens persönlich einstehen zu müssen, sondern vor allem, der Sache zu dienen und Fehlverhalten zu vermeiden. Die Sache, der die Bundesbehörden zu dienen haben und für die sie verantwortlich sind, gipfelt in der Wahrnehmung des Staatszwecks der Schweizerischen Eidgenossenschaft (Art. 2 BV); und die Instanz, der sie die entsprechende Rechenschaft schulden, ist das Schweizer Volk. Dementsprechend müssen die Mitglieder der obersten Bundesbehörden einen Eid oder ein Gelübde auf Verfassung und Gesetz ablegen (Art. 3 ParlG). Kurz: Die *Verantwortlichkeit der Bundesbehörden* impliziert *Loyalität zum eigenen Staat und zum eigenen Volk.*

22   Solche Loyalität vermag nur jener Amtsträger an den Tag zu legen, der dem Ausland weder Dank noch Rücksicht schuldet. Zur Vermeidung ,falscher' Abhängigkeiten ist es daher bestimmten Personen verboten, eine amtliche Funktion für einen ausländischen Staat auszuüben oder Titel und Orden ausländischer Behörden anzunehmen. Diesem so genannten *Ordensverbot* unterstehen die Mitglieder der Bundesversammlung, des Bundesrats und des Bundesgerichts, der Bundeskanzler, das Bundespersonal sowie – in etwas abgeschwächter Form – die Angehörigen der Armee (Art. 12 ParlG; Art. 60 Abs. 3 RVOG; Art. 3 Abs. 3 OG; Art. 21 Abs. 4 BPG; Art. 40a MG).

Das Ordensverbot war früher auf *Verfassungsstufe* verankert und erstreckte sich über die eidgenössischen Amtsträger hinaus auch auf Mitglieder kantonaler Regierungen und Parlamente (Art. 12 aBV). Im Zuge der Verfassungsreform wurde die Bestimmung als nicht mehr verfassungswürdig gestrichen (AB 1998 S 67 f., N 960 ff.; anders noch der Entwurf des Bundesrats, BBl 1997 I 234). Dabei war man sich aber darüber einig, dass das Verbot für die Amtsträger des Bundes auf *Gesetzesstufe* weitergeführt werden sollte. Durch das Bundesgesetz über Titel und Orden ausländischer Behörden vom 23. Juni 2000 sind die einschlägigen Organisationserlasse wie GVG, RVOG u.a. entsprechend ergänzt worden (AS 2001 114; BBl 1999 7922, 7942). An die Stelle des GVG ist mittlerweile das ParlG getreten.

IV. Gerichtliche Durchsetzung der Verantwortlichkeit

Das Instrumentarium zur gerichtlichen Durchsetzung richtet sich nach der Art der in Frage stehenden Verantwortlichkeit. 23

– Die disziplinarische und die vermögensrechtliche Verantwortlichkeit werden im Rahmen des Verwaltungs- und Verwaltungsjustizverfahrens durchgesetzt.

– Die strafrechtliche Verantwortlichkeit folgt den einschlägigen Strafprozessgesetzen.

– Die politische Verantwortlichkeit ist gerichtlich nicht durchsetzbar.

2. Kapitel: Bundesversammlung

§ 30 Rechtsstellung der Bundesversammlung

1   Art. 148 Abs. 1 BV bezeichnet die Bundesversammlung „unter Vorbehalt der Rechte von Volk und Ständen" als die „oberste Gewalt im
Bund". Die Bestimmung übernimmt fast wörtlich die entsprechende
Vorschrift der alten Bundesverfassung (Art. 71 aBV). Die Formulierung
kann zu Fehlschlüssen führen. Tatsächlich ist die Bundesversammlung
auch als „oberste Gewalt" nicht allmächtig. Das Verhältnis der Bundesversammlung zu den beiden anderen obersten Bundesbehörden – Bundesrat und Bundesgericht – kommt in § 35 zur Sprache.

I.   Die Bundesversammlung als primär rechtsetzendes
         Organ

1.   Begriff der Rechtsetzung

2   Unter Rechtsetzung verstehen wir den *Erlass von Rechtssätzen,* d.h. von
generell-abstrakten Normen, welche natürlichen und juristischen Personen Pflichten auferlegen oder Rechte einräumen, die Organisation
und die Zuständigkeit der Behörden regeln oder das Verfahren ordnen.
Zum Rechtssatzbegriff einlässlich hinten § 45 Rz. 13 ff.

2.   Einordnung der Bundesversammlung in die funktionelle
         Gewaltenteilung

3   Die Bundesversammlung erfüllt *vorab legislative Aufgaben;* Rechtsetzung ist die *Stammfunktion* des Parlaments (hinten § 33/II). Normative
Aktivitäten entfaltet zwar auch der Bundesrat: So unterbreitet er der
Bundesversammlung Gesetzes- und Verfassungsentwürfe (Art. 181 BV);
zudem kann er rechtsetzende Bestimmungen in der Form der Verordnung erlassen (Art. 182 Abs. 1 BV). Seine Legislativfunktionen sind

aber weniger bedeutend als jene der Bundesversammlung. Gesetzes-
und Verfassungsentwürfe nach Art. 181 BV dienen dem Parlament
lediglich als Beratungsgrundlage; und die Verordnungen des Bundesrats
dürfen grundsätzlich nur ‚weniger wichtige' Bestimmungen enthalten.
Die *primäre Rechtsetzung*, d.h. der Erlass der wichtigen Bestimmungen,
ist in jedem Falle Sache der Bundesversammlung (Art. 164 Abs. 1 BV;
hinten § 45 Rz. 21 ff.).

Neben der Rechtsetzung stehen der Bundesversammlung gewichtige   4
Kompetenzen aus dem Bereich der *Regierungs- und Verwaltungsfunktion* zu (hinten § 33/III, IV). *Rechtsprechungsfunktionen* dagegen versieht
sie nur noch am Rande (hinten § 33/V).

II. Zweikammersystem

1. Begriff und Funktion

Unter Zweikammersystem verstehen wir ein *Parlament, welches aus*   5
zwei Abteilungen besteht. Die Zusammensetzung der Kammern, das
Verhältnis der Kammern zueinander und der Geschäftsverkehr zwischen den Kammern kann von Land zu Land ändern. Die Bundesverfassung verankert das Zweikammersystem in Art. 148 Abs. 2: Danach
besteht die Bundesversammlung „aus zwei Kammern, dem Nationalrat
und dem Ständerat".

Je nach konkreter Ausgestaltung erfüllen Zweikammersysteme unter-   6
schiedliche Funktionen.

- *Bundesstaatliche Funktion* kann ein Zweikammersystem dann versehen, wenn die Verfassung die eine Kammer als Vertretung des Volks
  und die andere als Vertretung der Gliedstaaten konzipiert. Diese
  Funktion steht traditionell im Vordergrund, so auch in der Schweiz
  (hinten §§ 31/I und 32/I).
- *Diskursive Funktion*. Die Beratung ein und desselben Geschäfts
  durch zwei selbständig verhandelnde Kammern verbessert erfahrungsgemäss die Qualität des parlamentarischen Prozesses, denn das
  umständlichere Prozedere zwingt die Abgeordneten zu gründliche-
  rer Arbeit und erhöht die Chance einer umfassenden Interessenbe-
  rücksichtigung. Zudem beugt es der Gefahr übereilter Beschlüsse
  vor. Diese Vorzüge dürften dem Zweikammersystem schon immer

eigen gewesen sein; ins Bewusstsein getreten sind sie aber erst in jüngerer Zeit. Sie setzen allerdings voraus, dass die Parlamentskammern nicht wie siamesische Zwillinge funktionieren, sondern als zwei Gremien mit einem je eigenem Profil auftreten (vgl. hinten § 32 Rz. 4 zur besonderen Rolle des Ständerats).

Mit einer *zweiten Lesung* lassen sich ähnliche Diskursgewinne – wenigstens bis zu einem gewissen Grad – auch in einkammerigen Parlamenten erreichen (vgl. etwa Art. 65a des bernischen Gesetzes über den Grossen Rat vom 8. November 1988).

– *Gewaltenteilige Funktion.* Der Gefahr einer als ungebührlich empfundenen Suprematie des Parlaments über die Regierung kann durch den Einbau von Bremsmechanismen im parlamentarischen Prozedere vorgebeugt werden, wozu auch die Einführung einer zweiten Parlamentskammer zählt. Für die Schweiz hat diese Überlegung keine Bedeutung.

2.   Herkommen des schweizerischen Zweikammersystems

7   Zweikammersysteme sind für Bundesstaaten typisch. Als *Vorbild* des Zweikammersystems in der Schweiz diente den Verfassungsschöpfern von 1848 das Parlamentssystem der Vereinigten Staaten von Amerika.

Einzelheiten zur Vorgeschichte bei AUBERT, Bundesstaatsrecht, Rz. 1253; HALLER/KÖLZ, Allgemeines Staatsrecht, S. 242 ff.

3.   Ausprägung des Zweikammersystems in der Schweiz

a.   Unterschiedliche Zusammensetzung der beiden Kammern

8   Nationalrat und Ständerat unterscheiden sich durch ihren Repräsentationszweck einerseits und die Sitzzuteilung andererseits.

– *Repräsentationszweck.* Der Nationalrat gilt als Volksvertretung, der Ständerat als Kantonsvertretung (Art. 149 Abs. 1, Art. 150 Abs. 1 BV). Insofern steht der Nationalrat für das *demokratische* und der Ständerat für das *föderative* Prinzip. Konsequenterweise regelt der Bund das Wahlverfahren nur für den Nationalrat (Art. 149 Abs. 2 und 3 BV); die Wahl in den Ständerat dagegen richtet sich nach kantonalem Recht (Art. 150 Abs. 3 BV).

In der Praxis wirkt der Ständerat längst nicht nur als Vertretung ‚der' Kantone; bei manchen Beratungsgegenständen tritt der föderative Aspekt gar ganz in den Hintergrund. Vgl. dazu hinten § 32 Rz. 3.

– *Sitzzuteilung.* Dem Repräsentationszweck entsprechend werden die Sitze im Nationalrat *nach Bevölkerungszahl* auf die Kantone verteilt, im Ständerat aufgrund ihrer *Stellung als Gliedstaaten* des Bundes (Art. 149 Abs. 4, Art. 150 Abs. 2 BV).

b.   Gleiche Rechtsstellung der beiden Kammern

In der Schweiz sind beide Kammern einander gleichgestellt (so aus-   9 drücklich Art. 148 Abs. 2 BV a.E.). Die Gleichstellung äussert sich sowohl bei den Zuständigkeiten als auch im Geschäftsverkehr und bei der Beschlussfassung.

– National- und Ständerat verfügen über die *gleichen Zuständigkeiten.* Die Verfassung bestätigt dies, indem sie die Kompetenzen des Parlaments nicht nach Kammern trennt, sondern durchgängig der Bundesversammlung als solcher zuschreibt (vgl. Art. 163, 166–173 BV).
– National- und Ständerat beanspruchen ferner die *gleiche Stellung im Geschäftsverkehr.* Initiativ- und Antragsrecht stehen jedem Ratsmitglied gleichermassen zu (Art. 160 BV); ausserordentliche Sessionen der Bundesversammlung werden auf Begehren eines Viertels der Mitglieder gleich welcher Kammer einberufen (Art. 151 Abs. 2 BV). Bei Beratungsgegenständen, die nacheinander von beiden Kammern zu behandeln sind, hat keiner der beiden Räte automatisch die Vorhand. Gegenteils müssen sich die Ratspräsidenten bei jedem Geschäft über die Bestimmung des Erstrats verständigen. Kommt eine Einigung nicht zustande, so entscheidet das Los (Art. 84 ParlG).
– Gleichberechtigung gilt schliesslich bei der *Beschlussfassung:* Für Beschlüsse der Bundesversammlung ist die *Übereinstimmung beider Räte* erforderlich (Art. 156 Abs. 2 BV). Weichen die Beschlüsse voneinander ab, so müssen die Differenzen in einem besonderen Verfahren bereinigt werden. Führt dieses Verfahren zu keiner Einigung, so kommt ein Beschluss nicht zustande und das Geschäft wird als erledigt abgeschrieben (Art. 89 ff. ParlG).

Zum Geschäftsverkehr im Einzelnen vgl. hinten § 34/V.

c.   Getrennte Beratung in beiden Kammern

Nationalrat und Ständerat verhandeln *in der Regel getrennt*, d.h. sie   10 beraten und beschliessen über die Ratsgeschäfte jeder für sich (Art. 156 Abs. 1 BV). Entsprechend hat jeder Rat sein eigenes Präsidium, sein eigenes Ratsbüro und weitgehend auch seine eigenen Kommissionen (hinten § 34/III). Nationalrat und Ständerat tagen aber grundsätzlich gleichzeitig, d.h. in den gleichen Wochen (hinten § 34/IV).

11   Für *einige wenige Geschäfte* treten die beiden Kammern zur *Vereinigten Bundesversammlung* zusammen. Die Vereinigte Bundesversammlung berät und beschliesst als *eine einzige Kammer;* den Vorsitz führt der Präsident des Nationalrats (Art. 157 BV; hinten § 34/VI).

III.   Repräsentationsprinzip

12   Die Mitglieder des Nationalrats und des Ständerats sind *„Abgeordnete"* (Art. 149 Abs. 1, Art. 150 Abs. 1 BV) des Volkes und der Kantone, d.h. deren Vertreter oder *Repräsentanten.* Die Notwendigkeit einer Repräsentation lässt sich auf unterschiedliche Weise begründen.

1.   Das Parlament als ‚besseres Ich des Volks'?

13   Eine erste Auffassung sieht Repräsentation als *Mittel, die wahren Interessen der Repräsentierten zur Geltung zu bringen.* So bedeutet Repräsentation für ERNST-WOLFGANG BÖCKENFÖRDE (Zur Kritik der heutigen Demokratiediskussion, in: Staat – Verfassung – Demokratie, Frankfurt a.M. 1991, S. 379 ff., 398) die

> „... Aktualisierung und Darstellung des in den Bürgern angelegten eigenen Selbst des Volkes sowie des Bildes, das in der Vorstellung der Bürger von der Art der Behandlung der allgemeinen Fragen sowie der Vermittlung der Bedürfnisse und Interessen auf das Allgemeine hin lebendig ist. Sie kommt zustande, wenn die Einzelnen ihr eigenes Ich als Bürger (citoyen in sich) und das Volk sein eigenes Selbst (volonté générale) im Handeln der Repräsentanten, ihren Überlegungen, Entscheidungen und Fragen an das Volk wiederfinden."

14   Das Parlament erscheint so gewissermassen als das ‚bessere Ich des Volks' – eines Volks, welches zum Schutz vor sich selbst von vornherein darauf verzichtet, in den politischen Prozess aktiv gestaltend einzugreifen, sich gegenteils damit begnügt, von Zeit zu Zeit seine parlamentarischen Fürsprecher zu wählen. Diese Sicht ist besonders in repräsentativen Demokratien verbreitet. Die Verhältnisse einer direkten Demokratie werden damit aber kaum getroffen, denn solche Demokra-

tien bieten den Bürgern die reguläre Möglichkeit, das Parlament – also die eigenen Repräsentanten – mittels Initiative und Referendum zu umgehen oder zumindest zurückzurufen. Ausserdem erklärt das Modell des Parlaments als ‚besseres Ich des Volks' nur unzureichend, inwiefern sich das freie Parlamentsmandat mit dem Repräsentationsauftrag der Abgeordneten vereinbaren lässt.

2. Das Parlament als Ort geregelter politischer Diskurse

Repräsentation lässt sich aber auch – dies ist die zweite Auffassung – als   15
Ausdruck praktischer Notwendigkeit begreifen. Danach wäre Repräsentation nicht mehr als ein Behelf, der es einer modernen Flächendemokratien erlaubt, geregelte politische Prozesse zu veranstalten und sich dadurch die Chance gerechter und rationaler Problemlösungen zu wahren. J. P. MÜLLER hält dazu fest (Gerechtigkeit, S. 155, 157):

> „Wo der Rahmen einer Versammlungsdemokratie, in der alle mit allen noch sinnvoll sprechen können, gesprengt ist, sind substituierende Verfahren für argumentative Lösungen zu suchen, die möglichst umfassend das Spektrum der divergierenden Interessen der betroffenen Menschen miteinander zu konfrontieren und zu vermitteln erlauben. Als solche Verfahren bieten sich die verschiedenen Formen der Repräsentation an ...
> Die zentrale Chance von Repräsentation liegt diskurstheoretisch betrachtet darin, auch in grossen politischen Gemeinwesen Entscheidverfahren zu ermöglichen, in denen gemeinsame Probleme diskursiv erörtert werden, d.h. unter Bedingungen, die in einer weiten Diskussion unter allen nicht erfüllbar wären. Für rationale Auseinandersetzungen genügt nicht, dass alle sich äussern können; Diskurse kommen erst zustande, wenn alle durch Verfahren und Strukturen dazu geführt werden, auf die Argumente der anderen einzugehen mit der Bereitschaft zu einvernehmlichen Lösungen."

Dieses Konzept befreit das Parlament von der Hypothek, das repräsen-   16
tierte Volk ‚möglichst genau' abzubilden. Zu fordern ist nur noch, dass das Wahlsystem allen relevanten Gesellschaftsgruppen – mit Einschluss der Minderheiten – die realistische Chance bietet, im Parlament vertreten zu sein. Auch das freie Mandat findet dann eine einleuchtende Rechtfertigung, nämlich als notwendige Voraussetzung erfolgversprechender Kompromisssuche.

IV.   Milizparlament?

1.   Begriff und Funktion

17   Nach dem so genannten Milizprinzip sollen staatliche Ämter und Funktionen soweit möglich mit Bürgern besetzt werden, die ihre öffentliche Rolle ehrenhalber oder höchstens nebenamtlich besorgen. Unter einem *Milizparlament* verstehen wir demnach ein Parlament von Abgeordneten, die ihr *Mandat teilzeitlich* wahrnehmen, im Übrigen aber einen in der Regel politikfremden Hauptberuf ausüben. Auch andere Staatsfunktionen werden in der Schweiz häufig im Nebenamt besetzt. Dies gilt namentlich für kommunale und teils auch für kantonale Regierungs- und Verwaltungsämter. Im Heerwesen hat das Milizprinzip sogar Verfassungsrang (Art. 58 Abs. 1 Satz 2 BV).

18   Das Milizprinzip gehört zum *prägenden Lebensstil der schweizerischen Demokratie*. Aus mehreren Gründen lässt es sich noch heute kaum wegdenken.

– Bis zu einem gewissen Grade ist das Milizsystem für die Schweiz *organisatorische Notwendigkeit:* Es erlaubt, die schmalen Personalressourcen des Kleinstaats besser zu nutzen. So erklärt sich beispielsweise der Amtszwang, wie er heute vorab auf kommunaler Stufe weithin noch besteht (vgl. Art. 18 KV-AI; Art. 85 i.V.m. Art. 16 KV-UR).

– Als *personalpolitische Leitlinie* sodann erlaubt das Milizprinzip, das tradierte Bild der Schweiz als einer *Demokratie der Volksgenossen* zu bestätigen. Das Prinzip impliziert lebensbegleitend den ‚Dienst am Staat‘, der eben durch diese Indienstnahme zum ‚eigenen‘ Staat wird. Man misstraut den amtlichen Funktionären, hält zu professionellen Akteuren feindliche Distanz, bewahrt sich mit Initiative und Referendum das letzte Wort. Konsequente Nebenamtlichkeit der Mandatsträger ist nach dieser Denklogik zwingend: Nur so erhält sich ein Rest des Gefühls, die Dinge im Griff zu haben und jederzeit zum Rechten sehen zu können.

– *In der Sache* sollen Milizstrukturen dafür sorgen, dass die Politik ‚*auf dem Boden der Realitäten*‘ bleibt und die gesellschaftlichen Interessen möglichst umfassend berücksichtigt. Hierbei kommt dem System zugute, dass das Milizprinzip dank Rollenkumulation verschiedenste Lebensbereiche miteinander verknüpft. Über Milizrollen wird ein vergleichsweise breiter Bevölkerungskreis in den politischen Prozess integriert, wird dem Staatsbereich gesellschaftliches Erfahrungs- und Expertenwissen zugeführt, wird behördliche Macht ein weiteres Mal zerteilt.

Durch die zunehmende Professionalisierung der Politik gerät der Milizgedanke – jedenfalls auf Bundesebene – mehr und mehr in Bedrängnis.

2. Die Bundesversammlung als Halbberufsparlament

Dem *Leitbild eines Milizparlaments* ist auch die Bundesversammlung 19
verhaftet – jedenfalls im Prinzip. Die Realität indessen präsentiert sich
längst anders (ALOIS RIKLIN/SILVANO MÖCKLI, Milizparlament?, in:
Parlament, S. 146):

> „In den Anfängen des Bundesstaates mag es von der Arbeitsbelas-
> tung her noch angegangen sein, dass ein Parlamentarier diese Rolle
> neben einem unpolitischen Hauptberuf versah. Heute indessen, vor
> dem Hintergrund der allgemeinen Zunahme der Staatstätigkeit, der
> angewachsenen Bundesaufgaben sowie verschiedener ‚Affären‘ der
> jüngsten Zeit, stellt sich die Frage, ob und wie das ‚Milizparlament‘
> mit einer Arbeitsweise und mit Arbeitsbedingungen, die sich seit
> dem 19. Jahrhundert nicht grundlegend verändert haben, die Prob-
> leme des ausgehenden 20. Jahrhunderts bewältigen kann."

Berücksichtigt man den Zeitaufwand, der sich mit einem Parlaments- 20
mandat verbindet, so erscheint die Bundesversammlung heute tatsächlich als *Halbberufsparlament*. Die geltenden Entschädigungs- und Infra-
strukturregelungen (hinten § 34 Rz. 6 f.) tragen dieser Lage trotz wie-
derholter Aufbesserung nur unzureichend Rechnung, sodass die Abgeordneten die ungenügend entschädigte Parlamentsarbeit durch entsprechend arbeitsfreies Einkommen mitfinanzieren müssen. „Der Preis
dieses Parlamentstypus ist eine schmale Rekrutierungsbasis. Nur eine
kleine Minderheit der Bürger hat unter den Rahmenbedingungen des
gegenwärtigen Halbberufsparlaments die Chance, von ihrem passiven
Wahlrecht Gebrauch zu machen." (RIKLIN/MÖCKLI, a.a.O., S. 145)

§ 31 Wahl des Nationalrats

I.   Nationalräte als „Abgeordnete des Volkes"

1   Der Nationalrat besteht aus „Abgeordneten des Volkes" (Art. 149 Abs. 1 BV). Seiner *demokratischen* Funktion entsprechend soll er weder bestimmte Gemeinwesen noch bestimmte Gesellschaftsgruppen repräsentieren, sondern die *Bevölkerung des Landes insgesamt* (daher auch die geläufige Bezeichnung des Nationalrats als „Volkskammer").

2   Die Formel von den „Abgeordneten des Volkes" ist freilich schon *rechtlich zu nuancieren*. Zwar werden die Sitze der Abgeordneten im Verhältnis zur gesamten Bevölkerung auf die Kantone verteilt (Art. 149 Abs. 4 BV; Rz. 7 f.). Die Wahl der Abgeordneten aber spielt sich im geschlossenen Kreis des Stimmvolks ab; Wahlberechtigung und Wählbarkeit, das aktive und passive Wahlrecht also, ist den über 18-jährigen Staatsbürgern vorbehalten (Art. 143 i.V.m. Art. 136 BV). Auch wenn die Abgeordneten für die gesamte Bevölkerung stehen, so erhalten sie ihr Mandat doch nur von einem qualifizierten Ausschnitt aus der Bevölkerung – einem Ausschnitt, dem sie selber angehören müssen, wenn sie sich zur Wahl stellen wollen.

3   Auch *in tatsächlicher Hinsicht* ist der Nationalrat *kein getreuliches Abbild des Volks,* wie eine Untersuchung von RUTH LÜTHI, LUZIUS MEYER und HANS HIRTER zeigt (Fraktionsdisziplin und die Vertretung von Partikulärinteressen im Nationalrat, in: Parlament, S. 55):

> „Die VolksvertreterInnen sind mehrheitlich einer bürgerlichen Oberschicht zuzurechnen, weisen sie doch eine überdurchschnittliche formale Bildung und überdurchschnittliche Einkommen auf. So machen im Jahr 1983 Leute mit höherer (HTL, HWV) oder akademischer Ausbildung 63% des Parlaments aus (1987: 65%), wobei wie früher auch schon JuristInnen mit 24% (1987: 25,5%) am häufigsten anzutreffen sind. Bei den ausgeübten Berufen fallen entsprechend die AnwältInnen, ÄrztInnen und Professoren mit gemeinsam 19,5% (17%) sowie die UnternehmerInnen bzw. DirektorInnen von Wirtschaftsunternehmen und deren Verbände mit 22% (22%) ins Gewicht. Stark vertreten sind auch die vollamtlichen Mitglieder von Gemeinde- und Kantonsregierungen (13% bzw. 11%) und die Bauern (12,5% bzw. 12,5%). Eher im Zunehmen ist die Zahl der DirektorInnen von kommunalen oder kantonalen Verwaltungen (2%

bzw. 5%) sowie der Angehörigen von sozialen Berufen wie Lehrer-Innen, Pflegepersonal und SozialarbeiterInnen (7% bzw. 12,5%). Während die GewerkschaftsfunktionärInnen noch mit 7% (5%) vertreten sind, bilden die einfachen Angestellten, ArbeiterInnen und Hausfrauen mit 5% (4,5%) eine kleine Minderheit."

Verzerrungen dieser Art werden sich nie völlig vermeiden lassen, selbst wenn die Parlamentsarbeit grosszügiger entschädigt würde als heute. Die Interessen der im Parlament unterrepräsentierten Schichten können freilich auch auf andere Weise wirksam zur Geltung gebracht werden: beispielsweise durch Abgeordnete, die als ‚Anwälte der Abwesenden‘ deren Anliegen stellvertretend einbringen, über Lobbyisten des Verbandssystems oder mit Hilfe der Volksrechte.

Hinzuweisen ist schliesslich auf die fortdauernde Untervertretung der *Frauen:* Im Nationalrat belegten sie 1999 nur rund einen *Viertel* aller Sitze.   4

Eine 1995 eingereichte Volksinitiative „für eine gerechte Vertretung der Frauen in den Bundesbehörden", welche eine grundsätzlich hälftige Vertretung der beiden Geschlechter in den eidgenössischen Räten und im Bundesrat sicherstellen wollte, ist in der eidgenössischen Volksabstimmung vom 12. März 2000 von Volk und Ständen verworfen worden (BBl 2000 2990). Im Sinne eines indirekten Gegenvorschlags zur Initiative sollte das BPR um Vorschriften ergänzt werden, wonach Wahlvorschläge für Nationalratswahlen zu wenigstens einem Drittel Frauenkandidaturen aufweisen müssen (vgl. BBl 1998 4759, 1999 3113). Während die Volksinitiative eine – unter dem Gesichtspunkt des Stimmrechts problematische – *Ergebnisquote* anstrebte, hätte sich die Gesetzesvorlage mit der Einführung einer *Wahlvorschlagsquote* begnügt. Die Räte sind auf die Vorlage nicht eingetreten (AB 1999 N 1819 f., S 479 ff.). Zur Verfassungsmässigkeit von *kantonalen* Frauenquoten vgl. hinten § 52 Rz. 57 ff.

II.   Zusammensetzung

1.   Sitzzahl
(Art. 149 Abs. 1 BV)

Der Nationalrat umfasst 200 Sitze (Art. 149 Abs. 1 BV). Die *Sitzzahl* ist   5 *fest,* sodass die *Verteilungszahl,* d.h. die Zahl der auf jeden Sitz entfallenden Einwohner, entsprechend der Bevölkerungsentwicklung *variiert.*

Von 1848 bis 1962 galt umgekehrt das System der *festen Verteilungszahl* bei entspre-   6 chend *variabler Sitzzahl.* So entfiel ursprünglich auf je 20 000 Einwohner ein Nationalratssitz (Art. 61 BV 1848 und anfänglich auch Art. 72 BV 1874). Weil der Nationalratssaal von Beginn weg auf eine Höchstzahl von 200 Abgeordneten ausgerichtet war und die Bevölkerung stetig wuchs, musste die Verteilungszahl wiederholt heraufgesetzt werden: 1931 auf 22 000 (AS 1931 425; BBl 1930 II 205), 1950 auf 24 000 (AS 1950 1461; BBl 1950 I 870). 1962 wechselte der Bund zur festen Zahl von 200 Sitzen (AS 1962 1637; BBl 1962 I 13).

2. Verteilung der Sitze auf die Kantone
(Art. 149 Abs. 4 BV)

7 Jeder Kanton hat Anspruch auf *mindestens einen Sitz;* im Übrigen werden die 200 Sitze *im Verhältnis zur Bevölkerungszahl* auf die Kantone verteilt (Art. 149 Abs. 4 BV). Als Repräsentationsbasis wirkt mithin die schweizerische Wohnbevölkerung, d.h. alle schweizerischen und ausländischen Staatsangehörigen mit Wohnsitz in der Schweiz (vorn § 13 Rz. 2). Auslandschweizer zählen bei der Sitzverteilung nicht mit.

8 Massgebend ist die Wohnbevölkerung *aufgrund der jeweils letzten Volkszählung* (Art. 16 Abs. 1 BPR). Der *Bundesrat* legt nach jeder Volkszählung fest, wie viele Sitze den einzelnen Kantonen zufallen (Art. 16 Abs. 2 BPR; vgl. zuletzt die Verordnung über die Sitzverteilung bei der Gesamterneuerung des Nationalrats vom 3. Juli 2002, SR 161.12, gültig für die Jahre 2003 bis 2011). Art. 17 BPR regelt das Verteilungsverfahren im Einzelnen. Die Grössenunterschiede zwischen den Kantonen schlagen sich in entsprechend unterschiedlichen Sitzkontingenten nieder. Während die bevölkerungsreichen Mittellandkantone bedeutende Abordnungen entsenden (ZH 34; BE 26; VD 18; AG 15; SG 12; GE 11; LU 10), liegt die Sitzzahl in zehn Kantonen unter 5 (SZ 4; ZG 3; SH und JU je 2; UR, OW, NW, GL, AR und AI je 1).

III. Wählbarkeit und Unvereinbarkeiten

1. Wählbarkeit
(Art. 143 BV)

9 Unter Wählbarkeit versteht man die Voraussetzungen, die erfüllt sein müssen, damit eine Person *gültig gewählt werden* kann. Fehlt es an diesen Voraussetzungen, so kommt eine gültige Wahl von vornherein nicht zustande.

10 In den Nationalrat ist wählbar, wer *in eidgenössischen Angelegenheiten stimmberechtigt* ist (Art. 143 BV). Gefordert sind mithin:

- das Schweizer Bürgerrecht,
- ein Mindestalter von 18 Jahren sowie
- keine Entmündigung wegen Geisteskrankheit oder Geistesschwäche (Art. 136 Abs. 1 Satz 1 BV).

Diese Umschreibung ist abschliessend; die Voraussetzungen der Wählbarkeit dürfen vom Gesetzgeber in der Sache nicht verschärft werden (formale Anforderungen bleiben aber zulässig; vgl. Rz. 23 ff.). So ist die Aberkennung des Stimmrechts und damit auch der Wählbarkeit aus anderen Gründen nicht mehr statthaft (BBl 1997 I 359; vgl. immerhin Art. 51 StGB, wonach Straftäter unter gewissen Voraussetzungen für amtsunfähig erklärt werden können). Genauso unzulässig wäre die Einführung einer oberen Altersgrenze oder einer Amtszeitbeschränkung durch Gesetz; dazu müsste vielmehr Art. 143 BV geändert werden.

Wohnsitz in der Schweiz wird *nicht* verlangt. So können sich auch Auslandschweizer in den Nationalrat wählen lassen.   11

2. Unvereinbarkeiten
(Art. 144 BV)

Unvereinbarkeitsgründe sind Umstände, die – sollten sie vorliegen – beseitigt werden müssen, damit eine gültig gewählte Person *das Amt antreten* kann. Unvereinbarkeitsgründe berühren die Gültigkeit einer Wahl nicht; sie wirken sich nur auf die Möglichkeit aus, das Mandat wahrzunehmen. Die meisten Unvereinbarkeiten erklären sich aus Gründen der *personellen Gewaltenteilung* (vorn § 27 Rz. 15 ff.).   12

Die *Verfassung* regelt die für das Nationalratsmandat massgeblichen Unvereinbarkeitsgründe nur zum kleineren Teil: Art. 144 Abs. 1 BV zufolge dürfen Mitglieder des Nationalrats nicht gleichzeitig dem Ständerat, dem Bundesrat oder dem Bundesgericht angehören.   13

Die Zugehörigkeit zum geistlichen Stand (Art. 75 aBV) ist heute kein Unvereinbarkeitsgrund mehr (BBl 1997 III 259).

Das *Gesetz* kann weitere Unvereinbarkeiten vorsehen (Art. 144 Abs. 3 BV). So dürfen dem Nationalrat u.a. nicht angehören: 14

- Personen, die von der Bundesversammlung gewählt oder bestätigt werden müssen (Art. 14 Bst. a ParlG; zu diesen Personen gehören – abgesehen von den schon durch Art. 144 Abs. 1 BV erfassten Mitgliedern des Bundesrats und des Bundesgerichts – z.B. der Bundeskanzler oder der General; Art. 168 Abs. 1 BV);
- die nicht von der Bundesversammlung gewählten Mitglieder eidgenössischer Gerichte (wozu neben dem Bundesgericht auch das Bundesverwaltungsgericht, das Bundesstrafgericht, die Rekurskommissionen und die Militärgerichte zählen; Art. 14 Bst. b ParlG);

- das Personal der zentralen und dezentralen Bundesverwaltung, der Parlamentsdienste und der eidgenössischen Gerichte, sofern das Gesetz nichts anderes bestimmt (Art. 14 Bst. c ParlG; betroffen sind jedenfalls jene Bundesbediensteten,
  die in bedeutendem Ausmass an der Erarbeitung von Entscheidungsgrundlagen
  für die Bundesversammlung beteiligt sind, z.b. die Generalsekretariate der Departemente und die Amtsdirektionen; vgl. für Einzelheiten BBl 2001 3531 f.);
- die Mitglieder der Armeeleitung (Art. 14 Bst. d ParlG);
- Vertreter des Bundes in bestimmten öffentlichen Betrieben (Art. 14 Bst. e und f
  ParlG).

15   Liegen Unvereinbarkeitsgründe vor, so muss sich der Gewählte für die
eine oder die andere Funktion *entscheiden.* Bleibt die Unvereinbarkeit
bestehen, so scheidet er aus dem Rat aus (Art. 15 ParlG).

Die Unvereinbarkeitsgründe bestimmen sich *abschliessend nach Bundesrecht.* Unver-
einbarkeitsregeln des kantonalen Rechts (z.B. das Verbot von so genannten Doppelmandaten; vorn § 27 Rz. 17 und hinten § 51 Rz. 8) können allenfalls zur Nieder-
legung des *kantonalen* Amts verpflichten; auf die Möglichkeit, das Nationalratsmandat anzutreten, haben sie keinen Einfluss.

IV.   Wahlsystem

1.   Direkte Volkswahl
(Art. 149 Abs. 2 Satz 1 BV)

16   Die Wahlen in den Nationalrat sind *direkte Wahlen,* d.h. die Stimmberechtigten wählen unmittelbar die Abgeordneten und nicht bloss ein
Wahlgremium, das seinerseits die Abgeordneten zu bestimmen hätte.

17   Mit der Einrichtung der *Volkswahl* verbindet sich zweierlei:
- Die *Wahlberechtigung* muss *grundsätzlich allen Staatsangehörigen*
  zustehen (Grundsatz der *allgemeinen* Wahl). Weder dürfen bestimmte Bevölkerungsgruppen oder Berufsstände als solche ausgeschlossen werden noch darf die Wahlberechtigung vom Nachweis
  geordneter Vermögensverhältnisse abhängig gemacht werden.
- Sodann müssen *alle Wahlberechtigten* das *gleiche Recht* haben, zu
  wählen oder sich zur Wahl zu stellen (Grundsatz der *gleichen* Wahl).
  Insbesondere verbietet sich jede Differenzierung der Stimmkraft unter den Wählern; vielmehr gilt das strikte demokratische Kopfprinzip „one man, one vote".

Mit Art. 136 Abs. 1 Satz 2 BV ist der Grundsatz des allgemeinen und gleichen Stimmrechts ausreichend verankert (vgl. auch hinten § 48 Rz. 19 ff.)

Die Grundsätze der *freien* und *geheimen* Wahl werden durch Art. 34   18 BV gewährleistet (vgl. hinten § 52 Rz. 9 f., 19 ff. und 56 ff.).

2. Proporzwahl
(Art. 149 Abs. 2 Satz 1 BV)

Für die Nationalratswahlen gilt grundsätzlich das System der *Proporz-* 19 *wahl* (Art. 149 Abs. 2 Satz 1 BV; für wahlkreisbedingte Ausnahmen vgl. Rz. 32). Bei Proporz- oder Verhältniswahlen werden die zu vergebenden Sitze nach dem Verhältnis der Stimmen auf die verschiedenen Parteien verteilt. Damit soll den konkurrierenden Gruppierungen eine *Vertretung* ermöglicht werden, *die weitgehend ihrem Wähleranteil entspricht* (BGE 107 Ia 217 E. 3a S. 220, Bohnet; vgl. auch BGE 123 I 97 E. 4d S. 106, Eduard Joos).

Bis in das 20. Jahrhundert hinein wurde der Nationalrat durch *Mehrheitswahl* be- 20 stellt (Art. 19 ff. des Bundesgesetzes betreffend die eidgenössischen Wahlen und Abstimmungen vom 19. Juli 1872, AS X 915). Parlamentarische Vorstösse zur Einführung der Verhältniswahl blieben ohne Erfolg, auch Volksbegehren scheiterten zuerst (vgl. die Übersicht in BBl 1910 I 478 ff.). Der Wechsel gelang nach mehreren Anläufen 1918 mit der Gutheissung einer Proporzinitiative durch Volk und Stände (BBl 1918 V 102). Bundesrat und Bundesversammlung hatten sich mit zum Teil entlegenen Argumenten gegen die Reform gesperrt (vgl. hauptsächlich BBl 1910 I 487 ff.; 1914 II 124 ff.). Tatsächlich fürchtete die freisinnige Mehrheit um den Verlust ihrer bisherigen Vormachtstellung – zu Recht, wie sich zeigen sollte: Erreichte sie 1917 anlässlich der letzten Mehrheitswahl noch 54% der Sitze im Nationalrat, so sank dieser Wert bei der ersten Proporzwahl 1919 auf gerade noch 32%; im Gegenzug steigerten die Sozialdemokraten ihren Anteil von 12% auf 22% (die Katholisch-Konservativen, die heutige CVP, errang unverändert 22% der Sitze). Vgl. JEAN-FRANÇOIS AUBERT, Die Schweizerische Bundesversammlung von 1848 bis 1998, Basel/Frankfurt a.M. 1998, S. 94.

3. Wahlkreise
(Art. 149 Abs. 3 BV)

Jeder Kanton bildet einen Wahlkreis (Art. 149 Abs. 3 BV). Die Entschei- 21 dung des Verfassungsgebers bewirkt, dass die Zahl der je Wahlkreis zu vergebenden Mandate mit der Zahl der einem Kanton zugesprochenen Sitze zusammenfällt (Rz. 7 f.). Die Folge sind *erhebliche Verfälschungen des Proporzgedankens* (so auch AUBERT, Commentaire, Art. 149 Rz. 15; TOMAS POLEDNA, Wahlrecht im Bund, in: Verfassungsrecht, § 22 Rz. 6).

- Je tiefer die Zahl der zu vergebenden Mandate, desto höher liegt der Stimmenanteil, den eine Partei zur Erzielung eines Mandats erreichen muss. Dieses so genannte *natürliche Quorum* beträgt z.B. in Kantonen mit 9 Sitzen bereits 10% aller Stimmen, bei 4 Sitzen 20% und bei 2 Sitzen 33% (vgl. Rz. 29 und 37).
- Mit der Sitzzahl ändert erfahrungsgemäss auch die Zahl der zur Wahl antretenden Parteien. Während Zürcher und Berner gewöhnlich zwischen 20 und mehr Listen auswählen können, reduziert sich das *Spektrum der Wahlvorschläge* in kleinen Kantonen oft auf zwei, drei Listen (vgl. BBl 1999 9296).

V. Wahlverfahren

22 Die Wahlprozedere umfasst im Wesentlichen die folgenden Schritte:
- Einreichung und Bereinigung der *Wahlvorschläge* (Rz. 23 ff.);
- Vornahme des *Wahlakts* (Rz. 26 f.);
- Ermittlung der *Wahlergebnisse* (Rz. 28 ff.).
Für ein Berechnungsbeispiel vgl. Rz. 36 ff.

1. Wahlvorschläge
(Art. 21–33 BPR)

23 *Einreichung der Wahlvorschläge.* Wer kandidieren will, muss sich förmlich vorschlagen lassen. Die Vorschläge sind innert bestimmter Frist bei der zuständigen kantonalen Behörde einzureichen (Art. 21 Abs. 1 und 2 BPR). Es gelten im Wesentlichen die folgenden Anforderungen:
- Die *vorgeschlagenen Personen* müssen wählbar sein und dürfen auf dem Wahlvorschlag höchstens zweimal erscheinen. Sie müssen schriftlich bestätigen, dass sie mit dem Vorschlag einverstanden sind (Art. 22 BPR). Vorgeschlagene dürfen nur in einem Kanton kandidieren (Art. 27 Abs. 2 BPR). Das Verbot der Mehrfachkandidatur soll sicherstellen, dass politische Zugpferde nicht als Stimmenfänger herumgereicht werden.

- Der *Vorschlag insgesamt* ist zu bezeichnen (üblich – aber nicht vorgeschrieben – ist die Bezeichnung nach politischen Parteien; Art. 23 BPR). Der Vorschlag darf höchstens so viele Namen enthalten, wie im Kanton Mandate zu vergeben sind, und er muss von einer Mindestzahl im Wahlkreis wohnhafter Stimmbürger unterzeichnet sein (Art. 22 und 24 BPR).

Die Stimmberechtigten des jeweiligen Kantons dürfen die Wahlvorschläge und die Namen der Unterzeichner einsehen (Art. 26 BPR).

Bereinigung der Vorschläge zu Listen. Die eingereichten Vorschläge werden amtlich bereinigt.   24

- Die zuständige Behörde prüft, ob die gesetzlichen Anforderungen gemäss Rz. 23 erfüllt sind; wenn nein, gibt sie dem Vertreter der Vorschlagsunterzeichner Gelegenheit, die *Mängel zu beheben,* insbesondere Ersatzvorschläge beizubringen, wenn Kandidaten nicht wählbar sind (Art. 29 Abs. 1 BPR).
- Die bereinigten Wahlvorschläge heissen Listen; sie erhalten *Ordnungsnummern* und dürfen nicht mehr verändert werden (Art. 29 Abs. 4, Art. 30 BPR; die Zuteilung der Ordnungsnummern richtet sich nach kantonalem Recht).
- *Listenverbindungen* sind zulässig; sie müssen aber auf den Wahlzetteln vermerkt werden (Art. 31 BPR). Verbundene Listen werden bei der Verteilung der Mandate zunächst wie eine einzige Liste behandelt (Art. 42 Abs. 1 BPR). Dadurch steigt für kleine Parteien die Aussicht, ein Mandat zu erringen.

Publikation und Druck der Listen. Die Listen werden im kantonalen Amtsblatt veröffentlicht, nach amtlichen Vorschriften auf Staatskosten gedruckt und den Stimmberechtigten bis spätestens zehn Tage vor dem Wahltermin zugestellt (Art. 32 und 33 BPR).   25

2. Wahlakt
(Art. 34–38 BPR)

Ausfüllen des Wahlzettels. Die Wahlberechtigten können Wahlzettel mit oder ohne Vordruck benutzen.   26

- Wer *Wahlzettel mit Vordruck* (d.h. die Parteilisten) benutzt, kann nach Belieben Kandidaten streichen, Kandidaten anderer Listen eintragen („panaschieren") oder Kandidaten doppelt aufführen („kumulieren"; Art. 35 Abs. 2 und 3 BPR).

- Wer den *Wahlzettel ohne Vordruck* (d.h. das leere amtliche Formular) benutzt, kann nach Belieben Namen wählbarer Kandidaten eintragen, sie kumulieren und die Listenbezeichnung oder Ordnungsnummer einer Liste anbringen (Art. 35 Abs. 1 und 3 BPR).
- Der Wahlzettel darf *nicht mehr Namen* enthalten, *als Sitze zu vergeben* sind. Überzählige werden vom Listenende her *gestrichen* (Art. 38 Abs. 3 BPR).
- Es darf nur *einfach kumuliert* werden. Steht der Name eines Kandidaten mehr als zweimal auf dem Zettel, so werden die überzähligen Wiederholungen *gestrichen* (Art. 38 Abs. 2 BPR).
- Eintragungen und Änderungen müssen stets *handschriftlich* sein, und es dürfen nur *amtliche Wahlzettel* verwendet werden; andernfalls ist der Wahlzettel *ungültig* (Art. 38 Abs. 1 Bst. b und c BPR). Ungültig sind ferner solche Wahlzettel, die nicht *wenigstens einen Namen eines wählbaren Kandidaten* enthalten (Art. 38 Abs. 1 Bst. a BPR). Auch *ehrverletzende Äusserungen* machen den Zettel ungültig (Art. 38 Abs. 1 Bst. d BPR).

Zusammen mit den Wahlunterlagen erhalten die Stimmberechtigten eine *technische Wahlanleitung* der Bundeskanzlei (Art. 34 BPR).

27 Die *Abgabe des Wahlzettels* richtet sich nach den allgemeinen Bestimmungen über die Stimmabgabe im Bund (Art. 5–9 BPR; vgl. hinten § 49 Rz. 16).

3. Wahlergebnisse
(Art. 39–43 BPR)

28 *Zusammenstellung der Ergebnisse (Art. 39 BPR).* Bevor die Mandate auf die Parteien verteilt und die gewählten Kandidaten bestimmt werden können, sind gewisse Daten zusammenzutragen, namentlich:

- die *Kandidatenstimmen*, d.h. die Zahl der Stimmen, welche die einzelnen Kandidaten auf der eigenen Liste oder (weil panaschiert wurde) auf fremden Listen erreicht haben (Art. 39 Bst. c BPR);
- die *Parteistimmen*, d.h. die Zahl der Stimmen, die auf eine Liste entfallen. Diese Zahl ist definiert als die *Summe aller Kandidatenstimmen der jeweiligen Liste, vermehrt um allfällige Zusatzstimmen* (Art. 39 Bst. e BPR). Zusatzstimmen ergeben sich aufgrund leerer Linien eines Wahlzettels; sie werden jener Liste gutgeschrieben, deren Bezeichnung oder Ordnungsnummer auf dem Wahlzettel er-

scheint (Art. 37 Abs. 1 BPR; trägt der Zettel weder Bezeichnung noch Ordnungsnummer, so fallen die leeren Linien als leere Stimmen ausser Betracht).

Erste Verteilung der Mandate auf die Listen (Art. 40 BPR). Die Mandate   29
werden den Listen im Verhältnis zu ihrer jeweiligen Stärke zugewiesen. In einer ersten Verteilung wird die Summe aller Parteistimmen durch die um eins vermehrte Zahl der zu vergebenden Mandate geteilt. Die nächst höhere ganze Zahl ist die *Verteilungszahl*. Jede Liste erhält so viele Mandate, als die Verteilungszahl in ihrer Parteistimmenzahl enthalten ist. Mandate aus dieser ersten Verteilung werden als *Vollmandate* bezeichnet.

Weitere Verteilungen (Art. 41 BPR). Nach der ersten Runde sind allen-   30
falls einige Mandate noch nicht verteilt. Diese so genannten *Restmandate* werden in weiteren Verteilungen einzeln zugewiesen. Dabei wird die Parteistimmenzahl jeder Liste durch die um eins vergrösserte Zahl der ihr bereits zugeteilten Mandate geteilt. Jene Liste, die bei dieser Division den grössten Quotienten erreicht, erhält das nächste Mandat. Das Vorgehen wird wiederholt, bis alle Restmandate verteilt sind (je Runde wird also immer nur ein Mandat zugewiesen!).

Ermittlung der Gewählten und der Ersatzleute (Art. 43 BPR). Von jeder   31
Liste sind nach Massgabe der erreichten Mandate jene Kandidaten gewählt, die die meisten Kandidatenstimmen erzielt haben. Die Nichtgewählten sind Ersatzleute in der Reihenfolge der erzielten Stimmen; sie rücken in den Rat nach, wenn ein Gewählter ihrer Liste vor Ablauf der Amtsdauer aus dem Rat ausscheidet (Art. 55 BPR). Die Wahlergebnisse werden kantonsweise im kantonalen Amtsblatt und gesamthaft im Bundesblatt veröffentlicht (vgl. zuletzt BBl 1999 9296 für die Nationalratswahlen 1999).

4.   Sonderfragen

Kantone mit nur einem Sitz. Proporzwahlen lassen sich technisch gese-   32
hen erst ab zwei zu vergebenden Mandaten durchführen. In Kantonen mit nur einem Mandat – UR, OW, NW, GL, AR und AI – gilt darum gezwungenermassen das System der *Majorzwahl* (Art. 47–49 BPR). Hier darf für jede wählbare Person gestimmt werden; gewählt ist, wer am meisten Stimmen erhält. Die Zettel müssen handschriftlich ausgefüllt

sein, vorgedruckte Zettel und Zettel mit mehr als einem Namen sind
ungültig.

33   *Stille Wahl.* Sofern nicht mehr Kandidaturen eingehen als Sitze zu ver-
     geben sind, werden alle vorgeschlagenen Personen von der Kantonsre-
     gierung als gewählt erklärt (Art. 45 BPR). In den Majorzkantonen
     (Rz. 32) kann das kantonale Recht eine stille Wahl vorsehen, wenn nur
     eine einzige gültige Kandidatur angemeldet worden ist (Art. 47 Abs. 2
     BPR).

34   *Nachrücken.* Stirbt ein Mitglied des Nationalrats vor Ablauf der Amts-
     dauer oder tritt es vorzeitig zurück, so erklärt die Kantonsregierung die
     erste Ersatzperson von der gleichen Liste als gewählt (Art. 55 BPR). In
     den Majorzkantonen (Rz. 32) kommt es in solchen Fällen zu einer
     Ersatzwahl (Art. 51 BPR).

35   *Ergänzungswahl.* Kann ein Sitz nicht durch Nachrücken besetzt wer-
     den, so können diejenigen Personen, die den Wahlvorschlag seinerzeit
     unterzeichnet haben, einen neuen Wahlvorschlag einreichen. Die vor-
     geschlagene Person wird durch die Regierung als gewählt erklärt (Art.
     56 BPR). Auch diese Regelung ist nur auf die Proporzkantone anwend-
     bar. Eine Ergänzungswahl nach Art. 56 BPR findet ferner statt, wenn
     eine Liste mehr Mandate erringt als sie Kandidaten aufführt (Art. 44
     BPR).

5.   Berechnungsbeispiel

36   Als *Ausgangslage* gesetzt sei der Kanton X mit 9 Mandaten und 5 einge-
     reichten Listen A, B, C, D und E. Die Mandatsverteilung gestaltet sich
     wie folgt:

37   *Zusammenstellung der Ergebnisse (Art. 39 BPR).*

     Parteistimmen haben erhalten:

     A   = 750 000
     B   = 650 000
     C   = 350 000
     D   = 150 000
     E   = 100 000

     Total aller Parteistimmen: 2 000 000.

     Verteilungszahl = Total der Parteistimmen geteilt durch die um eins ver-
     mehrte Zahl der zu vergebenden Sitze = 2 000 000 : (9 + 1) = 200 000.

     Natürliches Quorum: 10% (200 000 von 2 000 000).

Erste Verteilung der Mandate auf die Listen (Art. 40 BPR).   38

Parteistimmenzahl geteilt durch Verteilungszahl ergibt folgende Mandate:

A = 3 Mandate   (750 000 : 200 000 = 3.75)
B = 3 Mandate   (650 000 : 200 000 = 3.25)
C = 1 Mandat   (350 000 : 200 000 = 1.75)
D = 0 Mandate   (150 000 : 200 000 = 0.75)
E = 0 Mandate   (100 000 : 200 000 = 0.50)

Verteilte Mandate: 7; Restmandate: 2.

                                                                                         39
Weitere Verteilungen (Art. 41 BPR): Zuteilung des ersten Restmandats.

Parteistimmenzahl geteilt durch die um eins vermehrte Zahl der bereits zugeteilten Mandate ergibt folgende Quotienten:

A = 187 500   (750 000 : [3+1])
B = 162 500   (650 000 : [3+1])
C = 175 000   (350 000 : [1+1])
D = 150 000   (150 000 : [0+1])
E = 100 000   (100 000 : [0+1])

A erzielt den grössten Quotienten und erhält ein 4. Mandat.
Verteilte Mandate: 8; Restmandate: 1.

Weitere Verteilungen (Art. 41 BPR): Zuteilung des zweiten Restmandats.   40

Parteistimmenzahl geteilt durch die um eins vermehrte Zahl der bereits zugeteilten Mandate ergibt folgende Quotienten:

A = 150 000   (750 000 : [4+1])
B = 162 500   (650 000 : [3+1])
C = 175 000   (350 000 : [1+1])
D = 150 000   (150 000 : [0+1])
E = 100 000   (100 000 : [0+1])

Nunmehr erzielt C den grössten Quotienten und erhält ein 2. Mandat.
Verteilte Mandate: 9; Restmandate: 0.

Die endgültige Mandatsverteilung lautet: 41

A = 4 Mandate   (44.44% der Sitze; Wähleranteil 37.5%)
B = 3 Mandate   (33.33% der Sitze; Wähleranteil 32.5%)
C = 2 Mandate   (22.22% der Sitze; Wähleranteil 17.5%)
D = 0 Mandate   (0% der Sitze; Wähleranteil 7.5%)
E = 0 Mandate   (0% der Sitze; Wähleranteil 5.0%)

Wären die Listen D und E eine Listenverbindung eingegangen, so hätten sie bei der
ersten Verteilung ein Vollmandat erhalten; dieses Mandat wäre der Liste D zugefal-
len. Das einzige Restmandat wäre an die Liste A gegangen; der Mandatsgewinn der
verbundenen Listen D und E hätte sich zum Nachteil der Liste C ausgewirkt.

VI.   Konstituierung und Amtsdauer

1.   Konstituierung

42   Nach jeder Nationalratswahl hat sich der Nationalrat bei Beginn der neuen Legislaturperiode zu *konstituieren*, indem er eine *Wahlprüfung* vornimmt und über die Gültigkeit der Wahlen beschliesst (Art. 53 BPR). Zum Rechtsschutz bei Nationalratswahlen hinten § 48 Rz. 41.

43   Jedes Mitglied hat sodann den *Eid* oder das *Gelübde* abzulegen (Art. 3 ParlG).

2.   Amtsdauer
(Art. 145 Satz 1, Art. 149 Abs. 2 Satz 2 BV)

44   *Alle vier Jahre* findet eine *ordentliche Gesamterneuerung* des Nationalrats statt (Art. 149 Abs. 2 Satz 2 BV). Aus dieser Verfassungsbestimmung folgt zweierlei:

– erstens, dass die *einzelnen Abgeordneten* auf eine *Amtsdauer von vier Jahren* gewählt werden (so auch Art. 145 Satz 1 BV), und
– zweitens, dass der *Nationalrat als Kammer* in *festen Legislaturperioden* arbeitet (die Legislaturperiode 2003–2007 ist die 47. seit der Gründung des Bundesstaats im Jahre 1848).

Die Wahlen finden am zweitletzten Sonntag im Oktober statt (Art. 19 Abs. 1 BPR).

45   Die einzige Ausnahme vom System der vierjährlichen Gesamterneuerung findet sich in Art. 193 Abs. 3 BV: Wenn das Volk in einer Vorabstimmung die Totalrevision der Bundesverfassung beschliesst, findet eine *ausserordentliche Gesamterneuerung der Bundesversammlung* statt (hinten § 44 Rz. 36 f.). Der Zeitpunkt dieser Wahl wird durch den Bundesrat bestimmt (Art. 19 Abs. 2 BPR).

46   Jede ordentliche oder ausserordentliche Gesamterneuerung hat die *Gesamterneuerung des Bundesrats* zur Folge (Art. 175 Abs. 2 BV).

§ 32 Wahl des Ständerats

I. Ständeräte als „Abgeordnete der Kantone"

Der Ständerat verkörpert das *föderalistische* Element in der Bundesversammlung: Jeder Kanton, ob gross oder klein, hat *kraft seiner Stellung als Bundesglied* grundsätzlich Anspruch auf zwei Sitze (Rz. 6; dort auch zu den Ausnahmen). Diese Nivellierung hebt den Einfluss der bevölkerungsschwachen Kantone im Bund. 1

Die Tatsache, dass die kantonalen Abordnungen heute ausnahmslos durch *Volkswahl* bestellt werden (Rz. 10), darf nicht zum Fehlschluss verleiten, der Ständerat sei eine Art zweiter Volkskammer (so aber HANGARTNER/KLEY, Demokratische Rechte, Rz. 1486: „Souverän im Kanton ist das Volk; in diesem Sinn ist auch der Ständerat eine Volksvertretung, jedoch die Vertretung der Staatsvölker der Kantone im Gegensatz zur Vertretung des schweizerischen Staatsvolkes als Gesamtheit durch den Nationalrat"). Eine solche Sicht verbietet sich aus dem einfachen Grund, weil die Bevölkerungszahl der Kantone ohne Einfluss auf die Grösse ihrer Abordnung in den Ständerat bleibt. 2

Unzutreffend ist auch der gelegentlich geäusserte Vorwurf, der Ständerat sei ‚undemokratisch'. Freilich kann man nicht übersehen, dass die *parteipolitische Zusammensetzung* der Kantonskammer von jener des Nationalrats erheblich abweicht. So beanspruchte die CVP 1999 33% der Sitze im Ständerat, während sie in der Volkskammer lediglich einen Sitzanteil von 18% erreichte; für die FDP lauteten die Werte 39% im Ständerat und 22% im Nationalrat. Die Zeche bezahlten die SP und die SVP (13% bzw. 15% der Sitze im Ständerat bei einem Sitzanteil von 26% bzw. 22% im Nationalrat). Derartige Abweichungen sind aber mit der verfassungsrechtlichen Grundentscheidung für eine nach Bundesgliedern zusammengesetzte zweite Kammer unausweichlich vorgegeben. Das System will gar nicht dem demokratischen Gedanken dienen, sondern dem Ausgleich unter Bundesgliedern; damit bevorteilt es nicht nur die kleinen Kantone, sondern im gleichen Zug auch die in diesen Kantonen traditionell dominierenden Parteien. Die Diskrepanzen, sollten sie als störend empfunden werden, liessen sich höchstens dadurch etwas mildern, dass die Grösse der kantonalen Abordnungen innerhalb einer bestimmten Bandbreite abgestuft würde. So wäre es denkbar, den kleinen Kantonen einen Sitz, den mittleren wie bisher zwei und den grossen drei Sitze zuzusprechen. Vgl. für einen solchen Reformvorschlag WOLF LINDER, Ausblick, in: Parlament, S. 490 f.

Die Verfassung bezeichnet die Mitglieder des Ständerats als „Abgeordnete der Kantone" (Art. 150 Abs. 1 BV). Aus mehreren Gründen sind sie gleichwohl *keine Vertreter ,der' Kantone*. 3

- Erstens gilt das *Instruktionsverbot* auch für den Ständerat (Art. 161 Abs. 1 BV). Die Regierungen und Parlamente der Kantone sind also nicht befugt, ‚ihre‘ Ständeräte anzuweisen, wie sie im Rat zu votieren und zu stimmen haben.
- Zweitens sagt die Verfassung an keiner Stelle, der Ständerat habe sich nur mit Geschäften zu befassen, die für die Kantone von besonderer Bedeutung sind. Gegenteils sind *beide Kammern* einander ausdrücklich *gleichgestellt* (Art. 148 Abs. 2 BV). Der Ständerat berät und beschliesst mit gleichem Recht wie der Nationalrat auch über solche Vorlagen, welche die Kantonsinteressen unberührt lassen.
- Schliesslich kann man sich grundsätzlich fragen, wie weit sich heute überhaupt noch ‚Kantonsinteressen‘ definieren lassen. Anliegen ‚des‘ Kantons, hinter die sich alle politische Lager gleichermassen stellen können, mag es vielleicht in kultur- oder regionalpolitisch geprägten Dossiers geben. In der Regel aber *dominiert* auch im Ständerat die *parteipolitische Optik*.

4   Geht die Bedeutung des Ständerats als Anwalt kantonaler Interessen aber zurück, so muss ihm eine *neue Rechtfertigung* gefunden werden. Eine solche Rechtfertigung mag im besonderen Gewinn liegen, den die kleine Kammer für den politischen Prozess bedeutet. Dieser Gewinn besteht weniger darin, dass eine Parlamentsvorlage ausser im Nationalrat auch noch im Ständerat beraten wird (eine doppelte Beratung ist nämlich auch im Einkammersystem möglich), sondern dass sie *anders* beraten wird: im kleineren Kreis, in einer ruhigeren und distanzierteren Ambiance, die eben darum auch ein anderes Politikerprofil begünstigt. Der Ständerat zieht seine spezifische Legitimation vor allem aus dem Mass, in welchem er *andere Sorten von Argumenten* einbringt als der Nationalrat: einen anderen politischen *Modus,* nicht einfach eine andere politisch-inhaltliche *Richtung.*

Tatsächlich sieht sich der Ständerat gern als „chambre de réflexion", als eine Art Senat, dem die Aufgabe zufällt, mögliche Ausrutscher der ‚grossen Kammer‘ zu korrigieren. Wenn dieses Selbstverständnis eine Berechtigung haben soll, dann im eben skizzierten Sinn. Die Realität sieht freilich anders aus. Der Ständerat zeichnet sich primär durch ein vergleichsweise konservatives Stimmverhalten aus, was am systembedingten Übergewicht der bürgerlichen Parteien in dieser Kammer liegt. Vgl. dazu ANNEMARIE HUBER-HOTZ, Das Zweikammersystem – Anspruch und Wirklichkeit, in: Parlament, S. 179, mit Hinweis auf eine Untersuchung von TRIVELLI, Le bicaméralisme, Lausanne 1975. Zur „anderen Ratskultur" im Ständerat jetzt auch MORITZ VON WYSS, Die Namensabstimmung im Ständerat, in: ISABELLE HÄNER (Hrsg.), Nachdenken über den demokratischen Staat und seine Geschichte, Zürich 2003, S. 23 ff., 36 ff.

II. Zusammensetzung

1. Sitzzahl
(Art. 150 Abs. 1 BV)

Der Ständerat besteht aus *46 Abgeordneten* der Kantone (Art. 150 Abs. 5
1 BV).

2. Verteilung der Sitze auf die Kantone
(Art. 150 Abs. 2 BV)

Grundsätzlich wählt jeder Kanton *zwei Abgeordnete.* Die Kantone mit 6
halber Standesstimme – Obwalden, Nidwalden, Basel-Stadt, Basel-
Landschaft, Appenzell Ausserrhoden und Appenzell Innerrhoden –
haben Anspruch auf nur *einen Sitz* (Art. 150 Abs. 2 i.V.m. Art. 142
Abs. 4 BV).

III. Wählbarkeit und Unvereinbarkeiten

1. Wählbarkeit
(Art. 143 BV e contrario)

Die Wählbarkeit in den Ständerat richtet sich *nach kantonalem Recht;* 7
die Bundesverfassung kennt hierüber keine spezifischen Vorschriften
(Art. 143 BV e contrario). Dies ist eine Konsequenz aus der Grundentscheidung des Verfassungsgebers, wonach Ständeratswahlen vom Kanton geregelt werden (Art. 150 Abs. 3 BV). Das passive Wahlrecht könnte also z.B. auf Jugendliche unter 18 Jahren oder auf ausländische
Staatsangehörige ausgedehnt werden. Zulässig wäre auch die Einführung einer Amtszeitbeschränkung für die eigenen Ständeräte. Kantonale Wählbarkeitsvorschriften dürfen immerhin weder diskriminierend
sein noch rechtsungleich oder gar willkürlich ausfallen.

2. Unvereinbarkeiten
(Art. 144 BV)

Hingegen gelten auch für die Mitglieder des Ständerats *bundesrechtliche* 8
Unvereinbarkeitsgründe:

- Ständeräte dürfen kraft *Art. 144 Abs. 1 BV* nicht gleichzeitig dem Nationalrat, dem Bundesrat oder dem Bundesgericht angehören.

- Die *gesetzlichen Unvereinbarkeiten* sind für alle Mitglieder der Bundesversammlung in gleicher Weise massgeblich, also auch für Mitglieder des Ständerats (Art. 14 ParlG; vgl. vorn § 31 Rz. 14 sinngemäss).

9   Weil die Wahl in den Ständerat vom Kanton geregelt wird (Art. 150 Abs. 3 BV), gelten allfällige *Unvereinbarkeitsgründe des kantonalen Rechts* – anders als beim Nationalrat – auch mit Wirkung auf das Mandat im Ständerat.

IV.   Wahlsystem und Wahlverfahren

10   Der Ständerat ist zwar – weil durch die Bundesverfassung errichtet – ein *Bundesorgan*. Das Bundesrecht regelt aber weder das Wahlsystem noch das Wahlverfahren, sondern überlässt diese Dinge dem *kantonalen Recht* (Art. 150 Abs. 3 BV). Die Kantone könnten beispielsweise vorsehen, dass die Ständeratsabordnung durch das Kantonsparlament zu wählen ist; dies traf bis in die 70er Jahre des letzten Jahrhunderts z.B. auf Bern, Freiburg oder Neuenburg zu. Heute werden die Mitglieder des Ständerats überall durch *Volkswahlen* bestimmt. Diese Wahlen folgen beinahe ausnahmslos dem *Majorzsystem;* lediglich im Kanton Jura gilt Proporz (Art. 74 Abs. 5 KV-JU).

11   Bei Majorz- oder Mehrheitswahlen gewinnt ein Mandat in der Regel nur, wer das *absolute Mehr* der Stimmen erreicht. Das kantonale Recht kann diese Hürde auf unterschiedliche Weise definieren; es gibt keine bundesweit gültige Methode zur Berechnung des absoluten Mehrs (vgl. ALFRED KÖLZ, Probleme des kantonalen Wahlrechts, ZBl 1987, S. 49 ff., 53). Wird das absolute Mehr von weniger Personen erreicht, als Sitze zu vergeben sind, findet ein zweiter Wahlgang statt. Im zweiten Wahlgang genügt das *relative Mehr;* gewählt ist, wer am meisten Stimmen erhält. Majorzwahlen garantieren keine Mandatszuteilung nach Massgabe des Wähleranteils.

V. Konstituierung und Amtsdauer

1. Konstituierung

Der Ständerat nimmt die Mitteilungen der Kantone über die Wahlen in den Ständerat lediglich zur Kenntnis. Weil die Ständeratswahlen kantonale Wahlen sind, findet *keine Konstituierung* und auch *keine Wahlprüfung* statt. Zum Rechtsschutz bei Ständeratswahlen hinten § 48 Rz. 43 f. **12**

Auch die Mitglieder des Ständerats haben aber den *Eid* oder das *Gelübde* abzulegen (Art. 3 ParlG). **13**

2. Amtsdauer

Die *Amtsdauer* der Ständeräte bestimmt sich *nach kantonalem Recht,* ebenso der *Wahltermin.* Zwar werden die Ständevertreter in den meisten Kantonen gleichzeitig mit dem Nationalrat auf vier Jahre gewählt. Das kantonale Recht kann aber abweichende Perioden und Termine vorsehen. Die ordentliche Gesamterneuerung als Rechtsinstitut ist dem Ständerat daher unbekannt. **14**

Zur *gleichzeitigen Neuwahl aller Mitglieder des Ständerats* kommt es einzig bei einer ausserordentlichen Gesamterneuerung der Bundesversammlung nach Art. 193 Abs. 3 BV (hinten § 44 Rz. 36 f.). **15**

§ 33 Zuständigkeiten der Bundesversammlung

I.   Systematik der Art. 163–173 BV über die Zuständigkeiten der Bundesversammlung

1   Der Verfassungsabschnitt über die Zuständigkeiten der Bundesversammlung beginnt mit den *Rechtsetzungsbefugnissen,* welche durch wenige *Generalklauseln* umschrieben werden (Art. 163–165 BV). Die weiteren Bestimmungen enthalten *sektorielle Regierungs-, Verwaltungs- und Rechtsprechungszuständigkeiten* (Art. 166–173 Abs. 1 BV).

2   Die Liste der Zuständigkeiten ist *nicht abschliessend;* das Gesetz kann der Bundesversammlung *weitere Aufgaben und Befugnisse* übertragen (Art. 173 Abs. 3 BV). Eine entsprechende Erweiterungsklausel kennt auch der Bundesrat (Art. 187 Abs. 2 BV). Bei diesen „weiteren Aufgaben und Befugnissen" kann es sich aber nur um Angelegenheiten handeln, die bereits in der Zuständigkeit des Bundes liegen. Art. 173 Abs. 3 BV äussert sich also einzig zu Fragen der *Organzuständigkeit,* d.h. zur Zuständigkeitsverteilung unter den Bundesbehörden; die *Verbandszuständigkeit* dagegen, d.h. die Zuständigkeitsverteilung zwischen Bund und Kantonen, richtet sich nach den Art. 3 und 42 BV.

3   Art. 173 Abs. 2 BV spricht der Bundesversammlung schliesslich eine *generelle Auffangkompetenz* zu: Sind Geschäfte aus dem Zuständigkeitsbereich des Bundes keiner anderen Behörde zugewiesen, so ist deren Behandlung Sache der Bundesversammlung (zur Tragweite dieser Auffangkompetenz § 35 Rz. 3 a.E.).

II.   Rechtsetzungsbefugnisse

4   Die Bundesversammlung erlässt Rechtssätze *unterschiedlicher Normstufe.*

   –   Sie besorgt zunächst die Revision der *Bundesverfassung.* Dies ergibt sich aus Art. 192 Abs. 2 BV, wonach die Verfassungsgebung grundsätzlich auf dem Wege der einfachen Gesetzgebung erfolgt; die Gesetzgebung aber obliegt gemäss Art. 163 Abs. 1 BV der Bundesversammlung. Zum Inhalt von Verfassungsvorlagen und zum Verfahren der Verfassungsgebung vgl. hinten § 44.

– Der grössere Teil der von der Bundesversammlung beschlossenen Rechtssätze ergeht in der Form des *Bundesgesetzes* (Art. 163 Abs. 1 BV). Zum Inhalt von Gesetzesvorlagen und zum Verfahren der einfachen Gesetzgebung vgl. hinten § 45.

– Schliesslich steht der Bundesversammlung auch die Form der *Verordnung* zur Verfügung (Art. 163 Abs. 1 BV). Zum Inhalt von Verordnungsvorlagen und zum Verfahren beim Erlass von Parlamentsverordnungen vgl. hinten § 45 Rz. 38 ff.

III. Aussenpolitische Befugnisse

Funktional gesehen gehören die auswärtigen Angelegenheiten zu den   5
Regierungstätigkeiten. Aufgrund ihrer besonderen Bedeutung rechtfertigt es sich aber, die aussenpolitischen Befugnisse gesondert aufzuführen.

1. Grundsätzliche Aufgabenteilung zwischen Bundesversammlung und Bundesrat

Insgesamt ist die Aussenpolitik eine *gemeinsame Domäne von Bundesrat*   6
und Bundesversammlung. „Die Verfassung kennt im auswärtigen Bereich keine starre Kompetenzaufteilung zwischen Bundesversammlung und Bundesrat; vielmehr halten parallele, sich überlagernde Zuständigkeiten die beiden Gewalten zum Zusammenwirken an. Es handelt sich somit um ein ‚Verhältnis zur gesamten Hand‘." (BBl 1997 I 392)

Auch wenn Bundesversammlung und Bundesrat in der Besorgung der   7
auswärtigen Angelegenheiten in ausgesprochenem Masse zur Zusammenarbeit verpflichtet sind, so spielen doch beide Gewalten ihren eigenen Part.

– Die *operative Führung* der auswärtigen Angelegenheiten, gewissermassen das aussenpolitische Tagesgeschäft, ist schon aus praktischen Gründen Sache des *Bundesrats* (Art. 184 BV; hinten § 38/III).

– Die Handlungsbefugnisse der *Bundesversammlung* liegen vor allem   8
auf der *strategischen Ebene* sowie auf der Ebene der *Aufsicht* (Rz. 8

427

f.). Es bleibt aber mehrheitlich bei blossen Einwirkungsmöglichkeiten. Die Beurteilung der aussenpolitischen Lage, die Konzipierung
der schweizerischen Aussenpolitik und die Einleitung aussenpoliti-
scher Initiativen gehen – wiederum aus praktischen Gründen – in
der Regel vom Bundesrat aus.

2. Beteiligung an der Aussenpolitik und Beaufsichtigung der auswärtigen Beziehungen
(Art. 166 Abs. 1 BV)

8   Die Bundesversammlung beteiligt sich auf verschiedene Weise an der
Gestaltung der Aussenpolitik.

  – Sie *verfolgt die internationale Entwicklung* (Art. 24 Abs. 1 ParlG).
    Dazu stehen ihr u.a. die Aussenpolitischen Kommissionen zur Ver-
    fügung (vgl. Art. 152 ParlG). Der Bundesrat ist gehalten, die Rats-
    präsidien und die Aussenpolitischen Kommissionen regelmässig,
    frühzeitig und umfassend über wichtige aussenpolitische Entwick-
    lungen zu informieren (Art. 152 Abs. 1 und 2 ParlG).

  – Sie wirkt bei der *Willensbildung über grundsätzliche Fragen und Ent-
    scheide der Aussenpolitik* mit (Art. 24 Abs. 1 ParlG). Bevor der Bun-
    desrat aussenpolitische Initiativen ergreift oder Mandate für interna-
    tionale Verhandlungen erteilt, muss er die aussenpolitischen
    Kommissionen des Parlaments konsultieren (Art. 152 Abs. 3
    ParlG). Die Bundesversammlung kann entsprechende Grundsatz-
    und Planungsbeschlüsse fassen (Art. 28 ParlG; unten Rz. 21).
    Aussenpolitische Fragen lassen sich auch mit Hilfe parlamen-
    tarischer Vorstösse aufgreifen (Art. 118 ParlG).

9   Ferner *beaufsichtigt* die Bundesversammlung *die Pflege der Beziehungen
zum Ausland*. Sie nimmt diese Aufgabe im Zuge der ordentlichen Ge-
schäftsprüfung wahr (hinten § 35/II). Ausserdem berät die Bundesversammlung eine Reihe periodischer Berichte des Bundesrats zu bestimmten aussenpolitischen Fragen.
Beispiele: Integrationsbericht, Bericht zur Aussenwirtschaftspolitik.

3. Genehmigung von Staatsverträgen
(Art. 166 Abs. 2, Art. 172 Abs. 3 BV)

Die Bundesversammlung genehmigt die vom Bundesrat unterzeichne- 10
ten *Staatsverträge der Schweiz mit dem Ausland* (Art. 166 Abs. 2 a.A.,
Art. 184 Abs. 2 Satz 2 BV). Von der Genehmigungspflicht sind solche
Abkommen ausgenommen, die in der alleinigen Vertragsschlusskom-
petenz des Bundesrats liegen (Art. 166 Abs. 2 BV a.E.; Art. 7a RVOG).
Zum Verfahren auf Abschluss von Staatsverträgen vgl. hinten § 47.

Die Bundesversammlung genehmigt ferner *Staatsverträge der Kantone* 11
mit dem Ausland in jenen Fällen, da der Bundesrat oder ein Kanton
Einsprache erhoben hat (Art. 172 Abs. 3 BV; vorn § 20 Rz. 46).

4. Wahrung der äusseren Sicherheit
(Art. 173 Abs. 1 Bst. a, c, d BV)

Die Bundesversammlung beschliesst über *Massnahmen zur Wahrung der* 12
äusseren Sicherheit, der Unabhängigkeit und der Neutralität der
Schweiz; sie kann *Notrecht* erlassen und die *Armee* aufbieten (Art. 173
Abs. 1 Bst. a, c und d BV).

In beschränktem Masse verfügt auch der Bundesrat über entsprechende Befugnisse,
vor allem bei Dringlichkeit (Art. 185 Abs. 1, 3 und 4 BV; hinten § 38 Rz. 17 und
§ 46 Rz. 25 ff.).

IV. Regierungs- und Verwaltungsbefugnisse

Regierungs- und Verwaltungsfunktion lassen sich im Einzelfall nicht 13
immer klar auseinander halten. Der folgende Abriss lehnt sich darum
primär an die Systematik der einschlägigen Verfassungsbestimmungen
an.

1. Finanzen
(Art. 167 BV)

Die Bundesversammlung teilt sich die Finanzbefugnisse mit dem Bun- 14
desrat (Art. 167 bzw. Art. 183 BV). Die entscheidenden Weichenstel-
lungen gehen indessen von der Bundesversammlung aus:

- Sie regelt die *Steuern* und die weiteren *öffentlichen Abgaben des Bundes* auf dem Wege der Gesetzgebung (Art. 128 ff. BV).
- Sie setzt den *Voranschlag* fest und nimmt die *Staatsrechnung* ab (Art. 167 BV; Art. 25 ParlG; Art. 9 Abs. 1, Art. 14 Abs. 1 FHG).
- Sie fasst *Ausgabenbeschlüsse,* soweit diese nicht bereits im Voranschlag enthalten sind (Art. 167 BV; Art. 25 ParlG). Hierzu zählen z.B. die Nachtragskredite (Art. 17 f. FHG) und die Verpflichtungskredite (Art. 25 ff. FHG). Ausserdem werden gewisse bedeutende Ausgabenposten üblicherweise von vornherein aus dem Voranschlag ausgekoppelt und zum Gegenstand einer besonderen Vorlage erhoben, so z.B. die Kreditbegehren für Bauvorhaben des Bundes (vgl. die zivilen und militärischen Baubotschaften; z.B. BBl 2003 4371, 5111) oder für die Entwicklungszusammenarbeit (z.B. BBl 2003 191).

2. Wahlen
(Art. 168 BV)

15 Als *Vereinigte Bundesversammlung* (Art. 157 Abs. 1 Bst. a BV) wählen die Räte:

- die *Mitglieder der anderen obersten Bundesbehörden,* nämlich die Mitglieder des Bundesrats und den Bundeskanzler sowie die Mitglieder des Bundesgerichts (Art. 168 Abs. 1 BV);
- den *General* (Art. 168 Abs. 1 BV);
- *weitere Amtsträger,* sofern dies gesetzlich vorgesehen ist (Art. 168 Abs. 2 BV). Das Gesetz kann die Bundesversammlung unmittelbar als Wahlbehörde einsetzen (Art. 139 ParlG). Es kann sie aber auch lediglich dazu ermächtigen, die von einer anderen Behörde vorgenommene Wahl zu bestätigen oder zurückzuweisen; lehnt die Bundesversammlung die Bestätigung ab, muss die zuständige Wahlbehörde eine neue Wahl vornehmen (Art. 140 ParlG).
Beispiele: Wahl eines ausserordentlichen Bundesanwalts (Art. 17 Abs. 4 ParlG) und der Mitglieder des Bundesstrafgerichts (Art. 5 SGG) durch die Vereinigte Bundesversammlung; Wahl des Generalsekretärs der Bundesversammlung durch die Koordinationskonferenz und Bestätigung dieser Wahl durch die Vereinigte Bundesversammlung (Art. 37 Abs. 2 Bst. d ParlG).

3. Oberaufsicht, Wirksamkeitsprüfung und Aufträge an den Bundesrat
(Art. 169–171 BV)

Die Bundesversammlung übt die *Oberaufsicht* aus über den Bundesrat 16
und die Bundesverwaltung, die eidgenössischen Gerichte und die anderen Träger von Aufgaben des Bundes (Art. 169 Abs. 1 BV). Die Oberaufsicht wird in § 35/II und III behandelt.

Ausserdem sorgt die Bundesversammlung dafür, dass Massnahmen des 17
Bundes einer *Wirksamkeitsprüfung* unterzogen werden (Art. 170 BV;
Art. 27 ParlG). Zu prüfen ist nicht nur, ob eine bestimmte Massnahme
die in sie gesetzten Erwartungen erfüllt (Evaluation *ex post*). Die Effektivität einer ins Auge gefassten Massnahme soll nach Möglichkeit schon
vor dem verbindlichen Beschluss abgeschätzt werden (Evaluation *ex
ante*). Die Evaluationspflicht bezieht sich auf „Massnahmen des Bundes" – mithin nicht nur auf Vorkehrungen des Bundesrats, sondern
auch und gerade auf Beschlüsse des Parlaments. Ausführungen über die
Wirksamkeit vorgeschlagener oder getroffener Massnahmen finden sich
z.B. in den Botschaften und Geschäftsberichten des Bundesrats (Art.
141 Abs. 2 und 144 Abs. 3 ParlG).

Schliesslich kann die Bundesversammlung dem Bundesrat *Aufträge* 18
erteilen (Art. 171 BV). Mittel hierzu sind die *Motion* und das *Postulat*
(Art. 120–124 ParlG; hinten § 34 Rz. 98 ff.) sowie der *Grundsatz-* und
der *Planungsbeschluss* (Art. 28 ParlG; Rz. 21).

4. Bundesgarantien und Bundesaufsicht
(Art. 172, Art. 173 Abs. 1 Bst. b, c, e BV)

Im Bereich der Bundesaufsicht und der Bundesgarantien obliegen der 19
Bundesversammlung:
- die *Gewährleistung der Kantonsverfassungen* (Art. 172 Abs. 2 BV;
  vorn § 18/II);
- die *Genehmigung von Konkordaten* für den Fall, dass der Bundesrat
  oder ein Kanton Einsprache erhebt (Art. 172 Abs. 3 BV; vorn § 25
  Rz. 24 ff.);
- Massnahmen zur *Wahrung der inneren Sicherheit,* wobei sie auch
  polizeiliche Notverordnungen und Notverfügungen erlassen kann
  (Art. 173 Abs. 1 Bst. b und c BV; zur Bundesintervention sowie zu

den diesbezüglichen Zuständigkeiten von Bundesversammlung und
Bundesrat vorn § 18/III);

– Massnahmen zur Durchsetzung des Bundesrechts (Art. 173 Abs. 1
Bst. e BV; zur Bundesexekution sowie zu den diesbezüglichen Zuständigkeiten von Bundesversammlung und Bundesrat vorn
§ 26/VI).

5. Planung der Staatstätigkeit
(Art. 173 Abs. 1 Bst. g BV)

20 Gemäss Art. 173 Abs. 1 Bst. g BV wirkt die Bundesversammlung bei
wichtigen Planungen der Staatstätigkeit mit. Diese Bestimmung will
den *Einfluss der Bundesversammlung schon in den Frühphasen des politischen Prozesses* sicherstellen. Politikgestaltung, die allein auf die Gesetzgebung als das klassische Steuerungsinstrument des Parlaments vertraut, greift häufig zu kurz. Mit Recht hält die Staatspolitische Kommission des Nationalrats in ihrem Bericht zum Parlamentsgesetz fest
(BBl 2001 3467, 3489 f.):

> „Dieser Prozess [der Rechtsetzung] wird gesteuert durch Weichen-
> stellungen, Grundsatzbeschlüsse und Vorentscheidungen, die zwar
> keine Rechtssätze darstellen, aber dennoch von erheblicher politi-
> scher Bedeutung sind, indem sie das spätere Resultat des Prozesses
> massgeblich vorbestimmen. In gewissen Politikbereichen, insbeson-
> dere in der Aussenpolitik, spielt Rechtsetzung ohnehin nur eine un-
> tergeordnete Rolle. Die Politikgestaltung erfolgt hier weitgehend
> durch (mehr oder minder explizite) Konzepte und Grundsatzbe-
> schlüsse ohne Rechtssatzcharakter.
>
> Die verfassungsrechtliche Stellung der Bundesversammlung als
> oberstes Repräsentativorgan von Volk und Ständen verlangt, dass
> sie an dieser staatsleitenden Politikgestaltung beteiligt ist."

21 Politische Planungen zu *erarbeiten* ist genuines Geschäft des *Bundesrats*
als „oberster leitender ... Behörde des Bundes" (Art. 174 und 180 Abs. 1
BV; hinten § 36/I und § 38 Rz. 3 f.). Die *Bundesversammlung* muss aber
die Möglichkeiten haben, politische Planungen zu *initiieren* und auf die
Gestalt von politischen Planungen substanziell *einzuwirken*. Zu diesem
Zweck sieht Art. 28 ParlG eine Reihe besonderer Instrumente vor.

– Die Bundesversammlung *berät Planungsberichte des Bundesrates* –
namentlich den Finanzplan, die Legislaturplanung und den Aussenpolitischen Bericht (Art. 143, 146, 148 Abs. 3 ParlG) – und *nimmt
sie zur Kenntnis* (Art. 28 Abs. 1 Bst. a ParlG). Die Kenntnisnahme
erfolgt in der Regel durch einfachen Bundesbeschluss.

– Die Bundesversammlung kann dem Bundesrat den *Auftrag* erteilen, eine *Planung an die Hand zu nehmen* (Art. 28 Abs. 1 Bst. b ParlG; Planungsmotion). Sie kann die Beratung eines Planungsberichts zum Anlass nehmen, die Planung oder Teile davon an den Bundesrat *zurückzuweisen* und *Änderungen* zu verlangen (Art. 28 Abs. 1 Bst. b ParlG a.E.).

– Schliesslich ist die Bundesversammlung befugt, *Grundsatz- oder Planungsbeschlüsse* zu fassen. Dabei handelt es sich um Vorentscheidungen, mit denen das Parlament den Bundesrat verpflichtet, bei der Erarbeitung von Planungen und Parlamentsvorlagen bestimmte Direktiven zu beachten. Solche Beschlüsse ergehen als einfacher Bundesbeschluss. Für Grundsatzbeschlüsse von grosser Tragweite ist auch die Form des referendumspflichtigen Bundesbeschlusses zulässig (Art. 28 Abs. 1 Bst. c, Abs. 2 und 3 ParlG).

Planungsmotionen, Grundsatz- und Planungsbeschlüsse sind für den Bundesrat vor allem *politisch verbindlich:* Der Bundesrat kann davon abweichen, muss dies aber gegenüber der Bundesversammlung begründen (Art. 28 Abs. 4 ParlG).

Weitere Einwirkungsmöglichkeiten bieten sich aufgrund der üblichen *parlamentarischen Vorstösse* und der allgemeinen *Informationsrechte der parlamentarischen Kommissionen* (Art. 118, 150 ParlG).

6. Weitere Einzelakte
(Art. 173 Abs. 1 Bst. f, h, k BV)

Endlich beschliesst die Bundesversammlung über: 22

– die *Gültigkeit zustande gekommener Volksinitiativen* (Art. 173 Abs. 1 Bst. f BV);

– *Amnestien,* d.h. über den generellen Straferlass für bestimmte Delikte wie z.B. Steuerhinterziehung (Art. 173 Abs. 1 Bst. k BV);

– *Einzelakte,* soweit ein *Bundesgesetz* dies ausdrücklich vorsieht (Art. 173 Abs. 1 Bst. h BV). Die Zuständigkeit der Bundesversammlung zum Erlass von Verwaltungsverfügungen rechtfertigt sich allenfalls dort, wo Rechtsanwendungsakte von aussergewöhnlicher politischer Tragweite in Frage stehen.

Beispiele: Genehmigung von Rahmenbewilligungen für Atomanlagen (Art. 8 Abs. 2 des Bundesbeschlusses vom 6. Oktober 1978 zum Atomgesetz, SR 732.01); Erteilung des Enteignungsrechts an Dritte (Art. 3 Abs. 2 des Bundesgesetzes über die Enteignung vom 20. Juni 1930, SR 711).

- *Begnadigungen,* d.h. die Entlassung von Straftätern aus dem Strafvollzug im Einzelfall, sind Sache der *Vereinigten Bundesversammlung* (Art. 173 Abs. 1 Bst. k i.V.m. Art. 157 Abs. 1 Bst. c BV).

V. Rechtsprechungsbefugnisse

23 Die früher weit reichenden Rechtsprechungskompetenzen der Bundesversammlung sind im Verlauf der letzten Jahrzehnte auf Weniges zurückgegangen. Die mit der Justizreform eingeführte allgemeine Rechtsweggarantie lässt die Streitentscheidung durch eine nichtrichterliche Behörde ohnehin nur noch bei justizunfähigen Materien zu (Art. *29a BV).

1. Gesetzlich zugewiesene Streitsachen
(Art. 173 Abs. 1 Bst. h BV)

24 In *getrennter Verhandlung* befasst sich die *Bundesversammlung* mit folgenden Streitsachen:
- Sie erteilt die Ermächtigung zur Strafverfolgung gegen Mitglieder der eidgenössischen Räte, des Bundesrats und des Bundesgerichts wegen strafbarer Handlungen, die sich auf ihre amtliche Tätigkeit oder Stellung beziehen (Art. 17 Abs. 1 ParlG; Art. 14 Abs. 1 VG).
- Sie beurteilt Beschwerden der Strafverfolgungsbehörden für den Fall, dass Bundesrat oder Bundesgericht die Zustimmung zur Strafverfolgung wegen nichtamtlicher Delikte eines ihrer Mitglieder verweigern (Art. 61a Abs. 5 RVOG; Art. 5a Abs. 5 OG; vorn § 29 Rz. 17).
- Schliesslich behandelt sie Beschwerden gegen Beschwerdeentscheide und Verfügungen nach Art. 5 VwVG, soweit dies in einem Bundesgesetz eigens vorgesehen ist (Art. 79 VwVG).

25 Gewisse Streitsachen sind *durch eine Kammer allein* zu entscheiden.
- So urteilt der Nationalrat über Beschwerden gegen Entscheide der Kantonsregierungen betreffend Unregelmässigkeiten bei der Vorbereitung und Durchführung der Nationalratswahlen (Art. 82 BPR).
- Die Aufhebung der Sessionsteilnahmegarantie gegen den Willen des betreffenden Ratsmitglieds ist Sache des Rats, dem das Mitglied angehört (Art. 20 Abs. 1 ParlG).

2. Zuständigkeitskonflikte zwischen den obersten Bundesbehörden

(Art. 173 Abs. 1 Bst. i BV)

Die Bundesversammlung urteilt als *Vereinigte Bundesversammlung* (Art.   26
157 Abs. 1 Bst. b BV) über:

– Zuständigkeitskonflikte zwischen Bundesrat einerseits und Bundesgericht oder Eidgenössischem Versicherungsgericht andererseits sowie solche zwischen diesen beiden Gerichtsbehörden; ferner über

– Kompetenzkonflikte zwischen der Bundesversammlung selbst und
  einer anderen obersten Bundesbehörde.

§ 34 Organisation und Geschäftsverkehr der Bundesversammlung

I.   Rechtliche Stellung der Abgeordneten

1.   Instruktionsverbot
(Art. 161 BV)

1   Die Mitglieder der Bundesversammlung stimmen *ohne Weisungen* (Art. 161 Abs. 1 BV). Dieses Instruktionsverbot – so der Sachtitel zum zitierten Artikel – bedeutet, dass den Abgeordneten *nicht rechtsverbindlich vorgeschrieben* werden darf, in welchem Sinne sie im Parlament zu sprechen, zu wählen und zu stimmen haben. Ebenso wenig sind die Abgeordneten berechtigt, solche Bindungen einzugehen. Allfällige Instruktionen wären nichtig, d.h. rechtlich inexistent; ihre Missachtung bliebe juristisch ohne Folge. Die Parlamentarier verfügen mit anderen Worten über ein *„freies Mandat"*. Rechtlich gebunden sind die Abgeordneten einzig an ihr Amt sowie – nicht anders als jeder gewöhnliche Bürger – an Verfassung und Gesetz (Art. 3 Abs. 4 und 5 ParlG). Zur Funktion des freien Mandats vorn § 30 Rz. 16.

2   Das Instruktionsverbot gilt *auch im Verhältnis zwischen den politischen Parteien und ihren Ratsmitgliedern.* Die Schweiz kennt keinen förmlichen Fraktionszwang. Anderslautende Fraktionsreglemente und Fraktionsbeschlüsse wären wiederum nichtig, die Stimmen von „Parteiabweichlern" im Parlament entsprechend gültig. Damit ist aber noch nichts über die faktische Disziplinierungsmacht der Fraktionen gesagt. Das Instruktionsverbot hindert Fraktionen und Parteien nämlich nicht daran, unzuverlässige Abgeordnete politisch abzustrafen – z.B. indem man sie im Ratsbetrieb isoliert, ihnen bei der nächsten Parlamentswahl einen Listenplatz verweigert oder sie im äussersten Fall aus der Partei ausschliesst.

Zum Verhältnis von Instruktionsverbot und Fraktionsdisziplin einlässlich MORITZ VON WYSS, Maximen und Prinzipien des parlamentarischen Verfahrens, Zürich 2001, S. 67 ff.

3   Das Instruktionsverbot ändert wenig an den *zahlreichen faktischen Einflüssen,* denen alle Abgeordnete – manche mehr, andere weniger – aus-

gesetzt sind. Derartige Einflüsse ergeben sich zwangsläufig schon aufgrund des zivilen Berufs der Abgeordneten. Allfällige Führungs- und Aufsichtsfunktionen in Wirtschaft und Gesellschaft, Mandate für organisierte Interessen oder Beratungs- und Expertentätigkeiten im Dienste des Bundes sind weitere Einflussfaktoren. Solche Interessenbindungen müssen von jedem Ratsmitglied *beim Eintritt in den Rat* und im weiteren Verlauf *jeweils auf Jahresbeginn* schriftlich offengelegt werden; ausserdem sind die Abgeordneten verpflichtet, *im Einzelfall* auf ihre Bindungen hinzuweisen, wenn sie sich im Rat oder in einer Kommission zu einem Beratungsgegenstand äussern, der ihre persönlichen Interessen unmittelbar betrifft (Art. 161 Abs. 2 BV; Art. 11 Abs. 1 und 3 ParlG). Über die Angaben der Ratsmitglieder wird ein *öffentliches Register* erstellt (Art. 11 Abs. 2 ParlG).

2. Verantwortlichkeit und Immunität
(Art. 162 BV)

Die Mitglieder der Bundesversammlung sind in verschiedener Hinsicht   4
vor dem Zugriff von Strafverfolgungs- und Justizbehörden geschützt, nämlich durch:

- die *absolute Immunität* (Art. 16 ParlG; vorn § 29 Rz. 13);
- die *relative Immunität* (Art. 17 ParlG; vorn. § 29 Rz. 15 f.);
- die *Sessionsteilnahmegarantie* (Art. 20 ParlG; vorn § 29 Rz. 17).

Die absolute Immunität ist bereits verfassungsrechtlich gewährleistet (Art. 162 Abs. 1 BV). Relative Immunität und Sessionsteilnahmegarantie sind gesetzlich eingeführte „weitere Arten der Immunität" gemäss Art. 162 Abs. 2 BV.

Zur *vermögensrechtlichen und politischen Verantwortlichkeit* der Rats-   5
mitglieder vgl. im Übrigen vorn § 29 Rz. 6 ff. und 18 ff.

3. Entschädigung

Die Ratsmitglieder werden für ihre Tätigkeit entschädigt (Art. 9   6
ParlG). Einzelheiten stehen im Bundesgesetz über Bezüge und Infrastruktur der Mitglieder der eidgenössischen Räte und über die Beiträge an die Fraktionen vom 18. März 1988 (Parlamentsressourcengesetz, PRG, früher als Entschädigungsgesetz bezeichnet, SR 171.21) sowie in der zugehörigen Verordnung der Bundesversammlung (SR 171.211).

Seit der Revision des PRG im Jahre 2002 werden *alle Mitglieder der Bundesversammlung* – auch die Ständeräte – *vom Bund entschädigt* (Art. 1 PRG; bis dahin erhielten die Ständeräte ihre Jahresentschädigung von den Kantonen).

7   Die *Ausrichtung angemessener Entschädigungen* ist Voraussetzung dafür, dass Parlamentsmandate – übers Jahr gerechnet ein Arbeitspensum von 50% (vorn § 30 Rz. 20) – nicht das Vorrecht Vermögender bleiben.

Eine Vorlage, welche den Ratsmitgliedern die Mittel zur Anstellung von persönlichen Mitarbeitern und Mitarbeiterinnen verschaffen sollte, wurde in der Volksabstimmung vom September 1992 verworfen. Ebenso erging es der Vorlage für eine Revision des Entschädigungsgesetzes zur vollen Honorierung der Parlamentsarbeit (die Abgeordneten hätten danach die Möglichkeit erhalten, ihre berufliche Tätigkeit ganz einzustellen; BBl 1991 III 1381 f.). Mittlerweile sind die Sätze aber doch etwas angehoben worden; vgl. die Revisionen des Entschädigungsgesetzes 1996 (BBl 1996 III 129, AS 1997 539), 2000 (BBl 2000 5584, AS 2000 2481) und 2002 (BBl 2002 4001, AS 2002 3629). Heute darf ein Mitglied der eidgenössischen Räte mit einer Entschädigung in der Höhe von rund Fr. 70 000 rechnen, dazu kommt eine Spesenentschädigung von rund Fr. 40 000.

4.   Dienstbefreiung

8   Die Abgeordneten müssen während der Sessionen und der Sitzungen der parlamentarischen Kommissionen und Fraktionen keinen Militärdienst leisten (Art. 17 MG). Dieses *Wehrprivileg* ist eine Konsequenz der Sessionsteilnahmegarantie (Art. 20 ParlG).

II.   Organe der Bundesversammlung

1.   Übersicht

9   Organe der Bundesversammlung (also des Nationalrats, des Ständerats und der Vereinigten Bundesversammlung) sind:
–   die Präsidien (Rz. 11 ff.);
–   die Ratsbüros, die Koordinationskonferenz und die Verwaltungsdelegation (Rz. 14 ff.);
–   die Kommissionen (unten Abschnitt III);
–   die Fraktionen (Rz. 18 f.).

In Gestalt der Parlamentsdienste steht der Bundesversammlung und ihren Organen eine Parlamentsverwaltung zur Verfügung (Rz. 20 f.).

Grundsätzlich verfügen Nationalrat, Ständerat und Vereinigte Bundes-   10
versammlung über *je eigene Organe.* Immerhin kommen auch *gemeinsame Organe* von National- und Ständerat vor. Die Fraktionen sind
schon begrifflich kammerübergreifend (vgl. Art. 61 Abs. 3 ParlG).

2. Vorsitz
(Art. 152 BV)

Jeder Rat wählt aus seiner Mitte ein *Präsidium,* bestehend aus einem   11
Präsidenten, einem *ersten Vizepräsidenten* und einem *zweiten Vizepräsi-
denten* (Art. 152 BV; Art. 34 ParlG). Die Amtsdauer beträgt ein Jahr;
Wiederwahl für das folgende Jahr ist ausgeschlossen.

Die *Vereinigte Bundesversammlung* tagt unter dem Vorsitz des Nationalratspräsi-
denten (Rz. 86).

Den *Präsidenten* obliegen hauptsächlich die folgenden Aufgaben: 12
– Leitung der Verhandlungen des Rates;
– Fällung von Stich- und Losentscheidungen;
– Wahrung der Sitzungsdisziplin;
– Vertretung des Rats gegen aussen;
– Führung des Verkehrs mit der anderen Kammer und mit dem Bundesrat;
– Erledigung der laufenden Geschäfte zwischen den Sessionen;
– Vorsitz im Ratsbüro.

Die *Vizepräsidenten* vertreten den Präsidenten, wenn dieser verhindert   13
ist oder an den Beratungen teilnehmen will. Die politische Konvention
will es, dass die ersten Vizepräsidenten nach Ablauf eines Jahres zum
Präsidenten befördert werden.

3. Ratsbüro, Koordinationskonferenz und Verwaltungsdelegation

Jeder Rat bestellt für seine Leitung und für weitere Angelegenheiten ein   14
Büro. Dieses setzt sich zusammen aus dem Präsidium jedes Rats und –
soweit die Ratsregelemente dies vorsehen – weiteren Mitgliedern wie
etwa den Stimmenzählern (Art. 35 ParlG). Aufgaben des Büros sind
(Art. 33 Abs. 1 ParlG):
– Einberufung des jeweiligen Rats;
– Ermittlung der Abstimmungs- und Wahlergebnisse;

- Wahl der Kommissionen und Delegationen;
- Vertretung der Ratsinteressen nach aussen.

15   Die Büros von National- und Ständerat bilden zusammen die *Koordinationskonferenz* (Art. 37 Abs. 1 ParlG). Sie hat folgende Aufgaben (Art. 33 Abs. 2, Art. 37 Abs. 2 ParlG):

- Einberufung der Vereinigten Bundesversammlung;
- Planung und Koordination der Sessionen;
- Besorgung des Geschäftsverkehrs zwischen den beiden Räten sowie zwischen den Räten und dem Bundesrat;
- Wahl des Generalsekretärs der Bundesversammlung;
- Genehmigung neuer Fraktionen;
- Pflege der Beziehungen der Bundesversammlung zu auswärtigen Parlamenten und zu internationalen Organisationen.

16   Die *Verwaltungsdelegation* besteht aus je drei Mitgliedern der Ratsbüros; sie werden durch die Koordinationskonferenz bestimmt (Art. 38 Abs. 1 ParlG). Die Verwaltungsdelegation führt die Aufsicht über die Parlamentsdienste (Art. 38 Abs. 2, Art. 65 Abs. 1 ParlG).

4.   Parlamentarische Kommissionen
(Art. 153 BV)

17   Vgl. unten Abschnitt III.

5.   Fraktionen
(Art. 154 BV)

18   Fraktionen umfassen die *Mitglieder gleicher Parteizugehörigkeit aus beiden Räten* (Art. 61 Abs. 1 ParlG). Aus dieser Bestimmung wird umgekehrt abgeleitet, dass Mitglieder gleicher Parteizugehörigkeit *nur eine* Fraktion bilden dürfen (BBl 2001 3561). Eine ähnliche politische Ausrichtung vorausgesetzt, können *auch Parteilose und Angehörige unterschiedlicher Parteien* eine Fraktion bilden (Art. 61 Abs. 2 ParlG). Das Erfordernis der ähnlichen politischen Ausrichtung soll ‚Alibifraktionen' verhindern, die nur mit dem Zweck gebildet werden, in den Genuss der gesetzlich vorgesehenen Rechte, Dienste und Entschädigungen zu gelangen. Eine Fraktion kommt zustande, wenn ihr in einem der beiden Räte *mindestens fünf Mitglieder* beitreten und die Koordinationskonferenz die Genehmigung erteilt (Art. 61 Abs. 3 und 4 i.V.m. Art. 37 Abs. 2 Bst. e ParlG).

Die Fraktionen haben folgende *Aufgaben und Rechte* (Art. 62 ParlG): 19
- Sie beraten die Ratsgeschäfte vor.
- Sie können Initiativen, Vorstösse, Anträge und Wahlvorschläge einreichen.
- Sofern sie ein Sekretariat einrichten, werden sie mit denselben Unterlagen bedient wie die einzelnen Abgeordneten.
- Sie erhalten einen jährlichen Beitrag zur Deckung ihrer Sekretariatskosten (vgl. Art. 12 PRG).

Ausserdem ist bei der Bestellung von Parlamentskommissionen auf die Fraktionsstärke Rücksicht zu nehmen (Art. 43 Abs. 3 ParlG).

6. Parlamentsdienste
(Art. 155 BV)

Die Parlamentsdienste *unterstützen die Räte, die Ratsorgane und die* 20
einzelnen Ratsmitglieder bei der Erfüllung ihrer Aufgaben (Art. 64 Abs. 1 ParlG). Sie stehen unter der Führung des Generalsekretärs der Bundesversammlung (Art. 65 Abs. 2 ParlG). Sie verfügen über die gleichen Informationsrechte wie die Organe der Bundesversammlung, in deren Auftrag sie tätig sind; soweit nötig können sie Dienststellen der Bundesverwaltung beiziehen (Art. 67 und 68 ParlG).

Im Einzelnen erfüllen die Parlamentsdienste namentlich folgende *Auf-* 21
gaben (Art. 64 Abs. 2 ParlG):
- Planung und Organisation der Sitzungen;
- Besorgung von Sekretariatsgeschäften, Übersetzungsarbeiten und Protokollierungen;
- Dokumentierung und Beratung der Ratsmitglieder;
- Information der Öffentlichkeit über die Bundesversammlung und ihre Tätigkeiten.

Die Bundesversammlung erlässt Ausführungsbestimmungen über die Parlamentsverwaltung (Art. 70 ParlG; vgl. die Verordnung der Bundesversammlung über die Parlamentsdienste vom 7. Oktober 1988, SR 171.115).

III. Parlamentarische Kommissionen insbesondere
(Art. 153 BV)

1. Begriff, Funktion und Zusammensetzung

Parlamentarische Kommissionen sind Ausschüsse, die aus dem Kreis 22
der Abgeordneten zusammengestellt werden und bestimmte Aufgaben

aus dem parlamentarischen Zuständigkeitsbereich besorgen (vgl. Art. 153 BV).

23   Davon abzuheben sind die Expertenkommissionen und die beratenden Kommissionen. In beiden Fällen handelt es sich um *ausserparlamentarische* Kommissionen.

— *Expertenkommissionen* sind ad hoc zusammengestellte Gremien aus Sachverständigen, Interessenvertretern und Angehörigen der Verwaltung, die im Auftrag des Bundesrats oder des zuständigen Departements Vorentwürfe zu Bundesgesetzen ausarbeiten (Art. 6–10 RVG; vgl. hinten § 45 Rz. 55).

— *Beratende Kommissionen* oder *Fachkommissionen* – der Begriffsgebrauch ist uneinheitlich – sind dazu bestimmt, Verwaltungsträger in der Erfüllung ihrer Aufgaben aus fachlicher Sicht zu unterstützen; sie setzen sich zumeist aus Vertretern der sachlich betroffenen Wissenschafts-, Wirtschafts- und Gesellschaftskreise zusammen. Vgl. als *Beispiel* die eidgenössische Fachkommission für biologische Sicherheit oder die begutachtende Fachkommission Gleichstellungsgesetz.

Keinen Kommissionsstatus haben schliesslich die *parlamentarischen Gruppen* (Art. 63 ParlG). Bei diesen Gremien handelt es sich um informelle Zusammenschlüsse von Ratsmitgliedern, die sich für einen bestimmten Sachbereich interessieren. Parlamentarische Gruppen dienen dem Informationsaustausch. Sie dürfen nicht im Namen der Bundesversammlung auftreten; übrigens zählen sie auch nicht zu deren Organen (BBl 2001 3562).

24   Die parlamentarischen Kommissionen erfüllen im Wesentlichen folgende *Funktionen:*

— Indem sie Ratsgeschäfte vorberaten, tragen die Kommissionen zur Entlastung der Debatten im Plenum bei.

— Weiter steigern sie die Problemlösungsfähigkeit des Parlaments, denn sie erlauben Parlamentsarbeit im kleinen Kreis und verbessern auf diese Weise die Chance fundierter Debatten und tragfähiger Vorlagen.

— Eine umsichtige Besetzungspolitik vorausgesetzt, bieten Kommissionen die Möglichkeit, Sachverstand zu aggregieren, wodurch die Stellung des Parlaments gegenüber der Verwaltung gestärkt wird.

Die Gewichtung dieser Funktionen kann je nach Pflichtenheft der einzelnen Kommissionen variieren.

25   Die Mitglieder der Kommissionen sowie deren Präsidien werden vom zuständigen Ratsbüro gewählt (Art. 43 ParlG). Die *Zusammensetzung* richtet sich in erster Linie nach der *Fraktionsstärke* im jeweiligen Rat. Soweit möglich werden auch die *Amtssprachen* und die *Landesgegenden* angemessen berücksichtigt.

2. Arten

a. Getrennte und gemeinsame Kommissionen

In der Regel verfügt *jeder Rat* über seine *eigenen Kommissionen* (Art.   26
153 Abs. 1 BV). Darin zeigt sich ein weiteres Mal die Gleichberechtigung der beiden Kammern (Art. 148 Abs. 2 BV). Zu den einzelnen
Kommissionen vgl. Rz. 28 ff.

Auch die *Vereinigte Bundesversammlung* verfügt über eigene Kommissionen, nämlich die Kommission für Begnadigungen und Zuständigkeitskonflikte sowie die
Gerichtskommission (Art. 40 und 40a ParlG; Rz. 33).

Sofern es sich sachlich rechtfertigt, kann das Gesetz *gemeinsame Kom-*   27
missionen beider Räte vorsehen (Art. 153 Abs. 2 BV). Solche Kommissionen sind die *Ausnahme.* Zu den gemeinsamen Kommissionen gehören:

– die Finanzdelegation und die Geschäftsprüfungsdelegation (Art. 51
   und 53 ParlG; Rz. 31 f.);

– die Redaktionskommission (Art. 56 ParlG; Rz. 33);

– allfällige Parlamentarische Untersuchungskommissionen (Art. 163
   ParlG; hinten § 35 Rz. 19).

In einem weiteren Sinn zählen auch die Koordinationskonferenz und die Einigungskonferenz dazu (Art. 37 Abs. 1, Art. 91 Abs. 2 ParlG).

b. Ständige Kommissionen und Spezialkommissionen

Zur Bewältigung *dauernder und wichtiger Parlamentsaufgaben* werden   28
für eine ganze Amtsdauer *ständige Kommissionen* eingesetzt. Ständige
Kommissionen sind schon aus Effizienzgründen die *Regel.* Der Katalog
der ständigen Kommissionen findet sich teils im Gesetz, teils in den
Ratsreglementen (Art. 42 Abs. 1 ParlG).

Als ständige Kommissionen *gesetzlich verankert* sind etwa die Begnadigungskom-
mission, die Gerichtskommission, die Finanzkommissionen, die Geschäftsprüfungskommissionen und die Redaktionskommission (Art. 40, 40a, 50, 52, 56
ParlG). Die *Ratsreglemente* sehen weitere ständige Kommissionen vor, nämlich die
Aussenpolitischen Kommissionen, die Staatspolitischen Kommissionen, die Kommissionen für soziale Sicherheit und Gesundheit, für Umwelt, Raumplanung und
Energie, für Wirtschaft und Abgaben, für Rechtsfragen und andere mehr.

In *Ausnahmefällen* können die Räte ad hoc *Spezialkommissionen* bestel-   29
len (Art. 42 Abs. 2 ParlG). Spezialkommissionen – nach früherem
Sprachgebrauch „nichtständige" Kommissionen – sind zur Beratung

einmaliger Parlamentsaufgaben bestimmt, besonders solcher Geschäfte, die nicht in den Sachbereich einer ständigen Kommission fallen.

c. *Legislativ-, Finanz- und Aufsichtskommissionen, Kommissionen besonderer Art*

30   Nach den Aufgaben der parlamentarischen Kommissionen kann man Legislativ-, Finanz- und Aufsichtskommissionen unterscheiden. *Legislativkommissionen* bearbeiten Gesetzgebungsvorhaben und weitere Ratsgeschäfte aus einem bestimmten Sachbereich; sie verkörpern den *Regeltyp* unter den Kommissionen. Zu den Aufgaben und Rechten dieser Kommissionen vgl. Rz. 34 f.

31   Die *Finanzkommissionen* befassen sich mit der Haushaltführung des Bundes. Unter anderem beraten sie den Voranschlag und die Staatsrechnung vor und üben die Oberaufsicht über den Finanzhaushalt aus (Art. 50 Abs. 1 ParlG; hinten § 35/II). Die Finanzkommissionen sind nicht zuletzt darum sehr einflussreich, weil sie zu allen Erlassentwürfen mit erheblichen finanziellen Auswirkungen konsultiert werden müssen (Art. 50 Abs. 2 ParlG).

Die Finanzkommissionen beider Räte wählen aus ihrer Mitte je drei Mitglieder in die gemeinsame *Finanzdelegation*. Die Finanzdelegation besorgt die nähere Prüfung und Überwachung des Finanzhaushalts; sie erstattet den Finanzkommissionen Bericht und stellt ihnen Antrag (Art. 51 ParlG). Ferner erteilt sie die Zustimmung zu dringlichen, von der Bundesversammlung noch nicht bewilligten Nachtragskrediten (Art. 18 Abs. 1 FHG).

32   Die *Geschäftsprüfungskommissionen* üben die Oberaufsicht über die Geschäftsführung des Bundesrats, der Bundesverwaltung und der eidgenössischen Gerichte aus (Art. 52 ParlG; hinten § 35/II und III). Im Rahmen der Oberaufsicht können auch *Parlamentarische Untersuchungskommissionen* eingesetzt werden (Art. 163 ParlG).

Die *Geschäftsprüfungsdelegation* überwacht die Tätigkeit im Bereich des Staatsschutzes und der Nachrichtendienste; sie erstattet den Geschäftsprüfungskommissionen Bericht und stellt ihnen Antrag (Art. 53 ParlG). Gleich wie die Finanzdelegation wirkt sie als gemeinsames Gremium beider Räte; sie setzt sich aus je drei Mitgliedern der beiden Geschäftsprüfungskommissionen zusammen.

33   Einige Kommissionen lassen sich den vorgenannten Typen nur schlecht zuordnen; man kann sie als *Kommissionen besonderer Art* bezeichnen.

- Die *Kommission für Begnadigungen und Zuständigkeitskonflikte,* eine Kommission der Vereinigten Bundesversammlung, berät Begnadigungsgesuche und Entscheide über Zuständigkeitskonflikte zwischen den obersten Bundesbehörden vor (Art. 40 ParlG).

- Die *Gerichtskommission,* eine Kommission der Vereinigten Bundesversammlung, ist zuständig für die Vorbereitung der Wahl und Amtsenthebung von Richtern der eidgenössischen Gerichte (Art. 40a ParlG; vgl. zur Problematik der Abberufung hinten § 40 Rz. 23 a.E.).

- Die *Redaktionskommission,* eine gemeinsame Kommission beider Räte, überprüft den Wortlaut der Erlasse und legt deren endgültige Fassung fest (Art. 56–59 ParlG; Rz. 71).

- Die *Aussenpolitischen Kommissionen* stellen die parlamentarische Mitwirkung im Bereich der Aussenpolitik sicher (Art. 152 ParlG).

- Die *Delegationen in internationalen Organisationen* bereiten als gemeinsame Kommissionen beider Räte die Tagungen der jeweiligen Organisationen vor und sorgen für eine ausreichende Information der Bundesversammlung über Tätigkeiten, Beschlüsse und Empfehlungen der Organisationen (Art. 60 ParlG).

  Beispiele: Bundesbeschluss über die Delegation der Bundesversammlung bei der Interparlamentarischen Union vom 19. Dezember 1986 (SR 171.117); Bundesbeschluss über die Schweizerische Gruppe der Internationalen Versammlung der Parlamentarier französischer Sprache vom 6. Oktober 1989 (SR 171.118); Bundesbeschluss über die Delegation der Bundesversammlung beim Europarat vom 24. Juni 1976 (SR 171.119).

3.   Aufgaben und Rechte im Allgemeinen

Die Kommissionen haben mindestens die folgenden *allgemeinen Aufgaben* (Art. 44 ParlG):   34

- Die *Hauptaufgabe* besteht darin, Geschäfte zuhanden des Ratsplenums *vorzuberaten* und *Vorschläge* zu unterbreiten.
- Ausserdem verfolgen sie die gesellschaftlichen und politischen *Entwicklungen* in ihren Zuständigkeitsbereichen und sorgen für die Durchführung der *Wirksamkeitsprüfung* nach Art. 170 BV.
- Soweit das *Gesetz* (das ParlG selbst oder ein Sachgesetz) dies vorsieht, entscheiden die Kommissionen über bestimmte Beratungsgegenstände abschliessend. Dabei kann es sich aber nur um *Beschlüsse nicht rechtsetzender Natur* handeln, d.h. um Anordnungen im Einzelfall (Art. 153 Abs. 3 BV).

Zu den *allgemeinen Rechten* der Kommissionen gehört (Art. 45, 150,   35
151 ParlG):

- in erster Linie das Recht, zu Gegenständen ihres Aufgabenkreises parlamentarische *Initiativen, Vorstösse und Anträge* einzureichen sowie *Berichte* zu verfassen.
- Weiter können sie *Experten* beiziehen, *Anhörungen* durchführen und *Besichtigungen* vornehmen.
- Die Kommissionen und die von ihnen eingesetzten Subkommissionen verfügen gegenüber Bundesrat und Bundesverwaltung über weit reichende *Auskunfts-, Einsichts- und Ermittlungsbefugnisse* (vgl. schon Art. 153 Abs. 4 BV).
- Schliesslich können die sachlich zuständigen Kommissionen verlangen, dass der Bundesrat sie *vor dem Erlass von Verordnungen* konsultiert. Dieses Recht ist fragwürdig; dazu hinten § 46 Rz. 34.

36   Der Katalog der allgemeinen Aufgaben und Rechte ist vor allem auf die *Legislativkommissionen* zugeschnitten (BBl 2001 3547). Den *Finanz- und Aufsichtskommissionen* und auch gewissen weiteren Kommissionen sind darüber hinaus spezielle Obliegenheiten und Befugnisse zugewiesen (vgl. Art. 50–60, 152–158 ParlG).

4.   Geschäftsverkehr und Öffentlichkeit

37   In den Kommissionen gelten grundsätzlich die *Verfahrensregeln des jeweiligen Rats* (Art. 46 Abs. 1 ParlG).

38   Davon gibt es eine wichtige Ausnahme: Anders als die Verhandlungen der Räte sind die Kommissionssitzungen in der Regel *nicht öffentlich* (Art. 47 Abs. 1 ParlG). Dies bedeutet unter anderem,
- dass vertraulich bleibt, wie die *einzelnen Sitzungsteilnehmer* Stellung genommen oder abgestimmt haben (Art. 47 ParlG), und
- dass die *Sitzungsprotokolle* von externen Personen grundsätzlich nicht eingesehen werden dürfen. Immerhin stehen die Protokolle nach Abschluss des Erlassverfahrens für wissenschaftliche Untersuchungen und für die Rechtsanwendung zur Verfügung.

Die Kommissionen können aber beschliessen, die Anhörung von Interessenvertretern und Experten öffentlich durchzuführen (Art. 47 Abs. 2 ParlG).

39   Art. 48 ParlG verpflichtet die Kommissionen zur *Information der Öffentlichkeit* über die Beratungsergebnisse.
- Die Information geht gewöhnlich vom *Kommissionspräsidium* aus. In der Regel werden die Beschlüsse der Kommission mit dem Stimmenverhältnis, die wesentlichen Anträge sowie die in den Beratungen vertretenen hauptsächlichen Ansichten bekannt gegeben. Hin-

gegen bleibt weiterhin vertraulich, wie die einzelnen Sitzungsteilnehmer Stellung genommen und abgestimmt haben.

– Die *Kommissionsmitglieder* und die übrigen Sitzungsteilnehmer dürfen den Medienmitteilungen des Präsidenten nicht vorgreifen. Später können sie sich zu den behandelten Fragen aber frei äussern. Unter Wahrung des Amtsgeheimnisses ist den Kommissionsmitgliedern ferner erlaubt, ihre Fraktionen über die Kommissionsverhandlungen zu unterrichten.

Die Berechtigung des Sitzungsgeheimnisses ist *umstritten.*   40

Zu seiner *Rechtfertigung* wird vorgebracht, es trage dazu bei, „Schwierigkeiten ... arbeitspsychologischer Natur" abzubauen. So falle es den Ratsmitgliedern leichter, „sich jederzeit frei und unbehindert durch unzeitige äussere Einflüsse, aber auch unbelastet von irgendwelchen parteipolitischen Rücksichten zum Verhandlungsgegenstand [zu] äussern" (BGE 108 Ia 275 E. 1c S. 278, Zbinden; ähnlich auch JEAN-FRANÇOIS AUBERT, in: Kommentar aBV, Art. 94 Rz. 7). In einem geschützten Rahmen debattiert es sich nun einmal leichter und lassen sich auch Kompromisse eher finden.

Es gibt aber auch *Einwände.* Erstens spielen die „parteipolitischen Rücksichten" nicht nur im Ratsplenum; sie sind auch in den Kommissionen präsent. Zweitens wird man den Ratsmitgliedern (die auf Bundesebene immerhin halbberuflich tätig sind) zutrauen dürfen, dass sie auch unter den Blicken der Öffentlichkeit einwandfrei zu arbeiten imstande sind. Drittens fallen viele Entscheidungen, die die Gestalt eines politischen Projekts prägen, bereits in den Kommissionen und nicht erst in der öffentlichen Plenardebatte.

Zusammenfassend: Das Sitzungsgeheimnis der parlamentarischen Kommissionen scheint mir zum Schutz der Konsenssuche dann vertretbar, wenn über die Entscheidfindung hinterher offen und einlässlich informiert wird (vgl. die überzeugenden Ausführungen bei MORITZ VON WYSS, Maximen und Prinzipien des parlamentarischen Verfahrens, Zürich 2001, S. 198 f.). Damit ändere ich, zugegeben, meine frühere Auffassung (vgl. Stimmrecht, S. 423 f.). Man muss wohl einräumen: Das Bedürfnis nach vertraulicher Vorberatung ist real. Wären die Kommissionssitzungen öffentlich, würden sich manche Aushandlungsprozesse in die Wandelhallen verlegen, und wir hätten nicht einmal mehr das Protokoll der Willensfindung.

IV. Sitzungsordnung

1. Sitz der Bundesversammlung

Die Bundesversammlung tagt in Bern. Sie kann beschliessen, ausnahmsweise an einem anderen Ort zu tagen (Art. 32 ParlG).   41

Beispiele (soweit ersichtlich die einzigen): Herbstsession 1993 in Genf, Frühjahrssession 2001 in Lugano.

2.   Sessionen
(Art. 151 BV)

a.   Ordentliche Sessionen

42   Die beiden Räte versammeln sich *regelmässig* zu *ordentlichen Sessionen* (Art. 151 Abs. 1 BV; Art. 2 Abs. 1 ParlG). Die Verfassung verlangt mit anderen Worten *periodisch wiederkehrende Tagungen;* die Einberufung des Parlaments darf nicht allein von politischen Konstellationen abhängen (BBl 1997 I 379). Üblich sind vier Sessionen jeweils im Frühjahr (März), Sommer (Juni), Herbst (September) und Winter (Dezember). Verfassung und Gesetz würden aber auch einen anderen Sessionsrhythmus zulassen. Immerhin macht die Verfassung mit der Wendung „versammeln sich regelmässig" deutlich, dass es sich bei den eidgenössischen Räten um *kein ständig tagendes Parlament* handelt. Dies entspricht auch der stillschweigenden Grundentscheidung des Verfassungsgebers gegen ein Berufsparlament (vorn § 30/IV).

43   Jeder Rat kann „für sich" – d.h. ohne die andere Kammer zu binden – *Sondersessionen* beschliessen (Art. 2 Abs. 2 ParlG). Sondersessionen zählen noch zu den ordentlichen Sessionen; sie dienen dem Abtragen von Arbeitsrückständen. In der Praxis macht vor allem der Nationalrat von diesem Recht Gebrauch.
Vgl. für *Beispiele* AUBERT, Commentaire, Art. 151 Rz. 8.

44   National- und Ständerat werden *von ihren Büros einberufen,* die Vereinigte Bundesversammlung von der Koordinationskonferenz (Art. 33 Abs. 1 und 2 ParlG). Die Räte entscheiden also selbst über ihr Zusammentreten und über die Dauer der Sessionen. Der Bundesrat kann die Bundesversammlung nur zu ausserordentlichen Sessionen aufbieten (Rz. 45).
In bestimmten Notlagen müssen die Räte einberufen werden, nämlich wenn die Sicherheit der Bundesbehörden gefährdet ist oder der Bundesrat nicht in der Lage ist zu handeln (Art. 33 Abs. 3 ParlG).

b.   Ausserordentliche Sessionen

45   Ausserordentliche Sessionen finden statt, wenn *ein Viertel der Mitglieder eines Rats oder der Bundesrat* es verlangen (Art. 151 Abs. 2 BV; Art. 2 Abs. 3 ParlG). Dieses Einberufungsrecht ist an keine sachlichen Voraussetzungen gebunden. Art. 151 Abs. 2 BV will einer Ratsminderheit – und auch dem Bundesrat – ein Instrument zur „Mitbestimmung

der politischen Agenda" in die Hand geben (BBl 2001 3519). Ausserordentliche Sessionen sind darum auch dann zulässig, wenn keine dringliche Beschlussfassung angestrebt wird. Einberufen wird durch die Ratsbüros (Art. 33 Abs. 1 ParlG).

3. Getrennte und gemeinsame Verhandlung
(Art. 156, 157 BV)

Abgesehen von den Geschäften der Vereinigten Bundesversammlung beraten und beschliessen die Räte *getrennt* (Art. 156 f. BV). 46

Die Räte *tagen gleichzeitig.* Dies gilt jedoch nicht unbedingt bei Sondersessionen: Weil jeder Rat für sich allein eine solche Session beschliessen kann und ein allfälliger Beschluss des einen Rats den anderen Rat zu nichts verpflichtet (Art. 2 Abs. 2 ParlG), kann die Situation eintreten, dass *allein eine Kammer tagt.* 47

4. Anwesenheitsquorum und Anwesenheitspflicht
(Art. 159 Abs. 1 BV)

Damit ein Rat gültig verhandeln kann, muss die *Mehrheit seiner Mitglieder im Saal anwesend* sein (Art. 159 Abs. 1 BV) – im Nationalrat somit 101 Abgeordnete, im Ständerat 24, in der Vereinigten Bundesversammlung 124. Trotz des unmissverständlichen Verfassungswortlauts hält sich die Praxis nur bei der förmlichen Beschlussfassung an dieses Quorum. Beratungen finden oft auch dann statt, wenn weniger als die Mehrheit der Ratsmitglieder im Saal anwesend sind. 48

Passend zu Art. 159 Abs. 1 BV verpflichtet Art. 10 ParlG die Abgeordneten, an den Sitzungen der Räte und Kommissionen teilzunehmen. Die *Pflicht zur Sitzungsteilnahme* ist selbstverständlicher Ausdruck der Amtspflicht (Art. 3 Abs. 4 und 5 ParlG) und notwendiges Gegenstück zur Sessionsteilnahmegarantie (Art. 20 ParlG). 49

5. Öffentlichkeit
(Art. 158 BV)

Die Sitzungen der Räte und der Vereinigten Bundesversammlung sind *öffentlich* (Art. 158 Satz 1 BV; zur Öffentlichkeit von Kommissionsverhandlungen vgl. Rz. 37 ff.). 50

449

- *Alle Interessierten* können auf den Besuchertribünen die Verhandlungen der beiden Räte mitverfolgen, soweit Platz vorhanden ist.
- Die im Bundeshaus akkreditierten *Journalisten* sind zu den Pressetribünen zugelassen; sie erhalten alle Drucksachen, schriftlichen Berichte und Mitteilungen, und zwar gleichzeitig mit den Ratsmitgliedern. *Radio und Fernsehen* dürfen die Verhandlungen für Informationssendungen teilweise aufzeichnen. Direktübertragungen und vollständige Wiedergaben sind nur mit Zustimmung des jeweiligen Büros gestattet.
- Die Verhandlungen beider Räte und der Vereinigten Bundesversammlung werden im *Amtlichen Bulletin der Bundesversammlung* vollständig zugänglich gemacht (Art. 4 Abs. 1 Satz 2 ParlG).

51 Das Gesetz kann Ausnahmen vom Grundsatz der Öffentlichkeit vorsehen (Art. 158 Satz 2 BV). Eine *geheime Beratung* ist zum *Schutz wichtiger Sicherheitsinteressen* oder aus Gründen des *Persönlichkeitsschutzes* zulässig. Ein Sechstel der Ratsmitglieder, die Mehrheit einer Kommission oder der Bundesrat können entsprechende Anträge stellen, über die in geheimer Sitzung beraten und beschlossen wird (Art. 4 Abs. 2 und 3 ParlG).

6. Sitzungsdisziplin

52 Verstösst ein Ratsmitglied gegen Ordnungs- und Verfahrensvorschriften der Räte, so wird es vom Ratspräsidenten zunächst ermahnt; beim zweiten Mal droht dem fehlbaren Mitglied *Wortentzug* oder *Sitzungsausschluss* (Art. 13 Abs. 1 ParlG). In schweren Fällen oder wenn das Amtsgeheimnis verletzt wird kann das zuständige Ratsbüro dem Abgeordneten einen *Verweis* erteilen oder ihn *bis zu sechs Monaten aus seinen Kommissionen ausschliessen* (Art. 13 Abs. 2 ParlG).

V. Beratung und Beschlussfassung

1. Einbringen und Rückzug von Beratungsgegenständen

53 Die *Beratungsgegenstände*, mit denen sich die Bundesversammlung befasst, bestehen hauptsächlich in Entwürfen zu Bundesgesetzen und Bundesbeschlüssen, in Berichten des Bundesrats und Berichten parla-

mentarischer Kommissionen sowie in Wahlvorschlägen (Art. 71 ParlG).

Beratungsgegenstände können in den Räten *eingebracht* werden: 54
- durch einzelne *Abgeordnete* oder *parlamentarische Kommissionen,* entweder direkt mit Hilfe einer parlamentarischen Initiative (Art. 160 Abs. 1 BV) oder indirekt, d.h. über den Bundesrat, mit Hilfe einer Motion oder eines Postulats (Art. 171 BV);
- durch den *Bundesrat* aufgrund seines allgemeinen Vorschlagsrechts (Art. 181 BV);
- durch einen *Kanton* auf dem Weg der Standesinitiative (Art. 160 Abs. 1 BV).

Beratungsgegenstände können *von ihren Urhebern zurückgezogen* wer-   55
den, bis ein Rat erstmals darüber Beschluss gefasst hat (Art. 73 Abs. 1 ParlG). Von diesem Grundsatz bestehen zwei *Ausnahmen:*
- *Parlamentarische Initiativen und Standesinitiativen* können nicht mehr zurückgezogen werden, sobald die vorberatende Kommission sie unterstützt (Art. 73 Abs. 2 ParlG).
- *Vom Bundesrat eingebrachte Beratungsgegenstände* können überhaupt nicht mehr zurückgezogen werden (Art. 73 Abs. 3 ParlG).

2. Beratung

Für Erlasse der Bundesversammlung – Bundesgesetze, Verordnungen   56
der Bundesversammlung, Bundesbeschlüsse und einfache Bundesbeschlüsse – ist die Übereinstimmung beider Räte erforderlich (Art. 156
Abs. 2 i.V.m. Art. 163 BV; Art. 83 Abs. 1 ParlG). Die Erlasse müssen
also *vom Nationalrat und vom Ständerat in getrennter Abstimmung mit
dem gleichen Wortlaut gutgeheissen* werden. Weil beide Kammern
gleichberechtigt sind, bedingt dies eine Reihe teils komplizierter Eini-
gungsmechanismen.
Das im folgenden skizzierte Verfahren gilt für die Beratung von *Sachgeschäften.*
Zum Prozedere bei *Wahlen* vgl. Rz. 81 ff. sowie hinten § 37/III (für die Bundesratswahlen) und § 41/III (für die Wahlen in das Bundesgericht).

a. *Behandlung durch den Erstrat*

Bestimmung des Erstrats (Art. 84 ParlG). Erlassentwürfe werden dem   57
Nationalrat oder dem Ständerat zur Erstbehandlung zugewiesen. Die

Ratspräsidien verständigen sich darüber, welcher Kammer die Priorität zukommt.

58   *Vorberatung durch eine Ratskommission* (Art. 44 ParlG). Die Vorlagen gehen zunächst zur Vorberatung an eine – in der Regel ständige – Ratskommission des Erstrates. Die vorberatenden Kommissionen verfügen über keine Entscheidungsgewalt; der Rat ist an ihre Beschlüsse nicht gebunden. Materiell haben die Kommissionsanträge aber grosses Gewicht: Grundlage der anschliessenden Beratung im Plenum ist die Vorlage in der Fassung der Kommission, nicht in jener des Bundesrats.

59   *Beratung im Ratsplenum, Sprechordnung.* Es sprechen – in dieser Reihenfolge – die Berichterstatter der vorberatenden Kommission, die Kommissionsmitglieder, die Fraktionsvertreter (nur im Nationalrat), die Antragsteller, die übrigen Ratsmitglieder. Berichterstatter und Vertreter des Bundesrats erhalten das Wort ausserhalb der Reihe, sobald sie es verlangen. Niemand darf sprechen, ohne vom Ratspräsidium das Wort erhalten zu haben. Im Nationalrat darf einem Redner – sofern er damit einverstanden ist – am Schluss seines Votums zu einem bestimmten Punkt seiner Ausführungen eine kurze und präzise Zwischenfrage gestellt werden, welche vom Redner sofort zu beantworten ist.

60   *Eintretensdebatte* (Art. 74 Abs. 1 ParlG). Der Rat debattiert und beschliesst zunächst über die *Grundsatzfrage*, ob er die Vorlage überhaupt im Einzelnen beraten will. Wird Eintreten abgelehnt, geht das Geschäft an den Zweitrat. Bei bestimmten Vorlagen ist *Eintreten obligatorisch*, nämlich bei Volksinitiativen, Voranschlägen, Geschäftsberichten, Rechnungen und bei der Gewährleistung kantonaler Verfassungen (Art. 74 Abs. 3 ParlG).

61   *Detailberatung* (Art. 74 Abs. 2 ParlG). Hat der Rat Eintreten beschlossen, so berät er anschliessend den Erlassentwurf artikelweise (Art. 74 Abs. 2 ParlG). Er kann den Entwurf aber auch ganz oder teilweise an den Bundesrat oder die Kommission zur Überprüfung oder Änderung zurückweisen (Art. 75 ParlG; vgl. auch Art. 87 ParlG). Zum Abstimmungsverfahren bei Anträgen vgl. Rz. 73 f.

62   *Gesamtabstimmung* (Art. 74 Abs. 4 ParlG). Ist die Detailberatung abgeschlossen, findet eine Gesamtabstimmung über Annahme oder Verwerfung des Entwurfs statt. Die Vorlage geht in der vom Erstrat beschlossenen Fassung an den Zweitrat (Art. 86 Abs. 1 ParlG).

b.   Behandlung durch den Zweitrat

Die Beratung durch den Zweitrat spielt sich *grundsätzlich gleich* ab wie 63
zuvor die Beratung im Erstrat. Gegenstand der Beratung bildet aber die
Vorlage in der Fassung, wie sie vom Erstrat beschlossen wurde (und
nicht in der Fassung des Bundesrats).

Ist der Erstrat auf die Vorlage nicht eingetreten, so beschränkt sich der 64
Zweitrat auf die Frage des Eintretens. Würde er eine Detailberatung
durchführen, so ginge das Prioritätsrecht des Erstrats verloren.

c.   Differenzbereinigung

Eine Differenzbereinigung findet statt, wenn 65
– beide Räte die Vorlage zwar im Detail durchberaten sowie in der
  Gesamtabstimmung gutgeheissen haben, *aber*
– die Beschlüsse der Kammern im Wortlaut auseinandergehen.
Die folgenden Beratungen beziehen sich grundsätzlich *nur noch auf die
Differenzen* (Art. 89 Abs. 2 ParlG).

Bestehen *nach drei Detailberatungen in jedem Rat* immer noch Differen- 66
zen, so wird eine *Einigungskonferenz* aus Mitgliedern der beiden vorberatenden Kommissionen einberufen (Art. 91 ParlG). Die Einigungskonferenz hat den Auftrag, eine *Verständigungslösung* zu suchen, welche alle verbliebenen Differenzen gesamthaft bereinigt. Sie *muss* den
Räten Antrag stellen, notfalls – wenn eine materielle Lösung nicht
zustande kommt – den Antrag auf Abschreibung des Geschäfts (Art. 92
Abs. 3 ParlG). Die Vorlage geht mit dem Antrag der Einigungskonferenz zurück an den Erstrat und, sofern dieser dem Einigungsantrag
zustimmt, an den Zweitrat. Scheitert der Einigungsantrag in einem Rat,
so wird die Vorlage abgeschrieben (Art. 93 ParlG).

d.   Differenzregelung für besondere Fälle

Das Differenzbereinigungsverfahren dient der Kompromisssuche. Es 67
kann daher nur bei verhandelbaren Differenzen durchgeführt werden.
Bei *nicht verhandelbaren Differenzen* fällt es ausser Betracht. Im *Rechtsetzungsverfahren* liegen nicht verhandelbare Differenzen vor, wenn die
abweichenden Beschlüsse der beiden Kammern sich beziehen auf (Art.
95 Bst. a und b ParlG):

– das *Eintreten* auf die Vorlage bzw. (was in der Sache vergleichbar ist) auf den Entscheid, ob einer parlamentarischen Initiative oder einer Standesinitiative *Folge* gegeben werden soll;

– die *Annahme oder Verwerfung* der Vorlage *in der Gesamtabstimmung.*

Wenn der Rat, der auf die Vorlage nicht eingetreten war oder sie in der Gesamtabstimmung verworfen hatte, seinen Beschluss in einer zweiten Beratung *bestätigt,* so wird dieser *endgültig.* Die Vorlage wird dann von der Geschäftsliste *gestrichen.*

68 Diese Regelung ist auch anwendbar auf den Fall, wo die Kammern von vornherein nur über eine *Vorlage als Ganzes* zu beschliessen haben und diese Beschlüsse auseinandergehen. Dies trifft namentlich zu auf (vgl. Art. 95 Bst. c, d, h ParlG):

– die Genehmigung oder Nichtgenehmigung eines Staatsvertrags;

– die Gewährleistung oder Nichtgewährleistung einer Kantonsverfassung;

– die Genehmigung von Verordnungen des Bundesrats, soweit eine solche gesetzlich vorgesehen ist.

69 Bei der *Gültig- oder Ungültigerklärung einer Volksinitiative* gilt ein vergleichbares Vorgehen, wenn auch im umgekehrten Sinn: Weichen die Beschlüsse der beiden Räte in Bezug auf die Gültigkeit einer Volksinitiative voneinander ab und bestätigt der Rat, der die Gültigkeit *bejaht* hatte, seinen Beschluss, so ist die Initiative als gültig zu betrachten (Art. 98 ParlG).

e.   Dringlichkeit

70 Über die allfällige Dringlicherklärung eines Bundesgesetzes berät und beschliesst das Parlament erst nach erfolgter Differenzbereinigung (Art. 77 Abs. 1 und 2 ParlG). Kommt ein übereinstimmender Beschluss beider Räte über die Dringlichkeit nicht zustande (Art. 95 Bst. f ParlG), so wird die Dringlichkeitsklausel durch die übliche Referendumsklausel ersetzt, sofern es die Räte nicht vorziehen, den Gesetzesentwurf überhaupt abzuschreiben (Art. 77 Abs. 3 ParlG).

f. Redaktion

Nach abgeschlossener Differenzbereinigung, aber noch *vor* der Schluss- 71
abstimmung geht die Vorlage an die *Redaktionskommission*. Die Redaktionskommission legt den endgültigen Wortlaut der Erlasse fest: Sie
beseitigt formale Widersprüche und sorgt für die Übereinstimmung der
Texte in allen Amtssprachen. Zu materiellen Änderungen ist sie nicht
befugt (Art. 57 ParlG).

g. Schlussabstimmung

Am letzten Sitzungstag jeder Session kommen die durchberatenen und 72
fertig redigierten Erlasse – Bundesgesetze, Verordnungen der Bundesversammlung und referendumspflichtige Bundesbeschlüsse, nicht aber
einfache Bundesbeschlüsse – zur Schlussabstimmung in beide Räte. *Die
Schlussabstimmung hat konstitutive Wirkung.* Wird die Vorlage von
einem oder von beiden Räten verworfen, so ist der Erlass nicht zustande gekommen (Art. 81 ParlG).

3. Abstimmungen

a. Abstimmungsverfahren

Für Abstimmungen gelten *im Allgemeinen* folgende Regeln (Art. 78 73
ParlG):

- Gibt es zu einem Beratungspunkt *nur einen einzigen Antrag,* so wird
  auf die Abstimmung grundsätzlich verzichtet. Unbestrittenes gilt als
  stillschweigend wie beantragt beschlossen, es sei denn, das Gesetz
  schreibe ausdrücklich eine Abstimmung vor. So sind Gesamtab-
  stimmungen, Abstimmungen über die Dringlichkeitsklausel und
  Schlussabstimmungen immer durchzuführen, auch wenn der Vorlage keine Opposition erwächst (Art. 74 Abs. 4, Art. 77 und Art. 81
  ParlG).
- Liegen zum selben Abstimmungsgegenstand *zwei Anträge* vor, so
  werden sie einander unmittelbar gegenübergestellt. Ist dies von der
  Sache her nicht möglich, sind die Anträge einzeln zur Abstimmung
  zu bringen.

Bei drei und mehr Anträgen zu ein und demselben Abstimmungsge- 74
genstand kommt es zu einer *Eventualabstimmung* (Art. 79 ParlG).

- Von mehreren Anträgen zur gleichen Frage werden *immer zwei einander gegenübergestellt.* Das Resultat einer Abstimmung wird mit dem nächsten Antrag konfrontiert. Die Abgeordneten haben somit jeweils einer von zwei Varianten den Vorzug zu geben.
- Die verschiedenen Anträge müssen *in einer bestimmten Reihenfolge* zur Abstimmung gebracht werden. Soweit möglich sind jeweils Anträge mit der kleinsten inhaltlichen Differenz zu konfrontieren, so dass die zwei Anträge, die zuletzt übrig bleiben, noch eine echte Wahl in der Sache ermöglichen. Versagen diese *inhaltlichen* Kriterien, so kommen *formale* Gesichtspunkte zum Zug: Nacheinander werden die Anträge einzelner Ratsmitglieder, der Kommissionsminderheiten und des Bundesrats ausgemehrt; der obsiegende Antrag wird alsdann dem (insoweit privilegierten) Antrag der Kommissionsmehrheit gegenübergestellt.

Für technische Einzelheiten und Beispiele MORITZ VON WYSS, Maximen und Prinzipien des parlamentarischen Verfahrens, Zürich 2001, S. 213 ff.

b. Erforderliches Mehr

75   In jedem Rat entscheidet grundsätzlich die *absolute Mehrheit der Stimmenden* (Art. 159 Abs. 2 BV). Stimmenthaltungen werden nicht gezählt; sie fallen also für die Berechnung des absoluten Mehrs nicht in Betracht.

76   Eine *qualifizierte Mehrheit,* nämlich die Mehrheit aller Mitglieder in jedem der beiden Räte, ist in zwei Fällen erforderlich (Art. 159 Abs. 3 BV):

- zur Dringlicherklärung von Bundesgesetzen;
- bei Beschlüssen über neue Ausgaben von bestimmter Höhe (so genannte Ausgabenbremse).

In diesen Fällen wirken Enthaltungen und Abwesende wie Neinstimmen.

77   Der *Präsident* stimmt nur bei Vorlagen mit, welche das qualifizierte Mehr benötigen (Art. 80 Abs. 2 ParlG; Rz. 76). Ansonsten beteiligt er sich nicht an den Abstimmungen. Bei Stimmengleichheit gibt er den *Stichentscheid* (Art. 80 Abs. 1 ParlG).

c. *Abstimmungsweise und Veröffentlichung der Ergebnisse*

Im *Nationalrat* wird in der Regel mit Hilfe des elektronischen Ab- 78
stimmungssystems abgestimmt.

Im *Ständerat* erfolgt die Stimmabgabe in der Regel durch Handerheben. 79

Die Ratsreglemente bestimmen, in welchen Fällen das *Stimmverhalten* 80
der einzelnen Abgeordneten in Form einer Namensliste *veröffentlicht*
wird (Art. 82 ParlG).
Im Ständerat werden Namenslisten auf Verlangen von 10 Ratsmitgliedern veröffentlicht, im Nationalrat auf Verlangen von 30 Ratsmitgliedern sowie in einigen
weiteren Fällen.

4. Wahlen

Wahlen obliegen grundsätzlich der *Vereinigten Bundesversammlung* 81
(Art. 157 Abs. 1 Bst. a BV). Es versteht sich aber von selbst, dass Wah-
len in Organe des National- bzw. des Ständerats von der jeweiligen
Kammer allein vorgenommen werden (vgl. Art. 152 und 153 BV).

Bei *Einzelwahlen*, z.B. bei der Wahl des Ratspräsidiums, ist gewählt, 82
wer die absolute Mehrheit der Stimmen erreicht; leere und ungültige
Stimmzettel zählen nicht. Nötigenfalls werden mehrere Wahlgänge
durchgeführt, dabei scheiden Kandidaten mit der jeweils geringsten
Stimmenzahl aus. Bei Stimmengleichheit kommt es zu einer Stichwahl;
führt diese wieder zu Stimmengleichheit, so entscheidet das Los. Nach
dem Verfahren der Einzelwahl wird auch der Bundesrat bestellt (hinten
§ 37/III).

An Wahlen nimmt der *Ratspräsident* wie ein gewöhnliches Ratsmit- 83
glied teil; nötigenfalls zieht er das *Los*.

In beiden Räten und in der Vereinigten Bundesversammlung sind Wah- 84
len *schriftlich und geheim* (Art. 130 ParlG).

VI. Vereinigte Bundesversammlung

Für einige wenige Geschäfte tagen National- und Ständerat gemeinsam 85
als Vereinigte Bundesversammlung, nämlich:

- für *Wahlen* und *Begnadigungen* sowie zum Entscheid über *Zuständigkeitskonflikte zwischen den obersten Bundesbehörden* (Art. 157 Abs. 1 BV);
- bei *besonderen Anlässen*, beispielsweise bei Staatsempfängen oder Trauerfeierlichkeiten (Art. 157 Abs. 2 BV);
- zur *Entgegennahme von Erklärungen des Bundesrats* zu wichtigen Angelegenheiten wie Kriegsereignissen und dergleichen (Art. 157 Abs. 2 BV).

Art. 157 Abs. 1 BV zählt die Beschlusszuständigkeiten der Vereinigten Bundesversammlung *abschliessend* auf; Regel ist die getrennte Verhandlung. Dies ergibt sich nicht nur aus der Grundentscheidung des Verfassungsgebers für ein Parlamentssystem mit zwei einander gleichgestellten Kammern (Art. 148 Abs. 2 BV). Auch ein Vergleich der einschlägigen Normtexte führt zum selben Schluss: Art. 156 Abs. 1 BV legt vorbehaltlos fest, Nationalrat und Ständerat verhandelten „getrennt"; als Vereinigte Bundesversammlung tagen sie, „um" die in Art. 157 Abs. 1 BV genannten Geschäfte zu erledigen – und zu keinem anderen Zweck, sieht man von den formellen Anlässen nach Abs. 2 ab. Das Gesetz darf der Vereinigten Bundesversammlung darum keine weiteren Beschlusszuständigkeiten zuweisen.

86 Zu den Verhandlungen der Vereinigten Bundesversammlung begeben sich die Mitglieder des Ständerats in den Nationalratssaal. Den Vorsitz führt der Präsident des Nationalrats; ist dieser verhindert, so tritt der Präsident des Ständerats an seine Stelle (Art. 157 Abs. 1 BV; Art. 39 Abs. 2 ParlG). Die Vereinigte Bundesversammlung funktioniert als *einheitliche Kammer*. Entscheidend ist darum die *Mehrheit der stimmenden Mitglieder beider Räte*, sodass dem Ständerat mit seinen 46 Mitgliedern ein wesentlich geringeres Gewicht zukommt als dem Nationalrat mit 200 Abgeordneten (Art. 159 Abs. 2 BV).

87 Der *Geschäftsverkehr* richtet sich sinngemäss nach dem Geschäftsreglement des Nationalrats (Art. 41 ParlG).

VII. Handlungsinstrumente der Abgeordneten

1. Parlamentarische Initiative
(Art. 160 Abs. 1 BV; Art. 107–114 ParlG)

a. Begriff und Funktion

88 Mit einer parlamentarischen Initiative kann der *Entwurf zu einem Erlass der Bundesversammlung* vorgeschlagen werden (Art. 107 ParlG). Der

Vorschlag kann sich auch auf die Grundzüge eines solchen Erlasses beschränken. Parlamentarische Initiativen sind gegenüber dem Instrument des Antrags (Rz. 91 ff.) subsidiär: Sie dürfen nicht ergriffen werden, wenn das Anliegen als Antrag zu einem hängigen Parlamentsgeschäft eingebracht werden könnte (Art. 108 ParlG).

Wie die Legaldefinition zeigt, richtet sich die parlamentarische Initiati- 89 ve unmittelbar an das Parlament. Als *Instrument der parlamentarischen Selbstgesetzgebung* verschafft sie den Abgeordneten die Möglichkeit, ihre Zuständigkeiten selbständig wahrzunehmen, d.h. ohne die sonst übliche Vorbereitung durch den Bundesrat. Zu solcher Selbstgesetzgebung kommt es in drei typischen Situationen (BBl 2001 3510):

– bei Rechtsetzungsvorhaben im Bereich des *Parlamentsrechts;*
– bei *einfachen Rechtsetzungsvorhaben ausserhalb des Parlamentsrechts,* z.B. wenn einzelne wenige Artikel eines Gesetzes geändert werden sollen (in solchen Fällen erweist sich die parlamentarische Initiative im Vergleich zum ordentlichen Gesetzgebungsverfahren als das effizientere Instrument);
– schliesslich für den Fall, dass der Bundesrat eine überwiesene Motion nicht wie gewünscht umsetzt oder von vornherein Widerstand ankündigt (insoweit wirkt die parlamentarische Initiative als *Ersatzinstrument,* mit welchem die Bundesversammlung ihren politischen Willen nötigenfalls auch gegen den Bundesrat durchsetzen kann).

b. *Verfahren*

Zum Verfahren bei parlamentarischen Initiativen vgl. hinten § 45 Rz. 90 65 ff.

2. Anträge
(Art. 160 Abs. 2 BV; Art. 76 ParlG)

a. *Begriff und Funktion*

Ein Antrag ist das *Begehren, über einen hängigen Beratungsgegenstand in* 91 *einer bestimmten Weise zu verhandeln oder in einem bestimmten Sinn zu beschliessen.* Angelehnt an die Etappen des parlamentarischen Verfahrens (Rz. 60 ff.) können sich die Anträge beziehen:
– auf die Frage des Eintretens;

– auf den Wortlaut eines Erlassentwurfs und auf eine allfällige Dringlichkeitsklausel;

– auf die gesamthafte Annahme oder Verwerfung einer bereinigten
Vorlage.

92 Ausser solchen Anträgen zur *Sache* können auch Anträge zum *Verfah-
ren* gestellt werden (so genannte Ordnungsanträge, z.B. Anträge auf
Rückweisung einer Vorlage, Anträge auf Rückkommen, Anträge zur
Sprechordnung usf.).

93 Regelmässig beziehen sich Anträge – wie bereits bemerkt – auf hängige Ratsgeschäfte (Art. 76 Abs. 1 Satz 1 ParlG). Darüber hinaus dürfen Ratsmitglieder aber
auch einer Kommission beantragen, sie möge auf dem Weg einer Kommissionsini-
tiative oder einer Kommissionsmotion bestimmte Geschäfte neu anhängig machen
(Art. 76 Abs. 1 Satz 2 ParlG).

94 Anträge können *von jedem Ratsmitglied an den Rat* bzw. *von jedem
Kommissionsmitglied an die Kommission* gestellt werden. Anträge an die
Kommission, die von der Kommissionsmehrheit abgelehnt wurden,
können im Plenum als Minderheitsanträge aufrechterhalten werden
(Art. 76 Abs. 4 ParlG). Das Antragsrecht ist ein wichtiges Mittel der
Abgeordneten, auf die Gestalt eines Erlasses Einfluss zu nehmen. Es
tritt an die Stelle der bei hängigen Geschäften ausgeschlossenen parla-
mentarischen Initiative.

b.   Verfahren

95 *Ordnungsanträge* müssen in der Regel sofort behandelt werden (Art. 76
Abs. 2 ParlG). Alle *übrigen Anträge* werden behandelt, sobald sich im
Zuge der Beratung die entsprechende Frage stellt. Anträge auf Ände-
rung des Wortlauts einer Vorlage sind schriftlich einzureichen; sie wer-
den allen Ratsmitgliedern in Deutsch und Französisch ausgeteilt. Zum
Abstimmungsprozedere bei zwei und mehr Anträgen vgl. Rz. 73 f.

3.   Aufträge an den Bundesrat (parlamentarische Vorstösse)
(Art. 171 BV; Art. 118–125 ParlG)

a.   Begriff und Funktion im Allgemeinen

96 Die Bundesversammlung kann dem Bundesrat Aufträge erteilen
(Art. 171 Satz 1 BV). Der Terminus „Aufträge" fungiert als *Oberbegriff
für die verschiedenen Arten von parlamentarischen Vorstössen* (Rz. 98 ff.;

so auch AB 1998 S 1243; vgl. RHINOW, Bundesverfassung, S. 275; ULRICH ZIMERLI, Bundesversammlung, in: Verfassungsrecht, § 66 Rz. 23). Vorstösse können von einer parlamentarischen Kommission sowie während einer Session auch von einer Fraktion oder einem Ratsmitglied eingereicht werden (Art. 119 Abs. 1 ParlG). Sie richten sich gewöhnlich an den Bundesrat (Art. 118 Abs. 2 ParlG).

Mittels parlamentarischer Vorstösse können die Räte *auf den Bundesrat* 97 *einwirken* und ihn zu bestimmten Handlungen verpflichten. Je nach Art des Vorstosses gehen die Verpflichtungen unterschiedlich weit. Die Motion ist die schärfste, die Anfrage die schwächste Form des Vorstosses. Je weiter die Verpflichtungen gehen, die dem Bundesrat auferlegt werden können, desto höher liegen auch die Hürden, die im Parlament zu überwinden sind, bevor ein Vorstoss an den Bundesrat überwiesen werden kann.

b. Verfahren bei Motionen

Die Motion *beauftragt* den Bundesrat, einen *Entwurf zu einem Erlass der* 98 *Bundesversammlung vorzulegen* oder eine *Massnahme zu treffen* (Art. 120 Abs. 1 ParlG). Sie ist mit anderen Worten ein Mittel, den Bundesrat anzuhalten, von seinem Initiativrecht nach Art. 181 BV Gebrauch zu machen. Motionen können freilich auch auf Massnahmen zielen, die im *Zuständigkeitsbereich des Bundesrats* liegen (so genannte unechte Motion; Art. 120 Abs. 2 ParlG). In keinem Fall darf mittels Motion auf ein Verwaltungs- oder Beschwerdeverfahren eingewirkt werden (Art. 120 Abs. 3 ParlG).
Zum Streit über die Zulässigkeit „unechter" Motionen z.B. MARTIN GRAF, Gewaltenteilung und neue Bundesverfassung, ZBl 2000, S. 1, 11 ff.; PHILIPPE MASTRONARDI, in: St. Galler Kommentar, Art. 171 Rz. 12 ff.; RHINOW, Bundesverfassung, S. 275 f.; SAMUEL SCHMID, Aufträge an den Bundesrat, in: Bundesbehörden, S. 95, 99 ff.; MORITZ VON WYSS, Die Bundesversammlung als oberste Gewalt des Bundes, in: Akzente, S. 251, 260 ff.

Eingereichte Motionen werden an den Bundesrat weitergeleitet, wel- 99 cher in der Regel *bis zur nächsten Session* Stellung nimmt sowie Antrag auf Annahme oder Ablehnung der Motion stellt. Wird die Motion vom Rat, in welchem sie eingereicht wurde, gutgeheissen, so geht das Geschäft – von Ausnahmen abgesehen – an den anderen Rat. Stimmt auch dieser zu, so ist gilt die Motion als erheblich erklärt, d.h. der Auftrag an den Bundesrat ist zustande gekommen. Der Bundesrat erledigt den

Auftrag, indem er die verlangte Massnahme trifft oder einen entsprechenden Erlassentwurf ausarbeitet (Art. 121 f. ParlG).

Zu den Behandlungsfristen vgl. Art. 119 Abs. 4 ParlG (die Motion kann abgeschrieben werden, wenn der Rat sie zwei Jahre nach Einreichung noch nicht abschliessend behandelt hat) sowie Art. 122 ParlG (ist eine überwiesene Motion nach zwei Jahren noch nicht erfüllt, so muss der Bundesrat dem Parlament jährlich darüber berichten, was er zur Erfüllung des Auftrags bisher unternommen hat und wie er den Auftrag zu erfüllen gedenkt).

c. Verfahren bei Postulaten

100   Ein Postulat *beauftragt* den Bundesrat *zu prüfen und Bericht zu erstatten,* ob ein Entwurf zu einem Erlass der Bundesversammlung vorzulegen oder eine Massnahme zu treffen sei. Es können ferner Berichte zu anderen Gegenständen verlangt werden (Art. 123 ParlG).

101   Auch zu Postulaten muss der Bundesrat *bis zur nächsten Session* Stellung beziehen und sich erklären, ob er bereit ist, das Postulat entgegenzunehmen. Anders als bei der Motion reicht aber zur Erheblicherklärung die Zustimmung des Rats, dem der Postulant angehört. Der Bundesrat erfüllt ein überwiesenes Postulat, indem er der Bundesversammlung Bericht erstattet – sei es in einem separaten Bericht, im Geschäftsbericht oder in einer Botschaft zu einem Erlassentwurf (Art. 124 Abs. 3 ParlG; für die Fristen vgl. Rz. 99 a.E. sinngemäss).

d. Verfahren bei Interpellationen und Anfragen

102   Mit einer Interpellation oder einer Anfrage wird der Bundesrat aufgefordert, über Angelegenheiten des Bundes *Auskunft* zu geben (Art. 125 Abs. 1 ParlG). Anders als Motion und Postulat, die den Bundesrat – wenn auch mit unterschiedlicher Verbindlichkeit – zum Handeln verpflichten, sind Interpellation und Anfrage *reine Frageinstrumente;* im Wesentlichen erschöpfen sie sich mit der entsprechenden Antwort des Bundesrats. Bei Interpellationen kann der Rat immerhin Diskussion beschliessen (vgl. Art. 125 Abs. 4 und 5 ParlG).

103   Der Bundesrat verfasst seine Antwort in der Regel *bis zur nächsten Session.* Interpellationen und Anfragen können dringlich erklärt werden (Art. 125 Abs. 3 ParlG). Dringliche Interpellationen werden in der gleichen Session beantwortet und im Rat behandelt; dringliche Anfra-

gen werden – da eine Diskussion im Rat unzulässig ist – innert dreier Wochen schriftlich beantwortet.

4. Tabellarischer Überblick

Der Überblick beschränkt sich auf die parlamentarischen Vorstösse. 104
Zum Verfahren bei parlamentarischen Initiativen vgl. hinten § 45 Rz.
65 ff.; zum Verfahren bei Anträgen vgl. oben Rz. 91 ff.

	Motion	Postulat	Interpellation	Anfrage
Auftrag an den Bundesrat	Vorlage, Massnahme	Prüfung, Bericht	Auskunft	Auskunft
Dringlich-erklärung	Nicht möglich	nicht möglich	möglich	möglich
Tätigkeit des Bundesrats	Stellungnahme, Erklärung	Stellungnahme, Erklärung	Antwort	Antwort
Diskussion	immer möglich	immer möglich	durch Ratsbeschluss	nicht möglich
Beschluss der Bundesvers.	Überweisung nur durch beide Räte	Überweisung durch einen Rat	----	----

§ 35 Verhältnis der Bundesversammlung zu Bundesrat und Bundesgericht

I.   Das Verhältnis im Allgemeinen

1.   Suprematie der Bundesversammlung?

1   Art. 148 BV weist der Bundesversammlung „die oberste Gewalt im Bund" zu; vorbehalten bleiben einzig „die Rechte von Volk und Ständen", d.h. die direktdemokratischen Wahl- und Entscheidungsbefugnisse. Der Verfassungswortlaut legt den Gedanken nahe, die *Bundesversammlung* sei den zwei anderen obersten Bundesbehörden – Bundesrat und Bundesgericht – *übergeordnet*. Die Frage, ob und wieweit eine solche „Suprematie" besteht, lässt sich nicht mit dem Hinweis unter den Teppich kehren, die obersten Bundesbehörden (besonders Parlament und Regierung) seien zu ständiger Kooperation verpflichtet und die Grenzen der jeweiligen Kompetenzbereiche daher ohnehin durchlässig. Die teils erbitterten Auseinandersetzungen zwischen Bundesversammlung und Bundesrat um die Ausgestaltung der parlamentarischen Auftrags- und Aufsichtsinstrumente im neuen Parlamentsgesetz zeigen im Gegenteil, dass es durchaus um bedeutende Machtpositionen gehen kann (vgl. den Bericht der Staatspolitischen Kommission des Nationalrats zum Parlamentsgesetz, BBl 2001 3467, besonders 3485 ff., 3501 ff., und die Stellungnahme des Bundesrats dazu, BBl 2001 5428, besonders 5447 ff., 5453 ff.).

2   Zur Beantwortung der Frage müssen politische und rechtliche Aspekte deutlich unterschieden werden.

– *Politisch* gesehen trifft die Rede von der Suprematie der Bundesversammlung über die anderen Bundesbehörden zu. Der Grund dafür ist die *hervorgehobene demokratische Legitimation* des Parlaments. Nur die Bundesversammlung (genauer: von Bundesrechts wegen der Nationalrat) verfügt dank direkter Volkswahl über unmittelbare demokratische Legitimation. Bundesrat und Bundesgericht dagegen sind – weil durch die Bundesversammlung bestellt – demokratisch nur mittelbar legitimiert.

Eine allfällige Volkswahl der Regierungs- und Gerichtsbehörden, wie manche Kantone sie kennen, würde am Befund nichts ändern. Noch dann bliebe die politische Suprematie des Parlaments erhalten, denn nur das Parlament kann von sich behaupten, zum Zwecke der Volksvertretung gewählt zu sein.

– Vom Politischen darf aber nicht unbesehen auf das Juristische geschlossen werden. *Rechtlich* stellt sich das Suprematieproblem nicht als Legitimations-, sondern als Kompetenzfrage. In diesem Sinne kann von Suprematie nur soweit gesprochen werden, als die Bundesverfassung die Bundesversammlung *zuständig* erklärt, die anderen obersten Bundesbehörden zu *konstituieren* oder sie in deren Zuständigkeitsbereich zu *kontrollieren*, ohne eine Gegenkontrolle gewärtigen zu müssen. Elemente einer solchermassen kompetenzrechtlichen Suprematie lassen sich tatsächlich finden (Rz. 3); sie sind aber nicht besonders zahlreich.

2. Elemente einer rechtlichen Überordnung der Bundesversammlung über Bundesrat und Bundesgericht

Elemente einer kompetenzrechtlichen Überordnung des Parlaments finden sich in der Bundesverfassung wie folgt: 3

– Die Bundesversammlung nimmt die *Wahlen in den Bundesrat und in das Bundesgericht* vor (Art. 168 Abs. 1 BV). Dieses Vorrecht gewinnt seine besondere Bedeutung durch den Umstand, dass sich die Mitglieder des Bundesrats alle vier Jahre, die Mitglieder des Bundesgerichts alle sechs Jahre der Wiederwahl zu stellen haben (Art. 175 Abs. 2 BV; Art. 5 Abs. 1 OG).

– Die Bundesversammlung übt die *Oberaufsicht über Bundsrat und Bundesgericht* aus (Art. 169 BV; dazu die Abschnitte II und III).

– Die Bundesversammlung entscheidet *Kompetenzkonflikte zwischen den obersten Bundesbehörden* (Art. 173 Abs. 1 Bst. i BV) – und zwar nicht nur in Fällen, wo sich Bundesrat und Bundesgericht gegenüberstehen, sondern auch und gerade, wenn die Bundesversammlung selber Streitpartei ist.

– Schliesslich behandelt die Bundesversammlung alle Geschäfte, die in die Zuständigkeit des Bundes fallen und keiner anderen Behörde zugewiesen sind (Art. 173 Abs. 2 BV). Sie verfügt mit anderen Worten zulasten von Bundesrat und Bundesgericht über die *bundesrechtliche Auffangkompetenz*. Die Tragweite dieser Auffangkompetenz wird aber durch die verfassungsrechtliche Grundentscheidung relativiert, wonach jede der drei obersten Bundesbehörden ihre eigene Stamm-

465

funktion hat. Im Bereich der Staatsleitung/Vollziehung bzw. der Rechtspflege ist der Bundesrat bzw. das Bundesgericht genauso „oberste" Behörde wie die Bundesversammlung im Bereich der Rechtsetzung. Auch dort, wo die Bundesverfassung allenfalls schweigt, sind die Rechtsetzungsaufgaben zunächst der Bundesversammlung zugewiesen, die Staatsleitungs- und Verwaltungsaufgaben zunächst dem Bundesrat, die Rechtspflegeaufgaben zunächst dem Bundesgericht. So greift die Auffangkompetenz der Bundesversammlung lediglich bei solchen Bundesaufgaben, die weder unter die Stammfunktion des Bundesrats noch unter jene des Bundesgerichts fallen (vgl. AUBERT, Bundesstaatsrecht, Rz. 1239).

4   *Kein Element* einer rechtlichen Überordnung bildet dagegen Art. *190 BV, wonach *Bundesgesetze für das Bundesgericht massgebend* sind. Zur Bedeutung dieser Norm vorn § 8 Rz. 6 ff.

3.   Faktischer Kompetenzvorsprung des Bundesrats vor der Bundesversammlung

5   Die Erfahrung zeigt, dass die Bundesversammlung in vielfältiger Weise auf die *Sachkunde der Bundesverwaltung* angewiesen ist. Die Parlamentsdienste, auch wenn sie in den letzten Jahren fortwährend ausgebaut wurden, vermögen den Informationsrückstand des Parlaments gegenüber der Administration nicht annähernd auszugleichen. Dies zeigt sich nicht zuletzt an der inkonsequenten Konstruktion der parlamentarischen Initiative (hinten § 45 Rz. 65 ff.).

6   Überdies hat die Stellung der Bundesversammlung unter dem *wachsenden Einfluss der Verbände* gelitten. Deren ständige Referendums- und Initiativdrohungen nötigen die politischen Behörden zu Kompromisslösungen bereits im Vorverfahren der Gesetzgebung. So ist neben die parlamentarische Vertretung der politischen Parteien schon längst als zweite Repräsentationsebene der vorparlamentarische Verhandlungstisch der organisierten Interessen getreten. Insbesondere Expertenkommissionen rekrutieren sich zu erheblichen Teilen aus Verbandsvertretern. Auch im Vernehmlassungsverfahren haben die organisierten Interessen – namentlich die Spitzenverbände – oftmals entscheidenden Einfluss auf Schicksal und Gestaltung eines Rechtsetzungsvorhabens.

II. Oberaufsicht der Bundesversammlung über den Bundesrat

(Art. 169 Abs. 1 BV; Art. 26, 50–55, 142–148, 153–158, 163–171 ParlG)

1. Begriff, Funktion und Arten der Oberaufsicht

Mit der Wendung „Oberaufsicht ... über den Bundesrat und die Bundesverwaltung" bezeichnet Art. 169 Abs. 1 BV die Gesamtheit jener Kompetenzen, welche eine *politische Kontrolle des Parlaments über Regierung und Verwaltung* ermöglichen. In den Worten von REGINA KIENER (Die Informationsrechte der parlamentarischen Kommissionen, Bern 1994, S. 223 f.): 7

> „Während die ältere Lehre die Oberaufsicht zu den parlamentarischen Regierungs- und Verwaltungskompetenzen zählte, wird sie heute als parlamentarische Funktion sui generis verstanden ... Nach dem von *Richard Bäumlin* geprägten, weiten Begriff der ‚Kontrolle durch Zusammenwirken' realisieren sich Kontrollen überall dort, ‚wo sich eine Instanz vor der anderen rechtfertigen muss'. Kontrollmomente ergeben sich demnach, sobald Parlament und Regierung von Verfassung wegen in gemeinsamer Verantwortung zusammenwirken. Kontrolle bedeutet nach diesem Konzept nicht mehr nur ‚Kontrolle über fremde Amtsführung', sondern beinhaltet eine wechselseitige Kontrolle der Inhaber von Teilfunktionen am Regierungsprozess, an dem sowohl Regierung, Parlament und Volk beteiligt sind. Innerhalb dieses weit gefassten Kontrollkonzepts stellt die in Art. 85 Ziff. 11 aBV [heute: Art. 169 BV] der Bundesversammlung zugesprochene Kompetenz zur Oberaufsicht nur eine besondere Funktion in einem Geflecht verschiedener anderer Verwaltungskontrollen dar."

Oberaufsicht ist mithin nicht gleichzusetzen mit Einseitigkeit und Überordnung. Vielmehr ist sie eingebettet in den *Kontext grundsätzlich gleichgeordneter oberster Staatsorgane,* die sich kraft ihrer je eigenen Stammfunktion am politischen Prozess mit gleichem Recht beteiligen und die daher auf lange Sicht miteinander auskommen müssen.

Die Oberaufsicht hat folgende *Funktionen:* Einerseits zwingt sie die Regierung zur öffentlich wahrnehmbaren *Rechenschaftsablage;* andererseits soll sie das *Vertrauen der Bevölkerung* in die Regierung erhalten und stärken. 8

In zeitlicher Hinsicht lassen sich zwei *Arten* der Oberaufsicht unterscheiden. Von *nachträglicher* Oberaufsicht spricht man, wenn die Kontrolle erst nach Abschluss eines Geschäfts einsetzt, von *begleitender* 9

Oberaufsicht dagegen, wenn sich die parlamentarischen Aufsichtsorgane bereits während der Projektbearbeitung durch den Bundesrat einschalten.

2. Gegenstand, Adressat und Kriterien der Oberaufsicht

10   Die Oberaufsicht des Parlaments erstreckt sich auf die *gesamte Tätigkeit* des Bundesrats und der von ihm beaufsichtigten zentralen und dezentralen Bundesverwaltung. Sie erfasst sämtliche Akte dieser Organe, handle es sich um Rechts- oder um Tathandlungen.

11   Adressat der Oberaufsicht ist ausschliesslich der *Bundesrat.* Er allein ist der Bundesversammlung gegenüber verantwortlich, nicht das einzelne Amt oder der einzelne Beamte.

12   Art. 26 Abs. 3 ParlG zufolge überprüft die Bundesversammlung die Tätigkeit von Bundesrat und Bundesverwaltung auf *Rechtmässigkeit, Ordnungsmässigkeit, Zweckmässigkeit, Wirksamkeit und Wirtschaftlichkeit.*

3. Informationsmittel

13   Kontrolle setzt Information voraus. Die Bundesversammlung im Allgemeinen und die Aufsichtskommissionen im Besonderen können auf zahlreiche Informationsmittel zurückgreifen. Zu unterscheiden sind grundsätzlich (vgl. KIENER, [Rz. 7], S. 102 f.):
   - Rechte zur *Fremdinformation.* Fremdinformationen sind Informationen, die von der Exekutive oder von externen Dritten bereitgestellt werden. Es handelt sich aus der Sicht des Parlaments um *Sekundärquellen.* Als Mittel zur Beschaffung von Fremdinformationen stehen im Vordergrund: die Interpellation und die Anfrage zur Kontrolle *einzelner* Vorgänge oder Bereiche (Art. 125 ParlG), ferner die Geschäftsberichte zur jährlich wiederkehrenden *allgemeinen* Kontrolle der Verwaltung (Art. 144 ParlG).
   - Rechte zur *Selbstinformation.* Selbstinformationen sind Informationen, die vom Parlament oder seinen Kommissionen selbständig und direkt eingeholt werden. Als solche *Primärquellen* wirken z.B. Akteneinsicht, Inspektion oder Augenschein. Die Aufsichtskommissionen verfügen über besondere Informationsrechte, die über jene der

gewöhnlichen Parlamentskommissionen deutlich hinausgehen (Art. 153 ParlG im Gegensatz zu Art. 150 ParlG).

Damit die parlamentarische Oberaufsicht auch in sensiblen Bereichen   14
der Staatstätigkeit sichergestellt bleibt, bestimmt Art. 169 Abs. 2 BV, dass „den vom Gesetz vorgesehenen besonderen Delegationen von Aufsichtskommissionen ... keine Geheimhaltungspflichten entgegengehalten" werden können. Von diesem *Informationsprivileg* profitieren zur Zeit die *Finanzdelegation* und die *Geschäftsprüfungsdelegation* (Art. 51 und 53 ParlG) sowie allfällige *Parlamentarische Untersuchungskommissionen* (Art. 166 Abs. 1 ParlG; Rz. 19). Gemäss Art. 154 ParlG beinhaltet es u.a.:

– das Recht zur Zeugeneinvernahme;
– das Recht, geheime Akten des Staatsschutzes oder des Nachrichtendienstes zu konsultieren;
– das Recht, Unterlagen einzusehen, die der unmittelbaren Entscheidfindung des Bundesrats dienen – im Klartext: Anträge und Aussprachepapiere an den Bundesrat sowie Mitberichte der Departemente (vgl. Art. 15 RVOG).

4. Kommissionen der Oberaufsicht

Vier eigens dafür geschaffene ständige Kommissionen befassen sich   15
fortlaufend mit der Oberaufsicht, nämlich:

– die *Geschäftsprüfungskommissionen* beider Räte für die Oberaufsicht über die allgemeine Geschäftsführung des Bundes (Art. 52 i.V.m. Art. 26 Abs. 1 ParlG);
– die *Finanzkommissionen* beider Räte für die Oberaufsicht über den Finanzhaushalt des Bundes (Art. 50 i.V.m. Art. 26 Abs. 2 ParlG).

Zu den aus diesen Kommissionen gebildeten *zwei Aufsichtsdelegationen* vgl. § 34 Rz. 31 f.

Zu den Kommissionen der Oberaufsicht zählen im Weiteren die *Par-*   16
lamentarischen Untersuchungskommissionen (Art. 163 ParlG; Rz. 19).

5. Instrumente der Oberaufsicht

Wie die Oberaufsicht selbst sind auch ihre Instrumente und Sanktionen   17
politischer Natur. Erlasse und Verfügungen der beaufsichtigten Behörden und Amtsstellen dürfen von den Geschäftsprüfungskommissionen oder von der Bundesversammlung nicht aufgehoben oder geändert

werden (Art. 26 Abs. 4 Satz 1 ParlG). Auch die Anordnung von Disziplinarmassnahmen ist ihnen verwehrt.

18 Im Wesentlichen verfügt die Bundesversammlung über folgende *ordentlichen Aufsichtsinstrumente:*
– Sie berät und beschliesst über den *Voranschlag* des Bundesrats und nimmt die *Staatsrechnung* ab (Art. 142 ParlG).
– Sie genehmigt den jährlichen *Geschäftsbericht* (Art. 144 f. ParlG). In diesem Bericht orientiert der Bundesrat über die Schwerpunkte seiner Tätigkeit im zurückliegenden Geschäftsjahr; allfällige Abweichungen von den für das Geschäftsjahr massgeblich erklärten Zielen sind zu begründen (Art. 144 Abs. 3 ParlG). Die Bundesversammlung oder auch ein Rat allein kann vom Bundesrat weitere, *besondere Berichte* verlangen (mittels Postulat; Art. 123 Satz 2 ParlG).
– Weiter spricht sich die Bundesversammlung über eine Reihe von *Planungsberichten* aus. Dazu gehören der Bericht über den mehrjährigen *Finanzplan,* der jährlich zusammen mit dem Voranschlag zu unterbreiten ist (Art. 143 ParlG), sowie zu Beginn jeder neuen Legislatur der Bericht über die so genannte *Legislaturplanung* (Art. 146 f. ParlG).
Diese Planung besteht aus den Richtlinien der Regierungspolitik und dem Legislaturfinanzplan. Die *Richtlinien der Regierungspolitik* nennen u.a. die wichtigsten Ziele, die in der neuen Legislaturperiode verfolgt werden sollen, und die jeweiligen prioritären Massnahmen. Der *Legislaturfinanzplan* setzt – abgestimmt auf die in den Richtlinien genannten Prioritäten – den künftigen Finanzbedarf fest und zeigt auf, wie dieser gedeckt werden soll. Die Räte nehmen die Planungsberichte in der Form eines einfachen Bundesbeschlusses zur *Kenntnis;* sie können den Bundesrat mittels *Planungsmotion* beauftragen, eine Planung vorzunehmen oder zu ändern, oder auch bestimmte Vorentscheidungen in Gestalt von *Grundsatz- und Planungsbeschlüssen* treffen (Art. 28 ParlG; vorn § 33 Rz. 21).
– Gesetze, mit denen Rechtsetzungsbefugnisse an den Bundesrat delegiert werden, können vorsehen, dass die entsprechenden Verordnungen der *Genehmigung* durch die Bundesversammlung unterliegen (vgl. Art. 30 und 95 Bst. h ParlG). Auch solche Genehmigungsvorbehalte können als Instrument politischer Kontrolle angesehen werden.

19 Bedürfen bestimmte Vorkommnisse von grosser Tragweite in der Bundesverwaltung der Klärung, so kann die Bundesversammlung das *besondere Instrument* der *Parlamentarischen Untersuchungskommission* einsetzen (Art. 163 ParlG). Parlamentarische Untersuchungskommissi-

onen sind gemeinsame Ad-hoc-Kommissionen beider Räte; sie verfügen über weitreichende Ermittlungs-, Einsichts- und Einvernahmerechte (Art. 165–171 ParlG).

Parlamentarische Untersuchungskommissionen (PUK) werden verhältnismässig selten bestellt. *Beispiele:*

- Kommission zur Untersuchung der Beschaffung von Kampfflugzeugen (Mirage-Affäre; BBl 1964 II 273);
- PUK-EJPD zur Untersuchung der Aktivitäten des Staatsschutzes (Fichen-Affäre; BBl 1990 I 637);
- PUK-EMD zur Untersuchung der Aktivitäten des militärischen Nachrichtendienstes (BBl 1990 III 1293);
- PUK-EVK zur Untersuchung von Problemen bei der Eidgenössischen Versicherungskasse, der damaligen Pensionskasse des Bundes (BBl 1996 V 153).

III. Oberaufsicht der Bundesversammlung über das Bundesgericht

(Art. 169 Abs. 1 BV; Art. 26, 162 ParlG)

Auch die eidgenössische Rechtspflege steht unter der Oberaufsicht der Bundesversammlung (Art. 169 Abs. 1 BV; Art. 26 Abs. 1 ParlG). Der Grundsatz der richterlichen Unabhängigkeit verbietet dem Parlament aber jede Aufsicht materieller oder politischer Natur; es muss sich darauf beschränken, die *formelle Regelmässigkeit der Rechtspflege* zu kontrollieren. Keinesfalls darf auf Einzelfallentscheide inhaltlich eingewirkt werden (Art. 26 Abs. 4 Satz 2 ParlG; hinten § 40/II). Auch die Entfernung missliebiger Richter während laufender Amtszeit fällt ausser Betracht (dazu hinten § 40 Rz. 23). Will das Parlament korrigierend auf die Rechtsprechung einwirken, so muss es das geltende Recht im ordentlichen Rechtsetzungsverfahren entsprechend ändern. Vorbehalten bleibt einzig die Befugnis der Bundesversammlung, Begnadigungen auszusprechen (Art. 157 Abs. 1 Bst. c BV). 20

Gleichzeitig mit dem Bundesrat legt auch das Bundesgericht *Voranschlag, Rechnung* und *Geschäftsbericht* vor (Art. 162 Abs. 1 Bst. a und b ParlG). Der Geschäftsbericht im Besonderen enthält Statistiken über die Anzahl der behandelten Fälle sowie eine Kurzübersicht über die Rechtsprechung. Die Berichte werden durch die Geschäftsprüfungskommissionen beider Räte geprüft und anschliessend von der Bundesversammlung genehmigt (vgl. Art. 142 Abs. 2 und 3, Art. 162 Abs. 2 ParlG). 21

3. Kapitel: Bundesrat

§ 36 Rechtsstellung des Bundesrats

1   Der Bundesrat wirkt als „oberste leitende und vollziehende Behörde des Bundes" (Art. 174 BV; nahezu gleichlautend bereits Art. 95 aBV). Das Wort „Leitung" spricht die Regierungsfunktion des Bundesrats an, das Wort „Vollziehung" dessen Verwaltungsfunktion.

I.   Der Bundesrat als primär staatsleitendes und vollziehendes Organ

1.   Begriff der Regierungsfunktion

2   Die Staatsleitung (oder Regierung im funktionellen Sinn) ist begrifflich nur schwer zu fassen. Näherungsweise lässt sie sich umschreiben als *dauernde und vorausschauende, auf die Wohlfahrt des Volks und die Einheit des Landes bedachte Führung des Gemeinwesens* (vgl. statt vieler KURT EICHENBERGER, in: Kommentar aBV, Art. 95 Rz. 42 ff.). Sie umfasst so vielfältige Tätigkeiten wie: Beurteilen der Lage, Festsetzen von Zielen und Bestimmen der nötigen Mittel, Erarbeiten und Koordinieren von Planungen, Informieren der Bevölkerung, Wahrnehmen von Repräsentationspflichten. Zur Staatsleitung gehört besonders auch das Initiieren von Gesetzgebungsprozessen und Dirigieren der Verwaltungstätigkeiten (Art. 178 Abs. 1, Art. 181 BV). Insofern ist die Regierungsfunktion den Funktionen „Recht setzen" und „Recht vollziehen" vorgelagert, wenn auch nicht unbedingt übergeordnet. Jedenfalls weist sie *offene Ränder* zu diesen anderen Funktionen auf (vgl. EICHENBERGER, a.a.O., Rz. 43).

2. Begriff der Verwaltungsfunktion

Unter Vollziehung (oder Verwaltung im funktionellen Sinn) verstehen   3
wir die *Besorgung gesetzlich übertragener Staatsaufgaben durch das Gemeinwesen.*

Näheres zum Begriff der Verwaltung bei HÄFELIN/MÜLLER, Allgemeines Verwaltungsrecht, Rz. 9 ff.; TSCHANNEN/ZIMMERLI/KIENER, Allgemeines Verwaltungsrecht, S. 1 ff.

3. Einordnung des Bundesrats in die funktionelle Gewaltenteilung

Der Bundesrat versieht zusammen mit der Bundesverwaltung *vorab*   4
exekutive, d.h. staatsleitende und vollziehende Funktionen (dazu im Einzelnen hinten § 38/II und III). Sowenig sich allerdings die Bundesversammlung auf das reine Legiferieren beschränkt, sowenig ist der Bundesrat auf Regieren und Verwalten festgelegt. Gegenteils treten zu seinen exekutiven Stammfunktionen einige gewichtige Aufgaben in den
Bereichen *Rechtsetzung* und *Rechtsprechung* hinzu (hinten § 38/IV und
V).

II. Gleichzeitigkeit von Kollegialprinzip und Departementalprinzip

Art. 177 BV verankert die *beiden Strukturprinzipien* des Bundesrats: das   5
Kollegialprinzip in Abs. 1, das Departementalprinzip in Abs. 2. Die
Prinzipien *greifen eng ineinander:*
- Zwar werden die Geschäfte des Bundesrats *nach Departementen* auf
  die einzelnen Mitglieder verteilt. Dies gilt aber nur für die *Vorberei-*
  tung und den *Vollzug.*
- Muss dagegen über die Geschäfte *Beschluss* gefasst werden, so ist
  dafür grundsätzlich der *Gesamtbundesrat als Regierungskollegium* zuständig.

Immerhin sieht Abs. 3 zur Entlastung des Kollegiums vor, dass be-   6
stimmte Geschäfte den Departementen und Ämtern zur selbständigen
Erledigung zugewiesen werden können, sofern dabei der Rechtsschutz
sichergestellt ist. Die Zuweisung der entsprechenden Entscheidungsbe-

fugnisse ist Sache des Bundesrats (Art. 47 Abs. 1 und 2 RVOG; vgl. Art. 13 RVOV).

7   In seiner Botschaft zum RVOG erläutert der Bundesrat die *Gleichzeitigkeit* von Kollegial- und Departementalprinzip mit folgenden Worten (BBl 1993 III 997, 1011):

> „Die Verfassung verknüpft das Kollegial- mit dem Departementalprinzip. Ein Kollegium von sieben gleichgestellten Mitgliedern bildet die Regierung, die sich selbsttätig zur Handlungseinheit finden muss (Ausland: geführte Kollegien unter einer hervorgehobenen Regierungschefin oder einem hervorgehobenen Regierungschef, häufig auch mit Kabinettsmitgliedern von unterschiedlichem Rang). Jedes Mitglied steht zugleich monokratisch einem der sieben Verwaltungsdepartemente (Ressorts) vor (Ausland: Ministerien, durchwegs in höherer Zahl). Eine Bundespräsidentin oder ein Bundespräsident leitet, jährlich wechselnd, ohne Personal- und Sachprärogativen (Ausland: Premierminister/in oder Ministerpräsident/in; Staatsoberhaupt), die Verfahren des Kollegiums, wofür eine Bundeskanzlei (Ausland: Präsidialamt, Bundeskanzleramt) als allgemeines Stabsorgan zur Verfügung steht. Dazu kommen einzelne Sonderstäbe des Kollegiums. Kollegiumsausschüsse ohne Entscheidungsbefugnisse, aber mit faktischer Prägkraft sind möglich, in der Praxis allerdings eher selten. Die vollkommene Dualität verbindet Regierung und Verwaltung eng, bietet dem Kollegium verlässliche Sachgrundlagen, zersplittert und schwächt indessen faktisch Führung und Aufsicht der Regierung über die Verwaltung."

Einlässlich dazu MARTIN BREITENSTEIN, Reform der Kollegialregierung, Basel/Frankfurt a.M. 1993.

III.   Das Kollegialprinzip insbesondere

1.   Begriff

8   Kollegialprinzip bedeutet (vgl. Art. 4 und 12 RVOG):

– Die *einzelnen Mitglieder* des Bundesrats werden *in gleicher Weise gewählt* und haben im Kollegium *dieselbe rechtliche Stellung*.

– *Entscheide über Bundesratsgeschäfte* gehen vom *gesamten Bundesratskollegium* aus und nicht von den einzelnen Mitgliedern; der Bundesrat ist dafür als Organ politisch verantwortlich. Folgerichtig sind die einzelnen Mitglieder gehalten, diese Entscheide in gleicher Weise mitzutragen.

2. Das Identifikationsgebot und seine Grenzen

Das Kollegialprinzip verlangt von den Mitgliedern des Bundesrats na- 9
mentlich, dass sie sich mit den Entscheidungen des Kollegiums identifi-
zieren und sie nach aussen vertreten (vgl. Art. 12 Abs. 2 RVOG). In
einer *Mehrparteienregierung,* wie sie in der Schweiz üblich ist, resultieren daraus parteiübergreifende Solidarisierungspflichten. Die dem Kollegialprinzip innewohnenden *Identifikationspflichten* lassen sich vor
diesem Hintergrund nur solange ohne Beschädigung der einzelnen
Regierungsmitglieder einhalten, als das Kollegium die Einigung sucht
und förmliche Abstimmungen nach Möglichkeit meidet. Kurz: Das
Kollegialprinzip setzt den parteipolitisch heterogenen Bundesrat *schon
in der Entscheidfindung* unter beträchtlichen *Konsensdruck.*

Es ist unter diesen Umständen wenig sinnvoll, das Verhalten der einzelnen Bundesräte im Kollegium öffentlich zu machen, im Gegenteil: Das Gremium müsste nämlich der ‚Transparenz‘ zuliebe zu regelmässigen Abstimmungen übergehen; damit
aber würde der Einigungsdruck wegfallen und mit ihm ein wesentlicher Vorzug des
Kollegialprinzips. Insofern ist das *Sitzungsgeheimnis von Regierungskollegien* keine
unwichtige *Voraussetzung ihres Funktionierens.*

Auch wenn das Sitzungsgeheimnis und das Identifikationsgebot sinn- 10
voll sind, so müssen doch die *Grenzen des Kollegialprinzips* bewusst
gehalten werden. Man darf das Prinzip nicht so weit treiben, dass ein
unterlegenes Regierungsmitglied am Ende seine *politische oder persönliche Glaubwürdigkeit* einbüsst. Es sind drei typische Situationen zu unterscheiden:

- *Wiederholte Blockbildungen.* Mehrheitsentscheide sind mit dem Kollegialprinzip nicht unvereinbar. Ein Bundesrat muss grundsätzlich
  bereit sein, Geschäfte aus seinem Zuständigkeitsbereich auch dann
  nach aussen zu vertreten, wenn der Entscheid nicht in seinem Sinne
  ausgefallen ist. Allerdings darf das Kollegium nicht dahin kommen,
  die Vertreter einer bestimmten Partei ständig zu majorisieren. Andernfalls würde das Klima im Kollegium über Gebühr belastet. Das
  Kollegialprinzip verlangt von den Mehrheitsparteien die Bereitschaft, auf die Maximierung ihrer Machtposition zu verzichten.
- *Niederlage eines Regierungsmitgliedes in einer grundsätzlichen Frage.*
  Beschliesst das Kollegium in einer grundsätzlichen Frage einen
  Kurs, der den Positionen des federführenden Bundesrats und seiner
  Partei zentral zuwiderläuft, dann muss das unterlegene Mitglied die
  Möglichkeit haben, seinen Standpunkt zu Protokoll zu geben und
  ihn auch publik zu machen. Dabei ist vorausgesetzt, dass die Positi-
  on identitätsbestimmende Bedeutung hat; man muss annehmen

können, die Wähler hätten die Partei des unterlegenen Bundesrats mindestens auch darum gewählt, weil sie diesen Programmpunkt vertreten sehen wollten. Dass das betroffene Regierungsmitglied das Geschäft dennoch ins Parlament bringt, dürfte ihm in der Regel zuzumuten sein – es sei denn, der Entscheid verursache ihm

– *schwere Gewissensnot.* Dann wäre der Betreffende zusätzlich befugt, das Projekt abzugeben und in den Ausstand zu treten – und dies aus seinem eigenen Recht als Grundrechtssubjekt, und nicht erst durch Bewilligung des Kollegiums. Besonderer gesetzlicher Grundlage bedürfte es dafür nicht.

3.   Stärken und Schwächen des Kollegialprinzips

11 Zu den *Vorteilen* des Kollegialprinzips äussert sich der Bundesrat in BBl 1997 III 98, 105 f. wie folgt:

> „Von grosser Bedeutung ist die machtbeschränkende oder machtbrechende Funktion des Kollegiums. Eine Einzelperson kann nie die ganze in der Regierung angelegte Machtfülle an sich ziehen und ausüben ... Sodann kommt das Kollegialprinzip dem Proporzgedanken der schweizerischen Demokratie entgegen. Die wesentlichen politischen Kräfte und die verschiedenen Sprachgruppen können im Bundesrat vertreten sein. Deshalb ist das Kollegium auch besonders befähigt, die für die nationale Einheit wichtigen Kompromisse zu verwirklichen ... Nicht zuletzt steht ein Kollegium für Dauerhaftigkeit und Kontinuität, die sich daraus ergibt, dass nicht alle Mitglieder gleichzeitig aus dem Kollegium ausscheiden."

12 Der Bundesrat übersieht aber auch die *Nachteile* nicht (a.a.O.):

> „Es kann nicht in Abrede gestellt werden, dass das Kollegialprinzip auch Risiken beinhaltet. Es verlangt vom einzelnen Mitglied den klaren Willen, Entscheide des Kollegiums auch dann mitzutragen, wenn es unterlegen ist ... Nicht auszuschliessen ist auch das gelegentliche Risiko, dass ein Mitglied das Geschäft eines andern Mitgliedes nur zurückhaltend kommentiert, um ein eigenes Geschäft möglichst unangefochten durchzubringen."

IV. Das Departementalprinzip insbesondere

1. Begriff

Departementalprinzip bedeutet (vgl. Art. 35 und 37 RVOG):   13
- Die *Geschäfte* des Bundesrats werden *nach Departementen aufgeteilt.*
- *Jedes Mitglied* des Bundesrats führt *ein Departement* und trägt dafür die politische Verantwortung.
- Der *Bundesrat verteilt die Departemente* auf seine Mitglieder; diese sind verpflichtet, das ihnen übertragene Departement zu übernehmen.

2. Entwicklung des Prinzips

Das Departementalpinzip hat sich *erst allmählich* zu einem leitenden   14
Strukturprinzip des Bundesrats entwickelt. LEONHARD NEIDHART
schreibt (Reform des Bundesstaates, Bern 1970, S. 119 f.):

> „Der Bundesrat wurde 1848 als eine Kommission der kollegialen oder besser der kollektiven Autoritätsausübung konzipiert, deren Umfang nicht von den Bedürfnissen bestehender Geschäftsbereiche her bestimmt, sondern kantonalen Vorbildern entnommen wurde ... Da der Bundesrat als Regierungskommission verstanden wurde und die spätere Rollendifferenzierung zwischen Kollegiums- und Departementsgeschäften noch nicht bestand, wurde von den Mitgliedern die Qualifikation eines Staatsmanns und nicht eines Fachmanns erwartet ... Doch die Geschäftsverteilung wirkte sehr bald in das Kollegium hinein und konstituierte spezifische Verhaltenserwartungen. Damit entstand die Rolle des Departementsvorstehers und naturgemäss bald ein Konflikt zwischen der Kollegialitäts- und Departementsrolle ... Erich Gruner berichtet ..., wie bald nach 1874 besondere Fachqualitäten als Selektionskriterien bei Bundesratswahlen wichtig wurden. Später erwuchs aus dieser qualifikatorischen Differenzierung eine gewisse ‚antikollegiale‘ Prestigedifferenzierung der Bundesratsmitglieder, in der sich die höhere oder geringere Bewertung bestimmter Departemente spiegelte. Damit wurde das formal übergeordnete Kollegialprinzip durch das faktisch dominante Departementalprinzip abgelöst ...“

3.   Das Departementalprinzip als Komplement des
      Kollegialprinzips

15   Mittlerweile wirkt das Departementalprinzip als *unabdingbare Funkti-
      onsvoraussetzung der Kollegialregierung* (vgl. BBl 1997 I 407). Die Vertei-
      lung der Geschäfte nach Departementen trägt einerseits dazu bei, das
      Kollegium von zweitrangigen Dossiers zu entlasten; tatsächlich erledi-
      gen die Departemente und Ämter den Grossteil der Verwaltungsange-
      legenheiten selbständig. Andererseits sorgt das Departementalprinzip
      dafür, dass jene Entscheidungen, die im Kollegium fallen müssen, fach-
      lich und politisch ausreichend vorbereitet werden.

16   Überdies führt das Prinzip innerhalb des Kollegiums zu einer gewissen
      Personifizierung der politischen Verantwortlichkeit. Weil die departemen-
      tale Geschäftserledigung in der Praxis dominiert, neigt die Öffentlich-
      keit dazu, die einzelnen Bundesratsmitglieder mit ‚ihrem' Departement
      zu identifizieren, womit etwaige Misserfolge und Verfehlungen der
      Ämter automatisch auf den jeweiligen Departementsvorsteher zurück-
      fallen.

§ 37 Wahl des Bundesrats

I. Zusammensetzung

1. Zahl der Regierungsmitglieder
(Art. 175 Abs. 1 BV)

Der Bundesrat besteht aus einer *festen Zahl von sieben Mitgliedern* (Art. 175 Abs. 1 BV).   1

2. Regionale und sprachliche Ausgewogenheit
(Art. 175 Abs. 4 BV)

Bei der Wahl des Bundesrats ist darauf Rücksicht zu nehmen, dass die   2
Landesgegenden und Sprachregionen angemessen vertreten sind (Art. 175
Abs. 4 BV). Die Bestimmung ersetzt die frühere „Kantonsklausel"
(Rz. 4). Sie wirkt als Wahldirektive an die Adresse der Vereinigten
Bundesversammlung. Rechtlich durchsetzen lässt sie sich nicht. Zur
tatsächlichen Vertretung der Landesgegenden und Sprachregionen im
Bundesrat vgl. Rz. 11.

II. Wählbarkeit und Unvereinbarkeiten

1. Wählbarkeit
(Art. 175 Abs. 3 BV)

In den Bundesrat ist wählbar, *wer als Mitglied des Nationalrats gewählt*   3
werden kann, also alle stimmberechtigten Schweizerinnen und Schweizer (Art. 175 Abs. 3 i.V.m. Art. 143 und 136 Abs. 1 BV). Bundesräte
unterliegen keiner Amtszeitbeschränkung; sie können sich gleich wie
die Mitglieder des Nationalrats beliebig zur Wiederwahl stellen.

Bis zum Jahre 1999 durfte *aus einem Kanton nicht mehr als ein Bundesrat* gewählt   4
werden (Art. 96 Abs. 1 aBV bzw. Art. 175 Abs. 3 BV in der ursprünglich beschlossenen Fassung; vgl. BBl 1999 201). Diese so genannte *Kantonsklausel* ist nach Verabschiedung der neuen Bundesverfassung – aber noch vor deren Inkrafttreten – auf

dem Wege einer gewissermassen vorgezogenen Teilrevision abgeschafft und durch die Pflicht zur regionalen und sprachlichen Ausgewogenheit ersetzt worden (Art. 96 Abs. 1bis aBV, angenommen in der Volksabstimmung vom 7. Februar 1999; AS 1999 1239; der neuen BV als Art. 175 Abs. 4 eingefügt). Anders als früher können nun zwei und mehr Bundesräte aus ein und demselben Kanton gültig gewählt werden. Politisch sind solche Doppelvertretungen allerdings nach wie vor unerwünscht. Die Bundesversammlung dürfte darum vom neu gewonnenen Handlungsspielraum nur zurückhaltend Gebrauch machen.

2. Unvereinbarkeiten
(Art. 144 BV)

5 Das Amt als Bundesrat ist *unvereinbar* mit einer Zugehörigkeit zum Nationalrat, zum Ständerat oder zum Bundesgericht (Art. 144 Abs. 1 BV). Überdies unterliegen Bundesratsmitglieder einem allgemeinen Berufsverbot (Art. 144 Abs. 2 BV). Art. 61 RVOG sieht einen Verwandtenausschluss vor; hierbei handelt es sich um einen gesetzlichen Unvereinbarkeitsgrund nach Art. 144 Abs. 3 BV.

III. Wahlsystem und Wahlverfahren
(Art. 175 Abs. 2 BV; Art. 132–134 ParlG)

1. Wahlbehörde

6 *Wahlbehörde* ist die *Vereinigte Bundesversammlung* (Art. 168 Abs. 1 und 175 Abs. 2 i.V.m. Art. 157 Abs. 1 Bst. a BV).

Initiativen zur *Einführung der Volkswahl* sind 1900 und 1942 gescheitert (BBl 1900 IV 775; BBl 1942 89, AS 1942 275). Mit der Wahl des Bundesrats durch die Stimmberechtigten würde nicht nur die Stellung der Bundesversammlung geschwächt (so zu Recht HÄFELIN/HALLER, Bundesstaatsrecht, Rz. 1622). Auch die Ausgewogenheit des Regierungsgremiums in regionaler, sprachlicher und konfessioneller Hinsicht – ein Gesichtspunkt, der im Bund weit stärker gewichtet als in den vergleichsweise homogenen Kantonen – wäre kaum mehr zu gewährleisten, es sei denn mittels komplizierter Sitzgarantien, die den Gewinn der Volkswahl (nämlich eine erhöhte demokratische Legitimation der Regierung) wieder schmälern würde. So bleibt es besser bei der Wahl durch das Parlament. Im Übrigen scheint die bloss indirekte demokratische Legitimation der Bundesräte ihrer Popularität als ‚Landesväter' und ‚Landesmütter' nicht zu schaden.

2. Einzelwahl

Bundesratswahlen folgen dem System der *Einzelwahl*. Dies bedeutet, 7
dass *die zu vergebenden Sitze einzeln und nacheinander besetzt* werden
(Art. 132 Abs. 2 ParlG). Das System der Einzelwahl entspricht der
Praxis seit 1848 und klingt auch im Verfassungswortlaut an (zu wählen
sind „die Mitglieder" des Bundesrats, nicht der Bundesrat als solcher;
vgl. Art. 175 Abs. 2 BV).
Die Verfassung würde freilich statt aufeinander folgender auch *gleichzeitige* Einzelwahlen zulassen; vgl. BBl 2001 3514 ff. sowie AUBERT, Commentaire, Art. 175
Rz. 10, und THOMAS SÄGESSER, Kommentar, in: Bundesbehörden, Rz. 756 f.

Es ist zwischen der periodischen Gesamterneuerung des Bundesrats 8
einerseits und der Besetzung allfälliger Vakanzen andererseits zu unterscheiden.

- Jede Gesamterneuerung des Nationalrats zieht die *Gesamterneuerung des Bundesrats* nach sich (Art. 175 Abs. 2 BV). Die Wahl findet
  in der auf die Nationalratswahlen folgenden Session statt, d.h. ordentlicherweise im Dezember (Art. 132 Abs. 1 ParlG). Die einzelnen Sitze werden grundsätzlich in der Reihenfolge des Amtsalters
  der bisherigen Amtsinhaber besetzt; dabei werden aber die Sitze von
  wieder kandidierenden Bundesratsmitgliedern in jedem Fall vorweg
  besetzt (Art. 132 Abs. 2 ParlG).
- Zur *Besetzung von Vakanzen* kommt es, wenn ein Regierungsmitglied während der Amtsperiode zurücktritt oder sonst wie ausscheidet (z.B. durch Tod). Der frei gewordene Sitz ist in der nächsten
  Session zu besetzen. Bei zwei und mehr Vakanzen werden die Wahlen wiederum in der Reihenfolge des Amtsalters der bisherigen
  Amtsinhaber durchgeführt (Art. 133 ParlG).

Zu den *Auswirkungen dieses Systems* schreibt MARTIN BREITENSTEIN, 9
Reform der Kollegialregierung, Basel/Frankfurt a.M. 1993, S. 27 f.:
> „Die *Einzelwahl* des Bundesrates – anstelle einer globalen Wahl der
> Regierung – unterstreicht namentlich bei der Wiederwahl das departementale Element innerhalb der Verbindung von Kollegial- und
> Departementalprinzip und fördert so *Individualverantwortlichkeiten*. Das einschneidenste Mittel, um Verantwortlichkeit geltend zu
> machen, ist die (Nicht-)Wiederwahl. Die Wahlpraxis der Vereinigten Bundesversammlung zeigt jedoch, dass bereits die Stimmenzahlen der einzelnen wiedergewählten Bundesräte politische Zensuren
> zu signalisieren vermögen. In der Praxis wird ein Bundesrat zur
> Hauptsache in seiner Eigenschaft als Departementschef bewertet;
> seine Beteiligung im Kollegium (und überhaupt die Leistung des

Kollegiums als Ganzes und Eines) verbleibt im Hintergrund – bedingt auch durch den Umstand, dass das interne Kollegiumswirken wegen der Geschlossenheit und Vertraulichkeit nicht sichtbar wird."

Vgl. hierzu auch den Bericht der Staatspolitischen Kommission des Nationalrats zum neuen Parlamentsgesetz, BBl 2001 3467, 3514 ff.

3. Wahlverfahren und Wahlkonventionen

10 Das *Wahlverfahren* gestaltet sich wie folgt:

- Die Stimmabgabe ist geheim (Art. 130 Abs. 1 ParlG).
- Gewählt ist, wer mehr als die Hälfte der Stimmen erreicht; dabei fallen leere und ungültige Zettel nicht in Betracht (Art. 130 Abs. 2 und 3 ParlG).
- Die ersten beiden Wahlgänge sind frei, d.h. es können alle wählbaren Personen gewählt werden. Ab dem dritten Wahlgang sind keine weiteren Kandidaturen zulässig (Art. 132 Abs. 3 ParlG).
- Ab dem zweiten Wahlgang scheiden bei jedem Wahlgang alle Kandidaten aus der Wahl aus, die weniger als 10 Stimmen erhalten. Erreichen im dritten Wahlgang oder in den folgenden Wahlgängen alle Kandidaten mehr als 10 Stimmen, so scheidet aus, wer die geringste Stimmenzahl erzielt hat, es sei denn, diese Stimmenzahl werde von mehr als nur einem Kandidaten erreicht (Art. 132 Abs. 4 ParlG).

11 Darüber hinaus respektiert die Bundesversammlung gewöhnlich eine Reihe von *Verfassungskonventionen* (zum Begriff vorn § 3 Rz. 23).

- So billigt die Bundesversammlung den *bevölkerungsreichsten Kantonen Zürich und Bern* eine nur vereinzelt durchbrochene ‚ständige Vertretung' im Bundesrat zu. Auch der Kanton *Waadt* ist mit ‚eigenen' Bundesräten häufig präsent.
- Weiter achtet die Bundesversammlung von jeher darauf, dass dem Bundesrat *mindestens zwei, besser drei nicht deutschsprachige Mitglieder* angehören (vgl. jetzt Art. 175 Abs. 4 BV).
- Schliesslich soll sich die parteipolitische Zusammensetzung des Parlaments auch im Bundesrat widerspiegeln. Seit 1959 gilt die so genannte „Zauberformel". Danach belegen FDP, CVP und SP je zwei Bundesratssitze, die SVP einen Sitz. Verschiebungen im Kräfteverhältnis dieser Parteien können wohl zu einer neuen Bundesratsformel führen; am *Grundsatz der ständigen Mehrparteienregierung* dürfte sich aber wenig ändern.

IV. Amtsdauer und Amtsantritt

12 Die Mitglieder des Bundesrats werden auf eine *feste Amtsdauer von vier Jahren* gewählt (Art. 145 Satz 1 BV; zur Ausnahme gemäss Art. 193

Abs. 3 BV vgl. hinten § 44 Rz. 37 f.). Vakanzen werden für den Rest der Amtsperiode besetzt.

Amtsantritt für den gesamthaft erneuerten Bundesrat ist am 1. Januar nach der Wahl. Im Falle einer Vakanz tritt das neugewählte Mitglied sein Amt spätestens zwei Monate nach seiner Wahl an (Art. 133 Abs. 2 ParlG). 13

§ 38 Zuständigkeiten des Bundesrats

I.   Systematik der Art. 180–187 BV über die Zuständigkeiten des Bundesrats

1   Der Verfassungsabschnitt über die Zuständigkeiten des Bundesrats ist ähnlich aufgebaut wie die entsprechenden Bestimmungen bei der Bundesversammlung (vorn § 33/I). Die Aufzählung beginnt mit *General-klauseln* zu funktionellen Kompetenzen (Art. 180–182 BV) und fährt mit *sektoriellen Kompetenznormen* fort (Art. 183–187 Abs. 1 BV). Gleich wie der Bundesversammlung kann der Gesetzgeber auch dem Bundesrat *weitere Aufgaben und Befugnisse* übertragen (Art. 187 Abs. 2 BV).

II.   Regierungs- und Verwaltungsbefugnisse

2   Wie bei der Bundesversammlung ordnen wir auch beim Bundesrat die Regierungs- und Verwaltungsbefugnisse angelehnt an die Verfassungssystematik und nicht nach dogmatischen Kriterien.

1.   Regierungspolitik
(Art. 180 BV)

3   Art. 180 Abs. 1 BV zufolge bestimmt der Bundesrat die *Ziele und Mittel seiner Regierungspolitik;* er plant und koordiniert die staatlichen Tätigkeiten. Die Ergebnisse schlagen sich in verschiedenen *Planungsberichten* nieder, vorab im Bericht über die Legislaturplanung (Art. 146 ParlG). Bedeutsam sind aber auch die Jahresziele, die der Bundesrat zu Beginn jeder Wintersession bekannt zu geben hat (Art. 144 ParlG), ferner gewisse sektorielle Berichte wie der Finanzplan und der Aussenpolitische Bericht (Art. 143 und 148 Abs. 3 ParlG). Zur Mitwirkung der Bundesversammlung an der politischen Planung vgl. § 33 Rz. 20 f.

4   Die *Regierungsobliegenheiten gehen* den anderen Aufgaben des Bundesrats, namentlich den Verwaltungsaufgaben, *vor* (Art. 6 Abs. 2 RVOG).

Der Bundesrat ist gehalten, die Regierungstätigkeit jederzeit sicherzustellen und die Öffentlichkeit rechtzeitig und umfassend darüber zu informieren, soweit nicht überwiegende Interessen entgegenstehen (Art. 180 Abs. 2 BV; Art. 6 Abs. 3 und Art. 10–11 RVOG).

2. Initiierung von Parlamentsvorlagen
(Art. 181 BV)

Art. 181 BV ermächtigt den Bundesrat, der Bundesversammlung „Entwürfe zu ihren Erlassen" zu unterbreiten. Darunter sind nicht nur Verfassungs- und Gesetzesvorlagen zu verstehen, sondern auch Entwürfe zu Bundesbeschlüssen (vgl. Art. 163 BV). Damit verfügt der Bundesrat über ein ähnlich *umfassendes Initiativrecht* wie die Parlamentsabgeordneten (vgl. Art. 160 Abs. 1 BV). 5

Soweit Verfassungs- und Gesetzesentwürfe in Frage stehen, kann man das Initiativrecht des Bundesrats auch zu seinen *Rechtsetzungsbefugnissen* zählen (unten Abschnitt IV). 6

3. Leitung der Bundesverwaltung
(Art. 178 Abs. 1, Art. 187 Abs. 1 Bst. a BV)

Der Bundesrat leitet und beaufsichtigt die *Bundesverwaltung* (Art. 178 Abs. 1, Art. 187 Abs. 1 Bst. a BV). Im Rahmen von Verfassung und Gesetz obliegt ihm auch die Organisation der Verwaltung (hinten § 39/VIII). Schliesslich trägt der Bundesrat die Verantwortung für die zielgerichtete Erfüllung der Aufgaben, die der Bundesverwaltung zugewiesen sind. Mit Blick darauf verfügt jeder Bundesrat innerhalb seines Departements über uneingeschränkte Weisungs- und Kontrollrechte. Auch kann er nötigenfalls bestimmte Verwaltungsgeschäfte an sich ziehen (so genanntes Selbsteintritts- oder Evokationsrecht; vgl. Art. 38 RVOG). 7

Der Gesetzgeber kann vorsehen, dass Verwaltungsaufgaben des Bundes durch Organisationen und Personen ausserhalb der Bundesverwaltung erfüllt werden (Art. 178 Abs. 3 BV). Auch diese *Träger der dezentralen Verwaltung* stehen unter der Aufsicht des Bundesrats (Art. 187 Abs. 1 Bst. a BV). 8

4.   Vollzug des Bundesrechts

(Art. 182 Abs. 2 BV)

9   Der Bundesrat *sorgt für den Vollzug des Bundesrechts,* soweit dieser nicht kraft besonderer Verfassungs- oder Gesetzesbestimmung den Kantonen obliegt (Art. 182 Abs. 2 BV). Mit Bedacht überträgt die Verfassung dem Bundesrat nur die „Sorge" für den Vollzug, nicht aber den Vollzug selbst. Die einzelnen Verwaltungshandlungen gehen regelmässig von den Bundesämtern, allenfalls noch von den Departementen aus. Der Bundesrat selbst tätigt solche Handlungen nur ausnahmsweise (hinten § 39/VIII).

Anders noch Art. 102 Ziff. 5 und Art. 103 Abs. 2 aBV, wonach grundsätzlich der Bundesrat als verfassungsmässige Vollzugsbehörde galt und nur der Gesetzgeber befugt war, „bestimmte Geschäfte den Departementen oder ihnen untergeordneten Amtsstellen ... zur Erledigung" zu überweisen.

10   Die Vollzugskompetenz des Bundesrats schliesst das Recht zum Erlass von *Vollziehungsverordnungen* ein (Art. 182 Abs. 1 i.V.m. Abs. 2 BV; Rz. 19 und hinten § 46 Rz. 18 ff.).

5.   Finanzen

(Art. 183 BV)

11   Der Bundesrat erarbeitet den *Finanzplan,* entwirft den *Voranschlag* und erstellt die *Staatsrechnung;* ausserdem sorgt er für eine ordnungsgemässe Haushaltführung (Art. 183 BV; Art. 2, 9, 14 und 23 FHG). Die rechtsverbindlichen Ausgabenbeschlüsse indessen sind grundsätzlich Sache des Parlaments (vorn § 33 Rz. 14).

6.   Wahrung der inneren Sicherheit

(Art. 185 Abs. 2–4 BV)

12   Der Bundesrat trifft Massnahmen zur Wahrung der inneren Sicherheit der Eidgenossenschaft (Art. 185 Abs. 2 BV). Nötigenfalls kann er unmittelbar gestützt auf die Verfassung *Polizeinotverordnungen und Polizeinotverfügungen* erlassen (Art. 185 Abs. 3 BV; dazu hinten § 46 Rz. 25 ff.). Bei Dringlichkeit kann er ausserdem in beschränktem Umfang *Truppen* aufbieten (Art. 185 Abs. 4 BV).

7. Bundesgarantien und Bundesaufsicht
(Art. 185 Abs. 2–4, Art. 186 BV)

Zur Einlösung der Bundesgarantien und zur Wahrnehmung der Bundesaufsicht kann der Bundesrat: 13

- die soeben in Rz. 12 genannten Massnahmen zur Wahrung der inneren Sicherheit treffen, sofern die verfassungsmässige Ordnung in einem Kanton gestört oder bedroht ist und eine *Intervention des Bundes* sich als erforderlich erweist (Art. 185 Abs. 2–4 i.V.m. Art. 52 Abs. 2 und Art. 186 Abs. 4 BV; zur Bundesintervention im Einzelnen vorn § 18 Rz. 41 ff.).
- *kantonale Erlasse genehmigen*, soweit das Bundesrecht eine Genehmigungspflicht vorsieht (Art. 186 Abs. 2 BV);
- *Einsprache gegen Verträge der Kantone unter sich* erheben (Art. 186 Abs. 3 BV; die betroffenen Verträge sind gemäss Art. 172 Abs. 3 BV der Bundesversammlung zur Genehmigung vorzulegen);
- Massnahmen treffen, um die *Einhaltung des Bundesrechts und der Konkordate durch die Kantone* sicherzustellen (zur Bundesaufsicht im Einzelnen vorn § 26).

8. Weitere Regierungs- und Verwaltungszuständigkeiten
(Art. 187 Abs. 1 Bst. b und c BV)

Schliesslich obliegen dem Bundesrat: 14

- die Erstellung des *Geschäftsberichts* und des *Berichts über den Zustand der Schweiz*, eine Art „Bericht zur Lage der Nation" zuhanden der Bundesversammlung (Art. 187 Abs. 1 Bst. b BV);
- die Vornahme von *Wahlen*, die nicht einer anderen Behörde zustehen (Art. 187 Abs. 1 Bst. c BV).
  Der Bundesrat darf diese Wahlen nachgeordneten Stellen delegieren, wenn auch nicht völlig: Die „Berufung geeigneter Führungskräfte für Schlüsselpositionen der Verwaltung behält er ... in seiner Hand, dies gehört zu seinen Regierungsverpflichtungen" (BBl 1997 I 422).

III. Aussenpolitische Befugnisse

1. Beziehungen zum Ausland
(Art. 184, 186 Abs. 3 BV)

15 Der Bundesrat besorgt die *auswärtigen Angelegenheiten* „unter Wahrung der Mitwirkungsrechte der Bundesversammlung" (Art. 184 Abs. 1 BV). Zur Aufgabenteilung zwischen Bundesrat und Bundesversammlung in der Aussenpolitik vorn § 33 Rz. 6 f. In die Zuständigkeit des Bundesrats fallen:

– die *Vertretung der Schweiz* gegenüber dem Ausland (Art. 184 Abs. 1 BV a.E.), also beispielsweise die Anerkennung fremder Staaten oder Regierungen, der diplomatische Verkehr, die Beteiligung an internationalen Konferenzen und Veranstaltungen internationaler Organisationen usf.;

– die *Aushandlung, Unterzeichnung und Ratifizierung von Staatsverträgen* sowie die Weiterleitung dieser Verträge an die Bundesversammlung zur Genehmigung (Art. 184 Abs. 2 BV; hinten § 47 Rz. 7 ff.);

– die Erhebung allfälliger *Einsprachen gegen Staatsverträge der Kantone mit dem Ausland* (Art. 186 Abs. 3 BV; vorn § 20 Rz. 46).

16 Ausserdem kann der Bundesrat „zur Wahrung der Interessen des Landes" unmittelbar gestützt auf Art. 184 Abs. 3 BV *Verfügungen und Verordnungen* erlassen (hinten § 46 Rz. 30 f.).

2. Wahrung der äusseren Sicherheit
(Art. 185 Abs. 1, 3 und 4 BV)

17 Parallel zur Bundesversammlung (vgl. Art. 173 Abs. 1 Bst. a, c und d; vorn § 33 Rz. 12) trifft der Bundesrat Massnahmen zur Wahrung der äusseren Sicherheit, der Unabhängigkeit und der Neutralität der Schweiz; er kann zu diesem Zweck Polizeinotverfügungen oder Polizeinotverordnungen erlassen und bei Dringlichkeit in beschränktem Umfang Truppen aufbieten (Art. 185 Abs. 1, 3 und 4 BV).

Zum Verhältnis bundesrätlicher Polizeinotverordnungen zu entsprechenden Notverordnungen des Parlaments hinten § 46 Rz. 26 a.E.

IV. Rechtsetzungsbefugnisse

1. Mitwirkung in der Verfassungs- und Gesetzgebung
(Art. 181, Art. 160 Abs. 2 BV)

Bundesrat und Bundesverwaltung sind massgeblich an der Rechtset-   18
zung auf Verfassungs- und Gesetzesebene beteiligt.

- Kraft seines *Initiativrechts* kann der Bundesrat dem Parlament Verfassungsvorlagen sowie Entwürfe zu Bundesgesetzen unterbreiten (Art. 181 BV). Er leitet – ausser bei parlamentarischen Initiativen und Standesinitiativen – das Vorverfahren der Gesetzgebung (Art. 7 RVOG; einlässlich dazu hinten § 45 Rz. 52 ff.).
- Weiter hat er das Recht, an den Verhandlungen der Bundesversammlung teilzunehmen und *Anträge* zu stellen (Art. 160 Abs. 2 BV).
- Vor Volksabstimmungen über Verfassungs- und Gesetzesvorlagen gibt der Bundesrat *Abstimmungserläuterungen* heraus, in denen er die Stimmberechtigten über Inhalt und Bedeutung der Vorlagen informiert (Art. 11 Abs. 2 BPR).
- Schliesslich sorgt der Bundesrat für die *Publikation der Erlasse* (Art. 15 PublG) und bestimmt regelmässig auch das *Datum des Inkrafttretens* (hinten § 45 Rz. 63 f.).

2. Erlass von Verordnungen
(Art. 182 Abs. 1 BV)

Der Bundesrat erlässt rechtsetzende Bestimmungen in der Form der   19
Verordnung, „soweit er durch Verfassung oder Gesetz dazu ermächtigt ist" (Art. 182 Abs. 1 BV; näher dazu hinten § 46).

- Verschiedentlich sieht die Verfassung vor, dass der Bundesrat direkt gestützt auf bestimmte Verfassungsartikel Verordnungen erlassen darf (*selbständige* oder *verfassungsunmittelbare Verordnung*; vgl. z.B. Art. 184 Abs. 3 und Art. 185 Abs. 3 BV).
- Sodann ist der Bundesrat befugt, zum Vollzug der Bundesgesetze *Vollziehungsverordnungen* zu erlassen (Art. 182 Abs. 2 BV).
- Schliesslich kann der Gesetzgeber unter bestimmten Voraussetzungen Teile seiner Rechtsetzungsbefugnisse an den Bundesrat übertragen (*gesetzesvertretende Verordnung*; Art. 164 Abs. 2 BV).

V.   Rechtsprechungsbefugnisse

(Art. 187 Abs. 1 Bst. d BV)

20 Der Bundesrat behandelt Beschwerden, soweit das Gesetz es vorsieht
(Art. 187 Abs. 1 Bst. d BV). Gemäss Art. 72 VwVG ist die Beschwerde
an den Bundesrat zulässig gegen *Entscheide von Bundesverwaltungsbehörden* und gegen *Entscheide letzter kantonaler Instanzen* gestützt auf
öffentliches Recht des Bundes (Art. 5 VwVG), sofern kein Unzulässig-
keitsgrund nach Art. 74 VwVG vorliegt.

Beispiel: Beschwerden gegen Entscheide von Kantonsregierungen über Abstim-
mungsbeschwerden bei eidgenössischen Volksabstimmungen (Art. 81 BPR).

§ 39 Organisation und Geschäftsverkehr des Bundesrats

I. Rechtliche Stellung der Bundesratsmitglieder

1. Wohnsitz

Den *Mitgliedern des Bundesrats* ist der Wohnort – und damit auch die 1
Wahl des zivilrechtlichen und politischen *Wohnsitzes* – freigestellt; sie
müssen aber den Amtssitz innert kurzer Zeit erreichen können (Art. 59
RVOG; Rz. 10).

2. Verantwortlichkeit und Immunität

Die *vermögensrechtliche Verantwortlichkeit* der Bundesratsmitglieder für 2
allfälligen Schaden, den sie einem Dritten oder dem Bund selbst zufügen, richtet sich nach dem Verantwortlichkeitsgesetz (Art. 1 Abs. 1 Bst.
b VG; vorn § 29 Rz. 6 ff.). Einer *disziplinarischen Verantwortlichkeit*
unterstehen die Bundesräte nicht (vorn § 29 Rz. 11). Zur *politischen
Verantwortlichkeit* vgl. die Übersicht in § 29/III sowie die Ausführungen zur Oberaufsicht der Bundesversammlung über den Bundesrat in
§ 35/II.

Die *Immunität* der Bundesratsmitglieder reicht ähnlich weit wie die 3
Immunität der Parlamentsabgeordneten: Für Voten in den Räten und
in den Kommissionen können sie nicht verantwortlich gemacht werden (absolute Immunität; vorn § 29 Rz. 13); überdies stehen sie im
Genuss verschiedener Strafverfolgungsprivilegien (vorn § 29 Rz. 15 ff.).

3. Gehalt

Die Mitglieder des Bundesrats beziehen ihr Gehalt aus der Bundeskasse. 4
Die *Besoldungsansprüche im Einzelnen* sind heute im Bundesgesetz über
Besoldung und berufliche Vorsorge der Magistratspersonen vom
6. Oktober 1989 geregelt (SR 172.121; vgl. auch die zugehörige Parlamentsverordnung, SR 172.121.1).

II.   Verteilung der Departemente

5   Der Bundesrat *verteilt* zu Beginn der Amtsperiode die sieben *Departe-mente* auf seine Mitglieder, ebenso nach allfälligen Ersatzwahlen. Da-rüber hinaus kann er die Departemente jederzeit neu verteilen (Art. 35 Abs. 4 RVOG). Die einzelnen Mitglieder sind *verpflichtet*, das ihnen übertragene Departement zu übernehmen (Art. 35 Abs. 3 RVOG). Zur Bedeutung des Departementalprinzips vgl. vorn § 36/IV.

6   Die Zuteilung ist *alleinige Angelegenheit des Bundesratskollegiums*, auch wenn Par-teien und Medien im Vorfeld der Verteilungsrunde eifrig Fäden ziehen mögen. Die Bundesräte äussern sich zu ihren Departementswünschen nach Anciennität: der Amtsältere vor dem Amtsjüngeren, die Wiedergewählten vor den neuen Bundes-ratsmitgliedern (diese in der Reihenfolge ihrer Wahl). Mehrheitsentscheide gegen den Willen einzelner Mitglieder sind selten, noch seltener die ,Zwangsversetzung' eines bisherigen Departementsvorstehers in ein anderes Ressort. Mit Blick auf die späteren Kooperationszwänge im Kollegium lohnt es sich nicht, schon vor Ar-beitsbeginn das Risiko persönlicher Blessuren einzugehen.

III.   Bundespräsident

(Art. 176 BV)

7   Den Vorsitz im Bundesrat hat der Bundespräsident (Art. 176 BV, auch zum Folgenden). Die *Vereinigte Bundesversammlung* wählt den Bun-despräsidenten und den Vizepräsidenten aus den Mitgliedern des Bun-desrats für die Dauer eines Jahres. Wiederwahl in das gleiche Amt für das folgende Jahr ist ausgeschlossen; auch kann der abtretende Bundes-präsident nicht für das folgende Jahr als Vizepräsident amten. Hinge-gen wird der Vizepräsident gewöhnlich im darauf folgenden Jahr Bun-despräsident. Dabei handelt es sich jedoch bloss um eine politische Konvention, nicht um einen rechtlichen Automatismus.

8   Das Amt des Bundespräsidenten vermittelt im Kollegium keine Füh-rungsprärogativen, keine Richtlinienkompetenzen, kein Weisungs-recht. Vielmehr spielt der schweizerische Bundespräsident lediglich die Rolle eines *primus inter pares*, eines Ratsvorsitzenden unter ansonsten gleichberechtigten Kollegiumsmitgliedern.

9   Die *Aufgaben* des Bundespräsidenten sind vor allem:
   – Leitung des Bundesrats als Kollegium und Planung seiner Tätigkeit (Art. 25 RVOG);

- Stichentscheid im Kollegium bei Stimmengleichheit, ausgenommen bei Wahlen (Art. 19 Abs. 3 RVOG);
- Anordnung von vorsorglichen Massnahmen durch Präsidialentscheid (Art. 26 Abs. 1 RVOG);
- selbständige Erledigung untergeordneter Angelegenheiten, namentlich solche förmlicher Art, durch Präsidialentscheid (Art. 26 Abs. 4 RVOG);
- Repräsentation des Bundesrats im Inland und im Ausland (Art. 28 RVOG);
- Pflege der Beziehungen des Bundes mit den Kantonen (Art. 29 RVOG).

IV. Sitzungsordnung

1. Amtssitz des Bundesrats

Amtssitz des Bundesrats, seiner Departemente und der Bundeskanzlei 10 ist die Stadt Bern (Art. 58 RVOG).

2. Sitzungen

Der Bundesrat versammelt sich *so oft es die Geschäfte erfordern* (Art. 16 11 Abs. 1 RVOG). Sitzungen des Bundesrats finden in der Regel einmal jede Woche statt, ordentlicherweise am Mittwoch, während der Sessionen am Montag (Art. 1 Abs. 1 RVOV).

Einberufen wird im Auftrag des Bundespräsidenten durch den Bundes- 12 kanzler; ausserdem kann jedes Mitglied des Bundesrates jederzeit die Durchführung einer Verhandlung verlangen (Art. 16 Abs. 2 und 3 RVOG). Bei Dringlichkeit kann der Bundespräsident vom ordentlichen Einberufungsverfahren abweichen und beispielsweise Telefonkonferenzen durchführen (Art. 16 Abs. 4 RVOG).

Den *Vorsitz* führt der Bundespräsident, bei dessen Verhinderung der 13 Vizepräsident (Art. 18 Abs. 1, Art. 27 RVOG). Neben den Mitgliedern des Bundesrats nehmen auch der Bundeskanzler sowie die beiden Vizekanzler an den Verhandlungen teil. Der Bundeskanzler hat beratende Stimme und kann bei Geschäften der Bundeskanzlei Anträge stellen (Art. 18 Abs. 2 und 3 RVOG). Sofern zur Information und Meinungsbildung angezeigt, zieht der Bundesrat zu seinen Verhandlungen Führungskräfte sowie verwaltungsinterne oder -externe Sachkundige bei (Art. 18 Abs. 4 RVOG).

493

3. Anwesenheitsquorum

14 Der Bundesrat kann gültig verhandeln, wenn *wenigstens vier Mitglieder*
des Bundesrats anwesend sind (Art. 19 Abs. 1 RVOG).

4. Öffentlichkeit

15 Die Verhandlungen des Bundesrats sind *nicht öffentlich* (Art. 21
RVOG). Der Bundesrat muss aber über seine Tätigkeit grundsätzlich
rechtzeitig und umfassend *informieren* (Art. 180 Abs. 2 BV; Art. 10
RVOG). Über die wöchentlichen Bundesratssitzungen berichtet ge-
wöhnlich der *Bundesratssprecher*, welcher der Bundeskanzlei angehört
(Art. 10a RVOG).

V. Beratung und Beschlussfassung

1. Einbringen von Beratungsgegenständen

16 In der Regel berät und beschliesst der Bundesrat nur *aufgrund schriftlicher Anträge.* Das Antragsrecht steht jedem Ratsmitglied zu, für Geschäfte der Bundeskanzlei auch dem Bundeskanzler.

17 Anträge an den Bundesrat müssen zuvor die *Ämterkonsultation* und das
Mitberichtsverfahren durchlaufen haben.
Bei der Vorbereitung von Anträgen an den Bundesrat lädt zunächst das federfüh-
rende Amt *die mitinteressierten Verwaltungseinheiten zur Stellungnahme* ein (Art. 4
RVOV). Dabei zu Tage tretende Differenzen sind soweit möglich zu bereinigen.
Das überarbeitete Geschäft gelangt sodann an das Departement und geht anschlies-
send *an die übrigen Departemente zum Mitbericht* (Art. 15 RVOG; Art. 5 RVOV).
Diese Konsultationsmechanismen sollen sicherstellen, dass der Bundesrat in seinen
Verhandlungen nicht mit Details und nebensächlichen Differenzen behelligt wird,
sondern sich im Gegenteil auf grundsätzliche Aspekte konzentrieren kann.

2. Beratung

18 Geschäfte von wesentlicher Bedeutung oder von politischer Tragweite
werden *einzeln beraten und beschlossen,* nötigenfalls im Rahmen von
Aussprachen oder Klausuren. Die übrigen Geschäfte können ohne
Einzelberatung *gesamthaft verabschiedet* oder auf dem *Zirkularweg* erledigt werden, sofern sie unbestritten sind (Art. 1 Abs. 2 und 3 RVOV).

Der Bundesrat kann für bestimmte Geschäfte aus seiner Mitte *Ausschüs-* 19
se bestellen. Diese zählen in der Regel drei Mitglieder und dienen u.a.
dazu, Beratungen und Entscheidungen des Bundesrats vorzubereiten
(Art. 23 RVOG).

3. Abstimmungen und Wahlen

Soweit Geschäfte nicht stillschweigend beschlossen werden, entscheidet 20
der Bundesrat mit *Stimmenmehrheit*. Stimmenthaltung ist zulässig. Ein
Beschluss ist nur gültig, wenn er *wenigstens die Stimmen von drei Mitgliedern* auf sich vereinigt (Art. 19 Abs. 2 RVOG). Wer an einem Geschäft ein unmittelbares persönliches Interesse hat, muss in den *Ausstand* treten (Art. 20 Abs. 1 RVOG).

Der *vorsitzende Bundesrat* stimmt mit. Bei Stimmengleichheit zählt 21
seine Stimme doppelt; ausgenommen sind Wahlen (Art. 19 Abs. 3
RVOG).

VI. Verkehr mit der Bundesversammlung

Der *Geschäftsverkehr zwischen Bundesrat und Bundesversammlung* wird 22
auf Seiten des Bundesrats durch die Bundeskanzlei und auf Seiten der
Bundesversammlung grundsätzlich durch die Parlamentsdienste vermittelt (vgl. Art. 32 Bst. f und 33 Abs. 2 RVOG sowie Art. 149 ParlG).
Immerhin können die parlamentarischen Kommissionen im Rahmen
ihrer Aufgaben selbständig mit dem Bundesrat verkehren (vgl. Art. 150
f. ParlG).

Der Bundesrat hat das Recht, in der Bundesversammlung und in den 23
parlamentarischen Kommissionen Anträge zu stellen (Art. 160 Abs. 2
BV). Das jeweils *verantwortliche Mitglied des Bundesrats* muss darum *an
den Ratsverhandlungen teilnehmen* (Art. 159 ParlG). In den Kommissionen kann sich der Bundesrat durch Bundesbedienstete (meist Direkti-
onsangehörige des zuständigen Bundesamts) vertreten lassen, sofern der
Kommissionspräsident zustimmt (Art. 160 ParlG). Bei Verhandlungen
des Ratsplenums ist eine Vertretung dagegen ausgeschlossen; hier ist
persönliche Präsenz verlangt. Abwesenheit des verantwortlichen Bundesrats während der Beratung seiner Geschäfte gilt als Geringschätzung
des Parlaments, die nur ungern verziehen wird.

VII. Bundeskanzlei und Generalsekretariate

24 Die *Bundeskanzlei* ist die *allgemeine Stabsstelle* des Bundesrats (Art. 179 BV und Art. 30–34 RVOG). Die Leitung der Bundeskanzlei obliegt dem Bundeskanzler, der jeweils gleichzeitig mit dem Bundesrat von der Vereinigten Bundesversammlung auf eine Amtszeit von vier Jahren gewählt wird (Art. 145 Satz 1, 157 Abs. 1 Bst. a und 168 Abs. 1 BV; zu den ihn betreffenden Unvereinbarkeiten Art. 60 f. RVOG). Seine Vertreter, die beiden Vizekanzler, werden vom Bundesrat ernannt (Art. 2 Abs. 1 Bst. e BPV i.V.m. Art. 187 Abs. 1 Bst. c BV; Art. 31 Abs. 2 RVOG).

25 Jedes Departement hat sein eigenes *Generalsekretariat* als allgemeine Stabsstelle (Art. 41 f. RVOG). Ausserdem kann jedes Mitglied des Bundesrats *persönliche Mitarbeiter* bestellen und deren Aufgaben umschreiben (Art. 39 RVOG).

VIII. Bundesverwaltung

1. Begriff und Funktion

26 In einem *weiten Sinne* umfasst die Bundesverwaltung *sämtliche Verwaltungsträger, die unmittelbar mit der Besorgung gesetzlich zugewiesener Aufgaben des Bundes betraut sind.* Zu diesen Trägern gehören nicht nur die Einheiten der zentralen Bundesverwaltung (Rz. 29), sondern auch Personen und Organisationen ausserhalb der Zentralverwaltung, soweit sie Verwaltungsaufgaben des Bundes erfüllen (Rz. 30). Im untechnischen Sprachgebrauch meint man mit „Bundesverwaltung" freilich meist nur die Zentralverwaltung. Diese Verkürzung ist bisweilen auch in der Rechtssprache anzutreffen (vgl. Art. 178 Abs. 3 BV).

Vorsicht: Kantonale Amtsstellen bilden niemals Teil der Bundesverwaltung, auch wenn sie – was in breitem Masse zutrifft – Bundesrecht vollziehen (vgl. Art. 46 BV und vorn § 21 Rz. 25 f.). Soweit die Kantone an der Umsetzung des Bundesrechts beteiligt sind, werden sie nur *als Bundesglieder* in die Pflicht genommen; es ist alsdann Sache der Kantone, ihre verantwortlichen Verwaltungsträger zu bestimmen. Kantonale Ämter, welche Bundesrecht vollziehen, sind also *nicht* (wie in der Begriffsumschreibung gefordert) *unmittelbar* mit der Besorgung von Bundesaufgaben betraut.

Auf Stichworte reduziert bestehen die *hauptsächlichen Funktionen* der 27
Bundesverwaltung:
- einerseits in der *Vorbereitung von Bundesratsgeschäften* aller Art,
  wozu auch die *Vorbereitung von Parlamentsvorlagen* gehört;
- andererseits in der *Umsetzung von Bundesratsbeschlüssen und Erlassen
  der Bundesversammlung.*

Zur tatsächlichen Bedeutung dieser rechtlich zunächst harmlos scheinenden Funktionen vgl. Rz. 31 ff.

2. Organisation

Einige wenige Strukturelemente der Bundesverwaltung sind schon 28
durch die *Verfassung* vorgegeben (Art. 178 Abs. 2 und 3 BV). In diesem
Rahmen obliegt es dem *Gesetzgeber,* mindestens die Grundfragen der
Verwaltungsorganisation zu regeln (Art. 164 Abs. 1 Bst. g BV). Im
Übrigen fallen die Organisation der Verwaltung und die Festlegung der
Arbeitsabläufe unter die Exekutivfunktionen des *Bundesrats* (Art. 178
Abs. 1 BV).

Einzelheiten der Verwaltungsorganisation und Grundsätze der Verwaltungsfüh-
rung gehören in das Allgemeine Verwaltungsrecht. Vgl. HÄFELIN/MÜLLER, Allgemeines Verwaltungsrecht, Rz. 1225 ff.; TSCHANNEN/ZIMMERLI/KIENER, Allgemeines Verwaltungsrecht, § 4.

Die *zentrale Bundesverwaltung* (anderer geläufiger Ausdruck: *allgemeine* 29
Bundesverwaltung) umfasst *sieben Departemente;* jedem Departement
steht ein Mitglied des Bundesrats vor (Art. 178 Abs. 2 BV). Dazu tritt
als Stabsstelle des Bundesrats die *Bundeskanzlei* unter der Leitung des
Bundeskanzlers (Art. 179 BV). Die einzelnen Departemente gliedern
sich in *Ämter,* die zu Gruppen zusammengefasst werden können (Art.
2 Abs. 2 RVOG). Die Ämter sind die tragenden Einheiten; sie besorgen
den Grossteil der anfallenden Verwaltungsgeschäfte (Art. 43 Abs. 1
RVOG). Über die Gliederung der Departemente in Gruppen und Ämter entscheidet der Bundesrat in eigener Kompetenz; er kann Ämter
jederzeit neu bilden, umbilden oder einem anderen Departement zutei-
len (Art. 43 Abs. 2 und 3 RVOG).

Zur *dezentralisierten Bundesverwaltung* gehören zunächst die von der 30
Zentralverwaltung organisatorisch abgesetzten Verwaltungseinheiten,
nämlich die *öffentlichrechtlichen Anstalten, Körperschaften und Stiftungen
des Bundes* (Art. 2 Abs. 3 RVOG). Verwaltungsaufgaben können aber
auch auf Organisationen und Personen übertragen werden, die mit der

Zentralverwaltung überhaupt nicht mehr verbunden sind: beispielsweise auf *Unternehmen mit Staatsbeteiligung* oder auf ,echte' *Private* (Art. 2 Abs. 4 RVOG). Art. 178 Abs. 3 BV erfasst beide Gruppen (vgl. BBl 1997 I 408 f.). Eine Ausgliederung von Verwaltungsaufgaben auf Träger der dezentralisierten Verwaltung ist nur auf dem Wege der Gesetzgebung zulässig.

3. Die Bundesverwaltung als „vierte Gewalt"?

31 Die Bundesverwaltung entfaltet *Tätigkeiten von ausserordentlich hoher Bedeutung.* Nur schon die Zentralverwaltung umfasst rund 50 Ämter mit über 30 000 Beschäftigten (genauere Angaben bei LUZIUS MADER, Bundesrat und Bundesverwaltung, in: Verfassungsrecht, § 67 Rz. 34).

– Der stetige Zuwachs an Bundesaufgaben hat zur Folge, dass die Verwaltung *auf nahezu allen Feldern* des gesellschaftlichen und wirtschaftlichen Lebens *präsent* ist.

– Die Gliederung in fachliche Ressorts ermöglicht der Verwaltung, sich zu spezialisieren; die permanente Beschäftigung mit der zugewiesenen Aufgabe sichert ihr die erforderliche Praxisnähe. Beides zusammen erklärt die *enorme Wissenskompetenz* der Bundesverwaltung.

– Zudem besetzt sie im Prozess der Rechtsfindung zwei Schlüsselstellen: Einerseits ist sie massgeblich an der Ausarbeitung der Gesetzesvorlagen beteiligt, andererseits besorgt sie die Umsetzung der von ihr mitgeprägten Erlasse. Damit hat sie die *Definition der Staatsaufgaben* bis zu einem gewissen Grad in der Hand.

Es ist darum kein Zufall, dass man die Bundesverwaltung gelegentlich als „vierte Gewalt" bezeichnet.

32 Von vierter Gewalt zu sprechen ist gleichwohl nicht angemessen. Mit dem Begriff verbindet sich unausgesprochen der *Vorwurf,* die Verwaltung übe *demokratisch nicht legitimierte Macht* aus. Dies trifft schon darum nicht zu, weil es niemand anderer als der demokratische Verfassungsgeber selbst ist, der die Verwaltung mit der Vorbereitung und Vollziehung der Gesetzgebung betraut (Art. 181 und 182 Abs. 2 i.V.m. Art. 177 Abs. 2 BV). Dass diese Aufgaben nicht vom Bundesrat persönlich besorgt werden können, musste bei der Redaktion der genannten Bestimmungen allen Beteiligten klar sein. Ausserdem steht es dem Gesetzgeber frei, Vorlagen aus der Verwaltung zurückzuweisen oder abzuändern; auch kann er die Tätigkeit der Verwaltung auf dem Wege

der Gesetzesrevision umprogrammieren, wenn er dies für opportun hält. Schliesslich sollte man nicht vergessen, dass das Gemeinwesen ohne starke und initiative Verwaltung kaum in der Lage wäre, dem nicht weniger mächtigen (und demokratisch gewiss schlechter legitimierten) Druckpotenzial der Wirtschaft mit dem nötigen Gewicht entgegenzutreten.

Unbegründet ist auch die *Befürchtung*, die Verwaltung entfalte ein *un-* 33 *kontrollierbares Eigenleben*. Erstens bleibt der Bundesrat dem Parlament für alle Handlungen seiner Verwaltung politisch verantwortlich (Art. 169 sowie 187 Abs. 1 Bst. a und b BV; vgl. auch Art. 37 Abs. 1 RVOG). Entsprechend verfügen die Mitglieder des Bundesrats innerhalb ihrer Departemente über alle nötigen Führungsmittel (Art. 38 RVOG). Zweitens garantiert die Verfassung ausreichenden Rechtsschutz für den Fall, dass es beim Rechtsvollzug durch die Bundesverwaltungsbehörden zum Streit kommt (Art. *29a und 177 Abs. 3 BV).

4. Kapitel: Bundesgericht

§ 40 Rechtsstellung des Bundesgerichts

1   Die §§ 40–43 über das Bundesgericht beschränken sich (anders als die
Kapitel über die Bundesversammlung und den Bundesrat) im Grossen
und Ganzen auf *verfassungsrechtliche Aussagen.*
Dafür gibt es zwei Gründe. Erstens, das Justizorganisationsrecht lässt sich vom
Prozessrecht nicht vernünftig abspalten; das Prozessrecht aber bildet seit je ein
eigenes Fach. Schon darum kann es im Folgenden nicht um Einzelheiten gehen.
Zweitens, die einschlägige Gesetzgebung, das Bundesgesetz über die Organisation
der Bundesrechtspflege (OG), wird derzeit grundlegend umgearbeitet (vgl. die
Botschaft des Bundesrats zur Totalrevision der Bundesrechtspflege vom 28. Februar
2001, BBl 2001 4202, sowie die Zusatzbotschaft vom 28. September 2001, BBl 2001
6049). Die Erfolgsaussichten des Reformprojekts sind indessen höchst ungewiss.
Wir verzichten aus diesem Grund wo immer möglich auf Gesetzesverweise.

I.   Das Bundesgericht als oberste rechtsprechende Behörde des Bundes

2   Art. *188 Abs. 1 BV bezeichnet das Bundesgericht als „oberste rechtsprechende Behörde des Bundes".

1.   Begriff der Rechtsprechung

3   Unter Rechtsprechung verstehen wir die *verbindliche Entscheidung von
Rechtsstreitigkeiten durch eine mit Unabhängigkeit ausgestattete Behörde
in einem justizförmigen Verfahren.* Die Wahrnehmung von Rechtsprechungsfunktionen obliegt regelmässig (aber nicht durchwegs) den *Gerichten.*
Die erstmalige Festsetzung von Rechten und Pflichten durch Verwaltungsverfü-
gung einer Behörde im Einzelfall ist wohl Rechtsanwendung, nicht aber Rechtsprechung: Das Verwaltungsverfahren muss Rechtsverhältnisse, um die gestritten werden könnte, erst einmal hervorbringen; es fehlt in diesem Verfahren mit anderen
Worten an einer Rechtsstreitigkeit, die durch Urteilsspruch beigelegt werden

könnte. Aus diesem Grunde wird das Verwaltungsverfahren auch als nichtstreitiges Verfahren bezeichnet.

2. Einordnung des Bundesgerichts in die funktionelle Gewaltenteilung

Das Bundesgericht verkörpert die oberste *judikative* Gewalt. Das Bundesgericht ist fast ausschliesslich auf Rechtsprechung als seine Stammfunktion beschränkt; Rechtsetzungs- und Verwaltungsaufgaben nimmt es nur am Rande wahr. In dieser funktionellen Reinheit unterscheidet es sich von den zwei anderen obersten Bundesbehörden: der Bundesversammlung und dem Bundesrat.   4

3. Aufgaben des Bundesgerichts als Höchstgericht

a.   Im Verhältnis zu Bundesversammlung und Bundesrat

Die Formel vom Bundesgericht als „oberster rechtsprechender Behörde des Bundes" (Art. *188 Abs. 1 BV) enthält eine doppelte Aussage. Zum einen beschreibt sie das *horizontale Verhältnis der obersten Bundesbehörden im Bereich der Rechtsprechung:* Soweit Justizfunktionen in Frage stehen, wirkt allein das Bundesgericht als „oberste" Bundesbehörde; nur ihm steht die Befugnis zu, auf höchster Ebene über Rechtsstreitigkeiten zu urteilen und die richterliche Rechtsfortbildung zu prägen. Allfällige Rechtsprechungsfunktionen von Bundesrat und Bundesversammlung (Rz. 9 f.) tun diesem funktionsbedingten Vorsprung des Bundesgerichts keinen Abbruch.   5

b.   Im Verhältnis zu den unterinstanzlichen Justizorganen

Zum andern zielt Art. *188 Abs. 1 BV auf das *vertikale Verhältnis der Justizorgane untereinander:* Innerhalb des eidgenössischen Justizsystems spielt das Bundesgericht die Rolle des Höchstgerichts. Sofern angerufen, spricht es bei Rechtsstreitigkeiten ‚das letzte Wort'. Mit der Position an der *Spitze der judikativen Gewalt* verbinden sich *zwei spezifische Aufgaben,* durch die sich das Bundesgericht von allen anderen eidgenössischen Gerichten und auch von den kantonalen Justizbehörden deutlich unterscheidet.   6

7   Zu diesen besonderen Aufgaben gehört erstens die Wahrung der *bundesstaatlichen Rechtseinheit.* Weite Teile der Bundesgesetzgebung werden durch die Kantone vollzogen (vorn § 21 Rz. 25 f.). Dies gilt nicht nur für das öffentliche Recht des Bundes (vgl. statt vieler Art. 74 Abs. 3 BV), sondern in ausgesprochenem Masse auch für die Rechtsprechung in Zivil- und Strafsachen (Art. *122 Abs. 2 und Art. *123 Abs. 2 BV). Die dezentrale Vollziehung und Rechtsprechung stärkt die Bedeutung der Kantone und gewährleistet grössere Sach- und Ortsnähe. Umgekehrt droht die Gefahr ungleicher Handhabung des Bundesrechts von Kanton zu Kanton. Vor diesem Hintergrund obliegt es dem Bundesgericht, durch autoritative Leiturteile für eine bundesweit einheitliche Praxis zu sorgen. Diese Funktion entfaltet sich vor allem in der Verwaltungs-, Zivil- und Strafrechtspflege.

8   Die zweite spezifische Aufgabe des Bundesgerichts besteht darin, die *Essentialia der schweizerischen Verfassungsordnung* zu schützen. Diese Funktion kommt primär in der Verfassungsrechtspflege zum Zug. In seiner Rolle als Verfassungsgericht sorgt das Bundesgericht für die Gewährleistung eines offenen und fairen politischen Prozesses, für die Verwirklichung grundrechtlicher Freiheit und Gerechtigkeit sowie für die Sicherstellung bundesstaatlicher Homogenität (einlässlich zu den Funktionen der Verfassungsgerichtsbarkeit vorn § 11/III).

4.   Rechtsprechungszuständigkeiten anderer oberster Bundesbehörden

9   Auch *Bundesversammlung* und *Bundesrat* verfügen über gewisse Rechtsprechungszuständigkeiten (Art. 173 Abs. 1 Bst. h und i sowie Art. 187 Abs. 1 Bst. d BV).

Vgl. für die Rechtsprechungszuständigkeiten
– der *Bundesversammlung* vorn § 33/V (im Wesentlichen: Schlichtung von Kompetenzkonflikten zwischen den obersten Bundesbehörden und Beurteilung von Streitigkeiten über die Verantwortlichkeit von Magistratspersonen);
– des *Bundesrats* vorn § 38/V (im Wesentlichen: Beurteilung von Verwaltungsbeschwerden, soweit der Weg an das Bundesgericht ausnahmsweise ausgeschlossen ist).

10 Justizentscheide von Bundesversammlung und Bundesrat können beim Bundesgericht grundsätzlich nicht angefochten werden (Art. *189 Abs. 4 BV). Damit nimmt es die Verfassung in Kauf, dass gewisse Rechtsstreitigkeiten *in letzter Instanz durch eine politische Bundesbehörde beurteilt* werden. Dies ist rechtsstaatlich fragwürdig. Geprägt durch ihre

Einbindung in den politischen Prozess denken und handeln Bundesversammlung und Bundesrat weit gehend in Kategorien von Kampf und Kompromiss; sie sind es kaum gewohnt (und von der Verfassung auch nicht dazu ausersehen), gerichtstypische Reflexions- und Korrekturleistungen zu erbringen. Letztinstanzliche Spruchzuständigkeiten von Regierung und Parlament müssen darum die seltene Ausnahme bleiben; sie rechtfertigen sich allenfalls *im Bereich stark politisch geprägter Materien.* Der Respekt vor dem Bundesgericht als oberster rechtsprechender Behörde verlangt ausserdem, dass Bundesversammlung und Bundesrat in der Wahrnehmung ihrer Justizfunktionen *nicht ohne Not von der Praxis des Bundesgerichts abweichen.*

II. Richterliche Unabhängigkeit

(Art. *191c BV)

1. Begriff und Funktion

Art. *191c BV zufolge sind „die richterlichen Behörden in ihrer recht-   11
sprechenden Tätigkeit unabhängig und nur dem Recht verpflichtet".
Die *Unabhängigkeit der Gerichte* gebietet, dass sowohl die Spruchkörper als auch die einzelnen Richter *von jeder justizfremden Einbindung freigehalten* werden. In der Ausübung ihres Amtes dürfen sie keiner Legislativ- oder Exekutivbehörde untergeordnet und grundsätzlich auch keiner gerichtsfremden Person oder Institution existenziell verpflichtet sein.

Als *grundrechtliche Kehrseite* zu Art. *191c BV gewährleistet Art. 30 Abs. 1 BV in gerichtspflichtigen Angelegenheiten den Anspruch auf ein „durch Gesetz geschaffenes, zuständiges, unabhängiges und unparteiisches Gericht".

Die Unabhängigkeitsgarantie soll den Gerichten erlauben, *Rechtsstrei-*   12
tigkeiten nüchtern und neutral beizulegen, aus einer gewissen Distanz und frei von äusseren Pressionen oder anderen sachfremden Einflüssen. Erst die institutionelle Abschirmung der Justizbehörden ermöglicht die spezifisch gerichtliche Art und Weise der Streitschlichtung: nämlich alle Parteien anzuhören, deren Vorbringen in Ruhe zu würdigen und gestützt auf rechtlich anerkannte Argumente zu einem gerechten Urteil zu finden. Richterliche Unabhängigkeit ist kein Standesprivileg, sondern unerlässliche Funktionsbedingung einer legitimen Justiz.

2.   Geltungsbereich

a.   Persönlicher Geltungsbereich

13   In *persönlicher Hinsicht* erstreckt sich Art. *191c BV über das Bundesgericht hinaus auf *alle richterlichen Behörden des Bundes* (BBl 1997 I 541). Die Unabhängigkeit der *kantonalen Gerichtsbehörden* ergibt sich aus Art. 30 Abs. 1 BV. Als *Gericht* im Sinne der genannten Verfassungsbestimmungen gilt

> „... eine Behörde, die nach Gesetz und Recht in einem justizförmigen, fairen Verfahren begründete und bindende Entscheidungen über Streitfragen trifft. Sie braucht nicht in die ordentliche Gerichtsstruktur eines Staates eingegliedert zu sein; sie muss jedoch organisatorisch und personell, nach der Art ihrer Ernennung, der Amtsdauer, dem Schutz vor äusseren Beeinflussungen und nach ihrem Erscheinungsbild sowohl gegenüber anderen Behörden als auch gegenüber den Parteien unabhängig und unparteiisch sein." (BGE 126 I 228 E. 2a/bb S. 230 f., A.)

14   Auch *Verwaltungsbehörden* nehmen verbreitet Rechtsprechungsfunktionen wahr. Wegen ihrer Einbindung in die Verwaltungshierarchie vermögen diese Behörden freilich nicht jene Unabhängigkeit an den Tag zu legen, wie sie den organisatorisch ausgegliederten Gerichtsbehörden eigen ist. Gleichwohl muss auch die rechtsprechende Verwaltung dem Grundsatz der richterlichen Unabhängigkeit nachleben, wenn auch in geringerem Mass. Die entsprechende Garantie ergibt sich aus Art. 29 Abs. 1 BV (vgl. für Einzelheiten J. P. MÜLLER, Grundrechte, S. 582 ff.).

b.   Sachlicher Geltungsbereich

15   *Sachlich* gilt Art. *191c BV nur für die *rechtsprechende Tätigkeit* der Gerichte. Die Unabhängigkeit der Rechtsprechung könnte freilich in Gefahr geraten, wenn es der Exekutive erlaubt wäre, in die betrieblichen Abläufe der Justiz einzugreifen. Darum verankert Art. *188 Abs. 3 BV zusätzlich – freilich nur für das Bundesgericht – die Unabhängigkeit der Gerichtsverwaltung (hinten § 42/IV).

3.   Hauptelemente richterlicher Unabhängigkeit

16   Wenn die Verfassung von der Unabhängigkeit der „richterlichen Behörden" spricht, so hat sie primär die *institutionelle Unabhängigkeit* im

Auge, also die Unabhängigkeit der Gerichte als solcher. Art. *191c BV
verankert allerdings kaum mehr als den entsprechenden *Grundsatz.*
Um Konturen zu gewinnen, bedarf Art. *191c BV *näherer Entfaltung
und geeigneter Sicherung.* Wichtige Elemente der richterlichen Unabhängigkeit ergeben sich zu einem guten Teil aus anderen Verfassungsbestimmungen, teils auch aus der einschlägigen Gesetzgebung. In Anlehnung an die Gewaltenteilungslehre lassen sie sich nach funktionellen, organisatorischen und personellen Gesichtspunkten ordnen (vgl.
für das Folgende vor allem KIENER, Richterliche Unabhängigkeit,
S. 235 ff.; ferner WALTER HALLER, in: Kommentar aBV, Art. 106
Rz. 30 ff. sowie J. P. MÜLLER, Grundrechte, S. 574 ff.).

Ergänzt und gestützt wird die Unabhängigkeitsgarantie durch eine Reihe sachver-
wandter Elemente, die im herkömmlichen Sprachgebrauch unter eigenen Rechtstiteln firmieren. Hierzu gehören z.b. das *Verbot der Ausnahmegerichte* sowie die
Garantie des unparteiischen Richters (Art. 30 Abs. 1 BV).

a. Funktionelle Elemente

Funktionell gesehen ist es den anderen Bundesbehörden wegen Art.   17
*191c BV *verboten, sich in die richterliche Rechtsfindung einzumischen.*
Die politischen Behörden dürfen die Gerichte weder anweisen, eine
Streitsache in einem bestimmten Sinne zu entscheiden oder durch Vergleich zu erledigen, noch in irgendeiner anderen Weise autoritativ auf
ihre Spruchpraxis einwirken.

Das Einmischungsverbot wird hingegen nicht dadurch verletzt, dass sich eine Verwaltungsbehörde im Zuge eines gerichtlich angeordneten *Schriftenwechsels* zu einer
bestimmten Streitsache vernehmen lässt.

Weiter *verbietet* die Unabhängigkeitsgarantie *jede Urteilskorrektur*   18
durch andere als richterliche Behörden. Gerichtsentscheidungen dürfen
nur durch das urteilende Gericht selbst (auf dem Wege der Revision)
oder auf Beschwerde hin durch ein oberinstanzliches Gericht aufgehoben und geändert werden. Eine unzulässige Urteilskorrektur läge auch
dann vor, wenn die zuständigen Vollstreckungsbehörden sich weigerten, einen rechtskräftigen Gerichtsspruch ordnungsgemäss zu vollziehen.

Ein ‚unerwünschtes‘ Urteil kann immerhin Anlass sein, die betroffene *Gesetzgebung zu ändern* und die künftige Rechtsprechung auf eine neue Grundlage zu stellen. Ein solches Prozedere beeinträchtigt die richterlichen Unabhängigkeit nicht;
geändert wird ja nicht das rechtskräftige Urteil, sondern (mit Wirkung für spätere
Fälle) das dem Urteil zugrunde liegende Recht. Nebenbei: Politische Behörden soll-

ten sich mit öffentlicher Urteilsschelte zurückhalten; gerade sie können kein Interesse daran haben, das Ansehen der Justiz in der Bevölkerung zu untergraben. Die *Begnadigungskompetenz* der Bundesversammlung mag als Durchbrechung des Korrekturverbots erscheinen; sie ist aber durch die Verfassung selbst vorgesehen (Art. 173 Abs. 1 Bst. k BV). Zur Aufhebung kantonaler Gerichtsentscheide im Rahmen der *Bundesaufsicht* vgl. vorn § 26 Rz. 20 ff.

b. Organisatorische Elemente

19 In *organisatorischer* Hinsicht postuliert die Unabhängigkeitsgarantie, dass die Gerichte als *selbständige Einheiten* verfasst und als solche *ausreichend ausgestattet* sind. In diesem Kontext gehört auch der Grundsatz der gerichtlichen Selbstverwaltung (Art. *188 Abs. 3 BV; hinten § 42/IV).

20 Wegen der richterlichen Unabhängigkeit muss sich die *Oberaufsicht der Bundesversammlung* über die eidgenössischen Gerichte strikte auf die Überwachung des äusseren Geschäftsgangs beschränken (vgl. § 35 Rz. 20 f.).

c. Personelle Elemente

21 Zur Sicherung der personellen Unabhängigkeit sehen Verfassung und Gesetz zunächst eine Reihe von *Unvereinbarkeiten* vor (hinten § 41 Rz. 5).

22 Auch die Art und Weise der *Richterwahl* ist in diesem Zusammenhang von Bedeutung. Wahlkompetenz und Wahlverfahren müssen so ausgestaltet sein, dass jede Ämterpatronage ausgeschlossen werden kann und die Autorität der Gewählten unbeschädigt bleibt. Die Bundesrichter und die Richter am Bundesstrafgericht werden von der *Bundesversammlung* gewählt (Art. 168 Abs. 1 BV; Art. 5 Abs. 1 SGG), die Richter in den eidgenössischen Rekurskommissionen vom *Bundesrat* (Art. 71b Abs. 3 VwVG). In beiden Fällen sind also politische Bundesbehörden am Werk; daher kann man politische Einflüsse auf das Wahlprozedere (wie beispielsweise die Wahrung eines bestimmten Parteienproporzes) nicht ausschliessen. Solche Einwirkungen sind aber nicht sachfremd. Angesichts der zahlreichen Handlungsspielräume im positiven Recht kann es nämlich nicht ausbleiben, dass die Grundhaltungen der einzelnen Richter zu gesellschaftlichen und ethischen Fragen auf ihre Spruchpraxis abfärben. Ausserdem erhöht die politische Richterwahl

die demokratische Legitimation der richterlichen Gewalt. Bedenken wären erst dann angebracht, wenn die Wahlkompetenz ausschliesslich in den Händen der Regierung läge oder wenn das Wahlverfahren die Kandidaten zwänge, einen politischen Wahlkampf zu führen.

Am geringsten wäre die Abhängigkeit von externen Kräften bei einer Bestellung der Gerichtsmitglieder durch die Gerichte (man spricht in einem solchen Fall von *Kooptation*). Die Selbstergänzung der Justiz stünde aber in einem unlösbaren Widerspruch zur demokratischen Legitimation, derer die Gerichte unbedingt bedürfen, wenn sie mit ihren Urteilen von den Rechtsunterworfenen akzeptiert werden wollen. Kooptationssysteme bergen unweigerlich die Gefahr eines Staats im Staate. Sie lassen sich mit einem Grundanliegen der Gewaltenteilung, dem Postulat der wechselseitigen Gewaltenhemmung, kaum vereinbaren.

Zur personellen Unabhängigkeit gehört schliesslich ein *dienstrechtlicher* 23 *Schutz.* Gute Rechtsprechung gedeiht nur auf dem Boden einer rechtlich gesicherten beruflichen Stabilität. Richter sollen namentlich nicht befürchten müssen, wegen missliebiger Urteile diszipliniert, versetzt oder im Amt eingestellt zu werden. Wirksamen Schutz gegen derartige Sanktionen bietet die Wahl auf eine *feste, nicht allzu kurz bemessene Amtsdauer,* während welcher die Richter *praktisch unabsetzbar* sind. Für die Bundesrichter beträgt die Amtsdauer sechs Jahre (Art. 145 BV). Die Abberufung eines Bundesrichters während der Amtsperiode ist nur möglich, wenn seine Wählbarkeit entfällt oder eine neu aufgetretene Unvereinbarkeit nicht beseitigt wird.

Für die Richter am Bundesstrafgericht sieht Art. 10 SGG etwas weiter ausgemessene *Abberufungsgründe* vor, nämlich schwere Amtspflichtverletzung und dauerhafte Amtsunfähigkeit. Art. 40a ParlG zufolge ist die Gerichtskommission der eidgenössischen Räte (vorn § 34 Rz. 33) „zuständig für die Vorbereitung der Wahl und Amtsenthebung von Richterinnen und Richtern der eidgenössischen Gerichte". Die Bestimmung bedeutet keine Blankoermächtigung zur Liquidierung unbequemer Richter. Auch wenn sich Art. 40a ParlG zu den Abberufungsgründen nicht äussert, so bleibt die *Abberufungskompetenz der Bundesversammlung* doch auf die wenigen oben skizzierten Ausnahmefälle begrenzt. Alles andere wäre grober Verfassungsbruch. Was schliesslich die Abberufungskompetenz als solche angeht: Sie gehört recht besehen von vornherein nicht in die Hände eines politischen Organs. Richtig wäre, sie einem Gremium aus dem Kreis der Justiz anzuvertrauen.

Es ist nicht zu übersehen, dass sich das *Wiederwahlprozedere* am Ende einer Amtsdauer als Mittel zur Disziplinierung einzelner Richter verwenden lässt und dass allein schon die Möglichkeit einer ‚Abberufung durch Nichtwiederwahl' die Unabhängigkeit der Gerichte schmälern mag. Eine Wahl der Richter auf *Lebenszeit* (oder wenigstens auf lange einmalige Amtszeit von beispielsweise zwölf Jahren) vermöchte solche Gefahren ohne weiteres zu bannen. Derartige Modelle wären in unserem Land indessen systemfremd. Die volksstaatliche Tradition der Schweiz verlangt nach einer periodischen Rückbindung der richterlichen Gewalt an Parlament oder Stimmbürgerschaft. Was gegen die Kooptation vorgebracht wurde (Rz.

22 a.E.), gilt in ähnlicher Weise auch hier: Ein Amt auf Lebenszeit verleitet zu Machtmissbrauch und widerstreitet dem Postulat der Gewaltenhemmung.

4.   Grenzen richterlicher Unabhängigkeit

a.   Bindung an das Recht

24   Eine selbstverständliche Grenze richterlicher Unabhängigkeit liegt in der Verpflichtung der Gerichte auf das Recht. Selbstverständlich ist diese Grenze darum, weil die Unabhängigkeit der Gerichte ihre einzige Rechtfertigung in ihrer Funktion als rechtsprechende Behörde findet. Gerade weil die Aufgabe der Justiz darin besteht, Rechtsstreitigkeiten ausschliesslich nach den Massstäben des demokratischen Gesetzes zu entscheiden, müssen sie „unabhängig" sein, d.h. deutlicher: *keinen anderen Massstäben verpflichtet als dem demokratischen Gesetz.* Die uneingeschränkte Bindung der Gerichte an das Recht trägt in zentraler Weise dazu bei, die Gleichheit aller vor dem Gesetz zu gewährleisten.

25   Die Bindung an das Recht steht einer *richterlichen Rechtsfortbildung* durch Auslegung und Konkretisierung von Verfassung und Gesetz nicht entgegen, solange die Justiz dabei die funktionellen Grenzen ihrer Zuständigkeit wahrt (zu den funktionellen Grenzen der Verfassungsgerichtsbarkeit vgl. vorn § 11/III).

b.   Beeinflussung durch Lebenswelt und Zeitgeschichte

26   Richter und Gerichte stehen nicht ausserhalb der Gesellschaft. Vom Gemeinwesen zur Schlichtung von Rechtsstreitigkeiten eingesetzt, müssen sie im Gegenteil „Lebensnähe, Erfahrung und menschliches Verständnis" an den Tag legen können (BGE 105 Ia 157 E. 6a S. 162, Nordwestschweizer Aktionskomitee gegen Atomkraftwerke). Der biografische Hintergrund und der individuelle Lebensentwurf der einzelnen Richter, das aktuelle politische Geschehen, die herrschenden Werturteile einer Epoche: Dem Einfluss durch Faktoren dieser Art wird sich die Justiz nie völlig entziehen können. Von den Richtern muss immerhin erwartet werden, dass sie die ausserrechtlichen Bedingtheiten ihrer Rechtsauffassungen erkennen und sie entsprechend auch reflektieren. Ferner gehört sich bei öffentlichen Auftritten und im Umgang mit den Medien eine gewisse Zurückhaltung. Kurz: Die Wahrung auch der *inneren Unabhängigkeit* gehört zu den wichtigsten und anspruchsvollsten Seiten des Richterberufs.

III. Berufsgericht

(Art. 144 Abs. 1 BV)

Die Verfassung konzipiert das Bundesgericht als *Berufsgericht* (Art. 144   27
Abs. 2 BV). *Nebenbeschäftigungen* von Bundesrichtern – z.b. Tätigkeiten als Gutachter oder Schiedsrichter – sind nur gestattet, wenn die
uneingeschränkte Erfüllung der Amtspflichten, die Unabhängigkeit
und das Ansehen des Gerichts nicht beeinträchtigt werden.

Das Gesagte gilt allein für die Mitglieder des Bundesgerichts, d.h. für   28
die *vollamtlichen* Bundesrichter. *Nebenamtliche* Richter sind davon
nicht betroffen.

IV. Exkurs: Richterliche Vorinstanzen zum Bundesgericht

Damit sich das Bundesgericht auf seine besonderen Aufgaben als höchs-   29
tes Gericht im Bund konzentrieren kann, sieht die Verfassung eine
Reihe richterlicher Vorinstanzen vor, nämlich:
– ein *Bundesstrafgericht* mit Sitz in Bellinzona, welches erstinstanzlich
  Straffälle beurteilt, soweit das Gesetz sie der Gerichtsbarkeit des
  Bundes zuweist (Art. *191a Abs. 1 BV; Art. 1 und 4 SGG);
– ein *Bundesverwaltungsgericht* mit Sitz in St. Gallen, welches hauptsächlich Beschwerden gegen Verfügungen aus dem Zuständigkeitsbereich der Bundesverwaltung beurteilt (Art. *191a Abs. 2 BV; das
  Bundesverwaltungsgericht löst die bisherigen eidgenössischen Rekurskommissionen und departementalen Beschwerdedienste ab).
– Ausserdem müssen die *Kantone richterliche Behörden* für die Beurteilung von Streitigkeiten auf den Gebieten des Zivilrechts, des Strafrechts und des öffentlichen Rechts bestellen (Art. *191b BV).
Zum Amtssitz der beiden unterinstanzlichen Bundesgerichte vgl. das Bundesgesetz
über den Sitz des Bundesstrafgerichts und des Bundesverwaltungsgerichts vom 21.
Juni 2002, AS 2003 2163, SR 173.72.

Vom Ausbau der richterlichen Vorinstanzen erhofft man sich allge-   30
mein eine verminderte Inanspruchnahme des Bundesgerichts. Ausserdem lassen sich auf diese Weise die Direktprozesse vor dem Bundesgericht – d.h. Verfahren, in denen das Bundesgericht als erste und einzige
Instanz entscheidet – auf ein absolutes Minimum beschränken.

§ 41 Wahl des Bundesgerichts

I.   Zusammensetzung

1.   Zahl der Gerichtsmitglieder
(Art. *188 Abs. 2 BV)

1   Die Verfassung überlässt es dem Gesetzgeber, die Zahl der Bundesrichter festzulegen (Art. *188 Abs. 2 BV). Derzeit umfasst das *Bundesgericht* 30 ordentliche (d.h. vollamtliche) sowie 30 nebenamtliche Richter. Das *Eidgenössische Versicherungsgericht,* die Sozialversicherungsabteilung des Bundesgerichts, besteht aus 11 ordentlichen und 11 nebenamtlichen Richtern.

2.   Sprachliche Ausgewogenheit
(ex Art. 188 Abs. 4 BV)

2   Bei der Wahl der Bundesrichter ist auf die *Vertretung der Amtssprachen* Rücksicht zu nehmen (so noch Art. 188 Abs. 4 BV i.d.F. vom 18. April 1999, AS 1999 2556, 2600; die Justizreform vom 12. März 2000 hat diese Bestimmung – wohl versehentlich – nicht weitergeführt; vgl. RHINOW, Bundesverfassung, S. 14).

II.   Wählbarkeit und Unvereinbarkeiten

1.   Wählbarkeit
(Art. 143 BV)

3   In das Bundesgericht sind *alle Stimmberechtigten wählbar* (Art. 143 i.V.m. Art. 136 Abs. 1 BV). Eine juristische Ausbildung wird nicht vorausgesetzt; es können also auch Laien in das oberste Gericht entsandt werden. Mit Blick auf die Rolle des Bundesgerichts als Höchstgericht (vorn § 40 Rz. 5 ff.) ist die vorbehaltlose Amtsfähigkeit aller Stimmberechtigten freilich kaum zum Nennwert zu nehmen. Es verwundert nicht, dass die Bundesversammlung von dieser Option soweit

ersichtlich noch nie Gebrauch gemacht hat. Erfahrungsgemäss werden nur ausgewiesene Fachkräfte an das Bundesgericht gewählt.

Bundesrichter unterliegen *keiner Amtszeitbeschränkung.* Wiederwahl 4
nach Ablauf der Amtsdauer ist ohne Einschränkung zulässig.

2. Unvereinbarkeiten
(Art. 144 BV)

Bundesrichter (auch die bloss nebenamtlichen) dürfen *nicht zugleich* 5
Mitglied des Nationalrats, des Ständerats oder des Bundesrats sein (Art. 144
Abs. 1 BV). Für die vollamtlichen Richter gilt im Weiteren ein allgemeines *Berufsverbot* (Art. 144 Abs. 2 BV). Das Gesetz sieht überdies einen *Verwandtenausschluss* vor (Art. 4 OG).

Auch die persönlichen Mitarbeiter der vollamtlichen Bundesrichter und die Bundesgerichtsschreiber unterliegen bestimmten Restriktionen: Um die Unabhängigkeit des Justiz nicht zu gefährden, dürfen sie nicht der Bundesversammlung angehören (Art. 14 Bst. c ParlG).

III. Wahlsystem und Wahlverfahren
(Art. 168 Abs. 1 BV; Art. 135–138 ParlG)

1. Wahlbehörde

Wahlen in das Bundesgericht sind Sache der *Vereinigten Bundesver-* 6
sammlung (Art. 168 Abs. 1 i.V.m. Art. 157 Abs. 1 Bst. a BV).

2. Gesamterneuerung, Wiederwahl und Ergänzungswahl

Die Bundesrichter werden nicht auf Lebenszeit, sondern lediglich für 7
eine sechsjährige Amtsdauer gewählt (vgl. Rz. 13). Als Folge davon
ergeben sich *unterschiedliche Wahlkonstellationen.*

Grundsätzlich kommt es alle sechs Jahre zu einer *Gesamterneuerung* des 8
Bundesgerichts und des eidgenössischen Versicherungsgerichts, wobei
die ordentlichen und die nebenamtlichen Richter getrennt gewählt
werden (Art. 135 Abs. 1 ParlG).
– Richter, die sich bei der Gesamterneuerung zur *Wiederwahl* stellen,
  werden mittels *Listenwahl* bestätigt oder abgewählt. Wer die Wie-

511

derwahl verfehlt, kann zur Ergänzungswahl antreten (Art. 136 ParlG).

- *Ergänzungswahlen* im Zuge der Gesamterneuerung finden statt, wenn amtierende Richter nicht mehr zur Wiederwahl antreten oder bei der Wiederwahl durchfallen. Bei Ergänzungswahlen kommen unter Umständen ebenfalls Wahllisten zum Einsatz; letztlich müssen die Kandidaten aber doch einzeln gegeneinander antreten, d.h. es gilt im Prinzip das System der *Kandidatenkonkurrenz* (Art. 137 ParlG; vgl. Rz. 11).

9 *Während der Amtsdauer auftretende Vakanzen* werden stets auf dem Wege der *Ergänzungswahl* besetzt (Art. 137 Abs. 1 ParlG).

10 Ausserdem wählt die Bundesversammlung aus dem Kreis der ordentlichen Bundesrichter auf die Dauer von zwei Jahren das *Bundesgerichtspräsidium* (Art. 138 ParlG).

3.   Wahlverfahren und Wahlkonventionen

11 Wahlen in das Bundesgericht sind wie die Bundesratswahlen *geheim;* gewählt ist, wer das *absolute Mehr* erreicht (Art. 130 f. ParlG). Im Weiteren ist zwischen Wiederwahl und Ergänzungswahl zu unterscheiden.

- Bei *Wiederwahlen* dient eine Liste mit den Namen aller wieder kandidierenden Richter als Wahlzettel. Die Abgeordneten können einzelne Kandidaten streichen, nicht aber neue Namen auf die Liste setzen. Dem Wesen der Listenwahl entsprechend findet nur ein Wahlgang statt (Art. 136 ParlG).

- Für *Ergänzungswahlen* gilt das nämliche Wahlverfahren wie bei Bundesratswahlen (vgl. die nahezu gleich lautenden Art. 137 und 132 ParlG, je Abs. 3 und 4; für Einzelheiten § 37 Rz. 10). Allerdings werden die freien Sitze in einem Zug besetzt, nicht einzeln und nacheinander wie beim Bundesrat. Sind nicht mehr Kandidierende vorhanden wie Sitze zu vergeben sind, so erhalten die Abgeordneten als Wahlzettel eine entsprechende Namensliste, andernfalls eine unbeschriebene Liste mit der Anzahl Linien der vakanten Sitze (Art. 137 Abs. 2 ParlG; BBl 2001 3590). Im Unterschied zu den Wiederwahlen können die Listen aber frei verändert, also auch durch neue Namen ergänzt werden.

12 Die Bundesversammlung befolgt bei den Wahlen in das Bundesgericht einen *freiwilligen Parteienproporz.* Kandidaten ohne Parteizugehörigkeit

oder erklärte Nähe zu einer bestimmten Partei haben wenig Aussicht, in das oberste Gericht gewählt zu werden.

IV. Amtsdauer

Die Mitglieder des Bundesgerichts ebenso wie die nebenamtlichen 13 Richter am Bundesgericht werden auf eine *Amtsdauer von sechs Jahren* gewählt (Art. 145 Satz 2 BV). Wiederwahl ist möglich.

§ 42 Zuständigkeiten des Bundesgerichts

I. Systematik von Art. *189 BV über die Zuständigkeiten des Bundesgerichts

1   In substanzieller Weise äussert sich die Verfassung nur zu den *Recht-sprechungskompetenzen* des Bundesgerichts (Art. *189 BV; Rz. 3 und Abschnitt II). Über seine – freilich spärlichen – *Rechtsetzungszuständig-keiten* schweigt sich die Verfassung aus (Abschnitt III). Die *Verwal-tungsbefugnisse* werden immerhin angesprochen, wenn auch nur kurz: nämlich mit dem Satz, das Bundesgericht verwalte sich selbst (Art. *188 Abs. 3 BV; Abschnitt IV).

2   In der BV 1874 wie auch in der nachgeführten BV 1999 waren die *Spruchzuständigkeiten* des Bundesgerichts *nach Rechtsbereichen* aufge-zählt. Danach oblag dem Bundesgericht neben der Verfassungsrechts-pflege die Beurteilung von Zivil-, Straf- und Verwaltungssachen (Art. 110–114bis aBV; Art. 189 f. BV i.d.F. vom 18. April 1999, AS 1999 2556, 2600).

3   Die revidierte Justizverfassung beschränkt sich jetzt weitest gehend darauf, die *Beschwerdegründe* zu nennen, derentwegen das Bundesge-richt angerufen werden kann. Gemäss Art. *189 Abs. 1 BV beurteilt das Bundesgericht *Streitigkeiten wegen Verletzung:*

- von Bundesrecht (einschliesslich Bundesverfassungsrecht);
- von Völkerrecht (namentlich von Staatsverträgen des Bundes und der Kantone mit dem Ausland);
- von interkantonalem Recht;
- von kantonalen verfassungsmässigen Rechten;
- der Gemeindeautonomie und anderer Garantien der Kantone zu Gunsten von öffentlich-rechtlichen Körperschaften;
- von eidgenössischen und kantonalen Bestimmungen über die politischen Rech-te.

Diese rechtsetzungstechnische Vereinfachung in der Verfassung ändert aber nichts daran, dass die ausführende Prozessgesetzgebung schon aus praktischen Gründen doch wieder nach Rechtsgebieten differenzieren muss.

Ausserdem beurteilt das Bundesgericht 4
- *Streitigkeiten zwischen Bund und Kantonen oder zwischen Kantonen* (Art. *189 Abs. 2 BV) sowie
- *weitere Streitfälle*, die das Gesetz dem Bundesgericht zuweist (Art. *189 Abs. 3 BV).

II. Rechtsprechungsbefugnisse

Die Spruchzuständigkeiten des Bundesgerichts können hier nur grob 5 skizziert werden. Für *Einzelheiten* müssen die *einschlägigen Verfahrensgesetze* und die zugehörige Rechtsprechung und Literatur beigezogen werden.

1. Verfassungs- und Verwaltungsrechtspflege

In öffentlichrechtlichen Angelegenheiten beurteilt das Bundesgericht 6 *letztinstanzlich:*
- Beschwerden gegen *Verfügungen nach Art. 5 VwVG*, d.h. gegen Verwaltungsakte eidgenössischer oder kantonaler Behörden, welche sich auf öffentliches Recht des Bundes stützen;
- Beschwerden gegen *kantonale Hoheitsakte*, d.h. gegen Verfügungen kantonaler Behörden gestützt auf kantonales Recht sowie gegen kantonale Erlasse;
- Beschwerden im *Bereich des Stimmrechts*, d.h. Beschwerden, welche die politische Stimmberechtigung der Bürger oder Volkabstimmungen und Volkswahlen betreffen.

In bestimmten Sachgebieten ist die Beschwerde an das Bundesgericht indessen ausgeschlossen (vgl. Art. *191 Abs. 3 BV).

Ausserdem entscheidet es auf Klage hin als *einzige Instanz* über: 7
- Kompetenzkonflikte und andere öffentlichrechtliche Streitigkeiten zwischen Bund und Kantonen oder zwischen Kantonen (Art. *189 Abs. 2 BV);
- Ansprüche auf Schadenersatz und Genugtuung aus der Amtstätigkeit eidgenössischer Magistratspersonen (Art. 10 Abs. 2 VG; vgl. Art. *189 Abs. 3 BV).

2.   Zivilrechtspflege einschliesslich Rechtspflege in Schuldbetreibungs- und Konkurssachen

8   Das Bundesgericht beurteilt *letztinstanzlich* Beschwerden gegen Entscheide:
–   in *Zivilsachen* (ZGB, OR und privatrechtliche Nebenerlasse);
–   in *Schuldbetreibungs- und Konkurssachen;*
–   in *öffentlichrechtlichen Angelegenheiten,* sofern sie *mit dem Zivilrecht unmittelbar zusammenhängen* (dies trifft z.b. auf das Grundbuch, das Handelsregister und weitere Register, die Stiftungsaufsicht, die Vormundschaft oder den Kindesschutz zu).
In vermögensrechtlichen Sachen ist die Beschwerde von Ausnahmen abgesehen nur zulässig, wenn der gesetzlich zu bestimmende *Streitwert* erreicht ist (Art. *191 Abs. 2 BV).

9   Auf Klage hin entscheidet das Bundesgericht als *einzige Instanz* zivilrechtliche Streitigkeiten zwischen Bund und Kantonen oder zwischen Kantonen (Art. *189 Abs. 2 BV).

3.   Strafrechtspflege

10   Endlich beurteilt das Bundesgericht *letztinstanzlich* auch Beschwerden gegen:
–   Entscheide in *Strafsachen* (insbesondere StGB, MStG, VStR). Als Strafsache gelten nicht nur Strafurteile, sondern ebenso
–   Entscheide betreffend *Zivilansprüche, die zusammen mit der Strafsache* beurteilt wurden, sowie
–   Entscheide im *Straf- und Massnahmenvollzug.*

III.   Rechtsetzungsbefugnisse

11   Rechtsetzungsbefugnisse besitzt das Bundesgericht zunächst im Bereich des *Justizwesens.*
–   Schon kraft seiner verfassungsrechtlichen Zuständigkeit zur Selbstverwaltung (Art. *188 Abs. 3 BV) ist es befugt, die erforderlichen *Vorschriften organisatorischer Natur* auf dem Verordnungsweg zu er-

lassen (vgl. das Reglement für das Schweizerische Bundesgericht, vom 14. Dezember 1978, SR 173.111.1).

– Ausserdem können die Verfahrensgesetze bestimmte Materien wie etwa die Gebühren- und Entschädigungstarife dem Bundesgericht zur Regelung übertragen (vgl. z.B. die entsprechenden Tarife unter SR 173.118.1 und 173.119.1).

Weitere Rechtsetzungszuständigkeiten bestehen in gewissen *justiznahen* 12 *Sachbereichen,* so etwa im Bereich des Schuldbetreibungs- und Konkursrechts (Art. 15 SchKG; vgl. z.B. die Verordnung über die Geschäftsführung der Konkursämter vom 13. Juli 1911, SR 281.32) oder im Enteignungsrecht (Art. 63 EntG; vgl. die Verordnung für die eidgenössischen Schätzungskommissionen vom 24. April 1972, SR 711.1).

IV. Verwaltungsbefugnisse

Zur Wahrung seiner Unabhängigkeit verwaltet sich das Bundesgericht 13 selbst (Art. *188 Abs. 3 BV; vgl. BBl 1997 I 527). In den Bereich der *Justizverwaltung* gehören namentlich die Organisation des Gerichtsbetriebs, die Geschäftszuteilung und das Personalwesen.

Ausserdem besitzt das Bundesgericht gewisse Verwaltungsbefugnisse im 14 Bereich des *Schuldbetreibungs- und Konkursrechts* (vgl. Art. 15 SchKG).

§ 43 Organisation und Geschäftsverkehr des Bundesgerichts

I. Rechtliche Stellung der Bundesrichter

1 Wohnsitz, Verantwortlichkeit und Immunität sowie Gehalt der Bundesrichter sind ähnlich geregelt wie beim Bundesrat (vgl. Art. 19 Abs. 2 OG sowie vorn § 39/I und die Hinweise dort). Einer politischen Verantwortlichkeit unterstehen die Bundesrichter nicht (Art. *191c BV).

II. Gesamtgericht und Abteilungen

1. Gesamtgericht

2 Das Gesamtgericht umfasst sämtliche ordentlichen Bundesrichter. Es ist hauptsächlich zuständig für (Art. 11 OG):
- Wahlen (z.B. von Gerichtsschreibern und persönlichen Mitarbeitern der Richter);
- die Erledigung von Verwaltungsgeschäften;
- den Erlass von Rechts- und Verwaltungsverordnungen (z.B. von Reglementen über die Gerichtsorganisation, die Geschäftsverteilung und die Gerichtsgebühren);
- den Beschluss über Praxisänderungen, die von früheren Beschlüssen des Gesamtgerichts abweichen (Art. 16 OG).

2. Abteilungen

3 In den Anfängen war das Bundesgericht mit seinen zunächst 9 vollamtlichen Richtern nicht unterteilt. Heute gliedert es sich in *folgende Abteilungen* (Art. 12 Abs. 1 OG):
- zwei öffentlich-rechtliche Abteilungen (die Schaffung einer dritten öffentlich-rechtlichen Abteilung wäre möglich, vgl. Art. 12 Abs. 1 Bst. a OG);
- zwei Zivilabteilungen;
- die Schuldbetreibungs- und Konkurskammer;
- den Kassationshof in Strafsachen.
Die Abteilungspräsidenten werden vom Gesamtgericht ernannt.

Für die *Verteilung der Geschäfte auf die einzelnen Abteilungen* ist das Reglement für das Schweizerische Bundesgericht vom 14. Dezember 1978 massgebend (SR 173.111.1).

Die *personelle Zusammensetzung der Abteilungen* wird alle zwei Jahre vom Gesamtgericht bestimmt. Das Bundesgericht richtet sich dabei einerseits nach dem Anciennitätsprinzip, andererseits nach dem Sprachenproporz. Partei- und Kantonszugehörigkeit, Geschlecht oder fachliche Qualifikationen stehen nicht im Vordergrund. Künftig soll das Bundesgericht seine Abteilungen in eigener Kompetenz bestimmen können (BBl 2001 4284).

Neben diesen Abteilungen wirkt das *Eidgenössische Versicherungsgericht* 4 als organisatorisch verselbständigte Sozialversicherungsabteilung des Bundesgerichts (Art. 122 OG).

Mit der Reform der Bundesrechtspflege soll das Versicherungsgericht stärker als heute in das Bundesgericht integriert werden (BBl 2001 4279).

3. Vereinigte Abteilungen

Für bestimmte Geschäfte treten zwei oder mehr Abteilungen zu einer 5 Vereinigten Abteilung zusammen (Art. 16 OG). Diese umfasst *alle ordentlichen Richter der betreffenden Abteilungen* unter dem Vorsitz des amtsältesten Abteilungspräsidenten. Zur Vereinigung von Abteilungen kommt es in zwei Fällen:

– Will eine Abteilung eine *Praxisänderung* beschliessen, die einen früheren Entscheid einer anderen Abteilung (oder mehrerer anderer Abteilungen) betrifft, so darf dies nur auf Beschluss der Vereinigung aller involvierten Abteilungen geschehen.

– Der Beschluss einer Vereinigten Abteilung ist ferner dann einzuholen, wenn eine Abteilung eine *Rechtsfrage von präjudizieller Bedeutung* entscheiden muss, die mehrere Abteilungen betrifft.

Beschlüsse von Vereinigten Abteilungen können auf dem Zirkulationsweg gefasst werden; sie sind gültig, wenn mindestens zwei Drittel der ordentlichen Richter aus jeder der betroffenen Abteilungen teilnehmen.

III. Bundesgerichtspräsident

Der Bundesgerichtspräsident führt den Vorsitz im Gesamtgericht und 6 vertritt das Gericht nach aussen.

Ausserdem obliegen ihm die allgemeine Geschäftsleitung und die Überwachung des Personals (Art. 6 Abs. 2 OG). Diese Aufgaben sollen neu einer Gerichtsleitung übertragen werden, zu welcher neben dem Bundesgerichtspräsidenten eine nicht näher bestimmte Zahl ordentlicher Richter gehört (BBl 2001 4284).

IV. Sitzungsordnung

1. Sitz des Bundesgerichts

7 Das Bundesgericht hat seinen Sitz in Lausanne, das Eidgenössische Versicherungsgericht in Luzern (Art. 19 und 124 OG).

2. Besetzung

8 *In der Regel* entscheiden die Abteilungen des Bundesgerichts in der Besetzung mit *drei* Richtern (Art. 15 Abs. 1 und Art. 125 OG).

9 *Ausnahmsweise* entscheidet das Gericht
 – in *Fünferbesetzung* bei Fragen von grundsätzlicher Bedeutung (Art. 15 Abs. 2 OG);
 – in *Siebnerbesetzung* bei Beschwerden gegen referendumspflichtige kantonale Erlasse und gegen Entscheide über die Zulässigkeit einer Initiative oder das Erfordernis des Referendums auf kantonaler Ebene (Art. 15 Abs. 3 OG; in Zukunft soll auch hier eine Fünferbesetzung genügen, BBl 2001 4285).

3. Öffentlichkeit

10 Allfällige *Parteiverhandlungen* vor Bundesgericht sowie die *Beratungen und Abstimmungen des Gerichts* sind grundsätzlich *publikumsöffentlich* (Art. 17 OG). Aus Gründen der Staatssicherheit, der öffentlichen Ordnung oder der öffentlichen Sittlichkeit kann die Öffentlichkeit ganz oder teilweise ausgeschlossen werden. Gleiches gilt, wenn das Interesse eines Beteiligten einen Ausschluss rechtfertigt.
Der Grundsatz der Sitzungsöffentlichkeit wird allerdings durch den Einsatz des *Zirkularverfahrens* und des *vereinfachten Verfahrens* (Rz. 15 f.) in über 95% aller Fälle durchbrochen.

Die Entscheide des Bundesgerichts werden teilweise in der *Amtlichen* 11
Sammlung publiziert. Über die Auswahl der zur amtlichen Veröffentlichung bestimmten Entscheide und über die Art und Weise der Veröffentlichung (insbesondere was Anonymisierungen und Kürzungen angeht) entscheidet jede Abteilung für sich. Die amtliche Veröffentlichung erfolgt in der Originalsprache des Urteils (Rz. 12).

Weitere Entscheidungen des Bundesgerichts finden sich in juristischen Zeitschriften, namentlich im „Schweizerischen Zentralblatt für Staats- und Verwaltungsrecht" (ZBl) und in „Die Praxis" (Pra). Ausserdem erscheinen alle Urteile – auch die
nicht amtlich veröffentlichten – seit dem Jahre 2000 auf der Internetseite des Bundesgerichts (www.bger.ch).

4. Verfahrenssprache

Das Verfahren wird in einer der schweizerischen *Amtssprachen* geführt, 12
d.h. auf Deutsch, Französisch, Italienisch oder Romanisch. Den Ausschlag gibt regelmässig die *Sprache des angefochtenen Entscheids*. Verwenden die Parteien eine andere Amtssprache, so kann das Verfahren
in dieser Sprache geführt werden. Die Verfahrenssprache ist zugleich
auch *Urteilssprache*.

Vgl. zur Verfahrenssprache auch vorn § 14 Rz. 12 f., 28 f.

5. Parteivertretung

Als Parteivertreter vor Bundesgericht können *nur zugelassene Rechts-* 13
anwälte auftreten. Die erforderliche Zulassung ergibt sich aus dem
Anwaltsgesetz vom 23. Juni 2000 (SR 935.61) oder aufgrund eines
Staatsvertrags. Gleichwohl besteht kein Vertretungszwang; die Parteien
können einen Prozess vor Bundesgericht nämlich auch alleine führen.
Nur wenn sie dazu offensichtlich nicht imstande sind, muss ein Parteivertreter beigezogen werden (Art. 29 OG).

V. Beratung und Beschlussfassung

1. Mündliches Verfahren, Zirkulationsverfahren und vereinfachtes Verfahren

14 Auf Anordnung des Abteilungspräsidenten oder Verlangen eines Richters berät und entscheidet das Gericht über die zu erledigenden Streitsachen in *mündlicher Verhandlung* (Art. 17 i.V.m. 36b OG).

15 Die meisten Urteile werden *schriftlich* auf dem Weg der *Aktenzirkulation* gefällt. Die Besetzung des Spruchkörpers bleibt sich zwar gleich; Mündlichkeit und Öffentlichkeit der Gerichtsverhandlung fallen beim Zirkulationsverfahren indessen weg (Art. 36b OG).

16 ‚Klare' Fälle werden im *vereinfachten Verfahren* erledigt. Dazu gehören namentlich das Nichteintreten auf offensichtlich unzulässige Rechtsmittel, die Abweisung offensichtlich unbegründeter sowie die Gutheissung offensichtlich begründeter Rechtsmittel (Art. 36a OG). Beim vereinfachten Verfahren entscheiden die zuständigen Abteilungen in reduzierter Besetzung; immerhin ist Einstimmigkeit erforderlich. Die Entscheidungen werden nur summarisch begründet.

2. Abstimmungen und Wahlen

17 Sofern das Gesetz nichts anderes bestimmt, treffen das Gesamtgericht und seine Abteilungen die Entscheide, Beschlüsse und Wahlen mit der *absoluten Mehrheit* der Stimmen. Bei Stimmengleichheit gibt die Stimme des Präsidenten den Ausschlag; bei Wahlen entscheidet in solchen Fällen das Los (Art. 10 OG).

5. TEIL: RECHTSETZUNG

Unter Rechtsetzung verstehen wir das *Verfahren auf Erlass generell-abstrakter Normen* auf Stufe Verfassung, Gesetz oder Verordnung (§§ 44–46). Die entsprechenden Regeln finden sich teils in der Verfassung, teils in der einschlägigen Gesetzgebung (hauptsächlich im ParlG und im RVOG). Auch Verordnungen spielen eine gewisse Rolle, vorab die RVOV und die VLV. Im Weiteren behandeln wir das innerstaatliche Verfahren zum *Abschluss von Staatsverträgen* (§ 47). Von alledem interessieren an dieser Stelle nur die *proceduralen Aspekte*. Gleichwohl sollte man nicht aus den Augen verlieren, dass es sich bei der Rechtsetzung und beim Abschluss von Staatsverträgen um genuin *politische Vorgänge* handelt, dass für die Redaktion der Normen auch *technische Regeln* zu beachten sind und dass Rechtssätze wie Staatsverträge stets auf ihre *Wirksamkeit* hin befragt werden müssen. Diese Gesichtspunkte müssen im Folgenden ausser Betracht bleiben.

Für *politologische Darstellungen* der Rechtsetzung vgl. LINDER, Demokratie, besonders Kapitel 8–11; NEIDHART, Politische Schweiz, besonders S. 233 ff.

Zur *Gesetzgebungslehre* und *Gesetzgebungstechnik* vgl. BUNDESAMT FÜR JUSTIZ, Gesetzgebungsleitfaden – Leitfaden für die Ausarbeitung von Erlassen des Bundes, 2.A., Bern 2002; THOMAS FLEINER-GERSTER, Wie soll man Gesetze schreiben?, Bern/Stuttgart 1985; REINHOLD HOTZ, Methodische Rechtsetzung – Eine Aufgabe der Verwaltung, Zürich 1983; G. MÜLLER, Rechtssetzungslehre (mit ausführlichem Literaturverzeichnis); PETER NOLL, Gesetzgebungslehre, Reinbek bei Hamburg 1973.

Fragen der *Gesetzesevaluation* sind behandelt bei WERNER BUSSMANN, Die Methodik der prospektiven Gesetzesevaluation, in: Gesetzgebung heute 1997, Heft 3, S. 109 ff.

Zu den *staatsrechtlichen Problemen der Rechtsetzung im Allgemeinen* vgl. GIOVANNI BIAGGINI, Verfassung und Richterrecht – Verfassungsrechtliche Grenzen der Rechtsfortbildung im Wege der bundesgerichtlichen Rechtsprechung, Basel 1991; THOMAS COTTIER, Die Verfassung und das Erfordernis der gesetzlichen Grundlage, 2.A., Chur/Zürich 1991; G. MÜLLER, Inhalt und Formen; RHINOW, Rechtsetzung.

§ 44 Verfassungsgebung

I. Totalrevision und Teilrevision
(Art. 193 f. BV)

1. Bedeutung der Unterscheidung in Totalrevision und Teilrevision

1   Art. 193 und 194 BV unterscheiden zwischen Totalrevision und Teilrevision, ohne diese Revisionstypen zu verdeutlichen. Die Unterscheidung ist aus zwei Gründen von praktischer Bedeutung:
   – Erstens gelten *unterschiedliche Verfahrensregeln*, nämlich Art. 193 Abs. 1–3 BV für die Totalrevision und Art. 194 Abs. 1 BV für die Teilrevision.
   – Sodann dürfen *Volksinitiativen* auf Totalrevision der Verfassung nur als *allgemeine Anregung* eingegeben werden (Art. °138 BV), während bei Volksinitiativen auf Teilrevision auch die Form des *ausgearbeiteten Entwurfs* zulässig ist (Art. °139 und °139a BV).

2. Formelles Unterscheidungskriterium

2   Die Praxis der Bundesbehörden und mit ihr der Grossteil der Lehre stellen für die Unterscheidung zwischen Total- und Teilrevision auf die *Zahl der von der Revision betroffenen Verfassungsartikel* ab.
   – Danach liegt eine *Totalrevision* vor, wenn die *alte Verfassungsurkunde durch eine neue ersetzt* wird. Bei Totalrevisionen steht die geltende Verfassung insgesamt zur Disposition. Der Verfassungsgeber bleibt aber frei, Bestimmungen der alten Verfassung unverändert in die neue zu übernehmen. Eine Totalrevision setzt also nicht voraus, dass alle Verfassungsartikel auch materiell geändert werden.
   – Um eine *Teilrevision* geht es dagegen, wenn nur *eine einzige Verfassungsbestimmung* oder *eine begrenzte Anzahl sachlich zusammenhängender Artikel* geändert, aufgehoben oder neu eingefügt wird. Die Verfassungsurkunde bleibt dabei im Übrigen unverändert.

Seit Gründung des Bundesstaates ist die Verfassung nur zweimal – 1874   3
und 1999 – total revidiert worden. Dagegen haben Volk und Stände im
Zeitraum von 1874 bis 1999 rund 150 Teilrevisionen der BV 1874 gutgeheissen. Die im Jahre 2000 in Kraft getretene neue Bundesverfassung
hat in den wenigen Jahren ihres Bestehens bereits mehrmals Änderungen erfahren.

3. Auch materielle Unterscheidungskriterien?

Gelegentlich wird vorgeschlagen, das formelle Kriterium durch ein   4
materielles zu ergänzen. Nach dieser Ansicht läge eine Totalrevision
nicht nur dann vor, wenn die alte Verfassungsurkunde von einer neuen
abgelöst wird (*„formelle Totalrevision"*), sondern auch dann, wenn tief-
greifend in die geltende Verfassungsordnung eingegriffen würde, selbst
wenn rechtstechnisch gesehen nur einzelne Bestimmungen betroffen
wären (*„materielle Totalrevision"*; vgl. AUBERT, Bundesstaatsrecht, Rz.
354 ff.; LUZIUS WILDHABER, in: Kommentar aBV, Art. 118 Rz. 17).

Die skizzierte Unterscheidung liesse sich allerdings *nur schwer handha-*   5
ben; schon darum ist sie zu Recht Theorie geblieben. Ausserdem wirkt
die Figur der „materiellen Totalrevision" *problematisch,* denn sie könnte leicht als Mittel missbraucht werden, formulierte Volksinitiativen
radikalen Inhalts auf bequeme Weise für ungültig zu erklären (Totalrevisionsinitiativen sind nur als allgemeine Anregung zulässig!). Nicht
zuletzt riskierte man mit dem Konzept der „materiellen Totalrevision"
völlig *unverhältnismässige Rechtsfolgen* (bei Gutheissung der Initiative
müsste nämlich die Bundesversammlung neu gewählt werden; Art. 193
Abs. 3 BV).

Fallbeispiel zu Rz. 4 f.: Volksinitiative „für eine Schweiz ohne Armee und für eine   6
umfassende Friedenspolitik". Zur Armeeabschaffungsinitiative schreibt der Bundesrat in seiner Botschaft vom 25. Mai 1988 (BBl 1988 II 967, 971):

> „Beibehaltung oder Abschaffung der Armee stellt staatspolitisch
> zweifellos eine existenzielle Entscheidung dar ...
> Die Verfassungslehre versteht solche einschneidenden Verände-
> rungen, auch wenn sie sich formal mit der Streichung und Neufas-
> sung weniger unter sich einheitlicher Verfassungsbestimmungen
> bewerkstelligen liessen, als materielle Totalrevision der Bundesver-
> fassung. Inhaltlich kann auch bei einer äusserlich begrenzten The-
> matik der Staat so tiefgreifend betroffen und vor die Frage elemen-
> tarer Neugestaltung gestellt sein, wie bei einer formell ausdrücklich
> begehrten Totalrevision. Würden solche Folgerungen bei der vor-
> liegenden Initiative gezogen, ergäben sich heikle Probleme der Gül-

tigkeit oder Ungültigkeit. Da bis heute noch nie derart radikale Begehren gestellt worden sind, fehlt es allerdings an einer entsprechenden Verfassungspraxis und an gefestigten Lehrmeinungen.
Mit Rücksicht auf die bei Initiativbegehren seit langem verfolgte
Praxis, bewusst keine allzu strengen Massstäbe an deren Gültigkeit
zu legen, um dem abschliessenden Entscheid von Volk und Ständen
wenn immer möglich nicht vorzugreifen, möchten wir die vorliegende Initiative als zulässige Partialrevision behandelt wissen."

4. Exkurs: Zur Einordnung so genannter „Reformpakete"

7   Die Verfassungsreform 1999 war von Beginn weg als „offener Prozess" gedacht:
Auf der Grundlage eines à jour gebrachten Normtextes (der „nachgeführten" Bundesverfassung) sollten nach und nach ganze Verfassungsbereiche erneuert werden;
der Bundesrat sah die entsprechenden „Reformpakete" als „Module, die in den
Baukasten" – gemeint ist die nachgeführte Verfassung – „eingepasst werden können" (BBl 1997 I 32). Zwei dieser Module wurden dem Parlament zusammen mit
dem Entwurf einer nachgeführten Bundesverfassung unterbreitet: nämlich die
Reformpakete Justiz und Volksrechte (BBl 1997 I 33 ff.). Volk und Stände sollten
über die einzelnen Vorlagen gestaffelt befinden: zuerst über die nachgeführte Verfassung, dann über die Reformpakete (BBl 1997 I 98; die Nachführungsvorlage kam
im April 1999 zur Abstimmung, die Justizvorlage im März 2000, die Reform der
Volksrechte im Februar 2003; vorn § 2 Rz. 27 ff.). Weil der Bundesrat fürchtete,
die Reformpakete würden die Einheit der Materie sprengen, qualifizierte er sie
kurzerhand als „materielle Totalrevisionen" (BBl 1997 I 99). Aus dem gleichen
Grund erhob der Bundesrat wenig später auch den Neuen Finanzausgleich (vorn
§ 2 Rz. 38 ff.) zur „Totalrevision" (BBl 2002 2291, 2323 f.).

8   Die Konstruktion überzeugt schon *formal* nicht. Die neuen Bestimmungen zur
Justiz und zu den Volksrechten haben geltende Normen der BV 1999 ersetzt; sie
waren Revisionen *dieser* Verfassung und nichts anderes. Die BV 1874, auf die sich
die Reformpakete gewissermassen als Nachhut der Totalrevision hätten beziehen
sollen, stand zum Zeitpunkt der betreffenden Volksabstimmungen gar nicht mehr
in Kraft. Zudem: Wären die angeführten Reformpakete ernsthaft als Totalrevisionen abgewickelt worden, so hätte man konsequenterweise die Verfassungsurkunde
jeweils neu datieren müssen. Es passt ins Bild, dass daran kein Gedanke verschwen-
det wurde.
Auch in der *Sache* muss dem Bundesrat widersprochen werden. Die Reformpakete haben die Einheit der Materie durchaus gewahrt, denn dieser stimmrechtliche
Grundsatz lässt Bereichsreformen zu, solange die einzelnen Bestimmungen untereinander konzeptionell verbunden sind (Näheres hierzu hinten bei § 52/IV). Nebenbei: Die Staatsleitungsreform, ein „weiteres Modul der Verfassungsreform", ist
vom Bundesrat mit aller Selbstverständlichkeit als Teilrevision behandelt worden
(vorn § 2 Rz. 34 ff.; vgl. BBl 2002 2095, 2119, 2143, 2151). Ablehnend zum Ganzen
auch AUBERT, Commentaire, Art. 192 Rz. 2 f.

II. Systematik der Bestimmungen über die Verfassungsrevision

Das Bemühen um rechtsetzungstechnisch korrekte Systematik kann 9
der Lesbarkeit eines Erlasses auch schaden. Dies zeigt sich besonders
deutlich am Beispiel der Bestimmungen über die Verfassungsrevision.
Hier präsentiert sich die Verfassung als Setzkasten, aus dessen Elementen das Revisionsprozedere mühsam zusammengefügt werden muss.
Die normative Unübersichtlichkeit wird nicht dadurch gemildert, dass
der Verfassungstext gewisse Aussagen doppelt und dreifach aufführt.

Sedes materiae bilden die Art. 192–195 BV. Zu diesen zentralen Be- 10
stimmungen gesellen sich *zwei weitere Normgruppen:* die Art. °138–
°139b BV über die Volksinitiativen auf Verfassungsrevision und die
Art. °140–142 BV über die Volksabstimmungen. Im Einzelnen:
- *Art. 192 BV* verankert den *Grundsatz,* wonach die Verfassung jederzeit ganz oder teilweise geändert werden kann, und verweist für das
  weitere Vorgehen auf das Verfahren der Bundesgesetzgebung.
- *Art. 193 BV* enthält besondere Bestimmungen für die *Totalrevision.*
  Zur entsprechenden Volksinitiative äussert sich Art. °138 BV. Die
  Volksabstimmung über den Grundsatz der Totalrevision wird
  durch Art. 140 Abs. 2 Bst. a und c BV geregelt (mit Wiederholungen
  in Art. 138 Abs. 2 und Art. 193 Abs. 2 BV). Art. 140 Abs. 1 Bst. a
  BV hält die Abstimmung von Volk und Ständen über den Entwurf
  zur totalrevidierten Verfassung fest.
- *Art. 194 BV* befasst sich mit der *Teilrevision.* Verfahrensfragen stellen sich primär aus Anlass von Volksinitiativen; die zugehörigen
  Vorschriften sind darum in den Art. °139 und °139a BV untergebracht. Bei Verfassungsinitiativen in der Form der allgemeinen Anregung kann es zu einer Volksabstimmung über den Grundsatz der
  Revision kommen; die entsprechende Vorschrift findet sich in
  Art. °140 Abs. 2 Bst. b BV (ebenso Art. °139a Abs. 5 BV). Auch bei
  Teilrevisionen kommen zum Schluss Volk und Stände zum Zug
  (Art. 140 Abs. 1 Bst. a BV; vgl. auch Art. °139 Abs. 3 BV für Volksinitiativen in der Form des ausgearbeiteten Entwurfs). Art. °139b
  BV ordnet das Abstimmungsverfahren bei Gegenentwürfen zu
  Volksinitiativen.
- *Art. 195 BV* regelt das *Inkrafttreten* der ganz oder teilweise revidierten Verfassung.

527

III.   Zulässigkeit und Schranken der Verfassungsrevision
(Art. 193 Abs. 4, Art. 194 Abs. 2 und 3 BV)

1.   Vorbemerkungen zur Systematik der Darstellung

11   Unter Schranken der Verfassungsrevision verstehen wir an dieser Stelle ausschliesslich *rechtliche Grenzen*, die einer Verfassungsänderung entgegenstehen. Ausserrechtliche Restriktionen wie z.b. politische oder ethische Einwände bleiben im Folgenden ausser Betracht.

12   *Begrifflich* lassen sich die verschiedenen Schranken wie folgt ordnen.
Gewöhnlich unterscheidet man
- *zeitliche* Schranken (die Verfassung darf während einer bestimmten Zeit nicht geändert werden; Rz. 14);
- *formelle* Schranken (es sind bestimmte Verfahrensvorschriften zu beachten; Rz. 15);
- *strukturelle* Schranken (die Revisionsvorlagen müssen aus Gründen des Stimmrechts die Einheit der Materie, Volksinitiativen ausserdem die Einheit der Form wahren; Rz. 16 ff.) sowie
- *materielle* Schranken (bestimmte Inhalte dürfen in der Verfassung nicht vorkommen; siehe sogleich).

Die *materiellen Schranken* im Besonderen gliedern sich
- einerseits in *heteronome* oder fremdgesetzliche Schranken (mit anderen Worten: Schranken des übergeordneten Rechts). Heteronome Schranken bestehen für die Bundesverfassung in Gestalt des zwingenden Völkerrechts (Rz. 23 ff.) und für die Kantonsverfassungen in Gestalt des gesamten Bundesrechts (§ 51 Rz. 29 f.).
- *Autonome* oder eigengesetzliche Schranken andererseits sind Schranken, welche die Verfassung selbst aufrichtet. Diese Schranken kann man weiter unterteilen in *obere* Schranken (gemeint sind bestimmte Grundwerte des demokratischen Rechtsstaats; Rz. 27 f.) und in *untere* Schranken (nämlich Schranken der Verfassungswesentlichkeit; Rz. 30).

Anders als gewisse ausländische Verfassungen kennt die Bundesverfassung *keine ausdrücklichen autonomen Schranken der Verfassungsrevision in materieller Hinsicht.* Dennoch wird von Teilen der Lehre das stillschweigende Bestehen solcher Schranken postuliert. Die Praxis hat sich über diese Lehrmeinungen – was die *autonomen* materiellen Schranken betrifft – bislang hinweggesetzt.

13   Die Übersicht zu wahren fällt aus mehreren Gründen nicht leicht. Wichtige Revisionsschranken wie die Einheit der Form und die Einheit der Materie werden bei kantonalen Vorlagen durch das Bundesgericht, bei eidgenössischen Vorlagen dagegen durch Bundesrat und Bundesversammlung gehandhabt; die autonomen materiellen Schranken der Verfassungsrevision scheinen überhaupt nur auf Bundesebene von Belang zu sein; und schliesslich wird die Diskussion über die Grenzen zulässi-

ger Verfassungsgebung oft ausschliesslich vor dem Hintergrund von
Volksinitiativen geführt, obwohl diese Grenzen meist auch für Behördenvorlagen massgeblich sind. Um unnötige Wiederholungen zu vermeiden, werden im Folgenden vor allem jene Schranken der Verfassungsrevision einlässlicher behandelt, die für den Bund im Vordergrund stehen. Auch die Fallbeispiele beziehen sich durchwegs auf die
eidgenössische Ebene. Hinweise auf die Rechtsprechung des Bundesgerichts zu kantonalen Verfassungsrevisionen folgen in den §§ 51/VI und
52/III–IV.

2. Jederzeitige Revidierbarkeit

Die Bundesverfassung kann jederzeit geändert werden (so ausdrücklich   14
Art. 192 Abs. 1 BV); Wartefristen bestehen nicht.

3. Einhaltung von Verfahrensvorschriften

Die Verfassung darf nur nach den *für das Revisionsverfahren geltenden*   15
Vorschriften geändert werden (Art. 192–195 BV; unten Abschnitte IV
und V). Das Revisionsverfahren könnte aber durchaus selber Gegenstand einer Verfassungsrevision sein.

4. Einheit der Form

Volksinitiativen auf Teilrevision der Bundesverfassung können als aus-   16
gearbeiteter Entwurf oder als allgemeine Anregung eingegeben werden
(Art. °139 und °139a BV). Die Initianten müssen sich für die eine oder
die andere Form entscheiden; *Mischformen* sind wegen der unterschiedlichen Verfahren *unzulässig* (Art. °139 Abs. 2, Art. °139a Abs. 2 BV; zu
den Initiativformen und zur Frage der unzulässigen Formenvermischung hinten § 52/III). Für Behördenvorlagen ist diese Revisionsschranke ohne Bedeutung (vgl. auch Art. 194 Abs. 3 BV e contrario).

Fallbeispiel zu Rz. 16: Volksinitiative „für eine Rüstungspause" (sog. Chevallier-   17
Initiative, BBl 1955 I 527; zum Inhalt der Initiative vgl. Rz. 22). Das Begehren – die
Initianten hatten seine Form nicht bezeichnet – war in einer indirekten Weise
formuliert, wie sie für allgemeine Anregungen typisch ist: „Die unterzeichneten
Schweizerbürger ... verlangen, dass die Bundesverfassung durch einen Übergangsar-
tikel ergänzt werde, der vorsieht ...". Nach dieser Einleitung folgten drei in Dass-
Sätze gekleidete Einzelforderungen. Davon abgesetzt erschien zum Schluss des
Begehrens der „Wunsch ..., dass ... das Problem der Landesverteidigung im Sinne

einer Verminderung der Belastung von Land und Bürger ... neu geprüft werde"
(BBl 1955 I 527 f.). Der Verdacht, damit hätten die Initianten die Einheit der Form
verletzt, konnte nur darum aufkommen, weil Bundesrat und Parlament im vorge-
zeichneten Übergangsartikel ein formuliertes Begehren erblickten, im vagen
Schlusssatz dagegen äusserstenfalls eine allgemeine Anregung (AB 1955 N 439, 447).
Die Frage blieb aber offen, weil die Initiative schon wegen Undurchführbarkeit für
ungültig erklärt werden musste (Rz. 22).

5. Einheit der Materie

18 Teilrevisionen – gleichgültig ob behördlich oder durch Volksbegehren
ausgelöst – müssen die Einheit der Materie wahren (Art. °139, °139a
und 194 BV, je Abs. 2). Dies ist der Fall, wenn zwischen den einzelnen
Teilen der Vorlage ein *sachlicher Zusammenhang* besteht. Die Revision
darf sich mit anderen Worten immer nur auf *eine* politische Frage beziehen. So bildet die Einheit der Materie eine notwendige Voraussetzung dafür, dass die Stimmbürger ihren politischen Willen frei und
unverfälscht bilden und äussern können (zur Einheit der Materie genauer hinten § 52/IV).

19 *Fallbeispiel 1 zu Rz. 18: Volksinitiative „gegen Teuerung und Inflation"* (BBl 1975 II
285). Die Initiative verlangte „eine den gesellschaftlichen Notwendigkeiten und den
Erfordernissen des Umweltschutzes entsprechende Entwicklung der Volkswirt-
schaft". Zu diesem Zweck sollte der Bund eine Reihe von Massnahmen treffen:
unter anderem eine allgemeine Preiskontrolle einrichten, die Bildung privater
Monopole verhindern und eine progressive Besteuerung hoher Einkommen einführen. Der Bundesrat war der Ansicht, die Initiative beschlage unterschiedliche
Fragen des Wirtschafts- und Gesellschaftslebens, die in keinem inneren Zusammenhang zueinander stünden. Das Parlament schloss sich dieser Einschätzung an
und erklärte die Initiative wegen fehlender Einheit der Materie für ungültig (BBl
1975 II 285, 1977 II 501, 515 f., III 919).

20 *Fallbeispiel 2 zu Rz. 18: Volksinitiative „für weniger Militärausgaben und mehr Friedenspolitik"* (sog. Halbierungsinitiative, BBl 1993 I 89). Dieser Initiative zufolge
sollten die Ausgaben für die Landesverteidigung nach und nach auf die Hälfte
gekürzt werden; die eingesparten Beträge hätten zu mindestens je einem Drittel für
Zwecke der internationalen Friedenspolitik und für zusätzliche soziale Sicherheit
im Inland eingesetzt werden müssen. Der Bundesrat hielt die Verbindung dieser
Begehren für zulässig, weil eine einheitliche Thematik betreffend. In den Räten
dagegen stiess der Mitteltransfer auf Kritik: Wer beim Militär sparen wolle, müsse
nicht auch für mehr Friedens- und Sozialpolitik sein, und wer mehr Friedens- und
Sozialpolitik wolle, müsse das benötigte Geld nicht unbedingt dem Verteidigungs-
etat entziehen wollen. Die Initiative wurde mangels Einheit der Materie für ungültig erklärt (BBl 1993 I 89, 1994 III 1201, 1204 ff., 1995 III 570).

6. Faktische Durchführbarkeit

Verfassungsnormen dürfen *keinen offensichtlich undurchführbaren Inhalt* 21
aufweisen. Diese Revisionsschranke versteht sich von selbst, auch wenn
die Bundesverfassung sie nicht eigens nennt (BBl 1997 I 433; vgl. näher
hinten § 51 Rz. 27 f.).

Fallbeispiel zu Rz. 21: Volksinitiative „für eine Rüstungspause" (sog. Chevallier- 22
Initiative, BBl 1955 I 527). Die Initiative, eingereicht 1954, verlangte für das Haus-
haltsjahr 1955 (oder spätestens 1956) eine „massive Herabsetzung der Militärausgaben im Ausmass von 50%". Diesem Begehren stattzugeben war aus Zeitgründen
nicht möglich und für die Jahre danach wegen des klaren Initiativtextes nicht zulässig. Die Bundesversammlung erklärte die Initiative daher für ungültig (BBl 1955 I
527, II 325, 334 ff., 1463).

7. Zwingende Bestimmungen des Völkerrechts

Revisionen der Bundesverfassung dürfen schliesslich die *zwingenden* 23
Bestimmungen des Völkerrechts nicht verletzen. Das Verbot gilt glei-
chermassen für Total- und Teilrevisionen, für Volksinitiativen und
Behördenvorlagen (Art. °139 Abs. 2, °139a Abs. 2, 193 Abs. 4, 194
Abs. 2 BV). Der Rechtsgrund des Verbots liegt im normhierarchischen
Vorrang des zwingenden Völkerrechts gegenüber jeglichem Landes-
recht. Verfassungsbestimmungen, die zwingendes Völkerrecht verlet-
zen, sind nichtig (vorn § 9 Rz. 20).

Verfassungsvorlagen, die gegen *nicht-zwingendes Völkerrecht* verstossen, können
gültig in Kraft gesetzt werden. Lässt sich der Konflikt zwischen Verfassung und
Völkerrecht nicht aus der Welt schaffen (sei es durch völkerrechtskonforme Handhabung der betreffenden Verfassungsvorschrift, sei es durch Anpassung oder Kündigung des betroffenen Staatsvertrags), so riskiert die Schweiz allerdings, völkerrechtlich zur Verantwortung gezogen zu werden. *Praxisbeispiele* und weitere Einzelheiten bei ALDO LOMBARDI, in: St. Galler Kommentar, Vorbemerkungen zu
Art. 138–142, Rz. 12 ff. Zum Umgang mit völkerrechtswidrigen Volksinitiativen
allgemein WALTER KÄLIN, Internationale Menschenrechtsgarantien als Schranke
der Revision von Bundesverfassungsrecht, AJP 1993, S. 243, 255 ff.

Mit der Wendung „zwingende Bestimmungen des Völkerrechts" ver- 24
weist die Verfassung auf den *völkerrechtlichen Begriff des Jus cogens* (BBl
1997 I 433 f.):

> „Die jüngste Praxis der Bundesbehörden zeigt ... in die Richtung,
> dass auch die zwingenden Normen des Völkerrechts, sogenanntes
> *ius cogens*, als inhaltliche Grenze einer Verfassungsrevision anzuse-
> hen sind. Diese Praxis steht im Einklang mit der herrschenden Leh-
> re. Bei zwingendem Völkerrecht handelt es sich um Normen, die

aufgrund ihrer Bedeutung für die internationale Rechtsordnung unbedingte Geltung beanspruchen, so z.b. die Verbote von Folter, Genozid, Sklaverei, notstandsfeste Garantien der EMRK. Der Geltungskraft solcher Normen, soweit sie völkergewohnheitsrechtlicher Natur sind, kann sich ein Rechtsstaat nicht durch Berufung auf entgegenstehendes Verfassungsrecht entziehen. Auch im Falle ihrer staatsvertraglichen Verankerung entbindet eine Kündigung aufgrund des zwingenden Charakters dieser Normen nicht von ihrer Berücksichtigung. Mit oder ohne Vertrag darf ein Staat somit diese fundamentalen Rechte nicht verletzen." Ähnlich auch BBl 1997 I 361 f., 430, 433 f., 446 f.

Zum zwingenden Völkerrecht zählt jede Norm, „die von der internationalen Staatengemeinschaft in ihrer Gesamtheit angenommen und anerkannt wird als eine Norm, von der nicht abgewichen werden darf und die nur durch eine spätere Norm ... derselben Rechtsnatur geändert werden kann" (Art. 53 VRK).

25   Einzelne Autoren wollen die „zwingenden Bestimmungen des Völkerrechts" im Sinne der Bundesverfassung als *autonomen, d.h. landesrechtlichen Begriff* verstanden wissen. Danach würde der Begriff nicht nur den mehr oder minder unstrittigen Kern des völkerrechtlichen Jus cogens umfassen, sondern darüber hinaus noch weitere Rechtspositionen wie z.B. unkündbare Vertragsverpflichtungen mit einschliessen. Diese Auffassung stösst sich zur Zeit freilich noch am klaren Willen des historischen Verfassungsgebers (das Parlament hat der oben in Rz. 24 wiedergegebenen Haltung des Bundesrats soweit ersichtlich nicht widersprochen).

Zu dieser Diskussion GIOVANNI BIAGGINI, Das Verhältnis der Schweiz zur internationalen Gemeinschaft, AJP 1999, S. 706, 728 f. Für die Gegenposition HANGARTNER/KLEY, Demokratische Rechte, Rz. 554 ff.

26   *Fallbeispiel zu Rz. 23 ff.: Volksinitiative „für eine vernünftige Asylpolitik"* (BBl 1994 III 1486). Im Mittelpunkt der Initiative stand die Forderung, illegal eingereiste Flüchtlinge umgehend und ohne Beschwerdemöglichkeit aus der Schweiz auszuschaffen. Damit verstiess das Begehren gegen das völkerrechtliche Verbot der Rückschiebung (Prinzip des Non-refoulement). Dieses Verbot gilt als Völkergewohnheitsrecht und stellt mindestens dann Jus cogens dar, wenn der zurückgeschobenen Person Folter oder Tötung droht. In seiner Botschaft vom 22. Juni 1994 führte der Bundesrat hierzu aus (BBl 1994 III 1486, 1496):

„Zwar hat die Bundesversammlung bei völkerrechtswidrigen Initiativen bisher immer zugunsten der Volksrechte entschieden ... Im Zusammenhang mit der vorliegenden Initiative stellen sich allerdings andere Probleme: Sie bildet das erste Volksbegehren, das nicht nur gegen Vertragsrecht verstösst, das kündbar oder abänderbar ist, sondern zwingende Normen des Völkerrechts verletzt, die für einen

Rechtsstaat von derart grundlegender Bedeutung sind, dass er sich den daraus fliessenden Verpflichtungen auf keine Weise entziehen kann. Würde Verfassungsrecht in Kraft treten, das zwingendes Völkerrecht verletzt, entstünde ein nicht wieder gutzumachender Schaden. Auch dem Souverän kann somit keine Wahlfreiheit zukommen. Initiativen, die gegen Bestimmungen des zwingenden Völkerrechts verstossen, sind deshalb nach Auffassung des Bundesrates in Übereinstimmung mit der vorherrschenden Lehre ungültig zu erklären."

In Anwendung dieser Grundsätze erklärte die Bundesversammlung die Volksinitiative für ungültig (BBl 1996 I 1355). Wenig überzeugende Kritik dieses Beschlusses bei ETIENNE GRISEL, Les droits populaires au niveau fédéral, in: Verfassungsrecht, § 24 Rz. 26.

8. Weitere Schranken?

a. Obere Schranken: „Unverzichtbare Grundwerte" von Demokratie, Rechtsstaat, Bundesstaat und Sozialstaat?

Einige Lehrmeinungen gehen davon aus, dass *bestimmte Grundwerte*   27
durch Verfassungsrevision nicht angetastet werden dürfen. Über den Kanon dieser Werte im Einzelnen besteht keine Einigkeit. Genannt werden etwa: die Existenz des Staates; rechtsstaatliche Grundsätze wie Rechtsgleichheit, Gewaltenteilung oder Gesetzmässigkeit; gewisse Grundrechte oder die Grundentscheidungen für Demokratie und Bundesstaat (Literaturüberblick bei HANGARTNER/KLEY, Demokratische Rechte, Rz. 483 ff.). Diese Auffassungen haben sich bis heute nicht durchgesetzt. In seiner Botschaft vom 4. Mai 1954 zur „Rheinau-Initiative" hält der Bundesrat fest (BBl 1954 I 721, 750):

„Die BV selbst hat weder ausdrücklich noch stillschweigend materielle Schranken der Revision ... aufgestellt. Vielmehr war die volle Freiheit der Revisionsmöglichkeit beabsichtigt. Übrigens wäre selbst eine ausdrückliche Verfassungsvorschrift, wonach gewisse Grundsätze der Verfassung nicht abgeändert werden können, für den Verfassungsgeber nicht verbindlich. Denn er kann sich nicht selbst binden; er kann auch die Revisionsbestimmungen, die ja ebenfalls von ihm aufgestellt worden sind, jederzeit revidieren und dadurch alle Hindernisse beseitigen."

Der Bundesrat hat diese Haltung wiederholt bestätigt (vgl. etwa BBl 1991 IV 259; 1997 I 433).

Heute ist die Frage nach dem Schrankenstatus „unverzichtbarer Grund-   28
werte" etwas in den Hintergrund getreten, denn jedenfalls die *Grundrechte* sind mittlerweile zu einem guten Teil *auch staatsvertraglich abge-*

sichert (u.a. durch EMRK und UNO-Pakt II). Verfassungsrevisionen, die hinter die staatsvertraglichen Gewährleistungen zurückfallen, wären zwar nicht nichtig, ausser sie beträfen staatsvertraglich festgehaltenes Jus cogens. Weil aber die EMRK und der UNO-Pakt II weitestgehend self-executing sind, könnten sich die Bürger vor Gericht ersatzweise auf den Staatsvertrag berufen und die Absichten des Verfassungsgebers auf diese Weise durchkreuzen. Die Schweiz müsste schon die Menschenrechtsverträge kündigen, doch ein Ausstieg aus diesen Verpflichtungen ist politisch kaum vorstellbar.

29   *Fallbeispiel zu Rz. 27 f.: Volksinitiative „40 Waffenplätze sind genug – Umweltschutz auch beim Militär"* (BBl 1991 II 156). Bei dieser so genannten „Waffenplatzinitiative" ging es vor allem darum, den Bau eines konkreten Waffenplatzes zu stoppen. Der entscheidende Absatz der im Dezember 1990 eingereichten Initiative lautete:

> „Soweit der Waffenplatz Herisau-Gossau im Gebiet Neuchlen-Anschwilen nach dem 1. April 1990 ausgebaut wird, ist der frühere Zustand wieder herzustellen."

Der Initiative wurde wegen dieser Bestimmung eine unzulässige Rückwirkung vorgehalten. Der Bundesrat schloss trotz gewisser Bedenken auf Gültigkeit des Volksbegehrens (BBl 1991 IV 254, 258 f.):

> „Die in Absatz 2 von Artikel 20 der Übergangsbestimmung enthaltene Rückwirkungsklausel für Ausbauten des Waffenplatzes Herisau-Gossau im Gebiet Neuchlen-Anschwilen, die nach dem 1. April 1990 vorgenommen werden, bewirkt ... keine Ungültigkeit der Initiative. Da die Bundesbehörden in ihrer Praxis davon ausgehen, dass es keine materiellen Schranken einer Verfassungsrevision gebe, werden auch Bestimmungen mit rückwirkender Kraft als zulässig angenommen, wobei freilich im Fall von Eingriffen in wohlerworbene Rechte Entschädigung zu leisten ist. In der Rückwirkungsklausel der vorliegenden Initiative kann deshalb kein Ungültigkeitsgrund gesehen werden. Hingegen ist eine Rückwirkungsklausel staatspolitisch nicht unproblematisch: Die Behörden haben einerseits gesetzliche Aufträge zu erfüllen, werden dadurch aber dem Vorwurf ausgesetzt, das Volk noch vor der Abstimmung über eine Initiative vor Tatsachen zu stellen, die nur mit beträchtlichen finanziellen Mitteln wieder rückgängig gemacht werden können. Abträglich ist eine Rückwirkungsbestimmung zudem der Rechtssicherheit."

Auch die Bundesversammlung entschied sich für Gültigerklärung der Initiative; Volk und Stände verwarfen das Begehren aber in der Abstimmung vom 6. Juni 1993 (BBl 1992 V 889, 1993 II 1433; vgl. zum Ganzen die Kritik von ALFRED KÖLZ, Rechtsgutachten über die Gültigkeit der Volksinitiative „40 Waffenplätze sind genug – Umweltschutz auch beim Militär", ZBl 1992 420, 422 ff.).

b. Untere Schranken: „Wesentlichkeit" des Inhalts?

Auch *Unwichtiges* kann Gegenstand einer Verfassungsvorlage sein, 30
ebenso die Regelung eines konkreten *Einzelfalls*. Letztlich entscheidet
die Politik und nicht die Verfassungslehre, welche Normen als verfassungswürdig anzusehen und der einfachen Gesetzgebung verbindlich
vorzugeben sind (so auch BBl 1954 I 723, 750; 1997 I 30, 45; statt vieler
ALDO LOMBARDI, in: St. Galler Kommentar, Vorbemerkungen zu
Art. 138–142, Rz. 6).
Beispiele fanden sich in der BV 1874 recht viele; vgl. die Liste in BBl 1985 III 92. Die
neue Verfassung hat jene Detailregelungen, die sich nicht sofort liquidieren liessen,
in die Übergangsbestimmungen verbannt (Art. 196 BV).

IV. Verfahren der Totalrevision
(Art. 193 Abs. 1–3, Art. °138 BV)

Die Totalrevision erfolgt „auf dem Weg der Gesetzgebung", soweit 31
Verfassung und Gesetz nichts anderes bestimmen (Art. 192 Abs. 2 BV).
Die Abweichungen beziehen sich vor allem auf die Initiierungsphase.
Im Übrigen ist die neue Verfassung von der amtierenden Bundesversammlung im Verfahren der ordentlichen Bundesgesetzgebung auszuarbeiten; es wird also *kein besonderer Verfassungsrat* eingesetzt. Immerhin kommt es zur Neuwahl von Parlament und Regierung, sofern sich
die Bundesversammlung gegen das Vorhaben der Totalrevision aussprechen sollte (Rz. 36 f.).

Der *Anstoss* zur Totalrevisionen kann von den *Bundesbehörden* (Rz. 33 32
ff.), von einem *Kanton* (Rz. 43 f.) oder vom *Volk* (Rz. 45 ff.) ausgehen.
Je nachdem differiert zum Teil auch das Verfahren. Einen Überblick
über den Verfahrensablauf bietet das Schema im Anhang 1.

1. Verfahren bei behördlich eingeleiteter Totalrevision

a. Initiierung
(im Schema: Phase 1)

Der Anstoss zur Totalrevision kann von den Bundesbehörden selbst 33
ausgehen.

- Ein entsprechender Beschluss kann von der *Bundesversammlung* aufgrund einer parlamentarischen Initiative (Art. 160 Abs. 1 BV), im Anschluss an einen Auftrag an den Bundesrat (Art. 171 BV) oder auf Vorschlag eines der beiden Räte (Art. 193 Abs. 1 BV) gefasst werden.

- Kraft seines allgemeinen Initiativrechts kann auch der *Bundesrat* von sich aus eine Verfassungsvorlage ausarbeiten und dem Parlament zur Beratung zuleiten (Art. 181 BV).

Zur verschlungenen Inititiierung der Totalrevision 1999 vgl. vorn § 2/V.

b. *Beschluss der Bundesversammlung über den Grundsatz einer Totalrevision*
(im Schema: Phase 1a)

34   Eine Totalrevision bedingt wie jedes gewöhnliche Rechtsetzungsvorhaben den übereinstimmenden Beschluss beider Räte (Art. 193 Abs. 1 BV).

- *Lehnen beide Kammern* die Totalrevision im Grundsatz *ab*, so ist das Verfahren beendet.

- Ist *nur eine Ratskammer* mit der Totalrevision einverstanden, so wird – gleich wie im Fall eines Volksbegehrens – eine *Volksabstimmung* über den Grundsatz der Totalrevision durchgeführt (Rz. 35).

- Wenn *beide Räte* die Totalrevision im Grundsatz *bejahen, entfällt die Notwendigkeit einer Volksabstimmung* und es kann ohne weiteres zur Ausarbeitung und Beratung des Verfassungsentwurfs übergegangen werden (Rz. 38).

c. *Allenfalls Volksabstimmung über den Grundsatz der Totalrevision*
(im Schema: Phase 1b)

35   Gehen die Beschlüsse der Räte über die Einleitung einer Totalrevision auseinander, so findet über diese Grundsatzfrage eine *Volksabstimmung* statt (Art. 193 Abs. 2 und 140 Abs. 2 Bst. c BV). Entscheidend ist das *Volksmehr* (Art. 142 Abs. 1 BV). Verwirft das Volk die Grundsatzfrage, so ist das Verfahren beendet.

d.   *Allenfalls Neuwahl der Bundesversammlung*
(im Schema: Phase 1c)

Wird die Totalrevision von den Stimmbürgern grundsätzlich bejaht, so   36
sind *beide Räte neu zu wählen* (Art. 193 Abs. 3 BV). Dadurch soll das
Volk Gelegenheit erhalten, ein revisionsfreundliches Parlament zu
bestellen.

Nach der Neuwahl der Bundesversammlung kommt es zu einer *Ge-*   37
samterneuerung des Bundesrats (Art. 175 Abs. 2 BV).

e.   *Ausarbeitung der Verfassungsvorlage*
(im Schema: Phase 2)

Die neue Bundesverfassung wird *im Verfahren der einfachen Gesetzge-*   38
bung ausgearbeitet (hinten § 45/IV).

Können sich die Räte nicht auf einen Verfassungsentwurf einigen oder   39
scheitert der Entwurf in der Schlussabstimmung, so gilt die Totalrevision als nicht zustande gekommen und wird von der Geschäftsliste
gestrichen (Art. 81 Abs. 3, 93 Abs. 2 ParlG; anders bei Volksinitiativen
auf Totalrevision, vgl. Rz. 49).

f.   *Obligatorisches Verfassungsreferendum*
(im Schema: Phase 3)

Der Revisionsentwurf unterliegt der Abstimmung von Volk und Stän-   40
den (Art. 140 Abs. 1 Bst. a BV). Die neue Verfassung ist angenommen,
wenn sie die Mehrheit der Stimmenden (Volksmehr) *und* die Mehrheit
der Kantone (Ständemehr) auf sich vereinigt (Art. 142 Abs. 2 BV).

g.   *Publikation der neuen Verfassung und Inkrafttreten*
(im Schema: Phase 4)

Die neue Verfassung tritt *am Tag ihrer Annahme* durch Volk und Stän-   41
de *in Kraft*, sofern die Vorlage nichts anderes bestimmt (Art. 195 BV;
Art. 15 Abs. 3 BPR).
Nach Totalrevisionen müssen Gesetze in grosser Zahl angepasst werden; eine ver-
zögerte Inkraftsetzung ist darum durchaus sinnvoll. Vgl. für die BV 1999 vorn § 2
Rz. 19. Die BV 1874, von Volk und Ständen am 19. April 1874 gutgeheissen, wurde

dagegen nur wenige Wochen später in Kraft gesetzt, nämlich bereits auf den 29. Mai 1874. Um das entsprechende Gesetzgebungsprogramm kümmerte man sich erst hinterher; vgl. BBl 1874 III 176.

42 Sie wird in der Amtlichen und in der Systematischen Sammlung des Bundesrechts *veröffentlicht* (vorn § 28 Rz. 31, 37).

2. Verfahren bei Standesinitiativen auf Totalrevision

43 Weiter ist jeder *Kanton* befugt, eine Standesinitiative auf Einleitung einer Totalrevision einzureichen (Art. 160 Abs. 1 BV).

44 Die Bundesversammlung muss zunächst darüber Beschluss fassen, ob sie der Standesinitiative Folge geben will (Art. 116 ParlG; vgl. zum Verfahren hinten § 45 Rz. 72). Lehnt sie dies ab, so ist das Verfahren beendet. Stimmt sie zu, so gestaltet sich das weitere Verfahren wie bei einer behördlich eingeleiteten Totalrevision.

3. Verfahren bei Volksinitiativen auf Totalrevision

a. Initiierung
(im Schema: Phase 1)

45 100 000 Stimmberechtigte können durch *Volksinitiative* die Totalrevision verlangen (Art. °138 BV). Das Begehren muss als *allgemeine Anregung* eingereicht werden. Die Initianten dürfen den Vorstoss sehr wohl mit *Direktiven zur angestrebten neuen Verfassungsordnung* verbinden (so zu Recht ALDO LOMBARDI, in: St. Galler Kommentar, Art. 138 Rz. 11). Eine Totalrevisionsinitiative in der Form des ausgearbeiteten Entwurfs ist dagegen unzulässig.
Zur bisher einzigen Volksinitiative auf Totalrevision seit 1874 vgl. vorn § 2 Rz. 18.

b. Beschluss der Bundesversammlung über die Gültigkeit der Volksinitiative
(im Schema: Phase 1a)

46 Totalrevisionsinitiativen werden von der Bundesversammlung durch einfachen Bundesbeschluss für ungültig erklärt, wenn der Initiativtext in einem ausgearbeiteten Verfassungsentwurf besteht oder wenn die im Initiativtext allenfalls enthaltenen Revisionsdirektiven an die Adresse

der Bundesversammlung auch bei völkerrechtskonformer Auslegung die zwingenden Bestimmungen des Völkerrechts verletzen (Art. 193 Abs. 4 BV).

c. *Volksabstimmung über den Grundsatz der Totalrevision*
(im Schema: Phase 1b)

Ist die Initiative auf Totalrevision gültig, so kommt es *zwingend* zu   47
einer *Volksabstimmung über die Grundsatzfrage,* und zwar unabhängig
davon, ob die Bundesversammlung mit der Revision einverstanden ist
oder nicht (Art. 193 Abs. 2, 138 Abs. 2 und 140 Abs. 2 Bst. a BV). Entscheidend ist wiederum das *Volksmehr* (Art. 142 Abs. 1 BV). Anders als
bei formulierten Volksinitiativen auf Teilrevision sieht die Verfassung
eine Abstimmungsempfehlung der Bundesversammlung an die Adresse
der Stimmbürger nicht vor (Art. 138 Abs. 2 BV, im Unterschied zu
Art. °139 Abs. 3 BV). Wird die Grundsatzfrage vom Volk verworfen,
so ist das Verfahren beendet.

d. *Allenfalls Neuwahl der Bundesversammlung*
(im Schema: Phase 1c)

Stimmt das Volk der Totalrevision im Grundsatz zu, so werden *beide*   48
Räte und im Anschluss daran der *Bundesrat neu gewählt* (Art. 193
Abs. 3 und 175 Abs. 2 BV).

e. *Weiteres Verfahren*
(im Schema: Phasen 2–4)

Im Übrigen folgt die vom Volk angestossene Totalrevision grundsätz-   49
lich dem Verfahren bei Behördeninitiativen. Besonderes gilt für den
Fall, dass sich die Räte nicht auf einen Entwurf einigen können oder
der Entwurf in der Schlussabstimmung verworfen wird. Zwar ist das
Parlament zu einem zweiten Anlauf nicht verpflichtet. Ein solcher
‚Nullentscheid' wirkt aber vor dem Hintergrund, dass der Grundsatz
der Totalrevision vom Volk gutgeheissen worden war, unbefriedigend.
Aus diesem Grund verpflichtet Art. °156 Abs. 3 Bst. c BV den Gesetzgeber dafür zu sorgen, dass auch in solchen Situationen „Beschlüsse zu
Stande kommen" (vgl. für das analoge Problem bei der Umsetzung
allgemeiner Volksinitiativen Rz. 73).

4.   Schema zum Verfahren der Totalrevision

50   Vgl. Anhang 1.

V.   Verfahren der Teilrevision
(Art. 194 Abs. 1, Art. °139–°139b BV)

51   Eine Teilrevision der Verfassung kann wiederum sowohl von den Bundesbehörden (Rz. 52 ff.) als auch von einem Kanton (Rz. 57) oder von den Stimmbürgern (Rz. 58 ff., 67 ff.) ausgehen. Für einen Überblick vgl. das Schema im Anhang 2.

1.   Verfahren bei behördlich eingeleiteter Teilrevision

a.   Initiierung
(im Schema: Phase 1)

52   Von Seiten der Behörden können Teilrevisionen eingeleitet werden:
- durch die *Bundesversammlung* (Art. 194 Abs. 1 BV), sei es aufgrund einer parlamentarischen Initiative (Art. 160 Abs. 1 BV), sei es mittels eines Auftrags an den Bundesrat (Art. 171 BV);
- *vom Bundesrat* aufgrund seines allgemeinen Vorschlagsrechts (Art. 181 BV).

b.   Beschluss der Bundesversammlung über das Eintreten auf die Teilrevision
(im Schema: Phase 1a)

53   Soweit der Anstoss zur Teilrevision von Behördenseite ausging, folgt das weitere Verfahren dem normalen Gang der Bundesgesetzgebung (hinten § 45/IV). Verweigert die Bundesversammlung bereits das *Eintreten*, so endet das Verfahren. Im Unterschied zur Totalrevision kommt es für den Fall, dass sich nur eine der beiden Kammern reformwillig zeigt, zu keiner Volksabstimmung über den Grundsatz der Revision: Können sich die Räte nicht einigen, so gilt das Vorhaben als gescheitert.

c. *Ausarbeitung der Verfassungsvorlage*
(im Schema: Phase 2)

Die Verfassungsvorlage wird *im Verfahren der Bundesgesetzgebung* aus-   54
gearbeitet (hinten § 45/IV).

Die Vorlage muss – gleich wie eine Volksinitiative – die *Einheit der*   55
Materie wahren und darf die *zwingenden Bestimmungen des Völkerrechts*
nicht verletzen (Art. 194 Abs. 2 BV).

d. *Weiteres Verfahren*
(im Schema: Phasen 3–4)

Der von der Bundesversammlung beschlossene Revisionsentwurf un-   56
tersteht dem obligatorischen Verfassungsreferendum. Die Verfassungsänderung tritt *am Tag ihrer Annahme* durch Volk und Stände *in Kraft*,
sofern die Vorlage nichts anderes bestimmt (Art. 195 BV und Art. 15
Abs. 3 BPR; vgl. auch den französischen Verfassungswortlaut: „... dès
que le peuple et les cantons l'ont acceptée"). Sofortiges Inkrafttreten ist
selbstverständlicher Ausdruck des Respekts vor Volk und Ständen als
Pouvoir constituant.
Beispiele verzögerter Inkraftsetzung: Reform der Volksrechte, Justizreform (vorn
§ 2 Rz. 29, 30).

2. **Verfahren bei Standesinitiativen auf Teilrevision**

Vgl. Rz. 43 f.   57

3. **Verfahren bei Volksinitiativen auf Teilrevision in der Form**
   des ausgearbeiteten Entwurfs

a. *Initiierung*
(im Schema: Phase 1)

100 000 Stimmberechtigte können auf dem Wege der *Volksinitiative* in   58
der Form des *ausgearbeiteten Entwurfs* die Änderung der Verfassung
verlangen (Art. °139 Abs. 1 BV). Die Initiative besteht im Begehren auf
Erlass, Änderung oder Aufhebung bestimmter, bereits fertig ausformu-
lierter Verfassungsartikel. Dabei muss zwischen den einzelnen Rege-

lungselementen der Initiative ein sachlicher Zusammenhang gewahrt
bleiben (Einheit der Materie).

Zum Verfahren bezüglich Zustandekommen und Rückzug der Initiative hinten
§ 49 Rz. 21 ff.; zum Begriff des ausgearbeiteten Entwurfs hinten § 52/III; zur Einheit der Materie Rz. 18 ff. und hinten § 52/IV.

b.   *Beschluss der Bundesversammlung über die Gültigkeit der*
       Volksinitiative und über die Abstimmungsempfehlung
       (im Schema: Phase 1a)

59   Ist die Volksinitiative zustande gekommen, so wird sie dem *Bundesrat*
       zugeleitet. Der Bundesrat erarbeitet eine *Botschaft an die Bundesver-*
       sammlung und stellt dabei Antrag (Art. 97 f. ParlG):
       – zur Gültigkeit der Initiative,
       – zur Abstimmungsempfehlung an Volk und Stände sowie
       – zur Frage eines Gegenentwurfs.

60   Das Parlament erklärt die Volksinitiative für *gültig*, wenn sie (Art. °139
       Abs. 2 BV; Art. 98 ParlG; vgl. im Einzelnen oben Rz. 16–26):
       1. die Einheit der Form und
       2. die Einheit der Materie wahrt,
       3. nicht offensichtlich undurchführbar ist sowie
       4. nicht gegen zwingendes Völkerrecht verstösst.

       Ist eine dieser Voraussetzungen nicht erfüllt, wird die Initiative ganz
       oder teilweise für ungültig erklärt und Volk und Ständen nicht bzw.
       nur soweit gültig zur Abstimmung unterbreitet. Sind sich die beiden
       Räte über die Gültigkeit der Initiative nicht einig, und bestätigt der
       Rat, der die Gültigkeit bejaht hat, seinen Beschluss, so wird die Initiati-
       ve oder deren strittiger Teil als gültig betrachtet (Art. 98 Abs. 2 ParlG).
       Der Entscheid über die Gültigkeit eines Volksbegehrens ergeht als ein-
       facher Bundesbeschluss.

61   Kann die Initiative ganz oder teilweise gültig erklärt werden, so be-
       schliesst die Bundesversammlung über die *Abstimmungsempfehlung an*
       die Adresse der Stimmberechtigten. Sie kann die Initiative zur Annahme
       oder zur Ablehnung empfehlen oder auch auf eine Stellungnahme ver-
       zichten (Art. °139 Abs. 3 Satz 2 BV).

       Die Empfehlungen der Bundesversammlung lauten fast immer auf Ablehnung. Nur
       selten stellt sich das Parlament hinter eine Volksinitiative. Für ein vereinzeltes und

wohl auch bezeichnendes Beispiel vgl. die Volksinitiative für einen arbeitsfreien Bundesfeiertag („1.-August-Initiative", BBl 1993 II 871 f.).

c. *Allenfalls Ausarbeitung eines Gegenentwurfs*
(im Schema: Phase 2a)

Eine *formulierte Initiative* darf von Regierung und Parlament *nicht* 62 *verändert* werden; sie muss Volk und Ständen so wie sie lautet zur Abstimmung unterbreitet werden (Art. °139 Abs. 3 Satz 1 BV; Art. 99 ParlG). Unabhängig von ihrer Abstimmungsempfehlung hat die Bundesversammlung aber das Recht, dem Volksbegehren einen *eigenen Entwurf* gegenüberzustellen (Art. °139 Abs. 3 Satz 3 BV; Art. 101 Abs. 1 ParlG). Der Gegenentwurf wird den Stimmberechtigten zusammen mit der Initiative vorgelegt (vgl. Rz. 64 f.; zur Problematik des Gegenentwurfs hinten § 51 Rz. 19).

Von einem *indirekten Gegenentwurf* spricht man, wenn das Parlament aus Anlass der Volksinitiative eine *Gesetzesvorlage* ausarbeitet (vgl. als Beispiel BBl 1996 III 205, 236).

d. *Obligatorisches Verfassungsreferendum*
(im Schema: Phase 3)

Der *Wortlaut der formulierten Volksinitiative* unterliegt der Abstim- 63 mung von Volk und Ständen (Art. °139 Abs. 3 Satz 1 BV).

Gleichzeitig wird über einen *allfälligen Gegenentwurf* abgestimmt. Den 64 Stimmberechtigten werden auf dem gleichen Stimmzettel *drei Fragen* vorgelegt, nämlich (1) ob sie die Volksinitiative dem geltenden Recht vorziehen, (2) ob sie den Gegenentwurf dem geltenden Recht vorziehen, und (3) welche der beiden Vorlagen in Kraft zu treten hat, falls Volk und Stände beide Vorlagen gutheissen sollten (so genannte Stichfrage; Art. °139b Abs. 1 und 2 BV). Die Stimmberechtigten können bei jeder der beiden Vorlagen völlig frei zustimmen, verwerfen oder leer einlegen; zulässig ist also auch das „Doppelte Ja".

Formulierungsbeispiel:
I. Wollen Sie die Volksinitiative „..." [Titel der Initiative] annehmen? [Ja oder Nein]
II. Wollen Sie den Gegenentwurf der Bundesversammlung annehmen? [Ja oder Nein]
III. Falls beide Vorlagen gutgeheissen werden: Welcher geben Sie den Vorrang? [Zutreffendes ankreuzen]

65 Werden sowohl die Volksinitiative als auch der Gegenentwurf angenommen, so entscheidet das *Ergebnis der Stichfrage*. In Kraft tritt diejenige Vorlage, die dabei mehr Volks- *und* mehr Standesstimmen erzielt. Theoretisch kann es vorkommen, dass in der Stichfrage auf die eine Vorlage mehr Volksstimmen, auf die andere mehr Standesstimmen entfallen. Für diesen eher unwahrscheinlichen Fall lässt Art. °139b Abs. 3 BV jene Vorlage in Kraft treten, bei welcher der Prozentsatz der Volksstimmen und der Prozentsatz der Standesstimmen zusammengezählt die grössere Summe ergeben.

Berechnungsbeispiel: Beide Vorlagen seien angenommen. In der Stichfrage erziele
– die Volksinitiative 1,6 Mio Volksstimmen und 10 Standesstimmen,
– der Gegenentwurf 1,4 Mio Volksstimmen und 13 Standesstimmen.
Danach vereinigt die Volksinitiative 53,33% der Volksstimmen und 43,48% der Standesstimmen auf sich; die Summe dieser Prozentanteile beträgt 96,81. Die entsprechenden Werte für den Gegenentwurf betragen 46,67%, 56,52% und 103,19. Somit tritt der Gegenentwurf in Kraft.

e.   Publikation der neuen Verfassungsbestimmungen und Inkrafttreten
(im Schema: Phase 4)

66 Die Verfassungsänderung tritt *am Tag ihrer Annahme* durch Volk und Stände *in Kraft*, sofern die Vorlage nichts anderes bestimmt (Art. 195 BV und Art. 15 Abs. 3 BPR; vgl. auch Rz. 41 f. und 56).
Beispiel: Die Volksinitiative „für einen arbeitsfreien Bundesfeiertag" (Art. 116bis aBV; heute: Art. 110 Abs. 3 BV) sah eine Übergangsbestimmung vor, wonach der Bundesrat die Vorlage „binnen drei Jahren nach Annahme durch Volk und Stände" in Kraft zu setzen hatte (BBl 1990 III 1277). Die Initiative wurde in der Volksabstimmung vom 26. September 1993 angenommen (BBl 1993 IV 262) und vom Bundesrat auf den 1. Juli 1994 in Kraft gesetzt (Art. 5 der Verordnung über den Bundesfeiertag vom 30. Mai 1994, AS 1994 1340, SR 116).

4.   Verfahren bei allgemeinen Volksinitiativen

a.   Initiierung

67 Die Teilrevision der Bundesverfassung lässt sich auch auf dem Wege der allgemeinen Volksinitiative auslösen. Mit diesem Volksrecht können 100 000 Stimmberechtigte *in der Form der allgemeinen Anregung* die Annahme, Änderung oder Aufhebung von *Verfassungs- oder Gesetzesbestimmungen* verlangen (Art. °139a Abs. 1 BV). Dabei legt die Bundesversammlung nicht nur den endgültigen Wortlaut der Vorlage fest, sondern bestimmt auch die Normstufe. Volksinitiativen nach Art.

°139a BV münden also nur dann in eine Verfassungsvorlage, wenn sich die Bundesversammlung entschliesst, das Begehren auf der Verfassungs- und nicht bloss auf der Gesetzesebene umzusetzen (vgl. Abs. 3 der genannten Bestimmung).

Zum Verfahren bezüglich Zustandekommen und Rückzug der Initiative hinten § 49 Rz. 21 ff.; zum Begriff der allgemeinen Anregung hinten § 52/III.

b. Beschluss der Bundesversammlung über die Gültigkeit der Volksinitiative und über die Zustimmung zur Initiative

Ist die allgemeine Anregung zustande gekommen, so stellt der Bundes- **68** rat dem Parlament *Antrag:*

– zur *Gültigkeit* der Initiative (Art. °139a Abs. 2 BV),
– zur Frage der *Zustimmung* zur allgemeinen Anregung (Art. °139a Abs. 3 und 5 BV) sowie
– zur Frage eines *Gegenentwurfs* (Art. °139a Abs. 4 BV).

Die Bundesversammlung hat über diese Anträge zu beschliessen. Die Voraussetzungen zur Gültigerklärung der allgemeinen Initiative sind die gleichen wie bei der formulierten Volksinitiative (Rz. 60).

c. Allenfalls Volksabstimmung über den Grundsatz der Teilrevision

Ist die Bundesversammlung mit der allgemeinen Anregung nicht ein- **69** verstanden (und will sie auch keinen Gegenentwurf ausarbeiten; vgl. Rz. 72), so ist die Frage, ob der Initiative trotzdem Folge gegeben werden soll, dem Volk zur Abstimmung vorzulegen (Art. °139a Abs. 5 Satz 1 BV). Bei dieser Vorabstimmung entscheidet das *Volksmehr* (Art. °140 Abs. 2 Bst. b BV). Verwirft das Volk den Grundsatz einer Revision, so endet das Verfahren.

d. Ausarbeitung einer Verfassungsvorlage

Wurde der Grundsatz der Revision in der Vorabstimmung vom Volk **70** gutgeheissen, so arbeitet die Bundesversammlung eine Verfassungsvorlage im Sinne der Initiative aus, ausser die Initiative lasse sich auf Gesetzesebene verwirklichen (Art. °139a Abs. 5 Satz 2 BV). Gleiches gilt, wenn die Bundesversammlung von Anfang an mit dem Begehren einverstanden war (in diesem Fall findet keine vorgängige Volksabstimmung statt; Art. °139a Abs. 3 BV). Das Parlament kann sich auch in dieser Phase noch zur Vorlage eines Gegenentwurfs entschliessen.

71   Die Ausarbeitung des Normtextes erfolgt im Verfahren der Bundesgesetzgebung (hinten § 45/IV). Dabei ist das Parlament an die Vorgaben der allgemeinen Anregung gebunden (hinten § 51 Rz. 16 f.). Gegen eine ungetreue Umsetzung der Initiative kann Beschwerde an das Bundesgericht geführt werden (Art. °189 Abs. 1bis BV).

e.   *Allenfalls Ausarbeitung eines Gegenentwurfs*

72   Auch einer allgemeinen Anregung darf ein parlamentarischer Gegenentwurf gegenübergestellt werden. Den Stimmberechtigten ist eine freie und unverfälschte Meinungsbildung über Initiative und Gegenentwurf freilich erst möglich, wenn beide Vorlagen ausformuliert sind. Entschliesst sich also die Bundesversammlung schon zu Beginn des Prozederes zum Gegenentwurf, so arbeitet sie ohne weitere Umstände eine Vorlage im Sinne der Initiative und einen eigenen Alternativvorschlag aus (Art. °139a Abs. 4 Satz 1 BV). Eine Vorabstimmung über den Grundsatz der Revision findet in diesem Fall nicht statt.

f.   *Weiteres Verfahren*

73   Setzt die Bundesversammlung die allgemeine Anregung auf Verfassungsebene um, so folgt die Abstimmung von Volk Ständen über die entsprechende Vorlage und den allfälligen Gegenentwurf. Falls sich die Räte auf keine Vorlage zur Umsetzung der Initiative einigen können, werden die Entwürfe der beiden Kammern Volk und Ständen als Varianten unterbreitet (vgl. Art. °156 Abs. 3 Bst. b BV). Dieses Prozedere respektiert den Volkswillen, ohne die Gleichberechtigung der beiden Ratskammern anzutasten.

5.   Schema zum Verfahren der Teilrevision

74   Vgl. Anhang 2 (ohne allgemeine Volksinitiative).

§ 45 Gesetzgebung

I. Gesetzesbegriffe

1. Vorbemerkung

Um das Wort „Gesetz" rankt sich allerlei an Begriffen: Gesetz im for- 1
mellen Sinn und im materiellen Sinn, Vorbehalt des Gesetzes, gesetzliche Grundlage, formeller Gesetzesbegriff und materieller Gesetzesbegriff, um nur die gängigsten zu nennen. Die *terminologische Vielfalt*
verwirrt aus mehreren Gründen. Erstens werden die Bezeichnungen
nicht immer im gleichen Sinn verwendet (es handelt sich fast durchwegs um Schöpfungen von Lehre und Rechtsprechung ohne legaldefi-
nitorische Absicherung). Zweitens bezeichnen die Wendungen zum
Teil Gleiches oder zumindest einander sehr Nahestehendes (Gesetz im
materiellen Sinn und gesetzliche Grundlage, Vorbehalt des Gesetzes
und materieller Gesetzesbegriff; vgl. Rz. 8 und 11). Drittens können
manche Begriffe zu Missverständnissen Anlass geben („Gesetz im formellen bzw. im materiellen Sinn" lässt an ein Entweder-Oder denken,
obwohl sich die umschriebenen Bereiche überschneiden; der „materielle Gesetzesbegriff" scheint eine inhaltliche Definition des Gesetzes zu
versprechen, dabei geht es in Wahrheit um die Definition der gesetzes-
pflichtigen Inhalte; Rz. 11).

Im Folgenden beschränken wir uns auf jene drei Begriffe, die *im Kon-* 2
text der parlamentarischen Erlassformen bedeutsam sind, nämlich:
- Gesetz im formellen Sinn (Rz. 3 f.),
- Gesetz im materiellen Sinn (Rz. 5 ff.) und
- materieller Gesetzesbegriff (Rz. 8 f.),

wobei diesen heute noch gebräuchlichen Begriffen eine *alternative*
Formulierung beigefügt wird, die direkter aussprechen soll, was in der
Sache gemeint ist, nämlich:
- Gesetzesform (für „Gesetz im formellen Sinn"),
- Rechtssatz (für „Gesetz im materiellen Sinn") und
- gesetzespflichtige Inhalte (für „materieller Gesetzesbegriff").

Die Wendungen „gesetzliche Grundlage" (besser: Erfordernis des Rechtssatzes) und „Vorbehalt des Gesetzes" (besser: Erfordernis der Gesetzesform) gehören zum Legalitätsprinzip, dessen Verhältnis zu den Gesetzesbegriffen wir am Ende dieses Abschnitts skizzieren (Rz. 10 ff.).

2. Gesetz im formellen Sinn (oder besser: Gesetzesform)

3 Gesetz im formellen Sinn (gelegentlich auch: formelles Gesetz, formellgesetzliche Regelung, demokratisches Gesetz, parlamentarisches Gesetz) ist *jeder Erlass, der vom Parlament im Verfahren der Gesetzgebung beschlossen und als Gesetz bezeichnet wird.* Ob der Erlass als generell-abstrakter Rechtssatz oder als konkreter Einzelakt in Erscheinung tritt, spielt zunächst keine Rolle; das entscheidende *Kriterium* liegt im *Verfahren.* Auch die Referendumspflicht ist nicht begriffswesentlich. Ob und wie weit gesetzesförmige Erlasse der Volksabstimmung unterliegen, bestimmt sich allein nach dem einschlägigen Verfassungsrecht.

Auf *Bundesebene* heissen Gesetze im formellen Sinn *Bundesgesetz.* Wegen Art. 163 Abs. 1 BV müssen sie Rechtssätze enthalten. Bundesgesetze unterstehen regelmässig (wenn auch nicht durchwegs) dem fakultativen Referendum. Näheres zur Erlassform des Bundesgesetzes in Rz. 18 f. und 21 ff.

4 *Gegenbegriffe* zum Gesetz im formellen Sinn bilden einerseits die *Verfassung,* andererseits die *Verordnung.* Gesetze gehen der Verfassung nach, den Verordnungen dagegen vor. In diesem Sinn bezeichnet das Gesetz im formellen Sinn zugleich eine bestimmte *Normstufe* innerhalb der Normenhierarchie.

Zu den *Verordnungen der Bundesversammlung* vgl. Rz. 38 ff., zur Erlassform der *Verordnung allgemein* einlässlich hinten § 46.

3. Gesetz im materiellen Sinn (oder besser: Rechtssatz)

5 Gesetz im materiellen Sinn (gelegentlich auch: materielles Gesetz, rechtssatzmässige Regelung) ist *jeder generell-abstrakte Rechtssatz,* gleichgültig von welchem Organ er ausgeht und wie er in der Normenhierarchie einzuordnen ist. Entscheidendes *Kriterium* ist die *Normstruktur.*

Zum *Rechtssatzbegriff im Bund* vgl. Rz. 15 ff.

6 Der Rechtssatz findet sein *begriffliches Gegenstück* bei der *Anordnung im Einzelfall* (gleichbedeutend: Einzelakt, Rechtsanwendungsakt).

Einzelakte der Bundesversammlung heissen *Bundesbeschluss*, Einzelakte des Bundesrats *Bundesratsbeschluss* und solche von Bundesverwaltungsbehörden *Verfügung*. Zur Erlassform des Bundesbeschlusses vgl. Rz. 41 ff.

Vorsicht: Die Begriffe „Gesetz im formellen Sinn" und „Gesetz im materiellen 7 Sinn" beruhen auf *unterschiedlichen Kriterien* und dürfen nicht als ein Paar sich gegenseitig ausschliessender Begriffe aufgefasst werden (daher auch der Rat, besser von Gesetzesform und Rechtssatz zu sprechen). Das Bild zweier sich überschneidender Kreise trifft die Sache besser. Gesetze im formellen Sinn bestehen regelmässig aus Rechtssätzen ('sind' also zugleich Gesetz im materiellen Sinn); sie können aber ausnahmsweise auch Anordnungen im Einzelfall enthalten. Umgekehrt sind längst nicht alle Rechtssätze in Gesetzesform gekleidet; gegenteils finden sich viele davon, wenn nicht die meisten, in Verordnungen der Exekutive.

4. Materieller Gesetzesbegriff (oder besser: gesetzespflichtige Inhalte)

Als materiellen Gesetzesbegriff bezeichnet man die *verfassungsrechtliche* 8 *Umschreibung jener Inhalte, die* – sofern sie staatlich geregelt werden sollen – *zwingend der Gesetzesform bedürfen*. Materielle Gesetzesbegriffe nehmen also auf das Gesetz im formellen Sinn Bezug und fügen ihm bestimmte Qualifikationsmerkmale hinzu. Zumeist operieren sie mit dem *Kriterium der Wichtigkeit* („alle wichtigen Bestimmungen"), häufig ergänzt um das *Kriterium der Normstruktur* („alle wichtigen rechtsetzenden Bestimmungen"). Materielle Gesetzesbegriffe wirken regelmässig bloss als Delegationsschranke („wichtige rechtsetzende Bestimmungen dürfen nur vom Parlament im Verfahren der Gesetzgebung erlassen werden"; man spricht in diesem Zusammenhang auch von „materiellem Gesetzesvorbehalt", vgl. RHINOW, Bundesverfassung, S. 186). Entsprechend bleibt es dem Gesetzgeber unbenommen, auch weniger Wichtiges ins Gesetz aufzunehmen oder gar Anordnungen im Einzelfall in die Form des Gesetzes zu kleiden.
Zum materiellen Gesetzesbegriff im Bund vgl. Rz. 21 ff.

Von einem *formellen Gesetzesbegriff* kann man dort sprechen, wo das 9 einschlägige Staatsrecht auf Vorgaben zum notwendigen und zulässigen Gesetzesinhalt völlig verzichtet.
Einen formellen Gesetzesbegriff kannte die BV 1874: Art. 89 der früheren Bundesverfassung begnügte sich damit, das Bundesgesetz als Erlassform einzuführen und für referendumspflichtig zu erklären. Einschränkend ist aber beizufügen, dass das GVG aus dem Jahre 1962 das Bundesgesetz grundsätzlich für Rechtssätze reservierte (vgl. Art. 5 Abs. 2 GVG; Wortlaut wiedergegeben in Rz. 15).

5. Verhältnis zum Legalitätsprinzip

10 Die skizzierten *Gesetzesbegriffe* sind lediglich *Definitionen,* wobei diese Definitionen mit Blick auf das jeweils massgebende Staatsrecht von Bund und Kantonen variieren können. Das *Legalitätsprinzip* dagegen ist *normativer Natur* und gilt für Bund und Kantone gleichermassen: Grundlage und Schranke staatlichen Handelns, bestimmt Art. 5 Abs. 1 BV, ist das Recht.

11 Das Legalitätsprinzip bedeutet, dass jedes *staatliche Handeln einer gültigen gesetzlichen Grundlage* bedarf. Es verlangt:

1. dass die gesetzliche Grundlage eine generell-abstrakte Struktur aufweist (*Erfordernis des Rechtssatzes,* d.h. eines Gesetzes im materiellen Sinn);

2. dass der Rechtssatz *formell rechtmässig* ist, d.h. im richtigen Verfahren erlassen wurde;

3. dass er demokratisch ausreichend legitimiert (*Erfordernis der genügenden Normstufe:* je nach Lage ein Gesetz im formellen Sinn oder eine Verordnung) und

4. rechtsstaatlich ausreichend bestimmt ist (*Erfordernis der genügenden Normdichte:* je nach Lage eine präzise oder eine offene Norm).

Je wichtiger der Regelungsgehalt eines Rechtssatzes, desto höher liegen die Anforderungen an Normstufe und Normdichte. Schwere Eingriffe in die Lage Privater – genauer: schwere Beschränkungen bestehender Rechte oder die Auferlegung schwerer neuer Pflichten – bedürfen einer klaren und unzweideutigen Grundlage im Gesetz selbst. Im Übrigen versteht es sich schon aus Gründen der Normhierarchie von selbst, dass die gesetzliche Grundlage mit dem übergeordneten Recht vereinbar, also *materiell rechtmässig* sein muss.

Näheres zum Legalitätsprinzip: HÄFELIN/MÜLLER, Allgemeines Verwaltungsrecht, § 17; MOOR, Droit administratif, I S. 309 ff. (beide Werke mit ausführlichen Literaturhinweisen); TSCHANNEN/ZIMMERLI/KIENER, Allgemeines Verwaltungsrecht, § 18.

12 Dieser kurze Abriss lässt erkennen, dass die Gesetzesbegriffe im Bereich des Legalitätsprinzips wohl eine wichtige Rolle spielen, das Prinzip aber weder definieren noch in seiner ganzen Breite abdecken. Dies gilt besonders vom materiellen Gesetzesbegriff: Er konkretisiert lediglich für ein bestimmtes Gemeinwesen die allgemein gültigen Anforderungen, welche das Legalitätsprinzip an den *Inhalt des formellen Gesetzes*

stellt. Zur angemessenen *Normdichte des formellen Gesetzes* hingegen sagen die materiellen Gesetzesbegriffe wenig Substanzielles aus.

II. Systematik der Verfassungsbestimmungen über die Erlassformen der Bundesversammlung

1. Abschliessende Aufzählung

Art. 163 BV verwendet das Wort „*Erlass*" als *Sammelbegriff* für alle von der Bundesversammlung verabschiedeten Beschlüsse. Diese Beschlüsse müssen entweder die Form des Bundesgesetzes, der Parlamentsverordnung oder des Bundesbeschlusses annehmen. Die Aufzählung ist *abschliessend;* weitere Erlassformen stehen der Bundesversammlung nicht zur Verfügung. 13

2. Massgebliche Einteilungskriterien

Die Unterteilung in die einzelnen Erlassformen geschieht aufgrund dreier Kriterien. 14

– Zentrales Kriterium ist die *Normstruktur:* Rechtsetzende Bestimmungen ergehen in der Form des Bundesgesetzes oder der Verordnung, alle übrigen Anordnungen (d.h. die nicht rechtsetzenden Bestimmungen) in der Form des Bundesbeschlusses oder des einfachen Bundesbeschlusses (Art. 163 BV).

– Zur Beantwortung der Frage, ob *rechtsetzende Bestimmungen* als Bundesgesetz zu beschliessen sind oder ob eine Verordnung genügt, kommt es auf die *Wichtigkeit* der jeweiligen Norm an: Die wichtigen rechtsetzenden Bestimmungen gehören stets in das Bundesgesetz selbst (Art. 164 Abs. 1 BV). Nötigenfalls können solche Bestimmungen dringlich erklärt werden (Art. 165 BV).

– Innerhalb der *nicht rechtsetzenden Bestimmungen* entscheidet die *Referendumspflicht,* ob der Erlass in die Form des Bundesbeschlusses (für referendumspflichtige Akte) oder in die Form des einfachen Bundesbeschlusses (für nicht referendumspflichtige Akte) zu kleiden ist (Art. 163 Abs. 2 BV).

3. „Rechtsetzende Bestimmungen"
(Art. 163 Abs. 1 BV)

15 Art. 163 Abs. 1 und Art. 164 Abs. 1 BV sprechen von *„rechtsetzenden Bestimmungen"*, ohne den Begriff näher zu klären. Gemeint sind indessen Rechtssätze oder (was dasselbe bedeutet) generell-abstrakte Normen. Für den Bund definiert Art. 22 Abs. 4 ParlG den Rechtssatz wie folgt:

> Als rechtsetzend gelten Bestimmungen, die in unmittelbar verbindlicher und generell-abstrakter Weise Pflichten auferlegen, Rechte verleihen oder Zuständigkeiten festlegen.

In der Sache entspricht diese Umschreibung der früheren Legaldefinition gemäss Art. 5 Abs. 2 GVG (AS 1962 773):

> Als rechtsetzend gelten alle generellen und abstrakten Normen, welche natürlichen oder juristischen Personen Pflichten auferlegen oder Rechte einräumen oder die Organisation, die Zuständigkeit oder die Aufgaben der Behörden oder das Verfahren regeln.

16 *Begriffsbestimmend* ist in erster Linie die Wendung *„generell-abstrakt"*.

– Eine Bestimmung ist *generell*, wenn sie während ihrer Geltungszeit auf eine individuell nicht bestimmte Vielzahl von Adressaten Anwendung findet (auf alle nämlich, für die sie nach ihrem Sinn zutrifft).

– Von *abstrakter* Regelung sprechen wir, wenn sie für eine unbestimmte Vielzahl von Lebenssachverhalten ausgelegt ist (für alle nämlich, in denen sich die Tatbestandsmerkmale der Regelung verwirklichen).

Konkrete Regelungen der Bundesversammlung, also *Anordnungen im Einzelfall*, sind grundsätzlich in die Form des Bundesbeschlusses zu kleiden (vgl. aber Rz. 19).

17 Das Element *„unmittelbar verbindlich"* soll zum Ausdruck bringen, „dass verwaltungsinternen Anordnungen, Weisungen oder Richtlinien (sog. Verwaltungsverordnungen) kein rechtsetzender Charakter zukommt" (BBl 2001 3537), womit u.a. auch die Publikationspflicht nach Art. 1 PublG entfällt. Gesetz und Verordnung als Erlassformen und das damit verbundene Rechtsschutzsystem sind auf das *Staat-Bürger-Verhältnis* (auf sog. Aussenrechtsverhältnisse) zugeschnitten; Normen, welche lediglich den *Innenbereich des Gemeinwesens* (sog. Innenrechtsverhältnisse) betreffen, fallen damit gewolltermassen aus dem Rechtssatzbegriff heraus.

Das Umstandswort „unmittelbar" könnte zum Schluss verleiten, Rechtssatz im Sinne von Verfassung und Gesetz seien nur die konditionalen Normen (nach dem

Muster „wenn Tatbestand, dann Rechtsfolge"). Finale Normen wie Zweck-, Ziel-
oder Grundsatzbestimmungen (vgl. z.B. Art. 1 und 3 RPG) wären dann keine
‚echten' Rechtssätze, denn Rechtsfolgen ergeben sich aus ihnen nicht unmittelbar,
sondern regelmässig nur in Verbindung mit konditional strukturierten Normen (so
dienen die Art. 1 und 3 RPG etwa dazu, die Voraussetzungen einer Ausnahmebe-
willigung nach Art. 24 RPG näher zu bestimmen). Eine solche Lesart wäre aber
abwegig. Heute ist unbestritten, dass finale Normen – auch wenn sie nur mittelbar
verpflichten – echtes Recht setzen, denn kraft ihrer streitentlastenden Wirkung
tragen sie wesentlich zur Rechtsfindung im Einzelfall bei. Der Gesetzgeber hätte
den Zusatz „unmittelbar" besser weggelassen (so auch ROLAND FEUZ, Materielle
Gesetzesbegriffe, Bern 2002, S. 57).

4. Rechtsetzende Bestimmungen notwendigerweise in Bundesgesetzen und Verordnungen

Art. 163 Abs. 1 BV legt das Bundesgesetz – und auch die Parlaments-   18
verordnung – auf „rechtsetzende Bestimmungen" fest. Damit hat sich
der Verfassungsgeber, was die *Normstruktur* angeht, für einen *engen
Gesetzesbegriff* entschieden. Dies bedeutet zweierlei:

- Einerseits sind *alle rechtsetzenden Bestimmungen* der Bundesversammlung *in Bundesgesetze oder allenfalls Parlamentsverordnungen zu
  kleiden* („kein Rechtssatz ausserhalb von Bundesgesetz oder Verordnung"). Dazu passend hält Art. 163 Abs. 2 BV fest, die „übrigen" Erlasse – d.h. Erlasse, welche keine rechtsetzenden Bestimmungen
  enthalten – hätten als Bundesbeschluss zu ergehen.
- Andererseits müssen *alle Bundesgesetze und Parlamentsverordnungen
  rechtsetzende Bestimmungen enthalten* („kein Bundesgesetz, keine
  Verordnung ohne Rechtssatz"). Einem Erlass, der überhaupt keine
  Rechtssätze enthält, bleiben sowohl das Bundesgesetz wie auch die
  Parlamentsverordnung verschlossen. Den Grund dafür bildet wiederum Art. 163 Abs. 2 BV.

5. Nicht nur rechtsetzende Bestimmungen in Bundesgesetzen und Verordnungen

Immerhin schliesst die Verfassung nicht aus, dass ein Bundesgesetz oder   19
eine Parlamentsverordnung neben Bestimmungen rechtsetzender Natur mitunter *auch Einzelakte* enthält (ebenso GEORG MÜLLER, Formen
der Rechtsetzung, in: BTJP 1999, S. 256; RHINOW, Bundesverfassung,
S. 181). Die Verbindung von Rechtssatz und konkreter Anordnung in
einem Bundesgesetz kann im Interesse einer ‚Regelung aus einem Guss'

sinnvoll sein, vor allem im Planungs- und Finanzbereich. Art. 163 Abs. 1 BV verbietet lediglich das *reine Einzelfallgesetz,* also Erlasse in Gesetzes- oder Verordnungsform, die aus nichts anderem als Einzelakten bestehen.

Reine Einzelfallgesetze kennt der Bund soweit ersichtlich nicht. Immerhin in die Nähe eines Einzelfallgesetzes kommen einige der auf das NHG gestützten *Inventarverordnungen.* Vgl. etwa die Verordnungen über das Bundesinventar der Landschaften und Naturdenkmäler vom 10. August 1977 (VBLN, SR 451.11) und über das Bundesinventar der schützenswerten Ortsbilder der Schweiz vom 9. September 1981 (VISOS, SR 451.12): Der Hauptinhalt dieser Verordnungen besteht aus einer Liste von Schutzobjekten; man hätte die Objekte im Grunde auch mittels Allgemeinverfügungen bezeichnen können.

III.   Die Erlassformen der Bundesversammlung im Einzelnen

20   Für die Verabschiedung von Erlassen der Bundesversammlung ist die Übereinstimmung beider Räte erforderlich (Art. 156 Abs. 2 BV; zum Verfahren im Einzelnen vgl. § 34/V).

1.   Bundesgesetz
(Art. 163 Abs. 1 und Art. 164 BV; Art. 22 ParlG)

a.   *Im Allgemeinen*

21   Bundesgesetze sind *Erlasse,* welche *rechtsetzende Bestimmungen* enthalten (Art. 163 Abs. 1 BV; Rz. 15 ff.), wobei Art. 164 Abs. 1 BV verdeutlicht, dass jedenfalls alle *wichtigen* rechtsetzenden Bestimmungen in Gestalt eines Bundesgesetzes ergehen müssen (Rz. 23 ff.).
Beispiele: ZGB, OR, StGB, OG, VwVG.

22   Bundesgesetze unterstehen dem vorgängigen *fakultativen Referendum* (Art. 141 Abs. 1 Bst. a BV). Das Gesetz kann erst nach unbenutztem Ablauf der Referendumsfrist oder, wenn ein Referendum zustande kommt, nach seiner Annahme durch das Volk in Kraft treten.

b. „*Alle wichtigen rechtsetzenden Bestimmungen* "
(Art. 164 Abs. 1 BV)

Im Sinne eines *allgemeinen Grundsatzes* verpflichtet *Art. 164 Abs. 1* 23
Satz 1 BV die Bundesversammlung, *alle wichtigen rechtsetzenden Bestimmungen* in der Form des Bundesgesetzes zu erlassen. Welche Bestimmungen als wichtig gelten, ist im grossen Ganzen eine Frage der
politischen Wertung. Wegleitend ist der Bedarf an *demokratischer Legitimation* und *rechtsstaatlicher Voraussehbarkeit* der ins Auge gefassten
Regelung. Es liegt in der Natur der Sache, dass der Gesetzgeber bei der
Festlegung des „Wichtigen" über grosse Handlungsspielräume verfügt
(vgl. BGE 103 Ia 369 E. 6 S. 382, Wäffler). Immerhin lassen sich einige
Hilfskriterien anführen, die den Entscheid erleichtern. Wichtig kann
eine Regelung beispielsweise sein, wenn sie (alternativ):

– einen grossen Adressatenkreis oder eine grosse Zahl von Lebenssachverhalten betrifft;
– stark in die bisherige Rechtsstellung der Adressaten eingreift;
– erhebliche finanzielle Folgen nach sich zieht;
– für die politische Willensbildung, die Behördenorganisation oder
  das Verfahren von bestimmender Bedeutung ist oder
– besonders umstrittene Fragen zum Gegenstand hat.

Vgl. dazu etwa G. MÜLLER, Inhalt und Formen, S. 110 ff.; WALTER KÄLIN, Gesetz
und Verordnung, in: Handbuch Bernisches Verfassungsrechts, S. 140 f.; FEUZ,
a.a.O. (Rz. 17), S. 101 f., 109.

Art. 164 Abs. 1 Satz 2 BV veranschaulicht den Grundsatz für *einige aus-* 24
gewählte Rechtsbereiche. Die Aufzählung ist nicht abschliessend, wie das
Wort „insbesondere" deutlich macht. Als „wichtig" im Sinne von
Satz 1 gelten kraft Verfassung die „*grundlegenden Bestimmungen*" über
die in den Bst. a–g genannten Gegenstände. „Grundlegend" und „wichtig" meinen das Gleiche; statt „grundlegende Bestimmungen" könnte
man auch „Grundzüge" lesen. Der Verfassungsgeber wollte wohl nur
eine unschöne Wortwiederholung vermeiden, nicht aber mit „grundlegend" die allgemeine Wichtigkeitsschwelle erhöhen (ebenso AUBERT,
Commentaire, Art. 164 Rz. 24; FEUZ, a.a.O. [Rz. 17], S. 116 f.; GEORG
MÜLLER, Formen der Rechtsetzung, in: BTJP 1999, S. 260; RHINOW,
Bundesverfassung, S. 189). Der Gesetzgeber kommt also auch hier
nicht um die Aufgabe herum, mit Hilfe der oben in Rz. 23 vermerkten
allgemeinen Kriterien das Wichtige vom weniger Wichtigen zu trennen.

Eine einlässliche Auslegeordnung der „grundlegenden" Bestimmungen nach den
Bst. a–g bietet FEUZ, a.a.O. (Rz. 17), S. 118–192. Nebenbei: Es versteht sich von
selbst, dass Art. 164 Abs. 1 BV *keine Kompetenzgrundlage* stiftet. In der Sache ergeben sich die Gesetzgebungsbefugnisse des Bundes ausschliesslich aus den einzelnen
Aufgabennormen der Verfassung!

25   Ausser Art. 164 BV äussert sich noch eine Reihe *besonderer Verfas-
      sungsbestimmungen* zur Gesetzespflichtigkeit bestimmter Materien (die
      meisten davon nur aus sektorieller Sicht). Diese Bestimmungen ändern
      aber trotz eines zuweilen unsteten Wortgebrauchs nichts an der Mass-
      geblichkeit des allgemeinen Wichtigkeitskriteriums.

      – Das *Legalitätsprinzip* (Art. 5 Abs. 1 BV) und der ungeschriebene Verfassungs-
         grundsatz der *Gewaltenteilung* gehen mit der gängigen Formel „Alles Wichtige
         in den Grundzügen ins Gesetz" nicht über Art. 164 BV hinaus. Gleiches gilt
         vom Erfordernis einer formellgesetzlichen Grundlage für *schwere Grundrechts-
         eingriffe:* Art. 36 Abs. 1 Satz 2 BV trifft sich in der Sache mit Art. 164 Abs. 1
         Bst. b BV.
      – Art. 127 Abs. 1 und 2 BV hält mit Blick auf die *Bundessteuern* fest, was Art. 164
         Abs. 1 Bst. d BV für die öffentlichen Abgaben des Bundes allgemein regelt und
         sich ohnehin schon aus dem Legalitätsprinzip und der zugehörigen Rechtspre-
         chung ergibt (vgl. statt vieler BGE 121 I 230 E. 3e S. 235, Liebfrauenhof).
      – Im Titel über die *Bundesbehörden* trifft man öfters auf die Wendung, *„das Ge-
         setz"* könne dieses und jenes vorsehen: etwa weitere Unvereinbarkeiten, weitere
         Immunitäten oder weitere Wahlbefugnisse des Bundesversammlung (Art. 144
         Abs. 3, 162 Abs. 2 und 168 Abs. 2 BV; der Titel enthält mehr als ein Dutzend
         weiterer Beispiele). Auch bei den *Bundeszuständigkeiten* ist mitunter ausdrück-
         lich vom „Gesetz" und nicht von der „Bundesgesetzgebung" die Rede (z.B.
         Art. 58 Abs. 2 Satz 3 BV: das Gesetz kann der Armee weitere Aufgaben zuwei-
         sen). Allemal handelt es sich um Anwendungsfälle von Art. 164 Abs. 1 BV,
         nicht um Durchbrechungen. Zwar erweitern diese „besonderen oder institutio-
         nellen Gesetzesvorbehalte" (G. MÜLLER, Inhalt und Formen, S. 126) die allge-
         meine Liste der gesetzespflichtigen Inhalte. Sie bedeuten aber nicht, dass das
         Parlament von den punktuell als gesetzespflichtig erklärten Materien mehr als
         das Wichtige im Gesetz zu regeln hätte. Die Delegationsmöglichkeit bleibt auch
         im Bereich der besonderen Gesetzesvorbehalte gewahrt (Rz. 28; vgl. FEUZ,
         a.a.O. [Rz. 17], S. 113).

26   Ein Letztes: Die Verfassung verbietet der Bundesversammlung nicht,
      auch weniger Wichtiges, ja selbst ganz und gar Unwichtiges durch Ge-
      setz zu regeln (BBl 1997 III 278 und Art. 22 Abs. 2 ParlG; AU-
      ER/MALINVERNI/HOTTELIER, Droit constitutionnel I, Rz. 1423; HÄ-
      FELIN/HALLER, Bundesstaatsrecht, Rz. 1825). Die Gesetzesform für
      Regelungen von untergeordneter Bedeutung mag die Lesbarkeit eines
      Erlasses erleichtern. Sie kann sich auch aus politischen Gründen als
      opportun erweisen (freilich dürfte die Schwelle der „Wichtigkeit" dann
      doch wieder erreicht sein).

c. Möglichkeit der Delegation
(Art. 164 Abs. 2 BV)

Die Bundesversammlung kann Rechtsetzungsbefugnisse durch Bundes- 27
gesetz übertragen, und zwar:

- an das *Parlament als Verordnungsgeber* (d.h. unter Ausschluss der Stimmberechtigten, eher selten; Rz. 38),
- an den *Bundesrat* (häufig; hinten § 46 Rz. 24) oder
- an das *Bundesgericht* (sehr selten; vorn § 42 Rz. 11).

Eine Übertragung scheidet aus, soweit sie „durch die Bundesverfassung 28
ausgeschlossen" wird (Art. 164 Abs. 2 am Ende). Ausgeschlossen ist sie:

- *allgemein im Bereich „wichtiger" Bestimmungen nach Art. 164 Abs. 1 BV* (so auch AUER/MALINVERNI/HOTTELIER, Droit constitutionnel I, Rz. 1527; G. MÜLLER, Rechtsetzung und Staatsverträge, in: Verfassungsrecht, § 70 Rz. 36; RHINOW, Bundesverfassung, S. 190; Frage offen gelassen bei HÄFELIN/HALLER, Bundesstaatsrecht, Rz. 1870);
- *darüber hinaus* zunächst auch dort, *wo die Bundesverfassung punktuell die Gesetzesform vorschreibt* (Rz. 25). Allerdings schliessen diese besonderen Gesetzesvorbehalte wiederum nicht aus, die weniger wichtigen Fragen aus dem Bereich dieser Vorbehalte auf Verordnungsstufe zu regeln.

Zu den Voraussetzungen der Gesetzesdelegation im Übrigen vgl. vorn
§ 27/III.

d. Möglichkeit der Befristung

Bundesgesetze gelten gewöhnlich auf unbestimmte Zeit. Die Bundes- 29
versammlung hat aber die *Möglichkeit*, die Geltungsdauer eines Bundesgesetzes zu befristen (*vorgeschrieben* ist die Befristung nur bei *dringlichen* Bundesgesetzen). Befristete Bundesgesetze können durch Revision des Gesetzesartikels, der die Befristung festlegt, erneuert oder in ein unbefristetes Gesetz umgewandelt werden; Erneuerung und Umwandlung unterliegen ihrerseits dem fakultativen Gesetzesreferendum.

Beispiel: Bundesbeschluss vom 6. Oktober 1978 zum Atomgesetz (SR 732.01), ursprünglich befristet bis 1983 (Art. 13 Abs. 3), seither wiederholt verlängert, zuletzt mit Bundesgesetz vom 6. Oktober 2000 bis zum 31. Dezember 2010 (Art. 14, AS 2001 283; dieser Erlass würde heute von Anfang an als Bundesgesetz ergehen, vgl. Rz. 50).

2. Dringliches Bundesgesetz
(Art. 165 BV; Art. 77 ParlG)

a. *Im Allgemeinen*
(Art. 165 Abs. 1 BV)

30 Wegen der aufschiebenden Wirkung des fakultativen Referendums treten Bundesgesetze immer erst mit mehrmonatiger Verzögerung in Kraft. Mitunter kann es sich aber als *notwendig* erweisen, Rechtsetzungsakte *unverzüglich anzuwenden*. Deshalb sieht Art. 165 Abs. 1 BV vor, dass *Bundesgesetze* dringlich erklärt und sofort in Kraft gesetzt werden dürfen.

Art. 165 BV spricht mit Bedacht von *Gesetzgebung* bei Dringlichkeit. Daraus ergibt sich zweierlei.
- *Verfassungsänderungen* dürfen nicht dringlich erklärt werden. Allerdings lässt sich eine fehlende Verfassungsgrundlage durch ein dringliches Bundesgesetz ohne Verfassungsgrundlage überspielen (Rz. 34 f.).
- Auch für *referendumspflichtige Bundesbeschlüsse* sieht die Verfassung keine Dringlicherklärung vor. Dies bedeutet unter anderem, dass *referendumspflichtige Staatsverträge* nicht vor Ablauf der Referendumsfrist bzw. Bestehen der Volksabstimmung in Kraft treten können (AUBERT, Commentaire, Art. 165 Rz. 4). Gleichwohl nimmt der Bundesrat für sich in Anspruch, völkerrechtliche Verträge soweit aussenpolitisch geboten schon vor der Genehmigung durch die Bundesversammlung – damit auch schon vor einer allfälligen Volksabstimmung – vorläufig anzuwenden (dazu hinten § 47 Rz. 28).

31 Das Parlament berät und beschliesst über die Dringlichkeit gesondert (Art. 77 ParlG; vorn § 34 Rz. 70).
- Die Dringlicherklärung eines Gesetzes bedingt, dass sein Inkrafttreten *sachlich und zeitlich keinen Aufschub* erträgt. Sachliche Dringlichkeit allein reicht für eine sofortige Inkraftsetzung nicht aus.
- Dringlichkeitsrecht ist im demokratischen Rechtsstaat etwas Aussergewöhnliches. Die Verfassung schreibt darum vor, dass Dringlichkeit nur durch die *Mehrheit aller Mitglieder in jedem der beiden Räte* beschlossen werden darf (Art. 165 Abs. 1 Satz 1 BV).
- Aus dem gleichen Grund müssen dringliche Bundesgesetze *immer befristet* werden (Art. 165 Abs. 1 Satz 2 BV).
- Ein allfälliges *Referendum* kommt erst *nachträglich* zum Zug (Art. 165 Abs. 2 und 3 BV).

32 Was das *Referendum im Besonderen* angeht, ist zu unterscheiden, ob das dringliche Bundesgesetz über eine *Verfassungsgrundlage* verfügt (Rz. 33) oder sich ausserhalb der Verfassung stellt (Rz. 34). Mit „Verfassungs-

grundlage" ist an dieser Stelle das *Bestehen einer eidgenössischen Rechtsetzungskompetenz* gemeint (Art. 3 und 42 Abs. 1 BV).
Rückblicke auf die Entwicklung des Dringlichkeitsrechts und den Umgang der Bundesbehörden damit bieten THOMAS GÄCHTER, Demokratie und Dringlichkeit, in: ISABELLE HÄNER (Hrsg.), Nachdenken über den demokratischen Staat und seine Geschichte, Zürich 2003, S. 75 ff., und JÖRG PAUL MÜLLER, Gebrauch und Missbrauch des Dringlichkeitsrechts nach Artikel 89bis BV, Bern 1977.

b. *Dringliches Bundesgesetz mit Verfassungsgrundlage*
(Art. 165 Abs. 2 BV)

Ein verfassungskonformes dringliches Bundesgesetz untersteht dem *nachträglichen fakultativen Gesetzesreferendum*. Kommt das Referendum zustande, so tritt das Gesetz ein Jahr nach seinem Erlass durch die Bundesversammlung ausser Kraft, soweit es nicht vorher vom *Volk* gutgeheissen wurde (Art. 165 Abs. 2 BV; das Ständemehr ist nicht verlangt). Dringliche Bundesgesetze, deren Geltungsdauer ein Jahr nicht übersteigt, werden dem Referendum nicht unterstellt (Art. 141 Abs. 1 Bst. b BV e contrario).

33

Beispiele:
- Bundesgesetz über die Sperrung und Freigabe von Krediten im Voranschlag der Schweizerischen Eidgenossenschaft vom 13. Dezember 2002 (Kreditsperrungsgesetz, KSFG, SR 611.1, AS 2002 4205);
- Bundesgesetz zur Weiterversicherung von erwerbstätigen Frauen in der beruflichen Vorsorge vom 23. März 2001 (SR 831.49, AS 2001 974);
- Bundesgesetz über die Anpassung der kantonalen Beiträge für die innerkantonalen stationären Behandlungen nach dem Bundesgesetz über die Krankenversicherung vom 21. Juni 2002 (SR 832.14, AS 2002 1643). Gegen dieses Gesetz wurde nachträglich das Referendum ergriffen (BBl 2002 7126; Gesetz in der Volksabstimmung vom 9. Februrar 2003 indessen angenommen, BBl 2003 3111).

c. *Dringliches Bundesgesetz ohne Verfassungsgrundlage*
(Art. 165 Abs. 3 BV)

Ein verfassungsänderndes dringliches Bundesgesetz untersteht dem *nachträglichen obligatorischen Verfassungsreferendum*. Das Gesetz tritt ein Jahr nach seinem Erlass durch die Bundesversammlung ausser Kraft, soweit es nicht vorher von *Volk und Ständen* gutgeheissen wurde (Art. 165 Abs. 3 BV). Das Referendum entfällt, wenn die Geltungsdauer des Gesetzes ein Jahr nicht übersteigt (Art. 140 Abs. 1 Bst. c BV e contrario).

34

Beispiele (die Erlasse ergingen noch unter der Herrschaft der BV 1874):
– Bundesbeschluss vom 15. Juni 1971 über Massnahmen zur Stabilisierung des
  Baumarktes (AS 1971 961; Verfassungsgrundlage ab 1978: Art. 31^{quinquies} aBV
  über die Konjunkturpolitik; heute: Art. 100 BV);
– Bundesbeschluss vom 19. Dezember 1975 über die Preisüberwachung (AS 1975
  2552; Verfassungsgrundlage ab 1982: Art. 31^{septies} aBV über die Preisüberwachung; heute: Art. 96 Abs. 2 Bst. a BV).

35 Die verfassungsändernden dringlichen Bundesgesetze haben nicht den
    Charakter von Notrecht (zur Abgrenzung vorn § 10 Rz. 15).

d. Möglichkeit der Erneuerung
    (Art. 165 Abs. 4 BV e contrario)

36 Die Geltungsdauer eines dringlichen Bundesgesetzes kann *nötigenfalls
    verlängert* werden. Ein allfälliger Verlängerungsbeschluss untersteht
    wiederum dem fakultativen bzw. obligatorischen Referendum
    (Art. 165 Abs. 2 bzw. Abs. 3 BV).

    Ein dringlich erklärtes Bundesgesetz, dessen Geltungsdauer ein Jahr nicht über-
    steigt, untersteht dem Referendum nicht (vgl. Art. 140 Abs. 1 Bst. c, Art. 141
    Abs. 1 Bst. b BV). Wird ein solches Gesetz hingegen erneuert und beträgt die ge-
    samte Geltungsdauer mehr als ein Jahr, so greift das Referendum nach Art. 165
    Abs. 2 und 3 BV.

37 Wurde das dringliche Gesetz in der Volksabstimmung *verworfen*, so
    darf es *nicht erneuert* werden (Art. 165 Abs. 4 BV).

3.   Verordnung der Bundesversammlung
       (Art. 163 Abs. 1, Art. 164 Abs. 2 BV; Art. 22 Abs. 2 ParlG)

38 Die Parlamentsverordnung nach Art. 163 Abs. 1 BV ist für *rechtsetzen-
    de Erlasse* bestimmt, die von der Bundesversammlung *gestützt auf eine
    besondere Delegationsnorm* in der Bundesverfassung oder in einem Bun-
    desgesetz beschlossen werden (Art. 164 Abs. 2 BV; Art. 22 Abs. 2
    ParlG). Eine besondere Ermächtigung ist darum erforderlich, weil die
    Bundesversammlung im Unterschied zum Bundesrat (Art. 182 Abs. 2
    BV) über kein allgemeines Verordnungsrecht verfügt. Parlamentsver-
    ordnungen sind vor allem im Bereich des Parlaments- und des Bundes-
    personalrechts anzutreffen (vgl. z.B. Art. 70 Abs. 1 ParlG und Art. 37
    Abs. 2 BPG). Wegen Art. 164 Abs. 1 BV dürfen sie *keine „wichtigen"
    Bestimmungen* enthalten.

Beispiele:
– Art. 159 Abs. 4 BV: Befugnis der Bundesversammlung, die Schwellenwerte der Ausgabenbremse nach Art. 159 Abs. 3 Bst. b BV durch Verordnung der Teuerung anzupassen.
– Art. 70 ParlG: Ausführungsbestimmungen der Bundesversammlung über die Parlamentsdienste; vgl. die Verordnung der Bundesversammlung über die Parlamentsdienste vom 7. Oktober 1988 (SR 171.115).
– Art. 14 Parlamentsressourcengesetz: Ausführungsbestimmungen der Bundesversammlung zum Gesetz, namentlich betreffend die Höhe der einzelnen Entschädigungen; vgl. die Verordnung der Bundesversammlung zum Parlamentsressourcengesetz vom 18. März 1988 (SR 171.211).

Ausserdem sieht die Verfassung die Möglichkeit *parlamentarischer Not-* 39 *polizeiverordnungen* vor (Art. 173 Abs. 1 Bst. c BV). Diese Verordnungen sind ein Anwendungsfall der polizeilichen Generalklausel (vgl. hinten § 46 Rz. 25 ff.); darum dürfen sie vorübergehend *auch „Wichtiges"* regeln. Anders als die Notpolizeiverordnungen des Bundesrats (Art. 185 Abs. 3 BV) müssen solche des Parlaments aber nicht befristet werden.

Parlamentsverordnungen bedingen *übereinstimmende Beschlüsse beider* 40 *Räte;* sie unterstehen *keinem Referendum.*

4. Referendumspflichtiger Bundesbeschluss
(Art. 163 Abs. 2 BV am Anfang)

In die Form des Bundesbeschlusses werden Erlasse gekleidet, die *zwar* 41 *nicht rechtsetzender Natur* sind, aber *kraft besonderer Bestimmung gleichwohl dem Referendum* unterstehen. Dabei sind zwei Fallgruppen auseinander zu halten.

Zunächst kann das einschlägige Recht die Bundesversammlung aus- 42 drücklich anweisen (oder auch nur ermächtigen), bestimmte Entscheidungen in die Form des Bundesbeschlusses zu kleiden. Durch diesen Kunstgriff haben es Verfassungs- und Gesetzgeber in der Hand, bestimmte als besonders wichtig eingestufte *Einzelakte dem fakultativen Referendum zu unterstellen.* Art. 141 Abs. 1 Bst. c BV hat diese Fallgruppe im Auge. Hierzu gehören etwa
– *Art. 53 Abs. 3 BV,* wonach Gebietsveränderungen zwischen den Kantonen der Genehmigung durch die Bundesversammlung „in der Form des Bundesbeschlusses" bedürfen;

– sowie *einzelne Gesetzesbestimmungen,*

beispielsweise Art. 28 Abs. 3 Satz 2 ParlG, wonach für „Grundsatz- und Planungsbeschlüsse von grosser Tragweite" die Form des referendumspflichtigen Bundesbeschlusses gewählt werden kann. Vgl. auch Art. 2 des alten Bundesgesetzes über die Schweizerischen Bundesbahnen vom 23. Juni 1944 (AS 1945 785): Danach hatte die Bundesversammlung den Erwerb weiterer Eisenbahnen oder den Bau neuer Linien durch den Bund in Gestalt eines referendumspflichtigen Bundesbeschlusses zu genehmigen; siehe in diesem Sinne die Bundesbeschlüsse vom 19. Dezember 1986 betreffend das Konzept Bahn 2000 (SR 742.100) und vom 4. Oktober 1991 über den Bau der schweizerischen Eisenbahn-Alpentransversale (SR 742.104). Nach dem neuen Bundesgesetz über die Schweizerischen Bundesbahnen vom 20. März 1998 (SBBG, SR 742.31) liegen solche Entscheide nunmehr in der abschliessenden Kompetenz der Bundesversammlung (Art. 4 Abs. 3 SBBG).

– Ausnahmsweise kann der referendumspflichtige Bundesbeschluss auch *für Einzelakte* zum Zug kommen, *die über keine gesetzliche Grundlage* verfügen (Art. 29 Abs. 2 ParlG).

Seltenes *Beispiel:* Bundesbeschluss vom 17. März 1989 über eine Vereinbarung betreffend Nichtrealisierung des Kernkraftwerks Kaiseraugst (AS 1989 1413).

Kurzum: In sehr beschränktem Masse kennt auch der Bund das sonst nur in den Kantonen und Gemeinden verbreitete *Verwaltungsreferendum* (hinten § 50 Rz. 19 f.).

43 In der zweiten, grösseren Fallgruppe versieht der referendumspflichtige Bundesbeschluss lediglich eine *rechtstechnische Hilfsfunktion.* Manche der nach den Art. 140 und 141 BV referendumspflichtigen Gegenstände passen in keine Erlassform im Sinne von Art. 163 BV. Um solche Vorlagen ordnungsgemäss *dem obligatorischen oder fakultativen Referendum zuzuleiten,* bleibt der Bundesversammlung nichts anderes übrig, als zur Form des Bundesbeschlusses zu greifen. So findet diese Erlassform Verwendung für Beschlüsse über

– die *Änderung der Bundesverfassung* (obligatorische Abstimmung von Volk und Ständen; Art. 140 Abs. 1 Bst. a BV; vgl. auch Art. 23 ParlG);

– die *Durchführung von Grundsatzabstimmungen* über Fragen der Totalrevision und über allgemeine Volksinitiativen (Art. °140 Abs. 2 BV; obligatorische Volksabstimmung);

– die *Genehmigung von Staatsverträgen,* die der obligatorischen Abstimmung von Volk und Ständen bzw. der fakultativen Volksabstimmung unterliegen (Art. 140 Abs. 1 Bst. b bzw. Art. °141 Abs. 1 Bst. d BV; vgl. auch Art. 24 Abs. 3 Satz 1 ParlG).

Der referendumspflichtige Bundesbeschluss setzt die *Übereinstimmung* 44
beider Räte voraus (Art. 156 Abs. 2 BV).

5. Einfacher Bundesbeschluss

(Art. 163 Abs. 2 BV am Ende; Art. 29 Abs. 1 ParlG)

Die Form des einfachen Bundesbeschluss ist für die ‚gewöhnlichen‘, 45
d.h. *nicht dem Referendum unterstehenden Einzelakte des Parlaments*
bestimmt. Zu den nicht referendumspflichtigen Einzelakten der Bundesversammlung gehören namentlich:

– Einführung von Benutzungsgebühren auf bestimmten Strassenabschnitten
(Art. 82 Abs. 3 Satz 2 BV);
– Genehmigung völkerrechtlicher Verträge, die nicht dem Referendum unterste-
hen (Art. 166 Abs. 2 BV; Art. 24 Abs. 3 Satz 3 ParlG);
– Beschlüsse über Ausgaben, Voranschlag und Staatsrechnung (Art. 167 BV);
– Beschlüsse im Rahmen der Oberaufsicht (Art. 169 BV);
– Gewährleistung von Kantonsverfassungen (Art. 172 Abs. 2 BV);
– Genehmigung von Verträgen der Kantone unter sich und mit dem Ausland
(Art. 172 Abs. 3 BV);
– parlamentarische Polizeinotverfügungen (Art. 173 Abs. 1 Bst. c BV);
– Entscheid über die Gültigkeit zu Stande gekommener Volksinitiativen
(Art. 173 Abs. 1 Bst. f BV);
– Entscheid über weitere Einzelakte, soweit ein Bundesgesetz dies ausdrücklich
vorsieht (Art. 173 Abs. 1 Bst. h BV); vgl. z.B. Art. 3 Abs. 2 Bst. a EntG (Über-
tragung des Enteignungsrechts auf Dritte) oder Art. 11 Abs. 1 NSG (Entscheid
über das Nationalstrassennetz);
– Entscheid über Zuständigkeitskonflikte zwischen den obersten Bundesbehör-
den (Art. 173 Abs. 1 Bst. i BV);
– Entscheid über Begnadigungen (Art. 173 Abs. 1 Bst. k BV).

Einfache Bundesbeschlüsse bedingen die *Zustimmung beider Räte* 46
(Art. 156 Abs. 2 BV), in seltenen Fällen die *Zustimmung der Vereinigten
Bundesversammlung* (bei Zuständigkeitskonflikten und Begnadigungen,
Art. 157 Abs. 1 Bst. b und c BV). Ein *Referendum* ist *nicht möglich.*

6. Tabellarischer Überblick

47

Rechtsetzende Bestimmungen				Einzelakte	
Bundesgesetz	Dringliches Bundesgesetz		Verordnung	Bundesbeschluss	
	BV-konform	BV-ändernd			Einfacher BB
BV 163.1	BV 165.2	BV 165.3	BV 163.1	BV 163.2	BV 163.2
vorgängiges Referendum	nachträgliches Referendum*	kein Referendum	vorgängiges Referendum	kein Referendum	
fakultativ	fakultativ	obligatorisch		fakultativ**	
Mindestens alle wichtigen rechtsetzenden Bestimmungen			Übrige rs. Bestimmungen		

* Sofern die Geltungsdauer des dringlichen Bundesgesetzes ein Jahr übersteigt (Art. 140 Abs. 1 Bst. c, Art. 141 Abs. 1 Bst. b BV).

** Gilt für Bundesbeschlüsse, die *als solche* referendumspflichtig sind (Art. 141 Abs. 1 Bst. c BV). Zum Referendum bei Bundesbeschlüssen mit lediglich rechtstechnischer Hilfsfunktion vgl. Rz. 43.

7. Exkurs: Erlassformen der Bundesversammlung gemäss BV 1874 und ihre heutigen Entsprechungen

48   Die BV 1999 hat die Typologie der parlamentarischen Erlasse im Vergleich zur BV 1874 und dem zugehörigen GVG *wesentlich vereinfacht,* in der Sache aber nichts geändert. Das alte Recht kannte drei Erlassformen: das Bundesgesetz, den allgemeinverbindlichen Bundesbeschluss sowie den einfachen Bundesbeschluss, wobei der allgemeinverbindliche Bundesbeschluss in weitere Formen unterteilt war.

49   Das *Bundesgesetz* war für unbefristete Erlasse bestimmt, welche rechtsetzende Normen enthielten (Art. 89 Abs. 2 aBV und Art. 5 des früheren GVG, Wortlaut abgedruckt in Rz. 15; heute: gewöhnliches, d.h. unbefristetes Bundesgesetz gemäss Art. 163 Abs. 1 BV).

50   Unter den Begriff des *allgemeinverbindlichen Bundesbeschluss* fielen folgende vier Erlassformen:
- der *nicht dringliche allgemeinverbindliche Bundesbeschluss* für befristete Erlasse, welche rechtsetzende Bestimmungen enthalten (Art. 89 Abs. 2 aBV, Art. 6 Abs. 1 GVG; heute: befristetes Bundesgesetz gemäss Art. 163 Abs. 1 BV) sowie für weitere Erlasse, die kraft besonderer Verfassungsbestimmung referendumspflichtig sind und für die nicht die Form des Bundesgesetzes vorgesehen ist (gemeint waren referendumspflichtige Einzelakte; Art. 89 Abs. 2 aBV, Art. 6 Abs. 2 GVG; heute: referendumspflichtiger Bundesbeschluss gemäss Art. 163 Abs. 2 BV);
- der *dringliche allgemeinverbindliche Bundesbeschluss* für befristete rechtsetzende Erlasse, welche sich *auf die Verfassung* stützen (Art. 89bis Abs. 1 und 2 aBV,

Art. 6 Abs. 3 GVG; heute: dringliches Bundesgesetz mit Verfassungsgrundlage gemäss Art. 165 Abs. 1 und 2 BV);
– der *dringliche allgemeinverbindliche Bundesbeschluss* für befristete rechtsetzende Erlasse, welche sich *nicht auf die Verfassung* stützen (Art. 89bis Abs. 1 und 3 aBV, Art. 6 Abs. 3 GVG; heute: dringliches Bundesgesetz ohne Verfassungsgrundlage gemäss Art. 165 Abs. 1 und 3 BV);
– der *nicht referendumspflichtige allgemeinverbindliche Bundesbeschluss* für unbefristete rechtsetzende Bestimmungen, die von der Bundesversammlung gestützt auf eine besondere Ermächtigung erlassen werden (Art. 7 GVG; heute: Verordnung der Bundesversammlung gemäss Art. 163 Abs. 1 BV).

Schliesslich kannte auch das alte Recht den *einfachen Bundesbeschluss* für nicht referendumspflichtige Einzelakte (Art. 8 GVG; heute: einfacher Bundesbeschluss gemäss Art. 163 Abs. 2 BV am Ende).   51

IV. Verfahren der Gesetzgebung

Der *Anstoss* zur Gesetzgebung geht in aller Regel von den *Bundesbehörden* aus (Rz. 54 ff.). Aber auch die *Kantone* (Rz. 72) und in Grenzen das *Volk* (Rz. 73) haben die Möglichkeit, den Gesetzgebungsprozess auszulösen. Das Schema im Anhang 3 bietet einen entsprechenden Überblick.   52

Das Verfahren zum Erlass eines Bundesgesetzes umfasst unter der Voraussetzung, dass die notwendige Verfassungsgrundlage bereits vorhanden ist (Art. 3 BV), im Wesentlichen die folgenden Schritte: 53
1. Initiierung;
2. Ausarbeitung des Vorentwurfs;
3. Vernehmlassungsverfahren;
4. Ausarbeitung des Entwurfs;
5. Behandlung durch die Bundesversammlung;
6. Publikation der Referendumsvorlage und allenfalls Referendum;
7. Publikation des Erlasses und Inkrafttreten.
Die Schritte 2–4 können auch als *Vorverfahren der Gesetzgebung* und die Schritte 5 und 6 als *parlamentarische Phase* bezeichnet werden.

1. Verfahren bei behördlich eingeleiteter Gesetzgebung

a. Initiierung
(im Schema: Phase 1)

54 Der Gesetzgebungsprozess kann eingeleitet werden:
- durch die *Bundesversammlung* – entweder mittels *parlamentarischer Initiative* (Art. 160 Abs. 1 BV, wobei das Vorverfahren der Gesetzgebung vom Parlament selbst durchgeführt wird; Rz. 65 ff.) oder mittels *Motion* oder *Postulat* (Art. 171 BV; dann liegt die Verantwortung für das Vorverfahren der Gesetzgebung beim Bundesrat).
- Aufgrund seines Vorschlagsrechts kann auch der *Bundesrat* ein Gesetzgebungsvorhaben in Gang bringen (Art. 181 BV; das Vorverfahren der Gesetzgebung ist wiederum Sache des Bundesrats).

Die meisten Gesetzesvorlagen stammen vom Bundesrat; parlamentarische Initiativen kommen (auch wenn sie in den letzten Jahren zugenommen haben) vergleichsweise selten vor.

b. Ausarbeitung des Vorentwurfs
(im Schema: Phase 2; Richtlinien über das Vorverfahren der Gesetzgebung vom 6. Mai 1970, RVG, BBl 1970 I 993, 1976 II 949)

55 Gewöhnlich leitet der Bundesrat das Vorverfahren der Gesetzgebung (Art. 7 RVOG; zu den Sonderfällen vgl. Rz. 65 ff. und 72). Der *Auftrag zur Ausarbeitung* eines ersten Gesetzesentwurfs (des *Vorentwurfs*) geht an das in der Sache *zuständige Departement* (Art. 2 RVG). Das Departement gibt den Auftrag weiter (Art. 3 f. RVG):
- in der Regel an das in der Sache zuständige *Bundesamt* oder
- an eine verwaltungsinterne *Arbeitsgruppe* oder
- an eine *Studienkommission* (d.h. an eine Arbeitsgruppe, in welcher neben der Verwaltung auch externe Fachleute mitwirken).

Das Departement kann im weiteren Verlauf eine *Expertenkommission* bestellen (Art. 6–10 RVG). Der fertige Vorentwurf geht zurück an das Departement.

c. *Vernehmlassungsverfahren*

(im Schema: Phase 3; Art. 147 BV; Verordnung über das Vernehmlassungsverfahren vom 17. Juni 1991, VLV, SR 172.062)

In einem nächsten Schritt wird der Vorentwurf einer Vielzahl von   56
verwaltungsexternen Körperschaften, Organisationen und Personen
zur Stellungnahme vorgelegt. Diese Konsultation heisst „Vernehmlassungsverfahren" (Art. 147 BV). Ein Vernehmlassungsverfahren wird zu
Erlassen durchgeführt, die politisch, wirtschaftlich, finanziell oder kul-
turell von *erheblicher Tragweite* sind oder in erheblichem Mass *ausserhalb der Bundesverwaltung vollzogen* werden (Art. 1 VLV). Das Verfahren soll dazu beitragen, den Gesetzesentwurf in sachlicher und politischer Hinsicht zu optimieren. Angehört werden in der Regel das Bundesgericht, die Kantone, die politischen Parteien und die von der Sache
berührten Organisationen von gesamtschweizerischer Bedeutung. Darüber hinaus kann jedermann die Vernehmlassungsunterlagen anfordern
und sich zum Entwurf äussern (Art. 4 VLV). Vernehmlassungsverfahren setzen in der Regel einen Bundesratsbeschluss voraus (Art. 3 VLV).

Das übliche *Verfahren* gestaltet sich wie folgt: 57

– Das zuständige Departement beantragt dem Bundesrat, das Vernehmlassungsverfahren zu eröffnen. Dieser Antrag wird den von der Sache betroffenen Departementen zum Mitbericht vorgelegt (Art. 15 RVOG).
– Aufgrund des Antrags des Departements und des Mitberichtsverfahrens eröffnet der Bundesrat das Vernehmlassungsverfahren (Art. 3 VLV). Die Eröffnung
  wird im Bundesblatt publiziert.
– Die Vernehmlassungsfrist beträgt in der Regel drei Monate (Art. 5 VLV).
– Nach Ablauf der Vernehmlassungsfrist erstellt das Departement einen Bericht
  über die Ergebnisse des Vernehmlassungsverfahrens. Es beurteilt und gewichtet
  diese Ergebnisse und stellt dem Bundesrat Antrag für das weitere Vorgehen
  (Art. 8 VLV).
– Der Bundesrat beschliesst das weitere Vorgehen. Er kann das Gesetzgebungs-
  vorhaben abbrechen oder den Auftrag zur Ausarbeitung eines Botschaftsent-
  wurfs erteilen. (Geht der Gesetzgebungsprozess auf eine Motion zurück, so fällt
  ein vom Bundesrat autonom beschlossener Übungsabbruch natürlich ausser Betracht.)
– Die Ergebnisse des Vernehmlassungsverfahrens werden veröffentlicht (Art. 9
  VLV).
Statistische Angaben zum Vernehmlassungsverfahren bei THOMAS SÄGESSER in:
Bundesbehörden, S. 175 ff.

d. Ausarbeitung des Entwurfs
(im Schema: Phase 4; Art. 43 GVG)

58 Den Abschluss des Vorverfahrens bildet die *Botschaft des Bundesrats* an die Eidgenössischen Räte. Mit der Botschaft unterbreitet der Bundesrat dem Parlament einen *Gesetzesentwurf* mit dem *Antrag auf Zustimmung.*

59 Die *Ausarbeitung* der Botschaft obliegt in der Regel dem zuständigen Departement. Nach Durchlaufen des verwaltungsinternen Mitberichtsverfahrens (Art. 15 RVOG) wird die Botschaft durch den Bundesrat zuhanden des Parlaments verabschiedet. Botschaften des Bundesrats werden im Bundesblatt *veröffentlicht* (Art. 14 Abs. 1 Bst. a PublG).

60 Art. 141 Abs. 2 ParlG legt die *Anforderungen* an die Botschaft wie folgt fest:

> In der Botschaft begründet er [der Bundesrat] den Erlassentwurf und kommentiert soweit nötig die einzelnen Bestimmungen. Darüber hinaus erläutert er insbesondere folgende Punkte, soweit substanzielle Angaben dazu möglich sind:
> a. die Rechtsgrundlage, die Auswirkungen auf die Grundrechte, die Vereinbarkeit mit übergeordnetem Recht und das Verhältnis zum europäischen Recht;
> b. die in einem Gesetzesentwurf vorgesehenen Kompetenzdelegationen;
> c. im vorparlamentarischen Verfahren diskutierte Standpunkte und Alternativen und die diesbezügliche Stellungnahme des Bundesrates;
> d. die geplante Umsetzung des Erlasses, die geplante Auswertung dieser Umsetzung und die Prüfung der Vollzugstauglichkeit im vorparlamentarischen Verfahren;
> e. das Abstimmen von Aufgaben und Finanzen;
> f. die personellen und finanziellen Auswirkungen des Erlasses und seines Vollzugs auf Bund, Kantone und Gemeinden sowie die Art und Weise der Kostendeckung, der Einfluss auf die Finanzplanung und das Verhältnis von Kosten und Nutzen;
> g. die Auswirkungen auf Wirtschaft, Gesellschaft und Umwelt;
> h. das Verhältnis des Erlassentwurfs zur Legislaturplanung;
> i. die Auswirkungen auf die Gleichstellung von Frau und Mann.

e. Behandlung durch die Bundesversammlung
(im Schema: Phase 5; Art. 71 ff. ParlG)

61 Zur Beratung und Beschlussfassung durch die Bundesversammlung vgl. vorn § 34/V.

f. *Publikation der Referendumsvorlage und allenfalls Referendum*
(im Schema: Phase 6; Art. 14 Abs. 1 Bst. b PublG; Art. 59 BPR)

Nach ihrer Annahme in der Schlussabstimmung werden die referen- 62
dumspflichtigen Erlasse im Bundesblatt veröffentlicht. Die Publikation
nennt den Tag, an welchem die Referendumsfrist abläuft. Ein Referendum erfordert die Unterschrift von 50 000 Stimmberechtigten oder den
Beschluss von 8 Kantonen (Art. 141 Abs. 1 Bst. a BV). Kommt ein
Referendum zustande, so ordnet der Bundesrat die Volksabstimmung
an (Art. 59c BPR). Die Referendumsklausel in den Bundesgesetzen
lautet gewöhnlich wie folgt:

> **Art. xy**   *Referendum und Inkrafttreten*
> [1] Dieses Gesetz untersteht dem fakultativen Referendum.
> [2] Der Bundesrat bestimmt das Inkrafttreten.

g. *Publikation des Erlasses und Inkrafttreten*
(im Schema: Phase 7)

Wurde das Referendum nicht ergriffen oder wurde die Vorlage in der 63
Referendumsabstimmung angenommen, so ist der Erlass mindestens
fünf Tage vor seinem Inkrafttreten in der *Amtlichen Sammlung* des
Bundesrechts zu veröffentlichen, unter Hinweis auf den Zeitpunkt des
Inkrafttretens (Art. 6 PublG). Dringliche Bundesgesetze können vorerst auch auf andere Weise bekannt gemacht und vor ihrer ordentlichen Publikation in Kraft gesetzt werden (Art. 7 PublG). Die Erlasse
erscheinen einige Zeit später in der *Systematischen Sammlung* des
Bundesrechts (Art. 11 PublG; vorn § 28 Rz. 31 ff., 37 ff.).

Die Kompetenz, den *Zeitpunkt des Inkrafttretens* festzulegen, liegt pri- 64
mär beim Gesetzgeber selber. In der Regel delegiert er sie aber an den
Bundesrat. Der Bundesrat bestimmt das Datum des Inkrafttretens auch
dann, wenn im Erlass weder das Datum festgelegt noch eine entsprechende Delegationsnorm enthalten ist. Die entsprechende Befugnis
ergibt sich aus seiner Vollziehungskompetenz (Art. 182 Abs. 2 BV).
Die übliche Formulierung lautet:

> *Ablauf der Referendumsfrist und Inkraftsetzung*
> [1] Die Referendumsfrist für dieses Gesetz ist am ... [Datum] unbe-
> nützt abgelaufen. (*Variante im Referendumsfall:* Dieses Gesetz ist
> vom Volk am ... [Datum] angenommen worden.)
> [2] Es wird auf den ... [Datum] in Kraft gesetzt.

2.   Sonderfall: Verfahren bei parlamentarischen Initiativen
(Art. 160 Abs. 1 BV; Art. 107–114 ParlG)

65   Bei parlamentarischen Initiativen wird das *Vorverfahren* der Gesetzgebung nicht vom Bundesrat, sondern *vom Parlament selbst* durchgeführt. Weil dem Parlament aber nur eine kleine eigene Administration zur Seite steht, müssen fallweise doch wieder der Bundesrat und die Bundesverwaltung eingespannt werden. Daraus können sich Loyalitätskonflikte ergeben. Ausserdem zeigt die Erfahrung, dass die parlamentarische Initiative nur bei überschaubaren Rechtsetzungsvorhaben zum Erfolg führt, kaum aber bei komplexen Projekten.

a.   Initiierung
(im Schema: Phase 1)

66   Jedem Ratsmitglied, jeder Fraktion und jeder parlamentarischen Kommission steht das Recht zu, der Bundesversammlung einen *ausgearbeiteten Erlassentwurf* zu unterbreiten oder durch *allgemeine Anregung* die Ausarbeitung eines solchen Entwurfs zu beantragen (Art. 160 Abs. 1 BV; Art. 107 ParlG).

67   Die Initiative wird einer Kommission zur *Vorprüfung* zugewiesen (Art. 109 Abs. 1, Art. 110 ParlG). Die Kommission erstattet ihrem Rat *Bericht und Antrag* über die *Folge, die der Initiative gegeben werden soll*. Der Rat beschliesst darüber innert eines Jahres nach Vorlage des Kommissionsberichts. Ein Beschluss, der Initiative Folge zu geben, muss vom anderen Rat gutgeheissen werden (Art. 109 Abs. 3 ParlG).

b.   Ausarbeitung des Vorentwurfs
(im Schema: Phase 2)

68   Beschliesst die Bundesversammlung, der Initiative Folge zu geben, so beauftragt der Rat, aus dessen Kreis die Initiative hervorging, eine *Kommission* mit der *Ausarbeitung einer Vorlage*. Die Kommission kann das in der Sache betroffene Departement zur Mitwirkung beiziehen, doch bleibt der Bundesrat für seine Stellungnahme frei (Art. 111 f. ParlG).

c. Allenfalls Vernehmlassungsverfahren
(im Schema: Phase 3)

Die Kommission kann den Bundesrat beauftragen, über den Vorent- 69
wurf ein *Vernehmlassungsverfahren* durchzuführen (Art. 112 Abs. 2
ParlG).

d. Ausarbeitung des Entwurfs
(im Schema: Phase 4)

Nach Überarbeitung des Vorentwurfs legt die Kommission ihrem Rat 70
Bericht und Antrag vor. Der Bericht entspricht den Anforderungen an
eine *Botschaft* des Bundesrats (Art. 111 Abs. 3 ParlG; vgl. Rz. 60). Der
Bundesrat kann dazu Stellung nehmen.

e. Weiteres Verfahren
(im Schema: Phasen 5–7)

Tritt der Rat auf den Entwurf ein und stimmt er ihm nach der Detail- 71
beratung in der Gesamtabstimmung zu, so geht die Sache an den
Zweitrat. Nötigenfalls folgt ein Differenzbereinigungsverfahren. Tritt
der Rat auf den Entwurf nicht ein oder verwirft er ihn in der Gesamtabstimmung, so wird die Vorlage von der Geschäftsliste gestrichen (vgl.
für Einzelheiten § 34/V). Das weitere Verfahren – Veröffentlichung
der Referendumsvorlage, allenfalls Referendum, Veröffentlichung des
Gesetzes und Inkrafttreten – verläuft in den üblichen Bahnen (Rz. 62
ff.).

3. Verfahren bei Standesinitiativen
(Art. 160 Abs. 1 BV, Art. 115–117 ParlG)

Zum Begriff der Standesinitiative vorn § 24/V. Standesinitiativen fol- 72
gen einem ähnlichen *Verfahren* wie parlamentarische Initiativen.
- *Vorprüfung* (Art. 116 ParlG). Das Parlament ist gehalten, innert bestimmter
Frist über das Schicksal der Initiative förmlich Beschluss zu fassen. Die Initiative wird in jedem Rat einer Kommission zur Vorprüfung zugewiesen. Die Kommissionen beurteilen den Regelungsbedarf; dabei wird eine Vertretung des Kantons angehört, der die Initiative eingereicht hat. Die Kommissionen stellen
ihrem Rat Antrag, ob der Initiative Folge zu geben sei; sie können auch beantragen, dem Bundesrat eine Motion oder ein Postulat im Sinne der Initiative zu

überweisen. Die Bundesversammlung ist in ihrer Entscheidung – im Gegensatz zur Behandlung von Volksinitiativen – weitgehend frei. Die Räte sind namentlich nicht verpflichtet, einer Standesinitiative Folge zu geben. Lehnen sie eine Folgegebung ab, so läuft dies auf ein Nichteintreten hinaus.

- *Ausarbeitung eines Entwurfs* (Art. 117 ParlG). Beschliessen beide Räte, einer Standesinitiative Folge zu geben, so wird sie dem Erstrat zur Ausarbeitung eines Entwurfs zugewiesen. Die zuständige Kommission des Erstrats erarbeitet eine Vorlage; Art. 111–113 ParlG über die parlamentarische Initiative sind anwendbar (Rz. 68 ff.).
- *Behandlung durch die Bundesversammlung* (Art. 117 Abs. 2 i.V.m. Art. 114 ParlG). Es folgen die Beratung im Plenum des Erstrats, die Beratung durch den Zweitrat und nötigenfalls die Differenzbereinigung.

4. Verfahren bei allgemeinen Volksinitiativen
(Art. °139a BV)

73 Mit der allgemeinen Volksinitiative können 100 000 Stimmberechtigte in der Form der allgemeinen Anregung die Annahme, Änderung oder Aufhebung von Verfassungs- oder Gesetzesbestimmungen verlangen (Art. °139a Abs. 1 BV; zur allgemeinen Volksinitiative auch vorn § 44 Rz. 67 ff.). Die Ausformulierung der Vorlage sowie die Wahl der zutreffenden Normstufe – Verfassung oder Gesetz – liegen dabei in den Händen der Bundesversammlung. Vertritt die Initiative ein Anliegen, das die Gesetzgebung betrifft, so kommt es zu einem Gesetzgebungsverfahren:

- wenn die Bundesversammlung mit der Initiative einverstanden ist (Art. °139a Abs. 3 BV); oder
- wenn die Bundesversammlung die Initiative zwar nicht billigt, ihr aber einen Gegenentwurf gegenüberstellen will (Art. °139a Abs. 4 BV); oder
- wenn die Bundesversammlung die Initiative ablehnt, das Volk sie aber in der Grundsatzabstimmung gutheisst (Art. °139a Abs. 5 BV).

Im Unterschied zu den Kantonen sieht der Bund die Gesetzesinitiative in der Form des ausgearbeiteten Entwurfs nicht vor.

5. Schema zum Verfahren der Gesetzgebung

74 Vgl. Anhang 3 (ohne allgemeine Volksinitiative).

§ 46 Erlass von Bundesratsverordnungen

I. Begriff und Arten der Verordnung

Verordnungen sind *der Verfassung und dem Gesetz nachgeordnete Erlasse,* 1
welche *rechtsetzende Bestimmungen* enthalten. Sie ergehen weder im
Verfahren der Verfassungsgebung noch im Verfahren der Gesetzgebung. Die meisten Verordnungen werden von der Regierung beschlossen; nur diese Verordnungen interessieren im Folgenden. Es gibt aber
auch Parlaments- und Gerichtsverordnungen.
Zu den Verordnungen der Bundesversammlung vorn § 45 Rz. 38 ff.; zu den Verordnungen des Bundesgerichts vorn § 42 Rz. 11 f.

1. Regierungsverordnung

Regierungsverordnungen sind *generell-abstrakte Erlasse der Exekutivbe-* 2
hörden. Sie gehen gewöhnlich von der Regierung als Verwaltungsspitze
aus, im Bund also vom Bundesrat (Art. 182 Abs. 1 BV). Die Zuständigkeit zur Setzung von Verordnungsrecht kann aber auf dem Wege der
Subdelegation auch einer nachgeordneten Verwaltungseinheit übertragen werden. Im Bund ist die Subdelegation an die Departemente allgemein zulässig, an die Ämter jedoch nur aufgrund einer ausdrücklichen
Regelung im Bundesgesetz (Art. 48 Abs. 2 RVOG).
Beispiele:
– für Verordnungen des Bundesrats: Verordnung über Finanzhilfen nach dem
  Gleichstellungsgesetz vom 22. Mai 1996 (SR 151.15);
– für Verordnungen eines Departements: Verordnung des Eidgenössischen Departements des Innern über die Gebühren des Schweizerischen Bundesarchivs
  vom 1. Dezember 1999 (Gebührenverordnung BAR, SR 172.041.15);
– für Verordnungen eines Bundesamts: Verordnung des Bundesamts für Landwirtschaft über die Bewirtschaftung von Sömmerungsbetrieben vom 29. März
  2000 (SR 910.133.2).

Regierungsverordnungen werden üblicherweise wie folgt *unterteilt:* 3
– nach dem Adressatenkreis in Verwaltungsverordnungen und
  Rechtsverordnungen (Rz. 4 ff.);
– innerhalb der Rechtsverordnungen nach der Rechtsgrundlage in
  selbständige und unselbständige Verordnungen (Rz. 10 ff.) und

– innerhalb der unselbständigen Verordnungen nach dem Verhältnis zum Gesetz in Vollziehungsverordnungen und gesetzesvertretende Verordnungen (Rz. 16 ff.).

2. Verwaltungsverordnung und Rechtsverordnung

4   Kriterium ist der *Adressatenkreis:* Zielt die Verordnung nur auf Behörden oder auch auf die Allgemeinheit? Im ersten Fall spricht man von Verwaltungsverordnung; im zweiten Fall liegt eine Rechtsverordnung vor.

a. *Verwaltungsverordnung*

5   Verwaltungsverordnungen richten sich *an die Behörden;* sie verpflichten grundsätzlich nur im Verhältnis zwischen übergeordneter und untergeordneter Verwaltungseinheit.

Beispiele:
– Sponsoring-Richtlinien des Bundesamts für Kommunikation vom Juni 1999;
– Richtlinien der Bausubventionskonferenz (BSK) für die Bemessung der Bausubventionen des Bundes vom 1. November 2001;
– Rundschreiben des Bundesamts für Zuwanderung, Integration und Auswanderung über die Praxis der Bundesbehörden bei der Anwesenheitsregelung von Ausländerinnen und Ausländern in schwerwiegenden persönlichen Härtefällen vom 21. Dezember 2001.

6   Verwaltungsverordnungen versehen die Funktion eines *betrieblichen Führungsmittels:* Sie enthalten generell-abstrakte Dienstanweisungen zur Art und Weise, wie die Verwaltungsaufgaben zu erfüllen sind; dabei können sie auch Leitlinien zur Handhabung des einschlägigen Verwaltungsrechts festlegen. Ihren *Geltungsgrund* finden sie dementsprechend in der *Dienstaufsicht* der jeweils vorgesetzten Verwaltungsstelle (vgl. Art. 38 RVOG). Verwaltungsverordnungen sind grundsätzlich keine Quelle von Verwaltungsrecht; namentlich können nicht allein gestützt auf sie Verwaltungsrechtsverhältnisse zwischen Staat und Bürger geregelt werden. Weil Verwaltungsverordnungen nicht als rechtsetzend gelten, figurieren sie auch nicht in der amtlichen Gesetzessammlung (Art. 1 Bst. d PublG e contrario).

Zur Verwaltungsverordnung im Einzelnen, namentlich zum Rechtsschutz gegen allfällige „Aussenwirkungen" solcher Verordnungen, vgl. das Schrifttum zum Allgemeinen Verwaltungsrecht; z.B. HÄFELIN/MÜLLER, Allgemeines Verwaltungsrecht, Rz. 123 ff.; TSCHANNEN/ZIMMERLI/KIENER, Allgemeines Verwaltungsrecht, S. 272 ff.

b. Rechtsverordnung

Zu den Rechtsverordnungen gehören alle Verordnungen, die sich *an* 7
die Allgemeinheit richten; sie verpflichten im Verhältnis zwischen Behörden und Privaten.

Rechtsverordnungen finden ihren *Geltungsgrund* im *übergeordneten* 8
Recht. Sie sind Quelle von Verwaltungsrechtssätzen, enthalten also
rechtsetzende Bestimmungen im Sinne von Art. 163 Abs. 1 und 182
Abs. 1 BV und müssen darum amtlich bekannt gemacht werden (Art. 1
Bst. d, Art. 10 PublG).

Rechtsverordnungen lassen sich weiter unterteilen in selbständige und 9
unselbständige Verordnungen (siehe sogleich Rz. 10 ff.).

3. Selbständige und unselbständige Verordnung

Kriterium dieser Unterscheidung ist die *Rechtsgrundlage:* Fusst die Ver- 10
ordnung unmittelbar in der Verfassung oder ist sie vom Bestand eines
Gesetzes abhängig? Im ersten Fall liegt eine selbständige, im zweiten
eine unselbständige Verordnung vor.

a. Selbständige Verordnung

Selbständige Verordnungen ergehen *unmittelbar gestützt auf die Verfas-* 11
sung; die sonst übliche Zwischenstufe des formellen Gesetzes entfällt.
Man spricht darum etwa auch von „verfassungsunmittelbarer" Verordnung. Selbständige Bundesratsverordnungen sind nicht besonders zahlreich.

Beispiel: Verordnung vom 30. Mai 1994 über den Bundesfeiertag (SR 116), unmittelbar gestützt auf Art. 196 Ziff. 9 BV. Weitere Ermächtigung in Art. 84 Abs. 2 BV
(Alpenquerender Transitverkehr).

Zu den wichtigen Fällen selbständiger Verordnungen zählen die *Poli-* 12
zeinotverordnungen und die *Verordnungen zur Wahrung aussenpoliti-*
scher Interessen (Art. 185 Abs. 3 und Art. 184 Abs. 3 BV; dazu unten
Abschnitt II).

Vorsicht: Vollziehungsverordnungen sind keine selbständigen Verordnungen. Zwar 13
ist der Bundesrat zum Erlass von Vollziehungsverordnungen schon kraft Verfassung ermächtigt (Art. 182 Abs. 2 BV). Dies ändert aber nichts daran, dass Vollziehungsverordnungen nicht unmittelbar gestützt auf die Verfassung ergehen, sondern

ihre Grundlage allein im Gesetz finden, das sie näher ausführen. Es ist deshalb missverständlich, Vollziehungsverordnungen zu den selbständigen Verordnungen zu zählen (so aber G. MÜLLER, Formen der Rechtssetzung, in: BTJP 1999, S. 262; HÄFELIN/HALLER, Bundesstaatsrecht, Rz. 1859; RHINOW, Bundesverfassung 2000, S. 184; wie hier dagegen AUER/MALINVERNI/HOTTELIER, Droit constitutionnel I, Rz. 1503).

b. Unselbständige Verordnung

14 Unselbständige Verordnungen stützen sich auf das Gesetz, dem sie zugeordnet sind. Sie sind *vom Bestand des jeweiligen Gesetzes abhängig* und fallen dahin, wenn und soweit das Gesetz dahinfällt.

15 Verordnungen sind in aller Regel unselbständiger Natur. Man unterscheidet Vollziehungsverordnungen und gesetzesvertretende Verordnungen (Rz. 16 ff.).

4. Vollziehungsverordnung und gesetzesvertretende Verordnung

16 Für diese letzte Unterscheidung kommt es auf das *Verhältnis der Verordnung zum Gesetz* an. Ist die Verordnungsregelung in der Sache durch das Gesetz vorausbestimmt, so spricht man von Vollziehungsverordnung. Enthält sie im Gegenteil Elemente, die im Gesetz nicht angelegt sind, so liegt eine gesetzesvertretende Verordnung vor.

17 Vollziehungsverordnung und gesetzesvertretende Verordnung lassen sich in der Praxis *nicht immer scharf auseinander halten*. Manche Verordnungen enthalten sowohl gesetzesvollziehende als auch gesetzesvertretende Rechtssätze. Gleichwohl kann man die Unterscheidung nicht aufgeben. Gesetzesvertretende Verordnungen darf der Bundesrat nur gestützt auf eine besondere Ermächtigung des Gesetzgebers erlassen; über die Kompetenz zum Erlass von Vollziehungsverordnungen verfügt er dagegen schon kraft Art. 182 Abs. 2 BV.

a. Vollziehungsverordnung

18 Die Vollziehungsverordnung *führt* die durch das Gesetz bereits begründeten Rechte und Pflichten *weiter aus*. Sie übernimmt *keine Gesetzesfunktion*.

Selbst wenn eine gesetzliche Regelung in der Sache vollständig ist, so 19
kann es sich doch als zweckmässig erweisen, auch die weiteren Einzelheiten rechtssatzmässig zu regeln. Die Vollziehungsverordnung kommt diesem Bedürfnis entgegen, indem sie das im Gesetz grundsätzlich Gesagte soweit verdeutlicht, dass eine *sichere und gleichmässige Anwendung des Gesetzes* gewährleistet ist. Damit dient die Vollziehungsverordnung nicht nur den Verwaltungsinteressen der verfügenden Behörden, sondern auch den Rechtssicherheitsinteressen der Verfügungsadressaten.

Entsprechend ihrer Funktion als Hilfsmittel und Grundlage der Ver- 20
waltungspraxis muss die Vollziehungsverordnung den Inhalt des Gesetzes *entfalten;* ein blosses Abschreiben des Gesetzes wäre nicht sinnvoll. Deshalb wird jede Vollziehungsverordnung notwendig ein gewisses Mass an Normen enthalten, die *in dieser Weise nicht im Gesetz* stehen. Das schadet der Vollziehungsverordnung nicht. Entscheidend ist, dass sie sich im Verhältnis zum zugehörigen Gesetz auf *sekundäres Recht* beschränkt. Sie darf keine *grundsätzlich* neuen Rechte und Pflichten einführen; namentlich darf sie Ansprüche, die das Gesetz schafft, nicht beseitigen.
Beispiele: Asylverordnung 1 über Verfahrensfragen vom 11. August 1999 (AsylV 1, SR 142.311); Verkehrsregelnverordnung vom 13. November 1962 (VRV, SR 741.11).

Einer *gesetzlichen Ermächtigung* zum Erlass von Vollziehungsverord- 21
nungen bedarf es wegen Art. 182 Abs. 2 BV *nicht.* Die Bundesversammlung kann den Bundesrat gleichwohl noch ausdrücklich beauftragen, die „nötigen Ausführungsvorschriften" zu erlassen. Eine solche Klausel hat aber im Licht der verfassungsrechtlichen Kompetenzzuweisung nur mehr deklaratorische Bedeutung.
Beispiel: Art. 36 Abs. 1 DSG regelt unter der Marginalie „Vollzug": „Der Bundesrat erlässt die Ausführungsbestimmungen."

b.   Gesetzesvertretende Verordnung

Die gesetzesvertretende Verordnung *ergänzt oder ändert* die gesetzliche 22
Regelung. Damit übernimmt sie bereichsweise *Gesetzesfunktion.* Trotz dieser Funktion zählt die gesetzesvertretende Verordnung zu den unselbständigen Verordnungen, denn auch sie bleibt – nicht anders als die Vollziehungsverordnung – vom Bestand des übergeordneten Gesetzes abhängig.

23   Gesetzesvertretende Verordnungen treten in folgenden typischen Situationen auf:

– Der Gesetzgeber hat bestimmte Fragen bewusst nicht geregelt und überlässt die *Vervollständigung* des Gesetzes der Exekutive.

Beispiel: Art. 8 Abs. 1 des Bundesgesetzes über Lebensmittel und Gebrauchsgegenstände vom 9. Oktober 1992 (Lebensmittelgesetz, LMG, SR 817.0) bestimmt: „Der Bundesrat legt die zulässigen Arten von Lebensmitteln fest, umschreibt sie und bestimmt die Sachbezeichnung; er kann die entsprechenden Anforderungen regeln". Dieser Aufgabe ist der Bundesrat in der Lebensmittelverordnung vom 1. März 1995 (LMV, SR 817.02) nachgekommen.

– Der Gesetzgeber hat zwar eine vollständige Regelung erlassen; er will der Exekutive aber die Möglichkeit einräumen, Teile dieser Regelung unter Umständen zu *durchbrechen*.

Beispiel: Art. 151 Abs. 1 des Bundesgesetzes über die Armee und die Militärverwaltung vom 3. Februar 1995 (Militärgesetz, MG, SR 510.10) bestimmt, dass der Bundesrat nach Inkrafttreten des Gesetzes die Neuordnung der Armee schrittweise einführt und dabei für eine Übergangsperiode von längstens fünf Jahren u.a. die Erfüllung der Dienstpflicht, die Entlassung der Angehörigen aus der Wehrpflicht beziehungsweise deren Weiterverwendung nach Erfüllung der Dienstpflicht oder die Beförderungsvoraussetzungen regelt. Aus zwingenden Gründen kann der Bundesrat in den genannte Bereichen durch Verordnung vom Gesetz abweichen (Art. 151 Abs. 2 MG).

24   Die Kompetenz zum Erlass gesetzesvertretender Verordnungen setzt in jedem Fall eine entsprechende *Delegationsnorm im Gesetz* voraus (Art. 164 Abs. 2 BV; zur Zulässigkeit der Gesetzesdelegation vorn § 27/III und § 45 Rz. 27 f.).

II.   Insbesondere: Polizeinotverordnungen und aussenpolitische Verordnungen

1.   Polizeinotverordnungen
(Art. 185 Abs. 3 BV)

25   Wenn es die äussere oder innere Sicherheit erfordert, kann der Bundesrat unmittelbar gestützt auf Art. 185 Abs. 3 BV Verordnungen oder Verfügungen erlassen; Verordnungen sind zu befristen. Diese Befugnis ist ein *Anwendungsfall der polizeilichen Generalklausel*. Danach darf die Exekutive Massnahmen vorübergehend auch ohne ausdrückliche formellgesetzliche Grundlage beschliessen, wenn folgende Voraussetzungen kumulativ erfüllt sind:

1. Es sind *Polizeigüter* betroffen (innere und äussere Sicherheit zählen dazu);

2. es gilt, eine *schwere und unmittelbare Gefahr* von Polizeigütern abzuwenden oder eine bereits *eingetretene schwere Störung* solcher Güter zu beseitigen (Art. 185 Abs. 3 BV spricht von „eingetretenen oder unmittelbar drohenden schweren Störungen");

3. es ist *zeitliche Dringlichkeit* gegeben und

4. es stehen *keine geeigneten gesetzlichen Massnahmen* zur Verfügung (die Verfassung erwähnt die zwei zuletzt genannten Voraussetzungen nicht, sie verstehen sich aber von selbst).

Zur polizeilichen Generalklausel im Allgemeinen vgl. z.B. HÄFELIN/MÜLLER, Allgemeines Verwaltungsrecht, Rz. 2467 ff.; TSCHANNEN/ZIMMERLI/KIENER, Allgemeines Verwaltungsrecht, S. 359 ff. Aus der Rechtsprechung des Bundesgerichts: BGE 126 I 112 E. 4b S. 118, S.; 121 I 22 E. 4b/aa S. 27 f., Anouk Hasler.

Unter diesen Voraussetzungen darf die Notpolizeiverordnung auch „*wichtige rechtsetzende Bestimmungen*" enthalten und sogar „*schwerwiegende Einschränkungen*" *von Grundrechten* vorsehen; die Gesetzesvorbehalte, welche die Verfassung in den Art. 164 Abs. 1 und 36 Abs. 1 Satz 2 allgemein vorsieht, werden für den Störungsfall von der Verfassung selbst – nämlich über die besondere Vorschrift von Art. 185 Abs. 3 BV – ausser Kraft gesetzt (vgl. BGE 125 II 417 E. 6b S. 428, A.). Es versteht sich im Übrigen von selbst, dass der Dispens vom Erfordernis der formellgesetzlichen Grundlage strikt nur in akuten Notlagen beansprucht werden darf und dass die getroffenen Regelungen sachlich, örtlich und persönlich verhältnismässig bleiben müssen. 26

Die Erfordernisse des *überwiegenden öffentlichen Interesses* und der *zeitlichen Verhältnismässigkeit* wohnen der polizeilichen Generalklausel schon begrifflich inne (vgl. die Umschreibung in Rz. 25); sie müssen darum nicht eigens aufgestellt werden. Auch die gelegentlich anzutreffende Anmahnung der *Rechtsgleichheit* und des *Treuegebots* ist im Grunde überflüssig (vgl. aber BGE 122 IV 258 E. 2a S. 262, T.): Art. 185 Abs. 3 BV befreit den Bundesrat nur vom Gesetzgebungsverfahren, nicht aber von der Einhaltung der übrigen rechtsstaatlichen Standards. Die häufig wiederkehrende Formulierung, Notpolizeiverordnungen des Bundesrats dürften „nicht im Widerspruch zu Erlassen der Bundesversammlung" stehen (so z.B. der eben zitierte BGE mit weiteren Hinweisen; vgl. auch BBl 1997 I 419), leuchtet erst recht nicht ein. Notpolizeiverordnungen treten *an die Stelle* des fehlenden formellen Gesetzes (darin liegt ja ihre Funktion); sie können darum auch ein bestehendes, aber ungenügendes formelles Gesetz abändern. Nur soweit die Bundesversammlung von ihrer eigenen Notpolizeiverordnungskompetenz Gebrauch macht, wird der Bundesrat zurückstehen müssen (Art. 173 Abs. 1 Bst. c BV; so auch AUER/MALINVERNI/HOTTELIER, Droit constitutionnel I, Rz. 1530; G. MÜLLER, Rechtssetzung und Staatsverträge, in: Verfassungsrecht, § 70 Rz. 30).

27 Sobald die *Gefahr vorüber* ist, muss der Bundesrat solche Verordnungen aufheben. Verlängerungen sind zwar zulässig; zeichnet sich aber ab, dass die Bedrohung auf unbestimmte Zeit anhält, so muss die Polizeinotverordnung in die ordentliche Bundesgesetzgebung überführt werden.

28 *Praxisbeispiele und Rechtsprechungshinweise zu Rz. 25 ff.:*
    – Verordnung über den Erwerb und das Tragen von Schusswaffen durch jugoslawische Staatsangehörige vom 18. Dezember 1991 (AS 1992 23). Das Bundesgericht hat die wiederholte Verlängerung dieser Verordnung als verfassungswidrig bezeichnet (BGE 122 IV 258 E. 2b S. 262 f., T.). Mittlerweile verfügt der Bundesrat über eine spezialgesetzliche Ermächtigung, Erwerb und Tragen von Waffen durch Angehörige bestimmter Staaten einzuschränken; vgl. Art. 7 des Bundesgesetzes über Waffen, Waffenzubehör und Munition (Waffengesetz, WG, SR 514.54). Damit ist die erwähnte Verordnung – zusammen mit einigen weiteren vergleichbaren Verordnungen – hinfällig geworden (vgl. Art. 49 der Waffenverordnung vom 21. September 1998, SR 514.541).
    – Verordnung über das Verbot der Gruppierung „Al-Qaïda" und verwandter Organisationen vom 7. November 2001 (SR 122, AS 2001 3040), befristet auf Ende Dezember 2003.
    Aus früheren Jahren ferner der Bundesratsbeschluss betreffend politische Reden von Ausländern vom 24. Februar 1948 (AS 1948 119, aufgehoben auf den 30. April 1998, AS 1998 1174) und der Bundesratsbeschluss betreffend staatsgefährliches Propagandamaterial vom 29. Dezember 1948 (AS 1948 1282, aufgehoben auf den 1. Juli 1998, AS 1998 1559; vgl. für ein Anwendungsbeispiel BGE 125 II 417, A.).

29 Die Figur der Polizeinotverordnung ist von den Massnahmen im Staatsnotstand einerseits und vom Dringlichkeitsrecht andererseits deutlich *abzugrenzen.*
    – Die Polizeinotverordnungen stehen – wie überhaupt die polizeiliche Generalklausel – noch innerhalb der verfassungsmässigen Ordnung. Darin unterscheiden sie sich von den *Notstandsmassnahmen,* die der Bundesrat bei existenzieller Bedrohung zu ergreifen hätte, beispielsweise im Verteidigungsfall oder nach Katastrophen (vorn § 10 Rz. 12 f.).
    – Ebenso falsch wäre es, die Polizeinotverordnung in die Nähe des *dringlichen Bundesgesetzes* nach Art. 165 BV zu rücken (vorn § 45 Rz. 30 ff.). Während die Polizeinotverordnung ihre gesetzliche Grundlage in der polizeilichen Generalklausel findet, ist das dringliche Bundesgesetz selber schon vollwertige gesetzliche Grundlage.

2. Verordnungen zur Wahrung der Landesinteressen gegenüber dem Ausland

(Art. 184 Abs. 3 BV)

Auch zur Wahrung der Landesinteressen gegenüber dem Ausland kann der Bundesrat unmittelbar gestützt auf die Verfassung Verordnungen oder Verfügungen erlassen; allfällige Verordnungen sind wiederum – wie schon die Polizeinotverordnungen – zu befristen. Das Verordnungsrecht zielt aber gerade nicht auf polizeinotrechtliche Regelungen (zur Wahrung der äusseren Sicherheit steht nämlich Art. 185 Abs. 3 BV zur Verfügung; Rz. 25 ff.). Vielmehr will Art. 184 Abs. 3 BV den Bundesrat befähigen, auf *aussenpolitische Entwicklungen gleich welcher Art* normativ unverzüglich zu reagieren. Vorausgesetzt ist dabei aber

– in *sachlicher* Hinsicht, dass gewichtige Interessen der Schweizerischen Eidgenossenschaft als Staat auf dem Spiele stehen, und

– in *zeitlicher* Hinsicht, dass das ordentliche Gesetzgebungsverfahren nicht ohne Schaden für diese Interessen abgewartet werden könnte.

Häufig handelt es sich darum, Wirtschaftssanktionen zu verhängen oder Retorsionsmassnahmen zu ergreifen. Verordnungen nach Art. 184 Abs. 3 BV lassen sich aber auch zur einstweiligen Umsetzung völkerrechtlicher Verpflichtungen verwenden. Über die Verlängerung solcher Verordnungen vgl. sinngemäss Rz. 27.

Zur *Durchsetzung international abgestützter Sanktionen nichtmilitärischer Art* besteht nunmehr eine besondere gesetzliche Regelung, nämlich das Bundesgesetz über die Durchsetzung von internationalen Sanktionen vom 22. März 2002 (Embargogesetz, EmbG, SR 946.231). Gemäss Art. 1 und 2 dieses Gesetzes kann der Bundesrat durch Verordnung bestimmte Zwangsmassnahmen ergreifen, um Sanktionen durchzusetzen, die z.B. von den Vereinten Nationen oder wichtigen Handelspartnern der Schweiz beschlossen worden sind. Dabei ist vorausgesetzt, dass die Sanktionen im Dienste des Völkerrechts und namentlich der Menschrechte ergehen. Anders als die ‚gewöhnlichen' aussenpolitischen Verordnungen nach Art. 184 Abs. 3 BV brauchen Verordnungen im Geltungsbereich des EmbG nicht befristet zu werden (BBl 2001 1464). Über die Verfassungskonformität dieser gesetzgeberischen Raffinesse kann man sich streiten.

Praxisbeispiele zu Rz. 30:
– Verordnung über Massnahmen gegenüber Personen und Organisationen mit Verbindungen zu Usama bin Laden, der Gruppierung „Al-Qaïda" oder den Taliban vom 2. Oktober 2000 (SR 946.203): Exportsperre für Rüstungsgüter, Massnahmen im Zahlungsverkehr, Einreisesperre. Die Verordnung erging zunächst in Anwendung von Art. 184 Abs. 3 BV (AS 2000 2642, noch unter dem Titel „Verordnung über Massnahmen gegenüber den Taliban"; Titel geändert mit AS 2002 1646). Heute stützt sie sich auf das in Rz. 30 a.E. erwähnte Em-

30

31

bargogesetz (vgl. die entsprechende Verordnungsänderung in AS 2002 3955; die ursprüngliche Befristung in Art. 11 der Verordnung wurde aufgehoben).

- Verordnung über Massnahmen gegenüber der Bundesrepublik Jugoslawien vom 23. Juni 1999 (SR 946.207): Sperrung von Geldern und Verbot des Zahlungsverkehrs. Auch diese Verordnung stützt sich nunmehr auf Art. 2 EmbG (AS 2002 3961).
- Verordnung über Massnahmen gegenüber Sierra Leone vom 8. Dezember 1997 (SR 946.209). Exportsperre für Rüstungsgüter; Reisesperren gegenüber Angehörigen der ehemaligen Militärjunta und der Revolutionären Einheitsfront.

III. Verfahren auf Erlass von Bundesratsverordnungen

32   Das Verfahren auf Erlass von Bundesratsverordnungen gestaltet sich *wesentlich einfacher* als die ordentliche Bundesgesetzgebung. Das Vorverfahren ist kürzer, die Bundesversammlung ist (wenn überhaupt) nur am Rande beteiligt, auch unterliegen Bundesratsverordnungen keinem Referendum. Verordnungen können darum *vergleichsweise rasch erlassen und in Kraft gesetzt* werden; sie bilden ein flexibles, anpassungsfähiges Instrument rechtlicher Steuerung.

33   Der *Anstoss* zum Erlass einer Bundesratsverordnung geht aus (Art. 7 RVOG):
- in der Regel von einem *Bundesgesetz* (unselbständige Verordnung; Rz. 14 f.). Zum Erlass von Vollziehungsverordnungen ist der Bundesrat auch ohne ausdrückliche Ermächtigung im Gesetz bereits aufgrund von Art. 182 Abs. 2 BV befugt. Gesetzesvertretende Verordnungen dagegen verlangen nach einer ausdrücklichen Delegationsnorm des Gesetzgebers (Art. 164 Abs. 2 BV).
- In einzelnen Fällen ergehen Bundesratsverordnungen aber auch unmittelbar im Anschluss an die *Verfassung* (selbständige Verordnung; Rz. 11 ff.).

34   Die *Ausarbeitung des Verordnungsentwurfs* obliegt regelmässig dem in der Sache zuständigen Departement. Bei Verordnungen von besonderer politischer Tragweite wird ein allfälliges *Vernehmlassungsverfahren* vom Bundesrat in Gang gesetzt; in den übrigen Fällen handelt das Departement (Art. 1 und 3 VLV).

Auf Verlangen müssen vor Erlass einer Bundesratsverordnung *auch Organe der Bundesversammlung*, namentlich die sachlich zuständigen parlamentarischen Kommissionen, *konsultiert* werden (Art. 22 Abs. 3, Art. 151 ParlG). Dieses Mitwirkungsrecht wirkt systemfremd. Vom Fall der selbständigen Verordnungen abgesehen kann die Bundesversammlung ihren Einfluss dadurch wahren, dass sie im betreffenden Bundesgesetz selber Vollziehungsvorschriften setzt oder allfällige Delegationsnormen mit substanziellen Rechtsetzungsrichtlinien zuhanden des Bundesrats ausstattet. Soweit sie darauf aber verzichtet, liegt der Erlass von Verordnungen kraft Art. 182 Abs. 2 und 164 Abs. 2 BV in der Verantwortung des Bundesrats.

Der *Bundesrat beschliesst* aufgrund des Antrags des Departements und des Mitberichtsverfahrens über die Verordnung (zum dabei zu beachtenden Verfahren vgl. vorn § 39/V). 35

In seltenen Fällen behält sich die Bundesversammlung die *Genehmigung gesetzesvertretender Bundesratsverordnungen* vor. Ein Beispiel bietet Art. 6 des Bundesgesetzes betreffend die Freizügigkeit des Medizinalpersonals in der Schweizerischen Eidgenossenschaft vom 19. Dezember 1877 (SR 811.11): Danach erlässt der Bundesrat eine vom Parlament zu genehmigende Verordnung über die Medizinalprüfungen (vgl. die entsprechende Verordnung unter SR 811.112.1). Solche Genehmigungsklauseln sind noch fragwürdiger als die eben erwähnten Konsultationsrechte (Rz. 34; kritisch auch HANGARTNER/KLEY, Demokratische Rechte, Rz. 977).

Bundesratsverordnungen werden in der *Amtlichen Sammlung* des Bundesrechts veröffentlicht und in die *Systematische Sammlung* des Bundesrechts aufgenommen (Art. 6, 7 und 11 PublG; vorn § 28 Rz. 31 ff., 37 ff.). 36

§ 47 Abschluss von Staatsverträgen

I. Begriff und Arten des Staatsvertrags

1 Staatsverträge sind *völkerrechtliche Vereinbarungen* zwischen der Schweiz und einem oder mehreren ausländischen Staaten oder anderen Völkerrechtssubjekten, in denen sich die Vertragsparteien zu einem bestimmten Tun, Dulden oder Unterlassen verpflichten.

Die BV 1999 (wie teilweise schon die frühere Verfassung) spricht durchwegs von „völkerrechtlichen Verträgen" (vgl. z.B. Art. °141 Abs. 1 Bst. d und Art. 166 BV). Damit trägt sie der Tatsache Rechnung, dass heute nicht nur Staaten, sondern mehr und mehr auch andere Völkerrechtssubjekte an solchen Verträgen teilnehmen. Der Terminus „Staatsvertrag" ist in Lehre und Rechtsprechung aber nach wie vor gängig, und er hat den Vorteil der Kürze. Von „Staatsvertrag" ist darum auch in diesem Buch die Rede.

2 Die *Völkerrechtslehre* unterteilt Staatsverträge gewöhnlich wie folgt:
- nach der *Zahl der Vertragsparteien* in bilaterale und multilaterale Verträge;
- nach der *Struktur des Vertragsinhalts* in rechtsgeschäftliche und rechtsetzende Verträge;
- nach dem *Grad ihrer Anwendbarkeit* in unmittelbar anwendbare und nicht unmittelbar anwendbare Verträge („Self-executing"- und „Non-self-executing"-Verträge; dazu vorn § 9 Rz. 7 ff.).

Näheres zu Begriff und Arten des Staatsvertrags u.a. bei KÄLIN/EPINEY, Völkerrecht, S. 16 ff.; MÜLLER/WILDHABER, Völkerrecht, S. 107 ff.

3 Aus *landesrechtlicher* Sicht interessiert vor allem die Frage, welche Staatsverträge dem *Referendum* unterstehen (Rz. 19 ff.).

II. Verfahren zum Abschluss von Staatsverträgen

4 Das Verfahren zum Abschluss von Staatsverträgen durch die Schweiz umfasst im Wesentlichen die folgenden Schritte:
1. Verhandlung und Annahme des Vertragstextes;
2. Unterzeichnung durch den Bundesrat;

3. Genehmigung durch die Bundesversammlung;
4. Publikation der Referendumsvorlage und allenfalls Referendum;
5. Ratifizierung und Inkrafttreten;
6. Publikation des Staatsvertrags.

Soweit es um das Verhältnis der vertragsschliessenden Staaten unterei- 5
nander geht, richtet sich das Verfahren nach *Völkerrecht* (vgl. das Wiener Übereinkommen über das Recht der Verträge vom 23. Mai 1969, VRK, SR 0.111). Hingegen bestimmt das *Landesrecht,* auf welche Weise der nach aussen bekundete Vertragswille zustande kommt und in welcher Weise der Staatsvertrag innerstaatliche Geltung erlangt.

Im Folgenden werden nur die landesrechtlichen Aspekte des Vertrags- 6
schlussverfahrens behandelt.

1. Verhandlung und Annahme des Vertragstextes
(Art. 6–10 VRK; Art. 54–56, 166 Abs. 1, 184 Abs. 1 BV)

Der Abschluss von Staatsverträgen fällt unter Vorbehalt von Art. 56 7
BV in die *ausschliessliche Zuständigkeit des Bundes* (Art. 54 BV). Die Staatsvertragskompetenz des Bundes beschlägt auch Materien, die innerstaatlich in der Kompetenz der Kantone liegen (vorn § 20 Rz. 45 f.; dort auch zur *Mitwirkung der Kantone* in der Aussenpolitik gemäss Art. 55 BV).

Die Aufnahme von *Vertragsverhandlungen* obliegt dem *Bundesrat* 8
(Art. 184 Abs. 1 BV). Er ernennt und instruiert die schweizerische Verhandlungsdelegation und stattet sie mit den nötigen Vollmachten aus. Die *Bundesversammlung* wirkt bei diesen Verhandlungen in beschränktem Masse mit (Art. 166 Abs. 1 BV; Art. 24 Abs. 1 und Art. 152 ParlG; vorn § 33 Rz. 8 f.).

Die Vertragsverhandlungen enden mit der *Annahme des Vertragstextes* 9
durch die beteiligten Staaten.

585

2.   Unterzeichnung durch den Bundesrat
(Art. 12 VRK; Art. 184 Abs. 2 Satz 1 BV)

10   Auch die *Unterzeichnung* des ausgehandelten Vertrags ist Sache des *Bundesrats* (Art. 184 Abs. 2 Satz 1 BV). Er kann die schweizerische Verhandlungsdelegation dazu ermächtigen.

11   Mit der Unterzeichnung *erklärt* der Bundesrat, durch den Vertrag *völkerrechtlich gebunden* zu sein. Soweit der Staatsvertrag der Genehmigung durch die Bundesversammlung bedarf (Rz. 12 ff.), erfolgt die Unterzeichnung *unter Vorbehalt der Ratifizierung* (Rz. 25 ff.).

3.   Genehmigung durch die Bundesversammlung
(Art. 166 Abs. 2, 184 Abs. 2 Satz 2 BV; Art. 24 Abs. 2 und 3 ParlG; Art. 7a RVOG)

a.   Grundsatz

12   Grundsätzlich müssen Staatsverträge durch die Bundesversammlung genehmigt werden (Art. 166 Abs. 2 BV; Art. 24 Abs. 2 ParlG). Im Gegensatz zur Unterzeichnung und zur Ratifizierung des Vertrags stellt die Genehmigung einen *landesrechtlichen* Akt dar. Die Genehmigung ergeht

– normalerweise in der Form des *einfachen Bundesbeschlusses* (Art. 24 Abs. 3 Satz 2 ParlG);
– in der Form des *Bundesbeschlusses* nur dann, wenn der Vertrag dem Referendum untersteht (Art. 24 Abs. 3 Satz 1 ParlG).

Die Bundesversammlung hat bloss die Wahl, die *Genehmigung zu erteilen oder zu verweigern,* nicht aber das Recht, den Vertragstext abzuändern.

13   Staatsverträge verlangen mitunter nach einer *Anpassung landesrechtlicher Vorschriften.* Die Bundesversammlung kann (muss aber nicht) die erforderlichen Anpassungen in den Genehmigungsbeschluss aufnehmen. Dies ist aber nur möglich, wenn der Staatsvertrag und der landesrechtliche Umsetzungserlass *auch als getrennte Vorlagen einem gleichartigen Referendum* unterstehen würden (Art. °141a BV):

– Bei Staatsverträgen, die dem *obligatorischen Referendum von Volk und Ständen* unterstehen (Art. 140 Abs. 1 Bst. b BV), können die erforderlichen *Verfassungsänderungen* in den Genehmigungsbeschluss integriert werden;

- bei Verträgen, die bloss dem *fakultativen Referendum* unterliegen (Art. °141 Abs. 1 Bst. d BV), sind es entsprechend die allenfalls erforderlichen *Gesetzesänderungen.*

Dieses Prozedere erlaubt die Verbindung von Staatsvertrag und staatsvertraglich bedingter Folgegesetzgebung zu einer einzigen Abstimmungsvorlage.

Die „paketweise Abstimmung über Staatsvertrag und Umsetzungserlass" (BBl 2001 6092) mag wohl die Glaubwürdigkeit der schweizerischen Aussenpolitik stärken, zuhanden der Stimmbürger Transparenz schaffen und überhaupt im Interesse der Verfahrensökonomie liegen (so der Bundesrat in BBl 2001 6093). Die Risiken sind aber nicht zu übersehen. Das Verkoppeln von völkerrechtlicher Verpflichtung und landesrechtlicher Pflichterfüllung kann die Annahme des Staatsvertrags nämlich auch gefährden. Dies ist umso ärgerlicher, als völkerrechtliche Verträge dem Landesgesetzgeber häufig mehrere Umsetzungsmöglichkeiten belassen. Die Bundesversammlung sollte von Art. °141a BV darum nur zurückhaltend Gebrauch machen.

Unterliegt der Staatsvertrag dagegen dem obligatorischen, die landesrechtliche Anpassung nur dem fakultativen Referendum (oder umgekehrt), so scheidet eine „paketweise Abstimmung" aus und die Vorlagen gelangen *weiterhin getrennt* zur Abstimmung. 14

Mit der Genehmigung wird der Bundesrat *landesrechtlich ermächtigt,* den Vertrag *völkerrechtlich zu ratifizieren.* Ein allfälliges Referendum bleibt vorbehalten (Rz. 19 ff.). 15

b. Ausnahme: Selbständige Vertragsschlusskompetenz des Bundesrats

Gewisse Staatsverträge sind von der Genehmigung durch die Bundesversammlung ausgenommen und können vom Bundesrat allein abgeschlossen werden. Dieses *vereinfachte Vertragsschlussverfahren* soll die Bundesversammlung entlasten. 16

Ausnahme ist das vereinfachte Vertragsschlussverfahren nur in normativer Hinsicht. Praktisch dagegen bildet es die Regel: Rund zwei Drittel aller Staatsverträge werden vom Bundesrat selbständig abgeschlossen (DANIEL THÜRER, in: St. Galler Kommentar, Art. 166 Rz. 34, m.w.H.).

Selbständig Staatsverträge abschliessen darf der Bundesrat indessen nur, soweit das *Gesetz* oder ein von der Bundesversammlung genehmigter *Staatsvertrag* ihn dazu *ermächtigt* (Art. 166 Abs. 2 BV am Ende; Art. 24 Abs. 2 ParlG; Art. 7a Abs. 1 RVOG). Bei referendumspflichtigen Staatsverträgen ist das vereinfachte Verfahren von vornherein ausgeschlossen. 17

Unter der BV 1874 beanspruchte der Bundesrat für bestimmte Staatsverträge gewohnheitsrechtlich eine selbständige Vertragsschlusskompetenz (vgl. dazu VPB 1987 Nr. 58 S. 373, 382 f.). Die Räte haben sich geweigert, diese Praxis in die BV 1999 zu überführen. Art. 166 Abs. 2 BV stellt unmissverständlich klar, dass eine verfassungsunmittelbare Vertragsschlusskompetenz des Bundesrats nicht mehr besteht. Zur Entstehungsgeschichte vgl. ALDO LOMBARDI, Volksrechte und Bundesbehörden in der neuen Bundesverfassung, AJP 1999, S. 706, 719.

18   Eine *allgemeine Ermächtigung* des Bundesrats *zum Abschluss von wenig bedeutsamen Staatsverträgen* findet sich jetzt in Art. 7a Abs. 2 RVOG:

> [2] Ebenfalls selbständig abschliessen kann er völkerrechtliche Verträge von beschränkter Tragweite. Als solche gelten namentlich Verträge, die:
>
> a. für die Schweiz keine neuen Pflichten begründen oder keinen Verzicht auf bestehende Rechte zur Folge haben;
>
> b. dem Vollzug von Verträgen dienen, die von der Bundesversammlung genehmigt worden sind;
>
> c. Gegenstände betreffen, die in den Zuständigkeitsbereich des Bundesrates fallen und für die eine Regelung in der Form eines völkerrechtlichen Vertrags angezeigt ist;
>
> d. sich in erster Linie an die Behörden richten, administrativ-technische Fragen regeln oder die keine bedeutenden finanziellen Aufwendungen verursachen.

Bst. d spricht die so genannten „Bagatellverträge" an (vgl. VPB 1993 Nr. 54, S. 456).

Die Bestimmung erschien mit Inkrafttreten der neuen Bundesverfassung zunächst im GVG (Art. 47[bis]b; vgl. BBl 1999 4824); das neue ParlG transferierte sie ins RVOG (BBl 2001 3615). Der Bundesrat kann seine Kompetenz an Departemente oder Ämter delegieren (Art. 48a RVOG).

4.   Publikation der Referendumsvorlage und allenfalls Referendum

(Art. 140 Abs. 1 Bst. b, °141 Abs. 1 Bst. d BV)

19   Von den Staatsverträgen, die die Bundesversammlung genehmigt, unterliegen nur die in den Art. 140 und °141 BV genannten Verträge dem Referendum. Es sind zwei Fälle zu unterscheiden (Rz. 20, 22).

a. Obligatorisches Staatsvertragsreferendum
(Art. 140 Abs. 1 Bst. b BV)

Der obligatorischen Abstimmung von Volk und Ständen unterstehen   20
Verträge, die
- den Beitritt zu Organisationen für kollektive Sicherheit oder
- den Beitritt zu supranationalen Gemeinschaften vorsehen (Art. 140 Abs. 1 Bst. b BV).

Praxisbeispiele zu Rz. 20:   21
- *Organisation für kollektive Sicherheit.* Beitritt zur UNO (BBl 1984 III 1464; am 16. März 1986 durch Volk und Stände zunächst abgelehnt, BBl 1986 II 97; in einer zweiten Abstimmung vom 3. März 2002 angenommen, BBl 2002 3690); allfälliger Beitritt zur NATO.
- *Supranationale Gemeinschaft.* Allfälliger Beitritt zur EU.
Erläuterung dieser Begriffe bei HANGARTNER/KLEY, Demokratische Rechte, Rz. 1137 ff.
    Das EWR-Abkommen wurde 1992 der Abstimmung von Volk und Ständen unterstellt, obwohl der EWR weder eine Organisation für kollektive Sicherheit noch eine supranationale Gemeinschaft darstellt. Entscheidend waren politische Gründe (BBl 1992 IV 538, 541 f.; Beitritt am 6. Dezember 1992 durch Volk und Stände verworfen, BBl 1993 I 167).

b. Fakultatives Staatsvertragsreferendum
(Art. °141 Abs. 1 Bst. d BV)

Dem fakultativen Staatsvertragsreferendum unterliegen Verträge, die   22
- unbefristet und unkündbar sind,
- den Beitritt zu einer internationalen Organisation vorsehen oder
- wichtige rechtsetzende Bestimmungen enthalten oder deren Umsetzung den Erlass von Bundesgesetzen erfordert (Art. °141 Abs. 1 Bst. d BV).

Das Referendum kann durch 50 000 Stimmberechtigte oder 8 Kantone ausgelöst werden. Zur Annahme des Staatsvertrags in der eidgenössischen Abstimmung reicht das Volksmehr.

Praxisbeispiele zu Rz. 22:   23
- *Unbefristete und unkündbare Verträge.* Beitritt zum Internationalen Pakt über wirtschaftliche, soziale und kulturelle Rechte sowie zum Internationalen Pakt über bürgerliche und politische Rechte (UNO-Pakte I und II, AS 1993 724 und 747; Referendum nicht ergriffen).
- *Internationale Organisation.* Beitritt zum Internationalen Währungsfonds IWF (BBl 1991 II 1260; Referendum zustande gekommen; Beitritt in der Volks-

abstimmung vom 17. Mai 1992 gutgeheissen, BBl 1992 I 1268, V 451, 839); Beitritt zur Welthandelsorganisation WTO (BBl 1994 V 1130; Referendum nicht zustande gekommen, BBl 1995 II 669).
– *Multilaterale Rechtsvereinheitlichung.* Beitritt zum Übereinkommen der Vereinten Nationen über Verträge über den internationalen Warenkauf (AS 1991 306; Referendum nicht ergriffen); Beitritt zum Lugano-Übereinkommen über die gerichtliche Zuständigkeit und die Vollstreckung gerichtlicher Entscheidungen in Zivil- und Handelssachen (AS 1991 2435; Referendum nicht ergriffen); Bilaterale Abkommen mit den Europäischen Gemeinschaften (BBl 1999 8764; Referendum zustande gekommen; Verträge in der Volksabstimmung vom 21. Mai 2000 gutgeheissen, BBl 2000 3773).
Näher zu den erwähnten Begriffen HANGARTNER/KLEY, Demokratische Rechte, Rz. 1102 ff.; KÄLIN/EPINEY, Völkerrecht, S. 88 ff.

c.   *Exkurs: Zum mittlerweile abgeschafften parlamentarischen Staatsvertragsreferendum*

24   Durch Beschluss beider Räte konnten früher „weitere" – d.h. nicht referendumspflichtige – völkerrechtliche Verträge dem fakultativen Referendum unterstellt werden (Art. 141 Abs. 2 BV i.d.F. vom 18. April 1999, AS 1999 2556, 2590). Die Bestimmung ist mit der ‚kleinen Reform' der Volksrechte aufgehoben worden (vorn § 2 Rz. 29).

Vgl. für ein seltenes *Beispiel* das Abkommen mit der Internationalen Entwicklungsorganisation über die Umwandlung von Darlehen in Geschenke (BBl 1980 III 697; Referendum nicht ergriffen).

5.   Ratifizierung und Inkrafttreten
     (Art. 14, 16 VRK; Art. 184 Abs. 2 Satz 1 BV)

25   Liegt die Genehmigung der Bundesversammlung vor und wurde der Vertrag in einer allfälligen Referendumsabstimmung gutgeheissen, so kann der Vertrag *ratifiziert* werden. Als völkerrechtlicher Akt liegt die Ratifikation in der Kompetenz des *Bundesrats* (Art. 184 Abs. 2 Satz 1 BV). Er kann die Ratifizierung hinauszögern oder auf sie verzichten, falls sich die aussenpolitische Lage seit der Vertragsunterzeichnung in einer Weise geändert haben sollte, welche die Ratifizierung nunmehr als inopportun erscheinen lässt.

26   Mit der Ratifizierung *erklärt* der Bundesrat, durch den Vertrag *völkerrechtlich gebunden* zu sein, soweit diese Bindung nicht bereits aufgrund der Unterzeichnung eintreten konnte (vgl. Rz. 11). Die Ratifizierung erfolgt in der Regel durch *Austausch von Ratifizierungsurkunden*.

Mit der völkerrechtlichen Verbindlichkeit erlangt der Staatsvertrag nach 27
schweizerischer Rechtsauffassung *auch landesrechtliche Verbindlichkeit*
(Grundsatz der transformationslosen Geltung; vorn § 9 Rz. 6).

Der Bundesrat kann einen Staatsvertrag aber schon vor seiner Genehmigung durch 28
die Bundesversammlung für *vorläufig anwendbar* erklären, „wenn die Wahrung
wesentlicher schweizerischer Interessen oder eine besondere Dringlichkeit es erfordern" (BBl 1997 I 416 f.; 1999 4829). *Völkerrechtlich* vergibt sich die Schweiz dadurch nichts, denn die vorläufige Anwendung eines Staatsvertrags kann jederzeit
folgenlos beendet werden (Art. 25 Abs. 2 VRK). Die Bundesversammlung bleibt
mit anderen Worten frei, dem Staatsvertrag trotz vorläufiger Anwendung die Genehmigung zu versagen. *Landesrechtlich* fliesst die Befugnis des Bundesrats zur
vorläufigen Anwendung völkerrechtlicher Verträge aus Art. 184 Abs. 1 BV (BBl
1997 I 417; eine Abstützung auf Abs. 3 scheint mir näher zu liegen). Entsprechende
Ermächtigungen finden sich vereinzelt auch im Gesetz (vgl. Art. 4 des Zoll-
tarifgesetzes vom 9. Oktober 1986, SR 632.10).

6. Publikation des Staatsvertrags

Staatsverträge, die dem Referendum unterstanden, werden in der *Amt-* 29
lichen Sammlung des Bundesrechts veröffentlicht; übrige Staatsverträge
nur, sofern sie rechtsetzende Bestimmungen enthalten oder zur Rechtsetzung verpflichten oder sonstwie von besonderem Interesse sind (Art.
2 PublG; vorn § 28 Rz. 31 ff.). Staatsverträge, die unmittelbar anwendbare Normen enthalten, verpflichten den Einzelnen nur, wenn sie ordnungsgemäss veröffentlicht worden sind (Art. 10 PublG). Die Schweiz
bleibt aber für die Folgen einer mangelhaften Publikation völkerrechtlich verantwortlich.

Die in der Amtlichen Sammlung veröffentlichten Staatsverträge wer- 30
den anschliessend in die *Systematische Sammlung* des Bundesrechts aufgenommen (Art. 11 PublG; vorn § 28 Rz. 37 ff.).

6. Teil: Stimmbürgerschaft

Bund und Kantone gewährleisten den Bürgern die Möglichkeit, an der staatlichen Entscheidfindung in bestimmender Weise teilzuhaben. Der sechste und letzte Teil dieses Buchs befasst sich mit diesen Partizipationsrechten. Wir behandeln nacheinander die *politischen Rechte in Bund und Kantonen* (§§ 49 und 50) sowie die zugehörigen grundrechtlichen Ansprüche (§§ 51 und 52). In § 48 geht es vorweg um einige *Grundlagen.*

Zur *Demokratie als Strukturprinzip* der Bundesverfassung vorn § 6/II; zur Bedeutung der *politischen Öffentlichkeit* für die Demokratie vorn § 28/II.

§ 48 Grundlagen

I.   Begriffe

1.   Stimmrecht – politische Rechte – Volksrechte

1   *Stimmrecht* steht als Sammelbegriff für die verschiedenen politischen Rechte der Bürger und die damit verbundenen Grundrechtsansprüche. Anders als die BV 1874 (vgl. z.B. noch Art. 74) verwendet die neue Verfassung diesen Begriff nicht mehr; sie spricht durchwegs von „politischen Rechten" (siehe sogleich).

2   Als *politische Rechte* gelten Rechte, die der Bürgerschaft eine bestimmende Teilhabe an der staatlichen Entscheidfindung vermitteln. Diese Rechte werden durch Verfassung und Gesetz festgelegt. Gewöhnlich umfassen sie drei Positionen:

1. das aktive und passive *Wahlrecht;*

2. das Recht, an *Abstimmungen* teilzunehmen;

3. das Recht, *Initiativen und Referenden* zu unterzeichnen.

In dieser Bedeutung ist der Terminus verbreiteter Verfassungs- und Gesetzesbegriff (vgl. Art. 34, Art. 37 Abs. 2 und Art. 136 BV sowie den Titel des BPR). Davon abweichend zählt ein kleiner Teil der Literatur auch die politikwirksamen ideellen Grundrechte (wie das Petitionsrecht, die Meinungsfreiheit, die Versammlungsfreiheit) zu den politischen Rechten. Diese begriffliche Ausweitung ist nicht nur unnötig; sie schadet auch. Denn sie birgt die Gefahr, dass die ideellen Grundrechte einseitig für politische Funktionen reklamiert werden und die übrigen, namentlich die personalen Aspekte dieser Grundrechte aus dem Blickfeld geraten.

3   Bei den *Volksrechten* ist der Sprachgebrauch uneinheitlich. Eine Minderheit setzt den Begriff mit den politischen Rechten gleich. Normalerweise zählt man jedoch nur einen Ausschnitt daraus zu den Volksrechten, nämlich *Initiative* und *Referendum* unter Einschluss der dadurch ausgelösten *Abstimmungen.*

4   Für „Stimmrecht" oder „politische Rechte" erscheint gelegentlich auch der Begriff des *Aktivbürgerrechts.* Das Wort entstammt der Unterscheidung zwischen *status negativus* (Freiheitsrechte als Abwehrrechte gegen den Staat), *status positivus* (Sozialrechte als Leistungsansprüche gegenüber dem Staat) und *status activus* (politische Rechte als Teilhabe an der Staatsgewalt). Die scharfe Gegenüberstellung von Abwehr-, Leistungs- und Teilhaberechten ist nach dem heutigen Stand von Lehre und

Rechtsprechung aber überholt (vorn § 7 Rz. 9). Der Begriff des Aktivbürgerrechts sollte daher gemieden werden.

2. Wahl – Abstimmung – Plebiszit

Wahlen sind *Personalentscheidungsrechte*, d.h. sie bestimmen die *Zu-* 5 *sammensetzung eines Organs* (eines Parlaments, einer Regierung, eines Gerichts usf.).

Volkswahlen werden üblicherweise entweder nach dem *Proporzsystem* (Verhältniswahl) oder nach dem *Majorzsystem* (Mehrheitswahl) durchgeführt. Kurze Begriffsumschreibungen finden sich in § 31 Rz. 19 (Proporz) und § 32 Rz. 11 (Majorz). Für das jeweils anwendbare Wahlsystem vgl. die Erläuterungen zu den einzelnen Behörden.

Abstimmungen befinden über *Annahme oder Verwerfung einer Vorlage* 6 (einer Verfassung, eines Gesetzes, eines Beschlusses; oder allgemeiner: eines politischen Projekts). Man kann sie darum als *Sachentscheidungsrechte* bezeichnen.

Volksabstimmungen werden im Ausland häufig als *Plebiszit* bezeichnet. Das Wort 7 hat einen abwertenden Beigeschmack (vgl. die Kritik in § 6 Rz. 15). In der Schweiz, wo Volksabstimmungen zur Normalität des politischen Prozesses gehören, ist der Begriff unüblich; hier findet er sich allenfalls für Abstimmungen über Gebietsveränderungen (vgl. BGE 117 Ia 233 E. 4c S. 244, Canton du Jura, sowie den Bundesratsbeschluss vom 24. April 1974 „über die Durchführung des Jura-Plebiszits vom 23. Juni 1974", AS 1974 887).

3. Initiative – Referendum

Initiative (Volksbegehren) meint das Recht eines definierten Teils der 8 Stimmbürgerschaft, die Änderung oder Aufhebung bestehender Erlasse oder die Festsetzung neuer Erlasse aus dem Zuständigkeitsbereich des Parlaments vorzuschlagen. Die Initiative erscheint in der Form des *ausgearbeiteten Entwurfs* oder in der Form der *allgemeinen Anregung* (hinten § 52/III).

Referendum bezeichnet das Recht der Stimmbürgerschaft, über An- 9 nahme oder Verwerfung einer Parlamentsvorlage zu befinden. Vom *obligatorischen Referendum* spricht man, wenn der Parlamentsbeschluss von Amtes wegen der Volksabstimmung zugeleitet wird, vom *fakultativen Referendum* dagegen, wenn dies erst auf Verlangen eines definierten Teils der Stimmbürgerschaft geschieht. Das (obligatorische oder fakultative) Referendum ist *ordentliches Referendum*, wenn das Parlament rechtlich verpflichtet ist, seiner Vorlage die Referendumsklausel beizufügen; es ist *ausserordentliches* (parlamentarisches) *Referendum,* wenn es dem Parlament freisteht, die Vorlage dem Referendum zu unterstellen.

Die Begriffsbestimmung zielt auf den Normalfall, das *Volks*referendum (vgl. den Abschnittstitel vor Art. 60 BPR). Daneben gibt es auch das *Behörden*referendum: das Recht bestimmter Behörden oder Gemeinwesen, gegen einen referendums-pflichtigen Parlamentsbeschluss das Referendum zu ergreifen. Vgl. für den Bund Art. 141 BV und Art. 67 ff. BPR (Kantonsreferendum; dazu vorn § 24/III).

4. Wahl- und Abstimmungsfreiheit

10 Teile der Literatur verwenden Begriffe wie *Wahl- und Abstimmungs-freiheit, Stimmrechtsfreiheit* oder *Stimmfreiheit,* um den grundrechtli-chen Gehalt des Stimmrechts sichtbar zu machen. In der Praxis des Bundesgerichts kamen solche Wendungen lange Zeit eher selten vor; das Gericht sprach auch in grundrechtlichen Zusammenhängen regel-mässig von Stimmrecht oder Stimm- und Wahlrecht (statt vieler BGE 121 I 138 E. 3 S. 141, Willi Rohner). Neuere Urteile deuten indessen auf einen Wechsel der Terminologie hin (vgl. z.B. BGE 124 I 55 E. 2a S. 57, Evangelische Volkspartei Freiburg; ZBl 2001 188 E. 3a S. 190).

Die „Wahl- und Abstimmungsfreiheit" hat im juristischen Sprachgebrauch wohl endgültig Fuss gefasst. Der Begriff ist darum nicht unbedenklich, weil er dazu verleitet, die Teilnahme an Wahlen und Abstimmungen einzig als Grundrechtsbe-tätigung zu sehen und die Bedeutung dieser Handlungen für die staatliche Ent-scheidfindung auszublenden. Spricht man dagegen von „Stimmrecht" oder „politi-schen Rechten", kommt die Natur der Bürgerpartizipation als Individualrecht *und* Organfunktion angemessener zum Ausdruck (davon sogleich in Abschnitt II).

II.   Dualistische Rechtsnatur der politischen Rechte

11 Die politischen Partizipationsbefugnisse zeigen sich sowohl als Grund-recht des einzelnen Bürgers wie auch als Organkompetenz der gesam-ten Bürgerschaft – daher die Rede von der *dualistischen Rechtsnatur* der politischen Rechte. Die dualistische Theorie ist heute herrschend (PAS-CAL MAHON, La citoyenneté active en droit public suisse in: Verfas-sungsrecht, § 20 Rz. 4 ff.).

Daneben gab und gibt es auch andere Konzeptionen, so die subjektivrechtliche, die funktionelle oder die organische Theorie des Stimmrechts. Vgl. für einen Über-blick AUER, Droits politiques, S. 10 ff.; TSCHANNEN, Stimmrecht, S. 22 ff.

596

1. Politische Rechte als verfassungsmässiges Recht des Bundes

Die von den politischen Rechten vermittelten *individualrechtlichen* 12
Ansprüche – namentlich das Recht auf freie und unverfälschte Äusserung des politischen Willens – gelten als *verfassungsmässiges Recht des Bundes,* und dies unabhängig davon, ob es um eidgenössische, kantonale oder kommunale Wahlen und Abstimmungen geht. Zwar sind die Kantone nicht verpflichtet, eine direktdemokratische Grundordnung einzurichten, die über das von Art. 51 BV verlangte Mindestmass hinausgeht (vorn § 18 Rz. 13). Doch soweit sie es tun, kann gegen Verletzungen ihrer politischen Rechte *eidgenössisches* Verfassungsrecht – nämlich Art. 34 Abs. 2 BV – angerufen werden (vgl. statt vieler BGE 121 I 138 E. 3 S. 141, Willi Rohner; ZBl 2002 537 E. 2.1 S. 538).

2. Politische Rechte als Organfunktion

Über die grundrechtlichen Ansprüche hinaus stehen die politischen 13
Rechte auch für eine *kollektive Funktion des gesamten Stimmvolks.* Mit den Worten des Bundesgerichts (BGE 119 Ia 167 E. 1d S. 171 f., X.):

> „Durch das politische Stimm- und Wahlrecht nehmen die Bürger ...
> nicht nur ein Recht, sondern zugleich eine Organkompetenz und
> damit eine öffentliche Funktion wahr."

Aus der Organfunktion des Stimmrechts ergeben sich zunächst einige 14
materiellrechtliche Konsequenzen.
- So kann die *Teilnahme an Wahlen und Abstimmungen* – wie dies in einigen Kantonen geschehen ist – zur *Bürgerpflicht* erklärt und unentschuldigtes Fernbleiben mit Busse bestraft werden (BGE 72 I 165 E. 4 S. 169 f., Audéoud).
- Ausserdem kann das Gemeinwesen die *Pflichtkandidatur* und den *Amtszwang* vorsehen, ohne das Stimmrecht zu verletzen (BGE 95 I 223 E. 4a S. 226, Dellberg).

Stimmpflicht besteht z.B. in den Kantonen Uri und Aargau (Art. 20 KV-UR; § 59 Abs. 2 KV-AG). Der Kanton Schaffhausen kennt gar einen bussenbewehrten *Stimmzwang.* Ein weit ausgreifender *Amtszwang* – immerhin beschränkt auf eine Amtsdauer von vier Jahren – gilt in Appenzell Innerrhoden (Art. 18 KV-AI).

Prozessrechtlich schlägt sich die Organfunktion sodann in vergleichswei- 15
se *milden Legitimationsvoraussetzungen zur Ergreifung von Stimmrechtsbeschwerden* an das Bundesgericht nieder.

– Während die gewöhnliche Verfassungsbeschwerde voraussetzt, dass die beschwerdeführende Partei persönlich einen Nachteil erlitten hat und dass durch diesen Nachteil rechtlich geschützte Interessen beeinträchtigt werden (Art. 88 OG), reicht bei Stimmrechtsbeschwerden grundsätzlich der *Hinweis auf die Stimmberechtigung bei der in Frage stehenden Abstimmung oder Wahl* (BGE 128 I 190 E. 1.1 S. 193, Michel Rossetti; 121 I 252 E. 1 S. 254 f., Alliance de gauche) bzw. – wenn die Stimmberechtigung des Beschwerdeführers selbst im Streit liegt – die Behauptung, diese hätte richtigerweise zuerkannt werden müssen (BGE 116 Ia 359 E. 3a S. 364, Theresa Rohner).

– Eine Verletzung der politischen Rechte kann ohne Rücksicht darauf vorliegen, ob der Beschwerdeführer in seinem Stimmrecht beeinträchtigt ist; vielmehr gestattet es die Stimmrechtsbeschwerde, auch oder gar ausschliesslich *öffentliche Interessen* zu verfolgen (BGE 119 Ia 167 E. 1d S. 171 f., X.). Einen Urnengang anfechten darf demnach auch, wer daran nicht teilgenommen hat; und wer sich gegen die Ungültigerklärung einer Initiative wendet, muss nicht selber zu den Unterzeichnern gehören (BGE 103 Ia 280 E. 1 a S. 281 f., Mouvement populaire pour l'environnement).

Immerhin darf die *Einlegung eines Rechtsmittels nicht gegen Treu und Glauben* verstossen. Denn wer Stimmrechtsbeschwerde führt, greift zwangsläufig die politische Willensäusserung einer Vielzahl von Stimmberechtigten an. Mängel im Vorfeld von Wahlen und Abstimmungen sind darum soweit zumutbar sofort zu rügen. Gleiches gilt bei Unregelmässigkeiten an Gemeindeversammlungen: Wer aus freien Stücken einer solchen Versammlung fern bleibt, verwirkt sein Beschwerderecht (ZBl 1992 169 E. 2a S. 171).

– Beschwerdeberechtigt sind auch die im Gebiet des betreffenden Gemeinwesens tätigen *politischen Parteien* sowie weitere *politische Vereinigungen* wie ad hoc gebildete Komitees, sofern sie als juristische Person verfasst sind; die Voraussetzungen der Verbandsbeschwerde müssen nicht erfüllt sein (BGE 121 I 334 E. 1a S. 337, Grünes Bündnis; 114 Ia 263 E. 1c S. 265, Appenzeller Bürgerinnen; 111 Ia 115 E. 1a S. 116 f., Verein Basler Heimatschutz).

3. Notwendigkeit von Ausführungsrecht

16 Das Stimmrecht benötigt – auch und gerade als verfassungsmässiges Recht – einlässliche Ausführungsbestimmungen. In den Verfassungen werden die einzelnen Partizipationsrechte regelmässig nur in prinzipieller Weise begründet und umrissen; erst nachdem sie *gesetzlich eingerich-*

tet sind, kann von ihnen praktisch Gebrauch gemacht werden. „Die Stimmberechtigung als solche bliebe toter Buchstabe ohne die Beigabe von Bestimmungen, welche deren Ausübung ermöglichen, sichern und ordnen." (BBl 1883 IV 202)

Wegen ihrer grundrechtsbestimmenden Bedeutung erkennt das Bun 17 desgericht den kantonalen Wahl- und Abstimmungsgesetzen den „*Charakter von kantonalem Verfassungsrecht*" zu (BGE 46 I 115 E. 1 S. 121, Köchli). Als Folge davon gelten bei Stimmrechtsbeschwerden *andere Kognitionsregeln* als bei der gewöhnlichen Verfassungsbeschwerde. Das Bundesgericht prüft bei Stimmrechtsbeschwerden nicht nur die Auslegung von Bundesrecht und kantonalem Verfassungsrecht frei, sondern auch die Auslegung „anderer kantonaler Vorschriften, welche den Inhalt des Stimm- und Wahlrechts normieren oder mit diesem in engem Zusammenhang stehen" (statt vieler BGE 128 I 34 E. 1g S. 39, Rudolf Hausherr; zur Tragweite dieser Formel im Einzelnen BGE 123 I 175 E. 2d/cc S. 180 f., Bäumle).

III. Geltungsbereich der politischen Rechte

Der Geltungsbereich des Stimmrechts richtet sich für eidgenössische 18 Wahlen und Abstimmungen nach Bundesrecht, für kantonale Urnengänge nach kantonalem Recht (Art. 39 Abs. 1 BV; Rz. 38). Die grundlegenden Voraussetzungen bleiben sich aber weithin gleich. Im Folgenden wird daher nur dort nach bundesstaatlichen Ebenen unterschieden, wo sich dies von der Sache her aufdrängt.

1. Persönlicher Geltungsbereich

a. *Grundsatz: Allgemeine und gleiche Stimmfähigkeit*

Nur stimmfähige Bürger dürfen politische Rechte ausüben. Stimmfä 19 higkeit bedingt im Wesentlichen dreierlei: Schweizer Bürgerrecht, politische Volljährigkeit und Abwesenheit von Stimmausschlussgründen (Rz. 21 ff.). Die Voraussetzungen im Einzelnen ergeben sich aus den einschlägigen Bestimmungen von Verfassung und Gesetz. Insgesamt dürfen sie jedoch dem *Grundsatz des allgemeinen und gleichen Stimmrechts* nicht widersprechen. Für eidgenössische Wahlen und Abstimmungen ist dieser Grundsatz durch Art. 136 Abs. 1 Satz 2 BV ausdrücklich festgehalten. Für die Kantone folgt er trotz Vorbehalts des kantonalen Rechts (Art. 39 Abs. 1 BV) aus dem allgemeinen Gleichbehandlungsgebot (Art. 8 BV). Überhaupt kommt diesem Gebot im Bereich der politischen Rechte herausragende Bedeutung zu. Dem egalitären Grundzug des Demokratieprinzips entsprechend ist die *politische Gleichheit aller Bürger streng formal* zu verstehen (BGE 125 I 21 E. 3d/dd S. 33, Grüne Bewegung Uri; 124 I 55 E. 5a S. 62, Evangelische Volkspartei Freiburg). Rechtliche Differenzierungen, die sich auf die politischen Einflusschancen der einzelnen Stimmberechtigten bei Volkswahlen und Volksabstimmungen auswirken, sind daher nur in engsten Grenzen und nur aus zwingenden Gründen statthaft.

Vgl. zur Zulässigkeit von *oberen Altersgrenzen, Ausstandspflichten und Unvereinbarkeiten* hinten § 51 Rz. 8; zur Frage der *Geschlechterquoten* hinten § 52 Rz. 57 ff.

20   Der Grundsatz des allgemeinen und gleichen Stimmrechts verbietet es den Kantonen im Besonderen, *Frauen* von den politischen Rechten auszuschliessen. Daran ändert auch Art. 39 Abs. 1 BV nichts, denn wegen der bundesverfassungsrechtlich ausdrücklich verankerten Gleichberechtigung von Mann und Frau (Art. 8 Abs. 3 BV) und auch wegen der Verpflichtung der Kantone, sich eine „demokratische" Verfassung zu geben (Art. 51 Abs. 1 Satz 1 BV), kann sich die kantonale Regelungskompetenz nur mehr auf *geschlechtsneutrale Stimmrechtsvoraussetzungen* beziehen (dazu einlässlich BGE 116 Ia 359 E. 5–8 S. 367 ff., Theresa Rohner; vgl. auch vorn § 4 Rz. 42).

b.   *Voraussetzungen der Stimmfähigkeit*

aa.   *Schweizer Bürgerrecht*

21   Stimmberechtigt sind sowohl im Bund als auch in den meisten Kantonen nur *Schweizer Bürger.* Ein ganz bestimmtes Kantons- oder Gemeindebürgerrecht ist dabei aber nicht erforderlich, auch nicht bei kantonalen oder kommunalen Urnengängen (Art. 37 Abs. 2 Satz 1 BV).

Immerhin sind zwei *Einschränkungen* nachzutragen. Eine erste betrifft die *Bürgergemeinden und Korporationen:* Hier kann das Stimmrecht den Einheimischen vorbehalten werden (Art. 37 Abs. 2 Satz 2 BV). Ausserdem dürfen die Kantone für Zugezogene eine *Wartefrist* vorsehen; dies ist die zweite Einschränkung (Art. 39 Abs. 4 BV; vgl. Rz. 33).

22   Die *ausländische Wohnbevölkerung* ist von den politischen Rechten in der Schweiz weitgehend ausgeschlossen. Für die Bundesebene folgt dies

bereits aus Art. 136 Abs. 1 BV. Auch in den Kantonen ist der Ausschluss die Regel.

Es gibt aber *Ausnahmen*. So können die Landeskirchen und Kirchgemeinden beispielsweise in Bern, Uri und Solothurn den Ausländern das Stimmrecht in kirchlichen Angelegenheiten gewähren (Art. 122 Abs. 2 KV-BE; Art. 18 Abs. 1 KV-UR; Art. 55 Abs. 3 KV-SO). Appenzell Ausserrhoden und die Waadt kennen das Ausländerstimmrecht auf kommunaler Ebene (Art. 105 Abs. 2 KV-AR, durch Entscheid der Gemeinde; Art. 142 Abs. 1 Bst. b KV-VD, kraft Verfassung). In den Kantonen Neuenburg und Jura sind Ausländer auch in kantonalen Angelegenheiten stimmberechtigt (Art. 37 Abs. 1 Bst. c KV-NE; Art. 73 KV-JU, hier allerdings mit Ausnahme der Verfassungsabstimmungen, vgl. Art. 3 des jurassischen Gesetzes sur les droits politiques).

bb. Politische Volljährigkeit

Im Bund setzt die Stimmfähigkeit mit dem *zurückgelegten 18. Altersjahr* 23 ein. Auch in den Kantonen gilt durchwegs das Stimmrechtsalter 18.

Beim *passiven Wahlrecht* bestehen vereinzelt *obere Altersgrenzen.* 24

So darf gemäss Art. 78 Abs. 4 KV-GL nicht mehr in den Regierungsrat, in den Ständerat oder in Gerichte gewählt werden, wer das 65. Altersjahr vollendet hat (hierzu BBl 1989 III 739 ff.). Ähnlich Art. 66 KV-AR. Zur Zulässigkeit solcher Grenzen vgl. hinten § 51 Rz. 8. Obere Altersgrenzen beim *aktiven* Stimm- und Wahlrecht dagegen wären von vornherein verfassungswidrig (PASCAL MAHON, La citoyenneté active en droit public suisse, in: Verfassungsrecht, § 20 Rz. 17).

cc. Abwesenheit von Stimmausschlussgründen

In eidgenössischen Angelegenheiten ist vom Stimmrecht einzig ausge- 25 schlossen, wer wegen Geisteskrankheit oder Geistesschwäche entmündigt wurde, mithin selbst über eine *minimale politische Urteilsfähigkeit* nicht mehr verfügt (Art. 136 Abs. 1 Satz 1 BV und Art. 369 ZGB; die anderen Entmündigungsgründe wirken sich auf das Stimmrecht nicht aus). Die Kantone haben sich bis auf unbedeutende Ausnahmen der eidgenössischen Regelung angeschlossen.

Der Regelungsspielraum der Kantone ist ohnehin nur gering. So wäre es schon wegen Art. 8 und Art. 51 Abs. 1 Satz 1 BV unzulässig, das Stimmrecht den Steuerpflichtigen vorzubehalten und steuerbefreite Personen von Wahlen und Abstimmungen auszusperren (vgl. bereits BBl 1874 III 50; BGE 41 I 58 E. 4 S. 63 f., Zbinden; 43 I 184 S. 187, Schädeli). Auch Steuerschulden, selbstverschuldete Zahlungsunfähigkeit und Straffälligkeit dürfen nicht zum Verlust des Stimmrechts führen.

Präzisierend ist beizufügen: Straftäter können mit *Amtsunfähigkeit* belegt werden, was zu einem vorübergehenden Verlust des *passiven* Wahlrechts führt (Art. 51 StGB; Art. 38 MStG).

2. Örtlicher Geltungsbereich

a.   *Grundsatz: Ausübung der politischen Rechte am Wohnsitz*

26   Politische Rechte dürfen *nur am Wohnsitz* ausgeübt werden. Der Satz gilt ohne Unterschied für *eidgenössische, kantonale und kommunale* Angelegenheiten (Art. 39 Abs. 2 Satz 1 BV). Das Wohnsitzprinzip will einerseits sicherstellen, dass die Betätigung des politischen Willens jenem Gemeinwesen zugerechnet wird, von dessen Rechtsordnung die einzelnen Stimmberechtigten am stärksten betroffen sind; andererseits soll es Wahlsöldnertum unterbinden (vgl. BGE 49 I 416 E. 3 f. S. 431 ff., Bachmann).

27   Vom Wohnsitzprinzip kann verschiedentlich *abgewichen* werden (vgl. Art. 39 Abs. 2 Satz 2 BV).

– *Fahrende* stimmen in ihrer Heimatgemeinde (Art. 3 Abs. 1 Satz 2 BPR).

– *Auslandschweizer* können ihre Stimme in eidgenössischen Angelegenheiten vom Ausland aus abgeben (Bundesgesetz über die politischen Rechte der Auslandschweizer vom 19. Dezember 1975, SR 161.5, besonders Art. 1, 2, 5). Manche Kantone kennen für ihre Urnengänge entsprechende Vorschriften (vgl. Art. 55 Abs. 2 KV-BE; Art. 30 KV-TI).

– Soweit Geschäfte an *Landsgemeinden* entschieden werden, verlangt das Wohnsitzprinzip bloss einen Wohnsitz im betreffenden Kanton, nicht aber in einer bestimmten Gemeinde (in diesem Sinne ausdrücklich Art. 56 Abs. 3 KV-GL).

Die *briefliche Stimmabgabe* stellt *keine Durchbrechung* des Wohnsitzprinzips dar, weil die Briefstimme jener Gemeinde zuordnet wird, wo der brieflich Stimmende im Stimmregister eingetragen ist.

b. Voraussetzungen des politischen Wohnsitzes

aa. Politischer Wohnsitz grundsätzlich am zivilrechtlichen Wohnsitz

Der politische Wohnsitz stimmt von wenigen Ausnahmen abgesehen mit dem *zivilrechtlichen Wohnsitz* gemäss Art. 23 ZGB überein (Art. 3 BPR). Die Ausnahmen betreffen Bevormundete, Wochenaufenthalter und getrennt lebende Eheleute (Art. 1 VPR). 28

bb. Formelle Begründung des politischen Wohnsitzes

Zivilrechtlicher Wohnsitz entsteht formlos; der politische Wohnsitz hingegen bedarf *förmlicher Begründung,* sonst wären Missbräuche kaum zu verhindern. Zur förmlichen Begründung genügt die Hinterlegung des Heimatscheins, worauf die Eintragung in das Stimmregister erfolgt (Art. 3 f. BPR). 29

cc. Einheit des politischen Wohnsitzes

Niemand darf *an mehreren Orten zugleich* politische Rechte ausüben. Die Einheit des politischen Wohnsitzes ist zwar ausdrücklich nur für das interkantonale Verhältnis ausgesprochen (Art. 39 Abs. 3 BV); sie gilt aber als zwingende Konsequenz des Gleichheitssatzes auch im Verhältnis zwischen zwei Gemeinden ein und desselben Kantons. 30

Mit Rücksicht auf die Einheit des politischen Wohnsitzes ist es den Kantonen nicht erlaubt, ihren Bürgern mit auswärtigem Wohnsitz in der Schweiz zusätzlich zu ihren politischen Rechten im Wohnsitzkanton (oder auch anstelle dieser Rechte) eine Art ‚Heimatstimmrecht' einzuräumen. 31

3. Zeitlicher Geltungsbereich

a. Grundsatz: Stimmberechtigung ab Wohnsitznahme

Bei *eidgenössischen* Urnengängen besteht *keine Wartefrist:* Zugezogene haben am neuen Wohnsitz zu Wahlen und Abstimmungen des Bundes sofort Zutritt, soweit sie sich über ihre Stimmberechtigung ausgewiesen haben. Gleiches gilt heute weithin auch in den Kantonen. 32

b.   *Zulässigkeit einer Wartefrist bei kantonalen und kommunalen*
      Wahlen und Abstimmungen

33   In *kantonalen* und *Gemeindeangelegenheiten* wird das Stimmrecht *spä-*
      testens nach einer Niederlassung von drei Monaten erworben (Art. 39
      Abs. 4 BV). Die Wartefrist soll dafür sorgen, dass sich Ortsfremde ein-
      leben, bevor sie an Wahlen und Abstimmungen teilnehmen. Nur noch
      wenige Kantone kennen solche Wartefristen.

4.   Sachlicher Geltungsbereich

a.   *Grundsatz: Volkswahlen, Volksabstimmungen*

34   Der sachliche Geltungsbereich des Stimmrechts fällt weitgehend mit
      dem Wirkungsfeld der politischen Rechte zusammen, wie sie sich aus
      Verfassung und Gesetz ergeben. Das Stimmrecht beschlägt also nur
      jene staatlichen Willensfindungsprozesse, die *durch Volkswahl oder*
      Volksabstimmung entschieden werden, sowie Vorgänge, die mit solchen
      Wahlen und Abstimmungen unmittelbar zusammenhängen (vgl. BGE
      125 I 21 E. 5b S. 37, Grüne Bewegung Uri).

      Neben den eidgenössischen, kantonalen und kommunalen Urnengängen gelten als
      Volkswahlen und Volksabstimmungen beispielsweise:
      – Wahlen und Abstimmungen in *Bürgergemeinden* oder *Kirchgemeinden* (BGE
        105 Ia 368 E. 2 S. 369 f., Reichmuth);
      – *konsultative Volksbefragungen,* sofern sie in den für ‚echte‘ Abstimmungen
        üblichen Formen durchgeführt werden (BGE 104 Ia 226 E. 1a S. 228 f., Fau-
        quex).

35   *Nicht im Schutzbereich* des Stimmrechts liegen demnach insbesondere:
      – Wahlen und Abstimmungen in Körperschaften, die keine Citoyens,
        sondern lediglich ein *Zweckpublikum* vereinigen (z.B. Landumle-
        gungsgenossenschaften);
      – Wahlen und Abstimmungen, die vom *Parlament* oder von der *Re-*
        gierung vorgenommen werden (es sei denn, Beschlüsse dieser Orga-
        ne wirkten sich unmittelbar auf die Auslösung eines Volksrechts
        aus, wie dies etwa beim Entscheid über Unterstellung oder Nicht-
        unterstellung einer Vorlage unter das Referendum zutrifft).

b. *Tatsächliche Voraussetzungen der Stimmrechtsausübung als*
      Schutzgegenstand des Stimmrechts

Der sachliche Schutzbereich des Stimmrechts erstreckt sich auch über   36
gewisse tatsächliche Voraussetzungen der Stimmrechtsausübung.

– Das Stimmrecht verschafft Zugang zu *behördlichen Informationen,*
  soweit dies für die Wahrnehmung des Stimmrechts – z.B. für die
  Ausarbeitung einer Volksinitiative – erforderlich ist (BGE 107 Ia
  304 E. 4d S. 311, Fuchs).

– Es vermittelt bedingten Anspruch auf die *Benützung öffentlicher*
  Strassen und Plätze, wenn für ein Volksbegehren oder ein Referendum Unterschriften gesammelt werden sollen (hinten § 51 Rz. 10
  ff.).

– Die Stimmberechtigten haben Anspruch auf *leichte Erreichbarkeit*
  von Wahlen und Abstimmungen. Besonders Gemeindeversammlungen sind örtlich und zeitlich so anzusetzen, dass „möglichst viele"
  Bürger ihre politischen Rechte ohne unzumutbare Opfer wahrnehmen können (BGE 45 I 148 E. 3 S. 153, Maurer; vgl. auch ZBl
  1997 252).

  Der Satz ändert allerdings nichts an einem *grundsätzlichen Problem der Ver-*
  sammlungsdemokratie: Gewisse Personengruppen wie Betagte und Kranke oder
  Erwerbstätige mit unregelmässiger Arbeitszeit haben von vornherein nur sehr
  eingeschränkte Möglichkeiten, an Gemeindeversammlungen oder Landsgemeinden teilzuhaben (BGE 121 I 138 E. 4a S. 143, Willi Rohner).

c. *Erfüllung von Rechtsetzungsaufträgen als Schutzgegenstand des*
    Stimmrechts?

Die Rechtsprechung hat verschiedentlich festgehalten, das Ergebnis   37
einer ordnungsgemäss durchgeführten Abstimmung müsse von den
Behörden „anerkannt" werden (z.B. BGE 112 Ia 208 E. 1b S. 211, Kritisches Forum Schwyz). Daraus folgt u.a. der Anspruch auf getreue Umsetzung einer als allgemeine Anregung eingebrachten Volksinitiative
durch den Gesetzgeber (hinten § 51 Rz. 16 f.). Darüber hinausgehend
scheint das Bundesgericht neuerdings anzunehmen, das Stimmrecht
vermittle ganz allgemein den Anspruch darauf, dass die Behörden die
zur Durchführung einer gutgeheissenen Volksinitiative erforderlichen
Schritte in die Wege leiten (ZBl 1995 419 E. 1b S. 421). Die Tragweite
des angeführten Entscheids erscheint freilich noch wenig geklärt.

IV. Aufgabenteilung zwischen Bund und Kantonen im Bereich der politischen Rechte

38 *Grundsätzlich* regeln Bund und Kantone die politischen Rechte ihrer Ebene autonom (Art. 39 Abs. 1 BV): Wahlen und Abstimmungen in eidgenössischen Angelegenheiten richten sich nach Bundesverfassung und einschlägigem Bundesgesetzesrecht; für Wahlen und Abstimmungen in kantonalen Angelegenheiten ist zunächst kantonales Recht massgebend. Von diesem Grundsatz bestehen aber gewisse *Ausnahmen.*

39 *Eidgenössische Wahlen und Abstimmungen* einerseits werden *von den Kantonen durchgeführt.* Hierbei gilt ergänzend kantonales Recht (Art. 10 Abs. 2, Art. 83 BPR), was zu geringfügigen Abweichungen von Kanton zu Kanton führen kann, etwa bei den Lokalöffnungszeiten.

40 *Kantonale Wahlen und Abstimmungen* andererseits unterliegen gewissen *bundesrechtlichen Vorschriften,* von denen die meisten bereits in anderem Zusammenhang erwähnt wurden.
   - Art. 51 BV schreibt den Kantonen ein *Minimum an politischen Rechten* vor (vorn § 18 Rz. 12 ff.).
   - Aus den Art. 8 und 37 Abs. 2 BV ergibt sich der *Grundsatz des allgemeinen und gleichen Stimmrechts* (Rz. 19 f.).
   - Art. 39 Abs. 2–4 BV statuiert gewisse *Randbedingungen des Stimmrechts* in den Kantonen, nämlich das Wohnsitzprinzip, die Einheit des politischen Wohnsitzes und die höchst zulässige Wartefrist für Zugezogene (Rz. 26 ff., 33).
   - *Wehrdienst- und Zivilschutzpflichtige* können während des Dienstes auch bei kantonalen und kommunalen Urnengängen brieflich stimmen (Art. 9 BPR).
   - Der Bundesrat sorgt wenn nötig für *geordnete Durchführung* kantonaler Wahlen und Abstimmungen (Art. 185 Abs. 2 und Art. 186 Abs. 4 BV; vgl. die Überwachung der Juraplebiszite 1974/1975 durch den Bund, AS 1974 887).

V. Gerichtliche Durchsetzung der politischen Rechte

1. Bei eidgenössischen Wahlen und Abstimmungen

41 Bezüglich eidgenössischer Wahlen und Abstimmungen beurteilt das Bundesgericht:
   - Beschwerden wegen *Missachtung von Inhalt und Zweck einer allgemeinen Volksinitiative* durch die Bundesversammlung (Art. °189 Abs. 1bis BV) sowie allgemein

606

– Beschwerden wegen *Verletzung bundesrechtlicher Vorschriften über die politischen Rechte* (Art. *189 Abs. 1 Bst. f BV), wobei aber Akte der Bundesversammlung und des Bundesrats grundsätzlich nicht vor das Bundesgericht getragen werden können (Art. *189 Abs. 4 BV).

Die genannten Verfassungsbestimmungen waren bei Redaktionsschluss dieses Buches mangels Ausführungsrechts noch nicht in Kraft. Vorerst gelten die Rechtsschutzbestimmungen der Art. 77–82 BPR fort. Es bestehen folgende Beschwerdemöglichkeiten: 42

– *Stimmrechtsbeschwerde* an die *Kantonsregierung* und mit Verwaltungsgerichtsbeschwerde direkt weiter an das *Bundesgericht* (Art. 77 Abs. 1 Bst. a, Art. 80 Abs. 1 BPR). Mit Stimmrechtsbeschwerde kann die *Verletzung der individuellen Stimmberechtigung* gerügt werden (z.b. Fehler bei Stimmregistereinträgen oder bei der Stimmrechtsbescheinigung). Die Stimmrechtsbeschwerde nach Art. 77 BPR ist von der Stimmrechtsbeschwerde nach Art. 85 Bst. a OG streng zu trennen.

– *Abstimmungsbeschwerde* an die *Kantonsregierung* und weiter an den *Bundesrat* (Art. 77 Abs. 1 Bst. b, Art. 81 BPR). Mit Abstimmungsbeschwerde können *Unregelmässigkeiten bei eidgenössischen Abstimmungen* zur Sprache gebracht werden. Hierzu zählen auch unzulässige Interventionen von Behörden in eidgenössische Wahl- und Abstimmungskämpfe (ZBl 1986 272). Gegen tendenziöse Abstimmungserläuterungen des Bundesrats besteht freilich kein Rechtsschutz; sie gelten als der gerichtlichen Kontrolle entzogener ‚Regierungsakt‘ (vgl. VPB 1980 Nr. 2).

– *Wahlbeschwerde* an die *Kantonsregierung* und weiter an den *Nationalrat* (Art. 77 Abs. 1 Bst. c, Art. 82 BPR). Die Wahlbeschwerde entspricht der soeben erwähnten Abstimmungsbeschwerde: Wahlbeschwerde hat zu ergreifen, wer *Unregelmässigkeiten bei den Nationalratswahlen* geltend machen will. *Ständeratswahlen* dagegen sind kantonale Wahlen; zutreffendes Rechtsmittel ist diesfalls die Stimmrechtsbeschwerde an das Bundesgericht (Art. 85 Bst. a OG; BGE 114 Ia 263, Appenzeller Bürgerinnen; 98 Ia 602, Aschwanden).

Überdies kann gegen *Verfügungen der Bundeskanzlei* über die Vorprüfung von Volksinitiativen und über das Zustandekommen von Initiativen und Referenden Verwaltungsgerichtsbeschwerde an das Bundesgericht geführt werden (Art. 80 Abs. 2–4 BPR; hinten § 49 Rz. 22, 24).

2. Bei kantonalen Wahlen und Abstimmungen

Soweit kantonale Wahlen und Abstimmungen in Frage stehen, ist nach Ausschöpfung der kantonalen Rechtsmittel die *Stimmrechtsbeschwerde an das Bundesgericht* gegeben (Art. 85 Bst. a OG).   43

Die Stimmrechtsbeschwerde bildet einen *Fall der staatsrechtlichen Beschwerde* (Art. *189 Abs. 1 Bst. f BV). Gegenüber der Verfassungsbeschwerde als Hauptkategorie der staatsrechtlichen Beschwerde (Art. 84 Abs. 1 Bst. a OG) bestehen aber gewisse *Besonderheiten*.   44

Vgl. dazu Rz. 15 sowie ZIMMERLI/KÄLIN/KIENER, Öffentliches Verfahrensrecht, S. 173 ff.; zur Abgrenzung der Stimmrechtsbeschwerde gegenüber der Verfassungsbeschwerde vgl. a.a.O., S. 176 f., sowie grundlegend BGE 105 Ia 349 E. 4b S. 360 ff., Stauffacher.

3. Folgen festgestellter Unregelmässigkeiten

45 Unregelmässigkeiten führen nur dann zur Aufhebung einer Abstimmung oder Wahl, „wenn der Fehler eine entscheidende Auswirkung auf das Ergebnis haben konnte". Ob der Fehler in diesem Sinne erheblich war, beurteilt sich verschieden je nach dem, ob seine Auswirkungen ziffernmässig genau feststellbar sind oder nicht (BGE 112 Ia 129 E. 3a S. 134, Vetter).

a. Unregelmässigkeiten mit bezifferbaren Auswirkungen

46 Bezifferbare Auswirkungen können vor allem bei solchen Mängeln eintreten, die sich auf die *Rechtmässigkeit von nachweisbaren Einzelstimmen* beziehen. Hierzu zählen die Teilnahme nicht stimmberechtigter Personen, der Ausschluss Berechtigter vom Urnengang, Stimmenfang sowie doppelte Stimmabgabe. Die Wahl oder Abstimmung ist zu kassieren, wenn das Ergebnis nach Abrechnung der mangelhaften Stimmen umschlägt. In der Praxis sind solche Fälle selten (vgl. etwa ZBl 1997 252 E. II/2b S. 253 f.).

b. Übrige Unregelmässigkeiten

47 Meistens bleibt ungewiss, wie viele verfälschte Stimmen der Verfahrensfehler bewirkt hat. Dies trifft besonders auf Fälle unzulässiger behördlicher Interventionen zu. Dann muss eine *Interessenabwägung* vorgenommen werden (BGE 119 Ia 271 E. 3b S. 274, A. [Wallisellen]):

> „Dabei ist nach den gesamten Umständen – sowohl in quantitativer als auch in qualitativer Hinsicht – zu beurteilen, ob eine Beeinflussung des Abstimmungsergebnisses möglich gewesen ist. Namentlich wird auf die Schwere des festgestellten Mangels und dessen Bedeutung im Rahmen der gesamten Abstimmung sowie auf die Grösse des Stimmenunterschiedes abgestellt. Erscheint die Möglichkeit, dass die Abstimmung ohne den Mangel anders ausgefallen wäre, nach den gesamten Umständen als derart gering, dass sie nicht mehr ernsthaft in Betracht fällt, so kann von der Aufhebung des Urnenganges abgesehen werden."

In Abweichung von der oben wiedergegebenen Formel führen *private* 48
Interventionen in Wahl- und Abstimmungskämpfe nur ganz ausnahmsweise zur Wiederholung einer Wahl oder Abstimmung: nämlich
wenn die Auswirkung des Mangels auf das Abstimmungsergebnis „ausser Zweifel steht oder zumindest als sehr wahrscheinlich erscheint"
(BGE 119 Ia 271 E. 3c S. 274 f., A. [Wallisellen]; vgl. auch hinten § 52
Rz. 30).

Im Übrigen gilt: *Je grundsätzlicher der Mangel erscheint, desto weniger* 49
kann es auf den Stimmenunterschied ankommen. Die Wiederholung des
Urnengangs hat dann vor allem den Sinn, die Zweifel an der Legitimität des Ergebnisses zu beseitigen und das Vertrauen in den demokratischen Prozess wiederherzustellen (vgl. BGE 113 Ia 291 E. 4b S. 303,
Dora Geissberger [Kleinandelfingen]; 114 Ia 427 E. 8b S. 451, Heinz
Aebi [Laufental II]).

§ 49 Politische Rechte im Bund

I. Geschichtlicher Rückblick

1. Bundesverfassung 1848

1   Die Bundesverfassung 1848 sah folgende politische Rechte vor:
   - *Volkswahl des Nationalrats* (Art. 62 BV 1848);
   - *Volksinitiative auf Totalrevision* der Bundesverfassung (Art. 113 BV 1848; 50 000 Unterschriften);
   - *obligatorische Volksabstimmung über den Grundsatz der Totalrevision* (Art. 113 BV 1848; Volksmehr);
   - *obligatorisches Verfassungsreferendum* (Art. 114 BV 1848; Volks- und Ständemehr).

   Stimm- und wahlberechtigt waren alle Schweizer Männer, die das 20. Altersjahr zurückgelegt hatten (Art. 63 BV 1848).

2. Bundesverfassung 1874

2   Mit der *Totalrevision* von 1874 wurden die politischen Rechte der BV 1848 ergänzt um das fakultative Referendum gegen Bundesgesetze und allgemeinverbindliche Bundesbeschlüsse (Art. 89 Abs. 2 aBV; 30 000 Unterschriften).

3   Im weiteren Verlauf hat der Verfassungsgeber die politischen Rechte durch entsprechende *Teilrevisionen* sukzessive erweitert.
   - 1891: Einführung der Volksinitiative auf Teilrevision der Bundesverfassung (Art. 118 ff. aBV; 50 000 Unterschriften);
   - 1918: Wechsel zum Proporzsystem bei den Nationalratswahlen (Art. 73 aBV);
   - 1921: Einführung des Staatsvertragsreferendums (Art. 89 Abs. 3–5 aBV);
   - 1939: Neuordnung des Dringlichkeitsrechts (zunächst Art. 89, später Art. 89bis aBV);
   - 1949: Einführung des nachträglichen Referendums gegen Dringlichkeitsrecht (Art. 89bis aBV);
   - 1971: Einführung des Frauenstimmrechts (Art. 74 aBV);
   - 1977: Erhöhung der Unterschriftenzahlen für die Volksinitiative von 50 000 auf 100 000 (Art. 120 Abs. 1, Art. 121 Abs. 2 aBV) und für das Referendum von 30 000 auf 50 000 (Art. 89 Abs. 2, Art. 89bis Abs. 2 aBV) sowie Neuordnung des Staatsvertragsreferendums (Art. 89 Abs. 3–5 aBV);
   - 1987: Zulassung des Doppelten Ja bei Abstimmungen über Initiative und Gegenentwurf (Art. 121bis aBV);
   - 1991: Herabsetzung des Stimmrechtsalters von 20 auf 18 (Art. 74 Abs. 2 aBV).

Der Ausbau der Partizipationsrechte geht zu wesentlichen Teilen auf Volksinitiativen zurück oder erscheint als Nachvollzug der Rechtsentwicklung in den Kantonen. Zur Entwicklung der politischen Rechte auf Bundesebene im Einzelnen vgl. AUBERT, Bundesstaatsrecht, Rz. 158–184; AUER/MALINVERNI/HOTTELIER, Droit constitutionnel I, Rz. 704 f.; ALFRED KÖLZ, Der Weg der Schweiz zum modernen Bundesstaat, Chur/Zürich 1998; THIERRY TANQUEREL, Les fondements démocratiques de la Constitution, in: Verfassungsrecht, § 18 Rz. 6–9.

3. Bundesverfassung 1999

Unter der BV 1999 sind die Volksrechte *erneut ausgebaut* worden, nämlich im Jahre 4
2003 zunächst um
– eine allgemeine Volksinitiative, welche die bisherige Volksinitiative auf Teilrevision der Bundesverfassung in der Form der allgemeinen Anregung ablöst (Art. °139a BV); ausserdem wurde
– das Staatsvertragsreferendum auf sämtliche Verträge ausgedehnt, welche wichtige rechtsetzende Bestimmungen enthalten oder deren Umsetzung den Erlass von Bundesgesetzen erfordert (Art. °141 Abs. 1 Bst. d Ziff. 3 BV).
Die *Aufzählung der Volksrechte* in den Art. 136 und 138–142 BV ist *abschliessend*. Der Kanon der Volksrechte prägt in entscheidender Weise das Machtgefüge von Volk, Parlament und Regierung; über die Einführung neuer Volksrechte kann darum nur der Verfassungsgeber entscheiden. Erweiterungen durch einfaches Gesetz sind unzulässig, es sei denn die Verfassung selbst ermächtige den Gesetzgeber dazu (vgl. in diesem Sinne die – praktisch wenig bedeutsame – Erweiterungsklausel in Art. 141 Abs. 1 Bst. c BV; dazu vorn § 45 Rz. 42).
Für einen Überblick über die politischen Rechte im Bund statt vieler ETIENNE GRISEL, Les droits populaires au niveau fédéral, in: Verfassungsrecht, § 24. Umfassende Darstellungen bei GRISEL, Initiative et référendum, sowie HANGARTNER/KLEY, Demokratische Rechte.

II. Teilnahme an Nationalratswahlen

Einzige Volkswahl auf Bundesebene ist die *Wahl in den Nationalrat* 5
(Art. 136 Abs. 2, Art. 149 Abs. 2 BV).
Initiativen auf Volkswahl des Bundesrats sind 1900 und 1942 gescheitert (BBl 1900 IV 775, 1942 89).

Die *Ständeratswahlen* sind kantonale Wahlen (Art. 150 Abs. 3 BV; hin- 6
ten § 50 Rz. 4).

1.   Aktives Wahlrecht

7   Das aktive Wahlrecht umfasst das Recht,
- den *Nationalrat* zu wählen (Art. 149 BV; Art. 16–57 BPR) sowie
- *Wahlvorschläge* für die Nationalratswahlen zu unterzeichnen (Art. 24 BPR).

2.   Passives Wahlrecht

8   Im Bund bezieht sich das passive Wahlrecht allein auf die *Wahl in den Nationalrat.* Wählbar sind alle Stimmberechtigten (Art. 143 BV).

Die Stimmberechtigung in eidgenössischen Angelegenheiten ist ausserdem Wählbarkeitserfordernis für Mitglieder des Bundesrats und des Bundesgerichts (Art. 143 BV). Bundesrats- und Bundesrichterwahlen werden aber nicht vom Volk, sondern von der Bundesversammlung vorgenommen; sie stehen darum nicht unter dem Schutz der politischen Rechte gemäss Art. 34 BV (vorn § 48 Rz. 35).

III.   Teilnahme an eidgenössischen Abstimmungen

1.   Gegenstand und Auslösung der Abstimmungen sowie erforderliches Mehr

a.   *Obligatorische Referenden*

9   Unterliegt eine Vorlage dem obligatorischen Referendum, so wird sie *von Amtes wegen* der Abstimmung zugeleitet. *Art. 140 Abs. 1 BV* sieht obligatorische Referenden vor für:
- *Änderungen der Bundesverfassung* (Bst. a);
- *Staatsverträge* über den Beitritt zu *Organisationen für kollektive Sicherheit* oder zu *supranationalen Gemeinschaften* (Bst. b);
- *verfassungsändernde dringliche Bundesgesetze*, deren Geltungsdauer ein Jahr übersteigt (Bst. c).

Diese Vorlagen bedingen die Zustimmung von *Volk und Ständen* (Art. 140 Abs. 1 Ingress und Art. 142 Abs. 2–4 BV).

10   Weitere obligatorische Abstimmungen finden gemäss *Art. 140 Abs. 2 BV* statt über:
- die *Grundsatzfrage,* ob eine *Totalrevision der Bundesverfassung* durchzuführen sei (Bst. a: bei Volksinitiativen auf Totalrevision

immer; Bst. c: bei behördlich eingeleiteter Totalrevision nur, wenn die Räte sich uneins sind);

- *allgemeine Volksinitiativen,* sofern die Bundesversammlung sie ablehnt (Bst. °b);
- *Gesetzesvorlagen zu einer allgemeinen Volksinitiative,* sofern die Bundesversammlung dieser Vorlage einen *Gegenentwurf* gegenüberstellt (Bst. °a^bis).

In diesen Fällen genügt das *Volksmehr* (Art. 140 Abs. 2 Ingress und Art. 142 Abs. 1 BV).

b. Fakultative Referenden

Bei Vorlagen, für welche das fakultative Referendum vorgesehen ist, kommt es nur dann zur Abstimmung, wenn *50 000 Stimmberechtigte* oder *acht Kantone* es verlangen. Im ersten Fall spricht man von Volksreferendum, im zweiten von Kantonsreferendum (vgl. die Gliederungstitel vor Art. 60 und 67 BPR). *Art. 141 Abs. 1 BV* unterstellt dem fakultativen Referendum:

11

- *Bundesgesetze* (Bst. a);
- *verfassungskonforme dringliche Bundesgesetze,* deren Geltungsdauer ein Jahr übersteigt (Bst. b);
- *Bundesbeschlüsse,* soweit Verfassung oder Gesetz dies vorsehen (Bst. c; vgl. vorn § 45 Rz. 42);
- *Staatsverträge,* die (alternativ)
  - *unbefristet und unkündbar* sind (Bst. d Ziff. 1);
  - den *Beitritt zu einer internationalen Organisation* vorsehen (Bst. d Ziff. 2);
  - *wichtige rechtsetzende Bestimmungen* enthalten oder deren Umsetzung den *Erlass von Bundesgesetzen* erfordert (Bst. d Ziff. °3).

    Art. 141 Abs. 2 BV, wonach die Bundesversammlung „weitere völkerrechtliche Verträge" dem fakultativen Referendum unterstellen kann, ist durch die jüngste Ausweitung des Staatsvertragsreferendums (Bst. d Ziff. °3) hinfällig geworden.

Zur Annahme aller dieser Vorlagen genügt das *Volksmehr* (Art. °141 Abs. 1 Ingress und Art. 142 Abs. 1 BV).

c.   *Insbesondere: Abstimmungen als Folge einer Volksinitiative*

12   *Verfassungsinitiativen* führen stets zu *obligatorischen* Referenden. Dabei
       ist wie folgt zu unterscheiden:
       – *Volksinitiativen auf Totalrevision der Bundesverfassung* lösen eine
         Volksabstimmung über den *Grundsatz* der Revision aus (Art. 138
         Abs. 2, Art. 140 Abs. 2 Bst. a BV; nur Volksmehr). Eine allfällige
         spätere Verfassungsvorlage unterliegt dem üblichen Verfassungsrefe-
         rendum (Art. 140 Abs. 1 Bst. a BV; Volks- und Ständemehr).
       – *Formulierte Volksinitiativen auf Teilrevision der Bundesverfassung*
         werden mit oder ohne parlamentarischen Gegenentwurf der Volks-
         abstimmung zugeleitet (Art. °139 Abs. 3 Satz 1 und 3, Art. °139b,
         Art. 140 Abs. 1 Bst. a BV; Volks- und Ständemehr).

13   Bei der *allgemeinen Volksinitiative* gestalten sich die Dinge wesentlich
       komplizierter. Zu einer Volksabstimmung über den *Grundsatz* der
       Revision kommt es, wenn das Parlament der Initiative nicht von sich
       aus zustimmt (Art. °139a Abs. 5 Satz 1, Art. °140 Abs. 2 Bst. b BV; nur
       Volksmehr). Das *weitere Abstimmungsprozedere* hängt von der Art und
       Weise ab, wie die Initiative umgesetzt wird.
       – Entscheidet sich das Parlament für die *Verfassungsebene,* so greift das
         obligatorische Verfassungsreferendum (Art. °139a Abs. 3, Art. 140
         Abs. 1 Bst. a BV; Volks- und Ständemehr). Das Parlament kann der
         Verfassungsänderung im Sinn der Initiative einen eigenen Gegen-
         entwurf gegenüberstellen (Art. °139a Abs. 4, Art. °139b BV).
       – Führt die Initiative hingegen bloss zu Änderungen auf der *Gesetzes-
         ebene,* so sind zwei Konstellationen zu unterscheiden.
         – *Grundsätzlich* unterliegt die Vorlage dem *fakultativen Gesetzesre-
           ferendum* und eine Volksabstimmung wird nur angesetzt, wenn
           das Referendum zustande kommt (Art. °139a Abs. 3, Art. 141
           Abs. 1 Bst. a BV; nur Volksmehr).
         – Zu Gesetzen im Sinne der Initiative kann das Parlament eben-
           falls einen eigenen *Gegenentwurf* ausarbeiten. In diesem Fall ist
           eine *obligatorische Volksabstimmung* unvermeidlich (Art. °139a
           Abs. 4, Art. °140 Abs. 2 Bst. a[bis] BV; nur Volksmehr).

2.   Zeitpunkt der Abstimmung

14   *Grundsätzlich* kann eine referendumspflichtige Vorlage erst nach unbe-
       nutztem Ablauf der Referendumsfrist oder nach bestandener Abstim-

mung in Kraft treten. Eine allfällige Abstimmung findet also *vorgängig* statt und das Referendum wirkt *suspensiv*.

Eine *Ausnahme* gilt für *dringliche Bundesgesetze*. Diese können sofort in 15 Kraft gesetzt werden; eine allfällige Abstimmung findet erst *nachträglich* statt und wirkt im Falle der Verwerfung *resolutiv* (Art. 165 Abs. 1-3 BV; vgl. vorn § 45 Rz. 30 ff.).

3. Grundsätze der Stimmabgabe

Eidgenössische Abstimmungen werden von den Kantonen durchge- 16 führt (vorn § 48 Rz. 39). Der Bund regelt indessen gewisse Grundsätze der Stimmabgabe. Die Grundsätze gelten in gleicher Weise auch für die Nationalratswahlen.

- Die Stimmabgabe erfolgt am *politischen Wohnsitz* (Art. 3 BPR; vorn § 48 Rz. 26 ff.).
- Es müssen die *amtlichen Stimm- und Wahlzettel* benützt werden. Sie dürfen nur *handschriftlich* ausgefüllt oder abgeändert werden (Art. 5 Abs. 1 und 2 BPR).
- *Briefliche Stimmabgabe* und *vorzeitige Stimmabgabe* sind zulässig (Art. 5 Abs. 3, Art. 7 und 8 BPR).
- Das *Stimmgeheimnis* ist zu wahren (Art. 5 Abs. 7 BPR; hinten § 52 Rz. 65 ff.).
- Die Kantone sorgen dafür, dass auch *Invalide* stimmen können (Art. 6 BPR).

4.   Tabellarischer Überblick

17   Der folgende z.T. vereinfachte Überblick ordnet die Abstimmungen *nach dem Typus der Abstimmungsvorlage.*

	Gegenstand	Auslösung der Abstimmung	Zeitpunkt der Abstimmung	Erforderliches Mehr
Verfassungs-vorlagen	Ganze BV (Totalrevision) BV 140.1.a	obligatorisch	vorgängig	Volk und Stände
	BV-Artikel (Teilrevision) BV 140.1.a	obligatorisch	vorgängig	Volk und Stände
	Grundsatz einer Totalrevision BV 140.2.a+c	obligatorisch	vorgängig	Volk
Gesetzes-vorlagen	Bundesgesetz BV 141.1.a	fakultativ	vorgängig	Volk
	dringl. BG mit BV-Grundlage BV 141.1.b	fakultativ	nachträglich	Volk
	dringl. BG ohne BV-Grundlage BV 140.1.c	obligatorisch	nachträglich	Volk und Stände
Staats-verträge	Verträge nach BV 140.1.b	obligatorisch	vorgängig	Volk und Stände
	Verträge nach BV °141.1.d	fakultativ	vorgängig	Volk
Bundes-beschlüsse	Soweit explizit vorgesehen BV 141.1.c	fakultativ	vorgängig	Volk
Sonderfall: Allgemeine Volks-initiative	Grundsatz einer Revision BV °140.2.b	obligatorisch	vorgängig	Volk
	Gesetz mit Gegenentwurf BV °140.2.a[bis]	obligatorisch	vorgängig	Volk

IV. Unterzeichnung von Initiativen und Referenden

An dieser Stelle ist ausschliesslich von *Volks*initiativen und (fakultati-   18
ven) *Volks*referenden die Rede, d.h. von Begehren, die *durch eine bestimmte Anzahl von Stimmberechtigten ausgelöst* werden.
Keine Initiativen und Referenden in diesem engen Sinne sind:
- das Initiativrecht des Parlaments (Art. 160 Abs. 1 BV);
- die Standesinitiative, selbst wenn sie innerkantonal durch die Stimmberechtigten in die Wege geleitet werden kann (Art. 160 Abs. 1 BV);
- das Initiativrecht des Bundesrats (Art. 181 BV);
- das Kantonsreferendum (Art. 141 Abs. 1 BV).
Beim obligatorischen Referendum (Art. 140 BV) entfällt die Notwendigkeit einer
Unterschriftensammlung.

1. Initiativen

a. Gegenstand

Eidgenössische Volksinitiativen beziehen sich vorwiegend auf *Verfas-*   19
sungsvorlagen. Mit der allgemeinen Volksinitiative lässt sich freilich
auch eine Änderung der *Bundesgesetzgebung* erreichen, sofern die Bundesversammlung die Gesetzesebene als ausreichend erachtet (vorn § 45
Rz. 73).

Die Volksinitiative kann bezwecken: 20
- die *Einleitung einer Totalrevision der Bundesverfassung* (Volksinitiative auf Totalrevision der Bundesverfassung, Art. °138 BV);
- die *Teilrevision der Bundesverfassung,* wobei die Initiative die Form
  des *ausgearbeiteten Entwurfs* aufweisen muss (formulierte Volksinitiative auf Teilrevision der Bundesverfassung, Art. °139 BV);
- die *Annahme, Änderung oder Aufhebung von Verfassungs- oder Gesetzesbestimmungen,* wobei die Initiative die Form der *allgemeinen Anregung* aufweisen muss (allgemeine Volksinitiative, Art. °139a BV).
Der Bund kennt keine formulierte Gesetzesinitiative, allerdings auch keine unteren
Schranken der Verfassungsrevision (vorn § 44 Rz. 30). Anliegen, die rechtstechnisch gesehen eher ins Gesetz gehören, können darum durchaus mittels formulierter Verfassungsinitiative vorgebracht werden. Insofern übernimmt die Verfassungsinitiative die Funktion einer Gesetzesinitiative – systemfremd vielleicht, von der
Praxis aber toleriert.
   Zur Unterscheidung zwischen Totalrevision und Teilrevision vorn § 44/I; zur
Unterscheidung zwischen allgemeiner Anregung und ausgearbeitetem Entwurf
hinten § 52/III.

b. Zustandekommen

21 Volksinitiativen auf Verfassungsrevision sowie allgemeine Volksinitiativen erfordern die Unterschrift von *100 000 Stimmberechtigten* (Art. °138, °139 und °139a BV, je Abs. 1).

22 Vor Beginn der Unterschriftensammlung unterzieht die Bundeskanzlei die Initiative einer *Vorprüfung* (Art. 69 BPR). Das Ergebnis der Vorprüfung ergeht in Form einer *Verfügung*, die vom Initiativkomitee mit Verwaltungsgerichtsbeschwerde beim Bundesgericht angefochten werden kann (Art. 80 Abs. 3 BPR). Die Vorprüfung erstreckt sich auf:

– die *Form der Unterschriftenliste*,

> Die Unterschriftenliste muss bestimmten Anforderungen genügen (Art. 68 BPR). Sie enthält unter anderem die Namen und Adressen von mindestens 7 und höchstens 27 Urhebern der Initiative (Initiativkomitee) sowie eine vorbehaltlose Rückzugsklausel, d.h. den Hinweis auf das Recht des Initiativkomitees zu erklären, dass auf die weitere Behandlung der eingereichten Initiative verzichtet wird (Rz. 25).

– den *Titel der Initiative*,

> Die Bundeskanzlei ändert den Titel der Initiative, wenn er irreführend ist, kommerzielle oder persönliche Werbung enthält oder zu Verwechslungen Anlass gibt. *Beispiele* beanstandeter Titel sind selten. 1997 sollte eine Initiative für „Das freie Wort" lanciert werden – in Wahrheit ging es aber nicht um Meinungsfreiheit, sondern um Streichung der Strafbestimmungen über die Rassendiskriminierung. Die Bundeskanzlei versah das Begehren mit dem Titel „Das freie Wort unter gleichzeitiger Abschaffung des Verbots der Rassendiskriminierung" (BBl 1998 2533). Die Initiative kam nicht zustande (BBl 1999 9553).

– sowie die *sprachliche Übereinstimmung* des deutschen, französischen und italienischen Initiativtextes.

> Nötigenfalls sorgt die Bundeskanzlei für korrekte Übersetzung.

Der *Inhalt des Volksbegehrens* ist niemals Gegenstand der Vorprüfung.

23 Titel und Text der Initiative sowie die Namen der Urheber werden sodann im Bundesblatt *veröffentlicht* (Art. 69 Abs. 4 BPR). Mit der Veröffentlichung beginnt die *Sammelfrist von 18 Monaten* zu laufen (Art. °138, °139 und °139a BV, je Abs. 1; Art. 71 BPR). Die Stimmberechtigten müssen handschriftlich unterzeichnen (Art. 70 i.V.m. Art. 61 BPR).

24 Die Unterschriftenlisten sind der Bundeskanzlei *vor Ablauf der Sammelfrist gesamthaft einzureichen* (Art. 71 BPR). Das Initiativkomitee holt zuvor bei den kantonalen Behörden die nötigen *Stimmrechtsbescheinigungen* ein (Art. 70 i.V.m. Art. 62 und 63 BPR). Allfällig verwei-

gerte Stimmrechtsbescheinigungen sind mit Beschwerde anfechtbar
(Art. 77 Abs. 1 Bst. a, Art. 79 und 80 BPR; vgl. auch hinten § 51
Rz. 13). Die Bundeskanzlei stellt fest, ob die Volksinitiative die vorgeschriebene Zahl gültiger Unterschriften aufweist und erklärt sie als
zustande gekommen oder nicht zustande gekommen. Die *Verfügung
über das Zustandekommen* wird im Bundesblatt veröffentlicht; sie unterliegt der Verwaltungsgerichtsbeschwerde an das Bundesgericht (Art. 72,
80 Abs. 2 BPR).

c. Rückzug

Volksinitiativen können von der Mehrheit des Initiativkomitees *zu-*   25
rückgezogen werden, solange der Bundesrat die Volksabstimmung noch
nicht angesetzt hat oder – sofern die Initiative die Form einer allgemeinen Anregung aufweist – solange die Bundesversammlung dem Begehren noch nicht zugestimmt hat (Art. 73 BPR). Ein Rückzug kommt
vor allem dann in Betracht, wenn die Bundesversammlung einen Gegenentwurf beschliesst, der die Anliegen der Initianten ausreichend
berücksichtigt (vgl. vorn § 44 Rz. 62).

d. Behandlung durch Bundesrat und Bundesversammlung

Zur Behandlung von Volksinitiativen auf Totalrevision vorn § 44   26
Rz. 45 ff.; zur Behandlung von Volksinitiativen auf Teilrevision vorn
§ 44 Rz. 58 ff.; zur Behandlung von allgemeinen Volksinitiativen vorn
§ 44 Rz. 67 ff.

2. Referenden

a. Gegenstand

Dem fakultativen Volksreferendum im Bund unterliegen nur die in   27
Art. 141 BV genannten Gegenstände (Rz. 11). Danach bezieht sich das
Referendum hauptsächlich auf Bundesgesetze (*Gesetzesreferendum*) und
bestimmte Staatsverträge (*Staatsvertragsreferendum;* vorn § 47 Rz. 20
ff.). Die Einführung des *Verwaltungsreferendums,* d.h. eines Referendums über Einzelakte der Bundesversammlung, ist in der Vergangenheit mehrmals verworfen worden. Zur Zeit unterliegen Einzelakte dem
Referendum nur, wenn sie aufgrund besonderer Verfassungs- oder Ge-

setzesbestimmung in die Form des referendumspflichtigen Bundesbeschlusses zu kleiden sind (Art. 141 Abs. 1 Bst. c BV; vorn § 45 Rz. 41 ff.).

b.   Zustandekommen

28   Volksreferenden erfordern die Unterschrift von *50 000 Stimmberechtigten* (Art. °141 Abs. 1 BV).

29   Die Unterschriftenliste muss bestimmten Anforderungen genügen (Art. 60 BPR). Anders als bei der Volksinitiative findet hierüber *keine Vorprüfung* statt.

Und anders als bei der Volksinitiative verlangt das BPR auch *kein förmlich konstituiertes Referendumskomitee* (Art. 60 Abs. 1 im Gegensatz zu Art. 68 Abs. 1 BPR). Dies aus zwei Gründen: Erstens können Unterschriften gegen ein und dieselbe Referendumsvorlage durch mehrere voneinander unabhängige Gruppen gesammelt werden (die beigebrachten Unterschriften werden alsdann zusammengezählt); zweitens dürfen zustande gekommene Referenden nicht zurückgezogen werden (deshalb besteht auch keine Notwendigkeit, ein dafür zuständiges Komitee zu bezeichnen; Rz. 32).

30   Die Referendumsvorlage wird im Bundesblatt *veröffentlicht*. Mit der Veröffentlichung beginnt die *Referendumsfrist von 100 Tagen* zu laufen (Art. °141 Abs. 1 BV Ingress; Art. 59 BPR). Die Stimmberechtigten müssen handschriftlich unterzeichnen (Art. 61 BPR).

31   Die *beglaubigten Unterschriften* sind der Bundeskanzlei *vor Ablauf der Referendumsfrist einzureichen* (Art. 59a BPR; vgl. Rz. 24 sinngemäss). Die Bundeskanzlei stellt fest, ob das Referendum die vorgeschriebene Zahl gültiger Unterschriften aufweist und erklärt es als zustande gekommen oder nicht zustande gekommen. Die *Verfügung über das Zustandekommen* wird im Bundesblatt veröffentlicht; sie ist mit Verwaltungsgerichtsbeschwerde an das Bundesgericht anfechtbar (Art. 66, 80 Abs. 2 BPR).

c.   Rückzug

32   Die parlamentarische Entscheidfindung ist mit der Schlussabstimmung über die Referendumsvorlage beendet; über zustande gekommene Referenden wird in der Bundesversammlung nicht mehr verhandelt. Folglich wäre der Rückzug eines Referendums politisch funktionslos. Aus

diesem Grunde bestimmt Art. 59b BPR, dass Referenden *nicht zurück-gezogen* werden dürfen.

Immerhin kann der Gesetzgeber unter bestimmten Voraussetzungen auf einen Erlass, gegen den das Referendum ergriffen wurde, zurückkommen und so einer Volksabstimmung aus dem Weg gehen (vgl. hinten § 51 Rz. 33 a.E.).

d. Behandlung durch Bundesrat und Bundesversammlung

Ist das Referendum zustande gekommen, so ordnet der Bundesrat die 33 Volksabstimmung an.

§ 50 Politische Rechte in den Kantonen

I. Bundesrechtliches Minimum und Gestaltungsfreiheit der Kantone

1   Die Verfassungen der Kantone müssen *mindestens* folgende politische Rechte vorsehen (Art. 51 Abs. 1 BV; vorn § 18 Rz. 12 ff.):
- die Volkswahl des Kantonsparlaments;
- das obligatorische Verfassungsreferendum;
- die Volksinitiative auf Verfassungsrevision.

2   Alle Kantone gewährleisten *darüber hinaus* weitere politische Rechte (Abschnitte II–V). Sie wären dazu aber von Bundesrechts wegen nicht verpflichtet.

Übersicht über die kantonalen Ordnungen bei TOMAS POLEDNA, Grundzüge des Wahlrechts in den Kantonen, in: Verfassungsrecht, § 23; ETIENNE GRISEL, Les droits populaires au niveau cantonal, in: Verfassungsrecht, § 25. Ausführliche Abhandlungen bieten GRISEL, Initiative et référendum, sowie HANGARTNER/KLEY, Demokratische Rechte. Aus politikwissenschaftlicher Sicht GEORG LUTZ / DIRK STROHMANN, Wahl- und Abstimmungsrecht in den Kantonen, Bern/Stuttgart/Wien 1998; ALEXANDER TRECHSEL, Kaleidoskop Volksrechte – Die Institutionen der direkten Demokratie in den schweizerischen Kantonen 1970–1996, Basel/Genf/München 1999. Im Einzelnen überholt, im Grundsätzlichen aber weiterhin gültig AUER, Droits politiques.

II. Wahlen

1. Bundesrechtliches Minimum: Volkswahl des kantonalen Parlaments

3   Art. 51 Abs. 1 Satz 1 BV verpflichtet die Kantone zur Volkswahl des Parlaments. Proporz herrscht vor. Durchgängig Majorz gilt noch in den Kantonen Graubünden und Appenzell Innerrhoden (Art. 22 KV-AI, Art. 27 Abs. 2 KV-GR; in einigen weiteren Kantonen teilweise).

2. Wahl der kantonalen Abordnung in den Ständerat

Nach dem Recht aller Kantone sind die Ständeratswahlen Volkswahlen. Die Wahlen folgen beinahe durchwegs dem Majorzsystem. Nach Proporz wird im Kanton Jura gewählt (Art. 74 Abs. 5 KV-JU). 4

3. Wahl der kantonalen Regierung

Auch die kantonalen Regierungen werden vom Volk gewählt. Die Mehrheitswahl herrscht vor. Ausnahmen bilden noch die Kantone Zug und Tessin (§ 78 Abs. 2 KV-ZG; Art. 66 Abs. 1 KV-TI). 5

4. Wahl weiterer Behörden

In vielen Kantonen werden die Mitglieder bestimmter Verwaltungs- und Justizbehörden durch Volkswahl bestellt. 6
Beispiele:
- Art. 93 Abs. 2 und 4 KV-BE: Volkswahl der Regierungsstatthalter und weiterer Bezirksbehörden;
- Art. 68 Bst. b und c KV-GL: Wahl der Richter, des Staatsanwalts und der Verhörrichter durch die Landsgemeinde;
- § 61 Abs. 1 Bst. e–g KV-AG: Volkswahl der Bezirksrichter, Friedensrichter und Bezirksamtmänner.

5. Abberufungsrechte

Vereinzelt hat das Stimmvolk das Recht, das Parlament oder die Regierung abzuberufen. Dieses Recht ist als *Volksinitiative auf Herbeiführung einer vorzeitigen Gesamterneuerungswahl* ausgestaltet: Kommt die Initiative zustande, so wird innert einer bestimmten Frist nach Einreichung der Unterschriften eine Volksabstimmung durchgeführt; heisst das Volk die Initiative gut, werden unverzüglich Neuwahlen angeordnet. 7
Beispiele:
- Art. 57 KV-BE: 30 000 Stimmberechtigte können jederzeit die Gesamterneuerung des Grossen Rates oder des Regierungsrates verlangen; das Begehren ist innert drei Monaten nach Einreichung der Volksabstimmung zu unterbreiten.
- Art. 28 KV-SO: Das Volk kann den Kantonsrat oder den Regierungsrat jederzeit abberufen. Die Volksabstimmung findet statt, wenn für ein solches Begehren innert sechs Monaten 6 000 Unterschriften gesammelt werden.
Abberufungsrechte bestehen z.B. auch in den Kantonen Luzern, Schaffhausen und Tessin (§ 44 KV-LU; Art. 26 KV-SH; Art. 44 KV-TI).

III. Abstimmungen

8 Kantonale Volksabstimmungen finden wie im Bund teils von Amtes
wegen statt (obligatorisches Referendum), teils aufgrund eines fakultativen Referendums, teils als Folge einer Volksinitiative; in gewissen
Fällen steht die Anordnung einer Volksabstimmung im Ermessen des
Parlaments (parlamentarisches Referendum). Ein einheitliches Bild lässt
sich nicht zeichnen.

IV. Initiativen

1. Bundesrechtliches Minimum: Volksinitiative auf
Verfassungsrevision

9 Gemäss Art. 51 Abs. 1 Satz 2 BV müssen die Kantone die Volksinitiative auf Verfassungsrevision vorsehen.

2. Standesinitiative

10 In gewissen Kantonen kann auf dem Wege der Volksinitiative die Standesinitiative nach Art. 160 Abs. 1 BV ausgelöst werden. Dieses Recht
ist wegen der beschränkten Verpflichtungskraft der Standesinitiative
fragwürdig (vorn § 24 Rz. 14, § 45 Rz. 72).

3. Gesetzesinitiative

11 Die Gesetzesinitiative ist den Kantonen durchwegs bekannt. Im Kanton Jura muss die Gesetzesinitiative die Form der allgemeinen Anregung aufweisen (Art. 75 Abs. 1 KV-JU). Überall sonst ist auch der ausgearbeitete Entwurf zulässig.

4. Verwaltungsinitiative

12 Manche Kantone lassen die so genannte Verwaltungsinitiative zu. Der
Begriff ist missverständlich. Verwaltungsinitiativen beziehen sich nicht,
wie man zunächst vermuten würde, auf Verfügungen von Exekutivbe-
hörden; vielmehr gehen sie auf *Erlass eines Einzelakts, der in der Zustän-*

digkeit des Parlaments liegt und überdies referendumspflichtig wäre, wenn er vom Parlament ausgehen würde. In der Sache handelt es sich also um eine *Parlamentsbeschlussinitiative.* Sollen Gegenstände aus dem Kompetenzbereich der Exekutive oder aus dem abschliessenden Kompetenzbereich des Parlaments aufgegriffen werden, so wäre die Kompetenzordnung zuvor entsprechend zu ändern.

Rechtsprechungshinweise zu Rz 12: 13
– *BGE 111 Ia 115, Verein Basler Heimatschutz,* betreffend Volksinitiative „zum Schutze der Wettstein-Brücke" (besonders E. 4 S. 120: die Kompetenz, Objekte unter Denkmalschutz zu stellen, lag bei der Regierung, sodass die Initiative ungültig erklärt werden musste);
– *BGE 108 Ia 38, Progressive Organisationen der Schweiz, Sektion Luzern-Stadt,* betreffend Volksinitiative „Südzubringer und Nordtangente vors Volk" (besonders E. 3 S. 39 f.: liegt es im freien Ermessen des Parlaments, einen Kredit dem Referendum zu unterstellen, so kann ein entsprechender Kreditstopp nicht zum Gegenstand einer Volksinitiative gemacht werden).

5. Volksmotion und Antragsrecht

Im Kanton Solothurn besteht das Recht der *Volksmotion:* Danach kön- 14 nen 100 Stimmberechtigte dem Kantonsparlament schriftlich einen Antrag stellen, worauf das Parlament diesen Antrag wie eine Motion eines seiner Mitglieder zu behandeln hat (Art. 34 KV-SO).
Vgl. auch die *„Volksdiskussion"* gemäss Art. 56 KV-AR: Wer im Kanton wohnt, kann zu Sachvorlagen, die dem obligatorischen oder fakultativen Referendum unterliegen, dem Kantonsrat schriftliche Anträge einreichen und diese nach Massgabe der Geschäftsordnung vor dem Rat persönlich begründen.
Gemäss Art. 29 Abs. 3 Ziff. 2 KV-ZH können einzelne Stimmberechtigte eine so genannte *Einzelinitiative* einreichen; diese kommt zustande, wenn sie vom Kantonsparlament unterstützt wird.

An *Gemeindeversammlungen* und *Landsgemeinden* können die Stimm- 15 berechtigten Anträge stellen. Der Antrag muss einen Gegenstand aus dem Zuständigkeitsbereich der Gemeindeversammlung bzw. der Landsgemeinde betreffen.
Beispiele:
– Art. 58 f. KV-GL: Jeder Stimmberechtigte hat das Recht, zuhanden der Landsgemeinde allein oder gemeinsam mit anderen Stimmberechtigten Anträge zu stellen, sei es in der Form der allgemeinen Anregung oder des ausgearbeiteten Entwurfs.
– Art. 10 der Gemeindeverordnung des Kantons Bern vom 16. Dezember 1998: Die Stimmberechtigten dürfen nur über die in der Einladung zur Gemeindeversammlung bezeichneten Gegenstände endgültig beschliessen. Anträge zu nicht traktandierten Geschäften können immerhin beraten und erheblich erklärt

werden; die erheblich erklärten Anträge werden einer späteren Versammlung zum Entscheid unterbreitet.

V. Referenden

1. Bundesrechtliches Minimum: Obligatorisches Verfassungsreferendum

16 Die Kantonsverfassungen und ihre Änderungen sind kraft Art. 51 Abs. 1 Satz 2 BV obligatorisch dem Volk zu unterbreiten.

2. Gesetzesreferendum

17 Alle Kantone kennen das Gesetzesreferendum, teils als obligatorisches, teils als fakultatives Referendum.

3. Vertragsreferendum

18 In einem grossen Teil der Kantone sind auch interkantonale Verträge referendumspflichtig.

4. Verwaltungsreferendum

19 Mehrere Kantone unterstellen bestimmte *Sachbeschlüsse des Parlaments* dem Referendum. Wie die Verwaltungsinitiative zielt also auch das Verwaltungsreferendum nur auf Einzelakte der Legislative und nicht auch auf solche der Exekutive (vgl. Rz. 12).

Beispiele:
– Art. 62 Abs. 1 Bst. d–f KV-BE: Dem fakultativen Referendum unterliegen Konzessionsbeschlüsse und Grundsatzbeschlüsse des Grossen Rates, darüber hinaus auch weitere Sachbeschlüsse des Grossen Rates, wenn das Gesetz es vorschreibt oder wenn der Grosse Rat oder 80 seiner Mitglieder es verlangen. Nicht referendumsfähig sind Wahlen, Justizgeschäfte, die Staatsrechnung und der Voranschlag.
– Vgl. ferner § 31 Abs. 1 Bst. a KV-BL; § 63 Abs. 1 Bst. b und f KV-AG; Art. 78 Bst. e KV-JU.

20 In die Zuständigkeit der Stimmberechtigten fallen gelegentlich auch *Vernehmlassungen der Kantone an den Bund.*

626

Beispiele:
- Art. 32 Bst. f und g KV-SH: Der Volksabstimmung unterstehen die Stellungnahmen des Kantons zuhanden des Bundes bezüglich des Baus von Atomanlagen auf dem Gebiet des Kantons Schaffhausen und der angrenzenden Kantone sowie über die Aufnahme von neuen Nationalstrassen ins Nationalstrassennetz.
- Vgl. ferner Art. 52 Ziff. 5 KV-NW; Art. 83 Abs. 1 Bst. d KV-VD.

5. Finanzreferendum

Die Kantonsverfassungen sehen regelmässig ein Mitspracherecht des 21
Volks bei *Ausgabenbeschlüssen des Parlaments* vor. Diese Mitsprachemöglichkeit wird als Finanzreferendum bezeichnet. In einem weiteren Sinn kann sich das Finanzreferendum auch auf das Budget, den Steuerfuss oder die Aufnahme von Anleihen beziehen. Das Finanzreferendum ist eine Unterart des Verwaltungsreferendums.

Das Bundesgericht hat aus dem Stimmrecht mehrere *gemeineidgenössi-* 22
sche Grundsätze des kantonalen Finanzreferendums abgeleitet (hinten § 51 Rz. 37 ff.).

6. Konstruktives Referendum und Variantenabstimmung

Als konstruktives Referendum bezeichnet man das Recht einer be- 23
stimmten Anzahl *Stimmberechtigter,* einer referendumspflichtigen Parlamentsvorlage einen *eigenen Gegenentwurf* gegenüberzustellen (vgl. Art. 63 Abs. 3 KV-BE: sog. „Volksvorschlag"; ferner Art. 54a Abs. 2 und 3 KV-NW). Parlamentsvorlage und Gegenentwurf werden dem Volk gleichzeitig zur Abstimmung unterbreitet. Dabei findet dasselbe Verfahren Anwendung wie bei einem Gegenvorschlag zu einer Volksinitiative: Die Bürger können gültig beiden Vorlagen zustimmen und in einer Stichfrage angeben, welcher sie den Vorzug geben, falls beide angenommen werden.

Das konstruktive Referendum soll dazu beitragen, die Bremswirkung des Referen- 24
dums zu mildern: Wer die Parlamentsvorlage ablehnt, wäre nicht auf das ‚destruktive' Nein festgelegt, sondern könnte unverzüglich einer neuen Lösung zum Durchbruch verhelfen (so z.B. THOMAS SÄGESSER, Das konstruktive Referendum, Bern 2000, S. 164 f.). Die wohltätige Wirkung des Instruments wird überschätzt. Während sich der parlamentarische Gegenvorschlag zu einer Volksinitiative immerhin noch (weil eine parlamentarische Mehrheit erfordernd) um Auswägung der Interessen bemühen muss, erscheint der Gegenvorschlag des Referendumskomitees zur Parlamentsvorlage nur noch als die Alternative einer Partikulargruppe. Das

Instrument bietet sich geradezu an, parlamentarische Kompromisse aufzubrechen und gezielt einzelne missliebige Normen aus dem Entwurf zu entfernen.

Eine eidgenössische Volksinitiative zur Einführung des konstruktiven Referendums im Bund ist von Volk und Ständen in der Abstimmung vom 24. September 2000 verworfen worden (BBl 2001 183).

25   Mittels *Variantenabstimmung* kann das Parlament einer eigenen referendumspflichtigen Vorlage einen Eventualantrag beifügen, der in einem oder mehreren Punkten von der Hauptvorlage abweicht (vgl. z.B. Art. 63 Abs. 2 KV-BE). Damit werden die Stimmberechtigten in die Lage versetzt, zwischen zwei parlamentarischen Regelungsalternativen zu wählen. Das Abstimmungsprozedere folgt wiederum dem System „Doppeltes Ja mit Stichfrage".

§ 51 Anspruch auf ungehinderten Zugang zu Wahlen und Abstimmungen

I.   Vorbemerkung zu den §§ 51 und 52

Nach ständiger Rechtsprechung verbürgen die politischen Rechte den   1
Anspruch darauf, „dass kein Abstimmungs- und Wahlergebnis anerkannt werde, welches nicht den freien Willen der Stimmbürger zuverlässig und unverfälscht zum Ausdruck bringt" (statt vieler BGE 124 I
55 E. 2a S. 57, Evangelische Volkspartei Freiburg; ausdrücklich nun
Art. 34 BV). Die Formel wirkt als eine Art *Leitmotiv* der bundesgerichtlichen Praxis zu Stimmrechtsbeschwerden. *Im Einzelnen* hat das
Gericht dieses Leitmotiv in mancherlei Hinsicht konkretisiert und aus
dem Stimmrecht eine *Vielzahl einzelner Abwehr-, Teilhabe- und Leistungsansprüche* abgeleitet. Die §§ 51 und 52 beschränken sich auf eine
Auswahl. Zunächst werden Garantien dargestellt, die sich auf den *ungehinderten Zugang zu den politischen Rechten* beziehen. In § 52 folgen
jene Ansprüche, die die *unverfälschte Äusserung des politischen Willens*
bei der Inanspruchnahme dieser Rechte zum Gegenstand haben. Der
Geltungsbereich des Stimmrechts wurde bereits in § 48/III dargestellt.

Das Stimmrecht beinhaltet namentlich folgende Gewährleistungen: 2

Ungehinderter Zugang zu den politischen Rechten	§ 51	Unverfälschte Äusserung des politischen Willens	§ 52
• Richtige Zusammensetzung des Stimmvolks	*II*	• Schutz vor Einflussnahme der Behörden	*I*
• Schutz des Wahlrechts	*III*	• Schutz vor Einflussnahme Privater	*II*
• Schutz der Unterschriftensammlung	*IV*	• Einheit der Form und Einheit der Materie	*III,* *IV*
• Schutz des Initiativrechts (inkl. Gültigerklärung)	*V, VI*	• Verfahrensrechtliche Sicherungen	*V*
• Schutz des Referendumsrechts (inkl. Finanzreferendum)	*VII,* *VIII*	• Korrekte Ermittlung der Ergebnisse	*VI*

3   Die Grundsätze des Bundesgerichts sind aus seiner Rechtsprechung zu Stimmrechtsbeschwerden nach Art. 85 Bst. a OG hervorgegangen; sie beziehen sich also auf *kantonale Wahlen und Abstimmungen* (vorn § 48 Rz. 43 f.). Soweit in der Sache auf die Bundesebene übertragbar, gelten sie aber *auch für eidgenössische Wahlen und Abstimmungen* (vgl. ZBl 1986 272 E. 3c S. 275 f.).

      Gesamtübersichten über die aus dem Stimmrecht abgeleiteten Gewährleistungen z.B. bei HANGARTNER/KLEY, Demokratische Rechte, §§ 41–48; STEPHAN WID-MER, Wahl- und Abstimmungsfreiheit, Zürich 1989; PIERMARCO ZEN-RUFFINEN, L'expression fidèle et sûre de la volonté du corps électoral, in: Verfassungsrecht, § 21.

II.   Anspruch auf richtige Zusammensetzung des Stimmvolks

4   Das Stimmrecht gibt Anspruch auf *richtige Zusammensetzung des Stimmkörpers* (BGE 116 Ia 359 E. 3a S. 364, Theresa Rohner; 109 Ia 41 E. 3a S. 46, Einwohnergemeinde Grenchen). Der Anspruch zielt nicht nur auf die eigene Stimmberechtigung, sondern wegen der Organfunktion des Stimmrechts auch auf die Stimmberechtigung Dritter. Er umfasst also:

– den Anspruch auf Zuerkennung der *eigenen Stimmberechtigung;*
– den Anspruch auf *Eintragung in das Stimmregister* von Amtes wegen;
– den Anspruch auf *Zulassung aller Stimmberechtigten* und auf *Ausschluss der Nichtberechtigten.*

5   Der Anspruch kann *jederzeit* geltend gemacht werden. Er setzt voraus, dass in das Stimmregister Einsicht genommen werden kann (vgl. Art. 4 Abs. 3 BPR).

III.   Schutz des Wahlrechts

1.   Anforderungen an Wahlvorschläge

6   Der Volkswahl geht – jedenfalls bei Verhältniswahlen – ein *formstrenges Vorschlagsverfahren* voraus. Mit dem Vorschlagsverfahren werden

zwei Ziele verfolgt: Es soll den Stimmberechtigten den *Wahlakt erleich-tern,* indem alle wählbaren Kandidatinnen und Kandidaten gesamthaft präsentiert werden; und es soll den *Erfolg der Wahl sichern,* indem nur amtswillige Personen präsentiert werden.

Die *technischen Anforderungen* an den Wahlvorschlag sind den einschlä-   7
gigen Wahlgesetzen zu entnehmen (vgl. Art. 21–33 BPR für die Natio-nalratswahlen). Einige Regeln ergeben sich aber bereits aus dem verfas-sungsmässigen Stimmrecht.

- Es dürfen *nur wählbare Personen* vorgeschlagen werden (BGE 116 Ia 242 E. 1a S. 244, B.).
- Die *Mehrfachkandidatur* (d.h. die Kandidatur ein und derselben Per-son in mehreren Wahlkreisen) ist *verboten.*
- Die Wahlvorschläge, besonders aber die *Namen der unterzeichnen-den Personen,* müssen *eingesehen werden* können; der Schutz des Stimmgeheimnisses steht dem nicht entgegen (BGE 98 Ib 289 E. 4 S. 295 ff., Fontana; hinten § 52 Rz. 67).
- Die Wahlvorschläge müssen *amtlich veröffentlicht* werden und auf allfällige *Listenverbindungen* hinweisen (BGE 104 Ia 360 E. 3 S. 363 ff., Parti socialiste lausannois).
- Die Stimmberechtigten haben Anspruch auf *korrekten Druck der Wahlzettel:* Die Zettel dürfen von der veröffentlichten Liste nicht abweichen und müssen äusserlich alle gleich aussehen (BGE 105 Ia 237 E. 3 S. 239 ff., Unité Jurassienne).

2. Grenzen allfälliger Wählbarkeitsausschlüsse, Unvereinbarkeiten und Ausstandspflichten

Politische Gleichheit bedeutet nicht zuletzt gleiches passives Wahlrecht   8
und gleiche Amtsfähigkeit aller Stimmberechtigten. Daraus ergeben sich mehrere Konsequenzen.

- *Obere Altersgrenzen der Wählbarkeit* sind mit Art. 8 BV nur verein-bar, wenn *zwingende Gründe funktioneller Art* namhaft gemacht werden können. Dies wird man allenfalls bei vollamtlichen Exeku-tivämtern bejahen können, die erfahrungsgemäss hohe physische und psychische Belastungen mit sich bringen. Ein altersbedingter Wählbarkeitsausschluss in Legislativämter dagegen lässt sich nicht vertreten. Nebenbei: Sesselklebern kann man mit rechtlich unbe-denklichen Amtszeitbeschränkungen beikommen.

– *Unvereinbarkeiten* lassen die Wählbarkeit rechtlich zwar bestehen
  (vgl. vorn § 31 Rz. 12). Werden sie aber nicht behoben, so hindern
  sie den Gewählten am Amtsantritt und können sich insofern faktisch wie ein Wählbarkeitsausschluss auswirken. Unvereinbarkeiten
  aus Gründen der *personellen Gewaltenteilung* bedürfen keiner weiteren Rechtfertigung. Weiter gehende Unvereinbarkeitsbestimmun-
  gen dagegen – wie z.B. das Verbot von „Doppelmandaten" (vorn
  § 27 Rz. 17) – sind wiederum nur statthaft, wenn die Funktion des
  Amtes sie zwingend gebietet (vgl. BGE 128 I 34 E. 1d S. 37, Rudolf
  Hausherr, betreffend Unvereinbarkeit eines politischen Amts mit
  einem auswärtigen Wohnsitz).
– Parlamentarier verstehen sich – auch – als Interessenvertreter, und
  dies zu Recht. Verzichtet der Gesetzgeber darauf, Parlamentsmandat und öffentliche Bedienstung für unvereinbar zu erklären, so darf
  er die betreffenden Mandatsträger auch nicht generell verpflichten,
  bei Parlamentsabstimmungen über personalrechtliche Erlasse in den
  Ausstand zu treten. Vielmehr verlangt das Stimmrecht, dass alle gewählten Abgeordneten grundsätzlich über die gleichen Rechte verfügen. Ausstandspflichtig werden Ratsmitglieder erst, wenn sie von
  einem Geschäft *persönlich in besonderer Weise betroffen* sind und daher die *konkrete Gefahr einer Selbstbegünstigung* besteht (BGE 125 I
  289 E. 6 S. 295 ff., Esther Bucher Helfenstein; 123 I 97 E. 5 S. 107
  ff., Eduard Joos).

IV. Schutz der Unterschriftensammlung für Initiative und Referendum

1. Die Unterschriftensammlung als Schutzgegenstand des Stimmrechts

9   Zu den politischen Rechten gehört das Recht, Initiativen und Referenden zu unterzeichnen (vgl. für den Bund Art. 136 Abs. 2 BV). Es versteht sich darum von selbst, dass im Gegenzug auch das *Sammeln von
Unterschriften* in den grundrechtlichen Schutzbereich der politischen
Rechte fällt (in diesem Sinn BGE 97 I 893 E. 2 S. 895 f., Küpfer).

2. Zur Bewilligungspflicht von Unterschriftensammlungen

a. *Zulässigkeit der Bewilligungspflicht*

Unterschriftensammlungen auf öffentlichen Strassen und Plätzen dür- 10
fen selbst ohne gesetzliche Grundlage bewilligungspflichtig erklärt
werden. Das Bundesgericht macht dabei keinen Unterschied, ob feste
Zeichnungsstellen wie Tische und Informationsstände eingerichtet
werden oder nicht; als entscheidend erscheint ihm vielmehr, dass Unterschriftensammlungen mit hoher Wahrscheinlichkeit geeignet sind,
die öffentliche Ordnung zu gefährden (BGE 109 Ia 208 E. 4a S. 210 f.,
Groupe Action Prison Genève; 97 I 893 E. 5 S. 897 f., Küpfer). Das
Gericht hat insbesondere die Frage offen gelassen, ob die Unterschriftensammlung durch frei zirkulierende Personen (also ohne feste Zeichnungsstellen) noch zum schlichten Gemeingebrauch gehöre, der nach
den Grundsätzen des öffentlichen Sachenrechts eigentlich bewilligungs-
frei wäre. Die Praxis des Bundesgerichts ist in diesem Punkt inkonse-
quent und lebensfremd.

b. *Ausgestaltung und Handhabung der Bewilligungspflicht*

Ausgestaltung und Handhabung der Bewilligungspflicht richten sich 11
nach den gleichen Grundsätzen wie bei der Bewilligung politischer
Demonstrationen (BGE 109 Ia 208 E. 5 S. 211 f., Groupe Action Prison
Genève). Verlangt sind:
- *rechtsgleiche Behandlung* der Gesuche;
- *sorgfältige Interessenabwägung*, namentlich hinreichende Gewichtung
  der Appellfunktion einer Unterschriftensammlung; sowie
- *Wahrung der Verhältnismässigkeit*, namentlich Verzicht auf Abweisung eines Gesuchs, wenn die öffentliche Ordnung auch mit Bedingungen und Auflagen an die Gesuchsteller gewahrt werden kann.

In gewissem Gegensatz dazu hat das Bundesgericht kantonale Regelungen ge- 12
schützt, welche die Sammlung von Unterschriften für Initiativen und Referenden
an Sonntagen (BGE 102 Ia 50 E. 4a S. 56, Sozialdemokratische Partei der Stadt
Zürich) oder vor Abstimmungslokalen (BGE 110 Ia 47 E. 5 S. 48 f., Bucher) generell verbieten. Das zweitgenannte Urteil hat heute kaum noch Bedeutung, denn mit
zunehmender Verbreitung der Briefwahl sind die Abstimmungslokale als Sammel-
orte uninteressant geworden.

3. Anspruch auf Beglaubigung der Unterschriften

13 Die Stimmberechtigung der Unterzeichnenden muss amtlich bescheinigt werden. Das Verfahren richtet sich nach dem anwendbaren kantonalen oder eidgenössischen Recht (vgl. Art. 62, 63, 70 BPR für eidgenössische Referenden und Initiativen). Von Verfassungs wegen gilt:

– Das Stimmrecht verschafft *keinen Anspruch auf Prüfung und Bescheinigung* der Unterschriften *schon während laufender Sammlung* (ZBl 1979 23 E. 2, 3b S. 24 f.). Die Komitees sind darum gut beraten, mit einer gewissen Ausfallquote zu rechnen und mehr als nur das gesetzlich verlangte Minimum an Unterschriften einzureichen.

– Die *Verweigerung der Bescheinigung* ist anfechtbare Verfügung; sie muss daher wenigstens mit einem Stichwort *begründet* werden (Art. 29 Abs. 2 BV; vgl. zur Begründungspflicht BGE 114 Ia 233 E. 2d S. 242, X.; 112 Ia 107 E. 2b S. 109 f., B.).

– Der bescheinigenden Behörde ist *unnötiger Formalismus untersagt.* Wer keinen Beruf im üblichen Sinn ausübt, darf die entsprechende Rubrik auf dem Unterschriftenbogen ohne Schaden leer lassen (BGE 103 Ia 280 E. 2b S. 283, Mouvement populaire pour l'environnement).

V. Schutz des Initiativrechts

1. Anspruch auf fristgerechte Behandlung eines Volksbegehrens

14 Das Initiativrecht verbürgt den Anspruch, dass ein Volksbegehren, welches die geltenden Formerfordernisse erfüllt und keinen übergeordneten materiellen Vorschriften widerspricht, *den Stimmbürgern* in dem dafür vorgesehenen Verfahren *unterbreitet* wird (BGE 108 Ia 165 E. 2 S. 166, Progressive Organisationen Baselland).

15 Für die Behandlung von Initiativen durch Regierung und Parlament gelten regelmässig bestimmte *Fristen.* Damit soll verhindert werden, dass das Volksbegehren verschleppt und den Stimmberechtigten zu einem Zeitpunkt unterbreitet wird, da es alle Aktualität verloren hat. In der Praxis stellt sich oftmals die Frage nach der *Rechtsnatur* einer bestimmten Behandlungsfrist, genauer: ob eine *Ordnungs-* oder eine *Verwirkungs*frist vorliege.

634

- Für die Behandlung *eidgenössischer* Volksinitiativen gelten *Verwir-kungsfristen:* Kommt ein Beschluss der Bundesversammlung nicht rechtzeitig zustande, so ordnet der Bundesrat ohne weiteres die Volksabstimmung an, und die Bundesversammlung ist dann nicht mehr befugt, einen Gegenentwurf auszuarbeiten oder eine Abstimmungsempfehlung abzugeben (vgl. Art. 106 ParlG und BBl 2001 3577; ferner BGE 101 Ia 492 E. 6 S. 501, Delafontaine, und 100 Ia 53 E. 5a S. 55, Comité d'initiative pour l'interdiction de la chasse, zum früheren GVG). Die Volksabstimmung muss in der Regel innert zehn Monaten nach der Schlussabstimmung in den eidgenössischen Räten stattfinden (Art. 74 Abs. 1 BPR).

- Die Rechtsnatur *kantonaler* Fristen beurteilt sich vorab nach kantonalem Recht. Nötigenfalls muss auf dem Wege der Auslegung ermittelt werden, ob eine Verwirkungsfrist oder eine Ordnungsfrist in Frage steht. Mit Rücksicht auf den Grundrechtsgehalt des Stimmrechts gehört sich aber *Zurückhaltung bei der Annahme von Ordnungsfristen.* Die Rechtsprechung ist in dieser Hinsicht zu grosszügig (vgl. die Kritik bei LUZIUS WILDHABER, in: Kommentar aBV, Art. 121/122 Rz. 79).

2. Anspruch auf getreue Umsetzung einer allgemeinen Anregung

Findet ein Volksbegehren in der Form einer allgemeinen Anregung die 16 Zustimmung des Parlaments (oder in einer allfälligen Vorabstimmung jene des Volks), so besteht *stimmrechtlicher Anspruch auf Ausarbeitung einer Vorlage durch das Parlament im Sinne der Initiative.* Der Wille der Initianten verpflichtet somit den Gesetzgeber „nicht nur dazu, *dass* er tätig werde, sondern er weist ihm auch den Weg, *wie* er tätig werden soll" (BGE 25 I 64 E. 4 S. 74, Kündig; vgl. auch 121 I 357 E. 4b S. 361, Lega dei ticinesi). Zur Problematik der allgemeinen Anregung vgl. hinten § 52 Rz. 37 f.

Rechtsprechungshinweise zu Rz. 16: 17
- *BGE 121 I 357, Lega dei Ticinesi.* Überschreitung des gesetzgeberischen Handlungsspielraums bei der Konkretisierung einer allgemeinen Anregung.
- *BGE 115 Ia 148, Comité d'initiative „Soins à domicile".* Mangelhafte Umsetzung einer allgemeinen Anregung durch den Gesetzgeber dadurch, dass er eine in der Initiative enthaltene Finanzierungsklausel missachtete.

3.   Kein Schutz vor Gegenentwürfen des Parlaments

18   Wer eine formulierte Initiative unterzeichnet, muss damit rechnen, dass das Parlament mit einem Gegenentwurf antwortet. Die Befugnis dazu fliesst unmittelbar aus dem *allgemeinen Vorschlagsrecht des Parlaments;* sie besteht also auch dort, wo das kantonale Recht das Institut des Gegenentwurfs nicht ausdrücklich regelt.

19   Der Gegenentwurf *mindert die Erfolgsaussichten der Volksinitiative* an der Urne, denn die Stimmen für die Änderung des Status quo verteilen sich (selbst wo das „Doppelte Ja" zulässig ist) auf die beiden Entwürfe, ein reformfeindliches Nein aber bleibt erfahrungsgemäss beisammen. Das Bundesgericht übersieht den dadurch begünstigten Beharrungseffekt nicht; es nimmt ihn aber mit Blick auf die grössere Entscheidungsfreiheit, die der Gegenentwurf ermöglicht, in Kauf (BGE 113 Ia 46 E. 5a S. 53 f., Landesring der Unabhängigen des Kantons Zürich).

Der Gegenentwurf muss aber die *Einheit der Materie* wahren (hinten § 52/IV). Zudem ist er den Stimmberechtigten *gleichzeitig mit der Initiative* zu unterbreiten (BGE 113 Ia 46 E. 5a S. 54, Landesring der Unabhängigen des Kantons Zürich) – jedenfalls aber nicht vorher, denn dadurch würde der Gegenentwurf im Vergleich zur Initiative ungebührlich bevorteilt (BGE 104 Ia 240 E. 4a S. 248, Jakob).

VI.   Schutz vor ungerechtfertigter Ungültigerklärung kantonaler Volksinitiativen insbesondere

20   Bevor es zur Volksabstimmung kommt, werden Initiativen durch das Parlament auf ihre Gültigkeit geprüft. Das Stimmrecht schützt dabei vor ungerechtfertigter Ungültigerklärung.

21   Art. 29 Abs. 2 BV verlangt nicht, dass den Initianten vor einer allfälligen Ungültigerklärung ihres Begehrens rechtliches Gehör gewährt wird (BGE 123 I 63 E. 2 S. 66 ff., Charles Beer).

1.   Zur Auslegung von Volksinitiativen

22   Im Zuge der Gültig- oder Ungültigerklärung von Volksinitiativen kann sich die Frage nach dem wahren Sinn des Begehrens stellen. Grundsätzlich sind Initiativtexte – wie jede andere Rechtsnorm – vom Wortlaut ausgehend zu interpretieren und nicht nach dem subjektiven Willen

der Initianten (BGE 121 I 334 E. 2c S. 338, Grünes Bündnis). Immerhin dürfen die Begründung des Begehrens sowie Meinungsäusserungen des Initiativkomitees berücksichtigt werden.

Im Übrigen gelten die *Massstäbe der abstrakten Normenkontrolle* (BGE 111 Ia 292 E. 2 S. 295, Dr. Alex Schwank). Von verschiedenen Auslegungsmöglichkeiten ist also jene zu wählen, die einerseits dem Sinn und Zweck der Initiative am besten entspricht und anderseits mit dem übergeordneten Recht von Bund und Kantonen am ehesten vereinbar erscheint. Der Spielraum für eine mit dem übergeordneten Recht übereinstimmende Auslegung ist bei allgemeinen Anregungen grösser als bei formulierten Initiativen. Kann der Initiative in diesem Rahmen ein Sinn beigemessen werden, der sie nicht klarerweise als unzulässig erscheinen lässt, ist sie als gültig zu erklären und der Volksabstimmung zu unterstellen (BGE 121 I 334 E. 2 c S. 338 f., Grünes Bündnis). **23**

2. Prüfpunkte der Gültigerklärung

Um gültig zu sein, muss eine Initiative bestimmten Anforderungen genügen. Zu prüfen sind: **24**

1. die *Einheit der Form* (Rz. 25);
2. die *Einheit der Materie* (Rz. 26);
3. die *Durchführbarkeit* der Initiative (Rz. 27 f.).

Nach herrschender Rechtsprechung gehört dagegen nicht zwingend zum Prüfprogramm

4. die *Vereinbarkeit* der Initiative *mit dem übergeordneten Recht* (Rz. 29 ff.).

Zur Gültigkeit *eidgenössischer* Volksinitiativen vgl. vorn § 44 Rz. 60 f.

a. *Einheit der Form*

Die Initiative ist ungültig, wenn sie die *Einheit der Form* nicht wahrt. Einheit der Form will heissen, dass das Begehren *entweder* als allgemeine Anregung *oder* als formulierter Entwurf einzugeben ist (BGE 114 Ia 413 E. 3b und c S. 416, Sozialdemokratische Partei des Kantons Zürich). Mischformen sind unzulässig, weil die beiden Initiativtypen im Verfahren je eigene Wege gehen. Näheres zu den Formen der Volksinitiative und dem Verbot der Formenvermischung hinten in § 52/III. **25**

b.   Einheit der Materie

26   Die Initiative ist weiter ungültig, wenn sie die *Einheit der Materie* verletzt. Der Grundsatz von der Einheit der Materie folgt unmittelbar aus dem Stimmrecht des Bundes und ist bei allen Abstimmungen zu beachten, gleichgültig ob die Abstimmung eine Volksinitiative oder eine Behördenvorlage zum Gegenstand hat. Die diesbezügliche Rechtsprechung wird in § 52/IV dargestellt.

c.   Durchführbarkeit

27   Die Initiative ist endlich ungültig, wenn sie *offensichtlich Undurchführbares* verlangt. Diese Eingrenzung versteht sich als allgemeiner Rechtsgrundsatz von selbst; sie bedarf keiner ausdrücklichen Erwähnung. Es fällt einzig *tatsächliche* und *völlig zweifelsfrei erwiesene* Undurchführbarkeit in Betracht (BGE 128 I 190 E. 5 S. 201 f., Michel Rossetti; 101 Ia 354 E. 9 S. 365, Chappuis; 92 I 358 E. 4 S. 359, Stäubli). Dass die Umsetzung eines Begehrens allenfalls zu praktischen Schwierigkeiten führt, reicht als Nachweis mangelnder Durchführbarkeit nicht. Erst recht kein Thema der Durchführbarkeit ist die behauptete ,Unvernunft' einer Initiative oder das finanzielle Opfer, das sie verlangt: Darüber soll das Stimmvolk entscheiden.

28   Weil Volksbegehren keine aufschiebende Wirkung entfalten, beurteilt sich die Durchführbarkeit nicht nach den Verhältnissen bei Einreichung der Initiative; *massgeblich* ist vielmehr der *Zeitpunkt der frühest möglichen Volksabstimmung* (BGE 128 I 190 E. 5.1 S. 202, Michel Rossetti). Umgekehrt darf aber die Behörde die Zeitspanne zwischen Einreichung der Initiative und Beurteilung der Durchführbarkeit nicht dazu nutzen, die Unmöglichkeit vorsätzlich herbeizuführen.

d.   Vereinbarkeit mit dem übergeordneten Recht?

29   Die Ungültigkeit einer kantonalen oder kommunalen Initiative kann sich auch daraus ergeben, dass das Begehren gegen übergeordnetes Recht verstösst. Die zur Gültigerklärung zuständige Behörde darf die Vereinbarkeit des Begehrens mit dem übergeordneten Recht auch ohne besonderen gesetzlichen Auftrag prüfen. Ob sie es auch tun *muss*, ist eine Frage des kantonalen Staatsrechts; das Stimmrecht des Bundes allein verschafft keinen Anspruch darauf, dass rechtswidrige Initiativen

dem Volk nicht unterbreitet werden. Das Bundesgericht begründet dies damit, dass gegen eine rechtswidrige Initiative – sollte sie vom Volk angenommen werden – immer noch staatsrechtliche Beschwerde mit der Begründung geführt werden kann, sie verletze verfassungsmässige Rechte, namentlich den Vorrang des Bundesrechts (Art. 49 Abs. 1 BV; BGE 128 I 190 E. 1.2 S. 193, Michel Rossetti; 114 Ia 267 E. 3 S. 271 ff., Madeleine Rouiller; 105 Ia 11 E. 2a S. 12 f., Fröhlich).

Soweit Initiativen auf ihre Vereinbarkeit mit dem übergeordneten Recht überprüft werden, sind *unterschiedliche Konstellationen* auseinander zu halten.   30

– *Widerspruch zu Bundesrecht.* Kantonale und kommunale Volksinitiativen dürfen weder der Bundesverfassung noch dem eidgenössischen Gesetzes- und Verordnungsrecht widersprechen. In der Sache geht es weniger um das Stimmrecht als um die Frage, ob ein Konflikt zwischen eidgenössischem und kantonalem Recht vorliegt (vgl. vorn § 22).

– *Widerspruch zu übergeordnetem kantonalem Recht.* Volksinitiativen auf Gemeindeebene sind ausserdem auf ihre Übereinstimmung mit dem gesamten kantonalen Recht zu prüfen. Kantonale Gesetzes- und Verwaltungsinitiativen dürfen nicht gegen die Kantonsverfassung verstossen.

Pro memoria: Verwaltungsinitiativen auf kantonaler bzw. kommunaler Ebene müssen im Einklang mit der kantonalen bzw. kommunalen Kompetenzordnung stehen (vgl. vorn § 50 Rz. 12).

Fallbeispiel zu Rz. 29 f.: BGE 119 Ia 154, Peter Bieri (Aareschutzinitiative). Am   31
6. März 1990 reichten verschiedene Umweltschutzorganisationen bei der Staatskanzlei des Kantons Bern eine Gesetzesinitiative zum „Schutz der Aarelandschaft" ein. Art. 14 des Initiativtextes hielt fest, Bauvorhaben dürften trotz bestehender Konzessionen und Bewilligungen nicht ausgeführt werden, wenn sie Objekte von nationaler Bedeutung beeinträchtigen; die Bestimmung nannte überdies zwei Bauvorhaben ausdrücklich, um deren Verhinderung es den Initianten vor allem ging. Der *Grosse Rat* erklärte Art. 14 der Initiative wegen Verstosses gegen den Gesetzesbegriff der Kantonsverfassung und wegen unzulässigen Eingriffs in bundesverfassungsrechtlich geschützte wohlerworbene Rechte für ungültig.
Das *Bundesgericht* hiess eine hiergegen gerichtete Stimmrechtsbeschwerde teilweise gut. Es erwog,
– dass nach bernischem Staatsrecht allein generell-abstrakte Normen, nicht aber auch Einzelakte Gegenstand einer kantonalen Gesetzesinitiative sein können, weshalb Art. 14 der Initiative ungültig sei, soweit er individuell-konkrete Anordnungen enthalte (E. 3 S. 157 ff.);
– dass sich die Bestimmung im Übrigen in bundesrechtskonformer Weise auslegen lasse (E. 5 S. 160 ff.);

– dass Art. 14 der Initiative auch ohne Nennung der beiden konkreten Werke
den ursprünglichen Zielen der Initianten entspreche und daher nicht insgesamt,
sondern lediglich teilweise ungültig zu erklären sei (E. 9 S. 165 ff.).
Vgl. zu dieser Initiative auch ZBl 1996 233.

3. Möglichkeit der teilweisen Gültigerklärung

32 Die Verhältnismässigkeit gebietet, nur die allenfalls mangelhaften Passagen einer Initiative ungültig zu erklären, das Begehren aber im übrigen als gültig zu betrachten und zur Abstimmung zu bringen. Eine
teilweise Gültigerklärung setzt freilich voraus, dass der Kern der Initiative – nämlich die mit Blick auf die politische Zielsetzung massgeblichen Bestimmungen – bestehen bleibt (BGE 121 I 334 E. 2a S. 338,
Grünes Bündnis):

> „... der Grundsatz der Verhältnismässigkeit gebietet, eine Initiative
> nicht als Ganzes für ungültig zu erklären, wenn nur ein Teil davon
> rechtswidrig ist und vernünftigerweise anzunehmen ist, die Unter-
> zeichner der Initiative hätten den gültigen Teil auch unterzeichnet,
> wenn er ihnen allein unterbreitet worden wäre. Dies ist dann der
> Fall, wenn der verbleibende Teil der Initiative nicht von unterge-
> ordneter Bedeutung ist, sondern noch ein sinnvolles Ganzes im Sin-
> ne der ursprünglichen Stossrichtung ergibt, so dass die Initiative
> nicht ihres wesentlichen Gehaltes beraubt worden ist.“

VII. Schutz des Referendumsrechts

33 Beim Referendum geht es einzig um Annahme oder Verwerfung einer
parlamentarisch bereits verabschiedeten Vorlage; daher stellen sich
weniger Rechtsfragen als beim vergleichsweise komplizierter strukturierten Initiativrecht.

– Das Stimmrecht gibt *Anspruch auf förmliche Unterstellung* referendumspflichtiger Akte *unter das Referendum.* Für die Referendumsklausel zu sorgen ist Aufgabe des Parlaments. Das Stimmrecht ist
verletzt, wenn ein referendumspflichtiger Erlass ohne Referendumsklausel veröffentlicht wird (vgl. BGE 108 Ia 234, Jenni und
Vögeli) oder wenn statt des obligatorischen nur das fakultative Referendum angeordnet wird (vgl. BGE 118 Ia 422, Grünes Bündnis
Luzern).

– Das Stimmrecht *schützt vor Missbrauch des Dringlichkeitsrechts.* Das
Parlament darf referendumspflichtige Akte nur dann dringlich er-

klären und unverzüglich in Kraft setzen, wenn *zeitliche* Dringlichkeit vorliegt (BGE 103 Ia 152 E. 3 S. 156 ff., Geneux et Pasteur).

– Ein zustande gekommenes Referendum gibt *Anspruch auf Durchführung der Volksabstimmung;* der Rückzug ist unzulässig. Dagegen hat das Parlament die Möglichkeit, auf eine durch Referendum angefochtene Vorlage zurückzukommen und die Volksabstimmung als gegenstandslos dahinfallen zu lassen – dies allerdings nur wegen triftiger sachlicher Gründe und nicht aus blosser Furcht vor einem negativen Volksentscheid (ZBl 1991 231 E. 2 S. 232).

VIII. Schutz des kantonalen Finanzreferendums insbesondere

Soweit ein kantonales Finanzreferendum besteht, gibt das Stimmrecht 34
Anspruch darauf, dass entsprechende Ausgabenbeschlüsse der Volksabstimmung unterbreitet werden. Die Praxis des Bundesgerichts zum kantonalen Finanzreferendum ist nur noch schwer zu überblicken. Im Folgenden werden die wichtigsten Grundzüge vermittelt.

1. Das Finanzreferendum als Institut des kantonalen Staatsrechts

Die Kantone sind nicht verpflichtet, ein Finanzreferendum vorzuse- 35
hen. Soweit sie es aber tun, leitet das Bundesgericht aus den entsprechenden Bestimmungen der Kantonsverfassungen eine Art *Institutsgarantie* ab (BGE 102 Ia 457 E. 3b S. 460 f., Jäger):

> „Ist das Finanzreferendum im kantonalen Verfassungsrecht ... vorgesehen, so muss es sinnvoll, d.h. unter Berücksichtigung seiner staatspolitischen Funktion gehandhabt und darf es durch die kantonale Gesetzgebung und Praxis nicht seiner Substanz entleert werden."

2. Zweck des Finanzreferendums

Im politischen Alltag wird das Finanzreferendum oft als Sachreferen- 36
dum wahrgenommen. Rechtlich gesehen ist es aber ein *reines Kreditreferendum:* Der Bürger soll bei Ausgaben, die ihn als Steuerzahler treffen, mitsprechen können. Folglich bedeutet seine Zustimmung an der Urne nur, dass der bewilligte Kredit zweckentsprechend verwendet

werden darf, nicht aber, dass die Verwaltung in allen Einzelheiten an das Projekt gebunden wäre. Das Finanzreferendum ist mit anderen Worten kein Mittel der Rechts- und Zweckmässigkeitskontrolle über die Verwaltung (BGE 125 I 87 E. 4c/bb S. 95, Anjuska Weil; 123 I 78 E. 2b S. 81, Werner Scherrer; 104 Ia 425 E. 5a S. 426 f., Anderes).

3. Gemeineidgenössische Grundsätze des Finanzreferendums

37   Für die Beurteilung der Frage, ob ein Ausgabenbeschluss der Volksabstimmung untersteht, sind grundsätzlich die vom Bundesgericht entwickelten Begriffsbestimmungen massgebend. Dabei gilt folgendes Prüfprogramm (Rz. 39 ff.):

1. Liegt eine *Ausgabe* vor? Wenn ja:

2. Wurde die *Ausgabenkompetenz delegiert?* Wenn nein:

3. Liegt eine *neue* oder eine *gebundene* Ausgabe vor?

Nur die nicht delegierten neuen Ausgaben unterstehen dem Finanzreferendum, alle anderen nicht.

38   Weil das Finanzreferendum aber ein Institut des kantonalen Staatsrechts ist, darf von den bundesgerichtlichen Begriffsbestimmungen dort abgewichen werden, „wo sich nach Auslegung des kantonalen Rechts oder aufgrund einer feststehenden und unangefochtenen Rechtsauffassung und Praxis der zuständigen kantonalen Organe eine andere Betrachtungsweise aufdrängt" (BGE 117 Ia 59 E. 4c S. 62 f., B.). Durch solche Abweichungen darf indessen das Finanzreferendum nicht seiner Substanz entleert werden.

a.   Ausgabe oder Anlage?

39   Ein Finanzreferendum kommt von vornherein nur in Betracht, wo *Aufwendungen* getätigt, d.h. Geldmittel oder Sachwerte aus dem Finanzvermögen des Staates verschoben werden.

40   Von einer Aufwendung fragt sich sodann, ob sie eine Ausgabe oder eine Anlage darstellt. Die Frage beantwortet sich mit Blick auf den spezifischen Zweck des Finanzreferendums: Es kommt darauf an, ob die *Aufwendung geeignet* ist, *die Steuerbelastung zu beeinflussen.*

– Eine *Ausgabe* liegt vor, wenn der Aufwendung kein gleichwertiger und frei realisierbarer Vermögenszugang gegenübersteht.

> *Beispiele:* Ausrichtung von Subventionen, Errichtung öffentlicher Werke (allgemeiner: Überführung von frei verfügbaren Werten des Finanzvermögens in Positionen des Verwaltungsvermögens).

– Eine *Anlage* liegt vor, wenn Vermögenswerte lediglich innerhalb des Finanzvermögens umgeschichtet werden.

> *Beispiele:* Umwandlung von Bargeldern in Wertschriften oder Liegenschaften aus Gründen der Substanzsicherung.

Anders gewendet: Ausgaben werden getätigt, um *Staatsaufgaben zu erfüllen,* Anlagen dagegen, um *Werte zu erhalten* und einen angemessenen Ertrag zu erzielen.

Das Bundesgericht fasst die Unterscheidung in folgende Worte (BGE 41
112 Ia 221 E. 2a S. 226 f., Rudolf Bautz):

> „Gegenstand des [Finanz-]Referendums sind ... Aufwendungen des Gemeinwesens, die geeignet sind, die steuerliche Belastung zu beeinflussen. Ausgehend von diesem Gedanken und von der klassischen Einteilung staatlicher Vermögenswerte in Finanzvermögen (Sachen, die dem Gemeinwesen durch ihren Kapital- oder Ertragswert dienen) und Verwaltungsvermögen (Sachen, die dem Gemeinwesen durch ihren Gebrauchswert dienen), haben Lehre und Rechtsprechung das Begriffspaar der ‚Anlage‘ und der ‚Ausgabe‘ entwickelt. Eine Anlage ist dabei gegeben, wenn einer staatlichen Aufwendung ein frei realisierbarer Wert gegenübersteht, wenn also das erzielte Resultat nicht von Rechts wegen zu einer Verwendung bestimmt ist, welche, wie diejenige zu Verwaltungszwecken, seine wirtschaftliche Veräusserung ausschliesst. Solche Anlagen, die mit der Absicht getätigt werden, vorhandenes eigenes Vermögen in eine bestimmte wirtschaftliche Form zu bringen zum Zwecke der Werterhaltung und zur Sicherung eines angemessenen Ertrages, unterliegen dem Finanzreferendum von vornherein nicht. Aufwendungen des Gemeinwesens dagegen, welche nicht den typischen Zweck einer Vermögensanlage verfolgen, denen insbesondere die Realisierbarkeit abgeht, gelten als Ausgaben. Nur sie sind ... dem Finanzreferendum zu unterstellen ...“

Ähnlich BGE 123 I 78 E. 3 S. 81 f., Werner Scherrer.

b. Delegation der Ausgabenkompetenz (Finanzdelegation)?

Von den Ausgaben unterstehen nur die neuen dem Finanzreferendum, 42
nicht aber die gebundenen (Rz. 43 ff.). Diese Unterscheidung ist allerdings dort *nicht* von Belang, wo die Kompetenz zur Bewilligung der Ausgabe an das Parlament oder an die Regierung delegiert wurde.

Vorweg ist daher die Frage zu prüfen, ob eine gültige Finanzdelegation vorliegt. Finanzdelegationen gelten als zulässig, wenn sie (BGE 105 Ia 80 E. 5 S. 82 f., Jenni):

1. durch das kantonale Recht *nicht ausgeschlossen* sind,
2. auf ein *bestimmtes Gebiet* beschränkt bleiben, und
3. in einem *formellen Gesetz* erfolgen.

Ausserdem darf das Institut des Finanzreferendums

4. nicht durch eine *Mehrzahl von Kompetenzdelegationen* ausgehöhlt werden.

c. Neue oder gebundene Ausgabe?

43 Wurde die Ausgabenbewilligungskompetenz nicht delegiert, so folgt als Letztes die Frage, ob die zu tätigende Ausgabe „neu" oder „gebunden" ist. Die Antwort wird man mit Blick auf den allgemeinen Sinn jeder Volksabstimmung zu geben haben: Der politische Entscheid muss rechtlich noch offen sein, denn sonst besteht kein Grund, die Stimmberechtigten an die Urne zu rufen. Im Bereich des Finanzreferendums kommt es also darauf an, ob beim *Entscheid über die Ausgabe* eine *verhältnismässig grosse Handlungsfreiheit* besteht (BGE 125 I 87 E. 3b S. 90 f., Anjuska Weil, auch zum Folgenden).

44 Eine *neue* Ausgabe liegt vor, wenn der entscheidenden Behörde verhältnismässig grosse Handlungsfreiheit zusteht:

– bezüglich des *Ob* einer Ausgabe (Grundsatzfrage) oder auch nur
– bezüglich des *Wie* einer Ausgabe (Umfang der Ausgabe, Zeitpunkt ihrer Vornahme, andere Modalitäten).

45 Fehlt dagegen eine solche Handlungsfreiheit, so gilt die Ausgabe als *gebunden*. Dies trifft zu,

– wenn die Ausgabe durch einen Rechtssatz prinzipiell und dem Umfang nach vorgeschrieben ist *(Bindung durch Gesetz)*; oder
– wenn die Ausgabe zur Erfüllung der gesetzlich geordneten Verwaltungsaufgaben unbedingt erforderlich ist *(Bindung durch aufgabenimmanente Notwendigkeit)*; oder
– wenn anzunehmen ist, die Stimmberechtigten hätten mit einem vorausgehenden Grunderlass auch die aus ihm folgenden Aufwendungen gebilligt, falls ein entsprechendes Bedürfnis voraussehbar war oder falls es gleichgültig ist, welche Sachmittel zur Erfüllung

der mit dem Grunderlass übernommenen Aufgaben gewählt werden *(Bindung durch Grunderlass)*.

Rechtsprechungshinweise zu Rz. 43 ff.:   46

- *BGE 123 I 78, Werner Scherrer.* Umbau eines zum Finanzvermögen gehörenden Geschäftshauses zu einem Gerichtsgebäude. Die dauerhafte Nutzung des Gebäudes zu Verwaltungszwecken setzt dessen Überführung in unveräusserliches Verwaltungsvermögen voraus; folglich gelten der Verkehrswert des Gebäudes und die Umbaukosten als neue Ausgaben.
- *BGE 118 Ia 184, Grüne Partei des Kantons Zürich.* Ausbau der Tösstalstrasse; Aufteilung des Kredits in gebundene und neue Ausgaben, Zulässigkeit der Etappierung.
- *BGE 116 Ia 1, W.* Anschaffung eines Computertomografen für das Kantonsspital Zug; Qualifikation als gebundene Ausgabe, weil durch einen gesetzlichen Leistungsauftrag gedeckt.
- *BGE 112 Ia 50, Blum.* Umgestaltung eines Personalwohnhauses; Qualifikation als neue Ausgabe, da wegen geänderter Wohnbedürfnisse des Spitalpersonals verschiedene Verwendungsmöglichkeiten für die Liegenschaft in Betracht fallen.

§ 52 Anspruch auf unverfälschte Äusserung des politischen Willens

I.   Schutz vor unzulässiger Einflussnahme der Behörden

1.   Grundsatz

1   Die politischen Rechte schützen unter anderem die freie Willensbildung und die unverfälschte Stimmabgabe (Art. 34 Abs. 2 BV). „Es soll garantiert werden", sagt das Bundesgericht in BGE 119 Ia 271 E. 3a S. 272 f., A. (Wallisellen), „dass jeder Stimmbürger seinen Entscheid *gestützt auf einen möglichst freien und umfassenden Prozess der Meinungsbildung* treffen kann". Dieser Prozess kann durch eine unzulässige Beeinflussung der Stimmbürger im Vorfeld von Wahlen und Abstimmungen verfälscht werden. Als Folge davon wird man auch die entsprechenden Wahl- und Abstimmungsergebnisse nicht mehr unbedingt als zuverlässigen Ausdruck des freien politischen Willens anerkennen können.

2   Die Praxis des Bundesgerichts hat die Zulässigkeit solcher Einflussnahme auf die Willensbildung *in verschiedener Hinsicht differenziert.* Vereinfachend lässt sich Folgendes festhalten:

– Es ist grundlegend zu unterscheiden zwischen der *Einflussnahme durch Behörden* und der *Einflussnahme Privater.* Behördliche Einflussnahme wird nur unter bestimmten Voraussetzungen toleriert; Beeinflussungen durch Private dagegen sind Ausdruck freien Grundrechtsgebrauchs.

– Die Einflussnahme *durch Behörden im Besonderen* ist soweit zulässig, als sie die *Voraussetzungen einer freien und unverfälschten Äusserung* des politischen Willens *herstellt oder sichert.*

– *Im Rahmen dieser Zweckwidmung* ist für die Zulässigkeit behördlicher Einflussnahme *weiter zu differenzieren:* einerseits nach dem Typus des Urnengangs, andererseits nach dem Typus der Informationshandlung.

– *Typus des Urnengangs.* Die Voraussetzungen zulässiger Einflussnahme sind bei Abstimmungen allgemein weniger streng als bei Wahlen.

– *Typus der Einflussnahme.* Vorbereitende Informationen sind eher zulässig als gezielte Interventionen in laufende Wahl- und Abstimmungskämpfe.

Die folgenden Ausführungen befassen sich allein mit der Einflussnahme durch Behörden. Einflüsse von privater Seite werden in Abschnitt II behandelt.   3

Leitentscheide zum Thema: 4
– *BGE 119 Ia 271, A. (Wallisellen).* Unzulässige Unterstützung eines Abstimmungskomitees; Zusammenfassung der Rechtsprechung.
– *BGE 118 Ia 259, Sch. (Kirchenbote).* Unzulässige Wahlempfehlung; Zusammenfassung der Rechtsprechung.
– *BGE 114 Ia 427, Heinz Aebi (Laufental II).* Unzulässige Unterstützung eines Abstimmungskomitees.
– *BGE 113 Ia 291, Dora Geissberger (Kleinandelfingen).* Unzulässige Unterstützung von Ortsparteien.
– *ZBl 1996 233 (Aareschutzinitiative).* Unzulässige Propaganda einer öffentlichen Unternehmung.

Zum Thema besteht reichlich *Literatur.* Aus neuerer Zeit etwa ANDREAS AUER, L'intervention des collectivités publiques dans les campagnes référendaires, RDAF 1985, S. 185 ff.; MICHEL BESSON, Behördliche Information vor Volksabstimmungen, Bern 2003; GION-ANDRI DECURTINS, Die rechtliche Stellung der Behörde im Abstimmungskampf, Freiburg 1992; GEORG MÜLLER, Die innenpolitische Neutralität der kantonalen öffentlichen Unternehmen, ZBl 1987, S. 425 ff.; JEANNE RAMSEYER, Zur Problematik der behördlichen Information im Vorfeld von Wahlen und Abstimmungen, Basel 1992.

2.   Vorbereitende Informationen zu Abstimmungen

a.   Anspruch auf rechtzeitige Information über Termin und Objekt des Urnengangs

Das Stimmrecht gibt Anspruch auf rechtzeitige Publikation der Abstimmungsvorlage sowie auf rechtzeitige Versendung des Stimmmaterials (BGE 104 Ia 236 E. 2c S. 239 f., Bauert; 98 Ia 602 E. 9 S. 610, Aschwanden).   5

b.   Zulässigkeit von Abstimmungserläuterungen

Abstimmungserläuterungen der Behörden sind *stimmrechtlich allgemein zulässig* (statt vieler BGE 119 Ia 271 E. 3b S. 273, A. [Wallisellen]). Im Bund und in den meisten Kantonen ist eine derartige Information ausdrücklich vorgesehen (vgl. Art. 11 Abs. 2 BPR). Eine besondere gesetz-   6

liche Grundlage wäre aber nach der – allerdings nicht völlig eindeuti-
gen – Rechtsprechung entbehrlich. In der Regel gehen die Erläuterungen von der Regierung aus.

7   Bei der Abfassung der Erläuterungen ist die Behörde zur *Objektivität*
verpflichtet. Sie verletzt das Stimmrecht, wenn sie „über den Zweck
und die Tragweite der Vorlage falsch orientiert" (BGE 119 Ia 271 E. 3b
S. 273, A. [Wallisellen]). Das Objektivitätsgebot bedeutet zweierlei.

– *Pflicht zur Vollständigkeit.* Die Erläuterungen können kurz bleiben;
sie müssen sich nicht mit jeder Einzelheit der Vorlage befassen.
Nach der wenig überzeugenden Praxis des Bundesgerichts genügt es,
wenn die Haltung der Parlamentsmehrheit wiedergegeben wird; die
Argumente der Gegnerschaft müssen nicht erscheinen, ausser das
einschlägige Gesetzesrecht ordne ausdrücklich anderes an (BGE 106
Ia 197 E. 4a S. 200, Franz Weber; vgl. z.B. Art. 11 Abs. 2 BPR).

– *Pflicht zur Sachlichkeit.* Das Objektivitätsgebot verbietet tatsachen-
widrige Information und verlangt ganz allgemein eine gewisse Zurückhaltung im Ton. Immerhin darf die Behörde politische Ermes-
sensfragen aus ihrer Sicht darstellen, „denn es ist Sache des Bürgers,
sich insoweit eine eigene Meinung zu bilden" (BGE 98 Ia 615 E. 4a
S. 622, Schumacher). Sie darf auch auf „allfällige Mängel" einer
Volksinitiative hinweisen, solange sie dabei nicht in politische Propaganda verfällt (BGE 105 Ia 151 E. 3a S. 153, Initiativkomitee der
Initiative „Für eine bessere medizinische Versorgung").

c.   *Zulässigkeit von Abstimmungsempfehlungen*

8   Der Abstimmungsvorlage darf die Empfehlung oder der Antrag beige-
fügt werden, die Vorlage anzunehmen oder – sofern es sich um eine
Volksinitiative handelt – abzulehnen. Eine besondere gesetzliche
Grundlage ist dafür nicht nötig.

3.   Vorbereitende Informationen zu Wahlen

9   Die *Wahlvorschläge* sind zu veröffentlichen und die *Wahlunterlagen* den
Stimmberechtigten rechtzeitig zuzustellen (vgl. BGE 104 Ia 360 E. 3a
S. 363, Parti socialiste lausannois). Ausserdem dürfen die Behörden
technische Wahlanleitungen abgeben (vgl. Art. 34 BPR).
Das *Fehlen* einer Wahlanleitung verletzt das Stimmrecht nicht (ZBl 2001 188 E. 4
S. 192 ff.). Das Bundesgericht scheint daran selber nicht recht zu glauben, bezeich-

net es doch solche Anleitungen als „durchaus üblich" und „wünschbar" (E. 4i S. 197).

Im Übrigen beurteilt sich die amtliche Information vor Wahlen nach   10
grundsätzlich *anderen Massstäben* als die Information über Sachvorlagen: Weil Wahlen bestimmt sind, *neue* Behörden zu konstituieren und es dabei nicht den Sinn hat, die gegebenen Machtverhältnisse unverändert fortzuschreiben, fehlt den noch *amtierenden* Behörden jede Legitimation, die Stimmberechtigten zu beraten (BGE 124 I 55 E. 2a S. 57 f., Evangelische Volkspartei Freiburg). Die Vorstellung der zur Wahl antretenden Personen und ihrer Programme ist vielmehr ausschliesslich Sache der gesellschaftlichen Kräfte.

4. Gezielte Interventionen in Abstimmungskämpfe

a. Grundsatz

Grundsätzlich ist jede direkte Einflussnahme der Behörden ausge-   11
schlossen, welche geeignet wäre, die freie Willensbildung der Stimmbürgerschaft zu verfälschen (BGE 117 Ia 452 E. 3b S. 456, K.):

> „Eine unerlaubte Beeinflussung liegt indessen dann vor, wenn die Behörde ... in unzulässiger Weise in den Abstimmungskampf eingreift und positive, zur Sicherung der Freiheit der Stimmbürger aufgestellte Vorschriften missachtet oder sich sonstwie verwerflicher Mittel bedient. Das Bundesgericht hat das Eingreifen der Behörde in den Abstimmungskampf nur als Ausnahme zugelassen und auf Fälle beschränkt, in denen triftige Gründe für eine solche Intervention gegeben waren. Es hat dabei unterschiedliche Konstellationen beurteilt: Zum einen Informationen desjenigen Gemeinwesens, das die Abstimmung selber durchführte; zum anderen ein Eingreifen einer Gemeinde in den Abstimmungskampf über eine kantonale Vorlage; schliesslich war in einem Fall eine Beeinflussung der Abstimmung des untergeordneten Gemeinwesens durch das übergeordnete streitig."

Eine behördliche Intervention ist somit nur unter drei Grundvoraus-   12
setzungen zulässig:

1. *Gesetzliche Grundlage.* Die Behörde muss zur Intervention in der Regel eigens ermächtigt worden sein.

2. *„Triftige Gründe" (≈ öffentliches Interesse).* Die Intervention muss sich durch ein besonderes Informationsbedürfnis rechtfertigen lassen.

3. *„Keine verwerflichen Mittel" (≈ Verhältnismässigkeit).* Die Intervention muss in Form und Inhalt den Umständen angemessen sein.

Im Einzelnen ist zwischen korrigierender *Richtigstellung* (Rz. 13 f.) und werbender *Intervention im engeren Sinne* (Rz. 15 ff.) zu unterscheiden.

b.   Insbesondere die Richtigstellung

13   Die Intervention im Sinne einer korrigierenden, reaktiven Richtigstellung ist zulässig, ja geboten, wenn sie sich darauf beschränkt,
   – *Irreführungen seitens Privater* entgegenzutreten oder
   – auf zwischenzeitlich eingetretene *neue Tatsachen* einzugehen
   und wenn ohne diese Richtigstellung die *Chance einer unverfälschten Willensbildung* nicht mehr gegeben wäre (vgl. BGE 112 Ia 332 E. 4d S. 337, Kritisches Forum Uri; 114 Ia 427 E. 4c S. 434, Heinz Aebi [Laufental II]; ZBl 2001 148 E. 2b S. 150).

14   Eine besondere gesetzliche Grundlage wird – anders als beim aktiven Positionsbezug des Gemeinwesens (Rz. 15) – nicht benötigt. Die „triftigen Gründe" ergeben sich ohne weiteres aus der Notwendigkeit, Verzerrungen in der Informationslage zu beheben. Für das Verbot der „verwerflichen Mittel" vgl. Rz. 18.

c.   Insbesondere die Intervention im engeren Sinn

aa.   Gesetzliche Grundlage

15   Zur Intervention im Sinne eines werbenden, aktiven Positionsbezugs muss sich die Behörde vom Parlament oder der Gemeindeversammlung bevollmächtigen lassen. Dies ergibt sich für den Fall, dass Geldmittel eingesetzt werden sollen, bereits aus dem *Legalitätsprinzip*. Und soweit die Intervention dazu bestimmt ist, den politischen Willen des Gemeinwesens nach aussen hin bekannt zu machen, ist das Ermächtigungserfordernis überdies auch Gebot des *Demokratieprinzips* (BGE 114 Ia 427 E. 6b S. 445, Heinz Aebi [Laufental II]).

bb.   „Triftige Gründe"

16   Die Rechtsprechung anerkennt das Vorliegen „triftiger Gründe" nur mit Zurückhaltung. Vom oben in Rz. 13 erwähnten Fall der korrigierenden Richtigstellung abgesehen können triftige Gründe *allgemein* vorliegen (BGE 114 Ia 427 E. 4c S. 434 und E. 5e, S. 442, Heinz Aebi

[Laufental II]), wenn die *Komplexität des Abstimmungsgegenstandes* Zusatzinformationen erfordert. Die blosse Absicht der Behörden, die Stimmbürger zur Annahme einer Abstimmungsvorlage zu bewegen, stiftet für sich allein keinen hinreichenden Interventionsgrund (BGE 112 Ia 332 E. 4d S. 337 f., Kritisches Forum Uri).

Im Übrigen variieren die „triftigen Gründe" *je nach Konstellation.*   17

– Vergleichsweise engen Voraussetzungen unterliegen behördliche Interventionen *zu eigenen Vorlagen.* Die Rechtsprechung anerkennt triftige Gründe nur, wenn sich eine zusätzliche Information zwingend aufdrängt, um die Voraussetzungen einer unverfälschten Willensbildung sicherzustellen (BGE 114 Ia 427 E. 4c S. 433 f., Heinz Aebi [Laufental II]).

– Behördliches Einschalten in Abstimmungen eines übergeordneten Gemeinwesens wird gelegentlich als *„vertikale Intervention nach oben"* bezeichnet. Interventionen von Gemeinden zu kantonalen Angelegenheiten sind zulässig, wenn die Stimmbürger des intervenierenden Gemeinwesens „am Ausgang der Abstimmung ein unmittelbares und besonderes Interesse haben, das jenes der übrigen Gemeinden des Kantons bei weitem übersteigt" (BGE 114 Ia 427 E. 4c S. 433, Heinz Aebi [Laufental II]). Eine solche *besondere Betroffenheit* kann sich am ehesten bei Sachgeschäften mit konkreten örtlichen Auswirkungen einstellen, z.B. bei Vorlagen zu Strassenbauvorhaben oder Kraftwerken, kaum aber bei Abstimmungen über generell-abstrakte Normen (BGE 108 Ia 155 E. 5a S. 160 f., Ruppli). Für Interventionen von Gemeinden oder Kantonen zu eidgenössischen Vorlagen gilt Entsprechendes (vgl. ZBl 1985 201 E. 4a S. 207 f.).

– *„Vertikale Interventionen nach unten"* – d.h. Interventionen des Kantons in kommunaler bzw. der Eidgenossenschaft in kantonaler oder kommunaler Sache – gelten grundsätzlich als unzulässig (BGE 117 Ia 452 E. 5a S. 460, K.). Immerhin wird man den Fall vorbehalten müssen, wo die übergeordnete Körperschaft vom Abstimmungsgegenstand auf unterer Ebene ähnlich berührt ist wie im Fall einer eigenen Vorlage. Dies traf bei der Abstimmung betreffend den Übertritt des Laufentals vom Kanton Bern zum Kanton Basel-Landschaft zu: Das Territorialplebiszit auf Stufe Bezirk entschied nämlich zugleich über das künftige Gebiet des Kantons Bern (BGE 114 Ia 427 E. 4d S. 435, Heinz Aebi [Laufental II]).

– Grundsätzlich verpönt ist endlich die *„horizontale Intervention".* Interventionen unter Kantonen verbieten sich wegen der Bundesgarantien (Art. 52 und 53 BV) und der Pflicht der Kantone zu wechselseitiger Rücksichtnahme (Art. 44 Abs. 2 BV), Interventionen unter Gemeinden entsprechend wegen der Gemeindeautonomie (Art. 50 Abs. 1 BV).

Weitere Einzelheiten z.B. bei MICHEL BESSON, Behördliche Information vor Volksabstimmungen, Bern 2003, besonders S. 337 ff.; HANGARTNER/KLEY, Demokratische Rechte, Rz. 2645 ff., je mit Hinweisen auf Literatur und Rechtsprechung.

cc.   *„Keine verwerflichen Mittel"*

18   Das intervenierende Gemeinwesen muss schliesslich den Grundsatz der
     Verhältnismässigkeit wahren. Aus dem Verbot „verwerflicher Mittel"
     ergeben sich mehrere Konsequenzen.

- Das Gemeinwesen darf nicht *Propaganda* betreiben. Es muss von
  ihm „ein höherer Grad an Objektivität und Sachlichkeit erwartet
  werden als von privaten politischen Gruppierungen" (BGE 108 Ia
  155 E. 5b S. 162, Ruppli).

- Es ist unzulässig, *private Abstimmungskomitees* zu unterstützen:
  Eine hinreichende Kontrolle über den Einsatz der Gelder und die
  Einhaltung der Objektivitätspflichten liesse sich kaum gewährleis-
  ten (BGE 114 Ia 427 E. 6a S. 443, Heinz Aebi [Laufental II]).

- *Verdeckte Einflussnahmen* sind verboten. Weder darf die Behörde
  Private mit heimlichen Geldzahlungen unterstützen (BGE 114 Ia
  427 E. 6b S. 444 f., Heinz Aebi [Laufental II]), noch ist es statthaft,
  Befürworter der Vorlage gezielt mit Informationen und Dokumen-
  ten zu versorgen (ZBl 1992 312 E. 4d S. 317).

- Die *eingesetzten Geldmittel* müssen sich in einem vernünftigen
  Rahmen bewegen. Das Gemeinwesen darf nicht mehr aufwenden,
  „als den Parteien und anderen Interessengruppen ohne erhebliche
  Opfer möglich ist" (BGE 108 Ia 155 E. 3b S. 157, Ruppli).

5.   Gezielte Interventionen in Wahlkämpfe

19   Anders als bei Sachabstimmungen fehlt den Behörden bei Wahlen jedes
     Beratungsmandat zu inhaltlichen Fragen. „Es ist zu verhindern, dass
     sich der Staat im Wahlkampf auch nur indirekt in den Dienst partei-
     ischer Interessen stellt" (BGE 124 I 55 E. 2a S. 57 f., Evangelische
     Volkspartei Freiburg; 118 Ia 259 E. 3 S. 262, Sch. [Kirchenbote]). Da-
     rum lassen sich auch kaum „triftige Gründe" finden, in das Wahl-
     kampfgeschehen gezielt einzugreifen. Die Behörden müssen *parteipoli-
     tisch neutral* bleiben; es gilt ein *grundsätzliches Interventionsverbot*. Dies
     bedeutet dreierlei:

- Amtliche *Wahlempfehlungen* sind unzulässig.

- *Wahlhilfen* (wie Beiträge an politische Parteien oder die Finanzierung von Wahlinseraten) müssen neutral ausgestaltet sein. Weder
  dürfen sie einzelne Kandidaten oder Parteien bevorzugen oder

benachteiligen noch die verfassungsrechtlich gebotene Offenheit der Wahl beeinträchtigen.

– Behördliche *Interventionen* in den Wahlkampf sind streng nur zur Richtigstellung irreführender Informationen zulässig.

Fallbeispiel 1 zu Rz. 19: BGE 113 Ia 291, Dora Geissberger (Kleinandelfingen). Der 20
Gemeinderat Kleinandelfingen beschloss im März 1973, Wahlinserate für Gemeindewahlen künftig aus der Gemeindekasse zu finanzieren, sofern der Wahlvorschlag von den organisierten Ortsparteien gemeinsam unterstützt werde. Im März 1986 fanden Gesamterneuerungswahlen für den siebenköpfigen Gemeinderat statt. Dabei präsentierten die traditionellen Ortsparteien SVP, SP und FDP einen gemeinsamen Wahlvorschlag. Zusätzlich kandidierte Dora Geissberger allein; sie gehörte keiner Partei an. Die Gemeinde publizierte auf Begehren der Ortsparteien zulasten der Gemeindekasse den gemeinsamen Wahlvorschlag in der Lokalpresse. Die Aufnahme von Dora Geissberger in die Inserate wurde mit der Begründung abgelehnt, „dies gehe nur über die Parteien" und eigentliche Kampfinserate würden nicht unterstützt. Dora Geissberger beschwerte sich deswegen beim Bundesgericht. Das Gericht hiess die Beschwerde gut und hob die Wahl, die unterdessen stattgefunden hatte, auf.

„Eine finanzielle Unterstützung der Parteien durch den Staat kann die Erfüllung ihrer öffentlichen Aufgaben erleichtern und ihnen eine gewisse Unabhängigkeit von Spendern sichern ... Die Gemeinde Kleinandelfingen hat den etablierten Parteien Mittel zur Verfügung gestellt, mit denen für und damit auch gegen einzelne Kandidaten Stellung bezogen wurde. Die Kandidatur der Beschwerdeführerin, welche als Nichtparteimitglied von den Unterstützungsinseraten ausgeschlossen war, wurde dadurch erschwert. Diese Ausschlusswirkung widerspricht dem Prinzip der Offenheit des Wahlsystems und ist geeignet, das Wahlergebnis selbst zu beeinflussen. Zudem wird dadurch die Chancengleichheit aller Kandidaten verletzt, ohne dass dies durch überwiegende Gründe zu rechtfertigen wäre." (E. 3f/cc S. 300)

„Die freie Volkswahl ist ... nicht nur rückwärtsgerichtete Bestätigung der bisherigen Machtverteilung, sondern soll über die künftige Stärke entscheiden. Eine chancengleiche Kandidatur muss demzufolge allen Bürgern offen stehen, welche die als verfassungskonform anerkannten Voraussetzungen dazu erfüllen. Eine behördliche Intervention im Rahmen des Wahlkampfes, welche diese Ausschlusstendenz noch verstärkt oder sogar direkt zur Folge hat, wo das positive Recht die offene Konkurrenz vorsieht, ist deshalb unzulässig. Das an sich berechtigte Anliegen, um der Leistungsfähigkeit des politischen Systems willen eine gewisse Konzentration der Kräfte zu fördern, ... vermag dagegen nicht aufzukommen." (E. 3f/dd S. 301)

Fallbeispiel 2 zu Rz. 19: BGE 124 I 55, Evangelische Volkspartei Freiburg. Der Staat 21
darf nicht nur jenen Parteien die Kosten für den Druck der Wahlzettel zurückerstatten, die in einem Wahlkreis 7,5% und mehr aller Wählerstimmen erzielen;

zulässig erschien dem Gericht ein Quorum „von rund 1% der Listenstimmen" (E. 6 S. 69 ff.). Als verfassungswidrig erwies sich im Weiteren die Regelung, wonach Zuschüsse an die Wahlkampfkosten nur gewährt werden, wenn die Partei im 130-köpfigen Parlament mindestens fünf Mandate (und damit Fraktionsstärke) erreicht: „Die Schranke von 5 Mandatsgewinnen hat für kleine Parteien eine Ausschlusswirkung zur Folge, welche mit der Rechts- und Chancengleichheit der Parteien im Bereich des Wahlrechts nicht vereinbar ist und sich mit keinen zwingenden Gründen rechtfertigen lässt"; überhaupt sei es kaum haltbar, derartige Beiträge von einem tatsächlichen Mandatsgewinn abhängig zu machen (E. 7 S. 71 ff.).

6.   Sonderfragen

a.   *Interventionen öffentlicher Unternehmen*

22   Interventionen öffentlicher Unternehmen stehen einer behördlichen Intervention gleich, wenn das Unternehmen *staatlich beherrscht* ist und seine Handlungen daher dem Gemeinwesen zugerechnet werden müssen. Die Organisationsform ist unerheblich. Im Übrigen gelten *ähnliche Voraussetzungen* wie für die *Intervention von Gemeinden zu kantonalen Angelegenheiten* (Rz. 17): Ist das Unternehmen vom Urnengang in besonderer Weise betroffen, so darf es in den Abstimmungskampf eingreifen. Es muss aber seine Interessen in objektiver Weise und mit verhältnismässigen Mitteln vertreten, zumal wenn Gelder verwendet werden, die dank rechtlicher oder faktischer Monopole erwirtschaftet wurden (ZBl 1996 233 E. 3c S. 237).

23   *Rechtsprechungshinweise zu Rz. 22:*
   – *ZBl 1996 233*, betreffend Intervention der Bernischen Kraftwerke in den Abstimmungskampf um die kantonale Aareschutzinitiative (vgl. dazu vorn § 51 Rz. 31).
   – *ZBl 1993 119*, betreffend Propaganda der SBB im Vorfeld der Stadtzürcher Abstimmung über eine Bahnhofüberbauung („Gestaltungsplan HB-Südwest").

b.   *Interventionen eines Behördenmitglieds als Privatperson*

24   Behördenmitglieder dürfen die Meinungsfreiheit in Anspruch nehmen, wenn sie *als Privatperson* an Abstimmungskampagnen teilnehmen (BGE 119 Ia 271 E. 3d S. 275, A. [Wallisellen]). Die Unterscheidung zwischen amtlichem und privatem Auftreten eines Behördenmitglieds in der politischen Öffentlichkeit mag bei Parlamentsabgeordneten durchgehen; bei Mitgliedern einer Exekutive dagegen wirkt sie – jedenfalls solange Vorlagen des eigenen Gemeinwesens in Frage stehen –

eher realitätsfremd (kritisch auch HANGARTNER/KLEY, Demokratische Rechte, Rz. 2600; J. P. MÜLLER, Grundrechte, S. 375).

c. *Abgrenzung der Intervention in den Abstimmungskampf zum allgemeinen Informationsauftrag der Behörden*

In Erfüllung ihres allgemeinen Informationsauftrags dürfen die Behörden über Ziel und Ablauf ihrer politischen Projekte *frei unterrichten,* auch wenn diese Projekte zu einem späteren Zeitpunkt allenfalls der Volksabstimmung zugeleitet werden. Die strengen *stimmrechtlichen Massstäbe,* denen eine behördliche Intervention nach der Rechtsprechung zu genügen hat (Rz. 15 ff.), greifen *erst ab Beginn des Abstimmungskampfs.*   25

Fallbeispiel zu Rz. 25: BGE 121 I 252, Alliance de gauche. Im Juni 1988 hiessen die Genfer Stimmberechtigten eine als allgemeine Anregung abgefasste Initiative gut, wonach die Erstellung einer neuen Strassenverbindung zwischen dem linken und dem rechten Seeufer auf Genfer Stadtgebiet an die Hand zu nehmen sei. Zur Umsetzung dieser Initiative bewilligte der Genfer Grosse Rat 1992 einen Projektierungskredit. Im September 1994 liess das kantonale Baudepartement in der Tagespresse eine Anzeige abdrucken, in welcher über die Notwendigkeit der Strassenverbindung informiert wurde. Mehrere Beschwerdeführer sahen darin ihr Stimmrecht verletzt. Das Bundesgericht verwarf diesen Standpunkt (E. 2 S. 256):   26

> „Il incombe au gouvernement d'un canton, de même qu'à l'organe exécutif d'une commune, de diriger la collectivité. Le gouvernement ne peut accomplir cette mission qu'en soutenant activement ses propres projets et objectifs, et en indiquant sans équivoque ce qu'il considère comme nécessaire ou favorable à l'intérêt général. Le dialogue entre le gouvernement et l'opinion publique, qui se produit par exemple dans le cadre des débats parlementaires, par le biais des communiqués du gouvernement ou à l'occasion de prises de position publiques des magistrats, est au surplus un élément indispensable de la démocratie. On doit donc reconnaître au gouvernement le droit – et même le devoir – d'intervenir dans le débat politique en dehors des périodes précédant les votations.
>
> C'est seulement à l'approche d'une décision populaire que l'autorité politique est en principe tenue de s'abstenir de toute influence sur le corps électoral, afin que celui-ci puisse se déterminer de façon indépendante. Selon certains auteurs, ce devoir d'abstention commence dès le moment où le projet destiné à être soumis à la votation est définitivement adopté ou reçu par l'organe compétent ..., c'est-à-dire, en particulier, lorsqu'une loi sujette au référendum facultatif ou obligatoire est adopté par le parlement, ou lorsque le dépôt d'une initiative populaire est officiellement constaté. Selon ETIENNE GRISEL, ce devoir ne débute qu'après la convoca-

tion officielle des électeurs, avec l'envoi du message explicatif qui leur est destiné."

Das Bundesgericht brauchte sich auf den massgeblichen Zeitpunkt nicht festzulegen, weil in casu der Abstimmungskampf offensichtlich noch nicht begonnen hatte (E. 3 S. 258).

II.   Schutz vor unzulässiger Einflussnahme Privater

1.   Grundsatz: Unregulierter Meinungsbildungsprozess

27   Eine freie und unverfälschte Bildung und Äusserung des politischen Willens ist ohne ein Mindestmass an behördlicher Information nicht möglich. Dennoch bleibt der *Willensfindungsprozess primär Sache der gesellschaftlichen Akteure*. Dieser Prozess profitiert vom Schutz der ideellen Grundrechte. Man mag den Kampf mit unwahren oder irreführenden Angaben und den Einsatz massiver Finanzen als Verstoss gegen die guten Sitten verurteilen; verfassungsrechtlich indessen ist solches Verhalten vorerst hinzunehmen. Das Bundesgericht hat es seit je abgelehnt, Wahl- und Abstimmungskämpfe rigiden Anstandsregeln zu unterstellen, denn solche Regeln liessen sich nicht ohne schwere Eingriffe in die Meinungsfreiheit aufstellen. Lieber vertraut es auf die Fähigkeit der Bürger, „Übertreibungen als solche zu erkennen und vernunftgemäss zu entscheiden" (BGE 98 Ia 73 E. 3b S. 80, Kellermüller; vgl. auch vorn § 28 Rz. 7 ff.).

28   Interventionen Privater sind folglich *nur ausnahmsweise unzulässig*, nämlich wenn mit irreführenden Angaben unmittelbar vor dem Urnengang eingegriffen wird und es „dem Bürger nach den Umständen unmöglich ist, sich aus andern Quellen ein zuverlässiges Bild von den tatsächlichen Verhältnissen zu machen", somit die Chance einer unverfälschten Meinungsbildung nicht mehr gegeben ist (BGE 119 Ia 271 E. 3c S. 274, A. [Wallisellen]).

29   Das Bundesgericht hat die Frage offen gelassen, ob der Staat die *private Finanzierung von Wahl- und Abstimmungskämpfen* beschränken darf. Die Tessiner Bestimmung, welche die zulässigen Wahlspenden auf Fr. 50 000.– je Kandidat begrenzen wollte, scheiterte bereits daran, dass die Chancengleichheit der Kandidaten beeinträchtigt worden wäre: Die Grenze hätte nämlich nur die finanzschwachen unter ihnen getroffen (BGE 125 I 441 E. 3b S. 447 ff., A.).

2. Tabellarische Gegenüberstellung

Damit bestehen zwischen behördlichen und privaten Interventionen in   30
der Hauptsache die folgenden Unterschiede:

	Behörden	**Private**
Grundsatz	„Ohne behördliche Einflussnahme."	Freier Grundrechtsgebrauch.
Ausnahme	– Vorbereitende Information und gerichtete Intervention sind nur unter bestimmten Voraussetzungen zulässig. – Bei Wahlen gelten strengere Voraussetzungen als bei Abstimmungen.	Unzulässig ist nur die Einflussnahme – im letzten Moment und – „mit offensichtlich unwahren und irreführenden Angaben".
Aufhebung des Urnengangs?	Wenn die Beeinflussung des Ergebnisses „im Bereich des Möglichen liegt".	Wenn die Beeinflussung des Ergebnisses „ausser Zweifel steht oder zumindest als sehr wahrscheinlich erscheint".
Anfechtungsobjekt	Vorbereitungshandlung der Behörde.	Erwahrungsbeschluss.

3. Interventionen durch die Presse

Für Interventionen durch die *Presse* gelten die soeben (Rz. 27 ff.) ge-   31
schilderten Grundsätze, unabhängig davon, ob der redaktionelle Teil
oder der Anzeigenteil in Frage steht. In seiner bisherigen Rechtsprechung ist das Bundesgericht davon ausgegangen, dass die einseitige Darstellung einer Abstimmungsvorlage grundsätzlich nicht schade, denn
die Zahl der voneinander unabhängigen und den verschiedenen Interessengruppen nahestehenden Zeitungen biete ausreichende Möglichkeiten einer wirksamen Gegendarstellung (BGE 98 Ia 73 E. 3b S. 80, Kellermüller). Angesichts zunehmender Pressekonzentration ist heute
jedoch kaum noch Verlass auf die selbstregulierenden Kräfte eines *äusseren Pressepluralismus*. Die neuere Praxis postuliert daher zu Recht eine
Art *inneren Pluralismus:* „Wichtig ist ..., dass die Informationsorgane
den jeweiligen politischen Gegnern dieselben Möglichkeiten einräumen, sich auszusprechen, was insbesondere dann gilt, wenn diese Informationsorgane regional oder lokal praktisch eine Monopolstellung
innehaben." (BGE 117 Ia 41 E. 5a S. 47, Heinz Aebi [Laufental III])

4. Interventionen an Radio und Fernsehen

32 Wahl- und Abstimmungssendungen von *Radio und Fernsehen* unterliegen besonderen Regeln, die über das allgemein geltende Gebot der
„sachgerechten" Berichterstattung (Art. 93 Abs. 2 Satz 3 BV) hinausgehen.

- Wegen der einzigartigen Massenwirkung der elektronischen Medien
  und wegen der erschwerten Gegendarstellungsmöglichkeiten verlangt das Stimmrecht allgemein „eine *gewisse Zurückhaltung* jener
  Programmgestalter, die in ihren Sendungen hängige Abstimmungen
  und bevorstehende Wahlen behandeln" (BGE 98 Ia 73 E. 3c S. 82,
  Kellermüller). Dies gilt namentlich für die Auswahl der Gesprächs-
  partner und für die Art und Weise der Fragestellung.

- Es greift eine *verschärfte Pflicht zur Ausgewogenheit*. Vor Abstimmungen sind die unterschiedlichen Ansichten in der gleichen Sen-
  dung oder wenigstens am gleichen Tag darzustellen (ZBl 1991 327
  E. 2a S. 328). Vor Wahlen muss den politischen Parteien angemessene und rechtsgleiche Gelegenheit zur Selbstdarstellung gegeben
  werden (BGE 97 I 731 E. 3 S. 734 f., Vigilance).

- *Politische Werbung ist untersagt* (Art. 18 Abs. 5 RTVG). Die Grenze
  zur erlaubten Wirtschaftswerbung ist besonders bei politisch motivierten Langzeitkampagnen nicht einfach zu ziehen (BGE 111 Ib 56
  E. 3 S. 59 ff., Sozialdemokratische Partei der Schweiz).

- Wahl- und Abstimmungssendungen dürfen *nicht gesponsert* werden
  (Art. 19 Abs. 4 RTVG).

III. Anspruch auf Wahrung der Einheit der Form

33 Die „Einheit der Form" verlangt, dass ein Volksbegehren *entweder* als
ausgearbeiteter Entwurf *oder* als allgemeine Anregung konzipiert wird;
die Kombination beider Formen in ein und derselben Initiative stellt
eine unzulässige Formenvermischung dar und zieht die Ungültigkeit
des Begehrens nach sich. Das Verbot der Formenvermischung hat, wie
bereits in § 44 Rz. 16 f. bemerkt, vor allem verfahrensrechtliche Gründe. In gewisser Weise erklärt es sich aber auch aus dem Anspruch auf
unverfälschte Äusserung des politischen Willens, denn die Annahme
einer Initiative in der Volksabstimmung ist je nach Initiativform von
unterschiedlicher Tragweite (vgl. BGE 114 Ia 413 E. 3c, d S. 416 f.,

Sozialdemokratische Partei des Kantons Zürich). Deshalb – und auch weil die Einheit der Form gewöhnlich in einem Zug mit der Einheit der Materie genannt wird – erscheinen die einschlägigen Ausführungen an dieser Stelle.

Über die Einheit der Form kann nur sprechen, wer die *Initiativformen* 34 *als solche* kennt; diese sind darum vorweg darzustellen. Es sei im Übrigen nicht verschwiegen, dass die Einheit der Form in der Praxis des Bundesgerichts und der politischen Bundesbehörden keine allzu grosse Rolle spielt.

Einlässliche Aufarbeitung der Behörden- und Gerichtspraxis zu diesem Thema bei PIERRE TSCHANNEN, Die Formen der Volksinitiative und die Einheit der Form, ZBl 2002, S. 2, 12 ff., mit weiteren Hinweisen.

1. Ausgearbeiteter Entwurf (formulierte Initiative)

Der ausgearbeitete Entwurf ist das Begehren, *bestimmte Normen wie* 35 *vorgeschlagen* zu erlassen, zu ändern oder aufzuheben. Der ausgearbeitete Entwurf muss *fertig redigierte Norm* sein. Kriterium ist mit anderen Worten der rechtsetzungstechnische Perfektionierungsgrad des Initiativtextes. Der erforderliche Grad ist erreicht, wenn die Initiative ohne ergänzende oder korrigierende Eingriffe des Parlaments am Wortlaut des Begehrens selbst oder am Wortlaut des Erlasses, der von der Initiative betroffen ist, der Rechtsordnung eingefügt und in Kraft gesetzt werden kann. Unter dieser Voraussetzung darf ein ausgearbeiteter Entwurf auch Zielbestimmungen, Gesetzgebungsaufträge oder Delegationsnormen enthalten.

Dem ausgearbeiteten Entwurf als einer fertig redigierten Norm ent- 36 spricht seine *Unabänderbarkeit.* Den Fall einer teilweisen Ungültigerklärung ausgenommen darf der Wortlaut einer formulierten Initiative von den Behörden *nicht angetastet* werden; das Begehren ist dem Volk *so wie es lautet* zur Abstimmung zu unterbreiten (vgl. Art. 99 ParlG). Kurz: Die formulierte Volksinitiative ist der klassische „Antrag aus dem Volk an das Volk" (BGE 25 I 64 E. 5 S. 77, Kündig); sie gestattet den Stimmberechtigten den unmittelbaren Zugriff auf die Rechtsordnung unter Umgehung von Regierung und Parlament.

Immerhin sind *formale Bereinigungen* am Initiativtext zulässig, wie z.B. die Zuweisung einer im Initiativtext fehlenden Sachüberschrift oder Artikelnummer. Vgl. BBl 1999 7951 über die formale Anpassung von Ende 1999 hängigen Volksinitiativen, die sich noch auf den Text der BV 1874 bezogen, an die Systematik der auf den 1. Januar 2000 in Kraft gesetzten neuen Bundesverfassung.

2.   Allgemeine Anregung (unformulierte Initiative)

37   Die allgemeine Anregung ist das Begehren, *Normen im Sinne der Initiative* zu erlassen, zu ändern oder aufzuheben. Die allgemeine Anregung erfordert zwingend die Mitwirkung des Parlaments. Ihm obliegt es, die Volksanregung in einen entsprechenden Normtext umzusetzen.

Mit der allgemeinen Anregung verbindet sich das *Risiko erheblicher Interessenkollisionen:* Denn einerseits handelt das Parlament als Auftragnehmer der Stimmberechtigten, und dies möglicherweise gegen seine eigene rechtspolitische Überzeugung; andererseits aber bleibt es auch in Ausführung des Rechtsetzungsmandats weiterhin Inhaber einer wenn auch beschränkten legislatorischen Gestaltungsfreiheit. Es ist darum kein Zufall, dass allgemeine Anregungen nur selten vorkommen – im Bund z.B. machen sie keine 5% aller zustande gebrachten Volksinitiativen aus! Zum stimmrechtlichen Anspruch auf getreue Umsetzung einer allgemeinen Anregung vgl. vorn § 51 Rz. 16 f.

38   Unformulierte Volksinitiativen müssen Gegenstand und Ziel des Begehrens deutlich machen. Eine *minimale Bestimmtheit* des Initiativtextes ist nötig, weil andernfalls das Volk bei einer allfälligen Grundsatzabstimmung nicht weiss, worüber es zu entscheiden hat. Auch das Parlament kann sonst nicht im Sinne der Initiative handeln. Im Übrigen dürfen unformulierte Initiativen *auch präzise und detaillierte Normelemente* enthalten. Die herrschende Praxis sieht in der allgemeinen Anregung „ein zwar noch änderbares, aber doch ziemlich detailliert festgelegtes Volksbegehren", das lediglich noch einer mehr oder weniger weit gehenden „parlamentarischen Formulierung oder Vervollständigung" bedarf (LUZIUS WILDHABER, in: Kommentar aBV, Art. 121/122 Rz. 45, 49).

Die Lehre ist sich in diesem Punkt freilich nicht einig. Manche Autoren vertreten die Auffassung, der Text einer allgemeinen Anregung müsse eine gewisse Abstraktionshöhe wahren; unformulierte Initiativen dürften bloss Grundgedanken, Leitlinien oder rechtspolitische Postulate an die Adresse der Behörden aussprechen (so namentlich GRISEL, Initiative et référendum, S. 206 f., 219 f.). Bundesgericht und Bundesversammlung haben die Theorie der „minimalen Abstraktionshöhe" zwar verschiedentlich aufgegriffen, sind ihr aber im Ergebnis nie gefolgt (Nachweise bei TSCHANNEN, a.a.O. [Rz. 34], S. 12 ff.; vgl. auch ALDO LOMBARDI, in: St. Galler Kommentar, Art. 139 Rz. 19).

3.   Formenvermischung

39   Die Einheit der Form ist verletzt, wenn der Initiativtext erkennbar aus *zwei Teilen* besteht, von denen *der eine rechtspolitisches Postulat, der andere redigierte Vorlage* ist (so genannte „formelle" Formenvermi-

schung). Mischformen der beschriebenen Art kommen kaum vor. Das ist wesentlich dem Umstand zuzuschreiben, dass einerseits die allgemeine Anregung auch detaillierte Vorgaben enthalten darf, der ausgearbeitete Entwurf andererseits auch Programmsätze oder Delegationsnormen (Rz. 35, 38). Das blosse Nebeneinander von offenen und präzisen Normelementen im Initiativtext lässt darum noch nicht auf eine verpönte Mischform schliessen. Vor diesem Hintergrund verlangt die formelle Formenvermischung von den Initianten ein geradezu unvorstellbares Mass an juristischem Ungeschick (vgl. für ein seltenes Beispiel BGE 48 I 156 Wälchli; ferner die in § 44 Rz. 17 beschriebene „Chevallier-Initiative").

Wer präzise Normelemente mit der Form der allgemeinen Anregung für unvereinbar hält (Rz. 38 a.E.), muss konsequenterweise auch in einem ‚zu genauen' Begehren einen Verstoss gegen die Einheit der Form erblicken (so genannte „materielle Formenvermischung"). Die rechtlichen Konsequenzen einer solchen Konstruktion bleiben freilich unklar (vgl. die Kritik bei TSCHANNEN, a.a.O. [Rz. 34], S. 23 f.).

4.   Fehlbezeichnung

Ausser der Verbindung von formulierten und nicht formulierten Be-   40
standteilen im Text der Initiative sind Fälle denkbar, da der Text der Initiative für sich genommen die Einheit der Form wahrt, objektiv aber nicht jene Form verkörpert, die der Ingress zum Initiativtext nennt. Auch die Meinungen darüber, wie mit einer *Formendiskrepanz zwischen Ingress und Text* umzugehen sei, sind geteilt. Eine erste Auffassung will die von den Initianten gewählte Bezeichnung – ausgearbeiteter Entwurf bzw. allgemeine Anregung – unter allen Umständen beachtet wissen. Das kann auf eine Ungültigerklärung wegen unzulässiger *Formenvermischung* hinauslaufen. Eine zweite, soweit erkennbar geläufige Auffassung geht in solchen Fällen von der objektiven Form des Initiativtextes aus und qualifiziert das Auseinanderfallen von objektiver Form und erklärter Form als blosse *Fehlbezeichnung*, die wenn nötig durch entsprechende Formenumwandlung zu beheben sei. Diese Auffassung verdient schon aus Gründen der Vernunft den Vorzug.

Für weitere Einzelheiten zu diesem Punkt vgl. TSCHANNEN, a.a.O. (Rz. 34), S. 25 ff.

IV.   Anspruch auf Wahrung der Einheit der Materie

1.   Funktion, Geltungsgrund und Geltungsbereich

41   Zu Abstimmungsvorlagen können die Stimmbürger bloss Ja oder Nein sagen oder leer einlegen. Eine freie und unverfälschte Äusserung des politischen Willens ist unter diesen Umständen nur dann gewährleistet, wenn sich die Abstimmungsvorlage auf *eine einzige politische Frage* reduzieren lässt. Der Grundsatz von der Einheit der Materie soll verhindern, dass sich die Stimmberechtigten mit nur einem Votum *zu mehreren politischen Fragen* äussern müssen, die *keinen hinreichenden Sachzusammenhang* aufweisen.

42   Die Einheit der Materie fliesst aus dem *Stimmrecht des Bundes;* sie gilt auch dann, wenn sie im kantonalen Recht nicht verankert ist (BGE 118 Ia 184 E. 3b S. 191, Grüne Partei des Kantons Zürich).

43   Der Grundsatz ist auf *alle Volksabstimmungen* anwendbar, unabhängig davon, ob sie aus Anlass einer Volksinitiative oder eines Referendums stattfinden (ZBl 1995 470 E. 4a/bb S. 471). Für die praktische Tragweite des Grundsatzes ist aber in mehrfacher Hinsicht zu differenzieren (Rz. 47 ff.).

2.   Der „sachliche Zusammenhang" als Leitkriterium

44   Die Einheit der Materie ist gewahrt, wenn zwischen den einzelnen Regelungselementen einer Vorlage ein *„sachlicher Zusammenhang"* besteht. Man sollte mit diesem Kriterium einigermassen grosszügig umgehen, denn sonst besteht die Gefahr, dass Parlament und Initianten alle politische Gestaltungsfreiheit verlieren. Zu Recht hält das Bundesgericht fest (ZBl 1995 470 E. 4a/cc S. 472):

> „Wie der vom Grundsatz der Einheit der Materie verlangte sachliche Zusammenhang zu bestimmen ist, lässt sich nur schwer in genereller Weise festlegen. Die Praxis der Bundesbehörden wie auch des Bundesgerichts stellt daher wesentlich auf die wertende Gewichtung der Umstände des jeweiligen Einzelfalls ab, und sie wendet – auch um die Ausübung der politischen Rechte, vor allem des Initiativrechts, nicht übermässig zu erschweren – bei der Handhabung dieses Grundsatzes regelmässig einen milden Massstab an. Im Vordergrund steht der Gesichtspunkt, die freie, unverfälschte Kundgabe des politischen Willens des Stimmbürgers zu garantieren. Lässt sich eine Vorlage als eine politische Frage verstehen, so ist die Einheit der Materie auch dann gegeben, wenn innerhalb des thematischen

Rahmens mehrere verschiedene Massnahmen zu deren Umsetzung vorgeschlagen werden. Ist eine solche thematische Klammer aber bloss künstlich geschaffen oder rein abstimmungspsychologisch motiviert, so fehlt es an der Einheit der Materie."

Im selben Sinne auch BGE 123 I 63 E. 4b und d, S. 71 und 73, Charles Beer.

Die Praxis anerkennt einen sachlichen Zusammenhang namentlich in folgenden Fällen (vgl. die Übersicht bei LUZIUS WILDHABER, in: Kommentar aBV, Art. 121/122 Rz. 104 ff.): 45

– Die Regelungselemente der Vorlage stehen in einer *Zweck-Mittel-Relation* zueinander.
– Die Regelungselemente der Vorlage verfolgen *ein und dasselbe Ziel.*
– Die Regelungselemente der Vorlage betreffen *eine einheitliche Thematik.*

Die Einheit der Materie ist hingegen *nicht mehr gewahrt,* wenn die Vorlage *mehrere selbständige politische Ziele* verfolgt.

Der Grundsatz hat ein *Trennungsgebot* und ein *Vereinigungsgebot* zur Folge (BGE 97 I 669 E. 3 S. 672, Schlatter): 46

– Regelungen, welche unterschiedliche politische Fragen betreffen, müssen dem Volk als getrennte Vorlagen unterbreitet werden; und
– Regelungen, welche ein und dieselbe politische Frage betreffen, müssen grundsätzlich zu einer einzigen Vorlage zusammengefasst werden. Man wird dem Parlament aber nicht verbieten können, politisch besonders umstrittene Punkte einer Vorlage einzeln oder als Variante der Hauptvorlage zur Volksabstimmung zu bringen.

3. Differenzierung nach dem Urheber der Vorlage?

Die Praxis neigt dazu, die Einheit der Materie *bei Volksinitiativen strenger* zu handhaben als bei Behördenvorlagen. Bei Volksinitiativen erfülle die Einheit der Materie nämlich einen besonderen Zweck (BGE 99 Ia 177 E. 3b S. 182, Müller): 47

> „Wäre es .. zulässig, die verschiedensten Postulate zum Gegenstand einer einzigen Initiative zu machen, so wäre die Sammlung der vorgeschriebenen Zahl von Unterschriften übermässig erleichtert. Die Vorschrift über die Einheit der Materie dient hier nicht nur dazu, dem Stimmbürger die ihm zukommende Abstimmungsfreiheit zu gewährleisten und eine unverfälschte Kundgebung des Volkswillens zu ermöglichen, sondern sie soll darüber hinaus auch verhindern, dass das Volksinitiativrecht missbräuchlich gehandhabt wird."

So auch BGE 123 I 63 E. 4b S. 72, Charles Beer; 113 Ia 46 E. 4a S. 52, Landesring der Unabhängigen des Kantons Zürich.

48   Die Ungleichbehandlung von Volksvorlage und Behördenvorlage *leuchtet nicht ein.* Beiden Akteuren, dem Stimmvolk wie dem Parlament, steht die Befugnis zur Rechtsetzung zu – zwar unter je eigenen verfassungsrechtlichen Bedingungen, sonst aber mit gleichem Recht. Daher haben beide auch das gleiche Recht, politisch zu taktieren und nach breitest möglicher Zustimmung zu trachten. Sodann ist die Argumentation des Gerichts in sich nicht schlüssig. Dass es sich für eine Initiative, die allen etwas geben will, leichter Unterschriften zusammentragen lässt, mag zwar zutreffen. Aber umgekehrt schafft sich ein derartiges Begehren auch mehr Gegner als eine klar konturierte Initiative. So würde der „Missbrauch" des Initiativrechts (wenn es denn einer wäre) durch die politische Praxis sogleich bestraft.

Ein Letztes: Parlamente sind den Volksrechten selten günstig gesinnt. Im schlechten Fall kann der Entscheid über die Gültigkeit einer Initiative zur politischen Abrechnung verkommen (vgl. die in § 44 Rz. 20 erwähnte „Halbierungsinitative"). Die Dogmatik sollte solchen Verirrungen nicht noch dadurch Vorschub leisten, dass sie Volksinitiativen strenger beurteilt als Behördenvorlagen.

4.   Differenzierung nach dem Objekt der Vorlage

a.   *Rechtsetzungsvorlagen*

49   Bei Rechtsetzungsgeschäften differenziert die Rechtsprechung unter anderem danach, ob eine *Verfassungs*vorlage oder eine *Gesetzes*vorlage unterbreitet wird. Für Verfassungsvorlagen gelten vergleichsweise „höhere Anforderungen"; bei Gesetzesvorlagen dagegen genügt es, wenn

> „... eine bestimmte Materie geregelt werden soll und die einzelnen, zu diesem Zweck aufgestellten Vorschriften zueinander in einer sachlichen Beziehung stehen. Der Stimmbürger hat keinen verfassungsmässigen Anspruch darauf, dass ihm einzelne, allenfalls besonders wichtige Vorschriften eines Gesetzes, das eine bestimmte Materie regelt, gesondert zur Abstimmung vorgelegt werden; er muss sich vielmehr auch dann für die Gutheissung oder Ablehnung der ganzen Gesetzesvorlage entscheiden, wenn er nur mit einzelnen Vorschriften einverstanden bzw. mit einzelnen Bestimmungen nicht einverstanden ist." (BGE 113 Ia 46 E. 4a S. 53, Landesring der Unabhängigen des Kantons Zürich)

50   Dass die Einheit der Materie auf Gesetzesebene scheinbar weniger hohe Anforderungen stellt als auf Verfassungsebene, ist freilich nur Reflex der bei Gesetzen regelmässig höheren Normdichte. Einen Einfluss hat

dagegen der Rechtsetzungsmodus. *Gesamtrevisionen* dürfen der Bürgerschaft en bloc vorgelegt werden. Bei *Teilrevisionen* dagegen kommt es auf den Revisionszweck an: Sind die revidierten Bestimmungen Ausdruck eines kohärenten Konzepts, so ist der erforderliche Zusammenhang gewahrt, sonst nicht.

### b.	Sachvorlagen

Sachgeschäfte gehören grundsätzlich als *Einzelvorlage* zur Abstimmung gebracht; Massnahmenpakete aus purer Abstimmungstaktik sind verpönt (BGE 118 Ia 184 E. 3b S. 191, Grüne Partei des Kantons Zürich; 105 Ia 80 E. 7c S. 89, Jenni). Zulässig bleibt die Zusammenfassung mehrerer gleichartiger Projekte zu einer einzigen Vorlage namentlich aus regional- oder sozialpolitischen Gründen, oder anders: wenn es sich darum handelt, „alle Teile des Kantons und alle Glieder der Bevölkerung in gleicher Weise an der allgemeinen Wohlfahrt teilnehmen zu lassen" (BGE 105 Ia 80 E. 7c S. 89, Jenni). 51

### c.	Finanzvorlagen

Bei Finanzvorlagen verbietet die Einheit der Materie die *künstliche Etappierung* eines Projekts mit dem einzigen Ziel, die Kreditschwellen des Finanzreferendums zu unterlaufen (BGE 118 Ia 184 E. 3b S. 191, Grüne Partei des Kantons Zürich). 52

### 5.	Einheit der Materie bei Gegenentwürfen

Auch ein allfälliger Gegenentwurf zu einem Volksbegehren muss die Einheit der Materie wahren – und zwar nicht nur für sich, sondern auch im Verhältnis zur Initiative (Art. 101 Abs. 1 ParlG). Der Gegenvorschlag soll mit Zweck und Gegenstand der Initiative eng zusammenhängen und dem Stimmbürger eine echte Alternative einräumen. „Mit dem Gegenvorschlag darf eine Initiative zwar sowohl formell als auch materiell verbessert werden; doch darf mit ihm keine andere Frage als mit der Initiative gestellt, sondern lediglich andere Antworten vorgeschlagen werden" (BGE 113 Ia 46 E. 5a S. 54, Landesring der Unabhängigen des Kantons Zürich). 53

V.   Schutz durch verfahrensrechtliche Sicherungen

1.   Bedeutung klarer Verfahrensvorschriften für die Demokratie

54   Die Rechtsprechung hat stets ein besonderes Augenmerk auf die formell korrekte Abwicklung von Wahlen und Abstimmungen gerichtet. Vorbedingung freier und unverfälschter Willenskundgabe in der direkten Demokratie sind *einfache Spielregeln* und deren *strikte Einhaltung*. „En matière de votations et d'élections, des règles de forme simples et strictes sont sans doute nécessaires pour que la volonté populaire puisse s'exprimer clairement et que le contrôle puisse en être exercé aisément." (BGE 105 Ia 237 E. 3b S. 240, Unité jurassienne)

55   Umgekehrt stellt das Stimmrecht als verfassungsmässiges Recht des Bundes bestimmte *Anforderungen an die Ausgestaltung und die Handhabung der Verfahrensvorschriften* (dazu sogleich).

2.   Stimmrechtliche Anforderungen an das Wahlverfahren

a.   Im Allgemeinen

56   Art. 51 Abs. 1 Satz 1 BV verlangt von den Kantonen die Durchführung direkter Parlamentswahlen. In der Bestimmung des Wahlsystems – Majorz oder Proporz – sind die Kantone indessen frei. Auch das Stimmrecht des Bundes ändert daran nichts (BGE 118 Ia 415 E. 6c S. 420, M.X.). Für die Ausgestaltung des Wahlsystems gelten aber gewisse verfassungsrechtliche Grundsätze.

– Vorschriften, nach denen gewählt wird, müssen *„vor dem Wahlgang eindeutig umschrieben"* sein und über das ganze Wahlgebiet *einheitlich gehandhabt* werden (BGE 109 Ia 203 E. 4b S. 205, Elisabeth Schulte-Wermeling).

– Der durch die Kantonsverfassung getroffene *Grundentscheid* – Verhältniswahl oder Mehrheitswahl – muss vom Gesetzgeber *mit einiger Folgerichtigkeit durchgeführt* werden. Abweichungen von der Systemlogik sind zwar erlaubt; sie dürfen aber nicht dazu führen, dass der Entscheid des Verfassungsgebers in sein Gegenteil verkehrt wird (BGE 118 Ia 415 E. 6c S. 420, M.X.; 109 Ia 203 E. 5b S. 207, Elisabeth Schulte-Wermeling).

– *Proporzsysteme insbesondere* dürfen *Sperrklauseln* wie allgemeine Prozenthürden („direktes" Quorum) oder Mindeststimmenanteile als Folge kleiner Wahlkreise („natürliches" Quorum) nur mit Mass vorsehen (Zusammenfassung von Rechtsprechung und Lehre in BGE 129 I 185 E. 6 S. 193 ff., X.; ferner 103 Ia 603 E. 5 und 6 S. 607 ff., Mouvements démocrates du district de Sion; ZBl 1994 479 E. 3 S. 481 f.). Die oberste Grenze des Zulässigen dürfte bei 10% liegen (so auch TOMAS POLEDNA, Grundzüge des Wahlrechts in den Kantonen, in: Verfassungsrecht, § 23 Rz. 15).

Ausführlich zu den Wahlrechtsgrundsätzen PIERRE GARRONE, L'élection populaire en Suisse, Basel/Frankfurt a.M. 1991; ALFRED KÖLZ, Probleme des kantonalen Wahlrechts, ZBl 1987, S. 1 ff., 49 ff.; TOMAS POLEDNA, Wahlrechtsgrundsätze und kantonale Parlamentswahlen, Zürich 1988.

b. Zur Frage der Geschlechterquoten

Das Bundesgericht hat sich in zwei Urteilen eingehend mit der Zuläs- 57
sigkeit von *Geschlechterquoten bei Wahlen* befasst (BGE 123 I 152, G. [Solothurner Quoteninitiative] und 125 I 21, Grüne Bewegung Uri [Urner Quoteninitiative]). Im Einzelnen ist zwischen Volkswahlen und Behördenwahlen zu unterscheiden, innerhalb der Volkswahlen ausserdem zwischen Wahlvorschlagsquoten (Nominierungsquoten) und Ergebnisquoten (Mandatsquoten).

Geschlechterquoten bei Behörden, die *vom Volk gewählt* werden, be- 58
rühren vorab das *Stimmrecht* (Art. 34 BV). Dieses Recht, so das Bundesgericht (BGE 123 I 152 E. 8 S. 172, G. [Solothurner Quoteninitiative]), vermittle den Anspruch darauf,

> „... dass jeder Stimmbürger, der die als verfassungskonform anerkannten Voraussetzungen erfüllt, mit gleichen Chancen an einer Wahl soll teilnehmen können, sei es als Wähler oder als Kandidat."

Ergebnisquoten, d.h. Regelungen, welche die Mandate von vornherein 59
nach einem bestimmten Schlüssel auf die beiden Geschlechter aufteilen, lassen sich mit dem zitierten Anspruch nicht vereinbaren (a.a.O.):

> „Die Quotenregelung hätte zur Folge, dass ein Mann bzw. eine Frau für ein zur Wahl ausgeschriebenes politisches Mandat ... unter Umständen gar nicht kandidieren könnte oder dass er bzw. sie als nicht gewählt erklärt würde, falls die Quote des betreffenden Geschlechts bereits erfüllt wäre. Die gleichmässige Zulassung aller zu den Wahlen wäre nicht mehr gewährleistet, und das passive Wahlrecht würde eingeschränkt.
>
> Das aktive Wahlrecht sodann schliesst ein, dass jeder Wähler die Freiheit und Auswahl unter den Kandidaten haben muss und selbst muss bestimmen können, durch wen er sich vertreten lassen will ..."

Das Abstellen auf das Geschlecht würde zu einer Beschränkung der Auswahlfreiheit führen, wenn die Wähler nicht mehr die Person ihrer Wahl bestimmen könnten ... Ferner hätten die Stimmen jener Stimmbürger, welche Frauen wählen, eine erheblich höhere Stimmkraft bzw. einen grösseren Erfolgswert, wenn Frauen ungeachtet einer niedrigeren Stimmenzahl solange vor Männern als gewählt erklärt würden, bis sie entsprechend ihrem Bevölkerungsanteil vertreten sind."

Das Gericht hat die Unzulässigkeit von Ergebnisquoten bei Volkswahlen im Urner Quotenfall bestätigt (BGE 125 I 21 E. 3d/dd S. 34 und E. 5a S. 36 f., Grüne Bewegung Uri). Das Solothurner Urteil hat zu einer ausgedehnten *Literaturdebatte* geführt. Vgl. die Zusammenfassung in BGE 125 I 21 (Grüne Bewegung Uri) und die Entgegnung des Bundesgerichts daselbst, E. 3d S. 29 ff.

60   *Wahlvorschlagsquoten bei Volkswahlen* dagegen sind unter dem Gesichtspunkt des allgemeinen und gleichen Stimmrechts unbedenklich, sieht man vom eher seltenen Fall der Einerwahlkreise ab. Solche Quoten wirken sich zwar auf die Nominierungschancen der Amtswilligen aus und mindern auch die Wahlvorschlagsfreiheit der Stimmberechtigten. Solange die Quote die Verhältnismässigkeit wahrt, sind die damit verbundenen Einschränkungen jedoch hinzunehmen, zumal die Gleichheit des aktiven und passiven Wahlrechts intakt bleibt (BGE 125 I 21 E. 5c S. 39 ff., Grüne Bewegung Uri).

61   *Geschlechterquoten bei behördlich vorzunehmenden Wahlen* müssen sich einzig an *Art. 8 BV* messen lassen. Verhältnismässigkeit vorausgesetzt, sind Ergebnisquoten bei solchen Wahlen verfassungsrechtlich zulässig (BGE 125 I 21 E. 5b S. 37 ff., Grüne Bewegung Uri).

3.   Stimmrechtliche Anforderungen an das Abstimmungsverfahren

a.   Schutz vor suggestiver Abstimmungsfrage

62   Strenger noch als beim Abfassen der Abstimmungserläuterungen gilt die Neutralitätspflicht des Gemeinwesens bei der Formulierung der Abstimmungsfrage, „denn die vom Bürger verlangte Antwort steht in engem Zusammenhang mit der ihm gestellten Frage und wird durch diese bis zu einem gewissen Grade bestimmt" (BGE 106 Ia 20 E. 1 S. 22 f., Achermann). Die Frage muss „klar und objektiv" abgefasst werden, darf „weder irreführend sein noch suggestiv" wirken (BGE 121 I 1 E. 5b/aa S. 12, Schweizerische Volkspartei des Kantons Luzern). Diesen Ansprüchen hält nur der einfache Satz stand, ob die Stimmbürger

die Vorlage annehmen wollen. Die Abstimmungsfrage hat keinen Informationsauftrag zu erfüllen.

Fallbeispiel zu Rz. 62: BGE 106 Ia 20, Achermann. Im Kanton Zürich werden „die 63
Stellungnahmen des Kantons im Rahmen des Vernehmlassungsverfahrens des
Bundes über die Wünschbarkeit der Errichtung von Atomanlagen auf dem Gebiete
des Kantons Zürich und seiner Nachbarkantone" der Volksabstimmung unterstellt
(Art. 30 Ziff. 4 KV-ZH). Im Jahre 1979 hatte sich der Zürcher Regierungsrat zur
Wünschbarkeit des Atomkraftwerks Kaiseraugst zu äussern; er war der Ansicht,
der Bedarfsnachweis für das Kraftwerk sei erbracht.

Am 6. Februar 1980 verabschiedete der Regierungsrat die Vernehmlassung zuhanden der Volksabstimmung. Die Abstimmungsfrage lautete:

> „Wollen Sie den zuständigen Bundesbehörden empfehlen, im Interesse der Sicherstellung der Elektrizitätsversorgung, die Errichtung des Kernkraftwerks Kaiseraugst zu bewilligen?"

Das Bundesgericht erachtete die Abstimmungsfrage als unzulässig. Es erwog (E. 3
S. 27),
– die Frage unterstelle, dass die Errichtung des Kernkraftwerks im Interesse einer
  gesicherten Energieversorgung liege;
– der Regierungsrat setze damit als gegeben voraus, was politisch umstritten sei
  und eigentlich Gegenstand der Frage bilden sollte.

*b. Anspruch auf differenzierende Stimmabgabe bei Abstimmungen
über Volksinitiativen mit Gegenentwurf*

Wird einer Volksinitiative ein Gegenentwurf zur Seite gestellt, so muss 64
das Abstimmungsverfahren „eine genügend differenzierte Stimmabgabe" ermöglichen (BGE 113 Ia 46 E. 5a S. 54, Landesring der Unabhängigen des Kantons Zürich). Das Bundesgericht hat sich dabei nicht
auf einen bestimmten Abstimmungsmodus festgelegt. Im Bund sowie
verbreitet auch in den Kantonen gilt das *System der gleichzeitigen bedingten Eventualabstimmung* („Doppeltes Ja mit Stichfrage"; vorn § 44
Rz. 64 f.).

Hinweise auf weitere Abstimmungsverfahren bei IVO CAVIEZEL, Die Volksinitiative im Allgemeinen und unter besonderer Berücksichtigung des Kantons Graubünden, Freiburg 1990. S. 203 ff.; ETIENNE GRISEL, Les droits populaires au niveau
cantonal, in: Verfassungsrecht, § 25 Rz. 38 ff.

4.   Anspruch auf Wahrung des Stimm- und Wahlgeheimnisses

a.   Grundsatz

65   Zentrale Voraussetzung freier Willensäusserung ist das *Stimmgeheimnis.*
Der Anspruch auf Wahrung des Stimmgeheimnisses ist *formeller Natur:*
Das Stimmrecht ist z.b. schon dann verletzt, wenn die Einrichtung des
Wahllokals ein unbeobachtetes Ausfüllen des Zettels nicht sicherstellt,
gleichgültig ob jemand zusieht oder nicht. „Die politischen Verhältnis-
se können sich ändern, und im Hinblick darauf ist das Wahlgeheimnis
auch dann streng zu hüten, wenn solche Vorkommnisse [d.h. eine
Kontrolle der Stimmenden] fern liegen." (BGE 98 Ia 602 E. 10b S. 613,
Aschwanden)

66   Das Stimmgeheimnis gebietet unter anderem,
   –   dass das Gemeinwesen für eine *geeignete Einrichtung der Wahllokale*
       sorgt (BGE 98 Ia 602 E. 10b S. 613, Aschwanden);
   –   dass auch bei der *Stimmberechtigungskontrolle von Briefwählern* nur
       die Identität der Stimmenden festgestellt wird und jede Möglichkeit
       ausgeschlossen bleibt, das individuelle Stimmverhalten zu eruieren
       (vgl. dazu BGE 121 I 187 E. 3 S. 190 ff., Stefan Wehrle, sowie ZBl
       1997 351);
   –   dass sich die *Stimmzettel äusserlich nicht unterscheiden* und von sol-
       cher Papierqualität sind, dass das Votum der Stimmenden nicht
       durchscheinen kann (BGE 75 I 234 E. 5 S. 237 ff., Bender; BBl 1996
       II 1297);
   –   dass die *Unterschriftenlisten einer Volksinitiative oder eines Referen-
       dums,* einmal eingereicht, weder herausgegeben noch sonst wie be-
       kannt gemacht werden (Art. 64 Abs. 2, Art. 71 Abs. 2 BPR; BGE 98
       Ib 289 E. 4h S. 297, Fontana). Anderes gilt nur, wenn die Behörde
       so viele Unterschriften nicht beglaubigt, dass die Initiative zu schei-
       tern droht (BGE 20 782 E. 3 S. 788 f., Riederberger).

67   Der Schutz des Stimmgeheimnisses erstreckt sich hingegen nicht auf
die *Unterzeichner von Wahlvorschlägen.* Die Stimmbürgerschaft hat ein
berechtigtes Interesse daran, einen Kandidaten nicht nur nach seinen
Worten beurteilen zu müssen, sondern auch den Standort seiner Hin-
termänner zu kennen. Dieses Anliegen überwiegt das Interesse der den
Vorschlag unterstützenden Personen, vor allfälligen Pressionen geschützt zu sein (Art. 26 BPR; so zu Recht BGE 98 Ib 289 E. 4g–i S. 296

f., Fontana; Kritik bei HANGARTNER/KLEY, Demokratische Rechte, Rz. 2575).

b. Sonderfall Versammlungsdemokratie?

An Landsgemeinden (es gibt sie nur noch in den Kantonen Glarus und   68
Appenzell Innerrhoden) sowie an Gemeindeversammlungen wird in der Regel *offen* abgestimmt. Offene Stimmabgabe bedeutet *Stimmabgabe unter voller Sozialkontrolle;* sie verlängert die Abhängigkeiten des wirtschaftlichen und gesellschaftlichen Alltags ins Politische. Damit wird nicht nur das Stimmrecht des Bundes verletzt, sondern auch Art. 25 Bst. b des UNO-Pakts II (für den entsprechenden *Vorbehalt der Schweiz* vgl. AS 1993 748 und BBl 1991 I 1201). Das Bundesgericht schützt die Institution der Versammlungsdemokratie nach wie vor, wenn auch mit Bedenken. Anscheinend überwiegen zur Zeit noch die Hemmungen, eine so traditionsreiche Institution wie die Landsgemeinde „leichthin in Frage zu stellen oder gar aufzuheben" (BGE 121 I 138 E. 4a S. 143 f. und E. 5b S. 145 f., Willi Rohner; treffende Kritik bei TOMAS POLEDNA, Grundzüge des Wahlrechts in den Kantonen, in: Verfassungsrecht, § 23 Rz. 2; der Kanton Appenzell Ausserrhoden, den der genannte Entscheid betraf, hat die Landsgemeine mittlerweile abgeschafft).

VI. Anspruch auf korrekte Ermittlung des Wahl- und Abstimmungsergebnisses

Die Stimmbürgerschaft hat ein „Recht auf ordnungsgemässe und sorg-   69
fältige Auszählung der Stimmen" (BGE 98 Ia 73 E. 4 S. 85, Kellermüller). Der Einsatz technischer Hilfsmittel wie Zählmaschinen oder Präzisionswaagen ist damit nicht ausgeschlossen (vgl. Art. 84 BPR).
– Bei Urnenabstimmungen kann die Behörde eine *Nachzählung* anordnen, falls dies aufgrund der Sachlage für die zuverlässige Ermittlung des Ergebnisses als „geboten" erscheint (BGE 101 Ia 238 E. 4a S. 245, Liberale Partei des Kantons Luzern). Ein *stimmrechtlicher Anspruch* auf Nachzählung besteht aber nur, wenn „konkrete Anhaltspunkte für eine fehlerhafte Auszählung oder für ein gesetzwidriges Verhalten der hiefür zuständigen Organe" vorliegen. Ein knappes Ergebnis allein genügt als Nachweis solcher Anhaltspunkte

noch nicht, sofern das Abstimmungswesen „zweckmässig geordnet"
war (BGE 98 Ia 73 E. 4 S. 85, Kellermüller).

– An Landsgemeinden werden in der Regel nicht Einzelstimmen gezählt, sondern die Mehrheitsverhältnisse durch *„Abschätzen"* ermittelt (vgl. z.B. Art. 67 KV-GL). Das Bundesgericht nimmt die damit
verbundenen Ungenauigkeiten in Kauf (BGE 104 Ia 428 E. 3 S. 431
ff., Walcher; 100 Ia 362 E. 5b, c S. 363 f., Steimen).

ANHÄNGE

Anhang 1:
Schema zum Verfahren auf Totalrevision der Bundesverfassung

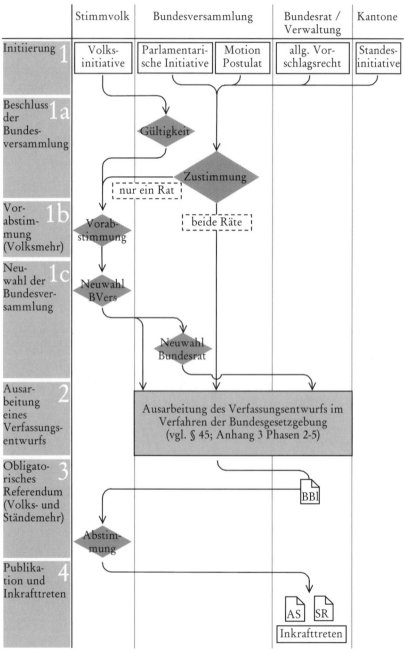

674

Anhang 2:
Schema zum Verfahren auf Teilrevision der Bundesverfassung

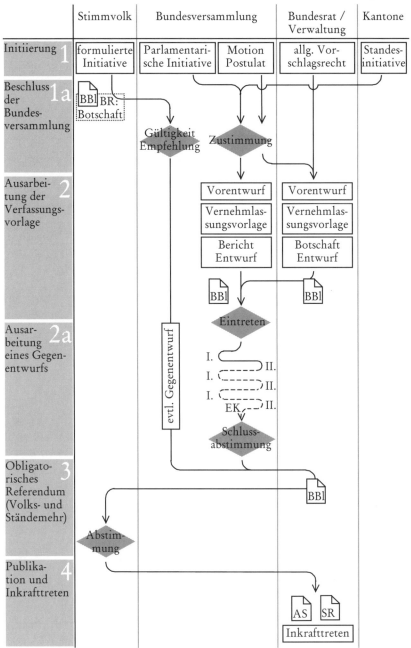

Anhang 3:
Schema zum Verfahren der Bundesgesetzgebung

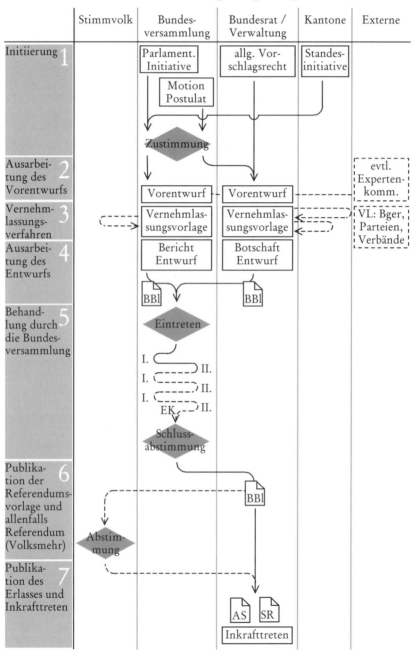

Anhang 4:
Justizreform[1]

Die bei Drucklegung dieses Buchs in Kraft stehenden Teile der Vorlage sind fett hervorgehoben.

Art. 29a *Rechtsweggarantie*
Jede Person hat bei Rechtsstreitigkeiten Anspruch auf Beurteilung durch eine richterliche Behörde. Bund und Kantone können durch Gesetz die richterliche Beurteilung in Ausnahmefällen ausschliessen.

Art. 122 *Zivilrecht*
[1] Die Gesetzgebung auf dem Gebiet des Zivilrechts und des Zivilprozessrechts ist Sache des Bundes.
[2] Für die Organisation der Gerichte und die Rechtsprechung in Zivilsachen sind die Kantone zuständig, soweit das Gesetz nichts anderes vorsieht.
[3] *Aufgehoben*

Art. 123 *Strafrecht[2]*
[1] **Die Gesetzgebung auf dem Gebiet des Strafrechts und des Strafprozessrechts ist Sache des Bundes.**
[2] **Für die Organisation der Gerichte, die Rechtsprechung in Strafsachen sowie den Straf- und Massnahmenvollzug sind die Kantone zuständig, soweit das Gesetz nichts anderes** vorsieht.
[3] *Bisheriger Abs. 2*

4. Kapitel: Bundesgericht und andere richterliche Behörden

Art. 188 *Stellung des Bundesgerichts*
[1] Das Bundesgericht ist die oberste rechtsprechende Behörde des Bundes.
[2] Das Gesetz bestimmt die Organisation und das Verfahren.
[3] Das Gericht verwaltet sich selbst.

Art. 189 *Zuständigkeiten des Bundesgerichts*
[1] Das Bundesgericht beurteilt Streitigkeiten wegen Verletzung:
   a. von Bundesrecht;
   b. von Völkerrecht;
   c. von interkantonalem Recht;

---

[1]   AS 2002 3148.
[2]   Art. 123 in Kraft seit 1. April 2003; AS 2002 3147.

677

d. von kantonalen verfassungsmässigen Rechten;

e. der Gemeindeautonomie und anderer Garantien der Kantone zu Gunsten von öffentlich-rechtlichen Körperschaften;

f. von eidgenössischen und kantonalen Bestimmungen über die politischen Rechte.

[2] Es beurteilt Streitigkeiten zwischen Bund und Kantonen oder zwischen Kantonen.

[3] Das Gesetz kann weitere Zuständigkeiten des Bundesgerichts begründen.

[4] Akte der Bundesversammlung und des Bundesrates können beim Bundesgericht nicht angefochten werden. Ausnahmen bestimmt das Gesetz.

Art. 190   *Massgebendes Recht*

Bundesgesetze und Völkerrecht sind für das Bundesgericht und die anderen rechtsanwendenden Behörden massgebend.

Art. 191   *Zugang zum Bundesgericht*

[1] Das Gesetz gewährleistet den Zugang zum Bundesgericht.

[2] Für Streitigkeiten, die keine Rechtsfrage von grundsätzlicher Bedeutung betreffen, kann es eine Streitwertgrenze vorsehen.

[3] Für bestimmte Sachgebiete kann das Gesetz den Zugang zum Bundesgericht ausschliessen.

[4] Für offensichtlich unbegründete Beschwerden kann das Gesetz ein vereinfachtes Verfahren vorsehen.

Art. 191a   *Weitere richterliche Behörden des Bundes*

[1] **Der Bund bestellt ein Strafgericht; dieses beurteilt erstinstanzlich Straffälle, die das Gesetz der Gerichtsbarkeit des Bundes zuweist. Das Gesetz kann weitere Zuständigkeiten des Bundesstrafgerichts begründen.** [3]

[2] Der Bund bestellt richterliche Behörden für die Beurteilung von öffentlich-rechtlichen Streitigkeiten aus dem Zuständigkeitsbereich der Bundesverwaltung.

[3] Das Gesetz kann weitere richterliche Behörden des Bundes vorsehen.

Art. 191b   *Richterliche Behörden der Kantone*

[1] Die Kantone bestellen richterliche Behörden für die Beurteilung von zivilrechtlichen und öffentlich-rechtlichen Streitigkeiten sowie von Straffällen.

[2] Sie können gemeinsame richterliche Behörden einsetzen.

Art. 191c   *Richterliche Unabhängigkeit*

Die richterlichen Behörden sind in ihrer rechtsprechenden Tätigkeit unabhängig und nur dem Recht verpflichtet.

---

[3]   Art. 191a Abs. 1 in Kraft seit 1. April 2003; AS 2002 3147.

Anhang 5:
Reform der Volksrechte[4]

Die bei Drucklegung dieses Buchs in Kraft stehenden Teile der Vorlage sind fett hervorgehoben.

Art. 138   *Volksinitiative auf Totalrevision der Bundesverfassung*
[1] 100 000 Stimmberechtigte können innert 18 Monaten seit der amtlichen Veröffentlichung ihrer Initiative eine Totalrevision der Bundesverfassung vorschlagen. [5]
Restlicher Artikel unverändert.

Art. 139   *Formulierte Volksinitiative auf Teilrevision der Bundesverfassung*[6]
[1] 100 000 Stimmberechtigte können innert 18 Monaten seit der amtlichen Veröffentlichung ihrer Initiative in der Form eines ausgearbeiteten Entwurfs eine Teilrevision der Bundesverfassung verlangen.

[2] Verletzt die Initiative die Einheit der Form, die Einheit der Materie oder zwingende Bestimmungen des Völkerrechts, so erklärt die Bundesversammlung sie für ganz oder teilweise ungültig.

[3] Die Initiative wird Volk und Ständen zur Abstimmung unterbreitet. Die Bundesversammlung empfiehlt die Initiative zur Annahme oder zur Ablehnung. Sie kann der Initiative einen Gegenentwurf gegenüberstellen.

Art. 139a   *Allgemeine Volksinitiative*
[1] 100 000 Stimmberechtigte können innert 18 Monaten seit der amtlichen Veröffentlichung ihrer Initiative in der Form einer allgemeinen Anregung die Annahme, Änderung oder Aufhebung von Verfassungs- oder Gesetzesbestimmungen verlangen.

[2] Verletzt die Initiative die Einheit der Form, die Einheit der Materie oder zwingende Bestimmungen des Völkerrechts, so erklärt die Bundesversammlung sie für ganz oder teilweise ungültig.

[3] Ist die Bundesversammlung mit der Initiative einverstanden, so setzt sie diese durch eine entsprechende Änderung der Bundesverfassung oder der Bundesgesetzgebung um.

[4] Die Bundesversammlung kann der Änderung im Sinne der Initiative einen Gegenentwurf gegenüberstellen. Die Änderung der Bundesverfassung und der Gegenentwurf werden Volk und Ständen zur Abstimmung unterbreitet, die Änderung der Bundesgesetzgebung und der Gegenentwurf werden dem Volk zur Abstimmung unterbreitet.

---

[4]   BBl 2002 6485.
[5]   Art. 138 in Kraft seit 1. August 2003; AS 2003 1949.
[6]   Art. 139 in Kraft seit 1. August 2003; AS 2003 1949.

[5] Lehnt die Bundesversammlung die Initiative ab, so legt sie diese dem Volk zur Abstimmung vor. Wird die Initiative angenommen, so setzt die Bundesversammlung sie durch eine entsprechende Änderung der Bundesverfassung oder der Bundesgesetzgebung um.

Art. 139b   *Verfahren bei Initiative und Gegenentwurf*

[1] Die Stimmberechtigten stimmen gleichzeitig ab über

    a. die Volksinitiative oder die ihr entsprechende Änderung und

    b. den Gegenentwurf der Bundesversammlung.[7]

[2] Sie können beiden Vorlagen zustimmen. In der Stichfrage können sie angeben, welcher Vorlage sie den Vorrang geben, falls beide angenommen werden.[8]

[3] Erzielt bei angenommenen Verfassungsänderungen in der Stichfrage die eine Vorlage mehr Volks- und die andere mehr Standesstimmen, so tritt die Vorlage in Kraft, bei welcher der prozentuale Anteil der Volksstimmen und der prozentuale Anteil der Standesstimmen in der Stichfrage die grössere Summe ergeben.[9]

Art. 140   *Obligatorisches Referendum (Abs. 2 Bst. a^{bis} und b)*

[2] Dem Volk werden zur Abstimmung unterbreitet:

    a^{bis} die Gesetzesvorlage samt Gegenentwurf der Bundesversammlung zu einer allgemeinen Volksinitiative;

    b. die von der Bundesversammlung abgelehnten allgemeinen Volksinitiativen;

Restlicher Artikel unverändert.

Art. 141   *Fakultatives Referendum (Abs. 1, Einleitungssatz und Bst. d Ziff. 3 sowie Abs. 2)*[10]

[1] Verlangen es 50 000 Stimmberechtigte oder acht Kantone innerhalb von 100 Tagen seit der amtlichen Veröffentlichung des Erlasses, so werden dem Volk zur Abstimmung vorgelegt:

    d. völkerrechtliche Verträge, die

        3. wichtige rechtsetzende Bestimmungen enthalten oder deren Umsetzung den Erlass von Bundesgesetzen erfordert.

[2] *Aufgehoben*

Restlicher Artikel unverändert.

---

[7]   Bis zum Inkrafttreten von Art. 139b Abs. 1 bleibt Art. 139 Abs. 1-4 und Abs. 6 Satz 1 der Bundesverfassung in der Fassung vom 18. April 1999 (SR 101) in Kraft; AS 2003 1949.

[8]   Art. 139b Abs. 2 in Kraft seit 1. August 2003; AS 2003 1949.

[9]   Art. 139b Abs. 3 in Kraft seit 1. August 2003; AS 2003 1949.

[10] Art. 141 Abs. 1, Einleitungssatz und Bst. d Ziff. 3 sowie Abs. 2 in Kraft seit 1. August 2003; AS 2003 1949.

Art. 141a   *Umsetzung von völkerrechtlichen Verträgen*[11]

[1] Untersteht der Genehmigungsbeschluss eines völkerrechtlichen Vertrags dem obligatorischen Referendum, so kann die Bundesversammlung die Verfassungsänderungen, die der Umsetzung des Vertrages dienen, in den Genehmigungsbeschluss aufnehmen.

[2] Untersteht der Genehmigungsbeschluss eines völkerrechtlichen Vertrags dem fakultativen Referendum, so kann die Bundesversammlung die Gesetzesänderungen, die der Umsetzung des Vertrages dienen, in den Genehmigungsbeschluss aufnehmen.

Art. 156   *Getrennte Verhandlung (Abs. 3)*

[3] Das Gesetz sieht Bestimmungen vor, um sicherzustellen, dass bei Uneinigkeit der Räte Beschlüsse zu Stande kommen über:

a. die Gültigkeit oder Teilungültigkeit einer Volksinitiative;[12]

b. die Umsetzung einer vom Volk angenommenen allgemeinen Volksinitiative;

c. die Umsetzung eines vom Volk gutgeheissenen Bundesbeschlusses zur Einleitung einer Totalrevision der Bundesverfassung;

d. den Voranschlag oder einen Nachtrag.[13]

Restlicher Artikel unverändert.

Art. 189   *Zuständigkeiten des Bundesgerichts (Abs. 1bis)*

[1bis] Es beurteilt Beschwerden wegen Missachtung von Inhalt und Zweck einer allgemeinen Volksinitiative durch die Bundesversammlung.

Restlicher Artikel gemäss Vorlage Justizreform unverändert.

---

[11]   Art. 141a in Kraft seit 1. August 2003; AS 2003 1949.

[12]   Art. 156 Abs. 3 Bst. a in Kraft seit 1. August 2003; AS 2003 1949.

[13]   Art. 156 Abs. 3 Bst. b in Kraft seit 1. August 2003; AS 2003 1949.

SACHREGISTER

Die Zahl vor dem Schrägstrich verweist auf den Paragrafen, die Zahl hinter dem Schrägstrich auf die Randziffer im entsprechenden Paragrafen (5/23 = § 5 Rz. 23). Zahlen ohne Schrägstrich beziehen sich auf ganze Paragrafen (5 = § 5). Bei den fett gedruckten Hauptstichwörtern werden allfällige Adjektive dem Substantiv nachgestellt (Anfrage, einfache, nicht: Einfache Anfrage).

Kanton
(s. auch Bundesstaat; Kompetenzen, Kanton)
– als Demokratie 6/20, 18/12–13
– als Rechtsstaat 6/31, 18/37–38
– als Sozialstaat 6/39
– als Staat? 16/1–2
– Änderungen in Bestand und Gebiet 18/57–61
– Aufsicht des Bundes s. Bundesaufsicht
– Autonomie 16/3–12
– Bundesgarantien s. dort
– Finanzausgleich 16/20–22
– Gleichheit der Kantone 16/13–22
– Konkordat s. Vertrag, interkantonaler
– mit halber Standesstimme 16/15–
17
– Mitwirkungsrechte im Bund 24
– Staatsgebiet 12/5–8
– Verbot der Selbsthilfe 23/15–16
– Zusammenarbeit unter Kantonen
23/3–6
(s. auch Vertrag, interkantonaler)
Kantonsbürgerrecht 13/13, 13/32
(s. auch Bürgerrecht, Schweizer)
**Kantonsklausel bei Bundesratswah-
len** 37/4
Kantonsreferendum 24/12
Kantonsverfassung
(s. auch Verfassung)
– Anforderungen des Bundesrechts
18/10–19
– Aufgabenkataloge 21/3–6
– Gewährleistung durch den Bund
18/5–35, 18/54–55
– jederzeitige Revidierbarkeit 18/16
– Normenkontrolle durch das Bundesgericht 18/31–35
– Schutz der verfassungsmässigen
Ordnung durch den Bund 18/36–
48
Karenzfrist
– bei Verfassungsrevisionen 18/16,
44/14
– bei Wahlen und Abstimmungen
für Zugezogene 48/33

Kerngehalt s. bei Grundrechte
Klage, staatsrechtliche 11/19,
18/52–53, 22/60–61, 23/19, 25/28,
26/21
Kollegialprinzip 36/5–12
Kollisionsrecht, interkantonales
23/21–24
**Kollision von Bundesrecht und
kantonalem Recht** s. Bundesrecht, Vorrang; Kompetenzkonflikt; Normkonflikt
Kommissär, eidgenössischer 18/45
**Kommissionen, ausserparlamenta-
rische** 34/23
Kommissionen, parlamentarische
– allgemein 34/22–25, 34/34–36
– aussenpolitische Kommissionen
34/33
– Finanzkommissionen 34/31,
35/15
– Gerichtskommission 34/33
– Geschäftsprüfungskommissionen
34/32, 35/15
– getrennte und gemeinsame 34/26–
27
– Legislativkommissionen 34/30
– Öffentlichkeit 34/37–40
– Redaktionskommission 34/33
– ständige und nichtständige 34/28–
29
– Untersuchungskommissionen
35/19
Kompetenzdelegation s. Delegation
von Bundeskompetenzen an die
Kantone; Delegation von Rechtsetzungskompetenzen an die
Exekutive
Kompetenzen der Bundesbehörden
s. bei Bundesgericht; Bundesrat;
Bundesversammlung
Kompetenzen, Bund 5/11, 20
– ausdrückliche 20/4–11
– aus Gewohnheitsrecht? 20/15–16
– Auslegung 4/10, 4/12, 4/14
– ausschliessliche 20/31–33, 21/16
– Aussenpolitik 20/43–46
– Delegation von Bundeskompeten-
zen an die Kantone s. dort